2024年
国家统一法律职业资格考试
辅导用书

民法

国家统一法律职业资格考试辅导用书编辑委员会 组编

王利明／主 编
温世扬／副主编

法律出版社
—— 北京 ——

图书在版编目（CIP）数据

民法 / 国家统一法律职业资格考试辅导用书编辑委员会组编；王利明主编. -- 北京：法律出版社，2024
2024年国家统一法律职业资格考试辅导用书
ISBN 978-7-5197-9034-9

Ⅰ. ①民… Ⅱ. ①国… ②王… Ⅲ. ①民法－中国－资格考试－自学参考资料 Ⅳ. ①D923

中国国家版本馆CIP数据核字（2024）第078512号

民法
MINFA

国家统一法律职业资格考试辅导用书编辑委员会 组编
王利明 主编

责任编辑 陈 睿
装帧设计 李 瞻

出版发行 法律出版社
编辑统筹 法律考试·职业教育分社
责任校对 王晓萍
责任印制 胡晓雅
经　　销 新华书店

开本 787毫米×1092毫米 1/16
印张 45.5　字数 1228千
版本 2024年5月第1版
印次 2024年5月第1次印刷
印刷 保定市中画美凯印刷有限公司

地址：北京市丰台区莲花池西里7号（100073）
网址：www.lawpress.com.cn
投稿邮箱：info@lawpress.com.cn
举报盗版邮箱：jbwq@lawpress.com.cn

销售电话：010-83938349
客服电话：010-83938350
咨询电话：010-63939796

书号：ISBN 978-7-5197-9034-9　　定价：116.00元
凡购买本社图书，如有印装错误，我社负责退换。电话：010-83938349

国家统一法律职业资格考试辅导用书
编辑委员会

国家统一法律职业资格考试辅导用书

民法

编写人员

主　编

王利明

副主编

温世扬

撰稿人

王利明（第一编　总则第一至四章，第二编　物权第十章第一、二节）
姚新华（第一编　总则第五、六章）
唐　勇（第二编　物权第七至九章，第十章第三至五节、第十一章）
温世扬（第三编　合同）
王叶刚（第四编　人格权）
缪　宇（第五编　婚姻家庭）
朱　凡（第六编　继承）
武亦文（第七编　侵权责任第三十四章）
孟　强（第七编　侵权责任第三十五章）

出版说明

为了适应国家统一法律职业资格考试的需要，应广大应试人员的要求，我们组织编写了《2024 年国家统一法律职业资格考试辅导用书》。

本套辅导用书根据司法部制定颁布的《2024 年国家统一法律职业资格考试大纲》编写，是国家统一法律职业资格考试工作的重要依据，可以作为广大应试人员系统复习及应考的必备用书。

本套用书在撰写时力求反映和体现国家统一法律职业资格考试的特点，在注意学科科学性、系统性的同时，注重法学基本理论、法律实务与考试需求的结合，对应试人员应当掌握的各学科基本理论结合实际进行了系统阐释，有较强的指导性和适用性。在内容和体例编排上，为更加方便应试人员复习考试，本套用书结合备考规律，归纳提炼重要、疑难知识点及易错易混知识点和核心法条，进一步充实完善各学科每章的助考性提示内容和主要法律规定，同时增加了有关重要、疑难知识点的案例（实例）、本章 / 本编 / 本学科重点难点与疑点辨析阐释，并将新增或调整较大部分内容在目录中加以标示，以方便应试人员对比复习。

本套用书根据国家统一法律职业资格考试的试卷内容及学科特点分为 9 册，包括：《习近平法治思想 · 法理学 · 宪法 · 中国法律史 · 司法制度和法律职业道德》《民法》《刑法》《行政法与行政诉讼法》《民事诉讼法与仲裁制度》《刑事诉讼法》《商法》《知识产权法 · 经济法 · 环境资源法 · 劳动与社会保障法》《国际法 · 国际私法 · 国际经济法》，共计 18 门学科。《2024 年国家统一法律职业资格考试法律法规汇编》（截止日期为 2024 年 3 月 31 日）作为辅导用书的配套部分，与本套辅导用书同时发行。

在本书出版之际，我们向参加 2024 年新版辅导用书编写工作的专家学者表示衷心的感谢！向参与以上用书编写、审稿及修订工作，特别是曾经参与并为本书奠定基本框架的法学院校、专家学者表示衷心的感谢！向中共中央办公厅法规局、最高人民法院、最高人民检察院、中国法学会、司法部等有关部门及单位给予的精心指导和大力支持帮助，表示衷心的感谢！

由于时间仓促，本书疏漏或不当之处，敬请广大应试人员和读者批评指正。

国家统一法律职业资格考试辅导用书编辑委员会

2024 年 5 月

目　　录

第一编

总　　则

说明："★"为新增或者调整较大部分内容。

第二编

物　　权

第三编

合　　同

第四编
人格权

第五编 婚姻家庭

第六编 继　　承

第七编
侵权责任

第一编
总　　则

本编导读

《民法典》总则编确立了《民法典》的基本制度框架。民法是权利法，《民法典》的体系构建应当以民事权利为中心展开。《民法典》总则编是《民法典》的总纲，纲举目张，整个民商事立法都应当在总则编的统辖下具体展开。由于总则编是采取“提取公因式”的方式确立的规则，是《民法典》中最基础、最通用，同时也是最抽象的部分，所以它可以普遍适用于各个民商事单行法律。我国《民法典》总则编是以民事权利为“中心轴”而展开的。在总则编中有关自然人、法人等的规定，是对权利主体的规定；有关民事权利的规定，就是对民事权利的类型、客体、权利行使方式的规定；有关民事法律行为和代理的规定，是对民事权利行使的具体规则的规定；有关民事责任的规定是对因侵害民事权利而产生的法律后果的规定；有关诉讼时效的规定是对民事权利行使期限的限制。《民法典》总则编就主体、客体、法律行为及民事责任等的一般规则作出规定，而分则体系则以物权、合同债权、亲属权、继承权等权利，以及侵害民事权利的侵权责任为主线而展开，在此基础上形成了完整的制度体系。从这一意义上来说，《民法典》总则编不仅奠定了《民法典》分则制度设计的基本格局，而且也为整个民事立法的发展确定了制度基础。

《民法典》被称为“民事权利的宣言书”。众所周知，现代法治的核心在于“规范公权、保障私权”，法律的功能主要是确认权利、分配权利、保障权利、救济权利，总则编广泛确认公民享有的各项人格权、物权、债权、知识产权、亲属权、继承权等权利，使其真正成为“民事权利的宣言书”。《民法典》总则编在全面保障私权方面呈现许多亮点，主要表现在：一是时代性，即体现了当代中国的时代特征，回应了当今社会的现实需求。例如，针对互联网和大数据等技术发展带来的侵害个人信息现象，《民法典》总则编规定了个人信息的保护规则，维护了个人的人格尊严，并将有力遏制各种“人肉搜索”、非法侵入他人网络账户、贩卖个人信息、网络电信诈骗等现象。二是全面性，即系统全面地规定了民事主体所享有的各项人身、财产权益。从保护公民财产权利的角度来看，《民法典》总则编在法律上使用了“平等”保护民事主体物权的表述，这是对物权法的重大完善。总则编对知识产权的客体进行了详尽地列举，扩张了知识产权的保护范围，进一步强化了对知识产权的保护。总则编强化了对英雄烈士等的姓名、肖像、名誉、荣誉的保护，有助于弘扬公共道德，维护良好的社会风尚。三是开放性，《民法典》总则编不仅保护权利，还保护利益，这不仅与保护民事权益的基本原则相对应，而且为将来对新型民事权益的保护预留了空间，保持了对私权保护的开放性。保障私权就是为了更好地保障最广大人民群众的根本利益，保护人民群众对美好生活的向往。此外，由于私权的保护在一定程度上界定了公权行使的范围，从而也将起到规范公权的作用。

《民法典》被称为“社会生活的百科全书”。民法调整的人身关系和财产关系涉及社会生活的方方面面，直接关系到人民群众的切身利益和社会的生产生活秩序。《民法典》总则编从维护广大人民群众的根本利益出发，完善了社会生活的基本规则。一方面，总则编开宗明义地宣告，要以弘扬社会主义核心价值观为立法目的，倡导自由、平等、公正、法治等价值理念，并确认了诚信原则、公序良俗原则等基本原则，要求从事民事活动，秉持诚实、恪守承诺，这有利于强化人们诚实守信、崇法尚德，推进诚信社会建设。另一方面，总则编广泛确认了民事主体所享有的各项权益，规定了胎儿利益保护规则、民事行为能力制度、老年监护制度、英烈人格利益保护等，实现对人从出生到死亡各个阶段的保护。该法规定了民事责任制度，切实保障了义务的履行，并使民事主体在其私权受到侵害的情况下能够得到充分的救济。

本编以《民法典》总则编的体系框架为主线而展开，主要包括如下六章内容：一是民法概述，主要介绍民法的基本概念和调整对象、民法的基本原则、民事法律关系、民事权利的客体以及民事责任等内容。二是自然人，主要介绍自然人的民事权利能力、自然人的民事行为能力、自然人的住所和监护、宣告失踪和宣告死亡、个体工商户和农村承包经营户等内容。三是法人和非法人组织，主要介绍法人的基本概念，法人的能力，法人的法定代表人和组织机构，法人的成立、变更和终止，非法人组织等内容。四是民事法律行为，主要介绍民事法律行为的基本概念、意思表示、民事法律行为的成立与生效、附条件和附期限的民事法律行为、无效民事法律行为、可撤销的民事法律行为、效力未定的民事法律行为、未生效的民事法律行为等内容。五是代理，主要介绍代理的概念与类型、代理权、无权代理等内容。六是诉讼时效与期间，主要介绍诉讼时效、期间两部分内容。

第一章
民法概述

本章主要内容提示

1.民法是调整平等主体的自然人、法人和非法人组织之间的人身关系和财产关系的法律规范的总和，其所调整的法律关系包括两大类：一是平等主体之间的人身关系；二是平等主体之间的财产关系。

2.民法的基本原则包括民事权益受法律保护原则、平等原则、自愿原则、公平原则、诚信原则、合法和公序良俗原则、绿色原则。

3.民事法律关系是由民法规范调整的社会关系，也就是由民法确认和保护的社会关系。

4.民事权利是指由国家强制力予以保障的民事主体所享有的类型化的利益，这种法律之力和特定利益的结合则构成权利。

5.民事权利行使的原则包括自愿原则、义务必须履行原则、禁止权利滥用原则。

6.民事义务是指义务人依据法律规定和合同的约定，应当为一定行为或者不为一定行为。

7.物是指存在于人身之外、能够满足人们的需要、能够为人力所支配和控制的客体。

8.民事责任是指当事人不履行民事义务所应承担的民法上的后果，其本质上既是对国家的一种责任，也是对当事人的一种补偿责任，具有强制性和一定程度的任意性。

9.在因同一行为而产生了民事责任、行政责任和刑事责任时，行为人的财产应当优先用于承担民事责任。

第一节　民法的概念和调整对象

一、民法的概念

民法作为调整平等主体之间的人身关系与财产关系的法律，在各国法律体系中都占据着重要地位。我国《民法典》第2条从民法的调整对象和任务的角度，给民法下了一个定义，即民法是调整平等主体的自然人、法人和非法人组织之间的人身关系和财产关系的法律规范的总和。这一定义科学地揭示了我国民法所调整的社会关系的范围和任务，明确地划定了民法与其他法律部门的界限，确立了《民法典》统一调整社会主义市场交易关系的基本法地位。

根据《民法典》第2条，我国民法统一调整平等主体之间的人身关系和财产关系。一是平等主体之间的人身关系，其主要分为两大类，即身份关系和人格关系。其中，身份关系的调整表现为婚姻家庭编、继承编，人格关系的调整则表现为人格权编。二是平等主体之间的财产关系。对财产关系的调整，在《民法典》中表现为物权编与合同编。无论何类民事主体，只要以平等的民事主体的身份从事交易，就应当遵循民法的规范，并受民法的调整。《民法典》第2条关于民法调整对象的规定奠定了《民法典》分则体系的基础，《民法典》的分则就是由调整人身关系和调整财产关系的具体法律构建起来的。

理解民法的概念，必须要区分形式意义上的民法和实质意义上的民法。所谓形式意义上的民法，主要是指民法典。民法典就是指按照一定的体系结构将各项基本的民事法律规则与制度加以系统编纂而形成的规范性文件。实质意义上的民法，是指所有调整民事关系的法律规范的总称，包括《民法典》和其他民事法律、法规。除《民法典》之外，我国还有两百多部单行法律，其中有大量的民事法律，比较典型的有《著作权法》《商标法》《专利法》等。在我国实行民商合一的立法体制下，一些商事特别法如《公司法》《保险法》《票据法》等，同样是我国民法的重要组成部分。除了法律，我国还颁行了大量的行政法规、司法解释，其中不少都是民事法律规范。它们都是实质意义上民法的组成部分。

二、民法典的概念

民法的法典化最早追溯至古罗马调整私人财产关系的私法，大陆法系各国基本上都制定了民法典，这也是大陆法系国家法律体系的主要标志。我国《民法典》是中华人民共和国成立以来第一部以“典”命名的法律，除附则外分为七编，共1260条，凡是纳入《民法典》的规则，都具有基础性、典范性的特点。我国《民法典》的特点主要表现在以下几个方面。

第一，《民法典》是私法的基本法。我国民事法律制度建设一直秉持民商合一的传统，在《民法典》之外，还有大量的单行法，包括商事特别法，它们都是民法的组成部分。整个民事立法就在《民法典》的统率下，构成一个完整的体系。可以说，《民法典》是我国民事法律的集大成者。

第二，《民法典》是市场经济的基本法。《民法典》关于民事活动平等、自愿、公平、诚信等基本原则，关于私法自治和保障人格尊严等基本价值的规定，既是市场经济的基本准则，也是市场主体的基本行为准则。同时，《民法典》所确立的有关物权、合同、担保等法律制度，也旨在维护交易安全和秩序，为市场经济的发展奠定了基本的法律框架和制度保障。

第三，《民法典》是“社会生活的百科全书”。《民法典》与每个人的生活息息相关。一个人从出生到死亡，均受到《民法典》的调整。《民法典》调整的民事主体之间的人身关系和财产关系，是社会生活和经济生活中最普通、最常见的社会关系和经济关系，涉及经济社会生活的方方面面，同人民群众生产生活密不可分，同各行各业的发展息息相关。

《民法典》是行政执法和司法的基本遵循。一方面，现代法治的核心理念是“规范公权，保障私权”，《民法典》确立了完善的私权保障体系，以利于规范行政执法行为。各级政府要以保障《民法典》有效实施为重要抓手，推进法治政府建设，把《民法典》作为行政决策、行政管理、行政监督的重要标尺。另一方面，《民法典》是基本的民事裁判规则，确立了解决民事纠纷的基本规则，明确了法律适用的基本准则，为法官正确处理民事关系、解决民事纠纷提供了基本规范。

我国《民法典》坚持民商合一的立法理念，形成了在《民法典》统率下，由各个民商事单行法所组成的完整的私法规范体系，这种做法符合我国的立法传统，也有利于降低法律适用成本，保障法律规则的准确理解和适用。《民法典》与各个商事法律构成了一个有机的整体，二者之间是普通法与特别法的关系。也就是说，在出现商事纠纷后，首先应当适用商事特别法，如果无法适用商事特别法，则适用《民法典》的规则。

三、民法的调整对象

（一）民法调整平等主体之间的人身关系

所谓人身关系，是指没有直接的财产内容但具有人身属性的社会关系。民法调整平等主体之间的人身关系，这种平等指的是法律地位的平等，而不是指具体的生活事实中的平等，如父母与未成年子女之间的关系在生活上是管教与被管教的关系，但在民法中，两者的法律地位是平等的。

所谓人身关系，是基于一定的人格和身份产生的，因此，人身关系包括以下两类：

1.基于自然人、法人和非法人组织的人格产生的人身关系。这些关系在民法上表现为自然人、法人和非法人组织的人格权，包括自然人的生命权、身体权、健康权、姓名权、肖像权、名誉权、荣誉权、隐私权、婚姻自主权等权利，以及法人、非法人组织的名称权、名誉权、荣誉权。此外，凡是属于《民法典》第109条所规定的自然人的人身自由、人格尊严范畴的人格权益，都属于因人格而产生的人身关系。

2.基于自然人、法人和非法人组织的一定身份产生的人身关系。身份关系是民事主体基于彼此间的身份而形成的相互关系。具体表现为：第一，在亲属关系中的地位。这类关系在民法上表现为自然人的身份权，包括夫妻之间、父母子女之间、有扶养关系的祖父母与孙子女或外祖父母与外孙子女之间依法相互享有的身份权，以及因监护关系产生的监护权等。第二，基于知识产权获得的地位。如自然人、法人和非法人组织基于著作权、专利权、商标权而享有的人身权。

（二）民法调整平等主体之间的财产关系

所谓财产关系，是指人们在产品的生产、分配、交换和消费过程中形成的具有经济内容的关系。财产关系以社会生产关系为基础，涉及生产和再生产的各个环节，包括各类性质不同的关系。根据我国《民法典》第2条的规定，民法所调整的财产关系只是发生在平等的民事主体之间的财产关系，其特点在于：

1.主体平等。一方面，是指民事主体在从事各种交易行为以及行使财产权利、利用和取得财产等方面，彼此之间在法律地位上是平等的。无论双方的经济实力如何悬殊，都不允许任何一方将自己的意志强加于他人。另一方面，民事主体在从事各种交易活动时，都应当遵循公平、自愿等原则，彼此间的关系应当是平等、互利的，当其财产利益受到损害时，应当得到同等价值的补偿。

2.平等主体间的财产关系，包括财产归属关系和财产流转关系。财产归属关系是指财产所有人和其他权利人因占有、使用、收益、处分财产而发生的社会关系。财产流转关系是指因财产的交换而发生的社会关系。财产归属关系往往是发生财产流转关系的前提条件，财产流转关系通常又是实现财产归属关系的方法。这两种财产关系，又称为横向财产关系，都应该由我国民法调整。这是由我国社会主义市场的统一性以及民法对市场经济关系进行统一调整所决定的。

3.民法调整的财产关系的重心是交易关系。所谓交易，是指独立的、平等的市场主体就其所有的财产或利益进行的交换。在民法上，交易的表现形式多种多样，其常见的形式是合同，其特殊形式是侵权损害赔偿和不当得利返还等。从民法调整对象的性质来看，所谓平等主体之间的财产关系，主要指交易关系。

四、民法的适用

（一）民法的适用范围

民法的适用范围，是指民事法律规范在何时、何地、对何人发生法律效力。民法的适用范围，实际上就是民法的效力范围。正确了解民事法律规范的适用范围，是准确适用民事法律规范的重要条件。从内容上看，民法的适用范围包括时间上的适用范围、空间上的适用范围和对人的适用范围。

1.民法在时间上的适用范围

民法在时间上的适用范围，是指民事法律规范在时间上所具有的法律效力。其具体包括两个方面：民法的生效和民法的失效。民事法律规范对其实施前发生的民事关系有无溯及既往的效力，是关于民法在时间上的效力的一个重要问题。法律是否溯及既往，是指新的法律颁布实施后，对它生效之前发生的事件和行为是否适用。2020年12月29日，最高人民法院发布了《关于适用〈中华人民共和国民法典〉时间效力的若干规定》。该规定明确了法不溯及既往的基本原则及其例外规则。该规定在第1条就开宗明义地重申了法不溯及既往的基本原则，对于《民法典》施行前发生的法律事实引起的民事纠纷案件，《民法典》原则上不具有溯及力。该规定也按照《立法法》的精神和规定确立了例外情形的溯及适用规则：一是有利溯及适用规则。该规定从是否更有利于保护民事主体合法权益、是否更有利于维护社会和经济秩序、是否更有利于弘扬社会主义核心价值观等角度，作为判断有利溯及的标准，确立了特殊情形下可以溯及既往。二是新增规定溯及适用规则。新增规定的溯及适用在学理上是法不溯及既往的重要例外情形，也是在长期审判实践和一系列司法解释基础上发展而来的溯及适用的类型。在理论上，新增规定的溯及适用也被称为"空白溯及"，即让新法溯及适用于旧法的空白之处。

上述司法解释的规定也明确了既判力优于溯及力原则。也就是说，溯及既往必须是尚未终审的案件，如果是已经终审、产生既判力的裁判，即便是当事人对此提起了再审，亦应采取既判力优于溯及力原则，《民法典》的规定不能溯及既往。这是因为已经审结的案件产生了既判力，如果由于《民法典》有新规定就要重新再审理，势必会在一定程度上动摇法的安定性和生效裁判的权威性、公信力。因此，该规定明确了裁判的既判力优于溯及力这一原则，即不得以判决的个案解释不同于《民法典》的规定为由，推翻已经生效的判决。

2.民法在空间上的适用范围

民法在空间上的适用范围，是指民事法律规范在地域上所具有的效力。任何国家都是根据主权、领土完整和法制统一的原则，来确定各种法律、法规的空间效力范围的。关于空间效力，一般可以分为域内效力和域外效力。

所谓域内效力，是指一国的法律效力可以及于该国管辖的全部领域。《民法典》第12条规定："中华人民共和国领域内的民事活动，适用中华人民共和国法律。法律另有规定的，依照其规定。"依据这一规定，在我国领域内从事民事活动，原则上需要适用我国的法律，但在法律另有规定时，则需要适用其他法律。《涉外民事关系法律适用法》第2条规定："涉外民事关系适用的法律，依照本法确定。其他法律对涉外民事关系法律适用另有特别规定的，依照其规定。本法和其他法律对涉外民事关系法律适用没有规定的，适用与该涉外民事关系有最密切联系的法律。"依据这一规定，对于在我国领域内发生的涉外民事关系，在法律有特别规定的情形下，也可能适用外国法。

所谓域外效力，是指法律在其制定国管辖领域以外的效力。在现代社会，法律一般不能当然产生域外效力，但是随着国际交往的发展，为保护国家和公民、法人的利益，也可以在例外情况下规定域外效力。例如，《海洋环境保护法》第2条第3款规定："在中华人民共和国管辖海域以外，造成中华人民共和国管辖海域污染的，也适用本法。"

3.民法对人的适用范围

民法对人的适用范围，是指民事法律规范对于哪些人具有法律效力。关于一国法律的对人效力，存在两种不同的理论：一是属人主义，无论其处于国内或国外，只要该人具有本国国籍，属本国国民，即适用本国的法律。二是属地主义，即是以领土主权为原则，以地域为标准，确定法律对人的拘束力。凡是居住在本国领土之内的人，无论其国籍属于本国还是外国，均受本国法律的管辖。从《民法典》第12条规定来看，其对属地主义作出了规定，但没有对属人主义作出规定。

（二）民法适用的基本原则

1.上位法优先于下位法原则

所谓上位法优先于下位法原则，是指在效力较高的规范性法律文件与效力较低的规范性法律文件相冲突的情况下，应当适用效力较高的规范性法律文件。上位法和下位法的界定，主要是从三个方面确定：第一，就法源或法律的位阶而言，如果一个较低的规范源于一个较高的规范，或者一个较低的规范是根据一个较高的规范而制定的，则前者可称为下位法，后者可称为上位法。第二，从制定机关来看，如果将数个法律、法规和规范性文件相比较，某个规范性文件的制定机关的地位高于另一个规范性文件的制定机关，那么处于高位阶的机关制定的规范性文件在效力上称为上位法，反之则称为下位法。第三，从立法等级效力来看，某一个位阶高的法律的效力优于位阶低的法律的效力，则前者被称为上位法，后者被称为下位法。

在民法的适用中，如果上位法与下位法之间发生冲突，那么应当优先适用上位法。但是，如果上位法规定的原则较为抽象，下位法的规定对上位法作了补充和细化，两者之间又不发生冲突和矛盾时，则可以同时适用上位法和下位法。

2.基础性法律优先于一般性法律原则

所谓基础性法律，是指调整基本社会关系的法律。规范公民的基本权利义务，涉及国家政治、经济以及社会生活的基本问题，关系国家和社会，具有全局性、长远性、普遍性的社会关系即为基本社会关系。在民商事领域，基础性法律就是《民法典》。基础性法律和一般性法律之间不存在效力等级的关系，并非上位法和下位法的关系，基础性法律并不比一般性法律的效力要高。因为从立法机构上来看，两者都是由全国人大或者其常委会制定的，不存在效力高低的差异。而且，两者都是规定具有普遍性的事项，普遍适用于所有地域。从这个意义上说，它们都属于同一层次的立法。但是，从法律适用的层面来看，两者之间是存在差别的。从民事的角度来看，法官在裁判任何一个民事案件时，首先应当援引基础性法律为依据。只有基础性法律没有规定时，才能援引其他法律。这就是说，《民法典》是整个民商事法律的基础，因此，《民法典》既是民法的主要法源，又是弥补单行法规定不足、填补单行法规则漏洞的来源，还是使单行法制度规则体系融贯的基础。由于《民法典》是基础性法律，也是解决民事纠纷的基本实体法依据，如果《民法典》中有规定，原则上应当直接适用《民法典》的规定。因此，应树立以《民法典》为中心的民事实体法律适用理念。《民法典》是民法的主要渊源，在解决民商事纠纷中处于法源的核心地位。

最高人民法院《关于适用〈中华人民共和国民法典〉总则编若干问题的解释》（以下简称《总则编解释》）第1条第2款规定："就同一民事关系，其他民事法律的规定属于对民法典相应规定的细化的，应当适用该民事法律的规定。民法典规定适用其他法律的，适用该法律的规定。"该规定包括以下三层含义：第一，所有的民事和商事单行法都是《民法典》的特别法。例如，《个人信息保护法》虽然是一部针对个人信息保护的专门性、综合性立法，但其关于保护个人信息的民事法律规范，仍然属于特别法，与《民法典》形成一般法和特别法的关系。第二，单行法属于《民法典》规定的具体细化，这意味着单行法的规定与《民法典》的规定有冲突时，不能适用单行法，而应当适用《民法典》，以体现《民法典》的基础性法律地位。只有在单行法的规定"属于对民法典相应规定的细化的"，才能优先适用单行法的规定。第三，如果《民法典》中明确规定相关的民事关系适用单行法的规定，则应当适用该单行法的规定。例如，《民法典》第1208条规定："机动车发生交通事故造成损害的，依照道路交通安全法律和本法的有关规定承担赔偿责任。"依据该条规定，交通事故责任的承担需要适用《道路交通安全法》的相关规定。

3.新法优先于旧法原则

《立法法》第103条规定了新法优于旧法原则。该原则主要适用于同一位阶的规范之间，也就是说，这是针对两个具有相同法律位阶的法律发生冲突时所适用的原则。当然，如果在新普通法中明文规定修改或废止特别法，则新普通法优于特别法。新法优先于旧法原则适用于两种情况：一是新法颁布后，旧法已经被废止，则自然应当适用新法。二是新法颁布以后，旧法没有被废止，则旧法继续有效。如果两部法律所涉及的内容相同或相似，则应当适用新法。例如，《民法典》第123条扩张了知识产权客体的范围，可以作为已经修改了相关知识产权法律的规定，此时应该适用《民法典》的相关规则。

4.特别法优先于普通法原则

《民法典》第11条规定："其他法律对民事关系有特别规定的，依照其规定。"这就明确确认了特别法优先于普通法的原则。在法理上，根据法律的适用范围有无限制，法律可以分为普通法和特别法。民事普通法，是指适用于全国领域、规定一般事项，并且无适用的时间限制的民事法律。民事特别法，是指适用于特定区域、规定特定事项，或在适用时间上有限制的民事法律。在具有相同等级效力的法律之间，特别法应当优先于普通法而适用。例如，有关公司法人的设立，应当先适用《公司法》的规定，在《公司法》没有规定时才适用《民法典》关于法人制度的规定。当然，这并不意味着任何单行的民商事法律的规定，都要优先于《民法典》适用，否则《民法典》作为基础性法律的地位将被完全架空，无法实现。如何理解此处所说的"其他法律"优先于《民法典》适用？依据《总则编解释》第1条第2款的规定，就同一民事关系，其他民事法律的规定属于对《民法典》相应规定的细化的，应当适用该民事法律的规定。因此，只有在单行民商事法律的规定属于对《民法典》规定的具体细化规定的，才应当适用。当然，如果《民法典》及其他法律对民事关系有具体规定的，既可以适用《民法典》规定，也可以适用其他民事法律的规定。但如果其他民事法律的规定与《民法典》规定不一致时，应当适用《民法典》的规定。

在《民法典》内部，关于总则和分则之间的关系，如果两者规定的是同一事项，按照特别法优先于普通法原则，分则的规定应当优先于总则的规定。例如，有关合同的效力和解释的规定，首先要适用《民法典》合同编的规定，如果合同编中没有相关规定，则应当适用《民法典》总则编关于法律行为的相关规定。

5.强行法优先于任意法原则

法律规范大体可分为任意性规范和强行性规范两种。所谓任意性规范，是指当事人可以通过约定排除其适用的规范。任意性规范允许当事人在法律规定的范围内自由作出约定，当事人之间的意思表示具有优先于任意性规范而适用的效力。例如，《民法典》合同编的规范大多是任意性的。所谓强制性规范，是指当事人不能通过其约定加以改变的规范，其可分为强制性规定与禁止性规定两种。强制性规定，指命令当事人应为一定行为之法律规定。禁止性规定，指命令当事人不得为一定行为之法律规定。《民法典》第153条第1款规定："违反法律、行政法规的强制性规定的民事法律行为无效。但是，该强制性规定不导致该民事法律行为无效的除外。"法律、行政法规的强制性规定在性质上属于强行法，其在效力上优于任意法，因此，对某一事项，如果强行法已经作出规定的，任意法不得再发挥作用，法官应当直接援引强行法的规定对案件作出裁判。但如果强行法、任意法分别规定的是不同事项，则不存在两种规范冲突的问题，也自然不存在何者优先的问题。

第二节　民法的基本原则

一、民事权益受法律保护原则

（一）民事权益受法律保护原则的内涵

《民法典》第3条规定："民事主体的人身权利、财产权利以及其他合法权益受法律保护，任何组织或者个人不得侵犯。"该条确立了民事权益受法律保护的原则。从我国《民法典》的规定来看，民事权利受法律保护原则包括如下几个方面内涵：

第一，民法是权利法。《民法典》被称为"民事权利宣言书"，《民法典》的体系就是权利体系。《民法典》总则编提纲挈领，通过抽象民事领域的共通性规范，构建了民事权利体系，并为各分编的展开奠定了基础。而《民法典》分编完全是以权利为主线展开的，以总则编所确认的物权、合同债权、人格权、婚姻家庭中的权利、继承权的确认和保护为内容，分别形成了物权编、合同编、人格权编、婚姻家庭编、继承编，并以侵权责任编对权利的救济为《民法典》的结尾。《民法典》全面系统地确认和保护各项民事权利，构建民事权利体系，弘扬私法自治，强化对人格尊严价值的保障。因此，对权利的保护是整个民法的中心任务。

第二，民法不仅保护权利，而且保护利益。我国《民法典》第3条采用“其他合法权益”这一表述，这就意味着，无论是权利还是利益，都受到法律保护。这为将来对新型民事权益提供保护预留了空间，保持了总则编的开放性。例如，针对互联网和大数据等技术发展带来的侵害个人信息现象，《民法典》规定了个人信息的保护规则，维护了个人的人格尊严，必将有力遏制各种“人肉搜索”、非法侵入他人网络账户、贩卖个人信息、网络电信诈骗等现象。

第三，平等保护各个民事主体的民事权益。我国《民法典》第207条确认了对于国家、集体、私人的物权和其他权利人的物权平等保护的规则，除了物权之外，其他主体所享有的民事权益，如知识产权等，都应当受法律的平等保护。

第四，在民事权益受到侵害时，民法主要通过民事责任对权利人进行救济。在权利人的权利受到侵犯时，权利人可以依法请求有关行政机关给予保护，也可以诉请人民法院或仲裁机构予以判决或仲裁。

（二）民事权益受法律保护原则在民法中的体现

《民法典》总则编专设“民事权利”一章，集中确认和宣示自然人、法人所享有的各项民事权利，充分彰显了民法对私权保障的功能。《民法典》在全面保障私权方面呈现出许多亮点，在民事权利保护方面不仅充分体现了时代性，而且保持了民事权益保护范围的开放性。正因如此，《民法典》也被称为“民事权利的宣言书”。

我国民法全面确认和保护民事权益主要体现在如下几个方面。

第一，构建了完善的民事权利体系。《民法典》系统、全面地规定了民事主体所享有的各项人身、财产权益。而且从保护公民财产权利的角度来看，《民法典》第一次系统规定了隐私权以及个人信息保护规则，全面列举了自然人、法人以及非法人组织所享有的各项人格权。同时，《民法典》在规定民事权利保护的原则时，首次在法律上使用了“平等”保护民事主体物权的表述，这是对物权法的重大完善。

第二，构建了体系化的民事权利保护机制。《民法典》在确认民事权益的基础上，规定了体系化的民事责任制度，奠定了民事权益保障的基础。民法中的民事权益保护以侵害民事权利的侵权责任为主线而展开，并在此基础上形成了完整的制度体系。全面保护民事权利，有利于保障最广大群众的根本利益，保护人民群众对美好生活的向往，充分实现人民的福祉，促进个人的全面发展。在广大人民群众物质生活条件得到极大改善、个人财产不断增加的情况下，对财产安全和人格尊严的保护显得更为重要。《民法典》强化对个人财产和人身权益的保护，也有利于保护个人的人格尊严。《民法典》分则在《民法典》立法理念和制度的指引下，细化规定民事权利的保护规则。

第三，规范了民事权利的行使。“自由止于权利”，权利的不当行使会侵害他人的权利，因此，对民事权利的保障还要求妥当规范民事权利的行使规则。《民法典》规定了禁止权利滥用、义务必须履行以及自愿原则，因此，民事主体在自由行使其民事权利的同时，也应当尊重他人的权利，如果滥用权利造成他人损害，则行为人应当依法承担责任。

第四，全面维护个人的行为自由。保障私权一方面需要通过民法全面确认个人所享有的各项人身权益和财产权益，另一方面应当系统规定私权救济机制，全面保障私权。同时，保障私权还意味着要尊重个人的“私法自治”，其本质上是尊重个人的自由和自主，即充分发挥个人在现代社会治理中的作用。与公权力“法无明文规定不可为”相反，私权的行使是“法无禁止即可为”，即只要是法律没有明文规定禁止个人进入的领域，按照私法自治原则，个人均有权进入。

二、平等原则

所谓平等原则，是指民事主体在法律地位上是平等的，其合法权益应当受到法律平等保护。我国《民法典》第4条规定：“民事主体在民事活动中的法律地位一律平等。”民事主体地位平等原则是我国民法将平等主体之间的财产关系和人身关系作为其调整对象的必然体现。民法的平等原则集中反映了民法所调整的社会关系的本质特征，也是全部民事法律制度的基础。平等原则主要包括如下内容：

第一，人格平等。人格平等就是在法律上不分尊卑贵贱、财富多寡、种族差异、性别差异，而一律认为人与人的抽象人格是平等的。我国《民法典》第14条明确规定：“自然人的民事权利能力一律平等。”民事权利能力与生俱来，为自然人终身享有，并且自然人的民事权利能力在范围上是平等的。除法律特别规定以外，任何单位和个人不得限制和剥夺公民的民事权利能力。

第二，在具体的法律关系中当事人的法律地位平等。尤其是在合同关系中，无论参与合同关系的当事人在事实上是否具有隶属关系或不平等的地位，在合同关系中当事人都是完全平等的。平等原则还表现在民事主体在民事法律关系的产生、变更和消灭上，必须平等协商，任何一方当事人不得将自己的意志强加给另一方当事人。

第三，对各类民事主体的平等对待，包括强势意义上的平等对待和弱势意义上的平等对待。所谓强势意义上的平等对待，是指尽可能避免对人进行分类，对各类群体给予平等待遇。而弱势意义上的平等对待，是指针对不同情况的区别对待。在法律上，这意味着凡被法律视为相同的人，都应当以法律所确定的方式来对待。例如，合同法既确定了合同自由原则，又兼顾合同正义，而合同正义的实现就建立在弱势意义上的平等对待的基础上。

第四，在补救方法上，也充分贯彻平等性。无论主体在所有制、经济实力等方面存在何种差异，当其权利受到侵害时，法律都给予一体保护。就民事权利保护而言，任何主体都不能比其他主体享有更多的特权，即便公有财产从政治层面上讲神圣不可侵犯，但在民法中也应与私人财产受到同等的保护。从损害的角度看，应当按照实际损害给予救济，而不能因人而异。此外，在民法上，民事主体地位的平等性，决定了在民事责任方式上，应当贯彻损失填补原则，以弥补受害人的损失为宗旨，一般不能对加害人的行为施以类似于公法上的惩罚性措施。

三、自愿原则

自愿原则也称为意思自治原则，它是指民事主体依法享有在法定范围内广泛的行为自由，并可以根据自己的意志产生、变更、消灭民事法律关系。《民法典》第5条规定：“民事主体从事民事活动，应当遵循自愿原则，按照自己的意思设立、变更、终止民事法律关系。”尽管在民法的各部分（身份法和财产法、物权法和债权法）中的强度不同，但自愿原则作为民法的一项基本原则，贯彻于整个民法之中，体现了民法最基本的精神。

自愿原则的内涵主要体现在如下几方面：

1.赋予民事主体在法律规定范围内广泛的行为自由。

自愿的实质就是允许当事人在法律规定的范围内，自主决定自己的事务，自由从事各种民事行为，最充分地实现自己的利益。具体而言：一是民事主体有权依法从事某种民事活动和不从事某种民事活动。二是民事主体有权选择其行为的内容和相对人。当事人可以通过平等协商，为自己设定权利和承担义务，当客观情况发生变化以后，可以依法变更权利和义务的内容。三是民事主体有权选择其行为的方式。民事主体从事法律行为，有权对口头形式、书面形式、公证等方式作出选择。但法律、法规要求采取某种特殊的形式的，必须采取该形式。四是民事主体有权选择补救方式。通常情况下，受害人能够选择对自己最为有利的方式要求不法行为人承担责任，即便受害人选择不适当，除非其受到了不正当的影响，否则也应当由该受害人自己负担不利的后果。

2.允许民事主体通过法律行为调整他们之间的关系。

意思自治的重要意义就在于，允许主体在从事民事行为，尤其是从事民事法律行为时，通过其自己的意志产生、变更和消灭民事法律关系。这就是民法中的任意性调整方法。该方法的特点在于，它并不确立具体的行为准则，而只是划定了一个界限和范围，要求民事主体在该范围之内自主行为。

3.允许民事主体依法处分和利用其民事权益。

财产权可以由民事主体依法转让，自不待言，即使就人格权而言，依据我国《民法典》人格权编的规定，权利人对其享有的有关姓名、名称、肖像、个人信息等人格利益，可以自己利用，也可以许可他人利用。权利人也有权依法自主决定无偿捐献其人体细胞、人体组织、人体器官，也有权依法决定是否参与人体临床试验等，这些在一定程度上都是私法自治的体现。对当事人依法作出的相关决定，法律应当予以尊重。

四、公平原则

（一）公平原则的内涵

所谓公平原则，是指民事主体应本着公平、正义的观念实施民事行为，司法机关应根据公平的观念处理民事纠纷，民事立法也应该充分体现公平的理念。我国《民法典》第6条规定："民事主体从事民事活动，应当遵循公平原则，合理确定各方的权利和义务。"这就在法律上明确了公平原则。

首先，公平原则要求将公平的理念贯彻在整个民事法律制度的设计当中，并以此为标准配置当事人之间的权利、义务。我国《民法典》不仅确认了公平原则是民法的基本原则，而且多个条款都反映了公平原则的基本要求。例如，在法律行为中，《民法典》禁止采用欺诈、胁迫、乘人之危等方式行为，在此情形下，赋予一方撤销该行为的权利。我国合同法不仅重视交易的形式平等，也注重交易的实质平等，也在一定程度上注重维护交易结果的平等。例如，在合同有效成立后，合同履行期间，因为合同的基础条件发生了当事人订约时难以发生的重大变化，致使合同不能履行或者履行结果显失公平的，根据诚实信用原则，当事人可以请求变更或解除合同。

其次，公平原则要求在处理有关征收征用的纠纷中，即使是为了公共利益的需要，依照法律规定的权限和程序征收、征用个人和集体的不动产或者动产的，也应当给予公平、合理的补偿。在相邻关系中，不动产的相邻权利人应当按照有利生产、方便生活、团结互助、公平合理的原则，正确处理相邻关系。

再次，公平原则要求在行为人和受害人对造成损害均无过错的情况下，依照法律的规定由双方分担损失。例如，在高楼抛物致人损害的情形下，依据《民法典》第1254条第1款的规定，由可能加害的建筑物使用人给予补偿，这种补偿责任也是基于公平原则予以确定的。《民法典》第183条规定："因保护他人民事权益使自己受到损害的，由侵权人承担民事责任，受益人可以给予适当补偿。没有侵权人、侵权人逃逸或者无力承担民事责任，受害人请求补偿的，受益人应当给予适当补偿。"该条确认了侵权责任中的公平责任，这实际上是公平原则的具体化。

最后，公平原则作为一种基本的价值，应当体现在司法活动中。公平原则作为一项重要的司法原则，既适用于合同责任，也适用于侵权行为责任。公平原则作为一项"弹性"很强的原则，给予司法人员一定的自由裁量权，使他们能够针对案件的具体情况，公平合理地处理民事纠纷。例如，在违约金调整、损害赔偿数额的确定等方面，均需要依循公平原则。

（二）公平原则的功能

民事活动应当遵循公平原则，即应将公平原则确定为一项基本原则。其功能主要表现为：一是确立行为准则功能。公平原则本身是民事活动的一项基本原则。民事主体在从事民事活动的过程中，应当按照公平的观念正当行使权利和履行义务。例如，在合同订立后，应当从顾及对方当事人的利益的角度出发，进行充分的准备。在权利的行使过程中，要充分顾及他人的利益，不得滥用权利。二是结果评价功能。这就是说，在交易过程中，公平原则也常常成为评价交易结果的重要标准。例如，虽然当事人订立合同时是自主自愿的，但在合同订立后，出现了当事人订立合同时无法预料的情况，使合同的继续履行对当事人显失公平，此时，当事人可以重新谈判，或者要求法院变更或者解除合同。三是价值导向功能。在处理任何民事纠纷中，法官首先要考虑是否公平，这也是评价民事活动的重要标准。同样，在行政执法中，有关机关在处理纠纷时也需要考虑处理结果是否公平合理，不能使当事人之间的权利义务关系完全失衡。

五、诚信原则

在民法中，诚信原则是一项重要的原则，《民法典》第7条规定："民事主体从事民事活动，应当遵循诚信原则，秉持诚实，恪守承诺。"这就在法律上确认了诚信原则。诚信原则是指民事主体应当以诚实信用的方式行使民事权利、履行民事义务，秉持诚实、恪守承诺。在我国，诚信原则是民法中重要的基本原则，应适用于民法的整个领域，民事主体行使任何民事权利、履行任何民事义务，都应当遵守这一原则。诚信原则不仅是适用于债和合同法的重要准则，而且广泛适用于物权法等领域。

诚信原则主要具有如下功能：

1.确立行为规则的功能。诚信原则不仅是一项抽象的法律原则，而且依据该原则可以产生各种具体的民事义务，这主要表现在：诚实信用原则在民法中具体表现为：一是要求民事主体正当行使民事权利，禁止滥用权利、造成对他人的损害。二是忍受轻微妨害的义务，对于来自邻人轻微的妨害，应当忍受。三是以正当的方式履行义务，在合同对义务的履行没有作出明确规定的情形下，应当根据诚信原则履行义务。四是情势变更原则，在合同订立后履行完毕以前，发生了情势变更导致当事人利益失衡时，如果符合法律规定的条件，应允许当事人变更或解除合同。五是附随义务的产生，合同履行过程中，当事人应当依据诚信原则承担通知、协助、保密、忠实、告知、保护等附随义务。六是禁止从违法行为中获利原则，即任何人不得从违法行为中获取不正当利益。

2.填补法律和合同漏洞的功能。首先，诚信原则可以适用于填补法律漏洞。也就是说，在适用法律的过程中，如果出现法律漏洞，法官可以运用诚信原则对法律的漏洞作出填补。诚信原则的一大功能在于法的续造。其次，诚信原则也可以适用于填补合同漏洞。填补合同漏洞具体表现在：第一，合同的内容存在遗漏，即对一些条款在合同中并没有作出规定，例如合同中缺少对质量条款的约定的，可以依诚信原则填补漏洞。第二，合同中的约定不明确，或者约定前后矛盾的，可以依诚信原则加以完善。

3.衡平的功能。诚信原则要求平衡当事人之间的各种利益冲突和矛盾。平等主体之间的交易关系，都是各个交易主体因追求各不相同的经济利益而产生的，而各方当事人之间的利益常常会发生冲突或矛盾，这就需要借助诚信原则加以平衡。诚信原则不仅要平衡当事人之间的利益，而且要求平衡当事人的利益和社会利益之间的冲突与矛盾，即要求当事人在从事民事活动过程中，要充分尊重他人和社会的利益，不得滥用权利，损害国家、集体和第三人的利益。

4.解释的功能。诚信原则要求在法律与合同缺乏规定或规定不明确时，司法审判人员应依据诚信、公平的观念，准确解释法律和合同。具体来说，一方面，在适用法律时，诚信原则要求司法工作人员能够依据诚信、公平的观念正确解释法律、适用法律，弥补法律规定的不足。另一方面，诚信原则也是司法工作人员在解释合同时所应遵循的一项原则。

六、合法和公序良俗原则

（一）合法原则

合法原则，是指民事主体从事民事活动必须遵守法律和法规的规定，不得违法。在民事领域采取负面清单的模式，因为“法无禁止即可为”，只要法律没有作出禁止性的规定，当事人均可以从事相关的行为。《民法典》第8条规定：“民事主体从事民事活动，不得违反法律，不得违背公序良俗。”该条将合法原则表述为“不得违反法律”，但其应当仅仅理解为不得违反法律的强制性规定。因为对任意性规定，当事人可以通过约定加以变更。

（二）公序良俗原则

依据《民法典》第8条，民事主体从事民事活动，不得违背公序良俗。我国民法所规定的公序良俗原则不仅适用于财产关系，也适用于人身关系。它是社会主义核心价值观的体现，与《民法典》第1条所确立的“弘扬社会主义核心价值观”的目的是一致的，对于维护社会伦理，维护社会秩序，都具有重要意义。

公序良俗，是由“公共秩序”和“善良风俗”两个概念构成的，具体如下：

第一，公共秩序。所谓公序就是指公共秩序，它主要包括社会公共秩序和生活秩序。对公共秩序的维护，在法律上大都有明确的规定，因此，危害社会公共秩序的行为通常也就是违反法律的强制性规定的行为。如果合同内容损害社会公共秩序、违反现行法律规定，如走私军火、买卖枪支和毒品、以从事犯罪或帮助犯罪行为作为内容的合同等，应当以违反了法律或行政法规的强制性规定为由宣告合同无效。但有时法律规定并不可能涵盖无余，因此，需要借助公共秩序的概念实现对法律的有效补充。因此，凡是订立合同危害国家公共安全和秩序，即使没有现行的法律规定，也应当被宣告无效。

第二，善良风俗。它是指由社会全体成员所普遍认许、遵循的道德准则。善良风俗的含义又包含两个方面：一是指社会所普遍承认的伦理道德，如救死扶伤、助人为乐、见义勇为等。二是指某个区域社会所普遍存在的风俗习惯，如婚礼不得撞丧。善良风俗本身就是社会生活中的一些基本规矩，而且许多地方将善良风俗转化为乡规民约，使之成为“软法”，构成社会自治的重要内容。在善良风俗中，有许多道德规则已经表现为法律的强行规定，如不得遗弃老人等。

公序良俗原则可以弥补强行法规范的不足。公序良俗作为一个弹性条款，之所以要在法律上予以确认，其根本原因在于，强行法不能穷尽社会生活的全部，其适用范围不能将各种民事活动都涵盖其中。民事活动纷繁复杂，强行法不可能对其一一作出规定，还需要通过在法律上设立公序良俗条款，对民事行为提供更为全面的规则，并对其效力作出评价。公序良俗本身不是强行法，但它是沟通强行法与道德规范的桥梁，为道德规范引入法律提供了媒介。公序良俗原则有利于避免法律的僵化，能够保护法律强行性规范与道德的有机协调，维护社会经济生活秩序的和谐稳定。但同时需注意，如果有更为具体的强制性规定，则应当优先适用该强制性规定，而不能直接适用公序良俗原则。

七、绿色原则

（一）绿色原则的概念和内涵

所谓绿色原则，是指民事活动应当遵循节约资源、保护生态环境的原则。《民法典》第9条规定：“民事主体从事民事活动，应当有利于节约资源、保护生态环境。”这就从基本原则的层面，提出了生态环境保护的要求。《民法典》将绿色原则作为一项民法基本原则进行规定，表明保护生态环境并不仅仅适用于侵权，而应当贯彻适用于整个民法，其将直接影响《民法典》各分编制度、规则的设计、理解与适用。《民法典》对绿色原则作出规定，顺应了时代发展的要求，为资源保护和生态文明建设提供了重要的法律保障。绿色原则的内涵包括如下几个方面：

第一，保护环境和生态。保护环境和生态不仅是《环境保护法》等法律的重要任务，也是《民法典》的重要立法目的，我国《民法典》将其作为一项基本原则进行规定，而且贯穿《民法典》的始终。例如，《民法典》合同编中规定，"当事人在履行合同过程中，应当避免浪费资源、污染环境和破坏生态"（第509条第3款）。侵权责任编专章规定了环境污染和生态破坏责任，明确了生态修复的法律责任，增加了惩罚性赔偿，规定了公益诉讼（《民法典》第1235条）。这些都有利于进一步强化对生态环境的保护。

第二，节约资源。现代社会，资源的有限性与人类不断增长的需求和市场的发展形成尖锐的冲突和矛盾。绿色原则要求人们的生产、生活等活动要与资源、环境相协调，要实现人与自然的和谐相处，以及节约资源。《民法典》第346条规定，"设立建设用地使用权，应当符合节约资源、保护生态环境的要求"。此外，《民法典》还规定了债权债务终止后的旧物回收等义务（第558条），以及应当采取足以保护标的物且有利于节约资源、保护生态环境的包装方式的义务（第619条）。这些规定都有助于实现在民事活动中节约资源的目的。

第三，物尽其用。物尽其用就是指有效率地利用资源、节约资源。物尽其用并不是说竭泽而渔、滥用地力、无度开发，将物的价值不合理地全部用尽；恰恰相反，物尽其用的含义是将各种可用之物充分利用。一是要有效率地利用物的使用价值，如通过在财产上设立各种用益物权，来获得更多的使用价值。二是通过鼓励担保，充分利用物的交换价值。

（二）绿色原则的适用

《民法典》在民法基本原则部分对绿色原则作出了规定，表明其对整个《民法典》的规则解释和适用均具有重要的指导意义。但不能据此认为，绿色原则仅属于宣示性规定，否则其意义将大打折扣，该原则至少具有如下几个方面的功能。

1.确立价值导向的功能。绿色原则为法律规则的制定和适用确立了一种价值导向，也就是说，无论是立法还是司法都应当注重生态环境的保护问题，考虑社会的可持续发展。传统民法以个人权利保护为中心，强调对个人权利的确认与保护，而没有对个人权利的行使设置过多的限制。但现代民法不仅要体现权利本位的理念，而且要规范权利行使行为，以更好地兼顾私人权利的保护与社会公共利益的保护。《民法典》对绿色原则作出规定，实际上也体现了这一价值理念的转变，也为立法适应将来社会发展预留了很大的空间。

2.对财产权利作出必要限制的功能。绿色原则也对财产权利的行使设置了一定的限制，即权利人在行使财产权利时，应当考虑个人利益与社会利益的平衡。例如，就物权的行使与抛弃而言，就应当尽量做到物的有效利用，要尽量节约资源、保护生态环境。一般而言，权利人有权按照自己的意愿行使物权，他人不得非法干涉，但按照绿色原则，民事主体从事民事活动时，应当有利于节约资源、保护生态环境，这实际上是对权利人行使权利作出了一定的限制。

3.为民事主体设定法定义务的功能。我国《民法典》贯彻绿色原则，特别是在物权编、侵权责任编中，相关的规则设计也切实贯彻了绿色原则，为民事主体设定节约资源、保护生态环境的义务。例如，在建设用地使用权的设立方面，课以不动产权利人节约资源、保护生态环境的义务等。虽然民事主体在行为时应当遵循绿色原则，但由于绿色原则在性质上属于民法基本原则，一般不能直接作为裁判依据，因而，即便民事主体违反了绿色原则，仍应当依据具体的法律规则判断其是否需要承担民事责任，而不宜直接依据绿色原则加以认定。

4.解释合同的功能。绿色原则也可以指导合同的解释活动。例如，在当事人就标的物包装条款发生争议的情形下，应当按照有利于节约资源、保护生态环境的原则对其进行解释。法官在解释合同时，涉及合同是否违反公序良俗，其实就要考虑合同的履行是否会损害生态环境；如果合同的履行确实有可能损害生态环境，则可能被认定为违背公序良俗，依据《民法典》第153条第2款的规定可以宣告合同无效。当然，这并不是说，违反环境法的合同都应一概被宣告无效，法官以此为依据认定合同无效，应当尽到充分论证的义务。

第三节　民事法律关系

一、民事法律关系的概念和特征

在社会生活中，各类主体为了满足自身的需要，必须从事社会交往，相互之间要发生各种社会关系。同时，为了使社会关系形成安定、和平、有序的状态，人与人之间形成正常的交往关系，法律需要对各种社会关系进行规范。法律关系是法律规范在调整人们之间的社会关系过程中所形成的一种特殊的社会关系，即法律上的权利义务关系。民事法律关系是由民法规范调整的社会关系，也就是由民法确认和保护的社会关系。民事法律关系不同于其他法律关系的特点在于：

1.民事法律关系是民法所调整的社会关系在法律上的表现。

人们在社会生活中会形成各种社会关系，各种社会关系分别由不同的法律部门调整，由此形成了不同的法律关系。而民法在调整平等主体之间的财产关系和人身关系的过程中，形成了民事法律关系，并使原来的社会关系的内容表现为法律上的权利义务关系。民事法律关系是民法调整的结果。民事法律关系与现实生活中存在的由民法所调整的社会关系并不是两个关系，而是一个关系。法律调整社会关系只是赋予当事人权利和义务，使之成为权利义务关系。不能把民事法律关系理解为是一种独立于民法调整对象以外的社会关系。

2.民事法律关系是人与人之间的权利义务关系。

民事法律关系作为一种权利义务关系，实质上是发生在民事主体之间的社会关系。即使是人格权关系，也是人与人之间的关系，不是人对自身的关系。民事法律关系虽然在许多情况下要与物发生直接的联系，但它并不是人与物、人与自然界的关系，而是通过物所发生的人与人之间的关系。明确民事法律关系为人与人之间的关系，对于正确适用民法具有重要意义。

3.民事法律关系具有平等性。

民法调整社会关系的特点首先在于其平等性，民事法律关系就是平等主体之间的财产关系和人身关系在法律上的表现，因此，在这种关系中，不仅当事人在法律地位上是平等的，而且许多法律关系中当事人的权利、义务具有对等性和相应性，一方的权利即是另一方的义务，一方的义务即是另一方的权利。

4.民事法律关系具有一定程度的任意性。

民事主体参与的各种社会关系大都体现其私人利益，所以法律赋予民事主体较大的自治权，因此民事法律关系具有较强的任意性。表现在：第一，发生上的任意性，即许多民事法律关系由当事人意思自治的方法产生；第二，变更上的任意性，即许多民事法律关系允许当事人协商变更；第三，消灭上的任意性，即许多民事法律关系也允许当事人通过意思自治的方法消灭；第四，内容上的任意性，民事法律关系的内容大多系由当事人的意思决定，当事人的约定优先于法律规定，只要不违反国家强行性法律和公序良俗，当事人可以依法协商自由确定其权利义务内容。

二、民事法律关系的要素

（一）民事法律关系的主体

民事法律关系的主体，简称民事主体，是指参加民事法律关系，享有民事权利并承担民事义务的人。在我国，民事主体包括自然人、法人和非法人组织，国家在一些场合也是民事法律关系的特殊主体。任何个人和组织要成为民事主体，必须由法律赋予其主体资格。

在具体民事法律关系中，一般都要有双方或多方当事人参加。在参加民事法律关系的当事人中，享有权利的一方是权利主体，承担义务的一方是义务主体。在某些民事法律关系中，一方只享有权利，另一方只承担义务。而在大多数民事法律关系中，双方当事人都既享有权利，又承担义务。

民事法律关系的每一方主体可以是单一的，也可以是多数的。例如，在债权关系中，债权人和债务人每一方都既可以是一个人，也可以是多个人。在相对法律关系中，每一方主体都是特定的；而在绝对法律关系中，承担义务一方是不特定的任何人。

（二）民事法律关系的客体

民事法律关系的客体，是指民事权利和民事义务所指向的对象。如果没有客体，民事权利和民事义务就无法确定，更不能在当事人之间分配权利、义务。一般而言，民事法律关系的客体应当通过区分不同的民事法律关系来确定：就物权法律关系而言，其客体应为物；就知识产权法律关系而言，其客体应为智力成果；就债权法律关系而言，单纯的物和行为一样，都不能作为债权法律关系的要素，只有把它们结合起来，即结合成体现一定物质利益的行为，才能成为债权法律关系的客体，如买卖关系中的客体是交付买卖标的物的行为，运输关系中的客体是安全、及时送达运输标的物的行为。

（三）民事法律关系的内容

民事法律关系的内容，是指民事主体所享有的权利和承担的义务。任何个人和组织作为民事主体，参与民事法律关系，必然要享有民事权利和承担民事义务。民法是权利法，我国《民法典》系统、全面地确认了民事主体所享有的各项民事权利，并规定了民事权利行使的原则与限制，以及因侵害民事权利所应当承担的民事责任等，从而确定了民事法律关系的基本内容。民事义务是一种受到国家强制力约束的法律义务，和民事权利一样，也是由国家法律确认的，它规定了义务主体的行为范围，即义务人必须这样做或那样做，违反义务将转化为法律上的责任。

在民事法律关系中，权利和义务是相互对立、相互联系在一起的。《民法典》第131条规定："民事主体行使权利时，应当履行法律规定的和当事人约定的义务。"该条对义务必须履行原则作出了规定。在通常情况下，权利和义务都是一致的，权利的内容要通过相应的义务表现，而义务的内容则由相应的权利限定，离开了民事义务就无所谓民事权利。当事人一方享有权利，必然有另一方负有相应的义务，并且权利和义务往往是同时产生、变更和消灭的。因此，民事权利和民事义务是从不同的角度表现民事法律关系的内容的。

三、民事权利

（一）民事权利的概念

民事权利，是指由国家强制力予以保障的民事主体所享有的类型化的利益，这种法律之力和特定利益的结合则构成权利。民事权利本质上是指法律为了保障民事主体的特定利益而提供法律之力的保护，是法律之力和特定利益的结合，是类型化了的利益。《民法典》之所以被称为"民事权利宣言书"，就是因为民法以确认和保护民事权利为首要任务，民事权利构成了民法的核心内容，整个民法就是以权利为中心而构建的体系。

1.民事权利是由民法所确认的一种权利。

民事权利是由民法所确认的权利，这表明民事权利不同于任何个人在公法上的权利，即民事权利是指由民法所规定的民事权利，又称为私权。

2.民事权利是由民事主体所享有的利益。

民事权利的设定大多体现了主体一定的利益目的，即主体为了追求一定的利益而从事一定的民事活动取得权利。没有利益，民事权利就失去了设定的目的。同时，民事权利的内容体现了权利人的利益。民事权利分为财产权利和人身权利，分别体现为财产利益和人身利益。权利的本质就在于对个人利益的确认。民事权利本身也体现了主体的一定利益。还应当看到，民事权利的行使也体现了民事主体的利益。当事人行使或不行使权利，以及行使权利的方式等，都与权利人的利益直接相关。

3.民事权利体现为民事主体一定范围内的行为自由。

权利的存在，为民事主体的行为提供了一定的自由空间。权利人享有的自由包括：第一，权利人是否行使权利的自由。第二，权利人处分非专属性权利的自由。第三，权利人选择权利行使方式的自由。第四，权利人选择权利救济方式的自由。权利中的自由和利益是密切联系在一起的。正因为给予了民事主体一定的自由，民事主体才有可能去实现其利益。有时自由本身就意味着一定的利益。例如，只有享有处分的自由，才可能使权利人真正实现其所有权。反之，限制了民事主体的自由，实际上就减损了其利益。例如，在物上设定用益物权或担保物权，则所有权的价值将受到一定影响。

4.民事权利都受到国家强制力的保障。

权利在性质上是一种法律上之力。权利人依法可以请求义务人为一定行为或不为一定行为，以保证其享有或实现某种利益。但是，单纯从利益角度还不能完全揭示权利的本质。权利人因他人的行为而使其利益受到侵害时，还可以请求有关国家机关采取强制措施予以保护。例如，民事权利的实现大多需要赋予权利人一种请求权，即请求义务人履行义务。要使权利人的权利得以实现，最有效的手段是赋予其享有一项相应的请求权。这种请求的权利实际上是法律赋予其一定的力量。所以把利益说和法力说结合起来才能够解释权利的本质。

5.权利是类型化了的利益。

原则上，民事权利应当由成文法所确认，但现代社会习惯法和判例法也可以发挥创设民事权利的功能。这就表明，民事权利本身是一个开放的体系，完全由法律予以确认是很困难的。立法者的理性有限，而社会生活变动不居，会出现一些新型的民事权益类型，如比较法上出现的采光权、日照权等。而且随着社会的发展，一些民事利益也可能上升为民事权利。例如，从我国立法来看，隐私早期体现为一种民事利益，通过名誉权保护，后来被我国立法确认为独立的隐私权。因此，民事权利是一个动态的、变动的体系。正因如此，我国《民法典》第126条规定，“民事主体享有法律规定的其他民事权利和利益”，从而保持了民事权益范围的开放性。

（二）基本民事权利的类型

我国《民法典》主要规定了如下几项基本民事权利。

一是人格权。人格权是指以民事主体固有的人格利益为客体，以维护和实现人格尊严、人身自由为目的的权利，包括生命权、身体权、健康权、姓名权、名称权、肖像权、名誉权、荣誉权、隐私权、婚姻自主权等权利。我国《民法典》第109~111条对此作出了规定。

二是身份权。身份权是指为法律所保护的基于民事主体某种行为、关系所产生的与其身份有关的人身权利。《民法典》第112条规定：“自然人因婚姻家庭关系等产生的人身权利受法律保护。”婚姻家庭编全面确认了自然人因婚姻家庭关系等产生的人身权利。

三是物权。物权是指权利人对特定物所享有的直接支配和排他的权利。《民法典》第114条第2款规定：“物权是权利人依法对特定的物享有直接支配和排他的权利，包括所有权、用益物权和担保物权。”该条在法律上明确了物权的概念，对于界定物权的内容和效力、区别物权和债权具有重要意义。

四是债权。债权是指特定主体请求特定主体为一定行为或者不为一定行为的权利。《民法典》第118条第1款规定：“民事主体依法享有债权。”该条就宣示了民事主体可以依法享有债权。

五是知识产权。知识产权是指权利人对其智力成果和工商业标志享有的权利。《民法典》第123条第1款规定：“民事主体依法享有知识产权。”《民法典》作出这一规定，宣示了知识产权作为一种民事权利应当受到法律保护。《民法典》第123条第2款规定：“知识产权是权利人依法就下列客体享有的专有的权利：（一）作品；（二）发明、实用新型、外观设计；（三）商标；（四）地理标志；（五）商业秘密；（六）集成电路布图设计；（七）植物新品种；（八）法律规定的其他客体。”从该条规定来看，其在规定知识产权的客体时，采用了具体列举与兜底规定相结合的方式，扩大了知识产权的范围，并为将来对新型知识产权保护预留了空间。

六是继承权。继承权是指继承人依据法律规定或者遗嘱而取得被继承人财产的权利。继承权并不是财产权，也不是人身权，而是具有综合性的权利。《民法典》第124条第1款规定："自然人依法享有继承权。"这就在法律上确认了自然人享有继承权。

七是股权和其他投资性权利。《民法典》第125条规定："民事主体依法享有股权和其他投资性权利。"该条规定了两项权利，一是股权。从广义上讲，股权是指股东可以向公司主张的各种权利；从狭义上讲，股权是指股东因出资而取得的，依法律或者公司章程的规定和程序参与公司事务并在公司中享受财产利益且具有可转让性的权利。二是其他投资性权利。所谓其他投资性权利，其主要是指民事主体通过各种投资而取得的权利，如通过购买基金、保险等而取得的权利。

八是数据、网络虚拟财产。为了适应21世纪互联网、大数据时代的需要，顺应高科技发展的要求，《民法典》第127条规定："法律对数据、网络虚拟财产的保护有规定的，依照其规定。"该条对数据和网络虚拟财产的保护作出了规定。

九是其他合法权益。随着经济社会的发展，合法权益的范围是不断变化的，一些新型权益不断出现，新型民事权益的范围十分广泛，不限于前述数据权利和网络虚拟财产两种，因此，《民法典》第126条在规定受法律保护的民事权益范围时使用了"其他民事权利和利益"这一措辞，这就为将来新型民事权益的保护提供了法律依据，保持了受法律保护的民事权益范围的开放性。

《民法典》总则编第八章所规定的上述民事权利，构建了我国民事权利的基本体系。

（三）民事权利的分类

上述民事权利可以依据不同标准进行不同的分类，具体如下。

1.财产权、人身权和综合性的权利

（1）财产权。财产权是指以财产利益为直接内容的权利，其主体限于现实地享有或可以取得财产的人，而不像人格权那样可以为一切人普遍地享有。财产权不具有专属性，可以由主体转让、抛弃，也可以继承。财产权利主要包括两大类，物权和债权。所谓物权，是指权利人依法对特定的物享有直接支配和排他的权利。所谓债权，是指特定的债权人一方请求债务人为一定行为或者不为一定行为的权利。债权在内容上主要是一种请求关系，而且只能发生在特定的当事人之间。

（2）人身权。人身权是指以人身所体现的利益为内容的、与权利人的人身不可分的民事权利，它包括人格权和身份权。人格权是指以生命、健康、名誉等人格利益为内容，并排斥他人侵害的权利。它主要包括生命健康权、姓名权、名誉权、肖像权、荣誉权、隐私权、性自主权等。身份权是指基于权利人的特定身份产生的权利，包括亲属权、抚养权等。身份权须有一定的身份或资格等才能产生，如具有夫妻身份，才能享有配偶权。人身权的主要特点在于：其内容主要体现为人格和身份等精神利益。人身权一般具有专属性，尽管部分人格利益可以许可他人使用，但人身权具有人身专属性，不得转让，也不得抛弃和继承。

（3）综合性的权利。所谓综合性的权利，是指由财产权和人身权结合所产生的一类权利。这些权利的特点表现在，其内容既包括人身利益又包括财产利益，其专属性并不十分强烈。典型的综合性权利主要包括如下几类：一是知识产权。所谓知识产权，就是指以对人的智力成果和工商业标志的独占排他的利用为内容的权利，它包括著作权、专利权、商标权等。知识产权包括财产权和人身权两方面的内容。二是社员权。所谓社员权，是指在某个团体中的成员依据法律规定和团体的章程而对团体享有的各种权利的总称。例如，对团体的收入分配请求权、投票权、管理权、监督权等。社员权既有身份属性，又包含了财产利益。三是继承权。所谓继承权，是指继承人依法继承被继承人遗产的权利。继承权以继承人的特定身份为基础，以财产利益为内容。

2.支配权、请求权、抗辩权、形成权

（1）支配权。支配权是指直接支配客体，并享有一定利益的权利。物权是典型的支配权，并且以支配作为其主要的权能。除物权以外，知识产权、人格权、身份权在性质上也可以称为支配权，但是身份权只是对身份利益的支配，而不是对他人人身的直接支配。支配权的特点表现在：第一，支配权的客体是特定的，即特定化的财产和人身利益。尤其是就财产利益而言，支配权的客体必须特定化，才能对特定的财产产生排他的效力。第二，支配权的权利主体是特定的，而义务主体是不特定的，除权利人之外的任何人都负有不侵害支配权的义务。第三，支配权的实现不需要义务人的积极作为。支配权不需要义务人的介入，即可使权利人的权利实现，但义务人不得实施妨碍支配权实现的行为。第四，支配权因支配而产生排他性的效力。例如，物权人对其物享有支配权，并因此而产生排他性、优先权、追及权等效力。

（2）请求权。所谓请求权，是指请求他人为一定行为或不为一定行为的权利。请求权人自己不能直接取得作为该权利内容的利益，必须通过他人的特定行为间接取得。请求权包括债权上的请求权、物权上的请求权、人格权上的请求权、继承法上的请求权、亲属法上的请求权等。请求权的特点是：

第一，具有相对性。请求权都是发生在特定的相对人之间的一种权利，无论是基于债权产生的请求权，还是基于物权或其他绝对权利产生的请求权，都要转化为相对人之间的关系。也就是说，请求权只能向特定的义务人提出，要求其履行义务。请求权作为相对权，产生于具有特定请求内容关系的特定当事人之间。

第二，依附于基础权利。请求权是由基础权利（如物权、债权）所发生的，如果没有基础权利，则当事人也难以享有请求权。

第三，请求权作为独立的实体权利，连接了实体法和程序法的权利。民事诉讼可以分为三种，即确认、给付和变更之诉。这三种诉讼中，给付之诉是民事诉讼的核心，而给付之诉的基础就是请求权。只有理解了请求权，才能理解给付之诉的基础。

第四，请求权既可以作为独立的权利，也可以作为实体权利的内容。请求权大多表现为实体权利，如物权请求权、人格权请求权等。正是因为请求权可以采取独立的形态，故权利人可以转让、抵销、准许延迟或免除请求权的具体内容。但请求权也可以只是某项权利的内容。例如，债权的请求权只是债权的内容，或者说是债权的主要内容。

（3）抗辩权。抗辩权又称为异议权，它是指对抗对方的请求或否认对方的权利主张的权利。抗辩权是和请求权相对应的概念，如果将请求权比作矛，抗辩权就是盾。抗辩权的功能就是对抗或延缓请求权的行使，或使请求权归于消灭。所以，抗辩权和请求权是相辅相成的。例如，合同法规定的同时履行抗辩权、不安抗辩权等都是针对履行请求权的权利。抗辩权的行使是正当行使法定权利的表现，抗辩权一旦成立，将会导致对方的请求权消灭或使其效力延期发生。当然，抗辩权的行使必须严格遵循法律规定的抗辩权行使的条件和程序，不能违反法律规定而行使权利，或滥用抗辩权，否则，不仅不能发生抗辩的效果，而且行为人还可能承担相应的民事责任。

抗辩权不同于抗辩。抗辩是主体可以提出的各种不履行义务的事由，其通常包括权利未发生的抗辩、权利已消灭的抗辩与拒绝履行的抗辩。而抗辩权则主要是指民事主体依法享有的对抗对方请求权的权利。从这一意义上来说，抗辩是一个上位概念，抗辩权是其下位概念，抗辩包括了抗辩权。区分抗辩与抗辩权的意义在于，抗辩权的行使通常需要当事人积极主张，法官不能依职权进行主动审查。而对抗辩权之外的其他抗辩事由而言，其通常并不需要当事人主张，即便当事人不主张，法官也需要依职权主动审查。例如，在保证期间经过后，保证人的保证责任消灭，在此情形下，在债权人向保证人主张保证责任时，即便保证人不提出保证责任已经消灭的抗辩，法官也需要主动审查。

抗辩权可以分为消灭的抗辩权和延缓的抗辩权。消灭的抗辩权，是指抗辩具有消灭或否定请求权的效力。如存在合同请求权时，合同履行、代物清偿、提存、抵销、免除、撤回合同、解除合同等构成消灭的抗辩权。由于此种抗辩权可以使请求权的行使永远被排除，故又称为永久的抗辩权。延缓的抗辩权，是指仅能使对方的请求权在一定期限内不能行使，所以又称为一时的抗辩权。此种抗辩权的行使，只是使请求权的行使发生障碍，一般并不能导致请求权本身消灭。例如，同时履行抗辩权和不安抗辩权的行使只是使履行的请求权发生障碍，当请求权的障碍消除或消灭以后，请求权人可以继续行使请求权。

（4）形成权。形成权是指当事人可以以自己单方的意思表示，使法律关系发生变动的权利。形成权的特点是：第一，权利人根据自己的意思表示，就能够使既存的法律关系发生、变更或消灭。换言之，不需要他方相应地作出某种行为，即可以通过行使此种权利，使法律关系产生变动和消灭。第二，它的效力产生不需要另一方作出某种辅助的行为或共同的行为。一般情况下，形成权的实现不需要相对人的介入，只需要他人不妨碍其权利的行使即可。第三，一旦行使形成权的意思表示发出并到达相对人，就可以使法律关系发生、变更或者消灭。这种特殊的行使方式，使形成权的行使所发生的效力很难因相对人的行为而受到影响。第四，它通常都具有一定的存续期间。形成权的存续期间在学说上称为除斥期间。权利人应当在该期限内行使权利，超过了该期限，将导致形成权的消灭。而且，除斥期间在性质上属于不变期间，不能发生中止、中断和延长。第五，为保护当事人的合理信赖，维持法律关系的稳定，当事人在行使形成权时不得附条件或者附期限。

3.绝对权和相对权

根据义务主体是否特定以及权利的特点，权利可以分为绝对权和相对权。所谓绝对权，是指权利人的权利无须通过义务人实施一定的行为，即可以实现，并能对抗不特定人的权利。绝对权主要包括所有权、人身权、知识产权。因为绝对权的权利人对抗的是除他以外的任何人，所以绝对权又称为对世权。所谓相对权，是指权利人的权利必须通过义务人实施一定的行为才能实现，权利人的权利只能对抗特定的义务人。对相对权而言，无论是权利人还是义务人，都是特定的，权利人享有权利的同时应当负担相应的义务，而义务人在负担相应义务的同时也享有相应的权利。权利人须通过义务人实施一定行为才能实现其权利。

4.主权利和从权利

根据民事权利之间的主从关系，民事权利可以划分为主权利和从权利。主权利是指在相互关联的几项民事权利中，不依赖其他权利就可以独立存在的权利，也称为独存权。从权利则是不能独立存在而从属于主权利的权利，例如，为担保债权的实现而设立的担保物权，相对于主债权而言是一种从权利，而主债权是主权利。区分主权利和从权利主要具有以下意义：

第一，主权利和从权利是一种相对的法律概念，只有在具有主、从权利的法律关系中，才存在这种划分。换言之，主、从权利关系的确定，必须在具有主、从地位的法律关系中才具有意义。例如，在担保法律关系中存在主权利和从权利的区别，但不能笼统地说物权或债权是主权利或从权利。

第二，主权利是从权利的基础和前提，从权利必须要依附于主权利而存在，所以主权利成立和生效，从权利才有可能产生和生效。如果主权利不存在或被宣告无效，那么从权利也相应地不存在或被宣告无效；如果主权利发生转让，那么从权利一般也应当依法发生转让。权利人不能在转让主权利的情况下单独保留从权利，也不能在抛弃主权利的情况下单独享有从权利。

第三，从主权利和从权利的区别中，相应地区分主权利法律关系和从权利法律关系，有助于确立不同的法律关系中的义务主体及其内容。例如，在担保法律关系中，与主债权人相对应的是主债务人，而在保证合同中，权利人是债权人，义务人是保证人，两种法律关系中权利所指向的对象是不同的，而义务人也可能是不一致的。

5.既得权与期待权

根据权利成立要件是否全部实现，民事权利可分为既得权与期待权。既得权是指成立要件已全部实现的权利，一般权利都是既得权。期待权是指成立要件尚未全部实现、将来有实现可能的权利，如附条件民事法律行为设定的权利在条件成就前就是期待权。继承开始前，法定继承人享有的继承权，也属于期待权。期待权是权利人依据法律或合同的规定，依法对未来的某种权利享有一种期望或期待的利益。不过，尽管期待权体现为一种未来的利益，但这种利益仍然是可以实际取得的，而不是一种臆想的不可能实现的利益。

四、民事权利的行使

（一）对于民事权利行使进行限制的必要性

民事权利的行使也就是民事权利内容的实现。权利都是以一定的利益为内容的，权利人为满足自己的需要，要实现该利益，就必须行使自己的权利。任何权利的实现，不仅关涉权利人的利益，而且关涉义务人的利益以及国家和社会的利益，因此对民事权利的行使要作出必要限制，具体理由如下：

1.维护社会公共利益。权利主要体现的是一种权利人的私人利益，但是这种利益有可能会和社会公共利益发生冲突。例如，《民法典》第999条规定："为公共利益实施新闻报道、舆论监督等行为的，可以合理使用民事主体的姓名、名称、肖像、个人信息等；使用不合理侵害民事主体人格权的，应当依法承担民事责任。"据此，为了维护公共利益，可以对民事主体的相关人格权益作出必要的限制。

2.维护社会生活的和谐有序。民事权利常常涉及各个民事主体之间的利益冲突，任何人在行使权利时，对他人对其行使权利造成的不便，负有适当容忍的义务。例如，人格权的行使与保护就经常与其他利益和价值发生冲突。

3.节约资源、保护生态环境。良好的生态环境是美好幸福生活的重要组成，是最普惠的民生福祉。权利的行使，必须符合《民法典》第9条规定的绿色原则。例如，土地使用权人在一定的期限内不使用土地，将造成社会财富的浪费。在此情况下，国家就可以依法收回土地使用权。物权人行使物权，也应负有保护环境、维护生态的义务。

（二）民事权利行使的原则

1.自愿原则

所谓民事权利行使的自愿原则，是指民事主体有权按照自己的意愿行使权利，不受他人的非法干涉。《民法典》第130条规定："民事主体按照自己的意愿依法行使民事权利，不受干涉。"权利行使的自愿原则是民法自愿原则的具体体现。依据这一规定，民事主体在行使民事权利时，首先可以选择行使或者不行使某种权利，权利本身就是赋予权利人一种行为自由。"法无禁止皆自由"，权利人有权依法从事某种民事活动和不从事某种民事活动。也就是说，在民事领域，除了法律另有规定之外，权利人是否行使某种权利或不行使某种权利，是否从事某种行为或不行为，完全应当由权利人自主决定。

2.义务必须履行原则

民法本质上虽然是权利法，但我国民法在保障民事权利的同时，也注重义务的履行，从而构建了权利义务一体的法律规则体系。《民法典》第131条规定："民事主体行使权利时，应当履行法律规定的和当事人约定的义务。"依据这一规定，权利人在行使权利时，必须履行其应尽的义务。具体而言，包括两个方面：一是履行法律规定的义务。在民法上，守法除了要求依法行使权利外，还意味着必须履行法律规定的义务，必须将法定义务内化于心，外化于行。二是履行当事人约定的义务。《民法典》第119条规定："依法成立的合同，对当事人具有法律约束力。"据此可知，当事人应当按照约定履行自己的义务，不得擅自变更或者解除合同。依法成立的合同，受法律保护。上述规则都要求当事人在交易过程中严守合同，并且按照诚实信用原则履行合同，同时，在一方当事人违反合同约定时，对方当事人有权请求其承担违约责任，这也有利于保障当事人严守合同。

五、滥用权利

（一）滥用权利的概念

所谓滥用权利，是指行使权利违背权利设定的目的，损害了他人利益。例如，某人在自己的大门顶上安装摄像监控装置，直接对准邻居的家门口，监视邻居的往来客人等情况，侵害邻居的隐私权，构成滥用权利。《民法典》第132条规定："民事主体不得滥用民事权利损害国家利益、社会公共利益或者他人合法权益。"这就确立了禁止滥用权利的规则。《总则编解释》第3条第2款规定："行为人以损害国家利益、社会公共利益、他人合法权益为主要目的行使民事权利的，人民法院应当认定构成滥用民事权利。"这就对《民法典》关于滥用权利的概念作出了更为细化的规定。

权利意味着主体的意志自由，但这种自由是有一定的限度的。法律并不允许权利人以任意方式随心所欲地行使自己的权利，民事权利亦不例外。从权利行使角度来看，自由止于权利。任何权利的实现不仅关涉权利人的利益，而且涉及义务人的利益、国家和社会的利益。因此，各国立法无不对权利的行使规定了这样或那样的限制。在罗马法中，曾经有"凡行使权利者，无论于何人皆非不法"的规定。但近代以来，各国基本都认可了禁止滥用权利的规则。我国民法一方面鼓励权利人正当行使权利，满足个人利益；另一方面又为权利的行使划定了界限，禁止权利人超出这些界限侵犯他人和社会利益。我国法律、法规不仅通过许多强制性的规范确立了民事权利行使的目的和界限，《民法典》的上述规定也确立了禁止滥用权利的规则。

（二）滥用权利的构成要件与判断

依据《民法典》第132条和《总则编解释》第3条第2款的规定，滥用权利应当具备如下条件：

第一，权利人行使了其权利。滥用权利以权利的存在为前提，如果权利人并不享有相关权利，因此造成他人损害，则可能直接构成侵权，而无法构成滥用权利；而只有在存在权利的情形下，才能进一步判断权利人行使权利是否超出应有的范围，是否构成滥用权利的问题。

第二，以加损害于他人为主要目的。判断是否构成滥用权利，关键从权利行使的表象上，看权利人是否有加损害于他人的主要目的，权利人在行使权利时如果是为了实现自己的利益，但因此侵害了他人的利益，则通常不宜认定构成滥用权利。例如，在自己家门口安装摄像头，如果主要是为了监控自己家门口，但意外拍摄到了邻居家门口，则不应当认定为构成滥用权利；但如果摄像头直接对着邻居的家门口，而不是对着自己家门口，则应当认定为构成滥用权利。权利的行使虽然是权利人的自由，但权利人应当在法律规定的范围内行使权利，即使对所有权人来说，也只能在法律规定的范围内享有所有权的各项权能。权利的行使必须要有合理的界限，这个界限就是不得损害国家利益、社会公共利益和他人的合法权益。如行使权利以造成他人损害为主要目的，则应构成滥用权利。

第三，行为人的行为侵害了他人的合法权益。《民法典》第83条还对营利法人的出资人不得滥用出资人权利的规则作出了规定，该条第1款规定："营利法人的出资人不得滥用出资人权利损害法人或者其他出资人的利益；滥用出资人权利造成法人或者其他出资人损失的，应当依法承担民事责任。"该条实际上是在总结公司法立法经验基础上而形成的规则，其主要针对的是出资人滥用出资人权利损害法人或者其他出资人利益的现象而作出的规范。

当然，仅仅以上述标准判断滥用权利过于简单，由于权利的类型繁多，因此，滥用权利的形态多种多样，简单运用上述标准，可能无法准确判断滥用权利。为此，《总则编解释》第3条第1款规定："对于民法典第一百三十二条所称的滥用民事权利，人民法院可以根据权利行使的对象、目的、时间、方式、造成当事人之间利益失衡的程度等因素作出认定。"该条在判断滥用权利时采用了动态系统论的方法，此种方法具有合理性，因为滥用权利规则的功能旨在划定权利人与相对人或公共的利益范围，防止权利行使产生的利益冲突；同时，滥用权利规则的这一功能就决定了该制度的适用应当是建立在对权利人与相对人或公共利益进行平衡的基础之上的，而这种界限的划定往往伴随着具体情况的不同而存在区别。因此，动态系统论在这种情形下具有天然的优势。从动态系统论的观点出发，首先应当确定影响权利人和相对人或公共利益范围确定的各种因素，具体需要从行为的外观形态、结果、权利行使的时间、方式、对象、目的、造成当事人之间利益失衡的程度等，通过动态系统来进行综合考量，弥补构成要件过于抽象的不足，也可以对法官的自由裁量权作出一定的限制。

（三）滥用权利的法律后果

依据《总则编解释》第3条第3款的规定，滥用权利将产生如下两方面的法律后果：

第一，权利行使超过合理界限的部分不具有法律约束力。这就是说，滥用权利不应当产生行为人追求的后果。换言之，如果构成滥用权利，则在当事人合理行使权利的范围内，仍然可以产生相应的法律效果，只有超出的部分无法产生法律约束力。例如，在请求权的行使中，滥用请求权不能导致请求权的行使效果，其可以表现为请求不能中断时效，或者相对人不构成迟延履行等。

第二，如果滥用权利造成他人损害，已经构成侵权的，应承担侵权责任。滥用权利可能产生损害后果，也可能并未产生损害后果，即便造成了损害，是否构成侵权，还需要依据侵权责任编的规定予以判断。如果权利人行使权利的行为也满足了侵权责任的成立要件，那么此时就应当适用侵权责任的规范，受害人可以请求权利人承担侵权责任，其中既包括侵权损害赔偿，也包括其他侵权责任的承担方式。从比较法的发展趋势来看，滥用权利已经成为一种新的侵权行为，并得到立法和判例的承认。由于滥用权利的行为常常以造成他人的损害为后果，滥用权利往往同时也构成侵权，行为人主观上具有过错，因此，应当依据侵权责任编的相关规定承担侵权责任。

案例分析 能力训练

六、民事权利的救济

（一）民事权利的公力救济

所谓民事权利的公力救济，是指权利受到侵犯时，由国家机关给予保护。这种保护手段是由国家机关采取的，所以称为公力救济。公力救济的典型形式是权利人通过诉讼的方式，请求人民法院对权利予以保护。由于民事权利的种类不同，受到侵害的方式不同，因而当事人提起诉讼请求保护的目的和要求也不同。一般来说，当事人提起的民事诉讼请求有如下三种类型：

1.确认之诉，即请求人民法院确认某种法律关系是否存在的诉讼。请求确认的权利主要是绝对权，包括物权、知识产权、人身权等。至于相对权发生纠纷，如合同债权，一般是通过给付之诉来解决的。确认之诉的对象也主要是支配权，因为支配权本质上是对权利人特定的财产利益和人身利益的支配，一旦这种支配受到侵害或者在归属上发生争议，权利人就可以请求法院予以确认。各种权利的确认，常常是其他诉讼的前提，因为只有在权利归属明确以后，才能进一步解决侵权或者其他问题。例如，不能在权利尚未界定时就直接确认某种行为是否构成侵权或是否应当被宣告无效。

2.给付之诉，即请求人民法院责令对方作出某种行为，以实现自己的权利，如请求交付财产、偿付违约金和赔偿金等。给付之诉针对的主要是请求权，请求权一般都具有可诉性，可以以诉讼方式行使，形成给付之诉。当事人提起给付之诉，必须要以请求权为基础，如不存在合法有效的请求权，则该给付之诉的请求也难以得到支持。

3.形成之诉，即请求人民法院通过判决变更现有的某种民事权利义务、形成某种新的民事权利义务的诉讼，如因请求分割共有财产、终止合同关系、解除收养关系、申请死亡宣告等而提起的诉讼。形成之诉主要针对的是形成权，包括解除权、撤销权。这些权利的行使仅需要一方的意思表示即可，而义务人并不享有相对的权利，所以只要有形成权存在，通过形成之诉使形成权实现，就可以导致法律关系发生、变更或消灭。

（二）民事权利的自力救济

民事权利遭受侵害时，我国法律也允许民事主体自我保护，但有严格的限制。在我国，民事权利的自力救济具有以下特征。

第一，对私力救济的抑制。凡是能够实行公力救济的，都应当进行公力救济，尽量限制私力救济，目的在于防止出现“丛林法则”，维护社会正常秩序。所谓民事权利的自我保护，是指权利人自己采取各种合法手段来保护自己的权利不受侵犯。这种保护措施是由当事人自己采取的，因此称为私力救济或自我救济。采取自我保护手段受到法律的严格限制，权利主体只能以法律许可的方式和在法律允许的限度内保护自己的权利。

第二，私力救济方式的法定性。通常情形下，法律对各种私力救济方式作出了明确规定，我国《民法典》第181条规定了正当防卫，第182条规定了紧急避险，第183条规定了对见义勇为的受害人的补偿责任，第184条规定了紧急救助的责任豁免。此外，在侵权责任编中，还规定了合法自助行为，《民法典》第1177条第1款规定：“合法权益受到侵害，情况紧迫且不能及时获得国家机关保护，不立即采取措施将使其合法权益受到难以弥补的损害的，受害人可以在必要范围内采取扣留侵权人的财物等合理措施；但是，应当立即请求有关国家机关处理。”这就在法律上承认自助行为可以作为一种免责事由。

第三，私力救济方式具有多样性。虽然私力救济需要法律的明确规定，但只要不违反法律和公序良俗，当事人就可以采取一些方式实现私力救济，而且其方式具有多样性。民事权利的自我保护还包括当事人通过协商解决争议。一般情况下，由于当事人的根本利益是一致的，因而，一旦权利被侵害，出现民事纠纷，当事人可以自行协商解决，或者在有关人员或单位的调解下通过非诉讼程序解决。但是，这并不是说，对于一切民事纠纷当事人都要自行解决，在任何时候、任何情况下，权利受到侵害的当事人都有权请求人民法院或其他国家机关依法给予保护。

七、民事义务

（一）民事义务的概念

所谓民事义务，是指义务人依据法律规定和合同的约定，应当为一定行为或者不为一定行为。民事义务的特点表现在如下几个方面：一是具有强制性。民事权利可以行使也可以不行使，但义务人必须依据法律规定或者约定履行义务，我国《民法典》第176条规定：“民事主体依照法律规定或者按照当事人约定，履行民事义务，承担民事责任。”因此，义务人必须依据法律的规定或合同的约定，为一定的行为或不为一定的行为，以便满足权利人的要求。二是义务体现为一种负担。义务通常以满足权利人的需要为目的，而并非满足义务人自身的目的；民事权利都会给权利人带来一定的利益，但是民事义务则会给民事主体带来一定的负担。三是受到国家强制力约束。义务人违反义务，权利人有权请求其承担民事责任，民事责任有力地保障义务的履行。由于民事责任从性质上说就是当事人违反民事义务所产生的后果，所以民事义务也是民事责任的前提和基础，只有在违反民事义务的情况下，才会产生民事责任。

依据我国《民法典》的规定，民事义务既可以依据法律规定产生，也可以依据当事人约定产生，还可以依据诚信原则而确立各项附随义务，如保密、通知、协作、保护等义务。民事义务是相对于民事权利而言的，是当事人依据法律规定和当事人约定而负担的义务。

（二）民事义务的分类

1.法定义务与约定义务

所谓法定义务，是指法律、行政法规等规定当事人所应当承担的义务，而非当事人所约定的义务。所谓约定义务，是指当事人经协商所确定的义务，主要表现为合同义务。合同本质上就是当事人通过自由协商，决定其相互间权利义务关系，并根据其意志调整他们相互间的关系。只要当事人协商的条款不违背法律的禁止性规定、社会公共利益和公共道德，法律即承认其效力。只有在当事人没有约定或约定不明确的情况下，才应当适用法律的规定。虽然在实践中，约定义务主要是基于当事人之间的合同产生的，但是在现代合同法中，义务来源已经多样化，例如，依据法律和诚信原则的规定，也可以产生义务。

法律、行政法规等为合同当事人所设立的义务可区分为两种规范：一是法律的强行性规定。它要求当事人必须无条件地绝对地遵守，不允许当事人按自行协议排除其适用，违反法律的强行性规定的当事人协议无效。二是法律的任意性规定。法律的任意性规定只是为当事人提供了一种示范性或建议性的规定，对此种规定，当事人完全可以通过其相互间的约定加以改变或排斥任意性规定的适用，但这并不意味着任意性规定绝对不能成为合同的内容。例如，《民法典》第224条规定："动产物权的设立和转让，自交付时发生效力，但是法律另有规定的除外。"这就意味着，如果当事人没有就标的物所有权的移转达成特别的约定，就应当适用动产所有权自标的物交付时起转移的规定，而该项规则也自动成为合同的内容。

2.基本义务与附随义务

所谓基本义务，是指当事人依据法律规定或者合同约定所负担的主要义务。例如，在买卖合同中，一方所负担的交付标的物的义务，另一方所负担的支付价款的义务，即为基本义务。基本义务是义务人所负担的主要义务，其通常直接决定当事人之间法律关系的性质。例如，如果当事人之间的合同关系名义上为买卖合同，但如果一方当事人并不负担给付价款的义务，则应当将该合同关系界定为赠与合同。

所谓附随义务，是指合同当事人依据诚实信用原则所产生的，根据合同的性质、目的和交易习惯所应当承担的通知、协助、保密等义务。我国《民法典》第509条第2款规定："当事人应当遵循诚信原则，根据合同的性质、目的和交易习惯履行通知、协助、保密等义务。"这是对附随义务在法律上的准确概括。附随义务的特点表现在：一是附随义务不是由当事人在合同中明确约定的，而是依据诚信原则产生的，是诚信原则的具体体现。此种义务具有强行性，当事人不得通过约定排除诚信义务的承担，违反此种义务将构成违约。二是附随义务是附随于主给付义务的，主给付义务确定以后，附随义务才能随之存在，其本身不能独立于主给付义务而存在。在通常情况下，附随义务并不是以给付为内容的，而是在维持、保护给付义务的发生、履行以及消灭的全部过程中所形成的义务。三是附随义务的内容是任何合同都应当具备的，但在不同的合同中，附随义务的内容也不完全相同。尤其应当看到，与主给付义务不同的是，附随义务不是通过当事人在合同中事先确定的，也不是在合同成立时起便已经确定的，其内容将随着合同关系的发展而不断变化。

八、民事法律事实

(一) 民事法律事实的概念

民事法律事实是指依法能够引起民事法律关系产生、变更或消灭的客观现象。法律可以根据统治阶级利益的需要，规定一些事实条件，在发生这些事实以后，就使民事法律关系产生、变更或消灭。这些由法律规定的、能够产生一定法律后果的事实，就是法律事实。法律事实是法律现象产生的原因，是依法能够引起民事法律关系产生、变更或消灭的客观现象。法律事实的特点在于：

1.它是一种客观存在的社会生活中出现的事实，而不是当事人主观的内心意思。在法律事实中，有的与人的意志相关，有的则与人的意志无关，但无论当事人的意思如何，法律事实都是外在于主观意思而存在的客观事实，如自然现象等；就行为而言，必须是表露于外的事实，单纯的内心意思无法产生法律效果。

2.法律事实必须能够引起一定的法律后果。社会生活中出现的事实并非都与法律规定有关，也并非都能产生一定的法律效果。例如，朋友亲戚相聚交谈、邻里之间相互串门等，通常不会产生法律效果。法律事实不仅可能产生当事人预期的特定的法律效果，也可能产生当事人预期之外的其他法律后果。例如，当事人订立的合同符合法律的强行性规范且不违反社会公共利益时，就能够产生合同法律关系。如果该合同是无效合同，此时虽然不产生当事人预期的法律后果，但仍产生诸如返还财产、赔偿损失等法律后果。

3.法律事实能否产生一定的法律后果或者产生何种特定的法律后果，最终都取决于法律的规定。社会生活中的各种事实，有的是由法律规范的，有的是由道德、宗教等规范的，只有为法律所规范的事实，才是法律事实。

民事法律事实的种类繁多，民法上根据事实是否与人的意志有关，将其分为事件和行为两大类。

（二）事件

事件，又称为自然事实，是指与人的意志无关，能够引起民事法律关系产生、变更、消灭的客观现象。例如，人的死亡使继承人取得继承遗产的权利，物的灭失引起所有权关系的消灭等。事件不同于行为，一方面，事件的产生和发展与当事人的意志无关，而且不受当事人意志的控制；另一方面，事件所产生的法律效果具有法定性，即某事件究竟对民事法律关系产生何种影响，是由法律规定的，而不是当事人意欲追求的法律效果。

（三）行为

行为，是指人的有意识的活动。行为可以分为以下两种类型。

1.民事法律行为，是指行为人旨在确立、变更、终止民事权利义务关系的行为。有的民事法律行为符合法律的要求，能够达到当事人预期的目的，称为有效的民事法律行为；有的民事法律行为不符合法律的要求，不能达到当事人预期的目的，称为无效的民事法律行为。民事法律行为是最主要的民事法律事实。

2.事实行为，是指行为人实施一定的行为时在主观上并没有产生、变更或消灭某一民事法律关系的意识，但由于法律的规定，同样会引起一定的民事法律后果的行为。事实行为有合法的，也有不合法的。从事智力创造活动，拾得遗失物、漂流物等属于合法的事实行为；侵害国家、集体的财产或他人的人身、财产则是不合法的事实行为。

民事法律关系的产生、变更或消灭，有时只以一个法律事实为根据，有时需要以两个或两个以上的法律事实的相互结合为根据。例如，遗嘱继承法律关系，就需要立遗嘱的行为和遗嘱人死亡这两个法律事实才能够发生。这种引起民事法律关系的产生、变更或消灭的两个以上的法律事实的总和，称为民事法律关系的事实构成。

第四节　民事权利客体

一、物

（一）物的概念和特征

民法上的物，是民事权利的客体，它是指存在于人身之外、能够满足人们的需要、能够为人力所支配和控制的客体。民法上的物不同于哲学上的物，并不是一切客观存在的物体都是民事权利的客体，在纷繁复杂的各种物质中，只有符合一定的条件的物，才能成为民事权利的客体。这些条件主要包括：

1.必须存在于人身之外。作为民事权利的客体，不是人本身。在现代社会，废除奴隶制之后，人都是主体而不是客体，人本身也不是支配的对象。附属于人体的各个器官和组织等，在与人体发生分离之前，本身不能成为物权的客体。我国法律严格禁止买卖人体细胞、人体组织、人体器官，这些物即使与人体相分离，也体现了一定的人格属性，只能由权利人无偿捐献，而不能非法转让。至于尸体，其虽可以成为民法上的物，但因其体现了一定的人格利益，因此法律严格禁止买卖尸体。

2.必须能够满足人们的现实需要。民法上的物都具有一定的使用价值和交换价值，并且能够让人们获得一定的利益，满足人类一定的生产生活需要。例如，直接占有某项财产，并从中获取利益，或者在某个财产之上设立担保而获取一定的交换价值。各种物因为其功能和用途不同，而能够满足人们的不同需要。还有一些具有人身意义的特定物，如珍贵的照片、祖传的珍宝、家书等，也是民法上的物，因其体现了一定的人格属性，如果对其进行了损害，则会产生精神损害赔偿。

3.必须能够为人力所支配。如果无法为人力所支配或者控制，就无法有效确定权利归属和范围，自然也无法成为物权的客体。例如，空气、云彩、天体等，无法为人所控制和支配，谈论其归属和利用关系是没有意义的，因而它们都不能成为物权的客体。此外，作为物权客体的物，应当具有价值（包括使用价值和交换价值）。

4.主要是有体物。有体物是指具有一定的物质形体，能够为人们所感觉到的物，即有形的、可触觉并可支配的物。无体物是指除对有体物的权利以外的其他权利和利益，如对股票、票据、债券等的权利，都可以被称为无形财产，其实质内容是法律所保护权利主体的利益。有体物包括除权利以外的一切物质实体，不仅包括占有一定空间的有形物（各种固体、液体和气体），还包括具有支配性的电、热、声、光等自然力或能。我国《民法典》物权编主要调整因有体物产生的财产归属和利用关系，因无体物产生的归属和利用关系主要由知识产权法等法律调整。无形财产在法律规定的情形下可以成为民事法律关系的客体，如知识产权的客体就是无体物。

（二）物的分类

1.动产和不动产

物权的客体是特定的物。所谓特定的物主要指的是动产、不动产。所谓不动产，是指依照其物理性质不能移动或者移动将严重损害其经济价值的有体物，包括土地、房屋、林木等。所谓动产，就是不动产之外的、在性质上能够移动，并且移动不损害其经济价值的物，如电视机、书本等。有体物可以分为动产和不动产。动产和不动产概念的区别主要表现在：第一，是否可以移动。动产通常可以移动，而不动产则不能移动。当然在现代社会中，随着科技的发展，房屋也可以移动，但是这毕竟属于例外现象，而且将耗资巨大。第二，移动是否在经济上合理。房屋等土地附着物也可能是能够移动的，但一旦移动耗资巨大，而动产通常可以移动，即使是沉重的机器设备，也可以移动，且较之于不动产其移动耗资不大。第三，是否附着于土地。不动产除土地之外，其他财产如房屋、林木等都是附着于土地的，通常在空间上不可移动，若发生移动将影响它的经济价值。而动产通常并不附着于土地。

尽管动产和不动产在某些方面应适用共同的规则，但也要看到，动产和不动产适用的仍然是两种不同的规则。例如，在我国，土地属于国家和集体组织所有，个人不能对于土地享有所有权。此外，从权利的取得方式来看，动产取得的一些方式如先占、添附、加工、拾得遗失物、发现埋藏物等，一般不适用于不动产。再如，二者物权公示的方法不同。从公示方法来看，动产所有权移转以交付为要件，而不动产所有权移转以登记为要件。

2.主物和从物

主物和从物通常表示的是两个物之间的相互依存关系。所谓从物，是指不作为主物的组成部分，而是为了发挥主物的经济效用，与主物同属一人的物。可见，从物具有如下特点：第一，从物并不是主物的组成部分，具有独立性。也就是说，从物并未丧失其独立存在的价值，假如某物已构成他物的组成部分，如房屋的墙壁和门窗等，则不是从物。第二，从物是为发挥主物的效用而存在的。也就是说，从物的存在是为了辅助主物的存在，与主物处于某一特定的空间关系中；它是为了增加主物的价值，如表与表链，若无表链，表的价值就会减损。第三，从物必须与主物同属于一人。这是因为只有在从物与主物同属一人的情况下才能适用从物的所有权随主物的所有权移转的规则。如果二物不属于一人，则不适用上述规则，否则可能损害第三人的利益。

尽管从物在物质的外观上是独立的，其与主物一样都是独立的物权客体，但两者是结合在一起的，而且这种结合并不是创造了一种独立的物。二者结合的方式是主物对从物的支配作用，从物只是起到辅助主物的作用。依据《民法典》第320条的规定，如果当事人没有特别约定，那么主物转让的，则从物随主物转让。

3.单一物和集合物

所谓单一物，是指在形态上能够单独地、个别存在的物。物权的客体主要是单一物。但在社会生活中，一物与他物结合是经常发生的。如果一物与他物结合时各自未丧失其经济上的独立性，即成为一个集合物。从法律上看，所谓集合物，是指各个物并不丧失其独立存在的价值，但它们结合成为具有独立价值的物。集合物分为两种类型：一是事实上的集合物。如商店里的全部商品、工厂里的机械设备。二是法律上的集合物。法律上的集合物是指权利和物的结合，又称为财产，包括营业财产、企业财产、破产财产、共同继承财产、合伙财产、夫妻共同财产、失踪人的财产等。

区分单一物和集合物的意义在于，物权的客体主要是单一物，只有在法律有特别规定的情况下，集合物才可以作为物权的客体。例如，《民法典》第396条规定："企业、个体工商户、农业生产经营者可以将现有的以及将有的生产设备、原材料、半成品、产品抵押，债务人不履行到期债务或者发生当事人约定的实现抵押权的情形，债权人有权就抵押财产确定时的动产优先受偿。"这就是承认以集合物作为担保。

4.原物和孳息

所谓原物，是指产生孳息的物。孳息就是指原物所产生的收益，其上位概念为收益。也就是说，原物是指孳息所从出之物。孳息是指财产上产生的收益。孳息分为两种：一是天然孳息，是指原物是因自然规律而产生的，或者按物的用法而收获的物，如母鸡生蛋、树上结果。天然孳息可以是自然的，也可以是人工的（如从羊身上剪下的羊毛等）。但是人工产生的物必须是没有对出产物进行改造加工，如将牛乳制成乳酪，就不是天然孳息。一般认为，天然孳息，如果实、桑叶等在未与原物分离之前，与原物密切结合在一起，应为非独立物，不能单独成为物权的客体。《民法典》第321条第1款规定："天然孳息，由所有权人取得；既有所有权人又有用益物权人的，由用益物权人取得。当事人另有约定的，按照其约定。"二是法定孳息，是指根据法律的规定，由法律关系所产生的收益，如出租房屋的租金、借贷的利息。法定孳息是由他人使用原物而产生的。自己利用财产所得到的收益以及劳务报酬等，不是法定孳息。《民法典》第321条第2款规定："法定孳息，当事人有约定的，按照约定取得；没有约定或者约定不明确的，按照交易习惯取得。"

（三）货币和有价证券

货币是一般等价物，也是特殊的种类物。货币的占有推定为所有。货币是具有强制流通性的铸币或纸币。从法律上来看，货币是一种特殊的动产，其特殊性表现在：货币是一种特殊的种类物，在交易上可以互相替换。货币的占有与所有是同一的，简称"所有和占有一致原则"。这一规则具体体现为：一是货币占有的取得就视为货币所有权的取得，货币占有的丧失即视为货币所有权的丧失。二是货币一旦交付，将会发生所有权的移转。即使是接受无行为能力人交付的货币，货币所有权也发生移转。因此，以货币作为借贷、保管等合同的标的，一旦一方向另一方交付货币，就将发生货币所有权的移转。三是货币在发生占有移转以后，货币的所有权人只能请求对方返还一定数额的欠款，而不能够根据物权请求权要求占有人返还原物或返还对原物的占有，也不能要求恢复原状。

有价证券也是民事权利的客体。所谓有价证券，是指表示一定的权利，权利人行使权利必须持有证券，原则上不得离开证券而行使权利的一种权利凭证。有价证券通常为权利凭证，它既可以作为物权的客体，也可以作为债权的标的。我国《民法典》第125条规定："民事主体依法享有股权和其他投资性权利。"该条对股票、债券、票据等有价证券作出了规定。虽然有价证券主要是通过《证券法》《票据法》等法律来调整的，但有价证券的转让、设定、担保等，要适用《民法典》的相关规定。

二、人格利益和身份利益

（一）人格利益

人格利益是指主要满足个人的精神需要、体现了个人的人格尊严、专属于民事主体的利益。依据《民法典》的规定，人格利益可以分为具体人格利益和一般人格利益。

具体人格利益通常是具体人格权的客体。从我国《民法典》的规定来看，具体人格权又可以分为两大类：一是自然人的人格权。《民法典》第110条第1款规定："自然人享有生命权、身体权、健康权、姓名权、肖像权、名誉权、荣誉权、隐私权、婚姻自主权等权利。"该条系统全面地确认和保护了自然人所享有的各项具体人格权，适应了时代的发展和人民群众对人格尊严的强烈需求，除婚姻自主权规定于婚姻家庭编外，我国《民法典》人格权编将该条所规定的其他各项具体人格权作了具体展开。二是法人和非法人组织的人格权。《民法典》第110条第2款规定："法人、非法人组织享有名称权、名誉权和荣誉权。"该条虽然确认了法人、非法人组织的三项具体人格权，但采取了封闭列举的方式。由此表明，与自然人相比，法人所享有的人格权类型较为固定，其仅享有法律规定的三项人格权。

一般人格利益是一般人格权的客体。一般人格权是相对于具体人格权而言的，它是自然人享有的、以人格尊严和人身自由为内容的、具有高度概括性和权利集合性特点的权利。随着社会的发展和司法保护的加强，人格利益的保护范围也在不断扩展，一般人格利益就是对人格利益的兜底保护条款。《民法典》第109条规定："自然人的人身自由、人格尊严受法律保护。"该条在法律上确认了一般人格权，形成了对人格权进行保护的兜底条款，这既保持了人格权体系的开放性，为新型人格利益保护预留了空间，也为法官提供了裁判依据。从该规定来看，一般人格权仅适用于自然人，而不适用于法人。它包括两个方面：一是人身自由。人身自由不仅包括人身自由权，还包括精神的自由、个人依法享有的自主决定的权利，从这一意义上说，人身自由在性质上又属于一般人格权的范畴。二是人格尊严。人格尊严是指每个人作为"人"所应有的社会地位，以及应受到的他人和社会的最基本尊重，是人作为社会关系主体的基本前提。人在社会中生存，不仅要维持生命，而且要有尊严地生活。

（二）身份利益

身份利益一般是因自然人之间的身份关系以及因知识产权而获得的利益。与人格利益的固有性不同，身份利益并不具有固有性，其以一定的社会关系为基础。身份利益主要是指基于一定的婚姻关系和家庭关系等身份所取得的利益。此种身份利益以一定的身份关系存续为前提，一旦这种身份关系消灭，则相关的身份利益也将不复存在。因自然人之间身份关系所产生的身份利益主要包括因婚姻关系和家庭关系而产生的身份利益，其主要包括夫妻之间、父母子女之间、有扶养关系的祖父母与孙子女或外祖父母与外孙子女之间依法相互享有的身份权，以及因监护关系产生的监护权等。对此，《民法典》第112条规定："自然人因婚姻家庭关系等产生的人身权利受法律保护。"

三、无体财产

所谓无体财产，主要是指除有体物以外的其他权利和利益，如对股票、债券、智力成果等的权利，其不能为人们所触觉且不占有一定的空间。具体而言，无形财产主要包括如下几种类型。

（一）作品、发明、实用新型、外观设计、商标等智力成果

智力成果主要是知识产权的客体，其是脑力劳动的产物或结果。有的智力成果需要有物质表现形式，有的不需要物质表现形式。由于21世纪是知识经济的时代，因而，智力成果是现代社会中最重要的无形财产。我国《民法典》对知识产权保护作出了规定，该法第123条规定："民事主体依法享有知识产权。知识产权是权利人依法就下列客体享有的专有的权利：（一）作品；（二）发明、实用新型、外观设计；（三）商标；（四）地理标志；（五）商业秘密；（六）集成电路布图设计；（七）植物新品种；（八）法律规定的其他客体。"

（二）数据、网络虚拟财产

《民法典》第127条规定："法律对数据、网络虚拟财产的保护有规定的，依照其规定。"该条宣示了数据、网络虚拟财产是重要的民事权利的客体，应受到侵权法的保护，在他人侵害数据、网络虚拟财产的情形下，权利人有权依法主张侵权责任。同时，该条也为未来相关立法提供了民事基本法的依据。

（三）股票、债券、票据等有价证券

有价证券也是民事权利的客体。有价证券包括股票、债券、票据等类型。

四、其他民事权利客体

其他民事权利客体还包括电、热、声、光等自然力。电、天然气等无形物在交易上是可以作为交易对象的，从交易观念出发，它们可以作为物而对待，许多国家民法典明确规定电力等自然力为可以支配的物。《民法典》第115条规定："物包括不动产和动产。法律规定权利作为物权客体的，依照其规定。"从该规定来看，民法所调整的物主要是有体物，但如果法律规定电、热、声、光等作为物权客体的，则其也可以成为物权的客体。

第五节　民事责任

一、民事责任的概念和特征

民事责任，是指当事人不履行民事义务所应承担的民法上的后果。例如，违约责任是违反合同约定而应当承担的责任，侵权责任是侵害他人权益而应当承担的赔偿等责任。《民法典》第176条规定："民事主体依照法律规定或者按照当事人约定，履行民事义务，承担民事责任。"该条强调了权利、义务和责任的一致性。《民法典》在《民法通则》第六章的基础上，继续规定了民事责任的一般规则，这也是对我国立法和司法经验的总结。

民事责任具有如下特点：

第一，它是民事主体违反民事义务而承担的不利后果。从性质上看，民事义务是指义务人依据法律规定或当事人约定应当为一定行为或者不为一定行为。大陆法系国家常常用给付义务来概括债务人应承担的义务。诚然，责任以义务的存在为前提，但是，责任本身并不是义务，而是义务人违反义务所应承担的后果。可见，责任与义务具有不同的性质。具体来说，义务与责任具有如下区别：一是责任是为确保义务履行而设置的措施，它以义务的存在为前提，以督促义务人履行义务并保障权利人的权利为宗旨。二是责任是在义务人不履行义务时，国家强制义务人履行义务或承担法律责任的表现，即一旦义务人不履行义务，义务在性质上就转化为一种强制履行的责任。

第二，它在本质上既是对国家的一种责任，也是对当事人的一种补偿责任。一方面，民事责任体现了国家对当事人之间关系的干预，表现了国家的强制力对违法行为的追究。另一方面，与行政责任和刑事责任不同，民事责任也是违法行为人对受害人所应当承担的责任。民事责任的功能在于对受害人提供补救，使受害人遭受的全部损失得到恢复。

第三，它具有强制性和一定程度的任意性。民事责任的任意性体现在，受害人可以免除行为人应承担的民事责任，可以与行为人通过协商的方式确定民事责任的承担。但民事责任具有强制性，这种强制性表现在，民事责任最终必须依赖国家强制力作保障，主要由法院最终确定责任的承担。如果受害人请求责任人承担责任，而责任人拒绝承担，受害人有权请求法院运用国家公权力强制执行。

第四，它主要是财产责任。民事责任曾经历了一个从人身责任向财产责任（主要是损害赔偿责任）的发展过程。现代民法普遍承认，民事责任主要是财产责任，并禁止对违约当事人实行人身强制，由此体现了法律文明的发展。但民事责任也不限于财产责任，如恢复名誉、赔礼道歉、消除影响等就不完全是财产责任。

二、民事责任的分类

(一)违约责任、侵权责任与其他责任

违约责任,是指合同当事人违反法律、合同规定的义务而应当承担的责任。侵权责任,是指行为人因其过错侵害他人财产、人身,依法应当承担的责任,以及没有过错,但在造成损害以后,依法应当承担的责任。违约责任和侵权责任的分离是因合同法与侵权法的分离而产生的。这两类责任的区别主要表现在:

第一,从违反义务的性质来看,违约责任是因为违反了合同义务(主要是约定义务)而产生的责任,侵权责任是行为人违反法定义务即《民法典》侵权责任编所设定的任何人不得侵害他人财产和人身的普遍性的义务以及其他法定义务所产生的责任。

第二,从侵害的对象来看,违约行为所侵害的是相对权即合同债权,侵权行为所侵害的是绝对权,如物权、人身权等。

第三,从事先是否存在合同关系来看,在一般情况下,当侵权行为发生时,行为人与受害人之间不存在某种法律关系,而只是因为侵权行为的发生双方才产生了损害赔偿之债的关系;对违约行为来说,当事人双方事先必然存在合同关系,因为违约行为的发生是以当事人之间存在合同权利、义务为前提的。

第四,从侵害的后果来看,违约损害赔偿仅限于财产损失赔偿,而且违约造成的损失并非都应当由违约方赔偿,只有那些违约方在订约时能够合理预见到的损失才应由违约方赔偿。而违约造成的精神损害,一般不应当根据合同法提供补救。侵权损害赔偿则既包括财产损失,也包括人身伤害和精神伤害,只要是因为侵权所造成的各种损失,无论是直接损失还是间接损失,都应当由侵权行为人赔偿。

除违约责任和侵权责任外,行为人还可能承担其他责任,如基于缔约过失行为而承担缔约过失责任,因不履行不当得利返还义务而产生的债务不履行责任等。

(二)按份责任与连带责任

1.按份责任

所谓按份责任,是指多数当事人按照法律的规定或者合同的约定,各自承担一定份额的责任。如果法律没有规定或者当事人没有明确约定份额时,应当推定责任人承担均等的责任份额。《民法典》第177条规定:“二人以上依法承担按份责任,能够确定责任大小的,各自承担相应的责任;难以确定责任大小的,平均承担责任。”该条对按份责任作出了规定。依据这一规定,按份责任具有如下特征:一是按份责任属于多数人责任。按份责任中,债务人必须是二人以上。二是按份责任产生的依据是法律规定或者当事人约定。从该条规定来看,当事人应当“依法”承担按份责任,但事实上,按份责任并不仅仅依据法律规定产生,当事人可以约定其责任承担份额,从而产生按份责任。三是按份责任对外按照一定的份额承担责任。与连带责任不同,对按份责任而言,各债务人并不承担所有的责任,而是按照一定的份额承担责任。在债权人请求债务人承担超过其份额的责任时,债务人有权拒绝。依据《民法典》第177条的规定,对按份责任而言,如果能够确定各个债务人的责任大小,则各债务人应按照各自的责任份额承担责任;如果无法确定各个债务人的责任大小,则各债务人应当平均承担责任。

2.连带责任

所谓连带责任,是指当事人按照法律的规定或者合同的约定,连带地向权利人承担责任。《民法典》第178条规定:“二人以上依法承担连带责任的,权利人有权请求部分或者全部连带责任人承担责任。连带责任人的责任份额根据各自责任大小确定;难以确定责任大小的,平均承担责任。实际承担责任超过自己责任份额的连带责任人,有权向其他连带责任人追偿。连带责任,由法律规定或者当事人约定。”该条对连带责任作出了规定。

连带责任具有如下特点:一是它属于多数人责任。连带责任的责任人是“二人以上”,即多数人。当然,连带责任主要是指责任人是多数人,并不要求权利人是多数人。二是它产生

的依据是法律规定或者当事人约定。与个人责任相比，连带责任在性质上属于一种加重责任，其产生必须有法律的明确规定或者当事人的约定，否则，原则上应当属于按份责任。三是权利人有权要求责任人中的任何一个人承担全部的或者部分的责任，每个连带责任人也都负有清偿全部债务的义务，任何一个债务人在全部债务清偿前都不能免除清偿的责任。四是任何一个连带债务人对于债权人作出全部的清偿，都将导致连带责任消灭。

虽然各个连带责任人对外负担连带责任，但在各连带责任人内部，其可能有一定的责任份额分担。依据《民法典》第178条第2款的规定，连带责任人的责任份额根据各自责任大小确定，如果难以确定各连带责任人的责任大小的，则各责任人应当平均承担责任。同时，依据《民法典》第178条第2款的规定，如果某一债务人实际承担的责任超过了自己的责任份额，则其有权向其他连带责任人追偿。

三、承担民事责任的方式

（一）民事责任承担方式的概念和特点

所谓民事责任的承担方式，是指行为人承担民事责任的具体方法。换言之，它是指行为人具体承担法律上不利后果的方式，或者说是民事责任的具体体现。责任方式不确定，责任也无法最终实现，受害人也无法获得救济，故责任方式是落实民事责任的必要前提。《民法典》第179条第1款规定："承担民事责任的方式主要有：（一）停止侵害；（二）排除妨碍；（三）消除危险；（四）返还财产；（五）恢复原状；（六）修理、重作、更换；（七）继续履行；（八）赔偿损失；（九）支付违约金；（十）消除影响、恢复名誉；（十一）赔礼道歉。"该条规定了多种民事责任承担方式，其特点在于：

第一，责任承担方式的全面性和多样性。该条所列举的11项责任承担方式，基本概括了司法实践中对受害人提供保护的责任承担方式，其既可以适用于违约，也可以适用于侵权。该条对民事责任承担方式作出全面规定，有利于为权利人提供多层次、全方位的保护。此外，《民法典》第179条第3款规定，"本条规定的承担民事责任的方式，可以单独适用，也可以合并适用"，因此，这些方式可以单独使用，也可以合并使用，从而强化了对受害人的救济，形成了对受害人的全面保护。

第二，责任承担方式功能的多样性。在上述责任承担方式中，既包括预防性的责任承担方式，也包括损害填补性的责任承担方式，由此也表明，《民法典》在民事权利方面既注重对受害人权利遭受侵害后的事后救济，也注重对损害的事先预防，其功能具有多样性。

第三，尊重当事人的选择。依据私法自治原则，这些方式可以由受害人作出选择，从而有利于受害人基于利益最大化选择对其最有利的方式，以便更好地保护自身的权利。

（二）民事责任的具体承担方式

1.停止侵害

如果行为人实施的侵害他人财产和人身的行为仍在继续进行中，受害人可依法请求法院责令侵害人停止其侵害行为。任何正在实施侵权行为的不法行为人都应立即停止其侵害行为，所以，停止侵害的责任方式可适用于各种侵权行为。此种责任方式的主要作用在于：能够及时制止侵害行为，防止侵害后果扩大。尤其是在互联网时代，网络侵权具有侵权成本低、损害后果严重等特点，因此，停止侵害这一预防性责任承担方式的适用，将有助于防止侵害后果扩大。当然，停止侵害这一责任方式的适用应当以侵权行为正在进行或仍在延续中为适用条件，对尚未发生的或业已终止的侵权行为则不能适用。

2.排除妨碍

不法行为人实施的侵害行为使受害人无法行使或不能正常行使自己的财产权利、人身权利的，受害人有权请求排除妨碍。例如，在通道上施工、设置障碍影响路人通行的，应将障碍除去。若不法行为人自己不排除妨碍，受害人可请求人民法院责令不法行为人排除妨碍。

3.消除危险

如果行为人的行为对他人人身和财产安全造成威胁，或存在侵害他人人身和财产的可能，他人有权要求行为人采取有效措施以消除危险。例如，房屋的所有人或管理人不修缮房屋，致使房屋处于随时倒塌、危及他人人身和财产安全状态时，应负消除危险的民事责任。适用消除危险的责任方式必须是损害尚未实际发生，也没有妨碍他人的民事权利的行使，但行为人的行为又确有可能造成损害的后果，对他人造成威胁。适用此种责任方式，能有效地防止损害的发生，充分保护民事主体的民事权利。

4.返还财产

返还财产实际上包括三种情况：一是返还不当得利。我国《民法典》第122条规定："因他人没有法律根据，取得不当利益，受损失的人有权请求其返还不当利益。"不当得利是债的发生原因，而返还不当得利也成为一种重要的民事责任。二是返还依民事法律行为所作的给付。也就是说，在民事法律行为被撤销后，当事人基于民事法律行为所取得的财产也应当返还给对方当事人。《民法典》第157条规定："民事法律行为无效、被撤销或者确定不发生效力后，行为人因该行为取得的财产，应当予以返还；不能返还或者没有必要返还的，应当折价补偿。"该条实际上也是关于返还财产责任的规定。三是不法侵占他人财产的，权利人可基于物权请求权，请求占有人返还原物。返还财产的目的在于使权利人恢复对原财产的占有和支配，因此也是一种充分救济受害人的方式。

5.恢复原状

恢复原状是指将损害的财产修复，即所有人的财产在被他人非法侵害而遭到损坏时，如果能够修理，则所有人有权要求加害人通过修理，恢复财产原有的状态。适用此种责任方式，应当具备两个条件：第一，须有修复的可能。恢复原状可以通过多种方式实现，但无论通过何种方式，恢复原状不仅要在实际上可能，而且要在经济上合理，否则，就不应该采取这种方式。第二，须有修复的必要。如果财产遭损坏后已无法修复，或者虽可修复，但所有人已不需要，则不能适用恢复原状的民事责任，而应当折价赔偿。

6.修理、重作、更换

所谓修理，是指行为人造成他人财产毁损或交付的标的物不合格时，权利人有权要求行为人对财产进行修缮，以恢复原状或符合合同的要求。所谓重作，是指行为人造成他人财产损害或者违反合同约定时，权利人有权要求行为人按照原物予以重新制作。所谓更换，是指行为人造成他人财产毁损，或交付的标的物不合格时，权利人有权要求行为人另行交付同等质量、同等数量的标的物。

7.继续履行

继续履行也称为实际履行，它是指在一方违反合同时，另一方有权要求其依据合同的规定继续履行。我国《民法典》第577条对继续履行这一责任承担方式作出了规定，同时，该法第579条与第580条分别对金钱债务的继续履行与非金钱债务的继续履行作出了规定。继续履行在性质上属于违约责任承担方式，也就是说，在一方违反合同后，另一方有权要求违约方继续履行合同，也有权要求其承担支付违约金和损害赔偿等责任。是否请求实际履行是非违约方的一项权利。关于继续履行责任方式的适用，金钱债务原则上都应当继续履行，但对非金钱债务而言，其虽然一般也需要继续履行，但依据《民法典》第580条规定，在例外情形下并不需要继续履行。

8.赔偿损失

赔偿损失是指行为人因违反合同或侵权行为而给他人造成损害的，应以其财产赔偿受害人所受的损害的一种责任方式。赔偿损失是适用最为广泛的一种责任方式，它既可以适用于违约责任，也可以适用于侵权责任。损害赔偿是民事责任中最基本的责任方式。法律允许权利人向行为人提出赔偿请求，对于有效地保护受害人的利益、维护社会秩序、消除违法行为的后果并预防损害的发生，具有极为重要的意义。

赔偿损失以损害的发生为前提。有损害才有赔偿，损害是赔偿的基础和前提。尤其就财产损害赔偿来说，救济应当以现实的损害为前提，按照完全赔偿原则，行为人应当对受害人遭受的全部损失予以赔偿。赔偿损失主要具有补偿性，而一般不具有惩罚性。赔偿损失的目的是使受害人所遭受的实际损害能够得到全部的弥补和恢复，而且赔偿损失贯彻完全赔偿原则，以弥补权利人因他人的不法行为而遭受的损失为目的。此外，赔偿损失以赔偿权利人实际遭受的全部损害为原则。所谓完全赔偿，就是指对于权利人所遭受的全部财产损害都应当赔偿，而不考虑行为人的主观过错程度。完全赔偿的效果是使权利人处于如同损害没有发生时的状态，并使行为人承担全部的不利后果。赔偿损失虽然坚持完全赔偿，但权利人所获得的赔偿也不应当超出其所遭受的损失的范围。

9.支付违约金

所谓违约金，是指由当事人通过协商预先确定的、在违约发生后作出的独立于履行行为以外的给付。《民法典》第585条第1款规定："当事人可以约定一方违约时应当根据违约情况向对方支付一定数额的违约金，也可以约定因违约产生的损失赔偿额的计算方法。"该条对支付违约金责任作出了一般规定，支付违约金在性质上属于违约责任承担方式，它是当事人通过协商预先确定的责任。一旦发生争议后，可以免除受害人证明损害的负担，迅速地解决违约纠纷。

10.消除影响、恢复名誉

消除影响，是指行为人因其侵害了民事主体的人格权而应承担的在影响所及的范围内消除不良后果的一种责任方式；恢复名誉，是指行为人因其行为侵害了民事主体的名誉而应在影响所及的范围内将受害人的名誉恢复至未受侵害时的状态的一种责任方式。消除影响、恢复名誉是侵害民事主体的人身权所承担的责任方式。一般来说，在什么范围内造成损害，就应当在什么范围内消除影响。在适用消除影响、恢复名誉的责任方式时，应明确消除影响、恢复名誉的范围（如在某地区、某学校等消除影响）和方式（如采取口头或书面以及其他形式）。

11.赔礼道歉

赔礼道歉，是指责令违法行为人向受害人公开认错、表示歉意，主要适用于侵害人身权的情况。赔礼道歉既可由加害人向受害人口头表示承认错误，也可以由加害人以写道歉书的书面形式进行。当事人在诉讼中以赔礼道歉的方式承担了民事责任的，应当在判决书中叙明。

赔礼道歉作为一种承担民事责任的方式，与一般道义上的赔礼道歉不同，它是依靠国家的强制力保障实施的。单纯的赔礼道歉虽不会给侵害人的财产带来什么影响，但反映了国家、社会对该人的不法行为的强烈谴责。这种责任方式的适用，可以缓和矛盾，促进当事人之间的和睦团结。

12.惩罚性赔偿

《民法典》第179条第2款规定："法律规定惩罚性赔偿的，依照其规定。"该规定将惩罚性赔偿规定为民事责任的承担方式。惩罚性赔偿也称为惩戒性的赔偿或报复性的赔偿，它是指法院作出决定的赔偿数额超出实际损害数额的赔偿。我国《民法典》第179条第2款对惩罚性赔偿作出了规定，并实现了《民法典》与其他单行法规则之间的有效衔接。该制度对于弥补损害赔偿的不足、预防损害的发生，具有重要的意义。

惩罚性赔偿是集补偿、惩罚、遏制等功能于一身的一项制度，其具有补偿受害人遭受的损失、惩罚和遏制不法行为等多重功能。惩罚性赔偿在性质上是惩罚性的，而不是救济性的。《民法典》第1185条规定了故意侵害知识产权的惩罚性赔偿。《民法典》第1207条规定了明知产品存在缺陷而生产、销售的惩罚性赔偿。《民法典》第1232条规定了故意污染环境、破坏生态的惩罚性赔偿。惩罚性赔偿仅适用于法律明确规定的情形，在法律没有明确规定时，不得适用。

（三）民事责任承担方式的适用

《民法典》第179条第3款规定："本条规定的承担民事责任的方式，可以单独适用，也可以合并适用。"上述各种承担民事责任方式可以单独适用，也可以合并适用。法律上确立的上述各种责任方式都是对受害人进行全面救济和保护的措施，侵权或违约行为发生后，按照私法自治原则，只要受害人作出的选择不违背民法的诚实信用和公序良俗原则，就可以选择以某种方式向行为人提出请求，而且，只有在受害人提出请求的基础上才能确定责任的承担方式。如果受害人提出了多种请求，法官可以在其中选择或采用多种责任方式，但不能在此之外来选择。法官应当尊重当事人的处分权，受害人放弃某种请求时，法院也应当予以尊重。

四、不承担民事责任的情形

不承担民事责任的情形也称为免责事由，它是指减轻或免除行为人责任的理由，也称为抗辩事由。免责事由可以有广义和狭义两种含义。从广义上来说，免责事由既包括免除行为人责任的事由，也包括减轻行为人责任的事由。但从狭义上理解，免责事由仅限于免除责任的事由。我国《民法典》第180~182条、第184条所规定的免责事由既包括免除责任的事由，也包括减轻责任的事由。《民法典》总则编所规定的免责事由具有普遍适用性，有利于法官在实践中准确认定行为人的民事责任。同时，免责事由的适用也有利于为人们的行为提供指引，从而保障个人的行为，预防损害的发生。

（一）不可抗力

所谓不可抗力，是指独立于人的行为之外，并且不受当事人的意志所支配的现象，它包括某些自然现象（如地震、台风、洪水、海啸等）和某些社会现象（如战争等）。依据我国《民法典》第180条第2款的规定，“不可抗力是不能预见、不能避免且不能克服的客观情况”。该条对不可抗力作出了规定。在法律上，不可抗力通常属于法定的免责事由，将导致行为人被免责。不可抗力具有如下特征：

第一，不可抗力是不可预见的情况。它一般是指根据现有的技术水平，一般人对某种事件的发生不可预见。预见性往往因人而异，某人可以预见，而他人却可能无法预见，反之亦然。因此，必须以一般人的预见能力而不是特定当事人的预见能力为标准，来判断对某种现象是否可以预见。例如，突如其来的台风造成损害，对当地的一般人而言是不可预见的，但某人在获得台风消息后冒险出航而遭到损害，就不能认为台风是不可预见的。

第二，不可抗力是不可避免且不能克服的情况。也就是说，在发生不可抗力的情况下，当事人已尽到最大努力和采取一切可以采取的措施，仍然不能避免某种事件的发生且克服事件造成的损害后果。不可避免且不能克服表明事件的发生和事件造成损害具有必然性，超出了当事人的控制能力范围。应当指出的是，某个事件是否属于不能避免且不能克服，也要依据具体情况来决定。

第三，不可抗力是一种客观情况。这就是说，不可抗力具有外在于人的行为的特点。不可抗力作为独立于人的行为之外的事件，不包括单个人的行为。例如，第三人的行为对被告来说是不可预见且不能避免的，但第三人的行为并不具有外在于人的行为的客观性的特点，因此，第三人的行为不能作为不可抗力对待。当然，不可抗力虽具有客观性，但也要依据具体案情来判定，它因时间、地点、环境的变化而有区别。

《民法典》第180条第1款规定：“因不可抗力不能履行民事义务的，不承担民事责任。法律另有规定的，依照其规定。”依据该条规定，除法律另有规定外，原则上，不可抗力都可以作为免责事由。但是，如果法律有特别规定，即使发生不可抗力，也不能完全免责，则应当依据法律规定认定当事人的责任。例如，《民法典》第1238条规定：“民用航空器造成他人损害的，民用航空器的经营者应当承担侵权责任；但是，能够证明损害是因受害人故意造成的，不承担责任。”该条将民用航空器事故责任的免责事由限定为受害人故意，而并没有列举不可抗力，这实际上是表明，不可抗力不应作为民用航空器事故责任的免责事由。

（二）正当防卫

正当防卫，是指当公共利益、他人或本人的人身或其他利益受到不法侵害时，行为人所采取的一种防卫措施。我国《民法典》第181条规定：“因正当防卫造成损害的，不承担民事责任。正当防卫超过必要的限度，造成不应有的损害的，正当防卫人应当承担适当的民事责任。”依据该条规定，因正当防卫造成他人损害的，可导致正当防卫人被免除或减轻责任。这是因为，正当防卫是一种合法的、受法律鼓励的行为，它在性质上虽然不是履行某种公务，但属于行使法律赋予的自卫权利，以维护其合法权益不受侵害。

正当防卫的成立必须符合如下条件：

第一，防卫以不法侵害行为的存在为前提。也就是说，只有在不法侵害真实发生的情况下，才能实行正当防卫。不法侵害既可能是对财产的侵害，也可能是对人身的侵害。不过，侵害必须是实际存在的，而不是尚未发生或已经结束的。在不法侵害已经完毕以后实行的防卫，在性质上属于报复侵害，构成侵权行为。

第二，防卫具有必要性和紧迫性，即防卫必须是针对非法的、非进行防卫不能排除侵害的行为实施的。防卫行为不能针对合法行为实施，而且防卫是不得已的，也就是说，对有条件和有能力通过非防卫的合法方式而制止的侵害行为，不得实施正当防卫。

第三，正当防卫必须针对不法侵害者本人实行。正当防卫的目的在于排除和制止不法侵害，故只能对不法行为人本人实行，不能针对第三人实行。

第四，正当防卫具有保护合法权益的目的性，即防卫意识。这就意味着防卫人不仅应意识到不法侵害的现实存在，而且应意识到其防卫行为是为了保护本人或他人的合法权益以及社会利益，而不能以侵害他人合法权益为目的。防卫的目的性是正当防卫作为民法上的免责事由的根据，也是正当防卫权利存在的基础。

正当防卫不得超过必要限度。依据《民法典》第181条第2款的规定，“正当防卫超过必要的限度，造成不应有的损害的，正当防卫人应当承担适当的民事责任”。所谓必要的限度，也称为必需限度，是指为了制止不法侵害，正当防卫必须具有足以有效制止侵害行为的应有强度。关于正当防卫不得超过必要限度的判断，《总则编解释》第31条作出了如下规定：

一是应依据动态系统论确定是否超过必要限度。《总则编解释》第31条第1款规定：“对于正当防卫是否超过必要的限度，人民法院应当综合不法侵害的性质、手段、强度、危害程度和防卫的时机、手段、强度、损害后果等因素判断。”该规定采取了动态系统论的方法，在对必要限度进行综合考量时，既要考虑侵害人和防卫人双方力量的强弱，尤其是考量防卫人防卫时所处的环境，又要按照社会一般人的观念予以判断。

二是对未超过和超过必要限度的责任的认定。《总则编解释》第31条第2款规定：“经审理，正当防卫没有超过必要限度的，人民法院应当认定正当防卫人不承担责任。正当防卫超过必要限度的，人民法院应当认定正当防卫人在造成不应有的损害范围内承担部分责任；实施侵害行为的人请求正当防卫人承担全部责任的，人民法院不予支持。”依据该规定，即便构成防卫过当，正当防卫人也仅承担部分责任，而且适当的责任也是指在防卫人造成的不应当的损害的范围内承担的责任。

三是防卫过当的判断虽然也要考虑防卫人实施防卫行为的方式，但主要应当从损害后果的角度予以判断。《总则编解释》第31条第3款规定：“实施侵害行为的人不能证明防卫行为造成不应有的损害，仅以正当防卫人采取的反击方式和强度与不法侵害不相当为由主张防卫过当的，人民法院不予支持。”依据该规定，防卫是否过当，不能仅从防卫方式的角度进行判断，而必须判断是否造成了不必要的损害。在认定是否构成防卫过当时，不能仅以正当防卫人采取的反击方式和强度与不法侵害不相当为由主张防卫过当，例如，受害人遭受行为人的棍棒攻击后采用刀具防卫，不能当然认定该行为构成防卫过当。

（三）紧急避险

1.紧急避险的概念

紧急避险，是指为了使公共利益、本人或他人的合法权益免受现实和紧急的危险损害，不得已而采取的致他人和本人损害的行为。我国《民法典》第182条规定：“因紧急避险造成损害的，由引起险情发生的人承担民事责任。危险由自然原因引起的，紧急避险人不承担民事责任，可以给予适当补偿。紧急避险采取措施不当或者超过必要的限度，造成不应有的损害的，紧急避险人应当承担适当的民事责任。”该条对紧急避险作出了规定。紧急避险的构成必须符合一定的条件，具体而言如下：

第一，必须是合法权益面临紧急的危险。只有存在现实的紧急危险时，才能实施紧急避险行为。如果危险已经消除或尚未发生，或已经发生但并不会造成对合法利益的侵害，则不得采取紧急避险。如果基于对危险状况的误解、臆想或错误判断而采取避险措施，并致他人损害，则应向他人负赔偿责任。

第二，必须是在不得已的情况下采取避险措施。所谓不得已的情况，是指不采取避险措施，就不能保全更大的法益。不得已是指必须采取避险措施，而不是说避险人只能采取某一种而不能采取另一种避险措施。如果紧急避险人能够立即得到公权力提供的救济，从而消除危险，就不能采取紧急避险。

第三，避险行为不得超过必要的限度。所谓不超过必要的限度，是指在面临紧急危险时，避险人应采取适当的措施，以尽可能小的损害保全较大的法益。也就是说，紧急避险行为所造成的损害应轻于所避免的损害。若避险行为不仅没有减少损害，反而使造成的损害大于或等于可能发生的损害，那么避险行为就超过了必要的限度。

2.紧急避险的法律效力

依据《民法典》第182条的规定，紧急避险将产生如下法律效力。

第一，由引起险情的人承担责任。这就是说，在紧急避险的情况下，首先要确定险情发生的原因，险情由谁引起，原则上就应当由谁负责。所谓引起险情的发生，是指因实施一定的行为危及公共利益或他人利益。引起险情发生的人可以是避险人、受益人、受害人，也可以是其他人，其在主观上既可能出于过失，也可能出于故意。至于某个所有人或管理人因故意或过失致使其所有的或管理的动物、物件构成危险的，亦应视为所有人或管理人引起险情的发生。

第二，如果危险是因自然原因引起的，紧急避险人不承担民事责任，但可以给予适当补偿。所谓自然原因引起的，也就是说，该危险不是因人的行为而引起的，而是由非人力所能控制的自然原因引起的，是指不存在应当承担责任的行为人。在此情况下，法律规定要产生两种效果：一是免责。因为在某些情况下，如果危险的发生非常紧急，可能给行为人带来极大的危险，而行为人选择了以给他人造成较小损失的方式来避险。此时，行为人就不承担责任。二是适当补偿。这就是说，避险人为了自己的利益而避险，毕竟给他人造成了损害，可以进行适当补偿。

第三，紧急避险采取措施不当或超过必要的限度，紧急避险人应承担适当的责任。依据《民法典》第182条第3款的规定，紧急避险采取措施不当或者超过必要的限度，造成不应有的损害的，紧急避险人应当承担适当的责任。《总则编解释》第33条第1款规定：“对于紧急避险是否采取措施不当或者超过必要的限度，人民法院应当综合危险的性质、急迫程度、避险行为所保护的权益以及造成的损害后果等因素判断。”该规定实际上确立了依据动态系统论来确定紧急避险是否超过必要限度，具体而言，一是要考虑危险的性质，这就是说要考虑危险产生的原因，紧急避险中的危险有的是行为人实施的行为引发危险，有的是因自然原因引发的危险，还有的是因第三人的行为所致。二是考虑急迫程度。紧急避险本身是在不得已的情况下采取避险措施，紧急情况越急迫，给避险人考虑的时间就越短，这对避险人过错的认定以及避险是否超过必要限度的认定等，都会产生一定的影响。三是避险行为所保护的权益，民事权益本身存在一定的位阶，避险人不能为保护低位阶的权益而损害高位阶的权益，否则即超过了必要的限度。四是造成的损害后果。如果造成损害后果严重，而保护的利益较小，二者极不相称，即构成避险过当。五是其他因素，例如，避险人是否从中获益，如果避险人从中获益较多，也可能成为判断是否构成避险过当的参考因素。因此，判断是否构成避险过当，应当结合实施避险行为的环境，按照社会一般人的观念综合予以判断，得出最终的结论。

(四)紧急救助行为

《民法典》第184条规定:“因自愿实施紧急救助行为造成受助人损害的,救助人不承担民事责任。”该条确认了紧急救助可以作为免责事由,该条也称为“好人条款”。也就是说,在自愿实施紧急救助行为的情形下,即便造成了受助人损害,救助人也无须承担民事责任,因此,紧急救助行为人享有责任豁免权。法律作出此种规定的目的在于鼓励自愿的救助行为。《民法典》规定紧急救助人的豁免权,对于鼓励人们见义勇为、弘扬社会主义核心价值观具有重要意义。

从《民法典》第184条的规定来看,紧急救助作为免责事由应当具备如下条件:

第一,救助人实施了紧急救助行为。救助他人的行为必须是在紧急情况下实施的,因为在紧急情况下,救助人可能来不及考虑采用致害最小的救助措施。因此,在紧急救助的情形下,即便因救助行为造成被救助人损害,救助人也无须承担民事责任。

第二,救助人必须是自愿实施救助行为。我国立法目前未规定民事主体在任何情况下都负有法定的救助义务。与此相应,该条所规定的施救者,必须是自愿施救者,如果救助人负有法定或者约定的救助义务,则不享有本条所规定的豁免权。

第三,救助人实施了无偿救助行为。如果救助人在实施救助行为之前明确提出支付报酬的要求,则已经不再属于见义勇为,如果对此类行为也适用豁免权,则将违反本条的规范目的。因此,本条所规定的救助行为应当是无偿救助行为。

五、因保护他人权益使自己受到损害的民事责任

《民法典》第183条规定:“因保护他人民事权益使自己受到损害的,由侵权人承担民事责任,受益人可以给予适当补偿。没有侵权人、侵权人逃逸或者无力承担民事责任,受害人请求补偿的,受益人应当给予适当补偿。”该条对因保护他人权益使自己受到损害的民事责任作出了规定。通过规定补偿义务,有利于鼓励人们实施见义勇为的行为,这对淳化道德风尚具有重要意义,客观上有助于弘扬正气,有助于发扬中华民族扶危济困的良好道德风尚。

受益人补偿责任的构成要件包括如下几项:

第一,受害人必须实施了防止、制止他人民事权益被侵害的行为。根据《民法典》第183条的规定,受益人的补偿义务履行的前提是,被侵权人实施了保护他人民事权益的行为,此种行为大多是“见义勇为”的行为。此处所说的他人,不仅指自然人,也包括法人、非法人组织;不仅指个人,还包括国家、集体。任何人从事的维护国家、集体或者他人的合法权益的行为,都是法律上应当鼓励的见义勇为的行为。如果行为人实施某种行为时,主观上并没有为他人谋利的意思,但客观上有利于他人,也可以适用该规定。

第二,必须是被侵权人因保护他人民事权益而使自己遭受了损害。这就是说,一方面,受害人必须实施了保护他人民事权益的行为;另一方面,受害人必须因此种行为而使自己遭受了损害,即实施见义勇为的行为和受害人遭受损害之间应当具有因果联系。如果受害人虽然从事了某种见义勇为的行为,但损害并非因为此种见义勇为的行为所致,而是其他原因造成的,或者完全是因自身的过错造成的,也不能请求受益人予以补偿。

第三,没有侵权人、侵权人逃逸或者无力承担责任。这就是说,对被侵权人遭受的损害而言,首先应当由侵权人承担赔偿责任,毕竟侵害人是直接不法行为人,因此,从责任承担的顺序来看,受害人应当首先向侵权人请求赔偿。但出现了下述情况,则受害人无法请求侵权人赔偿:一是没有侵权人。没有侵权人主要是指因自然原因等导致受益人处于危险状况,受害人因见义勇为而遭受损害。二是侵权人逃逸。这就是说,侵权人在实施侵权行为以后,无法找到行为人。三是侵权人无力承担民事责任。这就是说,侵权人虽然能够找到,但是其没有足够的赔偿能力或者完全没有能力赔偿。在以上情形下,受害人有权请求受益人在受益范围内对受

害人的损害予以适当补偿。侵权人逃逸或者无力承担责任的举证责任，应当由被侵权人承担。总之，只有受害人在不能向侵权人请求赔偿时，才能要求受益人给予适当补偿。

第四，受害人向受益人请求补偿。受益人承担补偿责任的前提是，被侵权人向其提出了请求，因为在发生补偿责任的情况下，受益人本身是第二位的责任人。被侵权人遭受了损害以后，其首先应当向侵权人请求损害赔偿。只有在没有侵权人、侵权人逃逸或者无力赔偿时，才能请求受益人补偿。当然，即使在被侵权人没有向受益人请求补偿的前提下，受益人自愿给予补偿，法律也并不禁止。

根据《民法典》第183条的规定，在因见义勇为使自己遭受损害的情形下，受益人给予适当补偿，其在性质上属于公平责任。关于补偿的数额，《总则编解释》第34条规定，人民法院可以根据受害人所受损失和已获赔偿的情况，受益人受益的多少及其经济条件等因素确定受益人承担的补偿数额。

六、侵害英雄烈士等人格权的民事责任

英雄烈士是我们民族的脊梁，也是激励我们前行的力量。英雄烈士是一个国家和民族精神的重要体现，是引领社会风尚的标杆，是人们行为的榜样。因此，强化对英雄烈士人格利益保护，有利于弘扬烈士精神，培养公民的爱国主义精神，增强中华民族的凝聚力，也有利于激发实现中华民族伟大复兴的中国梦的强大精神力量。为了有效保护英雄烈士等的人格利益，《民法典》第185条规定："侵害英雄烈士等的姓名、肖像、名誉、荣誉，损害社会公共利益的，应当承担民事责任。"该条对侵害英雄烈士等人格利益的民事责任作出了规定，对弘扬社会主义核心价值观具有重要的现实意义。

侵害英雄烈士等人格利益的民事责任的成立应当具备如下要件：

第一，侵害了英雄烈士等的利益。依据《民法典》第185条的规定，行为人承担民事责任必须是侵害了英雄烈士等的人格利益。关于保护范围，该条使用了"英雄烈士等"的表述，这就表明本条的保护范围不限于英雄烈士。但按照同类解释规则，保护的其他人也应当是与英雄烈士类似的人，如为了人民利益英勇斗争牺牲、堪称楷模的人，以及在保卫国家和国家建设中作出巨大贡献、建立卓越功勋的已经故去的人。因此，该条并不包括一般的死者人格利益。

第二，侵害了姓名、肖像、名誉、荣誉四项人格利益。从《民法典》第185条规定来看，其所保护的英雄烈士等的人格利益范围限于姓名、肖像、名誉、荣誉。该条在规定英雄烈士等的人格利益保护范围时，采取了具体列举的模式。从实践来看，侵害英雄烈士等人格权益的行为主要也是侵害姓名、肖像、名誉、荣誉的行为。

第三，损害社会公共利益。依据《民法典》第185条的规定，行为人在依据本条规定承担民事责任时，要求其行为必须损害了社会公共利益。社会公共利益其实是一种反射利益，也就是说，是因为侵害了英雄烈士等姓名、肖像、名誉、荣誉而引发的一种间接损害。由于英雄烈士的人格利益常常会与社会公共利益联系在一起，因此需要特别保护。英雄烈士的事迹成为社会公众追随的榜样，其与我国的社会共识和主流价值观密切关联，在某种程度上已经成为中华民族共同记忆和民族感情的重要组成部分，正是从这个意义上说，侵害英雄烈士等的人格利益，同时也会伤害社会公众的民族感情，损害社会公共利益。因此，侵害英雄烈士等人格利益的案件也可以作为公益诉讼案件，在受害人及其近亲属未提起诉讼的情形下，检察机关以及有关公益组织也应有权提起诉讼，请求行为人承担相应的民事责任。

七、民事责任竞合

所谓民事责任竞合，是指同一事实符合数个责任的构成要件。从请求权的角度来看，它也称为请求权竞合，即同一法律事实出现后可能发生多项请求权。从民法上看，竞合是指由于某种法律事实的出现而导致两种或两种以上的请求权产生，并使这些权利之间发生并存、冲

突的现象。从实践来看，民事责任竞合最为典型的情形是违约责任与侵权责任的竞合。

所谓违约责任和侵权责任的竞合，是指当事人实施的违法行为，既符合违约责任的构成要件又符合侵权责任的构成要件，受害人可以选择主张违约责任或侵权责任。《民法典》第186条规定："因当事人一方的违约行为，损害对方人身权益、财产权益的，受损害方有权选择请求其承担违约责任或者侵权责任。"这就在法律上确认了违约责任与侵权责任的竞合。违约责任与侵权责任的竞合成为我国司法实践中责任竞合的主要形态，此种责任竞合具有如下特点：

第一，行为人违反了合同约定，同时也侵害了他人的合法权益。行为人的某一行为既违反了合同的约定，同时也构成对他人权益的侵害，这是产生违约责任与侵权责任竞合的前提。如果行为人的某一行为虽然构成违约，但并不构成侵权行为，而是违反了其他管理性的规定，则行为人可能同时承担违约责任与其他责任，而无法构成违约责任与侵权责任的竞合。此时，就不能按照违约责任与侵权责任的竞合处理。

第二，行为人的行为同时符合违约责任和侵权责任的构成要件。这就是说，行为人虽然仅实施了一种行为，但该行为同时违反了数个法律规定，并符合法律关于数个责任构成要件的规定，由此产生的行为人承担一种责任还是数种责任的问题，需要在法律上确定。

第三，数个责任之间相互冲突。这里所说的相互冲突，一方面，是指行为人承担不同的法律责任，在后果上是不同的；另一方面，相互冲突意味着数个责任既不能相互吸收，也不应同时并存。所谓相互吸收，是指一种责任可以包容另一种责任，例如，在某些情况下，适用补偿性违约金可以包容损害赔偿责任。所谓同时并存，是指行为人在依法承担某种责任方式（如返还原物）之后，不足以弥补受害人的损失的，还应要求不法行为人承担损害赔偿责任。若数种责任是可以相互包容或同时并存的，则行为人所应承担的责任已经确定，不发生责任竞合的问题。

第四，受害人依法只能选择一项请求权行使。在违约责任与侵权责任发生竞合的情形下，受害人仅能选择行使一项请求权，而不能同时主张两种请求权。由于违约责任与侵权责任的责任成立要件、救济范围、当事人的举证责任等存在区别，当事人需要结合自身举证能力、权利主张等因素，选择妥当的请求权依据。

《民法典》第186条规定，允许权利人在竞合的情况下，就违约责任和侵权责任中的一种作出选择，充分体现了私法自治和合同自由的本质精神，有利于充分保护受害人利益。因为在绝大多数情况下，受害人选择一种对其最为有利的方式提起诉讼，是能够使其损失得到充分的补救的。违约责任与侵权责任在归责原则、举证责任、义务内容等方面有着明显的不同。在涉及当事人如此重大利益之时，只有当事人本人才是其自身利益的最好判断者，任何越俎代庖的行为都可能对当事人的利益造成损害。因此，应当允许当事人自己作出选择。

八、民事责任的优先适用

《民法典》第187条规定："民事主体因同一行为应当承担民事责任、行政责任和刑事责任的，承担行政责任或者刑事责任不影响承担民事责任；民事主体的财产不足以支付的，优先用于承担民事责任。"该条确立了民事责任优先性规则。这就是说，在因同一行为而产生了民事责任、行政责任和刑事责任时，行为人的财产应当优先用于承担民事责任。

在法律上确立民事责任优先性规则，一方面，是为了强化对受害人的救济。从法律上看，刑事责任和行政责任是对国家的责任，而民事责任是对受害人的责任，从强化受害人保护的角度考虑，确立民事责任优先性规则是必要的。如果行为人的财产有限，优先执行刑事或行政责任而导致民事责任不能履行，就可能使受害人的损害无法得到救济，甚至陷入困境，不能体现法律对受害人的关怀。另一方面，考虑到我国保险和社会救助制度的不完善，在受害人遭受损害之后，特别是遭受人身损害之后，难以通过保险或社会救助等制度获得救济，因此也有必要优先承担民事责任。在承担刑事责任和行政责任的情况下，其主要是对国家的责任，虽然这种责任对不法行为人具有制裁的作用，但是，如果其财产不足以承担所有的责任，优先赔偿受害人的损失，体现了国家对个人利益的维护。但在适用民事责任优先性规则时，必须明确责任主体应当是同一主体，如果各类责任的承担主体不同，就不存在该规则适用的前提。

【本章主要法律规定】

1.《民法典》第一编总则第一章

2.最高人民法院《关于适用〈中华人民共和国民法典〉总则编若干问题的解释》第1～3条、第30～34条

第二章
自 然 人

本章主要内容提示

1.民事主体是指依照法律规定能够参与民事法律关系，享有民事权利和承担民事义务的人，其包括自然人、法人和非法人组织。

2.自然人的民事权利能力是自然人依法享有民事权利和承担民事义务的资格，它是每个自然人平等地享有民事权利、承担民事义务的可能性。

3.胎儿不是民事主体，但涉及遗产继承、接受赠与等胎儿利益保护的，胎儿视为具有民事权利能力。胎儿利益受法律保护的条件是娩出时为活体。

4.监护是指民法上所规定的对于无民事行为能力人和限制民事行为能力人的人身、财产及其他合法权益进行监督、保护的一项制度。从设立方式上看，监护包括法定监护、意定监护、遗嘱监护和指定监护。

5.宣告失踪是指自然人离开自己的住所下落不明达到法定的期限，经利害关系人申请，人民法院依照法定程序宣告其为失踪人的一项制度。宣告失踪应当具备法定的条件，遵循法定的程序。

6.宣告死亡是指自然人下落不明达到法定期限，经利害关系人申请，人民法院经过法定程序在法律上推定失踪人死亡的一项制度。自然人一旦被宣告死亡，将产生消灭其既有财产关系和人身关系的效力，该效力不仅及于申请人，而且对其他相关主体也产生相应的效力。

7.个体工商户是指经过依法登记，从事工商业经营的自然人。个体工商户在性质上仍然属于从事工商业经营活动的自然人，而不应当属于非法人组织。当然，自然人一旦以个体工商户的名义从事工商业经营活动，就成为商事主体。

8.农村承包经营户是指依法取得农村土地承包经营权，从事家庭承包经营的农户。由于农村承包经营户是以“户”为单位进行农业经营活动的，因此，其债务也应当由“户”来承担。

第一节　自然人的民事权利能力

一、自然人的概念

民事主体是一个特定的法律范畴，是指依照法律规定能够参与民事法律关系，享有民事权利和承担民事义务的人。所谓自然人，是指依自然规律产生，具有五官百骸，区别于其他动物的人。自然人既是一个生物学意义上的概念，又是一个法律概念。

我国《民法通则》曾经使用公民的概念来指代自然人，《民法典》则采用了自然人的概念。一方面，自然人概念更符合民法的私法特点。公民是公法领域中主体的称谓，它是指具有一国国籍的自然人。而在私法领域中，主体采用自然人的表述。另一方面，自然人概念更有利于彰显民事权利能力平等的理念。采用自然人的概念，进一步强调了各个自然人，不分国籍，在权利能力上一律平等，从而为权利能力的平等奠定了基础。自然人不仅包括本国公民，还包括外国公民和无国籍人。如果在民法中仍然使用公民的概念，则将使我国公民之外的自然人难以获得民法赋予的民事主体资格，从而不能保护这些自然人的民事权利。

二、自然人的民事权利能力

（一）自然人民事权利能力的概念

自然人的民事权利能力是自然人依法享有民事权利和承担民事义务的资格，它是每个自然人平等地享有民事权利、承担民事义务的可能性。从总体上看，自然人的民事权利能力主要具有如下特点：

1.具有平等性。自然人的民事权利能力最突出地表现了平等性的特点。我国《民法典》第14条规定："自然人的民事权利能力一律平等。"自然人的民事权利能力一律平等，这既是社会主义法治基本原则的具体体现，也是民法调整私法关系的本质要求。它意味着任何自然人，不分性别、民族、出身、职业、职务、文化程度、宗教信仰、政治面貌、财产状况，其民事法律地位一律平等，都可以享有法律所规定的民事权利和承担法律所规定的民事义务。

2.具有普遍性。在近现代世界各国民法中，都承认外国人和无国籍人具有民事权利能力。因为如果不承认其具有民事权利能力，则可能影响人们的基本交往。另外，如果外国人和无国籍人不具有民事权利能力，则这些人的生命、健康、身体、财产等基本人权就不能得到保护，这显然有违人权保障的理念。

3.具有不可剥夺性。自然人的民事权利能力始于出生，终于死亡。一个自然人可能因刑事犯罪而被限制自由，但不能因此而剥夺其民事权利能力。自然人的民事权利能力和民事行为能力除依法律规定并经法定程序加以限制和剥夺外，任何人不得限制或剥夺。

4.具有不可转让和抛弃性。权利能力既是主体的基础，也是主体的前提条件，它与主体资格是不可分离的。无权利能力之人不可能成为权利主体，也不能从事任何社会经济活动，所以，权利能力是不能够被抛弃或者与主体相分离的。自然人的民事权利能力具有与自然人的人身不可分离和不可转让的属性，个人也不得抛弃其权利能力。

5.在内容上具有广泛性。自然人的民事权利能力的内容，是指自然人可以享有的各种民事权利的范围。在我国，自然人的民事权利能力不仅具有平等性，而且在内容上具有广泛性，因而其能够依法享有各种人身权利和财产权利。

（二）民事权利能力与民事权利

民事权利能力是国家通过法律确认的民事主体享有民事权利和承担民事义务的资格，它是民事主体享有民事权利和承担民事义务的基础。民事权利能力和民事权利的概念经常容易混淆。应该看到，这两者之间存在密切联系：一方面，民事权利能力是民事权利享有的基础；另一方面，民事权利能力的平等性也有利于实现民事权利取得的平等。但是两者之间存在明显的区别，表现在：

第一，民事权利能力是享有民事权利、承担民事义务的资格，是一种法律上的可能性。只有具有这种资格的人，才能实际享有民事权利和承担民事义务，平等地参与民事法律关系。而民事权利是民事主体已经实际享有的现实权利，民事权利都是以一定的实际利益为内容的。

第二，民事权利能力包括享有民事权利的能力以及承担民事义务的能力。民法中能够享有民事权利的人，也就是能够承担民事义务的人，现代民法中没有只享有民事权利而不承担民事义务的人，也没有只承担民事义务而不享有民事权利的人。民事权利涉及享有的权利，而不包括义务。

第三，民事权利能力是由国家通过法律直接赋予的，归根结底决定于社会的物质生活条件。在不同的社会，法律所规定的民事权利能力是不同的。而具体的民事权利都是由民事主体参与具体的法律关系才能享有的，民事权利的范围不仅决定于社会经济生活条件和法律的规定，有时还取决于一个人的财产状况和其所参与的民事法律关系。

第四，在存续期间上，自然人的权利能力始于出生、终于死亡，伴随民事主体的存续过程。民事权利是民事权利主体在其存续过程中介入具体的民事法律关系而取得的，其存续与否由特定法律事实决定。

第五，民事权利能力是享有民事权利、承担民事义务的前提，是作为主体资格的基本条件，所以，其与民事主体有着不可分割的联系；它既不能转让，也不得放弃，本人不得自行处分。而民事权利除了法律另有规定或依其性质或依当事人约定不得处分外，可以自行处分。

（三）自然人民事权利能力的开始

自然人的民事权利能力是自然人享有民事权利、承担民事义务的资格，是自然人的法律人格的要素，它具有与自然人的人身不可分割和不可转让的属性，因此，自然人的民事权利能力是自然人终生享有的。人一旦出生，就应当成为一个民事权利主体，就必须享有民事权利能力，我国《民法典》第13条规定："自然人从出生时起到死亡时止，具有民事权利能力，依法享有民事权利，承担民事义务。"据此，自然人的民事权利能力应自出生时开始。

出生在性质上属于民事法律事实中的事件。出生应当具备如下条件：第一，必须与母体相分离。自然人的民事权利能力自出生开始，出生就是脱离母体成为独立的有生命的人。第二，必须娩出时为活体。即使只有片刻的生命，也应当肯定其具有民事权利能力。医学上通常以胎儿出生时有呼吸行为作为生存的证明。如果胎儿出生时是死体的，则不能将其认定为法律意义上的出生。

既然出生决定着民事权利能力的产生，是一个重要的法律事实，那么准确地确定出生时间也就具有重要意义。《民法典》第15条规定："自然人的出生时间和死亡时间，以出生证明、死亡证明记载的时间为准；没有出生证明、死亡证明的，以户籍登记或者其他有效身份登记记载的时间为准。有其他证据足以推翻以上记载时间的，以该证据证明的时间为准。"依据这一规定，自然人的出生时间一般以出生证明记载的时间为准，如果没有出生证明的，或者出生证明没有详细记载自然人出生时间的，则应以户籍登记或者其他有效身份登记记载的时间（如个人居民身份证件记载的时间）为准。当然，如果有其他证据足以推翻上述记载时间，则应当以该证据所证明的时间作为自然人的出生时间和死亡时间。

（四）自然人民事权利能力的终止

自然人死亡以后，自然不能继续成为民事权利、民事义务的承担者，其民事权利能力当然消灭。我国《民法典》第13条规定："自然人从出生时起到死亡时止，具有民事权利能力，依法享有民事权利，承担民事义务。"据此，自然人的民事权利能力因死亡而终止。也就是说，死亡之后，自然人不能再作为民事主体享有民事权利、承担民事义务。死亡是一种自然事件，与民事权利能力的终止联系在一起。

死亡包括生理死亡和宣告死亡。生理死亡也称为自然死亡，是指自然人生命的自然终结。宣告死亡，是指在符合法律规定的条件下，由人民法院所作出的死亡宣告。自然人死亡以后应当由医院和有关部门开具死亡证明书，自然人死亡的时间一般应以死亡证明书上记载的时间为准。

三、胎儿利益的特殊保护

自然人的民事权利能力始于出生，由于胎儿的利益也是需要保护的，所以法律上需要有专门的制度对此作出规制。《民法典》第16条规定："涉及遗产继承、接受赠与等胎儿利益保护的，胎儿视为具有民事权利能力。但是，胎儿娩出时为死体的，其民事权利能力自始不存在。"依据该条规定，胎儿并不是民事主体，但其利益仍然受到法律保护，具体而言如下。

1.胎儿不是民事主体。依据我国《民法典》第13条的规定，民事权利能力始于出生，因此，胎儿不享有民事权利能力，并不是民事主体。胎儿本身不具有民事权利能力，法律不能为了保护胎儿的某种特殊利益，而改变民事权利能力制度，赋予胎儿民事权利主体的资格。主要理由是：第一，民事权利能力的取得必须始于出生，没有出生就不可能作为一个独立存在的自然人享有民事权利能力，而胎儿在没有出生之前，完全依附于母体，不可能作为区别于母体的一个独立的生物体而存在，所以不能成为具有民事权利能力的主体。第二，享有民事权利能力必须是一个活着的主体。胎儿在出生以前，不是一个完整的自然人，其是否存活还是一个疑问，也就不能确定其作为民事权利主体存在。第三，如果胎儿具有民事权利能力，那么胎儿的民事权利能力的起始期限也难以确定。

2.涉及遗产继承、接受赠与等胎儿利益保护的，胎儿视为具有民事权利能力。胎儿虽然不是民事主体，但其利益仍然应当受到法律保护。依据《民法典》第16条的规定，胎儿受到法律保护的利益范围如下：一是遗产继承利益。我国《民法典》第1155条规定："遗产分割时，应当保留胎儿的继承份额。胎儿娩出时是死体的，保留的份额按照法定继承办理。"这就对胎儿继承时的特留份利益作出了规定。当然，从《民法典》第16条的规定来看，在涉及遗产继承时，胎儿视为具有民事权利能力，这实际上扩大了胎儿在遗产继承中的利益范围，其不再限于特留份利益。二是接受赠与。这就是说，在胎儿出生前，如果有人对其作出赠与，则该项赠与有效，胎儿可以保有该赠与利益。此外，《民法典》第16条在规定胎儿所享有的民事权利的范围时，采用了"涉及遗产继承、接受赠与等"这一表述，表明胎儿所享有的利益并不限于上述两项。例如，在胎儿未出生之前，其健康遭受侵害，也可以在其出生后独立提出损害赔偿的请求。当然，从《民法典》第16条的规定来看，在涉及胎儿利益保护时，法律将胎儿视为具有民事权利能力。这就是说，胎儿本身并不是民事主体，只是在需要受到法律保护的情形下，可以适用民事主体的相关规则对其进行保护。

3.胎儿利益保护的条件是娩出时为活体。关于胎儿视为具有民事权利能力应从何时开始计算，依据《民法典》第16条的规定，"胎儿娩出时为死体的，其民事权利能力自始不存在"。也就是说，在胎儿出生前，可以通过民事权利能力的相关规则对其进行保护。《总则编解释》第4条规定："涉及遗产继承、接受赠与等胎儿利益保护，父母在胎儿娩出前作为法定代理人主张相应权利的，人民法院依法予以支持。"因此，胎儿未出生前，法定代理人可以代理胎儿、以胎儿作为原告主张权利，可以接受赠与、遗产继承并可以实现财产保全、先予执行。但如果胎儿娩出时为死体，就应当返还取得的财产。例如，胎儿在接受赠与后，如果娩出时为死体的，则该赠与无效，应当将该财产返还赠与人。

第二节 自然人的民事行为能力

一、自然人民事行为能力的概念

自然人的民事行为能力是指自然人能够以自己的行为行使民事权利和承担民事义务，并且能够对于自己的违法行为承担民事责任的能力，简言之，是自然人可以独立进行民事活动的能力或资格。其特点在于：

1.它是独立进行民事活动的能力。人们对自己的行为后果并不是都能认识清楚的，如果许可一切人都可独立地进行活动，势必会对一些缺乏判断能力的人不利，也不利于交易公平地进行。因此，法律规定，不具备认识能力的人的行为是无效的，不能发生当事人所追求的法律后果。

2.它以意思能力为基础。自然人的民事行

为能力是自然人对自己的行为后果承担责任，使自己的行为发生法律效力的能力。因此，一个人要具备承担自己行为后果的能力，首先应具备认识这种行为的能力，即要以意思能力为基础。民事行为能力以人的认识能力为根据，而人的认识能力与人的年龄和健康状况有密切联系。一个人只有达到一定的年龄且有健全的智力，才能对客观事物具有判断力。

3.它具有法定性。自然人的民事行为能力与人的认识能力有关，但它不是以自然人个人的意思为标准的，也不是“天赋”的，而是由国家法律赋予的。所以除法律规定的情况和依法定程序外，任何人不得剥夺和限制自然人的民事行为能力。

民事行为能力和民事权利能力是主体制度中的两项重要内容。没有民事权利能力，就失去了主体资格，也就不可能具有民事行为能力。但是仅有民事权利能力，而没有民事行为能力，也不能通过自己的行为去享有民事权利和承担民事义务。具体来说，二者的区别表现在：一是民事权利能力是成为民事主体的资格，而民事行为能力是能够以自己的行为从事民事活动的资格。有民事权利能力的人，如果不具备法定的意思能力，就没有民事行为能力。但反过来说，任何具备民事行为能力的人，都具有民事权利能力。二是民事权利能力具有普遍性，而民事行为能力不具有普遍性。对于自然人来说，民事权利能力都是平等的，但民事行为能力却可能因人而异。三是民事权利能力是不受限制和剥夺的，而民事行为能力却可以依据法律规定的原因和程序作出限制。例如，精神病人可以被认定为限制民事行为能力人或无民事行为能力人。四是民事行为能力以意思能力的存在为基础，而民事权利能力不以意思能力的存在为基础，不受年龄、精神状况和身体条件的限制。

二、自然人民事行为能力的类型

（一）完全民事行为能力

所谓完全民事行为能力，是指自然人能以其自己的行为独立享有民事权利、承担民事义务的资格。《民法典》第17条规定：“十八周岁以上的自然人为成年人。不满十八周岁的自然人为未成年人。”第18条第1款规定：“成年人为完全民事行为能力人，可以独立实施民事法律行为。”依据上述规定，18周岁以上的自然人为完全民事行为能力人，《民法典》作出此种规定是合理的。一方面，根据我国《宪法》规定，年满18周岁的公民享有选举权和被选举权，且在社会生活交往中，一般认为年满18周岁的人为成年人，已经具有相当的社会经验和知识，能够独立地生活和就业，因此，年满18周岁的人应为完全民事行为能力人。另一方面，对18周岁以上的自然人而言，其已经成年，对外界各种情况已经有了自己独立的判断能力，可以独立实施各种民事法律行为，有必要规定其为完全民事行为能力人。

《民法典》第18条第2款规定：“十六周岁以上的未成年人，以自己的劳动收入为主要生活来源的，视为完全民事行为能力人。”所谓“以自己的劳动收入为主要生活来源”，包括两个方面：第一，具有一定的劳动收入，即依靠自己的劳动获得了一定的收入，如工资、奖金等。这种收入应当是固定的，而不是临时的、不确定的。第二，其劳动收入构成其主要生活来源。也就是说，其劳动收入能够维持其生活，不需要借助其他人经济上的资助也可以维持当地群众的一般生活水平。

（二）限制民事行为能力

限制民事行为能力又称为不完全民事行为能力，是指自然人部分独立地，或者说在一定范围内具有民事行为能力。根据《民法典》的规定，限制民事行为能力人有两种：一是8周岁以上的未成年人，《民法典》第19条规定：“八周岁以上的未成年人为限制民事行为能力人，实施民事法律行为由其法定代理人代理或者经其法定代理人同意、追认；但是，可以独立实施纯获利益的民事法律行为或者与其年龄、智力相适应的民事法律行为。”二是不能完全辨认自己行为的成年人。一些成年人（如精神病人）也可能因精神、智力障碍而不能完全辨认自己行为的内容与法律后果，不能独立实施一些民事行为，其也应当属于限制民事行为能力人。对此，《民法典》第22条规定："不能完全辨认自己行为的成年人为限制民事行为能力人，实施民事法律行为由其法定代理人代理或者经其法定代理人同意、追认；但是，可以独立实施纯获利益的民事法律行为或者与其智力、精神健康状况相适应的民事法律行为。"

对于限制民事行为能力人来说，法律只允许其独立从事纯获利益的民事法律行为及与其年龄、智力及精神健康状况相适应的民事法律行为，具体而言：

第一，纯获利益的民事法律行为。所谓纯获利益的民事法律行为，是指限制民事行为能力人从某项民事法律行为中纯粹获得利益而不负有负担，或者虽然负有负担，但所获得的利益明显高于负担的民事法律行为。这就是说，一方面，限制民事行为能力人如果仅从某项民事法律行为中纯粹获得利益，则该民事法律行为应当属于纯获利益的民事法律行为。此类民事法律行为类似于比较法上的纯获法律上利益的民事法律行为。另一方面，在某项民事法律行为中，限制民事行为能力人虽然有一定的负担，但该负担明显小于其所获得的利益，则也应当将该民事法律行为认定为纯获利益的民事法律行为。

第二，与其年龄、智力及精神健康状况相适应的民事法律行为。依据《民法典》第19条与第22条的规定，限制民事行为能力人可以独立实施与其年龄、智力及精神状况相适应的民事法律行为。关于如何认定限制民事行为能力人从事的行为是否与其年龄、智力、精神健康状况相适应，《总则编解释》第5条规定："限制民事行为能力人实施的民事法律行为是否与其年龄、智力、精神健康状况相适应，人民法院可以从行为与本人生活相关联的程度，本人的智力、精神健康状况能否理解其行为并预见相应的后果，以及标的、数量、价款或者报酬等方面认定。"限制民事行为能力人包括未成年人和成年人两类，这两类限制民事行为能力人的认定标准存在一定区别，因此，该条主要采用了如下标准：一是年龄标准，此种标准主要适用于未成年人。依据《民法典》的规定，8周岁至18周岁的未成年人，一般都属于限制民事行为能力人。二是智力、精神健康状况标准。此种标准特别适用于成年人，对成年人而言，认定其是否属于限制民事行为能力人，需要考虑其智力、精神健康状况，判断其是否具备理解其行为性质和后果的能力，如果其完全不具备此种能力，则可能被认定为无民事行为能力人。对未成年人而言，主要依据年龄判断其智力和能力，但也需要考虑其智力和精神健康状况，判断其是否可以实施某种行为。与限制民事行为能力人年龄、智力及精神健康状况相适应的民事法律行为主要是指日常生活必需的行为。限制民事行为能力人应当可以从事一些日常生活所必需的交易，否则会不当限制其行为的自由，也会给其生活造成不便。

限制民事行为能力人依法不能独立实施的民事法律行为，则应当由其法定代理人代理实施。对此，《民法典》第23条规定："无民事行为能力人、限制民事行为能力人的监护人是其法定代理人。"依据该条规定，限制民事行为能力人的监护人为其法定代理人，限制民事行为能力人依法不能独立实施的民事法律行为，应当由其监护人代理实施，否则应当属于效力未定的民事法律行为。

依据《民法典》第19条与第22条的规定，在经法定代理人允许的情形下，限制民事行为能力人可以独立实施各类民事法律行为。法定代理人的允许具体包括两种：一是事先同意。也就是说，限制民事行为能力人的法定代理人可以事先同意或者授权该限制民事行为能力人实施民事法律行为，在此情形下，即便该民事法律行为超出了该限制民事行为能力人的年龄、智力状况，其也是有效的。二是事后追认。追认就是事后表示同意。从上述规定可以看出，此类行为并不是一概被认定为无效，而是将其作为效力未定的民事法律行为。也就是说，对限制民事行为能力人实施的依法不能独立实施的行为，在法律上既不是当然无效，也不是当然有效，其是否有效要取决于其法定代理人是否追认。

（三）无民事行为能力

所谓无民事行为能力，是指自然人无独立从事民事活动的资格，也就是说，不具有以自己的行为取得民事权利和承担民事义务的资格。在我国，无民事行为能力人包括两类：

一是不满8周岁的未成年人。对此，《民法典》第20条规定："不满八周岁的未成年人为无民事行为能力人，由其法定代理人代理实施民事法律行为。"

二是不能辨认自己行为的人。对此，《民法典》第21条第1款规定："不能辨认自己行为的成年人为无民事行为能力人，由其法定代理人代理实施民事法律行为。"依据该条规定，如果成年人因为智力、精神状况等原因而无法辨认自己的行为，则应当属于无民事行为能力人。《民法典》第21条第2款规定："八周岁以上的未成年人不能辨认自己行为的，适用前款规定。"依据《民法典》第19条的规定，年满8周岁的未成年人属于限制民事行为能力人，但如果其不能辨认自己的行为，则也应当属于无民事行为能力人。对于不能辨认自己行为的自然人而言，从保护其利益出发，法律规定其为无民事行为能力人是十分必要的。

依据《民法典》第20条与第21条的规定，对无民事行为能力人而言，其不能独立实施任何民事法律行为，而必须由其法定代理人代理实施。因此，无民事行为能力人所实施的民事法律行为都是无效的。当然，在特殊情形下，无民事行为能力人也可以实施一些纯获利益的行为，以及日常生活必需的细小的行为（如乘坐公交车和地铁、购买早点或零食等）。

三、自然人民事行为能力的宣告

在自然人因智力、精神健康状况等原因而不能辨认或者不能完全辨认自己的行为时，相关主体有权申请人民法院认定该自然人为无民事行为能力人或者限制民事行为能力人。《民法典》第24条第1款规定："不能辨认或者不能完全辨认自己行为的成年人，其利害关系人或者有关组织，可以向人民法院申请认定该成年人为无民事行为能力人或者限制民事行为能力人。"依据该条规定，申请认定自然人为无民事行为能力人或限制民事行为能力人需要具备如下条件：

第一，被认定人为不能辨认或者不能完全辨认自己行为的成年人。从该条规定来看，其仅适用于成年人，未成年人为无民事行为能力人或者限制民事行为能力人不需要经人民法院的认定，而可以直接依据其年龄来判断。同时，被认定人应当是不能辨识或者不能完全辨识其行为的自然人，即该自然人因为智力发育不成熟，或者因为精神健康状况方面的原因，导致其辨识能力不足。

第二，必须经利害关系人或者有关组织申请。认定自然人为无民事行为能力人或限制民事行为能力人必须依据利害关系人或者有关组织申请，人民法院不能依职权主动认定。所谓利害关系人，是指与被申请认定人有利害关系的人，如精神病人的配偶、父母、成年子女以及其他亲属等。人民法院不得主动进行认定。所谓有关组织，依据《民法典》第24条第3款的规定，具体包括：居民委员会、村民委员会、学校、医疗机构、妇女联合会、残疾人联合会、依法设立的老年人组织、民政部门等。只有利害关系人或者有关组织才能提出申请。

第三，须经人民法院认定。民事行为能力的认定涉及个人的行为自由，也涉及交易安全，因此，任何人不得单方认定他人为无民事行为能力人或者限制民事行为能力人，而必须由人民法院予以认定。人民法院在认定某一自然人为无民事行为能力人或限制民事行为能力人时，必须确定其辨识能力的状况，具体进行认定。

此外，《民法典》第24条第2款规定："被人民法院认定为无民事行为能力人或者限制民事行为能力人的，经本人、利害关系人或者有关组织申请，人民法院可以根据其智力、精神健康恢复的状况，认定该成年人恢复为限制民事行为能力人或者完全民事行为能力人。"该条对民事行为能力的全部或者部分恢复作出了规定。

第三节 自然人的住所与监护

一、住所

(一)住所的概念

住所,是指自然人长期居住生活的地点。在社会生活中,每个人的活动总是存在于一定的空间的,其从事一定的民事活动和开展社会生活,总是在一定的场所内进行。例如,工作场所、营业活动的场所、居住的场所、财产所在地等,这些场所可能各不相同。住所是自然人参与的各种法律关系集中发生的中心地域,这就需要在法律上确定自然人的住所。《民法典》第25条规定:"自然人以户籍登记或者其他有效身份登记记载的居所为住所;经常居所与住所不一致的,经常居所视为住所。"该条对自然人的住所确定规则作出了规定。

(二)住所的法律意义

法律上确定住所的意义主要在于:

1.确定自然人的民事主体状态。例如,宣告失踪、宣告死亡,都以自然人离开住所地下落不明为前提。

2.决定债务的清偿地。依据《民法典》第511条的规定,当事人履行地点约定不明确,依照本法第510条的规定仍不能确定的,适用下列规定:履行地点不明确,给付货币的,在接受货币一方所在地履行;交付不动产的,在不动产所在地履行;其他标的,在履行义务一方所在地履行。

3.决定婚姻登记的管辖地点。例如,我国《婚姻登记条例》规定,依申请人住所管辖婚姻登记。

4.在涉外民事关系中确定法律适用的准据法。例如,《涉外民事关系法律适用法》第31条规定:"法定继承,适用被继承人死亡时经常居所地法律,但不动产法定继承,适用不动产所在地法律。"

5.决定诉讼管辖法院和司法文书送达地。

(三)自然人住所的认定规则

1.自然人以户籍登记或者其他有效身份登记记载的居所为住所。

户籍登记是公安机关按照国家户籍管理的相关规定,对公民的身份信息进行记载的制度。依据相关法律法规的规定,公民应当在经常居住地的公安机关进行户籍登记。其他有效身份登记主要是指身份证、居住证和外国人的有效居留证件。在我国随着城镇化的发展,农村进城打工或从事各种经商等活动的人越来越多,这些人可能并没有取得当地的户籍,但是取得了相关的居住资格;另外,随着我国对外交往的增多,外国人来中国工作、居住的现象也越来越普遍,这些外国人并没有在我国进行户籍登记,其有效的居留证件也可以作为认定其住所的依据。

2.经常居所与住所不一致的,经常居所视为住所。

《民法典》第25条规定:"经常居所与住所不一致的,经常居所视为住所。"法律之所以作出此种规定,是因为法律规定住所的主要目的是确定与自然人具有最密切联系的法律关系发生地和纠纷解决地,在自然人的经常居所与住所不一致的情况下,将该居所视为其住所,更有利于实现住所法律规则的目的。

二、监护

(一)监护的概念

所谓监护,是指民法上所规定的对于无民事行为能力人和限制民事行为能力人的人身、财产及其他合法权益进行监督、保护的一项制度。履行监督、保护义务的人,称为监护人;而被监督、保护的人,称为被监护人。在我国《民法典》中,监护包括两个方面:一是未成年人的监护制度,即专门针对未达到法定成年年龄的人所设立的监督和保护制度。二是成年人的监护制度。其中包括了对无民事行为能力、限制民事行为能力的成年人的法定监护与意定监护。这两种监护是根据被监护对象的不同而作出的区分,表明两者在监护人的确定等方面存在一定的区别。监护制度的设立主要是为了保护无民事行为能力人和限制民事行为能力人的合法权益，同时也为了保护交易第三人的合法权益，从而维护社会秩序的稳定、保护交易的安全。监护从其本质上讲，就是对缺乏民事行为能力人的监督、照顾和辅助制度。

依据我国《民法典》的规定，监护在性质上是一种职责。我国《民法典》多个条款都将监护表述为一种职责，而非权利。例如，《民法典》第34条第1款规定："监护人的职责是代理被监护人实施民事法律行为，保护被监护人的人身权利、财产权利以及其他合法权益等。"从该条规定来看，监护是一种职责，其主要内容是代理被监护人实施民事法律行为，保护被监护人的权益。监护人既享有职权（权利），又负有一定的义务。承认监护人享有监护职权的根本目的就是保障监护人更好地履行其监护职责。

（二）监护的设立

监护的设立就是指依据法律的规定、当事人的约定或遗嘱等方式，而设立监护、确定监护人。关于监护的设立，我国《民法典》主要规定了法定监护、意定监护、遗嘱监护和指定监护几种方式。

1.法定监护

（1）法定监护的概念和特征

所谓法定监护，是指监护人由法律直接规定的监护。关于法定监护的类型，我国《民法通则》仅规定了未成年人的法定监护，《民法典》在此基础上对成年人的法定监护作出了规定。法定监护具有如下特征：

一是监护人范围具有法定性。《民法典》第27条、第28条分别对未成年人和成年人的法定监护人作出了规定，可以看出，无论是未成年人的法定监护，还是成年人的法定监护，监护人的范围都是法定的。

二是监护人具有法定的顺序。与其他类型的监护不同，在法定监护中，各个具有监护资格的人在担任监护人时，存在一定的顺序限制，即只有在顺序在前的人无法担任监护人时，顺序在后的人才能担任监护人。

三是监护的对象具有特定性。从《民法典》的规定来看，法定监护的被监护人具有特定性，即限于未成年人、无民事行为能力或者限制民事行为能力的成年人。由于未成年人、无民事行为能力或者限制民事行为能力的成年人的认知能力较弱，因而，在法定监护中，监护人的监护职责主要是对被监护人进行监管和照顾；而在成年意定监护中，监护人的职责更多的是对被监护人从事民事活动进行协助。

（2）法定监护的监护人范围

①未成年人法定监护人的范围

《民法典》第27条规定："父母是未成年子女的监护人。未成年人的父母已经死亡或者没有监护能力的，由下列有监护能力的人按顺序担任监护人：（一）祖父母、外祖父母；（二）兄、姐；（三）其他愿意担任监护人的个人或者组织，但是须经未成年人住所地的居民委员会、村民委员会或者民政部门同意。"该条对未成年人的法定监护人范围作出了规定。依据该条规定，未成年人的法定监护人包括：

第一，未成年人的父母。在未成年人父母能够担任监护人的情形下，首先由父母担任未成年人的法定监护人。因为在一般情况下，父母能够在最大限度内实现子女的利益，由其作为第一顺序的法定监护人，有利于保护未成年人的利益；同时，由父母担任第一顺序的监护人，也能够为未成年人提供更好的成长环境，更能够实现监护制度的目的。父母作为未成年子女的法定监护人，以子女出生这一法律事实为发生原因，一直延续到子女年满18周岁。

第二，其他近亲属及个人或组织。如果未成年人的父母已经死亡或者没有监护能力，则依据《民法典》第27条第2款的规定，由下列有监护能力的人按顺序担任监护人：一是祖父母、外祖父母；二是兄、姐；三是其他愿意担任监护人的个人或者组织，但是须经未成年人住所地的居民委员会、村民委员会或者民政部门同意。从《民法典》第27条的规定来看，上述主体在担任未成年人的监护人时，应当按照法律规定的顺序进行。《民法典》第27条第2款第3项所规定的"组织"主要是指社会公益组织，因为随着我国公益事业的发展，有监护意愿和能力的社会组织增多，由公益组织担任未成年人的监护人，可以作为家庭监护的有益补充。

②成年人法定监护人的范围

《民法典》第28条规定："无民事行为能力或者限制民事行为能力的成年人，由下列有监护能力的人按顺序担任监护人：(一)配偶；(二)父母、子女；(三)其他近亲属；(四)其他愿意担任监护人的个人或者组织，但是须经被监护人住所地的居民委员会、村民委员会或者民政部门同意。"因此，成年人的法定监护人包括：

第一，配偶。与未成年人法定监护不同，在成年人法定监护中，第一顺序的监护人是被监护人的配偶，而不是其父母。法律之所以作出此种规定，主要是因为配偶与被监护人长期生活在一起，与其关系更为密切，相互之间更为熟悉，而且被监护人的配偶对其生活习惯也更为熟悉，由其作为第一顺序的监护人更为合理，更有利于被监护人的权益保护。

第二，父母、子女。在成年人的配偶无法担任监护人时，由成年人的父母或者子女担任。成年人的父母或者子女具有监护能力的，则在成年人配偶不能担任监护人时，应当担任监护人，履行监护职责。

第三，其他近亲属。依据《民法典》第1045条第2款的规定，近亲属包括配偶、父母、子女、兄弟姐妹、祖父母、外祖父母、孙子女、外孙子女。但《民法典》第28条所规定的"其他近亲属"应当是除被监护人的配偶和父母、子女以外的近亲属。

第四，其他愿意担任监护人的个人或者组织，但是须经被监护人住所地的居民委员会、村民委员会或者民政部门同意。从该项规定来看，其并没有对能够担任成年人法定监护人的范围进行严格限制，任何个人和组织都可以担任成年人的法定监护人，但其担任成年人的法定监护人应当具备如下条件：一是其他个人或者组织愿意担任。二是应当取得被监护人住所地的居民委员会、村民委员会或者民政部门同意。防止因为监护人设置不当，侵害被监护人的利益。三是其他个人或者组织具有担任监护人的能力。

2.意定监护

所谓意定监护，依据《民法典》第33条的规定，是指具有完全民事行为能力的成年人与其近亲属、其他愿意担任监护人的个人或者组织事先协商，以书面形式确定，在其丧失或者部分丧失民事行为能力时由该监护人履行监护职责的监护。从《民法典》第33条的规定来看，意定监护具有如下特征：

第一，仅适用于具有完全民事行为能力的成年人。从该条规定来看，只有成年人才能通过协议确定自己的监护人。同时，只有具有完全民事行为能力的成年人才能通过协议确定自己的监护人。因为完全民事行为能力人具有辨认自己行为后果的能力，所以，法律上允许其可以通过协议确定监护人，安排自己的事务，规划好自己的生活。如果成年人是无民事行为能力人或限制民事行为能力人，则无法通过协议确定自己的监护人。

第二，监护人的范围较为广泛，不限于法定监护人，也不受法定监护人顺序的限制。从《民法典》第33条的规定来看，意定监护的监护人范围并不限于法定监护人，设定意定监护的成年人的近亲属、其他愿意担任监护人的个人或者组织都可以成为其监护人，这也赋予了成年人较大的选择监护人的自由。

第三，需要采用书面形式。《民法典》第33条要求当事人设定意定监护必须采用书面形式。由于意定监护的内容直接关系到被监护人的重大权益，而且在设定监护的成年人丧失或者部分丧失民事行为能力时，监护人才开始履行监护职责，此时可能因为距离协议订立时间较为久远，或者因为设定监护的成年人民事行为能力欠缺等原因，使准确确定协议的内容较为困难，因此，为准确确定意定监护协议的内容，减少可能发生的争议，《民法典》要求设定意定监护必须采用书面形式。

第四，在设定意定监护的成年人丧失或者部分丧失民事行为能力时，监护人才开始履行监护职责。也就是说，当事人订立协议与监护人履行监护职责之间有一定的时间间隔。当事人在订立意定监护协议时，设定意定监护的成年人仍属于完全民事行为能力人，并不需要他人的监护，只有在其丧失或者部分丧失民事行为能力时，协议所设定的监护人才开始履行监护职责。

3.遗嘱监护

遗嘱监护，是指被监护人的父母在担任监护人期间，通过遗嘱的方式为被监护人指定监护人的监护制度。我国《民法典》第29条规定："被监护人的父母担任监护人的，可以通过遗嘱指定监护人。"该条对遗嘱监护制度作出了规定。《民法典》增加了遗嘱监护，规定未成年人的父母在死亡前可以指定对子女最有利的监护人，这借鉴了比较法上的经验，同时也有利于贯彻我国监护制度中的被监护人利益最大化原则。依据该条规定，遗嘱监护具有如下特征：

第一，能够设定遗嘱监护的是被监护人的父母。我国监护制度的基本原则之一，是要实现未成年人利益的最大化，而父母在设定遗嘱监护时，能够从最有利于保护子女利益的角度出发，实现子女利益的最大化。当然，被监护人父母在设定遗嘱监护时必须具有监护人资格。

第二，遗嘱监护既适用于未成年人监护，也适用于成年人监护。遗嘱的方式通常适用于在父母去世前，父母因担忧被监护人没有合适的监护人会遭受人身、财产损害，所以通过遗嘱的方式，为被监护人指定监护人。这一制度主要适用于未成年人监护，但也可以适用于成年人监护。

第三，在遗嘱监护的情形下，所指定的监护人不受《民法典》第27条、第28条关于监护人范围以及顺序的限制。从《民法典》第29条的规定来看，其只是明确被监护人的父母可以通过遗嘱为被监护人指定监护人，而没有对被指定的监护人的范围作出限制，可见，被指定的监护人的范围并不受法定监护顺序的限制。

第四，遗嘱监护的生效需要被指定的人同意担任监护人。如果遗嘱所指定的人拒绝担任监护人，则该指定不发生效力。当然，遗嘱监护也应当考虑被监护人的真实意愿，但因为立遗嘱人都是被监护人的父母，通常其指定的人都是符合被监护人的意愿的。

遗嘱监护以遗嘱人的死亡作为生效要件。遗嘱作为一种死因法律行为，其生效应以遗嘱人死亡为条件，也就是说，只有在设定遗嘱的人死亡后，遗嘱监护才能生效。

4.指定监护

《民法典》第31条第1款规定："对监护人的确定有争议的，由被监护人住所地的居民委员会、村民委员会或者民政部门指定监护人，有关当事人对指定不服的，可以向人民法院申请指定监护人；有关当事人也可以直接向人民法院申请指定监护人。"该条规定了指定监护制度，依据这一规定，指定监护包括两种类型：

第一，由被监护人住所地的居民委员会、村民委员会或者民政部门指定监护人。《民法典》第27条、第28条虽然规定了监护人的顺序，但同一顺序的当事人可能会对监护人资格产生争议，如对当事人担任监护人的资格等发生争议，或者相关当事人因不愿担任监护人而发生争议。依据《民法典》第31条第1款的规定，当事人就监护人的确定发生争议的，则由被监护人住所地的居民委员会、村民委员会或者民政部门指定监护人，如果当事人对该指定不服的，则可以向人民法院申请指定监护人。

第二，由人民法院指定监护人。从该款规定来看，由人民法院指定监护人包括两种情形：一是当事人对被监护人住所地的居民委员会、村民委员会或者民政部门指定的监护人不服的，可以由人民法院指定监护人；二是人民法院也可以直接依据有关当事人的申请指定监护人，而不需要经过被监护人住所地的居民委员会、村民委员会或者民政部门指定监护人这一阶段。

关于监护人的指定，《民法典》第31条第2款规定："居民委员会、村民委员会、民政部门或者人民法院应当尊重被监护人的真实意愿，按照最有利于被监护人的原则在依法具有监护资格的人中指定监护人。"依据这一规定，居民委员会、村民委员会、民政部门或者人民法院在指定监护人时，应当遵循如下规则：一是按照被监护人利益最大化的原则和尊重其意愿的原则指定。二是应从有监护人资格的人中指定。《民法典》第27条、第28条对未成年人监护和成年人监护的监护人范围作出了规定，居民委员会、村民委员会、民政部门或者人民法院在指定监护人时，应当在上述规定所确定的监护人范围中指定。

（三）监护人的职责

1.监护人监护职责的内容

《民法典》第34条采用的是“监护人的职责”这一表述，因此，在监护关系中，监护人负担的是监护职责，其应当是权利与义务的结合。《民法典》第26条第1款规定：“父母对未成年子女负有抚养、教育和保护的义务。”第34条第1～3款规定：“监护人的职责是代理被监护人实施民事法律行为，保护被监护人的人身权利、财产权利以及其他合法权益等。监护人依法履行监护职责产生的权利，受法律保护。监护人不履行监护职责或者侵害被监护人合法权益的，应当承担法律责任。”依据上述规定，监护人的监护职责包括如下内容：

一是代理被监护人实施民事法律行为。《民法典》第23条规定：“无民事行为能力人、限制民事行为能力人的监护人是其法定代理人。”依据该条规定，在法定监护中，监护人是被监护人的法定代理人，代理被监护人实施民事法律行为。在意定监护中，监护人在被监护人丧失或者部分丧失民事行为能力时才开始履行监护职责，此时监护人也需要代理被监护人实施部分民事法律行为。

二是保护被监护人的人身权利、财产权利以及其他合法权益。监护制度的重要目的是对被监护人进行照管，因此，保护被监护人的人身、财产及其他合法权益也是监护人监护职责的重要内容。《民法典》第34条第3款规定：“监护人不履行监护职责或者侵害被监护人合法权益的，应当承担法律责任。”该款所规定的“法律责任”一般是侵权责任，但在意定监护中，监护人不履行监护职责也可能构成违约。

三是教育被监护人。对未成年人的监护人来说，监护人的职责主要是保护、教育和关心未成年人，约束未成年人的行为，防止其实施侵害国家财产、集体财产或他人人身、财产的不法行为。依据《民法典》第1068条的规定，父母有教育、保护未成年子女的权利和义务。所谓抚养、教育，是指教导和养育子女，使其身心健康发育。

四是监督和管教被监护人。对未成年人的监护人来说，未成年人由于年龄尚小，常常不能对自己的行为作出正确的判断，这就需要对其管教和约束。所以，监护人对被监护人尽到管教约束的责任，不仅有利于被监护人，而且有利于他人和社会。如果监护人没有尽到管教和约束被监护人的责任，致使被监护人实施侵害国家财产、集体财产或他人人身、财产的不法行为，监护人应当依法承担民事责任。

此外，《民法典》第34条第4款还规定了紧急情况下对被监护人的临时照料规则。在紧急情况下，监护人可能因为客观原因无法履行监护职责，例如，在新冠疫情期间，监护人可能因为属于疑似患者而被隔离观察，其子女可能年龄较小无法独立生活，此时，相关主体有必要对被监护人进行临时照料。对此，《民法典》第34条第4款规定：“因发生突发事件等紧急情况，监护人暂时无法履行监护职责，被监护人的生活处于无人照料状态的，被监护人住所地的居民委员会、村民委员会或者民政部门应当为被监护人安排必要的临时生活照料措施。”《民法典》对紧急情况下被监护人的临时照料规则作出规定，彰显了我国民事立法以人民为中心的理念。

2.监护人监护职责的履行

《民法典》第34条第2款规定，监护人依法履行监护职责产生的权利受法律保护。也就是说，监护人在依据法律规定或者约定履行监护职责时，任何个人或组织不得进行非法干涉。依据《民法典》第35条的规定，监护人履行监护职责应当遵循如下原则：

第一，按照最有利于被监护人的原则履行监护职责。所谓最有利于被监护人，是指监护人要根据被监护人的实际情况来行使监护职责，充分地保护被监护人的财产、人身和其他利益。例如，被监护人有财产的，监护人应努力使被监护人的财产保值、增值，而不能遭受损害；如果被监护人生病的，则监护人应当及时将其送医救治；如果被监护人处于受教育阶段的，则监护人应当使被监护人尽量获得好的教育。

第二，不得擅自处分被监护人的财产。监护制度的目的在于对被监护人进行管理和照顾，其既包括对被监护人的人身权益进行照顾，也包括对被监护人的财产进行照管，这尤其体现在成年监护中。监护人在履行监护职责时，一般只是对被监护人的财产进行管理，而不能通过被监护人的财产为自己谋利。依据《民法典》第35条第1款的规定，除为维护被监护人利益的情形外，监护人不得处分被监护人的财产。

第三，尊重被监护人的意愿。我国《民法典》秉持人文关怀的理念，从关爱、保护被监护人考虑，要求监护人在履行监护职责时，应当尽可能尊重被监护人的意愿。在未成年人监护中，依据《民法典》第35条第2款的规定，监护人在作出与被监护人利益有关的决定时，应当根据被监护人的年龄和智力状况，尊重被监护人的真实意愿。依据《民法典》第35条第3款的规定，成年人的监护人履行监护职责，应当最大限度地尊重被监护人的真实意愿，保障并协助被监护人实施与其智力、精神健康状况相适应的民事法律行为。所谓最大限度，是指监护人应当尽最大可能尊重被监护人的意愿，当被监护人自己能够作出决定时，监护人只是起到一种保障并协助的作用。

（四）监护人资格的撤销

1.监护资格的撤销

所谓撤销监护资格，是指监护人在履行职责期间，从事了严重侵害被监护人权益的行为，从而被取消其监护资格。法律之所以规定撤销监护人资格制度，主要是为了保护被监护人的合法权益，对监护人进行监督。在监护关系设定后，监护人因各种原因已经无法或者未能履行职责，从保护被监护人利益角度考虑，有必要规定监护资格撤销制度。依据《民法典》第36条第1款的规定，撤销监护人资格的条件包括如下几种。

第一，监护人实施严重损害被监护人身心健康行为。监护制度的本意，是实现对被监护人的照管、保护，如果监护人对被监护人实施了严重损害其身心健康的行为就构成撤销的事由。例如，监护人对被监护人实施性侵害，对被监护人进行暴力殴打、虐待等行为，都会严重损害被监护人的身心健康。此处所说的严重侵害，是针对被监护人的人身权益，而不是针对财产的侵害，而且侵害行为必须达到造成严重损害后果的程度。

第二，因监护人怠于履行监护职责等原因导致被监护人处于危困状态。具体而言，又可分为如下两种：一是怠于履行监护职责，导致被监护人处于危困状态。监护人本应尽到对被监护人利益最大化的保护，但监护人不作为，怠于履行监护职责。二是无法履行监护职责并且拒绝将监护职责部分或者全部委托给他人。如果监护人因各种原因而无法履行监护职责，如监护人因吸毒、赌博、身患重病等原因而无法履行监护职责，在此情形下，监护人应当尽快将监护职责委托给他人行使。如果监护人及时将监护职责委托给他人行使，则并不会导致自身的监护资格被撤销。监护人怠于履行监护职责，或者无法履行监护职责并且拒绝将监护职责部分或者全部委托给他人，如果因此导致被监护人的权益受到重大损害、被监护人处于危困状态的，则将会发生监护人监护资格被撤销的情形。

第三，实施严重侵害被监护人合法权益的其他行为。该规定是一个兜底条款，只要出现了其他严重侵害被监护人合法权益的行为，都可能导致监护人监护资格的撤销。例如，监护人恶意侵占被监护人的财产，导致被监护人合法的财产权益受损。

监护人资格被撤销之后，如果没有及时指定新的监护人，则被监护人就处于无人监护的状态，对其十分不利。例如，被监护人的人身、财产都处于无人监护的状态，极易遭受第三人的侵害。因此，依据《民法典》第36条第1款的规定，人民法院根据有关个人或者组织的申请，在撤销监护人资格以后，应当为被监护人安排必要的临时监护措施。所谓临时监护措施，就是为了在短期内起到保护被监护人权益的作用而采取的一些监护措施。例如，将被监护人安置在医院、看护所等场所，委托医院负责看护等。在采取这些措施的同时，人民法院也应当按照最有利于被监护人的原则依法指定临时监护人。

关于申请撤销监护资格的主体，《民法典》第36条第2款规定："本条规定的有关个人、组织包括：其他依法具有监护资格的人，居民委员会、村民委员会、学校、医疗机构、妇女联合会、残疾人联合会、未成年人保护组织、依法设立的老年人组织、民政部门等。"在这些机构中，居民委员会、村民委员会都是群众性的自治组织，有义务办理一些公益性的事业，防止被监护人的利益受到侵害。至于学校、医疗机构、妇女联合会、残疾人联合会、未成年人保护组织、依法设立的老年人组织、民政部门等机构，也都与被监护人的成长、生活相关，对被监护人负有照顾、保护等义务。而且该款还使用了"等"字，就表明列举的这些机构并不是完全列举，并不局限于这些机构。这一规定作为兜底性的规定，尽量扩大了有权申请撤销监护资格的主体范围。

2.监护资格的恢复

某人的监护资格被撤销后，并不意味着其永远丧失监护资格，在一定条件下也可以恢复。《民法典》第38条规定："被监护人的父母或者子女被人民法院撤销监护人资格后，除对被监护人实施故意犯罪的外，确有悔改表现的，经其申请，人民法院可以在尊重被监护人真实意愿的前提下，视情况恢复其监护人资格，人民法院指定的监护人与被监护人的监护关系同时终止。"依据这一规定，监护资格的恢复必须具备如下几个条件：

第一，被撤销监护资格的人确有悔改表现。该条规定仅适用于被撤销监护资格的自然人，主要包括两类人：一是被监护人的父母；二是被监护人的子女。如果这些人确有悔改表现，则人民法院可以考虑恢复监护人的监护资格。

第二，由被撤销监护资格的人提出申请。监护资格的恢复应当按照法定程序进行，由监护人提出申请，表明其愿意继续担任监护人。因此，即便监护人有悔改表现，且被监护人愿意恢复监护关系，该监护关系也不能当然恢复，必须由人民法院依据法定程序予以恢复。

第三，被监护人愿意恢复。监护人监护资格的恢复应当尊重被监护人的意愿，这也有利于保障被监护人的身心健康。因此，在监护资格被撤销后，即便监护人确有悔改表现，但如果被监护人不愿意恢复其监护人资格，则人民法院仍然不能恢复其监护资格。

第四，不存在监护人实施故意犯罪的情形。监护人能否履行职责，涉及被监护人权利保障问题，尤其是对未成年人而言，涉及其健康成长，如果监护人曾经实施过性侵害、出卖未成年人等故意犯罪行为，这就有可能导致其恢复监护人身份后，实施侵害被监护人权益的行为。因此，要恢复监护人的资格，要考虑其是否实施了故意犯罪行为。

依据《民法典》第38条的规定，出现了上述情况后，人民法院要视情况恢复其监护人资格。

（五）监护的终止

监护因一定的事实而发生，也因一定的法律事实而终止。监护设立的根据不同，终止的原因也不相同。依据《民法典》第39条第1款的规定，监护主要因下列原因而终止：

1.被监护人取得或者恢复完全民事行为能力

对于未成年人的监护，自被监护人成年之日起，监护即终止。成年是一个法律事实，受监护的未成年人一旦年满18周岁，就成为成年人，具有完全民事行为能力，可以独立地进行民事活动。此时，监护当然终止。如果被监护人是精神病人，当其痊愈以后，经利害关系人申请，由人民法院撤销对其作出的监护的裁决，才能导致监护关系终止。如果被监护人是因其他原因导致失去全部或部分民事行为能力的成年人，则当其恢复完全民事行为能力时，监护关系终止。

2.监护人丧失监护能力

监护关系的成立以监护人具有行为能力为

条件。监护人如果在履行职责过程中，丧失民事行为能力，也就根本不可能履行监护职责，从而自然应当导致监护关系终止。例如，监护人在履行职责过程中，突然患病陷入昏迷而丧失民事行为能力，就无法继续担任监护人。

3.被监护人或者监护人死亡

监护关系是由双方当事人即监护人与被监护人共同构成的，任何一方的死亡都将导致监护关系的终止。如果被监护人死亡，则监护关系就不必存在；而监护人死亡，则无人履行监护职责，监护关系自然也应当终止。

4.人民法院认定监护关系终止的其他情形

如果存在人民法院认定监护关系终止的其他情形，则监护关系也应当终止。例如，在监护人不依法履行其监护职责，或者滥用监护人资格损害被监护人利益时，人民法院可以根据有关人员或者单位的申请，在查明事实后，撤销监护人的监护资格，从而导致监护关系终止。此外，如果有关当事人有正当理由，也可以向法院申请变更监护人，该申请若得到法院许可，也可导致原监护关系终止。

《民法典》第39条第2款规定："监护关系终止后，被监护人仍然需要监护的，应当依法另行确定监护人。"虽然出现了上述原因导致监护关系终止，但在某些情况下，被监护人仍然需要监护。例如，监护人死亡后，被监护人仍未成年，仍然需要监护人，此时就应当依照《民法典》的相关规定，重新确定监护人。如果是由人民法院撤销监护人资格的，在撤销的同时，法院也应当依法重新指定监护人。

第四节　宣告失踪与宣告死亡

一、宣告失踪

（一）宣告失踪的概念

所谓宣告失踪，是指自然人离开自己的住所下落不明达到法定的期限，经利害关系人申请，人民法院依照法定程序宣告其为失踪人的一项制度。自然人一旦失踪，将对其既有的财产关系产生重大影响，其财产将处于无人照管的状态，而且其债权人和债务人也难以主张权利或者履行义务，这可能影响经济秩序的稳定，对多方当事人的利益产生影响。这就有必要在法律上设置宣告失踪制度，并通过设置财产代管人的方式，对失踪人的财产进行管理，从而保护失踪人的利益，及时了结相关的债权债务关系。

宣告失踪的目的是通过人民法院确认自然人失踪的事实，以及设置财产代管人管理失踪人的财产，及时了结其债权债务关系，以保护失踪人和利害关系人的利益，从而维护社会经济秩序的稳定。我国《民法典》第40条规定："自然人下落不明满二年的，利害关系人可以向人民法院申请宣告该自然人为失踪人。"这就对宣告失踪制度作出了规定。

（二）宣告失踪的法律要件

宣告失踪应当符合法定的条件，依据《民法典》第40条、第41条的规定，宣告失踪应当具备如下条件：

第一，必须有自然人下落不明满2年的事实。依据《民法典》第40条的规定，宣告失踪要求自然人必须下落不明满2年。所谓下落不明，是指自然人离开最后居所和住所后没有音讯的状况，这种状况须持续、不间断地存在。如果自然人离开住所和居所后仍然有音讯，只是因为通信等方面的原因无法联系的，不属于下落不明。

关于下落不明的起算点，依据《民法典》第41条的规定，自然人下落不明的时间起算点并不是其离开住所或者居所的时间，而是其失去音讯的时间。如果自然人是在战争期间下落不明的，则其下落不明的时间应自战争结束之日起计算，如果有关机关确定了自然人下落不明的时间，则其下落不明的时间自该机关确定的时间起算。

第二，必须由利害关系人向人民法院提出申请。依据《民法典》第40条的规定，宣告失踪需要利害关系人的申请。由于宣告失踪仅涉及当事人之间的私人事务，一般不涉及社会公共利益，因而，人民法院不能依据职权进行失踪宣告，必须由失踪人的利害关系人提出宣告失踪的申请。

关于利害关系人的范围，《民法典》并没有作出规定。依据《总则编解释》第14条的规定，申请宣告失踪的利害关系人的范围如下：一是被申请人的近亲属；二是依据《民法典》第1128条、第1129条的规定对被申请人有继承权的亲属；三是债权人、债务人、合伙人等与被申请人有民事权利义务关系的民事主体，但是不申请宣告失踪不影响其权利行使、义务履行的除外——作出此种规定的主要原因在于，在某些情形下，即便具有上述经济上的利害关系，也并不需要申请宣告失踪，例如，在主张债权时，可以通过缺席判决、公告送达等方式实现其权利，而不当然需要通过申请宣告债务人失踪的方式实现，而一旦宣告债务人失踪，还需要设置财产代管人等，则可能对债务人的利益产生较大影响。该项在列举利害关系人的范围时采用了“等”字的表述，保持了其范围的开放性，也适应了社会生活发展的需要。

第三，必须经过人民法院依据法定程序宣告。宣告失踪只能由人民法院作出，其他任何机关和个人无权作出宣告失踪的决定。人民法院在收到宣告失踪的申请以后，应当依据《民事诉讼法》规定的特别审理程序，发出寻找失踪人的公告，公告期满以后，仍没有该自然人的音讯时，人民法院才能宣告该自然人为失踪人。

（三）宣告失踪的效力

在自然人被宣告失踪后，其民事主体资格仍然存在，其仍然可以实施各种民事行为。因此，宣告失踪并不产生消灭婚姻关系的效力，也不会导致失踪人的财产被他人继承。依据《民法典》的规定，宣告失踪的法律后果是为失踪人设置财产代管人。

1.财产代管人的设置

财产代管人是指为失踪人管理财产的人。自然人在被宣告失踪后，有必要为其设置财产代管人管理其财产，因为在自然人下落不明的情形下，其财产无人照管，可能遭受毁损、灭失。同时，设置财产代管人也有利于及时了解失踪人的相关权利义务关系，从而维护社会经济秩序的稳定。

依据《民法典》第42条第1款的规定，对失踪人的财产，应当由其配偶、成年子女、父母或者其他愿意担任财产代管人的人代管。这是因为这些人与失踪人存在密切关系，由其代管财产更符合失踪人的利益。该款并没有对上述主体担任财产代管人的人数和顺序作出规定，因此，可以由上述人中的一人或者数人担任失踪人的财产代管人，而且上述主体在担任财产代管人方面并没有顺序上的限制。如果财产代管人发生争议，应当由人民法院指定财产代管人。

2.财产代管人的职责

财产代管人兼具法定代理人和保管人的身份，依据《民法典》第43条的规定，财产代管人的职责包括如下内容：

（1）妥善管理失踪人的财产。《民法典》第43条第1款规定：“财产代管人应当妥善管理失踪人的财产，维护其财产权益。”财产代管人管理失踪人财产的行为主要体现为一种消极的管理行为，如履行失踪人的债务，接受失踪人债务人的履行等，其一般不得积极利用失踪人的财产。同时，依据该款规定，财产代管人应当妥善管理失踪人的财产。当然，依据《民法典》第43条第3款的规定，财产代管人只有因故意或者重大过失造成失踪人财产损失时，才需要承担赔偿责任，财产代管人在因一般过失造成失踪人财产损失时，并不需要承担赔偿责任。

（2）清偿失踪人的债务，并追索其债权。代管人的另一项主要职责是代理失踪人履行债务和接受履行。一是代管人有权从失踪人的财产中支付税款、债务和其他应当支付的费用（如赡养费、抚养费等）。关于财产代管人履行管理职责的费用，《民法典》第43条第2款规定：“失踪人所欠税款、债务和应付的其他费用，由财产代管人从失踪人的财产中支付。”依据该款规定，财产代管人缴纳失踪人所欠税款、清偿债务以及所支出的其他费用，应当从失踪人的财产中支付。二是代管人应当尽力追索失踪人的债权，代理失踪人接受债务。如果财产代管人怠于主张债权或者怠于接受履行造成失踪人损失的，财产代管人应当承担赔偿责任。

3.财产代管人的变更

在自然人失踪期间，财产代管人可能因为丧失民事行为能力等原因而无法履行财产代管职责，此时，就有必要变更财产代管人。依据《民法典》第44条第1款、第2款的规定，财产代管人的变更主要包括如下情形：一是失踪人的利害关系人申请变更财产代管人。依据《民法典》第44条第1款的规定，在财产代管人不履行代管职责、侵害失踪人财产权益或者丧失代管能力的情形下，为失踪人设置财产代管人的目的将难以实现，此时，失踪人的利害关系人有权向人民法院申请变更财产代管人。二是财产代管人申请变更财产代管人。《民法典》第44条第2款规定："财产代管人有正当理由的，可以向人民法院申请变更财产代管人。"依据该规定，如果财产代管人有正当理由，其也可以申请变更财产代管人。例如，财产代管人因为年龄、健康状况等原因难以有效履行财产代管职责，可能导致失踪人遭受损失的，此时，应当允许其向人民法院申请变更财产代管人。

（四）失踪宣告的撤销

1.撤销失踪宣告的条件

自然人在被宣告失踪后，如果又重新出现，则其有权申请撤销失踪宣告，也可由利害关系人申请撤销。关于失踪宣告的撤销，《民法典》第45条第1款规定："失踪人重新出现，经本人或者利害关系人申请，人民法院应当撤销失踪宣告。"依据该规定，撤销失踪宣告应当符合如下条件：

（1）失踪人重新出现。依据该款规定，失踪人重新出现是撤销失踪宣告的必要条件，当然，失踪人重新出现并不限于失踪人回到原住所或者居住地，如果确知其下落，也应当属于失踪人重新出现。

（2）经本人或者利害关系人申请。撤销失踪宣告需要被宣告失踪人本人或者其利害关系人向人民法院提出申请。从该款规定来看，失踪人本人或者其利害关系人在申请撤销失踪宣告方面并没有顺序限制，在失踪人重新出现后，利害关系人中的一人或者数人都可向人民法院申请撤销失踪宣告。

（3）由人民法院撤销。失踪宣告的撤销应当由人民法院作出。申言之，撤销失踪宣告的申请应当向作出失踪宣告的人民法院提出。

2.撤销失踪宣告的法律后果

失踪宣告一旦撤销，即产生如下法律效力：

一是财产代管关系终止。财产代管人是在自然人失踪期间代其管理财产，一旦失踪宣告被撤销，相应的财产代管关系也应当终止。当然，依据《民法典》第45条第2款的规定，在失踪人重新出现的情形下，财产代管人即应当负有相应的移转财产和报告义务，此时，即应当认定财产代管关系已经终止。

二是财产代管人的移交财产和报告义务。《民法典》第45条第2款规定："失踪人重新出现，有权请求财产代管人及时移交有关财产并报告财产代管情况。"依据该规定，一旦失踪人重新出现，其就有权请求财产代管人移交有关财产，并有权请求财产代管人报告代管其财产期间的相关情况。

二、宣告死亡

（一）宣告死亡的概念

所谓宣告死亡，是指自然人下落不明达到法定期限，经利害关系人申请，人民法院经过法定程序在法律上推定失踪人死亡的一项制度。自然人长期下落不明可能导致相关的财产关系和人身关系长期处于不确定状态，这有可能影响经济秩序和社会秩序。通过宣告死亡制度，可以及时了结下落不明人与他人的财产关系和人身关系，从而维护正常的社会秩序。宣告死亡虽然可以了结相关的财产关系和人身关系，但其毕竟属于对下落不明人死亡的一种推定，在该自然人仍然生存的情形下，其民事权利能力并不受影响。

（二）宣告死亡的法律要件

宣告死亡具有和自然死亡相同的法律后

果，对当事人影响重大，因此必须由法律作出规定，符合法律规定的要件。《民法典》第46条规定："自然人有下列情形之一的，利害关系人可以向人民法院申请宣告该自然人死亡：(一)下落不明满四年；(二)因意外事件，下落不明满二年。因意外事件下落不明，经有关机关证明该自然人不可能生存的，申请宣告死亡不受二年时间的限制。"该条对宣告死亡的条件作出了规定，依据该条规定，宣告死亡必须具备以下条件：

第一，自然人下落不明达到法定期限。如前所述，下落不明是指自然人离开最后居所和住所后没有音讯的状况。在宣告死亡的情形下，自然人的下落不明主要是指生死不明，如果确知某人仍然活着，只是没有和家人联系或者不知道其确切地址，不能认为其生死不明。

依据《民法典》第46条的规定，在申请宣告死亡的情形下，自然人下落不明达到法定期限可以分为如下两种情形：一是一般情形下，下落不明满4年。注意，根据《总则编解释》第17条的规定，自然人在战争期间下落不明的，对其申请宣告死亡适用本规定。可见，与宣告失踪相比，在宣告死亡的情形下，自然人下落不明的时间应当更长。因为在宣告失踪的情况下，只是发生了被宣告失踪人的财产代管和债权债务了结的后果，但宣告死亡以后，还会发生继承的开始、身份关系的解除等，因此，宣告死亡的条件应当比宣告失踪严格，下落不明的时间应当比宣告失踪时所要求的时间长。二是在自然人因意外事件下落不明时，其下落不明需要满2年。由于自然人在因意外事件下落不明的情形下，其生存的可能性相对较小，因而，宣告其死亡时对其下落不明的时间要求也相对较短。此外，依据《民法典》第46条的规定，在自然人因意外事件下落不明的情形下，如果有关机关证明该自然人不可能生存的，此时，申请宣告该自然人死亡不受2年时间的限制，即在此情形下，其利害关系人可随即申请宣告该自然人死亡。例如，发生沉船事故后，相关部门进行了紧急搜救，证实乘客已不可能生存的，此时，其利害关系人可以立即申请宣告该人死亡，而不受2年期限的限制。

第二，必须要由利害关系人提出申请。依据《民法典》第46条的规定，宣告死亡需要由利害关系人向人民法院提出申请，此处所说的利害关系人，是与被宣告死亡法律后果具有利害关系的人。

《民法典》第46条虽然规定了利害关系人可以向人民法院申请宣告死亡，但并没有规定利害关系人的范围和申请的顺序，但如果没有顺序的限制，就会导致父母要求宣告死亡，但配偶并不希望宣告死亡，如果满足父母的请求，就会干涉配偶的婚姻自主。这对当事人的利益尤其是对被宣告死亡人的近亲属特别是配偶的利益影响巨大，因此，有必要对此作出细化规定。《总则编解释》第16条对此规定了几种不同的情形，并确定了申请宣告死亡的利害关系人的范围及其申请顺序，具体而言：

第一顺序的利害关系人是指被申请人的配偶、父母、子女，以及依据《民法典》第1129条规定对被申请人有继承权的亲属，他们应当认定为《民法典》第46条规定的利害关系人。因为宣告死亡对这些人的利益特别是身份利益影响重大，而且宣告死亡之后，主要涉及继承人利益问题，所以应当由这些人作为请求宣告死亡的第一顺序利害关系人。另外，依据《民法典》第1129条的规定，"丧偶儿媳对公婆，丧偶女婿对岳父母，尽了主要赡养义务的，作为第一顺序继承人"。据此，对公婆或者岳父母尽了主要赡养义务的丧偶儿媳、丧偶女婿，也是第一顺序的利害关系人。

第二顺序的利害关系人是指被宣告死亡人的其他近亲属，以及依据《民法典》第1128条规定对被申请人有继承权的亲属，他们也应当认定为《民法典》第46条规定的利害关系人。这些利害关系人在申请宣告死亡时，须具备下列情形之一：一是被申请人的配偶、父母、子女均已死亡或者下落不明的；二是不申请宣告死亡不能保护其相应合法权益的。

申请宣告死亡的利害关系人主要是上述两类主体，其他主体原则上并不属于申请宣告死亡的利害关系人，当然，在例外情形下，被宣告死亡人的债权人等主体也可以依法申请死亡宣告，对此，《总则编解释》第16条第3款规定："被申请人的债权人、债务人、合伙人等民事主体不能认定为民法典第四十六条规定的利害关系人，但是不申请宣告死亡不能保护其相应合法权益的除外。"依据该规定，除被宣告死亡人的近亲属等主体外，被申请人的债权人、债务人、合伙人等主体只有在例外情形下才能提出宣告死亡的申请。原因在于，在某些情形下，一旦宣告债务人死亡，则可能对债务人、债权人与合伙人的合法利益产生较大影响。

《民法典》第47条规定："对同一自然人，有的利害关系人申请宣告死亡，有的利害关系人申请宣告失踪，符合本法规定的宣告死亡条件的，人民法院应当宣告死亡。"依据该条规定，如果对同一自然人，有的利害关系人申请宣告其死亡，有的申请宣告其失踪，如果该自然人符合宣告死亡的条件，则人民法院应当宣告该自然人死亡。法律之所以作出此种规定，是因为宣告死亡不仅解决失踪人的财产关系，而且能够解决失踪人的人身关系，与宣告失踪相比，其效力范围更为广泛，能够终局地解决失踪人的权利义务关系。可见，宣告死亡的法律效力要强于宣告失踪，在不同利害关系人同时申请宣告失踪与宣告死亡的情形下，如果符合宣告死亡的条件，人民法院作出死亡宣告有利于更好地解决当事人之间的纠纷。

第三，必须要由人民法院作出宣告。依据《民法典》第46条的规定，死亡宣告应当由人民法院作出。人民法院在受理死亡宣告的申请后，应当按照《民事诉讼法》规定的特别审理程序发出寻找下落不明人的公告，公告期届满，没有其音讯的，人民法院才能作出死亡宣告。

（三）宣告死亡的效力

1.宣告死亡的效力及于一切人

自然人一旦被宣告死亡，将产生消灭其既有财产关系和人身关系的效力，该效力不仅及于申请人，而且对其他相关主体也会产生相应的效力。

2.宣告死亡并不当然消灭被宣告死亡人的民事主体资格

由于宣告死亡的目的在于终结被宣告死亡人原有的财产关系和人身关系，但其不同于自然死亡，只是对下落不明的自然人的死亡的一种拟制，不能完全等同于自然死亡。可见，宣告死亡并非为了绝对地消灭或剥夺被宣告死亡人的主体资格，而在于结束被宣告死亡人既有的民事法律关系。自然人在被宣告死亡后仍然可能生存，并且也必然会从事一些民事活动，产生一些新的民事法律关系。如果被宣告死亡的失踪人被认为完全没有权利能力，则其从事任何行为都是无效的，这显然不符合一般人的观念认知。因此，依据《民法典》第49条的规定，在被宣告死亡后，如果自然人仍然生存的，则其主体资格并不受影响，其在被宣告死亡后所实施的民事法律行为的效力也不受影响。

3.财产关系发生变动

自然人被宣告死亡后，将对其财产关系产生一定的影响。如前所述，宣告死亡将产生消灭自然人原有的人身关系和财产关系的效力，因此，自然人一旦被宣告死亡，其财产将作为遗产由其继承人继承。同时，被宣告死亡的自然人的债权人也有权请求该自然人的继承人清偿债务。

4.婚姻关系消灭

自然人一旦被宣告死亡，其婚姻关系将消灭。对此，《民法典》第51条规定："被宣告死亡的人的婚姻关系，自死亡宣告之日起消除。"依据该条规定，自然人一旦被宣告死亡，其婚姻关系将自死亡宣告之日起消灭。宣告死亡制度的主要功能是了结被宣告死亡人原有的人身关系和财产关系，因此，死亡宣告一旦作出，被宣告死亡人的婚姻关系即应当消灭。

（四）死亡宣告的撤销

1.死亡宣告撤销的条件

宣告死亡毕竟是一种法律上的死亡推定，该推定是可以被推翻的，自然人被宣告死亡后，其客观上仍然可能处于生存状态，在确知该自然人仍然生存时，其本人或者利害关系人即有权撤销之前的死亡宣告。对此，《民法典》第50条规定："被宣告死亡的人重新出现，经本人或者利害关系人申请，人民法院应当撤销死亡宣告。"依据该条规定，死亡宣告的撤销应当具备如下条件：

一是被宣告死亡的人重新出现。被宣告死亡的人重新出现包括的情形很多，例如，该自然人回到原住所或者居住地，或者有人确知其下落，或者虽然难以确定其下落，但确定其仍然处于生存状态。只要出现了能够确定被宣告死亡人仍然生存、否定其已经死亡的情形，就可以认定属于该条所规定的"重新出现"。

二是必须经本人或者利害关系人申请。被宣告死亡人重新出现，并不意味着其原有的人身关系、财产关系就当然恢复，而必须要经过本人和利害关系人申请，由人民法院作出新的判决，撤销原有的死亡宣告。

三是由人民法院作出撤销宣告。《民事诉讼法》在特别程序中对撤销死亡宣告作出了规定，该法第193条规定："被宣告失踪、宣告死亡的公民重新出现，经本人或者利害关系人申请，人民法院应当作出新判决，撤销原判决。"

2.死亡宣告撤销的法律后果

（1）财产关系的恢复

死亡宣告的撤销将产生财产关系恢复的效果。对此，《民法典》第53条第1款规定："被撤销死亡宣告的人有权请求依照本法第六编取得其财产的民事主体返还财产；无法返还的，应当给予适当补偿。"依据该条规定，一旦自然人的死亡宣告被撤销，其继承人应当向其返还自己依照继承法所取得的财产，原则上应当返还原物。由于宣告死亡只是对死亡的一种拟制，被宣告死亡的自然人仍然可能生存，在被宣告死亡的自然人重新出现后，对其死亡的拟制将被推翻，相关当事人通过继承所取得的财产应当返还给被宣告死亡的人。同时，继承人取得遗产是无偿的，课以其返还义务也不会不当加重其负担。

（2）婚姻关系的恢复

《民法典》第51条规定："死亡宣告被撤销的，婚姻关系自撤销死亡宣告之日起自行恢复。但是，其配偶再婚或者向婚姻登记机关书面声明不愿意恢复的除外。"依据该条规定，被宣告死亡人的婚姻关系原则上应当自行恢复，但在例外情形下，其婚姻关系不能自行恢复。依据该条规定，该例外情形包括如下两种：一是其配偶已经再婚。因为在死亡宣告后，被宣告死亡人的婚姻关系已经消灭，其配偶可以再婚，该婚姻也受到法律保护，在此情形下，即便死亡宣告被撤销，被宣告死亡人的婚姻关系也不能当然恢复，这也有利于维持婚姻家庭关系的稳定。如果配偶再婚，即使再婚后又离婚或再婚后新配偶死亡，其与被宣告死亡的配偶之间的婚姻关系也不得自动恢复。二是其配偶向婚姻登记机关书面声明不愿意恢复。也就是说，如果被宣告死亡人的配偶不愿意恢复婚姻关系的，则其有权向婚姻登记机关声明不愿恢复婚姻关系。

（3）对收养关系的影响

《民法典》第52条规定："被宣告死亡的人在被宣告死亡期间，其子女被他人依法收养的，在死亡宣告被撤销后，不得以未经本人同意为由主张收养行为无效。"宣告死亡具有消灭自然人既有人身关系的效力，因此，自然人一旦被宣告死亡，如果符合收养的条件，其子女就可以被他人收养，依法产生的收养关系受法律保护，非因法律规定的原因，不得擅自解除或者被宣告无效。为了维护合法收养关系的效力，保持收养关系的稳定性，即便死亡宣告被撤销，被宣告死亡人也不得以其未同意收养为由主张收养行为无效。

三、宣告失踪与宣告死亡的关系

宣告失踪与宣告死亡的联系十分密切。在多数情况下，自然人下落不明后，其利害关系人都是先申请宣告失踪，后申请宣告死亡，因为一个自然人下落不明的时间越长，其死亡的可能性就越大。但两者是存在区别的：一是从我国《民法典》的规定来看，宣告失踪并不是宣告死亡的必要步骤和条件。也就是说，只要符合申请宣告死亡的条件，无论利害关系人是否曾经申请宣告失踪，都可以直接到人民法院申请宣告死亡。二是宣告失踪与宣告死亡的制度功能是不同的，宣告失踪制度主要解决的是被宣告失踪人的财产管理问题，而宣告死亡的制度目的则是彻底解决民事法律关系因某自然人长期失踪而产生的不确定状态，即通过宣告死亡制度，消除某些可能使法律关系悬而不决的因素，从而维持法律关系的稳定。

宣告失踪并非宣告死亡的必经程序，《民法典》第47条明确规定：“对同一自然人，有的利害关系人申请宣告死亡，有的利害关系人申请宣告失踪，符合本法规定的宣告死亡条件的，人民法院应当宣告死亡。”法律之所以作出此种规定，是因为宣告死亡不仅解决失踪人的财产关系，而且能够解决失踪人的人身关系，其效力范围更为广泛，能够终局地解决失踪人的权利义务关系。因此，在不同利害关系人同时申请宣告失踪与宣告死亡的情形下，如果符合宣告死亡的条件，人民法院作出死亡宣告有利于更好地解决当事人之间的纠纷。当然，对同一自然人而言，如果有的利害关系人申请宣告失踪，有的申请宣告死亡，人民法院只能作出一种宣告，而不能同时作出失踪宣告和死亡宣告，因为二者在效力上存在一定的冲突。

第五节　个体工商户和农村承包经营户

一、个体工商户、农村承包经营户的概念

（一）个体工商户的概念

《民法典》第54条中规定：“自然人从事工商业经营，经依法登记，为个体工商户。”据此可见，个体工商户，是指经过依法登记，从事工商业经营的自然人。从《民法典》的规定来看，其将个体工商户规定在“自然人”一章中，表明其在性质上仍然属于从事工商业经营活动的自然人，而不应当属于非法人组织。当然，自然人一旦以个体工商户的名义从事工商业经营活动，就成为民事主体。个体工商户的特征主要在于：

第一，它是民事主体的一种类型。虽然个体工商户是在“自然人”部分规定的，但是，它与自然人不完全相同。个体工商户可以是一个自然人，也可以是数个自然人。根据《促进个体工商户发展条例》第2条的规定，“有经营能力”的公民可以依法登记为个体工商户，因而作为个体工商户的自然人，应当具备经营能力，参与市场经济活动。但个体工商户又不是一个组织体，即使是家庭经营，家庭也并非组织。

第二，它有自己的经营范围。在我国，个体工商户应明确其经营范围，该经营范围也决定了个体工商户的权利能力和行为能力范围。

第三，它必须依法办理登记。自然人要成为个体工商户，不需要出资，但必须依法进行登记。在这一点上，它与法人和非法人组织的设立是不同的。法律要求个体工商户必须依法登记，是为了有效规范和监管个体工商户的经营活动，保障其正常合法经营。法律也不要求其必须具有字号和名称。依据《民法典》第54条的规定，个体工商户可以起字号，这是个体工商户依法享有的权利。

（二）农村承包经营户的概念

《民法典》第55条规定：“农村集体经济组织的成员，依法取得农村土地承包经营权，从事家庭承包经营的，为农村承包经营户。”据此，所谓农村承包经营户，是指依法取得农村土地承包经营权，从事家庭承包经营的农户。农村承包经营户的出现是我国20世纪70年代末农村经济体制改革的产物，至今仍然是最为重要的农村集体经济的经营形式。我国《宪法》第8条规定：“农村集体经济组织实行家庭承包经营为基础、统分结合的双层经营体制。”因此，明确农村承包经营户的法律地位，保障其合法权益，是落实《宪法》确立的基本经济制度的要求。

二、个体工商户、农村承包经营户的财产责任

（一）个体工商户的财产责任

依据《民法典》第56条第1款的规定，其采取区别处理的模式。

一是个人经营的个体工商户，以个人财产承担债务。从登记的角度来看，这些个体工商户会明确登记为“个人经营”。在个人经营的情况下，个体工商户和经营者是同一个主体，由于个体工商户并没有独立的财产，因此，应当以经营者个人财产承担债务。

二是家庭经营的个体工商户，以家庭财产承担债务。在办理登记时，个体工商户可以被明确地登记为“家庭经营”。家庭经营个体工商户的，以家庭财产承担。不过，从实践来看，有些个体工商户虽然登记为“个人经营”，但其他家庭成员也参与到了经营之中，从而形成事实上的家庭经营。这里所说的家庭财产，包括从事经营的各个家庭成员的个人财产和共同财产。因为在家庭经营的情况下，家庭成员的个人财产也要投入家庭经营之中，因而个体工商户的财产无法与家庭财产区分开来。法律上要求用家庭财产承担债务，有利于强化对债权人的保护。

三是无法区分个人经营还是家庭经营的，以家庭财产承担债务。在有些情况下，个体工商户究竟是个人经营还是家庭经营难以区分。例如，虽然登记为“个人经营”，但是其家庭成员也参与了经营活动。为了解决此时的债务承担问题，也为了强化对债权人的保护，我国《民法典》第56条第1款规定，“无法区分的，以家庭财产承担”。

（二）农村承包经营户的财产责任

考虑到农村承包经营户是以“户”为单位进行农业经营活动的，因此，其债务也应当由“户”来承担。《民法典》第56条第2款中规定，“农村承包经营户的债务，以从事农村土地承包经营的农户财产承担”。这里所说的“农户财产”，包括该户内成员的个人财产和共同财产。例如，夫妻二人组成农村承包经营户，在债务承担时，责任财产既包括其夫妻的个人财产，也包括其夫妻的共同财产。

《民法典》第56条第2款中规定：“事实上由农户部分成员经营的，以该部分成员的财产承担。”这也体现了权利义务一致的原则。所谓“事实上由农户部分成员经营”，是指虽然以农户的名义签订了土地承包经营合同，但是，实际上仅农户内的部分成员从事了农业生产经营。此时，应当根据实际情况，认定农户仅由部分成员经营，债务也应当仅由参与经营的成员承担。而对于那些没有参与经营的家庭成员，在法律上就不能再要求其承担民事责任。

【本章主要法律规定】

1.《民法典》第一编总则第二章

2.最高人民法院《关于适用〈中华人民共和国民法典〉总则编若干问题的解释》第6～17条

第三章

法人和非法人组织

本章主要内容提示

1.法人是具有民事权利能力和民事行为能力，依法独立享有民事权利和承担民事义务的组织。法人具有独立的名义、独立的财产、健全的组织机构，能独立承担责任。

2.法人包括营利法人、非营利法人和特别法人。

3.法人的民事权利能力是指法人作为民事权利主体，享有民事权利并承担民事义务的资格。法人的民事权利能力是法人在参与市场经济活动时所应当享有的能力，而不包括法人在行政关系中享有权力（利）和承担义务的资格，其不涉及公法上的权利义务。

4.法人的民事行为能力是指法人作为民事权利主体，以自己的行为享有民事权利并承担民事义务的资格。法人的民事行为能力是法人以自己的意思独立进行民事活动，取得民事权利并承担民事义务的资格。法人的民事行为能力和民事权利能力在时间上、范围上是一致的。

5.法人的章程是指法人成员订立的规范法人活动范围、组织结构、议事规则、盈余分配、内部成员之间的权利义务及其他重要事项的法律文件。章程在性质上是当事人合意的产物，因此也是一种法律行为，且必须以书面形式记载，因而也是要式行为。章程的内容可以分为绝对必要记载事项和任意记载事项。绝对必要记载事项是指法律规定在章程中必须具备的内容。任意记载事项是指不是由法律明文规定不可缺少的事项，是否规定在章程中，取决于当事人的意思自治。

6.法人的法定代表人是指依照法律或法人的组织章程的规定，代表法人行使职权的负责人。法人的法定代表人是由法律或法人的组织章程规定的自然人，其有权代表法人从事民事活动，而且法定代表人以法人名义从事的民事活动，由法人承担法律后果。

7.法人的分支机构是根据法人的意志所设立的法人的组成部分。法人的分支机构以自己的名义从事民事活动，产生的民事责任由法人承担；也可以先以该分支机构管理的财产承担，不足以承担的，由法人承担。

8.法人的设立应当具备如下条件：一是具有自己的名称；二是具有组织机构；三是具有住所；四是有必要的财产或者经费。同时，法人的设立还应当遵循法定的程序，其成立的具体条件和程序，依照法律、行政法规的规定。

9.所谓非法人组织，是指不具有法人资格，但是能够依法以自己的名义从事民事活动的组织。非法人组织虽然能够以自己的名义行为，可以成为民事主体，但其并不属于法人，是自然人、法人之外的独立的民事主体类型。

第一节　法人概述

一、法人的概念和特征

法人是相对于自然人而言的一类民事权利主体。法律上的人与通常所称的人的概念不同，其不限于自然人，还包括法人和非法人组织。我国《民法典》第57条规定：“法人是具有民事权利能力和民事行为能力，依法独立享有民事权利和承担民事义务的组织。”这就在法律上确认了法人是独立的民事主体。这一规定揭示了法人的民事主体性和法人的基本特征，具体表现在：

1.独立的名义。所谓独立的名义，是指法人能够以自己的名义独立地享有权利、承担义务，并能在法院起诉、应诉。独立的名义也表明法人应当具有民事权利能力和民事行为能力。《民法典》第58条第2款中规定：“法人应当有自己的名称、组织机构、住所、财产或者经费。”法人具有民事权利能力和民事行为能力，表明法人是由民法所规定的主体（人）。法人是社会组织在法律上拥有的地位。法人独立于自然人而存在，所以，法人的成员死亡、退出，不影响法人的存续。法人所享有的权利也不同于自然人享有的权利。任何人和法人交易时，是和一个组织体交易，而不是和自然人交易。法人具有组织上的统一性，从而极大地降低了交易费用。

2.独立的财产。所谓独立的财产，是指法人所具有的独立于其投资人以及法人的成员的财产。《民法典》第58条第2款中规定：“法人应当有自己的名称、组织机构、住所、财产或者经费。”因此，无论是营利法人还是非营利法人，都应该有自己的财产或经费。法人具有独立的财产，是法人能够参与民事活动、享有民事权利并承担民事义务的基础，也是法人独立承担民事责任的重要保障。

3.健全的组织机构。《民法典》第58条第2款中规定，法人应当有自己的组织机构。法人的组织机构是对内管理法人的事务、对外代表法人从事民事活动的机构的总称。法人的团体意志总是通过一定的组织机构才能形成，并且只有通过一定的组织机构才能具体实现。当然，营利法人和非营利法人的组织机构是各不相同的。例如，营利法人应当具有权力机构、执行机构和监督机构，实行决策、执行、监督机构相互独立、权责分明、相互制衡的机制。其他类型的法人也应当具有自己的意思形成和执行机构。

4.独立的责任。《民法典》第60条规定：“法人以其全部财产独立承担民事责任。”因此，所谓独立的责任，是指法人以自己的全部财产对自己的债务承担责任，法人的成员及设立人仅以其出资或认缴的出资为限对法人债务承担责任。既然法人能够享有权利，就应对自己违反民事义务的行为后果承担责任。除法律另有规定外（如无限责任公司），法人的设立人和法人的成员对法人的债务不负责任。

二、法人的分类

（一）民法学上的分类

1.公法人和私法人

大陆法的民事立法和理论将法人分为公法人和私法人。这种分类的意义在于受理公法人或私法人的争议的机关不同，两者适用的法律也不一样。不过，在西方国家，公法和私法的分类标准存在争议，因此公法人和私法人的区分标准也不很明确。应当通过考察法人设立的法律依据、事业目的等综合进行判断。

我国《民法典》将法人分为营利法人、非营利法人以及特别法人，其中，特别法人包括了机关法人等公法人，可见，《民法典》仍然采取了公法人与私法人相区分的做法。公法人和私法人的区别主要表现在：一方面，二者的设立目的不同。公法人是依据公法设立的，其目的在于行使公共行政职能；而私法人通常是为非公共目的而设立的，其设立也不是为了履行公共行政职能。另一方面，在成立条件上，公法人应该以特许主义为原则，以有关机关的批准或者法律规定为条件；而私法人一般采取准则主义，只要符合法定的条件，就可以设立，其一般也不享有公共职权。

2.营利法人和非营利法人

根据社团法人成立的目的，可以将其分为营利法人和非营利法人。我国《民法典》采纳了营利法人和非营利法人的分类，依据《民法典》第76条第1款的规定，所谓营利法人，是指以取得利润并分配给股东等出资人为目的成立的法人。营利法人主要包括有限责任公司、股份有限公司和其他企业法人等。依据《民法典》第87条第1款的规定，所谓非营利法人，是指为公益目的或者其他非营利目的成立，不向出资人、设立人或者会员分配所取得利润的法人。非营利法人包括事业单位、社会团体、基金会法人等。从理论上看，非营利法人可以再分为公益法人和非公益法人：公益法人是专门以社会公益为目的的法人，如慈善机构、福利院等。非公益法人也可以称为中间法人，是指不以营利为目的，也不以公益为目的的法人，如同学会、同乡会等。

营利法人和非营利法人都是私法人，二者都是独立的民事主体，依据相关法律法规的规定，其设立大多需要依法办理登记，而且二者在活动过程中都可能有一定的营利，但二者也存在一定的区别，主要体现为：

第一，设立的依据不同。比较法上，营利法人的设立通常要依据特别法而设立，而非营利法人一般要依据民法的规则设立。但在我国，无论是营利法人还是非营利法人，首先要依据特别法的规定，特别法没有规定的，则适用《民法典》的规定。

第二，设立的原则不同。营利法人的设立一般采取准则主义，而非营利法人的设立一般采取许可主义。依据我国《民法典》及其他法律法规规定，营利法人的设立一般采准则主义，并不需要特别的许可。但在非营利法人中，如捐助法人、宗教活动场所法人等，其设立既需要依法登记，也需要批准设立。

第三，是否向成员分配利润不同。“营利”，顾名思义，就是获取利润，也就是通过从事经营活动而谋求利润，所以，营利法人都要从事广泛的经营活动。但是，单纯从营利本身而言，无法明确区分营利法人与非营利法人，因而，我国《民法典》采取了另一种分类方法，即以是否向成员分配利润作为区分标准。如果利润分配给出资人或者法人成员，则应当属于营利法人；但如果利润归属于法人，用于实现法人的目的，则属于非营利法人。

第四，法人终止后剩余财产的分配不同。对营利法人而言，在法人终止后，如果有剩余财产，一般要返还给出资人、设立人或法人的成员。但对非营利法人而言，其终止后财产有剩余的，则要区分是为公益目的设立的法人，还是为非公益目的设立的法人：如果是为公益目的设立的法人，在其终止后，依据《民法典》第95条的规定，不得向出资人、设立人或者会员分配剩余财产。如果是为非公益目的设立的法人，在其终止后，其剩余财产则可以分配给其成员。

3.社团法人和财团法人

私法人又可以分为社团法人和财团法人，二者的区别有如下几点：

第一，成立的基础不同。社团法人必须有社员，社员是其成立的基础；而财团法人以财产为基础，如基金会等。财团法人虽然也有管理人，但管理人员的变更不影响财团法人的存在。财团法人制度使一定财产集合，成为独立主体，从而使其管理具有永续性。

第二，目的不同。社团法人的设立可以为了营利，也可以为了公益。前者称为营利社团法人，后者称为公益社团法人。而财团法人的设立只能为了公益。

第三，设立程序不同。社团法人的设立一般符合法定条件即可，大多不需要经过行政机关的批准。而财团法人的设立一般要经过主管机关的许可。当然，无论是社团法人还是财团法人，其设立都需要登记。

第四，设立人的地位不同。社团法人在设立以后，其设立人将取得社员资格，如公司股东享有股东权，并能够行使自益权和共益权。而财团法人在设立以后，其设立人便与法人脱离关系，因为财团法人没有成员，其设立人不作为法人成员，也不直接参与或决定法人事务，而且其设立人也并不当然成为财团法人的管理人员。

从我国《民法典》的规定来看，其并未采纳社团法人与财团法人的分类方法，但这并不意味着我国不存在财团法人。例如，我国《民法典》所规定的捐助法人实际上就属于财团法人。

4.一般法人和特别法人

我国《民法典》总则编第三章第四节专门规定了特别法人，据此，法人可以分为一般法人和特别法人。从我国《民法典》的规定来看，这两类法人都是由《民法典》确认的，两者的区别主要表现在：

第一，是否属于营利法人、非营利法人范畴。特别法人无法归入营利法人与非营利法人的范畴。正是因为这一原因，《民法典》以专节的形式对其作出了规定。而一般法人则可以归入营利法人和非营利法人之中。

第二，特别法人的类型是封闭的，而营利法人、非营利法人的类型范围是开放的。从《民法典》的规定来看，其对营利法人与非营利法人类型的列举，都是采取了不完全列举的方式，只是列举了其典型形式，实践中出现的新的形式，可以依据其性质将其归入营利法人与非营利法人的范畴。而《民法典》对特别法人的列举采用了封闭式列举的方式。

第三，特别法人规则适用具有特殊性。由于特别法人与营利法人、非营利法人的性质存在重要区别，因而，《民法典》在规定特别法人时，并没有规定其可以参照适用营利法人与非营利法人的规则。当然，其可以适用法人的一般规则。

（二）营利法人

1.营利法人的概念和特征

营利法人是指以取得利润并分配给股东等出资人为目的成立的法人（《民法典》第76条第1款）。相对于非营利法人而言，营利法人的特点在于：

第一，属于社团法人的一种类型。从《民法典》的相关规定来看，营利法人应当属于社团法人。《民法典》第76条第2款列举的营利法人的类型，包含有限责任公司、股份有限公司等，这些都是以人的集合为基础的法人。因此，营利法人通常都要有成员；而且，为了保障营利法人的正常运行，营利法人的成员需要按照约定出资。法人的成员虽然不都是营利法人的机关，但成员的存在构成了营利法人成立的基础和存续的条件。

第二，主要从事经营活动并取得利润。营利法人通常都是从事市场经济活动的组织体，其主要从事经营活动。同时，依据《民法典》第76条第1款的规定，营利法人设定的目的就是取得利润。由于对营利法人的规范涉及交易秩序和交易安全，需要民事特别法对其治理结构等作出明确规定，明确其应承担的责任。从我国现行法来看，除《民法典》外，营利法人主要适用《公司法》《全民所有制工业企业法》《外商投资法》等特别法的规定。

第三，设立目的是取得并分配利润给出资人。营利法人和非营利法人的区别并不在于是否营利，而在于是否将营利分配给其成员。事实上，某些非营利法人也可能要从事某些经营活动，并取得利润。例如，基金会也可能要将其管理的资产用于投资，并取得利润。再如，寺庙也可能对外收取门票，但这些非营利法人并不将利润分配给其成员。

第四，终止后将剩余财产分配给成员。营利法人终止，如果其尚有剩余财产的，则将该财产分配给其成员。而对为公益目的设立的非营利法人而言，依据《民法典》第95条的规定，其终止后，不得向出资人、设立人或者会员分配剩余财产。

2.营利法人的类型

《民法典》第76条第2款规定："营利法人包括有限责任公司、股份有限公司和其他企业法人等。"具体来说，营利法人可以做如下分类：

一是公司法人和非公司企业法人。从《民法典》第76条第2款的规定来看，以营利法人的组织形式为标准，可以将营利法人区分为公司法人和非公司企业法人。公司法人受《公司法》调整，我国《公司法》所规定的公司包括股份有限公司和有限责任公司。非公司企业法人主要是指全民所有制企业、集体所有制企业以及外商投资企业。

二是有限责任公司、股份有限公司。这是对公司法人进行的一种细分。依据我国《公司法》第4条第1款的规定，所谓有限责任公司，是指股东以其认缴的出资额为限对公司承担责任的公司；所谓股份有限公司，是指股东以其认购的股份为限对公司承担责任的公司。依据我国《公司法》第7条的规定，设立有限责任公司，必须在公司名称中标明“有限责任公司”或者“有限公司”字样；设立股份有限公司，必须在公司名称中标明“股份有限公司”或者“股份公司”字样。

3.营利法人的登记设立

营利法人的设立必须要办理登记。《民法典》第77条规定：“营利法人经依法登记成立。”因为营利法人主要是从事经营活动，一方面，要求其办理登记，有助于将其章程等事项向社会公示，从而维护交易安全。另一方面，要求其办理登记，也有助于政府对其行为进行必要的监管。通过登记，政府可以掌握营利法人的信息，从而为政府的监管提供基础。这对于国家准确掌控国民经济运行态势、掌握宏观的企业经营信息、实现必要的宏观调控，都十分必要。营利法人的设立必须办理登记，这有利于督促企业披露一些应当对外公开的信息，如资产经营状况、经营范围、组织结构、权益状况等信息，督促法人合法经营，从而维护交易的安全和秩序。《民法典》第78条规定：“依法设立的营利法人，由登记机关发给营利法人营业执照。营业执照签发日期为营利法人的成立日期。”因此，对于营利法人来说，其办理登记之后，应当取得营业执照。营业执照的签发日期为营利法人的成立日期。

（三）非营利法人

1.非营利法人的概念和特征

《民法典》第87条第1款规定：“为公益目的或者其他非营利目的成立，不向出资人、设立人或者会员分配所取得利润的法人，为非营利法人。”《民法典》第87条第2款规定：“非营利法人包括事业单位、社会团体、基金会、社会服务机构等。”此处使用了“等”字，表明非营利法人主要包括上述几类，但只要实践中出现了符合非营利法人定义的组织，也可以纳入非营利法人的范围。

非营利法人具有如下特征：

第一，基于公益目的或者其他非营利目的而设立。非营利法人主要包括两大类，即为公益目的所设立的法人与为其他非营利目的所设立的法人。前者主要是指面向社会大众，以满足不特定多数人的利益为目的的法人，如中华慈善总会、中国红十字会等；后者主要是指以互助互益为目的而设立的法人，如商会、学会、俱乐部等。无论是基于公益目的还是基于其他非公益目的而设立的非营利法人，其都不以营利为目的。需要指出的是，非营利法人并不是客观上没有获得利润，也不是不从事经营活动，而是指非营利法人运作的目的并不是获取利润。

第二，不向出资人、设立人或者会员分配利润。营利法人和非营利法人的区别不在于是否从事经营活动，而在于其经营所得的利润是否分配给出资人、设立人或者会员。营利法人所取得的利润可以分配给其出资人、设立人或者会员。例如，上市公司可以向其股东分红。而非营利法人则不允许进行此种利润分配。

第三，组织机构具有特殊性。营利法人都有成员，因此，其组织机构中应当包含成员大会。就非营利法人而言，除了社会团体法人以外，其他类型的非营利法人并不设立成员大会。有些非营利法人如某些捐助法人，性质上是财产的集合，可能有管理人，但并没有成员。

第四，终止后剩余财产的分配具有特殊性。与营利法人终止后将其财产分配给成员不同，依据《民法典》第95条的规定，为公益目的成立的非营利法人在终止后，不得向出资人、设立人或者会员分配其剩余财产。

2.非营利法人的设立和终止

（1）非营利法人的设立

在我国，非营利法人的设立必须要具备法人的条件才能设立。《民法典》第58条对法人的设立条件作出了规定，如应当有自己的名称、组织机构、住所等，非法人组织的设立也应当具备该条所规定的条件。

非营利法人一般需要依法登记设立。例如，《民法典》第88条对事业单位法人的设立作出了规定，依据该条规定，事业单位法人的设立一般需要进行登记。第90条规定了社会团体法人的设立，从该条规定来看，社会团体法人的设立一般也需要进行登记。第92条规定了捐助法人和宗教活动场所法人应当依法登记设立。从这个意义上说，我国就非营利法人总体上采许可设立主义。当然，如果法律规定不需要办理登记的，其设立也可以不进行登记。

（2）非营利法人的终止

非营利法人可以因为目的已经实现、期限届满、被撤销、合并等原因而终止。依据有关法律法规的规定，非营利法人的终止一般都要进行清算，以清理债权债务，保障债权人利益。例如，《慈善法》第18条第1款规定："慈善组织终止，应当进行清算。"

依据《民法典》第95条的规定，非营利法人终止时，其剩余财产分配应当遵循如下规则：

第一，不得向出资人、设立人或者会员分配剩余财产。首先，非营利法人的"非营利"特点决定了其剩余财产不能分配。因为财产本来要用于公益事业，因此，允许分配剩余财产，与此类法人的设立目的不相吻合。其次，许多非营利法人的财产来源是多元化的，不仅来自出资人、设立人或成员，也可能来自政府的经费支持、个人或组织的捐款、税收优惠等。如果将剩余财产分配给出资人、设立人或成员，就可能使其获得不当的利益，也可能使非营利法人转化成为营利法人。

第二，剩余财产应当按照法人章程的规定或者权力机构的决议用于公益目的。既然非营利法人的设立就是为了公益目的，那么通过法人章程或权力机构决议，可以将剩余财产继续用于公益目的。不过，这一公益目的可能与该非营利法人设立的公益目的不完全相同。

第三，无法按照法人章程的规定或者权力机构的决议处理的，由主管机关主持转给宗旨相同或者相近的法人，并向社会公告。这里所说的无法按照法人章程的规定或者权力机构的决议处理，是指法人章程没有规定或者权力机构没有作出决议，或者法人章程的规定以及权力机构的决议违反了法律或章程。所谓宗旨相同或者相近的法人，是指出于类似公益目的而设立的法人。

《民法典》第72条第2款规定："法人清算后的剩余财产，按照法人章程的规定或者法人权力机构的决议处理。法律另有规定的，依照其规定。"所以，对于一般的法人而言，其剩余财产可以依据章程规定或权力机构的决议处理，但是对于特殊的法人，则可能存在特别法的规定。因此，《民法典》第95条的规定可以理解为是一种例外规则。

3.非营利法人的类型

（1）事业单位法人

所谓事业单位法人，是相对于企业法人而言的，它是指从事非营利性的社会各项公益事业的各类法人。例如，从事新闻、出版、广播、电视、电影、教育、文艺、科研、医疗等事业的法人。"事业"是相对"企业"而言的。在我国，事业单位法人种类繁多、类型复杂，但它们都具有如下特点：

第一，事业单位法人是非营利法人，不以营利为目的。一方面，事业活动是为公共利益服务的活动，包括文化、教育、卫生、体育、新闻、出版等事业，这些事业构成社会主义精神文明建设不可缺少的内容。某些事业单位法人（如部分新闻出版单位）虽然也要营利，但不完全以追求营利为目的，还具有一定的公益性。获取盈利并不是事业单位的目的和宗旨。如果以追求营利为目的，这些事业单位在性质上可能就转化成为企业了。另一方面，即使事业单位从事了营利活动，其也并不能将利润分配给其设立人、出资人或成员。

第二，事业单位法人大多是财团法人。事业单位法人大多可以纳入财团法人的范畴，因为事业单位主要以国家财政拨款为基础设立，不存在出资行为。而且，事业单位的工作人员并非事业单位的成员，事业单位本身没有成员，无法设立成员大会。当然，与典型的财团法人不同，不少事业单位并没有捐助章程。

第三，事业单位法人主要靠国家的财政拨款进行活动，在国家财政预算支出中，事业费占据重要比重。随着我国经济的发展，国家预算将从资金供给和财务管理方面，不断提高这一项支出在整个预算中的比重，以促进我国文教科学卫生等事业的发展。各个事业单位法人通过财政拨款取得的经费，由事业单位法人独立支配。

（2）社会团体法人

社会团体法人是指具备法人条件，基于会员共同意愿，为公益目的或者会员共同利益等非营利目的而依法设立的社会团体，如工会、妇女联合会、工商业联合会等。社会团体法人的特点是：

第一，基于会员的共同意愿设立。依据《民法典》第90条的规定，社会团体法人基于会员的共同意愿而设立。因此，社会团体法人是依法自愿成立的，一般是由成员全体协商一致，自愿成立的组织。申请成立社团应当符合法定的条件，如有一定的会员、章程、规范的名称和相应的组织机构、固定的住所等。

第二，具有非营利性。依据《民法典》第90条的规定，社会团体法人在性质上属于非营利法人。其设立目的，可以是公益，也可以是追求会员的共同利益。社会团体法人包括从事社会公益、文学艺术、学术研究、宗教等非以营利为目的的各类法人，它们既可以从事事业单位所从事的某些事业，也可以从事其他的群众性的社会活动，但是，社会团体法人所从事的各类活动不得违反法律和章程规定，也不得超出章程所规定的活动范围和地域开展活动。例如，非宗教团体不得专门从事宗教活动。

第三，具有一定的独立财产。虽然社会团体法人属于非营利法人，但为保障其正常的运营和责任承担，其也需要有独立的财产。其财产可能源于成员出资或成员缴纳的费用，也可能源于社会捐助。这些财产归社会团体所有，并受法律保护。社会团体法人接受捐赠、资助，必须符合章程规定的宗旨和业务范围，必须根据与捐赠人、资助人约定的期限、方式及依合法用途使用。

社会团体法人在从事民事活动中所形成的债务，应由社会团体法人以自己的财产清偿，其设立人和成员不必对其债务负责，这是法人有限责任的要求。社会团体法人终止时应当办理注销登记手续，在办理注销登记前，应当在业务主管单位及其他有关机关的指导下，成立清算组织，完成清算工作。在清算期间内，社会团体法人不得实施清算外的活动。

（3）捐助法人和宗教活动场所法人

①捐助法人

所谓捐助法人，是指具备法人条件，为公益目的以捐助财产设立的基金会、社会服务机构等组织。捐助法人具有如下特征：

第一，具有非营利性。捐助法人的非营利性主要表现在如下两个方面：一是设立目的具有公益性。依据《民法典》第92条第1款的规定，捐助法人的设立必须是为了“公益目的”。二是不能将利润分配给捐助人。捐助法人也可能从事一定的经营活动（如寺庙可以收取门票），但其不能将利润分配给捐助人。

第二，性质上是财产的集合体。捐助法人属于典型的财团法人，它是以财产的集合为基础的法人。例如，基金会就是由各类组织以及个人自愿的捐赠所形成的。这些自愿捐赠的资金脱离了捐助人之后，具有独立性，所有权也从原捐助人转移至捐助法人，为该法人所享有。从捐助者的角度来说，捐助法人一旦成立，便与捐助者脱离关系，捐助者不再对捐助对象享有支配权。

第三，没有成员或会员。捐助法人以财产集合为中心，并没有自己的成员或会员，捐助法人的管理者的变动不应当影响捐助法人的存在。虽然捐助法人是通过捐助人捐助一定的财产形成的，但捐助人并不是捐助法人的成员，而且捐助人也并不当然会成为捐助法人的管理人员。捐助法人设立后，其将取得法人资格，与捐助人同属独立的民事主体。

第四，是基于捐助行为而设立的。所谓捐助行为，是指以设立捐助法人为目的，出捐一定财产的行为。捐助行为在性质上属于民事法律行为，其成立是由捐助人以意思表示的形式作出的。捐助人可以是一人或者数人。由于捐助人在作出捐助行为时，捐助法人尚未成立，因而，捐助行为在性质上应当属于单方民事法律行为。

第五，必须经登记设立。设立捐助法人应当依法制定法人章程。与其他类型的非营利法人不同，捐助法人都必须经过登记设立。在这一点上，捐助法人与事业单位法人等非营利法人不同，因为所有的捐助法人都必须登记成立，这也是为了规范捐助法人的设立，强化对捐助法人的监督。

②宗教活动场所法人

宗教活动场所法人，是指取得捐助法人资格的宗教活动场所。《民法典》第92条第2款规定："依法设立的宗教活动场所，具备法人条件的，可以申请法人登记，取得捐助法人资格。法律、行政法规对宗教活动场所有规定的，依照其规定。"这就在法律上确立了宗教活动场所的法人资格。宗教活动场所法人具有如下特点：

第一，它是以从事宗教活动为设立目的而设置的捐助法人。一方面，宗教活动场所法人在性质上是捐助法人的一种，应当根据法律关于捐助法人的相关规定完善宗教活动场所法人的治理结构、财产管理等事务。另一方面，此种捐助法人的特殊性就在于，它的设立目的是特定的，即它以从事宗教活动为目的。

第二，它是以宗教场所为基础而形成的法人。宗教活动场所法人不是人的集合，而是财产的集合，是由土地、建筑、庙产等构成的财产综合体。作为财产集合，其性质应为财团法人。作为宗教活动场所法人基础的财产，主要包括其依法使用的土地，依法所有或者管理使用的建筑物、构筑物、各类设施、用品、工艺品、文物、宗教收入、各类捐赠以及从事经营服务活动的合法收益和其他财产。

第三，它在性质上属于非营利法人。宗教活动场所法人也是非营利法人的一种类型。宗教活动场所法人不能以营利为目的，虽然其也可以从事一定的经营活动，如少林寺可以收取门票费用，但是，其获得的收益只能用于宗教活动，而不能分配给其捐助人等。

宗教活动场所要成为法人，必须要满足法人的设立条件。依据《民法典》第92条第2款的规定，"具备法人条件的，可以申请法人登记，取得捐助法人资格"。

（四）特别法人

1.特别法人的概念和特征

特别法人，是我国法上营利法人和非营利法人之外的一类法人。根据《民法典》第96条的规定，特别法人包括机关法人、农村集体经济组织法人、城镇农村的合作经济组织法人、基层群众性自治组织法人。特别法人制度为我国《民法典》所独创，是适应我国国情而构建的法人类型。

特别法人的特征主要表现在：

第一，它是营利法人和非营利法人难以包括的其他类型法人。我国《民法典》采纳了营利法人和非营利法人的分类，但这种分类又确实不能将一些特殊的法人囊括在其中，尤其是不能将机关法人纳入其中。因为营利法人和非营利法人主要是针对传统民法上的私法人而言的，而机关法人传统上属于公法人的范畴。所以，单设特别法人，是我国民法采营利法人和非营利法人分类的必然结果。

第二，它的设立具有特殊性。就特别法人的各种类型来看，其设立通常都具有特殊性。就机关法人而言，有些机关法人是直接依据《宪法》设立的，有些机关法人是直接依据法律法规或政府的行政命令而设立的。居委会、村委会、农村集体经济组织、城镇农村的合作经济组织的设立一般也是直接基于法律或者行政法规而设立的。

第三，它的权利能力和行为能力具有特殊性。特别法人所承担的职责往往具有社会公益性质，因此决定了其权利能力和行为能力的特殊性。例如，依据《民法典》第97条的规定，机关法人只能从事"为履行职能所需要的民事活动"。再如，依据该法第101条第1款的规定，居委会和村委会也只能从事"为履行职能所需要的民事活动"。这就在很大程度上限制了其权利能力和行为能力的范围，从而避免其过多地进入市场，影响其设立目的的实现。

2.特别法人的类型

《民法典》第96条规定："本节规定的机关法人、农村集体经济组织法人、城镇农村的合作经济组织法人、基层群众性自治组织法人，为特别法人。"特别法人包括四种类型，即机关法人、农村集体经济组织法人、城镇农村的合作经济组织法人以及基层群众性自治组织法人。这四种类型法人与营利法人、非营利法人类型不同，《民法典》采用封闭式列举的方式，没有使用"等"字。按照立法机关的解释，之所以采用封闭式的列举，主要是考虑到现实社会中的绝大多数法人都可以纳入营利法人和非营利法人的范围，它们作为法人的最基础分类是合适的；特别法人的范围很小，未来也不宜扩大，否则就会侵蚀和动摇营利法人和非营利法人这一分类方法的基础性地位。

（1）机关法人

所谓机关法人，是指依照法律和行政命令组建的、享有公权力的、以从事国家管理活动为主的各级国家机关。各级国家机关是代表国家从事管理活动的组织，它们在从事民事活动的时候，具有公法人的地位。之所以在法律上要赋予国家机关法人地位，是因为这些机构虽然主要行使公权力，但其也要从事民事活动。而且，其从事民事活动时，也应当以法人的形式出现。例如，国家机关要修缮其房屋、购买办公设备、签订用工合同等。

机关法人的主要特点表现在：

第一，设立上具有特殊性。国家机关是依据法律的规定和行政命令而成立的。它不是根据出资人或捐助人的意愿而设立的，而是直接依据法律法规和行政命令而成立的。机关法人不需要办理设立登记，因而与一般的营利法人、非营利法人不同，机关法人并不是单独设立的某一种法人，而是指已经设立的国家机关在从事民事活动时，赋予其法人资格，以保障其更好地参与民事活动。依据《民法典》第97条的规定，有独立经费的机关和承担行政职能的法定机构从成立之日起，具有机关法人资格，可以从事为履行职能所需要的民事活动。可见，机关法人的设立不需要经过登记，而是直接依据法律法规和行政决定而设立的。

第二，是享有公权力的各类国家机关。行政机关依法享有国家赋予的行政权力，代表国家从事行政管理活动，对政治、经济、文化、教育等事务进行管理。只有在从事民事活动时，如购置办公用品、租用国有的房屋等时，它们才以机关法人的身份出现，并且与其他民事主体处于平等的地位。各级国家机关并不是以营利为目的的组织，它们代表国家从事管理活动，由此形成的利益均归于国家。机关法人以法人的名义从事必要的民事活动时所形成的债务，才能由机关法人以其通过预算拨款所获得的独立经费承担责任。

第三，财产来自财政拨款。国家机关要成为机关法人必须具有独立的经费。机关法人虽然没有独立经营的财产，但是有独立的经费，这些经费是根据其工作需要，由国家和地方财政拨款形成的。

第四，民事行为能力受到更严格的限制。机关法人不能从事经营活动，其在从事民事活动方面的能力是受到严格限制的，而事业单位和社会团体的能力范围通常由其目的、性质和章程决定。公法人在从事政府管理的职能行为以外，只能从事一些维持自己管理活动所必需的民事活动，如购买办公用品、建筑房屋、签订用工合同等。

（2）农村集体经济组织法人

农村集体经济组织法人，是指利用农村集体的土地或其他财产，从事农业经营等活动的组织。《民法典》第99条第1款确认农村集体经济组织的法人地位，有利于保护其合法权益，使农村集体经济组织能够按照法人的治理模式运营并受到相应监督与规范，从而使之在市场经济环境下更具活力。

概括而言，农村集体经济组织法人具有如下特征：

第一，财产具有特殊性。农村集体经济组织的财产主要是集体所有的财产。我国《宪法》第10条第2款规定："农村和城市郊区的土地，除由法律规定属于国家所有的以外，属于集体所有；宅基地和自留地、自留山，也属于集体所有。”农村集体经济组织是利用集体的土地从事农业经营活动而形成的各类组织。当然，对于集体所有的土地，农村承包经营户可以享有土地承包经营权，农民还可以享有宅基地使用权。

第二，成员具有身份性。农村集体经济组织成员与土地存在天然的依附关系，成员的加入和退出，都和身份密切相关。只有取得了特定的身份，才能成为农村集体经济组织的成员。所以，农村集体经济组织成员的进入和退出是受限制的，与特定的身份是联系在一起的，而营利法人中的成员是自由进入、自由退出的。

第三，职能具有特定性。农村集体经济组织的职能在于经营、管理农民集体所有的土地，从事农业生产经营活动。此处所说的农业是广义上的农业，又称大农业，包括农业、林业、牧业、各类副业、渔业等。随着市场经济的发展，其职能也不断扩大。当然，农村集体经济组织也要承担一些公益性的职能，如基础设施建设、公益设施建设等。

第四，组织体具有稳定性。因为农村集体经济组织是我国农村集体所有制的组织形式，其履行特殊的职能，所以，农村集体经济组织不能随意地解散、清算，非经法律规定不能消灭。

(3)城镇农村的合作经济组织法人

所谓城镇农村的合作经济组织法人(以下简称合作经济组织法人)，又称为合作社法人，是指劳动者在互助基础上，自筹资金、共同经营、共同劳动并分享收益的经济组织。其成员退社自由，对合作社的债务一般承担有限责任，合作社在法律上享有法人资格。《民法典》第100条第1款规定：“城镇农村的合作经济组织依法取得法人资格。”这对于明确我国实践中大量存在的合作经济组织(尤其是供销合作社)的法人地位，具有重要意义。合作经济组织法人主要具有如下特点：

第一，合作经济组织法人本质上是一种劳动者自愿联合的经济组织，合作社的资金来源主要是合作社成员筹集的资金，其形式是由出资者自己出资、自己经营、自己劳动，不接受非合作社成员的投资，更不能向社会广泛募集资金。

第二，合作经济组织法人在经营目的上，不以营利为主要目的，而主要以社员之间的互济、互助、互惠、互利为其目的，其基本目标是为社员服务。合作社的生产经营过程就是为其成员带来利益的过程，在这一点上它和公司为投资人谋利的目的不同。

第三，合作经济组织法人在分配制度上主要不是按资分配，而是采取按交易额分配、按劳分配等各种分配方式。这就避免了公司中可能出现大股东对小股东的利益的侵害等不公平、不合理的现象，从而充分保障成员之间的平等。

第四，在管理方式上，合作经济组织法人事业须由社员共同经营，不得将任何社员排除在合作事业经营之外，而委托非社员经营合作事业。所以，对一般的公司而言，采取股权民主；而合作社采取劳动民主，即只要取得合作社社员资格，均享有平等的投票权。

第五，合作经济组织法人的社员要参与经营或劳动。由于职工股东也要参与经营或劳动，不能仅仅凭借出资来分享收益，因而在许多合作社中，劳动的质量和数量成为收益分配的重要依据。当然，还有一些合作社，如供销合作社，主要是按照合作社与社员的交易额来分配。在我国许多股份合作社中，职工在入股后，也要参与劳动。

(4)基层群众性自治组织法人

①居民委员会和村民委员会

所谓居民委员会，是指居民进行自我管理、自我教育、自我服务的基层群众性自治组织。居民委员会直接行使宪法赋予的自治权和民主管理经济、文化和社会事务的权力。它是我国城市基层政权的重要基础，也是党和政府联系人民群众的桥梁和纽带之一。所谓村民委员会，是指村民进行自我管理、自我教育、自我服务的基层群众性自治组织。我国农村普遍建立了村民委员会，这是我国农村实行村民自治的组织形式。居民委员会和村民委员会都是群众性自治组织。《民法典》第101条第1款确认了居民委员会和村民委员会的法律地位，有利于规范此类群众性自治组织，将其纳入法治轨道，也有利于群众自治组织更加规范、高效地开展各项活动。

《民法典》承认了居民委员会和村民委员会的法人地位。同时，考虑到其既不能归入营利法人，又不能归入非营利法人，所以，将其置于特别法人之中。居民委员会和村民委员会作为特别法人的特殊性主要在于：

一是设立具有特殊性。居民委员会和村民委员会都是依据法律法规的规定而直接设立的。我国已经颁布了《城市居民委员会组织法》和《村民委员会组织法》，这些法律都对居民委员会和村民委员会的设立作出了规定。因此，其设立并非基于设立人的意愿，也不需要办理登记。

二是职能具有特殊性。居民委员会和村民委员会的职能是法律法规直接规定的，其主要从事公益事业，提供公共服务，并依法管理有关财产，其职能不仅具有公益性，而且具有一定的公共职能性。

三是组织机构具有特殊性。居民委员会和村民委员会的成员都要经过村民或居民的直接选举而产生，且必须按照法律规定设置。

四是财产具有特殊性。居民委员会的经费是由政府划拨的。村民委员会存在经费困难的，政府也要适当提供。另外，村民委员会办理本村公益事业所需的经费，由村民会议通过筹资筹劳解决。

②未设立村集体经济组织的村民委员会的职能

《民法典》第101条第2款规定："未设立村集体经济组织的，村民委员会可以依法代行村集体经济组织的职能。"《民法典》第262条规定，对于集体所有的土地和森林、山岭、草原、荒地、滩涂等，属于村农民集体所有的，由村集体经济组织或者村民委员会依法代表集体行使所有权。也就是说，如果设立了村集体经济组织，就由该组织行使所有权；如果没有设立的，则由村民委员会行使所有权。但从我国实践来看，不少地方都没有设立农村集体经济组织，而主要由村民委员会代行集体经济组织的职能。

第二节　法人的能力

一、法人的民事权利能力

（一）法人民事权利能力的概念和特征

所谓法人的民事权利能力，是指法人作为民事权利主体，享有民事权利并承担民事义务的资格。就其本质而言，法人是法律赋予权利能力的、由人与财产以法律所规定的方式组成的组织。此处所说的权利能力是民事权利能力，即法人在参与市场经济活动时所应当享有的能力，而不包括法人在行政关系中享有权力（利）和承担义务的资格。从这个意义上说，法人的能力通常是与民事活动联系在一起的，而不涉及公法上的权利义务。

《民法典》第59条规定："法人的民事权利能力和民事行为能力，从法人成立时产生，到法人终止时消灭。"依据该条规定，法人民事权利能力主要具有如下特征。

1.法人的民事权利能力从法人成立时产生。具体来说，依据《民法典》第78条的规定，营利法人从办理完毕登记手续，并依法领取营业执照之日起成立，才能享有民事权利能力。事业单位法人和社会团体法人不需要办理法人登记的，从成立之日起，具有民事权利能力；依法需要办理法人登记的，从办理完毕登记手续之日起，具有民事权利能力。

2.法人的民事权利能力从法人终止时消灭，法人因依法被撤销、解散、宣告破产或其他原因而终止以后，其民事主体资格原则上就不复存在。但是，根据《民法典》的相关规定，法人在依法进行清算的阶段，其权利能力仍然是存在的，但是仅限于清算范围内的活动。

（二）法人民事权利能力的范围及限定

尽管法人和自然人一样具有民事权利能

力，但是法人的民事权利能力毕竟不同于自然人的民事权利能力。法人的民事权利能力，是特殊的民事权利能力，这种特殊性具体表现在：

1.法人不享有与自然人的人身不可分离的权利。法人是一个社会组织体，某些与自然人的人身不可分离的人身权（如生命权、健康权等）不能由法人享有，以性别、年龄、身份及亲属关系等为前提的权利、义务，也不能由法人享有和承担。但是，法人可以享有名称权、荣誉权、名誉权。

2.法人的民事权利能力依法受法律、行政法规的限制。法人只能在法律或行政命令的范围内，具有享有权利和承担义务的能力。因法律法规规定不同，各种法人享有的能力也不相同，例如，我国《民法典》第399条规定："下列财产不得抵押：（一）土地所有权；（二）宅基地、自留地、自留山等集体所有土地的使用权，但是法律规定可以抵押的除外；（三）学校、幼儿园、医疗机构等为公益目的成立的非营利法人的教育设施、医疗卫生设施和其他公益设施；（四）所有权、使用权不明或者有争议的财产；（五）依法被查封、扣押、监管的财产；（六）法律、行政法规规定不得抵押的其他财产。"这是对学校、幼儿园、医疗机构等为公益目的成立的非营利法人等关于财产权行使的民事权利能力的限制。

3.法人的民事权利能力受其章程和目的的限制。这就是说，一方面，法人的权利能力要受到其设立人的意志的约束，其设立人在设立法人时确立的目的范围也直接决定了法人的能力范围。另一方面，法人的权利能力应当在其章程等文件中加以确定。

二、法人的民事行为能力

（一）法人的民事行为能力的概念

所谓法人的民事行为能力，是指法人作为民事权利主体，以自己的行为享有民事权利并承担民事义务的资格。法人的民事行为能力是法人以自己的意思独立进行民事活动，取得权利并承担义务的资格。法人的民事行为能力与自然人的民事行为能力不同，其主要具有如下特征。

第一，法人的民事行为能力和其民事权利能力在时间上是一致的。法人的民事行为能力始于法人成立、终于法人消灭，在法人存续期间始终存在，所以，法人的民事权利能力和民事行为能力同时发生、同时消灭。而自然人的民事行为能力受其年龄、健康状况等因素的影响，其有民事权利能力不一定有民事行为能力。

第二，法人的民事行为能力和其民事权利能力在范围上是一致的。也就是说，法人能够以自己的行为取得权利和承担义务的范围，不能超出它们的民事权利能力所限定的范围。

第三，法人的民事行为能力是以其不同于单个自然人意思的团体意思为前提的。法人作为一个统一的组织体，有自己的内部机构，能够产生并实现自己的意思，从而决定了法人具有民事行为能力。法人的民事行为能力是通过法人的机关来实现的。

（二）关于目的范围对法人民事能力的限制

法人的目的范围也称为业务范围，在企业法中称为经营范围。法人的目的范围会对其民事行为能力产生一定的影响，对法人的民事能力限制的法律效力，必须要区分目的范围而确定对不同类型的法人的限制。对于机关法人而言，其主要职能是在法律法规授权的范围内行使国家公权力，发挥国家机关的管理职能，其从事民事活动只能受到其目的范围的限制。如果其超出目的范围，从事以营利为目的的生产经营活动，显然，已经超出了其民事权利能力和民事行为能力的范围。对于营利法人而言，其经营范围不应当是对其民事权利能力的限制，而应当是对其民事行为能力的限制。但在我国，从发展社会主义市场经济、鼓励交易的需要出发，对营利法人经营范围的限制应当逐渐放宽，即使营利法人从事了超越经营范围的行为，也不能简单地认定为无效。《民法典》第505条规定："当事人超越经营范围订立的合同的效力，应当依照本法第一编第六章第三节和本编的有关规定确定，不得仅以超越经营范围确认合同无效。"这实际上确认了如下规则，即不得仅以超越经营范围为由否定合同的效力。当然，对于违反国家限制经营、特许经营以及法律、行政法规禁止经营的规定而超越经营范围的合同无效，因为这不仅仅是保护第三人利益和维护交易安全的问题，还涉及国家对经济的法律规制和社会公共秩序的维护问题，因此作为例外，对于此种超越特殊行业的经营范围的合同，应当认定其为无效合同。

三、法人的责任能力

与法人的民事行为能力相联系的是法人的责任能力。所谓法人的责任能力，主要是指法人承担因侵权行为所致的损害赔偿责任的能力。我国《民法典》侵权责任编规定了用工责任、产品责任、环境污染责任、高度危险责任、建筑物所有人或管理人的责任，承认了法人在造成他人损害时，应当承担相应的侵权责任，这就意味着法人具有责任能力。承认法人具有责任能力的意义主要表现在：一是确认了法人能够以团体的名义，对因其行为产生的侵害他人财产和人身的行为承担侵权责任。对此，法人应当以其独立财产负责。二是法定代表人和法人机关成员在执行职务过程中造成他人损害的，应当视为法人的行为，由法人对该行为负责。三是在用工关系中，法人的工作人员执行职务的行为造成他人损害的，法人对此应当承担侵权责任。

四、法人的章程

所谓法人的章程，是指法人成员订立的规范法人活动范围、组织结构、议事规则、盈余分配、内部成员之间的权利义务及其他重要事项的法律文件。正如国家需要制定宪法一样，章程也被称为法人的“小宪法”。《民法典》第79条规定：“设立营利法人应当依法制定法人章程。”《民法典》也规定了一些非营利法人如事业单位法人、社会团体法人、捐助法人等，也应当依法制定法人章程。章程在性质上是当事人合意的产物，因此也是一种法律行为，且必须以书面形式记载，因而也是要式行为。

章程的内容可以分为绝对必要记载事项和任意记载事项。绝对必要记载事项，是指法律规定在章程中必须具备的内容。绝对必要记载事项包括：法人的名称、宗旨、业务范围、住所、资本总额、所有制性质、法定代表人等。任意记载事项，是指不是由法律明文规定不可缺少的事项，是否规定在章程中，取决于当事人的意思自治。法人的章程对于法人来说至关重要，章程是为法人的行为准则。同时，由于章程对营利法人的经营目的、财产状况等作出了记载，其也可以为交易相对人准确判断营利法人的财产状况、经营活动等提供一定的依据。登记机关审核某个企业是否能够成为法人，要审核该法人的章程，因为要保证营利法人的合法性，首先要保证章程的合法性。

五、法人人格否认

所谓法人人格否认，是指司法审判人员在特殊情况下，对法人的出资人在管理法人的事务中从事各种不正当行为严重损害法人债权人的利益时，可以依法否定法人的独立人格，并可以要求法人的出资人与法人对债权人承担连带责任的制度。《民法典》第83条第2款规定：“营利法人的出资人不得滥用法人独立地位和出资人有限责任损害法人债权人的利益；滥用法人独立地位和出资人有限责任，逃避债务，严重损害法人债权人的利益的，应当对法人债务承担连带责任。”该条是关于法人人格否认制度的规定。我国《民法典》规定的法人人格否认制度的构成要件和法律效果如下：

1.营利法人的出资人滥用了法人人格，包括滥用法人独立地位和出资人有限责任，在实践中表现为如下情形：一是人格混同，即某公司与某成员之间及该公司与其他公司之间没有严格的分别，所谓“一套人马、两块牌子”，名为公司实为个人等，都属于人格混同的情况。二是财产混合，即公司的财产不能与该公司的成员及其他公司的财产作清楚地区分，公司的盈利与股东的收益之间没有区别，公司的盈利可以随意转化为公司成员的个人财产，或者转化为另一个公司的财产，而公司的负债则为公司的债务。三是不正当控制，所谓不正当控制，是指一个公司对另一个公司通过控制而实施了不正当的，甚至非法的影响，表现为母公司对子公司实施了过度控制，子公司完全成了母公司的工具。四是滥用出资人有限责任。例如，股东利用公司名义借债，然后借助于关联交易的方式逃避债务。这些行为都是对公司独立人格的滥用。

2.滥用法人人格逃避债务。在出资人滥用法人人格的情况下，其目的必须是逃避债务。例如，有的股东利用公司的独立人格，以公司名义对外从事交易，但将利益归为自己个人享有，最后仅以公司的有限财产承担责任，股东仅以出资额为限承担责任，从而逃避了债务。

3.严重损害法人债权人的利益。《民法典》第83条第2款强调"严重"损害，目的是限制法人人格否认制度的适用。所谓严重损害法人债权人的利益，是指法人债权人的债权因法人人格的滥用而无法得到清偿，致使债权人遭受严重的损失。如果滥用法人人格仅造成对债权人一般的或轻微的损害，则不适用该规定。

依据《民法典》第83条第2款的规定，滥用法人独立地位的出资人与法人应当对法人债务承担连带责任。所谓连带责任，是指法人和出资人对法人债务负连带的清偿责任。因此，无论法人对债权人的债务是否超出出资人的出资额，出资人都要负责。在民法上，这种责任可以看作出资人有限责任的例外。这就是说，在营利法人的出资人滥用法人独立地位和出资人有限责任损害法人的债权人利益的情况下，要允许债权人直接向出资人提出请求，排除法人的独立人格障碍。法律赋予了法人独立的人格，出资人因此享有有限责任的特权，但出资人享有权利的同时，必须维护法人的合法性。如果出资人从事不正当的行为，严重危害法人债权人的利益，则法律上承认法人人格独立的目的不复存在。因此，有必要否认法人的人格。

第三节　法人的法定代表人和组织机构

一、法人的法定代表人的概念和法律地位

（一）法人的法定代表人的概念

法人的法定代表人是指依照法律或法人的组织章程的规定，代表法人行使职权的负责人。《民法典》第61条第1款规定："依照法律或者法人章程的规定，代表法人从事民事活动的负责人，为法人的法定代表人。"这就在法律上确立了法定代表人制度。法人的法定代表人具有如下特征：

1.法人的法定代表人是由法律或法人的组织章程规定的自然人。我国有关法律明确规定了营利法人的法定代表人制度。例如，《公司法》第10条第1款规定："公司的法定代表人按照公司章程的规定，由代表公司执行公司事务的董事或者经理担任。"同时，一些营利法人也可以根据其章程的规定，具体确定何人为该营利法人的法定代表人，但如果法律规定和章程规定不一致，则应当以章程规定为准。

2.法人的法定代表人有权代表法人从事民事活动。法定代表人根据法律和章程的规定，有权代表法人对外行为。法定代表人不需要事先获得法人的特别授权。法定代表人依法代表法人行为时，其执行职务行为所产生的一切法律后果都应由法人承担。虽然法人的法定代表人与法人的其他工作人员一样，都能够代表法人行为，但是法定代表人是法人的主要负责人，如公司的董事长、总经理等。通常要由法定代表人代表法人在法院起诉和应诉。

3.法定代表人以法人名义从事的民事活动，由法人承担法律后果。《民法典》第61条第2款规定："法定代表人以法人名义从事的民事活动，其法律后果由法人承受。"根据这一规定，一方面，法定代表人都是自然人，如果其是以自己的名义从事民事活动，原则上只能视为自己的行为，而不能视为法人的行为。另一方面，只要法定代表人以法人的名义从事民事活动，其法律后果都应当由法人承受。

（二）法人的法定代表人的责任

如前所述，法人的法定代表人是法人的组成部分，但这并不是说法人的法定代表人的一切行为后果都应由法人承担。《民法典》第62条第1款规定："法定代表人因执行职务造成他人损害的，由法人承担民事责任。"依据这一规定，只有法定代表人在执行职务范围内造成他人损害，才应当由法人承担民事责任。

对于法人的法定代表人非执行职务而产生的行为后果，法人是不承担责任的。法人的法定代表人有权代表法人对外行使职权，同时其也有义务严格遵守国家的法律、法规，保障企业合法经营。如果其没有很好地履行自己的职责，而从事非法活动，应当由本人依法承担法律责任。即便营利法人的法定代表人所从事的违法活动是根据法人的集体意志进行的，但因为其实施这些违法行为时，本身也是有过错的，所以在追究法人的法律责任的同时，应根据不同情况追究法人的法定代表人的法律责任。

《民法典》第62条第2款规定："法人承担民事责任后，依照法律或者法人章程的规定，可以向有过错的法定代表人追偿。"该条对法人对其法定代表人的追偿权作出了规定。依据该条规定，法人对其法定代表人追偿权的成立应当符合如下两个要件：一是法定代表人有过错，如果法定代表人没有过错，则应当享有豁免权。也就是说，即便造成法人损害，也不应当承担责任。但如果法定代表人明知对法人不利而仍然实施相关行为，或者不考虑风险控制部门提出的风险提示而订立合同，给法人造成损害的，显然是有过错。二是必须有法律或章程的依据。《民法典》第62条第2款已经为法人的追偿权作出了规定，当然，法人的章程也可以对法人追偿权的行使作出规定。

（三）对法定代表人代表权的限制

《民法典》第61条第3款规定："法人章程或者法人权力机构对法定代表人代表权的限制，不得对抗善意相对人。"这一规定设定了对善意相对人信赖利益保护的规则。适用这一规则必须满足如下要件：

第一，法人章程或者法人权力机构对法定代表人的代表权作出了限制。在法律上，法定代表人的权限也要依法受到限制，并非其任何代表行为都能对法人产生拘束力。当然，如果第三人对这些限制难以知悉，且第三人信赖了法定代表人的行为，若事后法人以内部的限制为由主张代表行为无效的，就可能妨碍交易安全。因此，该条规定就是要强化对第三人信赖的保护。

第二，必须是法人章程或者法人权力机构所作出的限制。通常来说，法人章程对法定代表人权限的限制都进行了登记，第三人应当知悉。而法人权力机构的限制往往是通过决议的形式，属于法人的内部治理问题，并不需要登记，因而，对此种限制，相对人难以知悉。这就决定了在此情形下相对人是善意的。

第三，相对人是善意的。在具体判断相对人是否善意时，不宜一概认定相对人有查询法人章程的义务，或没有查询法人章程的义务，而应当结合法人的经营范围、交易的性质、相对人的查询能力、查询成本等多种因素综合判断。如果相对人是恶意的，则不能使该越权代表行为对法人发生效力。

从《民法典》第61条第3款的规定来看，在法人的法定代表人从事越权行为时，对其代表权的限制不得对抗善意第三人，即在相对人为善意的情况下，法定代表人的越权代表行为应当有效，《民法典》第61条第3款使用了"不得对抗善意相对人"这一表述，表明在善意相对人主张法人的法定代表人越权代表行为有效时，法人不得主张其无效；但善意相对人能否主张其无效，该条并没有作出规定。按照立法者的观点，在此情形下，该代表行为有效，因此，即便相对人是善意的，其也无权主张该越权代表行为无效。

案例分析　能力训练

二、法人组织机构的概念和类型

法人的组织机构是对内管理法人的事务，对外代表法人从事民事活动的机构总称。一般来说，法人的类型不同，其所要求的组织机构也不完全相同。对于营利法人来说，其组织机构主要包括：权力机构、执行机构、监督机构。营利法人都有成员，因此，其组织机构中应当包含成员大会。就非营利法人而言，除了社会团体法人以外，其他类型的非营利法人并不设立成员大会。有些非营利法人如某些捐助法人，其性质上是财产的集合，可能有管理人，但并没有成员。

法人的组织机构一般包括权力机构、执行机构、监督机构。法人的组织机构实行决策、执行、监督机构相互独立、权责分明、相互制衡的机制。《民法典》对法人的组织机构作出规定，对于完善法人的治理状况、建立现代法人治理结构具有重要意义。

（一）权力机构

法人的权力机构又称为决策机构、意思机构，即形成法人的意志、决定法人的重大事务的机构。例如，公司应当设立股东大会，作为其权力机构。《民法典》第80条第1款规定："营利法人应当设权力机构。"据此，任何营利法人都必须有自己的权力机构，从而形成成员的共同意志。法人的权力机构是其意志的形成机构，一般而言，法人的权力机构享有如下职权：

一是修改法人章程。章程对于法人具有重要意义。法人章程的修改关系到成员利益的实现，因此，法人章程的修改必须由其权力机构进行，以充分体现其成员的意志，满足成员的利益要求。

二是选举或者更换执行机构、监督机构成员。法人的权力机构是其成员共同意志的形成机构，因此，其有权更换执行机构、监督机构成员。以公司为例，公司的董事会、监事会成员是公司的核心成员，涉及这些成员的选举、更换，就应当由权力机构进行。

三是行使法人章程规定的其他职权。章程是确定法人行为的基本规范，章程的制定属于法人设立人私法自治的范畴，章程可能对法人权力机构的职权范围作出规定。法人的设立人可以在章程中作出特别规定。例如，章程可以规定，公司对外提供高额担保，必须经过股东大会同意，这就是章程赋予的特殊权力。

（二）执行机构

所谓法人的执行机构，是指依据法律法规和章程，执行权力机构的决定，从事日常管理的机构。例如，公司的董事会或执行董事，就是其执行机构；再如，国有企业设立的总经理，也是执行机构。尤其是对营利法人而言，《民法典》第81条第1款规定："营利法人应当设执行机构。"任何营利法人都要从事经营活动，但要由执行机构从事具体的经营活动，并对外代表法人行为。

关于执行机构和法定代表人的关系，《民法典》第81条第3款规定："执行机构为董事会或者执行董事的，董事长、执行董事或者经理按照法人章程的规定担任法定代表人；未设董事会或者执行董事的，法人章程规定的主要负责人为其执行机构和法定代表人。"依据该条规定，如果法人设置了董事会或者执行董事，则由董事长、执行董事或者经理担任营利法人的法定代表人。当然，此时究竟是由董事长、执行董事还是经理担任营利法人的法定代表人，应当由章程予以明确，相对人在与营利法人进行交易时，应当通过章程判断具体的法定代表人。在法人未设置董事会或者执行董事时，则法人章程所规定的主要负责人为该法人的执行机构和法定代表人。例如，如果营利法人没有设置董事会，则章程中可以规定由总经理担任法定代表人。

《民法典》第81条第2款规定："执行机构行使召集权力机构会议，决定法人的经营计划和投资方案，决定法人内部管理机构的设置，以及法人章程规定的其他职权。"据此，执行机构享有如下职权：

第一，召集权力机构会议。例如，公司的董事会，可以召集股东大会。因为执行机构要对权力机构负责，因此，其有权召集权力机构的会议，并报告其经营情况。

第二，决定法人的经营计划和投资方案。法人的经营计划和投资方案，是其重大事项，应当由执行机构在章程和权力机构授权的范围内作出决定。当然，章程也可以约定，在特定情况下，需要经过权力机构批准等。

第三，决定法人内部管理机构的设置。为

了从事经营活动，执行机构要在其内部设置一些机构，如财务部、合规部、风控部等。因为执行机构不仅要具体落实权力机构的决定，而且要适应市场的需要以更好地从事经营活动，所以，其应当在章程和权力机构授权的范围内享有自主确定内部管理机构的职权。

第四，法人章程规定的其他职权。除上述职权之外，法人章程还可能赋予执行机构一定的职权。例如，经过章程授权，执行机构可以对外提供高额担保；再如，法人章程也可能规定其有权聘任总经理等。

（三）监督机构

所谓监督机构，是对法人的执行机构的活动进行监督的机构，如监事会等。与权力机构和执行机构不同，《民法典》并没有要求所有的法人都必须设立监督机构。法人监督机构的职权主要包括：

第一，依法检查法人财务。监督机构的重要职权就是监督法人的财务。因此，监督机构有权查阅账目、会计资料等。通过财务监督，有助于维护出资人或成员的利益。

第二，监督执行机构成员、高级管理人员执行法人职务的行为。监督机构实际上是代表法人和法人成员，对执行机构进行监督。因此，监督机构要对董事、执行董事、总经理及其他高级管理人员的行为进行监督，包括对其行为是否合法合规的监督。

第三，行使法人章程规定的其他职权。为了实现营利法人的自主经营，其也可以通过章程赋予监督机构其他职权。

三、法人的分支机构

法人的组织机构也可以包括法人的分支机构。《民法典》第74条第1款规定："法人可以依法设立分支机构。法律、行政法规规定分支机构应当登记的，依照其规定。"法人的分支机构是根据法人的意志所设立的法人的组成部分。法人可以依法设立分支机构，分支机构根据法人章程、决议的授权从事法人的部分经营业务。这就是说，如果法律法规对于设立分支机构作出了规定（如商业银行的分支机构的规定），则必须依据法律的规定设立，不得随意设立；如果法律、行政法规规定分支机构必须办理登记，则应当登记。

《民法典》第74条第2款规定："分支机构以自己的名义从事民事活动，产生的民事责任由法人承担；也可以先以该分支机构管理的财产承担，不足以承担的，由法人承担。"如果法人的分支机构以法人名义实施民事活动，应当由法人承担法律后果，自不待言。而如果法人的分支机构以自己的名义从事民事活动，而且分支机构有自己的财产的，则应当先以自己的财产承担，不足部分由法人承担。例如，各商业银行在各地都有分支机构，在发生纠纷以后，通常先由各分支机构以自己经营管理的财产承担责任，但其民事责任最终由总行承担(《商业银行法》第22条）。

《民法典》虽然将法人的分支机构规定在法人一章，但法人的分支机构在性质上并不是法人，也不能将法人的分支机构等同于非法人组织。依据《民法典》第102条第1款的规定，非法人组织是不具有法人资格，但可以以自己的名义从事民事活动的组织。从上述规定来看，如果法人的分支机构已经登记，就能够以自己的名义从事民事活动；如果没有登记，则仍然属于法人的组成部分，不能以自己的名义从事民事活动。

第四节　法人的成立、变更和终止

一、法人的设立

（一）法人设立的概念

《民法典》第58条第1款规定："法人应当依法成立。"社会组织要成为法人，不能自行设立，而必须要依据法律法规的规定设立。法人之所以要依法设立，一方面，因为法人具有民事权利能力，能够独立参加民事活动，因此，社会组织要成为民事主体，必须符合法律规定的条件。另一方面，法人成员对法人的债务承担有限责任，有限责任可以理解为是法人与债权人之间的特殊交易安排。因此，如果允许法人任意设立，则可能增加对合法主体的识别成本，影响交易安全。因此，法人必须依法成立，而且无论采取何种形式设立，都应当符合法律的规定。法人依法成立后，便可以以法人的名义对外从事民事活动，享有民事权利和承担民事义务，同时可以以法人的名义在法院起诉和应诉。

（二）法人设立方式

从法人制度的发展来看，各国立法关于法人的成立采取了不同的方式：我国《民法典》第58条只是笼统地规定法人应当依法成立，而没有区分不同的法人类型而分别规定其设立条件。依法成立在内容上包括如下两个方面：一是指设立程序合法。我国法律对于设立程序，采取准则主义和核准主义两类。例如，公司的设立原则上采取准则主义，但对捐助法人、宗教活动场所法人等的设立，采核准主义。《民法典》第58条第3款规定："设立法人，法律、行政法规规定须经有关机关批准的，依照其规定。"根据法律规定不需要进行登记的国家机关等组织，也必须依法取得有关机关的批准，才能依法取得法人资格。二是指法人的成立条件合法。法人的成立条件合法包括法人的目的、宗旨合法，符合国家和社会公共利益的要求，有符合法律规定的财产、经费、组织机构等。组织的合法性还包括组织机构、经营范围、经营方式等内容的合法。

我国《民法典》对设立中的法人作出了规定。所谓设立中的法人，是指从设立法人开始至法人成立之前的组织，例如，筹备中的公司。设立中的法人不能以法人的名义从事民事活动，其虽然有一定的民事权利能力和民事行为能力，但其民事权利能力的范围仅限于从事必要的设立行为，凡是超出设立目的范围的民事行为都不得实施。关于设立人的责任，《民法典》作出了如下规定：第一，依据《民法典》第75条的规定，只要法人成功设立，设立人为设立法人从事的民事活动，其法律后果由法人承受。在法人未成功设立时，应由设立人承受法人未成立的法律后果，因为毕竟设立是设立人发起的，而且是为了设立人的利益。第二，设立人为二人以上的，享有连带债权，承担连带债务。第三，设立人为设立法人以自己的名义从事民事活动产生的民事责任，第三人有权选择请求法人或者设立人承担。

二、法人成立的要件

法人必须依法成立，意味着社会组织要成为法人，必须符合法律法规规定的条件。《民法典》第58条第2款规定："法人应当有自己的名称、组织机构、住所、财产或者经费。法人成立的具体条件和程序，依照法律、行政法规的规定。"依据这一规定，法人的设立应当具备如下条件：

第一，具有自己的名称。法人的名称是某一法人区别于其他法人的标志，法人对于已经登记注册的名称享有专用权。法人有权使用、依法转让自己的名称。任何类型的法人，其名称都受到法律的保护。

第二，组织机构。法人的组织机构是对内管理法人的事务，对外代表法人从事民事活动的机构总称。一般来说，法人的类型不同，其所要求的组织机构也不完全相同。对于营利法人来说，其组织机构主要包括：（1）权力机构，即形成法人的意志、决定法人的重大事务的机构，如股东大会，职工代表大会等。（2）执行机构，是负责贯彻执行决策机关的决议、指示，具体管理法人的日常业务活动的机构，如董事会、理事会、厂长、经理等。（3）监督机构，是对法人的执行机构的活动进行监督的机构，如监事会等。

第三，住所。法人和自然人一样，也应当有自己的住所。法律要求法人要有自己的住所，有利于国家对法人的监督和管理，同时也便于其债务的履行、诉讼的管辖。依据《民法典》第63条的规定，法人住所的确定要依据如下规则：一是法人以其主要办事机构所在地为住所。法人可能有多个活动场所或办事机构，但是法人的住所只能有一个。无论法人的办事机构是否要登记，都要将法人的主要办事机构认定为其住所。二是依法需要办理法人登记的，应当将主要办事机构所在地登记为住所。

第四，有必要的财产或者经费。任何法人都要有必要的财产和经费，这是法人能够独立地享有民事权利和承担民事义务的物质基础，也是其能够独立地承担民事责任的财产保障。所谓有必要的财产或者经费，是指法人要有自己的独立财产。不同的法人因其承担的社会职能不同，目的范围不同，在为实现其目的和维持其存在而从事的各种民事活动中所要求的独立财产亦各不相同。

法人成立的具体条件和程序，依照法律、行政法规的规定。我国许多法律和法规对各种类型的法人的设立程序都有特别规定，例如，《公司法》对公司的成立设置了明确的程序。根据法律规定需要依法登记的企业法人、社会团体法人等，必须履行登记手续，才能取得法人的资格。

三、法人的变更

（一）法人变更的概念

所谓法人的变更，是指在法人成立后，其名称、住所等事项发生了变更。法人变更后，应当依法办理变更登记。例如，公司成立后，股东发生了变更，或者章程对相关主体的权限作出了修改，依据法律规定应当办理变更登记。所谓变更登记，是指在法人成立后，发生了依据法律法规的规定，应当登记的新事项，或者已登记的事项发生了变更，需要办理相关的变更登记手续。在变更登记的情形下，法人本身已经成立，是否完成变更登记，并不影响法人的主体资格，但由于法人的登记事项涉及第三人利益，所以，在法人的相关事项发生变更后，法律要求法人应当及时办理变更登记。此外，在法人合并、分立的情形下，也可以产生新的法人或者使法人资格消灭，从这个意义上也可以将其理解为法人设立的形式。

（二）法人的合并与分立

所谓法人的合并，是指两个或两个以上的法人合并为一个新的法人，或一个或多个法人归并到一个现存的法人中。其中，第一种情形称为“新设合并”或者“创设合并”，对此种法人的合并而言，原有的法人消灭，产生新的法人。第二种情形称为“吸收合并”或者“存续合并”。对此种法人合并而言，被合并的法人的主体资格消灭，而存续的法人主体资格仍然存在，只是因为被合并的法人或部分的加入而使其在主体资格上发生变更。《民法典》第67条第1款规定：“法人合并的，其权利和义务由合并后的法人享有和承担。”这是因为在合并的情形下，原有的法人被新法人所吸收，所以权利义务关系应当由合并后的法人承担，以免影响债权人的利益。

所谓法人的分立，是指一个法人分成两个或两个以上的法人，或将现有的一个或几个法人分出一部分组成一个新的法人。法人的分立有两种情况：一是派生分立，它是指原法人仍然存在，但是从原法人中分立出新的法人。二是新设分立，它是指原法人分立为两个或两个以上的法人，原法人因新法人设立而消灭。也就是说，被分立的企业的主体资格消灭，而产生出几个新的企业，如果新的企业具备法人条件，则将依法成立几个新法人。在分立以后，被分立的法人有可能消灭。《民法典》第67条第2款规定：“法人分立的，其权利和义务由分立后的法人享有连带债权，承担连带债务，但是债权人和债务人另有约定的除外。”就法人分立而言，无论采取何种形式，原则上由分立后的各个法人享有连带债权，承担连带债务。

四、法人的终止

（一）法人终止的概念

法人终止，亦即法人消灭，是指法人丧失民事主体资格，不再具有民事权利能力与行为能力的一种状态。法人终止后，其民事权利能力和行为能力消灭，民事主体资格丧失。依据《民法典》第68条第1款的规定，法人终止的原因主要包括以下几种情形：

1.法人解散。法人解散是法人终止的原因之一。《民法典》第69条规定：“有下列情形之一的，法人解散：（一）法人章程规定的存续期间届满或者法人章程规定的其他解散事由出现；（二）法人的权力机构决议解散；（三）因法人合并或者分立需要解散；（四）法人依法被吊销营业执照、登记证书，被责令关闭或者被撤销；（五）法律规定的其他情形。”该条对法人解散的原因作出了规定。

2.法人依法被宣告破产。营利法人在其全部资产不足以清偿到期债务的情况下，经法人的法定代表人或其他有权代表人、主管部门以及营利法人的债权人等提出申请，由人民法院宣告法人破产。营利法人被宣告破产后，由清算组负责对法人的财产、债权和债务进行清理，并变卖法人的财产清偿债务。

3.法律规定的其他原因。法律上还可能规定在解散和破产之外的法人终止事由。例如，因国家机关机构调整而导致机关法人的终止等。

原则上，法人的终止取决于法人成员的意思自治，但也有例外。例如，《民法典》第68条第2款规定：“法人终止，法律、行政法规规定须经有关机关批准的，依照其规定。”依据该条规定，如果法律、行政法规规定法人的终止应当经过有关机关的批准，则法人终止应当遵循该规则。

（二）法人解散

依据《民法典》第69条的规定，法人解散的主要原因包括：

一是法人章程规定的存续期间届满或者法人章程规定的其他解散事由出现。例如，有些项目公司的法人章程规定，项目结束以后半年内解散。再如，法人章程规定，设立法人的目的已经实现或者确定无法实现时解散。

二是法人的权力机构决议解散。如果法人是营利法人，其权力机构有权决定解散，这是法人成员共同意志的体现。例如，经全体股东大会决定解散法人，或经出资人全体会议决定歇业。如果法人章程规定不许对法人解散，而全体成员共同决定解散，则应当视为对原章程进行了修改。

三是因法人合并或者分立需要解散。法人的分立、合并主要发生在营利法人之中，但并不限于营利法人的范围。法人分立是一个法人分成两个或两个以上的法人，或将现有的一个或几个法人分出一部分组成一个新的法人。在分立以后，被分立的法人有可能消灭。在法人新设合并的情况下，原有的法人消灭，产生新的法人；在法人吸收合并的情况下，被吸收的法人的主体资格消灭，而存续的法人主体资格仍然存在，只是在主体资格上发生变更。在法人的合并或者分立中，都可能出现法人的消灭，因此需要解散。

四是法人依法被吊销营业执照、登记证书，被责令关闭或被撤销。例如，利用法人名义从事走私、贩毒等违法犯罪行为，依法被有权机关吊销营业执照，或被责令关闭或撤销。

五是法律规定的其他情形。我国有关的法律法规就一些具体类型的法人，规定了解散事由。例如，依据《基金会管理条例》第16条的规定，如果基金会“无法按照章程规定的宗旨继续从事公益活动的”，则应当向登记管理机关申请注销登记。

（三）法人的清算

所谓法人的清算，是指法人在终止前，应当对其财产进行清理，对债权债务关系进行了结。《民法典》第70条第1款规定：“法人解散的，除合并或者分立的情形外，清算义务人应当及时组成清算组进行清算。”之所以要求法人及时清算，主要是为了保护债权人利益，并使法人能够及时终止、退出市场。《民法典》规定法人的清算制度，对于维护交易安全、保护交易秩序，防止法人解散后逃废债务，十分必要。

在法律上，法人的清算有两种形式：一是依破产程序进行的清算。这就是说，法人在宣告破产以后，要由主管机关或人民法院组织有关人员成立清算组织，依照破产程序进行清算。清算的程序应适用企业破产法的规定。二是非依破产程序进行的清算。法人除因宣告破产而被解散外，应按法律规定（如民法、民事诉讼法、公司法、其他商事特别法等有关规定）的其他程序而不是按照破产程序进行清算。清算一般是在法人终止时进行的，但是在法人负债过重的情况下，经过法人的权力机构或法人的全体成员决定，由法人向有关单位提出申请并被批准后，可以主动清算。

清算期间的法人称为清算法人。清算前的法人和清算后的法人具有同一人格，因为法人在终止以后，其民事权利能力并不是完全归于消灭。所以，《民法典》第72条第1款规定："清算期间法人存续，但是不得从事与清算无关的活动。"这就是说，在清算过程中，法人继续存在，只是其民事权利能力的范围受到了一定限制，即清算中的法人仅在清算范围内享有民事权利能力，其行为应围绕清算目的的实现而展开。

在法人解散后负有对法人进行清算的义务的人是清算义务人，法人的董事、理事等执行机构或者权力机构的成员为清算义务人。如果清算义务人迟延履行其清算义务，将依法产生两方面的后果：一是因此造成他人损害的，应当承担民事责任。例如，因迟迟不清算，导致债权人的债权无法实现，清算义务人要对债权人承担赔偿责任。二是主管机关或者利害关系人可以申请人民法院另行指定有关人员组成清算组进行清算。

（四）注销登记

所谓注销登记，是指法人在清算结束后，依据法律法规的规定，由相关主体申请登记机关办理。例如，企业法人因歇业、被撤销、宣告破产或者其他原因终止营业，应当向登记主管机关办理注销登记。一旦办理注销登记，从注销登记办理完毕之日起，法人资格消灭。需要指出的是，如果法人已经被吊销营业执照，但尚未办理注销登记，则不能认为其法人主体资格已经消灭。因为营业执照主要是法人的经营资格问题，而非法人的主体资格的凭证。因此，即便法人已经被吊销了营业执照，其主体资格仍然存在；只有登记机关办理注销登记，法人的主体资格才彻底消灭。

五、法人的登记

（一）法人登记的概念

在我国，法人的成立，大都必须经过登记，方能取得法人资格。例如，营利法人经依法登记成立（《民法典》第77条、《公司法》第29条、第33条等）。事业单位法人和社会团体法人，除法律规定不需要登记的外，均须办理登记。财团法人的设立，如基金会，必须要订立章程，而且要经过登记，才能设立。当然，并非所有的法人都需要登记，例如，许多事业单位法人的设立就不需要办理登记手续。

法人登记包括设立登记、变更登记和注销登记。登记的重要功能在于公示，即向社会公开法人的信息，以便利第三人查询知悉，从而保障交易安全。据此，《民法典》第66条规定："登记机关应当依法及时公示法人登记的有关信息。"依据这一规定，登记机关应当"依法"公示，就是强调公示本身要符合法律规定。在营利法人登记制度改革中，应更多地减少审批权限，加强监管，因此通过公示来公开法人的信息，可以有效发挥监管的作用。同时，公示法人登记信息，也有利于交易相对人对法人的交易资格和交易能力进行准确判断，从而维护交易安全。

《民法典》第65条规定："法人的实际情况与登记的事项不一致的，不得对抗善意相对人。"所谓法人的实际情况与登记的事项不一致，主要包括两种情形：一是在设立时法人未如实申报登记，从而导致法人登记事项与法人的实际情况不一致。二是法人在存续过程中事项发生变更，但没有及时办理变更登记，或者所办理的变更登记与法人的实际情况不一致。该条中所规定的不得对抗应当包含如下两方面含义：一是法人的相关事项变更后，即便法人相关事项的变更没有进行变更登记，相关事项的变更仍然可以生效；二是善意相对人因为信赖登记而实施相关的民事活动时，其效力受到法律保护，法人不得主张按照法人实际情况认定相关行为的效力。所谓善意，是指相对人不知道或者不应当知道法人登记事项与实际情况不一致。所谓相对人，是指与法人发生某种法律关系的人。据此，虽然法人没有办理变更登记而导致实际情况与登记事项不一致，但只要相对人是善意的，法人就不能对抗善意相对人。

（二）法人登记的类型

法人登记包括设立登记、变更登记和注销登记。根据《民法典》的规定，我国民法对法人的设立登记采取登记要件主义。关于变更登记和注销登记的效力，我国《公司法》和《市场主体登记管理条例》均作了明确规定。《民法典》第64条规定："法人存续期间登记事项发生变化的，应当依法向登记机关申请变更登记。"据此，在法人存续期间，如果登记事项发生了变化，法人应当依据法律规定办理变更登记。例如，法人章程对于公司对外担保的限制发生变化，如原来要求超过1000万元的对外担保需要经过董事会同意，后来改为超过1000万元的对外担保需要经过股东大会同意，此种变化就应当进行变更登记。

第五节 非法人组织

一、非法人组织的概念和特征

依据《民法典》第102条第1款的规定，所谓非法人组织，是指不具有法人资格，但是能够依法以自己的名义从事民事活动的组织。《民法典》在自然人、法人之外规定非法人组织，丰富了民事主体的类型，有利于激发市场活力，反映了我国改革开放的现实需要。承认非法人组织主体地位，也有利于在法律上对其进行规范和管理。例如，法律规定要进行登记的，非法人组织应当进行登记，从而便利对其的管理。

非法人组织主要具有如下特征：

第一，非法人组织必须依法设立。非法人组织作为独立的民事主体，其必须依法设立，也就是说，非法人组织应当依据法律规定的条件和程序设立。依据《民法典》第103条的规定，非法人组织的设立原则上都应当登记，如果法律、行政法规规定非法人组织的设立必须经有关机关批准的，则设立非法人组织还应当经过批准。这就使非法人组织和未进行登记的民事合伙、设立中的法人等相区别。在法律上要求非法人组织必须依法设立，有利于加强对非法人组织的监督和管理，维护交易安全。

第二，非法人组织能够以自己的名义从事民事活动。一方面，非法人组织虽然不是法人，但其也是组织体，与单纯的不具有法人资格的财产的集合体，如信托财产、破产财团等是相区别的。另一方面，从实践来看，社会组织的种类多种多样，但并非所有的社会组织都属于非法人组织。依据《民法典》第102条第1款的规定，非法人组织必须能够以自己的名义从事民事活动，因此，作为一种组织体，其并非松散的民事主体的集合，而是能够以自己的名义对外行为的组织体，非法人组织虽然不具有法人资格，但其在性质上也属于独立的民事主体，具有民事权利能力和民事行为能力，能够以自己的名义从事民事活动。

第三，非法人组织也可能具有自己的财产。《民法典》第104条第1句规定："非法人组织的财产不足以清偿债务的，其出资人或者设立人承担无限责任。"这就表明，非法人组织也可能具有自己的财产，如果非法人组织有自己的财产，则首先应当以自己的财产对外承担责任。例如，合伙企业也具有自己的合伙财产。合伙财产尽管在法律上是合伙人的财产，但毕竟与各合伙人的个人财产是相区别的。合伙财产是由合伙人的出资以及以合伙企业的名义取得的收益所构成的。

第四，非法人组织的成员应承担无限责任。虽然非法人组织属于独立的民事主体，可以享有民事权利，负担民事义务，但其与法人不同，不能独立对外承担责任。法人可以独立对外承担民事责任，法人的责任与其成员的责任是严格区分的，在法人的财产不足以清偿其债务时，法人的成员仅以其认缴的出资额为限承担责任，而无须以自己的全部财产对法人债务承担责任。而对非法人组织而言，《民法典》第104条第1句规定："非法人组织的财产不足以清偿债务的，其出资人或者设立人承担无限责任。"依据该条规定，在非法人组织的财产不足以清偿其债务时，其出资人或者设立人仍然需要对外承担无限责任。可见，非法人组织并不能独立承担责任，其出资人或者设立人需要对法人的债务承担无限责任。

非法人组织虽然能够以自己的名义行为，可以成为民事主体，但其并不属于法人。其与法人的区别主要表现在如下几个方面：一是是否具有独立的财产不同。法人具有独立财产，法人的财产完全独立于法人成员的个人财产，这也是法人独立对外承担责任的基础。但非法人组织一般并没有独立的财产。例如，在普通合伙企业中，合伙人的个人财产与合伙企业财产并未严格分离，普通合伙人要对合伙企业的债务依法承担无限连带责任。二是是否能够独立承担责任不同。法人组织对外要独立承担责任，非法人组织无法对外独立承担责任，而最终由其成员承担责任。三是成员与团体的关系不同。对法人而言，法人的成员可能并不直接参与法人的经营、管理活动。依据《民法典》第105条的规定，非法人组织可以确定法定代表人代表该组织从事民事活动。但如果非法人组织并未确立法定代表人，则其成员一般都可以代表非法人组织从事民事活动。四是治理结构的要求不同。对法人（尤其是营利法人）来说，法律上都要求其有健全的治理结构，但是对非法人组织来说，考虑到其具体形态的多元性，法律并没有对其治理机构提出要求。

二、非法人组织的类型

非法人组织也可以分为营利性和非营利性两种。关于非法人组织的类型，《民法典》第102条第2款规定："非法人组织包括个人独资企业、合伙企业、不具有法人资格的专业服务机构等。"因此，非法人组织包括如下几种类型。

（一）个人独资企业

根据《个人独资企业法》第2条的规定，个人独资企业是指"在中国境内设立，由一个自然人投资，财产为投资人个人所有，投资人以其个人财产对企业债务承担无限责任的经营实体"。当然，虽然个人独资企业以企业的形式存在，但其并不能独立对外承担责任，作为投资人的自然人仍然需要对个人独资企业的债务承担无限责任。

（二）合伙企业

合伙，是指两个或两个以上的自然人或法人，根据合伙协议而共同出资、共同经营、共享收益、共担风险的营利性组织。合伙人对外一般承担连带无限责任，或者依法承担有限责任。合伙包含两方面的关系：一是合伙协议关系，它是确定合伙人之间的权利义务关系的协议。合伙协议是调整内部关系的依据。二是合伙组织，即在对外表现形式上，合伙作为一个组织体，可以与第三人发生各种法律关系。合伙乃是由合伙协议与合伙组织两部分所组成的，前者是对合伙人有拘束力的内部关系，后者是由全体合伙人作为整体与第三人产生法律关系的外部形式。合伙大多是这两种关系的结合，尤其是在合伙企业中，合伙人不仅要订立合伙协议，而且要建立合伙组织。合伙企业也是现代企业制度的一种典型形态，是民事主体的一种类型。合伙企业包括普通合伙企业和有限合伙企业。普通合伙企业由普通合伙人组成，只要没有法律的特别规定，则全体普通合伙人应当对合伙企业债务承担无限连带责任。有限合伙企业由普通合伙人和有限合伙人组成，普通合伙人对合伙企业债务承担无限连带责任，有限合伙人以其认缴的出资额为限对合伙企业债务承担责任。

（三）不具有法人资格的专业服务机构

所谓不具有法人资格的专业服务机构，是指专门提供专业服务的非法人组织，如会计师事务所和律师事务所。我国《注册会计师法》和《律师法》分别对会计师事务所和律师事务所作出了规定。从我国《律师法》《注册会计师法》的规定来看，设立不具有法人资格的专业服务机构一般都需要经过有关部门的批准。设立不具有法人资格的专业服务机构，一方面有利于规范此类专业服务机构的经营活动，另一方面也便于主管机关对其进行必要的管理。

不具有法人资格的专业服务机构以提供专业服务为内容，因此，这类机构一般不以拥有大型生产设备为要件，而主要是由具备专业知识和专门技能的工作人员为客户提供服务。例如，律师为当事人代理案件，会计师事务所为企业进行审计等。一般情形下，非法人组织成员要对非法人组织的债务承担无限连带责任，但对不具有法人资格的专业服务机构而言，在特殊情况下，其成员并不需要对非法人组织的债务承担无限连带责任。

关于非法人组织的类型，《民法典》第102条第2款采用了“等”这一兜底表述，表明非法人组织并不限于该条所明确列举的个人独资企业、合伙企业以及不具有法人资格的专业服务机构，还有其他类型的非法人组织。

三、非法人组织的设立

1.非法人组织应当依照法律的规定登记。

《民法典》第103条第1款规定：“非法人组织应当依照法律的规定登记。”依据该条规定，非法人组织应当依照法律的规定进行登记，非经登记，不得设立非法人组织。法律之所以作出此种规定，一方面，是因为非法人组织的类型较多，登记有利于对各类非法人组织进行更有效率的管理；另一方面，要求非法人组织原则上都进行登记，有助于使不特定第三人了解对方当事人的主体资格和交易能力，进而维护交易安全。

依据上述规定，非法人组织应当依照法律的规定登记。对于未进行登记的社会组织，其在性质上就不属于非法人组织意义上的民事主体，此类未经登记的社会组织不受总则编民事主体制度的调整，而应当受到合同编及相关规定的调整；其也不享有民事权利能力，不能以自己的名义实施民事法律行为，不能承担民事义务。例如，依据《民法典》第104条的规定，非法人组织的债务首先应由非法人组织的财产予以清偿，不足部分才由出资人或者设立人承担责任。而对未登记的社会组织而言，其债务则应当直接由其成员承担。

2.须经有关机关批准的，依照其规定。

《民法典》第103条第2款规定：“设立非法人组织，法律、行政法规规定须经有关机关批准的，依照其规定。”对于特殊类型的非法人组织，法律、行政法规可能要求其设立必须经有关机关批准，此时，设立此类非法人组织即应当按照法律、行政法规的规定予以批准。非法人组织设立需要经有关机关批准的情形主要包括如下两种：

（1）某些非法人组织的设立应当经过批准。例如，设立律师事务所和会计师事务所即需要经有关机关批准，对此，《律师法》第18条和《注册会计师法》第25条第1款均有规定。

（2）某些非法人组织的设立不需要经过批准，但其特定事项（如经营范围）可能需要经过批准。例如，依据《合伙企业法》第9条第2款的规定，如果合伙企业的经营范围中有属于法律、行政法规规定应当批准的项目的，则该合伙企业的设立应当经有关机关批准。

当然，一般对于应当经批准设立的非法人组织而言，在批准之后，仍然应当办理登记。批准和登记的功能存在一定的区别，批准主要是基于管理的需要，而登记主要是起到一种公示作用，即通过登记公示非法人组织的主体资格状况，从而降低交易相对人的识别成本，维护交易安全。

四、非法人组织民事责任的承担

（一）非法人组织的财产责任的一般规则

所谓非法人组织的财产责任，是指非法人组织对非法人组织代表人的行为承担的法律后果。如前所述，非法人组织不同于法人，不能独立承担民事责任，在其财产不足以清偿其债务时，其出资人或者设立人仍然需要对该债务承担责任，对此，《民法典》第104条规定：“非法人组织的财产不足以清偿债务的，其出资人或者设立人承担无限责任。法律另有规定的，依照其规定。”依据这一规定，非法人组织的偿债规则包含如下两层含义：

第一，首先以非法人组织的财产清偿债务。法律上之所以确认非法人组织作为独立的民事主体，在很大程度上就是要确认其能够以自己的名义承担责任，履行义务。而且法律上一旦确定其为独立的民事主体，其与一般的民事合伙是不同的。原则上，凡是非法人组织有自己财产的，都应当先以自己的财产承担责任。

第二，如果非法人组织的财产不足以清偿债务的，则应由其出资人或者设立人承担无限责任。非法人组织不同于法人，其设立人或者出资人需要对非法人组织的债务承担无限责任。此处所说的无限责任，是指非法人组织的设立人或者出资人需要以其个人的全部财产对非法人组织的债务承担责任。就非法人组织的设立人或者出资人之间的关系而言，其应当对非法人组织的债务承担连带清偿责任，即每个非法人组织的设立人或者出资人连带对债权人承担清偿责任，债权人可以选择其中一人、数人或者全体承担全部清偿责任。某一设立人或者出资人在清偿全部债务后，其他设立人或者出资人的清偿责任也随之消灭。

（二）非法人组织财产责任承担的例外

《民法典》第104条第2句规定："法律另有规定的，依照其规定。"因此，如果有法律特别规定非法人组织的出资人或者设立人无须对非法人组织资不抵债部分债务承担无限连带责任或者有其他限制的，则依据该具体规定确定出资人、设立人的责任。例如，依据《合伙企业法》第2条第3款的规定，有限合伙人以其认缴的出资额为限对合伙企业债务承担责任。因此，在清偿合伙企业的债务时，有限合伙人所认缴的出资额是其责任承担的上限。如果有限合伙人认缴了出资，但尚未实际履行出资义务，那么一旦合伙企业财产不足清偿债务，则该有限合伙人应如实履行出资义务。如果其已实际履行了出资义务，则在合伙企业财产不足清偿债务时，不必再承担额外的清偿责任。

【本章主要法律规定】

《民法典》第一编总则第三章、第四章

第四章
民事法律行为

本章主要内容提示

1.民事法律行为是指民事主体通过意思表示设立、变更、终止民事法律关系的行为。民事法律行为以意思表示为核心，能够产生当事人预期的法律效果，是实现私法自治的工具。

2.按照不同标准可以将民事法律行为区分为不同的类型，具体而言，可以将其区分为单方法律行为、双方法律行为、多方法律行为与决议行为，财产行为与身份行为，有偿法律行为与无偿法律行为，诺成性行为与实践性行为，要式行为与不要式行为，有因行为与无因行为。

3.意思表示是指向外部表明意欲发生一定私法上效果之意思的行为。意思表示是法律行为的核心。民事法律行为之所以能够产生当事人追求的私法效果，就是因为其作出的意思表示真实、合法，因此，国家赋予该意思表示以法律上的拘束力。

4.民事法律行为一旦成立，即对当事人产生拘束力，任何一方当事人都不得擅自单方面否定该民事法律行为的效力。当然，民事法律行为成立只是其生效的前提，若当事人主体适格、意思表示真实、内容合法，除法律另有规定或者当事人另有约定的外，民事法律行为一经成立即生效。

5.附条件的民事法律行为是指当事人在民事法律行为中特别规定一定的条件，以条件的成就与否来决定民事法律行为效力的发生或消灭的民事法律行为。附期限的民事法律行为是指当事人在民事法律行为中设定一定的期限，并将期限的到来作为民事法律行为效力发生或消灭根据的民事法律行为。

6.无效民事法律行为，是指虽然已经成立，但因其在内容上违反了法律、行政法规的强制性规定和公序良俗而应当被宣告无效的民事法律行为。无效民事法律行为包括无民事行为能力人实施的民事法律行为、虚假的民事法律行为、恶意串通行为、违反强制性规范及违背公序良俗的行为。

7.可撤销的民事法律行为是指当事人在从事民事法律行为时，因意思表示不真实，法律允许撤销权人通过行使撤销权而使该已经生效的民事法律行为归于无效。可撤销的民事法律行为包括基于重大误解而实施的民事法律行为、基于欺诈而实施的民事法律行为、基于胁迫而实施的民事法律行为、显失公平的民事法律行为。

8.效力未定的民事法律行为是指法律行为成立之后，是否能发生效力尚不能确定，有待于其他行为或事实使之确定的民事法律行为。效力未定的民事法律行为包括限制民事行为能力人实施的行为、欠缺代理权的代理行为。

9. 未生效民事法律行为，是指法律规定了民事法律行为生效应当满足特别的批准要件，在这些要件未被满足时民事法律行为的状态。在当事人违反未生效民事法律行为时，需要区分当事人违反整个未生效民事法律行为与违反报批义务条款两种情形，分别认定当事人的责任。

10. 民事法律行为被确认无效、被撤销或者确定不发生效力的，民事法律行为无效的法律效果溯及民事法律行为成立之日。民事法律行为被确认无效、被撤销或者确定不发生效力后，将依法产生返还财产、折价补偿、赔偿损失等法律后果。

第一节　民事法律行为概述

一、民事法律行为的概念和特征

依据《民法典》第133条，民事法律行为，是指民事主体通过意思表示设立、变更、终止民事法律关系的行为。换言之，是以意思表示为核心、能够产生当事人预期的法律效果的行为。法律行为是以发生私法上效果的意思表示为核心的行为，它是实现私法自治的工具。作为民法的重要调整手段，民事法律行为制度通过赋予当事人自由意志以法律效力，使当事人能够自主安排自己的事务，从而实现民法主要作为任意法的功能。因此，民事法律行为是民法中最为核心的制度之一。

民事法律行为主要具有如下特征：

第一，民事法律行为作为一种法律事实，是由当事人实施的、能够产生一定法律效果的行为。这就是说，一方面，民事法律行为必须是由民事主体实施的行为，而非民事主体实施的行为，如人民法院的判决和仲裁机构的裁决虽然也能够发生法律后果，但不属于民事法律行为。另一方面，民事法律行为应当产生一定的法律效果，即民事权利义务关系的设立、变更和终止。所谓设立民事权利义务关系，是指当事人通过民事法律行为旨在形成某种法律关系（如买卖关系、租赁关系），从而具体地享有民事权利、承担民事义务。所谓变更民事权利义务关系，是指当事人通过民事法律行为使原有的民事法律关系在内容上发生变化。所谓终止民事权利义务关系，是指当事人通过民事法律行为，旨在消灭原法律关系。

第二，民事法律行为是通过意思表示而实施的行为。所谓意思表示，是指向外部表明意欲发生一定私法上效果的意思的行为，是旨在达到某种特定法律效果的意思的表达。民事法律行为都是通过意思表示作出的，即表意人将其内心意思表示于外，为他人所知晓。当事人必须能够自主作出意思表示，而且这种意思表示能够依法在当事人之间产生拘束力。

第三，它是能够产生当事人预期的法律效果的行为。民事法律行为能够产生当事人预期的法律效果，其主要包含以下三个方面的含义：一是民事法律行为作为引起法律关系变动的原因，不仅导致民事法律关系的产生，而且可以成为民事法律关系变更和终止的原因。二是民事法律行为并不是可以产生任何法律上的效果，而仅仅是可以产生私法上的效果。所谓私法上的效果，即导致法律关系的产生、变更、消灭。三是民事法律行为不仅能产生私法上的效果，而且能够产生当事人所预期的法律效果。民事法律行为能够产生当事人预期的法律效果，这也是民事法律行为与事实行为的重要区别。也正是因为这一原因，民事法律行为成为民事主体私法自治的重要工具。

二、民事法律行为的类型

（一）单方法律行为、双方法律行为、多方法律行为与决议行为

所谓单方法律行为，又称一方行为，是指根据一方的意思表示就能够成立的行为；换言之，是指某个人依据其意志而从事的能够发生法律效果的行为。单方法律行为大体上可以分为两种：一是因行使个人权利而实施的单方法律行为，该行为仅仅发生个人的权利变动，如无主物先占、抛弃所有权和其他物权等。二是该行为涉及他人权利的发生、变更或消灭等，如授予代理权、授予处分权、立遗嘱和抛弃继承、委托代理的撤销，以及行使解除合同权、选择权、择定权等。

所谓双方法律行为，是指双方当事人意思表示一致才能成立的法律行为。双方法律行为的典型形式是合同。合同是平等主体的自然人、法人及其他组织之间设立、变更、终止民事权利义务关系的协议。也就是说，合同是一种发生民法上效果的合意。合同的成立必须有两个以上的当事人，各方当事人须互相作出意思表示。这就是说，当事人各自从追求自身的利益出发而作出意思表示，双方的意思表示是交互的，才能成立合同。

所谓多方法律行为，又称共同法律行为，是指基于两个或两个以上共同的意思表示一致而

成立的法律行为。例如，设立公司章程的行为、订立合伙合同行为等。在实施多方法律行为时，当事人所追求的利益是共同的，其通常要依据法律规定和合同约定共享收益、共担后果，且实施共同法律行为时，可能需要遵循一定的程序。例如，订立章程要遵守一些订立章程的规则、程序。

所谓决议行为，是指法人、非法人组织依照法律或者章程规定的议事方式和表决程序作出的意思表示。决议行为与一般的民事法律行为一样，都是意思表示的产物，但《民法典》第134条第2款专门对决议行为作出规定，表明其与一般民事法律行为存在一定的区别，此种区别主要体现为：一是主体不同。决议行为是法人和非法人组织及其内部所作出的决议，原则上只适用于法人或者非法人组织的内部决议事项，其并不适用于单个自然人。而民事法律行为既可以是自然人，也可以是法人所实施的行为。二是生效条件不同。决议行为是法人、非法人组织依照法律或者章程规定的议事方式和表决程序作出的决议。也就是说，决议行为可能直接依据章程作出决定。例如，公司根据章程决定法定代表人的权限等，但章程制定本身则应当是共同行为。一旦决议以规定的议事方式和表决程序作出，它对未参与决议的人也具有约束力。三是是否需要按照一定的程序表决不同，决议行为需要按照法定或者约定的程序作出。对决议行为而言，其主要实行多数决规则，只要是按照程序作出了决定，则成员不论是否参与或者同意该决议，该决议对其都是有效的。民事法律行为一般不需要按照一定程序实施。

（二）财产行为与身份行为

依据民事法律行为产生财产上的效果还是身份上的效果，可以将民事法律行为区分为财产行为和身份行为。

财产行为是以发生财产上的法律效果为目的的行为，此类行为的后果通常是在当事人之间发生财产关系的变动。例如，当事人之间订立买卖合同、赠与合同、租赁合同等行为，即属于财产行为。身份行为是以发生身份上的法律效果为目的的民事法律行为，此类行为通常在当事人之间发生身份关系的变动。例如，当事人之间订立收养协议的行为，在具备其他法定条件后，将依法在当事人之间产生收养关系，该行为即属于身份行为。

区分财产行为与身份行为，对于准确适用法律规范、准确认定当事人之间的权利义务关系具有重要意义：一方面，从我国《民法典》各分编的规定来看，财产行为主要是适用物权编、合同编的规则，而身份行为主要适用婚姻家庭编、继承编的规则。一些专门调整财产关系的规则，尤其是调整交易关系的规则，并不当然适用于身份行为。不过，依据《民法典》第464条第2款的规定，婚姻、收养、监护等有关身份关系的协议，适用有关该身份关系的法律规定；没有规定的，可以根据其性质参照适用合同编规定。另一方面，从我国《民法典》的规定来看，其对财产行为所设置的限制通常较少，而对身份行为而言，通常设置了较多的限制性条件。例如，婚姻关系中的一些身份行为，如办理离婚登记、向婚姻登记机关申请发给结婚证等行为，需要当事人亲自实施，而不得由他人代理。

（三）有偿法律行为与无偿法律行为

根据当事人是否需要进行互为对价的给付，法律行为可以分为有偿法律行为与无偿法律行为。所谓有偿法律行为，是指一方通过履行法律行为规定的义务而给对方某种利益，对方要得到该利益必须为一定给付的法律行为。有偿法律行为是财产交易中最典型的法律形式。所谓无偿法律行为，是指一方给付对方某种利益，对方取得该利益时并不需要为对待给付的法律行为。例如，赠与属于典型的无偿法律行为。无偿法律行为并不是反映交易关系的典型形式，是等价有偿原则在适用中的例外现象。在无偿法律行为中，一方当事人也要承担义务，如借用人无偿借用他人物品，就负有正当使用和按期返还的义务。

有偿法律行为与无偿法律行为的区分意义在于：首先，有利于确定某些法律行为的性质。许多法律行为如果要由有偿变为无偿，或者相反，那么其法律关系在性质上就要发生根本的变化。其次，在无偿法律行为中，单纯给予利益的一方原则上只应承担较低的注意义务，如无偿保管合同中，保管人只在故意或重大过失的情况下，才对保管物的毁损、灭失承担责任；而在有偿法律行为中，当事人所承担的注意义务显然要较无偿法律行为中当事人应承担的注意义务更重。再次，主体要求不同。实施有偿法律行为的当事人原则上应具备完全民事行为能力，而限制民事行为能力人非经其法定代理人的同意，不能实施较为重大的有偿法律行为；但对于一些纯获法律上利益的无偿法律行为，限制民事行为能力人即使未取得法定代理人的同意也可以实施。最后，法律的适用不同。仅就合同关系来说，如果当事人订立的合同是非典型合同，而该合同在性质上又是有偿法律行为，则依据《民法典》第646条的规定，“法律对其他有偿合同有规定的，依照其规定；没有规定的，参照适用买卖合同的有关规定”。但如果当事人订立的合同是无偿合同，则不适用这一规定。

（四）诺成性行为与实践性行为

所谓诺成性行为，是指当事人一方的意思表示一旦经对方同意即能产生法律效果的法律行为，即“一诺即成”的行为。此种法律行为的特点在于当事人双方意思表示一致，法律行为即告成立。所谓实践性行为，又称要物法律行为，是指除当事人双方意思表示一致以外，尚需交付标的物才能成立的法律行为。在这种行为中，仅凭双方当事人的意思表示一致，不能产生一定的权利义务关系，还必须有一方实际交付标的物的行为，才能产生法律效果。例如，《民法典》第890条规定：“保管合同自保管物交付时成立，但是当事人另有约定的除外。”再如，《民法典》第679条规定：“自然人之间的借款合同，自贷款人提供借款时成立。”在合同法领域，由于绝大多数合同都从双方形成合意时成立，因而诺成合同是合同的一般形式；而实践合同则必须有法律的特别规定，可见，实践合同是合同的特殊形式。

诺成性行为与实践性行为的区别，并不在于一方是否应交付标的物。就大量的诺成性行为来说，一方当事人根据合同约定也负有交付标的物的义务。例如，买卖合同中的出卖人，有向买受人交付标的物的义务。诺成性行为与实践性行为的主要区别在于，二者的成立时间是不同的。诺成性行为自双方当事人意思表示一致（达成合意）时起即告成立；而对实践性行为而言，在当事人达成合意之后，还必须由当事人交付标的物，该法律行为才能成立。诺成性行为与实践性行为的确定，通常应根据法律的规定及交易习惯而定。在我国合同法中，诺成合同是一般的合同，在法律没有特别规定的情况下，合同一般都为诺成法律行为。

（五）要式行为与不要式行为

根据法律行为是否应以一定的形式为要件，法律行为可分为要式法律行为（要式行为）与不要式法律行为（不要式行为）。所谓要式法律行为，是指应当根据法律规定或当事人约定的方式而实施的法律行为。对于一些重要的交易，法律常常要求当事人必须采取特定的方式实施法律行为。所谓不要式法律行为，是指当事人实施的法律行为依法并不需要采取特定的形式，当事人可以采取口头方式、书面形式或其他形式。合同除法律、法规有特别规定以外，均为不要式法律行为。

要式法律行为与不要式法律行为的区别在于是否应以一定的形式作为法律行为成立或生效的条件。对某些特殊法律行为而言，法律为避免纠纷的发生、维护交易的安全与秩序，特别规定书面形式是其成立或生效的要件。例如，保证合同必须采取书面形式。有关书面形式的效力问题，必须根据法律对某类法律行为书面形式的要求，以及在该要求中所体现的效力规定来具体确定。

（六）有因行为与无因行为

根据民事法律行为是否以原因的存在为有效要件，民事法律行为可以区分为有因行为和无因行为。所谓有因行为，是以原因之存在为有效要件之行为。绝大多数民事法律行为都是有因行为。所谓原因，是指法律行为的目的，例如买卖之原因，在买方以取得一物的所有权为目的，在卖方则以取得价金为目的。所谓无因行为，又称不要因行为，是指不以原因行为的存在为有效要件的行为。

区分有因行为和无因行为的意义主要在于，在民事法律行为中将无因行为抽象出来，由于无因行为不考虑交易目的，因而对于保护交易安全具有重要的作用。但有因行为和无因行为的区分，只限于财产法上的行为，身份行为不存在此种区分。

第二节 意思表示

一、意思表示的概念

所谓意思表示，是指向外部表明意欲发生一定私法上效果之意思的行为。意思表示是法律行为的核心。民事法律行为之所以能够产生当事人追求的私法效果，就是因为其作出的意思表示真实、合法，因此，国家赋予该意思表示以法律上的拘束力。正是因为意思表示在民事法律行为中具有重要地位，因此，《民法典》在“民事法律行为”一章中单设“意思表示”一节，对意思表示的规则作出了详细规定。

意思表示中的“意思”是指设立、变更、终止民事法律关系的内心意图。所谓“表示”，是指将此种内心意图表示于外部的行为。意思表示具有如下特征：

第一，意思表示的表意人具有旨在使法律关系发生变动的意图，该意图不违反法律的强制性规定和公序良俗，因而发生当事人所预期的效力。从这个意义上说，意思表示是实现意思自治的工具，行为人可以依据自己的主观意志与外界发生法律关系，形成自己所期待的法律效果，促进自身人格权的发展，这就形成了民法特殊的调整方法。

第二，意思表示是一个意思由内到外的表示过程。单纯的停留在内心的主观意思是没有法律意义的，该意思必须表示在外，能够为人所知晓。这就是说，意思表示必须有外在的表示行为。当然，该表达出来的意思如何解释，即是应符合表意人的内心真意，还是应根据相对人理解的内容来确定，属于意思表示的解释问题。

第三，依据意思表示是否符合相应的生效要件，法律赋予其不同的效力。符合法定生效要件的意思表示可以发生当事人预期的法律效果，不符合法定生效要件的意思表示发生的法律效果可能与当事人的内心意思不尽一致。

意思表示可以分为内在意思和外在表示两个方面，也可以称为主观要件和客观要件：主观要件，主要包括行为意思、表示意思、目的意思和效果意思，民事法律行为必须同时具备上述要素，才能发生当事人所追求的法律效果。因为欠缺行为意思，就无法确立是否为行为人有意识的自觉行为；欠缺表示意思，也无从确定行为人是否意识到其意思能否发生法律上的效果；欠缺目的意思，则无法确定表意人所意欲发生的法律关系变动的内容；而欠缺效果意思，则不能确定当事人是否具有追求法律关系变动后果的意图。客观要件。客观要件就是指表示行为。如果仅有表意人的发出行为，但并没有到达相对人，或未能为相对人所了解，则不构成完整的意思表示。

民事法律行为的核心就是意思表示，而且民事法律行为的合法性判断和意思表示的解释的标准应该是一致的，但意思表示与民事法律行为并不能完全等同。一方面，与意思表示的概念相比较，民事法律行为包含的范围更为广泛。它可以仅由一个意思表示构成，这通常是指一些单方的行为，如代理权的授予、追认权的行使、设立遗嘱的行为等。也可以由多个意思表示构成，这就是双方或多方的法律行为。另一方面，民事法律行为与意思表示的成立要件是不同的。意思表示的成立需要有当事人、意思表示与标的，而民事法律行为的成立要件是不同的，除当事人的意思表示之外，还可能存在法定的或约定的特殊成立要件（如批准等）。此外，民事法律行为与意思表示的成立和生效是不同的。意思表示的成立通常以意思表示的发出为准。就民事法律行为的成立而言：如果是单方法律行为，原则上以意思表示的作出或到达为成立；如果为双方或多方行为，则以当事人意思表示的达成一致为成立。

二、意思表示的类型

（一）明示意思表示与默示意思表示

《民法典》第140条第1款规定："行为人可以明示或者默示作出意思表示。"该条对意思表示的形式作出了规定，依据该条规定，意思表示可以分为明示意思表示与默示意思表示。

所谓明示意思表示，是指行为人将内在意思明确地表达于外部。明示形式是以作为的方式使相对人能够了解意思表示的内容，表意人可以通过口头或者书面表达的方式进行意思表示，尽管表达的方式存在差异，但表意人都明确向对方当事人作出了意思表示。对以明示方式作出的意思表示而言，当事人之间的法律关系易于证明，有利于减少纠纷、降低法律风险。在实践中，多数意思表示都是以明示方式作出的意思表示。

所谓默示意思表示，是指行为人没有作出明确的表示，但是可以根据法律规定进行推知。如点头、举手、起立、拍板等，都可以依据交易习惯视为默示的意思表示。而且，如果一方当事人向对方当事人提出订约的要求，对方未用语言或者文字明确表示意见，但其行为表明已接受的，可以认定为这里的默示。一般而言，法律上对当事人以默示形式作出意思表示有较为严格的限制。

此外，单纯的沉默原则上不得作为意思表示的方式。所谓沉默，是指未作出任何意思表示或不行为。《民法典》第140条第2款规定："沉默只有在有法律规定、当事人约定或者符合当事人之间的交易习惯时，才可以视为意思表示。"据此，沉默原则上不得作为意思表示的形式。但这并不意味着沉默在任何情况下都不能作为意思表示的形式，依据《民法典》第140条第2款的规定，在如下三种情形下，沉默可以视为意思表示：一是法律的特别规定。例如，《民法典》第1124条第1款规定："继承开始后，继承人放弃继承的，应当在遗产处理前，以书面形式作出放弃继承的表示；没有表示的，视为接受继承。"二是当事人的特别约定。例如，当事人双方事先约定，如果一方更改了相关合同条款，对方沉默的，视为同意更改。在此情形下，如果一方当事人更改了合同的条款，对方沉默的，即视为其同意了该更改。三是当事人之间存在交易习惯。交易习惯是一个宽泛的概念，但在解释"沉默"的含义时，不能运用一般的交易习惯，而只能采用当事人之间的系列交易习惯。如果按照当事人之间特定的交易习惯，沉默可以产生意思表示的效力，则沉默也可以视为意思表示。

（二）有相对人的意思表示与无相对人的意思表示

所谓有相对人的意思表示，又称需要受领的意思表示，它是指针对特定相对人发出、需要特定相对人接收的意思表示。例如，甲向乙发出要约，就甲所发出的意思表示而言，乙就是该意思表示特定的相对人。在实践中，有特定相对人的意思表示是最为普遍的形式。例如，订立合同、行使形成权等，大多属于有特定相对人的意思表示。

所谓无相对人的意思表示，是指不是针对特定相对人发出、不需要特定相对人接收的意思表示。例如，设立遗嘱，就属于无相对人的意思表示。《民法典》第138条规定："无相对人的意思表示，表示完成时生效。法律另有规定的，依照其规定。"依据该条规定，无相对人的意思表示一般自意思表示完成之时就生效。因为此类意思表示不需要到达相对人，因此，其在发出时即已生效。当然，如果法律对无相对人的意思表示的生效专门作出了规定，则依据该特别规则认定其效力。

（三）对特定人的表示与对不特定人的表示

所谓对特定人的表示，是指向特定的相对人发出的意思表示。从实践来看，大多数的意思表示都是对特定人的表示，其受领人也是特定的。例如，要约人向受要约人发出要约，就属于对特定人的表示。所谓对不特定人的表示，是指不向特定的相对人发出，而是以发布公告等方式对不特定人所作出的意思表示。无特定相对人的意思表示既包括没有相对人的意思表示，也包括虽然有相对人，但相对人不特定的意思表示，前者如遗嘱，后者如以公告方式所作出的意思表示。

对不特定人的表示通常是以公告的方式作出的，公告的方式多种多样，可以以招贴画张贴，也可以在公告栏等处张贴，还可以通过报纸、网络、电台等方式发布。例如，在债权转让后，债权人应当将转让的事实通知债务人，应尽可能采取个别通知的方式，但如果确实不能或不宜采取个别通知方式，也可以采取登报声明的方式发出意思表示。虽然以公告方式作出的意思表示也有相对人，但与有特定相对人的意思表示不同，以公告方式作出的意思表示没有特定的相对人，难以判断何时到达相对人，《民法典》第139条规定："以公告方式作出的意思表示，公告发布时生效。"因此，对于以公告的方式作出的意思表示而言，该意思表示自公告发布时生效。

（四）对话表示与非对话表示

根据意思表示作出的方式，又可以将有特定相对人的意思表示区分为以对话方式作出的意思表示和以非对话方式作出的意思表示，《民法典》第137条对以对话方式作出的意思表示（对话表示）和以非对话方式作出的意思表示（非对话表示）的生效规则分别作出了规定。

所谓对话表示，是指当事人直接以对话的形式发出意思表示。例如，当事人面对面地订立口头买卖合同，或者通过电话交谈的方式订立合同。关于以对话方式作出的意思表示的生效，《民法典》第137条第1款规定："以对话方式作出的意思表示，相对人知道其内容时生效。"依据该规定，对以对话方式作出的意思表示而言，只有在表意人的意思表示的内容被相对人知悉时，意思表示才能够生效。如果相对人并不知道意思表示的内容，也无法作出相应的意思表示，此时，应当认定意思表示未生效。因此，从该条规定来看，《民法典》对以对话方式作出的意思表示生效采取了了解主义。

所谓非对话表示，是指当事人以对话以外的形式发出意思表示，例如，采用邮件、传真等方式订立合同。关于非对话表示的生效，《民法典》第137条第2款规定："以非对话方式作出的意思表示，到达相对人时生效。……"依据这一规定，以非对话方式作出的意思表示，到达相对人时生效，可见，关于以非对话方式作出意思表示的生效，《民法典》采用了到达主义，即到达相对人时生效。所谓到达，是指根据一般的交易观念，已经进入相对人可以了解的范围。到达并不意味着相对人必须亲自收到，只要表意人的意思表示已进入受领人的控制领域，并在通常情况下可以期待受领人能够知悉意思表示的内容，就视为已经到达。

（五）电子数据方式表示

在互联网时代，采用数据电文形式作出意思表示也是实施民事法律行为的重要方式。依据《民法典》第137条第2款的规定，如果当事人对采用数据电文形式的意思表示的生效时间另有约定，则按照合同自由原则，首先应当依据当事人的约定确定其生效时间。在当事人没有约定的情形下，其生效分为如下两种情形：一是相对人指定了特定的系统接收数据电文的，此时，意思表示自该数据电文进入该特定系统时生效；二是相对人未指定特定的系统接收数据电文的，则自相对人知道或者应当知道该数据电文进入其系统时生效。也就是说，相关数据电文到达相对人的任何一个系统，即被推定为相对人知道或应当知道，该数据电文进入其系统时生效，除非相对人举证证明其不应当知道。

三、意思表示的效果

（一）意思表示的生效

所谓意思表示的生效，是指意思表示一旦符合法律规定的生效要件，就可以产生法律效果。在此应区分意思表示的生效与意思表示的拘束力。意思表示一旦发出，即具有一定的法律约束力。这种拘束力体现在对表意人和受领人双方的约束。一方面，对表意人来说，其不得随意撤销已经发出的意思表示，例如要约发出后，非依法律规定或受要约人的同意，不得变更、撤销要约的内容。否则，对因此造成的他人损害，要承担信赖利益的损害赔偿责任。另一方面，对于受领人而言，如果该意思表示规定了有效的存续期间，受领人通常要在该存续期间作出是否接受的意思表示。例如，如果要约规定了10天的有效期，则受要约人必须在10天内作出接受该要约的意思表示，否则要约失效。

但意思表示产生拘束力，并不意味着意思表示可以完全发生当事人预期的法律效果。意思表示要产生当事人所追求的法律效果，通常还需要具备其他法定要件。例如，就要约而言，其要产生当事人所追求的法律效果，还必须包含了未来合同的基本条款，要求相对人对要约作出承诺。如果法律要求必须完成一定的形式要件，则必须具备这些形式要件才能生效。

（二）意思表示的撤回与撤销

所谓意思表示的撤回，就是指意思表示在发出以后，在尚未到达意思表示的受领人之前，表意人将其意思表示撤回。《民法典》第141条规定："行为人可以撤回意思表示。撤回意思表示的通知应当在意思表示到达相对人前或者与意思表示同时到达相对人。"只要撤回的通知先于意思表示到达或者与意思表示同时到达，该撤回就是有效的。意思表示的撤回，只有在有相对人的时候才有意义。依据《民法典》第137条的规定，非对话方式的意思表示必须到达相对人时才能生效，因此，在其生效之前表意人发出撤回表示，且撤回表示在原意思表示生效之前到达或同时到达的，原意思表示当然不能生效。行为人要撤回意思表示，其撤回意思表示的通知必须先于意思表示到达相对人，或者与意思表示同时到达相对人。如果行为人撤回意思表示的通知晚于意思表示到达相对人，则不产生撤回意思表示的效力。由此可见，意思表示的撤回主要适用于非以数据电文方式作出的意思表示，因为对于以数据电文形式作出的意思表示而言，其瞬间到达相对人，行为人撤回意思表示的通知很难先于意思表示到达相对人或者与意思表示同时到达相对人。

所谓意思表示的撤销，是指意思表示在发出并生效以后，表意人又撤销其意思表示。在此需要区分意思表示的撤回与撤销，意思表示的撤回是使意思表示不发生效力，而意思表示的撤销则是使已经生效的意思表示失去效力。我国《民法典》仅规定了意思表示的撤回，而没有规定意思表示的撤销，我国《民法典》第476条对要约的撤销作出了规定。不过，根据《民法典》第476条的规定，这种撤销受到严格的限制。

四、意思表示的解释

（一）意思表示的解释的概念

所谓意思表示的解释，就是指在意思表示不清楚、不明确而发生争议的情况下，法院或仲裁机构对意思表示进行的解释。这里所说的意思表示的解释是从广义上理解的意思表示的解释，它包括了对民事法律行为的解释和意思表示的解释。

意思表示的解释的特点在于：第一，意思表示解释的主体是法院和仲裁机构，并不是任何机构都可以对意思表示进行解释，必须是在当事人对意思表示发生争议时，才有必要进行解释。第二，意思表示解释的对象是当事人已经表示出来的意思。也就是说，以当事人已经作出的表示来解释其意思。解释的对象只能是表示出来的、确定的意思，而非深藏于内心的意思，此种意思是无法解释的，因为内在的意思无法作为法律认识的对象。意思表示解释的对象是意思表示的内容，既包括目的意思，也包括效果意思。第三，意思表示解释是法院和仲裁机构依据一定的规则进行的解释，而非完全主观的任意解释。也就是说，在意思表示解释过程中，法院或仲裁机构要遵循法定的规则，运用一定的方法予以解释，否则就会违背当事人的意愿。

（二）有相对人的意思表示的解释和无相对人的意思表示的解释

意思表示的解释通常分为有相对人的意思表示的解释和无相对人的意思表示的解释，依据《民法典》第142条，区别这两种意思表示的解释的意义在于：一是是否需要有意思表示的受领人不同。有相对人的意思表示的解释需要有意思表示的受领人，而无相对人的意思表示的解释不需要意思表示的受领人。二是是否需要考虑受领人的理解水平不同。对有相对人的意思表示进行解释，法官应当考虑一般的受领人的理解水平。但是对无相对人的意思表示进行解释，则一般不需要考虑受领人的理解水平。三是意思表示所使用词句在意思表示解释中的作用不同。对有相对人的意思表示而言，意思表示需要受领，因此存在相对人信赖利益保护的问题，而在对无相对人的意思表示进行解释时，则无须考虑相对人信赖利益的保护问题。因此，依据《民法典》第142条的规定，在解释无相对人的意思表示时，不能完全拘泥于意思表示所使用的词句，而应当探求当事人的真意。例如，对遗嘱的解释应当探求表意人的内心真意。

（三）意思表示解释的规则

1.对用语应当按照通常的理解进行解释。所谓对用语应当按照通常的理解进行解释，是指在当事人就意思表示的用语发生争议以后，对于有关的用语本身，应按照一个合理人的标准来进行解释。《民法典》第142条第1款规定："有相对人的意思表示的解释，应当按照所使用的词句，结合相关条款、行为的性质和目的、习惯以及诚信原则，确定意思表示的含义。"该条实际上就是要求对用语按照通常的理解进行解释。对用语应当按照通常的理解进行解释应当是意思表示解释的首要方法。

2.整体解释。所谓整体解释，又称体系解释，是指将表达当事人意思的各项合同条款、信件、文件等作为一个完整的整体，根据各方面的相互关联性，争议的条款与当事人真实意思表示的关系、在意思表示中所处的位置等各方面因素，来确定有争议的意思表示的含义。换句话说，在运用意思表示的整体解释方法时，需要将各种意思表示的资料综合考虑，从整体出发来准确地理解意思表示条款的真实含义。《民法典》第142条规定要求结合相关条款进行解释，可以认为确立了整体解释规则。

3.目的解释。所谓目的解释，是指在对意思表示进行解释时，应当根据当事人实施该民事行为所追求的目的，对有争议的意思表示进行解释。《民法典》第142条要求从行为的性质和目的进行解释，这实际上也确立了目的解释规则。按照私法自治原则，民事主体可以在法律规定的范围内，为追求其目的而表达其意思，并通过双方的协议，产生、变更、终止民事法律关系。当事人实施民事行为都要追求一定的目的，意思表示本身也不过是当事人实现其目的的手段。因此，在解释意思表示时，应当充分考虑当事人实施该民事行为的目的。按照目的解释规则，如果有关的文本中所使用的文字的含义与当事人所明确表达的目的相违背，而当事人双方对该条文又发生了争议，在此情况下，不必完全拘泥于文字，可以按照当事人的目的进行解释。

4.习惯解释。所谓习惯解释，是指在对意思表示的含义发生争议以后，应当根据当事人所知悉或实践的生活和交易习惯来对意思表示进行解释。《民法典》第142条规定了意思表示的解释应当考虑习惯，这就确立了习惯解释的规则。习惯包括生活习惯和交易习惯两大类，一般来说，在合同中主要采用交易习惯对有争议的合同条款进行解释，不过，运用交易习惯填补合同漏洞，各种交易习惯的存在以及内容应当由当事人举证证明。

5.依据诚实信用原则解释。所谓依据诚实信用原则进行解释，是指在意思表示发生争议以后，应当根据诚实信用原则来填补有关意思表示的漏洞，对有争议的意思表示进行解释。诚实信用原则作为意思表示解释规则的产生是意思表示解释社会化的一种表现，它实际上是要求法官将自己作为一个诚实守信的当事人来判断、理解意思表示的内容和条款的含义。这就将商业道德和公共道德运用到了意思表示的解释之中，并对意思自治施加了必要的限制。《民法典》第142条规定了意思表示的解释应当按照诚信原则进行，因此，依据诚实信用原则解释也是意思表示解释的重要方法。

第三节　民事法律行为的成立与生效

一、民事法律行为的成立

（一）民事法律行为成立的共同要件

所谓民事法律行为成立的共同要件，是指各类民事法律行为依法成立所应当共同具备的条件。虽然民事法律行为可以基于双方或者多方的意思表示一致成立，也可以基于单方的意思表示成立，但由于民事法律行为的成立是指当事人就民事法律关系的产生、变更和消灭作出了一定的意思表示，或意思表示一致。因此，民事法律行为的成立所需要的共同要件包括：一是当事人，民事法律行为的成立需要当事人，既包括表意人，也包括受意人。二是意思表示，对单方民事法律行为而言，仅需要一方当事人和单方意思表示，即可成立。而对双方民事法律行为而言，则需要双方当事人形成合意；如果是多方法律行为，则需要多方主体的意思表示形成一致。《民法典》第134条第2款规定："法人、非法人组织依照法律或者章程规定的议事方式和表决程序作出决议的，该决议行为成立。"据此，对决议行为而言，其并不当然需要每个当事人都作出意思表示，而只需要依据法律或者章程规定的议事方式和议事程序作出即可。三是具备民事法律行为成立的内容。例如，就合同而言，通常需要就合同的主要条款形成合意，才能导致合同的成立。

（二）民事法律行为成立的特别要件

如果法律对民事法律行为的成立设定了特别的成立要件，则民事法律行为的成立必须符合这些特别规定。此处的特别要件主要包括两大类：一是法律关于要式法律行为、实践法律行为等的规定；二是特别法对法律行为成立条件的特别规定。此外，当事人也可以对法律行为成立条件作出特别约定。例如，当事人约定合同必须经过公证才能成立时，在未办理公证的情形下，合同即无法成立。

（三）民事法律行为成立的效力

民事法律行为一旦成立，即对当事人产生拘束力，一般而言，任何一方当事人都不得单方面否定该民事法律行为的效力。例如，在合同关系成立后，即便其尚未生效，当事人通常也不得随意否定其效力。即使就附生效条件的合同而言，合同关系成立后，即对当事人产生拘束力，任何一方当事人均不得随意否定合同的效力。当然，民事法律行为成立只是其生效的前提，若当事人主体适格、意思表示真实、内容合法，除法律另有规定或者当事人另有约定的外，民事法律行为一经成立即生效。

二、民事法律行为的有效和生效

（一）民事法律行为的有效

所谓民事法律行为的有效，是指民事法律行为成立后，符合法律关于民事法律行为有效的要件，能够产生法律上的效力。民事法律行为的有效应当具备如下条件：

1.行为人具有相应的民事行为能力。行为人具有相应的民事行为能力的要件，在学理上又被称为有行为能力原则或主体适格原则。任何民事法律行为都以当事人的意思表示为基础，并且以产生一定的法律效果为目的，所以，行为人必须具备正确理解自己的行为性质和后果、独立地表达自己的意思的能力，也就是说，必须具备与从事某项民事法律行为相应的民事行为能力。我国《民法典》将自然人分为三类，即完全民事行为能力人、限制民事行为能力人和无民事行为能力人。由于限制民事行为能力人具有一定的判断和理解能力，因而，其可以独立实施一定的民事法律行为，限制民事行为能力人只能独立从事两种类型的民事法律行为：一是纯获利益的民事法律行为，即仅仅获得法律上的利益，而不会负担法律义务或减损其既有民事权利。二是与其年龄、智力、精神健康状况相适应的民事法律行为。无民事行为能力人不具有独立作出意思表示的能力，因此，其不能独立实施民事法律行为，我国《民法典》第144条规定："无民事行为能力人实施的民事法律行为无效。"

《民法典》第143条所规定的行为人具有相应的民事行为能力，也包括法人实施民事行为应当具有相应的民事行为能力。当然，要求法人实施一定的民事行为应当具有行为能力，并不意味着营利法人超越其经营范围而行为，该行为便被当然宣告无效。基于保护第三人利益以及鼓励交易的目的，不宜一概否定其效力。但对于违反国家限制经营、特许经营以及法律、行政法规禁止经营的规定而超越经营范围的，则因为不仅是保护第三人利益和维护交易安全的问题，还涉及国家对经济行为的法律规制和社会公共秩序，所以作为例外，应当将这种超越经营范围的民事法律行为认定为无效。

2.意思表示真实。意思表示是指行为人将其设立、变更、终止民事权利、义务的内在意思表示于外部的行为。所谓意思表示真实，是指表意人的表示行为应当真实地反映其内心的效果意思。也就是说，意思表示真实要求表示行为应当与效果意思相一致。行为人的意思表示瑕疵包括两个方面：一是行为人的意思表示不自由。行为人因受到欺诈、胁迫等外在原因而处于意志不自由的状态，因此其表达的意思不符合其真实意思。这种情况属于典型的意思表示不真实的情况。二是行为人的意思表示不真实，即行为人外部表达的意思不符合其内心的真实意思。例如，甲为了逃避强制执行，与乙通谋，以赠与为名，将其房产移转给乙。在此情况下，甲、乙之间的赠与行为构成通谋的虚伪表示，应当无效。

3.不违反法律、行政法规的强制性规定和公序良俗。民事法律行为不得违反法律、行政法规的强制性规定，否则可能导致民事法律行为被确认为无效。一方面，因为违法概念的范围十分宽泛，可以把各种违反规范性法律文件的行为都纳入违法的范畴，但如此理解过于宽泛。如果当事人的民事法律行为违反规范性法律文件就被认定无效，则会不当干预当事人的私法自治，过度妨碍当事人的行为自由。所以，有必要将违法限定在违反法律、行政法规的强制性规定的范围内。此处的法律是指全国人大及其常委会制定的法律，行政法规是指国务院制定的行政法规。违反其他规范性文件，并不当然导致民事法律行为无效。另一方面，法律规范可以分为任意性规范和强行性规范。所谓强行性规范，是指这些规定必须由当事人遵守，不得通过其协议加以改变。所谓任意性规范，是指当事人可以通过协议加以改变的规定。依据《民法典》第143条的规定，只有违反法律、行政法规的强制性规定时，民事法律行为才无效，民事法律行为违反法律、行政法规的任意性规定，并不当然导致该民事法律行为无效。

民事法律行为不仅应符合法律规定，而且在内容上不得违背公序良俗。公序良俗包括公共秩序与善良风俗，是一个国家经济社会发展所必需的一般道德，其主要是指社会公共利益和社会公共道德。社会公共利益体现了全体社会成员的最高利益，公序良俗主要是为了以法律促进道德的调整。我国《民法典》将不违背公序良俗作为民事法律行为的生效要件，极大地弥补了法律规定的不足。因为毕竟法律的规定是有限的，不能通过法律、行政法规的强制性规定涵盖所有的社会公共利益和公共道德，因此，有必要在法律、行政法规的强制性规定之外，通过公序良俗对民事法律行为的效力进行必要的控制。

（二）民事法律行为的生效

所谓民事法律行为的生效，是指已经成立的民事法律行为因符合法定的生效要件，从而能产生法律上的约束力。《民法典》第136条第1款规定："民事法律行为自成立时生效，但是法律另有规定或者当事人另有约定的除外。"该条对民事法律行为的生效规则作出了规定，此处所说的法律约束力，首先，是指私法上的效力，而不应当包括民事法律行为生效以后所可能引起的公法上的效果。其次，是指民事法律行为发生了行为人所意欲发生的法律效果，这种效果因民事法律行为形态的不同而有异。就单方法律行为而言，在大多数情况下，主要是对表意人产生法律拘束力。当然，在某些情况下，单方行为也可能对其他人产生法律拘束力，例如，遗嘱行为可能会对继承人产生效力。就双方法律行为而言，一旦合意达成，就对双方当事人产生了拘束力，即双方必须依据合同的约定享有权利、履行义务、承担违约责任。

民事法律行为一旦依法成立，就具有法律拘束力，因而成立是生效的前提。如果民事法律行为尚未成立，则不存在有效或者无效的问题。但民事法律行为的成立与生效仍然存在区别：一方面，民事法律行为的成立是认定民事法律行为效力的前提条件，如果民事法律行为成立以后，存在效力瑕疵，也可能无法产生当事人追求的法律效果，因此，已经成立的民事法律行为并非当然能够生效。另一方面，民事法律行为成立主要是一个事实认定问题，即认定当事人之间是否存在民事法律行为，而民事法律行为的生效则是价值判断问题，即在法律上判断民事法律行为能否产生当事人意欲追求的法律效果。民事法律行为的成立主要体现的是当事人的意志，而民事法律行为的生效体现的则是国家意志，其反映的是国家对民事法律行为效力的干预。

民事法律行为的效力可以分为对内效力和对外效力。所谓对内效力，是指民事法律行为对当事人产生的法律拘束力。《民法典》第136条第2款规定："行为人非依法律规定或者未经对方同意，不得擅自变更或者解除民事法律行为。"例如，当事人在订立合同后，即应当受到合同的严格约束，必须严格履行合同，否则应当承担违约责任。所谓对外效力，是指民事法律行为对当事人以外的人产生的法律约束力。例如，合同一旦生效，也可能会对合同当事人以外的第三人产生效力，其主要表现在利益第三人合同、债权保全制度、租赁权物权化、债权不可侵害性等方面。

民事法律行为能够产生法律约束力，从表面上看是当事人的意思自治的结果，或者说是当事人自愿选择的结果；但从实质上看，民事法律行为的法律约束力或民事法律行为的效力，不仅源于当事人的意志，而且源于法律的赋予。也就是说，由于当事人的意志符合国家的意志和社会利益，因而国家赋予当事人的意志以拘束力，并且使当事人实施的民事法律行为能够产生其预期的效果。

第四节　附条件和附期限的民事法律行为

一、附条件的民事法律行为

（一）附条件的民事法律行为的概念

所谓附条件的民事法律行为，是指当事人在民事法律行为中特别规定一定的条件，以条件的成就与否来决定民事法律行为效力的发生或消灭的民事法律行为。《民法典》第158条规定："民事法律行为可以附条件，但是根据其性质不得附条件的除外。附生效条件的民事法律行为，自条件成就时生效。附解除条件的民事法律行为，自条件成就时失效。"附条件的民事法律行为能够将当事人的动机表现在民事法律行为中，从而能充分尊重当事人的意志，满足当事人的各种不同需要。

附条件的民事法律行为适用的范围是极为广泛的，可适用于各种类型的民事法律行为，原则上除了法律法规禁止和限制的行为之外，都可以设定附条件的民事法律行为。《民法典》第158条规定："民事法律行为可以附条件，但是根据其性质不得附条件的除外。……"民事法律行为依其性质不得附条件的，主要包括两种情形：一是就婚姻、收养、认领等身份行为而言，在性质上是不得附条件的，如果允许对此类行为附条件，可能有违公序良俗。二是一些民事法律行为在性质上要求即时、确定地发生效力，不得使其效力处于不确定状态，此类行为也不得附条件，例如，抵销、解除、追认、撤销等行为。附条件的民事法律行为一旦成立，就产生一种形式上的拘束力，任何一方当事人都不得反悔。

（二）民事法律行为所附条件的特征

"条件"是指决定民事法律行为的效力产生和消灭、未来不确定的事实。在附条件的民事法律行为中，条件具有限制民事法律行为效力的作用。但民事法律行为中所附的条件，必须具备如下要求：

1.条件必须是将来发生的事实。能够作为附条件民事法律行为中的条件的，必须是当事人实施民事法律行为时尚未发生的事实，过去的、已经发生的事实不能作为条件。当事人把已知的已经发生的事实作为条件，如果该条件决定着民事法律行为效力的产生，则视为该民事法律行为未附任何条件。

2.条件必须是不确定的事实。条件在将来是否发生，当事人是不能肯定的。如果在民事法律行为成立时，当事人已经确定作为条件的事实必然发生，则实际上应当解释为当事人在民事法律行为中附期限，而不是在民事法律行为中附条件。

3.条件成就必须可能。如果当事人将不可能发生的事实约定为生效条件，如甲向乙表示“如果地球停止转动，则借钱给你”，则视为当事人根本不希望实施该民事法律行为，人民法院应当认定民事法律行为不发生效力。如果当事人将不可能发生的事实作为民事法律行为失效的条件，法院应当认定未附条件。

4.条件必须是由当事人意定的而不是法定的。附条件民事法律行为中的条件是当事人所附加的条件，也称为“附款”，这是当事人的意思表示的一部分。作为条件的事实必须是当事人自己选定的，是当事人意思表示一致的结果，而不是法律规定的条件（如法律规定，继承的发生以被继承人的死亡为条件）。如果民事法律行为中附有法定条件，则视为未附条件。

5.条件必须合法。附条件民事法律行为中的条件，必须符合法律的规定和公序良俗。以违法或违背公序良俗的事实作为民事法律行为的条件，称为不法条件。原则上说，条件必须合法，附违法条件的民事法律行为一般应当宣告无效。

6.条件不得与民事法律行为的主要内容相矛盾。在附条件民事法律行为中，条件是用以限定当事人预期的法律效果发生或不发生的，属于当事人效果意思的一个组成部分，当事人意思表示的内容不能自相矛盾。如果相互矛盾，应认为行为人的效果意思有矛盾，可以解释为该行为人不欲作出该民事法律行为，不具有真正的效果意思，因而该民事法律行为无效。

（三）民事法律行为所附条件的类型

在民法上，可以对民事法律行为的条件作出如下区分：

1.生效条件和解除条件

根据条件对于民事法律行为本身所起的作用，条件可分为生效条件和解除条件。

生效条件又称为停止条件或延缓条件，它是指限制民事法律行为效力发生的条件。《民法典》第158条规定：“……附生效条件的民事法律行为，自条件成就时生效……”在附停止条件的民事法律行为中，民事法律行为虽然已经成立，但暂时停止发生效力。此时，权利人不能行使权利，义务人也不必履行其义务。只有在生效条件成就以后，权利人才可以请求义务人履行义务，义务人也必须履行义务。

解除条件又称为消灭条件，是限制民事法律行为效力消灭的条件。《民法典》第158条规定：“……附解除条件的民事法律行为，自条件成就时失效。”在附解除条件的民事法律行为中，民事法律行为所确定的权利、义务已经发生了效力，在条件成就以后，民事法律行为所确定的权利义务消灭，回复到以前的法律状态，但在解除条件成就时，民事法律行为也不发生溯及既往的效力；而在条件成就以前，民事法律行为继续有效，如果条件确定不成就，则该民事法律行为一直有效。

2.积极条件和消极条件

根据条件的成就是否会发生某种事实，条件可分为积极条件和消极条件。

积极条件，是指以某种事实的发生为内容的条件。在附积极条件的民事法律行为中，作为条件的事实未发生，视为条件未成就；作为条件的事实已经发生，则视为条件已成就，民事法律行为生效。

消极条件，是指以某种事实的不发生为内容的条件。如甲对乙说：“如果明天不下雨，则卖给你雨伞。”“明天不下雨”即为消极条件。在附消极条件的民事法律行为中，作为条件的事实不发生，视为条件成就，民事法律行为生效；作为条件的事实已发生，则视为条件未成就，民事法律行为不生效。

3.偶成条件、随意条件和混合条件

根据条件成就的原因，条件可分为三类：一是偶成条件，它是指条件的成就与当事人的意思无关，纯粹由偶然性的客观事实决定；二是随意条件，它是指条件的成就由一方当事人的意思决定；三是混合条件，它是指条件的成就与否依赖于当事人与第三人的意思。

（四）民事法律行为所附条件的成就

《民法典》第158条规定："……附生效条件的民事法律行为，自条件成就时生效。附解除条件的民事法律行为，自条件成就时失效。"这里所说的"自条件成就时生效"以及"自条件成就时失效"，是指条件的成就与不成就，决定着民事法律行为的效力发生或消灭。对附生效条件的民事法律行为而言，当事人约定的条件成就后，该民事法律行为即生效。对附解除条件的民事法律行为而言，该条件成就后，该民事法律行为即失去效力。

（五）民事法律行为所附条件对当事人的约束力

附条件的民事法律行为成立以后，就已经在当事人之间产生了法律拘束力。此种附条件的民事法律行为的拘束力表现在：

1.民事法律行为已经产生形式上的拘束力。任何一方当事人都不得单方予以撤回或单方随意变更。例如，对于附条件的合同而言，任何一方当事人都不得单方面地终止合同。此外，在附条件的民事法律行为成立以后，即便当事人已经丧失行为能力、丧失对标的物的处分权等，该附条件民事法律行为的效力也不受影响，仍因条件的成就使民事法律行为的效力发生或消灭。

2.在附条件的民事法律行为成立以后，在条件成就以前，当事人均不得为了自己的利益，以不正当的行为促成或阻止条件的成就，而只能听任作为条件的事实自然发生。《民法典》第159条规定："附条件的民事法律行为，当事人为自己的利益不正当地阻止条件成就的，视为条件已经成就；不正当地促成条件成就的，视为条件不成就。"依据这一规定，此处所说的不正当行为是指行为人违反法律、道德和诚实信用原则，以作为或不作为的方式促成或阻止条件的成就。具体来说，包括如下两种情形：一是当事人恶意阻止条件成就，将视为条件已成就。二是当事人恶意促成条件成就，则视为条件不成就。法律作出此种规定的目的在于制裁不法行为人，保护善意当事人的合法权益。

3.期待权的保护。在条件成就之前，附条件的法律行为处于效力不确定的状态。对期待权的侵害，可表现为如下情况：一是附条件民事法律行为的当事人一方对相对人期待权的侵害。二是第三人对当事人期待权的侵害。期待权属于侵权责任保护的客体，第三人侵害当事人的期待权，如符合侵权行为的构成要件，应负损害赔偿责任。

二、附期限的民事法律行为

（一）附期限的民事法律行为的概念

所谓附期限的民事法律行为，是指当事人在民事法律行为中设定一定的期限，并将期限的到来作为民事法律行为效力发生或消灭根据的民事法律行为。《民法典》第160条规定："民事法律行为可以附期限，但是根据其性质不得附期限的除外。附生效期限的民事法律行为，自期限届至时生效。附终止期限的民事法律行为，自期限届满时失效。"该条对附期限的民事法律行为作出了规定。

（二）期限的法律要件

期限具有如下特点：第一，期限是民事法律行为的一种附款。它与民事法律行为的其他内容一起共同构成了附期限的民事法律行为。期限原则上应当由民事法律行为的当事人自由约定。第二，期限是限制民事法律行为效力的附款。如果民事法律行为约定了生效期限和终止期限，则民事法律行为的效力在时间上受到限制。第三，期限是以将来确定事实的到来为内容的附款。因为期限是必然到来的，所以期限到来时，民事法律行为必然生效或终止。

（三）期限与条件的区别

民事法律行为中所附的期限与民事法律行为中所附的条件一样，都是对民事法律行为效力的特别限制，都能够直接限制民事法律行为效力的发生或消灭。但两者是有区别的，主要表现在：作为条件的事实是否发生是不确定的，而期限的到来却具有必然性。条件的成就与不成就是当事人所不可预知的，条件可能成就，也可能不成就，因此，条件是不确定的事实。而期限的到来是必然发生的，能够为当事人所预知的，所以期限是确定的事实。当事人在实施民事法律行为时，对于确定的事实只需在民事法律行为中附期限，而不必附条件。

（四）生效期限与终止期限

生效期限又称延缓期限或始期，是指决定民事法律行为的效力发生的期限。附生效期限的民事法律行为，在期限到来以前，民事法律行为已经成立，但其效力仍然处于停止状态，待期限到来时，效力才发生。这就是《民法典》第160条所规定的“自期限届至时生效”。例如，合同中规定，“本合同自某年某月某日生效”，该期限即为始期，至该期限到来，当事人才能实际享有权利和承担义务。

终止期限也称解除期限或终期，是指决定民事法律行为的效力终止的期限。附终止期限的民事法律行为，在期限到来以前，民事法律行为一直有效，一旦终止期限到来，则民事法律行为效力归于消灭。《民法典》第160条所称的“自期限届满时失效”就是指终止期限到来时，民事法律行为失效。例如，当事人在合同中约定，“本合同至某年某月某日终止”，该期限即为终止期限。

（五）期限的效力

期限约定的效力在于使民事法律行为的效力在时间上受到限制。所以，附生效期限的民事法律行为，当期限到来时，民事法律行为发生效力；附终止期限的民事法律行为，当期限到来时，民事法律行为丧失效力。在期限到来之前，当事人虽然未实际取得一定的权利或者使一定的权利恢复，但存在取得权利或恢复权利的可能性，因此与附条件的民事法律行为一样，当事人享有期待权，这种权利也应受到法律保护。如果期待权受到侵害，受害人享有请求损害赔偿的权利。

第五节 无效民事法律行为

一、无效民事法律行为的概念

无效民事法律行为，是指虽然已经成立，但因其在内容上违反了法律、行政法规的强制性规定和公序良俗而应当被宣告无效的民事法律行为。例如，无效合同、无效遗嘱等都属于无效的民事法律行为。无效民事法律行为具有如下几个特点：

1.无效民事法律行为具有违法性。所谓违法性，包括两方面的内容：一是违反了法律和行政法规的强制性规定。判断无效的标准，也应当以法律（全国人大及其常委会制定的法律）和行政法规的规定为依据。二是指违反了公序良俗。无效民事法律行为的违法性表明此类行为根本不符合国家利益和社会公共利益，因此不能发生效力。

2.对无效民事法律行为实行国家干预。由于无效民事法律行为具有违法性，因而对此类民事法律行为应实行国家干预。这种干预主要体现在：法院和仲裁机构不待当事人请求确认民事法律行为无效，便可以依据职权主动审查民事法律行为是否具有无效的因素，如发现民事法律行为属于无效民事法律行为，便应主动确认民事法律行为无效。正是从这个意义上说，无效民事法律行为是当然无效的。

3.无效民事法律行为具有不得履行性。所谓无效民事法律行为的不得履行性，是指当事人在实施无效民事法律行为以后，不得依据民事法律行为请求实际履行（如要求履行合同），也不承担不履行的法律责任。即使当事人在实施民事法律行为时不知该民事法律行为的内容违法（如不知民事法律行为标的物为法律禁止流转的标的物），当事人也不得履行该无效的民事法律行为。

4.无效民事法律行为自始无效。由于无效民事法律行为从本质上违反了法律规定，因而国家不承认此类民事法律行为的法律效力。民事法律行为一旦被确认无效，就产生溯及力，使民事法律行为自成立之时起就不具有法律效力，以后也不能转化为有效的民事法律行为。已经履行的，应当通过返还财产、赔偿损失等方式使当事人的财产恢复到无效民事法律行为成立之前的状态。

二、无效民事法律行为的类型

（一）无民事行为能力人实施的民事法律行为

《民法典》第144条规定："无民事行为能力人实施的民事法律行为无效。"依据该条规定，凡是无民事行为能力人实施的民事法律行为均无效，无民事行为能力人包括不满8周岁的未成年人，以及不能辨认自己行为的人。法律作出这种规定，主要是为了保护无民事行为能力人的利益，防止其受到欺诈等，因为无民事行为能力人不能够判断自己行为的性质，理解自己行为的后果，很容易遭受他人的欺骗。当然，即便规定无民事行为能力人实施的民事法律行为无效，也不妨碍无民事行为能力人的民事法律行为可由其法定代理人代为实施。

（二）虚假的民事法律行为

《民法典》第146条第1款规定："行为人与相对人以虚假的意思表示实施的民事法律行为无效。"该条规定了虚假的民事法律行为的无效。所谓虚假的民事法律行为，是指行为人与相对人共同实施了虚假的民事法律行为，也称通谋虚伪表示。例如，为逃避债务而虚假赠与财产、虚构建筑物施工合同中的债权以达到行使法定优先权的目的，等等。之所以在法律上要宣告此类行为无效，一方面，是因为此类行为并非当事人的真实意思表示，违反了诚信原则；另一方面，是因为此类行为可能规避了法律的规定，从而违反了某种法律秩序。例如，限购是政府为维护社会经济秩序而实施的一种调控措施，如果随意被虚假的民事法律行为规避，就会损害社会经济秩序，且此类规避行为如不及时宣告无效，将可能诱发连锁效应，极不利于交易安全和交易秩序的维护。

双方实施的虚假的民事法律行为应当依法被认定为无效。但被隐藏的民事法律行为则应当依据具体情形判断其效力。例如，当事人订立了多份合同，但登记备案的是一份合同，实际履行的是另一份合同，此时就要根据实际履行情况判断当事人的真意。如果当事人为规避法律、行政法规的强制性规定，以虚假的意思表示隐藏真实的意思表示，由于被隐藏的民事法律行为违反了法律、行政法规的强制性规定，此时应依据《民法典》第153条第1款的规定认定该民事法律行为无效；如果当事人实施隐藏行为旨在规避法律、行政法规规定的批准等手续，则应当依据未生效合同的规则认定该行为的效力。

（三）恶意串通行为

恶意串通的民事法律行为是指双方当事人非法串通在一起，实施某种民事法律行为，造成国家、集体或第三人利益损害。《民法典》第154条规定："行为人与相对人恶意串通，损害他人合法权益的民事法律行为无效。"法律上作出此种规定的原因在于，在恶意串通的民事法律行为中，行为人的行为具有明显的不法性。概括而言，此类民事法律行为具有如下特点：

第一，当事人出于恶意。恶意是指当事人明知其所实施的民事法律行为将造成对国家、集体或者第三人的损害而故意为之。所谓"恶意"，即行为人具有加害他人的不良动机，且民事法律行为的当事人主观上都必须具有损害第三人合法权益的故意。双方当事人或一方当事人不知且不应知道其行为的损害后果，不构成恶意。

第二，当事人之间互相串通。所谓互相串通，首先，是指当事人之间存在意思联络或沟通，都希望通过实施某种行为而损害他人的合法权益。共同的目的可以表现为当事人事先达成一致的协议，也可以是一方作出意思表示，而对方或其他当事人明知实施该行为所达到的目的非法，而以默示的方式表示接受。其次，当事人在客观上互相配合或者共同实施了该非法的民事法律行为。例如，为了逃避侵权责任的承担，侵权责任人与其近亲属签订合同，以极低的价格出售其不动产。

第三，损害他人合法权益。此处所说的他人合法权益，包括国家、集体或第三人的合法权益。例如，数个投标人恶意串通、压低投标价格，这种行为构成不正当竞争，严重的甚至构成刑事犯罪；但如果当事人恶意串通以后，并没有订立一份损害他人的合同，这种行为不属于应当宣告民事法律行为无效的恶意串通行为。

恶意串通与虚假的民事法律行为存在区别，表现在：第一，恶意串通是以损害第三人的利益为目的，而通谋虚伪表示往往不是以损害第三人利益为目的。例如，为了规避房屋限购政策而虚假离婚，虽然损害的是一种法律秩序，但不一定损害某个具体的第三人的利益。第二，虚假的民事法律行为的重点在于意思表示的虚假，而不在于串通。而恶意串通的重点在于，双方串通从事损害第三人行为。所以在虚假的民事法律行为中，法律并不要求证明当事人之间有通谋存在，而在恶意串通的情形，第三人必须证明当事人之间有故意串通存在。

（四）违反强制性规范及违背公序良俗的行为

1.违反强制性规范的民事法律行为

《民法典》第153条第1款规定："违反法律、行政法规的强制性规定的民事法律行为无效。但是，该强制性规定不导致该民事法律行为无效的除外。"依据该规定，因违法而无效的民事法律行为，必须具备如下条件：

第一，必须违反了法律或行政法规。如前所述，违法的概念比较宽泛，不仅包括违反法律、行政法规，还包括违反其他规范性法律文件。但是，从民事法律行为的角度来看，违法性的判断应当受到限制，这有利于维护交易安全。对此，《民法典》将其限定为法律和行政法规，具体而言，前者是指全国人大及其常委会制定的法律，后者是指国务院制定的行政法规。只有违反了法律、行政法规的规定，才有可能导致合同的无效。需要指出的是，此处所说的违反主要是内容上违反，如果民事法律行为内容并未违反法律、行政法规的强制性规定，但履行行为违反了法律、行政法规的强制性规定，则并不当然认定该民事法律行为无效。

第二，必须是违反了法律和行政法规的强制性规定。法律规范大体可分为两种，即任意性规范和强行性规范。所谓任意性规范，是指当事人可以通过约定排除适用的规范，也就是说，任意性规范赋予了当事人一定的意思自治，允许当事人在法律规定的范围内自由作出约定，对任意性规范由当事人通过约定加以排除是合法的。如果民事法律行为违反了法律和行政法规的强制性规定，则民事法律行为无效。据此，除法律、行政法规的强制性规定外，规章、地方性法规等规范性文件不能直接作为认定民事法律行为无效的依据。

虽然民事法律行为违反了法律、行政法规的强制性规定，但如果行为人承担行政责任或者刑事责任能够实现强制性规定的立法目的，则不必宣告民事法律行为无效。这就要求在判断民事法律行为的效力时，首先要考量相关条款的立法目的，尤其是考虑该强制性规定所要保护的法益；其次要考量通过承担行政责任或者刑事责任能否实现强制性规定的立法目的。

依据相关司法解释的规定，在认定违反法律强制性规定的民事法律行为的效力时，还应当注意如下几点：一是强制性规定虽然旨在维护社会公共秩序，但是民事法律行为的生效对社会公共秩序造成的影响显著轻微，认定其无效将导致案件处理结果有失公平公正，此时可以认定该民事法律行为不因违反强制性规定而无效。二是强制性规定旨在维护政府的税收、土地出让金等国家利益或者其他民事主体的合法利益，而不是为了维护民事法律行为当事人的民事权益，在这种情形下，如果认定民事法律行为有效有利于维护政府的税收、土地出让金等利益，就不应当认定民事法律行为无效。三是强制性规定旨在要求当事人一方加强风险控制、内部管理等，对方无能力或者无义务审查民事法律行为是否违反强制性规定，认定民事法律行为无效将使其承担不利后果，此时就不应仅因民事法律行为违反此类强制性规定而认定其无效。四是当事人一方虽然在民事法律行为成立时违反强制性规定，在民事法律行为成立后已经具备补正违反强制性规定的条件但当事人违背诚信原则不予补正。在此情形下，也不宜否定民事法律行为的效力，否则可能鼓励当事人实施违背诚信原则的行为。五是法律、司法解释规定的其他情形。例如，依据《民法典》第706条的规定，当事人订立房屋租赁合同后，未依法办理备案登记，该行为也不应影响房屋租赁合同的效力。

2.违反公序良俗的民事法律行为

《民法典》第153条第2款规定："违背公序良俗的民事法律行为无效。"违反公序良俗的民事法律行为包括两类行为：

第一，违背公共秩序的民事法律行为。对公共秩序的维护，在法律上大多有明确的规定，危害公共秩序的行为通常也就是违反法律、行政法规的强制性规定的行为。但有时，法律规定并不可能涵盖无余，因此，《民法典》第153条第2款可以发挥兜底性的作用。只要民事法律行为危害了公共秩序，即使没有现行的法律规定，也应当被宣告无效。此类行为主要包括：一是民事法律行为影响政治安全、经济安全、军事安全等国家安全；二是民事法律行为影响社会稳定、公平竞争秩序或者损害社会公共利益等；三是民事法律行为背离社会公德、家庭伦理或者有损人格尊严等。

第二，违背善良风俗的民事法律行为。善良风俗，也称为社会公共道德，它是指由社会全体成员所普遍认许、遵循的道德准则。违背善良风俗的民事法律行为也属于无效民事法律行为。例如，双方离婚后约定禁止一方当事人生育、断绝亲子关系、禁止任何一方再婚等。再如，在雇佣合同中规定不准雇员外出，或规定离开工作场地需要搜身等，这些规定显然违反了公序良俗。此类行为主要包括：一是违反社会公德。公序良俗通常是指公共道德，但我们对《民法典》第153条第2款中的公序良俗不应当作出过于宽泛的解释，并非所有违背道德的民事法律行为都是无效的，只有违反社会公德较为严重时，才有必要否定其效力。二是违背家庭伦理。家庭伦理是构建和谐稳定家庭秩序的基础，也是社会公共秩序的重要根基。违背家庭伦理主要表现为违反婚姻伦理、违反家庭伦理、妨害婚姻自由以及违反有关收养关系的民事法律行为。三是有损人格尊严。我国《民法典》秉持以人民为中心的理念，在价值理念上不仅确立了保护弱势群体、维护个人人格尊严等人文关怀的理念，而且当人文关怀理念与私法自治价值发生冲突时，优先保护生命健康，优先维护人身自由、人格尊严。

鉴于公序良俗乃是不确定概念，赋予了法官较大的自由裁量权，为了避免该条款被滥用，在认定民事法律行为是否违背公序良俗时，应当考虑如下因素：一是社会主义核心价值观。二是当事人的主观动机和交易目的、政府部门的监管强度、一定期限内当事人从事类似交易的频次、行为的社会后果等。三是当事人是否确因生活需要进行交易，如果民事法律行为并未给社会公共秩序造成重大影响，且不影响国家安全，也不违背善良风俗的，则不应当认定民事法律行为无效。

三、民事法律行为的部分无效

无效的民事行为可以分为全部无效的民事行为和部分无效的民事行为。所谓全部无效，是指整个民事法律行为的内容应当被宣告无效。所谓部分无效，指民事法律行为的部分内容应当被宣告无效。《民法典》第156条规定："民事法律行为部分无效，不影响其他部分效力的，其他部分仍然有效。"依据这一规定，要考虑无效的原因是否及于民事法律行为的全部：如果无效的原因及于全部，则全部无效；如果无效的原因只是及于民事法律行为的部分内容，且不影响其他部分效力，则该部分民事法律行为无效后，其他部分仍然有效。当然，如果部分无效的民事法律行为会影响其他部分效力，则其他部分也归于无效。

一般而言，认定民事法律行为部分无效，必须以该民事法律行为在内容上具有可分性为前提。所谓可分性，是指将无效部分分离出来，并不影响其他部分的民事法律行为的效力。如果无效部分与有效部分有牵连关系，确认部分内容无效将影响有效部分的效力，或者根据行为的目的、交易的习惯以及诚实信用和公平原则，决定剩余的部分有效对于当事人已无意义，也不公平合理，则该行为应被全部确认为无效。

第六节　可撤销的民事法律行为

一、可撤销民事法律行为的概念

所谓可撤销的民事法律行为，是指当事人在实施民事法律行为时，因意思表示不真实，法律允许撤销权人通过行使撤销权而使该已经生效的民事法律行为归于无效。《民法典》第147条至第152条确认了可撤销的民事法律行为。可撤销的民事法律行为具有以下特点：

第一，可撤销的民事法律行为主要是意思表示不真实的民事法律行为。可撤销的对象之所以是意思表示不真实的行为，主要是因为民事法律行为作为实现意思自治的工具，其主要目的是实现当事人的自由意志，从而发生当事人预期的法律效果。如果意思表示有瑕疵，则民事法律行为应当被撤销。

第二，可撤销的民事法律行为须由撤销权人主动行使撤销权。由于可撤销的民事法律行为主要涉及当事人意思表示不真实的问题，而当事人的意思表示是否真实，局外人通常难以判断，即使局外人已得知一方当事人因意思表示不真实而受到损害，如果当事人不主动提出撤销而自愿承担损害的后果，法律也应允许这种行为有效。所以，法律要将是否主张撤销的权利留给撤销权人，由其决定是否撤销民事法律行为。

第三，可撤销的民事法律行为在未被撤销以前仍然是有效的。可撤销的民事法律行为在未被撤销前，既非效力未定，亦非当然无效，可被认为自成立之时起已经生效。这是此类法律行为与无效、效力未定的民事法律行为的区别所在。在可撤销的民事法律行为被撤销前，当事人仍应依民事法律行为规定履行义务，任何一方不得以该民事法律行为属于可撤销民事法律行为为由而拒不履行其义务。

二、可撤销民事法律行为的类型

（一）重大误解

《民法典》第147条规定："基于重大误解实施的民事法律行为，行为人有权请求人民法院或者仲裁机构予以撤销。"所谓重大误解的民事法律行为，是指一方因自己的过错而对民事法律行为的内容等发生误解而实施的某种民事法律行为，或者在作出意思表示时出现了错误。因重大误解实施的民事法律行为的成立需要具备如下条件：

1.表意人对民事法律行为的内容等发生了重大误解，或者出现表达错误

当事人在实施民事法律行为时，可能因多种原因对民事法律行为的内容等发生误解，但从维护交易安全出发，并非所有误解都会导致该民事法律行为被撤销。一方面，必须表意人对民事法律行为的内容发生了误解，或者表意人作出意思表示的行为出现了错误。只有在表意人对民事法律行为的内容等发生重大误解时，才能使该民事法律行为成为可撤销的民事法律行为。另一方面，误解必须是重大的。《总则编解释》第19条第1款规定："行为人对行为的性质、对方当事人或者标的物的品种、质量、规格、价格、数量等产生错误认识，按照通常理解如果不发生该错误认识行为人就不会作出相应意思表示的，人民法院可以认定为民法典第一百四十七条规定的重大误解。"由此可见，构成重大误解，要求该误解在客观上实质性地影响了当事人的权利义务安排，因此，依据上述规定，如果行为人按照通常理解不发生该错误认识行为人就不会作出相应意思表示的，才可以认定为"重大"，此时，行为人在实施民事法律行为时存在重大误解。这实际上是对重大误解的内容进行了限定，有利于维护民事法律行为的效力。例如，当事人对标的物数量的误解如果不会对其利益产生重大影响，则从鼓励交易、维护交易安全出发，不应当认定其构成重大误解。

2.表意人因为误解作出了意思表示

构成因重大误解而实施的民事法律行为，不仅要求表意人内心出现了重大误解，而且要求表意人因为该误解作出了意思表示。一方

面，表意人要将其意思表示表达出来，否则无从评价其是否存在误解。另一方面，表意人作出的意思表示必须是因为误解所造成的，也就是说，表意人的错误认识与其作出意思表示之间具有因果关系。

3.误解是由误解方自己的过错造成的

误解是由误解方自己的过错造成的，而不是因为受他人的欺骗或不正当影响造成的。在通常情况下，误解都是由表意人的过错造成的，即因其不注意、不谨慎造成的。

意思表示的误传也是造成误解的一种原因，例如，表意人向使者授意，表示购买500股股票，但该使者传达成了5000股，此种情形即构成传达错误。依据《总则编解释》第20条规定，“行为人以其意思表示存在第三人转达错误为由请求撤销民事法律行为的，适用本解释第十九条的规定。”因此，对相对人而言，误传是典型的表示错误，在误传的情况下，由于传达人或传达机关在传达过程中的意思表示错误的风险应由表意人承担，此时，应当按照重大误解予以撤销，如此处理更有利于简化当事人之间的法律关系。同时，在传达的情形下，传达人通常只是传达表意人已经作出的意思表示，其一般并不独立作出意思表示，而且传达人可能并不具有完全民事行为能力，其与代理具有本质区别，不具有可类推性，因此，传达错误属于意思表示错误的范畴，在误传的情形下可以撤销民事法律行为。

（二）欺诈

1.欺诈的概念和构成要件

《民法典》第148条规定：“一方以欺诈手段，使对方在违背真实意思的情况下实施的民事法律行为，受欺诈方有权请求人民法院或者仲裁机构予以撤销。”可撤销的因欺诈行为而实施的民事法律行为须具备以下条件：

第一，欺诈方具有欺诈的故意。所谓欺诈的故意，是指欺诈的一方明知自己告知虚假情况或隐瞒真实情况会使被欺诈人陷入错误认识，而希望或放任这种结果的发生。可见，欺诈方实际上是有恶意的。欺诈方告知虚假情况或隐瞒真实情况，无论是否使自己或第三人牟利，均不妨碍恶意的构成。如果欺诈方意识到自己的欺诈行为会使自己或第三人牟利、使对方当事人遭受损害而恶意为之，则可认为欺诈者具有较大的恶意。

第二，欺诈方实施欺诈行为。所谓欺诈行为，是指欺诈方将其欺诈故意表示于外部的行为。《总则编解释》第21条规定：“故意告知虚假情况，或者负有告知义务的人故意隐瞒真实情况，致使当事人基于错误认识作出意思表示的，人民法院可以认定为民法典第一百四十八条、第一百四十九条规定的欺诈。”依据该规定，欺诈包括两类行为：一是积极欺诈，它是指一方故意告知虚假情况，诱使另一方当事人作出错误意思表示。行为人积极实施欺诈行为，要么是捏造根本不存在的事实，要么对客观事实进行更改，或部分伪造。二是消极欺诈，又称不作为欺诈、沉默欺诈，它是指负有告知义务的人故意隐瞒真实情况，即行为人有义务向他方如实告知某种真实的情况而故意不告知。这就是说，行为人如果依照法律规定、诚信原则、交易习惯等负有告知义务而不告知，也构成欺诈。告知义务来自法律规定、诚信原则以及交易习惯等。需要指出的是，在交易过程中，当事人并不需要告知与交易有关的所有情况，但如果某些因素是影响表意人决策的重要因素，则该方当事人应当负有告知义务。

第三，被欺诈的一方因欺诈而陷入错误。一方面，欺诈人告知虚假情况或隐瞒真实情况与民事法律行为的内容有密切关系；如果与该内容并无联系，不能认为欺诈行为与认识错误之间有因果联系。另一方面，受害人基于虚假的信息而对合同内容发生了错误认识，此种错误并不是因为被欺诈人自己的过失造成的，而是受欺诈的结果。如果欺诈人实施欺诈行为以后，受欺诈人未陷入错误或者发生的错误认识并不是欺诈造成的，则不构成欺诈。

第四，被欺诈人因错误而作出了意思表示。被欺诈人在因欺诈发生了错误认识以后，基于错误的认识作出了意思表示并实施了民事法律行为。这就表明欺诈行为与受害人的不真实的意思表示之间具有因果联系。如果被欺诈人虽因欺诈行为陷入错误，但并未作出意思表示，则不能认为构成欺诈。

2.因第三人欺诈而实施的民事法律行为

所谓因第三人欺诈而实施的民事法律行为，是指因第三人实施欺诈行为而使当事人一方在违背真实意思的情况下实施的民事法律行为。例如，生产者从事虚假广告宣传，导致消费者上当受骗，由于合同关系是在消费者和销售者之间订立的，而生产者是第三人，因而，此类情形构成第三人欺诈。《民法典》第149条规定："第三人实施欺诈行为，使一方在违背真实意思的情况下实施的民事法律行为，对方知道或者应当知道该欺诈行为的，受欺诈方有权请求人民法院或者仲裁机构予以撤销。"依据该条规定，对因第三人欺诈而实施的民事法律行为而言，只有对方知道或者应当知道该欺诈行为的，受欺诈方才有权主张撤销该民事法律行为。

（三）胁迫

《民法典》第150条规定："一方或者第三人以胁迫手段，使对方在违背真实意思的情况下实施的民事法律行为，受胁迫方有权请求人民法院或者仲裁机构予以撤销。"胁迫是以将来要发生的损害或以直接施加损害相威胁，使对方产生恐惧并因此而作出行为。依据这一规定，因受胁迫而作出的民事法律行为包括一方或者第三人实施胁迫，受胁迫方因此所实施的民事法律行为，属于可撤销的民事法律行为。所谓第三人胁迫，是指当事人以外的人实施了胁迫行为。

因胁迫而实施的民事法律行为，构成可撤销的民事法律行为应当符合如下条件：

第一，一方或者第三人实施了胁迫行为。胁迫行为包括两种情况：一是以将要发生的损害相威胁。所谓将要发生的损害，是指涉及生命、身体、财产、名誉、自由、健康、信用等方面的损害。二是胁迫者以直接施加损害相威胁。也就是说，胁迫者通过实施某种不法行为，形成对对方当事人及其亲友人身损害和财产损害的威胁，而迫使对方作出民事法律行为。只要受胁迫者在当时情况下相信损害将要发生，就可以构成胁迫。

第二，胁迫人具有胁迫的故意。胁迫都是基于故意而实施的，所谓胁迫的故意，首先，胁迫者意识到自己的行为将造成受胁迫者心理上的恐惧而故意进行威胁。其次，胁迫者希望通过胁迫行为使受胁迫者作出某种意思表示。正是因为胁迫人都是基于故意实施的胁迫行为，而且对表意人的意思自由影响较大，所以，无论是对方当事人实施胁迫行为，还是第三人实施胁迫行为，受胁迫方都有权撤销民事法律行为。

第三，受胁迫方因胁迫而实施了民事法律行为。受胁迫方实施民事法律行为必须与胁迫行为之间具有因果关系。也就是说，表意人因为受到胁迫而产生恐惧心理，并在此种心理状态的支配下实施了民事法律行为。如果行为人的胁迫行为并没有使表意人产生恐惧心理，或者虽然产生了恐惧心理，但并没有因此作出相应的意思表示，则表意人无法依据该规则主张撤销该民事法律行为。

第四，胁迫行为是非法的。胁迫行为给对方施加了一种强制和威胁，此种威胁必须是非法的、没有法律依据的。如果一方有合法的根据对另一方施加某种压力，则不构成胁迫。另外，合同订立以后，一方拒不履行合同，另一方以将要提起诉讼等合法手段向对方施加压力，要求其履行合同，也不构成胁迫。

在第三人实施胁迫行为的情形下，依据《民法典》第150条，并不要求对方当事人必须知情，无论对方当事人是否知情，受胁迫方均有权请求人民法院或者仲裁机构予以撤销。依据最高人民法院《关于适用〈中华人民共和国民法典〉合同编通则若干问题的解释》（以下简称《合同编通则解释》）第5条的规定，在第三人实施胁迫行为的情形下，受到损失的当事人请求第三人承担赔偿责任并不以合同被撤销为条件，但从实践来看，此种责任主要还是合同被撤销之后的责任。同时，依据该条规定，如果当事人亦有违背诚信原则的行为，也应当依据其过错承担责任。此处所说的当事人主要是指合同当事人双方。例如，出卖人与第三人合谋欺诈买受人，出卖人也有过错，也应当承担相应的责任。

（四）显失公平

所谓显失公平的民事法律行为，是指一方在从事某种民事法律行为时因情况紧迫或缺乏经验而作出了明显对自己有重大不利的行为。《民法典》第151条规定："一方利用对方处于危困状态、缺乏判断能力等情形，致使民事法律行为成立时显失公平的，受损害方有权请求人民法院或者仲裁机构予以撤销。"依据该条规定，显失公平的民事法律行为的构成要件应包括客观和主观两个方面：

1.客观要件

客观要件是指当事人的给付与对待给付失衡或造成利益不平衡。依据《民法典》第151条的规定，只有民事法律行为成立时显失公平，表意人才能依据该条主张撤销民事法律行为。具体来说，包括两个方面：一是双方当事人的利益明显失衡。也就是说，交易的结果对双方的利益是明显不平衡的，即一方得到的给付明显多于另一方得到的给付。二是必须是民事法律行为成立时显失公平。也就是说，这种利益的失衡发生于民事法律行为成立时，如果在民事法律行为成立时不构成显失公平，而在履行阶段显失公平，则表意人不得依据《民法典》第151条主张撤销民事法律行为。

2.主观要件

主观要件是指在订立合同时一方具有利用优势地位或利用对方轻率、无经验等情形而与其订立显失公平合同的故意。此种主观状态已表明行为人背离了诚实信用原则的要求。在法律上之所以要求考虑主观要件，其目的在于保障交易的公平和公正，维护商业道德，保护处于弱者地位的消费者的利益。具体来说，主观要件分为如下两种情况：一是利用危困状态。一般是指利用某人因陷入某种暂时性的急迫困境，从而急需金钱或有其他急需的状态。二是利用对方缺乏判断能力。所谓缺乏判断能力，主要是指欠缺一般的生活经验或交易经验。《合同编通则解释》第11条规定："当事人一方是自然人，根据该当事人的年龄、智力、知识、经验并结合交易的复杂程度，能够认定其对合同的性质、合同订立的法律后果或者交易中存在的特定风险缺乏应有的认知能力的，人民法院可以认定该情形构成民法典第一百五十一条规定的'缺乏判断能力'。"例如，金融机构的从业人员向判断能力较弱的老年人高价兜售收益率较低的金融理财产品，即可以认定为利用了老年人缺乏判断能力。除上述情形外，《民法典》第151条使用了"等"字这一表述，表明除了利用对方处于危困状态、缺乏判断能力等情形外，如果存在其他类似影响当事人意思自由的情形，表意人也应当有权主张撤销民事法律行为。

三、可撤销民事法律行为的效果

（一）撤销权的概念

所谓撤销权，是指对可撤销的民事法律行为而言，因意思表示不真实而受损害的一方当事人所享有的请求人民法院或者仲裁机构撤销该民事法律行为的权利。依据我国《民法典》的规定，撤销权的行使具有如下几个特点：

第一，撤销权的主体。撤销权应当由因意思表示不真实而受损害的一方当事人享有，如重大误解中的误解人、显失公平中遭受重大不利的一方。

第二，撤销权是一种专属的权利，不得与民事法律行为相分离而单独转让。也就是说，权利人不能在转让合同时保留撤销权，或者在转让撤销权时保留合同债权。

第三，撤销权的行使必须采取诉讼或仲裁的方式。《民法典》中的多个条款都明确规定，受害人有权请求人民法院和仲裁机构予以撤销。这表明，撤销权的行使应当采取诉讼或仲裁的方式。

第四，撤销权必须在法定期限内行使。因为撤销权是形成权，其应当适用除斥期间。尤其是撤销权的行使会导致民事法律行为被消灭，当事人之间发生恢复原状的后果。如果没有期限限制，可能导致民事法律行为的效力长期处于不确定状态，这就极不利于维护当事人的利益，也不利于保障交易安全。

（二）撤销权的行使期间

撤销权应当在法定期间内行使，该期限

在性质上属于除斥期间，属于法定的不变期间，不存在中止、中断、延长的情形。该期限从知道或应当知道撤销事由（如知道或应当知道受到欺诈）之日起开始计算。依据《民法典》第152条，撤销权的行使期限包括如下几种情形：

第一，当事人自知道或者应当知道撤销事由之日起1年内，重大误解的当事人自知道或者应当知道撤销事由之日起90日内行使撤销权。撤销权的行使期限通常为1年。对于重大误解的当事人而言，应自知道或者应当知道撤销事由之日起90日内行使撤销权。也就是说，因重大误解而撤销法律行为的，撤销权行使期限较短。因为在重大误解的情形下，撤销权人通常都具有过错，不应当使其享有与其他情形下的撤销权人同样的除斥期间。

第二，当事人受胁迫，应自胁迫行为终止之日起1年内行使撤销权。与欺诈、重大误解等行为不同，胁迫行为具有特殊性，胁迫不终止，被胁迫人不可能自由提起撤销诉讼。因此，受胁迫人只能在胁迫终止后的一定期限内行使撤销权。

第三，当事人知道撤销事由后明确表示或者以自己的行为表明放弃撤销权。撤销权属于私权的范畴，按照私法自治原则，权利人可以放弃其权利。如果撤销权人知道撤销事由存在，但放弃了其权利，法律自然不必干涉。这里所说的明确表示，可以采取书面形式、口头形式或其他形式。另外，放弃撤销权，也可以是以默示的方式，即以自己的行为表明放弃撤销权。

此外，《民法典》第152条第2款规定："当事人自民事法律行为发生之日起五年内没有行使撤销权的，撤销权消灭。"法律之所以作出此种规定，主要是因为，当事人知道或者应当知道撤销事由的时间可能较晚，将其作为撤销权行使期间的起算时间，可能使有关的法律关系长期处于不确定状态，从而影响交易秩序和交易安全。因此，本条规定，自民事法律行为发生之日起5年内，当事人没有行使撤销权的，则撤销权消灭。

第七节 效力未定的民事法律行为

一、效力未定民事法律行为的概念

所谓效力未定的民事法律行为，是指法律行为成立之后，是否能发生效力尚不能确定，有待于其他行为或事实使之确定的民事法律行为。效力未定的民事法律行为具有如下特点：

第一，效力未定的民事法律行为已经成立，但其效力因行为人缺乏相应的民事行为能力，或者欠缺代理权或代表权而出现瑕疵。效力未定的民事法律行为本身表明了民事法律行为的成立和生效是有区别的。对一般法律行为来说，只要当事人的合意符合法定的实质要件和形式要件，就当然有效成立。但是对效力未定的民事法律行为而言，民事法律行为成立以后，并不当然发生拘束力。此类民事法律行为虽然已经成立，但因为主体缺乏缔约能力和相应的代理权或者代表权，所以不完全符合民事法律行为的有效条件，其效力是未定的。

第二，效力未定的民事法律行为的效力既非完全无效，也非完全有效，而是处于一种效力不确定的中间状态。其原因在于：一方面，效力未定的民事法律行为即使在被追认之前，对当事人也并非当然无效，只是处于一种不确定的状态，否则就难以与无效的法律行为相区别。另一方面，在被追认之前，此种行为并非完全有效，也不同于可撤销的民事法律行为，因为可撤销的民事法律行为在未被撤销之前是完全有效的。

第三，效力未定的民事法律行为是否已经发生效力尚不能确定，有待于其他行为或事件使之确定。效力未定的民事法律行为本身是一种效力不齐备的民事法律行为，但它并没有违反强行法的规定和公序良俗，因而法律对这种法律行为并不实行国家干预，强行使其无效，而是把选择民事法律行为是否有效的权利赋予当事人和真正权利人，在这一点上，也充分体现了民事法律行为自由和私法自治的精神，并贯彻了鼓励交易的原则。

二、效力未定民事法律行为的类型

（一）限制民事行为能力人实施的行为

限制民事行为能力人从事的依法不能独立实施的民事法律行为，在性质上属于效力未定的民事法律行为。《民法典》第145条第1款规定，限制民事行为能力人“实施的其他民事法律行为经法定代理人同意或者追认后有效”。据此可见，《民法典》将此类行为规定为效力未定的民事法律行为，必须经限制民事行为能力人的法定代理人同意或者追认后才能生效。

（二）欠缺代理权的代理行为

无代理权人因无权代理而实施的民事法律行为，在效力上也属于效力未定的民事法律行为。《民法典》第171条第1款规定：“行为人没有代理权、超越代理权或者代理权终止后，仍然实施代理行为，未经被代理人追认的，对被代理人不发生效力。”因此，无权代理行为也是效力未定的民事法律行为。只有经过被代理人的追认，该民事行为才能对被代理人生效。当然，无权代理行为如构成表见代理，则代理行为有效。

（三）职务代理人超越代理权限且相对人未尽到合理审查义务所成立的民事法律行为

在职务代理人越权代理的情形下，《合同编通则解释》第21条第1款规定，法人、非法人组织的工作人员就超越其职权范围的事项以法人、非法人组织的名义订立合同，相对人主张该合同对法人、非法人组织发生效力并由其承担违约责任的，人民法院不予支持。因此，职务代理人越权实施的民事法律行为对法人、非法人组织原则上不产生效力。但如果该行为构成表见代理，则应当对法人、非法人组织产生效力。在职务代理的情形下，法人或者非法人组织内部对执行一定职务的人员的职权范围限制，不得对抗善意第三人。而在判断善意的过程中，必须要求相对人对职务代理人是否超越其职权范围尽到合理审查义务，如果已经尽到合理审查义务，构成表见代理。如果相对人未尽到合理审查义务，则其不得否认合同的效力，此时，代理人所实施的民事法律行为即属于效力待定的行为，如果被代理人追认，则该民事法律行为有效，如果拒绝追认，则该民事法律行为无效。此外，由于职务代理人实施的越权代理行为可能给法人、非法人组织造成一定的损失，依据《合同编通则解释》第21条第4款的规定，法人和非法人组织承担民事责任后，有权向有故意或者重大过失的职务代理人追偿。

（四）法定代表人越权代表且相对人未尽到合理审查义务所实施的民事法律行为

所谓越权代表，是指法定代表人超越代表权限实施的代表行为。在越权代表的情形下，如果相对人为善意，则依据《民法典》第504条的规定，当事人之间的民事法律行为应当有效，而且应当由法人、非法人组织承担相应的法律效果。相对人善意的判断标准是相对人是否尽到合理审查义务。而在相对人未尽到合理审查义务的情形下，相对人构成恶意，该民事法律行为对被代表的法人不产生效力，相对人也无权对被代表的法人主张承担违约责任。当然，即便构成越权代表且相对人具有恶意，但如果被代表的法人愿意接受民事法律行为的拘束，按照私法自治原则，法律也不必干预，因此，法定代表人越权代表且相对人未尽到合理审查义务时所实施的民事法律行为在性质上属于效力待定的民事法律行为，其效力取决于被代表的法人是否追认该民事法律行为。如果法人追认该民事法律行为，则该民事法律行为对法人发生效力，法人应当承担法定代表人行为的法律效果。如果拒绝追认，则民事法律行为对其不发生效力。

（五）法定代表人、负责人或者代理人与相对人恶意串通行为

法定代表人、负责人或者代理人与相对人恶意串通行为，是指法人、非法人组织的法定代表人、负责人或者代理人在以法人、非法人组织的名义实施民事法律行为时，与相对人恶意

串通，损害法人、非法人组织的权益。法定代表人、负责人或者代理人与相对人恶意串通行为与《民法典》第154条所规定的行为人恶意串通损害他人的民事法律行为不同，《民法典》第154条规定的恶意串通损害的是他人的合法权益，而法定代表人、负责人或者代理人与相对人恶意串通行为损害的是法人、非法人组织的利益。同时，《民法典》第154条规定的恶意串通是法律行为当事人的恶意串通，而法定代表人、负责人或者代理人与相对人恶意串通行为并非法人、非法人组织与相对人的恶意串通，而是法定代表人等与相对人恶意串通。

关于法定代表人、负责人或者代理人与相对人恶意串通行为的效力，《合同编通则解释》第23条第1款规定："法定代表人、负责人或者代理人与相对人恶意串通，以法人、非法人组织的名义订立合同，损害法人、非法人组织的合法权益，法人、非法人组织主张不承担民事责任的，人民法院应予支持。法人、非法人组织请求法定代表人、负责人或者代理人与相对人对因此受到的损失承担连带赔偿责任的，人民法院应予支持。"从该规定来看，其实际上采纳了效力待定说，此种恶意串通行为的效力取决于法人、非法人组织是否追认：如果追认，则该行为有效；如果拒绝追认，则该行为对法人、非法人组织不产生效力。当然，依据《合同编通则解释》第23条第1款的规定，如果恶意串通行为给法人、非法人组织造成了损失，法人、非法人组织有权请求法定代表人、负责人或者代理人与相对人承担连带责任。

三、效力未定民事法律行为的效果

（一）追认权

所谓追认权，是指权利人对无相应缔约能力人、无代理权人与他人实施的有关民事法律行为依法享有的在事后是否予以承认的权利。例如，法定代理人对限制民事行为能力人订立的合同，有权在事后进行追认。《民法典》第145条第1款和第171条第1款规定，效力未定的民事法律行为必须经过追认才能生效。追认是一种单方意思表示，无须相对人的同意即可发生法律效力。追认权归属于真正的权利人，权利人的追认与否决定着效力未定的民事法律行为的效力。在权利人追认以前，效力未定的民事法律行为虽然已经实施，但并没有实际生效，所以，当事人双方都不应作出实际履行。对于其他类型的效力未定的民事法律行为而言，相关的权利人也依法享有追认权。

（二）催告权

所谓催告权，是指相对人对法定代理人等提出催告，要求其作出是否承认相关效力待定行为的权利。《民法典》第145条第2款规定："相对人可以催告法定代理人自收到通知之日起三十日内予以追认。法定代理人未作表示的，视为拒绝追认……"第171条第2款规定："相对人可以催告被代理人自收到通知之日起三十日内予以追认。被代理人未作表示的，视为拒绝追认……"该规定包含如下内容：一是赋予相对人催告权，也就是说，相对人有权催告法定代理人或者被代理人追认。二是明确了追认期限，依据上述规定，在相对人催告法定代理人或者被代理人追认时，法定代理人或者被代理人可以在收到催告通知之日起30日内决定是否追认。三是明确了期限届满的效力。依据上述规定，法定代理人或者被代理人未作表示的，视为拒绝追认。法律作出此种规定是合理的，如果法定代理人或者被代理人未作表示视为同意，则无异于强制法定代理人或者被代理人必须作出不予追认的意思，这显然是不合理的。对其他类型的效力未定的民事法律行为而言，相对人也依法享有催告权。

（三）撤销权

所谓撤销权，是指善意相对人享有的对效力未定的民事法律行为予以撤销的权利。依据《民法典》第145条、第171条，在效力未定的民事法律行为中，与限制民事行为能力人、无权代理人实施民事法律行为的另一方当事人，如果在实施民事法律行为时出于善意，即对对方无相应民事行为能力、代理权的事实处于不知或不应知的状态，那么其在民事法律行为成立以后，依法享有撤销该民事法律行为的权利。如果善意相对人行使撤销权，则可以使该民事法律行为归于无效。法律之所以规定相对人的撤销权，主要是为了保护善意相对人的权利。对其他类型的效力未定的民事法律行为而言，善意相对人也依法享有撤销权。

依据《民法典》第145条、第171条，善意相对人行使撤销权时，撤销应当以通知的方式作出。如果相对人不作出通知，则权利人就不知道相对人是否撤销该效力未定的民事法律行为。相对人撤销权的行使以通知的方式作出，而不需要以诉讼的方式作出，通知可以是书面形式，也可以是口头形式。此外，相对人行使撤销权的时间应在民事法律行为被追认前，如果民事法律行为已经被追认，则属于有效的民事法律行为，相对人不得再主张撤销。

案例分析　能力训练

第八节　未生效的民事法律行为

一、未生效民事法律行为的概念

所谓未生效民事法律行为，是指法律规定了民事法律行为生效应当满足特别的批准要件，在这些要件未被满足时民事法律行为的状态。未生效民事法律行为的典型形态是依据法律、行政法规的规定应当办理批准才能生效，而当事人并未办理批准手续的合同。可见，未生效的民事法律行为是与法律法规明确规定的审批义务联系在一起的。《民法典》第502条第2款规定：“依照法律、行政法规的规定，合同应当办理批准等手续的，依照其规定。未办理批准等手续影响合同生效的，不影响合同中履行报批等义务条款以及相关条款的效力。应当办理申请批准等手续的当事人未履行义务的，对方可以请求其承担违反该义务的责任。”该条对未生效合同的效力作出了规定。对于法律、行政法规规定应当办理批准等手续生效的，如果当事人没有办理批准手续，该民事法律行为虽然已经成立，但并不产生效力，在此情形下，民事法律行为的成立和生效是相互分离的。《合同编通则解释》第12条第3款规定：“合同获得批准前，当事人一方起诉请求对方履行合同约定的主要义务，经释明后拒绝变更诉讼请求的，人民法院应当判决驳回其诉讼请求，但是不影响其另行提起诉讼。”依据该规定，在合同获得批准前，合同虽然已经成立，但整个合同尚未生效，所以一方当事人不得主张对方履行合同主要义务。

对未生效的民事法律行为而言，民事法律行为未生效不影响报批义务条款的效力。《合同编通则解释》第12条第1款规定：“合同依法成立后，负有报批义务的当事人不履行报批义务或者履行报批义务不符合合同的约定或者法律、行政法规的规定，对方请求其继续履行报批义务的，人民法院应予支持……”依据该规定，报批义务条款具有独立性，当事人违反报批义务条款，应当承担违约责任。

二、违反未生效民事法律行为的责任

违反未生效民事法律行为，应当区分为违反整个未生效民事法律行为与违反报批义务条款两种情形，二者存在一定的区别。《民法典》第502条第2款规定，应当办理申请批准等手续的当事人未履行义务的，对方可以请求其承担违反该义务的责任。该条对当事人违反报批义务的责任作出了规定，但对该责任的性质究竟是缔约过失还是违约责任，并未作明确规定。《合同编通则解释》第12条对此作出了规定。

1.判决一方履行报批义务前的责任

《合同编通则解释》第12条第1款规定：“合同依法成立后，负有报批义务的当事人不履行报批义务或者履行报批义务不符合合同的约定或者法律、行政法规的规定，对方请求其继续履行报批义务的，人民法院应予支持；对方主张解除合同并请求其承担违反报批义务的赔偿责任的，人民法院应予支持。”对方当事人有权依法

主张违约责任，此种责任主要包括如下两种：其一是继续履行责任，即当事人可以请求负有报批义务的一方继续履行报批义务。其二是赔偿责任，负有报批义务的一方拒绝报批的，则可能产生赔偿对方所遭受的损失的责任，但由于合同未生效，此种责任性质上仍然是缔约过失责任。此外，如果负有报批义务的当事人不履行报批义务或者履行报批义务不符合约定或者法律、行政法规的规定，则对方当事人有权解除合同并请求赔偿损失。

2.判决一方履行报批义务后的责任

《合同编通则解释》第12条第2款规定："人民法院判决当事人一方履行报批义务后，其仍不履行，对方主张解除合同并参照违反合同的违约责任请求其承担赔偿责任的，人民法院应予支持。"此处的解除是一种法定解除权，只要符合该条规定的条件，当事人即可主张解除合同。此处的赔偿责任在性质上应当是违约责任。

3.不予批准应当承担迟延报批的责任

虽然当事人履行了报批义务，但由于不符合批准的条件等原因，导致合同未获批准的，将导致合同确定不生效。依据《合同编通则解释》第12条第4款的规定，负有报批义务的当事人已经办理申请批准等手续或者已经履行生效判决确定的报批义务，如果批准机关决定不予批准，则合同未生效并非可归责于该当事人的原因，负有报批义务的当事人不具有过错，因此，不应当承担损害赔偿责任。如果负有报批义务的当事人不办理或者迟延办理申请批准等手续导致合同未获批准，则合同未生效属于可归责于当事人的原因，负有报批义务的当事人对合同未获得批准具有过错的，其应当承担赔偿责任。

第九节 民事法律行为被确认无效、被撤销或确定不发生效力的后果

一、民事法律行为被确认无效、被撤销或者确定不发生效力的后果概述

依据《民法典》第155条，无效的或者被撤销的民事法律行为自始没有法律约束力。因此，民事法律行为被确认无效和被撤销以后，将溯及既往，自民事法律行为成立之日起就是无效的，而不是从确认无效之时起无效。尤其是对无效民事法律行为来说，因其在内容上具有不法性，当事人即使在事后追认，也不能使这些民事法律行为生效。一旦民事法律行为被确认无效和被撤销，其对当事人不再具有任何约束力，当事人也不得基于原民事法律行为而主张任何权利或享有任何利益。

民事法律行为被确认无效后，虽不能产生当事人所预期的法律效果，但并不是不产生任何法律后果。《民法典》第157条规定："民事法律行为无效、被撤销或者确定不发生效力后，行为人因该行为取得的财产，应当予以返还；不能返还或者没有必要返还的，应当折价补偿。有过错的一方应当赔偿对方由此所受到的损失；各方都有过错的，应当各自承担相应的责任。法律另有规定的，依照其规定。"

二、民事法律行为被确认无效、被撤销或者确定不发生效力的具体法律后果

（一）返还财产

返还财产，是指民事法律行为当事人在民事法律行为被确认无效或被撤销以后，对已交付给对方的财产享有返还请求权，而已经接受财产的当事人则有返还财产的义务。返还财产旨在使财产关系恢复到民事法律行为订立前的状况。所以，无论接受财产的一方是否具有过错，都应当负有返还财产的义务。根据《合同编通则解释》第24条第1款的规定，返还财产既包括标的物占有的返还，也包括不动产登记簿册的更正等。这就是说，对动产而言，返还财产

指的是返还该动产的占有，而对不动产而言，返还财产除返还该不动产的占有外，还应当包括更正不动产登记簿，从而使当事人的利益状态恢复到订约前的状态。

相互返还财产实际上在当事人之间成立了债的关系，双方互负债务，各自的给付构成对待给付。一方面，因为双方形成了对待给付的义务，应当适用同时履行原则。《合同编通则解释》第25条第2款规定，双方互负返还义务，当事人主张同时履行的，人民法院应予支持。据此，在双方互负返还义务的情形下，一方未履行自己的返还义务而要求对方履行时，另一方有权提出抗辩。另一方面，如果符合法定抵销的规则，可以依法予以抵销。对此，《合同编通则解释》第25条第2款同时规定，占有标的物的一方对标的物存在使用或者依法可以使用的情形，对方请求将其应支付的资金占用费与应收取的标的物使用费相互抵销的，人民法院应予支持，但是法律另有规定的除外。

（二）折价补偿

所谓折价补偿，是指民事法律行为被宣告无效后，一方当事人基于民事法律行为而取得的对方的财产如果不能返还或者没有必要返还时，可以按照该财产的价值进行折算，以金钱的方式对对方当事人进行补偿的责任形式。《民法典》第157条规定，“不能返还或者没有必要返还的，应当折价补偿”，这就确定了折价补偿的条件。依据该条规定，折价补偿主要适用于以下两种情形：一是财产不能返还。在财产不能返还时，可以按照该财产的价值进行折算，采取金钱补偿的方式使财产关系恢复原状。二是没有必要返还。所谓没有必要返还，是指返还财产在经济上不具有合理性。例如，返还标的物所需费用过高。

在民事法律行为被确认无效、被撤销或者确定不发生效力后，一方占有对方资金的情形下，除了返还资金外，还应当支付相应的资金占用费。对此，《合同编通则解释》第25条第1款规定：“合同不成立、无效、被撤销或者确定不发生效力，有权请求返还价款或者报酬的当事人一方请求对方支付资金占用费的，人民法院应当在当事人请求的范围内按照中国人民银行授权全国银行间同业拆借中心公布的一年期贷款市场报价利率（LPR）计算。但是，占用资金的当事人对于合同不成立、无效、被撤销或者确定不发生效力没有过错的，应当以中国人民银行公布的同期同类存款基准利率计算。”该条确认了当事人的资金占用费请求权，并根据当事人对合同不成立、无效、被撤销或者确定不发生效力是否有过错，分别确定了相应的资金占用费计算标准。

（三）赔偿损失

民事法律行为被确认无效或被撤销以后，也会产生损害赔偿的责任。依据《合同编通则解释》第24条第2款，合同不成立、无效、被撤销或者确定不发生效力，当事人还请求赔偿损失的，要综合考量如下因素：一是财产增值收益和贬值损失。当事人一方要主张损害赔偿，必须证明损害的实际存在。因合同被确认无效或被撤销所造成的损失主要是当事人在实施合同过程中所遭受的损失。二是交易成本的支出，即当事人在缔约过程中所支出的相关成本。三是双方当事人的过错程度及原因力大小。四是诚信原则和公平原则。这就是说，赔偿损失的结果应当符合诚信原则和公平原则。

三、民事法律行为被确认无效、被撤销或者确定不发生效力情形下的第三人责任

关于民事法律行为被确认无效、被撤销等情形下的第三人责任，《民法典》第157条并未作出明确规定，《合同编通则解释》第5条规定：“第三人实施欺诈、胁迫行为，使当事人在违背真实意思的情况下订立合同，受到损失的当事人请求第三人承担赔偿责任的，人民法院依法予以支持；当事人亦有违背诚信原则的行为的，人民法院应当根据各自的过错确定相应的责任。但是，法律、司法解释对当事人与第三人的民事责任另有规定的，依照其规定。”

此外，依据上述规定，如果法律、司法解释对当事人与第三人的民事责任另有规定的，则依照其规定。该规则特别适用于会计师、审计师等专业机构造成他人损害的责任，此种责任

在性质上主要是侵权损害赔偿责任，而不是合同无效、被撤销等情形下的责任，因此应当适用特别规定。

四、民事法律行为被确认无效、被撤销或者确定不发生效力不影响争议解决条款的效力

所谓解决争议方法的条款，是指合同中约定的一旦发生纠纷，应当通过何种方式来解决的条款。《民法典》第507条规定："合同不生效、无效、被撤销或者终止的，不影响合同中有关解决争议方法的条款的效力。"这就确立了合同中有关解决争议方法的条款的独立性规则。这些条款主要包括两种情形：一是合同中解决争议方法的条款，如仲裁条款等。二是合同的结算、清理条款。

解决争议方法的条款效力之所以具有独立性，主要是因为，一方面，尊重当事人的私法自治。因为当事人约定了有关解决争议方法的条款，就意味着当事人希望通过适用该条款来解决其发生的争议，应当尊重当事人的私法自治。另一方面，充分发挥解决争议方法的条款作为救济手段和解决纠纷的程序的作用。解决争议方法的条款的独立性规则可以防止当事人拖延纠纷解决，使纠纷得到及时、高效的解决。

【本章主要法律规定】

1.《民法典》第一编总则第六章

2. 最高人民法院《关于适用〈中华人民共和国民法典〉总则编若干问题的解释》第18～24条

3. 最高人民法院《关于适用〈中华人民共和国民法典〉合同编通则若干问题的解释》

第五章
代　　理

本章主要内容提示

1.代理的法律要件：须有三方当事人，代理标的须为民事法律行为，须依代理权进行，须为本人计算。

2.代理可分为直接代理与间接代理，意定代理与法定代理，一般代理与特别代理，本代理与复代理，单独代理与共同代理。

3.滥用代理权包括四种情形：双方代理、自己代理、利己代理和恶意代理。

4.无权代理包括狭义无权代理和表见代理：狭义无权代理中本人有追认权和拒绝权，相对人有催告权和撤销权；表见代理发生有权代理的法律效果，相对人有撤销权。

本章的难点在于区分三组概念：直接代理与间接代理、本代理与复代理、狭义无权代理与表见代理。间接代理中委托人享有自动介入权和被动介入权。在本人授权、本人事后追认或者情况紧急三种情形下，复代理对本人发生效力。狭义无权代理行为人如确实为本人利益计算，且符合无因管理法律要件时，可成立无因管理之债；表见代理发生有权代理法律效果的前提是本人有作为或者不作为实施某种表示，使善意相对人信赖行为人有代理权。

第一节　代理的概念和类型

一、代理的概念

代理是代理人于代理权限内，以本人（被代理人）名义向第三人（相对人）为意思表示或受领意思表示，而该意思表示直接对本人生效的民事法律行为。《民法典》第162条规定，代理人在代理权限内，以被代理人名义实施的民事法律行为，对被代理人发生效力。

代理涉及三方当事人：一是在设定、变更或者终止民事权利义务关系时需要得到别人帮助的人，即被代理人或称本人；二是能够给予被代理人帮助，代替其实施意思表示或者受领意思表示的人，即代理人；三是代理关系之第三人，也称相对人。《民法典》第161条规定，民事主体可以通过代理人实施民事法律行为；同时，根据法律规定、当事人约定或者因民事法律行为的性质，必须由本人亲自实施的民事法律行为，不得通过代理实施。此外，在法律有规定需要有特别代理资格的代理事务，非取得代理之特别能力的，亦不得为代理。如证券买卖代理，非有证券业务资格的商事特别法人，不得从事该商事代理业务。

代理有狭义、广义之分。狭义代理仅指代理人以本人的名义进行的代理，即直接代理，也称显名代理；广义的代理，还包括间接代理，即代理人以自己名义实施民事法律行为，而后将该行为效果间接归于本人的代理，也称隐名代理。我国《民法典》在总则编代理一章中规定的是直接代理，但另在合同编第二十三章“委托合同”中规定了间接委托，间接承认了隐名代理。本章中若非特别指明，主要阐述直接代理。

二、代理的特征

因间接代理与直接代理，在当事人地位、权利义务内容以至于法律效果上迥然不同。这里概括的代理特征，主要按《民法典》对直接代理的规定加以说明。

（一）代理人是以被代理人的名义在代理权限范围内进行民事活动

代理的这一特点把它与行纪活动区别开来。行纪活动是指行纪人受委托人的委托，由委托人负担费用和给付一定报酬，为了实现委托人的利益而以行纪人的名义，去进行一种或多种民事法律行为。代理人是以本人的名义活动，而且不似行纪，代理可以是无偿的。

代理人与法人代表地位也不同。法人代表在代表法人时，自己的人格被法人吸收，法人代表的行为就是法人的行为；代理人在代理时，仍是以自己的意思独立实施行为，只是该行为的法律效果归属于本人。两者相似之处在于行为人均不承担行为的效果。就此一点，不难看出，法人代表制度源自代理制度。

（二）代理人实施的行为必须是有法律效果的行为

代理人所进行的代理活动，能够在被代理人和第三人之间设立、变更或终止某种民事法律关系。如果不产生法律后果，虽然在形式上是受人委托进行某项活动，但不是民法上规定的代理。如请他人代拟合同文本、询价等，只委托事务，这些事务属于事实行为，不是民事法律行为，因而不产生代理关系。

（三）代理人进行代理活动时独立地进行意思表示

代理的这一特征把代理与传达人、居间人的活动区别开来。传达与代理均是辅助行为，但两者的法律关系迥然不同：传达人仅是向第三人转告本人已作出的意思表示。易言之，本人只是借传达人的“嘴”作媒介而已，若有传达错误由传达人负过失赔偿责任；而代理人是自己为意思表示，即本人是借代理人的“脑袋”为自己服务，代理人行为就是本人的行为。简言之，传达是代理本人的“嘴”，代理还包括“借脑”。居间人只是在当事人之间进行介绍，促使双方当事人缔约或交易，双方成立民事法律行为中并无居间人自己的意思；而代理人则是以自己的意思表示在授权范围内为本人设定权利义务。

（四）代理行为所产生的法律效果直接由被代理人承担

代理是被代理人经由代理人进行的民事法律行为，是为了设定本人自己的民事权利并负担民事义务。所以，代理人与第三人进行的一切民事法律行为所产生的民事权利义务，直接归属于被代理人，即由被代理人与第三人发生法律关系。即使是由于代理人的过失而造成的不利后果，被代理人也必须承受下来，这是稳定代理关系所必需的。如果代理人所进行的民事法律行为是无效的，请求人民法院撤销的权利也属于被代理人。

三、代理的法律要件

代理是民事法律行为的代理，当然要符合民事法律行为的一般要件。但代理由于制度的特殊性，除民事法律行为的一般要件外，还有其成立的特别要件。

（一）须有三方当事人

代理关系的特点就是有三方当事人，如只有双方当事人而无第三人，则不能成立代理。三方当事人之间的关系，前已述及，不再赘述。

（二）代理的标的须为民事法律行为

代理的标的须为民事法律行为，《民法典》第161条第1款规定，民事主体可以通过代理人实施民事法律行为；第162条也规定，代理人在代理权限内，以被代理人名义实施民事法律行为，对被代理人发生效力。民事法律行为以外的变动或者救济民事权利的行为，也可准用代理。如代理申请专利商标、代理办理登记、代理诉讼等。民事法律行为中的身份行为，因其有专属性，不得代理，如结婚、离婚、收养等身份行为，不得代理；否则，应当认定该代理行为无效。对于代理违法事务的，《民法典》第167条规定：代理人知道或者应当知道代理事项违法仍然实施代理行为，或者被代理人知道或者应当知道代理人的代理行为违法未作反对表示的，被代理人和代理人应当承担连带责任。

（三）须依代理权

代理权是代理人以被代理人的名义进行意思表示或者接受意思表示并使其效果直接归属于被代理人的一种权限。代理的效果归属于本人，关键就是要有代理权。代理权的取得因法定代理与委托代理而不同，但代理权是所有代理关系的核心要件。

（四）须为本人计算

代理制度的价值，就是以被代理人利益为取向。因此，代理人对于代理事务要亲自履行，予以与自己事务同一的注意义务，凡以侵害被代理人利益为目的的行为，都不能构成代理。利己代理、自己代理、双方代理、与第三人恶意串通等损害被代理人利益的，都为法律所禁止。

四、代理的类型

（一）直接代理与间接代理

这是以本人名义为标准划分的代理类型。根据合同法规定的直接委托与间接委托，相应产生直接代理与间接代理。前述内容主要是直接代理，这里着重介绍间接代理。

1.间接代理的概念。这是指受托人以自己的名义处理委托事务，其效果间接或直接归属于委托人的代理。所谓间接，是受托人以自己的名义承受处理事务的效果后，再转给委托人；所谓直接，是在特定情形下，因委托人主张权利或被披露，委托事务之效果直接对其发生。

2.间接代理的效果。

（1）自动介入权。这是指在第三人与受托人缔约时知道受托人是为委托人处理事务的，该合同亦对委托人有约束力。委托人可以介入委托事务，直接对第三人行使受托人的权利，包括请求权、抗辩权等，同时负担受托人对第三人应负的义务。

（2）被动介入权。这是指在受托人因委托人的原因不能履行对第三人的义务，向第三人披露委托人，第三人因行使选择权选定委托人为义务人时，委托人成为债务人。委托人既负受托人应履行的债务，同时也得对第三人行使受托人对第三人的抗辩权和自己对受托人的抗辩权。

（二）意定代理与法定代理

这是以代理权产生的原因划分的。意定代理之代理权基于本人的意思表示发生，如委托代理、职务代理等；法定代理之代理权由法律规定产生。

1.意定代理

（1）委托代理。委托代理是代理人根据被代理人授权而进行的代理，即委托代理的代理权产生自本人的授权行为。民事法律行为的委托代理，可以用书面形式，也可用口头形式。根据《民法典》第165条的规定，委托代理授权采用书面形式的，授权委托书应当载明代理人的姓名或者名称，代理事项、权限和期限，并由被代理人签名或者盖章。

依照被代理人授权范围不同，委托代理又可分为：①一次性委托代理，即被代理人委托代理人办理一次性民事法律行为，该民事法律行为完成，代理即告终止。②持续性委托代理，即被代理人在较长的时间内委托代理人持续性办理同种类或者不同种类的民事法律行为。③总委托代理，即被代理人在一定时间内，委托代理人办理对某种事务或某种标的物的各种代理活动。

（2）职务代理。职务代理是因劳动合同、聘用合同或雇佣合同之法律关系，受雇人就其职权范围内的事项，以法人或者非法人组织的名义实施民事法律行为，对法人或者非法人组织发生效力的代理。

委托代理和职务代理等意定代理的基础关

系可以各不相同，但共同特点是代理权皆产生于授权行为。因此，即使某种原因致使委托合同等基础关系不能成立或失去效力，也不影响代理人的代理权。这既是为了充分发挥代理制度的作用，又有利于维护正常的社会经济秩序和善意第三人的利益。《民法典》第170条第2款规定，法人或者非法人组织对执行其工作任务的人员职权范围的限制，不得对抗善意相对人。

2.法定代理

法定代理，是指以法律的直接规定为根据而产生的代理。法定代理主要是为民事法律行为能力欠缺者设计的，法律根据自然人之间的亲属关系，如父母子女、夫妻等，直接规定的代理权。如果有法定监护资格的人之间对担任监护人有争议，则需要由指定机关指定法定代理人，故指定代理在本质上还是法定代理。法定代理人原则上应代理被代理人的有关财产方面的一切民事法律行为和其他允许代理的行为，在性质上属于全权代理。

（三）一般代理与特别代理

这是按代理权限的范围划分的。在委托代理中，对代理权限无特别限制的代理，称为一般代理；对代理权限有特别限制的代理，称为特别代理。

（四）本代理与复代理

这是按由谁选任代理人来区分的。由本人选任代理人的代理，称为本代理；由代理人基于复任权选任代理人的代理，称为复代理，又称为再代理或转委托代理。

前述内容主要介绍本代理，这里着重介绍复代理。

1.复代理之要件

（1）有本代理存在。复代理以本代理为基础，故复代理权不得大于本代理权，大于部分成为无权代理。

（2）有复任权。代理具有信赖关系，若无本人授权或事后的追认，代理人选任之复代理人的行为对本人不生效力。《民法典》第169条第2款、第3款规定：转委托代理经被代理人同意或者追认的，被代理人可以就代理事务直接指示转委托的第三人，代理人仅就第三人的选任以及对第三人的指示承担责任。转委托代理未经被代理人同意或者追认的，代理人应当对转委托的第三人的行为承担责任。即复代理经本人授权或追认的，复代理人即成为本人之代理人，复代理人的代理行为效果直接归属于本人；未获本人授权或追认的，复代理人实际成为代理人的"代理人"，复代理人的行为效果由代理人承受。

（3）无复代理权之例外。复代理须经本人同意或追认，但有例外，《民法典》第169条第3款但书规定，在紧急情况下代理人为了维护被代理人的利益需要转委托第三人代理的除外。即为了维护本人利益的紧急情况，作为例外。《总则编解释》第26条规定，由于急病、通讯联络中断、疫情防控等特殊原因，委托代理人自己不能办理代理事项，又不能与被代理人及时取得联系，如不及时转托第三人代理，会给被代理人的利益造成损失或者扩大损失的，即属于法律规定例外的"紧急情况"。

2.复代理之效力

复代理人与代理人之区别只在于代理人选任，其身份仍是本人的代理人，而不是代理人的代理人，复代理人的代理行为效果仍然直接归于本人。委托代理人因转托不明，给第三人造成损失的，第三人可以直接要求被代理人赔偿损失；被代理人承担民事责任后，可以要求委托代理人赔偿损失，转托代理人有过错的，应当负连带责任。

（五）单独代理与共同代理

按代理人是一人还是数人，代理区分为单独代理和共同代理。

1.单独代理。单独代理是代理权属于一人的代理。单独代理的特征是代理权属于一人，但被代理人是一人还是数人，在所不问。无论委托代理还是法定代理，都可产生单独代理。

2.共同代理。共同代理是代理权属于两人以上的代理。《民法典》第166条规定，数个代理人代理同一事项的，除当事人特别约定，数个代理人应当共同行使代理权。共同代理人如果共同实施代理，可以按约定各自行使代理权，各自对本人负责，也可以约定依多数决原则行使代理权，形成共同代理关系。代理人之间未形成共同关系的，如果其中一人或者数人未与其他委托代理人协商，所实施的行为侵害被代理人权益的，由实施该行为的代理人承担民事责任。

第二节　代理权

一、代理权的概念

代理权是能够据之进行代理并使行为的效力直接归属于被代理人的权限。代理权并不属于民事权利，而是一种权限、资格或法律地位。在代理关系中，代理权最为重要，不仅代理人的地位取决于它，而且代理人代理民事法律行为的范围，也取决于代理权。

二、代理权的发生

（一）法定代理权的取得

法定代理权因具备法律规定的法律事实而取得。这种事实既可以是民法规定的亲属或其他具备资格的自然人、社会组织，也可以是在有该资格的人发生争议时，由有指定权的机关选定，或由法院判决指定。

（二）委托代理权的取得

委托代理权的取得根据是被代理人的授权行为。授权行为相当重要。重大事务的授权，以用书面形式为妥。用书面形式授权即签署授权委托书，授权委托书应当记载代理人的姓名或者名称、代理事项、代理权限及期限。

授权行为与基础关系的区别：（1）性质不同。授权行为是单方民事法律行为，基础关系如委托、雇佣等均是契约，属双方民事法律行为。（2）效果不同。授权行为发生代理权，代理人行使代理权得与第三人为民事法律行为并由本人承受该行为效果，契约基础关系只对缔约的当事人有效，受托人与他人之行为并不当然对本人生效。（3）授权行为是独立的民事法律行为，并不以基础关系为必要，学理上称为无因行为。

三、代理权的授予

（一）授予代理权的范围

在法定代理中，代理权的内容与范围应以法律规定为准；在委托代理中，代理权的内容与范围应以授权行为的意思表示确定。代理权的授予与代理权的范围有关联，也就是代理权的范围通常以代理权之授予行为作为判断标准。（1）授权范围仅及于特定法律行为的，属于特别代理，代理人只能就该特别事项为代理。（2）授权范围仅及于某类事项，属于类别代理，代理人可就授权的这一类事务行使代理权。（3）代理人在授权范围内，有权代理一切法律行为的，属于概括代理，也称全权代理。（4）若代理人有数人，各代理人之代理事项不交叉的，除有特别约定外，各代理人为独立代理；事项有交叉的，为共同代理，除有特别约定外，各代理人应共同行使代理权。

（二）授予代理权的方式

根据意思自治原则，代理权以何种方式授予，由当事人自行确定，可以用书面形式，也可以用口头形式。法律规定用书面形式的，应当用书面形式。代理权的授予方式必须足以将代理权授予行为的意思向第三人表示清楚，法律特别规定以书面方式时，授权方式必须以授权书的形式为之，授权委托书应当载明代理人的姓名或者名称，代理事项、权限和期限，并由被代理人签名或者盖章。

四、代理权的滥用

（一）概念

代理权制度的价值在于“为本人计算”，因此代理人行使代理权当以为本人利益计算作为衡量；若非为被代理人计算，而是为自己计算或为他人计算，则为代理权滥用，法律予以限制。滥用代理权与无权代理、越权代理不同：（1）滥用代理权是有权代理，代理人的代理行为仍在代理权范围内。越权行为构成无权代理，不适用滥用代理权。(2)滥用代理权导致本人的损害,即滥用代理权的结果是本人受害,而代理人或第三人受益。如果本人受损害非滥用代理权所致,则也不能适用滥用代理权。无权代理重在代理权,而非代理效果,因为无权代理行为的效果,有可能是对本人有利的,也有可能是对本人不利的,但纵使对本人有利,本人也有权拒绝接受该效果。

(二)滥用代理权的类型

1.双方代理。双方代理指代理人既代理本人又代理第三人为同一民事法律行为的代理。广义的双方代理包括自己代理,这里采狭义的双方代理的概念。双方代理之代理有双方,可以肯定是双方民事法律行为,也就是“一仆二主”。在双方代理的同一民事法律行为中,代理人既要为本人代理,又要为第三人代理,代理的结果很可能会损害其中之一方被代理人的利益,甚至双方都认为被损害了。《民法典》第168条第2款规定,代理人不得以被代理人的名义与自己同时代理的其他人实施民事法律行为,但是被代理的双方同意或者追认的除外。

2.自己代理。这是指代理本人与自己订立合同,也称“自己契约”。自己代理被禁止,其法理在于,代理本以为本人计算为宗旨,自己代理因相对人是代理人自己,就难以再为本人计算。《民法典》第168条第1款规定,代理人不得以被代理人的名义与自己实施民事法律行为,但是被代理人同意或者追认的除外。除了本人同意或追认外,也给予交易习惯必要的弹性。如证券公开交易为格式化买卖,证券公司自己代理时,因证券价格是由交易所竞价系统确定的,合同意思由格式条款充任,所以可以有效。

3.利己代理。这是代理人利用地位之便,实施利于自己却不利于被代理人的代理。利己代理为法律所禁止。《民法典》第35条第1款规定,监护人除为维护被监护人的利益外,不得处分被监护人的财产。此即禁止法定代理人利己行为的规定。

4.恶意代理。这是代理人与相对人恶意串通,损害被代理人利益之代理。代理本应为被代理人计算,代理人不履行代理职责,与相对人合谋损害被代理人利益的,也为法律所禁止。《民法典》第164条第2款规定,代理人和相对人恶意串通,损害被代理人合法权益的,代理人和相对人应当承担连带责任。

五、代理权的终止

因法定代理和委托代理发生的原因不同,其代理权终止的原因也有差别。法定代理中被代理人死亡的,代理权当然终止,其财产及未了事务可以由继承人概括承受;委托代理就没有这样的便利,为保护继承人或第三人信赖利益,《民法典》视情分三类作了规定。

(一)委托代理权终止的原因

《民法典》第173条规定了委托代理终止的原因。

1.代理事务完成,代理已无存在的必要。

2.授权行为附有终期的,期限届满,代理权终止。

3.代理权撤回。代理权撤回是本人直接终止代理权的意思表示。《民法典》谓之“被代理人取消委托”。授权行为如是向第三人表示的,撤回之意思表示也得告知第三人,或以公示方式(如将意思表示发表)进行。

4.代理人辞去代理。辞去代理是代理人放弃代理权的意思表示。《民法典》谓之“代理人辞去委托”。辞去代理属于单方民事法律行为,于意思表示通知本人时生效,至于辞去代理是否构成对原因行为的违反,在所不问。如律师辞去代理导致违反与本人的委托合同,辞去行为仍有效,本人可追究代理人的违约责任。

5.自然人担任代理人的,代理人丧失民事行为能力;作为自然人的代理人或者被代理人死亡。

6.作为代理人或者被代理人的法人、非法人组织终止。

《民法典》第174条规定,被代理人死亡后,有下列情形之一的,委托代理人实施的代理行为有效:(1)代理人不知道并且不应当知道被代理人死亡;(2)被代理人的继承人予以承认;(3)授权中明确代理权在代理事务完成时终止;(4)被代理人死亡前已经实施,为了被代理人的继承人的利益继续代理。作为被代理人的法人、非法人组织终止的，参照适用前述规定。

（二）法定代理权终止的原因

《民法典》第175条规定，有下列情形之一的，法定代理终止：（1）被代理人取得或者恢复完全民事行为能力；（2）代理人丧失民事行为能力；（3）代理人或者被代理人死亡；（4）法律规定的其他情形。

第三节 无权代理

一、无权代理的概念

无权代理是非基于代理权而以本人名义实施的旨在将效果归属于本人的代理。委托代理以本人授予代理权为要件，无权代理与有权代理的区别就是是否有代理权，无权代理之行为人因欠缺代理权，其行为本不应对本人生效，但如获得本人追认，就视同有权代理。《民法典》第171条规定，行为人没有代理权、超越代理权或者代理权终止后，仍然实施代理行为，未经被代理人追认的，对被代理人不发生效力。相对人可以催告被代理人自收到通知之日起30日内予以追认。被代理人未作表示的，视为拒绝追认。行为人实施的行为未被追认的，善意相对人有权请求行为人履行债务或者就其受到的损害请求行为人赔偿，但是赔偿的范围不得超过被代理人追认时相对人所能获得的利益。

二、狭义的无权代理

对于无权代理有效与否，法律不仅要考虑本人的利益，还要考虑善意相对人的利益。所以，法律对无权代理区别对待：对于表见代理，趋向于保护相对人，定为有效代理；对表见代理以外的狭义无权代理，赋予本人追认权，故狭义无权代理属于效力未定之行为。所谓狭义无权代理，是指行为人不仅没有代理权，也没有使第三人信其有代理权的表征，而以本人的名义所为之代理。

（一）狭义无权代理的类型

狭义无权代理，是不属于表见代理的未授权之代理、越权代理、代理权终止后的代理的情形。《民法典》第171条第1款规定了三类未获本人追认并对本人不发生效力的无权代理，即行为人没有代理权、超越代理权或者代理权终止后仍然实施代理行为的无权代理。

1.未授权之无权代理，指既没有经委托授权，又没有法律上的根据，也没有人民法院或者主管机关的指定，而以他人名义实施民事法律行为之代理。

2.越权之无权代理，指代理人超越代理权限范围而进行的代理。

3.代理权消灭后之无权代理，指代理人因代理期限届满、约定的代理事务完成或者被解除代理权后，仍以被代理人的名义进行的代理。

（二）狭义无权代理的效果

无权代理，并不一定就是无效代理，经追认即可有效，在追认之前，效力处于不确定状态。法律赋予本人追认权与拒绝权，对应地赋予相对人催告权和撤销权，目的是使无权代理的效力由不确定到确定，使当事人之间的法律关系不再处于不稳定状态。

1.本人有追认权和拒绝权。追认也称承认，是本人接受无权代理之行为效果的单方意思表示；拒绝追认，是指不接受无权代理行为之效果的单方意思表示。《民法典》第171条第2款规定了本人的追认权和拒绝权。无权代理经追认，溯及行为开始对本人生效，行为人之代理因追认成为有权代理，代理效果由本人承担；本人拒绝追认的，无权代理效果由行为人自己承受。追认权与拒绝权只需本人一方意思表示即生效，故属于形成权。对于追认权的期限，《民法典》第171条第2款规定，相对人可以催告被代理人自收到通知起30日内予以追认。被代理人未作表示的，视为拒绝追认。亦即追认权的除斥期间为自催告成立起30日，须以明示方式表示，拒绝追认则可以默示方式表示。

2.相对人有催告权和撤销权。催告是相对人请求本人于确定的期限内作出追认或拒绝的意思表示；撤销是善意相对人在本人追认前，撤销其法律行为效力的意思表示。催告权和撤销权只需相对人一方意思表示即生效，故属于形成权。无权代理的效力从未定到确定，《民法典》在规定本人的追认权的同时，也规定了相对人的权利。若本人既不追认也不否认，相对人若信其默认，本人又拒绝了，对相对人颇为不利。催告一经成立，追认权之除斥期间便开始，本人须在该期限内承认或拒绝，本人未作明示表示的，除斥期间届满追认权消灭；反之，明示承认或者拒绝的，除斥期间也消灭。撤销须以通知的方式作出，撤销权旨在保护善意相对人利益，故须是善意相对人才得享有，若相对人是恶意的，就有"串通"之嫌，适用前述滥用代理权的规定。

3.在本人与无权代理人之间：行为人之无权代理行为如确是"为本人利益计算"，且符合无因管理法律要件，在本人与行为人之间可构成无因管理之债；反之，如造成本人损害，在本人与行为人之间发生损害赔偿之债。

4.在无权代理人与相对人之间：无权代理效果确定，效果由行为人承担。《民法典》第171条第3款规定，行为人实施的行为未被追认的，善意相对人有权请求行为人履行债务或者就其受到的损害请求行为人赔偿，但是赔偿的范围不得超过被代理人追认时相对人所能获得的利益。对于相对人也有过错的，《民法典》第171条第4款规定，相对人知道或者应当知道行为人无权代理的，相对人和行为人按照各自的过错承担责任。

5.无权代理虽未获追认，但相对人有理由相信行为人有代理权的，代理行为有效。此即成立表见代理，在性质上属于有权代理，这是下面要论述的。

三、表见代理

(一)表见代理的概念

表见代理，是指虽无代理权但表面上有足以使人相信有代理权而须由本人负授权之责的代理。这是一种无代理之"里"，却有代理之"表"的不真正代理。表见代理的代理权有欠缺，本属于无权代理，因本人行为造成表面上使他人相信有代理权存在，善意相对人的信赖利益涉及交易安全，较本人利益更应保护，所以，表见代理发生有权代理之效果，即由本人而非行为人承受代理行为的效果。如甲公司长期委任乙为总代理与丙公司交易，后甲公司撤销了对乙的授权，却未通知丙公司，乙此后再以甲公司的名义与丙公司订立合同，此即为表见代理。按《民法典》第172条的规定，表见代理可分为未予授权之表见代理、超越权限之表见代理和代理权终止之表见代理。

(二)表见代理的法律要件

1.无权代理人并没有获得被代理人的授权

表见代理属于广义的无权代理，因此只能在代理人无代理权而从事代理行为的情形下发生。需要指出的是，因授权不明而实施的代理行为并非无权代理，而是有权代理行为，此种行为不构成表见代理，而应当由被代理人向相对人承担责任。

2.第三人有合理的理由相信，即存在代理权的外观

依据我国《民法典》第172条的规定，构成权利外观必须要"相对人有理由相信行为人有代理权"，根据《总则编解释》第28条第1款规定，同时符合如下条件的，人民法院可以认定为《民法典》第172条规定的相对人有理由相信行为人有代理权：

(1)存在代理权的外观。权利外观是指被代理人的授权行为已经在外部形成了一种表象，即能够使相对人有合理的理由相信无权代理人已经获得了授权。权利外观的形成要符合三个条件：一是相对人而不是其他人相信无权代理人有代理权。二是相对人必须有合理的理由相信无权代理人具有代理权。三是确定一种权利的外观是否存在，不能仅仅从被代理人事后否认的表示来确定，关键要从相对人是否相信或者应当相信的角度来考虑。如果相对人已经而且应当相信无权代理人具有代理权，就可

能构成权利外观。

具体判断是否构成权利外观可以从如下几个方面加以考量：一是特定的场所。这就是说，无权代理行为在被代理人的场所实施，就可能使相对人相信无权代理人已经获得了被代理人的授权。二是无权代理人与被代理人的关系。因为特殊关系的存在会使相对人相信，无权代理人会获得被代理人的特别授权，或当然具有代理人的身份。三是无权代理人的行为是否与其职责相关。例如，如果无权代理人是被代理人的高级管理人员，其对外以被代理人的名义从事了与其职责相关的民事活动，就可能使相对人有理由相信其具有代理权。四是被代理人对无权代理行为的发生所起的作用。五是无权代理人在与相对人缔约时宣称其有代理权的根据。一般来说，如果无权代理人持有单位的印章、介绍信、空白合同书等证明材料和文件时，都可能使相对人有理由相信其具有代理权。

（2）相对人不知道行为人行为时没有代理权且无过失。这就是说，相对人主观上应当是善意的。所谓主观上的善意，是指相对人不知道或不应当知道无权代理人实际上没有代理权。所谓不知道，是指相对人根本不知道无权代理人未获得代理权；所谓不应当知道，是指在当时的情形之下，由于权利外观的形成使相对人根本不可能怀疑其未获得授权。如果相对人与无权代理人或者被代理人先前有过接触，了解到他们的实际情况，知道无权代理人不可能获得授权，或者根据一个合理的、谨慎的人在当时的情形下，应当知道不应信赖无权代理人有代理权，则不构成善意。

相对人不仅应当对行为人没有代理权不知情，而且对该不知情必须是无过失的。所谓无过失，是指相对人不知道行为人没有代理权并非因疏忽大意或懈怠造成的。如果相对人明知行为人无代理权，或者应当知道行为人无代理权，却因过失而不知，则其对无权代理行为亦负有责任。

（三）表见代理的效果

1.发生有权代理的效果。即因行为人之行为，在本人与相对人之间发生权利义务关系，本人不得行使无权代理之撤销权和其他抗辩权，对行为人表见代理的效果按有权代理承受。

2.相对人有撤销权。表见代理旨在保护相对人利益，相对人对于表见代理应享有选择权，既可以按狭义无权代理，享有撤销权；亦可按表见代理，接受与本人的民事法律行为，与本人之间发生权利义务关系。

（四）表见代理争议中的举证责任

相对人主张无权代理符合表见代理的要件时，必须举证证明。根据《总则编解释》第28条第2款的规定，因是否构成表见代理发生争议的，相对人应当就无权代理存在代理权的外观承担举证责任；被代理人应当就相对人不符合“相对人不知道行为人行为时没有代理权，且无过失”承担举证责任。在符合表见代理的情况下，相对人若使该代理行为对被代理人有拘束力，也必须提出表见代理的主张，并举证证明符合表见代理的构成要件。如果相对人没有提出确认表见代理的请求，则表见代理不能自动发生效果。关于举证责任的分配：应当由相对人就存在代理权外观承担举证责任，相对人举证责任完成后，被代理人如果主张即使存在代理权外观但相对人知道或应当知道无权代理人没有获得授权，此时被代理人要对此承担举证责任。

【本章主要法律规定】

1.《民法典》第一编总则第七章

2.最高人民法院《关于适用〈中华人民共和国民法典〉总则编若干问题的解释》第25～29条

第六章
诉讼时效与期间

本章主要内容提示

1.诉讼时效仅适用于请求权。

2.诉讼时效期间可分为普通诉讼时效期间和特殊诉讼时效期间。

第一节　诉讼时效

一、诉讼时效的概念和特征

(一) 时效与诉讼时效

时效，是指一定的事实状态持续地达到一定期间而发生一定财产法效果的法律事实。时效是一种期限，但与一般期限由当事人约定不同，时效是法定的。时效的制度价值，是对权利的限制，即用经过的时间来固定现实中的权利义务状况，否定真正权利人利用诉讼来推翻现状回复到过去。时效依其适用的权利和法律效果区分，可分为取得时效和消灭时效。取得时效也称占有时效，是适用于物权的时效，我国现行法律没有规定。诉讼时效，也称消灭时效，是债权人怠于行使权利持续到法定期间，其公力救济权不受法律保护之时效。我国《民法典》等民事法律规范规定的时效，就属于诉讼时效。

(二) 诉讼时效的特征

1.诉讼时效属于法律事实。就时效对民事法律关系的效果而言，时效能阻止权利的行使，应属法律效果。时效的期间经过不受当事人意志的控制，就此而言，时效属于事件。

2.诉讼时效属于强制期间。诉讼时效期间由法律强行规定，当事人不得约定延长或者缩短诉讼时效期间，也不能预先放弃诉讼时效利益。所以时效期间属强制期间。

3.诉讼时效的效果是期间与事实的结合。诉讼时效期间须与一定的事实状态结合才发生一定的效果，亦即无一定事实状态与之结合，则无时效效果的存在。故时效之法律效果的发生须与一定事实状态并存而构成法律要件。就此而言，时效又属法律要件。

4.诉讼时效仅适用于请求权。法律基于不同的价值取向，对不同类型的权利规定了不同法定期间，如适用于支配型权利的取得时效，适用于形成权的除斥期间，适用于知识产权的失效期间等，而适用于债权请求权的就是诉讼时效。债权请求权须义务人为给付才能实现，如请求权人长时间不行使权利，会使财产法律关系处于不稳定状态，诉讼时效就有督促请求权人及时行使权利的功能。

(三) 诉讼时效与除斥期间

除斥期间亦称预定期间，是指法律预定某种权利于存续期间届满当然消灭的期间。法律对除斥期间的规定是分散的，不似对诉讼时效有一个概括性的规定。如《民法典》对撤销权、变更权、追认权行使期间的规定，都属于除斥期间。

除斥期间与诉讼时效虽均系因一定期间经过不行使权利而发生权利行使障碍甚至消灭的效果，但对两者进行比较，能显现其差异并揭示除斥期间的特征。

1.价值定位不同。除斥期间的规范功能旨在维持原事实状态，除斥期间届满原事实状态之法律关系状态得到维持；而诉讼时效的规范功能则是为了维护新事实状态，诉讼时效期间届满，原法律关系被新法律关系替代。

2.客体不同。除斥期间的客体是形成权；而诉讼时效的客体是债权请求权。

3.效果不同。除斥期间届满，消灭的是实体权利，即形成权因除斥期间届满而消灭；诉讼时效期间届满，相对人即享有拒绝履行义务抗辩权，即请求权因诉讼时效届满而丧失公力救济权，而实体权利并不消灭。

4.弹性不同。除斥期间是不变期间，期间经过不能中断、中止、延长；而诉讼时效是可变期间，期间可因中止、中断或延长而得以延展。

二、诉讼时效的适用范围

从《民法典》排除适用时效的请求权来看，适用诉讼时效的主要是债权请求权。非债权请求权，原则上不得适用诉讼时效。《民法典》第196条用“负面清单”方式规定了不适用诉讼时效的请求权：(1)停止侵害、排除妨碍、消除危险之请求权；(2)不动产物权和登记的动产物权的权利人之返还财产请求权；(3)支付抚养费、赡养费或者扶养费之请求权；(4)依法不适用诉讼时效的其他请求权。

对于债权请求权，有法律特别规定不得适用诉讼时效的，亦不得适用。如最高人民法院《关于审理民事案件适用诉讼时效制度若干问题的规定》第1条规定的支付存款本金及利息请求权，兑付国债、金融债券和向不特定对象发行的企业债券本息请求权，以及基于投资关系产生的缴付出资请求权等，即属于《民法典》第196条第4项规定的依法不适用诉讼时效的其他请求权。

三、诉讼时效的法律要件和法律效果

（一）诉讼时效的法律要件

1.须有请求权的存在。诉讼时效是督促请求权人行使权利的，时效发生的首要条件须是有请求权的存在。从《民法典》第196条的规定来看，诉讼时效并非适用于一切请求权，而是主要适用于债权请求权。

2.有怠于行使权利的事实。怠于行使权利，是过错不行使权利的状态。如果权利人不知其权利受到损害，或虽知晓其权利存在或受损却不知义务人为谁，即权利人无过错时，普通时效期间不开始起算。

3.怠于行使权利状态持续存在达到法定期间。怠于行使权利处于持续状态，中间如有行使权利或义务人认诺等，时效就中断；持续状态达到法定期间，是要求不行使权利持续到法律所规定的时间，此期间即时效期间。

（二）诉讼时效的法律效果

1.发生时效抗辩权。《民法典》第192条第1款规定，诉讼时效期间届满的，义务人可以提出不履行义务的抗辩。诉讼时效期间届满，债务人享有对抗请求权的时效抗辩权，以阻止请求权效力，即诉讼时效期间届满时，权利人请求权被阻却，但实体权利并不消灭。其本质就是丧失公力救济权，而非诉权。诉权属于程序法上的权利，当事人是否享有诉权应依程序法的规定判断，即使诉讼时效届满，但当事人符合程序法上行使诉权要件的，人民法院仍得受理。因为诉讼时效是否已经届满及有无中止、中断、延长等事由，只有通过审判才能查明，只有法院才有公力决断权。

当事人未提出诉讼时效抗辩的，《民法典》第193条规定，法院不得主动适用诉讼时效的规定。即法院不应主动释明或提示适用诉讼时效，甚至主动适用诉讼时效的规定进行裁判。根据最高人民法院《关于审理民事案件适用诉讼时效制度若干问题的规定》第3条的规定，当事人在一审期间未提出诉讼时效抗辩，在二审期间提出的，法院不予支持，但其基于新的证据能够证明对方当事人的请求权已过诉讼时效期间的情形除外。当事人未按照前款规定提出诉讼时效抗辩，以诉讼时效期间届满为由申请再审或者提出再审抗辩的，法院不予支持。

2.实体权利不消灭。《民法典》第192条第2款规定，诉讼时效期间届满后，义务人同意履行的，不得以诉讼时效期间届满为由抗辩；义务人已自愿履行的，不得请求返还。由此可见，诉讼时效期间届满，实体权利并不消灭。

四、诉讼时效期间

（一）普通诉讼时效期间

普通诉讼时效是指由《民法典》规定的，适用于一般民事法律关系的诉讼时效期间，与特殊时效期间相对应，也称一般诉讼时效期间。《民法典》第188条第1款规定，向人民法院请求保护民事权利的诉讼时效期间为3年，法律另有规定的，依照其规定。《民法典》或其他特别法没有特殊时效期间规定的，均适用3年的普通诉讼时效期间。

（二）特殊诉讼时效期间

特殊诉讼时效期间是指由法律对特定的民事法律关系规定的不适用3年普通期间的诉讼时效。特殊诉讼时效期间，既有《民法典》规定的，也有民法特别法规定的。与普通诉讼时效期间相比较，有两点不同：（1）时效期间不同，这是最大的特点。有的时效期间比较长，如《民法典》第594条规定国际货物买卖合同和技术进出口合同时效期间为4年；也有短于3年的规定，如《海商法》第257条规定，就海上货物运输向承运人要求赔偿的请求权，时效期间为1年，在时效期间内或者时效期届满后，被认定为负有责任的人向第三人提起追偿请求的，时效期间为90日。（2）时效期间起算不同。例如，《海商法》第258条第1项规定，有关旅客人身伤害的请求权，自旅客离船或者应当离船之日起计算。

（三）最长诉讼时效期间

《民法典》第188条第2款规定，从权利被侵害之日起超过20年的，人民法院不予保护；有特殊情况的，人民法院可以根据权利人的申请决定延长诉讼时效期间。从《民法典》对最长诉讼时效期间的规定来看，其与普通诉讼时效期间有如下区别：（1）最长诉讼时效期间与普通诉讼时效期间不同，前者是20年，后者是3年，即使法律规定的特殊诉讼时效期间，也没有超过最长时效20年的。（2）最长诉讼时效期间起算时间，从权利受到损害之日起计算；而普通诉讼时效期间，则是从知道或者应当知道权利受到损害以及义务人之日起计算。（3）最长诉讼时效期间可适用延长，但不适用时效的中止、中断；而普通诉讼时效期间则相反，能适用时效中止、中断，但不能适用时效延长。

（四）仲裁时效之特别规定

《民法典》第198条规定，法律对仲裁时效有规定的，依照其规定；没有规定的，适用诉讼时效的规定。即仲裁原则上适用诉讼时效的规定，只有法律对仲裁作出特别的仲裁时效规定的，才适用仲裁时效。

五、诉讼时效期间的起算

（一）普通起算规则

《民法典》第188条第2款规定，诉讼时效期间自权利人知道或者应当知道权利受到损害以及义务人之日起计算。法律另有规定的，依照其规定。即诉讼时效期间的起算，没有法律特别规定的，一律从权利人知道或者应当知道权利被侵害及义务人为谁之日开始计算。即普通诉讼时效的起算需要满足两个条件：一是知道或应当知道权利受损害；二是知道或应当知道其权利的义务人为谁。对于如何界定权利人已经知道或者应当知道其权利被侵害或者义务人为谁，既有法律的规定，亦有司法实务中多有采用的确认方法。

1.约定有清偿期的债权，自期限届满时起算。如《民法典》第189条规定，当事人约定同一债务分期履行的，诉讼时效期间自最后一期履行期限届满之日起计算。

2.未约定履行期限的合同，依照《民法典》第510条、第511条的规定，经补充协议或交易习惯可以确定履行期限的，时效期间从可以确定的履行期限届满之日起计算。依《民法典》第510条、第511条仍不能确定履行期限的，时效期间从债权人要求债务人履行义务的宽限期届满之日起计算，但债务人在债权人第一次向其主张权利之时明确表示不履行义务的，按最高人民法院《关于审理民事案件适用诉讼时效制度若干问题的规定》第4条的解释，诉讼时效期间从债务人明确表示不履行义务之日起计算。

3.附生效条件的请求权，自条件成就之时起算，因为条件成就前，其权利尚属不可行使的期待权。

4.损害赔偿请求权，应视请求权发生的事实性质而定：（1）对于因债务不履行发生的债权之损害赔偿请求权的诉讼时效期间，应自债务不履行时起算。（2）对于因人身受伤害而发生的损害赔偿请求权，伤害明显的，从受伤害之日起算；伤害当时未曾发现，后经检查确诊并能证明是由侵害引起的，从伤势确诊之日起算。（3）对于其他的因侵权行为而发生的损害赔偿请求权，其时效期间应自权利人已知或应知其权利受损害及侵害人为谁时起计算。

5.返还不当得利请求权的诉讼时效期间，从当事人一方知道或者应当知道不当得利事实及对方当事人之日起计算。

6.管理人因无因管理行为产生的给付必要管理费用、赔偿损失请求权的诉讼时效期间，从无因管理行为结束并且管理人知道或者应当知道本人之日起计算。本人因不当无因管理行为产生的赔偿损失请求权的诉讼时效期间，从其知道或者应当知道管理人及损害事实之日起计算。

（二）特殊起算规则

《民法典》基于对无民事行为能力和限制民事行为能力的特殊保护，规定了两款诉讼时效期间的特殊起算方法。法律通过规定时效的特殊起算时间，间接延长了诉讼时效期间。

1.《民法典》第190条规定：“无民事行为能力人或者限制民事行为能力人对其法定代理人的请求权的诉讼时效期间，自该法定代理终止之日起计算。”这里的请求权，既包括人身损害赔偿请求权，也应包括财产返还请求权等各类可以适用诉讼时效的请求权。法条中的“法定代理人”，是指作为请求权之义务人的特定法定代理人，不是泛指所有法定代理人。

法定代理人也即无民事行为能力人或者限制民事行为能力人的监护人，在监护期间被监护人即使知道人身或财产被法定代理人侵害，其提起诉讼也须由该法定代理人代理，或者有多个法定代理人时受到该法定代理人的干涉。如果诉讼时效按知道或者应当知道权利受到损害之日起计算的普通起算规则计算，到该法定代理终止时，很可能时效已届满，权利就此落空。所以，自该义务人的法定代理终止之日起计算时效，有利于对无民事行为能力人或者限制民事行为能力人的保护。

在义务人之法定代理人之代理终止后，无民事行为能力人或者限制民事行为能力人或许已取得完全民事行为能力，或许还处于民事行为能力欠缺状态，设定了新监护人。不管哪种情形，其请求权之时效即开始计算。

2.《民法典》第191条规定：“未成年人遭受性侵害的损害赔偿请求权的诉讼时效期间，自受害人年满十八周岁之日起计算。”该条规定的特殊起算规则，有如下特点：一是受害人须是未成年人，男性、女性皆适用，但成年人则不能适用，包括成年无民事行为能力人和限制民事行为能力人。二是受性侵害之赔偿请求权，即非性侵害之赔偿请求权不能适用该起算时间，其他身体伤害的赔偿请求权及其他债权请求权都不能适用。三是赔偿义务人的范围不特定，可以是监护人，也可以是其他非监护人，可以说是对未成年人的“网状”保护。四是诉讼时效起算是自受害人年满18周岁之日，即使成人后仍是无民事行为能力和限制民事行为能力人，也不能适用该特殊保护。

（三）从权利被侵害之时起算

《民法典》第188条第2款规定，从权利被侵害之日起超过20年的，人民法院不予保护。这是适用于最长容忍期间的起算，从权利被侵害之时起开始，完全把期间客观化，不考虑当事人的主观状态。

六、诉讼时效的中止、中断和延长

（一）诉讼时效中止

1.诉讼时效中止，是指在诉讼时效期间的最后6个月内，因法定事由而使权利人不能行使请求权的，诉讼时效期间的计算暂时停止。《民法典》第194条规定，诉讼时效期间最后6个月内发生致使不能行使请求权的障碍，其诉讼时效中止；之后中止时效的原因消除的，从消除之日起满6个月，诉讼时效期间届满。诉讼时效中止的功能，是把导致权利人不能行使权利的法定障碍经过的期间，排除于时效期间之外，使诉讼时效期间所含的事实状态要素，真正能限定于权利人主观不行使权利的情形，以提高时效期间的"含金量"。

2.发生诉讼时效中止的法定事由：（1）不可抗力，指的是不能预见、不能避免并不能克服的客观情况，包括自然灾害和非出于权利人意思的"人祸"，如瘟疫、暴乱等。（2）无民事行为能力人或者限制民事行为能力人没有法定代理人，或者法定代理人死亡、丧失民事行为能力、丧失代理权。（3）继承开始后未确定继承人或者遗产管理人。（4）权利人被义务人或者其他人控制。（5）其他导致权利人不能行使请求权的障碍。

3.中止时效的发生期间：中止时效的法定事由必须在诉讼时效期间的最后6个月内发生，或法定事由虽发生于6个月前但持续至最后6个月内的，才能发生中止时效的法律效果。若该原因在6个月之前发生并消除，则不发生时效中止效果。

4.诉讼时效中止的法律效果：（1）法定事由发生前已经过的时效期间仍为有效，法定事由经过的期间为时效中止期间，不生时效期间的效力，法定事由消除后，时效期间继续进行。（2）法定事由发生在最后6个月内，法定事由消除后，剩下时效期间不足6个月，根据《民法典》第194条第2款的规定，自中止时效的原因消除之日起满6个月，诉讼时效期间届满。即中止原因消除后，无论剩余时效期间多少，一概补足到6个月。

5.诉讼时效中止适用的时效期间类型：除法律有特别规定外，诉讼时效中止适用于最长诉讼时效期间以外的诉讼时效期间类型。

（二）诉讼时效中断

1.诉讼时效中断，是指因有与权利人怠于行使权利相反的事实，使已经过的时效期间失去效力，而须重新起算时效期间的制度。《民法典》第195条规定，诉讼时效因提起诉讼或申请仲裁、当事人一方提出请求或者同意履行义务而中断。从中断时起，已进行的时效期间统归无效，诉讼时效期间重新计算。诉讼时效中断以权利人消极不行使权利为前提条件，若此状态消失，诉讼时效即因欠缺要件，时效期间重新起算。

2.发生诉讼时效中断的事由。

（1）权利人向义务人提出履行之请求，指的是权利人于诉讼外向义务人请求其履行义务的意思表示。权利人提出请求，使不行使权利的状态消除，诉讼时效也由此中断。

当事人请求的方式，应认为口头或书面及公告等能产生请求效果的各种方式：①当事人一方直接向对方当事人送交主张权利文书，对方当事人在文书上签字、盖章或者虽未签字、盖章但能够以其他方式证明该文书到达对方当事人的。对方当事人为法人或者其他组织的，签收人可以是其法定代表人、主要负责人、负责收发信件的部门或者被授权主体。对方当事人为自然人的，签收人可以是自然人本人、同住的具有完全民事行为能力的亲属或者被授权主体。②当事人一方以发送信件或者数据电文方式主张权利，信件或者数据电文到达或者应当到达对方当事人的。③当事人一方为金融机构，依照法律规定或者当事人约定从对方当事人账户中扣收欠款本息的。④当事人一方下落不明，对方当事人在国家级或者下落不明的当事人一方住所地的省级有影响的媒体上刊登具有主张权利内容的公告的，但法律和司法解释另有特别规定的，适用其规定。

权利人对同一债权中的部分债权主张权利，诉讼时效中断的效力及于剩余债权，但权利人明确表示放弃剩余债权的情形除外。对于连带债权人中的一人发生诉讼时效中断的事由，应当认定对其他连带债权人也发生诉讼时效中断的效力。

（2）义务人同意履行义务，是指义务人向权利人表示同意履行义务的意思。义务人的同意，亦即对权利人之权利的承认，故与权利人请求义务人履行义务发生相同之中断时效的效果。同意的方式，法律未有限制，口头或书面、明示或默示，均无不可，而且也不问义务人的同意是否有中断时效的目的。同意之表示人原则上应为义务人本人，义务人的代理人于授权范围内而为同意的，亦发生同意的效果，但保证人等同意履行义务的意思，对主债务人不生同意之效果。同意之相对人，原则上亦为权利人或权利人之代理人，对第三人为同意，不生同意的效果。

关于义务人的同意，需注意以下情形：①义务人作出分期履行、部分履行、提供担保、请求延期履行、制订清偿债务计划等承诺或者行为的，应当认定为当事人一方同意履行义务。②对于连带债权人中的一人发生诉讼时效中断的事由，应当认定对其他连带债权人也发生诉讼时效中断的效力。对于连带债务人中的一人发生诉讼时效中断的事由，应当认定对其他连带债务人也发生诉讼时效中断的效力。③债权人提起代位权诉讼的，应当认定对债权人的债权和债务人的债权均发生诉讼时效中断的效力。④债权转让的，应当认定诉讼时效从债权转让通知到达债务人之日起中断。债务承担情形下，构成原债务人对债务承认的，应当认定诉讼时效从债务承担意思表示到达债权人之日起中断。

（3）提起诉讼或申请仲裁，是指权利人提起民事诉讼或申请仲裁，请求法院或仲裁庭保护其权利的行为。诉请裁判之举，是权利人行使权利的最为强烈的表示，故诉讼之日便是时效中断之时。当事人一方向人民法院或者仲裁机关提交书面起诉状或者口头起诉和仲裁申请的，诉讼时效从提交起诉状、口头起诉或申请仲裁之日起中断。但是，权利人于起诉后又撤诉的，其起诉是否发生诉讼时效中断的效果呢？法律没有明确规定，通说认为，起诉已表明权利人行使权利的事实，即使撤诉也仅是放弃公力救济，其内含请求之意思并未因撤诉而撤销，故应视为与请求相同的发生中断时效的效果。

（4）与提起诉讼或者申请仲裁具有同等效力的其他情形。在出现下列事项之一时，应当认定与提起诉讼具有同等诉讼时效中断的效力：①申请支付令；②申请破产、申报破产债权；③为主张权利而申请宣告义务人失踪或死亡；④申请诉前财产保全、诉前临时禁令等诉前措施；⑤申请强制执行；⑥申请追加当事人或者被通知参加诉讼；⑦在诉讼中主张抵销，以及其他与提起诉讼具有同等诉讼时效中断效力的事项。

在出现下列情形时，也发生诉讼时效的中断：①权利人向人民调解委员会以及其他依法有权解决相关民事纠纷的国家机关、事业单位、社会团体等社会组织提出保护相应民事权利的请求，诉讼时效从提出请求之日起中断。②权利人向公安机关、人民检察院、人民法院报案或者控告，请求保护其民事权利的，诉讼时效从其报案或者控告之日起中断；若该机关决定不立案、撤销案件、不起诉，诉讼时效期间从权利人知道或者应当知道不立案、撤销案件或者不起诉之日起重新计算；刑事案件进入审理阶段，诉讼时效期间从刑事裁判文书生效之日起重新计算。

3.诉讼时效中断的法律效果：诉讼时效中断的事由发生后，已经过的时效期间归于无效，中断事由存续期间时效不进行，中断事由终止时重新计算时效期间。在新的诉讼时效期间内，再次出现上述中断事由的，可以认定为诉讼时效再次中断。但如何确认中断事由的终止，因事由的性质而有所不同：(1)因请求或同意中断时效的，书面通知的应以到达相对人时为事由终止；口头通知的应以相对人了解时为事由终止。在时效期间重新起算后，权利人再次请求或义务人再次同意履行义务的，诉讼时效可再次中断。(2)因提起诉讼或仲裁中断时效的，应于诉讼终结或法院作出裁判时为事由终止；权利人申请执行程序的，应以执行程序完毕之时为事由终止。(3)因调解中断时效的，调处失败的，以失败之时为事由终止；调处成功而达成协议的，以协议所定的履行期限届满之时为事由终止。

4.诉讼时效中断适用的时效期间类型：除有法律特别规定，诉讼时效中断适用于最长诉讼时效期间以外的诉讼时效期间类型。

（三）诉讼时效延长

诉讼时效延长是指因特殊情况，法院对已经完成的最长诉讼时效期间给予的延展。期间的延长与中止、中断不同，它只适用于最长诉讼时效期间已经完成的情形，《民法典》第188条第2款规定，自权利受到损害之日起超过20年的，人民法院不予保护；有特殊情况的，人民法院可以根据权利人的申请决定延长。诉讼时效延长是为了保护当事人的权利，为防范法律可能的疏漏或者随社会发展出现不可预知的特殊情况而预留的救济空间。

诉讼时效期间延长与中止、中断相比，有如下特点：(1)适用对象不同，延长只适用于最长诉讼时效，其他类型诉讼时效不能适用。(2)适用的原因为“特殊情况”，《民法典》没有具体规定，要通过司法实务的经验积累，或有待将来立法或司法解释阐明。(3)适用最长诉讼时效延长须由权利人申请，未申请的，法院不能决定给予时效延长。(4)由法院决定延长，决定的结果有同意申请延长或不同意申请延长，若同意延长，延长多长时间，法院有一定的自由裁量权；而诉讼时效中止和中断的适用条件都是有法律规定的，只要当事人诉请即可，不需另行申请，法院也无权作出改变适用条件的决定。

第二节　期　　间

一、期间的含义

期间是民事权利义务关系发生、变更、消灭的时间，其可分为期日与期间。期日，是指不可分或视为不可分的特定时间，如某日、某月或某年。期间，是指从起始时间到终止时间所经过的区间，如从某年某月某日至某年某月某日，前一个时间是起始时间，后一个时间为终止时间，其间继续的时间就是期间。期间的特征是表示时间长度中的某一点到某一点的区间。与期日所表示的时间之“点”不同，它是表示时间之“线”。《民法典》第200条规定：“民法所称的期间按照公历年、月、日、小时计算。”我国采取公历纪年法，《民法典》的规定循此制，如果当事人之间特别约定用中国农历的，如“订一桌除夕夜的年夜饭”，也未尝不可。

二、期间的效力

期间的效力如下：(1)决定民事主体的法律地位，即民事主体的法律地位由期间决定。例如，自然人的民事权利能力自出生之日起开始，自死亡之日终止；有民事行为能力人在宣告死亡期间实施的民事法律行为有效等。(2)决定民事权利取得、丧失及变更，即民事权利的取得、丧失或变更由期间决定。如所有权从财产交付之时起移转，民事权利请求诉讼保护的时效期间，继承自被继承人死亡时开始等。(3)决定民事义务的存在与否，即民事义务的承担由期间决定。如在子女未成年期间父母的抚养义务，在债的关系有效期间债务人的给付义务，在专利权存续期间的实施义务等。

三、期间的性质及类型

（一）期间的性质

尽管某些民事法律关系发生、变更和消灭的时间，能由人们的意志决定，如订立合同、决定结婚等，但这只是对时间的选择，因为任何人都无法排除时间对民事法律关系的作用，故期间在性质上属于事件而不属于行为。这一事件属于法律事实范畴。

（二）期间的类型

依民事主体对期间有无选择权，期间分为三种类型。

1.约定期间。这是指可由当事人自由选择确定的期间。如履行债务的期间、所有权移转的期间等。

2.法定期间。这是指法律强行规定的期间，如诉讼时效期间、未成年人状态的期间等。在有法定期间并同时允许当事人约定期间时，优先适用约定期间。如所有权从财产交付时移转（法定），但当事人另有约定的除外。只有当事人没有约定期间时，才适用法定期间。在法律不允许当事人约定期间时，法定期间不可更改。

3.指定期间。这是指由法院或仲裁机关确定的期间，如宣告死亡以判决宣告之日为死亡日期。指定期间的实质，也是法定期间，其与法定期间的区别，只是法律将确定期间的“法定”权授予法院或仲裁机关而已。

四、期间的计算方法

期间的计算方法有两种，一是自然计算法，即以实际经过的时间为计算期间的时间。例如，9月9日下午5时到9月16日上午10时，期间分秒不差。二是历法计算法，即以日历所定的年、月、日为计算单位，《民法典》第201条第1款规定，按照年、月、日计算期间的，开始的当日不计入，自下一日开始计算。历法计算法虽不精确，然颇为便利。两种期间计算方法并存，法定或指定期间多用历法计算法；而约定期间，允许当事人选择，如未约定何种计算方法，则推定以历法计算法确定其约定期间。

五、始期与终期

（一）始期

以小时计算期间的，从法律规定或者当事人约定的时间开始计算；以年、月、日计算期间的，其开始当日不算入，自下一日开始计算；按照年、月计算期间的，到期月的对应日为期间的最后一日；没有对应日的，月末日为期间的最后一日。但法律对期间的计算方法有特别规定或者当事人有特别约定的，按特别规定按约定计算。如人的年龄，自出生之日起计算，其起算点，包括出生之日，即为法律规定的特例。

（二）终期

期间的最后一日是法定休假日的，以法定休假日结束的次日为期间的最后一日；官方对法定休假日有变通的，以变通的实际休假日的次日为期间的最后一日。期间最后一天的截止时间为24时；有业务活动时间的，截止到停止业务活动的时间。

【本章主要法律规定】

1.《民法典》第一编总则第九章、第十章

2.最高人民法院《关于审理民事案件适用诉讼时效制度若干问题的规定》

3.最高人民法院《关于适用〈中华人民共和国民法典〉总则编若干问题的解释》第35～38条

本编重点、难点与疑点辨析

一、如何理解《民法典》在时间上的适用范围?

所谓民法在时间上的适用范围，是指民事法律规范在时间上所具有的法律效力。民法在时间上的适用范围包括两个方面的内容，即民法的生效与民法的失效。明确民法在时间上的适用范围，需要明确民事法律规范对其实施前发生的民事关系有无溯及既往的效力。对此，2020年12月29日，最高人民法院发布了《关于适用〈中华人民共和国民法典〉时间效力的若干规定》，该规定明确了"法不溯及既往"的基本原则及其例外规则。依据该规定第1条，对于《民法典》施行前发生的法律事实引起的民事纠纷案件，《民法典》原则上不具有溯及力。当然，在例外情形下，也采用溯及适用规则，具体而言：

一是有利溯及适用规则。该规定从是否更有利于保护民事主体合法权益、是否更有利于维护社会和经济秩序、是否更有利于弘扬社会主义核心价值观等角度，作为判断有利溯及的标准，确立了特殊情形下可以溯及既往。

二是新增规定溯及适用规则。新增规定的溯及适用在学理上是法不溯及既往的重要例外情形，也是在长期审判实践和一系列司法解释基础上发展而来的溯及适用的类型。在理论上，新增规定的溯及适用也被称为"空白溯及"，即让新法溯及适用于旧法的空白之处。

此外，该规定还明确了"既判力"优于溯及力规则。如果是已经终审、产生既判力的裁判，即便是当事人对此提起了再审，亦应按照既判力优于溯及力的原则，《民法典》的规定不能溯及既往。这是因为已经审结的案件，就产生了既判力。这也有利于维护法的安定性和生效裁判的权威性、公信力。

二、如何理解绿色原则的功能?

绿色原则对整个《民法典》的规则解释和适用均具有重要的指导意义，其主要具有如下几个方面的功能：

第一，确立价值导向的功能。绿色原则为法律规则的制定和适用确立了一种价值导向，也就是说，无论是立法还是司法都应当考虑生态环境的保护问题，考虑社会的可持续发展。传统民法以个人权利保护为中心，强调对个人权利的确认与保护，而没有对个人权利的行使设置过多的限制。但现代民法不仅要体现权利本位的理念，而且要规范权利行使行为，以更好地兼顾私人权利的保护与社会公共利益的保护。《民法典》对绿色原则作出规定，实际上也体现了这一价值理念的转变，也为立法适应将来社会发展预留了很大的空间。

第二，对财产权利作出必要限制的功能。绿色原则也对财产权利的行使设置了一定的限制，即权利人在行使财产权利时，应当考虑个人利益与社会利益的平衡。例如，就物权的行使与抛弃而言，就应当尽量做到物的有效利用，要尽量节约资源、保护生态环境。

第三，为民事主体设定法定义务的功能。我国《民法典》应当贯彻绿色原则，特别是在物权编、侵权责任编中，相关的规则设计应当切实贯彻绿色原则，为民事主体设定节约资源、保护生态环境的义务。

第四，解释合同的功能。绿色原则也可以指导合同的解释活动。例如，在当事人就标的物包装条款发生争议的情形下，应当按照有利于节约资源、保护生态环境的原则对其进行解释。法官在解释合同时，涉及合同是否违反公序良俗，其实就要考虑合同的履行是否会损害生态环境；如果合同的履行确实有可能损害生态环境，则可能被认定为违背公序良俗，依据《民法典》第153条第2款的规定可以宣告合同无效。

三、侵害英雄烈士等人格利益的民事责任的成立需要具备哪些条件？

依据《民法典》第185条的规定，侵害英雄烈士等人格利益民事责任的成立需要具备如下条件：

第一，侵害了英雄烈士等的利益。依据《民法典》第185条的规定，行为人承担民事责任必须是侵害了英雄烈士等的人格利益。该条使用“英雄烈士等”这一表述，表明本条的保护范围不限于英雄烈士。但按照同类解释规则，保护的其他人也应当是与英雄、烈士类似的人，如为了人民利益英勇斗争牺牲、堪称楷模的人，以及在保卫国家和国家建设中作出巨大贡献、建立卓越功勋的已经故去的人。因此，本条并不包括一般的死者人格利益。

第二，侵害了姓名、肖像、名誉、荣誉四项人格利益。从《民法典》第185条的规定来看，其所保护的英雄烈士等的人格利益范围限于姓名、肖像、名誉、荣誉。该条在规定英雄烈士等的人格利益保护范围时，采取了具体列举的模式，即仅限于姓名、肖像、名誉、荣誉这几种人格利益。其他人格利益并不受本条的保护。

第三，损害社会公共利益。依据《民法典》第185条的规定，行为人在依据本条规定承担民事责任时，要求其行为必须损害了社会公共利益。如果行为人侵害英雄烈士等人格利益并未损害社会公共利益，则不需要依据《民法典》第185条的规定承担民事责任。在行为人侵害英雄烈士等的人格利益并损害社会公共利益的情形下，该案件也可以作为公益诉讼案件，在受害人及其近亲属未提起诉讼的情形下，检察机关以及有关公益组织也应有权提起诉讼，请求行为人承担相应的民事责任。

四、宣告失踪与宣告死亡之间的关系如何？

我国《民法典》同时规定了宣告失踪与宣告死亡，二者之间关联密切。宣告失踪与宣告死亡的区别主要体现为：

一方面，从我国《民法典》的规定来看，宣告失踪并不是宣告死亡的必要步骤和条件。也就是说，只要符合申请宣告死亡的条件，无论利害关系人是否曾经申请宣告失踪，都可以直接到人民法院申请宣告死亡。

另一方面，宣告失踪与宣告死亡的制度功能不同，宣告失踪制度主要解决的是被宣告失踪人的财产管理问题，而宣告死亡的制度目的则是彻底解决民事法律关系因某自然人长期失踪而产生的不确定状态，即通过宣告死亡制度，消除某些可能使法律关系悬而不决的因素，从而维持法律关系的稳定。

在同时符合宣告失踪与宣告死亡条件的情形下，相关主体可能同时申请宣告失踪与宣告死亡，对此，《民法典》第47条明确规定：“对同一自然人，有的利害关系人申请宣告死亡，有的利害关系人申请宣告失踪，符合本法规定的宣告死亡条件的，人民法院应当宣告死亡。”依据该条规定，在上述情形下，人民法院应当宣告死亡。法律作出此种规定的主要原因在于，宣告死亡不仅解决失踪人的财产关系，而且能够解决失踪人的人身关系，其效力范围更为广泛，能够终局地解决失踪人的权利义务关系。因此，在不同利害关系人同时申请宣告失踪与宣告死亡的情形下，如果符合宣告死亡的条件，人民法院作出死亡宣告有利于更好地解决当事人之间的纠纷。

五、法人人格否认的条件和法律效果如何？

所谓法人人格否认，是指司法审判人员在特殊情况下，对法人的出资人在管理法人的事务中从事各种不正当行为严重损害法人债权人的利益时，可以依法否定法人的独立人格，并可以要求法人的出资人与法人对债权人承担连带责任的制度。依据《民法典》第83条的规定，法人人格否认制度的条件如下：

第一，营利法人的出资人滥用了法人人格，包括滥用法人独立地位和出资人有限责任，在实践中表现为如下情形：一是人格混同，即某公司与某成员之间及该公司与其他公司之间没有严格的分别。二是财产混合，即公司的财产不能与该公司的成员及其他公司的财产作清楚地区分，公司的盈利与股东的收益之间没有区别，公司的盈利可以随意转化为公司成员的个人财产，或者转化为另一个公司的财产，而公司的负债则为公司的债务。三是不正当控制，即一个公司对另一个公司通过控制而实施了不正当的，甚至非法的影响，表现为母公司对子公司实施了过度控制，子公司完全成了母公司的工具。四是滥用出资人有限责任。

第二，滥用法人人格逃避债务。在出资人滥用法人人格的情况下，其目的必须是逃避债务。例如，有的股东利用公司的独立人格，以公司名义对外从事交易，但将利益归为自己个人享有，最后仅以公司的有限财产承担责任，股东仅以出资额为限承担责任，从而逃避了债务。

第三，严重损害法人债权人的利益。所谓严重损害法人债权人的利益，是指法人债权人的债权因法人人格的滥用而无法得到清偿，致使债权人遭受严重的损失。如果滥用法人人格仅造成对债权人一般的或轻微的损害，则不适用该规定。

如果出资人从事不正当的行为，严重危害法人债权人的利益，则法律上承认法人人格独立的目的不复存在，因此，有必要否认法人的人格。依据《民法典》第83条第2款的规定，滥用法人独立地位的出资人与法人应当对法人债务承担连带责任，即法人和出资人对法人债务负连带的清偿责任。因此，无论法人对债权人的债务是否超出出资人的出资额，出资人都要负责。

六、显失公平的民事法律行为的成立要件包括哪些？

所谓显失公平的民事法律行为，是指一方在从事某种民事法律行为时因情况紧迫或缺乏经验而作出了明显对自己有重大不利的行为。依据《民法典》第151条的规定，显失公平的民事法律行为的构成要件应包括客观和主观两个方面。

构成要件	内容
客观要件	1.双方当事人的利益明显失衡； 2.民事法律行为成立时显失公平
主观要件	1.一方利用对方的危困状态； 2.一方利用对方缺乏判断能力

七、效力未定的民事法律行为具有哪些特征？

效力未定的民事法律行为是指法律行为成立之后，是否能发生效力尚不能确定，有待于其他行为或事实使之确定的民事法律行为。从我国《民法典》的规定来看，效力未定的民事法律行为具有如下特征：

一是效力未定的民事法律行为已经成立，但行为人因缺乏相应的民事行为能力，或者欠缺代理权或者代表权而导致其效力出现瑕疵。对效力未定的民事法律行为而言，民事法律行为成立以后，并不当然发生拘束力。此类民事法律行为虽然已经成立，但因为主体缺乏缔约能力和相应的代理权或者代表权，所以不完全符合民事法律行为的有效条件，其效力是不齐备的。

二是效力未定的民事法律行为的效力既非完全无效，也非完全有效，而是处于一种效力不确定的中间状态。效力未定的民事法律行为即使在被追认之前，对当事人也并非当然无效，只是处于一种不确定的状态；同时，在被追认之前，它并非完全有效，也不同于可撤销的民事法律行为，因为可撤销的民事法律行为在未被撤销之前是完全有效的。

三是效力未定的民事法律行为是否已经发生效力尚不能确定，有待于其他行为或事件使之确定。效力未定的民事法律行为不同于无效民事法律行为，其效力取决于当事人和真正权利人，这既有利于鼓励交易，也体现了对当事人意思自治的尊重。

八、无权代理要点总结表

分类	构成要件	法律效果
狭义无权代理	1.行为人没有代理权、超越代理权或者代理权终止； 2.行为人实施代理行为	1.本人有追认权和拒绝权； 2.相对人有催告权和撤销权； 3.本人与无权代理人之间可形成无因管理之债或损害赔偿之债； 4.行为人实施的行为未被追认的，善意相对人可请求行为人履行债务或者就其受到的损害请求行为人赔偿
表见代理	1.以本人名义为民事法律行为； 2.无代理权而实施代理行为； 3.有使相对人信其有代理权的表征； 4.相对人为善意	1.发生有权代理的效果； 2.相对人有撤销权

九、诉讼时效中止、中断、延长要点总结表

项目	概念	事由	法律效果	适用时效期间
中止	在诉讼时效期间的最后6个月内，因法定事由而使权利人不能行使请求权的，诉讼时效期间的计算暂时停止	1.不可抗力； 2.无民事行为能力人或者限制民事行为能力人没有法定代理人，或者法定代理人死亡、丧失民事行为能力、丧失代理权； 3.继承开始后未确定继承人或者遗产管理人； 4.权利人被义务人或者其他人控制； 5.其他导致权利人不能行使请求权的障碍	1.法定事由经过的期间为时效中止期间，不发生时效期间的效力； 2.中止原因消除后，无论剩余时效期间剩多少，一概再予6个月	除法律有特别规定外，适用于最长诉讼时效期间以外的诉讼时效期间类型
中断	因有与权利人怠于行使权利相反的事实，使已经过的时效期间失去效力，而须重新起算时效期间的制度	1.权利人向义务人提出履行之请求； 2.义务人同意履行义务； 3.权利人提起诉讼或申请仲裁； 4.与提起诉讼或者申请仲裁具有同等效力的其他情形	1.诉讼时效中断的事由发生后，已经过的时效期间归于无效； 2.中断事由存续期间，时效不进行； 3.中断事由终止时，重新计算时效期间	适用于最长诉讼时效期间以外的诉讼时效期间类型
延长	因特殊情况，法院对已经完成的最长诉讼时效期间给予的延展			

第二编

物　　权

本编导读

《民法典》物权编是维护我国社会主义基本经济制度的重要法律规定。我国目前处于社会主义初级阶段，在所有制形态上实行公有制为主体、多种所有制经济共同发展的基本经济制度。既然要实行多种经济成分的共同发展，就需要对公有制经济和非公有制经济实行同等保护，物权编在法律上确立了平等保护国家、集体、私人的物权和其他权利人的物权的原则，把公私财产置于平等保护的制度框架之下，对于鼓励人民群众积极创造社会财富具有重要意义。

物权编不仅确认和保护所有制关系，而且规范市场经济关系。物权编构建了产权制度的基本框架，为市场的正常运行奠定了基础。物权编的一系列规则，如公示公信原则、所有权转移规则、善意取得制度等都是直接服务于交易关系的。物权编也是保护最广大人民群众财产利益的基本法律。保护合法的财产权，就是保护公民的基本人权，保护公民通过诚实合法的劳动创造的财富，保护公民基本的生产和生活条件。物权编确立了平等保护原则，强调对私有财产的尊重，其内涵是非常深刻的。在平等保护的原则之下，《民法典》物权编较以往更加关注、重视、保障、改善民生，注重对老百姓的财产权益的确认和保障。例如，物权编规定了住宅建设用地使用权自动续期规则，为老百姓对其住房长期享有产权奠定了制度基础。可以说，物权编通过对各类财产权的保护，奠定了法治社会的基础。此外，物权编也是鼓励人民群众创造财富的法律。法律本身虽不能直接创造财产，但是可以通过确认和保护财产来鼓励财富的创造。物权编通过对于所有民事主体一体保护，从而有利于鼓励亿万人民创造财富，实现共同富裕的伟大历史使命。

本编以《民法典》物权编的规定为基础，具体阐释了如下几章内容：

一是物权概述。该章对物权的基本概念进行了介绍，具体包含物权的概念和效力、物权的类型、物权的变动、物权的保护等几节内容。

二是所有权。所有权制度是物权编的一项重要制度，本章重点介绍了所有权的一般原理，国家所有权、集体所有权、私人所有权与其他所有权，业主的建筑物区分所有权、相邻关系、共有、所有权的特别取得方法等内容。

三是用益物权。我国《民法典》物权编的用益物权制度具有很强的本土色彩，本章主要介绍了用益物权的概念和特征、土地承包经营权、建设用地使用权、宅基地使用权、居住权、地役权等内容。

四是担保物权。担保物权制度的完善是我国《民法典》的一大亮点，本章以《民法典》及相关司法解释的规定为基础，介绍了担保物权的一般原理、抵押权、质权、留置权、担保物权的竞合等内容。

五是占有。占有制度也是我国《民法典》物权编的一项重要制度，本章主要包括占有的一般原理、占有的效力和保护、占有的取得和消灭等内容。

第七章
物权概述

本章主要内容提示

1.物权的效力包括物权的优先效力和物上请求权；其中，物权的优先效力，包括物权相互间的优先效力和物权对于债权的优先效力。

2.物权有两种分类方式：一是民法上物权的分类；二是民法学上物权的分类。

3.物权的变动是物权的产生、变更和消灭的总称，物权变动须坚持公示原则和公信原则，物权的公示方法包括交付和登记。动产物权涉及的交付类型，包括现实交付和观念交付（简易交付、占有改定、指示交付和拟制交付）。此外，应当区分不动产物权登记的效力与不动产物权合同的效力，理论及实践意义重大。

4.物权的保护方法有：请求确权，请求恢复原状，请求返还原物，请求排除妨害、消除危险和请求损害赔偿。

第一节 物权的概念和效力

一、物权的概念和特征

“物权”二字，无论作为日常语言，还是法律概念，均属舶来品。中华人民共和国成立以后，直至2007年《物权法》颁布的近六十年间，我国并未适用系统的物权法律制度。

虽近六十年未适用系统的物权法律制度，但自1978年改革开放至今，我国经济发展取得了令人瞩目的成绩，但一直缺乏一部保护财产权利的物权法，随着社会主义市场经济体制的建立，人民群众财产的增加，都需要颁行物权法。对于经济发展成果的巩固、对于社会层面定分止争的渴望乃至对于“有恒产者有恒心”理念的倡导，物权立法的确渐次深入人心。

纵观中华人民共和国成立后的立法历史，几乎未有过一部单行法之立法，犹如《物权法》般，引起过如此广泛的全民关注与全民参与。各种观念理念碰撞激烈，诸多观点意见异彩纷呈；不仅直面了物权法草案是否违宪的理念之争，还涉及究竟应当制定一部统一的财产法，还是仅制定一部物权法的“品位”之争，更涉及法律专家之外广泛的民众参与。《物权法》最终于2007年3月16日通过并颁布，其第3条强调“国家在社会主义初级阶段，坚持公有制为主体、多种所有制经济共同发展的基本经济制度。国家巩固和发展公有制经济，鼓励、支持和引导非公有制经济的发展。国家实行社会主义市场经济，保障一切市场主体的平等法律地位和发展权利”；与此同时，《物权法》整体上并未将知识产权等新型财产权利纳入规范范围，亦即并未试图制定一部统一的财产法。

物权法具有普遍的定分止争功能，我国《物权法》则是中国化了的物权法。虽然也遵从动产与不动产的基本划分，但其特殊之处在于土地（不动产）物权。土地为公有，土地所有权表现为国家所有和集体所有，私人对于土地的利用并非直接通过土地所有权，而主要是通过设立在土地之上的用益物权，相应的担保物权也并非直接设立在土地之上，而是设立在土地的用益物权之上；同时，城乡二元结构决定了土地所有权的二分，也决定了用益物权的二分：土地承包经营权和宅基地使用权（适用于农村）与建设用地使用权（主要适用于城市）的二分。我国《物权法》规定了一般所有权、建筑物区分所有权、相邻关系和共有制度，用益物权部分还规定了地役权，担保物权部分则仅规定了传统的抵押权、质权和留置权，此外，还规定了单独的占有制度。而更为基本的是，我国《物权法》明确规定（第2条第1款），其既处理物的静态归属，也处理物的动态利用；甚至现代社会，对物的动态利用（或曰价值化）日趋成为主流；简言之，现代物权法的价值不应止步于定分止争，尚包括物尽其用。

2020年《民法典》出台后，《物权法》整体编入《民法典》，成为七编中的第二编。就物权类型而言，物权编在用益物权部分增设了居住权（第十四章），在担保物权部分开放了担保合同（第388条），其他条文变化有限。据此，体系性的物权法律制度，初步形成闭环。通过物权编，《民法典》维持了物权体系的相对封闭性；通过总则编和人格权编，《民法典》呈现了对知识产权、虚拟财产和个人信息等新型财产权益保护的宣誓性和开放性。

物权是直接支配特定物（主要是有体物，在特定情况下也可以是权利）的权利，既具有对物直接支配的内容（明确对物的支配方法及范围），又具有对抗权利主体以外之第三人的效力。《民法典》第114条第2款规定，“物权是权利人依法对特定的物享有直接支配和排他的权利，包括所有权、用益物权和担保物权”。物权编列于总则编之后，为权利序列的首编，对于其他权利具有示范意义。

物权具有以下特征：

1.物权是由特定的权利人享有的权利。物权的权利人是特定的，义务人是不特定的，义务内容是不作为，只要不特定的人没有不法干涉其行使权利，即为履行了不作为义务，所以物权是一种绝对权。债权在这一点上与其显著不同，债权的实现往往依赖债务人的履行行为，债权人不能直接支配标的物。例如，租赁合同虽已成立并生效，但在出租人交付租赁物之前，承租人不能为使用。

2.物权是权利人直接支配物的权利。所谓直接支配物，是指物权人可以依自己的意志就标的物直接行使其权利，无须他人的意思或者义务人的行为的介入。权利人的支配可以通过民事法律行为来实现，如房屋所有人转让其房屋所有权，或者在自己的房屋上设定抵押权等；也可以通过事实上的消耗、使用来实现，如房屋所有人自行居住。

物权人直接支配标的物，是物权的基本内容，任何种类的物权都以权利人对于物的直接支配为特征，但是，支配范围的大小依物权的种类而定。例如，所有权是所有人对于自己所有之物的一种总括的、全面的支配，而他物权则总是在某一个方面对他人所有之物进行支配。另外，物权中对于物的支配不一定都是有形的。对物的使用价值的支配往往是有形的，如土地承包经营权人对其承包经营之耕地的占有、使用和收益；对物的交换价值的支配往往是无形的，例如，就抵押权而言，不动产抵押权人对于抵押物无占有的事实，自然不可对于抵押物的实体进行有形的支配。

物权的客体是物。这里的物，首先，原则上是指有体物。有体物包括不动产、动产，以及虽然不占据一定空间或具备一定形状，但是能够为人力所控制的电、气、光波、磁波等物。权利成为物权的客体，仅限于法律有特别规定的情况，如权利质权。又如，土地等资源性财产的公有制是我国的基本经济制度，法律允许在建设用地使用权、土地承包经营权等用益物权上再设定担保物权。其次，对物的直接支配权性质决定了，如果物权的标的物不特定化，物权人无从对其进行直接的支配。因而，物权的客体必须为特定物，即以物单独所具有的特征加以确定的物。它既是某个独一无二的物，也可以是特定化了的种类物。最后，物权的客体一般应是独立物，即能够单独、个别地存在的物。只有是独立物，物权人才可以对之进行直接的支配，也才能用交付、登记等形式公示物上的权利状态。对于独立性的认定，只要一般的社会观念认为具有独立性即可，例如，区分所有建筑物的专有部分，可以成为建筑物区分所有权的客体。

3.物权是权利人直接享有物之利益的权利。物权作为财产权，是一种具有物质内容的、直接体现为财产利益的权利。因此，物权的目的在于享有物之利益，自不待言。物的利益，以权利人对于标的物的直接支配与享有为特点。这里的利益，可以分为三种：一是物的归属；二是物的利用；三是就物的价值而设立的债务的担保。物的归属，明确物在法律上的所有人，规定所有人对于物进行总括的、全面的支配的范围和方法。物的利用，是取得物上的使用利益，以满足权利人生产或者生活的需要。随着现代社会信用制度的发展，标的物的担保利益取得日益重要的地位。物权的内容因对标的物之利益的不同，而有所有权、用益物权和担保物权的区别。

4.物权是排他性的权利。物权为权利人直接支配物的权利，故必然具有排他性。首先，物权人有权排除他人对其行使物上权利的干涉，可以对抗一切不特定的人，所以物权是一种对世权。其次，同一物上不许有内容不相容的物权并存。例如，一间房屋上不能同时有两个所有权，一块耕地上不能同时设定两个土地承包经营权。物权的排他性，说明了物权不仅是人对于物的关系，而且还具有人与人的关系。即便是共有关系，也只是几个共有人共同享有一个所有权，并非一物之上并存数个所有权。在担保物权中，一物之上则可以设定两个以上的抵押权，先设立的抵押权优于后设立的抵押权，即有先后顺位的不同。因此，共有关系和两个以上抵押权的并存与物权的排他性并不矛盾。

二、物权的效力

物权，是权利人直接支配其标的物的排他性权利。依物权的这种性质，它当然具有优先的效力和物上请求权。有的学者认为，除此之外还有追及力，即认为物权的标的物无论辗转归于何人之手，都不能妨碍物权的行使，物权人可以向任何占有其物的人主张其权利。例如，甲的所有物被乙偷走后卖给了丙，丙又转让给了丁，甲仍然不丧失其所有权，有权向当前占有其物的丁请求返还。但是多数学者认为，追及力应当包括在优先效力和物上请求权之中，不必另列。

（一）物权的优先效力

物权的优先效力，亦称为物权的优先权。其基本含义是指同一标的物上有数个相互矛盾、冲突的权利并存时，具有较强效力的权利排斥具有较弱效力的权利的实现。考察先后成立的物权之间及物权与债权之间的关系，物权的这种优先效力都是存在的。

1.物权相互间的优先效力。这种优先效力，是以物权成立时间的先后确定物权效力的差异。一般而言，两个在性质上不能共存的物权不能同时存在于一个物上，故而后发生的物权根本不能成立。例如，在某人享有所有权的物上，不得再同时成立他人的所有权。如果物权在性质上可以并存，则后发生的物权仅于不妨碍先发生的物权的范围内得以成立。在这种情况下，先发生的物权优先于后发生的物权。例如，在同一物上设立数个抵押权，登记在先的抵押权优于登记在后的抵押权。物权相互之间以成立时间的先后确定其效力的强弱，本质上是对现存的、既得的物之支配权的保护。因为任何人都必须尊重物权人对于其物的支配范围，不得干涉物权的行使。这也包括在同一标的物上，时间在后的物权只有在不侵入、不干涉先成立物权之支配范围的条件下才能得以成立。否则，时间在后的物权根本就不能成立。

关于物权之间依性质可否并存，就一般情形而言，以占有为内容的物权的排他性较强，这类物权大多不可以并存。具体的各类物权依性质是否可以并存，大致可以分为以下几种情况：

（1）用益物权与担保物权。原则上这两种物权可以同时存在于一物之上，例外的是，以占有为要件的质权、留置权与用益物权不能并存。

（2）用益物权与用益物权。无论其种类是否相同，一般都难以并存。但是地役权有时可以与其他用益物权并存。例如，消极地役权以某种不作为为其内容，如不得兴建高层建筑，则可附存于已经设立建设用地使用权的土地上。又如，两个通行权可共存于同一供役地上等。

（3）担保物权与担保物权。一般是能够并存的，例外的是，当事人有特别约定时不能并存，以占有为要件的留置权等担保物权之间不能并存。

关于物权相互之间的优先效力，一般的原则是根据不同种类的物权的排他性不同，并依物权成立时间的先后确定其间的优先顺序。例外是限制物权（定限物权）的效力优先于所有权。限制物权是于特定方面支配物的物权，一般是在他人所有之物上设定的权利。所以在同一标的物上，限制物权成立于所有权之后。但是，限制物权是根据所有人的意志设定的物上负担，起着限制所有权的作用，因此，限制物权具有优先于所有权的效力。例如，在一块土地上设定建设用地使用权之后，建设用地使用权人在该建设用地使用权范围内，得优先于土地所有权人使用土地。

2.物权对于债权的优先效力。在同一标的物上物权与债权并存时，物权有优先于债权的效力，这主要表现在两个方面：

（1）针对同一标的物，既涉及物权，又涉及债权时，物权有优先于债权的效力。例如，甲同意将10吨水泥出卖给乙，并与乙缔结合同，则乙就取得了请求甲交付该10吨水泥的债权；其后，甲又将该10吨水泥出卖给丙，并交付给丙，丙就取得了已交付的10吨水泥的所有权，而乙只能请求甲承担债务不履行的责任。物权是直接支配物的权利，而债权的实现则要依靠债务人的行为，债权人不能对物进行直接支配。两者在性质上不同，也可以说不可比较，但约定俗成，可以说物权具有此种描述意义上的优先效力。但这也只是一般原则，在法律有特别规定的情况下，也有极少数的例外。例如，对不动产的租赁使用，在民法上属于债权，如甲将其所有的房屋出租给乙，之后又将该房屋出卖给丙，丙取得该房屋的所有权后，乙仍然可以继续租赁使用。这在学理上称为“买卖不破除租赁”。此外，根据《民法典》第405条，抵押也不破除租赁。

（2）在债权人依破产程序或强制执行程序行使其债权时，作为债务人财产的物上存在他人的物权时，该物权优先于一般债权人的债权。例如，在债务人的财产上设有担保物权的，担保物权人享有优先受偿的权利，此为别除权；在破产时，非为债务人所有之物，所有人有取回该物的权利，此为取回权。

（二）物上请求权

物权人在其权利的实现上遇有某种妨害时，有权请求造成妨害事由发生的人排除此等妨害，称为物上请求权，有时亦称为物权请求权。

物权是对物的直接支配权，权利的实现无须他人行为的介入。如果有他人干涉的事实，使物权受到妨害或者有被妨害的危险时，必然影响物权人对物的直接支配，法律就赋予物权人得请求除去此等妨害的权利。可见，物上请求权是基于作为绝对权、对世权的物权，具有对抗任何人的性质。它赋予物权人各种请求权，以排除对物权的享有与行使造成的各种妨害，从而恢复物权人对其标的物原有的支配状态。

1.物上请求权的性质。对于物上请求权的性质，向来有不同的观点。有的学者认为，物上请求权是物权本身的作用，不是独立的权利。有的学者则认为，物上请求权是纯粹的债权，应适用有关债权的规定。还有的学者认为，物上请求权是一种准债权，类似于债权而又不同于债权。所谓类似于债权，是因为物权的内容在于直接支配其标的物，而物上请求权是对特定人的请求权，故不是物权的本体，而是一种类似于债权的独立权利；所谓不同于债权，是因为物上请求权附属于物权，其命运与物权相同，在物权的存续期间不断地派生，这种请求权虽然是对特定人的请求，但在破产程序和强制执行程序中较一般债权优先，因而又与债权不同。

从性质上来说，物上请求权是以物权为基础的一种独立的请求权。对此定性可以从以下几个方面说明：

（1）物上请求权是请求权。所谓请求权，是指权利人请求他人（特定的人）为一定行为（作为或者不作为）的权利。物上请求权在物权受到妨害时发生，它是物权人请求特定的人（妨害物权的人）为特定行为（除去妨害）的权利，属于行为请求权。它不以对物权标的物的支配为内容，故不是物权的本体，而是独立于物权的一种请求权。作为请求权，物上请求权与债权有类似的性质，因而在不与物上请求权性质相抵触的范围内，可以适用债权的有关规定，如过失相抵、给付迟延、债的履行及转让等。

（2）物上请求权是物权的效用。物权作为一种法律上的权利，受到法律的保护，于受到妨害时，物权人即有排除妨害的请求权。因此，物上请求权是物权的效用，它以恢复物权的支配状态为目的，在物权存续期间不断地发生。

（3）物上请求权附属于物权。这是物上请求权作为物权的效用的必然结果。物上请求权派生于物权，其命运与物权相同，即其发生、移转与消灭均从属于物权，不能与物权分离而单独存在。因而物上请求权不同于债权等请求权。至于让与物上请求权可以作为动产物权的交付方法，例如，第三人无权占有某项动产时，出让人转让所享有的返还请求权以代替现实交付，这是因为双方已经有了物权移转的合意，依此等方法而发生物权移转的效力，并非将物上请求权与物权分离而单独让与。

2.物上请求权的行使。物上请求权的行使，不必须以诉讼的方式进行，也可以直接主张，即物权受到妨害后，物权人可以直接请求侵害人为一定的行为或不为一定的行为，包括请求侵害人排除妨害、消除危险、返还财产等。例如，甲的汽车发生故障，停在乙的门口，挡住乙的通道，甲有义务排除妨害，乙有权直接请求甲排除妨害。

物权人直接向侵害人提出物上请求权是一种自我保护措施，是物上请求权实现的有效途径。在实践中，往往是侵害人应物权人请求停止了妨害行为，从而使物权人对物权恢复了完全的支配状态。尤其是在突发紧急、来不及请求公力救济的情况时，在法律允许的范围内，物权人直接采取一定的自我保护措施，有利于避免或者减轻自己财产遭受的损害。

物权人在其权利受到妨害时也可以直接向法院提出诉讼，请求确认其物权的存在或者采取其他的保护措施。在实践中，一般都是物权人在直接向侵害人提出请求未果，不能实现和保护其权利时，才依法请求法院裁判，责令侵害人排除妨害、消除危险、返还财产。在这种情况下，要求排除妨害、消除危险、返还财产，同时也是对侵害人民事法律意义上的否定。

3.物上请求权与债权请求权。物权人在其标的物受到损害时，如甲的汽车撞坏了乙的房屋时，物权人有权请求侵权人赔偿损失。传统民法理论认为这是一种债权请求权，又称为损害赔偿请求权。这种请求权不是直接以物权的存在为前提，而是以物权受到侵害后产生的物权人与侵权人间的债权关系为前提的。

物上请求权与损害赔偿请求权不可混为一谈。物上请求权旨在恢复物权人对其标的物的支配状态，从而使物权得以实现。损害赔偿请求权的目的在于填补损害，它是在不能恢复物的原状时，以金钱作为赔偿，补偿物权人受到的财产损失。基于侵权行为的损害赔偿，必须是实际上受有损害，即标的物价值的减少或灭失，物上请求权则不以此为要件。

在物权因他人的不法行为受到妨害时，如标的物有实际损害，则可以同时发生损害赔偿请求权，故物上请求权与损害赔偿请求权是可以并存的。

4.物上请求权与诉讼时效。理论上有观点认为，物上请求权原则上不适用诉讼时效，其从属于物权，只要物权未恢复圆满的状态，即可以认为物权被侵害的状态系属持续且一再被激起。《民法典》第196条规定，“下列请求权不适用诉讼时效的规定：（一）请求停止侵害、排除妨碍、消除危险；（二）不动产物权和登记的动产物权的权利人请求返还财产……（四）依法不适用诉讼时效的其他请求权”。

第二节 物权的类型

一、物权法定主义

关于物权的创设，有两种立法例：一是放任主义，即物权的创设依当事人的意思，法律上不予限制；二是法定主义，即法律规定物权的种类和内容，不允许当事人依其意思设定与法律规定不同的物权。现代各国民法，大多采法定主义而排斥放任主义。

物权法定主义源于罗马法，其后为大陆法系各国物权法所继受。物权采法定主义，其原因主要是：(1)整理旧物权类型的需要。近代物权法定主义原则是资本主义民法首先完全确立的，当时针对十分复杂的封建土地关系，为避免允许种种繁杂的权利登记而造成的混乱结果，使权利体系得以简明化，民法上需要对物权（主要是土地权利）的类型及内容作出明确规定。这样规定的更深层次的意旨在于，一方面限制土地所有权的效力，不赋予所有权人任意设定他物权的权限；另一方面限制过多繁杂的权利对土地及其他财产所有权的束缚，从而赋予所有权以独占性、完全性。(2)物尽其用的考虑。物权与社会经济有密切的联系，如果允许任意创设物权种类，对所有权设定种种的限制和负担，会影响对物的利用。以法律明确物权的种类和内容，尽量将切合现实的物权形式纳入民法典，建立能够满足社会经济关系发展需要的、权利种类简明且效力明确的物权体系，有助于发挥物的效用。(3)保护交易安全的要求。物权具有排他性，通常会涉及第三人的利益，所以物权的设立及其变动应力求透明。如果允许当事人自由创设物权，不仅易给第三人造成损害，而且还给物权的公示增加了困难，因为法律不可能对每一种当事人所创设的物权都提供相对应的公示方法。物权的种类和内容法定化，便于物权的公示，以确保交易的安全和快捷。

按照物权法定主义原则的要求：(1)物权的种类不得创设，即不得创设法律未规定的新种类的物权。例如，对于担保物权，虽然世界各国关于担保物权的种类很多，但在我国就只能依《民法典》及其他法律，设定法律认可的抵押权、质权、留置权等担保物权形式。(2)物权的内容不得创设，即不得创设与法律规定的内容不同的物权。例如，创设不移转占有的动产质权，即使名为质权，但由于与法律规定的动产质权内容不同，也是不允许的。

当事人如果违反物权法定主义原则的要求，其行为一般不发生物权效力，但是法律也可以用明文规定的形式承认其一部分的物权效力。例如，《德国民法典》中规定，一块土地为了另一块土地的现时所有权人的利益，可以此种方式设定权利，使该所有权人可以在个别关系中使用该土地，或者使在该土地上不得实施某种行为，或者排除由供役地的所有权对需役地所产生的权利（地役权）。即当事人就可以根据该规定的内容，选择其中的一种或数种设定地役权。

物权的种类和内容法定，在这一点上与债权不同。比如，合同债权，依合同自由原则，当事人在不违反法律和社会公共利益的范围内，可以创设任何种类的合同债权。法律也往往不限制合同的种类和内容，允许当事人协商确定合同的内容，并承认其效力。

二、民法上物权的种类

基于物权法定主义原则，各国民法都对物权作出明确的规定。因社会经济制度和历史文化传统的不同，各国民法上规定的物权种类参差不一，但大多可以归纳为以下三类。

（一）所有权

这是所有人在法律规定的范围内独占性地支配其所有的财产的权利。所有人可以对其所有的财产占有、使用、收益、处分，并可以排除他人违背其意志所为的干涉。所有权是最完整、最充分的物权。

为充分发挥物的效用，从所有权中可以分离、派生、引申出各种其他的物权。根据所有权分割理论，分割出所有权的占有、使用和收益三项权能，形成不同种类的用益物权；分割出所有权处分权能中的法律处分，形成不同种类的担保物权；也有观点从另外的角度指出，用益物权分离出来的是物的使用价值，担保物权分离出来的是物的交换价值。

我国《民法典》物权编，规定了所有权，区分了国家所有权、集体所有权与私人所有权。在一般所有权之外，还规定了业主的建筑物区分所有权、相邻关系与共有；其中，共有与建筑物区分所有权均属于特殊的所有权，相邻关系则处理不动产领域的毗邻关系，相邻关系也属于法定的特殊所有权关系。

（二）用益物权

这是对他人所有的物在一定范围内使用、收益的权利，包括地上权、地役权、典权等。基于土地公有制与城乡二元结构，我国《民法典》物权编规定了土地承包经营权、建设用地使用权、宅基地使用权、居住权和地役权。

（三）担保物权

这是为了担保债的履行，在债务人或第三人的特定财产上设定的物权，主要有抵押权、质权、留置权等。我国《民法典》物权编规定了抵押权（包括一般抵押权和最高额抵押权）、质权（动产质权和权利质权）以及留置权，合同编则规定了保证合同，据此，物权性的担保与债权性的担保分属两编。

三、民法学上物权的分类

在学理上根据不同的分类标准，通常对物权作以下分类：

（一）自物权与他物权

自物权是权利人对于自己的财产所享有的权利。因其与他人之物无关，故称作自物权。所有权是最典型的自物权。他物权是在他人所有的物上设定的物权。他物权是对他人财产享有的权利，其内容是在占有、使用、收益或者处分某一方面对他人之物的支配。

（二）动产物权、不动产物权和以权利为客体的物权

这主要是根据物权的客体是动产还是不动产所作的分类。不动产所有权、地上权、永佃权、典权、不动产抵押权等是不动产物权；而动产所有权、动产质权、留置权则是动产物权。

这种分类的意义在于动产物权与不动产物权的取得方法、成立要件等各有不同，一般而言，动产物权变动的公示方法为交付，而不动产物权的公示方法为登记。

除动产和不动产可以成为物权的客体之外，根据我国《民法典》物权编的相关规定，权利也可成为物权的客体。比如，根据《民法典》第440条的规定，债务人或者第三人有权以汇票、债券、仓单、股权、专利权等出质，形成权利质权；而根据《民法典》第446条，权利质权又构成特殊的动产质权。

（三）主物权与从物权

根据物的主从关系，还可以将物权区分为主物权与从物权。一方面，主物与从物均独立构成一物，区分主物权与从物权的价值，主要在于法律可能基于商业习惯等，从而规定从物权跟随主物权的变动而发生变动；另一方面，从物权有时不一定对应主物权，如抵押权、质权等担保物权，其从属于主债权，往往伴随主债权的变动而变动。

第三节　物权的变动

一、物权的变动的概念

物权的变动，是物权的产生、变更和消灭的总称。从权利主体方面观察，即物权的取得、变更和丧失。由于物权法律关系的特性，不特定的义务人仅负有不非法干涉物权之行使的不作为义务。所以，义务的适当履行表现为尊重物权的现状，即在物权人取得权利时，尊重其权利，在其权利变更后，尊重其变更后的权利；物

权如果消灭，义务人的义务也就不存在了。

物权的产生，即物权人取得物权，它在特定的权利主体与不特定的义务主体之间形成了物权法律关系，并使特定的物与物权人相结合。物权的取得有原始取得与继受取得之分。前者是指不以他人的权利及意思为依据，而是依据法律直接取得物权，如因先占、取得时效取得一物的所有权；后者则是指以他人的权利及意思为依据取得物权，如因买卖、赠与取得物的所有权。继受取得又可分为创设与移转两种方式。创设的继受取得，即所有人在自己的所有物上为他人设定他物权，而由该他人取得一定的他物权，如房屋所有人在其房屋上为他人设定抵押权，则该他人基于房屋所有人设定抵押权的行为取得抵押权。移转的继受取得，即物权人将自己享有的物权以一定法律行为移转给他人，由他人取得该物权，如房屋所有人将房屋出卖或者赠与他人，则该他人根据其出卖或者赠与而取得该房屋的所有权。

物权的变更，有广义和狭义之分。广义的物权的变更，是指物权的主体、内容或者客体的变更。但是严格来讲，物权主体的变更是权利人的更迭，应属物权的取得与丧失的问题。狭义的物权的变更，仅指物权的内容或者客体的变更。物权内容的变更，是指在不影响物权整体属性的情况下物权的范围、方式等方面的变化，如地役权行使方法的改变、抵押权所担保的主债权的部分履行等。物权客体的变更则是指物权标的物所发生的变化，如所有权的客体因附合而有所增加，抵押权的客体因一部灭失而有所减少。

物权的消灭，从权利人方面观察，即物权的丧失，可以分为绝对的消灭与相对的消灭。绝对的消灭是指物权本身不存在了，即物权的标的物不仅与其主体相分离，而且他人也未取得其权利，如所有权、抵押权因标的物灭失而消灭。相对的消灭则是指原主体权利的丧失和新主体权利的取得，如因出卖、赠与等行为，使一方丧失所有权而另一方取得所有权。严格地说，物权的相对消灭并非物权消灭的问题，而应当属于物权的继受取得或主体变更的问题。

二、物权的变动的原则

物权是对物进行直接支配的权利，具有优先权和物上请求权的效力。基于物权这样的性质，如果不以一定的可以从外部查知的方式表现物权的产生、变更、消灭，必然纠纷不已，难以保证交易的安全，因此民法上对于物权的变动，就需要有公示原则和公信原则。

（一）公示原则

公示原则要求物权的产生、变更、消灭，必须以一定的可以从外部查知的方式表现出来。否则，因为物权具有排他的性质，如果没有通过公示方式将物权的变动表现出来，就会给第三人带来不测的损害，影响交易的安全。例如，在房屋上设定抵押权，如果不以一定的方式表现出该抵押权的存在，那么，不知该抵押权存在的购买该房屋的第三人就可能蒙受损害。因此，民法上关于物权的变动，以登记为不动产物权变动的公示方法，以交付为动产物权变动的公示方法。

对于基于不同法律事实发生的物权变动，公示原则具有不同的意义。对于基于民事法律行为发生的物权变动，原则上非经公示不发生物权变动的效果。而对于基于民事法律行为以外的原因发生的物权变动，不经公示虽然可以发生物权变动的效果，但是在公示完成之前，当事人不得处分之，如因继承、法院判决、事实行为等发生的物权变动。

以登记为不动产物权变动的公示方法，从各国立法例考察，始于抵押权制度。虽然不动产登记制度会受地域的限制，其记载的内容也未必全然翔实，更由于现代社会商品经济的发展，物权的变动频繁，且地域范围越来越广，登记制度未必能充分起到公示不动产物权变动的作用。但是，人们毕竟可以通过登记了解物权变动的事实，不动产登记制度在很大程度上起着维护不动产交易安全的作用。

交付为动产物权变动的公示方法，这是因为动产物权变动不仅容易而且频繁，无法一一以登记的方法公示之，只能用移转占有这一手段来表现动产物权的变动。而且，在现代社会经济发展的条件下，时间和效率成为经济发展的一个重要因素，为保证交易的迅速进行，民法上还有简易交付、占有改定、指示交付等方法作为现实交付的补充。可见，从经济发展的需要来看，交付可以作为动产物权变动的有效的公示方法。

（二）公信原则

物权的变动以登记或者交付为公示方法，当事人如果信赖这种公示而为一定的行为（如买卖、赠与），即使登记或者交付所表现的物权状态与真实的物权状态不相符合，也不能影响物权变动的效力。公信原则包括两方面的内容：其一，记载于不动产登记簿的人推定为该不动产的权利人，动产的占有人推定为该动产的权利人，除非有相反的证据证明。这称为“权利的正确性推定效力”。其二，凡善意信赖公示的表象而为一定的行为，在法律上应当受到保护，保护的方式就是承认发生物权变动的效力。

物权的变动之所以要有公信原则，是因为仅贯彻公示原则，在进行物权交易时，固然不必顾虑他人主张未公示的物权，免受不测的损害，但公示所表现的物权状态与真实的物权状态不相符合的情况，在现实生活中也是存在的。如果法律对这种情形无相应的措施，当事人一方也会因此而遭受损失。例如，假冒房屋所有人进行移转房屋所有权的登记，家电的借用人将其出卖，等等。如果在物权交易中都得先一一进行调查，必然十分不便。在物权变动中贯彻公信原则，使行为人可以信赖登记与交付所公示的物权状态，进行交易，而不必担心其实际权利的状况。可见，公信原则的目的在于保护交易的安全，稳定社会经济秩序，但有时不免会牺牲真正权利享有人的利益，这是法律为促进社会经济发展，在权利人的个人利益与社会利益之间进行均衡、选择的结果。

我国《民法典》第311条第1款、第2款规定：“无处分权人将不动产或者动产转让给受让人的，所有权人有权追回；除法律另有规定外，符合下列情形的，受让人取得该不动产或者动产的所有权：（一）受让人受让该不动产或者动产时是善意；（二）以合理的价格转让；（三）转让的不动产或者动产依照法律规定应当登记的已经登记，不需要登记的已经交付给受让人。受让人依据前款规定取得不动产或者动产的所有权的，原所有权人有权向无处分权人请求损害赔偿。”另外，《民法典》第311条规定的是善意取得制度，但其趣旨却与公信原则存在交叉。

综上所述，对于物权的变动，应采取公示原则，对于不动产以登记为公示方法，对于动产以交付为公示方法；应采取公信原则，对于动产给予交付（占有）公信力，对于不动产给予登记公信力。公示原则在于使人“知”，公信原则在于使人“信”。如此，一般而言，物权的变动本来应当是在事实和形式上都是真实的，才会产生效力。但是，由于这两个原则被采用的结果，就会发生即使事实上已经完成让与合意，但形式上没有采取公示方法（没有进行产权转让登记），仍然不发生物权变动的效力。反之，如果形式上已经履行变动手续（如已登记），但事实上并无真正让与的合意，却仍然发生变动的效果。前述情形初看起来于理不合，却是法律根据物权本身的特点，为保护交易的安全和快捷，稳定社会经济秩序采取的措施。

另外，作为一般原则的例外，还存在一些中间状态，这也是现代法上的一个重要趋势。一方面，不动产物权变动并非一概仅采取登记要件主义（如不动产抵押权自登记时设立），我国《民法典》在土地承包经营权等不动产物权变动领域采取了登记对抗主义（未经登记，不得对抗善意第三人），而登记对抗主义下是否应当赋予登记以普遍的公信力，对于善意取得制度的适用有一定影响。另一方面，在动产领域的物权变动也已兼采登记对抗主义和登记要件主义，比如我国《民法典》规定特殊动产（船舶、航空器、机动车）物权变动采登记对抗主义，对于权利质权采取登记要件主义。

三、物权变动模式

在大陆法系国家，关于物权变动，具有如下几种模式：一是意思主义。它是指仅凭当事人的债权意思(如当事人达成合意)，就发生物权变动的效力，而不需以登记或交付为其成立或生效要件。二是形式主义。它是指除债权意思以外，当事人还必须履行登记或交付的法定方式，才能发生物权变动效力。形式主义又分为物权形式主义和债权形式主义。所谓物权形式主义，是指物权变动法律效果的发生，除债权意思以外，还必须有物权变动的意思表示，并履行登记或交付的法定方式。所谓债权形式主义，是指物权变动法律效果的发生，除债权意思以外，还必须履行登记或交付的法定方式，但是并不需要作出物权变动的意思表示。

我国《民法典》第209条第1款规定："不动产物权的设立、变更、转让和消灭，经依法登记，发生效力；未经登记，不发生效力，但是法律另有规定的除外。"第224条规定："动产物权的设立和转让，自交付时发生效力，但是法律另有规定的除外。"基于此，理论界的有力观点认为，我国关于物权变动模式是合意加公示的模式，实际上确立了一种以债权形式主义为原则，以公示对抗主义为例外的二元物权变动模式。进而认为，我国《民法典》物权编所规定的物权变动公示方法虽然是物权变动的条件，但从我国《民法典》物权编的规定来看，并没有将其规定为物权合同，而只是将其规定为物权变动的公示方法；基于此，理论界的有力观点认为，我国《民法典》没有采纳德国的物权行为理论。

四、物权变动的原因

物权法律关系作为一种民事法律关系，会因一定的法律事实而产生或消灭。而作为主体所享有的权利，物权也会因法律事实而取得或丧失。这些引起物权取得或丧失的法律事实，正是物权取得或丧失的原因，可以将其划分为两类，即民事法律行为和民事法律行为以外的原因。了解这些原因，对于明确物权的归属、判断财产的权利状态都具有十分重要的意义。

（一）物权的取得

能够引起物权取得的法律事实主要有以下几项：

1.民事法律行为。这是取得物权的最常见的法律事实。例如，因买卖、互易、赠与、遗赠等行为取得所有权，通过物的所有人与其他人的设定行为为他人设定抵押权、地役权、质权等他物权。另外，根据我国《民法典》第320条的规定，主物转让的，从物随主物转让，但当事人另有约定的除外。

2.民事法律行为以外的原因。主要有：

（1）因取得时效取得物权。值得注意的是，基于对国有资产保护等的政策考量，我国《民法典》未规定取得时效制度。

（2）因征收或者没收取得物权。比如，我国《民法典》第243条规定："为了公共利益的需要，依照法律规定的权限和程序可以征收集体所有的土地和组织、个人的房屋以及其他不动产。征收集体所有的土地，应当依法及时足额支付土地补偿费、安置补助费以及农村村民住宅、其他地上附着物和青苗等的补偿费用，并安排被征地农民的社会保障费用，保障被征地农民的生活，维护被征地农民的合法权益。征收组织、个人的房屋以及其他不动产，应当依法给予征收补偿，维护被征收人的合法权益；征收个人住宅的，还应当保障被征收人的居住条件。任何组织或者个人不得贪污、挪用、私分、截留、拖欠征收补偿费等费用。"

（3）因法律的直接规定取得物权（如留置权）。如留置权并非基于约定之民事法律行为产生，而是基于法律的直接规定。

（4）因附合、混合、加工取得所有权。《民法典》物权编相较于《物权法》，增加了对添附制度的规定。

（5）因继承取得物权。如《民法典》第230条规定，因继承取得物权的，自继承开始时发生效力；当然，本条需要结合继承编，进行进一步的法律适用。基于法定继承取得被继承人的遗产，是非基于民事法律行为的物权取得；基于遗嘱或遗赠扶养协议取得遗产，理论上存在一定争议，宜归入死因行为。

（6）因拾得遗失物、发现埋藏物取得所有权。对拾得遗失物和发现埋藏物，我国《民法典》有较为详尽的规定。

（7）因合法建造取得物权。如《民法典》第231条规定，因合法建造、拆除房屋等事实行为设立或者消灭物权的，自事实行为成就时发生效力。

（8）因人民法院、仲裁机构的法律文书取得物权。如《民法典》第229条规定，因人民法院、仲裁机构的法律文书或者人民政府的征收决定等，导致物权设立、变更、转让或者消灭的，自法律文书或者征收决定等生效时发生效力。再如，最高人民法院《关于适用〈中华人民共和国民法典〉物权编的解释（一）》[以下简称《物权编解释（一）》]第7条规定："人民法院、仲裁机构在分割共有不动产或者动产等案件中作出并依法生效的改变原有物权关系的判决书、裁决书、调解书，以及人民法院在执行程序中作出的拍卖成交裁定书、变卖成交裁定书、以物抵债裁定书，应当认定为民法典第二百二十九条所称导致物权设立、变更、转让或者消灭的人民法院、仲裁机构的法律文书。"

（9）孳息的所有权取得。如《民法典》第321条规定："天然孳息，由所有权人取得；既有所有权人又有用益物权人的，由用益物权人取得。当事人另有约定的，按照约定。法定孳息，当事人有约定的，按照约定取得；没有约定或者约定不明确的，按照交易习惯取得。"

（二）物权的消灭

能够引起物权消灭的法律事实主要有以下几项：

1.民事法律行为。

（1）抛弃。这是以消灭物权为目的的单方民事法律行为。抛弃只要权利人一方作出意思表示即生效力，故抛弃是一种单方民事法律行为。抛弃的意思表示不一定向特定人为之，只要权利人抛弃其占有、表示其抛弃的意思，即发生抛弃的效力。但他物权的抛弃，须向因抛弃而受利益的人为意思表示；不动产物权的抛弃，还须办理注销登记才发生效力。

原则上物权一经权利人抛弃即归消灭，但是，如果物权的抛弃会妨害他人的权利，则物权人不得任意抛弃其权利。例如，农村承包经营户的承包经营权，因有对农村集体组织的义务，所以不能随意抛弃，以免损害农村集体组织的权利。

（2）合同。这是指当事人之间关于约定物权存续的期间，或者约定物权消灭的意思表示一致的民事法律行为。在合同约定的期限届满或约定物权消灭的合同生效时，物权即归于消灭。例如，债务人将其建设用地使用权抵押后，经与抵押权人协商，另以价值相当的房产作抵押，消灭原来的建设用地使用权抵押。

2.民事法律行为以外的原因。

（1）标的物灭失。物权的标的物如果在生产中被消耗、在生活中被消费，如油料燃烧、食物被吃掉、汽车报废，或者标的物因其他原因灭失，如地震、大火导致房屋倒塌、烧毁。在这些情况下，由于标的物不存在了，因而该物的物权也就不存在了。唯一应注意的是，标的物虽然毁损，但是对于其残余物，原物的所有人仍然享有所有权。如房屋坍塌，房屋所有权虽然消灭，但所有人基于所有权的效力，取得砖土瓦木等动产所有权。另外，由于担保物权的物上代位性，在担保标的物灭失或毁损时，担保物权续存于保险金、赔偿金等经济上的替代物之上。

（2）法定期间的届满。在法律对他物权的存续规定了期间时，该期间届满，则物权消灭。

（3）混同。这是指法律上的两个主体资格归属于一人，无并存的必要，一方为另一方所吸收的关系。混同有债权与债务的混同和物权的混同，这里限于物权的混同。物权的混同，是指同一物的所有权与他物权归属于一人时，其他物权因混同而消灭。例如，甲在其房屋上为乙设定抵押权，后来乙购买了该栋房屋取得其所有权，则所有权与抵押权同归于乙一人，抵押权消灭。另外，物权的混同还指所有权以外的他物权与以该他物权为标的之权利归属于一人时，其权利因混同而消灭。例如，甲对乙的土地享有建设用地使用权，甲在其建设用地使用权上为丙设定了抵押权，后来丙因某种原因取得了甲的建设用地使用权，这时建设用地使用权与以该建设用地使用权为标的的抵押权归属于丙一人，抵押权消灭。

物权因混同而消灭，是为原则。但在一些特定的情况下，物权虽混同也不消灭。同一物的所有权与他物权归属于一人时，如果对于所有人有法律上的利益，或者对于第三人有法律上的利益时，他物权可不因混同而消灭。例如，甲将其所有的房屋先抵押给乙，然后又抵押给丙，乙为第一顺位的抵押权人，丙为第二顺位的抵押权人，以后如果甲取得乙的抵押权，依混同消灭的原则，使乙的抵押权消灭，则甲就可能因丙升为第一顺位的抵押权人受到损害，所以从甲的利益出发，乙的抵押权可不因混同而消灭。

同样，作为一般原则的例外，以他物权为标的的权利，其存续对于权利人或第三人有利益时，也可不因混同而消灭。例如，甲与乙对于丙的建设用地使用权都有抵押权，甲为第一顺位抵押权人，乙为第二顺位抵押权人，以后甲因某种关系取得了丙的建设用地使用权，这时建设用地使用权与以该建设用地使用权为标的的抵押权归属于一人，如依混同一般原则，甲的抵押权应该消灭，但这会影响甲的利益，所以甲的抵押权可以不消灭。

案例分析　能力训练

五、物权的公示

基于物权的法律特性，公示原则要求物权的产生、变更、消灭，必须以一定的可以从外部查知的方式表现出来。《民法典》等相关法律法规，亦规定以交付、登记作为物权变动的公示方法。

（一）交付

所谓交付，即移转占有。譬如，出卖人将标的物交付给买受人，就是将对物的占有移转给买受人。近代以来，大多数国家在法律上都确认交付为动产物权变动的公示方法，将动产的占有人推定为权利人。一般而言，交付是占有的现实转移，出于交易便捷的考虑，各国立法上还承认观念交付，作为对现实交付的补充。

以交付作为公示方法是为一般原则，但是对于船舶、飞行器和机动车等特殊动产，法律规定以登记作为物权变动的对抗要件，即非经登记，关于这些特别动产的物权变动不能对抗善意第三人。

关于交付的法律效果，大陆法系各国民法立法例有两种做法：

1.交付对抗主义。此主义以移转占有为物权的公示方法，即在移转占有前，动产物权的变动仅在当事人间发生效力，但不产生对抗第三人的效力。例如，甲将财产出卖给乙，在交付前又出卖给丙，则乙不能要求丙返还财产，而只能请求甲交付财产或赔偿损失。《法国民法典》和《日本民法典》采此主义。

2.交付要件主义。此主义以移转占有为物权变动的生效要件，即在移转占有前，物权的变动不仅不能对抗第三人，在当事人之间也不产生效力。例如，甲与乙订立了买卖合同，在甲将财产交付于乙之前，甲仍然享有财产的所有权。《德国民法典》采此主义。

根据我国《民法典》第224条的规定，动产物权的设立和转让，自交付时发生效力，但法律另有规定的除外。

交付通常是指现实交付，即直接占有的移转。随着商品经济的发展，为了交易上的便利，发展出一些变通的交付方法，称为观念交付，主要有：

1.简易交付，即受让人已经占有动产，如受让人已经通过寄托、租赁、借用等方式实际占有了动产，则于物权变动的合意成立时，视为交付。这是因为标的物已经为受让人实际占有，如果要使其先将物返还给出让人，再由出让人交付给受让人，纯属徒劳。因此，我国《民法典》第226条规定，动产物权设立和转让前，权利人已经占有该动产的，物权自民事法律行为生效时发生效力。

2.占有改定，即动产物权的让与人与受让人之间特别约定，标的物仍然由出让人继续占有，由此，在物权让与的合意成立时，即视为交付，而受让人取得间接占有。所以，我国《民法典》第228条规定，动产物权转让时，当事人又约定由出让人继续占有该动产的，物权自该约定生效时发生效力。例如，甲将其所有的书卖给乙，按一般情形，只有在甲将该书交给乙时才发生所有权移转的效力，但甲还想留书阅读，这时甲可以占有改定的方式使乙取得间接占有，以代替现实交付。

3.指示交付（精确而言，为返还原物请求权之让与），即动产由第三人占有时，出让人将其对于第三人的返还请求权让与受让人，以代替交付。我国《民法典》第227条规定，动产物权设立和转让前，第三人占有该动产的，负有交付义务的人可以通过转让请求第三人返还原物的权利代替交付。例如，甲将其已对外出租的家具卖给乙，但是由于租赁期限未满，暂时无法收回，甲可以把其对家具的返还请求权让与乙，以代替现实交付。

4.拟制交付，即出让人将标的物的权利凭证（如仓单、提单）交给受让人，以代替物的现实交付。这时如果标的物仍由出让人或第三人占有，受让人则取得该物的间接占有。

在现实生活中，交付的方式是多种多样的，不可能将其全部罗列出来，应当根据法律的规定、合同的约定、交易上的习惯及其他具体情况确定标的物是否交付。

（二）登记

登记作为不动产物权的公示方法，是将物权变动的事项登载于特定机构的簿册上。相比动产而言，不动产具有价值大、稀缺性较高的特点，因而围绕特定不动产发生的交易关系相对较多，单凭占有不足以表征不动产上的权利归属关系。因而需要通过不动产登记，由专门的登记机关，依照法定的程序，对不动产上的权利及其变动进行登记，向社会公开以供查阅，便利不动产交易的进行，并保护交易安全。

关于登记的法律效果，大陆法系各国民法立法例主要有两种：

1.登记对抗主义。此主义以登记作为公示不动产物权状态的方法。不动产物权的变动，依当事人间的合意即产生法律效力。但是，非经登记，不能对抗第三人。法国法采此主义。我国对船舶、飞行器和机动车等特殊动产的物权变动也采登记对抗主义，即物权变动自交付时起发生，但未经登记不得对抗善意第三人。司法实践中，关于该善意第三人的确认，《物权编解释（一）》第6条尝试排除转让人的债权人，即“转让人转移船舶、航空器和机动车等所有权，受让人已经支付合理价款并取得占有，虽未经登记，但转让人的债权人主张其为民法典第二百二十五条所称的‘善意第三人’的，不予支持，法律另有规定的除外”。

2.登记要件主义。此主义以登记作为不动产物权变动的要件。不动产物权的变动除当事人间的合意外，还要进行登记。非经登记，不仅不能对抗第三人，而且在当事人间也不发生效力。德国法采此主义。

我国《民法典》第209条规定：“不动产物权的设立、变更、转让和消灭，经依法登记，发生效力；未经登记，不发生效力，但是法律另有规定的除外。依法属于国家所有的自然资源，所有权可以不登记。”第210条规定：“不动产登记，由不动产所在地的登记机构办理。国家对不动产实行统一登记制度。统一登记的范围、登记机构和登记办法，由法律、行政法规规定。”

当事人申请登记，应当根据不同登记事项提供权属证明和不动产界址、面积等必要材料。

登记机构应当履行下列职责：(1)查验申请人提供的权属证明和其他必要材料；(2)就有关登记事项询问申请人；(3)如实、及时登记有关事项；(4)法律、行政法规规定的其他职责。申请登记的不动产的有关情况需要进一步证明的，登记机构可以要求申请人补充材料，必要时可以实地查看。

登记机构不得有下列行为：(1)要求对不动产进行评估；(2)以年检等名义进行重复登记；(3)超出登记职责范围的其他行为。

当事人之间订立有关设立、变更、转让和消灭不动产物权的合同，除法律另有规定或者合同另有约定外，自合同成立时生效；未办理物权登记的，不影响合同效力。不动产物权的设立、变更、转让和消灭，依照法律规定应当登记的，自记载于不动产登记簿时发生效力。不动产登记簿是物权归属和内容的根据。不动产登记簿由登记机构管理。

不动产权属证书是权利人享有该不动产物权的证明。不动产权属证书记载的事项，应当与不动产登记簿一致；记载不一致的，除有证据证明不动产登记簿确有错误外，以不动产登记簿为准。当事人有证据证明不动产登记簿的记载与真实权利状态不符、其为该不动产物权的真实权利人，请求确认其享有物权的，应予支持。

权利人、利害关系人可以依法申请查询、复

制不动产登记资料，登记机构应当提供。同时，利害关系人不得公开、非法使用权利人的不动产登记资料。

不动产登记费按件收取，不得按照不动产的面积、体积或者价款的比例收取。

此外，还有几种登记制度，其直接目的不在于发生不动产物权的变动，而是为了使不动产登记簿的记载反映真实的物上权利归属，如更正登记与异议登记；或者是为了保全一项以不动产物权变动为目的的请求权，如预告登记。具体而言：

1.更正登记与异议登记。权利人、利害关系人认为不动产登记簿记载的事项错误的，可以申请更正登记。不动产登记簿记载的权利人书面同意更正或者有证据证明登记确有错误的，登记机构应当予以更正。不动产登记簿记载的权利人不同意更正的，利害关系人可以申请异议登记。登记机构予以异议登记，申请人在异议登记之日起15日内不提起诉讼的，异议登记失效。异议登记不当，造成权利人损害的，权利人可以向申请人请求损害赔偿。

就具体适用而言，关于更正登记，《物权编解释（一）》第2条规定，“当事人有证据证明不动产登记簿的记载与真实权利状态不符、其为该不动产物权的真实权利人，请求确认其享有物权的，应予支持”；关于异议登记，《物权编解释（一）》第3条规定，“异议登记因民法典第二百二十条第二款规定的事由失效后，当事人提起民事诉讼，请求确认物权归属的，应当依法受理。异议登记失效不影响人民法院对案件的实体审理”。

2.预告登记。预告登记，又称为假登记，是指为保全一项旨在取得、变更和消灭不动产物权的请求权，限制债务人重复处分该不动产而为的登记。例如，在房屋预售买卖中，买卖双方签订预售合同，买方依约有权请求卖方在房屋建成之后交付房屋并办理登记，这在性质上属于债权，不具有对抗第三人的效力。为了保障将来取得房屋所有权，买方可以依法办理预告登记，使其发生对抗第三人的效力，以限制卖方再行处分房屋。我国《民法典》第221条规定：“当事人签订买卖房屋的协议或者签订其他不动产物权的协议，为保障将来实现物权，按照约定可以向登记机构申请预告登记。预告登记后，未经预告登记的权利人同意，处分该不动产的，不发生物权效力。预告登记后，债权消灭或者自能够进行不动产登记之日起九十日内未申请登记的，预告登记失效。”就具体适用范围而言，《物权编解释（一）》第4条规定：“未经预告登记的权利人同意，转让不动产所有权等物权，或者设立建设用地使用权、居住权、地役权、抵押权等其他物权的，应当依照民法典第二百二十一条第一款的规定，认定其不发生物权效力。”就“债权消灭”的含义，《物权编解释（一）》第5条规定：“预告登记的买卖不动产物权的协议被认定无效、被撤销，或者预告登记的权利人放弃债权的，应当认定为民法典第二百二十一条第二款所称的‘债权消灭’。”

最后，当事人提供虚假材料申请登记，给他人造成损害的，应当承担赔偿责任。因登记错误，造成他人损害的，登记机构应当承担赔偿责任。登记机构赔偿后，可以向造成登记错误的人追偿。

（三）其他

动产通过交付实现物权变动，不动产通过登记实现物权变动，且作为原则的例外，特殊动产（船舶等）物权和特殊不动产物权（土地承包经营权等）采登记对抗主义，权利质权等担保物权又采登记要件主义。此外，《民法典》物权编还规定了一些取得物权的特殊情形，具体而言：（1）因人民法院、仲裁机构的法律文书或者人民政府的征收决定等，导致物权设立、变更、转让或者消灭的，自法律文书或者征收决定等生效时发生效力（第229条）；（2）因继承取得物权的，自继承开始时发生效力（第230条）；（3）因合法建造、拆除房屋等事实行为设立或者消灭物权的，自事实行为成就时发生效力（第231条）。

对于因上述法律文书、征收决定、继承、事实行为等取得物权，随后再行处分的，同样践行登记要件主义，即“依照法律规定需要办理登记的，未经登记，不发生物权效力”。只不过，在其处分之前，完全认可其物权效力。具体司法实践中，《物权编解释（一）》第8条即强调：“依据民法典第二百二十九条至第二百三十一条规定享有物权，但尚未完成动产交付或者不动产登记的权利人，依据民法典第二百三十五条至第二百三十八条的规定，请求保护其物权的，应予支持。”

第四节　物权的保护

物权的保护，是指通过法律规定的方法和程序保障物权人在法律许可的范围内对其财产行使占有、使用、收益、处分权利的制度。这是物权法律制度的必不可少的组成部分。权利是受国家法律保障的，具有不可侵犯的性质；侵犯他人的权利，就要承担一定的法律责任。物权同一切权利一样，必须要由国家强制力保障其不受侵犯。

保护物权实质是保护被侵犯的权利，物权保护制度就是对被侵犯的物权适用的法律规定。因此，用法律规定的方法和程序保护物权，往往是以侵犯物权的违法行为的存在为前提的。在实际生活中，侵犯物权的性质各异：有的是违反民事法律的民事违法行为，有的是违反行政法规的行政违法行为，有的是触犯刑律的犯罪行为。所以保护物权不是某一个法律部门的任务，而是各个法律部门的共同任务。针对侵犯物权的不同行为，各个法律部门从不同的角度适用不同的方法保护物权人的权利。例如，行政法是通过行政程序保护物权，而刑法则是通过刑事诉讼程序用刑罚的方法对严重侵犯物权的行为予以刑事制裁。

物权的民法保护，按是否通过民事诉讼程序可以分为两种：一是物权的自我保护，传统民法上称为自力救济；二是通过民事诉讼程序对物权的保护，传统民法上称为公力救济。物权的自我保护，是指所有人行使其物权受到侵害时依法享有的请求权，即物权人在其物权受到侵害后，依据民法的规定，请求侵害人为一定的行为。这时，如果侵害人依物权人的请求为了一定的行为，如返还原物、赔偿损失，物权人的权利就得到了保护。可见，物权人行使请求权而保护其物权，是保护物权的一个重要方法。通过民事诉讼程序对物权的保护，是物权人在其所有权受到侵害时，物权人有权向法院提起民事诉讼，请求法院予以保护，恢复物权人被侵犯的合法权益，包括恢复物权人对其物的占有、使用、收益、处分权能的行使，赔偿物权人因受侵犯而遭受的损失。物权人在其物权受到侵害时，可以直接向侵害人提出请求。如果侵害人没有依物权人的请求为适当行为，物权人则可以向法院提起民事诉讼；物权人也可以直接向法院提起民事诉讼，请求法院保护其物权。

依据《民法典》的相关规定，我国民法对物权的保护有以下几种特殊方法：

1.请求确权。在财产的归属、内容问题发生争议而处于不确定状态的时候，当事人可以向法院提起诉讼，请求确权。确权只能由当事人向法院提出，并通过民事诉讼程序解决。在这一点上与物权人享有的其他请求权不同。确权是一种独立的保护方法，不能以其他方法代替之；同时，确权又是采取其他保护方法的最初步骤。在财产归属问题未得到确定时，其他的保护方法也就无从适用。例如，甲将一部分财产寄存于乙处，乙死亡后其继承人将这部分财产作为遗产继承，在甲向乙的继承人请求返还其寄存的财产时，乙的继承人认为这部分财产应属于乙所有，在乙死亡后由他们继承取得所有权，因而拒绝返还。这里首先应当确定所有权的归属问题，然后才能确定是否应当返还：如果确定财产属于甲所有，则乙的继承人应当将这部分财产返还给甲；如果不能确认甲的所有权，则甲就无权请求返还。我国司法实践中一般都是首先确定所有权的归属问题，然后再根据所有权的确认，按所有权被侵犯的情况，采取其他的保护方法。

2.请求恢复原状。物权人的财产因受非法侵害遭到损坏时，权利人可以请求修理、重作、更换或者恢复原状。

恢复原状一般是通过修理或其他方法使财产在价值和使用价值上恢复到财产受损害前的状态。例如，甲将乙的汽车损坏了，乙可以请求甲予以修复，其费用由甲承担。有一种观点认为恢复原状不仅要在实际上可能，而且要在经济上合理；否则，就不应该采取这种方式。这种观点是值得商榷的。固然民法上的物大部分都有金钱价值，但也有一部分物的价值并不是可以用金钱来衡量的。如一些有纪念意义的物品，对于特定的当事人而言，可能非常重要，而对其他人来讲可能并没有什么价值，对于这类物品来讲，更应强调的是恢复原状，才能充分保护所有人的权益。因此，如果被损坏的财产客观上有恢复原状的可能，所有人对于财产的恢复原状有特殊利益（如纪念意义），并且所有人要求恢复原状的，侵害人就应当恢复财产的原状，而不能只强调经济上的合理性。

3.请求返还原物。物权人在其所有物被他人非法占有时，可以向非法占有人请求返还原物，或请求法院责令非法占有人返还原物。只要能够返还原物的，就必须返还原物，不能用其他的方法如金钱赔偿来代替。

物权人只能向没有法律依据而侵占其物的人即非法占有人请求返还。这里的非法占有是指占有人占有财产没有法律上的依据，并不一定是指占有人取得手段上的违法或主观上的过错。例如，从小偷那里购得赃物的公民，虽然他不知道是赃物，但他仍然是非法占有人。

物权人对于合法占有人在合法占有期间不能请求返还原物。例如，房屋所有人与他人签订租赁合同将房屋出租，在承租期限届满以前，房屋所有人不能请求承租人返还原物。

由于返还原物的目的是要追回脱离所有人占有的财产，因此要求返还原物的，应当是特定物，即具有独立性的物，是不能以其他物代替的物，如一幢房屋、一幅名画。如果被非法占有的是种类物，即具有一类共同特征，可以用品种、规格或度量衡加以确定的物，就不能要求返还原物，而只能要求赔偿损失，或者要求返还同种类及同质、同量的物。例如，被小偷偷去了10元，就只能请求返还等值的人民币，无论是1张10元的还是10张1元的。当然，物品是从种类物中分离出来的，已经具有了特定化的性质，就可以请求返还原物。例如，只要能够证明小偷现在占有的正是被偷窃的10袋水泥，那么，这时的财产就是特定的，失主自然可以请求返还。

由于财产所有人请求返还的是原物而不是代替物，因此原物必须存在。这是适用这种保护方法的前提。如果原物已经灭失，就只能请求损害赔偿。

4.请求排除妨害、消除危险。物权人虽然占有其物，但由于他人的非法行为，致使物权人无法充分地行使占有、使用、收益、处分权能时，物权人可以请求侵害人排除妨害，或者请求法院责令侵害人排除妨害。这种保护方法可以体现为请求侵害人排除妨害行为，如停止往他人承包经营之耕地上排注污水；以侵害人的力量或资金排除所造成的侵害，如令侵害人搬走搁置在所有人房屋门口的物品。

物权人不但对于已经发生的妨害可以请求排除，而且对于尚未发生但确有发生危险的妨碍也可以请求有关的当事人采取预防措施加以防止。例如，房屋有倾倒的危险，威胁邻人房屋的安全，邻人有权请求加固、支撑甚至拆除，这样可以预防可能造成的损失，进一步保护物权人的合法权益。

物权人请求排除的妨害所有权的行为应是违法行为，对于他人的合法行为产生的妨害不能请求排除。例如，所有人对于邻人依相邻关系的法律规定在其土地上所为的行为，如必要之通行、正常埋设管线等，虽然妨害其所有权的行使，但所有人有容忍的义务，不得请求排除之。

物权人只有对于与履行物权人与侵害人之间的合同义务无关的妨碍才可以请求排除之。例如，房屋所有人甲与乙签订了承揽合同，约定由乙修缮甲的房屋，但乙无故中途停止已经开始的修缮工作，因而妨碍甲居住房屋。这时甲只能根据承揽合同请求乙履行合同，而不能依其对于房屋的所有权提起排除妨害的诉讼。

5.请求损害赔偿。物权人的财产因他人的不法侵害而毁损、灭失时，物权人有权请求侵害人赔偿损失，或者请求人民法院责令侵害人赔偿损失。

损害赔偿是对不法侵害造成的财产的毁损、灭失，依原物的价值折合货币进行赔偿。这里又分为两种情况：一种情况是因侵害人的侵权行为，而致财产不能返还或全部毁损的，如财产被侵害人非法让与受法律保护的善意第三人，或房屋被烧毁，这时侵害人就要依财产的全部价值予以赔偿。另一种情况就是财产受到侵害，但在现有情况下仍有使用的可能，这时侵害人就要按照财产减损的价值进行赔偿。例如，房屋失火，但消防队及时赶到将火扑灭，房屋虽经修缮仍能居住，但房屋的价值明显减耗，对此，房屋的所有人有权要求侵害人对房屋价值减损部分进行赔偿。

确权、恢复原状、返还原物、排除妨害、消除危险和损害赔偿，这六种保护方法是物权的最基本的保护方法。其中，返还原物、排除妨害和消除危险是典型的物权式保护方法，而损害赔偿则是债权式保护方法。两者的主要区别是：物权式保护方法主要是使所有人能够充分地行使占有、使用、收益、处分权能，恢复所有人对其所有物的权利的行使；而债权式保护方法则主要是补偿所有人受到的财产损失，以保护所有人的合法权益。另外，这两种保护方法的构成要件不同：债权式保护方法必须是侵害人的行为已经造成了实际的损害，即财产价值的灭失或减少；而物权式保护方法，原则上不以此为要件。

在物权受到侵害时，应当首先考虑运用物权的保护方法；在物权的保护方法不适用或不够用时，再考虑适用债权的保护方法。同时，这些保护方法又是互相联系、互相补充的，根据所有权受到侵害的不同情况，既可以采取其中一种保护方法，也可以同时采取几种保护方法。例如，李四将张三存放于己处的电视机据为己有，并损坏了部分零件，这时张三有权请求法院确认其对于电视机的所有权，并请求返还电视机（返还原物），还可要求对损坏的部分予以修复（恢复原状）；如果电视机的价值因此而有所减损，张三还可请求赔偿损失。

确权、恢复原状、返还原物、排除妨害、消除危险和损害赔偿是物权的民法保护方法，既可以单独适用，也可以与其他保护方法并用，只有这样，才能使物权得到切实的保护。在物权受到侵害时，不能因侵害人受到了刑事制裁或行政处分而免除其民事责任。例如，甲蓄意烧毁了乙的五间房屋，造成的损失很大。在法院对甲进行刑事审理的过程中，乙还可以对这五间房屋的损失及其他损失，如烧毁的家具，提起附带民事诉讼，请求赔偿。同时，不能因为侵害人承担了民事责任而免除其他法律责任。对于严重侵害国家、集体、个人财产权利的，除应当适用民法的保护方法外，有关的国家机关、企事业单位可以依法给侵害人以行政纪律处分。如果侵权行为属于违反治安管理行为，公安机关应当根据《治安管理处罚法》按情节轻重对侵害人处以罚款或拘留。在侵害所有权的行为属于触犯刑律的犯罪行为时，还应当依《刑法》的规定给侵害人以刑事制裁。

【本章主要法律规定】

1.《民法典》第114～117条、第205～239条

2.最高人民法院《关于适用〈中华人民共和国民法典〉物权编的解释（一）》第2～8条

第八章 所有权

本章主要内容提示

1.所有权的内容包括占有、使用、收益和处分。

2.所有权可分为国家所有权、集体所有权和私人所有权;还可分为自然人所有权、法人所有权和非法人组织所有权;单独所有权和共有。

3.业主的建筑物区分所有权的内容包括:专有部分的单独所有权、共有部分的共有权和业主的管理权。

4.相邻不动产的所有权或使用人在各自行使自己的合法权利时,都要尊重他方所有人或使用人的权利,相互间给予一定的方便或接受一定的限制。

5.共有分为按份共有与共同共有。按份共有人依照其份额对共有物进行占有、使用、收益。应当注意按份共有人处分份额与处分共有物的规则差异。共同共有包括夫妻共有财产、家庭共有财产、共同继承的财产和合伙财产;共同共有人的权利及于共有物的全部。

6.所有权的特别取得方法:善意取得、拾得遗失物、发现埋藏物、主物转让时从物所有权的归属与孳息所有权的归属和添附。其中,善意取得制度可适用于动产和不动产,且准用于其他物权;善意取得的构成要件包括出让人无权处分、受让人善意、合理价格转让及符合物权变动生效要件。

第一节　所有权概述

一、所有权的概念和特征

在人们的一般观念中,所有权是指一切为人们所拥有、控制的财产权利,不仅有体物,如土地、房屋、汽车,甚至无体物,如权利,都归自己所有。但是,在法律观念中,所有权是指对于有体物的所有权。将所有权的客体原则上限于有体物,在立法技术上较为科学,在法理上较为严谨。这是所有权与其他财产权相区别的基本界限。否则,如果认为所有权的客体包括无体物,那么债权、专利权、商标权、人身权都是所有权,不仅法律概念缺乏科学性,而且也容易导致法律适用的混乱。

财产所有权是财产所有人在法律规定的范围内,对属于他的财产享有的占有、使用、收益、处分的权利。所有权属于物权，即直接管领一定的物的排他性权利，物权与同属于民事权利的债权构成财产权的两个分类。所有权具有以下的特征：

第一，所有权是绝对权。所有权与债权不同，债权的实现，必须依靠债务人履行债务的行为，主要是作为；所有权不需要他人的积极行为，只要他人不加干预，所有人自己便能实现其权利。所有权关系的义务主体是所有权人以外的一切人，他人所负的义务是不得非法干涉所有权人行使其权利，是一种特定的不作为义务。基于所有权与债权的这种区别，法学上所有权为绝对权，债权为相对权。

第二，所有权具有排他性。所有权属于物权，具有排他的性质。所有权人有权排除他人对于其行使权利的干涉，并且同一物上只能存在一个所有权，而不能并存两个或两个以上的所有权。当然，所有权的排他性并不是绝对的，例如，《民法典》第245条规定，因抢险救灾、疫情防控等紧急需要，依照法律规定的权限和程序可以征用组织、个人的不动产或者动产。被征用的不动产或者动产使用后，应当返还被征用人。组织、个人的不动产或者动产被征用或者征用后毁损、灭失的，应当给予补偿。但是，作为与其他财产权尤其是与债权的区别，所有权的排他的性质还是十分明显的。

第三，所有权是一种最完全的物权。所有权是所有人对于其所有物进行一般的、全面的支配，内容最全面、最充分的物权，它不仅包括对于物的占有、使用、收益，还包括对于物的最终处分权。所有权作为一种最完全的物权，是他物权的源泉。与之相比较，地上权、地役权、抵押权、质权、留置权等他物权，仅仅是就占有、使用、收益某一特定的方面对于物直接管领的权利，只是享有所有权的部分权能。

第四，所有权具有弹力性。所有人在其所有的财产上为他人设定地役权、抵押权等权利，虽然占有、使用、收益甚至处分权都能与所有人发生全部或者部分的分离，但只要没有发生使所有权消灭的法律事实（如转让、所有物灭失），所有人仍然保持着对于其财产的支配权，所有权并不消灭。当所有物上设定的其他权利消灭，所有权的负担除去的时候，所有权仍然恢复其圆满的状态，即分离出去的权能仍然复归于所有权人，这称为所有权的弹力性。

第五，所有权具有永久性。这是指所有权的存在不能预定其存续期间。例如，当事人不能像约定债权债务期限那样，约定所有权只有5年期限，过此期限则所有权消灭。当事人对所有权存续期间的约定是无效的。

二、所有权的内容

所有权的内容，是指财产所有人在法律规定的范围内，对于其所有的财产可以行使的权能。权能是指权利人在实现权利时所能实施的行为。我国《民法典》第240条规定，所有权人对自己的不动产或者动产，依法享有占有、使用、收益和处分的权利。由此可见，所有权的权能包括占有、使用、收益和处分。

（一）占有

占有是所有权人对于财产实际上的占领、控制。这往往是所有权人对于自己的财产进行消费（包括生产性的和生活性的）、投入流通的前提条件。

财产可以由所有人占有，也可以由非所有人占有。所有人占有是指所有人自己在事实上控制自己的财产，直接行使占有权能。例如，自然人对于自己所有的房屋、家具、生活用品的占有，企业对于厂房、机器的占有等。

非所有人的占有，是指所有权人以外的人对于财产的事实上的控制。这种占有可以分为合法占有和非法占有。非所有人的合法占有，是指根据法律规定或者所有人的意思而占有他人的财产，如承租人根据承租合同占有出租人的财产，保管人根据保管合同占有寄存人的财产。非所有人没有法律上的依据而占有他人的财产是非法占有，如小偷占有赃物，未经许可强占他人的房屋等。

非法占有又可以分为善意占有和恶意占有。占有人不知道并且不应当知道其占有是非法的，是为善意占有；占有人知道或应当知道其占有是非法的，即为恶意占有。一般而言，对于他人的非法占有，所有人可排除之，以恢复其占有。但善意占有在法律上要受到一定的保护。例如，在请求返还被非法占有的财产时，对于善意占有人为财产支付的必要费用，所有人应当予以支付；而恶意占有人则无法获得相应支付。

（二）使用

使用是依照物的性能和用途，不毁损其物或变更其性质而加以利用。使用是为了实现物的使用价值，满足人们的需要。例如，使用机器进行生产，使用电视机收看节目，居住房屋，乘坐汽车等。使用权能一般是由所有人自己行使，也可以由非所有人行使。非所有人根据法律或者约定使用他人财产，是为合法使用。例如，国有企业使用由其经营管理的国家财产，承租人依租赁合同使用租赁物等。非所有人无法律依据而使用他人财产，为非法使用。例如，未经允许而居住他人房屋，未经批准在国家或者集体所有的土地上进行建筑等，都是非法使用。

（三）收益

收益，就是收取所有物的利益，包括孳息和利润。孳息分为法定孳息和天然孳息。法定孳息是指依法律关系取得的利益，如利息、租金；天然孳息是指果实、动物的产物以及其他依物的用法收取的利益，如耕种土地收取粮食、采掘矿藏收取矿石。

收益还包括收取物的利润，即把物投入社会生产过程、流通过程所取得的利益。

收益权能一般由所有权人行使，他人使用所有物时，除法律或者合同另有规定外，物的收益归所有人所有。

（四）处分

处分是决定财产事实上和法律上命运的权能。这是所有权内容的核心，是所有权的最基本的权能。处分可以分为事实上的处分和法律上的处分。事实上的处分是在生产或生活中使物的物质形态发生变更或消灭。例如，大米被食用，原材料经过生产成为产品，拆除房屋等。法律上的处分是指依照所有人的意志，通过某种民事法律行为对财产进行处理。例如，将物转让给他人，在物上设定权利（如质权、抵押权），将物抛弃等，都是法律上的处分。

由于处分权能是决定财产命运的一种权能，因此，这一权能通常只能由所有人自己行使，非所有人不得随意处分他人所有的财产。例如，保管人将保管物消耗，承租人将租赁物出卖，都是不允许的，这是侵犯他人所有权的侵权行为。只有在法律特别规定的场合，非所有人才能处分他人所有的财产。例如，旅客在包裹中夹带危险品或者禁运物品，承运人有权依法处理；在加工承揽关系中，定作方超过领取期限不领取定作物，承揽方有权将定作物出卖。

占有、使用、收益和处分四项权能一起构成所有权的内容。完整的所有权包含上述四项权能。但在实际生活中，占有、使用、收益、处分四项权能都能够并且经常地与所有权发生分离，而所有人仍不丧失对于财产的所有权。例如，保管人可以占有交付保管的财产，承租人可以占有、使用租赁物，而行纪人可以占有、处分委托出售的财产。所有权是对财产的统一的和总括的支配权，而不是占有、使用、收益、处分权能的简单总和；并且，财产所有权具有弹力性，与所有权分离的权能一般而言最终要复归于所有权，所以权能与所有权的分离并不意味着所有人丧失了所有权，恰恰相反，这种分离本身正是所有人行使所有权的表现。在实际生活中，所有人正是通过这四项权能的分离和恢复，发挥财产的效益，以满足自己生产和生活的需要。例如，出租人将财产出租给他人，由他人占有、使用，而自己收取租金。

此外，当所有权的行使受到非法干涉时，所有权人可以行使物上请求权，请求行为人返还原物、排除妨害和消除危险，以恢复其对物的支配的圆满状态。这种排除他人非法干涉的权能，即为所有权的消极权能。

第二节 国家所有权、集体所有权、私人所有权与其他所有权

一、所有权的类型概述

根据不同的标准，可以将所有权划分为不同的类型。根据《民法典》的规定，主要有以下两种不同的分类。

（一）国家所有权、集体所有权与私人所有权

国家在社会主义初级阶段，坚持公有制为主体、多种所有制经济共同发展的基本经济制度（《宪法》第6条）。根据马克思主义关于经济基础与上层建筑的原理，经济基础决定上层建筑，所有制的性质决定所有权制度的性质。我国存在三种所有制，即全民所有制、集体所有制和私人所有制，反映在法律上，《民法典》规定了国家所有权、集体所有权和私人所有权。这是以所有制为标准规定的三种类型的所有权。

（二）自然人所有权、法人所有权与非法人组织所有权；单独所有权与共有

国家实行社会主义市场经济，保障一切市场主体的平等法律地位和发展权利。市场主体在民法上表现为民事主体。根据《民法典》的规定，民事主体包括自然人、法人和非法人组织；其中，非法人组织主要是个人独资企业、合伙企业、不具有法人资格的专业服务机构等。物权是民事权利的组成部分，民事主体也就是物权主体。以民事主体为标准，可将所有权分为自然人所有权（或者称个人所有权）、法人所有权与非法人组织所有权三种类型。民法之所有权，又可分为两类，一为单独所有权，二为共有；自然人所有权、法人所有权与非法人组织所有权属于单独所有权。这一分类具有普遍的适用性，除法律另有规定外，适用物权编的各条规定。

二、国家所有权

（一）国家所有权的概念和特征

在我国现阶段，社会主义全民所有制采取国家所有制形式，一切国家财产属于以国家为代表的全体人民所有。因此，《民法典》第246条第1款规定："法律规定属于国家所有的财产，属于国家所有即全民所有。"由此可见，国家所有权是全民所有制在法律上的表现，它是中华人民共和国享有的对国家财产的占有、使用、收益、处分的权利。

（二）国家所有权的主体和国家所有权的行使

国家是国家所有权的主体。《民法典》第246条第2款规定："国有财产由国务院代表国家行使所有权。法律另有规定的，依照其规定。"由于我国幅员辽阔，经济领域广泛，国有财产数量巨大，种类繁多，遍布全国以至世界。因此，国家不可能也没有必要"事必躬亲"，直接或者亲自行使所有权的每项权能。在由国务院代表国家行使所有权的同时，依照法律规定，可以由地方人民政府或有关部门行使有关权利。具体而言：（1）《土地管理法》第5条规定，国务院自然资源主管部门统一负责全国土地的管理和监督工作。县级以上地方人民政府自然资源主管部门的设置及其职责，由省、自治区、直辖市人民政府根据国务院有关规定确定。（2）国家机关对其直接支配的不动产和动产，享有占有、使用以及依照法律和国务院的有关规定处分的权利（《民法典》第255条）。（3）国家举办的事业单位对其直接支配的不动产和动产，享有占有、使用以及依照法律和国务院的有关规定收益、处分的权利（《民法典》第256条）。（4）国家出资的企业，由国务院、地方人民政府依照法律、行政法规规定分别代表国家履行出资人职责，享有出资人权益（《民法典》第257条）。

（三）国家所有权的客体

国家所有权的客体具有广泛性，《民法典》明文规定属于国家所有的财产有两类：

1.法律规定属于国家专有的财产。《民法典》第242条规定："法律规定专属于国家所有的不动产和动产，任何组织或者个人不能取得所有权。"即根据《宪法》和法律的规定，有些财产只能作为国家所有权的客体，即国家专有，而不能成为集体组织、其他组织或个人所有权

的客体。这些财产有:(1)矿藏、水流、海域;(2)无居民海岛;(3)城市的土地;(4)无线电频谱资源;(5)国防资产。

2.法律规定属于国家所有的财产。法律规定属于国家所有的农村和城市郊区的土地;森林、山岭、草原、荒地、滩涂等自然资源属于国家所有,但法律规定属于集体所有的除外;法律规定属于国家所有的野生动植物资源;法律规定属于国家所有的文物;法律规定属于国家所有的铁路、公路、电力设施、电信设施和油气管道等基础设施。

另外,农村集体经济组织全部成员转为城镇居民后,原属于其成员集体所有的土地,以及因国家组织移民、自然灾害等原因,农民成建制地集体迁移后不再使用的,原属于迁移农民集体所有的土地,属于国家所有。

除此之外,国家为了公共利益的需要,依照法律规定的权限和程序可以征收集体所有的土地和组织、个人的房屋及其他不动产。《民法典》第243条还规定,征收集体所有的土地,应当依法及时足额支付土地补偿费、安置补助费以及农村村民住宅、其他地上附着物和青苗等的补偿费用,并安排被征地农民的社会保障费用,保障被征地农民的生活,维护被征地农民的合法权益。征收组织、个人的房屋及其他不动产,应当依法给予征收补偿,维护被征收人的合法权益;征收个人住宅的,还应当保障被征收人的居住条件。任何组织或者个人不得贪污、挪用、私分、截留、拖欠征收补偿费等费用。征收的土地归国家所有。

《民法典》规定的属于国家所有的客体,只是对重要的国家所有权客体的列举规定,由于国家所有权的客体具有广泛性,不可能也没有必要一一列举。国家所有权客体的广泛性,是指任何物都可以成为国家所有权的客体,但不是说任何物都是国家所有权的客体。国家所有权客体的广泛性特征是与集体所有权和私人所有权相比较而言的。

(四)国家所有权的保护

针对国有财产可能被侵害的方式,《民法典》第258条规定,国家所有的财产受法律保护,禁止任何组织或者个人侵占、哄抢、私分、截留、破坏。针对在国有企业改制中出现的国有财产流失等情况,《民法典》第259条规定,履行国有财产管理、监督职责的机构及其工作人员,应当依法加强对国有财产的管理、监督,促进国有财产保值增值,防止国有财产损失;滥用职权,玩忽职守,造成国有财产损失的,应当依法承担法律责任。违反国有财产管理规定,在企业改制、合并分立、关联交易等过程中,低价转让、合谋私分、擅自担保或者以其他方式造成国有财产损失的,应当依法承担法律责任。

三、集体所有权

(一)集体所有权的概念

集体所有权又称劳动群众集体组织所有权,是集体组织对其不动产和动产享有的占有、使用、收益、处分的权利。集体组织所有权是劳动群众集体所有制在法律上的表现,其享有者主要是农村集体组织,也包括城镇集体企业。劳动群众集体所有制是我国社会主义公有制的组成部分。集体组织所有权对集体所有制起着巩固和保护的作用,在我国所有权制度中居于重要地位。

(二)集体所有权的主体和集体所有权的行使

集体所有的不动产和动产属于本集体成员集体所有。换句话说,集体组织所有权的主体是集体组织。集体组织的成员个人对集体所有的不动产和动产都不享有所有权。《民法典》第261条第1款规定:“农民集体所有的不动产和动产,属于本集体成员集体所有。”第263条规定:“城镇集体所有的不动产和动产,依照法律、行政法规的规定由本集体享有占有、使用、收益和处分的权利。”在第263条的规定中,并无“本集体成员集体所有”字样,是因为多年来各地城镇集体企业变化很大,情况各异,难以不加区别地规定为“属于本集体成员集体所有”。

《民法典》第262条对农民集体所有权的行使作了具体规定。对于农民集体所有的土地和森林、山岭、草原、荒地、滩涂等,依照下列规定行使所有权:(1)属于村农民集体所有的,由村集体经济组织或者村民委员会依法代表集体行使所有权;(2)分别属于村内两个以上农民集体所有的,由村内各该集体经济组织或者村民小组依法代表集体行使所有权;(3)属于乡镇农民集体所有的,由乡镇集体经济组织代表集体行使所有权。

农村集体经济组织实行家庭承包经营为基础、统分结合的双层经营体制(《民法典》第330条第1款)。双层经营包含两个经营层次:一是家庭分散经营层次;二是集体统一经营层次。由于以家庭承包经营为基础,土地承包经营问题就成为集体所有权行使中的重要问题。为了保护集体成员的利益,对于一些涉及全体成员利益的重大事项规定,应当依照法定程序经本集体成员决定。这些事项包括:(1)土地承包方案以及将土地发包给本集体以外的组织或者个人承包;(2)个别土地承包经营权人之间承包地的调整;(3)土地补偿费等费用的使用、分配办法;(4)集体出资的企业的所有权变动等事项;(5)法律规定的其他事项。

农村集体经济组织或者村民委员会、村民小组应当依照法律、行政法规以及章程、村规民约向本集体成员公布集体财产的状况。集体成员有权查阅、复制相关资料。

(三)集体所有权的客体

根据《民法典》第260条的规定,集体所有的不动产和动产包括:(1)法律规定属于集体所有的土地和森林、山岭、草原、荒地、滩涂;(2)集体所有的建筑物、生产设施、农田水利设施;(3)集体所有的教育、科学、文化、卫生、体育等设施;(4)集体所有的其他不动产和动产。以上前三项是对重要的集体所有权客体的列举。除属于国家专有的,法律禁止归集体所有的以外的物,都可以成为集体所有权的客体。

(四)集体所有权的保护

针对集体财产可能被侵害的方式,《民法典》第265条规定,集体所有的财产受法律保护,禁止任何组织或者个人侵占、哄抢、私分、破坏。农村集体经济组织、村民委员会或者其负责人作出的决定侵害集体成员合法权益的,受侵害的集体成员可以请求人民法院予以撤销。

四、私人所有权

私人所有权是私人对其不动产和动产享有占有、使用、收益、处分的权利。

私人所有权与个人所有权有区别:

区别之一,私人所有权的主体是以所有制为标准划分的,私人所有权的主体不仅是自然人个人,还包括私人投资设立的具有法人资格的独资企业,还有两个以上的自然人及私有法人企业共同出资设立的合伙企业。

区别之二,个人所有权的客体限于生活资料,私人所有权客体不限于生活资料。《民法典》第266条规定:“私人对其合法的收入、房屋、生活用品、生产工具、原材料等不动产和动产享有所有权。”

《民法典》第266条规定了私人所有权的客体,即私人对其合法的收入、房屋、生活用品、生产工具、原材料等不动产和动产享有所有权。此外,私人依法可以独立出资或者与他人共同出资设立企业,享有出资者权益。理论上,除法律规定属于国家和集体的所有权客体及法律禁止成为私人所有权客体的以外的物,都可以成为私人所有权的客体。国家为了宏观经济调控,对某些领域禁止私人经营,实际上也是对私人所有权客体的限制。

我国《民法典》第267条规定,私人的合法财产受法律保护,禁止任何组织或者个人侵占、哄抢、破坏。

五、法人所有权

《民法典》第270条规定:“社会团体法人、捐助法人依法所有的不动产和动产,受法律保护。”其中,社会团体主要包括人民群众团体(如工会、妇联、共青团)、社会公益团体(如希望工程基金会)、专业团体(如律师协会)、学术团体(如各种研究会)、宗教团体(如佛教协会)。当然社会团体可以是法人,也可以不是法人。如果社会团体不属于民事主体,则其无法享有所有权;只有在社会团体属于法人时,其才能对不动产和动产享有社会团体法人所有权。社会团体的财产主要来自其成员的出资及缴纳的会费、国家拨付的资产和补助、接受捐赠的财产及积累的财产等。

第三节　业主的建筑物区分所有权

一、业主的建筑物区分所有权的概念

建筑物区分所有权是我国《民法典》专章规定的不动产所有权的一种形态。所谓建筑物区分所有权，指的是权利人即业主对于一栋建筑物中自己专有部分的单独所有权、对共有部分的共有权以及因共有关系而产生的管理权的结合。《民法典》规定的“业主的建筑物区分所有权”，与有些国家规定的“建筑物区分所有权”是同一概念，加上“业主的”三个字，是因为“业主”“物业”的含义已经为人们所熟悉，为了便于人们理解，故在“建筑物区分所有权”之前加了“业主的”三个字。为了叙述方便，以下简称建筑物区分所有权。

依法登记取得建筑物专有部分所有权的人，应当认定为业主。基于与建设单位之间的商品房买卖民事法律行为，已经合法占有建筑物专有部分，但尚未依法办理所有权登记的人，可以认定为业主。

建筑物区分所有权将建筑物的特定部分作为所有权的标的，严格而言，与物权客体须为独立物，以及一物一权原则不相符合。但是依社会观念，一建筑物区分为若干部分，各有该部分的所有权，应为常有之事，而且这样也不妨碍物权的公示，无害于交易安全。基于物权客体的独立性原则，区分所有的专有部分，需具备一定条件，才可以作为建筑物区分所有权中专有权的客体。这些条件有：

1.须具有构造上的独立性，即被区分的部分在建筑物的构造上，可以加以区分并与建筑物的其他部分隔离。至于是否具有足够的独立性，应依一般的社会观念确定。例如，一个住宅单元通过固定的楼板、墙壁与其他单元相隔离，成为独立的住宅单元；其内再以屏风分隔成数个部分的，其内各部分则不具有构造上的独立性。

2.须具有使用上的独立性，即被区分的各部分，可以为居住、工作或其他目的而使用。其主要的界定标准，应为该区分的部分有无独立的出入门户。如果该区分部分必须利用相邻的门户方能出入的，即不具有使用上的独立性。

3.能够登记成为特定业主所有权的客体。规划上专属于特定房屋，且建设单位销售时已经根据规划列入该特定房屋买卖合同中的露台等，应当为专有部分的组成部分。

司法实践中，关于专有部分的认定，最高人民法院《关于审理建筑物区分所有权纠纷案件适用法律若干问题的解释》(以下简称《建筑物区分所有权解释》)第2条规定：“建筑区划内符合下列条件的房屋，以及车位、摊位等特定空间，应当认定为民法典第二编第六章所称的专有部分：(一)具有构造上的独立性，能够明确区分；(二)具有利用上的独立性，可以排他使用；(三)能够登记成为特定业主所有权的客体。规划上专属于特定房屋，且建设单位销售时已经根据规划列入该特定房屋买卖合同中的露台等，应当认定为前款所称的专有部分的组成部分。本条第一款所称房屋，包括整栋建筑物。”

二、业主的建筑物区分所有权的内容

建筑物区分所有权的内容，包括区分所有建筑物专有部分的单独所有权、共有部分的共有权，以及因区分所有权人的共同关系所生的管理权。

(一)专有部分的单独所有权

专有部分是在一栋建筑物内区分出的独立的住宅或者经营性用房等单元。该单元须具备构造上的独立性与使用上的独立性。

专有部分面积和建筑物总面积，可以按照

下列方法认定：(1)专有部分面积，按照不动产登记簿记载的面积计算；尚未进行物权登记的，暂按测绘机构的实测面积计算；尚未进行实测的，暂按房屋买卖合同记载的面积计算。(2)建筑物总面积，按照前项的统计总和计算。

《民法典》第278条第2款规定的业主人数可以按照专有部分的数量计算，一个专有部分按一人计算。但建设单位尚未出售和虽已出售但尚未交付的部分，以及同一买受人拥有一个以上专有部分的，按一人计算。

业主对其专有部分享有单独所有权，即对该部分具有占有、使用、收益和处分的排他性的支配权，性质上与一般的所有权并无不同。但此项专有部分与建筑物上其他专有部分有密切的关系，彼此休戚相关，具有共同的利益。因此，业主对其建筑物专有部分享有占有、使用、收益和处分的权利，但业主行使权利不得危及建筑物的安全，不得损害其他业主的合法权益。例如，就专有部分的改良、使用，足以影响区分所有建筑物的安全时，不得自行为之。

业主不得违反法律、法规以及管理规约，将住宅改变为经营性用房。业主将住宅改变为经营性用房的，除遵守法律、法规以及管理规约外，应当经有利害关系的业主一致同意。这里需要注意的是：(1)业主将住宅改变为经营性用房，未经有利害关系的业主同意，有利害关系的业主有权请求排除妨害、消除危险、恢复原状或者赔偿损失。(2)将住宅改变为经营性用房的业主以多数有利害关系的业主同意其行为进行抗辩的，人民法院不予支持。(3)业主将住宅改变为经营性用房，本栋建筑物内的其他业主，应当认定为“有利害关系的业主”。建筑区划内，本栋建筑物之外的业主，主张与自己有利害关系的，应证明其房屋价值、生活质量受到或者可能受到不利影响。

专有部分的承租人、借用人等物业使用人，根据法律、法规、管理规约、业主大会或者业主委员会依法作出的决定，以及其与业主的约定，享有相应权利，承担相应义务。

(二)共有部分的共有权

共有部分是指区分所有的建筑物及其附属物的共同部分，即专有部分以外的建筑物的其他部分。对于共有部分的范围，需要注意的是：(1)共有部分既有由全体业主共同使用的部分，例如，建筑物的基础、承重结构、外墙、屋顶等基本结构部分，通道、楼梯、大堂等公共通行部分，消防、公共照明等附属设施、设备，避难层、设备层或者设备间等结构部分，也有仅为部分业主共有的部分，如各相邻专有部分之间的楼板、隔墙，部分业主共同使用的楼梯、走廊、电梯等。其中，对于建筑区划内的道路、绿地、物业服务用房以及车位、车库的归属，我国《民法典》均作出了明确的规定。(2)建筑区划内的道路，属于业主共有，但属于城镇公共道路的除外。(3)建筑区划内的绿地，属于业主共有，但属于城镇公共道路、绿地占地或者明示属于个人的除外。(4)建筑区划内的其他公共场所、公用设施和物业服务用房，属于业主共有。(5)建筑区划内，规划用于停放汽车的车位、车库的归属，由当事人通过出售、附赠或者出租等方式约定；占用业主共有的道路或者其他场地用于停放汽车的车位，属于业主共有。建筑区划内规划用于停放汽车的车位，应当首先满足业主的需要；这里的“应当首先满足业主的需要”，是要求建设单位按照配置比例将车位、车库，以出售、附赠或者出租等方式处分给业主；而此处的配置比例是指规划确定的建筑区划内规划用于停放汽车的车位、车库与房屋套数的比例。(6)其他不属于业主专有部分，也不属于市政公用部分或者其他权利人所有的场所及设施等，应当为共有部分。

司法实践中，关于共有部分的认定，《建筑物区分所有权解释》第3条规定：“除法律、行政法规规定的共有部分外，建筑区划内的以下部分，也应当认定为民法典第二编第六章所称的共有部分：(一)建筑物的基础、承重结构、外墙、屋顶等基本结构部分，通道、楼梯、大堂等公共通行部分，消防、公共照明等附属设施、设备，避难层、设备层或者设备间等结构部分；(二)其他不属于业主专有部分，也不属于市政公用部分或者其他权利人所有的场所及设施等。建筑区划内的土地，依法由业主共同享有建设用地使用权，但属于业主专有的整栋建筑物的规划占地或者城镇公共道路、绿地占地除外。”

业主基于对住宅、经营性用房等专有部分特定使用功能的合理需要，无偿利用屋顶以及与其专有部分相对应的外墙面等共有部分的，不应认定为侵权。但违反法律、法规、管理规约，损害他人合法权益的除外。

另外，《民法典》第273条规定，业主对建筑物专有部分以外的共有部分，享有权利、承担义务，不得以放弃权利为由不履行义务。共有部分为相关业主所共有，均不得分割，也不得单独转让。业主转让建筑物内的住宅、经营性用房，其对建筑物共有部分享有的共有权和共同管理的权利一并转让。业主依据法律规范、合同以及管理规约，对共有部分享有使用、收益、处分权，并按照约定或对应专有部分面积，分担共有部分的修缮费以及其他负担。

（三）业主的管理权

1.业主的管理权的范围。基于区分所有建筑物的构造，业主在建筑物的权利归属以及使用上形成了不可分离的共同关系，并基于此共同关系而享有管理权。该管理权的内容为：

第一，业主有权设立业主大会并选举业主委员会。地方人民政府有关部门、居民委员会应当对设立业主大会和选举业主委员会给予指导和协助。业主大会或者业主委员会的决定，对业主具有约束力。

业主大会或者业主委员会作出的决定侵害业主合法权益或者违反了法律规定的程序的，业主可以请求人民法院予以撤销。

第二，业主有权决定区分建筑物的相关事项。《民法典》第278条规定，下列事项由业主共同决定：（1）制定和修改业主大会议事规则；（2）制定和修改管理规约；（3）选举业主委员会或者更换业主委员会成员；（4）选聘和解聘物业服务企业或者其他管理人；（5）使用建筑物及其附属设施的维修资金；（6）筹集建筑物及其附属设施的维修资金；（7）改建、重建建筑物及其附属设施；（8）改变共有部分的用途或者利用共有部分从事经营活动；（9）有关共有和共同管理权利的其他重大事项。业主共同决定事项，应当由专有部分面积占比2/3以上的业主且人数占比2/3以上的业主参与表决；决定上述第6项至第8项规定的事项，应当经参与表决专有部分面积3/4以上的业主且参与表决人数3/4以上的业主同意；决定上述其他事项，应当经参与表决专有部分面积过半数的业主且参与表决人数过半数的业主同意。建筑物及其附属设施的维修资金，属于业主共有。经业主共同决定，可以用于电梯、屋顶、外墙、无障碍设施等共有部分的维修、更新和改造。建筑物及其附属设施的维修资金的筹集、使用情况应当定期公布。紧急情况下需要维修建筑物及其附属设施的，业主大会或者业主委员会可以依法申请使用建筑物及其附属设施的维修资金。建设单位、物业服务企业或者其他管理人等利用业主的共有部分产生的收入，在扣除合理成本之后，属于业主共有。建筑物及其附属设施的费用分摊、收益分配等事项，有约定的，按照约定；没有约定或者约定不明确的，按照业主专有部分面积所占比例确定。

第三，业主可以自行管理建筑物及其附属设施，也可以委托物业服务企业或者其他管理人管理。对建设单位聘请的物业服务企业或者其他管理人，业主有权依法更换。

第四，业主有权请求公布、查阅下列应当向业主公开的情况和资料：（1）建筑物及其附属设施的维修资金的筹集、使用情况；（2）管理规约、业主大会议事规则，以及业主大会或者业主委员会的决定及会议记录；（3）物业服务合同、共有部分的使用和收益情况；（4）建筑区划内规划用于停放汽车的车位、车库的处分情况；（5）其他应当向业主公开的情况和资料。

建设单位、物业服务企业或者其他管理人擅自占用、处分业主共有部分、改变其使用功能或者进行经营性活动，权利人请求排除妨害、恢复原状、确认处分行为无效或者赔偿损失的，人民法院应予支持。属于上述擅自进行经营性活动的情形，权利人有权请求行为人将扣除合理成本之后的收益用于补充专项维修资金或者业主共同决定的其他用途。行为人对成本的支出及其合理性承担举证责任。这里的建设单位，包括包销期满，按照包销合同约定的包销价格购买尚未销售的物业后，以自己名义对外销售的包销人。

业主应当遵守法律、法规以及管理规约，相关行为应当符合节约资源、保护生态环境的要求。对于物业服务企业或者其他管理人执行政府依法实施的应急处置措施和其他管理措施，业主应当依法予以配合。业主不得违反法律、法规、国家相关强制性标准、管理规约，或者违反业主大会、业主委员会依法作出的决定，进行损害他人合法权益的下列行为：(1)损害房屋承重结构，损害或者违章使用电力、燃气、消防设施，在建筑物内放置危险、放射性物品等危及建筑物安全或者妨碍建筑物正常使用；(2)违反规定破坏、改变建筑物外墙面的形状、颜色等损害建筑物外观；(3)违反规定进行房屋装饰装修；(4)违章加建、改建，侵占、挖掘公共通道、道路、场地或者其他共有部分。业主大会和业主委员会对有上述行为的业主或者其他行为人有权依照法律、法规以及管理规约，要求行为人停止侵害、消除危险、排除妨害、赔偿损失。

2.物业服务合同。物业服务企业或者其他管理人根据业主的委托管理建筑区划内的建筑物及其附属设施，并接受业主的监督。根据《民法典》第285条的规定，物业服务企业或者其他管理人根据业主的委托，依照《民法典》第三编有关物业服务合同的规定管理建筑区划内的建筑物及其附属设施，接受业主的监督，并及时答复业主对物业服务情况提出的询问。物业服务企业或者其他管理人应当执行政府依法实施的应急处置措施和其他管理措施，积极配合开展相关工作。

建设单位依法与物业服务企业签订的前期物业服务合同，以及业主委员会与业主大会依法选聘的物业服务企业签订的物业服务合同，对业主具有约束力。业主不得以其并非合同当事人为由进行抗辩。

符合下列情形之一的，业主委员会或者业主有权请求人民法院确认合同(包括前期物业服务合同)或者其相关条款无效：(1)物业服务企业将物业服务区域内的全部物业服务业务一并委托他人而签订的委托合同；(2)物业服务合同中免除物业服务企业责任、加重业主委员会或者业主责任、排除业主委员会或者业主主要权利的条款。

物业服务企业不履行或者不完全履行物业服务合同约定的或者法律、法规规定以及相关行业规范确定的维修、养护、管理和维护义务，业主有权请求物业服务企业承担继续履行、采取补救措施或者赔偿损失等违约责任。

物业服务企业公开作出的服务承诺及制定的服务细则，属于物业服务合同的组成部分。

业主违反物业服务合同或者法律、法规、管理规约，实施妨害物业服务与管理的行为，物业服务企业有权请求业主承担恢复原状、停止侵害、排除妨害等相应民事责任。

物业服务企业有权收取物业费。但需要注意的是：(1)物业服务企业违反物业服务合同约定或者法律、法规、部门规章规定，擅自扩大收费范围、提高收费标准或者重复收费，业主可以违规收费为由提出抗辩，业主还有权请求物业服务企业退还其已收取的违规费用。(2)经书面催交，业主无正当理由拒绝交纳或者在催告的合理期限内仍未交纳物业费，物业服务企业有权请求业主支付物业费。物业服务企业已经按照合同约定以及相关规定提供服务，业主不得仅以未享受或者无须接受相关物业服务进行抗辩。(3)物业服务企业不得采取停止供电、供水、供热、供燃气等方式催交物业费。(4)业主与物业的承租人、借用人或者其他物业使用人约定由物业使用人交纳物业费，物业服务企业请求业主承担连带责任的，人民法院应予支持。

业主大会按照《民法典》第278条规定的程序作出解聘物业服务企业的决定后，业主委员会有权请求解除物业服务合同。需要明确的是：(1)物业服务企业向业主委员会提出物业费主张的，人民法院应当告知其向拖欠物业费的业主另行主张权利。(2)物业服务合同的权利义务终止后，业主有权请求物业服务企业退还已经预收，但尚未提供物业服务期间的物业费。

物业服务合同的权利义务终止后，业主委员会有权请求物业服务企业退出物业服务区域、移交物业服务用房和相关设施，以及物业服务所必需的相关资料和由其代管的专项维修资金。物业服务企业不得拒绝退出、移交，并不得以存在事实上的物业服务关系为由，请求业主支付物业服务合同权利义务终止后的物业费。

因物业的承租人、借用人或者其他物业使用人实施违反物业服务合同，以及法律、法规或者管理规约的行为引起的物业服务纠纷，应当参照有关业主的规定处理。

第四节 相邻关系

一、相邻关系的概念

相邻不动产的所有人或使用人在各自行使己方的合法权利时，都要尊重他方所有人或使用人的权利，相互间应当给予一定的方便或接受一定的限制，法律将这种相邻人间的关系用权利义务的形式确定下来，是为相邻关系。可见，相邻关系是指两个或两个以上相邻不动产的所有人或使用人，在行使占有、使用、收益、处分权利时因给对方提供必要便利而发生的权利义务关系。

不动产相邻关系，从本质上讲是一方所有人或者使用人的财产权利的延伸，同时是对他方所有人或者使用人的财产权利的限制，反之亦然。例如，甲、乙都是集体所有的土地的承包经营人，甲承包的土地处于乙承包的土地与公用通道之间，乙如果不通过甲承包的土地就不能到达公用通道，或者虽有其他通道但非常不便，乙就有权通过甲承包的土地到达公用通道或者自己承包的土地。这样，在甲、乙两个承包经营人之间就发生了相邻关系。这种相邻关系对于乙而言，是其土地使用权的合理延伸，而对甲来说，是对其土地使用权的必要限制。这种财产权利的合理延伸和必要限制，对于充分发挥财产的效用，促进社会经济的发展，稳定社会秩序，具有重要意义。

不动产相邻关系具有以下特征：第一，相邻关系发生在两个以上的不动产相邻的所有人或者使用人之间。相邻人可以是自然人，也可以是法人；可以是财产所有人，如集体组织、房屋所有人，也可以是非所有人，如承包经营人、承租人。第二，相邻关系的客体一般不是不动产和动产本身，而是由行使所有权或者使用权所引起的和邻人有关的经济利益或者其他利益，如噪声影响邻人休息，对于不动产和动产本身的归属并不发生争议。有的相邻关系的客体是物，例如，相邻竹木归属关系。第三，相邻关系的发生常与不动产的自然条件有关，即两个以上所有人或者使用人的财产应当是相邻的。如承包经营人乙不通过承包经营人甲承包的土地不能到达自己承包的土地。如果甲、乙之间的土地一个在河北，另一个在西藏，自然就不可能发生这种通行关系。所谓“相邻”，不以不动产的直接相邻为限。例如，甲、乙两村处于同一条河流的上下游，两村虽然不直接相邻，但亦可能因用水、流水、截水与排水等，而有相邻关系适用的余地。

相邻关系的规则一般应由法律明文规定。但是，由于不动产利用关系的复杂性，法律不可能对所有的相邻关系都作出明确的规定，因此，《民法典》第289条规定：“法律、法规对处理相邻关系有规定的，依照其规定；法律、法规没有规定的，可以按照当地习惯。”

二、处理相邻关系的原则和具体根据

《民法典》第288条规定：“不动产的相邻权利人应当按照有利生产、方便生活、团结互助、公平合理的原则，正确处理相邻关系。”这是我国司法实践早已形成的经验的总结。

《民法典》第289条规定：“法律、法规对处理相邻关系有规定的，依照其规定；法律、法规

没有规定的，可以按照当地习惯。”由于不同地区相邻各方的具体情况不同，差别较大，法律、法规不能作统一的详细的规定，因此，法律、法规没有规定的，可以依照当地习惯。

三、几种主要的相邻关系

相邻关系的范围非常广泛，情况也很复杂，以下是根据《民法典》的规定和实践，归纳出的六种常见的相邻关系。

1.相邻通行关系。不动产权利人对相邻权利人因通行等必须利用其土地的，应当提供必要便利。相邻一方的建筑物或土地，处于邻人的土地包围之中，非经过邻人的土地不能到达公用通道，或者虽有其他通道但需要较高的费用或十分不便的，可以通过邻人的土地以到达公用通道。但通行人在选择道路时，应当选择最必要、损失最少的路线，如只需小道即可，就不得开辟大道；能够在荒地上开辟道路，就不得在耕地上开辟。通行人应当尽量避免对相邻的不动产权利人造成损害。

历史上形成的通道，土地的所有人或者使用人无权任意堵塞或者改道，以免妨碍邻人通行。如果确实需要改道，应取得邻人的同意。

2.相邻管线安设关系。相邻人因建造、修缮建筑物以及铺设电线、电缆、水管、暖气和燃气管线等必须利用相邻土地、建筑物的，该土地、建筑物的权利人应当提供必要的便利，但相邻人应当尽量避免对相邻的不动产权利人造成损害，即选取损害最小的地点及方法安设。

3.相邻防险、排污关系。相邻一方在挖掘土地、建造建筑物、铺设管线及安装设备等时，不得危及相邻不动产的安全。不得使邻地的地基受到危害，不得使邻地的建筑物受到危害；相邻一方的建筑物有倾倒的危险，威胁邻人的生命、财产安全时，相邻一方应当采取预防措施，如加固、拆除；相邻一方堆放易燃、易爆、剧毒、放射、恶臭物品时，应当与邻地建筑物保持一定距离，或者采取预防措施和安全装置。相邻他方在对方未尽此义务的情况下，有权要求排除妨害、赔偿损失。

相邻人，尤其是化工企业、事业单位，在生产、研究过程中，不得违反国家规定弃置固体废物，排放大气污染物、水污染物、土壤污染物、噪声、光辐射、电磁辐射等有害物质。相邻他方对超标排放，有权要求相邻人排除妨害，即按国家规定的排放标准排放、治理，而且对造成的损害还有权要求赔偿。

4.相邻用水、流水、截水、排水关系。相邻人应当尊重水的自然流向，在需要改变流向并影响相邻他方用水时，应征得他方的同意，并对由此造成的损失给予适当补偿。为了灌溉土地，需要提高上游的水位、建筑水坝，必须附着于对岸时，对岸的土地所有人或者使用人应当允许；如果对岸的土地所有人或者使用人也使用水坝及其他设施，应按受益的大小，分担费用。

自然水流经过地的所有人或者使用人都可以使用流水，但应当共同协商、合理分配使用。如果来自高地段的自然流水，常为低地段的所有人或者使用人使用，即使高地段所有人或者使用人也需要此水，也不得全部堵截，断绝低地段的用水，以免给低地段的所有人或者使用人造成损失。低地段的所有人或者使用人应当允许高地段的自然流水流经其地，不得擅自筑坝堵截，影响高地段的排水。

相邻一方在为房屋设置管、槽或其他装置时，不得使房屋雨水直接注泻于邻人建筑物上或者土地上。

5.相邻光照、通风、音响、震动关系。相邻人在建造建筑物时，应当与邻人的建筑物留有一定的距离，不得违反国家规定的有关工程建设标准，以免影响邻人建筑物的通风、采光和日照。

相邻各方应当注意环境清洁、舒适，讲究精神文明，不得以高音、噪声、喧嚣、震动等妨碍邻人的工作、生活和休息。否则，邻人有权请求停止侵害。

6.相邻竹木归属关系。相邻地界上的竹木、分界墙、分界沟等，所有权无法确定时，推定为相邻双方共有财产，其权利义务适用按份共有的原则。

对于相邻他方土地的竹木根枝超越地界，

并影响自己对土地的使用，如妨碍自己土地的庄稼采光，相邻人有权请求相邻他方除去越界的竹木根枝。如果他方经过请求不予除去，相邻人可以自行除去。当然，越界竹木根枝如对相邻人的财产使用并无影响，则相邻人无权请求除去。

第五节　共　　有

一、共有的概念和特征

（一）共有的概念和特征

共有是两个以上的民事主体对同一项财产享有所有权。共有的法律特征是：

第一，共有的主体不是单一的，而是两个以上的自然人、法人等，如某一所房屋属于甲、乙两人所有。在这一点上共有与其他财产所有权形态不同，它是复数主体，而不是单一主体。

第二，共有的客体也是特定的独立物。共有物在共有关系存续期间，不能分割为各个部分由各个共有人分别享有所有权，而是由各个共有人共同享有其所有权，各个共有人的权利及于共有物的全部。

第三，共有人对共有物按照各自的份额或者平等地享有权利。但是，共有人对于自己权利的行使，并不是完全独立的，在许多情况下要体现全体共有人的意志，要受其他共有人的利益的制约。

共有和公有是两个不同的概念。共有财产的主体是两个以上的共有人，各个共有人依法律的规定或者约定享有所有权，他们是共有财产的共同所有人。而公有则不同，公有财产的主体是单一的。在我国，国家所有的财产和集体所有的财产，都是社会主义公有财产。国家财产所有权的主体是国家，只有国家才能代表全体人民享有国家财产所有权，任何一个自然人、法人都没有这种权利。集体组织财产所有权的主体是集体组织，只有集体组织才享有集体组织财产所有权，集体组织的任何一个成员都不享有这种权利。

共有不是一种独立种类的所有权，而是同种类或者不同种类的所有权间的联合。例如，全民所有制组织、集体组织、公民之间以及他们相互之间进行各种协作，如联营，都会产生共有关系。我国《民法典》确认了两种共有形式，即按份共有和共同共有。

共有关系适用于非常广泛的领域，它对促进专业化协作的发展，充分发挥物的效用，便利人们的生活均具有重要的作用。共有财产关系的产生，大致有两种原因：一是基于法律直接规定产生的，如婚姻关系中若当事人无特别约定，则夫妻关系存续期间所得的财产归夫妻共有；二是依合同约定产生的，如三人共同出资购买一辆汽车，以合同约定各人享有的权利和承担的义务。

（二）准共有

准共有，是指两个以上的民事主体共同享有所有权以外的财产权。一般地说，现代各国物权法中关于共有的规定，是专门对所有权的共有状态而言的。但在实际生活中，还存在大量对所有权以外的财产权的共有，如两个以上的人共同拥有他物权、知识产权、债权等。因而各国物权法除规定了共有制度之外，大都设有所有权以外的财产权准用共有的有关规定。我国《民法典》规定，两个以上组织、个人共同享有用益物权、担保物权的，参照共有规则来处理。

所有权以外的财产权在形成准共有时，究竟应当适用按份共有，还是适用共同共有的规定，应当视具体情况而定。如果是数人基于某种共同关系而共有一财产权时，应准用共同共有的有关规定，其他则应准用按份共有的有关规定。

准共有的标的只限于所有权以外的财产权，人身权（包括人格权、身份权）不可以作为准共有的标的。

二、按份共有

（一）按份共有的概念与性质

按份共有，亦称分别共有，是指两个以上的民事主体对同一项不动产或者动产按照其份额享有所有权。按份共有是最常见的共有关系，它可以发生在自然人之间、法人之间，也可以发生在自然人和法人之间等。

按份共有是共有的一种，具有与共同共有不同的法律特征：第一，各个共有人对于共有物按照份额享有所有权。各个共有人的份额，称为应有份额，在共有关系产生时，共有人就应当将之明确。按份共有人对共有的不动产或者动产享有的份额，没有约定或者约定不明确的，按照出资额确定；不能确定出资额的，视为等额享有。第二，各个共有人按照各自的份额对共有物分享权利、分担义务。各个共有人的应有份额是多少，就依该份额享有相应的权利和分担相应的义务。由此可见，按份共有并不是把共有物分为若干份，各共有人各享有一个所有权，而是共有人对共有物按各自的份额享有权利和承担义务。第三，各个共有人虽然拥有一定的份额，但共有人的权利并不仅限于共有物的某一部分上，而是及于共有物的全部。

根据《民法典》的规定，按份共有的性质就是按份共有人对共有的不动产或者动产按照其份额享有所有权。这种份额，确定了各共有人对共有物享有权利和承担义务的范围，任何共有人都不能超出这个范围行使权利和承担义务。各共有人的应有份额是所有权的量的一部分，其分量虽不及单独所有权那样大，除行使时不得不受其他共有人应有份额的限制外，与单独所有权具有同样的效力，所以关于处分方法、交付或者登记、保护方式等，均应适用所有权的有关规定。

（二）按份共有的内部关系

1.共有物的占有、使用、收益。

各共有人依其份额对共有物进行占有、使用、收益，这种权利的行使及于共有物的全部。例如，甲、乙、丙三人共有一匹马，则该三人都得使用该马，并不是说甲有马头，乙有马腰，丙有马尾。但各共有人在行使占有、使用、收益权时，应当按其份额进行。在上例中，如果甲、乙、丙三人应有份额的比例为5：3：2，则对马的使用应为甲5日、乙3日、丙2日。

根据共有物的性质，全体共有人不能同时对共有物进行占有、使用、收益时，例如，一匹马不能三个人同时骑乘，这时共有人应如何行使权利？有的学者认为在不妨碍其他共有人权益的前提下，无论其他共有人的意思如何，可以在其应有份额的范围内，对共有物进行占有、使用、收益。但是，这种做法易于引起共有人之间的纷争。最佳的方案还是由共有人对占有、使用、收益的方法进行协商，共有人按照约定管理共有的不动产或者动产；没有约定或者约定不明确的，各共有人都有管理的权利和义务。

各共有人应当在其份额的范围内行使权利，否则，就是对其他共有人合法权益的侵害，其他共有人可要求侵害人承担民事责任。

2.共有物的处分。

在按份共有中，共有人对共有物的处分包括两种：一是对其享有的份额的处分；二是对整个共有物的处分。

按份共有人有权处分其份额。由于共有人的份额都是抽象的，而不是具体的，因此，共有人对其份额只能进行法律上的处分，即将其份额分出或者转让。所谓分出，是指共有人将自己存于共有物的份额分割出去。我国《民法典》第303条规定，若没有约定或约定不明确，按份共有人可以随时请求分割其份额。所谓转让，是指共有人将自己的份额转让给他人。由于各共有人的份额是所有权的量的一部分，具有所有权的效力，所以共有人对其份额可以转让，而不必征得其他共有人的同意。按份共有人可以转让其享有的共有的不动产或者动产份额。值得注意的是，如果共有人之间在合同中对共有份额的分出和转让进行了限制，这时应认为共有人自愿接受了对于分出和转让其份额的权利的限制，如果共有人无合同约定的或者法律规定的正当理由要求分出或者转让其份额，会构成对其他共有人的违约，要承担相应的责任。

由于共有关系一般是建立在共有人相互信任的基础上的，为了防止某一共有人转让其份额时，接受转让的人是其他共有人所不了解或者不信任的，从而给其他共有人带来损害，按份共有人转让其享有的共有的不动产或者动产份额，其他共有人在同等条件下享有优先购买的权利；共有份额的权利主体因继承、遗赠等原因发生变化时，其他按份共有人主张优先购买的，不予支持，但按份共有人之间另有约定的除外。也就是说，在共有人转让其份额时（这里的转让应解释为出卖，赠与不应包括在内，且不包括按份共有人之间转让共有份额，但按份共有人之间另有约定的除外），在同等条件下（“同等条件”，应当综合共有份额的转让价格、价款履行方式及期限等因素确定），其他共有人有优先于非共有人购买的权利。两个以上按份共有人主张优先购买且协商不成时，请求按照转让时各自份额比例行使优先购买权的，应予支持。应当指出的是，其他共有人的这种优先购买权，应当在一定期限内行使，以保护转让其份额的共有人的权益。

优先购买权的行使期间，按份共有人之间有约定的，按照约定处理；没有约定或者约定不明的，按照下列情形确定：(1)转让人向其他按份共有人发出的包含同等条件内容的通知中载明行使期间的，以该期间为准；(2)通知中未载明行使期间，或者载明的期间短于通知送达之日起15日的，为15日；(3)转让人未通知的，为其他按份共有人知道或者应当知道最终确定的同等条件之日起15日；(4)转让人未通知，且无法确定其他按份共有人知道或者应当知道最终确定的同等条件的，为共有份额权属转移之日起6个月。

按份共有人向共有人之外的人转让其份额，其他按份共有人的请求具有下列情形之一的，不予支持：(1)未在规定的期间内主张优先购买，或者虽主张优先购买，但提出减少转让价款、增加转让人负担等实质性变更要求；(2)以其优先购买权受到侵害为由，仅请求撤销共有份额转让合同或者认定该合同无效。

此外，对于按份共有人之间转让份额时，其他共有人有无优先购买权，《物权编解释（一）》第13条规定：“按份共有人之间转让共有份额，其他按份共有人主张依据民法典第三百零五条规定优先购买的，不予支持，但按份共有人之间另有约定的除外。”

共有人在不损害社会利益和他人利益的条件下，可以抛弃其应有份额，这是共有人行使其处分权的一种表现。但是，国家机关和国有企业、事业单位不得抛弃其占有的国家财产，当然亦不得抛弃其在共有关系中的份额。在共有人抛弃其应有份额后，这些份额是否由其他共有人取得，学者间有不同的看法。持否定说的学者认为，应有份额仅仅是共有物所有权的量的部分，既不是他物权对所有权的限制，也不是应有份额相互之间的限制，共有人抛弃其份额，其他共有人的应有份额不会发生恢复其原来的圆满状态的问题，因此，被抛弃的份额不能当然由其他共有人享有；持肯定说的学者认为，所有权具有弹力性，则应有份额亦应具有弹力性，一部分应有份额消灭，其他的应有份额随之扩张，因而共有人抛弃其应有份额后，该份额应归属于其他共有人。我国现行立法对此未作规定。

按份共有人的处分权还包括对共有物的处分，包括：事实上的处分，如改变物的形状、毁坏共有物；法律上的处分，如将物转让（出卖、互易、赠与）他人，在物上为他人设定租赁使用权等债权或者他物权。这种处分及于共有物的全部，涉及全体共有人的利益，因此，我国《民法典》第301条规定，处分共有的不动产或者动产以及对共有的不动产或者动产作重大修缮、变更性质或者用途的，应当经占份额2/3以上的按份共有人的同意，但是共有人之间另有约定的除外。

某一共有人或者某部分共有人未得到全体共有人或者拥有共有份额2/3以上的共有人的同意，擅自处分共有物的，对其他共有人构成侵权行为。如果是事实上的处分，如毁损共有物，对其他共有人应负侵权责任。如果是法律上的处分，对于其他共有人不产生法律效力。但对于第三人来说，该行为属于效力待定的行为。如果其他共有人事后追认了该行为，则该行为有效；如果其他共有人事后不追认该行为，则该行为无效。第三人在取得该动产时是出于善意，可按善意取得规则处理。在共有人擅自进行的法律处分行为得不到其他共有人追认时，其他共有人可要求其承担侵权的民事责任。

3.共有物的管理及费用负担。

根据我国实践，除共有人之间有特别约定外，对共有物的管理，应由全体共有人共同进行。但有两项例外：(1)保存行为。这是指保全共有物的物质上或者权利上利益的行为，如共有物的修缮。由于这种行为是为了防止共有物及其权利遭受损害，只会给其他共有人带来利益，而且保存行为往往是比较急迫的行为，所以共有人可以单独进行。(2)改良行为。这是指在不改变共有物性质的前提下，对共有物进行的加工、修理等行为，以增加共有物的效用或者价值。这种行为不像保存行为那样急迫，而且多少会改变共有物的现状，所以不能完全由共有人单独进行，但它又不如处分行为那样重大，所以改良行为不必经全体共有人的同意，只要拥有共有份额2/3以上的共有人同意即可进行。

共有物的管理费用，包括保存费用和改良费用，以及其他费用，如缴纳税款等，对共有物的管理费用以及其他负担，有约定的，按照约定；没有约定或者约定不明确的，按份共有人按照其份额负担。如果某一共有人支付上述费用超过其份额所应负担的部分，有权请求其他共有人按其份额偿还所应负担的部分。这种偿还请求权是一种债权，如果其他共有人不履行此项债务，应按债的一般规则处理。

4.共有人之间的物上请求权。

按份共有人的应有份额除受其他共有人的份额的限制外，都与所有权相同。因此，共有人之间应相互尊重他人应有份额。如果其他共有人否认共有人的应有份额，则共有人可以该共有人为被告，提起确认其应有份额的诉讼。如果其他共有人妨害共有权行使，共有人也可以行使物上请求权。

(三)按份共有的外部关系

1.共有人对于第三人的权利。

按份共有人的份额虽然是所有权的量的部分，但其应有部分是及于共有物的全部而非限于局部，因此，共有人享有连带债权，但法律另有规定或者第三人知道共有人不具有连带债权关系的除外。例如，对于无权占有人可以请求返还原物，对于妨害共有物的行为可以请求排除妨害，等等。

2.共有人对于第三人的义务。

在共有人与第三人发生的民事法律关系中，共有人的义务如何承担？

传统物权法理论认为这应当依该义务的性质来确定。如果该义务是可分的，如偿还第三人对于共有物的修缮费，则各共有人应按其应有份额对第三人承担义务，第三人也只能请求各共有人依其份额承担义务。如果义务的性质是不可分的，共有人应负连带义务或者承担连带责任。例如，共有人甲与乙共同出资购买丙的汽车一辆，约定先交车后付款，丙交车后，甲与乙负连带交付车款的义务。再如，共有人对于第三人的共同侵权行为，则共有人之间应对第三人负连带责任，如甲、乙共有的动物给他人造成损害，甲、乙应负连带赔偿责任。但在这种连带关系中，共有人中的一人或者数人在代替其他共有人履行义务或者承担责任后，有权请求其他共有人偿还其应当承担的部分。

我国《民法典》第307条则规定，在对外关系上，共有人享有连带债权、承担连带债务，但法律另有规定或者第三人知道共有人不具有连带债权债务关系的除外；在共有人内部关系上，除共有人另有约定外，按份共有人按照份额享有债权、承担债务。偿还债务超过自己应当承担份额的按份共有人，有权向其他共有人追偿。

(四)共有物的分割

按份共有因共有物的灭失、共有物归一人所有、共有人间的协议等原因而消灭。在按份共有消灭的大多数情况下，都要进行共有物的分割。

共有人约定不得分割共有的不动产或者动产，以维持共有关系的，应当按照约定，但共有人有重大理由需要分割的，可以请求分割；没有约定或者约定不明确的，按份共有人可以随时请求分割。因分割对其他共有人造成损害的，应当给予赔偿。

共有人可以协商确定分割方式。达不成协议，共有的不动产或者动产可以分割且不会因分割减损价值的，应当对实物予以分割；难以分割或者因分割会减损价值的，应当对折价或者拍卖、变卖取得的价款予以分割。即共有物的分割可以有以下几种方式：

1.实物分割。

如果共有物为可分物，分割后无损于财产的价值，这时可以按各共有人的份额对实物进行分割，使各共有人分得其应有部分。

2.变价分割。

共有物如为不可分物，即不能进行实物分割，如果实物分割会减损财产的价值，如一幅古画、一头牛，或者虽然共有物为可分物，但共有人都不愿取得共有物，可以把共有物予以出卖，各共有人依各自的份额取得共有物的价款。

3.作价补偿。

如果共有人中有一人或者数人愿取得共有物，可以把共有物作价，除其应得部分外，按份额补偿其他共有人，从而取得全部共有物的所有权。

共有人分割所得的不动产或者动产有瑕疵的，其他共有人应当分担损失。

三、共同共有

（一）共同共有的概念和特征

共同共有是指两个以上的民事主体基于共同关系，共同享有一物的所有权。其法律特征有：第一，共同共有根据共同关系产生，必须以共同关系的存在为前提。这种共同关系，或者是法律直接规定的，如夫妻关系、家庭关系，或者是合同约定的，如合伙合同。没有共同关系这个前提，共同共有就不会产生，而丧失这个前提，共同共有就会解体。第二，共同共有没有共有份额。共同共有是不确定份额的共有，只要共同共有关系存在，共有人就不能划分自己对财产的份额。只有在共同共有关系消灭，对共有财产进行分割时，才能确定各个共有人应得的份额。所以，在共同共有中，各个共有人的份额是一种潜在的份额。第三，共同共有的共有人平等地享有权利和承担义务。各个共有人对于共有物，平等地享有占有、使用、收益、处分权，并平等地承担义务。但是，在合伙关系中，依法律的规定或者当事人的特别约定，合伙人可以按一定的份额享有表决权，也可以按照约定的比例分配利润。

我国《民法典》第308条还特别规定，共有人对共有的不动产或者动产没有约定为按份共有或者共同共有，或者约定不明确的，除共有人具有家庭关系等外，视为按份共有。

（二）共同共有的内外部关系

共同共有人的权利及于共有物的全部。共有人按照约定管理共有的不动产或者动产；没有约定或者约定不明确的，各共有人都有管理的权利和义务。如果根据法律规定或者合同约定，某个或者某些共有人有权代表全体共有人管理共有财产，则该共有人可以依法或者依合同对共有财产进行管理。例如，家庭共有财产的管理可以由家庭成员推举出一人为之，而不必由全体家庭成员共同进行。

处分共有的不动产或者动产，以及对共有的不动产或者动产作重大修缮、变更性质或者用途的，应当经全体共同共有人同意，但共有人之间另有约定的除外。

共同共有人在享有权利的同时，对于共有物的管理费用及其他费用的负担，有约定的，按照约定；没有约定或者约定不明确的，共同共有人共同负担。因共有的不动产或者动产产生的债权债务，在对外关系上，共有人享有连带债权、承担连带债务，但法律另有规定或者第三人知道共有人不具有连带债权债务关系的除外；在共有人内部关系上，除共有人另有约定外，共同共有人共同享有债权、承担债务。

共同共有在共同关系存续中，各共有人不得请求分割共有物。同时，由于共同共有主要是因婚姻、血缘关系而形成的，共同共有人之间存在更密切的关系，因此，共同共有人不能像按份共有人那样转让自己的份额（这种份额是潜在的）。共有人约定不得分割共有的不动产或者动产，以维持共有关系的，应当按照约定，但共有人有重大理由需要分割的，可以请求分割；没有约定或者约定不明确的，共同共有人在共有的基础丧失或者有重大理由需要分割时可以请求分割。因分割对其他共有人造成损害的，应当给予赔偿。

共同共有的消灭主要是因共同关系的终止而引起的，如婚姻关系终止引起夫妻共有财产关系的消灭；同时可以因其他原因而消灭，如共有物灭失、转让给他人等。共有财产的分割，除应当遵循前述按份共有的共有物分割原则外，还应遵守法律关于该共同共有关系的规定，如法定继承中分割共同继承的遗产，应按照法律规定的遗产分配原则进行。至于分割方法，共有人在不损害共有物价值的前提下，可以选择采取实物分割、变价分割、作价补偿等方法。

（三）共同共有的类型

在我国实际生活中，常见的共同共有主要有以下几种：

1.夫妻共有财产。

《民法典》第1062条规定："夫妻在婚姻关系存续期间所得的下列财产，为夫妻的共同财产，归夫妻共同所有……夫妻对共同财产，有平等的处理权。"这是夫妻共同共有财产的法律依据。夫妻共同共有的财产，包括在婚姻关系存续期间各自的合法收入（如工资、奖金、劳务报酬；生产、经营、投资的收益；知识产权的收益），以及各自因继承或者接受赠与取得的财产（但《民法典》第1063条第3项规定的除外），等等。

依照《民法典》第1065条的规定："男女双方可以约定婚姻关系存续期间所得的财产以及婚前财产归各自所有、共同所有或者部分各自所有、部分共同所有。约定应当采用书面形式。没有约定或者约定不明确的，适用本法第一千零六十二条、第一千零六十三条的规定。夫妻对婚姻关系存续期间所得的财产以及婚前财产的约定，对双方具有法律约束力。夫妻对婚姻关系存续期间所得的财产约定归各自所有，夫或者妻一方对外所负的债务，相对人知道该约定的，以夫或者妻一方的个人财产清偿。"只要夫妻双方的这种约定不违反法律的禁止性规定，就应当依这种约定来确定夫妻间的财产归属。

夫妻的婚前财产，是夫妻各自所有的财产，不属于夫妻共有财产。但是婚前财产在婚后经过长期共同使用，财产已经在质和量上发生很大的变化，就应当根据具体情况，将财产的全部或者部分视为夫妻共同财产。另外，如果在婚后用共有财产对婚前财产进行重大修缮，通过修缮新增加的价值部分，应认定为夫妻共有财产。例如，夫妻居住的房屋是男方的婚前财产，在婚后又以共有财产作了重大修缮的，房屋价值的增加部分，应属于夫妻共有财产。

夫妻双方对于夫妻共有财产，有平等地占有、使用、收益、处分的权利。尤其是对共有财产的处分，应当经过协商，取得一致意见后进行。夫妻一方在处分共有财产时，另一方明知其行为而不作否认表示的，视为同意，事后不得以自己未亲自参加处分为由而否认处分的法律后果。例如，出卖夫妻共有的房屋，一般应由夫妻双方在合同上签字或盖章，但民间习惯上往往是由夫妻中一人出面签订合同，另一方虽未签订合同，但知道买卖的事实并未表示异议，应当认为其默示同意。夫妻双方对共有财产的平等处分权，并不是说双方共有的任何一件物品都必须双方共同处分才有效，而是说对于那些价值较大或重要的物品必须经夫妻双方协商一致后处分才有效。

2.家庭共有财产。

在我国，家庭关系不仅限于夫妻关系，还存在父母子女，祖父母、外祖父母、孙子女、外孙子女，兄弟姐妹等之间的关系。家庭共有财产就是家庭成员在家庭共同生活关系存续期间共同创造、共同所得的财产。家庭共有财产是以维持家庭成员共同生活或者生产为目的的财产，它的来源，主要是家庭成员在共同生活期间的共同劳动收入，家庭成员交给家庭的财产以及家庭成员共同积累、购置、受赠的财产。

家庭共有财产属于家庭成员共同所有。但是，对于哪些家庭成员是财产的共有人，有两种不同的观点：一种观点认为，凡是共同生活的近亲属或其他成员，无论其是否对家庭共有财产的形成作出过贡献，都应当视为家庭共有财产的共有人。另一种观点认为，只有对家庭财产的形成有过贡献的家庭成员，才是家庭共有财产的共有人。按照这种观点，未成年子女不能享有家庭共有财产的共有权。至于子女成年以后，自己独立生活，并“分”得父母的部分财产，这是父母赠与的财产，而不是对家庭共有财产的分割。从我国固有民间习惯和现实家庭的社会职能来看，家庭共有财产一般是维持家庭共同生活所必需的，所以认为所有的家庭成员都是家庭共有财产的共有人，有利于稳定家庭关系，促进家庭的和睦团结。

每个家庭成员对于家庭共有财产都享有平等的权利。对于家庭共有财产的占有、使用、收益、处分，应当由全体家庭成员协商一致进行，但法律另有规定的除外。例如，家庭成员中的未成年人，尚无行为能力，其父母或者家庭中的其他近亲属是其监护人，因而未成年人虽然也是家庭共有财产的共有人，但其共有权的行使要由他的父母或者其他监护人代理。

3.共同继承的财产。

共同继承的财产，是指在继承开始以后，遗产分割以前，两个以上的继承人对之享有继承权的遗产。在分割遗产时，共同继承人应当按照法律规定的原则确定各自的份额或者按遗嘱确定各自的份额。

4.合伙财产。

合伙财产的共有状态是按份共有还是共同共有？对此有不同的观点：一种观点认为共同共有主要是夫妻共有财产和家庭共有财产；另一种观点则认为共同共有还包括合伙财产。这种分歧主要是源于对共同共有的特征的不同认识。

上述第一种观点主要是就夫妻共有财产和家庭共有财产来提出共同共有的一些基本特征，如“在共同共有财产中，财产不分份额”“各共有人平等地享有权利和承担义务”，并依此将合伙财产排除于共同共有财产之外。实际上，这样的理解是不准确的。第一，按份共有与共同共有的根本区别在于是否基于共同关系而产生。按份共有是数人分享一个所有权；而共同共有则是数人结合为一个共同关系，共享一个所有权。第二，按份共有人按应有部分对共有物的全部享有使用、收益权；而共同共有物的所有权属于共有人全体，不是按应有部分享有所有权，因而对于共有物全部，共同共有人并没有应有部分存在。第三，按份共有人有权处分其应有份额并请求分割共有物；而共同共有人则无份额可以处分，在其共同关系存续期间也不可请求分割共有物。

就以上按份共有与共同共有的区别来看，合伙财产权是基于合伙关系而产生的，合伙人对合伙财产的份额是对抽象的合伙总资产而言的，是一种潜在的应有部分。在合伙关系存续期间，合伙人亦不能处分其份额、请求分割合伙财产。因此，合伙财产的性质应当为共同共有。这样，有利于维护合伙关系和合伙的主体地位，并可以充分保护债权人的利益。

第六节　所有权的特别取得方法

一、善意取得

善意取得亦称即时取得，是指无处分权人转让标的物给善意第三人时，善意第三人一般可取得标的物的所有权，所有权人不得请求善意第三人返还原物。根据《民法典》的规定，善意取得不限于所有权，其他物权也可以善意取得。

按照所有权的物权效力，所有权人完全可以对任何占有其物的人请求返还原物。但是，如果允许所有权人在任何情况下都可以请求返还原物，则对善意第三人的保护不周，有害于交易的安全和快捷。因此，法律从保护交易安全和快捷的角度出发，规定善意第三人在符合法律规定的情况下可以取得无处分权人转让的物的所有权。可见，善意取得制度作为所有权保护的一种例外，是对无权处分的特别规定，是对所有权的效力的一种限制，它是法律在所有权的绝对保护与交易的安全快捷之间进行平衡的结果。

根据我国《民法典》的规定，善意取得须具备以下的条件：

1.第三人受让该不动产或者动产时是善意的。

《民法典》对善意受让人的保护，是公信原则的体现。受让人受让不动产或者动产时，不知道转让人无处分权，且无重大过失的，应当认定受让人为善意。具有下列情形之一的，应当认定不动产受让人知道转让人无处分权：（1）登记簿上存在有效的异议登记；（2）预告登记有效期内，未经预告登记的权利人同意；（3）登记簿上已经记载司法机关或者行政机关依法裁定、决定查封或者以其他形式限制不动产权利的有关事项；（4）受让人知道登记簿上记载的权利主体错误；（5）受让人知道他人已经依法享有不动产物权。真实权利人有证据证明不动产受让人应当知道转让人无处分权的，应当认定受让人具有重大过失。受让人受让动产时，交易的对象、场所或者时机等不符合交易习惯的，应当认定受让人具有重大过失。所谓"受让人受让该不动产或者动产时"，是指依法完成不动产物权转移登记或者动产交付之时。当事人以《民法典》第226条规定的方式交付动产的，转让动产法律行为生效时为动产交付之时；当事人以《民法典》第227条规定的方式交付动产的，转让人与受让人之间有关转让返还原物请求权的协议生效时为动产交付之时。法律对不动产、动产物权的设立另有规定的，应当按照法律规定的时间认定权利人是否为善意。

2.以合理的价格转让。

所谓"合理的价格"，应当根据转让标的物的性质、数量以及付款方式等具体情况，参考转让时交易地市场价格以及交易习惯等因素综合认定。

3.转让的不动产或者动产依照法律规定应当登记的已经登记，不需要登记的已经交付给受让人。

转让人将《民法典》第225条规定的船舶、航空器和机动车等交付给受让人的，应当认定符合《民法典》第311条第1款第3项规定的善意取得的条件。

具有下列情形之一，受让人主张根据《民法典》规定善意取得所有权的，不予支持：（1）转让合同因根据《民法典》规定被认定无效；（2）转让合同因受让人存在欺诈、胁迫或者乘人之危等法定事由被撤销。

善意第三人在符合上述条件时即取得不动产或者动产的所有权，此时原所有权人无权请求善意第三人返还原物，而只能向无处分权人请求赔偿损失。善意受让人取得动产后，该动产上的原有权利消灭，但善意受让人在受让时知道或者应当知道该权利的除外。

当事人善意取得其他物权的，参照《民法典》第311条前两款规定。

二、拾得遗失物

遗失物，是所有人遗忘于某处，不为任何人占有的物。遗失物只能是动产，不动产不存在遗失的问题。遗失物也不是无主财产，只不过是所有人丧失了对于物的占有，不为任何人占有的物。至于所有人丧失对于物的占有的情况，则有种种不同。一般是所有人因某种原因遗失所有物；还有其他的情况，例如，直接占有人（承租人）将物（租赁物）丢失，对于间接占有人（出租人）即所有人来讲，是为遗失物。又如，无行为能力的所有人将物抛弃，因他欠缺意思能力，就不成立所有权的抛弃，而只是丧失占有，是为遗失物。但是，所有人为了安全的目的或其他考虑，将物品埋藏于土地之中或放置于一定的隐秘的场所，这时所有人并没有丧失对于物的占有，因此并不是遗失物，如因年长日久，所有人忘其所在，则为埋藏物或者隐藏物。

《民法通则》曾对漂流物、失散的饲养动物与遗失物在同一条文中作出规定，这是视遗失物、漂流物及失散的饲养动物有同一法律地位。所谓漂流物，是指所有人不明，漂流于江、河、湖、海、溪、沟上的物品。而饲养的动物，多是指人们饲养的家禽、家畜，如鸡、鸭、牛、马、羊等。这类动物如果走失，所有人丧失对于物的占有，就是遗失物。至于驯养的野生动物逃逸，所有人还在继续有效地进行追索，例如，驯养的鹰飞走，所有人正在用其他驯鹰追捕，其他人就不得随意侵犯。但是，如果驯养的野生动物回复其自然状态，如驯养的鹿逃回大森林，就不再构成遗失物。

拾得遗失物，应当返还权利人。拾得人应当及时通知权利人领取，或者送交公安等有关部门。有关部门收到遗失物，知道权利人的，应当及时通知其领取；不知道的，应当及时发布招领公告。遗失物自发布招领公告之日起1年内无人认领的，归国家所有。

拾得人在遗失物送交有关部门前，有关部门在遗失物被领取前，应当妥善保管遗失物。因故意或者重大过失致使遗失物毁损、灭失的，应当承担民事责任。拾得人侵占遗失物的，无权请求保管遗失物等支出的费用，也无权请求权利人按照承诺履行义务。

权利人领取遗失物时，应当向拾得人或者有关部门支付保管遗失物等支出的必要费用。权利人悬赏寻找遗失物的，领取遗失物时应当按照承诺履行义务。

遗失物如果通过转让被第三人占有的，权利人有权向无处分权人请求损害赔偿，或者自知道或应当知道受让人（第三人）之日起2年内向第三人请求返还原物，但第三人通过拍卖或者向具有经营资格的经营者购得该遗失物的，权利人请求返还原物时应当支付第三人所付的费用。权利人向第三人支付所付费用后，有权向无处分权人追偿。

三、发现埋藏物

埋藏物，是指包藏于他物之中，不容易从外部发现的物。埋藏物以动产为限，不动产从其体积、固定性等方面讲，一般不会发生埋藏的问题。埋藏物一般都是埋藏于土地（称为包藏物）之中，但也不全是如此，例如，埋藏于房屋墙壁中的物，也是埋藏物。

埋藏物是有主物，只是所有人不明，而非无主物。也就是说，埋藏于土地或其他物之中，年长日久，由于人为的或自然的原因，已经不易确定或不知其归谁所有。

对于埋藏物与遗失物的区别，学者间有不同的见解。有的学者认为不因所有人的意思丧失占有的，即为遗失物，而埋藏物必然是所有人有意埋藏的。如本来是遗失物，因自然原因被埋藏于地下的，仍然是遗失物；而埋藏于地下之物，因自然原因暴露于地面的，仍然是埋藏物。这是主观主义的区别论。有的学者则认为埋藏物与遗失物的区别，仅在于发现的时候，是否处于被埋藏于他物之状态：如果是，则为埋藏物；否则就是遗失物。遗失物如果长久埋藏于地下则为埋藏物；而埋藏物露出地面为他人拾得，则为遗失物。这是客观主义的区别论。综合而言，从埋藏物本身的性质来讲，法律所注重的是其埋藏于他物之中不易被发现和所有人不明的状态，至于其原始状态是否是因所有人的意思而丧失占有的，不仅难以求证，而且对发现埋藏物的法律后果无甚影响，所以，从客观的方面区别埋藏物和遗失物更为经济。

根据《民法典》第319条的规定，隐藏物与埋藏物具有同一法律地位。所谓隐藏物，是指放置于隐蔽的场所，不易被发现的物。如天花板上搁置的物、屏风中夹带的物，都是隐藏物。所有人不明的埋藏物与隐藏物归国家所有。但这并不是说埋藏物或隐藏物一经发现，都毫无例外地归国家所有。在埋藏物或隐藏物被发现后，如果埋藏或者隐藏该物的人或者其继承人能够证明其合法的所有权或者继承权，应当将发现的埋藏物或者隐藏物交还给埋藏或者隐藏该物的人或者其继承人，以保护合法财产权利。只有确实查证发现的埋藏物或隐藏物的所有人不明时，才归国家所有。

我国《民法典》第319条规定，拾得漂流物、发现埋藏物或者隐藏物的，参照适用拾得遗失物的有关规定。法律另有规定的，依照其规定。

四、主物转让时从物所有权的归属与孳息所有权的归属

《民法典》第320条规定，主物转让的，从物随主物转让，但当事人另有约定的除外。《民法典》第321条规定，天然孳息，由所有权人取得；既有所有权人又有用益物权人的，由用益物权人取得。当事人另有约定的，按照其约定。法

定孳息，当事人有约定的，按照约定取得；没有约定或者约定不明确的，按照交易习惯取得。

五、添附

添附一般是附合、混合的通称，广义的添附还包括加工在内。这三者都是动产所有权的取得方法，在法律效果上有共同点。添附与前述的善意取得、拾得遗失物、发现埋藏物不同，它是指数个不同所有人的物结合成一物（合成物、混合物），或者由所有人以外的人加工而成新物（加工物）。

基于添附的事实而产生的所有权归属问题，有这样几种解决途径，即恢复原状，各归其主；维持现状，使原物的各所有人形成共有关系；维持现状，使因添附而形成之物归某一人所有。比较这三种方法，第一种方法不仅在很多情况下不能或者难以适用，如加工物，已无法将其恢复原状，而且一定要将合成、混合为一的物分开、恢复其原状，会毁损该物，也不利于发挥物的效用。所以，第一种方法最不足取。而第二种方法会使法律关系较为复杂，不仅给所有人行使权利带来不便，而且易于产生纠纷，故不在不得已时，不宜采用。第三种方法不仅有经济上的实益，而且使法律关系明确，一劳永逸。从现代各国立法例来看，一般都是根据添附的事实，重新确定所有权的归属，而斟酌具体情况，以形成共有关系为补充。

对此，《民法典》第322条规定，因加工、附合、混合而产生的物的归属，有约定的，按照约定；没有约定或者约定不明确的，依照法律规定；法律没有规定的，按照充分发挥物的效用以及保护无过错当事人的原则确定。因一方当事人的过错或者确定物的归属造成另一方当事人损害的，应当给予赔偿或者补偿。该条之规定相对粗略，结合学理和司法实践等，不妨分述如下：

（一）加工

加工，是指在他人之物上附加自己的有价值的劳动，使之成为新物。对于加工物所有权的归属，我国司法实践的一般做法是，加工物的所有权原则上归原物的所有人，并给加工人以补偿。但是当加工增加的价值大于材料的价值时，加工物可以归加工人所有，但应当给原物的所有人以补偿。

（二）附合

附合，是指两个以上不同所有人的物结合在一起而不能分离，若分离会毁损该物或者花费较大，如用他人的建筑材料建造房屋。附合有两种情况：

1.动产与动产的附合。这是指不同所有人的动产互相结合，非毁损不能分离或者分离的费用较大。从我国的司法实践分析，动产与动产的附合应当由原所有人按照其动产的价值，共有合成物。如果可以区别主物或从物，或者一方动产的价值显然高于他方的动产，则应当由主物或价值较高的物的原所有人取得合成物的所有权，并给对方以补偿。

2.动产与不动产的附合。这是指动产附合于不动产，成为不动产的组成部分。罗马法中，这种附合主要是因建筑或者种植而产生。一般的原则是建筑物或者种植物归土地所有人所有，至于双方的权利和义务，则视行为人是出于善意还是恶意而定。在我国司法实践中，动产与不动产的附合，由不动产所有人取得合成物的所有权，但应当给原动产所有人以补偿。

（三）混合

混合，是两个以上不同所有人的动产互相混杂合并，不能识别。混合发生在动产之间，它与附合的不同在于：附合（指动产的附合）的数个动产在形体上可以识别、分割，只是分离后要损害附合物的价值，出于社会利益考虑不许分割；而混合则是数个动产混合在一起，在事实上不能也不易区别。但两者的法律效果却无区别规定的理由，故而各国民法大多规定混合准用附合的规定。

【本章主要法律规定】

1.《民法典》第240～322条

2.最高人民法院《关于适用〈中华人民共和国民法典〉物权编的解释（一）》第9～20条

3.最高人民法院《关于审理建筑物区分所有权纠纷案件适用法律若干问题的解释》第1～16条

第九章 用益物权

本章主要内容提示

1.土地承包经营权可分为基于民事法律行为取得的土地承包经营权和非基于民事法律行为取得的土地承包经营权。

2.国有土地建设用地使用权的产生方式包括划拨、出让和流转。

3.宅基地使用权的主体只能是农村集体经济组织的成员，其用途仅限于村民建造个人住宅，实行“一户一宅”制。

4.居住权属于用益物权，原则上只能自用。

5.地役权具有从属性和不可分性。

第一节 用益物权的概念和特征

一、用益物权的概念

用益物权是对他人所有的物，在一定范围内进行占有、使用、收益、处分的他物权。基于不同的历史文化传统与经济制度，各国民法上的用益物权类型多有不同，体现了较为突出的固有法特征。在我国现行民法与民法学理论中，主要有土地承包经营权、建设用地使用权、宅基地使用权、居住权和地役权。

二、用益物权的特征

与所有权、担保物权相比较，用益物权具有其特征，表现在以下四个方面：

第一，用益物权以对标的物的使用、收益为其主要内容，并以对物的占有为前提。用益物权之“用益”，顾名思义，就是对物的使用、收益，以取得物的使用价值。在这一点上用益物权与担保物权不同，也由此决定了用益物权的设立，以对标的物的占有为要件。也就是说，必须将标的物的占有（直接占有）移转给用益物权人，由其在实体上支配标的物。否则，用益物权的目的就无法实现。例如，不移转对土地的占有，建设用地使用权人就根本不可能在土地上营造建筑物。可见，就对标的物的支配方式而言，用益物权是对标的物的有形支配，而且这种有形支配是作为对物的利用的前提而存在的。担保物权则不同，它的内容在于取得物的交换价值，因而可不必对物进行有形支配，而以无形支配为满足。当然，对于质权和留置权而言，也以对标的物的占有为必要，但这种占有是权利的保持和公示的方法，并不是对标的物利用的前提。

第二，用益物权是他物权、限制物权和有期限物权。用益物权是在他人所有物上设定的物权，是非所有人根据法律的规定或者当事人的约定，对他人所有物享有的使用、收益的权利。因而从其法律性质上讲，用益物权属于他物权。

用益物权作为他物权，其客体是他人所有之物。它是所有人为了充分发挥物的效用，将所有权与其部分权能相分离，由用益物权人享有和行使对物的一定范围的使用、收益权能的结果。因此，用益物权是由所有权派生的权利。但是，用益物权的这种派生性并不影响用益物权作为一种独立的财产权而存在。用益物权一旦产生，其权利人就在设定的范围内独立地支配其标的物，进行使用和收益。用益物权人不仅可以排除一般的人对于其行使用益物权的干涉，而且用益物权人在其权利范围内可以依据用益物权直接对抗物的所有人对其权利的非法妨害。即使是作为用益物权形态的地役权，它对需役地具有从属性，但这种从属性是就该权利与其主体或者需役地的关联性而言的；这种从属性并不否认地役权自身具有的独立的支配范围和支配方式，不影响它作为一种独立权利的存在。

基于用益物权的他物权性质，用益物权还是限制物权和有期限物权。用益物权是一种限制物权，它只是在一定方面支配标的物的权利，没有完全的支配权。例如，建设用地使用权、地役权只限于在特定的方面使用他人的土地，而不像所有权那样作为一种完全的权利，是一种在全面的关系上支配标的物的权利。另外，用益物权的限制物权性质还有一层含义，就是用益物权是在他人之物上设定的权利，实际上是根据所有人的意志在所有权上设定的负担，起着限制所有权的作用。因此，在权利的效力范围上，用益物权与所有权相比具有较优的效力。例如，土地所有人在自己的土地上为他人设定了建设用地使用权，则建设用地使用权人要优于土地所有人使用土地。

用益物权还是一种有期限物权，与所有权不同。所有权是没有一定存续期限的物权。用益物权则有一定的期限，在其存续期限届满时用益物权即当然归于消灭。不过，用益物权的存续期限，其表现形式可以是一个确定的期限，如30年、50年，也可以是一个不定期的期限，此时的用益物权在符合一定的条件时，可以随时由当事人的行为终止。用益物权之所以附有一定的存续期限，是因为用益物权是在他人之物上设定的权利，起着限制所有权的作用。如果允许设定永久无期的用益物权，则所有权会处于一种有名无实的境地，有损所有权的本质。

第三，用益物权的客体主要是不动产。用益物权的标的物原则上限于不动产，在这一点上它与所有权和担保物权都不同，所有权和担保物权的标的物既包括动产，也包括不动产。我国《民法典》第323条采取了较为开放的态度，将用益物权的客体扩充至动产。

不动产一般是指土地及其定着物（主要是房屋）。用益物权的标的物主要是土地，如建设用地使用权、地役权等权利都是以土地为其标的物的。

用益物权作为不动产物权，由于不动产在财产体系中的重要地位，使用益物权成为一类重要的财产权利。而由于不动产作为权利客体本身所具有的特殊性，法律对用益物权的确认和保护，在权利的效力范围、行使方式及限制、权利的变动程序等方面的法律思想、法律技术及具体规范都是不同于动产物权的。

第四，用益物权主要是以民法为依据，但也有以特别法为依据的。典型的用益物权是民法上的用益物权，如各国立法例上的地上权、永佃权、典权、用益权、居住权、地役权等。这些用益物权不仅地位较为重要，而且其适用范围也较为广泛。但土地法、自然资源法等特别法上也有一些用益物权形式，如海域使用权、探矿权、采矿权、狩猎权、取水权、从事养殖和捕捞的权利等。这些用益物权在主体、客体或者效力范围等方面都具有一定的特殊性。所以在法律适用上应当首先适用特别法，只有在特别法无规定时，才适用民法。

由于用益物权的物权性质，因不动产或者动产被征收、征用致使用益物权消灭或者影响用益物权行使的，用益物权人有权依照法律规定获得相应补偿。

第二节 土地承包经营权

一、土地承包经营权的概念和特征

土地承包经营权是反映我国经济体制改革中农村承包经营关系的新型物权。《民法典》第331条规定:“土地承包经营权人依法对其承包经营的耕地、林地、草地等享有占有、使用和收益的权利,有权从事种植业、林业、畜牧业等农业生产。”农村土地是农村集体经济组织成员谋求生存与发展的最重要的生产资料,因而应当保障农村集体经济组织成员依法参加承包关系,获得本集体所发包的土地之经营权的权利。因此,《农村土地承包法》第5条规定:“农村集体经济组织成员有权依法承包由本集体经济组织发包的农村土地。任何组织和个人不得剥夺和非法限制农村集体经济组织成员承包土地的权利。”

土地承包经营权就是承包人(个人或组织)因从事种植业、林业、畜牧业、渔业生产或者其他生产经营项目而承包使用、收益集体所有或者国家所有的土地或者森林、山岭、草原、荒地、滩涂、水面的权利。其具有以下特征:

第一,土地承包经营权是存在于集体所有或者国家所有的土地或者森林、山岭、草原、荒地、滩涂、水面的权利。这就是说,土地承包经营权的标的是集体所有或者国家所有的土地或者森林、山岭、草原、荒地、滩涂、水面,而不是其他财产。有的集体组织按承包人承包土地的数量,作价或者不作价地分给承包人部分耕畜、农具或者其他生产资料,这是附属于土地承包经营权的权利。

农村集体所有的土地由本集体经济组织的成员承包经营的,由发包人与承包人签订承包合同,约定双方的权利和义务。

农民集体所有的土地是否可以由本集体经济组织以外的组织或个人承包经营?依据《土地管理法》与《农村土地承包法》的有关规定,只有符合条件的农村土地,并经法定程序,方可由本集体经济组织以外的组织或个人承包。这些条件是:(1)只限于不宜采取家庭承包方式的荒山、荒沟、荒丘、荒滩等农村土地;(2)只能够通过招标、拍卖、公开协商等方式承包;(3)应当事先经本集体经济组织成员的村民会议2/3以上成员或者2/3以上村民代表的同意,并报乡(镇)人民政府批准;(4)本集体经济组织成员在同等条件下有权优先承包。

第二,土地承包经营权是承包使用、收益集体所有或者国家所有的土地或者森林、山岭、草原、荒地、滩涂、水面的权利。承包人对于承包土地等生产资料有权独立进行占有、使用、收益,进行生产经营活动,并排除包括集体组织在内的任何组织或者个人的非法干涉。这里应当指出的是,承包人并不取得承包土地或者其他生产资料的全部收益的所有权,而是要将承包合同约定的一部分收益交付发包人,其余的收益归承包人所有。所谓“承包”,其意义主要在此。由于土地这一生产资料的特殊法律地位,承包人对之并无处分权。

第三,土地承包经营权是为种植业、林业、畜牧业、渔业生产或者其他生产经营项目而承包使用、收益集体所有或者国家所有的土地等生产资料的权利。这里的种植,不仅是指种植粮食、棉花、油料等作物,也包括树木、茶叶、蔬菜等。另外,在承包的土地或者森林、山岭、草原、荒地、滩涂、水面经营林业、牧业、渔业等,都属于承包经营权的范围。

第四,土地承包经营权是有一定期限的权利。根据《民法典》第332条第1款和《农村土地承包法》第21条的规定,耕地的承包期为30年,草地的承包期为30年到50年,林地的承包期为30年到70年。承包期满后再延长,《民法典》第332条第2款规定:前款规定的承包期限届满,由土地承包经营权人依照农村土地承包的法律规定继续承包。在土地承包经营期限内,发包方不得随意调整承包地,若因自然灾害严重毁损承包地等特殊情形对个别农户之间承包的耕地和草地需要适当调整的,必须经本集体经济组织成员的村民会议2/3以上成员或者2/3以上村民代表的同意,并报乡(镇)人民政府和县级人民政府农业等行政主管部门批准。

组织、个人承包经营国有土地,或者集体经

济组织以外的组织、个人承包经营集体所有的土地从事种植业、林业、畜牧业、渔业生产，土地承包经营的期限由承包合同约定。该期限虽然由当事人在承包合同中加以约定，但应当根据从事承包经营事业的具体情况确定承包经营的期限。例如，开发性的承包经营（如开荒造林），由于生产周期较长，需要多年的投资，期限可以长些。这样既有利于土地的开发利用，也可以避免承包期限过长不利于对土地所有权的保护。

从以上土地承包经营权的特征可以看出，土地承包经营权虽然产生于承包合同，但不限于承包人与集体组织间的财产关系，而是一种与债权具有不同性质的物权，并且也是传统民法的物权种类所不能包括的新型物权。

二、土地承包经营权的取得

土地承包经营权的取得，有基于民事法律行为的，也有非基于民事法律行为的，以下予以分别说明。

1.基于民事法律行为取得土地承包经营权的，包括创设取得和移转取得两种情况：

（1）土地承包经营权的创设取得，主要是指承包人与发包人通过订立承包经营合同而取得土地承包经营权，分为家庭承包与以招标、拍卖、公开协商等方式进行的承包。通过这两种方式承包的，都应当签订承包合同，承包合同自成立之日起生效，承包方于合同生效时取得土地承包经营权。登记机关应当向土地承包经营权人发放土地承包经营权证、林权证、草原使用权证，并登记造册，确认土地承包经营权。

（2）土地承包经营权的移转取得，是指在土地承包经营权的流转过程中，受让人通过互换、转让等方式，依法从承包人手中取得土地承包经营权。我国《民法典》第334条规定，土地承包经营权人依照法律规定，有权将土地承包经营权互换、转让。未经依法批准，不得将承包地用于非农建设。同法第335条规定，土地承包经营权互换、转让的，当事人可以向登记机构申请登记；未经登记，不得对抗善意第三人。

2.非基于民事法律行为而取得土地承包经营权。在这里主要是继承问题。《民法典》第1122条未再规定列举式的遗产范围，而是笼统规定，“遗产是自然人死亡时遗留的个人合法财产。依照法律规定或者根据其性质不得继承的遗产，不得继承”。土地承包经营权是否属于可继承的遗产范围，目前在我国民法学界有不同的看法。《农村土地承包法》认可承包人应得的承包收益的继承，而有限地认可土地承包经营权的继承：林地承包的承包人死亡的，其继承人可以在承包期内继续承包。

三、承包人的权利和义务

1.承包人的权利。

在农村土地承包经营法律关系中，承包人享有以下权利：

（1）占有承包的土地以及森林、山岭、草原、荒地、滩涂、水面。承包人有权从集体组织取得一定数量、质量、位置的土地以及森林、山岭、草原、荒地、滩涂、水面，这是承包人进行生产经营活动的前提。

（2）使用承包的土地或者其他生产资料，独立进行生产经营活动。

（3）收取承包土地或者其他生产资料的收益，并取得依约定数额向发包人支付收益后所余收益的所有权。公民个人的承包收益可以继承。

（4）依法互换、转让土地承包经营权。这是承包人对其土地承包经营权的处分，一般是承包人无劳动能力或者转营他业而将承包的土地转包。转让土地承包经营权的收益应归承包人所有。

（5）承包人承包土地以后，仍有权按集体组织规定的制度使用集体组织所有的农林设施，如灌溉设施、农机具等。

（6）承包地被依法征收、征用、占用，土地承包经营权人有权依法获得相应补偿。

2.承包人的义务。

（1）妥善使用承包的土地以及森林、山岭、草原、荒地、滩涂、水面。这不仅要求承包人不得在承包土地上盖房、建窑、建坟，不准进行掠夺性经营，而且还要求承包人根据土地的条件合理使用，保存、改良土地，提高地力。

（2）承包人应依承包合同规定的数额向集体组织交付承包土地或森林、山岭、草原、荒地、滩涂、水面的收益。

（3）承包人应独立承担风险。承包人承包土地以后，独立进行生产经营活动，除了因发生不可抗力而减免交付约定数额的承包收益的义务外，对于在生产经营中的其他各种风险，一概由承包人自己承担。

（4）承包人应当接受集体组织对于其生产经营活动的合法监督、干涉。如承包人连续两年弃耕抛荒的，发包人有权终止承包合同，收回发包的耕地。

四、发包人的权利和义务

发包人的权利和义务基本上是与承包人的权利和义务相对应的，故只简单列举，不再赘述。

发包人的权利，主要是向承包人收取依承包合同规定数额的承包收益，对承包人的生产经营活动进行监督。

发包人的义务，在于交付土地以及森林、山岭、草原、荒地、滩涂、水面给承包人，提供集体组织的农林设施给承包人使用，不得随意干涉承包人的生产经营活动。发包人在承包期内不得调整承包地。因自然灾害严重毁损承包地等特殊情形，需要适当调整承包的耕地和草地的，应当依照《农村土地承包法》等法律规定办理。发包人在承包期内不得收回承包地。《农村土地承包法》等法律另有规定的，依照其规定。

五、土地经营权的流转

土地承包经营权人可以自主决定采取出租、入股或其他方式流转土地经营权；取得土地经营权者，有权在合同约定期限内对农村土地行使占有、使用、收益的权利；流转期限超过5年的土地经营权，采取登记对抗主义，自流转合同生效时设立，未经登记不得对抗善意第三人。此外，根据《民法典》第342条的规定，通过招标、拍卖、公开协商等方式承包农村土地，经依法登记取得权属证书的，可以依法采取出租、入股、抵押或者其他方式流转土地经营权。

同时，根据《农村土地承包法》第9条的规定，承包方承包土地后，享有土地承包经营权，可以自己经营，也可以保留土地承包权，流转其承包地的土地经营权，由他人经营。根据《农村土地承包法》第38条的规定，土地经营权流转应当遵循以下原则：（1）依法、自愿、有偿，任何组织和个人不得强迫或者阻碍土地经营权流转；（2）不得改变土地所有权的性质和土地的农业用途，不得破坏农业综合生产能力和农业生态环境；（3）流转期限不得超过承包期的剩余期限；（4）受让方须有农业经营能力或者资质；（5）在同等条件下，本集体经济组织成员享有优先权。而根据《农村土地承包法》第54条规定，通过招标、拍卖、公开协商等方式取得土地经营权的，该承包人死亡，其应得的承包收益，依照《继承法》的规定继承；在承包期内，其继承人可以继续承包。另外，根据《农村土地承包法》第64条规定，土地经营权人擅自改变土地的农业用途、弃耕抛荒连续2年以上、给土地造成严重损害或者严重破坏土地生态环境，承包方在合理期限内不解除土地经营权流转合同的，发包方有权要求终止土地经营权流转合同。土地经营权人对土地和土地生态环境造成的损害应当予以赔偿。

第三节　建设用地使用权

一、建设用地使用权的概念和特征

建设用地使用权是因建筑物或者构筑物及其他附属设施而使用国家所有的土地的权利。它具有以下特征：

第一，建设用地使用权是存在于国家所有的土地上的物权。建设用地使用权的标的仅以土地为限，而且仅限于国家所有的土地。

第二，建设用地使用权是以保存建筑物或者构筑物及其他附属设施为目的的权利。这里的建筑物或者构筑物及其他附属设施是指在土地上下建筑的房屋及其他设施，如桥梁、沟渠、铜像、纪念碑、地窖等，建设用地使用权即以保存此等建筑物或者工作物为目的。

第三，建设用地使用权是使用他人土地的权利。建设用地使用权虽以保存建筑物或者构筑物及其他附属设施为目的，但其主要内容在于使用他人的土地。因此，上述建筑物或者构筑物及其他附属设施的有无与建设用地使用权的存续无关。也就是说，有了地上的建筑物或者构筑物及其他附属设施后，固然可以设定建设用地使用权；没有地上建筑物或者构筑物及其他附属设施的存在，也无碍于建设用地使用权的设立；即使地上建筑物或者构筑物及其他附属设施灭失，建设用地使用权也不消灭，建设用地使用权人仍有依原来的使用目的而使用土地的权利。

由于人类文明的进步，科学与建筑技术的发展，土地的利用已不再限于地面，而是向空中和地下扩展，由平面而趋向立体化。在这种情况下，理论上有主张采纳空间权制度，以促进并规范对空间的有效利用。所谓空间权或称空间利用权，是指对地上或者地下空间依法进行利用，并排除他人干涉的权利。但是，在建设用地使用权制度中，建设用地使用权人对于土地的利用，本不以地面为限，而是包括土地上下之空间。因而土地所有人亦可依据建设用地使用权制度，就地面上下空间的一定范围为他人设定建设用地使用权。建设用地使用权人也可以在自己的建设用地使用权之上设定次建设用地使用权。所以，建设用地使用权制度应当能够满足土地的立体化与多层次利用的需要。我国《民法典》第345条规定，建设用地使用权可以在土地的地表、地上或者地下分别设立；同法第346条则规定了设立建设用地使用权的绿色、合法原则，即设立建设用地使用权，应当符合节约资源、保护生态环境的要求，遵守法律、行政法规关于土地用途的规定，不得损害已经设立的用益物权。

二、建设用地使用权的产生和期限

（一）建设用地使用权的产生

建设用地使用权的产生，如果从建设用地使用权人的角度来考察，就是建设用地使用权的取得。建设用地使用权作为一种不动产物权，则不动产物权的一般取得原因（如继承），自然也适用于建设用地使用权。此处仅讨论建设用地使用权取得的几项特殊原因。根据承载建设用地使用权的土地法律属性，可将建设用地使用权的取得分为两大类：在国家所有的土地上设立的建设用地使用权和在集体所有的土地上设立的建设用地使用权。

1.在国家所有的土地上设立的建设用地使用权。它的产生方式包括：

（1）划拨方式。土地划拨是土地使用人只需按照一定程序提出申请，经主管机关批准即可取得建设用地使用权，而不必向土地所有人交付租金及其他费用。我国《民法典》第347条第3款规定，严格限制以划拨方式设立建设用地使用权。《城市房地产管理法》第23条第1款规定，土地使用权划拨，是指县级以上人民政府依法批准，在土地使用者缴纳补偿、安置等费用后将该幅土地交付其使用，或者将土地使用权无偿交付给土地使用者使用的行为。根据《土地管理法》的有关规定，可以通过划拨方式取得的建设用地包括：国家机关用地和军事用地；城市基础设施用地和公益事业用地；国家重点扶持的能源、交通、水利等基础设施用地；法律、行政法规规定的其他用地。上述以划拨方式取得建设用地，须经县级以上人民政府依法批准。

（2）出让方式。建设用地使用权出让是国家以土地所有人身份将建设用地使用权在一定期限内让与土地使用者，并由土地使用者向国家支付建设用地使用权出让金的行为。土地使用者通过这种出让建设用地使用权的行为即取得建设用地使用权。建设用地使用权出让有三种形式：协议、招标和拍卖。协议是由市、县人民政府自然资源主管部门（代表国家作为出让方），与土地使用人按照平等、自愿、有偿的原则协商一致后，签订建设用地使用权出让合同。招标和拍卖，应当先由市、县自然资源主管部门发出招标、拍卖公告，通过招标、拍卖程序，签订建设用地使用权出让合同。根据我国《民法典》第347条第2款的规定，工业、商业、旅游、娱乐和商品住宅等经营性用地以及同一土地有两个以上意向用地者的，应当采取招标、拍卖等公开竞价的方式出让。第348条规定，通过招标、拍卖、协议等出让方式设立建设用地使用权的，当事人应当采用书面形式订立建设用地使用权出让合同。建设用地使用权出让合同一般包括下列条款：①当事人的名称和住所；②土地界址、面积等；③建筑物、构筑物及其附属设施占用的空间；④土地用途、规划条件；⑤建设用地使用权期限；⑥出让金等费用及其支付方式；⑦解决争议的方法。第349条规定，设立建设用地使用权的，应当向登记机构申请建设用地使用权登记。建设用地使用权自登记时设立。登记机构应当向建设用地使用权人发放权属证书。

（3）流转方式。建设用地使用权流转，是指土地使用人将建设用地使用权再转移的行为，如转让、互换、出资、赠与等。建设用地使用权转让、互换、出资或者赠与的，应当向登记机构申请变更登记。基于土地使用权流转的法律事实，新建设用地使用权人即取得原建设用地使用权人的建设用地使用权。

2.在集体所有的土地上设立的建设用地使用权。根据我国《民法典》第361条的规定，集体所有的土地作为建设用地的，应当依照土地管理的法律规定办理。

（1）乡（镇）村公益用地使用权。农村集体经济组织或者由农村集体经济组织依法设立的公益组织，在经过依法审批后，对用于本集体经济组织内部公益事业的非农业用地所享有建设用地使用权。根据《土地管理法》和《土地管理法实施条例》的规定，乡（镇）村公共设施、公益事业建设，需要使用土地的，经乡（镇）人民政府审核，向县级以上地方人民政府自然资源主管部门提出申请，按照省、自治区、直辖市规定的批准权限，由县级以上地方人民政府批准。其中，涉及占用农用地的，按照《土地管理法》有关规定办理审批手续。

（2）乡（镇）村企业建设用地。农村集体经济组织使用乡（镇）土地利用总体规划确定的建设用地兴办企业，或者与其他组织、个人以土地使用权入股、联营等形式共同举办企业的，应当持有关批准文件，向县级以上地方人民政府自然资源主管部门提出申请，按省、自治区、直辖市规定的批准权限，由县级以上地方人民政府批准。如果其中涉及占用农用地的，应当依照《土地管理法》的有关规定办理审批手续。

（二）建设用地使用权的期限

我国法律、法规中对于地上权的期限，是区分不同种类的建设用地使用权进行规定的。通过土地划拨及乡（镇）村建设用地程序取得的建设用地使用权，是无期限的。通过这种程序取得建设用地使用权的建设用地使用权人，除了法律规定的使建设用地使用权消灭的原因外，可以无期限地使用土地。

通过建设用地使用权出让取得建设用地使用权的，根据《城镇国有土地使用权出让和转让暂行条例》第12条规定，按照土地的不同用途，土地使用权出让的最高年限为：（1）居住用地70年；（2）工业用地50年；（3）教育、科技、文化、卫生、体育用地50年；（4）商业、旅游、娱乐用地40年；（5）综合或者其他用地50年。每一块土地的实际使用年限，在最高年限内，由出让方和受让方双方商定。根据我国《民法典》第354条的规定，建设用地使用权转让、互换、出资、赠与或者抵押的，当事人应当采用书面形式订立相应的合同。使用期限由当事人约定，但是不得超过建设用地使用权的剩余期限。

三、建设用地使用权的内容

建设用地使用权的内容就是建设用地使用权人享有的权利和承担的义务。

（一）建设用地使用权人的权利

1.占有和使用土地。建设用地使用权就是为保存建筑物或者构筑物及其他附属设施而使用土地的权利，因此使用土地是建设用地使用权人的最主要权利。建设用地使用权人对土地的使用权，应当在设定建设用地使用权的行为所限定的范围内进行。例如，限定房屋的高度或者限制房屋的用途的，建设用地使用权人使用土地时不得超出该项范围。由于建设用地使用权为使用土地的物权，建设用地使用权人为实现其权利，自然以占有土地为前提。同时，建设用地使用权人也可以准用不动产相邻关系的规定。

建设用地使用权人建造的建筑物、构筑物及其附属设施的所有权属于建设用地使用权人，但有相反证据证明的除外。

2.权利处分。建设用地使用权人可以处分其权利。这主要有以下几种情形：

（1）建设用地使用权人有权将建设用地使用权转让、互换、出资、赠与或者抵押，但法律另有规定的除外。既然建设用地使用权是以保存建筑物、构筑物及其附属设施为目的，则其必须与建筑物、构筑物及其附属设施共命运，建设用地使用权转让、互换、出资或者赠与的，附着于该土地上的建筑物、构筑物及其附属设施一并处分。建筑物、构筑物及其附属设施转让、互换、出资或者赠与的，该建筑物、构筑物及其附属设施占用范围内的建设用地使用权一并处分。但是，在设定建设用地使用权时如果当事人对建设用地使用权的流转作了限制，则建设用地使用权人不得超出该限制流转其建设用地使用权。

（2）抵押。建设用地使用权可以作为抵押权的标的物，此时，其地上的建筑物或者构筑物及其他附属设施也随之抵押。另外，当地上的建筑物或者构筑物及其他附属设施抵押时，其使用范围内的建设用地使用权也随之抵押。

（3）出租。建设用地使用权人可以作为出租人将建设用地使用权连同地上的建筑物或者构筑物及其他附属设施租赁给他人使用并收取租金。在建设用地使用权出租后，建设用地使用权人（出租人）仍须向土地所有人履行义务。

但是，通过土地划拨取得的建设用地使用权，只有在下列几种情况下，才可以转让、抵押、出租：①土地使用者为公司、企业、其他经济组织和个人；②领有国有土地使用证；③具有地上建筑物、其他附着物合法的产权证明；④签订土地使用权出让合同，向当地市、县人民政府补交土地使用权出让金或者以转让、出租、抵押所获收益抵交土地使用权出让金。在其他情况下，通过划拨土地取得的建设用地使用权不得转让、出租、抵押。

3.附属行为。建设用地使用权人可以在其地基范围内进行非保存建筑物或者构筑物及其他附属设施的附属行为，如修筑围墙、种植花木、养殖等。

4.取得地上建筑物或其他工作物的补偿。建设用地使用权人在土地上建造的建筑物或者构筑物及其他附属设施，其所有权应当属于建设用地使用权人。立法例上有认定建设用地使用权人对于建筑物或者构筑物及其他附属设施有取回权的。但取回难免会使物受到毁损，而且即使取回后恢复土地的原状，也往往对土地不利，从社会利益上看是有害的。因此，立法例上又往往确认土地所有人对建筑物或者构筑物及其他附属设施以购买权补救之，即土地所有人以时价购买地上的建筑物或者构筑物及其他附属设施时，建设用地使用权人不得拒绝。这种购买权是否行使，由土地所有人决定，建设用地使用权人不得勉强，而且该项购买权一旦行使，建设用地使用权人即不得再行使其取回权。我国《民法典》第358条规定，建设用地使用权期限届满前，因公共利益需要提前收回该土地的，应当依据本法第243条的规定对该土地上的房屋以及其他不动产给予补偿，并退还相应的土地出让金。另外，同法第359条规定：住宅建设用地使用权期限届满的，自动续期。续期费用的缴纳或者减免，依照法律、行政法规的规定办理。非住宅建设用地使用权期限届满后的续期，依照法律规定办理。该土地上的房屋以及其他不动产的归属，有约定的，按照约定；没有约定或者约定不明确的，依照法律、行政法规的规定办理。

（二）建设用地使用权人的义务

1.建设用地使用权人应当依照法律规定以及合同约定支付出让金等费用。

2.建设用地使用权人在建设用地使用权消灭时，应当将土地返还给所有权人，原则上应恢复土地的原状。因此，如果建设用地使用权人以取回地上建筑物或者构筑物及其他附属设施为恢复原状的手段时，则取回不但是建设用地使用权人的权利，也是其义务。

3.建设用地使用权人应当合理利用土地，不得改变土地用途；需要改变土地用途的，应当依法经有关行政主管部门批准。

第四节　宅基地使用权

一、宅基地使用权的概念和特征

宅基地使用权指的是农村集体经济组织的成员依法享有的在农民集体所有的土地上建造个人住宅的权利。根据我国《民法典》第362条的规定，宅基地使用权人依法对集体所有的土地享有占有和使用的权利，有权依法利用该土地建造住宅及其附属设施。宅基地使用权具有如下特征：

1.宅基地使用权的主体只能是农村集体经济组织的成员。城镇居民不得购置宅基地，除非其依法将户口迁入该集体经济组织。

2.宅基地使用权的用途仅限于村民建造个人住宅。个人住宅包括住房以及与村民居住生活有关的附属设施，如厨房、院墙等。

3.宅基地使用权实行严格的“一户一宅”制。根据《土地管理法》第62条的规定，农村村民一户只能拥有一处宅基地，其宅基地的面积不得超过省、自治区、直辖市规定的标准。人均土地少、不能保障一户拥有一处宅基地的地区，县级人民政府在充分尊重农村村民意愿的基础上，可以采取措施，按照省、自治区、直辖市规定的标准保障农村村民实现户有所居。农村村民建住宅，应当符合乡（镇）土地利用总体规划、村庄规划，不得占用永久基本农田，并尽量使用原有的宅基地和村内空闲地。编制乡（镇）土地利用总体规划、村庄规划应当统筹并合理安排宅基地用地，改善农村村民居住环境和条件。农村村民住宅用地，由乡（镇）人民政府审核批准；其中，涉及占用农用地的，依照《土地管理法》的规定办理审批手续。农村村民出卖、出租、赠与住宅后，再申请宅基地的，不予批准。国家允许进城落户的农村村民依法自愿有偿退出宅基地，鼓励农村集体经济组织及其成员盘活利用闲置宅基地和闲置住宅。国务院农业农村主管部门负责全国农村宅基地改革和管理有关工作。

二、宅基地使用权的内容

宅基地使用权人对宅基地享有如下权利，并承担一定的义务：

1.占有和使用宅基地。宅基地使用权人有权占有宅基地，并在宅基地上建造个人住宅以及与居住生活相关的附属设施。

2.收益和处分。宅基地使用权人有权获得因使用宅基地而产生的收益，如在宅基地空闲处种植果树等经济作物而产生的收益。同时，宅基地使用权人有权依法转让房屋所有权，则该房屋占用范围内的宅基地使用权一并转让。

3.宅基地因自然灾害等原因灭失的，宅基地使用权消灭。对没有宅基地的村民，应当依法重新分配宅基地。

4.宅基地使用权人出卖、出租、赠与住房后，再申请宅基地的，土地管理部门将不再批准。并且，宅基地使用权的受让人只限于本集体经济组织的成员。

第五节　居住权

一、居住权的概念和特征

我国实定法上的居住权，是指出于生活居住的需要、对他人所有之住宅为占有使用的用益物权。其主要特征为：

其一，居住权的性质，是设立在他人住宅之上的用益物权。首先，居住权设立在他人住宅之上，对于自己所有的住宅，自无设立居住权之必要，也不宜预先设立居住权；在自己住宅之上设立居住权，又确实构成我国法上创设居住权制度的动机之一，比如老年人拟将自己所有的住宅赠与子女、同时又担心老无所依，如此，在转移住宅所有权之后保留一个物权性的居住权。其次，居住权为用益物权。对他人住宅为占有、使用，如无特殊考量，完全可以通过租赁方式实现，不必增设居住权。就期限而言，租赁最长可以达到20年；就承租人的保护而言，《民法典》合同编同样遵循“买卖不破租赁”原则。而之所以在租赁之外另设居住权，主要原因在于用益物权方式更能保障居住的稳定性。一方面，居住权系属用益物权，虽然其也有期限限定，但不受20年的限制；另一方面，居住权属于用益物权，不需要借助租赁情形下的法定承受规则，即可直接限制所有权，保证居住的稳定性。

其二，居住权的功能，原则上限于满足生活居住需要。我国《民法典》第366条限定居住权设立的目的是满足居住的需要，这原则上排除了商业经营等非生活居住目的。

其三，就对住宅的使用而言，原则上只能自用。我国《民法典》第369条规定：“居住权不得转让、继承。设立居住权的住宅不得出租，但是当事人另有约定的除外。”居住权不得转让或继承，说明我国实定法上的居住权具有明显的人役权特征，即其为特定人而设立，而并非仅仅是对住宅所有权质的切割。但就我国《民法典》第369条后段的文义而言，一方面，设立居住权的住宅不得出租，可指居住权人不得将居住的房屋或其居住权指向的部分房屋出租，也可指住宅所有权人不得将该住宅出租；另一方面，关于设立居住权的住宅是否允许出租，当事人可以有特别约定。

二、居住权的设立和内容

（一）居住权的设立

根据我国《民法典》的规定，设立居住权的方式如下：

（1）应当采取书面形式订立居住权合同，合同条款一般包括当事人的姓名或者名称和住所、住宅的位置、居住的条件和要求、居住权期限、解决争议的方法等。根据我国《民法典》第366条的规定可知，我国实定法上的居住权主要属于意定用益物权，通过合同可以设立居住权。就合同形式而言，《民法典》第367条第1款规定，“设立居住权，当事人应当采取书面形式订立居住权合同”；亦即，设立居住权的合同有要式要求，不能采取口头形式，体现设立居住权应当具备更高的审慎性，同时，书证便于证据留存。

就居住权合同的内容而言，我国《民法典》第366条第2款规定，“居住权合同一般包括下列条款：（一）当事人的姓名或者名称和住所；（二）住宅的位置；（三）居住的条件和要求；（四）居住权期限；（五）解决争议的方法”。值得稍作辨析的是，我国法上自然人使用姓名、与法人使用名称相对应，仅就文义而言，《民法典》第366条第2款第1项似乎扩大了传统居住权的主体范围。众所周知，居住权人只能是自然人，唯其自然人得为居住而使用住宅，法人、非法人组织不能成为居住权人，故而，解释上，宜将法人、非法人组织成为居住权合同的一方当事人，限定于提供住宅一方。

此外，居住权也可以通过遗嘱方式设立。我国《民法典》第371条规定以遗嘱方式设立居住权对以合同方式设立居住权的规则参照，即“以遗嘱方式设立居住权的，参照适用本章的有关规定”。

（2）原则上居住权无偿设立，但是当事人另有约定的除外。就有偿无偿而言，居住权既不同于基于出让的建设用地使用权，也不同于地役权，而与基于划拨的建设用地使用权、土地承包经营权、宅基使用权接近，即原则上是无偿的。学理上，将居住权分为保障性居住权和投资性居住权，后者往往是有偿的。对此，我国《民法典》第368条前段规定居住权无偿设立的同时，允许当事人之间有特别约定。就我国目前较为广泛的住房市场而言，有偿性的居住权，对于公租房、两限房、经济适用房等保障型居住，有适用的可能性。

（3）设立居住权应当登记，且居住权自登记时设立。根据我国《民法典》第368条后段的规定，在我国设定居住权，除缔结居住权合同或通过遗嘱设立之外，还需要进行居住权登记，且采登记要件主义，即设立居住权的，应当向登记机构申请居住权登记，居住权自登记时设立。

（二）居住权的内容

居住权的核心内容是居住权人得为居住，其权利范围要小于其他用益物权。同时，我国实定法上的居住权不得转让、继承；此外，设立居住权的住宅原则上不得出租，但当事人另有约定的除外。

值得讨论的是，居住权能否用于抵押。对此，不妨辨析如下：其一，我国《民法典》第366条规定设立居住权的目的在于满足生活居住的需要，这意味着居住权的人役权属性，将其转让或继承，均不符合其人役性，同样，将其抵押以保障其他债权的实现，同样不符合其功能定位。其二，我国《民法典》第369条规定居住权不得转让或继承，如果允许其抵押，逻辑上意味着允许其转让（尤其抵押权实现时），而就处分角度而言，举重以明轻，似也不宜允许其抵押。

总体上，居住权的内容因其人役性，原则上只能用于居住权人对他人住宅的居住使用，而严格限制其以其他形式处分该他人住宅。

三、居住权的消灭

《民法典》规定了居住权消灭的两项事由：其一，居住权期限届满；其二，居住权人死亡。同时，居住权消灭的，应当及时办理注销登记。至于居住权人是否滥用权利或长期不行使等，并未被纳入消灭事由范畴。

第六节 地役权

一、地役权的概念和特征

地役权是以他人土地供自己土地便利而使用以提高自己不动产效益的权利，其特征在于：

第一，地役权是使用他人土地的权利。地役权的客体是土地，并以该土地属于他人所有或者使用为要素。由于地役权的内容在于以此土地供彼土地之役，因而地役权的成立，必须有两块土地的存在：一是为其便利而使用他人土地之地，称需役地；二是为该土地便利而供其使用的土地，称供役地。

由于地役权不限于需役地所有人与供役地所有人的关系，供役地的承包经营权人、地上权人、采矿权人、承租人也应当受地役权的约束，自属当然之理。

第二，地役权是为自己土地的便利的权利。使用供役地是为了需役地的便利。如果供役地不能提供需役地的便利，就不必设定地役权。而其所供便利不是为需役地承受，而是为特定人享受时，也不是地役权问题，而是人役权问题。

至于所谓“便利”，泛指开发、利用需役地的各种需要。其内容只要不违反法律的强制性规定，不违背社会公共利益，可以由当事人根据实际情况约定。就一般情况而论，其内容无非是以下几类：（1）以供役地供使用，如通行地役权。（2）以供役地供收益，如用水地役权。（3）避免相邻关系的任意性规范的适用。一般来说，相邻关系规定的是土地所有人间的最主要、最基本的关系，因而也就多是从土地所有人的义务方面加以规定，多属强制性规范。但相邻关系也不乏任意性的规定，当事人可以以特别约定加以改变或排除其适用。例如，相邻关系中，有土地或者房屋所有人不得设置管、槽或其他装置使房屋雨水直接注泻于邻人的土地上或建筑物上，因此土地所有人或者使用人即负有不得安装此等装置的义务。如果邻人豁免这一义务，则土地或者房屋所有人就可以设定一个向邻地或者邻地建筑物上直接注泻雨水的地役权。(4)禁止供役地为某种使用,如禁止在邻地建高楼,以免妨碍眺望。

第三,地役权具有从属性和不可分性。地役权的成立必须是需役地与供役地同时存在,因此在法律属性上地役权与其他物权不同。地役权虽然是一种独立的权利,并非需役地所有权或者使用权的扩张,但它仍应当与需役地的所有权或者使用权共命运,这就是地役权的从属性。它主要体现在两个方面:(1)地役权必须与需役地所有权或者使用权一同转移,不能与需役地分离而让与,即需役地所有人或者使用人不得自己保留需役地所有权或者使用权,而单将地役权让与他人,不得自己保留地役权而将需役地所有权或者使用权让与他人,也不得以需役地所有权或者使用权与地役权分别让与两个人。我国《民法典》第380条规定,地役权不得单独转让。土地承包经营权、建设用地使用权等转让的,地役权一并转让,但是合同另有约定的除外。(2)地役权不得与需役地分离而为其他权利的标的,如果在需役地上设定其他权利,则地役权亦包括在内。例如,在需役地上设定建设用地使用权,则建设用地使用权人也得行使地役权,不能单独将地役权作为其他权利的标的,如单独以地役权抵押、出租。根据我国《民法典》第381条的规定,地役权不得单独抵押。土地经营权、建设用地使用权等抵押的,在实现抵押权时,地役权一并转让。

地役权的不可分性,是指地役权为不可分的权利,即地役权不得被分割为两个以上的权利,也不得使其一部分消灭。在需役地分割时,地役权在分割后的地块的利益仍然存续。例如,甲地在乙地有通行地役权,后来甲地分割为丙、丁两地,则丙、丁两地的所有人或者使用人仍得各自从乙地通行。但如果需役地的地役权的行使,依其性质只关于需役地一部分的,则分割后地役权仅就需役地的该部分存续。我国《民法典》第382条规定,需役地以及需役地上的土地承包经营权、建设用地使用权等部分转让时,转让部分涉及地役权的,受让人同时享有地役权。第383条规定,供役地以及供役地上的土地承包经营权、建设用地使用权等部分转让时,转让部分涉及地役权的,地役权对受让人具有法律约束力。例如,甲地南部的住宅与乙地毗连,在乙地上设有不得建高层建筑的地役权,后来甲地南部分割给丙,北部给丁,那么该项地役权仅能为丙存续而与丁无关。在供役地分割时,地役权仍就分割后的各地块存续。例如,甲地在乙地上设有排水地役权,后乙地分为丙、丁两块地,甲地仍得对丙、丁两块地行使地役权。但依地役权的性质,其行使只关系供役地一部分的,则地役权仅对该部分存续。例如,甲地在乙地有汲水地役权,后乙地分割为丙、丁两地,只有丁地有水井,则甲地的地役权只存在于丁地。

二、地役权的取得

地役权的取得,有基于民事法律行为的,也有基于民事法律行为以外的原因的。以下予以分别说明:

1.基于民事法律行为而取得地役权的,大都是根据设定地役权的合同,即双方通过书面合同的方式设定地役权。设立地役权,当事人应当采取书面形式订立地役权合同。地役权自地役权合同生效时设立。当事人要求登记的,可以向登记机构申请地役权登记;未经登记,不得对抗善意第三人。另外,也有用遗嘱等单独行为而设定地役权的。

地役权期限由当事人约定,但不得超过土地承包经营权、建设用地使用权等用益物权的剩余期限。

土地所有权人享有地役权或者负担地役权的,设立土地承包经营权、宅基地使用权时,该土地承包经营权人、宅基地使用权人继续享有或者负担已设立的地役权。土地上已设立土地承包经营权、建设用地使用权、宅基地使用权等权利的,未经用益物权人同意,土地所有权人不得设立地役权。

2.地役权也可以基于让与而取得。但是由于地役权的从属性,地役权的让与应与需役地的让与共同为之,并亦应有书面合同。

3.基于民事法律行为以外的原因取得地役权的,主要是继承。需役地权利人死亡时,需役地的权利既然由继承人继承，则其地役权亦当然由其继承人继承。但该通过继承取得的地役权，非经登记，不得处分。

三、地役权的内容

1.地役权人的权利。

（1）土地使用。地役权是为自己土地的便利而使用他人土地的权利，在地役权的目的范围内使用供役地，自然是地役权人的最主要的权利。地役权的目的范围应当依设定地役权的行为所限定的目的范围确定。地役权人在目的范围内对供役地的使用，不必是独占性的使用，除了可以与供役地人共同使用外，只要不是性质不相容，同一供役地上，还可设定数个地役权，依其情形同时使用。例如，一是通行地役；二是眺望地役，可以依次使用。

（2）为附属行为。地役权人为行使其权利，在供役地内可以为必要的附属行为，如汲水地役权，可以在供役地上通行；通行地役权，可以开辟道路。

2.地役权人的义务。

（1）地役权人对供役地的使用应当选择损害最小的地点及方法为之，这样使通过地役权增加需役地价值的同时，不至于过分损害供役地的效用。我国《民法典》第376条规定，地役权人应当按照合同约定的利用目的和方法利用供役地，尽量减少对供役地权利人物权的限制。另外，地役权人因其行使地役权的行为对供役地造成变动、损害的，应当在事后恢复原状并补偿损害。

（2）地役权人对于为行使地役权而在供役地修建的设施，如电线、管道、道路，应当注意维修，以免供役地人因其设施损坏而受到损害。另外，地役权人对于上述设施，在不妨碍其地役权行使的限度内，应当允许供役地人使用这些设置。

四、地役权的消灭

地役权是一种不动产物权，则不动产物权的一般消灭原因，当然适用于地役权。以下叙述的是地役权消灭的几项特殊原因：

1.土地灭失。土地灭失是任何以土地为标的的物权消灭的原因，但地役权不但因为作为其标的物的土地（供役地）灭失时消灭，而且地役权也因需役地的灭失而消灭。

2.目的事实不能。设定地役权的目的事实上不能实现，即供役地事实上不能再供需役地便利时，地役权消灭。例如，汲水地役权因供役地水源枯竭而消灭。

3.供役地权利人解除地役权关系。在下列两种情形下，地役权因供役地权利人解除地役权关系而消灭：第一，地役权人违反法律规定或者合同约定，滥用地役权；第二，有偿利用供役地，约定的付款期间届满后在合理期限内经两次催告未支付费用。

4.抛弃。地役权人如将其地役权抛弃，供役地则因之恢复其无负担的状态，地役权归于消灭。但如果是有偿的地役权，地役权人抛弃地役权后，仍应支付地役权全部期间的租金。

5.存续期间的届满或者其他预定事由的发生。地役权如有存续期间，因期间的届满而消灭。其设定行为附有解除条件的，因条件成就，地役权消灭。

根据《民法典》第385条的规定，已经登记的地役权变更、转让或者消灭的，应当及时办理变更登记或者注销登记。

【本章主要法律规定】

《民法典》第323～385条

第十章
担保物权

本章主要内容提示

1.担保物权概述：了解担保物权的概念和特征、反担保、担保财产的范围、物的担保和人的担保、担保物权的设立、流质契约的效力、担保物权的物上代位、担保物权的效力、担保物权的存续、担保物权的消灭。

2.抵押权：了解抵押权的概念和特征、抵押权的设定、抵押人的资格、抵押财产的范围、抵押权的效力、动产抵押、正常经营买受人规则、价金超级优先权、最高额抵押、抵押权的实现。

3.质权：了解动产质权自出质人交付质押财产时发生效力，权利质权的标的可以是汇票、本票、支票、债券、存款单、仓单、提单、依法可以转让的基金份额、股权、依法可以转让的注册商标专用权、专利权和著作权等知识产权中的财产权以及应收账款。

4.留置权：了解留置权的概念、留置权的构成要件、企业之间的留置、留置权的效力、留置权的消灭。

5.担保物权的竞合：了解抵押权与质权的竞合、抵押权与留置权的竞合、留置权与质权的竞合。

第一节　担保物权概述

一、担保物权的概念和特征

（一）担保物权的概念和属性

所谓担保物权，是指除法律另有规定外，担保物权人在债务人不履行到期债务或者发生当事人约定的实现担保物权的情形时，依法享有的就担保财产优先受偿的权利。担保物权是为了确保债务的履行而对他人提供担保的物或权利的价值所享有的权利。担保物权是一项重要的物权。市场经济是信用经济，而担保物权制度则是保障债权的实现、维护市场信用的重要制度。“为了债权的担保而奋斗是市场经济的必然现象。”随着交易的发展，为了充分地保护债权、促进资金融通、防范金融风险，就需要充分发挥各类担保物权的作用。

我国《民法典》物权编第四分编所规定的担保物权的主要特点在于：一是设立目的具有特殊性。担保物权的设定以担保主债权的实现为目的。顾名思义，担保物权就是为担保债权而设定的物权。二是具有从属性。所谓从属性，是指在一般情况下，担保物权是从属于主债权的从权利，其在效力上必须依附于被担保的主债权。三是客体原则上是特定物或权利。担保物权以债务人或第三人一定的财产或财产权利为客体。担保物权不同于保证之处，就在于它是以一定的物或财产为权利标的而担保债权的，而不是以担保人的一般责任财产或信用财产为基础提供担保。四是支配的对象具有特殊性。对其他物权而言，权利人不仅可以直接支配其物，而且可以直接依法享有对物的占有、使用等权能，并可以排除他人的非法干涉。而担保物权人所支配的是交换价值。

担保物权是他物权的一种类型，它和一般物权相比较，除具有一般物权所共同具有的支配性、优先性、排他性等特性之外，还具有如下属性：

1.从属性。担保物权的从属性主要表现在三个方面：一是成立上的从属性。《民法典》第388条第1款规定："……担保合同是主债权债务合同的从合同。主债权债务合同无效的，担保合同无效……"在一般情况下，担保物权的成立应当以已经成立并生效的债权的存在为前提。如果债权根本不成立或者未生效，则担保物权即使成立也是不生效的。二是移转上的从属性。如果债权发生转让，则担保物权也应当相应地转让。三是消灭上的从属性。根据《民法典》第393条，主债权消灭的，担保物权随之消灭。在担保物权所担保的债权因各种原因而全部消灭时，担保物权也应当随之消灭。

2.不可分性。所谓不可分性，就是指担保物的各个部分应担保债权的全部，享有担保物权的债权人有权就担保物的全部行使优先受偿权，担保物是否被分割或出现部分毁损灭失，或担保物权所担保的债权是否已经部分履行，都对担保物权的存在不产生影响。担保物权的不可分性主要体现在以下几个方面：一是担保物的各个部分担保债权的全部，享有担保物权的债权人有权就担保财产的全部行使优先受偿权。当然，基于可分物所形成的留置权除外。对此，《民法典》第450条规定："留置财产为可分物的，留置财产的价值应当相当于债务的金额。"依据该规定，如果留置财产为可分物，则债权人仅能留置相当于债务金额的财产。二是在担保财产被分割后，被分割的各个部分担保财产仍然应当担保债权的实现。在主债权未获全部实现之前，即便担保财产被分割，则担保物权仍然存在于这些担保财产之上，不会影响担保物权的实现，担保物权人仍然可以就担保财产的全体实现担保物权。三是担保财产部分转让的，担保物权人仍然可以就被转让的部分担保财产行使权利。四是如果担保物发生部分灭失，则未灭失的担保物部分，仍应担保全部债权，而不能相应地缩小担保的债务范围。当然，如果担保物因为可归责于担保人的原因而发生部分灭失的，担保人有义务以其他财产补充担保物所应具有的价值。

3.物上代位性。所谓物上代位，是指标的物因出卖、毁损灭失等原因，发生以金钱或其他财物（代偿物）代替时，担保物权人可以对代偿物行使权利。《民法典》第390条规定："担保期间，担保财产毁损、灭失或者被征收等，担保物权人可以就获得的保险金、赔偿金或者补偿金等优先受偿。被担保债权的履行期限未届满的，也可以提存该保险金、赔偿金或者补偿金等。"据此，我国《民法典》上的代偿物主要是指担保物毁损、灭失或者被征收后，所获得的保险金、赔偿金或者补偿金等。

（二）反担保

所谓反担保，就是指债务人或第三人向担保人作出保证或设定物的担保，在担保人因清偿债务人的债务而遭受损失时，债务人或第三人向担保人作出清偿。在反担保中，与反担保相对应并作为设定反担保前提的担保称为本担保。反担保只是与本担保相对应的概念。本担保中的担保人称为本担保人，而反担保中的担保人称为反担保人。《民法典》第387条第2款规定："第三人为债务人向债权人提供担保的，可以要求债务人提供反担保。反担保适用本法和其他法律的规定。"该款对反担保作出了规定。

反担保核心功能在于保障担保人追偿权的实现，其宗旨在于保障担保人的追偿权。由于反担保主要是担保担保人的追偿权，因此，反担保合同的主合同就不是担保合同，也正是因为这一原因，担保合同无效也并不当然导致反担保无效。实际上，在担保合同无效的情形下，担保人仍然有权按照约定请求反担保人承担担保责任。反担保可以适用于各种担保形式，不管是物的担保还是人的担保，担保人都可以要求债务人提供反担保。因为反担保的设立极大降低了保证人的风险，有利于鼓励第三人提供担保。从实践来看，当事人在物的担保中常常采用反担保方式，因此，担保物权的设定与反担保关系密切。

反担保的成立需具备下列几个条件：

1.反担保以本担保的存在为前提的。如果没有本担保，就无所谓反担保。此处所说的“本担保”，是指由债务人以外的第三人提供的担保。之所以要以本担保的存在为前提，是因为反担保设立的目的就是保障本担保人追偿权的实现，如果没有本担保，就不存在反担保。

一般情况下，反担保责任是以本担保责任的承担为前提，但如前所述，本担保合同无效并不当然导致反担保无效，因此，在本担保合同无效的情形下，担保人仍然有权按照约定请求反担保人承担担保责任，对此，最高人民法院《关于适用〈中华人民共和国民法典〉有关担保制度的解释》（以下简称《担保制度解释》）第19条第1款规定：“担保合同无效，承担了赔偿责任的担保人按照反担保合同的约定，在其承担赔偿责任的范围内请求反担保人承担担保责任的，人民法院应予支持。”依据该规定，即便本担保合同无效，但如果担保人承担了赔偿责任的，则其仍然有权按照约定请求反担保人承担担保责任。

但反担保毕竟是一种独立于本担保的法律关系，本担保担保的主要是主债权等权利的实现，反担保担保的是担保人的追偿权，只要本担保人承担了一定的责任，反担保人就要对这种责任的承担负担保责任。即便担保合同被宣告无效，但如果担保人需要承担赔偿责任，则反担保责任也不应当免除。从这个意义上讲，反担保的责任又有一定的独立性，不完全依附于本担保。

2.提供反担保的主体不限于债务人，还包括债务人以外的其他人。关于反担保提供者的范围，无论是《民法典》第689条还是第387条第2款，都仅仅规定债务人为反担保的提供者，但从反担保的制度功能来看，其目的在于为本担保中的担保人求偿权的实现提供保障，因此，可以提供反担保的不限于债务人，也应当包括债务人之外的其他主体。当然，债务人充当反担保人时，只能提供物的担保，不能将保证作为反担保的形式，因为债务人本身不能作为保证人，他以保证作为反担保成为反担保人毫无实际意义。如果反担保人是债务人以外的其他人，则不仅可以提供物的担保也可以提供人的担保。在原担保关系中是担保人的，在反担保关系中就成为被担保人。如果原担保人是债务人以外的其他人，则反担保中，他们将成为被担保人。反担保既可以设立人的担保，也可以设立物的担保；既可以产生合同关系，也可以产生物权关系，不管是何种形式，都可以由当事人作出选择。

3.反担保的请求人为提供担保的第三人。因为第三人为债务人提供担保以后，可能因债务人的责任财产不足使得第三人的追偿权无法实现，因而才有必要要求债务人提供反担保。所以《民法典》第387条第2款规定：“第三人为债务人向债权人提供担保的，可以要求债务人提供反担保。……”

4.反担保也应当有一定的形式要求。根据我国《民法典》的规定，本担保一般都要采取书面形式，但反担保是否需要采用书面形式，应当依据反担保的具体方式予以确定。例如，如果反担保采用不动产抵押的方式，则反担保当事人应当订立书面形式的不动产抵押合同，但如果反担保采用保证的方式，则当事人并不当然需要采用书面形式。可见，相对于本担保，反担保在形式方面具有一定的独立性。

在设立反担保之后，如果担保人代主债务人作出清偿，在清偿后，担保人有权向主债务人追偿，其可以依据反担保实现其求偿权。当然，即便不存在反担保，担保人在承担担保责任后，也有权依法向债务人求偿。

二、担保财产

（一）担保财产的特征

所谓担保财产，是指能够用来提供担保的

各项财产。我国《民法典》在规定抵押财产的范围时采用负面清单的方式，即凡是法律法规没有禁止抵押的财产，都可以成为抵押财产。在权利质权方面，《民法典》第440条则采取了正面清单模式，将出质财产限定在“法律、行政法规规定可以出质的其他财产权利”。但《担保制度解释》第63条规定：“债权人与担保人订立担保合同，约定以法律、行政法规尚未规定可以担保的财产权利设立担保，当事人主张合同无效的，人民法院不予支持。当事人未在法定的登记机构依法进行登记，主张该担保具有物权效力的，人民法院不予支持。”依据这一规定，只要是法律不禁止的任何财产权利之上均可以设定担保，且当事人在订立担保合同之后只要在法定的登记机构依法进行登记，均可以取得担保物权的效力。这一规定进一步扩张了法律允许担保的权利范围。

担保财产具有如下特点：

第一，担保的财产包括了物和权利。(1)物。对担保物来说，主要包括动产和不动产，通常，物要求必须特定化，达到能够合理识别的程度，但这并非说在担保物权设定时必须特定，在担保物权实现时特定即可。(2)权利。随着社会的发展，权利担保的范围也越来越宽泛，权利担保的范围在不断扩张，凡是法律没有明确禁止的，即便法律没有明确规定，也可以设立抵押。

第二，必须具有合理识别性。所谓合理识别，是指只要根据一般人的认识可以确定担保财产即可。在担保合同中，不需要对担保财产作具体描述，而只需要对其作概括描述，只要概括描述能够合理识别担保财产的，即符合特定化的要求。《担保制度解释》第53条规定：“当事人在动产和权利担保合同中对担保财产进行概括描述，该描述能够合理识别担保财产的，人民法院应当认定担保成立。”该规则扩张了动产和权利的范围，要求当事人进行概括描述，这就可以极大地扩张担保动产和权利的范围。

第三，必须具有可转让性。由于担保物权支配的是担保财产的交换价值，在债务人不履行债务或者发生其他法定或者约定的事由时，债权人有权就担保财产进行变价，并就价款优先受偿。因此，如果担保财产不具有可转让性，债权人无法就担保财产进行变价，担保物权也将无法实现，此时，在该财产之上设定担保物权并不具有现实意义。

(二)担保财产的范围

担保财产的范围一般是当事人在合同中约定的，因为当事人究竟提供哪些财产担保，是由当事人自由约定的。但是在特殊情形下，在当事人没有约定的情形下，法律也对担保财产的范围作出了规定。

1.从物

从物是主物的对称，它主要是辅助主物而发挥效用的物。从物是否属于担保物权的客体范围，需要区分如下两种情形，分别予以认定：

第一，从物的担保物权设定时已经产生。《担保制度解释》第40条第1款规定：“从物产生于抵押权依法设立前，抵押权人主张抵押权的效力及于从物的，人民法院应予支持，但是当事人另有约定的除外。”该条确立的是从物及于主物规则在担保物权制度中的体现。如果当事人之间就从物是否构成担保财产没有特别约定的，则只要在抵押权设立时，从物已经产生，从物当然属于担保财产的范围。因为从物本身也是独立的物。在抵押权设定之前从物已经产生的，由于从物命运随同主物，因此在主物上设定的抵押权也应当及于从物，因此应当被纳入抵押的范围。

第二，从物在担保物权设定后产生。《担保制度解释》第40条第2款规定：“从物产生于抵押权依法设立后，抵押权人主张抵押权的效力及于从物的，人民法院不予支持，但是在抵押权实现时可以一并处分。”如果从物是在抵押权依法设立后所产生的，此时从物不应当然属于抵押财产的范围，所以抵押权人无权就该财产进行抵押权的实现。但是基于主物与从物的经济上的密切关联，其本身不可分割，如果要分开拍卖、变卖将降低其价值，因此，可以在抵押权实现时一并处分，但是并不意味着抵押权人有权就该抵押财产进行抵押权实现，对从物拍卖、变卖所得的价款不得优先受偿。

2.从权利

从权利是为配合主权利而发挥作用的。例如，抵押权的标的为建设用地使用权时，水流利用权、邻地通行权等均为从权利。如果在实现抵押权时拍卖主权利而不移转从权利，则抵押将很难实现其应有价值，甚至可能使抵押的价值丧失。因此，在实现抵押权时，抵押权的效力可及于从权利。

3.添附物

所谓添附物，是指不同所有人的物结合在一起而形成不可分离的物或具有新质的物。添附包括附合、混合与加工。添附物与担保财产并无从属关系，因此不是从物，它只是因附合而成为担保财产的组成部分。在添附物已经为第三人取得时，则担保人将丧失该担保财产，此时担保物权应当存在于该担保财产的赔偿金等代位物之上，担保权人可以就该代位物主张优先受偿。虽然添附物的上述规则主要适用于抵押权，但其也可能发生在质权、留置权的情形。依据《担保制度解释》第41条，如果担保财产设立之后，担保财产被添附，首先要确定添附物的归属，然后确定是否应当补偿等问题。具体而言，可以分为如下三种情形：

第一，添附财产归第三人所有。《担保制度解释》第41条第1款规定："抵押权依法设立后，抵押财产被添附，添附物归第三人所有，抵押权人主张抵押权效力及于补偿金的，人民法院应予支持。"该条实际上确立了在抵押财产因添附而归第三人所有且第三人支付了补偿金的情形下，应当按照物上代位规则处理。

第二，添附物归抵押人所有。《担保制度解释》第41条第2款规定："抵押权依法设立后，抵押财产被添附，抵押人对添附物享有所有权，抵押权人主张抵押权的效力及于添附物的，人民法院应予支持，但是添附导致抵押财产价值增加的，抵押权的效力不及于增加的价值部分。"依据该规定，在添附物归抵押人的情形下，一方面，抵押权人可以对整个添附物行使抵押权。虽然添附物已经成为一个新物，但其毕竟是从抵押物中转化而来，并且其与抵押财产不可分割，因此，抵押权人可以就整个添附物行使抵押权。另一方面，如果添附导致抵押财产价值增加的，抵押权的效力不及于增加的价值部分。虽然抵押权人可以就整个添附物行使抵押权，但毕竟因为抵押财产增加的价值源于添附，因此因添附而增值的部分不能成为担保财产。

第三，添附物归抵押人和第三人共有。《担保制度解释》第41条第3款规定："抵押权依法设立后，抵押人与第三人因添附成为添附物的共有人，抵押权人主张抵押权的效力及于抵押人对共有物享有的份额的，人民法院应予支持。"依据这一规定，如果因添附使抵押人与第三人成为添附物的共有人，由于添附物本身和抵押物之间不可分割，所以抵押权人仍可以对添附物行使抵押权，但是毕竟担保物在所有权归属上已经构成共有，因此，抵押权人只能就抵押人享有的共有份额实现抵押权。在共有情况下，如果当事人份额不明，则依据《民法典》第309条视为当事人等额享有。

4.孳息

孳息包括天然孳息和法定孳息。在抵押设定以后，抵押人仍然享有使用权和收益权，所以，孳息收取权仍归抵押人，孳息不能为抵押权的效力所及。

尽管在抵押存续期间，抵押权人无权收取孳息，但如果抵押财产被扣押，则抵押权人即有权收取抵押物的孳息。根据《民法典》第412条，抵押权人在特殊情形下也有权收取抵押物的孳息，但应当符合如下条件：一是债务人不履行到期债务，或者出现当事人约定实现抵押权的情形。二是必须是在抵押财产被人民法院依法扣押以后，抵押权人才能收取孳息。三是抵押权人收取孳息必须通知负有交付法定孳息的义务人。此处所说的义务人，是指对法定孳息负有清偿义务的人，如抵押财产的承租人。

5.代位物

《民法典》第390条规定，当抵押物毁损、灭失或者被征收时，抵押权人可以就获得的保险金、赔偿金或者补偿金等优先受偿。这里所说的保险金、赔偿金或者补偿金等就是抵押物的代位物，也应为抵押权的效力所及。例如，第三人造成提供抵押的房屋毁损，第三人向抵押人支付的损害赔偿金，就属于抵押物的代位物，应属于抵押权的客体。《担保制度解释》第42条第1款规定："抵押权依法设立后，抵押财产毁损、灭失或者被征收等，抵押权人请求按照原抵押权的顺位就保险金、赔偿金或者补偿金等优先受偿的，人民法院应予支持。"这就进一步明确了抵押权的物上代位性。

6.新增建筑物

所谓新增建筑物，是指建设用地使用权设定抵押之后，土地之上新增加的建筑物。它通常不在建设用地使用权抵押登记的范围内，不为建设用地使用权抵押权效力所及。但是，它又与建设用地使用权难以分离，《民法典》第417条规定："建设用地使用权抵押后，该土地上新增的建筑物不属于抵押财产。该建设用地使用权实现抵押权时，应当将该土地上新增的建筑物与建设用地使用权一并处分。但是，新增建筑物所得的价款，抵押权人无权优先受偿。"这一规定确立了如下规则：

第一，新增加的建筑物不应当属于抵押财产的范围。因为在设定抵押时，当事人并没有将新增加建筑物纳入抵押财产的范围。尤其是在设立抵押权时，该建筑物并不存在，所以，也无法将其纳入抵押财产的范围之中，否则，就违反了当事人的意愿，并不恰当地增加了抵押人的负担。所谓新增，是指在建设用地使用权设定抵押之后，又在该建设用地上新增加的建筑物，也包括在建工程。因为土地的面积可能较大，而房屋的占地面积可能较小，即使设定了建设用地使用权抵押，也有可能新建房屋。

第二，在实现抵押权时，新增的建筑物与建设用地使用权一并处分。所谓一并处分，就是指将房、地一起转让，且必须转让给同一主体。实行一并转让，有利于贯彻房地合一原则，而且有利于防止抵押人利用新增房屋损害抵押权人的利益，在某种程度上有利于遏制抵押人通过新增房屋来牟取利益从而损害抵押权人的行为。

第三，新增建筑物所得的价款，抵押权人无权优先受偿。因为土地和地上的建筑物合并拍卖，可以拍得更高的价格。但是，毕竟新增建筑物不属于担保财产的范围，因此，依据《民法典》第417条，新增的建筑物在抵押权实现时要一并拍卖，只不过抵押权人不能就新增建筑物的价值优先受偿。

三、担保物权的设立

（一）基于法律行为而设立担保物权

如果采用法律行为的方式设立担保物权，应当经过完成合意和公示两个步骤：

1.合意

《民法典》第388条规定："设立担保物权，应当依照本法和其他法律的规定订立担保合同。"该条包括如下内容：首先，当事人为了担保债的履行，通常通过合同的方式设立意定担保物权，包括抵押权和质权。例如，要设立抵押权，当事人之间必须订立抵押合同；设立质权，必须订立质押合同。其次，应当依照《民法典》和其他法律的规定订立担保合同。根据《民法典》的规定，设立抵押和质押都必须订立书面合同。这是因为这些担保物权的设定，对担保权人和担保人的权益影响甚大，且在第三人提供担保财产的情况下，第三人往往是无偿的，并没有因为履行担保义务而获得对价，如果不采用书面合同的方式，可能导致在实现担保物权时，第三人推卸责任。所以，为了预防和减少当事人之间的纠纷，法律规定应当采用书面合同的形式。但留置权的取得，则不需要订立担保合同。

关于担保合同与主合同的关系，《民法典》第388条第1款规定："……担保合同是主债权债务合同的从合同。主债权债务合同无效的，担保合同无效，但是法律另有规定的除外。"这就确立了担保合同从属于主合同的规则，即只有在法律另有规定的情形下，担保合同的效力才可独立于主合同，当事人不能约定担保合同效力独立于主合同。《担保制度解释》第2条第1款也规定："当事人在担保合同中约定担保合同的效力独立于主合同，或者约定担保人对主合同无效的法律后果承担担保责任，该有关担保独立性的约定无效。主合同有效的，有关担保独立性的约定无效不影响担保合同的效力；主合同无效的，人民法院应当认定担保合同无效，但是法律另有规定的除外。”从该规定来看，一方面，它强调了当事人不得约定担保合同的效力独立于主合同，如果当事人作出此种约定，则该约定无效。另一方面，如果当事人约定担保合同的效力独立于主合同，则该约定无效，但这并不当然影响担保合同的效力，即在主合同有效且担保合同也符合法律规定的情形下，当事人约定担保合同的效力独立于主合同，此时，当事人关于担保合同效力独立性的约定无效，但这并不当然导致担保合同无效。此外，担保合同的效力从属于主合同的效力，即主合同无效的，除法律另有规定外，担保合同也无效。例如，即使当事人之间基于担保合同已经办理了担保物权设立登记，但其后主合同被认定无效，或者被撤销的，已登记的担保物权也应宣告无效，登记簿上的担保物权登记仅具有形式上的意义，而不具有担保物权的意义。

2.公示

担保物权基于法律行为设立，必须经过公示。《民法典》规定的担保物权的公示方法主要有两种：

一是登记。它适用于不动产抵押、权利抵押和部分权利质押。值得注意的是，《民法典》对不动产抵押、动产抵押分别适用登记要件和登记对抗主义。在登记要件主义模式下，登记是担保物权的公示方法，担保物权非经登记不得设立。在登记对抗主义模式下，是否登记由当事人自愿选择，即使未经登记，动产抵押权仍可有效设立。从这个意义上讲，登记并不是动产抵押权设立的公示方法，此种情况也可看作抵押权设立的例外。但在未经登记的情形下，动产抵押权的效力是不完全的和受到限制的，即其只能对抗恶意第三人，而不能对抗善意第三人，只有在登记之后，已设立的抵押权才能取得对抗所有第三人的完全效力。

二是交付。它主要适用于动产质押和部分权利质押。在登记的情况下，担保物权的权利内容状况明确，第三人可以通过登记了解到担保物权的类型和具体内容（如主债权的数额、担保范围、担保期限等）。而在交付的情况下，第三人仅凭对担保物的占有难以清楚地了解到担保物权的类型和具体内容。例如，债权人占有他人的动产，其享有的究竟是留置权还是质权，第三人不一定能够清楚地知道。所以，登记是典型的公示方法，第三人可以查知其真相，较之于交付更有利于保障交易安全。

（二）基于法律规定而产生担保物权

基于法律规定而产生的担保物权，称为法定担保物权。其特征在于，只要符合法律规定的要件，就可以直接产生担保物权，既不需要当事人就担保物权的设立达成协议，也不需要采用一定的公示方法进行公示。法定担保物权是基于法律政策考虑，而使当事人享有担保物权。法定担保物权的典型形态是留置权。留置权是基于《民法典》规定而产生的法定担保物权，其不能依据当事人的合意而产生，当事人也不能通过合意予以排除。例如，为了保障汽车修理人的利益，法律规定在符合法定要件时，其可以对占有的汽车享有留置权，从而保障其债权的实现。基于法律规定而设立担保物权，当事人不需要作出设立担保物权的意思表示，更不需要在当事人之间订立设立担保物权的合同。所以，法定担保物权只能根据法律的特别规定取得。

（三）物的担保和人的担保并存及其处理

1.物的担保和人的担保的区别

所谓人的担保，是指自然人或法人以其自身的一般责任财产或信用担保债务的履行的一种担保制度。人的担保和物的担保存在以下区别：

第一，标的不同。人的担保通常以第三人的一般责任财产及信用财产作担保，或者说是以债务人不履行债务时的第三人的全部财产作担保；而物的担保则是以特定的财产作担保，其中包括动产、不动产和权利等。人的担保实际上是以保证人的一般责任财产作为担保，因此，此种担保是增加可供清偿的一般责任财产，而进一步保障债务能够履行。但由于一般责任财产有变动性，因而，在债务人不履行债务时，保证人可能没有足够的财产清偿债务。因此，债务不能得到完全履行的危险仍然存在。而在物的担保中，由于债权人可以独占性地支配特定财产或权利的交换价值，当债务不能清偿时，可以对标的物变价，并优先受偿。因此，物的担保不受个人责任财产变动的影响。

第二，主体不同。人的担保的主体只能是债务人以外的第三人，债务人本身不能作为人的担保的主体，因为债务人在承担债务以后，理所当然应当以其全部财产作担保，在此情形下再要求债务人提供保证是毫无意义的。而物的担保的主体可以是第三人也可以是债务人，债务人完全可以在自己的财产之上设立物的担保。

第三，法律效力不同。人的担保本质上仍然是一种合同关系，其产生的是一种债权，不具有优先受偿性，债权人所享有的对保证人的此种请求权仍然属于债权，不能优先于一般债权。如果担保人破产，担保权人只能与其他债权人按比例分配保证人的财产。而物的担保产生的是一种物权，具有优先受偿性，在破产程序中，担保物权人依法享有别除权。

2.物的担保和人的担保并存的处理规则

依据《民法典》第392条的规定，在物的担保和人的担保并存的情形下，主要应当依据以下规则确立债权实现的顺序：

（1）当事人之间就债权实现的顺序有约定的，从其约定。即使存在人的担保与债务人自己提供的物的担保，但当事人约定先就人的担保实现债权的，也应当认可其效力。

（2）当事人没有就债权实现的顺序作出约定的，如果债务人自己提供物的担保的，债权人应当先就该物的担保实现债权。这就是说，如果物的担保是由债务人提供的，则债权人必须先实现该物的担保，然后才能要求物上担保人或保证人承担担保责任。作出这种规定的理由在于：一方面，债务人毕竟是债务的终局承担者，保证人在承担保证责任以后，可以向债务人进行追索。此时，允许担保权人先就物的担保主张权利，就可以避免保证人的追索，从而降低权利实现的成本。另一方面，物的担保相对于人的担保而言，价值更为确定，担保更为安全，因此物的担保优于人的担保对债权人并无不利。

（3）在当事人没有就债权实现顺序作出约定的情形下，如果既有第三人提供物的担保，且又有保证时，债权人应当平等地对待物上担保人和保证人，不存在所谓“物保优先于人保”的问题。作出此种规定的理论基础在于：一方面，在物的担保和人的担保并存的情况下，二者的标的物并不同一，因而无法适用“物保优先于人保”的规则。物的担保的标的物是特定的担保财产，而人的担保的标的物是保证人的一般财产。但在物的担保和人的担保并存的情况下，债权人和抵押权人是同一的，此时，无法确定其自身的权利之间的优先性问题。另一方面，在有些情况下，人的担保可能比物的担保更有利于保护债权人的利益。如果保证人有较强的信用和足够的责任财产，在此情况下，保证比担保物权更有利于保障债权人的权利。

（4）物上担保人或保证人在承担担保责任之后，有权向债务人追偿。无论是物上担保人，还是保证人，在承担担保责任之后，其都有权向债务人追偿。

（四）流质契约的效力

所谓流质契约，是指当事人双方在设立担保时，在担保合同中规定，债务履行期限届满而担保权人尚未受清偿时，担保物的所有权移转为债权人所有。此处的流质契约同时包含了质押中的流质契约和抵押中的流抵契约。《民法典》分别在抵押中规定了流抵契约（第401条），在质押中规定了流质契约（第428条）。流质契约具有如下特点：

第一，流质契约必须是在债务履行期届满前作出的约定。也就是说，在债务履行期届满之前，当事人约定质押财产在债务未履行时直接归属抵押权人，则属于流质契约。如果在债务履行期届满以后，双方约定，质押财产归属于债权人，这实际上是折价补偿的协议，而不属于流质契约。

第二，流质契约通常规定在债务人不能清偿债务时，担保物的所有权完全归债权人所有。通常来说，担保物权人支配的是担保财产的交换价值，只能在拍卖、变卖、折价之后就担保财产的价值优先受偿。而如果担保物权人按照流质契约的约定实现权利，则其可以直接取得担保财产，而不需要经过变价的程序。由此，通过流质契约直接实现担保物权可能导致担保物权实现程序的不透明性，完全缺乏外部必要的监督（如司法监督），极有可能导致对债务人和其他债权人利益的损害。

依据《民法典》第401条和第428条，有关流质契约的效力包括如下两个方面的内容：

一方面，《民法典》第401条和第428条不再直接规定“不得”约定流质流抵条款，而是“只能依法就抵押财产优先受偿”。这两个条款的意思是，法律并不绝对禁止流质流抵条款，当事人如果约定了流质流抵条款，并不当然导致担保物权无法设立。毕竟流质流抵条款是当事人真实意思的体现，也并不违反公序良俗，且有利于降低担保物权实现的成本，因此法律并无必要否定这一约定的效力。

另一方面，在当事人约定流质流抵条款之后，一旦债务到期，债务人无法履行债务时，并不能由债权人按照约定直接取得担保财产的所有权，而应当按照清算程序实现权利，也就是说，即便当事人约定的流质流抵契约，也不能发生当事人预期的法律效果，即不能产生担保财产直接归属于债权人的效果，而是要通过拍卖、变卖等程序实现担保物权。因此，在实现担保物权时，担保权人负有清算义务，无论是通过拍卖、变卖，还是折价的方式，都需要进行清算程序，超过债权部分的变价款应当返还给债务人，从而使其他的担保权人、债权人还可以从中获得清偿。通过清算程序的引入，可以实现担保人和担保权人之间利益的均衡，而且也可以保护其他担保权人、债权人的正当利益。

四、担保物权的效力

（一）担保物权所担保的债权范围

担保物权是为了担保债权的实现而设立的，其担保的债权范围应当通过法律规定或者当事人约定来确定。确定担保物权所担保的债权的范围，实际上是确定担保人担保责任的范围。《民法典》第389条规定：“担保物权的担保范围包括主债权及其利息、违约金、损害赔偿金、保管担保财产和实现担保物权的费用。当事人另有约定的，按照其约定。”根据这一规定，如果当事人就担保的债权范围作出了约定，应当尊重当事人的约定。尽管我国物权法坚持物权法定原则，但物权法定只是就物权的种类和内容而言的，担保债权范围仍然属于当事人自由约定的范畴。如果当事人没有特别约定担保的具体范围，就应当按照《民法典》的规定处理，具体而言，担保物权所担保的债权范围包括：

1.主债权

所谓主债权，是指担保物权人享有的被担保的原债权。主债权既可以是金钱债权，也可以是非金钱债权。在借款合同中，主债权是指借款人返还借款本金的债权，不包括该债权产生的利息、违约金、损害赔偿金等。担保物权所担保的主债权具有如下特点：

第一，具有合法性。担保物权所担保的主债权应当具有合法性，如果该债权本身是非法的，如基于赌博产生的赌债，其并非合法有效的债权，不能成为担保物权担保的对象。

第二，具有特定性。因为担保物权必须是为特定债权而设定的，所以，主债权必须特定化。所谓特定化，就是指担保物权所担保的债权应当是明确的某个或某些债权。如果担保物权需要登记的，当事人应当在登记簿中记载主债权的数额、种类等。当然，所谓特定化并不一定必须在设立担保物权时就特定，也可以在担保物权实现时由当事人协商确定主债权。在最高额抵押中，抵押权并不附着于特定的主债权，只有在发生法定或者约定的事由后，被担保的债权数额才能最终确定。

第三，具有不可分性。担保物权所担保的债权具有不可分性，也就是说，该债权被部分转让，或者部分清偿的情形下，在主债权未受到全部清偿之前，担保物权人仍可以就担保财产的全部行使担保物权。《担保制度解释》第38条第1款规定：“主债权未受全部清偿，担保物权人主张就担保财产的全部行使担保物权的，人民法院应予支持，但是留置权人行使留置权的，应当依照民法典第四百五十条的规定处理。”该规则强调担保物权的债权实现的不可分性，同时，该条强调留置权不适用上述规则。留置财产为可分物的，留置权人能够留置的财产价值应当相当于债务的金额。

关于主债权被分割或转让时担保物权的行使，《担保制度解释》第39条第1款规定："主债权被分割或者部分转让，各债权人主张就其享有的债权份额行使担保物权的，人民法院应予支持，但是法律另有规定或者当事人另有约定的除外。"这主要是针对主债权发生分割或主债权被部分让与的情形，此时，各个债权人仍然可以依法行使担保物权。

2.利息

利息，是指实现担保物权时，主债权所应当产生的法定孳息。一般来说，只有在金钱债权中才产生利息的问题，在非金钱债权中不存在利息的问题。利息包括法定利息和约定利息两种。所谓法定利息，是指依照法律规定而产生的利息，如迟延履行的利息。法定利息是按照法定的利息率而计算的。所谓约定利息，是指依据当事人的约定而产生的利息。例如，当事人约定的迟延履行的利息。利息率通常都是法律明确规定的，但是，在不违反法律规定的情况下，当事人也可以自行约定利息率。

3.违约金

违约金，是指当事人双方事先约定的或者法律直接规定的，一方当事人违约的情况下应当向对方支付的一定数额的货币。违约金通常都是当事人约定的。一般而言，合同当事人都会对违约金作出约定，因此，担保的范围可以扩大到违约金，这是普通的债权人应当可以预见到的。在实现担保物权时，除当事人另有约定外，违约金也应当被纳入担保的范围。

4.损害赔偿金

损害赔偿金，是指因为违约或侵权等原因而造成他人损害所应当承担的损害赔偿责任。在担保关系中，担保的对象通常都是合同债权，但也应当包括损害赔偿金。因为损害赔偿金是在违约情况下对非违约方的重要补救方式，也是在侵权的情况下对债权人的救济措施，因此，除当事人另有约定外，损害赔偿金也应当属于担保的范围。

5.保管担保财产的费用

保管费用，是指债权人在占有担保财产期间因履行保管义务而支付的各种费用。因为在质押、留置的情况下，担保财产需要由担保物权人占有，并履行保管的义务。一方面，保管担保财产的费用是因为担保人担保债务的履行而产生的，如果由担保物权人承担，就会产生不公平的后果。另一方面，如果保管担保财产的费用不纳入优先受偿的范围，也难免使债权的实现过于复杂。另外，一般债权人可以预见保管担保财产的费用，因此，也不会使其遭受不测的损害。当然，虽然担保物权的可优先受偿的范围包括保管担保财产的费用，但这种费用应当是合理的、必要的，即为担保财产保全完好功能而必须支出的必要保管费用。

6.实现担保物权的费用

所谓实现担保物权的费用，是指担保物权人在实现担保物权的过程中所花费的各项费用，包括申请拍卖的费用、评估费用、拍卖费用等。之所以将实现担保物权的费用纳入优先受偿的范围之内，是因为担保物权的实现必然花费一定的费用，如果不支出这些费用，担保物权就不能实现。而且，这些费用纳入优先受偿的范围是债务人、担保人都可以预见的。但这些费用必须是实现担保物权所支出的费用，且必须是实际支出的合理费用。

值得注意的是，以上担保合同中关于担保范围的约定在解释上仅具有合同的效力，未经依法登记，不产生物权效力。《担保制度解释》第47条规定："不动产登记簿就抵押财产、被担保的债权范围等所作的记载与抵押合同约定不一致的，人民法院应当根据登记簿的记载确定抵押财产、被担保的债权范围等事项。"因此，如果当事人的约定与登记不一致，则应当根据登记记载的事项确定担保的范围。

（二）主债权债务合同的变更、转让对担保物权的影响

1.主债权债务合同的变更对担保物权的影响

（1）主合同的变更

在抵押权设定之后，债权人和债务人可能对主合同进行变更。《民法典》并没有规定主合

同变更对抵押权的影响。《民法典》第391条规定："第三人提供担保，未经其书面同意，债权人允许债务人转移全部或者部分债务的，担保人不再承担相应的担保责任。"关于主合同的变更对抵押权的影响，可以类推适用《民法典》第391条的规定，此时抵押人不再承担相应的担保责任。所谓"相应的担保责任"，可以从两方面来理解：一方面，如果主合同当事人协议变更主债权并未加重抵押人的负担，则抵押人应仍然继续承担担保责任。另一方面，如果主合同当事人协议变更主债权加重了抵押人的负担，则未经抵押人书面同意，抵押人对加重的部分不承担担保责任。

（2）担保合同的变更

所谓抵押合同的变更，是指在抵押合同生效之后，抵押人和抵押权人之间通过合意改变抵押合同的内容。例如，在抵押合同生效后，抵押人与抵押权人约定，提高抵押财产所担保的债务的数额。抵押合同虽然是从合同，其成立、内容和效力要依附于主合同，但其在性质上属于独立的合同。在抵押合同生效之后，当事人可以通过合意改变抵押合同的内容。

2.主债务移转对担保物权的影响

在担保物权设立之后，主债务可能发生转让，例如，在担保物权设立之后，债务人将其债务移转给第三人。《民法典》第391条规定："第三人提供担保，未经其书面同意，债权人允许债务人转移全部或者部分债务的，担保人不再承担相应的担保责任。"该条实际上是关于主债务的移转与第三人提供的担保的关系的规定。该条规定包含了如下几个方面的内容：

第一，担保物权设定之后，经过债权人同意，如果债务人移转债务经过担保人同意，则担保人应当继续承担担保责任。在主债务移转时，通常会对担保人担保责任的承担产生较大的影响。例如，债务人的履行能力不同，影响担保人是否实际承担担保责任以及承担担保责任的范围大小。据此，依据《民法典》的要求，在担保物权设定后，债务移转应当经过担保人的同意，如果未经担保人同意，则并不影响债务移转的效力，但会对担保人的担保责任产生影响，即担保人将不再承担相应的担保责任。

第二，担保人的同意应当采取书面形式。考虑到在第三人提供担保的情况下，未经担保人同意就移转债务，可能会给担保人造成较大的损害。为了防止发生纷争，保存证据，《民法典》要求担保人必须书面同意。这同时也是为了提醒担保人慎重考虑、谨慎行事。

第三，担保人必须是债务人以外的第三人。因为如果由债务人提供担保，债务人移转其全部或部分债务时，并不会加重其责任，而在第三人提供担保的情形下，债务人移转其主债务可能会不当加重其担保责任，此时，担保人不再承担相应的担保责任。

第四，债务移转没有得到担保人的同意，就导致担保人相应担保责任的免除。此处所说的"相应"是指根据原担保合同的约定，担保人应当承担的责任。当然，"相应"的责任还应当根据债务移转的份额来确定。这里要区分债务的全部转让和债务的部分转让。所谓全部转让，就是指债务的全部移转，或者说发生了全部债务的承担，新的债务人代替了原有的债务人。而所谓部分债务的转让，是指仅仅转让了一部分债务，剩余的债务仍然应由原债务人承担。如果是全部移转债务而没有经过担保人的同意，担保人就免除全部的担保责任；而如果部分移转债务没有经过担保人的同意，担保人仅对原债务人负担的剩余债务承担担保责任。因为担保人原本就应当对原债务人的债务承担担保责任，所以，未经担保人同意并不影响其对剩余的债务承担责任。

债务人自己提供的物的担保与第三人提供的物的担保存在区别。《担保制度解释》第39条第2款规定："主债务被分割或者部分转移，债务人自己提供物的担保，债权人请求以该担保财产担保全部债务履行的，人民法院应予支持；第三人提供物的担保，主张对未经其书面同意转移的债务不再承担担保责任的，人民法院应予支持。"该款区分了债务人自己提供物的担保与第三人提供物的担保两种情形，分别规定了主债务被分割或者部分转移对担保物权的影响，具体而言：一是债务人自己提供物的担保，在此情形下，由于债务人所提供的物的担保所担保的是自己的债务，这是以自己的物为自己的债务提供担保，债务人应当就自身的债务承担担保责任。因此，无论剩余的债务多少，债务人均应当承担担保责任。二是第三人提供物的担保的，在此情形下，依据《民法典》第391条，如果债务转让没有经过第三人书面同意的，第三人不再承担担保责任。由于债务的移转将使原债务人免除部分责任，而新的债务人是否能承担债务对于担保人而言并不清晰，因此债务的移转必须取得担保人的书面同意，否则就不应当再承担担保责任。

（三）担保物权的物上代位

1.物上代位的概念

所谓物上代位，是指在担保物权存续期间，担保财产的形态发生转变，担保物权仍然及于该财产的变形物或变价物等。担保物的代位物，是指因担保物发生毁损或价值形态的变化而使担保人获得的代替担保物价值形态的其他物。《民法典》第390条规定："担保期间，担保财产毁损、灭失或者被征收等，担保物权人可以就获得的保险金、赔偿金或者补偿金等优先受偿。被担保债权的履行期限未届满的，也可以提存该保险金、赔偿金或者补偿金等。"物上代位是担保物权区别于其他物权的重要特征。担保物权是价值权，担保物权人对担保财产的交换价值进行支配，因此，即便担保财产的价值形态发生了变化，但是，只要其变化后的价值形态仍然存在，担保物权人仍然可以根据《民法典》第390条，就该变形物或变价物等优先受偿。

2.物上代位适用的条件

根据《民法典》第390条，物上代位适用的条件包括如下几点：

（1）担保财产出现了毁损、灭失或者被征收等情况。在担保期间，发生了担保财产毁损、灭失或者被征收等情况，是物上代位适用的前提。根据这一规定，在担保期间内，担保财产毁损、灭失或者被征收等使原物已经不复存在、严重受损或移转所有权，由于担保权是价值权，不能因为担保财产的物质形态或所有权的变化而影响担保物权。因此，只要是在担保期间内，都应当发生物上代位的效果。

（2）必须是在担保期间发生了担保财产的形态变化。物上代位必须发生在担保期间。如果担保物权没有设立，或者担保物权已经消灭，此时，担保物权人就不能主张其权利的物上代位。在担保物权实现阶段，虽然担保财产的形态可能发生变化，但由于担保物权人支配的是担保财产的交换价值，因此，担保物权人仍然有权就担保财产的变形物或者变价优先受偿。

（3）因为担保财产的毁损、灭失或被征收等而出现了替代物。在担保期间，发生了担保财产毁损、灭失或者被征收等情况，如果没有出现替代物，不会发生物上代位的问题。替代物又称为代位物，无论替代物的形态如何，都应当属于担保物权支配的对象。只有出现了替代物，才可能适用物上代位的规则。具体来说，担保财产的替代物主要包括如下几种：一是保险金。保险金是指保险赔偿金，即在发生保险事故后，保险公司按保险合同的约定支付的赔偿。二是赔偿金。它是指因第三人的侵害行为导致担保财产灭失的侵权损害赔偿金。三是补偿金。它是指国家依法对集体、个人所有的财产进行征收或征用之后所支付的补偿费用。四是请求权。它是指在符合物上代位规则适用条件的情形下，抵押权人可以直接对第三人提出请求。《担保制度解释》第42条第3款规定："抵押权人请求给付义务人向其给付保险金、赔偿金或者补偿金的，人民法院可以通知抵押人作为第三人参加诉讼。"一般而言，担保物权的物上代位性是指在担保财产存在代位物（如保险金、损害赔偿金等）时，债权人可以向担保人主张就带代位物优先受偿，而依据《担保制度解释》第42条第3款的规定，在担保财产毁损、灭失的情形下，担保权人可以直接请求给付义务人向其给付保险金、赔偿金或者补偿金等代位物，这实际上是承认了担保物权人对给付义务人的直接请求权，将担保物权的物上代位性扩张及于担保人对义务人的请求权。五是其他代位物。《民法典》第390条规定："担保期间，担保财产毁损、灭失或者被征收等，担保物权人可以就获得的保险金、赔偿金或者补偿金等优先受偿……"

根据这一规定，除了法律明确列举的保险金、赔偿金或者补偿金之外，还有其他的变形物，例如，征收房屋时被征收人可以选择房屋产权调换，该调换的房屋就属于代位物。

3.物上代位的法律后果

在担保期间内，如果担保财产发生毁损、灭失或被征收，担保权人可以就担保人所获得的损害赔偿金、保险金、补偿金等优先受偿，且各担保权人的受偿顺位不受影响。所谓代位，并不是指某种地位的替代，而是指标的物的替代。换言之，原担保财产发生了毁损灭失，但是如果因毁损灭失而产生了新的物或者财产，原来的担保财产就被新的物或财产替代。由于存在此种替代，担保物权不会消灭。依据《民法典》第390条的规定，即使抵押物已经灭失，抵押权并没有因为抵押物的消灭而消灭，而是继续存在于因灭失所得的保险金、赔偿金等抵押物的代位物上。

在担保财产毁损灭失或者被征收时，物上代位可能出现两种情况：

一是债务已经到期。在此情况下，一般而言，担保财产已经转化成了货币，担保物权人不必拍卖、变卖，就可以直接就代位物优先受偿。当然，如果第三人赔偿或者补偿担保人的并非货币而是物，则债权人仍然需要就该物进行变价，并就该变价优先受偿。

二是债务没有到期。在此情况下，担保物权人不能就代位物直接受偿，否则可能损害债务人的利益。依据《民法典》第390条的规定，可以将保险金等提存。通过提存可以将担保财产的变价予以固定，从而保障担保物权的实现。

如果抵押财产之上存在多个抵押权，则在抵押财产毁损、灭失等情形下，各个抵押权人在实现权利时，也存在权利实现顺序的问题，对此，《担保制度解释》第42条第1款规定："抵押权依法设立后，抵押财产毁损、灭失或者被征收等，抵押权人请求按照原抵押权的顺位就保险金、赔偿金或者补偿金等优先受偿的，人民法院应予支持。"这实际上就确立了各个抵押权人就抵押财产代位物实现权利时的顺位规则，即各个抵押权人仍应按照原抵押权的顺位实现权利，并不因抵押财产的变形而影响各个抵押权的实现顺位。法律作出此种规定的原因在于，担保物权本身支配的是物的交换价值，所以基于物上代为性的法理，应当承认担保物权人就其保险金、赔偿金或者补偿金按照原抵押权的顺位行使优先受偿权，不因物上代位而改变抵押权的顺位规则。

关于给付义务人的义务。《担保制度解释》第42条第2款规定："给付义务人已经向抵押人给付了保险金、赔偿金或者补偿金，抵押权人请求给付义务人向其给付保险金、赔偿金或者补偿金的，人民法院不予支持，但是给付义务人接到抵押权人要求向其给付的通知后仍然向抵押人给付的除外。"如前所述，在抵押财产毁损、灭失等情形下，抵押权人虽然可以直接对给付义务人提出请求，但依据上述规定，如果给付义务人已经向抵押人给付了保险金、赔偿金或者补偿金，则其已经履行了义务，抵押权人即无权再向给付义务人提出请求。当然，在给付义务人向抵押人作出给付前，抵押权人已经向给付义务人作出给付通知，则给付义务人不得再向抵押人作出给付，而应当向抵押权人进行给付。因为，一般认为此时已经发生了法定的债权转让，抵押权人已经成为新的债权人，继续向原债权人履行不会产生清偿的法律效果。

五、担保物权的消灭

所谓担保物权的消灭，是指当法律规定的事由出现时，担保物权的支配力终止，担保物权不再发生效力。担保物权的消灭可能是因物权消灭的一般原因造成，如物权的标的物灭失且没有代位物。除此之外，各类担保物权还可以基于其特有的原因而消灭。

（一）主债权消灭

担保物权的目的是要担保主债权，按照从权利从属于主权利的原则，如果主债权已经消灭，担保物权也就没有存在的必要。但如果法律另外规定担保物权不随之消灭的，担保物权并不当然消灭。例如，在最高额抵押的情形，某一债权的消灭并不当然导致抵押权的消灭，担保物权人仍然可以就全部担保财产享有担保物权。

（二）担保物权的实现

担保物权的实现，就是指担保物权人在债务人不履行债务或者发生当事人约定的情形时，就担保财产的价值优先受偿。在担保物权实现后，担保人就不再负有担保债务。担保物权的实现是该权利设立的目的，担保物权一旦实现，担保法律关系消灭，担保物权自然没有必要继续存在。

（三）债权人放弃担保物权

债权人放弃担保物权，是指债权人通过意思表示抛弃其担保物权。因为担保物权本身也是一种财产权，按照“财产权原则上可以抛弃”的原则，权利人可以抛弃其担保物权。债权人放弃其担保物权的，将导致担保物权消灭。应当指出，债权人放弃担保物权必须采取明示的方式，即便担保权人以自己的行为导致担保物毁损灭失，也不能据此认定其放弃了担保物权。

（四）法律规定担保物权消灭的其他情形

该规定实际上属于兜底条款，因为引起担保物权消灭的原因很多，法律上不可能一一列举，所以，有必要采用兜底条款。例如，《民法典》第457条规定：“留置权人对留置财产丧失占有或者留置权人接受债务人另行提供担保的，留置权消灭。”此种情况就属于担保物权消灭的特殊原因。担保物权在性质上属于权利人享有的财产权，当事人原则上可以通过约定来处分财产权，因而，只要不违反法律的强行性规定，也不损害第三人利益和社会公共利益，应当允许当事人约定担保物权的消灭原因。例如，当事人通过依法约定抵押权的存续期间，这实际上属于设定了抵押权的特殊消灭原因。

（五）主债权诉讼时效届满对抵押权的影响

《民法典》第419条规定：“抵押权人应当在主债权诉讼时效期间行使抵押权；未行使的，人民法院不予保护。”从《民法典》第419条规定来看，如果抵押权人未在主债权诉讼时效期间内行使抵押权，则人民法院对抵押权人的权利“不予保护”，因此，在主债权诉讼时效期间届满后，无论抵押人是否提出抗辩，抵押权均不受法律保护，即抵押权将因此消灭，抵押人也有权请求注销抵押权登记。

第二节 抵押权

一、抵押权概述

（一）抵押权的概念和特征

抵押权，是指债权人对于债务人或者第三人不移转占有而提供担保的财产，在债务人不履行债务时，依法享有的就担保的财产变价并优先受偿的权利。《民法典》第394条第1款规定：“为担保债务的履行，债务人或者第三人不转移财产的占有，将该财产抵押给债权人的，债务人不履行到期债务或者发生当事人约定的实现抵押权的情形，债权人有权就该财产优先受偿。”这就在法律上明确了抵押权的概念、性质和特征。抵押权素有“担保之王”之美誉，其作为一种典型的担保物权，具有如下特点：

第一，抵押权是一种担保物权。一方面，抵押权人对抵押人提供担保的财产的交换价值享有支配权。抵押物虽不移转占有，但抵押权人可以支配抵押物的交换价值，抵押权人实现抵押权，并不需要抵押人实施一定的行为。如果在抵押期间，抵押物毁损灭失，抵押物将发生物上代位，抵押权的效力及于抵押物的变形体或代替物。另一方面，抵押权人对抵押物变价后的价值享有优先受偿权。也就是说，当抵押权与普通债权并存时，抵押权要优先于普通债权而受偿；如果同一物上设定了数个抵押权，则先设定的抵押权通常要优先于后设定的抵押权。

第二，抵押权是为了担保债权的实现而提供特定的财产担保。一方面，抵押权设立的目的是担保债的履行，即避免债务人因为责任财产的减少以及其他原因，从而导致债权不能实现。通过设定抵押权，抵押权人可以有效支配抵押物的交换价值，保障其债权的实现。另一方面，抵押权是在债务人或者第三人提供一定的财产之上设定的担保物权，所担保的债权实现的基础是特定财产，而不是担保人的信用。正是因为抵押权是在特定财产之上设定的，因而成为一种有效保障债权实现的担保方式，在现代社会得以普遍适用。当然，此处所说的抵押财产特定并不当然是指抵押财产在抵押权设定时特定，而只是要求抵押财产在抵押权实现时必须特定。

第三，抵押权是不移转标的物占有的担保物权。根据《民法典》第394条的规定，抵押权的设立不需要移转抵押物的占有，这也是抵押权与质权的重要区别。在抵押权设定之后，抵押财产仍然由抵押人支配，抵押人对抵押物享有占有、使用权，并可以以其收益充作债务的清偿资金，抵押权人直接支配的只是抵押物的交换价值，而无须保管抵押物。抵押物的使用价值和交换价值可以得到双重利用，这也使抵押成为一种重要的担保方式。由于抵押权的设定不需要移转占有，因而，抵押权一般应采用登记或其他方式进行公示。

第四，抵押权是以抵押财产的变价而优先受偿的权利。抵押权的优先受偿性是抵押权作为担保物权的重要特征。根据《民法典》第394条的规定，债务人不履行到期债务或者发生当事人约定的实现抵押权的情形，债权人有权就该财产优先受偿。但这种优先受偿并不是指在债务人不履行债务时直接移转抵押物的所有权，而是指在债务人不履行债务时，将抵押物变价，使抵押权人就抵押物变价后的价值优先受偿。从这个意义上说，抵押权是一种价值权或变价受偿权。

（二）抵押的分类

1.动产抵押、不动产抵押和权利抵押

抵押可以分为动产抵押、不动产抵押和权利抵押，这主要是从抵押财产的不同性质而作出的分类。三者的区别主要表现在以下几点：

第一，是否需要具体描述。不动产抵押和权利抵押可以在登记系统中准确描述，而动产只需要概括描述，能够进行合理识别即可，该规则主要适用于动产抵押。

第二，是否采取登记要件主义。一般而言，不动产抵押和权利抵押应当采用登记的方式，如果当事人未办理抵押登记，则可能导致抵押权无法设立。但对动产抵押而言，因其物权变动采取登记对抗的模式，因此，在当事人未办理登记的情形下，仍然可以设立抵押权，只是无法对抗第三人。

第三，能否设置浮动抵押。不动产和权利并不能采用浮动抵押的方式，而动产抵押则可以采用浮动抵押的方式，尤其是对大量的存货而言，可以采取动产浮动抵押。

值得注意的是，依据我国《民法典》的相关规定，权利既可以作为抵押权的客体，也可以作为质权的客体，在司法解释上，不动产权利如果设置质权，则需要移转标的财产的控制权，所以一般认为，不动产不能设置质权，只能作为抵押权的客体。

2.固定抵押和浮动抵押

以抵押权设立时抵押财产是否确定为标准，可以将抵押区分为固定抵押和浮动抵押。固定抵押是指在抵押设定时抵押财产的范围已经确定的抵押。而浮动抵押是指在抵押设定时抵押财产的范围尚未确定，而只是在结晶时，抵押财产才确定的抵押。二者的区别主要表现在：一方面，抵押财产的集合性。固定抵押中的抵押财产一般都是单个的抵押财产，而浮动抵押中抵押财产具有集合性的特点。另一方面，抵押财产是否具有浮动性。在固定抵押中，抵押财产是确定的，而在浮动抵押中，抵押财产的范围则处于不断变动之中。

3.单独财产抵押和集合财产抵押

《民法典》第395条第 2 款明确规定："抵押人可以将前款所列财产一并抵押。"它的意思就是法律上认可一并抵押或者说集合抵押的效力。由于各个物和权利集合在一起仍然可能具有确定的交换价值，因此，其在观念上可以成为独立的物。集合物担保主要是指财团抵押、浮动抵押等。这些都是以整个企业内的所有财产或者整个商店内的全部商品等进行抵押或其他担保。

两者的区别主要表现在以下几点：

第一，单独财产抵押是常态，而集合财产抵押是交易的例外情形，由于其在一定程度上已经突破了担保财产特定性的要求。

第二，单独财产抵押通常需要进行具体描述，尤其是就不动产而言，需要通过描述具体识别特定的不动产。而集合财产抵押通常是进行概括描述，即通过列举清单等方式描述集合财产。

第三，抵押权的实现方式不同。就单独财产抵押而言，抵押权的实现需要将该抵押财产单独变价。而就集合财产抵押而言，则需要将集合财产进行整体变价，因为集合财产的整体价值通常远高于单个财产的价值，也高于数个单一财产价值的简单相加，如果拆分单独抵押或设置其他担保，这不仅会减损担保品的价值，而且程序上过于烦琐。这也是法律允许集合财产抵押的主要原因，因此，在抵押权实现时，原则上也应当对集合财产进行整体变价。

二、抵押权的设定

（一）抵押权的设定概述

抵押权的设定采取“合意+公示”的方法：

1.合意

合意，是指当事人就抵押权的设立达成协议。此处的合意是当事人之间订立抵押合同，抵押合同是抵押权设定的基础。对不动产抵押而言，只有当事人具有合意，并在此基础上办理登记，才能设定抵押权。就动产抵押权而言，采取登记对抗主义，即便当事人没有办理登记，但只要当事人就抵押权的设定达成合意，也可以设立抵押权。

2.公示

对法律规定采登记作为成立要件的抵押权而言，如不动产抵押，则当事人必须办理登记，否则无法设立。就动产抵押权而言，法律采取登记对抗主义，是否办理登记由当事人选择。登记虽然不是抵押权设立的要件，但其仍然具有重要意义，即当事人没有办理抵押登记的，则无法对抗善意第三人。

（二）抵押合同

依据《民法典》第400条，抵押合同的内容一般包括如下条款：

1.被担保的主债权种类和数额。依据《民法典》的规定，主债权可以因合同、无因管理、不当得利、侵权行为等原因而产生，非合同债权也可能采用抵押的方式进行担保。在当事人订立抵押合同时，必须将被担保的主债权种类、数额在合同中作出明确约定。所谓主债权的种类，是指抵押权担保的主债权类型。例如，应当明确抵押权担保的是合同之债、侵权之债，还是其他的债。如果是合同之债，具体是哪种合同产生的债。所谓主债权的数额，是指主债权的标的额。该数额如果不确定，将来以抵押财产变价后优先受偿的数额就不能确定，从而极容易发生纠纷。至于利息、违约金、实现抵押权的费用等，则属于“担保的范围”的内容。

2.债务人履行债务的期限。所谓债务履行的期限，也称债务的清偿期，即债务人应履行债务的期限。一般来说，债务人履行债务的期限应当在主合同中约定，但如果主合同中对债务人履行债务的期限未作明确约定，也可以在抵押合同中作出约定。如果抵押合同和主合同对此均未作出约定，则债权人在请求债务人作出履行后，应当给予债务人合理的履行准备期限，在该期限经过后仍不履行的，抵押权人可以主张抵押权。

3.抵押财产的名称、数量等情况。抵押权本质上是一种物权，物权的成立应以客体的特定化为前提，因此在抵押合同中，有必要使抵押财产特定化。所谓特定化，就是必须要明确抵押财产的名称、数量等信息，使某个抵押物与其他物相区别。《民法典》从便利获得融资的角度，简化了抵押合同需要记载的抵押财产描述的事项。允许对担保财产作一般性或概括性描述，只要该描述能够合理识别担保财产即可。

4.抵押担保的范围。所谓抵押担保的范围，就是指抵押财产折价、拍卖或者变卖以后抵押权人可以优先受偿的范围。《民法典》第389条规定：“担保物权的担保范围包括主债权及其利息、违约金、损害赔偿金、保管担保财产和实现担保物权的费用。当事人另有约定的，按照其约定。”因此，抵押担保的范围一般可以包括：主债权、主债权的利息、违约金、损害赔偿金、实现抵押权的费用等。某一抵押权所担保的具体范围，应当由当事人在抵押合同中明确约定。如果没有约定或者约定不明的，就应当适用《民法典》第389条关于法定担保财产范围的规定。

5.当事人认为需要约定的其他事项。抵押合同除了可以约定上述条款之外，还可以根据实际情况作出一些其他约定。只要不违反法律法规的强行性规定，当事人可以在抵押合同中约定其他事项。

我国《民法典》第215条确立了设立不动产物权合同的效力和登记效力的区分原则。据此，不动产抵押合同生效与抵押权的设立是相分离的，抵押合同生效以后，非经登记不能设立抵押权。未经登记通常对抵押合同效力并不发生影响，而只能对作为物权的抵押权能否设定产生影响。由于抵押合同是否办理登记并不影响抵押合同的效力，因而，抵押人未履行登记义务的，抵押权人有权基于抵押合同要求抵押人承担违约责任。

（三）抵押登记

1.不动产抵押登记

《民法典》第402条规定，以本法第395条第1款第1项至第3项规定的财产或者第5项规定的正在建造的建筑物抵押的，应当办理抵押登记。抵押权自登记时设立。因此，不动产抵押应当适用登记要件主义，具体来说：

第一，不动产抵押应当办理登记。所谓"应当办理抵押登记"，就是指凡是以不动产抵押的，当事人依法负有登记的义务，当事人不能约定不经登记就设立抵押权。

第二，不动产抵押权自登记时设立。根据这一规定，作为物权的不动产抵押权自登记之日起设立，如果当事人仅仅订立了抵押合同而没有登记，不动产抵押权不能有效设立。

2.不动产抵押登记的效力

抵押登记主要产生两种效力：

一是物权设立的效力。原则上，不动产抵押权非经登记不能设立。所以，凡是根据登记要件主义登记的，抵押权自登记时起设立，而且，抵押权的具体内容都依据登记来确定。在登记之后，不动产抵押权才能依法设立，才具有优先受偿的效力。

二是明确权利实现顺位的效力。物权的对内优先效力，就是指物权之间原则上依据其产生的先后顺序来确定优先顺位。登记可以确定同一不动产不同担保物权之间的优先顺位，因而可以依法产生对内优先效力。《民法典》第414条规定，同一财产向两个以上债权人抵押的，拍卖、变卖抵押财产所得的价款依照下列规定清偿：（1）抵押权已经登记的，按照登记的时间先后确定清偿顺序；（2）抵押权已经登记的先于未登记的受偿；（3）抵押权未登记的，按照债权比例清偿。其他可以登记的担保物权，清偿顺序参照适用前款规定。因此，不动产抵押权的登记是确定其优先受偿顺序的依据。正是因为登记可以产生上述效力，所以，交易当事人都负有查询登记的义务，而不能只查看抵押权证书，如果没有查阅抵押登记而从事某项交易，应当承担相应的不利后果。

3.未办理抵押登记的不动产抵押合同的效力

在不动产抵押的情形下，由于抵押权的设立采登记要件主义，因此，当事人必须办理登记，抵押权才能设立，但在办理抵押登记前，抵押合同究竟产生何种效力？《担保制度解释》第46条对此作出了明确规定，具体而言：

第一，未办理抵押登记，不影响抵押合同的效力。《担保制度解释》第46条第1款规定："不动产抵押合同生效后未办理抵押登记手续，债权人请求抵押人办理抵押登记手续的，人民法院应予支持。"该条实际上确认了在没有办理抵押登记的情形下，抵押合同仍然有效，抵押权人仍然有权请求抵押人办理抵押登记。这实际也是区分物权变动效力和合同效力的具体体现。抵押合同生效后，抵押人负有办理登记手续的义务，如果没有办理登记手续的，债权人可以基于生效的抵押合同请求其履行该项义务，这也是违约责任继续履行请求权的具体体现。

第二，未办理抵押登记的，不动产抵押权不能有效设立，抵押权人无权请求抵押人承担担保责任。对不动产抵押权而言，如果当事人未办理抵押登记，则抵押权无法设立，此时，在债务人不履行债务时，债权人也无权请求抵押人承担担保责任。

第三，因不可归责于抵押人自身的原因灭失或者被征收等导致不能办理抵押登记的法律后果。由于当事人通常会在抵押合同中约定抵押人负有办理抵押登记的义务，因此，在抵押人无正当理由拒绝办理抵押登记时，债权人有权依法请求其承担违约责任。当然，抵押人不能办理抵押登记的原因较为复杂，某些情形下可能是因为抵押权人的原因，或者因为抵押财产毁损、灭失，导致无法办理抵押登记，因此，依据《担保制度解释》第46条第2款的规定，首先应当确定是否因抵押人的原因导致无法办理抵押登记，从而进一步认定抵押人是否应当承担违约责任。如果因不可归责于抵押人自身的原因导致不能办理抵押登记，且抵押人构成违约，则抵押权人有权请求抵押人承担违约责任。

第四，因抵押人的原因不能办理抵押登记的法律后果。《担保制度解释》第46条第3款规定："因抵押人转让抵押财产或者其他可归责于抵押人自身的原因导致不能办理抵押登记，债权人请求抵押人在约定的担保范围内承担责任的，人民法院依法予以支持，但是不得超过抵押权能够设立时抵押人应当承担的责任范围。"据此，抵押人已经构成违约，抵押权人有权请求抵押人承担违约责任，抵押人承担违约责任的范围是当事人约定的担保范围。债权人有权基于该抵押合同要求抵押人在约定的担保范围之内承担责任，这实质上就是承担抵押合同的违约责任，该责任范围不得超过抵押权有效设立时所应承担的担保责任范围。

4.抵押登记与抵押合同约定不一致

《担保制度解释》第47条规定："不动产登记簿就抵押财产、被担保的债权范围等所作的记载与抵押合同约定不一致的，人民法院应当根据登记簿的记载确定抵押财产、被担保的债权范围等事项。"该条是对于不动产登记簿推定效力的规定。依据这一规定，当事人约定的抵押财产、被担保的债权范围等与不动产登记簿的记载不一致的，应以不动产登记簿的记载来确定担保财产、被担保的债权范围。这是因为不动产抵押合同仅具有债的效力，只有在登记之后，才能设立抵押权。在当事人办理登记时，如果登记的内容与抵押合同约定的内容不一致，如当事人就抵押财产的范围，抵押权担保的债权范围等，应当将其解释为，当事人在办理登记时对抵押合同的内容作出了变更，应当以登记的内容确定抵押权的内容。

（四）同一财产之上设立多个抵押

所谓同一财产之上设立多个抵押，是指在同一抵押财产上为多个债权分别设定了抵押权。抵押权所支配的是抵押物的交换价值，而不要求实际占有抵押物，其本质上是一种价值权。抵押权的交换价值是可以分割计算的，因此，同一抵押物可以成为多个抵押权的标的。只要抵押权人愿意接受，在抵押物上当然可以设定多个抵押权，即使其担保的债权数额超过抵押物的价值，也不应予以限制。我国《民法典》第414条允许当事人在同一财产之上设立多个抵押权。

在多重抵押的情形下，应当依据《民法典》第414条确立各个抵押权之间的权利顺位规则，即抵押权已经登记的，按照登记的时间先后确定清偿顺序；抵押权已经登记的先于未登记的受偿；抵押权未登记的，按照债权比例清偿。《民法典》第414条确立的抵押权竞存时的优先顺位规则，在适用上存在如下例外：一是购买价值担保权的超级优先规则，即使登记在后，其也可以优先受偿。二是正常经营买受人规则，如为正常经营买受人，则即便抵押权已经办理了登记，买受人也可主张不受抵押权的限制。

三、抵押人

依据《民法典》第394条的规定，抵押人是指以财产设定抵押权的债务人或第三人。抵押人既可以是自然人，也可以是法人或其他组织。由于抵押在性质上是一种处分财产的行为，抵押人应当是对抵押财产享有处分权的人，包括所有人、失踪人的财产代管人、破产管理人等。从法律上来看，并没有对抵押人的资格作出严格限制，但对哪些财产可以作为抵押物，在法律上是有严格限制的。除法人之外，一些其他组织也可以以自己的财产设定抵押。

(一)以公益为目的的非营利法人、非法人组织

依据《民法典》第399条，非为公益为目的成立的学校、幼儿园、医疗机构，法律并不禁止其以自身财产进行抵押。根据《担保制度解释》第6条第2款的规定，“登记为营利法人的学校、幼儿园、医疗机构、养老机构等提供担保，当事人以其不具有担保资格为由主张担保合同无效的，人民法院不予支持”。依据该规定，对于登记为营利法人的学校、幼儿园等机构而言，其具有提供担保的资格，当事人不得以上述机构不具有担保资格为由主张担保合同无效。

《担保制度解释》第6条第1款对《民法典》第399条作了进一步细化规定，该条规定：“以公益为目的的非营利性学校、幼儿园、医疗机构、养老机构等提供担保的，人民法院应当认定担保合同无效……”以公益为目的的非营利性民办学校、幼儿园、医疗机构，不具有担保资格，但是依据《担保制度解释》第6条第1款的规定，存在两种例外的情形。一是以教育设施、医疗卫生设施、养老服务设施和其他公益设施以外的不动产、动产或者财产权利设立担保物权。例如，某个学校将属于校产的宾馆对某项债务提供抵押，由于该宾馆并不属于服务于教学的公益设施，因此，该担保是有效的。二是在购买或者以融资租赁的方式承租教育设施、医疗卫生设施、养老服务设施和其他公益设施时，出卖人或出租人享有的担保权利以所有权保留、价款优先权等形式体现的，此时该担保有效。

(二)公司对外提供担保应当遵循的法定程序

公司是否能够对外担保，关键看其是否具有法律或者章程规定的权限。根据《民法典》第504条的规定，法人的法定代表人或者非法人组织的负责人超越权限订立的合同，除相对人知道或者应当知道其超越权限外，该合同对法人或者非法人组织发生效力。相对人知道或者应当知道其超越权限包括两种情况：一是在订立合同时相对人对法定代表人、负责人超越权限的情况是明知的。例如，甲代表法人对外订立担保合同时，未获得董事会的授权，债权人乙明知这一情况，多次要求甲利用职权私盖公章，后甲按照乙的要求在担保合同上加盖法人印章。二是在订立合同时相对人应当知道法定代表人、负责人超越权限的情况。例如，法律明确规定企业的分离、合并必须要经过董事会的同意，仅由法定代表人一人同意不能决定企业的分离合并问题。而相对人在法定代表人未取得董事会同意的情况下，就与法定代表人订立合同，相对人知道或者应当知道法定代表人、负责人超越权限对外订立合同，该法定代表人超越职权的行为不构成表见代表。在此情况下相对人是恶意的、有过错的，而在相对人存在恶意的情况下，不存在信赖受保护的问题。

根据《担保制度解释》第7条第1款，越权担保要区分几种情形：

第一，相对人是善意的，担保合同对公司发生效力；相对人请求公司承担担保责任的，人民法院应予支持。根据该司法解释第7条第3款规定：第1款所称善意，是指相对人在订立担保合同时不知道且不应当知道法定代表人超越权限。相对人有证据证明已对公司决议进行了合理审查，人民法院应当认定其构成善意，但是公司有证据证明相对人知道或者应当知道决议系伪造、变造的除外。依据该规则，在判断相对人是否善意时，采纳了合理审查而非形式审查的标准。所谓合理审查，是指依据交易当时的具体情形，需要对公司决议的情况进行审查，也就是说，需要根据交易的具体情况，如相对人的情况、交易金额等多种情况，具体判断相对人是否对公司决议进行了合理审查。

第二，相对人是非善意的，担保合同对公司不发生效力，即公司无须依据担保合同承担担保责任。所谓相对人非善意，是指相对人知道或者应当知道法定代表人没有对外提供相应担保的资格。在相对人非善意的情形下，虽然担保合同对公司不发生效力，公司不需要承担担保责任，但如果因此给相对人造成损失的，则相对人仍然有权请求公司承担赔偿责任。依据《担保制度解释》第7条第1款规定：……相对人请求公司承担赔偿责任的，参照适用本解释第

17条的有关规定。即依据过错来确定当事人之间的责任范围。此种赔偿责任在性质上属于缔约过失责任，公司法定代表人属于公司的组织机构，其行为代表公司的行为，因此，即便其对外提供的担保不能对公司发生效力，此时应当按照担保合同无效的规则认定各方的责任。

（三）分公司对外担保

公司的分支机构并不具有独立的法人人格，其仍然应当属于公司的组成机构。《民法典》第74条第2款规定："分支机构以自己的名义从事民事活动，产生的民事责任由法人承担；也可以先以该分支机构管理的财产承担，不足以承担的，由法人承担。"但是分支机构以自己的名义对外提供担保，则应当取得公司的授权，法人的分支机构对外提供担保，应当符合两项条件：一是法人作出授权的决议，允许其分支机构提供担保。一旦法人作出了书面授权，法人的分支机构就可以以自己的名义对外提供担保。如果法人授权其以法人名义对外承担担保责任，则担保责任可能由法人承担。二是法人应当明确其授权的范围。法人明确其授权范围，有助于债权人了解法人分支机构的权限。《担保制度解释》第11条第1款、第4款规定："公司的分支机构未经公司股东（大）会或者董事会决议以自己的名义对外提供担保，相对人请求公司或者其分支机构承担担保责任的，人民法院不予支持，但是相对人不知道且不应当知道分支机构对外提供担保未经公司决议程序的除外。""公司的分支机构对外提供担保，相对人非善意，请求公司承担赔偿责任的，参照本解释第十七条的有关规定处理。"公司分支机构对外提供担保时，适用公司对外担保的一般规定，如果相对人通过审查相关决议后确实无法判断真伪，应当认为相对人是善意的，此时该担保合同是有效的。如果相对人属于恶意的，则不得要求公司承受该担保合同的担保责任。此时应适用担保合同无效的相关规则处理。

四、抵押财产

（一）抵押财产概述

抵押财产，又称为抵押物，是指抵押权的标的或客体。我国《民法典》为了鼓励担保，在第395条第1款第7项规定："法律、行政法规未禁止抵押的其他财产。"此种负面清单的规定方式，保证了抵押财产范围的开放性。同时，《民法典》在抵押合同的规定中，简化了抵押合同的内容，进一步要求对抵押财产进行概括描述，只要能合理识别即可，这都是为了鼓励担保。

然而，并不是所有的财产都可以用来作为抵押标的物，可以抵押的财产必须特定，且必须具有可转让性。由于抵押的实现要将抵押物拍卖、变卖，因而抵押物必须是可以转让的物。凡是法律禁止流通或禁止强制执行的财产是不得作为抵押物的。抵押物只有具有可转让性，才能体现一定的交换价值。此外，抵押财产必须具有可公示性。由于抵押权的设立不是以标的物的占有移转为公示要件，因而抵押物必须能以登记或其他的方式予以公示。

（二）抵押财产的典型形态

《民法典》物权编具体列举了几种抵押财产的典型形态：

1.建筑物和其他土地附着物。所谓建筑物，是指定着于土地上或地面以下，具有顶盖、梁柱、墙壁，可供人居住或使用的构造物，如房屋、仓库、地下室、空中走廊、立体停车场、桥梁、水塔、烟囱等。其他土地附着物，是指依附于土地、在土地之上建造的构筑物和其他附着物（如桥梁、水坝等）。《民法典》允许抵押的不动产包括土地上的房屋等建筑物和其他土地附着物。此处所说的建筑物是指已经建成的建筑物，而对于正在建造的建筑物或者尚未建造的建筑物抵押则属于在建工程抵押和期房抵押。值得注意的是，《担保制度解释》第49条第1款规定，以违法建筑物设定抵押的，抵押合同无效，但如果当事人能够在一审法庭辩论终结前已经办理合法手续的，则抵押合同有效。同时，依据该条第2款的规定，即便相关建筑物是违法建设的，但其所占有的建设用地使用权仍然可以依法设立抵押，抵押人也不得以建设用地之上存在违法建筑而主张抵押合同无效。

2.建设用地使用权。以建设用地使用权设立的抵押，是指债务人或第三人以其建设用地使用权向债权人提供担保，当债务人不履行债务或者发生当事人约定的情形时，债权人有权依法从该建设用地使用权折价、拍卖或者变卖所得的价款中优先受偿。由于建设用地使用权依法可以转让，且具有一定的经济价值，因而可以成为抵押的标的。

3.海域使用权。《民法典》第328条规定的海域使用权是一项重要的财产权利，原《物权法》就对这一权利作出了明确规定，但是并未明确其是否可以作为抵押权客体。伴随着海洋经济的不断发展，《民法典》将海域使用权明确规定为可以抵押的财产权客体，对实践中已经存在并运行的海域使用权抵押进行了确认。

4.生产设备、原材料、半成品、产品。所谓生产设备，是指企业、个体工商户、农村承包经营权人等使用的各种机器、计算机、试验设备、通信设备等用于生产的设备。所谓原材料，是指用于制造产品或从事各类生产经营活动的原料和材料。所谓半成品，是指尚未生产完成的产品。所谓产品，是指已经制造完毕的最终产品。

5.正在建造的建筑物、船舶、航空器。具体包括：

（1）正在建造的建筑物。以正在建造的建筑物设定抵押的情形主要包括两种：一是以正在建造的建筑物抵押。《民法典》第395条规定，债务人和第三人可以以其有权处分的正在建造的建筑物抵押。二是在建工程抵押，即抵押人为取得在建工程继续建造资金的贷款，以其合法取得的建设用地使用权连同在建工程，以不转移占有的方式抵押给贷款银行作为偿还贷款履行担保的行为。在建工程具有一定的财产价值，也具有特定性，因此法律规定其可以成为抵押财产。

（2）正在建造的船舶和航空器。除了正在建造的建筑物可以抵押外，《民法典》第395条第1款规定，正在建造的船舶和航空器也可以设定抵押。这就进一步扩大了可以抵押财产的范围。因为这些动产在建造完毕之前，虽然不能从事运输，但是它们仍然具有一定的财产价值。

6.交通运输工具。交通运输工具包括车辆、船舶和航空器，其范围非常宽泛，如飞机、船舶、汽车等。它们在性质上都是动产，但是，因为交通运输工具的公示方法采用登记的方式，因而在学理上又被称为“准不动产”。需要指出的是，能够用于抵押的交通运输工具，主要是指具有一定的财产价值，可以通过登记方式来进行物权变动的交通运输工具。除《民法典》之外，我国有关特别法律法规也规定了交通运输工具的抵押登记问题。

7.法律、行政法规未禁止抵押的其他财产。《民法典》第395条规定，“法律、行政法规未禁止抵押的其他财产”都可以抵押。依据该条规定，只要属于法律没有禁止抵押的财产，权利人完全可以基于自己的最佳利益判断，决定是否将其财产设定抵押。“为使物尽其担保的功能，似无限制必要，宜由市场需要决定之。”当然，《民法典》第395条第1款第7项中“其他财产”，也必须符合抵押财产的基本条件，其应当是可以转让的不动产和动产以及权利，而且抵押人对该项财产具有处分权。

（三）禁止抵押的财产

我国《民法典》第395条、第399条规定，同时采用正面列举和反面排除两种方式，界定了抵押财产的范围。根据《民法典》第399条的规定，禁止抵押的财产主要包括以下几类：

1.土地所有权

我国实行土地公有制，土地只能归国家或集体所有。在土地公有制度框架下，土地所有权的流转受到严格限制，我国宪法和有关法律严格禁止土地买卖。如果允许将土地所有权作为抵押物设定抵押，则在抵押权实现时，势必导致民事主体取得土地所有权，这就违背了我国基本的土地所有制度，动摇了公有制基础。鉴于此，《民法典》明确禁止任何土地所有权的抵押。

2.宅基地、自留地、自留山等集体所有土地的使用权

（1）宅基地使用权。从推进市场经济的发展，维护农民利益考虑，应当逐步放开宅基地使用权的抵押。不过，我国现阶段宅基地使用权在一定程度上发挥着社会保障的功能，尤其是考虑到目前我国农村社会保障体系尚未全面

建立，宅基地使用权是农民安身立命之本。而且从全国范围看，完全放开宅基地使用权的转让和抵押的条件尚不成熟。所以，从《民法典》第399条的规定来看，宅基地使用权是不得抵押的。

（2）自留山、自留地之上的土地承包经营权。自留地是指农村集体经济组织分配给本集体经济组织成员长期使用的土地；自留山是指农村集体经济组织分配给其成员长期使用的少量的柴山和荒坡。自留山、自留地性质上也属于土地承包经营权，只不过是特殊的土地承包经营权。由于自留山、自留地之上的土地承包经营权具有一定的身份属性，且发挥着社会保障的功能，因此，我国《民法典》第399条第2项规定自留山、自留地之上的土地使用权不得抵押，但是具有法律另有规定时的例外情形。

3.学校、幼儿园、医疗机构等为公益目的成立的非营利法人、非法人组织的教育设施、医疗卫生设施和其他社会公益设施

依据《民法典》第399条的规定，凡是学校、幼儿园、医疗机构等为公益为目的的财产不得抵押。以公益为目的的事业单位的各种社会公益设施，其他社会公益设施包括公共图书馆、博物馆、美术馆、文化宫等。这些公益设施一旦设定抵押，有可能在实现抵押权时，使这些财产被拍卖或变卖，危害社会公共利益。我国《民法典》作出此种禁止性规定，有利于防止以牟利为目的的经营活动影响教育、卫生等社会公益事业的发展。但非为公益为目的成立的学校、幼儿园、医疗机构，法律并不禁止其以自身财产进行抵押。《担保制度解释》第6条第2款规定："登记为营利法人的学校、幼儿园、医疗机构、养老机构等提供担保，当事人以其不具有担保资格为由主张担保合同无效的，人民法院不予支持。"当然，即便是对上述非营利性机构而言，其财产中可能包含一些非公益设施或者其他非公益的财产，如学校所办商店、医院所办生产基地等财产，此种财产的利用与流转通常不会影响上述机构公益目的的实现，因此，《担保制度解释》第6条第1款允许上述机构以其非公益设施提供担保。

4.所有权、使用权不明或者有争议的财产

所谓所有权、使用权不明，是指在设置抵押时该财产的权利归属处于不明确状态。所谓有争议，是指在设立抵押权时财产所有权或者使用权存在争议。例如，房屋登记中记载了异议登记，或者第三人已经提起了确认之诉。我国《民法典》第399条虽然规定了所有权、使用权不明的财产不得抵押，但从我国《民法典》的规定来看，在无权处分的情形下，行为人无权处分他人财产的，无权处分合同仍然有效，而且在符合善意取得构成要件的情形下，相对人可以取得该财产的所有权。当事人以所有权不明、使用权不明或者有争议的财产设定抵押的，如果相对人是善意的，则其也应当可以依据善意取得的规定取得抵押权。

5.依法被查封、扣押、监管的财产

（1）被查封、扣押的财产

查封，是指人民法院或有权的行政机关依法采取强制措施，将被保全的财产、被执行人的财产贴上封条就地封存，并禁止占有、使用和处分该财产。扣押是指法院或有关行政机关依法将财物就地扣留，或者易地扣留，禁止财物所有人在扣留期间动用或处分财产。《担保制度解释》第37条第2款规定："当事人以依法被查封或者扣押的财产抵押，抵押权人请求行使抵押权，经审查查封或者扣押措施已经解除的，人民法院应予支持。抵押人以抵押权设立时财产被查封或者扣押为由主张抵押合同无效的，人民法院不予支持。"依据这一规定，允许当事人就查封、扣押的财产设定抵押，抵押合同的效力不受影响，只不过在行使抵押权时，需要区分如下情形：一是在行使抵押权时，查封、扣押等措施已经解除的，此时可以认定抵押权已经设立，抵押权人可以依法行使其抵押权。二是当事人以查封、扣押的财产设定抵押的，抵押人不得以抵押权设定时抵押财产已经被采取查封、扣押措施为由主张抵押合同无效。三是在抵押权实现时，查封、扣押措施仍然未解除的，则抵押合同有效，但抵押权尚无法行使。此外，在抵押有效成立以后，因为抵押人的原因导致已经设定抵押的财产依法被查封、扣押的，也不影响其抵押效力。

(2)被监管的财产

监管主要是指海关依法对自进境起到办结海关手续的进口货物,自向海关申报起到出境止的出口货物过境、转运、通运货物以及暂时进口货物、保税货物和其他尚未办结海关手续的进出境货物进行监督、管理。依法被查封、扣押、监管的财产,尽管所有权并没有发生移转,但所有权的行使受到了严格限制,由于这些财产已被司法机关和其他执法机关采取了强制措施并予以监管,所有人无权对此类财产擅自处分,因而该财产处于暂时不得让与的状态,不得用于抵押。但如果这类财产已经被解除了查封、扣押或其他强制措施,则可以用于抵押。《担保制度解释》第37条第3款规定:"以依法被监管的财产抵押的,适用前款规定。"这就是说,对于在抵押权设定时,财产虽然被查封或扣押,但是只要在行使抵押权时,该查封或扣押已经解除的,并不影响抵押权的效力。

6.法律、行政法规规定不得抵押的其他财产

法律、行政法规也规定了一些财产不得抵押,如果以这些财产抵押,抵押合同可能被认定无效,也不能产生设定担保物权的效果。《担保制度解释》第49条第1款规定:"以违法的建筑物抵押的,抵押合同无效,但是一审法庭辩论终结前已经办理合法手续的除外。抵押合同无效的法律后果,依照本解释第十七条的有关规定处理。"据此确立了如下规则:一是以违法的建筑物抵押的,抵押合同原则上无效。因为合同的标的物本身具有违法性,不得作为抵押财产。二是如果当事人在一审法庭辩论终结前已经办理合法手续的,则消除了其违法性,此时应当认为违法的建筑物抵押的抵押合同有效。三是抵押合同无效的,应当按照《担保制度解释》第17条的有关规定确定各方主体的民事责任。该条主要依据过错确定各方主体的责任。

(四)房地一并抵押

1.房地一并抵押的概念和效力

为了消除因房地分离而产生的各种纠纷,我国《民法典》在抵押方面采用了"地随房走""房随地走"的原则。《民法典》第397条规定:"以建筑物抵押的,该建筑物占用范围内的建设用地使用权一并抵押。以建设用地使用权抵押的,该土地上的建筑物一并抵押。抵押人未依据前款规定一并抵押的,未抵押的财产视为一并抵押。"该条包含了如下几个方面的内容:

第一,以建筑物抵押的,该建筑物占用范围内的建设用地使用权一并抵押。所谓"建筑物占用范围内的建设用地使用权",是指依据规划,建筑物所占用的土地之上的建设用地使用权。如果以整栋建筑物抵押,就是指将该建筑物实际占地上的建设用地使用权一并抵押。如果是以区分所有的建筑物抵押,则是指将该建筑物所占的相应比例的建设用地使用权一并抵押。因为一宗土地之上可能建造多栋建筑物,或者建筑物占用的土地面积有限,在确定建筑物抵押时哪些建设用地使用权应当抵押,必须以该建筑物所占用土地的建设用地使用权为限,其他的建设用地使用权并不一并抵押。

第二,以建设用地使用权抵押的,该土地上的建筑物一并抵押。此处所说的"土地上的建筑物",是指以该建设用地使用权为基础建造的建筑物。建设用地使用权抵押时,只要土地之上已经建造了建筑物,该建筑物也要抵押。《担保制度解释》第51条第1款规定:"当事人仅以建设用地使用权抵押,债权人主张抵押权的效力及于土地上已有的建筑物以及正在建造的建筑物已完成部分的,人民法院应予支持。债权人主张抵押权的效力及于正在建造的建筑物的续建部分以及新增建筑物的,人民法院不予支持。"该规定实际上是"房地一体"规则的具体体现。依据该规定,如果当事人约定仅以建设用地使用权设定抵押权,但该建设用地之上已经存在建筑物,则按照"房随地走"的规则,该建筑物也应当纳入抵押权的客体范围;同时,如果抵押权设立时,相关的建筑物正在建设,则对于抵押权设立时已经建设的部分,也应当按照"房随地走"的规则,将其纳入抵押权的客体范围,但对于抵押权设立之后新增的建筑物或者建筑物后续建设的部分,则不应当纳入抵押权的客体范围。当然,对于续建和新增的

部分应当在拍卖、变卖的时候一并处分，但是债权人只能就已有的和正在建造的部分优先受偿。

第三，抵押人未依照前款规定一并抵押的，未抵押的财产视为一并抵押。这就是说，即使当事人没有按照法律规定一并抵押，法律也推定当事人将房地一并设立抵押。此种推定属于不可推翻的推定，当事人不能以协议加以排除，也不能事后否定此种一并抵押的效力。也就是说，无论当事人是否同意，只要以该建筑物占用范围内的建设用地使用权抵押，该建筑物也一并抵押；反之亦然。

2.房地分别抵押的效力

第一，抵押人将房、地分别抵押的，并不因此导致各个抵押权无效。例如，抵押人首先将建设用地使用权设立抵押，并办理抵押登记，如果地上已经有建筑物或者正在建造的建筑物，而抵押人又将该建筑物抵押给其他人，此时即构成房地分别抵押。

第二，在房地分别抵押的情形下，应当按照抵押登记的时间先后确定清偿顺序。《担保制度解释》第51条第3款规定："抵押人将建设用地使用权、土地上的建筑物或者正在建造的建筑物分别抵押给不同债权人的，人民法院应当根据抵押登记的时间先后确定清偿顺序。"依据该款规定，在房地分别抵押的情形下，各个抵押权并不因此无效，而是依据抵押登记的先后顺序确定其清偿顺序，这实际上符合《民法典》第414条的规定。同时，按照房地一体主义，顺序在先的抵押权人有权就房地的变价优先受偿，顺序在后的抵押权人也有权按照登记顺序就房地的变价受偿。

（五）以划拨的建设用地使用权设定抵押

所谓划拨的建设用地使用权，是指土地使用者通过除出让土地使用权以外的其他各种方式依法取得的国有土地使用权。我国《民法典》第347条第3款明确规定，"严格限制以划拨方式设立建设用地使用权"，但在权利人通过划拨方式取得了建设用地使用权之后，再设立抵押的，应当经过有关部门批准。《担保制度解释》第50条第1款规定，抵押人以划拨建设用地上的建筑物抵押，当事人以该建设用地使用权不能抵押或者未办理批准手续为由主张抵押合同无效或者不生效的，人民法院不予支持。依据该规则，当事人约定以划拨的建设用地使用权设定抵押的，则应当取得有关部门的批准。如果未经批准，则抵押权本身并未有效设立，但当事人所订立的抵押合同并不因此无效或者不生效。如果因为抵押人未能办理批准手续导致无法设立抵押权的，则对方当事人有权请求其承担违约责任。

在以划拨方式取得的建设用地使用权抵押的情形下，依据《担保制度解释》第50条第1款规定，抵押权依法实现时，拍卖、变卖建筑物所得的价款，应当优先用于补缴建设用地使用权出让金。据此，如果抵押权能够依法实现，此时要补缴建设用地使用权出让金。因为划拨是无偿取得的，当事人在将该建设用地使用权进行抵押，对其进行交易时，应当补缴相应的建设用地使用权出让金。

在经过有关部门批准后，当事人可以在以划拨方式取得的建设用地使用权之上设立抵押权，也可以依法办理抵押登记。《担保制度解释》第50条第2款规定，已经依法办理抵押登记，抵押权人主张行使抵押权的，人民法院应予支持。抵押权依法实现时所得的价款，参照前款有关规定处理。依据该款规定，对于以划拨方式取得的建设用地使用权抵押而言，如果当事人已经依法办理了抵押登记，则抵押权人有权依法主张行使抵押权。

五、抵押权的效力

（一）抵押人的权利和义务

1.对抵押物的占有和使用权。抵押设定以后，除法律规定或合同另有约定以外，抵押人有权继续占有抵押物，并有权取得抵押物的孳息。但是，抵押人在行使占有权时应当妥善保管抵押物，并自行承担保管的费用。如果因为抵押人保管不善，造成抵押物毁损、灭失的，抵押权人可以要求其增加担保。如果有毁损、灭失之虞的，抵押权人可以要求提前拍卖、变卖抵押物。

2.对抵押物的转让权。在抵押权设定以后，抵押人仍然享有对抵押物的所有权，也仍然享有对抵押物的最终处分权。《民法典》第406条第1款规定，在抵押期间，抵押人可以转让抵押财产，这就修改了《物权法》第191条的规定。《民法典》之所以允许抵押人在设定抵押之后可以转让抵押财产，原因主要在于：一方面，有利于充分发挥抵押财产的交换价值，促进物尽其用、货畅其流。另一方面，这符合所有权的一般原理。抵押权设立，不意味着抵押人丧失物的所有权，抵押权只是在抵押物上形成一种权利负担，所有权还是保留在抵押人手中，其作为所有权人自然有权通过转让来处分自己的财产。此外，允许抵押人处分抵押财产，也并不当然损害抵押权人的利益。如果已经办理抵押登记，无论抵押物辗转至何人手中，根据抵押权的追及效力，只要抵押权人登记在先，那么就可以对在后的抵押物的权利人行使抵押权。

《担保制度解释》第43条第1款规定："当事人约定禁止或者限制转让抵押财产但是未将约定登记，抵押人违反约定转让抵押财产，抵押权人请求确认转让合同无效的，人民法院不予支持；抵押财产已经交付或者登记，抵押权人请求确认转让不发生物权效力的，人民法院不予支持，但是抵押权人有证据证明受让人知道的除外；抵押权人请求抵押人承担违约责任的，人民法院依法予以支持。"该款确立了如下规则：

第一，当事人可以将禁止或者限制转让抵押财产的约定办理登记。一旦办理登记，就能取得对抗第三人的效力，任何买受人在购买已经抵押的财产时，应当查询登记。如果第三人在查询到该禁止转让的信息之后，仍然选择购买抵押财产，此时买受人与抵押人的抵押财产转让就不能直接发生物权变动。在受让人知道的情形下，即便抵押财产已经交付或者办理登记，抵押权人仍然可以主张该转让不发生物权效力。当然，转让人和受让人之间的抵押合同仍然有效，只是物权不能发生有效变动。

第二，即便当事人将禁止或者限制转让抵押财产的约定办理登记，如果抵押人违反约定转让抵押财产，则转让抵押财产的合同仍然是有效的。这是因为转让人是否享有处分权并不是合同有效的构成要件。即便是在无权处分的前提下，买卖合同的效力都不受影响。因此，即便禁止或限制转让的特别约定进行了公示，构成了对抵押财产转让的限制，但是不会因此影响抵押合同的效力。

第三，当事人一旦将禁止或者限制转让抵押财产的约定办理登记，则可以对抗任何第三人，但即便当事人没有办理登记，则仍然可以对抗恶意第三人。在当事人没有将禁止或者限制转让抵押财产的约定办理登记的情形下，如果抵押权人有证据证明受让人知道该约定的，则其仍然有权请求确认转让不发生物权效力。

第四，无论抵押财产是否转让，抵押合同均为有效，因抵押人违反禁止或限制转让的约定，抵押权人请求抵押人承担违约责任的，人民法院依法予以支持。

3.设定重复抵押的权利。所谓重复抵押，是指在同一抵押财产上为两个或者两个以上的债权分别设定抵押权。抵押人设定某一抵押之后，仍然享有重复抵押的权利，这可以看作其处分权的一项内容。

4.对抵押财产的出租权。抵押权设定以后，抵押物仍然归抵押人所有，因此抵押人有权将抵押物出租给他人使用。无论是在抵押前还是在抵押后，抵押人都可以将其抵押财产出租。但是，这两种情况下所产生的法律后果并不相同。

（1）先出租后抵押。《民法典》第405条规定："抵押权设立前，抵押财产已经出租并转移占有的，原租赁关系不受该抵押权的影响。"根据这一规定，抵押权设立前抵押财产已经出租并已移转占有的，租赁关系不受抵押权影响。具体而言，《民法典》第405条包括了如下内容：

第一，抵押权设立前，租赁关系已经成立。所谓"租赁关系已经成立"，是指在当事人办理抵押登记之前，而非抵押合同生效后，租赁合同已经生效。

第二，要求承租人必须占有租赁物。这主要是为防止当事人通过虚构租赁合同或者倒签合同的方式，侵害抵押权人的利益，因此，承租人必须占有租赁物。

在符合上述两个要件的情形下，抵押权的设立不影响在先设立的租赁关系的效力。抵押人将已出租的财产设定抵押有可能会对抵押权的实现造成妨碍，因而，抵押人将已出租的财产设定抵押的，依诚实信用原则，其应对抵押权人负告知的义务。如果未告知抵押权人，致使抵押权人遭受损害，则抵押人应负损害赔偿责任。

（2）先抵押后出租。如果抵押权设立后抵押财产出租的，因为抵押权设定在先，而租赁权设定在后，承租人知道或者应当知道抵押权的存在而仍然愿意承租，表明其已经愿意承受相应的风险。在此情况下，抵押权具有优先于租赁权的效力。如果租赁期限超过了抵押权行使之时，则租赁合同不具有对抗抵押权的效力。在抵押权能够对抗租赁关系的情形下，抵押权人在实现抵押权时，承租人不得对抵押物新的权利人主张继续履行租赁合同。此处所说的对抗效力，主要是指在抵押权实现时的对抗效力，如此规定是为了与物权优先效力规则保持一致。当然，在此情形下，承租人有权依法请求出租人承担违约责任。

5.孳息收取权。在抵押期间，由于抵押物的所有权仍然归属于抵押人，且抵押物由抵押人占有，因而，抵押物的孳息收取权应当归抵押人享有。但在债务履行期届满、债务人不履行债务而使抵押物被人民法院依法扣押的，根据《民法典》第412条的规定，自扣押之日起，抵押权人有权收取由抵押物所分离的天然孳息以及抵押人就抵押物可以收取的法定孳息。

抵押人的主要义务是妥善保管好抵押物。在抵押期间，由于抵押人继续占有抵押物，因而抵押人应当负有保管抵押物的义务，并应采取各种必要的措施以防止抵押物的毁损、灭失和价值减少。因抵押人的行为造成抵押物价值减少的，抵押人有义务恢复抵押物的价值，或者提供与减少的价值相当的担保。在抵押期间，抵押人转让抵押财产的，应当及时通知抵押权人。经同意转让抵押物的价款应符合抵押物的实际价值，且因转让所获得的价款应用来提前清偿所担保的债权或者向第三人提存。

（二）抵押权人的权利和义务

1.支配抵押物并排除他人侵害的权利

在抵押期间，尽管抵押权人并未实际占有抵押物，但抵押权人对抵押物仍享有支配权。如果抵押物受到第三人的侵害，抵押权人有权要求侵害人停止侵害、恢复原状、赔偿损失。当抵押物被第三人侵夺时，抵押权人依法可对抵押物行使物权请求权，以保障其权利实现。

2.抵押财产转让有害债权实现时请求提前清偿或者提存的权利

根据《民法典》第406条的规定，抵押期间，抵押人可以转让抵押财产。但是，如果该抵押财产的转让可能损害抵押权时，抵押权人在能够证明此情形的情况下，可以请求将该转让价款用于提前清偿债务或者进行提存。一是请求抵押人提前清偿债务，通过提前清偿，有利于保障债权人债权的实现。二是要求提存，即在抵押人转让抵押财产的情形下，抵押权人有权请求抵押人将所得的价款提存，以保障其债权的实现。

3.抵押财产价值的保全与恢复权

《民法典》第408条实际上确认了抵押权人的三种权利，即请求停止实施减少抵押物价值行为的权利、对抵押物的价值保全权和请求提前清偿债务的权利。

（1）请求停止实施减少抵押物价值行为的权利。所谓请求停止实施减少抵押物价值行为的权利，是指在因抵押人的行为足以使抵押财产价值减少的情形下，抵押权人有权依法请求其停止该行为。根据《民法典》第408条的规定，必须是“抵押人的行为足以使抵押财产价值减少”，抵押权人才有权请求抵押人停止其行为。所谓“足以”，是指抵押权人能够举证证明抵押人的行为会明显造成抵押物的价值减少。对于“足以”的举证责任，应当由抵押权人承担。

（2）对抵押物的价值保全权。《民法典》第408条规定，抵押财产价值减少的，抵押权人有权请求恢复抵押财产的价值，或者提供与减少的价值相应的担保。一般来说，如果抵押人可以恢复抵押财产的价值，应当允许其首先恢复该财产的价值，只有在其不能恢复的情况下，才能要求其另行提供担保。此种担保在法律上称为“增担保”，抵押人提供的担保，既可以是人的担保，也可以是物的担保，只要与抵押财产减少的价值相当即可。

（3）请求提前清偿债务的权利。《民法典》第408条规定，抵押人不恢复抵押财产的价值，也不提供担保的，抵押权人有权请求债务人提前清偿债务。如果抵押财产的价值明显减少，抵押人不恢复抵押财产的价值，也不提供担保的，法律必须采取措施保障抵押权人的利益。不过，此种规定尽管在一定程度上剥夺了债务人的期限利益，但因为抵押人不采取措施恢复抵押财产的价值或者增加担保，会使抵押权人的利益受到严重威胁，法律为保障抵押权人的利益，允许其要求债务人提前清偿，这对债务人并非不公平。

4.权利处分权

抵押权设定之后，抵押权人可以放弃抵押权和抵押权的顺位，也可以与抵押人协商变更抵押权的内容。抵押权虽然具有从属性，但也具有相对的独立性，且抵押权在性质上仍然属于一种财产权，所以，按照私法自治原则，抵押权人可以对抵押权进行处分。抵押权的处分包括抵押权的放弃和抵押权顺位的变更等。只要不损害其他抵押权人的利益，抵押权人都可以依法处分其权利。如果抵押权人转让其主债权，也可以将抵押权一并转让。

5.追及权

所谓追及权，是指在抵押权成立后，抵押人转让抵押财产，无论辗转至何人之手，抵押权人均可追及至物之所在，而主张对该物的变价优先受偿。《民法典》第406条规定，抵押财产转让的，抵押权不受影响。该条实际上是确认了抵押权人的追及权。但依据法律规定不能追及的，则不发生追及的效果。例如，依据《民法典》第404条规定，以动产抵押的不得对抗正常经营活动中已经支付合理价款并取得抵押财产的买受人。因而，此时抵押权不能追及至买受人处。

在此需要讨论涤除权规则。所谓涤除权，就是受让人通过代为清偿的方式来消灭抵押权的权利，进而可以获得一个清洁的无权利负担的财产。我国《物权法》第191条规定了受让人的涤除权，但《民法典》第406条删除了涤除权的规定，但《担保制度解释》第43条第2款规定，抵押财产已经交付或者登记，抵押权人主张转让不发生物权效力的，人民法院应予支持，但是因受让人代替债务人清偿债务导致抵押权消灭的除外。该款实际上重新确认了涤除权规则。因此，在第三人主张代债务人履行债务以消除抵押权时，抵押权人不得拒绝。

6.变价优先受偿权

所谓变价优先受偿权，主要是指在债务人不履行债务或出现当事人约定实现抵押权的情形时，抵押权人可以与抵押人协议以该抵押财产折价，或者以拍卖、变卖该抵押财产所得的价款优先受偿。

抵押权人的主要义务是在实现抵押权时严格依据法定和约定的方式及程序，不得损害抵押人和其他人的利益，不得非法干预抵押人所享有的各种权利。抵押权人应当遵循诚信原则，在设定抵押的时候，不得要求抵押人设定过度抵押，例如，以价值1000万元的房产担保100万元的债权；如果抵押物的价值超出所担保的主债权，不得禁止抵押人就抵押物的剩余价值设定新的抵押。否则，将违反诚信原则，也不利于充分发挥抵押物的担保效用。

（三）抵押权的顺位

抵押权顺位，又称为抵押权的次序或者顺序，是指为了担保两个或者两个以上的债权，在同一财产上设定了多个抵押之后，各个抵押权所具有的优先受偿的先后次序。例如，甲有一栋楼房，价值1000万元。甲从乙银行借款500万元，以该楼房设立了抵押；后来，甲又从丙银行借款600万元，并以该楼房设立了抵押。此时，就涉及两个抵押权人优先受偿的顺位问题。

1.《民法典》第 414 条第 1 款规定了重复抵押情形下的顺位规则

（1）已登记的抵押权优先于未登记的抵押权。《民法典》第 414 条第 1 款第 2 项规定：“抵押权已经登记的优先于未登记的受偿。”以登记为中心就是强调已经办理登记的抵押权优先于未办理登记的抵押权。例如，一物之上设立了多个抵押，第一个抵押权设立在先，但是其未办理登记，而第二个抵押权设立在后，但其已经办理了登记，则第二个抵押权要优先于第一个抵押权。

（2）均已登记的，按照登记时间确定顺位。《民法典》第414条第1款第1项规定："抵押权已经登记的，按照登记的时间先后确定清偿顺序。"这就是说，都已经办理抵押登记的，按照登记时间的先后确定清偿顺序，也即采取时间在先、权利在先的规则来确定清偿顺序。所以，在设立抵押以后，不仅要办理抵押登记，而且要尽快办理抵押登记，这样就可以有效解决权利竞存问题。如果其他抵押权人登记在先的，即便担保合同订立在后，其也能优先受偿。

（3）均未登记的，按照债权比例清偿。《民法典》第414条第1款第3项规定："抵押权未登记的，按照债权比例清偿。"如果同一财产上的抵押权都没有办理登记，各个抵押权人按债权比例平等受偿，但是需要强调的是，即便是没有办理登记的抵押权通常也要优于普通债权得以实现，这是物权优先于债权实现的基本法理。动产抵押的登记对抗模式就是赋予当事人自由选择是否办理登记的自由，如果当事人自己选择不去办理登记，那就意味着要自愿承担作出此种选择的风险和后果。

2.《民法典》第414条第2款规定了其他可以登记的担保物权的顺位规则

《民法典》第414条第2款规定："其他可以登记的担保物权，清偿顺序参照适用前款规定。"该规定充分彰显了我国担保物权制度的现代化。该款解决了如下问题：

一是解决了权利重复抵押的顺位规则问题。依据《民法典》第395条的规定，凡是法律、行政法规未禁止抵押的权利，原则上均可以设定抵押，同时，该条也明确列举了建设用地使用权、海域使用权可以成为抵押权的客体。按照体系解释规则，在权利重复抵押的情形下，也可以按照《民法典》第414条的规定明确其权利顺位。

二是解决了抵押权与可以登记的权利质权冲突规则问题。从我国《民法典》相关规定来看，有些权利质权的设立需要登记，这也使同一财产之上可能同时存在抵押权与质权。例如，房屋抵押之后，就房屋签订了租赁合同，而将房屋租金作为应收账款质押给其他人，房屋抵押权和应收账款质权均办理了登记，则在担保权实现时，究竟哪个担保权优先实现，也应当按照《民法典》第414条确立的顺位规则明确其权利顺位。另外，随着各种新型财产（如数据等）的发展，不排除在这些财产之上既设立抵押又办理权利质押的可能性。

三是解决了权利质权顺位规则的参照适用问题。如前所述，抵押权可能与可以登记的权利质权发生竞存，在权利质权之间也可能发生竞存。《民法典》并没有就同一权利重复设定质权的权利顺位规则作出规定，此时可以根据《民法典》第414条第2款的规定，参照适用同一财产重复抵押的顺位规则，这既可以填补规则的漏洞，也可以避免立法的烦琐与重复。

四是沟通了典型担保与非典型担保之间的顺位关系。就物上担保而言，典型担保主要指的是《民法典》物权编所规定的抵押权、质权和留置权，非典型担保包括合同编规定的所有权保留、融资租赁和保理，以及《担保制度解释》中规定的让与担保等。例如，动产抵押和动产所有权保留之间，发生冲突可适用《民法典》第414条规定的权利顺位。

3.抵押权顺位的变更和抛弃

（1）抵押权顺位的变更。所谓抵押权顺位的变更，是指当事人通过协商变更各抵押权的优先顺序，或者数个抵押权之间的先后顺位进行互换。在顺位变更后，各抵押权人只能按变更后的顺位行使优先受偿权。《民法典》第409条承认了当事人可以通过协议变更抵押权的顺位，但抵押权顺位的变更必须满足以下几个条件：

第一，必须通过协议进行变更。抵押权顺位的变更有多种方式，可以是法定的变更，也可以是约定的变更。通常认为，在先的抵押权消灭而导致在后的抵押权的顺位上升，就属于法定的变更。《民法典》第409条承认了协议变更抵押权顺位的方式。从实践来看，抵押权顺位的变更主要采取协议变更的方式，且此种变更又容易产生争议，因此《民法典》有必要对此专门作出规定。

第二，抵押权顺位的变更，未经其他抵押权人书面同意，不得对其他抵押权人产生不利影响。抵押权顺位的变更形式有多种，在不损害其他抵押权人利益的情况下，当事人可以将在先顺位变更为在后顺位，也可以将在后顺位变更为在先顺位。

第三，抵押权顺位的变更，必须经过登记，否则不产生对抗第三人的效力。抵押权顺位的变更也属于抵押权的变更，因而应当办理变更登记。

（2）抵押权顺位的抛弃。所谓抵押权顺位的抛弃，是指在先顺位的抵押权人放弃了其在先的抵押权顺位。抵押权本身是一种财产权，抵押权顺位本身体现了一定的财产利益，按照私法自治原则，既然抵押权人可以放弃抵押权，自然也可以在不损害其他抵押权人利益的情况下放弃其顺位利益。《民法典》第409条第1款规定，抵押权人可以放弃抵押权或者抵押权的顺位。尽管《民法典》将抛弃抵押权和抛弃抵押权顺位规定在一起，但抵押权顺位的抛弃和抵押权的抛弃是不同的，抵押权的抛弃意味着原抵押权人不再享有抵押权，而变为普通债权人；而抵押权顺位的抛弃，则只是意味着其抵押权的受偿顺序的变更，抵押权仍然存在，抵押权人并没有转变为普通债权人。

（3）抵押权顺位变更、抛弃的法律效果。《民法典》第409条第2款规定："债务人以自己的财产设定抵押，抵押权人放弃该抵押权、抵押权顺位或者变更抵押权的，其他担保人在抵押权人丧失优先受偿权益的范围内免除担保责任，但是其他担保人承诺仍然提供担保的除外。"该款确立了抵押权顺位变更、抛弃的法律效果。如果抵押权人抛弃了债务人自己提供的抵押的，抵押权人在其抛弃的抵押权范围内丧失优先受偿权。当然，如果其他担保人承诺仍然提供担保，则应继续承担担保责任。由此可见，本款实际上是任意性规定，当事人可以通过意思表示排除其适用。

六、动产抵押

（一）动产抵押概述

所谓动产抵押，是指以动产作为标的的抵押。现代社会，动产抵押已经成为一种重要的担保方式，为不少国家物权法所承认。我国《民法典》借鉴了发达国家的立法经验，规定了动产抵押制度。在《民法典》中，动产抵押具体体现为普通动产抵押和动产浮动抵押两项制度，此处所说的动产抵押，实际上是指普通的动产抵押。就普通动产抵押而言，《民法典》规定了如下几种财产可以设立动产抵押：一是《民法典》第395条第1款第4项规定，生产设备、原材料、半成品、产品可以抵押；二是《民法典》第395条第1款第5项规定，正在建造的船舶、航空器可以抵押；三是《民法典》第395条第1款第6项规定，交通运输工具可以抵押；四是《民法典》第395条第1款第7项规定，法律、行政法规未禁止抵押的其他财产可以抵押。动产抵押的特点在于：

第一，抵押的客体是动产。一方面，动产抵押原则上只能适用于有体动产，而不包括无形财产。虽然《民法典》第446条规定权利质押也可以适用动产质押的规定，但这只是一个准用性规定，即在法律对权利质押没有作出特别规定的时候，准用法律关于动产质押的规定，而不是说动产包括了权利，因此动产抵押也不应包括权利质押，而只限于有体动产。另一方面，普通动产抵押不是以集合的动产来抵押，而是以单个的动产来抵押，或者以多个独立的动产来抵押。

第二，不移转动产的占有。动产抵押不以移转动产的占有为要件。从法律上看，动产抵押的最大特点在于抵押人可以在继续保留对其动产占有的情形下，将该动产用于担保。在动产抵押中，一方面，抵押人以该动产的交换价值作担保，因此可以取得信用、获得融资；另一方面，抵押人仍可以继续占有、使用该动产，从而能够充分发挥这些动产的价值。因此，在现代市场经济社会中，动产抵押的作用日益凸显。

第三，适用登记对抗主义。《民法典》第403条规定："以动产抵押的，抵押权自抵押合同生效时设立；未经登记，不得对抗善意第三人。”因此，对动产抵押而言，是否办理登记，法律上并没有强制性的要求。这主要是因为动产抵押因其自身的特点，很难像不动产那样通过登记来描述特征。因而，法律上不宜强行要求办理登记。即使没有办理登记，抵押权人也可以取得物权，只不过因没有办理登记，不能对抗善意第三人。

第四，基于生效的抵押合同而设立。不动产抵押权的设立，只要通过法律行为的方式，都采登记要件主义，不动产抵押权自登记时设立。而根据《民法典》第403条的规定，动产抵押权“自抵押合同生效时设立”。由此可见，动产抵押是基于抵押合同而设立的，而非基于登记而设立。

（二）动产抵押登记的效力

1.动产抵押未经登记不得对抗善意第三人

《民法典》第 403 条规定：“以动产抵押的，抵押权自抵押合同生效时设立；未经登记，不得对抗善意第三人。”该条对动产抵押登记的效力作出了规定。如何理解动产抵押权的登记对抗主义呢？本书认为，可以从如下三个方面理解：

第一，登记对抗主义是与登记要件主义相对应的。登记对抗模式意味着动产抵押权是否办理登记，完全由当事人自由选择，法律上并没有设置一个强制性的规范要求必须办理登记。而从效力上讲，登记对抗主义强调的是如果没有办理登记，就不得对抗善意的第三人。反过来解释就是，如果该动产抵押权办理了登记公示，其对世性更强，即可以对抗善意第三人。

第二，动产抵押采债权意思主义的物权变动模式。即动产抵押权的设立并不需要践行法定的公示方式，登记并非动产抵押权设立的条件，动产抵押权自抵押合同生效时设立。这就是说，只要当事人订立的抵押合同生效，即使没有办理登记，抵押权也可以有效设立。这也意味着，动产抵押合同的生效，不仅发生债的效力，而且发生设立抵押权的效力。

第三，如果没有办理登记，不得对抗善意第三人。所谓善意，是指不知情，即根本不知道某项财产已设定抵押。如果某人明知某项财产已设定抵押而仍与抵押人订立买卖合同，甚至办理了登记手续，则属于恶意。具体而言，如果没有办理登记，抵押权的对抗效力主要表现在以下两个方面：一是能够对抗合同相对人。在动产抵押权有效设立后，只要当事人之间不涉及其他权利争议，可以当然对抗相对人。二是可以对抗当事人之外的恶意第三人。例如，如果动产抵押权没有经过登记，抵押人将抵押财产出租给第三人，在权利实现发生冲突时，就要看第三人是善意还是恶意。如果第三人明知租赁物上存在抵押权，那么抵押权人可以优先于该第三人实现自己的担保物权。但如果第三人是善意的，则不能对抗。

2.未办理登记的动产抵押的效力

在动产抵押中，抵押合同是抵押权产生的基础，由于动产抵押权的设立并不要求必须登记，所以，动产抵押合同生效后，该抵押权即设立。《担保制度解释》第54条规定：动产抵押合同订立后未办理抵押登记，动产抵押权的效力按照下列情形分别处理：

第一，未办理抵押登记，动产抵押权已设立，但抵押人转让抵押财产，受让人占有抵押财产后，除非抵押权人能够举证证明受让人知道或者应当知道抵押财产之上存在抵押权，否则抵押权人不得向受让人请求行使抵押权。当然，如果当事人已经办理了抵押登记的，则可以产生对抗善意第三人的效力。也就是说，在办理抵押登记后，在买受人因未查询登记而不知道抵押权存在时，即便抵押人已经将抵押财产交付买受人，抵押权人也可以追及行使其抵押权。

第二，抵押人将抵押财产出租给他人并移转占有，抵押权人行使抵押权的，租赁关系不受影响，但是抵押权人能够举证证明承租人知道或者应当知道已经订立抵押合同的除外。这就是说，在确定未登记的动产抵押权能否对抗租赁权时，首先应当确定是先租后抵还是先抵后租。如果是先租后抵，且承租人已经占有租赁物，则依据《民法典》第405条的规定，租赁关系不受抵押权的影响。如果是先抵后租，则又要区分两种情形，即承租人是善意还是恶意的。依据上述司法解释的规定，如果承租人是恶意的，则抵押权的权利可以对抗承租人的权利；而如果承租人是善意的，则租赁关系不受影响。

第三，未登记的动产抵押权不得对抗查封、扣押债权人。依据上述司法解释规定，抵押人的其他债权人向人民法院申请保全或者执行抵押财产，人民法院已经作出财产保全裁定或者采取执行措施，抵押权人不得主张对抵押财产优先受偿。因为在人民法院已经作出财产保全裁定或者执行抵押财产的情况下，实际上其他债权人也是善意的，因此抵押权人不得主张优先受偿。

第四，抵押人破产，抵押权人主张对抵押财产优先受偿的，人民法院不予支持。动产抵押虽然不要求办理登记，采取了登记对抗主义，但是如果不办理登记，需要承担不办理登记的相应风险，即不得对抗善意第三人，不享有在破产财产中的别除权。在抵押人破产的情形下，抵押权人不得主张对抵押财产优先受偿。破产程序是法律的特别规定，即未经登记的动产抵押权不得对抗其他破产债权人。

3.动产抵押不得对抗正常经营买受人

（1）正常经营买受人的概念及其规则的适用范围

所谓正常经营买受人，是与出卖人在正常经营活动中进行交易，买入相关商品的主体。《民法典》第404条规定："以动产抵押的，不得对抗正常经营活动中已经支付合理价款并取得抵押财产的买受人。"依据该规定，正常经营买受人可以对抗动产抵押中的抵押权人。也就是说，即便该动产抵押权已经办理了登记，正常经营买受人的权利也不受该抵押权的限制。《民法典》第404条规定正常经营买受人规则的原因在于：一方面，正常经营买受人规则有利于降低交易相对人的查询成本，维护了交易安全和便捷。《民法典》不仅规定现有的生产设备、原材料、半成品、产品等存货可以抵押，还规定将有的存货也可以设定浮动抵押，这意味着几乎所有的动产都可能成为抵押财产。如果不规定正常经营买受人规则，则所有的买受人都要负有查询登记的义务，从而既增加了交易成本，也不利于保护交易相对人的合理信赖。另一方面，该规则有利于保护正常经营中的消费者，该规则的实质就是豁免消费者的登记查询义务。如果消费者购买的货物已经设定了抵押，但尚未办理登记，消费者可能并不知情，此时可以适用《民法典》第403条的规定对抗抵押权人。但是，如果该抵押已经办理了登记，此时如何对消费者予以保护？由于消费者在从事正常的消费活动中，不可能逐一查询商品上是否存有抵押权，否则将极大地降低交易效率、提升交易成本。

我国《物权法》第189条第2款曾将正常经营买受人规则限定为仅适用于浮动抵押的情形，但是《民法典》第404条将其适用范围扩张为所有的动产抵押，此时可以突破《民法典》第406条规定的抵押权的追及效力规则。《担保制度解释》第56条将正常经营买受人规则的适用范围进一步扩张至所有可以登记的动产担保，包括融资租赁、所有权保留等。

（2）正常经营买受人的构成要件

正常经营买受人应当具备如下条件：

第一，与从事正常经营活动的出卖人从事交易。"正常经营活动"是指担保人的正常经营活动，而非买受人的正常经营活动。《担保制度解释》第56条第2款明确规定："前款所称出卖人正常经营活动，是指出卖人的经营活动属于其营业执照明确记载的经营范围，且出卖人持续销售同类商品。前款所称担保物权人，是指已经办理登记的抵押权人、所有权保留买卖的出卖人、融资租赁合同的出租人。"依据这一规定，出卖人从事的交易必须是其正常经营活动，该经营活动应当属于出卖人的营业执照所记载的经营范围。同时，出卖人须以出卖该产品为业。正是因为出卖人以此为业，所以出卖人必须持续性地销售同类商品，这也决定了正常经营买受人规则主要是适用于存货的买卖，而非生产设备的买卖。此外，出卖人必须是从事买卖交易，而非从事租赁、保理等活动。因为该条规定的只是买受人，显然不包括抵押权人、留置权人等非买卖活动中的当事人。如果是从事租赁、融资租赁交易，则无法适用正常经营买受人规则。

第二，必须是支付了合理的价款。如果买受人仅仅与抵押人订立了买卖合同，但是尚未支付价款或者支付了极少的价款，在此情形下，就没有保护这些买受人的必要。法律设立此种要件的主要目的在于，防止抵押人与他人合谋欺诈抵押权人。

第三，买受人已经取得抵押财产的所有权。此处所说的“取得”，主要是指取得标的物的所有权。如果买受人没有取得抵押财产的所有权，性质上仍然属于债权人，因此不可能获得对抗抵押权人的地位。而只有在买受人取得所有权后，才有可能讨论其是否可以获得对抗抵押权人地位的问题。

（3）正常经营买受人的排除

根据《担保制度解释》第56条第1款的规定，以下五种情形不属于正常经营活动，因而不适用正常经营买受人规则。

第一，购买商品的数量明显超过一般买受人。正常经营活动本身就排除了异常交易。通常情形下，如果买受人购买的商品数量明显超过一般买受人，则可以认为其已经具有异常性。正常经营买受人规则的制定目的是保护消费者，豁免其查询登记的义务，如果买受人购买的数量明显超过一般买受人的真实需求，则已经超出了消费者的范畴，显然不应当受到正常经营买受人规则的保护。

第二，购买出卖人的生产设备。正常经营买受人规则主要适用于存货买卖，生产设备通常情况下不属于存货的范畴。由于正常经营买受人规则调整的是出卖人的正常经营活动，而生产设备是出卖人从事生产经营活动的必要条件，其不能将出卖生产设备作为日常经营活动，因此，应当将出卖人出卖其生产设备的活动排除在正常经营活动之外。当然，如果出卖人本身就是生产设备的制造商，则出卖生产设备就是其正常经营活动，此时的生产设备就属于存货，不适用上述规定。

第三，订立买卖合同的目的在于担保出卖人或者第三人履行债务。如果当事人订立此种合同的目的在于担保出卖人或者第三人履行债务，而并非转让所有权；同时，买受人也不是为了购买商品来进行消费，此时也应当认为超出了正常经营买受人的范畴。按照《民法典》的规定，在正常经营买受人规则中，买受人与出卖人交易是为了取得标的物的所有权，而在买卖型担保中，买受人实际上是以取得担保为目的，因此此类买受人并不是正常经营买受人规则中的买受人。

第四，买受人与出卖人存在直接或者间接的控制关系，这实际上涉及关联交易的问题。例如，母公司购买子公司的产品，如果此种交易也能产生对抗第三人的效力，则可能损害担保权人的利益。如果存在直接和间接的控制关系，实际上也有可能损害出卖人的利益，因此此类买受人也已经超出了正常经营买受人的范畴。

第五，买受人应当查询抵押登记而未查询的其他情形。正常经营买受人规则旨在降低正常经营买受人的查询成本，但如果存在买受人应当查询抵押登记而未查询的其他情形，也应当排除。因为正常经营活动的范围十分宽泛，实践中会出现各种从交易安全和保护消费者权益出发考量是否应当豁免查询义务的情形，法院应当根据具体情形判断是否适用正常经营买受人规则免除买受人的查询义务。这一规则实际上主要是起到兜底作用，以应对未来各种新类型交易的情形。但是，此时对于应当查询的买受人应当进行严格解释，否则将架空动产担保登记的制度目的。

（三）动产浮动抵押

1.动产浮动抵押的概念和特征

动产浮动抵押，是指经当事人书面协议，企业、个体工商户、农业生产经营者可以将现有的以及将有的生产设备、原材料、半成品、产品抵押，债务人不履行到期债务或者发生当事人约定的实现抵押权的情形，债权人有权就实现抵押权时的动产优先受偿。我国《民法典》第396条规定了动产浮动抵押。概括而言，我国《民法典》中的动产浮动抵押具有如下几个特点。

第一，担保财产的集合性。动产浮动抵押与财团抵押一样，都是以集合财产作担保，也就是说，是以整个抵押主体的财产设定担保，既可以为抵押权人的利益进行经营，也可以将全部财产作为整体出售。在现代物权法中，为了促进物尽其用，充分发挥担保物的价值，集合财产作为担保物的现象越来越普遍，尤其是以企业整体财产作担保的现象越来越普遍。动产浮动抵押的财产不仅包括现有财产，还包括将来的财产。所有这些财产都作为一个整体的集合，共同作为抵押的标的。

第二，主体的特定性。依据《民法典》第396条的规定，动产浮动抵押的主体限于企业、个体工商户和农业生产经营者。国家机关、事业单位、社会团体等非经营性主体以及非从事生产经营的自然人不能设立此种抵押。我国《民法典》将企业、个体工商户和农业生产经营者等纳入动产浮动抵押的主体范围，有利于企业、个体工商户、农村生产经营者等主体融资，这对于壮大中小企业、发展农村经济，都具有重要意义。同时，《民法典》将动产浮动抵押的主体限于企业、个体工商户和农业生产经营者等经营性主体，有利于降低银行等金融企业债权实现的风险。

第三，担保的浮动性。所谓浮动性，是相对于固定性和特定性而言的。浮动性，是指抵押财产的不特定性和变动性。所谓不特定性，是指抵押权的标的并未确定和特定化为某一具体财产。所谓变动性，是指抵押财产的范围、价值等都处于变动的状态，随着正常的生产经营活动的继续而会发生增减变化，财产总体在每一时刻都可能具有不同的价值。也就是说，动产浮动抵押设定之后，财产总是处于不断变动之中，这是因为抵押人仍然享有对财产的处分权，在动产浮动抵押设定之后，抵押人仍然可以将抵押的财产出售、设置抵押等，在作出处分时并不需要取得抵押权人的同意。

第四，浮动抵押的财产包括现在和将来的动产。如前所述，我国《民法典》将浮动抵押的范围限定为动产，从而将不动产排除在浮动抵押的适用范围之外。就动产而言，从《民法典》第396条来看，该条列举了生产设备、原材料、半成品、产品，且没有使用“等”字样，由此可见，该条所说的动产仅限于这些有形的动产，不应扩张到无形财产。当然，依据《民法典》第396条规定的“债权人有权就抵押财产确定时的动产优先受偿”，这表明其主要指的是动产，但是在特殊情况下也会包括一些无形的财产权利。

2.动产浮动抵押的公示

《民法典》第403条规定：“以动产抵押的，抵押权自抵押合同生效时设立；未经登记，不得对抗善意第三人。”这就确立了动产浮动抵押实行登记对抗的模式，具体来说，这一模式包括如下内容：

（1）动产浮动抵押采取登记对抗主义。这就是说，法律对动产浮动抵押和一般抵押采取了相同的态度，并没有强制性地要求动产浮动抵押必须办理登记，因为法律上如果强制动产浮动抵押的当事人办理登记，会给当事人造成诸多不便，许多动产本身就难以登记，而作为集合物登记更为困难。所以，《民法典》规定是否办理登记由当事人自愿选择。即使没有办理登记，只要当事人达成了有效书面协议，动产浮动抵押权就可以设立。

（2）不得对抗正常经营活动中已经支付合理价款并取得抵押财产的买受人。依据《民法典》第404条的规定，以动产抵押的，不得对抗正常经营活动中已经支付合理价款并取得抵押财产的买受人。而且因为设立了动产浮动抵押之后，抵押人仍然可以自由处分其抵押财产，这是动产浮动抵押的重要特点，所以，无论是否办理了登记，只要设立的是动产浮动抵押，抵押人都可以自由转让其抵押财产，抵押权人无法以其权利来对抗买受人。

（3）未经登记，不得对抗善意第三人。此处所说的“善意第三人”，是指在设定了动产浮动抵押之后，办理了登记的其他抵押权人。因为在设定了动产浮动抵押之后，抵押人还可能再设立一般的抵押，例如，将某台机器设备用于抵押。对于抵押人是否可以实施此种行为，我国《民法典》并没有明确规定。但取得财产必须在动产浮动抵押财产结晶之前。一旦动产浮动抵押财产结晶，则转变为一般抵押。《民法典》之所以规定对正常买受人的保护，主要是为了保障抵押人的正常经营活动，同时也是为了维护交易安全和秩序。

3.动产浮动抵押的确定

在动产浮动抵押中，因为抵押财产是浮动的，所以，需要在特定事由发生以后，将抵押财产予以确定，这个过程就称为抵押财产的确定，又称为抵押财产的结晶。所谓结晶，就是指抵押财产因为法定或者约定事由的发生而得以确定。根据《民法典》第411条的规定，动产浮动抵押的抵押财产在如下情形发生时得以确定：

第一，债务履行期限届满，债权未实现。这就是说，债务到期以后，无论抵押权人是否向债务人提出履行请求，只要债务人没有履行债务，自债务履行期届满之日起，抵押权人就有权要求确定抵押财产。

第二，抵押人被宣告破产或者解散。如果抵押人经过法定的破产程序而被宣告破产，或者宣告解散等导致主体资格丧失的，抵押人本身作为民事主体已经不复存在。在此情况下，表明抵押权人的权利已经受到重大的威胁，因此应当进入抵押权实现程序。

第三，当事人约定的实现抵押权的情形。动产浮动抵押的实现事由完全可以由当事人自行约定。只要出现了当事人约定的事由，就可以确定抵押财产的范围。例如，抵押人从事关联交易或者低价转让其财产，或者抵押人违反约定拒绝抵押权人的监管等事由。

第四，严重影响债权实现的其他情形。这些情况可以类推适用《民法典》第527条中合同当事人行使不安抗辩权的条件，具体包括：经营状况严重恶化；转移财产、抽逃资金，以逃避债务；丧失商业信誉；有丧失或者可能丧失履行债务能力的其他情形。这些情况都可以视为严重影响债权实现的其他情形。

一旦符合结晶的法定条件，由抵押权人发出通知，则可以直接实现结晶。如果抵押人提出异议，则应当由法院作出裁决。这样既有利于简化程序，也有利于保障各方当事人的利益。动产浮动抵押在结晶之后，就转化为普通的动产抵押。根据《民法典》第396条的规定，在出现了债务人不履行到期债务或者发生当事人约定的实现抵押权的情形，应按照普通抵押权实现的规则来处理。

（四）价款超级优先权

1.价款超级优先权的概念和特征

所谓价款超级优先权，是指债权人在动产之上取得的担保因购买该动产而产生的价款给付的担保权。我国《民法典》第416条规定：“动产抵押担保的主债权是抵押物的价款，标的物交付后十日内办理抵押登记的，该抵押权人优先于抵押物买受人的其他担保物权人受偿，但是留置权人除外。”该条对价款超级优先权作出了规定。例如，甲以自己的生产设备、原材料等为丙设定了浮动抵押，后从乙处赊购了一套新设备，甲以该设备为乙设置了担保价金支付的抵押权，且于交付后10日内办理了登记。其后甲未能依约定支付价款，此时乙就对抵押物享有优先于浮动抵押的抵押权人受偿的权利。

《民法典》物权编之所以规定价款超级优先权，主要目的是解决实践中普遍存在的借款人借款购买货物情形下贷款人的利益保护问题，即在借款人借款购买货物并将该货物抵押给贷款人作为价款的担保的情形下，第416条规定赋予该抵押权优先效力，从而保障贷款人权利的实现，这也有利于融通资金。在交易实践中，承认价款超级优先权对各方当事人都是有利的：对于新的信用提供者而言，其因为超级优先权的顺位保障，可以保障其债权得到优先实现；而对于债务人而言，借助于该规则，可以使其获得新的融资，有利于其展开经营活动，扩大再生产，且有利于增强其偿债能力。价款超级优先权的特征主要包括：

第一，担保的债权是特定的。也就是说，在此类担保中，担保的债权主要是标的物的价款债权。从《担保制度解释》第57条的规定来看，所担保的债权还包括融资租赁情形下未付清的租金。因此，担保权人并不一定是标的物的出卖人，也可能是为购买该标的物而提供融资的债权人。价款超级优先权担保的主债权只能是价款的请求权或贷款偿还请求权，而不包括其他债权。

第二，担保财产具有特定性。此类担保权的标的主要是买卖合同中的标的物，此外还包括融资租赁等交易中的标的物。价款超级优先权使得成立在后的价款超级优先权人无须担心在先的抵押权，这也有利于抵押人继续融资，从而扩大生产和经营。价款超级优先权赋予出卖人或贷款人以优先受偿的权利，这对于交易安全的保护也具有重要作用。

第三，价款超级优先权在性质上是一种法定的优先权。也就是说，价款超级优先权的效力是由法律规定的，而不是由当事人约定的。如果不设置价款超级优先权的规则，则在债权人在债务人的财产之上设立动产浮动抵押的情形下，债务人再通过融资租赁、所有权保留等方式融资时，出租人或者出卖人即便办理登记，其担保权的实现顺位也将劣后于动产浮动抵押的抵押权人。因此，为便利债务人融资，法律规定了价款超级优先权规则，明确规定该权利具有绝对优先的效力。当然，虽然价款超级优先权的效力具有法定性，但该权利仍然需要通过意定的方式设立。

第四，设定上具有特殊性。《民法典》第416条规定："动产抵押担保的主债权是抵押物的价款，标的物交付后十日内办理抵押登记的，该抵押权人优先于抵押物买受人的其他担保物权人受偿，但是留置权人除外。"依据该规定，该权利必须在标的物交付后10日内进行登记，在未办理登记的情形下，其就成为普通的担保权，不具有优先于所有担保权利的效力。

价款超级优先权不仅适用于动产抵押，也适用于融资租赁、所有权保留。依据《民法典》第416条的规定，价款超级优先权仅适用于抵押，但《担保制度解释》第57条将其扩张到了其他担保方式。在担保人设立动产浮动抵押并办理抵押登记后，又购入或者以融资租赁方式承租新的动产的，如果没有超级优先权，浮动抵押人的融资担保将受到较大影响，新的债权人担心自己的债权无法借助相应担保物权得以实现，将拒绝为浮动抵押人提供信用和融资，这就不利于浮动抵押人正常经营，也会阻碍浮动抵押制度的适用，价款超级优先权的引入就是为了解决这一问题。因此，价款超级优先权的适用范围是较为宽泛的。

2.价款超级优先权的适用条件

价款超级优先权的适用应当符合如下条件：

（1）主债权主要是抵押物的价款。也就是说，价款超级优先权所担保的债权主要限于债务人购买抵押物的价款，旨在担保债务人购买该抵押物全部或者部分价款的清偿。从《民法典》第416条的规定来看，除留置权外，价款超级优先权一旦设立，即具有优先于抵押物买受人的其他担保物权人受偿的效力，因此，其所担保的债权范围应当受到限制，否则可能损害其他担保权人的利益。从《民法典》第416条的规定来看，价款超级优先权所担保的主债权仅限于购买抵押物的价款。但是，《担保制度解释》第57条将主债权扩展到融资租赁中的租金债权以及所有权保留中的价金债权。

（2）价款超级优先权的标的物限于债务人所购置的标的物。具体而言，由于价款超级优先权的目的在于优先保障价金债权或融资债权的实现，为了平衡新的信用提供者与在先的担保权人之间的利益关系，应当对价款超级优先权的标的物进行严格限制，即应当限定为债务人所购置的标的物。

（3）标的物交付后10日内办理抵押登记。具体而言，包括两个方面：一是标的物必须交付。所谓标的物交付，应当作限缩解释，即必须是移转标的物所有权于买受人，并由买受人实际占有。二是价金债权的债权人在标的物交付后10日内办理抵押登记。此处所说的10日在性质上属于办理抵押登记的宽限期，也就是说，法律给予当事人10日的期限，只要在该期限内办理，就可以优先于其他担保权人。如果没能在该期限内办理，就只能按照一般的规则进行受偿。

3.价款超级优先权的法律效力

《民法典》第416条规定："动产抵押担保的主债权是抵押物的价款，标的物交付后十日内办理抵押登记的，该抵押权人优先于抵押物买受人的其他担保物权人受偿，但是留置权人除外。”由此可见，关于价款超级优先权的法律效力，该条确立了两项规则。

（1）优先于抵押物买受人的其他担保物权人受偿

在标的物购买人已经在其财产之上设定浮动抵押的情形下，其所购买的标的物原则上应当纳入浮动抵押的财产范围之内，如果不承认价款超级优先权，则即便价金的借款人在该标的物之上设定抵押权，则该抵押权也将劣后于浮动抵押权人的权利，这可能导致借款人的借款债权难以实现。因此，法律规定，价款超级优先权应当优先于其他抵押权。有关价款超级优先权的优先效力，在其与其他担保权并存的情形下才能体现出来。具体而言，其包括如下几种情形：

第一，先有动产浮动抵押，又设定价款超级优先权的，在此情形下，如果价款债权人在标的物交付后10日内办理了抵押登记，则其权利优先于浮动抵押权。但如果没有在10日内办理登记，则即便价款债权人之后办理了抵押登记，则其也不再享有价款超级优先权，而应当依据《民法典》第414条的规定按照登记先后进行受偿。

《担保制度解释》第57条第1款进一步扩张了价款超级优先权的适用范围，具体而言包括以下三类：一是在该动产上设立抵押权或者保留所有权的出卖人。即所有权保留买卖中的出卖人也可以依法享有价款超级优先权。二是为价款支付提供融资而在该动产上设立抵押权的债权人。这就是说，价款超级优先权的担保权人既包括动产出卖人，也包括为价款支付提供融资的债权人。例如，第三人为债务人提供融资，购买相关的设备，为了保障其借款债权的实现，该第三人在该设备之上设立抵押权并在法定期限内办理抵押登记的，则可以依法享有优先受偿的效力。三是以融资租赁方式出租该动产的出租人。例如，债务人以融资租赁的方式从出租人处取得相关的设备，而出租人在法定期限内办理了抵押登记，在此情形下，出租人的权利也具有优先受偿的效力。

第二，先有价款产生，但尚未办理登记时，债务人又在该财产之上为第三人设立了其他担保物权，后价款债权人在法定期间内办理登记的，则仍然享有价款超级优先权。《担保制度解释》第57条第2款规定：“买受人取得动产但未付清价款或者承租人以融资租赁方式占有租赁物但是未付清全部租金，又以标的物为他人设立担保物权，前款所列权利人为担保价款债权或者租金的实现而订立担保合同，并在该动产交付后十日内办理登记，主张其权利优先于买受人为他人设立的担保物权的，人民法院应予支持。”该款规定的是，在动产买卖中，买受人通过赊销、融资租赁等方式取得动产后，又以该动产为他人设定担保物权，后出卖人、出租人等权利人又在法定期限内办理了登记，则其仍然享有价款超级优先权。

第三，在同一标的物之上存在多个价款超级优先权的情形下，如何确定其效力顺位关系？《民法典》第416条仅规定了价款超级优先权与其他担保物权之间的效力冲突解决规则，而没有规定多个价款超级优先权竞存时的效力顺位规则。《担保制度解释》第57条第3款规定：“同一动产上存在多个价款优先权的，人民法院应当按照登记的时间先后确定清偿顺序。”据此，在同一标的物之上也可能存在多个价款超级优先权，即同一标的物之上同时存在数个购买价金担保权，可以适用《民法典》第414条的规定，即应当按照登记的时间先后顺序确定其效力顺位。

此外，在符合《民法典》第416条的规定情形下，享有价款超级优先权的抵押权人的权利优先于其他担保权人，因此，无论其他担保权人办理担保登记的时间是否在该抵押权人之前，该抵押权人均可基于价款超级优先权而享有优先受偿的顺位，此时，应排除《民法典》第414条的适用。可以说，在此种情形下，该规则即构成了《民法典》第414条第1款确立的“公示在先，权利在先”规则的例外规则。

（2）不得优先于留置权人受偿

价款超级优先权不得优先于留置权人的权

利。例如，甲向乙购买某设备，乙在该设备之上设定抵押权，并已经依法办理了抵押登记，乙依法享有价款超级优先权。在此情形下，乙所享有的价款超级优先权具有优先于在先担保物权的效力。但如果甲将该机器设备交由丙维修，后无正当理由拒绝支付维修费用的，则丙有权依法留置该设备。在此情形下，乙就该设备所享有的价款超级优先权不得优先于丙的留置权。

七、最高额抵押

（一）最高额抵押的概念

最高额抵押，是指为担保债务的履行，债务人或者第三人对一定期间内将要连续发生的债权提供担保财产的，债务人不履行到期债务或者发生当事人约定的实现抵押权的情形，抵押权人有权在最高债权额限度内就该担保财产优先受偿。最高额抵押与一般抵押的区别在于：

第一，最高额抵押是为将来发生的债权作担保。一般抵押中，必须是先有债权，然后才能设定抵押权，即抵押权的设定是以债权的存在为前提的，抵押权是为担保已存在的债权而存在的，这就是所谓抵押权在发生上的从属性。然而，最高额抵押权的设定，不以债权的实际发生为前提，而是对将来发生的债权作担保。需要指出的是，最高额抵押在决算以前，并不随被担保的债权的转让而转让。如果发生部分债权的转让，抵押权并不当然转让。

第二，最高额抵押担保的债权具有不特定性。一般抵押所担保的债权都是特定的，这不仅表现为债权类型是特定的，而且表现为债权的数额也是特定的。但最高额抵押所担保的未来债权则是不特定的，即将来的债权是否发生、债权类型是什么、债权额多少，均是不确定的。在最高额抵押的情况下，必须到决算期时，才能确定抵押权担保的实际债权数额。所以，一般抵押是通过一个具体的债权的数额加以限定的，而最高额抵押只是划定一个债权的最高限额，在该限额内都属于担保的范围。一般的抵押必须表明所担保的债权的种类，而最高额抵押所担保的债权必须是在一定的期限内连续发生的债权。尽管最高额抵押所担保的债权是不特定的，但是在决算以后，最高额抵押担保的债权就由不特定转为特定，在此情况下，最高额抵押实际上已经变成了一般抵押。

第三，最高额抵押担保的债权具有最高限额。所谓最高限额，是指抵押权人基于最高额抵押权所能够优先受偿的债权的最高限额。《担保制度解释》第15条第1款规定："最高额担保中的最高债权额，是指包括主债权及其利息、违约金、损害赔偿金、保管担保财产的费用、实现债权或者实现担保物权的费用等在内的全部债权，但是当事人另有约定的除外。"依据该规定，在最高额抵押中，除当事人另有约定外，最高的债权额包括了主债权及其利息、违约金、损害赔偿金、保管担保财产的费用、实现债权或者实现担保物权的费用等在内的全部债权。最高额抵押的最高债权额实际上也为抵押人设置了风险的控制，即抵押人仅在该最高限额内负担保责任，无论将来发生的债权数额有多少，抵押权人只能在最高债权额范围内对抵押财产享有优先受偿权，不能超出这个限额。

第四，最高额抵押是对一定期间内连续发生的债权作担保。一般抵押仅对已经存在的债权作担保，通常这些债权为一个独立的债权。而根据《民法典》第420条第1款的规定，最高额抵押是对一定期间内将要连续发生的债权提供的担保。也就是说，最高额抵押是为将来的债权作担保。它适用于连续发生的债权债务法律关系，而不适用于仅发生一个独立债权的情况。

（二）最高额抵押权所担保的债权范围

一般抵押都是对既定的债权的担保，设定一般抵押权需写明被担保的债权的范围。在设定最高额抵押权时，当事人不仅要明确规定担保债权的最高限额，而且要规定债权发生的原因等。也就是说，对未来的主债权应如何确定，双方应在合同中事先加以规定。在当事人没有约定的情形下，依据《担保制度解释》第15条第1款的规定，最高额担保中的最高债权额，是指包括主债权及其利息、违约金、损害赔偿金、保管担保财产的费用、实现债权或者实现担保物权的费用等在内的全部债权。

《民法典》第420条第2款规定："最高额抵

押权设立前已经存在的债权，经当事人同意，可以转入最高额抵押担保的债权范围。”该款允许将最高额抵押权设立前已经存在的债权纳入最高额抵押担保的侵权范围。因为在设立最高额抵押权时，其所担保的债权本就是不特定的，既然当事人同意将先前已经存在的债权纳入其中，且没有违反最高额抵押的性质，最终发生的债权总额不超过最高限额，法律也应当允许。

最高额抵押所担保的债权额应当进行登记，从而使相关交易主体和担保权人可以查明已经存在的抵押权。如果当事人未将最高额抵押所担保的债权额进行登记，则可能危及交易安全。《担保制度解释》第15条第2款规定：“登记的最高债权额与当事人约定的最高债权额不一致的，人民法院应当依据登记的最高债权额确定债权人优先受偿的范围。”依据该规定，如果当事人约定的最高债权额与登记的最高债权额不一致的，则抵押权人仅能在登记的最高债权额范围内依法享有优先受偿权。法律作出此种规定，一方面有利于督促当事人办理最高债权额登记，另一方面也是为了维护交易安全，保障其他交易主体尤其是担保权人的利益。

（三）最高额抵押担保的债权的转让

在一般抵押中，抵押权具有从属性，所以，其应随着主债权的转让而发生转让。但在最高额抵押中，由于未来发生的债权是不确定的，经常处于变化之中，如果在决算期尚未到来之前，债权人随意转让其债权，而抵押权也将随之而移转，特别是当债权人将多项债权分别转让给多人时，抵押权的效力也要及于这些已转让的债权时，将会使法律关系混乱不清，而且极易给抵押人造成重大损害。因此，《民法典》第421条规定：“最高额抵押担保的债权确定前，部分债权转让的，最高额抵押权不得转让，但是当事人另有约定的除外。”

（四）最高额抵押所担保的债权的确定

所谓最高额抵押所担保的债权的确定，是指因法定的事由或约定的债权确定期限届满，而使最高额抵押权所担保的债权特定化。依据《民法典》第423条的规定，有下列情形之一的，抵押权人的债权确定：

1.约定的债权确定期间届满。所谓约定的债权确定期间，就是指决算期。决算期是最终确定最高额抵押所担保的债权的实际数额的日期，所以在最高额抵押合同中通常必须明确规定决算期。决算期与债权的清偿期不能等同。决算期届满只是使债权额得以确定，并不意味着债权就应当清偿。当事人在抵押合同中可以既规定决算期，又规定清偿期，在决算期到来后，如果当事人约定的清偿期没有到来，则债权人仍然不能要求清偿。在决算期到来之前，清偿期已经届满，债权如果已受清偿的，则不再属于最高额抵押担保的范围；如果未受清偿的，则仍然属于最高额抵押担保的范围。如果当事人没有约定清偿期而约定有抵押权的存续期间的，应当以抵押权的存续期间届满为其清偿期的到来。如果既没有约定清偿期，也没有约定抵押权的存续期间，则应当以决算期为清偿期。

2.没有约定债权确定期间或者约定不明确，抵押权人或者抵押人自最高额抵押权设立之日起满2年后请求确定债权。如果当事人对确定债权的期限没有约定或者约定不明确，对此，我国《民法典》规定抵押权人或者抵押人自最高额抵押权设立之日起满2年后可以请求确定债权。当然，确定债权的期日，并非为满2年之日，而是抵押人或者抵押权人提出请求之日。2年期限是一个固定期限，不适用中止、中断、延长的规定。

3.新的债权不可能发生。所谓新的债权不可能发生，就是指因当事人之间不存在交易关系等原因而不可能再发生债权。例如，债务人与债权人长期从事电脑交易，后来因为债务人改变了经营范围，不可能再进行电脑交易，因此，就不可能因电脑交易而发生新的债权。

4.抵押权人知道或者应当知道抵押财产被查封、扣押。在最高额抵押权存续期间，如果抵押物被人民法院采取了强制措施，就应当对最高额抵押实行决算。

5.债务人、抵押人被宣告破产或者解散。所谓被宣告破产，是指债务人或抵押人经过法定的破产程序而最终被宣告破产。依据《民法典》第69条的规定，法人被责令关闭或被撤销只是法人解散的一种情形，其余情形还包括法人章程规定的存续期间届满或者法人章程规定的其他解散事由出现、法人的权力机构决议解散、因法人合并或者分立需要解散以及法律规定的其他情形。

6.法律规定债权确定的其他情形。这实际上属于兜底条款。例如，按照《民法典》第412条的规定，出现了当事人约定的实现抵押权的情形，抵押权人可以实现抵押权。这可以看作法律规定债权确定的其他情形之一。

最高额抵押担保的债权的确定所产生的效力，包括两方面：一是使最高额抵押变为普通抵押。自此，最高额抵押就适用普通抵押的规则，抵押权从此就具有严格的从属性。二是确定了担保特定的债权范围。被担保的债权一旦确定以后，无论发生多少债权，只要在此限额内，都应为抵押权效力所及。在金钱借贷中，如果双方未明确限定被担保的债权范围，则应认为最高额抵押权担保的债权范围不仅包括本金，还应包括利息、违约金和赔偿金。

（五）最高额抵押的变更

最高额抵押合同在订立后，当事人可以对合同的内容进行变更。在变更最高额抵押的情形，当事人应当在登记机构办理变更登记手续。《民法典》第422条规定："最高额抵押担保的债权确定前，抵押权人与抵押人可以通过协议变更债权确定的期间、债权范围以及最高债权额。但是，变更的内容不得对其他抵押权人产生不利影响。"根据该规定，抵押权人与抵押人可以通过协议来变更最高额抵押合同的内容。该条包括如下几个方面的内容：

第一，必须在最高额抵押担保的债权确定前才能变更。在债权确定以后，虽然当事人仍然可以变更，但是应当依据普通抵押权变更的规则，而不适用本条的规定。最高额抵押合同是抵押人和抵押权人之间订立的，所以，变更该合同也应当由该双方当事人协商确定。

第二，变更的内容包括债权确定的期间、债权范围以及最高债权额。一是变更债权确定的期间，即当事人通过约定对最高额抵押合同中约定的债权期限加以变更。此种变更既包括延长期限，也包括缩短期限。二是变更债权范围。即当事人通过约定变更最高额抵押合同中所约定的担保的债权范围。例如，将原合同规定的仅担保主债权扩大到对利息债权的担保。三是变更最高债权额。即当事人约定变更最高额抵押合同中约定的最高债权额。此种变更既包括增加最高额，也包括减少最高额，此时应当允许当事人变更最高债权额。但是，增加最高债权额不能以增加的部分对抗变更登记前已经存在的后顺位抵押权人。

第三，变更的内容不得对其他抵押权人产生不利影响。如果同一财产之上设立了后位的抵押权，抵押权人和抵押人变更最高额抵押时（如提高了最高限额等），就可能对后位抵押权人产生不利影响。在此情况下，如果没有取得后位抵押权人的书面同意，此种变更就不能对抗后顺位的抵押权人。

（六）最高额抵押的实现

对一般抵押来说，在债务履行期到来以后，债务人未清偿债务，则抵押权人有权实现抵押权。而对最高额抵押而言，要实现抵押权，必须具备两个条件：

一是抵押权担保的债权数额已确定。最高额抵押必须在变成普通抵押之后，才能实现抵押权，在没有确定被担保的债权数额以前是无法实现抵押权的。因为抵押权人是否可以优先受偿以及可以优先受偿的数额都无法确定。

二是债务人不履行到期债务或者发生当事人约定的实现抵押权的情形，抵押权人有权在最高债权额限度内就该担保财产优先受偿。首先，债务已到履行期但债务人没有履行债务。当事人在抵押合同中除应规定决算期以外，还应当规定债务的履行期限。只有在决算期到来后，通过决算确定出债权的实际数额，同时债务也已经到清偿期时，抵押权人才能实现其抵押权。如果抵押合同中未明确规定履行期限，一般认为，应根据当事人约定的抵押权的存续期间或决算期来确定。其次，发生了当事人约定的实现抵押权的情形。例如，当事人约定在债务人严重资不抵债时，即使没有宣告破产，也可以实现抵押权。

八、抵押权的实现

(一)抵押权的实现概述

所谓抵押权的实现，是指抵押物所担保的债权已届清偿期，而债务人未履行债务或者出现了当事人约定的实现抵押权的情形，抵押权人可以通过行使抵押权，以抵押物的价值优先受偿。《民法典》第410条专门规定了抵押权的实现。抵押权设立的目的就在于，当债务人不清偿债务时，债权人可以就抵押财产拍卖、变卖的价值优先受偿。抵押权的实现将使抵押权人设立抵押权的目的达到，并使主债权得以清偿。

抵押权的实现是以抵押权合法有效存在为前提的。抵押权的实现是抵押权人行使权利的表现，但它又不同于抵押权的行使。因为抵押权包含各项权能，抵押权人行使各项权能，都属于抵押权行使的范畴。而抵押权的实现，只是抵押权人行使其优先受偿权的体现。

在各种担保方式之中，抵押权被称为“担保之王”，其在实现担保债权、促进融资和维护市场经济秩序方面，具有重要意义。但是，抵押权要发挥其作用，最终必须借助于抵押权的实现。保障抵押权的顺利实现，有利于充分发挥抵押权的制度价值、维护抵押权人的权益。因此，抵押权的实现制度是抵押权制度中的关键部分，在整个担保物权制度中居于十分重要的地位。

(二)抵押权实现的条件

依据《民法典》第410条的规定，债务人不履行到期债务或者发生当事人约定的实现抵押权的情形，抵押权人有权实现抵押权。据此，抵押权的实现应当包括如下四个条件。

1.必须存在合法有效的抵押权

抵押权具有从属性，其实现以抵押权的合法存在为前提。如果主合同被宣告无效或被撤销，则抵押合同也应相应地被宣告无效，抵押权自然不能有效成立，抵押权人也不得行使抵押权。如果当事人之间虽然订立了抵押合同，但并未进行登记，则应当区分不同情况分别看待：如果抵押权的设立采登记要件主义，则抵押权在没有登记时尚未有效设立，自然不存在抵押权的实现问题；如果抵押权的设立采登记对抗主义，此时不应当影响抵押权的存在，只是抵押权的效力不能对抗善意第三人。

2.债务人的债务必须已届清偿期

如果主债权尚未到清偿期，债权人不能请求债务人履行债务，抵押权人当然也不能实现抵押权。《民法典》第410条规定的“债务人不履行到期债务”，不包括在履行期限到来之前，债务人公开明确地表明其将要不履行债务。即使出现此种情况，抵押权人也不能实现抵押权。由于抵押权以保障主债权的实现为目的，在履行期限届满之前，主债权人不能主张债权，抵押权人不能行使抵押权。因而，必须首先确定债务人履行债务的期限，并据此进一步确定债务人是否到期未履行债务。在未约定履行期限或约定不明确的情况下，应当根据《民法典》第511条的规定，确定合同的履行期限。在履行期限到来以后，债务人不履行债务时，抵押权人才能要求实现其抵押权。

3.债务人不履行到期债务或者发生当事人约定的实现抵押权的情形

(1)债务人不履行到期债务。债务人未履行债务包括债务人拒绝履行、迟延履行和不适当履行。当然，如果债务人根据主合同享有对债权人的抗辩权，则抵押人可以向抵押权人行使抗辩权，拒绝做出相应的履行。例如，如果债务人已履行了到期债务，或者虽未履行，但依照法律和合同的规定应免除责任的，则抵押权人不得行使抵押权，否则，抵押人有权提出抗辩。如果债务不履行是由于债权人的原因造成的，如债权人无正当理由拒绝债务人的履行，则抵押权人也不能行使抵押权。

(2)发生当事人约定的实现抵押权的情形。例如，抵押权人与抵押人在抵押合同中约定，抵押人必须为抵押财产购买保险，否则抵押权人有权立即实现抵押权，这就是发生了约定的实现抵押权的情形。

4.抵押权人应当在抵押权的法定期限内行使抵押权

所谓抵押权的法定期限，是指法律直接规定的抵押权的存续期间，或者说是抵押权设立后至抵押权人可以实现抵押权时的法定期间。

《民法典》第419条规定:“抵押权人应当在主债权诉讼时效期间行使抵押权;未行使的,人民法院不予保护。”依据该条规定,主债权诉讼时效期间届满后,抵押权将随之消灭,因而采取了抵押权消灭说。因为在主债权诉讼时效期间届满后,如果允许抵押权一直存续,可能会使抵押权人怠于行使抵押权,不利于发挥抵押财产的经济效用,制约经济的发展。按照抵押权消灭说,由于抵押权消灭,即使抵押人未提出抗辩,法院也应主动查明主债权的诉讼时效是否届满,这有助于进一步督促抵押权人积极行使抵押权。因抵押权已消灭,此时抵押权人可请求撤销抵押登记。此外,抵押权消灭说并不妨碍抵押人自愿履行债务。因为即使主债权诉讼时效期间届满后抵押权消灭,抵押人自愿履行主债权,这属于抵押人和抵押权人之间形成了以物抵债协议或者第三人履行,抵押人不得反悔。

(三)抵押权实现的方式

1.协议实现抵押权

依据《民法典》第410条的规定,实现抵押权必须由抵押权人与抵押人之间达成协议,以抵押财产折价或者以拍卖、变卖该抵押财产所得的价款优先受偿。只有在未达成协议或协议规定不明确的情况下才能请求人民法院拍卖、变卖抵押财产。由此可见,协议实现抵押权是抵押权人请求法院实现抵押权的一个必经程序。这就是说,抵押权人和抵押人首先必须协商,以达成实现抵押权的协议。如果双方没有经过协商,人民法院可以要求双方就抵押权的实现达成协议。双方仍然不能达成协议或协议规定不明确,法院才能拍卖、变卖抵押财产。《民法典》之所以要求当事人首先通过协议方式实现抵押权,主要有两方面原因:一方面,这有助于尊重当事人的意志,由其自主选择抵押权的实现方式。因为抵押权的实现关系到当事人双方的利益,通过协商的方式,最大限度地尊重了当事人的意愿。另一方面,有利于降低抵押权的实现成本。如果双方达成协议选择折价的方式,将可以大大降低抵押权实现的成本。此外,当事人通过协议的方式来实现抵押权还可以减少诉讼成本,并可以减轻法院的负担。

协议实现抵押权主要包括如下两种情况:

(1)协议折价。即双方协商确定抵押物的价格,折抵债务人所欠的债务。折价实际上是由双方协商订立折价合同,而不能由抵押权人单方面决定抵押物的价格。如果抵押权人单方面决定了某种价格以后,抵押人表示同意或未表示异议,可以根据具体情况认定双方达成了折价协议。以抵押财产折价,要求双方参照市场价格,将抵押物折抵所欠的债务。如果双方协商折价以后,抵押物的价值大于债务总额的,抵押权人应当将多余的价值返还给抵押人;如果不足以清偿债务的,债务人应当继续清偿,而抵押人不再承担担保责任。折价之后,抵押财产转归抵押权人所有,移转财产所有权依法应当办理登记的,当事人应当办理登记。如果不需要办理登记的(如动产抵押),抵押人也必须交付抵押物。

(2)协议拍卖和变卖。除协议折价外,双方还可以协商采用拍卖和变卖的方式实现抵押权。

一是协议拍卖。协议拍卖、变卖与请求法院拍卖、变卖不同,主要表现在:在协议拍卖、变卖的情况下,当事人不需要通过法院来实施换价行为,而是自行协议确定拍卖和变卖的方式。当事人选择的拍卖机构,可以是法院指定的机构,也可以是非法院指定的机构。

二是变卖。变卖是指将抵押物参照一定的市场价格对外出售。既然《民法典》允许当事人通过协商来确定拍卖和变卖的方式,就可以由抵押人、抵押权人或者双方委托的第三人来进行变卖。变卖的方式可以由当事人选择。我国《民法典》第410条第3款规定:“抵押财产折价或者变卖的,应当参照市场价格。”所谓参照,就是指双方在协商时应当考虑市场价格,不能过分偏离市场价格。因此,当事人在折价或变卖时,应当尽可能考虑市场价格,以保证价格确定中的公平,以免损害抵押人、其他抵押权人和其他债权人的利益。

根据《民法典》第410条的规定,如果当事人订立的实现抵押权的协议损害了其他债权人的利益,其他债权人有权请求法院予以撤销。

这就赋予了其他债权人以撤销权。通常，债权人必须是抵押人的债权人，因为只有抵押人的债权人才有可能在此过程中遭受损害。所谓遭受损害，是指因为抵押权人和抵押人以过分低于市场价格的价格折价，从而使其他债权人的债权不能实现或不能完全实现。所以，其他债权人不仅要举证证明市场的价格，而且还要证明协议的价格明显低于市场价格。

如果抵押人和抵押权人没有就抵押权的实现达成协议，而抵押人或债务人对主合同的效力或抵押合同的效力提出异议，那么应当由抵押人或债务人另行提起诉讼，由法院对主合同和抵押合同的效力进行审理。例如，抵押人提出抵押财产是法律禁止抵押的财产，因此抵押合同应被宣告无效，抵押权不成立。

2.请求法院实现抵押权

《民法典》第410条第2款规定："抵押权人与抵押人未就抵押权实现方式达成协议的，抵押权人可以请求人民法院拍卖、变卖抵押财产。"由此可见，只有在抵押人和抵押权人双方未就抵押权实现方式达成协议的情况下，才能够请求法院来实现抵押权。所谓未就抵押权实现方式达成协议，是指债务人不履行到期债务或者发生当事人约定的实现抵押权的情形时，抵押人和抵押权人之间没有达成有关抵押权实现的协议，此时抵押权人就可以直接请求法院实现抵押权。

请求法院实现担保物权可以采取两种不同程序：一是依据普通的诉讼程序实现担保物权。在通过普通诉讼程序实现担保物权时，法院需要对实体的权利义务关系进行确认后，才能够实现担保物权。在这种程序中法院需要介入实体权利义务关系的审理，并以此作为最终实现担保物权的前提。二是依据特别程序实现担保物权。《民事诉讼法》第207条规定了担保物权实现程序，该条规定："申请实现担保物权，由担保物权人以及其他有权请求实现担保物权的人依照民法典等法律，向担保财产所在地或者担保物权登记地基层人民法院提出。"但是，以《民事诉讼法》规定的特别程序实现担保物权时，可能与担保合同中约定的争议解决方式产生冲突。对此，《担保制度解释》第45条第2款规定了发生冲突时的处理方式。依据该款规定，一方当事人依照《民事诉讼法》有关"实现担保物权案件"的规定，申请拍卖、变卖担保财产，但是被申请人以担保合同约定仲裁条款为由主张驳回申请时，应当区分不同情形分别确定能否适用担保物权实现程序。

请求法院实现抵押权有如下两种方式：

（1）拍卖。拍卖是指以公开竞价的形式，将特定物品或者财产权利转让给最高应价者的买卖方式。以拍卖的方式实现抵押权通常是指在特定的时间、特定的场合，在拍卖人的主持下，竞买人进行竞价购买，提出价格最高者将购得抵押物。在我国实践中，拍卖通常都是由抵押权人提出申请，由法院决定抵押物的拍卖。由法院执行抵押物的拍卖，一般来说，是比较公平合理的，但由于法院毕竟不是专门的拍卖机构，由法院从事拍卖，也会增加法院负担。所以，目前实践中都是采用法院委托拍卖的方式，选择专门的拍卖机构进行拍卖。

（2）变卖。所谓变卖是指以非公开竞价的方式通过协商订立买卖合同出卖抵押物。变卖是与拍卖不同的概念，它是指由法院在市场上向第三人转让抵押物。法院实施的变卖与当事人协议变卖是有区别的，主要表现在：前者是由法院委托第三人变卖；后者一般要在公开市场上，向不特定的多数人出卖。变卖以后，买受人取得标的物所有权，变卖的费用应当由抵押人承担。

根据《民法典》第410条的规定，抵押权人可以直接请求法院强制执行，而不需要对主债权债务合同和抵押合同进行审理。如果抵押人对法院强制执行抵押标的物有异议，可以针对主债权债务合同和抵押合同提起诉讼，一旦该诉讼被法院受理，则针对抵押物的执行程序就应当裁定中止。这样可以保证实质上的公平，保障抵押人的利益。

（四）抵押权人的优先受偿权

所谓优先受偿，是指抵押权人可以就抵押财产卖得的价金优先分配，而不必与普通债权人或后位抵押权人按债权比例分配该抵押财产的价金。抵押权在性质上是价值权，抵押权所支配的对象就是抵押物拍卖、变卖等之后的交换价值。从抵押财产换价的价款中优先受偿是抵押权设立的目的，也是抵押权作为“担保之王”能够用来担保债权的原因所在。

抵押权人的优先受偿权，包括对外优先和对内优先两个方面。从对外的优先来看，抵押权人可以优先于普通债权人而受偿。此种权利表现在破产法中就是别除权。从对内的优先来看，如果同一财产之上设立了重复抵押，在先顺位的抵押权可以优先于在后顺位的抵押权。《民法典》明确承认抵押权是物权，因而其对外优先的效力不必规定。但是，对内的优先涉及抵押权之间的冲突，为了解决抵押权之间的冲突，保障抵押权的实现，我国《民法典》第414条规定了抵押权对内优先实现的规则。这就是以登记为中心，确立多重抵押权的实现顺位，具体而言包括：抵押权已登记的，按照登记的时间先后顺序清偿；抵押权已登记的优先于未登记的受偿；抵押权未登记的，按照债权比例清偿。

（五）抵押权实现的其他问题

1.抵押财产不足以清偿债务时的情况

《民法典》第413条规定：“抵押财产折价或者拍卖、变卖后，其价款超过债权数额的部分归抵押人所有，不足部分由债务人清偿。”如果抵押人是债务人以外的第三人，则在抵押权实现后，剩余财产应当返还给第三人，而不能将该财产返还给债务人；如果第三人提供的抵押财产不足以清偿债务人的债务，则应当由债务人负担继续清偿义务，提供抵押财产的第三人不再负担清偿义务。如果是债务人自己提供抵押财产，在抵押财产不足以清偿债务时，也应当由债务人继续清偿债务。

2.抵押后的新增财产

《民法典》第417条规定：“建设用地使用权抵押后，该土地上新增的建筑物不属于抵押财产。该建设用地使用权实现抵押权时，应当将该土地上新增的建筑物与建设用地使用权一并处分。但是，新增建筑物所得的价款，抵押权人无权优先受偿。”新增财产之所以不属于抵押财产，是因为建设用地使用权抵押时，建筑物尚未建造，所以抵押后新增的建筑物不应包括在抵押财产的范围之内，这也是符合当事人的意思的。但是，根据《民法典》所确立的“房随地走”“地随房走”的原则，在实现抵押权时，应当一并处分。所谓一并处分，就是指将建设用地使用权和新增建筑物一并转让，而不能分别转让给不同的民事主体。但是，在优先受偿时，抵押权人不能就新增建筑物的价款优先受偿。

3.乡镇企业财产的抵押

《民法典》第418条规定：“以集体所有土地的使用权依法抵押的，实现抵押权后，未经法定程序，不得改变土地所有权的性质和土地用途。”该条规定包括以下内容：第一，以可以抵押的集体所有土地的使用权设定抵押的，按照“房随地走”“地随房走”的原则，土地上的厂房等建筑物不能单独抵押，必须与建筑物占用范围内的集体土地使用权一并抵押。第二，在实现抵押权时，不得改变土地所有权的性质和土地用途。另外，在实现抵押权之后，抵押财产的受让人不能改变土地的用途，这既是保护耕地政策的要求，也是物权法定原则的要求。

第三节　质　　权

一、质权的概念与特征

（一）质权概述

质权，是指为了担保债权的履行，债务人或者第三人将其动产或者权利出质给债权人占有，当债务人不履行债务时，债权人有就其占有的财产优先受偿的权利。质权的基本特征如下：

其一，质权是为担保债权的履行而设定的，

它是从属于主债权的担保物权。在债务人不履行债务时，质权人可以就质物优先受偿。

其二，质权是一种动产物权，对不动产不能设定质权。法律、行政法规禁止转让的动产也不得设定质权。另外，权利也可以成为质权的标的，称权利质权。

其三，质权须移转质物的占有，质权以占有标的物为成立要件。在设立质权时，出质人(债务人或第三人)应当将质物的占有移交给债权人。

(二)质权特征

质权虽然相较于被称为"担保之王"的抵押权，因转移物的占有而不为提供担保一方所青睐，但仍旧是现代担保的一个重要形式，究其原因，质权因为其转移占有而使得质权人对于质押财产相较于抵押财产更好的掌控性，而动产相较于不动产，亦更易于占有的转移，因此，其也是重要的担保物权类型。

我国《民法典》对《物权法》的质权结构完全承袭，仍然区分为动产质权和权利质权两部分，但并未抽象出质权的一般性规定；同时，依据《民法典》第446条的规定，权利质权也适用动产质权的规则。

二、动产质权

动产质权，是以动产为其标的物的质权。

(一)动产质权的设立

1.质押合同。质权的设立，通常都是以合同进行的。当事人签订的质押合同应采用书面形式，一般包括以下内容：(1)被担保的主债权种类和数额。(2)债务人履行债务的期限。(3)质押财产的名称、数量等。(4)质权的担保范围。质权的担保范围包括主债权及利息、违约金、损害赔偿金、质物保管费用和实现质权的费用。但质押合同另有约定的，按照约定。(5)质押财产交付的时间、方式。(6)当事人认为需要约定的其他事项。质押合同不完全具备上述内容的，当事人可以补正。

质押关系的当事人是质权人和出质人。质权人即质权所担保债权的债权人。出质人即提供质物的人，一般是债务人自己，但第三人也可以用自己的财产为他人设定质权。但是，出质人以其不具有所有权但合法占有的动产出质的，不知出质人无处分权的质权人行使质权后，因此给动产所有人造成损失的，由出质人承担赔偿责任。

出质人与质权人可以协议设立最高额质权。最高额质权除适用《民法典》动产质权的有关规定外，也参照《民法典》最高额抵押权的规定。

2.质物及其交付。质物一般是各类动产，但债务人或者第三人将其金钱以特户、封金、保证金等形式特定化以后，移交债权人占有作为债权的担保，债务人不履行债务时，债权人可以以该金钱优先受偿。

(1)禁止出质的动产

我国《民法典》第426条规定，法律、行政法规禁止转让的动产不得出质。本条规定了禁止出质的动产，即规定法律、行政法规禁止转让的动产不得出质，其含义如下：其一，所称"法律、行政法规禁止转让的动产"，即法律、行政法规禁止流通的动产。根据物能否流通、能在何范围流通为标准，物可以区分为流通物、限制流通物和禁止流通物，其中限制流通物包括黄金、白银、外币、麻醉药品、运动枪支等，可以流通和限制流通的动产则可以出质；而禁止流通物主要包括国家专有物资、土地、矿藏、水流、淫秽书画、毒品、管制枪支等。其二，将可以规定禁止转让的动产的规范性文件限定在法律和行政法规，既为指引条款，同时又将相关禁止规范限定在法律和行政法规。

就质权的标的而言，《民法典》既规定了动产质权，也规定了权利质权，但并未规定不动产质权。而不论何种担保物权，一经设立，就应当能实现其变价利益，如果标的本身禁止转让，则相应的担保物权自然无法实现，担保物权人的利益便不得保障。《民法典》并未列举具体哪些动产不得出质，与之不同的是，《民法典》第399条列举了哪些财产不得抵押，即规定了土地所有权，耕地、宅基地、自留地等集体所有的土地使用权等六项不得抵押的财产。部分规定之原理应与质押相通，比如所有权、使用权不明或有争议的财产、依法被查封、扣押、监管的财产等。但《民法典》第426条之所以并未采取第399条的列举方式，主要应是考虑动产的种类繁多而难为列举。

（2）质押财产的交付

我国《民法典》第429条规定，质权自出质人交付质押财产时设立。该条规定了动产质权设立的时间点，即质权自出质人交付质押财产时设立。就与抵押权设立的比较而言，它既不同于自登记时设立，也不同于自抵押合同生效时设立。

需要指出的是，我国《民法典》第429条规定的交付质押财产，是指转移质押财产的占有，其既包括直接交付，也包括简易交付、指示交付和占有改定。

（3）委托监管质物的情形

实务中，还有一类质权人委托第三人监管质押财产的情形，值得关注。根据《担保制度解释》第55条的规定：①债权人、出质人与监管人订立三方协议，出质人以通过一定数量、品种等概括描述能够确定范围的货物为债务的履行提供担保，当事人有证据证明监管人系受债权人的委托监管并实际控制该货物的，人民法院应当认定质权于监管人实际控制货物之日起设立。监管人违反约定向出质人或者其他人放货、因保管不善导致货物毁损灭失，债权人请求监管人承担违约责任的，人民法院依法予以支持。②在前款规定情形下，当事人有证据证明监管人系受出质人委托监管该货物，或者虽然受债权人委托但是未实际履行监管职责，导致货物仍由出质人实际控制的，人民法院应当认定质权未设立。债权人可以基于质押合同的约定请求出质人承担违约责任，但是不得超过质权有效设立时出质人应当承担的责任范围。监管人未履行监管职责，债权人请求监管人承担责任的，人民法院依法予以支持。

（4）质物交付后的效力

质押合同中对出质财产约定不明，或者约定的出质财产与实际移交的财产不一致的，以实际交付占有的财产为准。质物有隐蔽瑕疵造成质权人其他财产损害的，应由出质人承担赔偿责任。但是，质权人在质物移交时明知质物有瑕疵而予以接受的除外。

质权的效力及于质物的全部。主债权未受全部清偿的，质权人可以就质物的全部行使其质权。质物被分割或者部分转让的，质权人可以就分割或转让后的质物行使质权。

质物因附合、混合或者加工使质物的所有权为第三人所有的，质权的效力及于补偿金；质物所有人为附合物、混合物或者加工物的所有人的，质权的效力及于附合物、混合物或者加工物；第三人与质物所有人为附合物、混合物或者加工物的共有人的，质权的效力及于出质人对共有物享有的份额。

动产质权的效力及于质物的从物。但是，从物未随同质物交付与质权人占有的，质权的效力不及于从物。

3.质权所担保的债权的范围。质权所担保的范围包括主债权及利息、违约金、损害赔偿金、质物保管费用和实现质权的费用。质押合同另有约定的，从其约定。

主债权被分割或者部分转让的，各债权人可以就其享有的债权份额行使质权；主债务被分割或者部分转让的，出质人仍以其质物担保数个债务人履行债务。但是，第三人提供质物的，债权人许可债务人转让债务未经出质人书面同意的，出质人对未经其同意转让的债务不再承担担保责任。

在实现质权时，质物折价或者拍卖、变卖所得的价款低于质权设定时约定的价值的，应当按质物实现的价值进行清偿。不足清偿的剩余部分由债务人清偿。

在实现质权时，质物折价或者拍卖、变卖所得的价款，当事人没有约定的按照实现质权的费用、主债权的利息、主债权顺序清偿。

（二）动产质权当事人的权利和义务

1.质权人的权利

（1）占有质物。对质物的占有，既是质权的成立要件，也是质权的存续要件，质权人有权在债权受清偿前占有质物，并以质物的全部行使其权利。质权人将质物返还给出质人后，即不可以其质权对抗第三人。但是，因不可归责于质权人的事由而丧失对质物的占有的，质权人可以向不当占有人请求停止侵害、恢复原状、返还质物。

（2）收取孳息。质权人有权收取质物的孳息，但质押合同另有约定的除外。质权人收取的孳息首先应当充抵收取孳息的费用，其次用于主债权的利息、主债权的清偿。

关于质押财产孳息，我国《民法典》第430条规定："质权人有权收取质押财产的孳息，但是合同另有约定的除外。前款规定的孳息应当先充抵收取孳息的费用。"该条规定了质押期间质押财产孳息的收取权。其一，质押合同未约定的情形下，根据该条规定，质权人有权收取质押财产的孳息。该条所称"孳息"，既包括出产物等天然孳息，也包括利息等法定孳息。关于孳息的充抵顺序，依据《民法典》第430条规定，可以推定，质权及于孳息。其二，质权人和出质人在质押合同中有约定的，依从约定。

质权与抵押权不同，质权转移担保物的占有，而抵押权不转移担保物的占有，故此，出质人在质押期间就质物难为收益。《民法典》未就孳息的充抵顺序作明确规定。与《民法典》规定扣押后抵押财产孳息收取不同，《民法典》第430条规定了质押期间的孳息收取。《民法典》对抵押权在抵押期间是否及于孳息未有规定，而质权在质押期间依据《民法典》第430条得及于孳息，并在当事人无特别约定的情况下，由质权人收取。

（3）质权的保全。依据我国《民法典》第433条的规定，因不能归责于质权人的事由可能使质押财产毁损或者价值明显减少，足以危害质权人权利的，质权人有权请求出质人提供相应的担保；出质人不提供的，质权人可以拍卖、变卖质押财产，并与出质人通过协议将拍卖、变卖所得的价款提前清偿债务或者提存。

质权人的优先受偿权体现在质物的价值上，质物出现毁损或者价值明显减少时，直接损害质权人的担保利益。在不可归责于质权人的情况下，出现质押财产毁损或价值明显减少时，质权人有权要求出质人提供与毁损或价值减少相应的担保，以保护其权利。究竟由何者承担质押财产毁损或价值减少的风险，法政策上倾向于由出质人承担；如果出质人不愿意提供相应担保，意味着质押财产可能随时毁损或价值减少，因此，允许其在毁损或价值减少之前将其拍卖或变卖，对于出质人和质权人皆为有利；因系提前拍卖、变卖，变价所得相当于代位物，不适宜直接由质权人提前清偿，而应当由出质人和质权人协商，出质人不同意提前清偿时，应当提存。

就我国《民法典》第433条的法律适用而言：其一，因不可归责于质权人的事由可能使质押财产毁损或者价值明显减少，足以危害质权人权利的，质权人有权要求出质人提供相应的担保。关于所谓"不能归责于质权人的事由"，包括因质物本身的原因、不可抗力、第三人原因等。就程度而言，上述事由不仅可能使质物财产毁损或者价值明显减少，还需足以危害质权人权利，质权人方得要求出质人提供相应的担保，以保护质权人的基本权利。所谓"相应担保"，是指质权人要求出质人提供的担保的价值与质押财产可能毁损或者减少部分的价值相当，即出质人提供的担保在价值上应能代替质押财产可能毁损或者价值明显减少的部分。在具体适用时，应当具体考察可能有损质押财产的事由，在第三人侵权的情形，还将涉及对第三人排除妨害、消除危险的请求权；如已经实际造成毁损或价值减少，则《民法典》关于代位保险金、赔偿金或者补偿金等的规定，得予适用。

其二，前述情形下，出质人不提供相应担保的，质权人可以拍卖、变卖质押财产，并与出质人通过协议将拍卖、变卖所得的价款提前清偿债务或者提存。因不可归责于质权人的事由使质押财产陷入毁损或价值明显减少之虞而足以危害质权人权利的，质权人要求出质人提供相应担保，而出质人不提供的，质权人可以提前拍卖、变卖质押财产，并与出质人通过协议将拍卖、变卖所得的价款提前清偿债务或者提存。此时，如出质人不同意提前清偿债务，则应将拍卖、变卖所得价款在第三方机构提存。

（4）优先受偿。债务人不履行到期债务或者发生当事人约定的实现质权的情形，质权人可以与出质人协议以质押财产折价，也可以就拍卖、变卖质押财产所得的价款优先受偿。质押财产折价或者变卖的，应当参照市场价格。质物折价或拍卖、变卖以后，其价款超过债权数额的部分归出质人所有，不足部分由债务人清偿。在质物灭失、毁损或者被征用的情况下，质权人可以就该质物的保险金、赔偿金或者补偿金优先受偿。如果质物灭失、毁损或者被征用时，质权所担保的债权又未届清偿期的，质权人可以请求人民法院对保险金、赔偿金或者补偿金等采取保全措施。

（5）转质权。我国《民法典》第434条规定，质权人在质权存续期间，未经出质人同意转质，造成质押财产毁损、灭失的，应当向出质人承担赔偿责任。

所谓转质权，是指在质押期间，质权人为担保自己的债务，而将质押财产再度质押给第三人。根据是否经过出质人同意，转质在法律上可以分为承诺转质和责任转质。承诺转质，是指质权人在征得出质人同意之后，为担保自己的债务，而将质押财产转移占有给第三人，并在质押财产上设立新质权的行为；责任转质，是指在质押期间，质权人未经出质人同意，而将质押财产转质给第三人的行为。“责任转质因未经出质人同意将质物转质，不仅要承担质物因转质权人的过失而灭失、毁损的责任，而且要承担因转质期间发生的因不可抗力产生的质物的风险责任，其责任要比未转质的情况严重得多。”①

就《民法典》第434条的法律适用而言：其一，从反对解释角度，本条应当是承认了承诺转质，至于转质期间质物毁损或灭失的责任由谁承担，值得进一步细化，应当认为，此时质权人不因转质而责任加重。其二，从文义解释角度，本条似乎也认可责任转质，因其规定质权人在质权存续期间，未经出质人同意转质，造成质押财产毁损、灭失的，应当向出质人承担赔偿责任，似乎意味着可以责任转质，但不得造成质押财产毁损或者灭失。其三，适用本条应当与《民法典》第431条相结合。就转质的性质而言，应当属于第431条“使用、处分质押财产”的情形。财产的处分既包括事实处分也包括法律处分，法律处分中即包括在财产上设定担保物权，故本条规定就其性质而言，应属《民法典》第431条的特别规定。其四，关于此时质权人丧失占有，是否仍然享有质权，并未明确规定。

（6）放弃质权。质权人可以放弃质权。债务人以自己的财产出质，质权人放弃该质权的，其他担保人在质权人丧失优先受偿权益的范围内免除担保责任，但其他担保人承诺仍然提供担保的除外。

质权系质权人的权利，既是权利，便得放弃。我国《民法典》第435条规定质权人可以放弃质权。就其具体适用而言：其一，质权人可以放弃质权，质权人放弃质权是质权人的单方意思表示，不需取得出质人的同意。质权因质权人放弃质权的行为而消灭。其二，债务人以自己的财产出质，质权人放弃该质权的，其他担保人在质权人丧失优先受偿权益的范围内免除担保责任，但其他担保人承诺仍然提供担保的除外。对于债务人以自己财产出质情形下，因质权人放弃该质权的，免除其他担保人因此变动而“增加”的担保责任，但尊重其他担保人的意思自由，即如期承诺仍然提供担保则相应担保责任并不免除。

2.出质人的权利

（1）禁止和限制质权人处分质押财产。在质权存续期间，质权人未经出质人同意，擅自使用、处分质物，因此给出质人造成损失的，出质人有权要求质权人承担赔偿责任。

我国《民法典》第431条规定了对质权人处分质押财产的禁止与限制，质权人的义务对应出质人的权利。就立法目的而言，之所以禁止或限制质权人对质押财产的使用和处分，最主要的原因在于质权系担保物权，而非用益物权，设立质权的目的在于担保债权的实现，而非对于质押财产的使用。如果因使用导致质押财产的折旧、毁损甚至灭失，便不能正常地实现其变价，既损害质权人的利益，也损害出质人的利益，更违背了质权设立的目的，因此，立法上往

① 全国人大常委会法制工作委员会民法室编：《中华人民共和国物权法条文说明、立法理由及相关规定》，北京大学出版社2007年版，第393页。

往采取限制或禁止质权人就质押财产为使用和处分。

就我国《民法典》第431条的具体适用而言：其一，设立质权需要转移质押财产的占有，意味着质权存续期间，出质人无法使用或处分质押财产。然而，依据本条规定，虽然质押财产为质权人所占有，质权人原则上也不得擅自使用、处分质押财产。但是，依据《民法典》第432条的规定，质权人应当妥善保管质押财产，如基于保管之必须而使用质押财产。其二，如经出质人同意，质权人得就质押财产使用或处分。但是，未经出质人同意而为使用或处分，即为本条规定之“擅自使用、处分质押财产”，如果给出质人造成损害的，应当承担赔偿责任。

（2）敦促质权人尽到善良管理人义务。出质人在质权人因保管不善致使质物毁损、灭失时，有权要求质权人承担民事责任。质权人的行为可能使质押财产毁损、灭失的，出质人可以请求质权人将质押财产提存，或者要求提前清偿债务并返还质押财产。在此种情况下将质物提存的，提存费用由质权人承担。同时，出质人提前清偿债权的，应当扣除未到期部分的利息。

质押期间，质押财产由质权人占有，而质权人并不同于所有权人，所有权人只要不妨害他人，其可以疏于甚至放弃对所有物的保管，而质权人如放弃对质押财产的保管，则有可能使得质押财产加速折旧、毁损甚至灭失，既不利于质权人自己，也将损害出质人的利益，最终导致质权无法正常实现，因此，立法上多将对质押财产的保管责任分配给了质权人。我国《民法典》第432条也规定了质权人的善良管理人义务：“质权人负有妥善保管质押财产的义务；因保管不善致使质押财产毁损、灭失的，应当承担赔偿责任。质权人的行为可能使质押财产毁损、灭失的，出质人可以请求质权人将质押财产提存，或者请求提前清偿债务并返还质押财产。”

关于我国《民法典》第432条的具体适用：其一，质权人负有妥善保管质押财产的义务，即依据本条规定，质押期间，质权人需尽到善良管理人的义务，妥善保管质押财产。同时，如果因质权人保管不善，致使质押财产毁损、灭失的，应当承担赔偿责任，就举证责任而言，本条未明确规定。

其二，质权人的行为可能使质押财产毁损、灭失的，出质人可以要求质权人将质押财产提存，或者请求提前清偿债务并返还质押财产。比如质押财产需防潮放置，而出质人发现质权人将其置于漏雨的储藏室，则出质人可以要求质权人将质押财产提存，或者请求提前清偿债务并返还质押财产。

（3）敦促质权人及时行使质权。出质人可以请求质权人在债务履行期届满后及时行使质权；质权人不行使的，出质人可以请求人民法院拍卖、变卖质押财产。出质人请求质权人及时行使质权，因质权人怠于行使权利造成损害的，由质权人承担赔偿责任。

我国《民法典》第437条规定了及时行使质权请求权及怠于行使质权的责任，就法律适用而言：其一，出质人可以请求质权人在债务履行期届满后及时行使质权。关于抵押，《民法典》规定了抵押权应当在主债权诉讼时效期间行使。相较而言，《民法典》并未规定质权的存续期间，而是规定债权履行期一旦届满，出质人即有权请求质权人及时行使质权，借此限制质权的存续。

其二，出质人可以请求质权人在债务履行期届满后及时行使质权，而质权人不行使的，出质人可以请求人民法院拍卖、变卖质押财产。依据本条规定，如质权人在出质人依照本条请求其及时行使质权后不行使的，出质人可以径行向法院请求拍卖、变卖质押财产。一方面是对出质人及时行使质权请求权的保障，另一方面也赋予了出质人自己经由程序变价的主动权。

其三，出质人请求质权人及时行使质权，因质权人怠于行使权利造成损害的，由质权人承担赔偿责任。本条除了规定质权人怠于行使权利出质人的救济措施之外，还规定因质权人怠于行使权利造成损害的，由质权人承担赔偿责任。

就制度设计而言，我国《民法典》第437条放弃了规定质权的行使期限，而采取了系统规定出质人催迫质权人及时行使质权的路径，分为上述三个层次，层层递进，虽显复杂，但颇为可行。

就《民法典》第437条的规定而言，之所以规定出质人的及时行使质权请求权，乃在于质权不同于抵押权，质押财产在质押期间系由质权人占有并保管，如质权未消灭，则出质人不能基于所担保债务履行期届满而要求质权人返还；相反，出质人只能等候质权人实现质权，方能明晰质押财产的归属和去留。采取质权存续期间的规定，比如规定质权的存续期间为债权履行期限届满后或诉讼时效届满后两年，也可能对出质人不公。究其原因，规定存续期间，意味着变价条件成熟后，质权人无须立即实现质权，而仍可占有质押财产两年，方行使质权，并未较好地平衡出质人与质权人就质押财产的权益。本条采取规定出质人催迫权的方式，将决定质权在变价条件成熟后变价的主动权交给出质人，使得出质人对质押财产变价具有可控性，较为科学。同时，配置出质人在催迫权行使不果时，得强行拍卖、变卖质押财产，并得追究质权人怠于行使质权造成损害时的赔偿责任，较为适当。

（4）要求返还质押财产。债务履行期届满，债务人履行债务的，或者出质人提前清偿所担保的债权的，出质人有权要求质权人返还质物。依据债务的履行情况，质权最终要么消灭，要么实现。质权实现自然不必返还，但债务人履行债务或者出质人提前清偿，则出质人有权要求质权人返还质押财产。

我国《民法典》第436条规定了质押财产返还和质权实现，其中第1款规定了两种质押财产返还的情形，即债务人履行债务和出质人提前清偿所担保的债权。在前述两种情形下，出质人有权要求质权人返还质押财产，这也是担保物权的从属性决定的，即债权因债务人履行债务或者出质人提前清偿而消灭，质权也随之消灭，而质权与抵押权不同者，系抵押权不转移占有，抵押权消灭后已经登记者办理注销即可，而质权消灭，原质权人则需要将质押财产返还出质人。

三、权利质权

（一）权利质权概述

权利质权是为了担保债权清偿，就债务人或者第三人所享有的权利设定的质权。权利质权除了一些特殊问题外，适用动产质权的规定。因此，权利质权是一种准质权。

权利质权的标的是权利，但不是说任何权利都可以作为权利质权的标的。能够作为权利质权的标的的权利，在性质上必须具有下列特点：（1）必须是财产权。财产权包括物权、债权及无体财产权等可以用金钱价格评估的权利。自然人、法人的人格权、身份权等人身权，不能转让，也就不能作为权利质权的标的。（2）必须是可让与的财产权。财产权有可让与的，有不可让与的，只有可让与的财产权才可以作为权利质权的标的。设定权利质权，目的是就该权利受偿，如果该权利不能让与，不仅不能就该权利的变卖价金受偿，也不能由质权人取得权利，这样的权利质权就毫无意义。（3）必须是不违背质权性质的财产权。质权是动产质权，不动产原则上不能设定质权，因此不动产物权，如建设用地使用权，不能设定权利质权。

我国《民法典》第440条规定，可以设立权利质权，即“债务人或者第三人有权处分的下列权利可以出质：（一）汇票、本票、支票；（二）债券、存款单；（三）仓单、提单；（四）可以转让的基金份额、股权；（五）可以转让的注册商标专用权、专利权、著作权等知识产权中的财产权；（六）现有的以及将有的应收账款；（七）法律、行政法规规定可以出质的其他财产权利”。

权利质权与动产质权的权利客体不同，权利质权的客体为权利（无形财产），动产质权的客体为物（有形动产），其设立目的和功能几无差异。动产质权与权利质权即便性质相近，也因质权客体之不同，导致在质权设定乃至质权实现方式上存在差异。就理论、实务和立法的通例而言，权利质权因客体种类的多样化，每个具体的权利质权显示出特别性。

（二）权利质权分论

可以作为权利质权的标的的权利，具体而言有以下几类：

1.汇票、本票、支票、债券、存款单、仓单、提单。以该等权利出质的，质权自权利凭证交付质权人时发生效力。没有权利凭证的，质权自有关部门办理出质登记时发生效力。法律另有规定的，依照其规定。我国《民法典》第441条对于该类质权设立，区分有权利凭证与无权利凭证两种类型。

就上述权利质权的实现而言，以载明兑现或者提货日期的汇票、本票、支票、债券、存款单、仓单、提单出质的，其兑现或者提货日期先于债务履行期的，质权人可以在债务履行期届满前兑现或者提货，并与出质人协议将兑现的价款或者提取的货物用于提前清偿所担保的债权或者向与出质人约定的第三人提存；其兑现或者提货日期后于债务履行期的，质权人只能在兑现或者提货日期届满时兑现款项或者提取货物。

以汇票、支票、本票等票据或者公司债券出质的，出质人与质权人没有背书“质押”字样，这种票据或者债券的质权不可以对抗第三人。以票据、债券、存款单、仓单、提单出质的，质权人再转让或者质押的无效。以存款单出质的，签发银行核押后又受理挂失并造成存款流失的，银行应当承担民事责任。

具体而言，还可进一步探讨如下：

（1）关于汇票出质，《担保制度解释》第58条规定，以汇票出质，当事人以背书记载“质押”字样并在汇票上签章，汇票已经交付质权人的，人民法院应当认定质权自汇票交付质权人时设立。

（2）关于仓单出质，《担保制度解释》第59条规定：“存货人或者仓单持有人在仓单上以背书记载‘质押’字样，并经保管人签章，仓单已经交付质权人的，人民法院应当认定质权自仓单交付质权人时设立。没有权利凭证的仓单，依法可以办理出质登记的，仓单质权自办理出质登记时设立。出质人既以仓单出质，又以仓储物设立担保，按照公示的先后确定清偿顺序；难以确定先后的，按照债权比例清偿。保管人为同一货物签发多份仓单，出质人在多份仓单上设立多个质权，按照公示的先后确定清偿顺序；难以确定先后的，按照债权比例受偿。存在第二款、第三款规定的情形，债权人举证证明其损失系由出质人与保管人的共同行为所致，请求出质人与保管人承担连带赔偿责任的，人民法院应予支持。”

（3）关于提单出质，《担保制度解释》第60条规定：“在跟单信用证交易中，开证行与开证申请人之间约定以提单作为担保的，人民法院应当依照民法典关于质权的有关规定处理。在跟单信用证交易中，开证行依据其与开证申请人之间的约定或者跟单信用证的惯例持有提单，开证申请人未按照约定付款赎单，开证行主张对提单项下货物优先受偿的，人民法院应予支持；开证行主张对提单项下货物享有所有权的，人民法院不予支持。在跟单信用证交易中，开证行依据其与开证申请人之间的约定或者跟单信用证的惯例，通过转让提单或者提单项下货物取得价款，开证申请人请求返还超出债权部分的，人民法院应予支持。前三款规定不影响合法持有提单的开证行以提单持有人身份主张运输合同项下的权利。”

2.依法可以转让的基金份额、股权。以基金份额、股权出质的，质权自办理出质登记时发生效力。基金份额、股权出质后，不得转让，但出质人与质权人协商同意的除外。出质人转让基金份额、股权所得的价款，应当向质权人提前清偿债务或者提存。

3.依法可以转让的注册商标专用权、专利权、著作权中的财产权。以该等知识产权出质的，质权自办理出质登记时发生效力。上述知识产权出质后，出质人不得转让或者许可他人使用，但出质人与质权人协商同意的除外。出质人所得的转让费、许可费应当向质权人提前清偿所担保的债权，或者向与质权人约定的第三人提存。出质人未经质权人同意而转让或者许可他人使用已出质的权利的，应是无效行为。因此给质权人或者第三人造成损失的，由出质人承担民事责任。

4.现有的以及将来的应收账款。以应收账款出质的，质权自办理出质登记时发生效力。应收账款出质后，不得转让，但出质人与质权人协商同意的除外。出质人转让应收账款所得的价款，应当向质权人提前清偿债务或者提存。

实务中，关于应收账款出质，《担保制度解释》第61条规定：（1）以现有的应收账款出质，应收账款债务人向质权人确认应收账款的真实性后，又以应收账款不存在或者已经消灭为由主张不承担责任的，人民法院不予支持。（2）以现有的应收账款出质，应收账款债务人未确认应收账款的真实性，质权人以应收账款债务人为被告，请求就应收账款优先受偿，能够举证证明办理出质登记时应收账款真实存在的，人民法院应予支持；质权人不能举证证明办理出质登记时应收账款真实存在，仅以已经办理出质登记为由，请求就应收账款优先受偿的，人民法院不予支持。（3）以现有的应收账款出质，应收账款债务人已经向应收账款债权人履行了债务，质权人请求应收账款债务人履行债务的，人民法院不予支持，但是应收账款债务人接到质权人要求向其履行的通知后，仍然向应收账款债权人履行的除外。（4）以基础设施和公用事业项目收益权、提供服务或者劳务产生的债权以及其他将有的应收账款出质，当事人为应收账款设立特定账户，发生法定或者约定的质权实现事由时，质权人请求就该特定账户内的款项优先受偿的，人民法院应予支持；特定账户内的款项不足以清偿债务或者未设立特定账户，质权人请求折价或者拍卖、变卖项目收益权等将有的应收账款，并以所得的价款优先受偿的，人民法院依法予以支持。

5.法律、行政法规规定可以出质的其他权利。例如，公路桥梁、公路隧道或者公路渡口等不动产收益权，亦可设立权利质权。再如，对保险单设定的质权，以及对出口退税款设定的质权等。

第四节 留 置 权

一、留置权的概念与特征

留置权是债权人在先合法占有债务人的财产，在债务人逾期不履行债务时，有留置该财产以迫使债务人履行债务，并在债务人仍不履行债务时就该财产优先受偿的权利。留置权是以动产为标的物的担保物权。留置权的作用，在于担保债权受偿，而不在于对物的使用、收益，因此留置权是一种担保物权。

我国《民法典》第447条规定，“债务人不履行到期债务，债权人可以留置已经合法占有的债务人的动产，并有权就该动产优先受偿。前款规定的债权人为留置权人，占有的动产为留置财产”。此外，《民法典》第783条等规定了特定合同类型下比如承揽人的留置权。我国法上的留置权，具备以下特征：

其一，留置权是一种法定担保物权。留置权作为本法规定的三类基本担保物权类型之一，其外观上与质权最为接近，即其成立都以担保权人占有担保财产为基本要件，二者的主要差别在于，质权主要是意定质权，即有出质人和质权人协议设立质权，而留置权是法定担保权，非基于当事人事先设立，且留置权表现为债权人较强的自力救济性。留置权在符合一定的条件时，依法律的规定产生，而不是依当事人之间的协议设定。例如，保管合同、运输合同、加工承揽合同发生的债权，债务人不履行债务的，债权人有留置权，但当事人可以在合同中约定排除留置权。

其二，留置权是债权人留置债务人动产的权利。留置权是债权人对于自己的债权受清偿前，拒绝返还所占有的债务人的动产的权利。债务人超过法定期限仍不履行债务的，债权人即可就留置物受偿，以满足其债权。

其三，留置权具有从属性、不可分性和物上

代位性等担保物权的共同属性。

二、留置权的取得

留置权的取得，是基于法律规定，并且当事人没有排除适用。只有在符合法律规定的条件下，债权人才能取得留置权。这些条件可以分为积极要件和消极要件。

（一）留置权取得的积极要件

留置权取得的积极要件，是留置权的取得所应具有的事实。这主要有以下几项：

1.须债权人占有债务人的动产。留置权的目的，在于担保债的履行，因此享有留置权的应当是债权人。至于债权的发生原因，比如因保管合同、运输合同、加工承揽合同发生的债权，债务人不履行债务的，债权人有留置权。关于留置权的取得，债权人须合法占有债务人的财产，其占有方式是直接占有还是间接占有均可。但单纯地持有，如雇佣人操持家务，则其在工作中使用家中的器具，是持有而不是占有，故不能成立留置权。债务人代债权人占有留置物的，留置权不成立。债权人合法占有债务人交付的动产时，不知道债务人无处分该动产的权利，债权人仍可以依法享有留置权。

2.须债权已届清偿期。债权人虽占有债务人的动产，但在债权尚未届清偿期时，因此时尚不发生债务人不履行债务的问题，不发生留置权。只有在债权已届清偿期，债务人仍不履行债务时，债权人才可以留置债务人的动产。债权人的债权未届清偿期，其交付占有标的物的义务已届清偿期的，不能行使留置权。但是，债权人能够证明债务人无支付能力的除外。

3.须债权的发生与该动产有牵连关系。债权人所占有的债务人的动产必须与其债权的发生有牵连关系，才有留置权可言。从我国的司法、立法实践看，留置权中的牵连关系则为债权与留置物占有取得之间的关联，即债权与标的物的占有取得是基于同一法律关系。在债权的发生与标的物的占有取得是因同一合同关系而发生，并且债务人不履行债务时，债权人有留置权。例如，保管人因保管物的瑕疵而受损害的赔偿请求权，对该物有留置权。再如，承揽人因对报酬的请求权，对承揽标的物有留置权。

我国《民法典》第448条规定，债权人留置的动产，应当与债权属于同一法律关系，但是企业之间留置的除外。具体而言：(1)债权人留置的动产，应当与债权属于同一法律关系。所谓同一法律关系，是指债权人得为合法占有债务人动产的债权债务关系，与债权人享有债权的债权债务关系，系属同一。比如，保管人得留置保管物，其留置原因为该保管物的寄存人未支付保管费，则所涉动产（保管物）与债权（保管费支付请求权）即属同一法律关系。(2)企业之间的留置，可不受同一法律关系的限制，此为本条的“但书”。所谓企业之间，是指债权人和债务人双方均为企业。所谓企业，包括公司、公司化的国有企业或者合伙企业等。

就同一法律关系要件，《担保制度解释》第62条规定：(1)债务人不履行到期债务，债权人因同一法律关系留置合法占有的第三人的动产，并主张就该留置财产优先受偿的，人民法院应予支持。第三人以该留置财产并非债务人的财产为由请求返还的，人民法院不予支持。(2)企业之间留置的动产与债权并非同一法律关系，债务人以该债权不属于企业持续经营中发生的债权为由请求债权人返还留置财产的，人民法院应予支持。(3)企业之间留置的动产与债权并非同一法律关系，债权人留置第三人的财产，第三人请求债权人返还留置财产的，人民法院应予支持。

4.由于留置权所担保的债权与留置物有牵连关系，故而与留置权有牵连关系的债权，都在留置权所担保的范围之内，包括原债权、利息（包括迟延利息）、实行留置权的费用及因留置物的瑕疵给留置权人造成的损害赔偿请求权。而留置物的范围，除了留置物本身外，还包括其从物、孳息和代位物。

（二）留置权取得的消极要件

1.对动产的占有不是因侵权行为取得。留置权的取得，以对债务人的动产的占有为前提，但其占有必须是合法占有。如果是因侵权行为占有他人的动产，不发生留置权。例如，窃贼即使对盗赃支出了必要费用，也不享有留置权。

2.法律规定或者当事人约定不得留置的动产。我国《民法典》第449条规定，法律规定或者当事人约定不得留置的动产，不得留置。本条规定了留置权适用范围的限制性。具体而言：其一，法律规定不得留置的动产，不得留置。此处的法律指狭义法律，即全国人民代表大会及其常务委员会制定的法律；比如《海关法》第37条规定，海关监管货物，未经海关许可，不得开拆、提取、交付、发运、调换、改装、抵押、质押、留置、转让、更换标记、移作他用或者进行其他处置。海关加施的封志，任何人不得擅自开启或者损毁。其二，当事人约定不得留置的动产，不得留置。此时，尊重当事人的意思自治，允许其经由约定排除留置权的产生。

3.对动产的留置不违反公共利益或者善良风俗。对动产的留置如果违反公共利益或者善良风俗，如留置他人的居民身份证，留置他人待用的殡丧物，都是违法的，债权人都不能为之。

三、留置权的效力

（一）留置权人的权利

1.留置标的物。在债务人不履行债务时，债权人就可以留置标的物，拒绝债务人交付标的物的请求。我国《民法典》第450条规定，留置财产为可分物的，留置财产的价值应当相当于债务的金额。留置物为不可分物的，留置权人可以就留置物的全部行使留置权；但留置物为可分物的，留置物的价值应当与债务的金额相当，即债权人只能留置与自己的债权额相当的部分，其余部分应当交付债务人。至于何者为"相当于债务的金额"，应当参照交易习惯和市场价格决定，如债务人认为债权人留置的财产数量上不合理，应由债务人根据交易习惯和市场价格承担举证责任。

债权人将留置物返还债务人后，即不可以其留置权对抗第三人。但是，因不可归责于债权人的事由而丧失对留置物的占有的，债权人可以向不当占有人请求停止侵害、恢复原状、返还留置物。留置权的效力及于留置物的从物。但是，从物未随同留置物交付债权人占有的，留置权的效力不及于从物。

2.收取留置物的孳息。我国《民法典》第452条规定，"留置权人有权收取留置财产的孳息。前款规定的孳息应当先充抵收取孳息的费用"。

3.请求偿还费用。债权人因保管留置物所支出的必要费用，有权向债务人请求返还。

4.就留置物优先受偿。留置权所担保的范围包括主债权和利息、违约金、损害赔偿金、留置物保管费用和实现留置权的费用。留置权人与债务人应当约定留置财产后的债务履行期限；没有约定或者约定不明确的，留置权人应当给债务人60日以上履行债务的期限，但鲜活易腐等不易保管的动产除外。债务人逾期未履行的，留置权人可以与债务人协议以留置财产折价，也可以就拍卖、变卖留置财产所得的价款优先受偿。留置财产折价或者变卖的，应当参照市场价格。

债务人可以请求留置权人在债务履行期届满后行使留置权，留置权人不行使的，债务人可以请求人民法院拍卖、变卖留置财产。留置物折价或拍卖、变卖后，其价款超过债权数额的部分归债务人所有，不足部分由债务人清偿。

（二）留置权人的义务

1.保管留置物。留置期间，留置财产由留置权人占有，留置权人如放弃对留置财产的保管，则有可能使留置财产加速折旧、毁损甚至灭失，既不利于留置权人自己，也将损害债务人的利益，甚至导致留置权无法正常实现。因此，立法上多将对留置财产的保管责任分配给了留置权人。

我国《民法典》第451条规定，留置权人负有妥善保管留置财产的义务；因保管不善致使留置财产毁损、灭失的，应当承担赔偿责任。具体而言：其一，留置权人负有妥善保管留置财产的义务，即留置期间，留置权人需尽到善良管理人的义务，妥善保管留置财产。其二，如因留置权人保管不善，致使留置财产毁损、灭失的，应当承担赔偿责任。其三，在留置权存续期间，债权人未经债务人同意，擅自使用、出租、处分留置物，因此给债务人造成损失的，债权人应当承担赔偿责任。

2.返还留置物。在留置权所担保的债权消灭，或者债权虽未消灭，但债务人另行提供担保时，债权人应当返还留置物给债务人。

四、留置权的消灭

关于留置权的消灭，我国《民法典》第457条专门规定，留置权人对留置财产丧失占有或者留置权人接受债务人另行提供担保的，留置权消灭。该条规定了留置权消灭的两个原因：其一，留置权人对留置财产丧失占有；其二，留置权人接受债务人另行提供担保。依据该规定，留置权存续的前提是留置权人保有对留置财产的占有。留置权还因留置权人接受债务人另行提供担保而消灭，允许留置权向保证、抵押和质押转化，增加了债务人的自由度。然而，并未规定留置权人接受债务人另行提供担保，而使得留置权消灭之后，债务人对留置财产的返还请求权。理论上，留置权消灭，则债务人可基于所有权等主张返还，为自明之理，可不予规定。

同时需要注意，《民法典》第457条关于留置权消灭的专门规定系属特别规定，《民法典》第393条是关于担保物权消灭的一般规则，二者相互补充，即《民法典》第457条既可以纳入第393条第4项“法律规定担保物权消灭的其他情形”，也可以视为第393条的特别规定，故此，第393条所列主债权消灭、担保物权实现、债权人放弃担保物权等，自得为留置权消灭的原因。据此，可将留置权消灭的原因总结为：（1）主债权消灭；（2）留置权实现；（3）留置物灭失；（4）留置权人对留置财产丧失占有；（5）债务人另行提供担保并被债权人接受；（6）法律规定留置权消灭的其他情形。

第五节　担保物权的竞合

一、担保物权的竞合的概念和成立条件

（一）担保物权的竞合的概念

担保物权的竞合，亦称为物的担保的竞合，是指在同一标的物上存在不同种类的担保物权，此时应以何类担保物权的效力优先的问题。此外，物的担保的竞合属于一物之上设定数个不同种的担保物权且担保不同的债权，因此它不同于“一债数保”。在为同一债权设定数项物上担保权时，债权人得依当事人约定的担保额而行使权利，各个担保物权之间一般不发生应优先行使何种担保权问题。

物的担保的竞合也不同于一般的请求权竞合。在因同一法律事实而产生数个请求权竞合时，权利人为同一人，也正因为权利人为同一人，权利的目的是同一的，权利的行使仅能择一为之。权利人若行使了其中一项请求权，则不能再行使另一请求权。而在物的担保的竞合，享有担保权的权利人并非为同一人，而是不同的人，各个担保权人均可行使自己的权利，由于权利的标的物是同一的，这就发生何种权利人先行使权利的问题。正是从这个意义上说，物的担保的竞合乃为物上担保权的冲突。

对此，我国《民法典》的立法处理主要如下：

1.抵押权清偿顺序对其他担保物权竞合顺位的准用：《民法典》第414条第2款规定，“其他可以登记的担保物权”对该条第1款“同一财产向两个以上债权人抵押”情形的清偿顺序参照适用。

2.抵押权与质权竞合的顺位：依据《民法典》第415条的规定，在同一财产既设立抵押权又设立质权的，拍卖、变卖该财产所得的价款按照登记、交付的时间先后确定清偿顺序。

3.抵押物价款之抵押权优先：《民法典》第416条规定了一个特殊的抵押权优先，即动产抵押担保的主债权是抵押物的价款，标的物交付后10日内办理抵押登记的，该抵押权人优先于抵押物买受人的其他担保物权人受偿，但是留置权人除外。

4.对于存在抵押权或者质权的动产又被留

置的情形:《民法典》第456条规定,同一动产上已经设立抵押权或者质权,该动产又被留置的,留置权人优先受偿。具体而言:(1)关于留置权的优位,特别法上亦有类似规定,如《海商法》第25条规定:"船舶优先权先于船舶留置权受偿,船舶抵押权后于船舶留置权受偿。前款所称船舶留置权,是指造船人、修船人在合同另一方未履行合同时,可以留置所占有的船舶,以保证造船费用或者修船费用得以偿还的权利。船舶留置权在造船人、修船人不再占有所造或者所修的船舶时消灭。"(2)立法上之所以承认留置权优位,究其原因,乃在于留置权往往是基于承揽合同、保管合同、运输合同等产生。该类合同目的均在于对标的物为维护、维修、保值甚至加工制作,一方面该类费用为必要支出,另一方面物的价值的不消极减少甚至增加系因债权人的行为(劳动)。就效用而言,该类费用不仅不可避免,更是增加了其他担保权人实现的概率,故此,应当优先被清偿。

(二)担保物权的竞合的成立条件

从上述担保物权的竞合的含义,可知担保物权的竞合须具备以下条件:

1.须同一标的物上同时存在数个不同种的物上担保权。

只有在同一标的物即用于设定物上担保的同一项财产上,存在数个不同种类的物上担保时,才会发生担保物权的竞合。至于该标的物为一物或数物还是整体财产,则在所不问。如上所述,同一物上也可存在数个同一种的担保物权,如数个抵押权,此属于广义物上担保的竞合,也可看作物的担保的并存,不属于狭义物上担保的竞合。

所谓同时存在数个担保物权,是指于实现物上担保时,在标的物上存在不同种类的担保物权,而不是指标的物上曾先后存在过数个担保物权。若虽同一标的物上存在过不同种担保物权,但于实现物上担保权时,其他担保物权已经消灭而仅存有一个,当然也就不发生物上担保的竞合。因此,物上担保的竞合,与各个物上担保的成立时间无关。

2.须各个担保物权人不为同一人。

担保物权的竞合不仅须为担保权客体的竞合,而且其权利主体须不为同一人。所谓权利主体不为同一人,是指数个不同的担保物权所担保的并非同一个债权。因为在同一权利主体有不同的担保物权时,则属于数个担保物权担保同一债权,而不是不同的担保物权担保不同的债权。也正因如此,虽然在同一债权人就同一标的物有两项以上担保物权时,也属于同一标的物同时为数个不同的法律关系的客体,但并不是我们这里所说的物上担保的竞合。

二、担保物权竞合时各担保物权的实现顺序规则

(一)抵押权与质权的竞合

因抵押权是不移转标的物占有的,而质权是以移转标的物占有为成立要件的,所以在设定抵押权后,抵押人得将标的物再用于质押,成立质权,此时发生抵押权与质权的竞合。若该抵押权属于可不予登记即成立而当事人又未为抵押权登记的,则因未登记的抵押权不具有对抗善意第三人的效力,此时,未登记的抵押权虽成立在前,质权的效力也应优先于抵押权。若当事人将该抵押权进行了登记,该抵押权的效力自然优先于质权的效力。

出质人于设定质权后可否再设定抵押权,即先质后押?理论上,在一般情况下,设定质权后不宜设定抵押权,但也并非不可设定抵押权。依据《民法典》第415条的规定,同一财产之上可以既设立抵押权又设立质权,该条并未对同一财产之上设立抵押权与质权的顺序作出限定,因此,当事人应当可以在同一财产之上先设立质权,后设立抵押权。同时,依据该条规定,在此情形下,由于质权的设立时间在先,因此,质权的效力应优先于抵押权,不问该抵押权是否办理抵押权的登记。

(二)抵押权与留置权的竞合

留置权的标的物为动产,因此只有动产抵押权才可能与留置权发生竞合。抵押权与留置权竞合的发生同样有两种情况:

其一,先设定抵押权而后成立留置权。因为先设定抵押权后因标的物不移转占有,所以

在抵押人将抵押物交由他人占有时，在具备留置权的成立条件下可在抵押物上再成立留置权。此种情形下发生的抵押权与留置权的竞合效力如何？留置权优先于抵押权，因为留置权人占有标的物，并且因留置权担保的债权往往是有利于保全抵押权人利益的。

其二，先成立留置权而后设定抵押权。这有两种可能：一是留置物所有人将留置物抵押，此时在留置物上又成立抵押权，抵押权与留置权竞合，因留置权成立在先，留置权的效力当然优先于抵押权。二是留置权人将留置物抵押，在此情形下，如果相对人为善意的，则可有效设立抵押权。同时，如果经留置物所有人同意，留置权人也可以设定抵押权，此时也将发生抵押权与留置权的竞合。在此情形下，抵押权的效力应优先于留置权，因为留置权人是抵押权所担保债权的债务人，债务人的权利不能优于债权人的权利。

(三)留置权与质权的竞合

由于留置权与质权都是以占有标的物为其存续要件的，留置权得因占有的丧失而消灭，质权在占有丧失而又不能恢复时也消灭。但因占有不以直接占有为限，因此在同一标的物上可以发生留置权与质权的竞合。就其发生而言，有以下两种情况：

其一，先成立留置权后成立质权。留置权人以其占有的留置物再设定质权的，如经所有人同意，质权成立；如未经所有人同意，则其设定行为应为无效，但因留置权与质权均以占有为公示原则，善意第三人得依善意取得原则取得质权。在第三人取得质权时，留置权与质权竞合，后设定的质权效力应优先于留置权。因为在此情形下，标的物为质权人实际直接占有，而留置权人仅为间接占有人。但如果在留置期间经留置权人同意，标的物所有人以留置物设定质权的，则因留置权成立在前，质权成立在后，留置权的效力应当优先于质权。

其二，先成立质权后成立留置权。在质物由质权人占有期间，质权人将质物交由第三人直接占有，而自己间接占有时，第三人得基于留置权的成立事由而取得留置权。例如，质权人将质物交由第三人保管，保管人得于具备留置权条件下取得留置权。在此情形下，因质权人的质权并不消灭，发生留置权与质权的竞合，留置权的效力优先于质权。因为留置权是担保基于维护或者保存标的物的价值的行为而发生的债权，并且标的物由留置权人直接占有，质权人仅为间接占有人。

【本章主要法律规定】

1.《民法典》第386～457条

2.最高人民法院《关于适用〈中华人民共和国民法典〉有关担保制度的解释》第1～24条、第37～70条

第十一章
占　有

本章主要内容提示

1.占有可分为：自主占有和他主占有；直接占有和间接占有；有权占有和无权占有；善意占有和恶意占有；无过失占有和有过失占有；无瑕疵占有和有瑕疵占有。

2.占有的推定包括事实的推定和权利的推定。

3.占有保护可分为占有人的自力救济权和占有保护请求权；占有保护请求权包括占有物返还请求权和占有妨害排除请求权；占有人返还原物的请求权，自侵占发生之日起1年内未行使的，该请求权消灭。

4.占有的取得可分为直接占有的取得和间接占有的取得。

第一节　占有概述

一、占有的概念和性质

占有是对物在事实上的占领、控制。占有的标的以物为限，因而物之外的财产（如专利）只能成立准占有，而不能成立占有。

在现代民法上，占有成为独立于所有权及他物权的一项制度，无论是所有权人的占有，还是非所有权人的合法占有、非法占有等，均受到占有制度的保护。《物权法》之前，我国倾向于占有为所有权的一项权能，并未承认占有作为一项独立的制度。其后，《物权法》第五编第十九章专门规定了占有制度，占有遂逐渐成为一项独立的制度，《民法典》沿袭之。

由于占有是在事实上对物的管领、控制，因此它不要求占有人有占有物的权利。至于根据什么标准确认占有人在事实上对物有管领、控制，应当从人对物的空间、时间的支配来具体确认。在空间上，物应当处于人的力量作用的范围内始得谓占有，如房屋、土地因使用而占有，放置在家中的衣物、家具等财产属于主人占有；在时间上，人对物的某种支配应当持续一定的时间方为占有，如仅是暂时的接触，就只是持有而不是占有，如主人请客，客人对餐具虽有使用，但不能认为是占有。持有，在法律上不能得到占有的保护，它不能如同占有移转或者继承，也不得如同间接占有依抽象状态而成立。

占有人的占有，并不以占有人对于物的亲自支配为必要。占有人基于某种法律关系，通过他人为媒介，也可以成立占有。这主要有两种情况：一是占有人依辅助人而成立的占有，如雇主依雇员占有机器；二是间接占有，如承租人直接占有租赁物,出租人则为间接占有。

二、占有的种类

依占有的不同状态,可以将占有分为不同的种类。

1.自主占有与他主占有。这是以占有人的意思为标准进行的分类。自主占有是指以物属于自己所有(所有的意思)的占有;无所有的意思,仅于某种特定关系支配物的意思的占有是他主占有。

自主占有中的“所有的意思”,是指具备所有人占有的意思,不必是真正的所有人或者要求其自信为所有人。因此,所有人对其物的占有为自主占有,盗贼对于盗赃的占有亦为自主占有。至于他主占有,如宅基地使用权人对于宅基地的占有,承租人对于租赁物的占有,质权人对于质物的占有。

自主占有与他主占有区别的意义在于,作为所有权取得的时效要件的占有和先占要件的占有,应当是自主占有。另外,在占有物毁损、灭失时,自主占有人与他主占有人的责任范围不同。

2.直接占有与间接占有。这是以占有人在事实上是否占有物为标准进行的分类。直接占有是指在事实上对物的占有,如居住房屋、穿着衣服,都是直接占有;间接占有是指基于一定法律关系,对于事实上占有物的人(直接占有人)有返还请求权,因而间接对物管领的占有。间接占有的特点在于间接占有人与直接占有人间存在特定的法律关系,基于这种法律关系,间接占有人对于直接占有人有返还请求权。例如,质权人、承租人、保管人基于质权、租赁、保管法律关系占有标的物,是直接占有人,而享有返还请求权的出质人、出租人、寄托人为间接占有人。

直接占有与间接占有区别的意义在于这两种占有的取得手段不同,保护方法也不一样。

3.有权占有与无权占有。这是根据进行的占有是否依据本权所作的分类。所谓本权,是指基于法律上的原因,可对物进行占有的权利,如所有权、地上权、质权、留置权等。有权占有即指有本权的占有,如地上权人依地上权对土地的占有;无权占有是指无本权的占有,如拾得人对于遗失物的占有。

有权占有与无权占有区别的意义在于:无权占有人在本权人请求返还原物时,有返还的义务;作为留置权要件的占有,限于有权占有。

4.善意占有与恶意占有。这是对无权占有依占有人的主观心理状态的不同所作的分类。善意占有是占有人不知其无占有的权利的占有;恶意占有是占有人知道其无占有的权利的占有。

善意占有与恶意占有区别的意义在于:取得时效中善意占有与恶意占有的期间不同,即时取得以善意占有为要件;善意占有与恶意占有受保护的程度不同。

5.无过失占有与有过失占有。这是对善意占有的再分类,以占有人不知其无占有的权利有无过失为区分标准。无过失占有是占有人不知且不应知其无占有的权利的占有;有过失占有是占有人应当知道但因过失不知其无占有的权利的占有。无过失占有与有过失占有区别的意义在于:不动产取得时效期间不同;无过失占有与有过失占有在占有效力上也有重大不同。

6.无瑕疵占有与有瑕疵占有。无瑕疵占有是指善意且无过失、和平、公然、持续地占有;有瑕疵占有是指恶意且有过失、暴力、隐秘、间断地占有。无瑕疵占有与有瑕疵占有区别的意义在于:时效取得中的占有必须是无瑕疵占有。

第二节 占有的效力和保护

一、占有的推定

(一)事实的推定

依据证据法的原则,任何人为了自己的利益主张事实存在的,须负举证责任。但对于占有,各国法律规定了一些事实推定,免除占有人的举证责任。首先,推定占有人是以所有的意思或者为自己而占有；其次，在占有前后两个时期，有占有证据的，推定其为继续占有。

占有的状态不同，其效力各异。但如果要对占有的各种状态一一证明，不仅事实上做起来困难，而且与将占有与本权分离受独立保护的意旨相矛盾。所以为保护占有人起见，法律应基于社会生活的一般情况，为占有人设各项推定，免除其举证责任。这种推定应当包括：推定占有人以所有的意思，善意、和平及公然占有；在占有的前后有占有的证据时，推定其为继续占有。

（二）权利的推定

占有制度的目的，在于通过对外形的占有事实的保护，确保交易安全。因此，占有的效力必有权利的推定，即推定占有人对占有物行使的权利合法。当然这种法律的推定也有其事实的基础，即依一般情形而论，占有人是基于本权而占有，没有权利而进行占有的只是例外。占有人既有占有的事实，一般也有占有的权利，故权利的推定是法律就一般情形而为的推定。

因占有所推定的权利，其范围有多大？由于不动产以登记为物权公示方法，登记的效力自然要强于占有的推定，所以就不动产而言，这种权利的推定没有什么实际意义。就动产而言，这种推定的权利范围，只要是该权利系对标的物占有的权利（不得占有标的物的权利不在此限）为占有人所行使的，无论为物权（所有权、质权、留置权）还是债权（租赁使用权、借用权）均可。例如，占有人在其占有物上行使所有权时，即推定其有所有权；行使质权时，即推定其有质权；行使借用权时，即推定其有借用权。

权利推定的效力，可以分为以下几点来说明：（1）受权利推定的占有人，免除举证责任，即在其有无实体权利争议时，占有人可以直接援用该推定对抗相对人，无须证明自己是权利人。当然在相对人提出反证时，占有人为推翻该反证，仍须举证。（2）权利的推定，不仅权利人自己可以援用，第三人也可以援用。例如，从占有人处借用物的人，在物的真正所有人要求其返还时，该借用人也可援用借用人以占有人身份所受的所有人推定，此时所有人要求返还原物，必须证明自己的所有权方可。（3）权利的推定，一般是为占有人的利益，但在特定情况下为其不利益时也可以援用，例如，推定物的占有人为物的所有人时，则物上负担，如税收，亦应由占有人负担。（4）权利的推定属于消极性的，占有人不得利用此项推定作为其行使权利的积极证明。

二、占有人与返还请求权人的关系

占有人与返还请求权人的关系，是指无权占有在有请求人返还占有物时所发生的权利和义务关系。这种关系经常会与无因管理、侵权行为、合同解除等制度发生竞合，这时应适用何种规定，当事人可以自由选择。至于基于某种法律关系或者法律规定而发生返还关系，如基于质权、留置权等物权关系，或者基于租赁、借用等债的关系，或者基于无因管理、不当得利、侵权行为等法律规定而将占有物返还于权利人的关系，应当依其基本法律关系或者法律规定进行，不需要另行规定，所以不在此处说明。

1.占有人对物的使用、收益。善意占有人对于占有物的使用、收益，应依其推定的权利进行。这种推定的权利种类，应视占有人对于占有物所行使的权利种类为限。例如，所行使的是租赁使用权，即推定其有租赁使用权。善意占有人即以其受推定的权利，对占有物使用、收益。但是，善意占有人的这种使用、收益权，必须是其受推定的权利在内容上具有使用、收益的权能。如果受推定的权利不具有使用、收益权能，如质权、留置权，占有人即无使用、收益权。

善意占有人对于占有物的使用、收益，应当依物的用途，按法律所不禁止的方法进行。不动产或者动产被占有人占有，权利人可以请求返还原物及其孳息，但应当支付善意占有人因维护该不动产或者动产支出的必要费用。

恶意占有人在返还占有物时应返还占有物的孳息。如果孳息被消费了，因过失而损失了，或者应当收取而没有收取时，恶意占有人应当赔偿损失。

2.占有人在占有物毁损、灭失时的赔偿责任。在占有物毁损、灭失的时候，占有人对于返还请求人负有赔偿责任。这种责任的范围因占有人是善意的还是恶意的有所不同。

善意占有人因使用占有的不动产或者动产，致使该不动产或者动产受到损害的，善意占有人不承担赔偿责任，恶意占有人应当承担赔偿责任。

占有的不动产或者动产毁损、灭失，该不动产或者动产的权利人请求赔偿的，占有人应当将因毁损、灭失取得的保险金、赔偿金或者补偿金等返还给权利人；权利人的损害未得到足够弥补的，恶意占有人还应当赔偿损失。

3.占有人请求偿还费用的权利。占有人在占有标的物期间对物支出了费用，依其性质为必要费用还是有益费用，以及占有是善意还是恶意，其请求偿还费用的范围也不一样。

善意占有人对于因保存物所支出的必要费用，即为维持物的现有状态，预防其毁损、灭失的费用，有权请求偿还。

善意占有人还可请求偿还有益费用，即为改善占有物所支出的费用。但只能在占有物现存价值的范围内请求偿还；如果增加的价值已不存在了，就不能请求偿还。这是因为有益费用不同于必要费用，并不是一种不得已的支出，而是取决于占有人的意志，因此这种费用完全由返还请求人承担是不公平的。

恶意占有人则只能请求偿还必要费用，对于有益费用不能请求偿还。

三、占有的保护

占有为一种既成的事实，即使这种事实与其他当事人的权利相抵触，也不应再受到非法行为的侵害。例如，甲侵占（如偷窃）了乙的电视机，丙不能因甲是无权占有再去侵夺。因此，对占有的保护，就是对社会安宁、稳定的保护。

占有人对于非法行为的侵害，有自力救济权和占有保护请求权。

（一）占有人的自力救济权

占有人在其占有受到侵害时，如果侵害人没有比占有人更强的权利，则占有人有权依其占有进行自力救济。

占有人的自力救济权包括：（1）自力防御权。占有人对于侵夺或者妨害其占有的行为，如侵入占有人的房屋，可以以自己的力量进行防御，如将侵入者驱逐出房屋。自力防御权的行使，重在占有的事实状态，因此只有直接占有人可以行使，间接占有人无此权利。（2）自力取回权，即占有人对于被他人侵夺的占有物，有权取回。例如，占有人的动产被他人非法侵夺时，占有人可以当场或者追踪取回。

（二）占有保护请求权

占有保护请求权是占有人的占有被非法侵害时，占有人可直接对侵害人，也可向人民法院提起保护其占有的请求权。该请求权主要有以下四项：（1）占有物返还请求权。占有人在其占有物被侵夺时，有权请求返还其占有物。我国《民法典》第462条第2款规定，占有人返还原物的请求权，自侵占发生之日起1年内未行使的，该请求权消灭。（2）排除妨害请求权。占有人在其占有受到妨害使占有人无法完全支配其占有物时，占有人有权请求排除妨害。（3）消除危险请求权。在他人的行为还没有对占有人造成现实的妨害，只是有妨害的可能时，占有人也可以请求预防这种妨害的发生。（4）损害赔偿请求权。因侵占或者妨害造成损害的，占有人有权依法请求损害赔偿。

占有人依据其占有保护请求权提起的诉讼称为占有之诉，它以维护占有人对物的事实的支配为目的。与占有之诉不同，本权之诉则以确定权利、义务关系为目的。因此，占有之诉与本权之诉两不相妨，即占有人如果是有权占有，可以提起占有之诉，也可以提起本权之诉。二者可以分别提起，也可以同时提起。但本权之诉属于终局的保护，它在某种情况下具有决定性的作用。例如，在本权之诉中，已经确认了他人对物的占有权，占有人就不能再提起占有之诉。

第三节 占有的取得和消灭

一、占有的取得

占有的取得，从占有的事实状态而言，即为占有的发生。占有的取得方式因占有是直接占有还是间接占有而不同。

（一）直接占有的取得

1.直接占有的原始取得。直接占有是事实上对物的管领、控制，因此只要并非继受他人的占有而对物具有事实上的支配力时，就是原始取得对物的占有。例如，对无主物的先占，对遗失物、漂流物的拾得，都属于直接占有的原始取得。

由于直接占有的原始取得纯属于事实行为，不是民事法律行为，因此不要求取得这种占有的人具有相应的行为能力，无行为能力人也可以依其行为直接取得对物的占有。另外，这种占有的取得方法并不一定是要求对物直接施加自己的力量，只要将物置于自己的控制范围内，即可认为取得了对物的占有。例如，对于房屋并不是要使用才为占有，只要上锁不使他人擅自进入，就是占有了房屋。再如，将物品放在家中，或者搁置在隐蔽的场所，都是占有了该物品。

2.直接占有的继受取得。直接占有的继受取得是指由他人的移转而取得的占有。其主要原因有让与和继承。

让与是依当事人移转占有的行为而取得的占有。对于占有的让与，当事人须有让与占有的意思，而且经常伴有其他法律关系，即经常与所有权或者其他对占有物的权利（如地上权、质权）的设定或者让与同时进行。对于占有的让与，还必须有占有物的交付，主要是现实交付，也可以是简易交付、占有改定。由于占有是对物的事实的支配，因此无论是动产还是不动产，都是依交付而移转占有，不动产占有的移转不存在登记的问题。

占有可以依继承关系由被继承人移转于继承人。依继承取得的占有，是权利义务概括继承的结果，因此继承人取得的占有，在种类、状态、瑕疵等方面，都与被继承人的占有相同。

（二）间接占有的取得

1.间接占有的原始取得。间接占有的原始取得是指创设取得间接占有。创设方法有以下几种：

（1）直接占有人为自己创设间接占有。直接占有人可以将其占有移转给他人，从而为自己创设间接占有。例如，所有人为他人设定地上权、质权、租赁使用权，由地上权人、质权人、承租人取得对物的直接占有，而所有人自己享有对物的返还请求权，成为间接占有人。

（2）直接占有人为他人创设间接占有。这种创设的间接占有，多是依占有改定的方式进行的。例如，甲把自己的自行车卖给乙，但甲还需要使用该自行车，于是与乙订立借用或租赁合同，使乙取得对自行车的间接占有。

2.间接占有的继受取得。间接占有的继受取得是指基于他人的移转而取得的占有，主要有让与和继承两种方式。

间接占有的让与是以指示交付的方式，将其间接占有让与他人。例如，出借人（间接占有人）将借用物的所有权转让给他人时，不需要将物取回后再将物交付于受让人，只要将对于借用人的返还请求权让与受让人即可，这时受让人就继受取得其间接占有。

间接占有是一种占有，自然也可以依继承取得，但继承人同时应继承占有的瑕疵。

二、占有的消灭

占有的消灭，是占有人丧失了对物的事实上的管领、控制。但这里的消灭，应指确定地丧失了对物的占有。如果仅仅是一时不能实行其管领、控制，如物被他人侵夺，占有并不丧失。

占有的消灭，应当以占有人是否仍有事实上的管领、控制为依据。所以，如果基于占有人的意思，如将物交付给他人，抛弃对物的占有，或者非基于占有人的意思，如占有物被盗、遗失，占有人丧失了对物的管领、控制，占有即归于消灭。

占有物灭失，占有人事实上的支配已无所凭借，占有亦消灭。

至于间接占有，在占有人丧失了对物的返还请求权时，其占有消灭。

【本章主要法律规定】

《民法典》第458～462条

本编重点、难点与疑点辨析

现代物权法所呈现的基本趋势是，从静态归属转向动态流转，从尊崇对物的所有转向凸显对物的利用，即不再止步于定分止争，而是日益强调物尽其用。在我们国家，上述特征基于土地的公有制显得更加顺理成章。传统民法所推崇的“堡垒”式所有权，甚至“所有权拜物教”，正系统性地转变为“市场”中不断流动的所有权。传统民法上“上达天宇，下至地心”的绝对化所有权观念，逐渐受到抑制，分享式的用益物权、共享式的现代共有制度，不断冲刷绝对化所有权的“堤坝”，最低共识业已达成：所有权负有义务。

加之物权客体虽然局限于有体物，但是不断向无体物漫射，个人信息、虚拟财产、数字货币等新型财产形式不仅物权法无法全面覆盖，即便是已经是民事特别法的知识产权法一时之间也难以在制度层面上予以迅捷回应。这些新型财产形式不只停留为背景，更重要的是将持续构成物权法制度意义上的“试金石”。此外，担保物权几乎纯粹得益于市场的主动塑造，此一部分异常活跃，虽为从属性制度，却不断推陈出新。

从历年真题角度，考查“静态物权”，主要侧重于构造相对丰富的具体制度，比如动产交付、不动产登记、建筑物区分所有权、共有、占有等；而直接考查构造相对简单的物权概念的，占比较小，比如较少直接考查建设用地使用权、土地承包经营权等的概念内涵。考查“动态物权”是常态。一方面，物权变动等动态流转制度本身内涵丰富、与实践的结合程度极高，容易成为考查的重点；另一方面，担保物权等制度，通过与民法其他制度（尤其合同制度）的结合，往往成为考查的疑难点。具体分述如下。

一、物权编的重点：物权类型、物权变动与担保物权

就篇章结构而言，民法物权编的重点在第七章和第十章。

1.关于物权类型。第七章第二节为物权的类型，涉及物权编几乎全部的静态物权概念及其内容，即第七章第二节是第八章“所有权”、第九章“用益物权”、第十章“担保物权”和第十一章“占有”及各章项下子类型的概览图。换言之，从权利内容角度，应当以第七章第二节为基础，系统地掌握整个物权编各章节涉及的静态概念及规则体系。依据物权法定原则，物权的类型和内容由法律规定，即物权的类型法定和内容法定。我国《民法典》物权编经由总则编，法定的物权类型为所有权、用益物权和担保物权三类；所有权又区分为国家所有权、集体所有权和私人所有权，或者单独所有权、建筑物区分所有权、相邻关系与共有；用益物权区分为土地承包经营权、建设用地使用权、宅基地使用权、居住权和地役权；担保物权区分为抵押权、质权和留置权；单独的占有制度。对于如数的具体物权子类型，应当从静态概念和内容角度，予以全面细致地掌握。

需要注意的是，现代法上物权法定主义呈现一定的缓和趋势。一方面，虽然《民法典》未允许法律之外（包括习惯）创设物权，但创设物权之法律并不限于民法典。另一方面，既有物权子类型内部，也体现了物权严格法定主义一定程度上的开放性，比如精准而言，地役权的内容并不容易法定；再如，预告登记制度、《民法典》第388条对其他担保合同（乃至其他担保物权）的开放。

2.关于物权变动。第七章第三节为物权的变动，物权变动是物权编的重点，也是物权理论的重点。物权变动采公示公信原则，涉及动产与不动产的区分，涉及登记要件主义和登记对抗主义，涉及物权行为理论的争议，涉及所有权的特别取得方法，等等。我国《民法典》物权编区分动产与不动产的物权变动，采取不同的公示方法，即动产采交付、不动产采登记。一方面，动产除了现实交付之外，还有占有改定、简易交付等替代方法；不动产则除了采取登记要件主义（如建设用地使用权、居住权、不动产抵押权的设立流转）之外，兼采登记对抗主义（如土地承包经营权、地役权的设立流转）。另一方面，除了特殊动产之外，普通动产抵押或权利质押等情形，也开始一般性地采用登记制度。

3.关于担保物权。第十章为担保物权。担保物权是传统民法和现代司法实践中最活跃的领域。我国《民法典》物权编更是博采众长，兼收大陆法系和英美法系的实践结晶。传统民法理论，主要聚焦于法定担保物权和意定担保物权两类。法定担保物权主要是留置权（建设工程价款优先权也在范围内），意定担保物权主要是抵押权和留置权。但是现代法上，让与担保、所有权保留、反向抵押等非典型担保以及新型交易形式融资租赁、保理等实质担保，对于担保物权制度的型塑，日渐呈现重要性。而动产质权领域，又包容了权利质权，权利质权本身具有极大的开放性，比如有价证券的质押、应收账款的质押、股权的质押乃至知识产权的质押等，底层质押客体的权利属性与质权属性交融，无疑使担保物权制度异常开放活跃的同时，日趋疑难化。

二、物权编的难点：建筑物区分所有权、共有与占有

就篇章结构而言，《民法典》物权编的难点在第八章和第十一章，即物权编不易理解的制度有三：建筑物区分所有权、共有与占有。

1.关于建筑物区分所有权。第八章第三节为业主的建筑物区分所有权。目前我国理论上较为主流的学说认为，建筑区分所有权系属三权合一：专有权、共有权与成员权。建筑物区分所有权之所以不易理解，原因在于其并不在传统物权的范围内。基于居住和可登记性，将空间从技术上人为区隔为独立的物权客体，是对传统物权理论的挑战。建筑物区分所有权就实然层面的规则体系而言，已经不局限于物权编层面，究其原因，一方面，其涉及共管协议，即债法层面上的共同法律行为；另一方面，业主大会及业主委员会等治理方式，已经进入民事主体法范畴。

2.关于共有。第八章第五节为共有。共有，传统民法上是单独所有权的例外，然而，现代法上，共有很难说仍然是一种临时状态或仅仅是一种例外；相反，在强调分享、共享乃至物尽其用的现代社会，纯粹的单独所有权有时恰恰非属常态，举凡按份共有、建筑物区分所有权、夫妻共有、合伙共有、家庭共有、继承共有乃至公司股权、合伙份额等，无不体现共有的潜在性和普遍性。不只如此，共有本身也已经不局限于物权领域，而是向主体法漫射，上述共有类型无不涉及特定的主体法类型，比如合伙、夫妻、家庭、公司、业主团体等。共有对主体法、对商法、对婚姻家庭法等的辐射性，进一步要求物权编共有制度的强解释力，也增加了理解、掌握的难度。

3.关于占有。第十一章为占有。占有在理论上的疑难，在于应当将其性质界定为事实还是权利；而就占有与本权关系而言，本权属性已定的情况下，究竟有无必要再规定单独的占有制度。一般观点认为，专门规定占有制度，或者说本权之外单独保护占有，其动机在于对于和平秩序的维持。对于占有的实体规则，我国《民法典》物权编基本上还是“仿照”物权予以构造，尤其占有请求权与物权请求权几无差异。

三、物权编的疑点：“一物二卖”与无权处分

就篇章结构而言，物权编的疑点散见于第七章、第八章和第十一章；同时，物权编除了形式上的疑点之外，还存在实质上的疑点，后者是对整个物权编制度的一种纵向测试。物权编形式上的疑点，主要是物上请求权、不动产善意取得与权利质权；物权编实质上的疑点，主要是“一物二卖”与无权处分。具体而言：

1.关于物权编形式上的疑点。第七章第四节为物权的保护，其中，物上请求权（或称物权请求权）是物权编最典型的物权保护方法；理论上，对于物上请求权的属性存在争议，其属性也直接影响诉讼时效是否适用等问题。第八章第六节为所有权的特别取得方法，最为重要的是，阐述了系统的善意取得制度；其中，不动产善意取得制度，与不动产登记的公信力，存在规范上的重叠，值得慎思明辨。第十章第三节为质权，《民法典》在动产质权之后规定了权利质权，权利质权融合了多种其他权利类型，债权（应收账款）、股权（公司法）、有价证券（票据法、海商法、证券法等）、知识产权等，皆可为质，其公示方法及规范结构，易生疑义。

2.关于物权编实质上的疑点。传统物权理论中的疑难问题，仍然可以用来测度物权编立法及理论的科学性。传统物权理论中最大的疑难是物权行为理论，《物权法》出台乃至《物权法》整体编入《民法典》物权编，也未能一锤定音，物权行为独立性（或曰分离原则）与物权行为无因性（或曰抽象原则）在可见的未来仍然可能会不断被提起、反复被重述。与之相关，理论和实践中，用于测试各国物权制度公允性的疑难案型，尤其“一物二卖”与无权处分，也将以各种不同的潜在或变型，纵向上型塑物权编的各项具体制度，“牵一发”以“动全身”。

第三编*

合　　同

本编导读

《民法典》合同编调整因合同产生的民事关系，下设通则、典型合同、准合同三分编。合同编与物权编共同构成财产关系的基本规则体系，并通过合同一般规则对身份关系协议及非合同之债的准用规定发挥债法总则的功能。合同编是《民法典》中条文数量最多的一编，既继受了原《合同法》的体例和内容，又对既有合同制度与规则进行了全面完善与多处创新。本编对债的一般原理和合同的概念与分类作了介述，继而按照《民法典》合同编的编排体例依次对合同的一般规则、各种典型合同和准合同（不当得利、无因管理）予以阐述。

债是特定民事主体之间请求为或不为一定行为的民事关系。债的关系，因含有行为人法效意思而区别于好意施惠关系。债权为请求权，具有相对性、相容性、平等性和期限性，债权与物权在权利客体、性质、义务主体等方面存在差异。债务可分为主给付义务、从给付义务与附随义务，不同义务类型之间在发生根据、功能、违反后果方面存在差异。债务与民事责任既有区别又有联系。债的客体为特定的给付，包括交付财物、转移权利、提供劳务、完成工作成果、承担清偿风险和不作为等。债的发生原因包括合同、单方允诺、侵权行为、无因管理、不当得利及法律规定的其他原因。债按照不同标准，可被分为意定之债与法定之债、按份之债与连带之债、主债与从债等不同类型。

合同是民事主体之间设立、变更、终止民事法律关系的协议，是债的最重要发生原因。按照不同标准，合同可分为双务合同与单务合同、有偿合同与无偿合同、诺成合同与实践合同、有名合同与无名合同、一时性合同与继续性合同、本约与预约等不同类型。预约在成立标准与违约责任方面均有其特殊性。

* 本编涉及《合同编通则解释》相关内容由王利明撰写。

合同订立可以采用书面形式、口头形式和其他形式。合同条款可分为必要条款与一般条款、明示条款与默示条款、格式条款及非格式条款等。合同一般通过要约与承诺的方式订立。要约是由要约人向承诺人发出的包含订立合同的意图且内容具体确定的意思表示。要约邀请是希望他人向自己发出要约的意思表示，主要包括拍卖公告、招标公告、招股说明书等。承诺是由受要约人在合理期限内作出的与要约内容一致的意思表示。受要约人对要约的内容作出实质性变更的，视为新要约而非承诺。合同订立还包括确认书、悬赏广告、招标投标、拍卖、强制缔约等特殊方式。合同于承诺生效时成立，采取招标、拍卖方式订立的合同的成立时间有其特殊性。合同的解释，应综合运用文义解释、体系解释、目的解释、习惯解释、诚信原则解释等一般解释方法，并适用“尽量做有效解释”“无偿合同中做有利于债务人解释”规则。采用格式条款订立的合同，需遵循特别的订入规则、无效规则及解释规则。合同订立过程中，一方因违反诚实信用原则所负义务而致另一方信赖利益和固有利益损失，应承担缔约过失责任。第三人实施欺诈、胁迫行为，使当事人在违背真实意思的情况下订立合同，受到损失的当事人有权请求第三人承担赔偿责任。合同的有效要件包括行为人具有相应的民事行为能力、意思表示真实及内容合法。对于合同效力的认定，除适用民事法律行为效力的一般规定外，尚需适用有关无权代理的默示追认、无权处分、越权缔约、超越经营范围缔约、免责条款及合同争议解决条款的具体效力规则。

合同的履行是债务人自觉实现给付的行为。合同履行的一般规则涉及履行主体、履行标的、履行期限、履行地点、履行方式等方面，有约定的依照约定，无约定的依照交易习惯或《民法典》的规定确定。对于以物抵债，应区分债务履行期“届满前”与“届满后”两种情形适用不同规则。电子合同、执行政府定价或政府指导价合同、选择之债、多数人之债及涉他合同均有其特殊履行规则。对第三人代为履行，应明确“对合同履行有合法利益的第三人”的范围。债权人合并、分立或者住所变更未通知债务人致使债务履行发生困难的，债务人可以中止履行或者将标的物提存。提前履行和部分履行，应根据是否损害债权人利益确定债权人是否有权拒绝受领。双务合同履行中的抗辩权基于合同牵连性发生，包括同时履行抗辩权、不安抗辩权和先履行抗辩权。同时履行抗辩权的行使条件包括双方当事人基于同一合同互负债务且双方债务具有相应性、双方债务没有先后履行顺序且均已到期、对方未履行债务或履行债务不符合约定、对方债务可能履行，其效力是债务人有权拒绝履行全部或部分债务。不安抗辩权的行使条件是双方当事人基于同一合同互负债务且双方债务具有相应性、双方债务有先后履行顺序且均已到期、后履行债务人有丧失或可能丧失债务履行能力的情形，其效力包括中止履行和解除合同两个层次。先履行抗辩权的行使条件是双方当事人基于同一合同互负债务且双方债务具有相应性、双方债务有先后履行顺序且均已到期、对方未履行债务或履行债务不符合约定、对方债务可能履行，其效力是拒绝对方的全部或部分履行请求。情势变更的构成要件包括合同的基础条件发生了当事人订立合同时无法预见的重大变化、该变化不属于商业风险范畴内的价格涨跌、该变化发生于合同成立之后履行完毕之前、该变化是当事人在订立合同时无法预见的且不可归责于当事人。此时继续履行合同对当事人一方明显不公平，情势变更的效力包括对方负有再交涉义务和请求人民法院或者仲裁机构解除或变更合同。

合同的保全制度是合同对外效力的体现，包括债权人代位权制度与债权人撤销权制度。债权人代位权成立的要件包括债权人对债务人享有到期债权、债务人对第三人享有债权或与该债权有关的从权利、债务人怠于行使其对第三人的权利、债务人怠于行使其权利影响债权人债权的实现。债权人对专属于债务人自身的权利不得主张代位权。债权人应以自己的名义通过诉讼方式行使代位权。债权人行使代位权，第三人得向债权人主张其对债务人的抗辩。债权人撤销权成立的要件包括债权人对债务人享有债权且成立于债务人实施诈害行为前、债务人实施了诈害行为以及相应的主观要件。债权人应以自己的名义通过诉讼方式行使撤销权，被撤销行为自始无效。合同的担保包括人的担保、物的担保和金钱担保。定金可分为立约定金、成约定金、解约定金、违约定金，不同类型的定金具有不同功能和法律效力。

合同的变更，是指合同内容的局部变更，包括协议变更和裁判变更。合同变更不同于合同更改。合同的转让包括债权转让、债务转移和债的概括承受。债权让与以“通知债务人”为对债务人发生效力的条件，在债权多重让与的情形下，应当依法确定债权的归属。债务转移以债权人同意为对其发生效力的条件。债务转移与债务加入具有不同法律效力。债务加入人在履行债务后，对债务人应享有追偿权。债的概括承受主要发生于合同承受和企业合并情形。代为清偿的适用条件包括依债务的性质可由第三人代为清偿、债权人与债务人之间无不得由第三人代为清偿的约定、债权人没有拒绝代为清偿的正当理由，债务人也无提出异议的正当理由、第三人必须有为债务人清偿的意思。合同的解除包括法定解除与约定解除，法定解除必须具备法律规定的特定事由并采取适当的解除方式。合同解除发生合同终止的法律效果，并根据合同的性质不同而确定合同解除有无溯及力。合同解除不影响当事人的违约责任。法定抵销须满足“双方债务标的物种类、品质相同且均已到期”的要件，约定抵销则不受此限制。侵害人身权益产生的债权，侵权人不得主张抵销。抵销权的行使不具有溯及力。诉讼时效期间届满的主动债权不得自动产生抵销的效力。提存应符合因债权人的原因导致“难以履行债务”的法定事由，并采取适当方式。提存在债务人与债权人之间、提存人与提存部门之间以及债权人与提存部门之间发生一定法律效力。债务免除需符合一定的条件，不得损害第三人利益。债权债务涉及第三人利益的，不因混同而消灭。

违约行为分为实际违约和预期违约，实际违约包括拒绝履行、迟延履行、不适当履行；预期违约包括明示预期违约与默示预期违约。违约责任具有补偿性和一定程度的任意性。违约责任的免责事由包括不可抗力和免责条款，第三人原因并非违约责任的免责事由。违约责任承担方式主要包括继续履行、违约金和损害赔偿，对金钱债务均可请求继续履行，非金钱债务的继续履行责任受到一定限制。

非金钱债务不能适用继续履行责任致使不能实现合同目的的，可适用合同裁判解除规则。违约损害赔偿的范围需受到完全赔偿、合理预见、过失相抵、损益相抵、减轻损失等规则的调整。替代交易规则是确定可得利益损失的重要规则。违约金可分为约定违约金与法定违约金、补偿性违约金与惩罚性违约金。约定违约金低于或过分高于违约所造成的损失时，当事人可请求法院或仲裁机构予以调整，即根据违约损失情况“予以增加”或“予以适当减少”，但恶意违约的一方不得请求调整违约金。延期履行违约金不影响继续履行责任的承担。违约金一般不得和定金同时适用。

转移财产权利的合同包括买卖合同、赠与合同、借款合同、租赁合同和融资租赁合同。买卖合同中出卖方负有交付标的物并移转所有权的义务，且当标的物存在质量瑕疵、权利瑕疵时，出卖方应当承担违约责任。买卖合同标的物风险的负担原则上以交付为判定标准，但存在若干例外情形。买卖合同中当事人可以约定在买受人履行支付价款或其他义务前出卖人保留标的物的所有权，但未经登记不得对抗善意第三人。分期付款买卖、凭样品买卖、试用买卖、商品房买卖合同各有其特殊规则。赠与合同是诺成合同，赠与人负有转移标的物所有权的义务和一定条件下的瑕疵担保义务。赠与人可通过行使任意撤销权、法定撤销权和穷困抗辩权终止赠与合同。借款合同一般为诺成合同，但自然人之间的借款合同为实践合同。贷款人负有按照约定提供借款的义务，借款人负有按照约定用途使用借款及按期归还借款本金和利息的义务。民间借贷纠纷的处理应适用相关司法解释的规定。租赁合同中，出租人负有交付出租物、维修出租物及瑕疵担保义务，承租人负有支付租金、按照约定的方法使用租赁物、妥善保管租赁物及通知等义务。转租、买卖不破租赁及房屋承租人的优先购买权是租赁合同中的特有规则，相关司法解释确立了房屋租赁合同纠纷的裁判规则。融资租赁合同中租赁物风险的负担及租赁物所有权的归属具有特殊性。

完成工作交付成果的合同包括承揽合同和建设工程施工合同。承揽合同中，承揽人负有按约定完成工作、提供或接受原材料、及时通知和保密等义务并对工作成果享有留置权，定作人负有按照约定提供材料、支付报酬等义务并享有合同任意解除权。建设工程施工合同是长期性合同和继续性合同，其无效事由包括非法转包、违法分包、承包人未取得或超越相应资质、没有资质的实际施工人借用有资质的建筑施工企业名义、应招标而未招标或中标无效、未取得建设工程规划许可证等审批手续。建设工程施工合同无效时，应区分建设工程经验收是否合格而处理折价补偿、修复费用承担等问题。发包人负有不得违法发包、工程验收等义务，承包人负有按照施工图纸进行施工、保修等义务。建设工程承包人对建设工程折价或拍卖的价款享有优先受偿权。

提供劳务的合同包括保理合同、运输合同、保管合同、仓储合同、委托合同、物业服务合同、行纪合同及中介合同。保理合同必须具备的要素是应收账款债权的转让，但仅此不成立保理合同；保理合同包括业务类型、服务范围、服务期限、基础交易合同状况、应收账款信息、保理融资、服务报酬及其支付方式等主要内容；在保理合同中，存在虚构债权保理、应收账款转让后的通知、追索权以及多重保理等重要规则。运输合同区分为客运合同与货运合同，当事人根据运输合同的类别不同而有不同的权利义务。多式联运合同有其特殊法律规则。保管合同中，保管人负有给付保管凭证、妥善保管、不得使用保管物、返还保管物等义务，寄存人负有支付报酬、告知、及时领取保管物、贵重物品声明等义务。法定保管合同和消费保管合同是保管合同的特殊类型。仓储保管合同中，仓储人负有接受和验收存货人的仓储物入库、填发和交付仓单、妥善保管仓单、危险通知、返还仓储物及容忍义务，存货人负有按照合同约定交存仓储物、告知义务和处置危险物品、支付仓储费及其他必要费用、及时提取仓储物之义务。法律对仓储合同没有规定的，适用保管合同的一般规定。委托合同可分为无偿委托与有偿委托、特别委托与概括委托、另行委托、转委托及共同委托等类型。委托合同中，受托人负有依委托人指示处理委托事务、亲自处理委托事务、报告委托事务、交付取得财产、谨慎处理及披露第三人之义务。委托人负有支付费用、支付报酬、赔偿义务。委托人享有介入权，第三人享有选择权，双方当事人享有任意解除权。委托合同可因法定解除、单方解除、当事人死亡等事由终止。物业服务合同中，物业服务人负有亲自提供物业服务、按约定和物业使用性质妥善提供物业服务、信息公开和报告等义务。业主负有接受物业服务、支付物业费用及告知义务。行纪合同中，行纪人负有为委托人从事贸易活动、遵守指示、妥善保管等义务，享有报酬请求权、介入权、提存权及留置权。委托人负有及时受领委托物、支付报酬之义务，享有验收权及损害赔偿请求权。中介合同中，中介人负有忠实、报告等义务，委托人负有支付费用、报酬等义务。

技术合同可分为技术开发合同、技术转让合同、技术许可合同、技术咨询合同和技术服务合同等类型。委托开发所完成的发明创造，除当事人另有约定的以外，申请专利的权利属于研究开发人。合作开发所完成的发明创造，申请专利的权利属于合作开发的各方共有。委托开发或合作开发完成的技术秘密成果的使用权、转让权和利益的分配办法，由当事人约定。没有约定或约定不明确，依《民法典》第510条的规定仍不能确定的，当事人均有使用和转让的权利。职务技术成果的使用权、转让权属于法人或者非法人组织。技术开发合同履行过程的风险，如无明确约定，又不能根据《民法典》第510条确定的，由双方合理负担。除有《民法典》规定的法律行为无效的一般情形外，非法垄断技术或者侵害他人技术成果的技术合同无效。

保证合同是单务、无偿合同，机关法人、以公益为目的的非营利法人、非法人组织不得作为保证人。保证方式可以分为一般保证与连带保证，一般保证人享有先诉抗辩权。保证方式不明的，推定为一般保证。债权人必须在保证期间内要求保证人承担保证责任，保证期间经过，保证人不再承担保证责任。在当事人未约定保证担保的范围时，依《民法典》第691条的规定加以确定，包括主债权及其利息、违约金、损害赔偿金和实现债权的费用。保证人可以主张债务人对债权人的抗辩。债务人放弃抗辩的，保证人仍有权向债权人主张抗辩。债务人对债权人享有抵销权或者撤销权的，保证人可以在相应范围内拒绝承担保证责任。保证人在承担保证责任之后，对债务人享有追偿权。保证责任可因保证合同无效、主债变更、抗辩权行使、物的担保优先及债权人放弃或怠于主张权利而免除。合伙合同中的合伙财产包括合伙人的出资、因合伙事务依法取得的收益及其他财产。合伙事务执行的三种方法包括全体合伙人共同执行、委托一个或者数个合伙人执行、合伙人分别执行。合伙人对合伙债务承担连带责任。清偿合伙债务超过自己应当承担份额的合伙人，有权向其他合伙人追偿。

准合同包括不当得利和无因管理。不当得利成立要件包括一方取得财产利益、一方受有损失、取得财产利益与受有损失间有因果关系、没有法律上的根据。为履行道德义务进行的给付、债务到期之前的清偿、明知无给付义务而进行的清偿及不法原因给付不能成立不当得利之债。不当得利可分为给付型不当得利与非给付型不当得利。给付型不当得利包括自始欠缺给付目的、给付目的嗣后不存在及给付目的不达三种情形。非给付型不当得利包括基于受益人行为、基于受损者行为、基于第三人行为、基于法律规定和基于事件五种情形。不当得利的返还范围根据得利人是否善意而有不同，善意受益人的返还范围以现存利益为限，恶意受益人应返还所有利益，利益已不存在的，恶意受益人对此承担损害赔偿义务。第三人返还时，其范围限于受领人因无偿让与所免除的返还义务。无因管理是一种事实行为，成立要件包括管理他人事务、为他人利益的意思、无法律上的原因。对他人事务的管理，对管理人没有管理义务的判断应采客观标准。无因管理之债中，管理人负有适当管理、继续管理、通知、报告与移交等义务，并承担义务违反的赔偿责任；管理人享有管理费用、债务清偿、损失补偿等请求权。

第十二章
债与合同概述

本章主要内容提示

1.债是特定民事主体之间请求为或不为一定行为的民事法律关系。债的关系不同于好意施惠关系，二者主要区别在于施惠人不具有法效意思。

2.债权为请求权，具有相对性、相容性、平等性和期限性。债权与物权在权利客体、性质、义务主体等方面存在差异。

3.债务包括给付义务和附随义务，给付义务包括主给付义务和从给付义务。给付义务与附随义务在发生根据、功能、违反后果等方面存在差异。债务与民事责任既有联系又有区别。

4.债的客体为特定的给付，包括交付财物、移转权利、提供劳务、完成工作成果、承担清偿风险和不作为等。

5.债的发生原因具有多样性，包括合同、单方允诺、侵权行为、无因管理、不当得利及法律规定的其他原因。

6.意定之债与法定之债、按份之债与连带之债、主债与从债、合同之债与非合同之债等不同债的类型，在内容和效力等方面存在差异。

7.合同是民事主体之间设立、变更、终止民事法律关系的协议。区分双务合同与单务合同、有偿合同与无偿合同、诺成合同与实践合同、有名合同与无名合同、一时性合同与继续性合同，本约与预约等不同合同类型，具有重要意义。

第一节　债的概述

一、债的概念和特征

（一）债的概念

债是特定民事主体之间请求为或者不为一定行为的财产法律关系。在债的关系中，一方享有请求对方为或者不为一定行为的权利，即债权，该方当事人称为债权人；另一方负有向对方为或者不为一定行为的义务，即债务，该方当事人称为债务人。债的概念是民法对同质性（法律效果相似）财产法律关系的高度抽象。不同的法律事实，无论是行为还是事件，合法行为还是不法行为，只要依民法规范在特定民事主体之间独立地（并非依附于其他民事权利）发生请求为一定行为或者不为一定行为的财产法律关系，此种法律关系即属于债的关系。

债的关系不同于好意施惠关系（也称情谊关系）。所谓好意施惠，是指基于道义而实施某项惠及他人的行为，如帮人捎带物品、替人照看儿童、请客吃饭、好意搭载等。二者的主要区别在于，好意施惠的行为人主观上仅有负担某种道义责任的意思，并无确立某种民事法律关系、使自己承担法律上的义务的意思（法效意思），因此行为人的施惠允诺对其没有法律拘束力，也不因为未践行其允诺而承担法律责任；而债的关系则是一种受法律保障的权利义务关系，债务的违反将产生法律责任。例如，非营运汽车让他人免费搭乘是一种施惠行为，将乘车人送至特定地点仅是驾车者的道义责任，而不是法律义务；而出租车载客则在驾驶人与乘客之间形成债的关系（运输合同关系），双方均负有一定的法律义务。区分债的关系与情谊关系，关键在于行为人有无受法律约束的意思，对此应根据诚实信用原则与一般交易观念，结合具体情势予以认定。如乙多次受邻居甲之托在某营业处为其无偿代购彩票，某日甲交钱于乙并告知所选数字托其购买，但乙因忙于他事而遗忘此事，该期彩票开奖后甲得知其所选数字中了大奖，遂要求乙赔偿。此例中，应当认为乙无偿为甲代购彩票属于一种情谊行为，其并无受法律约束的意思，由于忘记购买彩票而承担赔偿责任也不属于可合理期待乙承担风险的范畴（应由甲自担风险），故不应支持甲的索赔请求。需要注意的是，某些情形下，情谊行为可能产生一定的保护义务，施惠方如违反该义务造成受惠方损害，应依法承担侵权责任，例如，自愿为邻居照看小孩者因疏忽使孩子摔伤；再如，《民法典》第1217条规定，非营运机动车发生交通事故造成无偿搭乘人损害，属于该机动车一方责任的，机动车使用人应当承担赔偿责任。

（二）债的特征

债作为民事法律关系的一种，除具有民事法律关系的共同属性外，还有以下特征。

1.债反映财产流转关系

债是民法调整财产流转关系的结果。财产关系依其形态可分为财产归属、支配利用关系和财产流转关系。前者为静态的财产关系，后者为动态的财产关系。物权关系、知识产权关系反映财产的归属和支配利用关系，债的关系反映的是财产利益从一个民事主体移转到另一民事主体的财产流转关系。在民事权利体系中，债权属于财产权，应当以财产性给付为内容。由此，凡不具备财产内容的“给付”（如恢复名誉、赔礼道歉），均应排除出债之关系（如侵权损害赔偿是一种债的关系，但并非所有侵权责任均属于债的范畴）。

2.债为特定民事主体之间的民事法律关系

债的关系中权利主体和义务主体都是特定的，债权人只能向特定的债务人主张权利，债务人也只对特定的债权人承担义务。这种权利义务的相对性，是债的关系与物权关系、知识产权关系以及继承权等关系的重要区别。需要指出的是，债的主体的特定化，并不排除在特殊情形下债的效力及于当事人之外的第三人（如次债务人），也不排除债的主体的变更（债权人更换和债务人替代）。另外，并非发生于特定民事主体之间的法律关系均为债的关系，婚姻、收养、监护关系受亲属法调整，由此产生的请求权不属于债权范畴；物权请求权、知识产权请求权也不是债权。

3.债的目的须通过债务人的特定行为（给付）实现

不同民事法律关系的目的不尽相同，权利人实现其利益的方式也有所不同。债的目的是一方从另一方取得一定的财产利益。这一目的，只能通过债务人的给付才能实现，没有债务人为其应为的特定行为，债权人的权利（利益）便不能实现，因此给付是债的概念中最为核心的内容。而在物权关系、知识产权关系中，权利人可以直接通过自己的行为实现其权利，无须借助于义务人的给付行为。

4.债的效力具有平等性

相较于物权，债权具有在效力上具有平等性。在同一债务人负担多笔债务时，不论各笔债权彼此成立的时间是否存在差别，抑或是在数额上是否存在差异，其效力均不存在差别。但平等性也存在例外，主要有以下几种情形：（1）当债务人的责任财产不足以清偿全部债务时，享有担保物权的债权人可以就担保财产主张优先受偿；(2)当发生动产多重买卖时，依据最高人民法院《关于审理买卖合同纠纷案件适用法律问题的解释》(以下简称《买卖合同司法解释》)第6条、第7条之规定，各买受人主张标的物的债权之间存在顺序上的先后差异；(3)当发生一房数租时，依据最高人民法院《关于审理城镇房屋租赁合同纠纷案件具体应用法律若干问题的解释》(以下简称《城镇房屋租赁合同司法解释》)第5条的规定，各承租人主张实际使用该房屋的债权之间存在顺序上的先后差异。

5.债的发生原因具有多样性

债的关系可因合法行为而发生，也可因不法行为而发生。对于合法行为设定的债，法律并不限定其类型和内容，而是任由当事人自行设定。反观物权关系、知识产权关系，一般只能因合法行为而发生，并且其类型和内容具有法定性，当事人不得任意设定法律未作规定的物权和知识产权。在传统的民法体系之中，债的类型主要包括合同之债、侵权之债、不当得利之债、无因管理之债、缔约过失之债等类型，但随着社会的发展与进步，又出现了新的债之类型，如法定补偿义务等。

(三)债权与物权的区别

债权与物权是对财产权利的基本分类，二者之间主要存在如下区别：

1.权利客体不同

债权以债务人的给付行为作为客体，如交付标的物、提供劳务等。而物权的客体主要为作为有体物的不动产和动产，在法律有明确规定时财产权利亦可成为物权的客体，如权利质权即以特定财产权利为客体，抵押权也可设立于建设用地使用权等用益物权之上。

2.权利性质不同

债权属于请求权，而物权则属于支配权。债权系特定的债权人请求特定的债务人为一定行为或者不为一定行为的权利，其必须以相对人的行为作为实现权利的必要手段，若相对人不予配合，则请求权将无法得到实现。与此不同，物权系直接对某物进行支配并排除他人的非法干涉，故物权的实现不要求义务人为某种积极之行为，只需要不特定的义务人均不为侵害物权之行为即可。

3.义务人不同

债权是对人权、相对权，物权是对世权、绝对权。债权是对人权、相对权意味着其义务人为特定的主体，原则上债权人只得向特定的债务人主张权利，而不得向债务人之外的第三人主张权利。根据《民法典》第593条的规定，即便因第三人的原因造成债务人违约的，也应由债务人承担违约责任，至于债务人与第三人的关系则另行解决。与此相反，物权作为对世权、绝对权，其义务人是一切不特定之人，即除物权人之外的其他一切主体均负有不得侵害物权人之物权的义务。不仅如此，当物权遭受侵害时，物权人得直接向造成损害之人主张损害赔偿而无须受制于特定的法律关系。

4.权利的优先顺序不同

债权具有平等性，物权具有优先性。如前文所述，债权具有平等性，无论其成立的时间、数额如何均平等一体受偿。但物权则具有优先性，其优先效力表现为对外的优先效力以及对内的优先效力。对外而言，当同一个物上同时存在物权与债权时，物权得优先于债权实现。对内而言，当同一物上存在多项他物权时，则应当按照法律的规定或各项物权的成立时间确定权利实现的优先顺序。

5.是否须为公示不同

债权具有非公开性，而物权则具有公示性。债权只存在于特定的相对人之间，其不具有公开性，设立、变更、消灭债权均不需要以公示作为其生效要件。正是基于此，侵害债权原则上不成立侵权责任，除非故意以违背善良风俗之方法侵害他人的债权。物权因其排他效力较强，因此基于法律行为的物权变动原则上均以公示作为其生效要件。若当事人希望通过法律行为发生物权变动而没有完成公示，则只能基于该法律行为产生债权的效力，不能发生物权变动的效力。

6.产生原因不同

债权可以由当事人自由约定，物权则实行法定主义。前文述及债权的发生原因具有多样性的特征，其中合同之债系基于当事人的自由意思而产生，且其内容主要由当事人自行约定。但在我国，物权的种类与内容均需由法律明文规定，当事人不得通过约定创设法律未规定的物权种类，也不得通过约定增加或者限制物权的内容。

二、债的要素

债的要素，即债的法律关系构成所必须具备的元素，包括债的主体、债的内容和债的客体。

(一)债的主体

债的主体也称债的当事人，是指参与债的关系的双方或多方民事主体，即债权人和债务人。其中，享有权利的一方当事人称为债权人，负有义务的一方当事人称为债务人。在我国民法上，自然人、法人、非法人组织均可成为债的主体。

在债的关系中，任何一方主体都可以为一人，也可以是数人。当债权人或债务人一方为多数人时，即形成了多数人之债。在某些债中，债的一方当事人仅享有权利而不负担义务，即仅充任债权人，另一方当事人则相反；而在多数情况下，债的当事人双方都既享有权利又负担义务，既是债权人又是债务人。

(二)债的内容

债的内容，是指债的主体所享有的权利和负担的义务，即债权和债务。

1.债权。《民法典》第118条第2款规定，债权是因合同、侵权行为、无因管理、不当得利以及法律的其他规定，权利人请求特定义务人为或者不为一定行为的权利。

(1)债权具有以下特征：

①债权为财产权。债权以实现一定的经济利益为目的，是一种重要的财产权利，因此，债权可以转让、继承，与具有专属性的人身权具有明显的区别。债权作为一种财产，本身可以成为交易的对象，《民法典》不仅对传统意义上的债权转让进行了规定，还对商业社会中所出现的债权保理行为进行规制，将保理合同作为一种典型合同纳入合同编。基于其财产权属性，债权也可作为担保物权客体，如应收账款质押即属于债权质押范畴。

②债权为请求权。债权是典型的请求权，债权人取得其利益，只能通过请求债务人给付来完成。债权人既不能直接支配债务人应给付的特定物，也不能直接支配债务人的人身。但债权与请求权并不相等。一方面，民法上的请求权不仅有债权请求权，还有物权请求权、知识产权请求权、人身权请求权等；另一方面，债权除请求权外，尚有受领权等内容，“债权为请求权”是针对债权的核心权能而言的。

③债权为相对权。债是特定主体之间的法律关系，债权人只能向特定的债务人主张权利，即请求特定债务人为或不为一定行为，对于债务人以外的第三人，债权人不得主张权利。因此，债权为相对权，或称为对人权。此点区别于物权、知识产权、人身权等以不特定人为义务人的民事权利(称为绝对权或对世权)。但在特定情形下，债权的相对性可以被突破，即对第三人具有效力，如利他合同中第三人对债务人享有直接请求权，经预告登记的不动产买卖合同之债权具有对抗第三人的效力，债权保全(债权人代位权、债权人撤销权)制度都体现了债的对外效力。

④债权具有相容性和平等性。债权的相容性和平等性，是指对同一债务人、同一给付可以成立内容相同的数个债权(如一物数卖形成的数个债权)，并且其相互间是平等的，在效力上不存在排他性和优先性。因此，在债务人破产清算时，债务人的各个普通债权人无论其债权发生先后，均可按比例参加破产财产的分配。与此相反，物权具有排他性和优先性，即在同一物上不能成立内容不相容的数个物权(尤指所有权)，同一物上有数个物权(尤指担保物权)时，其效力有优先与劣后之分。但在债权平等原则之外，基于特定的立法政策可以使某类债权的效力处于优先位阶，如受担保物权担保的债权、破产程序中的职工工资等债权、承包人的建设工程价款债权、海商法上具有优先受偿效力的债权等。

⑤债权为有期限权利。一方面，债权多具

有履行期限，在履行期限到来之前，债权人不能请求债务人履行债务，债务人也不必履行债务。另一方面，行使债权须受诉讼时效的限制，而所有权和人格权则不同，所有权为永久性权利，人格权也不得附有期限。

（2）债权的内容或权能主要包括以下几个方面：

①请求权。债的关系有效成立后，债权人享有请求债务人依照债的内容实行给付的权利。债权人利益的实现，并非基于其直接支配债务人的人身或财产，而需借助于债务人自主实施的给付行为。债权人欲实现其利益，必先向债务人请求给付。因此，给付请求权是债权的核心权能，从债权效力的角度看，为债权的请求力。

②受领权。债务人履行债务时，债权人有权予以接受，并保持因债务人的履行所得的利益。接受债务人的履行并永久保持因债务人的履行所得利益，是债权的本质所在，也是债权人所追求的最终结果。此项权能体现在债的效力上，为债权的保持力。

③救济权。若债务人不履行债务，债权人有权依法采取一定的救济措施以保障其债权的实现，包括自力救济和公力救济。前者称为债权的自力实现力，即通过自助行为保障债权的实现，如债权人行使解除权之行为。而公力救济则主要指当债务人不履行债务时，债权人可以请求有关国家机关通过运用公权力强制债务人履行债务。

债权的上述三项权能中，请求权具有形式上的意义，受领权具有实质性意义，救济权则是债权人在债务人不履行债务时通过自身行为或借助于国家强制力实现债权的法律手段。一项债权若具备上述各项权能，即意味着其具有可实现性，称为完全债权，否则称为不完全债权。例如，经过诉讼时效的债权、破产程序中债务人的债权等，均属不完全债权。

2.债务。债务是指债务人依当事人约定或法律规定应为特定行为的义务。债务的内容可以表现为实施特定的行为（作为义务），也可以表现为不实施特定的行为（不作为义务）。债务具有以下几个特征：

（1）债务具有拘束性。与债权作为权利不同，债务是一种义务。债权作为一种权利，债权人既可以决定主张权利，亦可选择不行使权利，其属于“可为模式”。而债务则属于“应为模式”，其属于义务的一种，因此债务人必须依照债权人的要求履行债务，其没有选择的余地。在债务人不履行债务或者履行债务不符合约定时，债权人可以请求其承担相应的债务不履行的责任。

（2）债务具有相对性。基于债的相对性原理，债务也属于一种具有相对性的义务，即债务人仅向特定人承担义务。此处“特定人”既可以是债权人，亦可以是债权人所指定的特定的第三人，如在向第三人履行的合同中债务人应向第三人完成给付。与此同时，债务人也是特定的，债权人只能要求特定的债务人完成给付。

（3）债务的内容包括作为与不作为。债务的内容可以划分为两大类：一为作为义务，其中包括向债务人交付一定的财物或者提供一定的劳务；二为不作为义务，而不作为义务又可被划分为单纯的不作为义务（如竞业禁止义务）和容忍义务（如允许他人在自己的土地上通行）。

债务与民事责任既有联系，又有区别。罗马法时代并未区分债务与责任，日耳曼法则对二者予以区分，前者指“当为”之状态，后者指对于债务的拘束状态即债务之担保。在德国民法中，责任仍属债法范畴，意指违反债务而产生的损害赔偿义务，债务人应以全部财产为之担保，债权人得请求强制执行。我国民法对二者予以区分，《民法典》总则编第八章为“民事责任”，第176条规定：“民事主体依照法律规定或者依照当事人约定，履行民事义务，承担民事责任”（债务属于“民事义务”范畴）；第七编采用了“侵权责任”的概念，其外延超出了债务范畴。一般而言，民事责任是违反民事义务或侵害民事权益的法律后果，包括违约责任、侵权责任、缔约过失责任等。

依据不同的标准，可以将债务划分为不同的类型：

（1）作为债务与不作为债务。以债务人所

为的给付内容的不同，可以将债务区分为作为债务和不作为债务。作为债务是以债务人积极的履行某种交付财物或者提供劳务行为为内容的债务。不作为债务是以债务人消极的不为一定的行为为内容的债务（如合伙合同中约定各合伙人负有不得与合伙为同业竞争之义务）。

（2）完全债务与不完全债务。以债务的效力不同，可以将债务区分为完全债务和不完全债务。完全债务是指在法律上具有完全效力的债务，债务人不履行该债务的，债权人可以诉请公权力强制其履行。不完全债务是指效力不齐备的债务，此时债务人可以对抗债权人的权利主张。如诉讼时效经过的债务，债务人取得时效抗辩权，当债权人主张权利时，债务人可以对抗债权人从而拒绝履行义务。

（3）主给付义务、从给付义务与附随义务。现代债法强调义务群的概念，在合同义务群中除主给付义务与从给付义务之外，还存在另一类基于诚实信用原则而产生的附随义务。主给付义务，是指债所固有的和必备的并用以决定债的类型的基本义务。如买卖合同中出卖人所负的交付出卖物及移转其所有权的义务和买受人所支付价款的义务，租赁合同中出租人交付租赁物的义务和承租人支付租金的义务，均属主给付义务。从给付义务，是指不具有独立意义，仅具有辅助主给付义务功能的义务，其存在的目的不在于决定债的类型而在于确保债权人利益能够获得最大满足。从给付义务的发生，有的是基于法律的明文规定，如出卖人交付标的物有关单证和资料之义务、承揽人的保密义务、保管人给付保管凭证的义务；有的是基于当事人的约定，如股权转让合同中约定转让方提供公司客户名单的义务；有的是基于诚实信用原则，如玉石、名马出卖方应交付有关标的物品质、血统的文件。所谓附随义务，是指在债的关系发展过程中，债务人在给付义务之外，基于诚实信用原则，根据债的性质、目的和交易习惯而应履行的义务，如通知义务（《民法典》第590条第1款、第723条第2款）、告知义务（《民法典》第622条第2款）、协助义务（《民法典》第741条、第778条）、保密义务（《商业银行法》第29条）、保护义务（《民法典》第822条）等。

给付义务与附随义务的区别，就主给付义务而言表现在以下几个方面：从产生时间看，主给付义务在合同成立时即已确定，附随义务则随着合同关系的发展逐渐产生；从功能目的上看，主给付义务旨在实现给付利益，附随义务旨在维护对方的人身和财产权益；从违反义务后果看，不履行主给付义务将产生违约责任，且可能产生债权人解除权，不履行附随义务可能发生违约责任与侵权责任的竞合，但一般不能构成债权人行使解除权事由；从能否独立诉请履行看，对于主给付义务债权人可独立诉请债务人履行，对于附随义务则不能（但是因违反附随义务产生的损害赔偿请求权具有可诉性，当事人约定将本属于附随义务之事项作为从给付义务的，该义务也具有独立可诉性）。就从给付义务而言，其与附随义务的区别在于：发生原因不同（前者依据法律规定和合同约定，后者依据诚实信用原则）；功能不同（前者功能在于辅助主给付义务从而实现给付利益，后者在于维护对方的人身和财产权益）；违反后果不同（前者一般仅产生违约责任，后者多产生违约责任与侵权责任的竞合）；能否独立诉请履行不同（前者可独立诉请，后者则否）。

（4）原给付义务与次给付义务。给付义务还可分为原给付义务与次给付义务。原给付义务又称第一次给付义务，是指作为债的本体内容的给付义务；次给付义务又称第二次给付义务，是指在原给付义务履行过程中因特定事由而产生的与原给付义务并存或替代原给付义务而独立存在的义务。例如，在买卖合同中，卖方负有交付标的物并移转标的物所有权的原给付义务，若原给付履行不能或履行迟延，即可能产生支付违约金、赔偿损失等次给付义务。原给付义务与次给付义务的主要区别在于，前者存在履行期限问题而无诉讼时效问题，后者则适用诉讼时效的规定（保险合同中的保险金给付义务适用诉讼时效）。

（5）先合同义务与后合同义务。在合同法上的义务体系中，除给付义务和附随义务外，还存先合同义务和后合同义务。先合同义务是指当事人在合同订立阶段基于诚实信用原则所负的义务，如告知（信息披露）义务、保护义务、保密义务等。后合同义务是指在合同关系消灭后，原当事人基于诚实信用原则和交易习惯所负的义务，如标的物提存后的通知义务、保险人行使代位权时被保险人的协助义务、医师完成诊疗后的保密义务、劳动合同终止后劳动者的竞业禁止义务等。先合同义务和后合同义务的区别在于：存在时间不同（前者存在于合同订立阶段，后者存在于合同关系终止之后）；产生原因不同（前者基于诚实信用原则产生，后者的产生依据包括诚实信用原则、交易习惯、当事人约定等）；功能不同（前者旨在维护当事人在缔约阶段的信赖利益，后者旨在维护给付效果即履行利益）；违反的后果不同（违反先合同义务产生缔约过失责任，违反后合同义务产生违约责任或违约责任与侵权责任竞合）。

（6）不真正义务。在债的关系中，还存在一种债务范畴之外的不真正义务。所谓不真正义务，也称间接义务，是指相对人不得诉请履行，违反该义务并不发生赔偿责任，而仅使义务人承担某种不利益后果的行为要求。例如，《民法典》第591条规定，当事人一方违约后，因此受到损失的另一方应当及时采取措施防止损失的扩大，没有及时采取措施致使损失扩大的，无权就扩大的损失要求赔偿；《保险法》第52条规定，在合同有效期内，保险标的的危险程度显著增加的，被保险人应当按照合同约定及时通知保险人；被保险人未履行通知义务的，因保险标的的危险程度显著增加而发生的保险事故，保险人不承担赔偿保险金的责任。此类要求，既可以说是一项义务，也可以说是一项损害赔偿限制规则。例如，被保险人对保险标的危险程度显著增加的情事负有通知义务。

（三）债的客体

债的客体也称债的标的，是指债务人依当事人约定或法律规定应为或不应为的特定行为，统称为给付。

作为债的客体的给付具有以下几个特点：第一，合法性。给付应当满足合法性的要求，非法的行为不能成为债的客体，如毒品的交付、性服务的提供等。第二，确定性。给付的内容必须是确定的，否则当事人的债权债务无法明确。第三，财产性。给付的内容应体现一定的财产利益，此点使债权有别于其他请求权（如人格权请求权）。

债的标的不同于标的物。前者是指债的关系的构成要素，即给付本身，属行为范畴；后者则是债务人的行为所作用的具体对象，即给付的对象。债的标的为一切债的关系所必备，而标的物则仅在以交付财物、交付金钱为给付内容的债中存在，在单纯提供劳务的债中，其本身即足以完成给付，不必另有标的物。

给付的形态，主要有以下几种：

1.交付财物。在买卖、互易、租赁、保管等合同之债以及返还不当得利等债的关系中，均以财物的交付为给付的具体形态（不当得利为非实物形态者除外）。

2.支付金钱。金钱在法律上被视为特殊的物，在债的履行以及不履行时的责任构成上具有自身特点。在转移财产、提供劳务等合同之债（如买卖合同、租赁合同、建设工程合同）以及侵权和违约赔偿等领域，支付金钱得到了广泛应用。

3.移转权利。移转权利，是指将某项财产权利移转于对方当事人或第三人，如所有权、债权、知识产权、名称权、股权的移转。

4.提供劳务或服务。提供劳务，有的表现为以自己的劳力供债权人消费（如雇佣），有的表现为以自己的设备为债权人提供服务（如运送物品），有的是以自己的知识或技能为他人提供服务（如技术指导、疾病诊治）。劳务的提供多与债务人的人身不可分离，因而法律禁止以人身奴役性和违背善良风俗的劳务提供作为债的标的。

5.完成工作提交成果。提交工作成果即债务人以自己的劳力、技术、智能等为债权人完成一定的工作，并向债权人提交工作成果，如加工承揽、建筑安装、技术开发等。

6.承担替代清偿或赔偿风险。在保证合同中，保证人仅在主债务人未履行债务的情形下承担替代清偿责任，其给付义务是负担因主债务人未履行义务而使自己承担替代清偿责任的风险；保险合同中，保险人所负给付义务是负担保险因标的发生保险事故而赔偿被保险人损失的风险。

7.不作为。不作为即不为一定的行为，包括单纯的不作为和容忍。例如，不为营业竞争、不泄露商业秘密等。

三、债的发生

债的发生，是指基于一定的民事法律事实，依法在民事主体之间形成债的关系。

债的发生原因主要有以下几种。

（一）合同

合同是债的最常见、最重要的发生原因。《民法典》第464条第1款规定：合同是民事主体之间设立、变更、终止民事法律关系的协议。依此定义，合同既包括民事主体之间设立、变更、终止债权债务关系的协议（统称债权合同），也包括民事主体之间设立、变更、终止其他民事法律关系的协议（如收养协议、婚前财产协议、离婚协议）。作为债的发生原因的合同，包括《民法典》合同编所规定的各种典型合同，以及《民法典》其他各编规定的有关债权债务关系的合同或协议（如物权编中的建设用地使用权出让合同、居住权合同、地役权合同、抵押合同、质押合同，人格权编中的肖像许可使用合同）。

（二）单方允诺

所谓单方允诺，是指行为人向相对人作出的为自己设定某种义务、使对方取得某种权利的意思表示。依意思自治原则，民事主体可基于某种物质上或精神上的需要为自己设定单方义务，同时放弃对于他方当事人的对价请求。因此，单方允诺能够引起债的发生。较为常见的单方允诺有：(1)遗赠。遗赠是指被继承人通过订立遗嘱将其个人财产赠给国家、集体或者法定继承人以外的人，于其死亡后生效的单方法律行为。继承开始后，受遗赠人有权要求遗嘱执行人按照遗嘱内容向其交付遗产，从而形成债的关系。(2)票据行为。票据行为是指以发生票据上的债务为目的的民事法律行为，通说认为属于单方法律行为。票据行为经行为人以签章形式作出意思表示而成立，使行为人对持票人负有按票据文义支付金钱的义务，即票据债务。(3)其他行为。如代理权的授予、设立幸运奖等。对于悬赏广告，各国立法例中有的采单独行为说，有的采合同说（或称要约说），我国《民法典》在“合同的订立”一章中对其作出规定。

（三）侵权行为

侵权行为，是指不法侵害他人民事权益的行为。依法律规定，侵权行为发生后，加害方负有赔偿受害人损失等义务，受害人享有请求加害人赔偿损失等权利。这种特定主体之间的权利义务关系，即侵权行为之债。侵权行为之债是合同之债以外的另一类较为常见的债，它由非法行为引起，依法律规定而产生，以损害赔偿为主要内容。需要指出的是，虽然在传统民法上侵权行为是债的发生原因之一，但我国立法仍采用了“侵权责任”概念，并在《民法典》中设立“侵权责任编”，由此产生“侵权行为之债”与“侵权责任”的关系问题。一般认为，“侵权行为之债”与“侵权责任”并非同一概念，侵权损害赔偿本质上是一种债的关系，但某些侵权责任形式（如消除影响、恢复名誉）并不属于债的范畴。

（四）无因管理

无因管理，是指没有法定的或约定的义务，为避免他人利益受损失而管理他人事务的行为。无因管理一经成立，在管理人和本人之间即发生债权债务关系，管理人有权请求本人偿还其因管理而支出的必要费用，本人有义务偿还，此即无因管理之债。无因管理之债与合同之债一样，都是因合法行为而发生的，二者的根本区别在于合同之债为意定之债，无因管理之债为法定之债。

（五）不当得利

不当得利，是指没有法律根据而获得利益并使他人利益遭受损失的事实。依法律规定，取得不当利益的一方应将所获利益返还于受损失的一方，双方因此形成债权债务关系，即不当得利之债。不当得利之债与侵权行为之债、无因管理之债同属法定之债，其特点在于，它既不像合同之债那样基于当事人的合意而成立，也不像侵权行为之债那样因不法行为而发生，又不像无因管理之债那样因事实行为而发生，而是基于当事人之间的利益发生不当变动的法律事实（事件）而发生。

（六）其他原因

除上述发生原因外，债的关系还可因其他法律事实而产生。例如，因缔约过失，可在缔约当事人之间产生债权债务关系（《民法典》第500条）；因拾得遗失物，可在拾得人与遗失物的所有人之间产生债权债务关系（《民法典》第314～317条）；因防止、制止他人合法权益受侵害而实施救助行为，可在因此而受损的救助人与受益人之间产生债的关系（《民法典》第183条）；等等。

四、债的分类

债根据不同的标准可以划分为不同种类。

（一）意定之债与法定之债

按照债的设定及其内容是否允许当事人以自由意思决定，债可以分为意定之债与法定之债。意定之债，是指债的发生及其内容由当事人依其意愿自主决定的债。合同之债和单方允诺之债均为意定之债。法定之债，是指债的发生及其内容均由法律予以规定的债。侵权行为之债、无因管理之债和不当得利之债均属法定之债。

区分意定之债与法定之债的意义在于：前者贯彻意思自治原则，在债的客体、内容及债务不履行的责任等方面均可由当事人约定；而在后者中，债的发生及效力均由法律规定。

（二）特定物之债与种类物之债

根据债的标的物的不同属性，债可划分为特定物之债与种类物之债。以特定物为标的的债称为特定物之债，以种类物为标的的债称为种类物之债。在前者中，债发生时，其标的物即已特定化；在后者中，债成立时其标的物尚未特定化，甚至尚不存在，当事人仅就其种类、数量、质量、规格或型号等达成协议。

种类物之债的标的物虽然在债的关系成立时是种类物，但在债的履行时必须特定化。种类物之债特定化的方式包括以下几种：

1.依当事人的约定和债务人的同意而特定。基于意思自治原则，一方面，种类物之债可以基于当事人的约定而特定化；另一方面，种类物之债也可以依照债权人的同意而特定化，债权人对债务人指定交付的某个标的物作出了事前的同意或者事后的认可。

2.依债务人的行为而特定。若债权人与债务人没有约定标的物特定化的方法，则该标的物在债务人履行时被特定化。至于债务人的履行行为达到何种程度方可认定为特定化的问题上，依照通说观点，在当事人无约定时，只有债务人通过装袋、贴标签等方式，将标的物与其他种类物相分离，并就该事项通知债务人时，方可认定标的物特定化。

当种类物之债中对种类物特定化后，该种类物之债转化为特定物之债。此时，原则上不应该再允许变更，不过当事人双方可以通过协商对已经确定的标的物进行变更。

特定物之债与种类物之债的区别在于以下几点：

1.标的物不同。种类物之债以交付种类物为其客体，故其标的物一般具有可替代性。特定物之债中其标的物既可以是特定物，也可以是种类物，即便为种类物的，在种类物被特定化之后，债务人原则上也只能交付该特定化后的标的物，而不得以其他标的物进行替代。

2.成立条件不同。由于特定物之债中标的物不具有可替代性，因此在债之关系成立时，当事人无须就标的物的数量、质量等作出特别约定，债务人只需交付该特定物即可。但在种类物之债中，由于标的物并不确定，因此当事人需就标的物的数量作出约定，否则该种类物之债不能成立。

3.是否发生履行不能不同。由于种类物不具有可替代性，即使债务人的种类物发生毁损、灭失，债务人也可以以其他同类标的物进行替代，因此种类物之债原则上不发生履行不能。但特定物与此不同，其标的物具有不可替代性，当该标的物发生毁损灭失时，发生履行不能，债务人负担的交付该标的物的义务消灭。且在买卖合同中，只有特定物的风险可能发生转移，种类物在被特定化之前，其风险恒定的由出卖人承担。

4.风险移转时间不同。在法律规定或当事人约定的情况下，特定物之债的标的物的所有权可自债成立时发生转移，标的物意外灭失的风险随之转移，而种类物之债的标的物的所有权及其意外灭失风险则不能于交付之前转移。

（三）单一之债与多数人之债

根据债的主体双方是单一的还是多数的，债可分为单一之债与多数人之债。单一之债，是指债的主体双方即债权人和债务人均为一人的债；多数人之债，是指债权人和债务人至少有一方为二人或二人以上的债。

区分单一之债和多数人之债，有助于准确地确定债的当事人之间的权利义务关系。在单一之债中，当事人之间的权利义务关系较为简单明了。多数人之债则既涉及债权人与债务人之间的权利义务关系，又涉及多数债权人之间或多数债务人之间的权利义务关系，其法律关系较为复杂，因而需要进一步予以区分规制。

（四）按份之债与连带之债

对于多数人之债，根据多数一方当事人之间权利义务关系的不同状态，可分为按份之债与连带之债。

按份之债，是指债的多数人一方当事人各自按照确定的份额享有权利或者承担义务的债。在按份之债中作为客体的给付标的必须是可分的，每个债权人均按照特定的份额行使权利，而债务人则按照特定的份额承担债务。《民法典》第517条规定：债权人为二人以上，标的可分，按照份额各自享有债权的，为按份债权；债务人为二人以上，标的可分，按照份额各自负担债务的，为按份债务。按份债权人或者按份债务人的份额难以确定的，视为份额相同。可见按份之债可以分为按份债权与按份债务。

（1）按份债权。按份债权是指两个或两个以上的债权人按照各自的份额享有债权。作为按份之债的一种类型，按份债权的成立需要满足以下要件：首先，债权人必须是两个或者两个以上的民事主体。其次，债的标的具有可分性，如在金钱给付之债中，各金钱给付的内容即具备可分性。再次，各债权人之间所享有的债权份额源于当事人之间的约定或者法律的规定。最后，各债权人按照确定的份额享有债权，即各按份债权人只能按照其享有的债权份额请求债务人履行债务，也只能在其享有的债权份额之内受领债务人的履行。对于超出其债权份额之外，按份债权人既无权请求债务人履行义务，也无权受领债务人的履行。当按份债权人超出其份额受领债务人的履行时，其受领无法律上的原因，构成不当得利。此外，按份债权人在其债权份额之内可以对债务人作出免除、抵销的意思表示，但其处分范围仅限于自己的债权份额，不得对其他按份债权人产生影响。

（2）按份债务。按份债务是指两个或者两个以上的债务人按照份额各自分担债务所形成的多数人之债。在按份债务之中，债务人只按照自己的债务份额负担清偿义务，对于超出自己债务份额的部分，不负担履行义务。按份债务的成立需要满足以上几个条件：首先，债务人必须是两个或者两个以上的民事主体。其次，债的标的具有可分性。最后，各债务人之间负担的份额来自当事人的约定或者法律的直接规定，在通常情况下，按份债务人之间的份额难以确定的，视为份额相同。对外而言，按份债务人按照确定的份额承担责任，除其自愿代其他按份债务人偿还债务之外，对于超出份额的债务没有履行义务。与此同时，若债权人免除某一债务人的债务或者抵销时，免除、抵销的效力只能及于特定的按份债务人，对其他债务人不产生影响。按份之债是多数人之债一般形态，当不存在法律的明确规定或者当事人的约定时，对于多数人之债应当认定为按份之债（《民法典》第518条第2款）。

连带之债，是指债的多数人一方当事人之间有连带关系的债。享有连带权利的每个债权人都有权要求债务人履行债务，而负担连带债务的每个债务人都负有清偿全部债务的义务。依据《民法典》第518条的规定，债权人为二人以上，部分或者全部债权人均可以请求债务人履行债务的，为连带债权；债务人为二人以上，债权人可以请求部分或者全部债务人履行全部债务的，为连带债务。连带债权或者连带债务，由法律规定或者当事人约定。

连带之债的成立需要具备以下要件：首先，债的主体为二人以上，包括债务人为二人以上或债权人为二人以上。其次，多数债权人或者多数债务人之间具有连带关系，所谓连带关系，是指对于当事人中一人发生效力的事项对于其他当事人同样发生效力。但是需要注意，尽管连带之债在外部关系上具有连带性，但其内部却有份额的划分，也就是对内而言，应当按照法律的规定或者当事人的约定来分配当事人之间的权利或义务。再次，连带之债应以同一给付为标的，数个当事人之间成立连带关系的原因在于其共同承担的给付义务或者享有的请求给付的权利是同一的，至于给付内容是否可分，则非连带之债考虑的因素。最后，连带之债的产生需存在法律的明确规定或者当事人的约定。鉴于连带之债加重了单个债务人履行债务的负担，因此其成立须具有正当性，正当性的来源可以是法律的明确规定，如共同侵权所形成的连带之债，亦可以为当事人的约定。

连带之债可分为连带债权与连带债务。

（1）连带债权。连带债权是指具有连带关系的多个债权人之间享有的债权。其与按份债权的主要区别在于，各个连带债权人均可单独请求债务人承担全部债务，并可接受债务人的全部履行，债务人向任何一个连带债权人完成履行的，该连带债权消灭。

（2）连带债务。连带债务是指具有连带关系的多个债务之间多负担的债务。其与按份债务之间的核心区别在于，债权人可以请求全部或者部分连带债务人履行全部或者部分的义务，各个债务人都有义务向债权人作出全部的履行。并且当某一债务人作出全部履行后，连带债务将整体消灭。因此，相较于按份债务连带债务，更有利于保障债权人债权的实现。

在连带债务中还有一种特殊的债务形态，称为不真正连带债务。不真正连带债务是指数个债务人基于不同的原因而依法对同一债权人承担全部债务，某一债务人（非最终债务人）在承担债务之后，有权向最终债务人追偿的债务形态。如我国《民法典》第1203条规定，因产品存在缺陷造成他人损害的，被侵权人可以向产品的生产者请求赔偿，也可以向产品的销售者请求赔偿。产品缺陷由生产者造成的，销售者赔偿后，有权向生产者追偿。因销售者的过错使产品存在缺陷的，生产者赔偿后，有权向销售者追偿。此时，产品的生产者与销售者之间的连带债务即属于不真正连带债务。

不真正连带债务具有以下特点：(1)数个债务人基于不同发生原因而依法承担债务；(2)各债务人对债权人承担的均为全部债务；(3)债权人享有选择权，可选择任何一个债务人履行债务；(4)非最终债务人承担债务后可向最终债务人追偿。

按份之债与连带之债均属于多数人之债，在法律上对二者进行区分的主要意义如下：

（1）适用范围不同。连带之债作为多数人之债的特殊形态，其只能产生于法律的明确规定或者当事人的明确约定，因此在适用范围上是受到限制的。而按份之债则是多数人之债的一般形态，在不存在法律的特别规定或当事人的特别约定时，应当将多数人之债认定为按份之债。

（2）给付是否可分不同。在按份之债中作为给付标的的内容必须是可分的，只有给付标的是可分的，债权人和债务人才能按照确定的份额享有债权、履行债务，否则无法成立按份之债。而在连带之债中作为其标的的给付，既可以是可分的，也可以是不可分的。

（3）债的效力不同。对于按份之债，按份债权人、按份债务人只能按照特定的债权份额享有权利、负担义务，对于超出其债权份额、债务份额的内容，其既不享有权利也不承担义务。而在连带之债中，则不存在份额的限定，连带债权人可以主张全部债权，连带债务人也应当承担全部债务。

（4）各个债务人或债权人之间是否存在内部追偿关系不同。在连带之债中，若某一连带债务人清偿的债务数额超出其应当分担的份额时，则该连带债务人有权按照内部关系向其他连带债务人进行追偿；若某一连带债权人受领的债权数额超出按照内部关系当享有的债权份额时，其他连带债权人有权按照内部关系向该连带债权人进行追偿。而在按份之债中，按份债权人、按份债务人均只按照特定的份额享有债权、负担债务，因此一般不发生追偿的问题。

（五）简单之债与选择之债

根据债的标的有无选择性，债可分为简单之债与选择之债。

简单之债，是指成立时债的标的已经确定，仅为一种给付，债务人只能按照该种标的履行，债权人也只能请求债务人按该种标的履行的债。此时，债务人不得以他种给付代替履行，债权人亦不得请求债务人提供他种给付以代替原定给付，故简单之债又被称为不可选择之债。

选择之债，是指成立时债的标的尚未确定，存在数种给付，债务人可从中选择其一履行或债权人可选择其一请求债务人履行的债。《民法典》第515条规定，标的有多项而债务人只需履行其中一项的，债务人享有选择权；但是，法律另有规定、当事人另有约定或者另有交易习惯的除外。享有选择权的当事人在约定期限内或者履行期限届满未作选择，经催告后在合理期限内仍未选择的，选择权转移至对方。

与简单之债相比，选择之债的特殊性体现在其履行方面，在选择之债履行之前一方对债的履行内容享有选择权。选择权具有以下特点：（1）选择权属于形成权，一旦选择权人作出选择债的内容即被确定，因此行使选择权后，选择权人不得随意撤回选择的意思表示，且行使选择权的行为亦不得附条件或者附期限；（2）选择权具有溯及力，选择意思表示的效力溯及至选择之债成立之时；（3）选择权的内容具有广泛性，其选择的范围既可包括对标的物的选择，也可包括对履行方式的选择；（4）选择权的归属一般由当事人约定亦可由法律作出特别的规定，在当事人没有约定选择权的归属且法律也没有对此作出规定时，选择权应当归属于债务人。

简单之债与选择之债主要存在以下区别：

1.是否具有数个履行标的不同。简单之债的履行标的具有单一性，当事人无法作出选择，而选择之债的标的则为复数，因此存在选择的必要。

2.债的内容的确定性不同。简单之债因其标的确定，因此其履行内容具有确定性，债务人应当严格按照约定履行债务，债权人也只得请求该种给付。而选择之债因存在数项可供选择的标的，故在选择之债特定化之前，债的内容是不特定的。就此意义而言，选择之债是给付相对不确定的债。

3.是否需要选择不同。对于选择之债因其存在数项可供履行的标的，因此当事人必须在数个履行中作出选择。简单之债不需要当事人对债的履行作出选择。

（六）主债与从债

在存在从属关系的两个债中，根据其不同地位，可分为主债与从债。主债是指能够独立存在，不以其他债的存在为前提的债。从债是指不能独立存在，必须以主债的存在为存在前提的债。主债和从债是相互对应的，没有主债不发生从债，没有从债也无所谓主债。主债与从债之分常见于设有担保的债中，被担保的债（如买卖合同、借贷合同之债）为主债，为担保该债而设之债（如保证合同、抵押合同之债）为从债。主债与从债区分的主要意义，在于根据主债的成立、效力、变更、消灭判定从债是否成立、有效、变更、消灭。

（七）财物之债与劳务之债

根据债务人所负给付义务的不同内容，债可分为财物之债与劳务之债。凡债的标的为给付财物的，为财物之债，如买卖合同之债；凡债的标的为提供劳务的，为劳务之债，如委托合同之债。二者的主要区别在于，一般而言，当债务人不履行债务时，财物之债可强制履行，而劳务之债则不得强制履行。

（八）金钱之债与非金钱之债

根据给付的标的是否为一定数额的货币，债可以分为金钱之债与非金钱之债。金钱之债是指以债务人交付一定货币为给付内容的债。在当事人对于交付货币的种类没有作出约定时，按照《民法典》第514条的规定，支付金钱为内容的债，除法律另有规定或者当事人另有约定外，债权人可以请求债务人以实际履行地的法定货币履行。非金钱之债是指其给付内容为货币以外的其他标的物的债。

金钱债务与非金钱债务的区别主要表现在以下几个方面：

1.标的物不同。金钱之债以一定的货币作为标的物，而非金钱之债的标的物为货币之外的其他物品。

2.是否发生履行不能不同。货币在性质上属于种类物，具有较强的流通性和可替代性，因此金钱之债一般不发生履行不能的问题，即便发生不可抗力，债务人仍应当按照债之要求履行金钱之债。而非金钱之债中则包括特定物之债，在特定物之债中，若该标的物毁损、灭失，则发生履行不能，此时债务人得主张免除其交付标的物的义务。

3.债务的履行方式不同。在金钱之债中，债务人原则上不需要交付特定面额、编号的货币，而只需要向债权人交付等值的同种货币。而非金钱之债则必须严格按照债之要求进行履行，不得主张交付其他标的物代替当事人所约定的标的物。

4.是否约定利息不同。金钱之债中，当事人可以约定债务人应当向债权人支付相关的利息，从而产生利息之债，而非金钱之债中一般不会产生利息之债。

（九）合同之债与非合同之债

根据债的发生原因，可将债分为合同之债与非合同之债，后者包括单方允诺之债（意定之债）和各种法定之债（无因管理、不当得利、侵权损害赔偿之债等）。《民法典》未设债编，以合同编“通则”的有关规定作为债法的一般规则。《民法典》第468条规定：非因合同产生的债权债务关系，适用有关该债权债务的法律规定；没有规定的，适用本编通则的有关规定，但是根据其性质不能适用的除外。例如，无因管理之债、不当得利之债应适用《民法典》合同编“准合同”分编的相关规定，侵权损害赔偿之债应适用《民法典》侵权责任编、人格权编的相关规定，亲属关系中的财产请求权应适用《民法典》婚姻家庭编的有关规定；没有规定的，适用合同编通则的有关规定（主要指债的履行、债的保全、债的转让、债的消灭等方面规定），但根据其性质不能适用的除外（如具有人身专属性的抚养费请求权、精神损害赔偿请求权不适用“合同转让”的规定）。

第二节　合同概述

一、合同的概念和特征

《民法典》第464条第1款规定，合同是民事主体之间设立、变更、终止民事法律关系的协议。合同具有以下法律特征：

1.合同是一种民事法律行为。民事法律行为是民事主体通过意思表示设立、变更、终止民事法律关系的行为。合同是民事法律行为的一种，因此民法关于民事法律行为的一般规定，如意思表示规则、民事法律行为成立与生效规则、民事法律行为无效与可撤销事由及其后果等，均适用于合同。

作为一种民事法律行为，合同以设立、变更、终止民事法律关系为目的。首先，尽管合同主要是有关债权债务关系的协议（债权合同），但并不以此为限，而是涉及各类民事法律关系（如物权关系、身份关系）。其次，合同的目的不仅在于设立民事权利义务关系，也包括变更和终止民事权利义务关系。所谓设立民事法律关系，是指合同依法成立后，即在当事人之间原始地发生一定的民事权利义务关系（如买卖关系）；所谓变更民事法律关系，是指当事人通过成立合同使他们之间原有的民事权利义务关系内容发生变化（如运输路线变更）；所谓终止民事法律关系，是指当事人通过成立合同使他们之间原有的民事权利义务关系归于消灭（如离婚协议）。

2.合同是双方或多方法律行为，即民事主体之间的协议。首先，合同须有双方或多方当事人。其次，合同的成立须各方当事人相互为意思表示。最后，当事人的意思表示须达成一致。所谓意思表示一致，也称为合意，是指当事人各方作出的意思表示在内容上互相吻合、不存在分歧。需要说明的是，并非一切多方法律行为均属合同范畴，如法人、非法人组织的决议行为即非合同。

在理解合同概念时，应将民法上的合同概念与《民法典》合同编的适用范围加以区别。《民法典》第464条第2款规定：婚姻、收养、监护等有关身份关系的协议，适用有关该身份关系的法律的规定；没有规定的，可以根据其性质参照适用《民法典》合同编规定。这一规定并未否定该条第1款所确立的合同定义，亦即没有否定上述“有关身份关系的协议”的合同性质，只是限定了《民法典》合同编的适用范围并明确了有关身份关系协议的法律适用（特别法优先适用）规则。具体而言有以下两点：

1.对于婚姻、收养、监护等有关身份关系的协议，首先应当适用身份关系的法律规定，这是特别法优先于一般法原则的体现。有关身份关系的法律规定对于身份关系的协议而言属于特别法，而合同编的规定对于该协议而言属于一般法，因此特别法应当优先于一般法适用，如夫妻关于婚内财产制的协议应当优先适用《民法典》婚姻家庭编的规定。

2.在有关身份法律关系的法律规范中没有规定时，应当依据该协议的性质，参照适用合同编的规定。此规则允许身份关系的协议参照适用合同编的规定，但需注意，对于按照性质不能适用合同编的规则的协议，则不能参照适用，例如对于家事代理行为，便不能参照适用委托合同中的任意解除权规则。

理解合同概念，尚需厘清合同与“契约”的关系。在传统法律行为理论中，双方或多方法律行为被区分为契约行为与合同行为，前者指基于双方交互意思表示（方向相对的意思表示）的一致而成立的法律行为，如买卖、租赁；后者是指基于双方或多方并立平行意思表示（方向一致意思表示）的一致而成立的法律行为，如成立合伙、设立社团（《民法典》第134条第2款所称“决议行为”即属此类行为）。但我国《民法通则》第85条曾将合同定义为“当事人之间设立、变更、终止民事关系的协议”，涵盖了传统法理上的“契约行为”和“合同行为”，并为《合同法》和《民法典》所承袭，独立意义的“契约”不复存在（如技术开发合同中的合作开发合同、合伙合同均属“契约”）。因此，我国法律用语中的“缔约过失”“违约责任”实指“合同缔结过失”“违反合同责任”。

二、合同的相对性

合同的相对性即合同之债的相对性，指合同主要在特定的合同当事人之间发生效力，合同当事人一方只能向合同的另一方当事人提出请求，而不能向与其无合同关系的第三人提出合同上的请求，也不能擅自为第三人设定合同上的义务。《民法典》第119条规定，依法成立的合同，仅对当事人具有法律约束力，但是法律另有规定的除外。这一规定，确立了我国民法上的合同相对性规则。具体而言，合同相对性规则主要表现在以下三个方面。

1.合同主体的相对性。合同关系只能发生在特定的主体之间，只有合同一方当事人可以向合同的另一方当事人提出请求。具体包括两个方面：一方面，只有合同的债权人可以请求合同债务人履行合同义务，原则上合同债权人之外的第三人无权请求合同债务人履行债务；另一方面，合同债权人只能向合同债务人提出履行请求，无权请求合同债务人以外的第三人履行合同义务。

2.合同内容的相对性。除法律另有规定或者合同另有约定外，只有合同当事人才能享有合同债权并承担合同义务，合同当事人以外的任何第三人都不能主张合同上的权利。基于合同的相对性规则，还可以引申出如下几个规则：（1）合同中产生的权利原则上不能为第三人享有，合同中的义务原则上也不能对第三人产生拘束力；（2）合同当事人为无权为第三人设定合同上的义务，只有经过第三人的同意后，才能对第三人产生效力，否则第三人不受该条款的约束；(3)尽管合同原则上只约束合同当事人，但在法律所规定的例外情形时，准许突破合同相对性，向合同之外的第三人主张权利。

3.违约责任的相对性。违约责任只能在特定的当事人之间，即合同当事人之间发生，合同以外的第三人不对合同当事人负违约责任，合同当事人也不对合同以外的第三人承担违约责任。即便因第三人的原因致使债务人违约的，也应当由债务人承担违约责任，债务人在承担违约责任过后有权向第三人进行追偿。《民法典》第593条规定，当事人一方因第三人的原因造成违约的，应当依法向对方承担违约责任。当事人一方和第三人之间的纠纷，依照法律规定或者按照约定处理。此规则正是对违约责任的相对性的反映。

在法律设有特别规定的情况下，合同可以突破其相对性，对第三人产生拘束力，主要包括以下几种情形：(1)利益第三人合同。《民法典》第522条第2款规定，法律规定或者当事人约定第三人可以直接请求债务人向其履行债务，第三人未在合理期限内明确拒绝，债务人未向第三人履行债务或者履行债务不符合约定的，第三人可以请求债务人承担违约责任；债务人对债权人的抗辩，可以向第三人主张。(2)合同债权的保全。《民法典》第535条、第538条规定了债权人代位权与债权人撤销权均可对合同之外的第三人发生效力。(3)建设工程施工合同对第三人的效力。《民法典》第791条规定，发包人可以与总承包人订立建设工程合同，也可以分别与勘察人、设计人、施工人订立勘察、设计、施工承包合同。发包人不得将应当由一个承包人完成的建设工程支解成若干部分发包给数个承包人。总承包人或者勘察、设计、施工承包人经发包人同意，可以将自己承包的部分工作交由第三人完成。第三人就其完成的工作成果与总承包人或者勘察、设计、施工承包人向发包人承担连带责任。承包人不得将其承包的全部建设工程转包给第三人或者将其承包的全部建设工程支解以后以分包的名义分别转包给第三人。禁止承包人将工程分包给不具备相应资质条件的单位。禁止分包单位将其承包的工程再分包。建设工程主体结构的施工必须由承包人自行完成。(4)运输合同对第三人的效力。《民法典》第834条规定，两个以上承运人以同一运输方式联运的，与托运人订立合同的承运人应当对全程运输承担责任；损失发生在某一运输区段的，与托运人订立合同的承运人和该区段的承运人承担连带责任。

三、合同的分类

1.双务合同与单务合同。依双方当事人是否互负给付义务，合同可分为双务合同和单务合同。

双务合同，是指当事人双方互相承担对待给付义务的合同。在双务合同中，当事人双方均承担合同义务，并且双方的义务具有对应关系，一方的义务就是对方的权利，反之亦然。从另一个角度说，双务合同也就是当事人双方互享债权的合同。双务合同是合同的主要形态，《民法典》所规定的多数合同为双务合同。

双务合同的特征在于双方的债务之间存在牵连关系，在双务合同中立于相互交换的对价关系的两个给付义务之间可以发生以下牵连关系：

(1)成立上的牵连关系，一方的债务因无效或撤销而归于消灭时，对方的债务亦归于消灭。

(2)履行上的牵连关系，一方债务的履行与对方债务的履行存在时间上或顺序上的关系，可能会产生同时履行抗辩权与先履行抗辩权问题。

(3)存续上的牵连关系，在一方债务发生履行不能的情况下，可能产生对方的债务是否归于消灭以及履行的风险如何分担问题。

单务合同是指只有一方当事人承担给付义务的合同。在单务合同中，当事人双方不存在对待给付关系，一方仅承担义务而不享有权利，另一方则相反。单务合同有两种情况：一种情况是只有单方承担义务，如在借用合同中，只有借用人负有按约定使用并按期返还借用物的义务，出借人不负合同义务；另一种情况是一方承担合同的主要义务，另一方只承担附属义务，双方的义务不存在对待给付关系。例如,《民法典》合同编允许赠与附义务,但赠与人交付赠与财产与对方的附属义务之间不存在对待给付关系,因而赠与合同仍属于单务合同。此种合同又被称为不完全双务合同,双方虽各负有债务,但其债务并不属于给付与对待给付的关系。

区分双务合同和单务合同的主要意义在于:(1)是否适用合同履行抗辩权。合同履行抗辩权(包括同时履行抗辩权、先履行抗辩权和不安抗辩权)的成立以合同双方存在对待给付关系为前提,因而只有双务合同中存在合同履行抗辩权,单务合同不适用这一规则。(2)风险负担不同。在双务合同中,双方的权利义务互相依存、互为条件,如果一方当事人由于可以免责的事由导致不能履行合同义务,即发生风险负担问题,其具体标准因合同类型的不同而异,有交付主义、合理分担主义、债务人主义等规则;而在单务合同中,如果一方因不可抗力导致不能履行义务,风险一律由债务人负担,不会发生双务合同中的复杂问题。(3)因可归责于一方的事由导致合同不履行的后果不同。在双务合同中,如果非违约方已履行合同,可以要求违约方履行合同或承担其他违约责任,条件具备时还可解除合同;解除合同并溯及既往时,守约方有权请求违约方返还受领给付。单务合同不发生上述后果。

2.有偿合同与无偿合同。这是依合同当事人之间的权利义务是否存在对价关系所作的分类。

有偿合同,是指当事人一方享有合同约定的权益,须向对方当事人偿付相应代价的合同。有偿合同是商品交换最典型的法律形式,实践中常见的买卖、租赁、运输、承揽等合同,均属有偿合同。在理解有偿合同时,应当将双方的义务作为一个整体,如果把双方的义务分割开来进行观察,则可能无法对有偿性进行评价。双务合同均为有偿合同,原因在于双务合同的债务本身须具有对待给付关系。但有偿合同却未必为双务合同,如约定利息的民间借贷合同、有偿保证合同。

无偿合同,是指一方当事人向对方给予某种利益,对方取得该利益时不支付任何代价的合同。无偿合同不是典型的交易形式,实践中主要有赠与合同、借用合同、无偿保管合同等。学说上将无偿合同进一步区分为狭义无偿合同与无欲合同。前者是指合同中一方当事人积极地损失其财产,而对方当事人则取得相应的财产的合同,如赠与合同;后者指的是一方当事人并未损失其积极财产,但也未取得相对应的利益而使相对人负担给付义务的合同,如无偿的委托合同、无息借款合同。在无偿合同中,一方当事人不支付对价,但也可能承担义务,如借用他人物品,借用人负有正当使用和按期返还的义务。因此,无偿合同与单务合同并非同一概念。

区分有偿合同与无偿合同的意义在于:(1)确定某些合同的性质。有些合同只能是有偿的,不可能是无偿的,如买卖合同、租赁合同;有些合同则相反,如赠与合同。如果变有偿为无偿,或者相反,就会使合同性质发生根本变化(买卖合同变为赠与,或者相反)。有的合同既可以是有偿的,也可以是无偿的,如保管合同、委托合同,是否有偿并不改变其性质。(2)注意义务程度不同。在无偿合同中,利益出让人原则上只承担较低程度的注意义务,如无偿保管合同中,保管人因过失造成保管物毁损灭失的,应酌情减轻责任;而在有偿合同中,当事人所承担的注意义务较无偿合同为重,例如,有偿保管合同的保管人因其过失造成保管物灭失时,应负全部赔偿责任。(3)对当事人行为能力的要求不同。订立有偿合同的当事人原则上应具有完全行为能力,限制行为能力人非经其法定代理人同意、追认,不能订立超出其行为能力范围的较为重大的有偿合同;而对于一些纯获利益的无偿合同,如接受赠与等,限制行为能力人甚至无行为能力人也具有缔约能力。(4)对债权人行使撤销权之意义不同。根据《民法典》的有关规定,债权人行使撤销权时,其对象仅限于债务人无偿处分和以不合理的低价转让财产权益的行为,故以合理对价有偿处分财产权益的合同不能作为债权人撤销权的对象。(5)能否适用善意取得不同。根据《民法典》

第311条第1款的规定，无处分权人将不动产或者动产转让给受让人的，所有权人有权追回；除法律另有规定外，符合下列情形的，受让人取得该不动产或者动产的所有权：①受让人受让该不动产或者动产时是善意；②以合理的价格转让；③转让的不动产或者动产依照法律规定应当登记的已经登记，不需要登记的已经交付给受让人。由此可见，善意取得制度的构成要件之一是以合理的价格进行转让，这必然是以有偿合同为前提的。(6)买卖规则的准用不同。对于有偿合同法律如无特别规定，可以准用买卖合同的有关规定。《民法典》第646条规定，法律对其他有偿合同有规定的，依照其规定；没有规定的，参照适用买卖合同的有关规定。对于无偿合同，该条之规定，原则上不得适用买卖合同的规定。

3.诺成合同与实践合同。这是从是否以交付标的物为合同成立条件的角度所作的分类。

诺成合同，是指以缔约当事人意思表示一致为充分成立条件的合同，即一旦缔约当事人的意思表示达成一致即告成立的合同。《民法典》第483条规定："承诺生效时合同成立，但是法律另有规定或者当事人另有约定的除外。"据此，诺成合同是合同的一般形态。

实践合同也称要物合同，是指除当事人意思表示一致以外尚需交付标的物才能成立的合同。在这种合同中仅有当事人的合意，合同尚不能成立，还必须有一方实际交付标的物的行为或其他给付，才能成立合同关系。实践中，大多数合同均为诺成合同，实践合同仅限于法律规定的少数合同，如《民法典》第679条规定："自然人之间的借款合同，自贷款人提供借款时成立"；第890条规定："保管合同之保管物交付时成立，但是当事人另有约定的除外。"

诺成合同与实践合同的主要区别在于二者成立的要件不同。诺成合同自当事人意思表示一致时即告成立，而实践合同则除当事人达成合意之外，尚需交付标的物或完成其他给付才能成立和生效。因此，在诺成合同中，交付标的物或完成其他给付是当事人的合同义务，违反该义务便产生违约责任；而在实践合同中，交付标的物或完成其他给付只是先合同义务，违反该义务不产生违约责任，可能构成缔约过失责任。

4.要式合同与不要式合同。以合同的成立是否须采取一定的形式为标准，合同可分为要式合同与不要式合同。

要式合同，是指法律规定或当事人要求必须采取一定形式的合同；反之，法律或当事人未要求采取特定形式的合同则为不要式合同。根据合同自由原则，当事人有权选择合同形式，故合同以不要式合同为常态，但对于一些重要的交易，法律可规定当事人应当采取特定的形式订立合同。如《民法典》第668条第1款规定，借款合同应当采用书面形式，但是自然人之间借款另有约定的除外；第736条第2款规定，融资租赁合同应当采用书面形式。除法律要求之外，当事人亦可通过约定选择合同成立的形式。一般而言，要式合同所要求的形式是合同的成立要件，《民法典》第490 条第2款规定，"法律、行政法规规定或者当事人约定合同应当采用书面形式订立，当事人未采用书面形式但一方已经履行主要义务，对方接受的，该合同成立"，其反面解释即应采取书面形式而未采取者合同原则上不成立。《民法典》第502条第2款规定，依照法律、行政法规的规定，合同应当办理批准等手续的，依照其规定，即以"办理批准等手续"为合同的生效要件，属于要式合同的一种特殊类型。

区分要式合同与不要式合同的主要意义在于判定合同的成立，而某些法律和行政法规对合同形式的要求也可能成为影响合同生效的因素。

5.有名合同与无名合同。根据法律是否赋予特定名称并设有具体规则，合同可分为有名合同与无名合同。

有名合同又称为典型合同，是指在法律上已设有具体规则并赋予名称的合同。如我国《民法典》合同编分则中所规定的19类合同，即为有名合同。无名合同又称非典型合同，是指在法律上尚未确立一定的名称和专门规则的合同，如教育培训、旅游服务等领域的合同在我国仍属无名合同。无名合同产生以后，经过一定的发展阶段，具有成熟性和典型性，合同立法应适时规范，使之成为有名合同。例如，在《民法典》立法过程中就将实践中发展成熟的保理合同、物业服务合同等新增为有名合同。无名合同本身是一个宽泛概念，依其特征的差异，对非典型合同又可分为下列几类：

（1）纯粹无名合同。指以法律全无规定的事项为内容，其内容不符合任何有名合同要件的合同。例如，储蓄合同、特许经营合同均属无名合同。此类合同与现行法规定的有名合同均不相当，其法律关系应当按照合同的约定以及诚实信用原则并参考交易习惯加以确定。

（2）合同联立。指数个合同具有相互结合的关系，包括纯粹外观上的结合以及相互存在依存关系的结合两种情形（前者如甲将其房屋交由乙装修同时出租给乙，后者如甲向乙借款并约定甲须以所借款项购买乙的产品）。对于仅具有外观结合关系的联立合同，各自适用其有名合同的规定（如前例中的承揽合同、租赁合同）。而对于具有相互依存关系的联立合同，其个别合同是否有效成立，虽然应当就各个合同单独进行判断，但若其中某一合同不成立无效、被撤销或被解除时，则其他合同也应当随之失去效力（如前例中借款合同无效也导致买卖合同失去效力）。

（3）混合合同。指数个典型合同或非典型合同的部分而构成的合同，其在性质上属于一个合同。混合合同包括以下几种类型：一是典型合同附有其他种类的从给付，如甲租房给乙并约定乙担任家教；二是类型结合合同，即一方当事人所负数个给付义务属于不同的合同类型且居于等值地位，而对方仅负单一对待给付义务或不负对待给付义务的合同，如甲与乙约定甲租房给乙并供应餐食，乙支付费用若干；三是双种典型合同，即双方当事人所负给付义务分别属于不同合同类型的合同，如甲与乙约定甲供乙住房、乙担任其家教，租金与课酬互抵（分属租赁合同、雇佣合同）；四是类型融合合同，即一个合同中所含的构成部分同时属于不同的合同类型的合同，如“半卖半赠”合同（分属买卖合同、赠与合同）。对于混合合同的法律适用，当事人有约定者依其约定，当事人未作约定时应依其利益状态、合同目的及斟酌交易习惯采取吸收适用、结合适用或类推适用。

区分有名合同与无名合同的意义，主要在于两者适用的法律规则不同。对于有名合同，应当直接适用《民法典》合同编的规定。在确定无名合同的法律适用时：首先，应当适用《民法典》合同编的一般规则；其次，若无名合同涉及某些有名合同的内容，应当比照类似的有名合同规则，结合当事人的缔约目的及交易习惯予以处理。

6.主合同与从合同。根据合同相互间的主从关系，可将合同分为主合同与从合同。在两个关联合同中，不依赖其他合同的存在即可独立存在的合同称为主合同，以其他合同的存在为前提而存在的合同称为从合同。例如，借款合同与保证合同之间，前者为主合同，后者为从合同。

主合同与从合同的区分，主要意义在于认识二者在效力上的关联性和从合同的从属性，即从合同不能独立存在，而必须以主合同的有效成立为成立和生效的前提；主合同转让，从合同不能单独存在；主合同被宣告无效或被撤销，从合同也归于无效效力（《民法典》第388条规定，主债权债务合同无效的，担保合同无效）；主合同终止，从合同也随之终止。

7.束己合同与涉他合同。以订约人是否仅为自己设定权利义务为标准，合同可分为束己合同与涉他合同。束己合同，是指严格遵循合同相对性原则，当事人为自己设定并承受权利义务，第三人不能向合同当事人主张权利，当事人也不得向第三人主张权利的合同，此为合同的常态。涉他合同，是指突破了合同的相对性原则，合同当事人在合同中为第三人设定了权利或约定了义务的合同，包括向第三人履行的合同和由第三人履行的合同。前者是指当事人约定由债务人向第三人履行债务，以及法律规定或第三人约定第三人可以直接请求债务人向其履行债务的合同（《民法典》第522条），后者是指第三人约定由第三人向债权人履行债务的合同（《民法典》第523条）。涉他合同虽对合同相对性原则有所突破，但并未完全背离合同相对性原则。由于第三人并未成为合同的一方当事人，因此当发生违约行为之时，仍然应当由债务人向债权人承担违约责任，至于债务人与第三人之间的关系则需要另案处理。

8.预约与本约。预约也称预约合同，是约定将来订立某一合同的合同，本约则为履行该预约而订立的合同。《民法典》第495条第1款规定："当事人约定在将来一定期限内订立合同的认购书、订购书、预订书等，构成预约合同。"预约以订立本约为其债务内容，使双方均负订立本约义务者称为"双务预约"，仅使一方负担订立本约者称为"单务预约"。预约之所以存在，主要是由于法律上或者事实上的原因，订立本约的条件尚未成熟，但双方均有订立合同的明确意愿，故通过认购书、订购书、预定书等形式约定将来订立某一合同，通过该约定的约束力促成本约的订立。预约是一项独立的合同，故应符合合同成立的基本要求。预约的成立须遵循合同订立的一般规则，其内容应体现当事人的法效意思，不具有法律拘束力的协议（如意向书、会谈纪要等），不构成预约。

预约与本约的区别在于：（1）订立目的不同。订立预约的目的是订立本约，而不是直接受本约约束；订立本约的目的则是直接确立当事人之间的合同权利与义务。（2）认定标准不同。对预约与本约应通过合同名称、条款文义探求当事人真意予以甄别，并注意区分预约与预设较长承诺期限的要约、选择权合同（赋予当事人依单方意思表示使合同成立）及附成立条件或期限合同等缔约方式。如果当事人已就合同必要条款（如买卖合同标的物、价款）达成合意，已无另订合同的必要，即可认定为本约。（3）违约责任不同。当事人违反本约的，适用违约责任的一般规定，各种责任形式均可能适用。预约当事人不履行订立本约合同义务的，对方可以请求其承担预约合同的违约责任（《民法典》第495条第2款），但应限于赔偿责任。

关于预约的成立及其违约认定与救济，《合同编通则解释》第6~8条作了以下规定：（1）当事人以认购书、订购书、预订书等形式约定在将来一定期限内订立合同，或者为担保在将来一定期限内订立合同交付了定金，能够确定将来所要订立合同的主体、标的等内容的，人民法院应当认定预约合同成立。当事人通过签订意向书或者备忘录等方式，仅表达交易的意向，未约定在将来一定期限内订立合同，或者虽然有约定但是难以确定将来所要订立合同的主体、标的等内容，一方主张预约合同成立的，人民法院不予支持。当事人订立的认购书、订购书、预订书等已就合同标的、数量、价款或者报酬等主要内容达成合意，符合法定的合同成立条件，未明确约定在将来一定期限内另行订立合同，或者虽然有约定但是当事人一方已实施履行行为且对方接受的，人民法院应当认定本约合同成立。（2）预约合同生效后，当事人一方拒绝订立本约合同或者在磋商订立本约合同时违背诚信原则导致未能订立本约合同的，人民法院应当认定该当事人不履行预约合同约定的义务。人民法院认定当事人一方在磋商订立本约合同时是否违背诚信原则，应当综合考虑该当事人在磋商时提出的条件是否明显背离预约合同约定的内容以及是否已尽合理努力进行协商等因素。（3）预约合同生效后，当事人一方不履行订立本约合同的义务，对方请求其赔偿因此造成的损失的，人民法院依法予以支持。该损失赔偿，当事人有约定的，按照约定；没有约定的，人民法院应当综合考虑预约合同在内容上的完备程度以及订立本约合同的条件的成就程度等因素酌定。

9.一时性合同与继续性合同。根据时间因素是否对合同给付义务的内容及范围产生影响，可以将合同区分为一时性合同与继续性合同。

一时性合同，又称一次给付合同，指合同的内容因一次给付即可实现，如买卖合同、赠与合同等。继续性合同，指合同的内容并非一次给付可以完结，而是继续的实现，时间因素在继续性合同的履行中居于重要的地位，其给付的内容取决于应为给付的时间的长度。租赁合同、合伙合同、保管合同、借贷合同、委托合同等，均属于继续性合同。除上述固有意义上的继续性合同外，还存在一种买卖合同性质的继续性供给合同，即当事人约定一方于一定或不一定的期限内向对方连续供给定量或不定量的一定种类即品质的物，对方按一定标准支付价款的合同，如供用电、水、汽、热力合同。与分期交付合同不同，此类合同中当事人依一定时间而提出的给付不是总给付的一部分（部分履行），而具有经济上及法律上的独立性。

区分一时的合同与继续性合同的主要意义在于：（1）合同的履行。一时的合同原则上其债务一经履行债之关系即归于消灭。而在继续性合同中，在约定的履行期限内，其履行具有持续性，债之关系并不立即消灭。（2）违约补救。违反继续性合同，原则上应当区分个别给付与整个合同进行处理，对于个别给付可直接适用《民法典》有关违约责任的规定，而对于整个合同，在合同解除时不适用恢复原状规则。（3）解除权的发生。合同解除权的产生应当受到严格的限制，除非有法律规定的情形或者当事人的明确约定，一方当事人不得任意解除合同。但在继续性合同之中，因继续性合同特别重视当事人之间的信赖关系，当信赖基础丧失时，难以期待当事人继续履行该合同，因此继续性合同只要没有限定合同的期限，原则上应当承认当事人具有任意解除权。如《民法典》第730条规定，当事人对租赁期限没有约定或者约定不明确，依据该法第510条的规定仍不能确定的，视为不定期租赁；当事人可以随时解除合同，但是应当在合理期限之前通知对方。（4）合同解除的效力。依据《民法典》第566条第1款的规定，合同解除后，尚未履行的，终止履行；已经履行的，根据履行情况和合同性质，当事人可以请求恢复原状或者采取其他补救措施，并有权请求赔偿损失。对于一时的合同的解除，如具有恢复原状的可能性，可产生恢复原状义务。而继续性合同被解除的，通常不产生恢复原状的问题。

【本章主要法律规定】

《民法典》第118条、第515～521条

第十三章
合同的订立和效力

本章主要内容提示

1.订立合同，可以采用书面形式、口头形式或者其他形式。合同条款可分为必要条款和一般条款、明示条款与默示条款及格式条款与非格式条款。

2.合同一般通过要约与承诺的方式订立。要约是由特定人发出的包含订立合同的意图且内容具体确定的意思表示。要约对要约人和受要约人具有法律拘束力。要约邀请是希望他人向自己发出要约的意思表示，主要表现为拍卖公告、招标公告、招股说明书等。承诺是由受要约人在合理期限内作出的与要约内容一致的意思表示。受要约人对要约的内容作出实质性变更的，视为新要约而非承诺。

3.合同可以通过确认书、悬赏广告、招标投标、拍卖、强制缔约等特殊方式订立。

4.合同的成立是指缔约各方形成合意，从而确立合同关系，主要需要考量要约与承诺是否有效地达成一致。合同于承诺生效时成立。

5.格式条款是当事人预先拟定，并在订立合同时未与对方协商的条款。对格式条款，法律规定了特别的订入规则、无效规则及解释规则。

6.缔约过失责任指在订立合同过程中，一方因违反其依据诚实信用原则所负义务而致另一方信赖利益和固有利益损失，依法应承担的民事责任。

7.合同的有效，是指合同因依法成立而具有法律约束力。具备行为人具有相应的民事行为能力，意思表示真实，不违反法律、行政法规的强制性规定，不违背公序良俗的合同为有效的合同。

8.对于合同效力的认定，除适用民事法律行为效力的一般规定外，法律及司法解释就无权代理、无权处分、越权订立、超越经营范围、免责条款、合同争议解决方法条款等确立了具体规则。

第一节 合同的订立

一、合同的形式和内容

（一）合同的形式

合同形式，是指当事人合意的外在表现形式，亦即合同内容的载体形式。《民法典》第469条规定：当事人订立合同，可以采用书面形式、口头形式或者其他形式。书面形式是合同书、信件等可以有形地表现所载内容的形式。以电子数据交换、电子邮件等方式能够有形地表现所载内容，并可以随时调取查用的数据电文，视为书面形式。

书面形式是指以文字表现合同内容的合同形式，具有记载明确、易于举证等优点，因而得到普遍采用。对于某些合同标的价值较大、法律关系较为复杂的合同（如抵押合同、质押合同、融资租赁合同、建设工程合同），法律、行政法规规定应当采取书面形式，当事人也可约定采取书面形式。合同的书面形式主要表现为：(1)合同书，即载有合同内容并由当事人签章的书面文件，也可采取“协议书”等称谓。(2)信件，即记载当事人缔约过程与合同内容的往来函件。此类信件虽非正式合同文书，但只要可据此确定双方就合同必要条款达成合意，即可认定合同成立，如担保函即属于保证合同的一种特殊形式。(3)数据电文，即以电子、光学、磁或者类似手段生成、发送或者储存的信息，具体包括电报、电传、传真、电子数据交换、电子邮件等形式，是信息时代广泛应用的合同订立方式。(4)其他书面形式，如保险合同可采取保险单和保险凭证形式。

口头形式是指以直接对话的方式作出意思表示订立合同，而不以文字记载合同内容的合同形式，包括当面对话、电话、视频对话等。口头形式便捷易行，多适用于及时清结、标的额小及基于人身信任关系订立合同场合。

其他形式是指书面形式、口头形式之外的合同表现形式，主要指推定形式。例如，顾客投币于自动售货机，即可推定买卖合同成立。

(二)合同的内容

合同的内容，在实质意义上是指合同当事人的权利义务，在形式意义上即为合同的条款。《民法典》第470条第1款规定：合同的内容由当事人约定，一般包括以下条款：(1)当事人的姓名或者名称和住所；(2)标的；(3)数量；(4)质量；(5)价款或者报酬；(6)履行期限、地点和方式；(7)违约责任；(8)解决争议的方法。这是《民法典》合同编对合同条款的倡导性规定，或称合同的示范性条款。

合同条款可分为必要条款和一般条款。必要条款，是指合同必须具备的条款，若欠缺该条款，合同便不能成立。合同的必要条款因合同种类的不同而有所不同，如标的物的数量、价款条款是买卖合同必要条款，租金条款则是租赁合同的必要条款。一般条款，是指必要条款以外的合同条款。欠缺一般条款，并不影响合同的成立，如履行期限和方式、违约责任等条款。对合同欠缺的前款规定以外的其他内容，当事人未达成协议的，应依照《民法典》第510~512条等有关规定予以确定。必要条款与一般条款的区别，主要在于对合同成立的影响不同；此外，一般条款出现欠缺可通过合同解释予以填补，欠缺必要条款则不能。

合同条款还有明示条款与默示条款及格式条款与非格式条款之分。明示条款是指当事人以书面或者口头等形式明确约定的条款；默示条款，是指合同虽未明确约定，但依法律规定或者交易习惯应成为合同内容的条款（如保险合同中的保证条款）；格式条款是指一方当事人为了重复使用而预先拟定并在订立合同时未与对方协商的合同条款；非格式条款即双方协商拟定的合同条款。对于默示条款，通常在合同纠纷发生时由法院或仲裁机构予以确认，而格式条款则受到法律特别规制以平衡双方当事人利益。

二、合同订立的一般方式

(一)要约

1.要约的概念。《民法典》第472条规定，要约是希望与他人订立合同的意思表示。根据这一规定，要约具有如下法律特征：

(1)要约是一种意思表示。要约既不是事实行为，也不是民事法律行为，只是一种意思表示。意思表示是将内心希望发生一定法律效果之意思表达于外的行为，因此要约必须满足意思表示的构成要件（内心意思与外部表示），其不同于事实行为。尽管要约是一种意思表示，但其并非独立的民事法律行为，因为如果没有相对人的意思表示（承诺），则不能形成当事人的合意，要约也就不能产生要约人所预期的法律效果。

(2)要约是希望和他人订立合同的意思表

示。意思表示包含一定的效果意思，要约的效果意思在于与他人订立合同，确立债权债务关系。

2.要约的要件。要约作为一种意思表示，除了必须具备意思表示的一般要件外，还有以下几方面特定的构成要件：

（1）要约必须包含订立合同的意图。此点在《民法典》第472条第2项中已有规定，即要约应表明，经受要约人承诺，要约人即受该意思表示约束，与之建立合同关系。实践中，应根据意思表示所使用的语言、文字和其他情况判断其是否包含与他人订立的意图，如仅表达缔约意向而未表明受该表示约束（如对方同意即与之建立合同关系）之意思，则不构成要约。

（2）要约必须向要约人希望与之订立合同的受要约人发出。要约只有向要约人希望与之订立合同的受要约人发出，才能唤起受要约人的承诺，从而订立合同。要约原则上应向特定的人发出（可以是一人，也可以是数人），但法律并不禁止要约向不特定人发出，如悬赏广告。

（3）要约的内容必须具体、确定。所谓具体，是指要约的内容必须是某一类型合同成立所必需的条款（合同的主要条款）。所谓确定，是指要约的内容必须明确，不能含混不清，使相对人难明其意。

3.要约邀请。要约邀请也称要约引诱，是指希望他人向自己发出要约的意思表示。依此定义，要约邀请具有以下特点：（1）要约邀请是一种意思表示，故应具备意思表示的一般成立要件；（2）要约邀请的目的在于诱使他人向自己发出要约，而非与他人订立合同，故只是订立合同的预备行为，而非订约行为；（3）要约邀请只是邀请或引诱他人发出要约，既不能因相对人的承诺而成立合同，也不能因自己作出某种承诺而约束要约人，行为人撤回其要约邀请，只要没有给善意相对人造成信赖利益的损失，就不必承担法律责任。

对于要约与要约邀请可从以下几个方面进行区分：

（1）依法律规定作出区分。如果法律明确规定某种行为为要约或者要约邀请的，则应当按照法律的规定进行认定。如《民法典》第473条规定，要约邀请是希望他人向自己发出要约的表示。拍卖公告、招标公告、招股说明书、债券募集办法、基金招募说明书、商业广告和宣传、寄送的价目表等为要约邀请。

（2）根据当事人的意愿作出区分。根据当事人是否具有订约意图，区分要约与要约邀请。要约中应当包含订约的意图，而在要约邀请中订约的意图并不明确。

（3）根据提议的内容是否包含合同的主要条款作出区分。要约的内容中应当包含合同的主要条款，方可因承诺而成立合同；而要约邀请中，并不必然包含合同的主要条款。当然，这也并不意味着，凡是包含合同主要条款的均可认定为要约，还需结合是否具备订约的意图而进行区分。

（4）根据交易习惯予以区分。对于当事人所做出的意思表示究竟系要约或要约邀请，可以按照交易习惯作出判定，例如出租车司机将出租车停靠路边，若司机没有拒载的权利，根据习惯可以将其认定为要约。

根据《民法典》第473条的规定，下列意思表示属于要约邀请：

（1）拍卖公告。拍卖是指拍卖人在众多竞买人的报价中，选择报价最高者订立买卖合同的特殊买卖方式。拍卖一般要经过三个阶段：拍卖表示（拍卖公告）；拍卖（竞价）；拍定（确认）。拍卖公告是拍卖方向不特定人发出的邀请参与竞买的意思表示，该意思表示中并未包含买卖合同所必备的价格条款，而是希望竞买人提出价格条款，拍卖方根据“价高者得”原则决定与某一竞买人订立买卖合同，因此拍卖公告不构成要约而属于要约邀请。

（2）招标公告。招标公告是招标人向不特定人发出的、以吸引或邀请对方发出要约为目的的意思表示。对招标的回应称为投标。招标公告与拍卖公告相似，并未明确合同所必备的价款内容（如建设工程承包费），因而属于要约邀请，而投标则为要约（招标人的决标为承诺）。值得注意的是，如果招标人在招标公告中明确表示将与报价最优者订立合同，则可视为要约。

(3)招股说明书。招股说明书是指拟公开发行股票的人经批准公开发行股票后，依法于法定日期和证券主管机关指定的报刊上刊登的全面、真实、准确地披露发行股票者的信息以供投资者参考的法律文件。它通过向社会提供股票发行人的各方面信息，从而吸引投资者向发行人发出购买股票的要约，故属要约邀请。

(4)债券募集办法。债券募集办法是指拟公开发行债券的人经批准公开发行债券后，依法定日期和法定方式发布的供投资者参考的法律文件。它通过向社会提供债券发行人的各方面信息，从而吸引投资者向发行人发出购买债券的要约，故属要约邀请。

(5)基金招募说明书。基金招募说明书是基金发起人按照国家有关法律、法规制定的并向社会公众公开发售基金时，为基金投资者提供的、对基金情况进行说明的一种法律文件。它通过向社会提供基金发起人的各方面信息，从而吸引投资者向发行人发出购买基金的要约，故属要约邀请。

(6)商业广告和宣传。商业广告和宣传是指商品经营者或者服务提供者通过一定的媒介和形式直接或间接地介绍自己所推销的产品或者所提供的服务的文字、图形或影音作品。从其内容、对象、后果等方面判断，商业广告和宣传一般不能构成要约，而是要约邀请。但根据《民法典》第472条第2款的规定，商业广告和宣传的内容符合要约条件的，应视为要约。如最高人民法院《关于审理商品房买卖合同纠纷案件适用法律若干问题的解释》第3条规定：商品房的销售广告和宣传资料为要约邀请，但是出卖人就商品房开发规划范围内的房屋及相关设施所作的说明和允诺具体确定，并对商品房买卖合同的订立以及房屋价格的确定有重大影响的，构成要约。

(7)寄送的价目表。一般的价目表中虽包含了商品或服务的名称及价格，且含有行为人希望订立合同的意思，但从中并不能确定行为人具有一经对方承诺即接受承诺后果的意图，而只是向对方提供某种信息，希望对方向自己提出订约条件，因此属于要约邀请，而不是要约。当然，如果在向不特定人派发的商品订单中明确表示愿受承诺的约束，或从其内容中可以确定有此意图，则应认定为要约。

除上述情形外，商品标价陈列、出租车巡游揽客、出版社约稿、用人单位发布招聘广告、国有土地使用权出让公告、产权交易所发布产权交易信息等，均属于要约邀请。

4.要约的生效与效力。要约属于意思表示的一种，因此适用意思表示的生效规则。根据《民法典》第137条的规定，以对话方式作出的要约，自相对人知道要约的内容时生效；以非对话方式作出的要约，自到达相对人时生效。这里采取了世界各国通行的“到达主义”立场。对于到达，应作广义解释，包括：(1)到达受要约人与到达代理人(包括无行为能力人、限制行为能力人的法定代理人)；(2)“到手到达”与“非到手到达”(送达受要约人所能实际控制之处所，如信箱)。关于数据电文形式要约的生效，适用《民法典》第137条第2款规定：以非对话方式作出的采用数据电文形式的意思表示，相对人指定特定系统接收数据电文的，该数据电文进入该特定系统时生效；未指定特定系统的，相对人知道或者应当知道该数据电文进入其系统时生效。当事人对采用数据电文形式的意思表示的生效时间另有约定的，按照其约定。

要约的有效期间由要约人确定。如未预先确定，则应区分以下两种情况：(1)要约以对话方式作出的，如受要约人未立即作出承诺，要约即失去效力。(2)要约以非对话方式作出的，如要约中未规定有效期间，应确定一个合理期间作为要约存续期限，该期限的确定应考虑以下因素：要约到达所需时间；作出承诺所需时间；承诺到达要约人所需时间。

要约的效力表现在两个方面：(1)要约对要约人的拘束力(也称要约的形式拘束力)。对要约人而言，要约一经生效，要约人即受到拘束，不得随意撤回、撤销或对要约加以限制、变更和扩张，但要约人预先申明不受要约约束或依交易习惯可认为其有此意旨时，不在此限。(2)要约对受要约人的拘束力(也称要约的实质拘束力)。对受要约人而言，其于要约生效时取得依其承诺而成立合同的法律地位，具体表现在：受要约人有为承诺以订立合同的资格，此资格原则上不得由他人继受，但要约人认可者除外；受要约人对于要约人原则上不负任何义务，只有在强制缔约情形下，承诺方为法定义务。

5.要约的撤回和撤销。要约的撤回，是指要约人在发出要约后，于要约到达受要约人之前取消其要约的行为。根据《民法典》第141条、第475条的规定，要约可以撤回，撤回要约的通知应当在要约到达受要约人之前或者与要约同时到达受要约人。在此情形下，被撤回的要约实际上是尚未生效的要约。倘若撤回的通知于要约到达后到达，而按其通知方式依通常情形应先于要约到达或同时到达，其效力如何？我国《民法典》合同编未作规定。依诚实信用原则，在此情况下，相对人应当向要约人发出迟到的通知，相对人怠于为通知且其情形为要约人可得而知者，其要约撤回的通知视为未迟到，发生撤回的法律效果。

要约的撤销，是指在要约生效后，要约人取消要约从而使要约归于消灭的行为。要约的撤销不同于要约的撤回（前者发生于生效后，后者发生于生效前）。《民法典》第476条规定，要约可以撤销，但有下列情形之一的除外：（1）要约人以确定承诺期限或者其他形式明示要约不可撤销；（2）受要约人有理由认为要约是不可撤销的，并已经为履行合同做了合理准备工作。要约中明确规定承诺期限，实际上表明要约中明确允诺要约不可撤销，或者在规定的期限内不得撤销。原因在于要约人在发出要约时，已经向受要约人指定了要约的有效期限，该期限的指定不仅对要约人产生约束力，并且也使得受要约人产生合理的信赖，即信赖在承诺期限内要约人不会撤销要约。要约人以其他形式明示要约不可撤销，包括要约人明确表示该要约为不可撤销要约、要约人坚持等待受要约人作出答复、通过要约人行为可推定该要约不可撤销等情形。受要约人有理由认为要约是不可撤销的，是指虽然要约中未确定承诺期限或者其他形式明示要约不可撤销，但受要约人从要约的有关条款中可以合理推定要约人不会撤销要约，即相信要约人已放弃撤销权（即使要约人内心并无放弃撤销权的意思）。若受要约人基于上述合理推测与信赖已经为履行合同作了合理准备工作，则要约不得撤销。

关于要约撤销的时间条件，《民法典》第477条规定：撤销要约的意思表示以对话方式作出的，该意思表示的内容应当在受要约人作出承诺之前为受要约人所知道；撤销要约的意思表示以非对话方式作出的，应当在受要约人作出承诺之前到达受要约人。据此，要约撤销须在“受要约人作出承诺之前”为之，其生效时间依意思表示方式的不同分别采取“了解主义”与“到达主义”，与《民法典》第137条确立的意思表示生效一般规则相一致。

要约撤销符合法定条件的，要约对要约人和受要约人的拘束力均归于消灭。要约撤销不符合法定条件的，若所涉合同属于诺成合同，则该合同经受要约人承诺而成立，要约人不履约应承担违约责任。

6.要约的失效。要约的失效，即要约丧失法律拘束力。依《民法典》第478条的规定，要约失效的事由有以下几种：

（1）要约被拒绝。拒绝要约是指受要约人在承诺期限内明确表示不接受要约人的缔约建议。拒绝要约仅适用于对特定人作出的要约，属于意思通知而非意思表示。

（2）要约被依法撤销。在受要约人作出承诺之前，要约人可以撤销要约，一经撤销要约即失去效力。若要约属于不可撤销情形，则不适用这一失效事由。

（3）承诺期限届满，受要约人未作出承诺。若要约中明确规定了承诺期限的，则承诺的作出必须符合该期限的要求，超过该期限则要约自动失效。若要约中没有明确规定承诺期限，则以对话方式作出的要约，受要约人应当及时作出承诺，而以非对话方式作出的要约，承诺应当在合理期限内到达要约人，否则要约失效。

（4）受要约人对要约的内容作出实质性变更。受要约人对要约的内容作出实质性变更，表明受要约人已经拒绝了该要约，要约失效，但基于鼓励交易的原则，可以将其视为受要约人向要约人发出的新的要约。若受要约人对要约内容的变更并非实质性变更，则应当认为受要约人作出的承诺符合要求，除非要约人明确表示反对或者在要约当中明确规定受要约人不得对要约的内容作出任何变更。

在要约失效后，受要约人不再具有承诺的资格，其向要约人发出的意思表示只能被视为新的要约，此时合同是否成立取决于要约人对受要约人对新要约是否接受。

（二）承诺

1.承诺的概念和要件

《民法典》第479条规定：承诺是受要约人同意要约的意思表示。承诺的目的在于接受要约人提出的缔约建议与条件，与之建立合同关系。承诺应当具备以下要件：

（1）承诺必须由受要约人向要约人作出。首先，受要约人是要约人选定的交易对象，只有受要约人才能做出承诺，第三人不具有承诺的资格。如果要约是向特定人发出的，承诺须由该特定人作出；如果是向不特定人发出的，不特定人均具有承诺资格。承诺可以由受要约人本人作出，也可以由其授权的代理人作出。其次，承诺必须向要约人作出，承诺作为对要约人发出要约的答复，其只能向要约人作出才能成立合同，向要约人以外的第三人作出承诺的，则只能认定为对第三人作出的要约，不能产生承诺的效力。

（2）承诺是受要约人决定与要约人订立合同的意思表示。承诺在性质上属于意思表示，其必须符合意思表示的构成要件，即承诺需包含承诺人受承诺拘束的意图。承诺中必须明确表明同意与要约人订立合同，才能因承诺而使合同成立。

（3）承诺应当在一定期限内到达要约人。《民法典》第481条规定：承诺应当在要约确定的期限内到达要约人。要约没有确定承诺期限的，如果要约以对话方式作出，受要约人应当及时作出承诺；如果要约以非对话方式作出，承诺应当在合理期限内到达要约人。对于承诺的合理期限的起算点，《民法典》第482条规定：要约以信件或者电报作出的，承诺期限自信件载明的日期或者电报交发之日开始计算。信件未载明日期的，自投寄该信件的邮戳日期开始计算。要约以电话、传真、电子邮件等快速通讯方式作出的，承诺期限自要约到达受要约人时开始计算。

（4）承诺的内容必须与要约的内容一致。关于承诺与要约内容一致性的判定，传统民法采取严格的“镜像规则”，即承诺的内容必须与要约内容完全一致而不得对其有任何改动；新近各国立法则出于鼓励交易的目的采取相对宽松的标准。《民法典》第488条规定：承诺的内容应当与要约的内容一致。受要约人对要约的内容作出实质性变更的，为新要约。有关合同标的、数量、质量、价款或者报酬、履行期限、履行地点和方式、违约责任和解决争议方法等的变更，是对要约内容的实质性变更。本条规定揭示了承诺的内容要件，即承诺的内容必须与要约内容一致。所谓内容一致，具体表现在：承诺是对要约的无条件的同意，而不得对要约的内容作出实质性变更，否则不构成承诺，而应视为对要约的拒绝并作出一项新要约（或称反要约）。由此可见，我国民法对承诺与要约内容一致性要求采取了“实质性变更”标准。所谓实质性变更，是指要约内容中对当事人的利益具有实质性影响的变更，一般而言，要约中包含的合同标的、数量、质量、价款或者报酬、履行期限、履行地点和方式、违约责任和解决争议方法等内容均对当事人的利益具有实质性影响，若受要约人对上述内容予以变更即不能构成承诺。但承诺的内容并不要求与要约的内容绝对一致或完全等同，即允许承诺对要约的内容作非实质性变更。《民法典》第489条规定：承诺对要约的内容作出非实质性变更的，除要约人及时表示反对或者要约表明承诺不得对要约的内容作出任何变更的外，该承诺有效，合同的内容以承诺的内容为准。由此可见，对要约内容作出非实质性变更的承诺在以下两种情况下不能生效：一是要约人及时表示反对；二是要约中明确表示承诺不得对要约作任何变更。

（5）承诺的方式必须符合要约的要求。《民法典》第480条规定：承诺应当以通知的方式作出，但根据交易习惯或者要约表明可以通过行为作出承诺的除外。根据这一规定，承诺原则上应当以通知方式作出。通知包括口头通知和书面通知，要约人对通知的方式有特殊要求的，应按该要求予以通知。如果根据交易习惯或者要约表明可以通过行为方式作出承诺，则该行为也构成承诺。行为包括作为和不作为，构成承诺的行为主要是指作为，如供货商于收到订货要约后径行发货。单纯的缄默或不作为通常不能作为承诺的意思表示方式，但是，如果当事人预先约定或依交易习惯可以采取此种方式进行承诺的，也可以作为承诺方式。例如，受要约人在要约邀请中表示，要约人向自己发出要约后，若自己在要约指定期限内未作答复即视为已经承诺，此种情形即属于缄默方式的承诺。

2.承诺的生效时间与法律效力

根据《民法典》第484条的规定，对于承诺的生效时间应区分以下两种情况予以判定：（1）以通知方式作出的承诺，其生效时间适用《民法典》第137条关于有相对人的意思表示生效的规定：以对话方式作出的承诺，于相对人知道其内容时生效；以非对话方式作出的承诺，到达相对人时生效；以非对话方式作出的采用数据电文形式的承诺，相对人指定特定系统接收数据电文的，该数据电文进入该特定系统时生效；未指定特定系统的，相对人知道或者应当知道该数据电文进入其系统时生效；当事人对采用数据电文形式的承诺的生效时间另有约定的，按照其约定。（2）承诺不需要通知的，根据交易习惯或者要约的要求作出承诺的行为时生效（承诺无须到达相对人即可生效）。前者如顾客向自动售货机投币构成承诺，根据交易习惯该承诺可于作出时生效；后者如要约中表示对方同意后可径行发货、无须另行通知，则据此可认定承诺于作出时生效。

承诺的法律效力表现为：承诺生效时合同成立，但是法律另有规定或者当事人另有约定的除外（《民法典》第483条）。具体而言，在诺成合同，承诺生效标志着当事人达成合意，合同即告成立；在实践合同，合同自交付标的物或完成其他给付（而非承诺生效）时成立；当事人约定合同于承诺生效前后某一时间成立的，从其约定（如合同倒签）。

3.承诺的撤回和迟延

承诺的撤回，是指受要约人在其承诺生效之前作出的阻止其承诺发生法律效力的意思表示。《民法典》第485条规定：承诺可以撤回。承诺的撤回适用本法第141条的规定。对此需要明确：（1）承诺的撤回仅适用于以通知方式作出的承诺，不需要通知（作出时生效）的承诺不存在撤回问题，如对供用水、电等“现物要约”的承诺（实际消费）即无法撤回。（2）承诺的撤回适用意思表示撤回的一般规则，包括撤回的方式（撤回通知）、撤回的生效条件（撤回通知先于承诺到达或同时到达要约人）。承诺一经撤回，即不发生承诺的效力，也就阻止了合同的成立。

承诺迟延，是指承诺因为未在承诺期限内发出或其他原因而未能及时到达要约人。对此，《民法典》第486条、第487条根据“受要约人是否在承诺期限内发出承诺”和“该承诺按照通常情形能否及时到达要约人”的不同情形规定了不同的法律后果。（1）承诺的通常迟延。承诺的通常迟延也称必然的迟延，是指按照通常情况承诺必然迟到的情形，包括受要约人超过承诺期限发出承诺，以及受要约虽在承诺期限内发出承诺但按照通常情形不能及时到达要约人的情形。对此《民法典》第486条规定：受要约人超过承诺期限发出承诺，或者虽在承诺期限内发出承诺但按照通常情形不能及时到达要约人的，为新要约；但是，要约人及时通知受要约人该承诺有效的除外。据此，承诺的通常迟延包括两种情形：一是受要约人超过承诺期限发出承诺导致承诺必然迟延；二是受要约人虽在承诺期限内发出承诺但按照通常情形不能及时到达要约人因而发生迟延（如承诺按照通常情形需3天到达要约人，但于期限届满前1天发出）。在承诺的通常迟延情形下，承诺本应失效（不产生使合同成立的法律效果），但为了鼓励促进交易、提高合同订立效率，立法上仍承认迟到的承诺具有一定的法律意义：一是拟制，即将迟到的承诺认定为一项新要约，使原要约人取得受要约人地位；二是补正，即通过要约人接受迟到的承诺并及时通知受要约人该承诺有效，使其产生承诺的法律效果。（2）承诺的非正常迟延。承诺的非正常迟延也称特殊的迟延，是指承诺按照通常情况能够按时到达、因特殊原因而迟到的情形。《民法典》第487条规定：受要约人在承诺期限内发出承诺，按照通常情形能够及时到达要约人，但因其他原因致使承诺到达要约人时超过承诺期限的，除要约人及时通知受要约人因承诺超过期限不接受该承诺外，该承诺有效。据此，构成承诺的非正常迟延应具备如下条件：其一，受要约人在承诺期限内发出承诺；其二，承诺按照通常情形能够及时到达要约人；其三，因其他原因，承诺到达要约人时超过承诺期限（“其他原因”应属不可归则于承诺人的原因，如自然灾害、突发疫情、要约人一方数据接受系统故障等）。承诺的非正常迟延，原则上不妨碍承诺效果的发生，但基于利益平衡的考量，法律赋予要约人选择权，如果要约人及时通知受要约人因承诺超过期限不接受该承诺，则该承诺不发生效果；反之则有效。

三、合同的特殊订立方式

合同的订立除采取要约—承诺的常态缔约方式外，还存在一些特殊缔约方式，主要有以下几种。

（一）确认书

确认书是指合同正式成立前一方就合同的成立要求最终确认。《民法典》第491条第1款规定，当事人采用信件、数据电文等形式订立合同要求签订确认书的，签订确认书时合同成立。

签订确认书实际上是与承诺紧密结合的，若双方当事人签订协议之后，一方要求以其最后的确认为准，实质上确认书是对要约所作出的最终的、明确的承诺，签订确认书之前，合同并没有成立。

（二）电子商务合同

《民法典》第491条第2款规定，当事人一方通过互联网等信息网络发布的商品或者服务信息符合要约条件的，对方选择该商品或者服务并提交订单成功时合同成立，但是当事人另有约定的除外。《民法典》合同编借鉴《电子商务法》的规定，确立了电子商务合同订立的方式。具体而言，适用本条需要满足以下要件：

1.当事人一方通过互联网等信息网络发布的商品或服务符合要约条件。所谓符合要约条件，是指当事人一方所发布的信息中包含合同的主要条款，内容具体确定，且表明受要约人承诺后要约人愿意受到该意思表示的拘束。

2.对方选择该商品或服务并提交订单成功。在这种情况下合同的成立需要满足如下两个条件：第一，买受人选定了特定的商品或服务；第二，买受人提交订单成功。只有在买受人提交订单后才能认定买受人已经作出了承诺，合同关系才能成立。

3.当事人另有约定的除外。在实践中，有的网购平台会通过格式条款与消费者约定合同成立的时间，如果当事人之间存在有效的约定，则按照当事人的约定认定。

（三）悬赏广告

悬赏广告，是指通过广告形式声明对完成广告中规定的特定行为的任何人给付广告中标明的报酬的行为。关于悬赏广告的性质，存在两种观点。一为单方行为说，认为悬赏广告是广告人单方的意思表示，因为广告人对完成一定行为的人负有给予报酬的义务，而行为人方面无须有承诺，唯其以一定行为的完成为停止条件（生效条件）。二为合同说（要约说），认为广告人向不特定人所提出的悬赏表示是一种要约，此种要约因受要约人完成其指定行为而成立悬赏合同。《民法典》合同编将悬赏广告作为一种特殊的缔约方式，广告人发出悬赏广告为要约，行为人完成悬赏广告规定的行为即构成承诺，合同因此而成立。

悬赏广告一旦生效，悬赏人就负有对完成悬赏广告所声明的行为的人支付对应报酬的义务。与此相对应完成悬赏广告所载明的行为的人，对悬赏人享有报酬请求权。在数人完成该行为时，应当按照先来后到的原则进行认定，由最先完成悬赏广告所声明的行为的人享有报酬请求权。若数人同时完成该行为的，原则上应当由数人平均分配该报酬。但悬赏人在善意向其最先通知者支付完毕报酬的，其支付报酬的义务消灭。

若悬赏人在悬赏广告中表明支付报酬，但未明确申明报酬的数额，则当行为人完成该行为时，当事人可就报酬的具体数额进行事后协商，协商不成由法院进行判定。法院在判定该数额时可以参照行为人完成行为的时间、成本及成果的归属合理地进行确定。

（四）招标投标

招标投标，是指招标人通过招标，在诸多投标方案中选择自己认为最优的投标方案并与其投标人订立合同的方式。根据相关法律规定，招标投标程序一般包括以下几个阶段：（1）招标阶段。招标是指招标人采取招标公告或招标通知的形式向数人或公众发出的投标邀请，分为公开招标和邀请招标，其性质为要约邀请。（2）投标阶段。投标是投标人按照招标文件的要求向招标人提出缔约条件的行为，其性质为要约。（3）开标、评标、定标阶段。开标是招标人在其召开的投标人会议上当众启封标书，公开标书内容。评标是由招标人依法组织的评标委员会对有效标书进行评审，并推荐合格的中标候选人。定标是招标人根据评标委员会提出的评标报告，从其推荐的中标候选人中确定中标人。定标若是对投标的完全接受，即构成承诺。

（五）拍卖

拍卖，是指以公开竞价的形式，将特定物品或者财产权利转让给最高应价者的买卖方式。根据相关法律规定，拍卖一般须遵循以下程序：（1）拍卖人发布拍卖公告。拍卖公告应记载拍卖的时间、地点，拍卖标的及其展示时间、地点，参与竞买应当办理的手续等事项，通过报纸或者其他新闻媒介发布，其性质为要约邀请。（2）拍卖师主持拍卖，竞买人竞相应价，其性质为要约。（3）竞买人的最高应价经拍卖师落槌或者以其他公开表示买定的方式确认，其性质为承诺，买卖合同因此成立。其后，买受人和拍卖人应当签署成交确认书。

（六）强制缔约

强制缔约，是指一方因负有应对方的请求与其订立合同的义务，或因负有向对方发出要约的义务而与之订立合同的缔约方式。强制缔约在学理上可分为直接的强制缔约与间接的强制缔约。对于前者，当负有缔约义务的一方不接受他方要约时，要约人得请求公权力强制受要约人为承诺的意思表示，即强制缔结合同，如土地所有人对地上权人工作物的购买权、共有人的优先购买权；对于后者，一方虽然对他方的要约有为承诺的义务，但如果其拒绝承诺，要约人只能请求侵权损害赔偿，如能源、交通等公用事业领域和医师等特定职业从业者的强制缔约。《民法典》第494条规定：国家根据抢险救灾、疫情防控或者其他需要下达国家订货任务、指令性任务的，有关民事主体之间应当依照有关法律、行政法规规定的权利和义务订立合同。依照法律、行政法规的规定负有发出要约义务的当事人，应当及时发出合理的要约。依照法律、行政法规的规定负有作出承诺义务的当事人，不得拒绝对方合理的订立合同要求。该条规定属间接强制缔约规则范畴。

四、合同的成立

（一）合同成立的认定与意义

合同成立，是指缔约各方形成合意，从而确立合同关系。缔约各方是否形成合意（意思表示一致），考量因素主要包括：（1）要约是否成立并生效；（2）受要约人所作意思表示的内容是否构成承诺（与要约的内容一致而无实质性变更）；（3）承诺是否生效。

根据《合同编通则解释》第3条第1、2款的规定，当事人对合同是否成立存在争议，人民法院能够确定当事人名称或者姓名、标的和数量的，一般应当认定合同成立，但是法律另有规定或者当事人另有约定的除外。根据上述规定能够认定合同已经成立的，对合同欠缺的内容，人民法院应当依据《民法典》第510条、第511条等规定予以确定。

合同成立的意义表现在：（1）合同成立是合同生效的前提。《民法典》第502条第1款规定：“依法成立的合同，自成立时生效，但是法律另有规定或者当事人另有约定的除外。”（2）合同成立后，对当事人具有拘束力。合同一旦成立，无论是否生效，对当事人均发生一定的拘束力，除非具有法定或者约定事由，当事人不得擅自解除合同或阻止合同生效。(3)依法成立的合同受法律保护(《民法典》第465条第1款)。对依法成立的合同，其他民事主体应予以尊重，不得干预、破坏合同关系或阻止其生效。

(二)合同成立的时间

1.合同成立时间的意义

确定合同的成立时间，具有以下意义：(1)区分缔约过失责任与违约责任。缔约过失责任仅发生于合同成立之前的缔约阶段，违约责任则发生于合同成立后。(2)区分合同自始履行不能与嗣后履行不能。合同成立前即不能履行债务的为自始履行不能，成立后不能履行则为嗣后履行不能。(3)违约损害赔偿制度中的可预见性规则的适用，以合同成立时间(订立合同时)作为判断能否预见的时间标准。

2.合同成立时间的认定

《民法典》第483条规定，承诺生效时合同成立，但是法律另有规定或者当事人另有约定的除外。合同成立时间的具体判定规则为：

(1)口头合同的成立时间。一般而言，口头合同自承诺生效时成立，但法律另有规定或者当事人另有约定者，依其规定或约定。如口头保管合同自保管物交付时成立，但当事人另有约定的除外(《民法典》第890条)。

(2)合同书形式的合同成立时间。《民法典》第490条第1款规定：当事人采用合同书形式订立合同的，自当事人均签名、盖章或者按指印时合同成立。在签名、盖章或者按指印之前，当事人一方已经履行主要义务，对方接受时，该合同成立。

(3)确认书形式的合同成立时间。《民法典》第491条第1款规定，当事人采用信件、数据电文等形式订立合同要求签订确认书的，签订确认书时合同成立。

(4)通过互联网等信息网络订立的合同成立时间。《民法典》第491条第2款规定，当事人一方通过互联网等信息网络发布的商品或者服务信息符合要约条件的，对方选择该商品或者服务并提交订单成功时合同成立，但是当事人另有约定的除外。

(5)合同的实际成立。《民法典》第490条第2款规定，法律、行政法规规定或者当事人约定采用书面形式订立合同，当事人未采用书面形式但一方已经履行主要义务，对方接受的，该合同成立。此时可从实际履行合同义务的行为中推定当事人已经形成了合意即成立合同关系，当事人一方不得以未采取书面形式或未签名、盖章为由，否认合同关系的实际存在。

(6)采取招标、拍卖方式订立的合同的成立时间。《合同编通则解释》第4条规定：①采取招标方式订立合同，合同自中标通知书到达中标人时成立。②采取现场拍卖、网络拍卖等公开竞价方式订立合同，合同自拍卖师落槌、电子交易系统确认成交时成立。③产权交易所等机构主持拍卖、挂牌交易，其公布的拍卖公告、交易规则等文件公开确定了合同成立需要具备的条件，合同自该条件具备时成立。

(三)合同成立的地点

1.合同成立地点的意义

合同成立地点的主要意义在于：(1)确定合同案件的地域管辖。根据《民事诉讼法》第35条的规定，合同纠纷的当事人可以书面协议选择合同签订地等与争议有实际联系的人民法院管辖，但不得违反级别管辖和专属管辖的规定。(2)确定涉外合同纠纷适用法律的连接点。《涉外民事关系法律适用法》第41条规定："当事人可以协议选择合同适用的法律。当事人没有选择的，适用履行义务最能体现该合同特征的一方当事人经常居所地法律或者其他与该合同有最密切联系的法律。"与合同有最密切联系的法律，包括合同成立地法、合同履行地法、标的物所在地法等。

2.合同成立地点的认定

《民法典》第492条第1款规定，承诺生效的地点为合同成立的地点。对合同成立地点，可区分以下几种情形予以认定：

(1)口头合同的成立地点。口头合同成立地点的认定适用合同成立地点的一般规定，即以承诺生效地点为合同成立地点(通常为承诺到达地点)，但法律另有规定或者当事人另有约定的，应从其规定或约定。例如，保管合同、借用合同应以交付标的物的地点为合同成立地点，但当事人另有约定的除外。

(2)书面合同的成立地点。《民法典》第493条规定，当事人采用合同书形式订立合同的，最后签名、盖章或者按指印的地点为合同成立的地点，但是当事人另有约定的除外。根据相关司法解释，采用书面形式订立合同，合同约定的签订地与实际签名或者盖章地点不符的，人民法院应当认定约定的签订地为合同签订地；合同没有约定签订地，双方当事人签名或者盖章不在同一地点的，人民法院应当认定最后签名或者盖章的地点为合同签订地。

(3)采用数据电文形式订立合同时合同的成立地点。《民法典》第492条第2款规定，采用数据电文形式订立合同的，收件人的主营业地为合同成立的地点；没有主营业地的，其住所地为合同成立的地点。当事人另有约定的，按照其约定。

五、合同的解释

(一)合同解释的概念

所谓合同解释，是指依据一定的事实，遵循有关的原则，对合同的内容和含义所作出的说明。合同是当事人通过合意对于其未来事务的安排，然而，由于当事人在订立合同时，即使具有丰富的交易经验和渊博的法律知识，也难以对未来发生的各种情况事先作出充分的预见，并在合同中将未来的各种事务安排得十分周全，所以合同中的某些条款不明确、具体，甚至出现某些漏洞，是在所难免的。当事人通过合同对于其未来的事务作出安排时，需要通过一定的言语或者文字表达其内容，但由于各方面的原因，缔约当事人对合同的某个条款和用语也可能会产生不同的理解和认识，从而也难免发生争议。这就需要对合同进行解释。为此，《民法典》第466条确立了合同解释的规则。

(二)合同解释的基本规则

1.应当按照所使用的词句进行解释

所谓对用语应当按照通常的理解进行解释，是指在当事人就意思表示本身的用语发生争议以后，对于有关的用语本身，按照一个普通人的合理理解为标准来进行解释。《合同编通则解释》第1条第1款规定："人民法院依据民法典第一百四十二条第一款、第四百六十六条第一款的规定解释合同条款时，应当以词句的通常含义为基础，结合相关条款、合同的性质和目的、习惯以及诚信原则，参考缔约背景、磋商过程、履行行为等因素确定争议条款的含义。"依据该规定，法官在解释合同内容时，首先应当按照合理的、理性的人对文义的通常理解来解释合同内容。

同时，在依据文义解释方法解释合同内容时，应当尊重当事人的共同意思。《合同编通则解释》第1条第2款规定："有证据证明当事人之间对合同条款有不同于词句的通常含义的其他共同理解，一方主张按照词句的通常含义理解合同条款的，人民法院不予支持。"这就确立了共同真实意思优先规则，即如果有证据证明当事人之间对合同条款有不同于词句的通常含义的其他共同理解，共同真实意思优先于词句的通常含义，在此情形下，不能以词句的通常含义理解合同条款。

2.结合相关条款、行为的性质和目的、习惯以及诚信原则，确定意思表示的含义

此种解释规则包含如下具体解释方法：

一是体系解释。体系解释实际上是《合同编通则解释》第1条第1款依据《民法典》第142条第1款所要求的"结合相关条款"解释。它要求将合同的各项条款作为一个整体，根据争议条款与相关条款的关系，整体进行解释。如果合同中的数个条款相互冲突，应当将这些条款综合在一起，根据合同的性质、订约目的等来考虑当事人的意图，尤其是当事人在合同中所使用的语言文字必须联系起来考察。

二是目的解释。目的解释是指通过探究合同的性质和目的，确定争议条款的含义。依据《民法典》第142条第1款的规定，应结合合同的目的确定当事人的真实意思。《合同编通则解释》第1条第1款要求解释合同条款时，应当以词句的通常含义为基础，结合相关条款、合同

的性质和目的等因素确定争议条款的含义。这就确定了目的解释原则。在运用目的解释方法时，要考虑当事人双方而不是当事人一方的目的进行解释；同时，在当事人使用的多个文本的含义不一致时，应当根据当事人订立合同的目的解释合同。

三是习惯解释。所谓习惯，是指当事人所知悉或实践的生活和交易习惯。合同乃是一种交易，所以在解释合同的时候通常根据交易习惯来解释当事人的意思。依照《民法典》第142条第1款的规定，解释合同应当依据交易习惯进行，这就确立了依据交易习惯解释的原则。依据《合同编通则解释》第2条第1款规定，交易习惯是指不违反法律和公序良俗的交易中的惯常做法以及地区习惯和行业习惯。交易习惯有利于澄清条款文意，明晰合同中不明确、不清晰的内容，从而准确界定当事人的权利义务关系。

四是依诚信原则进行解释。解释合同应依据诚信原则。依据《民法典》第142条第1款的规定，"有相对人的意思表示的解释，应当按照所使用的词句，结合相关条款、行为的性质和目的、习惯以及诚信原则"进行。《合同编通则解释》第1条第1款也要求依据诚信原则解释，这实际上是将商业道德和公共道德运用到合同解释之中，以公平解释合同的内容，并填补合同的漏洞。

3.尽量做有效解释

《合同编通则解释》第1条第3款规定，对合同条款有两种以上解释，可能影响该条款效力的，人民法院应当选择有利于该条款有效的解释。之所以要选择有利于合同条款有效的解释方案，是因为其符合合同法鼓励交易基本理念；同时，当事人订立合同的目的在于达成交易，尽量做有效解释，可以避免司法裁判对合同自由进行过度干预。

4.无偿合同中做有利于债务人的解释

《合同编通则解释》第1条第3款规定，属于无偿合同的，应当选择对债务人负担较轻的解释。在无偿合同中，债务人的负担较轻，而在有偿合同中，债务人的负担相对较重，这既是市场交易中等价有偿原则的体现，也符合权利义务相一致原则。因此，对无偿合同而言，在解释合同内容时，如果对合同文义的解释存在两种以上的合理解释，则应当选择对债务人负担较轻的解释方案。

六、格式条款

（一）格式条款的概念

《民法典》第496条第1款规定，格式条款是当事人为了重复使用而预先拟定，并在订立合同时未与对方协商的条款。这一规定揭示了格式条款的以下特征：

1.格式条款是一方为了重复使用而预先拟定的合同条款。格式条款必须是在订约以前就已经预先拟定，而并非在双方当事人的反复磋商中形成的。格式条款的提供方通常是固定提供某种商品或服务的公共事业部门、企业和有关社会团体（如邮政、交通运输企业），格式条款的拟定可以节约交易成本，提高交易效率。依据《合同编通则解释》第9条第2款，从事经营活动的当事人一方仅以未实际重复使用为由主张其预先拟定且未与对方协商的合同条款不是格式条款的，人民法院不予支持。因此，一方面，如果相关的条款不是为了重复使用而拟定的，则其不属于格式条款。另一方面，"为了重复使用"仅仅是当事人拟定格式条款的目的，并非要求实际被重复使用。

2.格式条款多为定型化条款。格式条款是当事人一方为与不特定的人订约而拟订的，一般具有重复使用的功能，因而其内容具有定型化的特点。所谓定型化是指格式条款具有稳定性和不变性，其适用于一切与拟定者订立合同的不特定的相对人，并不因相对人的改变而改变。

3.在订立合同时未与对方协商。附从性是格式条款最重要的特征。所谓"未与对方协商"不仅指"未协商"，还意味着该条款"不容协商"，即对方要么接受，要么拒绝，没有任何实质协商与修改的余地。如容许协商而对方放弃协商的权利，则该条款并非格式条款。

格式条款规则的适用具有强制性，依据《合同编通则解释》第9条第1款规定，在符合格式条款的情形下，当事人不得通过约定排除其格式条款的法律属性。因为法律关于格式条款的规定，旨在规制格式条款的使用，并强调格式条款制作人负有对异常条款提请注意、解释、说明等义务，并对处于弱势订约地位的一方当事人提供倾斜保护。

（二）格式条款的订立规则

《民法典》第496条第2款前句规定，采用格式条款订立合同的，提供格式条款的一方应当遵循公平原则确定当事人之间的权利和义务，并采取合理的方式提示对方注意免除或者减轻其责任等与对方有重大利害关系的条款，按照对方的要求，对该条款予以说明。该条文规定了格式条款提供方的一般义务（格式条款的拟定应当遵循公平原则），并规定了提供方对格式条款中重大利害关系条款的“提示义务”和“说明义务”。所谓重大利害关系条款，包括但不限于免除或者减轻提供方责任的条款。《合同编通则解释》第10条第1款借鉴了比较法上的经验，将“与对方有重大利害关系的条款”限定为“异常条款”。所谓“异常条款”，是指相对人不能合理预见到，且对当事人的权利、义务、责任等有重大影响的条款。此类条款主要包括免除或者减轻责任条款以及仲裁条款、清算条款、选择鉴定单位的条款等。这些条款一旦没有提请注意，相对人盲目接受，可能会对其造成重大不利。

对异常条款，条款制定一方负有提示和说明义务。所谓提示，是指提请对方注意此类条款的存在，此为格式条款提供方必须主动履行的法定义务。所谓说明，是指对此类条款予以阐释，使对方明了其含义，此为格式条款提供方被动履行（按照对方要求）的法定义务。关于如何判定提供格式条款方是否“采取合理的方式”履行“提示义务”和“说明义务”，《合同编通则解释》第10条作了如下规定：（1）提供格式条款的一方在合同订立时采用通常足以引起对方注意的文字、符号、字体等明显标识，提示对方注意免除或者减轻其责任、排除或者限制对方权利等与对方有重大利害关系的异常条款的，人民法院可以认定其已经履行提示义务。（2）提供格式条款的一方按照对方的要求，就与对方有重大利害关系的异常条款的概念、内容及其法律后果以书面或者口头形式向对方作出通常能够理解的解释说明的，人民法院可以认定其已经履行说明义务。（3）提供格式条款的一方对其已经尽到提示义务或者说明义务承担举证责任。对于通过互联网等信息网络订立的电子合同，提供格式条款的一方仅以采取了设置勾选、弹窗等方式为由主张其已经履行提示义务或者说明义务的，人民法院不予支持，但是其举证符合上述规定的除外。

《民法典》第496条第2款后句规定，提供格式条款的一方未履行提示义务或者说明义务，致使对方没有注意或者理解与其有重大利害关系的条款的，对方可以主张该条款不成为合同的内容。该规定确立了格式条款中“重大利害关系条款”的订入规则，即以将“重大利害关系条款”排除于合同内容之外（不订入合同）作为格式条款提供方未履行提示义务或者说明义务的法律后果。这一后果并非因格式条款提供方未履行提示义务或者说明义务而当然发生，而只能基于相对方主张发生。相对方若主张此类条款不成为合同内容，须对条款提供方未履行提示义务或者说明义务（行为事实）、己方因此没有注意或者理解此类条款（后果及因果关系事实）负举证责任。

（三）格式条款的无效及后果

根据《民法典》第497条的规定，有下列情形之一的，该格式条款无效：

1.具有《民法典》第一编第六章第三节和《民法典》第506条规定的无效情形。《民法典》第153条规定，违反法律、行政法规的强制性规定的民事法律行为无效。但是，该强制性规定不导致该民事法律行为无效的除外。违背公序良俗的民事法律行为无效。当格式条款违反法律或行政法规的强制性规定，或违反公序良俗时，该格式条款无效。《民法典》第506条规定，合同中的下列免责条款无效：（1）造成对方人身损害的；（2）因故意或者重大过失造成对方财产损失的。市场交易中存在诸多风险，当事人可能预先通过免责条款对风险进行分配，格式条款中也包括格式的免责条款，对于该格式的免责条款应当适用此规则进行判断。

2.提供格式条款一方不合理地免除或者减轻其责任、加重对方责任、限制对方主要权利。免除或减轻其责任，是指对自己本应承担的民事责任通过格式条款予以排除或减轻，如规定在合同履行过程中发生的一切后果均由对方负责（如劳务合同格式条款中的“工伤概不负责”条款）。加重对方责任，是指通过格式条款使对方承担过重的责任，如规定高额惩罚性赔偿。限制对方主要权利，是指通过格式条款使对方的主要权利受到减损或难以实现，如设置复杂的违约索赔程序。上述情形，均须满足“不合理”这一要件，对此应结合具体合同类型、参酌典型的双方当事人的利益作出判断，并优先适用特别法的相关规定，例如，根据《消费者权益保护法》第26条的规定，经营者提供的格式条款中的上述内容均属对消费者不公平、不合理的条款，应当认定为无效。

3.提供格式条款一方排除对方主要权利。排除主要权利是指格式条款中含有排除对方当事人依据合同的性质和内容应当享有的主要权利，所对应的义务往往是主给付义务。何谓“对方主要权利”，应依合同性质与类型予以具体判定，例如，经营者在格式条款中规定，消费者对瑕疵的物只能请求修理或更换，不能请求解除合同或减少价金，也不能请求损害赔偿。

格式条款一旦被认定无效，则为自始无效。但需要注意以下几点：第一，格式条款的无效不一定导致合同的整体无效。无效格式条款仅是合同的部分内容，若其不影响合同整体的效力，则仅涉及格式条款的部分无效，该合同整体而言仍然应当有效。但若格式条款与其他条款不可分离，当格式条款被认定无效时，整个合同也应当被认定为无效。第二，格式条款无效可以补正。当格式条款存在无效事由时，当事人可以通过对格式条款进行修改，消除其无效的原因，使得无效的格式条款变为有效。

（四）格式条款的解释

《民法典》第498条规定：“对格式条款的理解发生争议的，应当按照通常理解予以解释。对格式条款有两种以上解释的，应当作出不利于提供格式条款一方的解释。格式条款和非格式条款不一致的，应当采用非格式条款。”本条规定了格式条款的解释规则，具体有以下几种：

1.通常理解规则。对格式条款及其用语的解释，应以一般人的、惯常的理解为标准，而不应仅以条款拟定人的理解为依据，或采取相关用语的非常态含义予以解释。具体来说：(1)除当事人有特殊的规定之外，格式条款的解释应当独立于交易的特殊环境，不应当把具体缔约环境中的因素作为解释格式条款的考量因素。(2)对某些特殊术语应作出平常的、通常的、通俗的、日常的、一般意义的解释，除非条款所适用的对象本身就是专业领域的专业人员，此时则应按照该专业术语的特殊含义进行解释。(3)若某类格式条款经过长期使用使得社会大众对其中某些用语的理解与条款制定方的理解不同，则应当按照社会大众的一般理解作为解释的标准。(4)格式条款在不同的领域、不同的团体中适用时，各领域、各团体的相对人对其理解是不同的，因此应当按照各个领域、各个团体的消费者的平均理解水平，对格式条款的含义进行解释。

2.不利解释规则。不利解释也称“疑义利益解释”，即在格式条款有两种以上解释的情形下，应作不利于格式条款提供者的解释。此处的两种以上解释，是指根据通常理解无法得出唯一的解释，且两种或两种以上解释均有一定的合理性，而不是泛指当事人对格式条款存在不同解释。

3.非格式条款效力优先规则。某些合同既包含格式条款也包含非格式条款即个别商议条款，若发生二者不一致的情况，非格式条款在效力上应优先于格式条款，即应当采用非格式条款，这样既尊重了当事人的意思表示，也有利于保护非格式条款提供方。

七、缔约过失责任

（一）缔约过失责任的概念和构成要件

缔约过失责任，是指在订立合同过程中，一

方因违反其依据诚实信用原则所负先合同义务而致另一方遭受损失，依法应承担的民事责任。《民法典》第500条、第501条对此作了规定。

缔约过失责任是民事责任的一种独立类型，与违约责任、侵权责任均有区别。缔约过失责任与违约责任的区别在于：（1）违反义务的性质不同。缔约过失责任是违反先合同义务的结果，违约责任是违反合同债务的结果；前者为法定义务，后者主要是约定义务。（2）归责原则不同。缔约过失责任以过错责任为基本归责原则，违约责任则属于严格责任。（3）责任承担方式不同。缔约过失责任主要以损害赔偿为承担方式，违约责任则存在多种承担方式。缔约过失责任与侵权责任的区别在于：（1）发生前提不同。缔约过失责任发生于缔约磋商阶段，以当事人之间存在特别结合关系为前提，侵权责任则无此要求。（2）归责原则不同。缔约过失责任以过错责任为基本归责原则，侵权责任则适用过错责任和无过错责任二元归责原则。（3）赔偿范围不同。缔约过失责任的赔偿范围主要是信赖利益损失，侵权责任的赔偿范围是固有利益损失。

缔约过失责任的构成应具备如下要件：

1.此种责任发生于合同订立阶段。这是缔约过失责任与违约责任的根本区别。所谓合同订立阶段，是指在合同成立前当事人进行缔约磋商及为订立合同开展各项准备工作的期间，其起点为要约生效时，终点为合同成立之时。因此，缔约过失责任主要发生于合同未成立或合同成立但未生效、无效、被撤销、未被追认等场合下。合同生效后，当事人违反合同义务所应承担的民事责任，属于违约责任范畴。

2.一方违反了依诚实信用原则所担负的先合同义务。由于合同尚未成立或未生效，因此当事人并不承担合同义务。然而，在订约阶段，当事人依诚实信用原则负有诚信缔约、如实告知、安全保障、信息保密等义务，此为法定义务，若因故意或过失而违反，则可能产生缔约过失责任。

3.另一方因此受到损失。缔约过失责任的基本形式是损害赔偿，因此应以违反先合同义务使对方遭受损失为成立要件。对方损失应限于财产损失，包括信赖利益损失和固有利益损失。缔约过失责任的成立，还要求一方违反先合同义务行为与另一方所受损失之间存在因果关系。

（二）缔约过失责任的适用

根据《民法典》第500条、第501条的规定，缔约过失责任适用于以下情形：

1.假借订立合同，恶意进行磋商。恶意磋商，是指非出于订立合同之目的而借订立合同之名与他人进行磋商。行为人的真实意图，或是阻止对方与他人订立合同，或是使对方贻误商机，或是出于其他原因。恶意磋商可具体分为以下几种情形：一是恶意开始磋商，指行为人自始即欠缺真实的缔约意图而基于恶意与对方进行磋商。例如，甲无意购买乙的房屋，但为了阻止乙将其卖给丙而假意与乙磋商购买该房产，待丙另购房屋后甲即中断磋商，乙因此错失以较高价格卖出该房的机会。二是恶意继续磋商，指行为人本具有真实的缔约意图，后来决定放弃缔约，但出于某种目的仍继续与对方磋商。例如，甲最初欲应聘乙公司销售岗位，磋商过程中改变主意欲受聘于乙的竞争对手丙公司，为了掌握乙的销售信息，甲仍继续与乙磋商并参加培训，在掌握相关信息后便终止磋商，前往丙公司任职。三是恶意终止磋商，即一方出于恶意终止正在正常进行的磋商，使对方失去缔约机会。

2.故意隐瞒与订立合同有关的重要事实或者提供虚假情况，即欺诈缔约。首先，欺诈方需具有故意，也就是说，欺诈方明知自己告知对方的情况是虚假的，并且会使对方因欺诈而陷入错误认识，但却希望或者放任这种结果的发生。其次，欺诈的行为包括两种形式：第一，故意告知虚假情况，也就是进行虚伪陈述；第二，故意隐瞒真实情况，即行为人负有告知义务而没有履行如实告知义务。告知义务可能基于法律的规定、当事人的约定产生，亦有可能依照诚实信用原则产生。依照诚实信用原则产生的如实告知义务主要包括：（1）告知对方自己的财产状况与履约能力。（2）告知标的物的瑕疵。（3）告知标的物的性能和使用方法。若违反此项义务(隐瞒或虚告),即构成欺诈,如因此致对方受损害,应负缔约过失责任。最后,相对人的认识错误与行为人的欺诈行为之间具有因果关系,强调相对人因行为人的虚假陈述或隐瞒真实情况而陷入认识错误。若相对人并未陷入错误认识或陷入错误认识的原因并非欺诈,则不能认定为此处的欺诈。

3.有其他违背诚实信用原则的行为。主要包括:(1)要约人违法撤销要约或在承诺生效后违反缔约义务(在合同书、确认书上签字或盖章)导致合同不成立;(2)承诺人违反缔约义务(在合同书、确认书上签字或盖章)导致合同不成立;(3)因当事人过错致使合同无效或被撤销;(4)无权代理人订立合同未被追认;(5)因当事人未交付标的物导致实践合同未成立;(6)因违反强制缔约义务导致合同不成立;(7)以审批或登记为生效要件的合同成立后,有义务办理相关手续的一方未履行其义务;(8)在缔约阶段未尽保护义务、协助义务使对方人身、财产遭受损害。

4.泄露或不正当地使用商业秘密或者其他应当保密的信息。《民法典》第501条规定:当事人在订立合同过程中知悉的商业秘密或者其他应当保密的信息,无论合同是否成立,不得泄露或者不正当地使用;泄露、不正当地使用该商业秘密或者信息,造成对方损失的,应当承担赔偿责任。据此,当事人对在订立合同过程中知悉的对方商业秘密或者其他应当保密的信息负有保密义务,并承担违反此项保密义务的缔约过失责任。其成立要件包括:(1)在订立合同过程中知悉对方商业秘密或者其他应当保密的信息。所谓商业秘密,是指不为公众所知悉,具有商业价值,并经权利人采取相应保密措施的技术信息、经营信息等商业信息,如技术信息中的产品配方、工艺流程、设计图纸等,经营信息中的管理方法、销售策略、发展规划、客户名单等。其他应当保密的信息,是指商业秘密之外的对方不愿为公众所知悉的信息,如个人身份信息、员工名单。(2)泄露、不正当使用该商业秘密或其他应当保密的信息。所谓泄露,是指将商业秘密或信息透露给他人或公之于众;所谓不正当使用,是指未经对方许可而使用该秘密、信息或将该秘密、信息转让给他人。(3)因泄露该商业秘密或者其他应当保密的信息造成对方当事人财产损失。根据《民法典》第501条的规定,无论合同是否成立,当事人均不得泄露或者不正当地使用其在订立合同过程中知悉的对方商业秘密或者其他应当保密的信息,因此,在合同成立与合同不成立的情形下均有可能产生违反缔约保密义务的责任。

《合同编通则解释》第5条规定,第三人实施欺诈、胁迫行为,使当事人在违背真实意思的情况下订立合同,受到损失的当事人请求第三人承担赔偿责任的,人民法院依法予以支持;当事人亦有违背诚信原则的行为的,人民法院应当根据各自的过错确定相应的责任。依此规定,若第三人实施欺诈、胁迫行为,使当事人在违背真实意思的情况下订立合同,撤销权人除向对方主张缔约过失责任外,亦得请求第三人赔偿损失。

(三)缔约过失责任的赔偿范围

根据《民法典》第500条、第501条的规定,缔约过失责任的主要表现为赔偿责任。特殊情形下,缔约过失责任也可以表现为其他责任形式,包括继续履行先合同义务(如办理申请批准或申请登记等手续使合同生效)、返还不当得利(如返还因不当使用商业秘密所获利益)、合同解除(如保险人解除保险合同)等。

缔约过失损害赔偿的范围,是相对人因缔约过失而遭受的财产损失(不包括精神损害)。根据相关司法解释,缔约过失损害赔偿的范围是“由此产生的费用和给相对人造成的实际损失”。一般认为,缔约过失损害赔偿的范围包括信赖利益损失和固有利益损失。

信赖利益损失,是指对方因信赖合同能够成立并生效而受到的损失,包括所受损害和所失利益。所受损害也称直接损失,是指对方因信赖合同能够成立并生效而支出的合理费用,如为订约而合理支出的交通费、住宿费、鉴定费、咨询费、勘察设计费,为准备合同履行而合理支出的运输费、场租费,以及上述费用的利益损失；所失利益也称间接损失，主要指因丧失与第三人订立合同的机会而受到的损失。信赖利益不同于履行利益，即基于合同生效并得到履行可以获得的利益，但通说认为，履行利益应作为信赖利益损失赔偿的参照，即信赖利益损失赔偿原则上不得超过履行利益的损失。

固有利益损失也称完全性利益损失，是指对方实际享有的人身或财产利益的损失。此类损失通常因一方违反缔约保护义务、侵害另一方人身权或财产权而产生，其赔偿责任既可纳入缔约过失责任范畴，也是一种违反安全保障义务的侵权责任，故在赔偿范围上应以完全赔偿为原则，而不受信赖利益或履行利益损失范围的限制。

第二节　合同的效力

一、合同的有效与生效

（一）合同成立、合同有效与合同生效的关系

合同成立、合同有效与合同生效三者之间既有密切联系，也存在明显区别。

合同的成立，是指当事人经过要约、承诺就合同必要条款达成合意从而使合同关系得以设立的事实状态。合同的有效，是指合同因依法成立而具有法律约束力，在当事人之间产生其意图确立的债权债务关系。合同的生效，是指有效合同实际发生效力，即合同所约定的权利义务对当事人乃至第三人具有法律上的强制力。

合同的成立是合同有效的前提。二者的区别在于：（1）性质不同。合同的成立表明当事人之间存在合同关系，为事实判断，不涉及对合同效力的评价；合同有效则表明法律对合同关系的肯定性评价，为价值判断。（2）构成要件不同。合同成立的要件包括当事人、合意等，合同有效要件包括当事人适格、意思表示真实、内容合法。（3）涉及责任不同。合同未成立或无效等情形下可能产生缔约过失责任，合同有效则可产生违约责任。

合同生效以合同有效为前提。二者的区别在于：（1）性质不同。合同有效是对合同是否具有法律约束力的肯定性评价，合同生效是对合同是否或何时实际发生效力的判断。（2）时间不尽相同。合同是否有效于合同成立时即可判断，合同生效既可发生于合同成立时，也可能发生于成立后。

（二）合同的有效条件

合同是民事法律行为的一种，民事法律行为有效所应具备的条件，对于合同当然适用。根据《民法典》第143条的规定，合同的有效须具备以下要件：

1.行为人具有相应的民事行为能力。当事人缔约时应具备的相应的民事行为能力，称为缔约能力，即能够通过自己的行为独立订立合同的资格。对于自然人而言，完全民事行为能力人原则上对一般类型的合同均具有缔约能力，但法律、行政法规对缔约能力有特别要求的除外（如建设工程承包合同的承包方应取得相应资质）；限制民事行为能力人对与其年龄、智力、精神健康状况相适应的合同具有缔约能力，其他合同应由其法定代理人代理或者征得法定代理人的同意（实践中一般认为，限制民事行为能力人对使其纯获利益的合同、日常生活必需的合同及在法定代理人确定的目的范围内利用自己财产订立的合同等具有缔约能力）；无民事行为能力人原则上对任何合同均不具有缔约能力。对于法人和非法人组织而言，原则上对一般类型的合同均具有缔约能力，但对某些法律、行政法规要求当事人具有特定资质的合同（如建设工程合同、保险合同）或特许经营合同并非当然具有缔约能力。

2.意思表示真实。要约与承诺均属于意思表示，若当事人在缔约过程中所作意思表示不真实（表示行为与内心效果意思不一致）或意思表示不自由（内心效果意思与表示行为非出于

自愿)，则可能对合同的有效产生影响。《民法典》总则编对因意思表示不真实而应认定为无效或可被撤销的民事法律行为(包括合同)作了规定，具体包括6种情形：(1)行为人与相对人以虚假的意思表示实施的民事法律行为；(2)基于重大误解实施的民事法律行为；(3)一方以欺诈手段，使对方在违背真实意思的情况下实施的民事法律行为；(4)第三人实施欺诈行为，使一方在违背真实意思的情况下实施的民事法律行为，对方知道或者应当知道该欺诈行为的；(5)一方或者第三人以胁迫手段，使对方在违背真实意思的情况下实施的民事法律行为；(6)一方利用对方处于危困状态、缺乏判断能力等情形，致使民事法律行为成立时显失公平的。

3.不违反法律、行政法规的强制性规定，不违背公序良俗。《民法典》第153条规定：违反法律、行政法规的强制性规定的民事法律行为无效。但是，该强制性规定不导致该民事法律行为无效的除外。违背公序良俗的民事法律行为无效。据此，违反法律、行政法规的强制性规定的合同并非一概无效，司法实践中曾主张仅违反“效力性强制性规定”(与之相对应的是“管理性强制性规定”)的合同无效，但《合同编通则解释》未再采用上述概念。

除上述一般有效条件外，某些合同还须具备特殊的生效条件，如某些要式合同以采取法律规定或当事人约定的特定形式为生效要件，某些合同须具备法律特别规定的有效要件(如保险合同的投保人应当对保险标的具有保险利益)。

(三)合同的生效条件

《民法典》第502条第1款规定，依法成立的合同，自成立时生效，但是法律另有规定或者当事人另有约定的除外。据此，合同的生效条件有一般生效条件与时间、特殊生效条件之分。

合同的一般生效条件即通常情形下各类合同的生效条件。根据“依法成立的合同，自成立时生效”的规定，合同一经依法成立(合同成立同时满足有效条件)即可生效，合同的一般生效条件与合同的有效条件相同，合同的一般生效时间与合同成立的时间相同。

合同的特殊生效条件，是指依据法律规定或当事人约定，合同生效应具备的特别条件。法律规定的合同特殊生效要件主要包括：(1)某些合同以完成审批、登记手续为生效要件。《民法典》第502条第2款规定：“依照法律、行政法规的规定，合同应当办理批准等手续的，依照其规定。未办理批准等手续影响合同生效的，不影响合同中履行报批等义务条款以及相关条款的效力。应当办理申请批准等手续的当事人未履行义务的，对方可以请求其承担违反该义务的责任。”根据这一规定，依法应当办理批准等手续合同中的报批条款具有效力上的独立性，即使整个合同并未生效，其中的报批条款也可以发生效力，因此，违反这一生效条款的违约方应承担违约责任。我国现行法中规定以审批、登记为生效条件的合同主要有探矿权、采矿权转让合同等。值得注意的是，我国对某些合同(如城镇房屋租赁合同、商标使用许可合同)实行备案管理制度，但备案并非此类合同的生效要件。(2)当事人约定的合同特殊生效条件主要包括生效条件和生效期限。根据《民法典》第158条、第160条的规定，民事法律行为可以附条件或者附期限，但是根据其性质不得附条件、附期限的除外；附生效条件的民事法律行为自条件成就时生效，附生效期限的民事法律行为自期限届至时生效。附生效条件和附生效期限均属当事人延缓合同生效的约款，如所附条件、期限合法，则合同自条件成就或期限届至时生效。

(四)无效、可撤销与效力待定合同

合同成立后，可能呈现不同的效力状态，即合同有效并生效、合同有效但未生效(如合同生效条件未成就)、合同无效(如合同违背公序良俗)、合同可撤销(如合同因受欺诈而订立)、合同效力待定(如无权代理缔约行为待追认)。其中，合同有效并生效、合同有效但未生效是合同效力的正常状态，合同无效、合同可撤销和合同效力待定是非正常状态。对此，原《合同法》专设“合同的效力”一章作了规定。而在《民法典》中，总则编(第六章第三节)对民事法律行为的效力(包括有效条件、无效与可撤销事由及

案例分析 能力训练

其法律后果）作了统一规定，并对效力待定的民事法律行为作了规定（《民法典》第22条、第168条、第171条），合同作为民事法律行为的一种，自当适用上述规定，故合同编无须对无效合同、可撤销合同、效力待定合同另作规定，该编第三章“合同的效力”仅对涉及合同效力的几种特殊情形作了规定。

二、合同效力的特殊规则

（一）无权代理合同的默示追认

《民法典》第503条规定，无权代理人以被代理人的名义订立合同，被代理人已经开始履行合同义务或者接受相对人履行的，视为对合同的追认。本条与《民法典》第171条第1款关于无权代理一般规定相关联，对被代理人以默示方式追认无权代理行为作了具体规定。无权代理行为发生后，相关民事法律行为处于效力待定状态，被代理人有追认和拒绝的权利，经其追认该行为方对被代理人发生效力，否则对其不发生效力。一般而言，追认应采取明示方式，但依此规定，在无权代理情形下，被代理人虽未以明示方式对无权代理人的缔约行为予以追认，若其已经开始履行合同义务或者接受相对人履行，即属于以默示方式对无权代理行为予以追认，因而不得主张合同对其不发生效力。

（二）法定代表人等越权订立合同的效力

《民法典》第504条规定，法人的法定代表人或者非法人组织的负责人超越权限订立的合同，除相对人知道或者应当知道其超越权限外，该代表行为有效，订立的合同对法人或者非法人组织发生效力。法人的法定代表人是指根据法律或者法人章程的规定，代表法人从事民事活动的负责人；非法人组织的负责人与法人的法定代表人具有同等地位。《民法典》第61条第2款规定，法定代表人以法人名义从事的民事活动，其法律后果由法人承受；第3款规定，法人章程或者法人权力机构对法定代表人代表权的限制，不得对抗善意第三人。《民法典》第504条秉持第61条第3款的立法精神，对越权代表行为及所订立合同效力作出特别规定：一是对法人的法定代表人和非法人组织的负责人的越权代表行为一并作出规定；二是以反向规定明确了越权代表情形下“善意第三人”的认定标准，即不知道且不应当知道其超越权限订立合同的相对人为善意第三人。对此，《合同编通则解释》第20条作了如下具体规定：（1）法律、行政法规为限制法人的法定代表人或者非法人组织的负责人的代表权，规定合同所涉事项应当由法人、非法人组织的权力机构或者决策机构决议，或者应当由法人、非法人组织的执行机构决定，法定代表人、负责人未取得授权而以法人、非法人组织的名义订立合同，未尽到合理审查义务的相对人主张该合同对法人、非法人组织发生效力并由其承担违约责任的，人民法院不予支持，但是法人、非法人组织有过错的，可以参照《民法典》第157条的规定判决其承担相应的赔偿责任。相对人已尽到合理审查义务，构成表见代表的，人民法院应当依据《民法典》第504条的规定处理。（2）合同所涉事项未超越法律、行政法规规定的法定代表人或者负责人的代表权限，但是超越法人、非法人组织的章程或者权力机构等对代表权的限制，相对人主张该合同对法人、非法人组织发生效力并由其承担违约责任的，人民法院依法予以支持。但是，法人、非法人组织举证证明相对人知道或者应当知道该限制的除外。（3）法人、非法人组织承担民事责任后，向有过错的法定代表人、负责人追偿因越权代表行为造成的损失的，人民法院依法予以支持。法律、司法解释对法定代表人、负责人的民事责任另有规定的，依照其规定。

（三）超越经营范围订立合同的效力

《民法典》第505条规定，当事人超越经营范围订立的合同的效力，应当依照本法第一编第六章第三节和本编的有关规定确定，不得仅以超越经营范围确认合同无效。经营范围是指市场主体从事生产经营活动的业务范围。在对市场主体经营范围实行严格管控的政策背景下，超越经营范围而订立的合同往往被认定为无效。随着市场经济的发展，国家对经营范围的管控逐步放宽，司法裁判立场也发生了转变，即主张一般不认定当事人超越经营范围订立的合同无效。《民法典》合同编肯定了这一立场，规定不得仅以超越经营范围确认合同无效。但是，违反国家限制经营、特许经营以及法律、行政法规禁止经营规定而订立的合同仍可能因违反强行法或违背公序良俗而被认定无效。

（四）无效免责条款

免责条款，是指当事人在合同中约定免除或者限制将来可能发生的民事责任的条款。对此，《民法典》第506条规定，合同中的下列免责条款无效：（1）造成对方人身损害的；（2）因故意或者重大过失造成对方财产损失的。根据本条规定，对于人身损害，免责条款一律无效；对于财产损失，仅免除故意或者重大过失致害责任的免责条款无效（一般过失免责条款不在此列）。所谓人身损害，应理解为对人身权益的损害，包括各种人格权（生命权、身体权、健康权、姓名权、名称权、肖像权、名誉权、荣誉权、隐私权等）和身份权（监护权、配偶权等），而不限于对对方生命、身体的侵害。

（五）争议解决方法条款的效力

《民法典》第507条规定，合同不生效、无效、被撤销或者终止的，不影响合同中有关解决争议方法的条款的效力。该条确立了争议解决方法条款效力的独立性规则，即此类条款不因合同不生效、无效、被撤销或者终止而无效或失效，对当事人仍具有拘束力（除非其因自身原因无效或失效者）。其立法理由在于，此类条款的目的在于确定争议解决方式，解决当事人之间可能发生的合同纠纷，而非确定当事人之间的债权债务关系，若因合同不生效、无效、被撤销或者终止而失其效力，则此类条款形同虚设，也不利于纠纷的顺利解决。该条所谓的"合同中有关解决争议方法的条款"，主要包括：（1）仲裁条款。仲裁条款是指当事人选择以仲裁方式解决争议的协议。《仲裁法》第5条规定，当事人达成仲裁协议，一方向人民法院起诉的，人民法院不予受理，但仲裁协议无效的除外；《仲裁法》第19条第1款规定，仲裁协议独立存在，合同的变更、解除、终止或者无效不影响仲裁协议的效力。（2）选择受诉法院的条款。《民事诉讼法》第35条规定，合同或者其他财产权益纠纷的当事人可以书面协议选择被告住所地、合同履行地、合同签订地、原告住所地、标的物所在地等与争议有实际联系的地点的人民法院管辖，但不得违反本法对级别管辖和专属管辖的规定。（3）选择检验、鉴定机构的条款。当事人可以在合同约定，如对标的物的质量等发生争议，在提起诉讼或仲裁前，将标的物送交双方认可的专业机构检验或鉴定，此类条款也属于有关解决争议方法的条款。（4）法律适用条款。在涉外合同中，当事人约定争议发生后适用何地法律也属于有关解决争议方法的条款。《涉外民事关系法律适用法》第3条规定，当事人可以依照法律规定明示选择涉外民事关系适用的法律；该法第41条规定，当事人可以协议选择合同适用的法律。

（六）多份合同的效力认定

针对实践中当事人就同一交易订立数份合同的情形，《合同编通则解释》第14条规定，对多份合同应区分"阴阳合同"与"前后合同"两种情形分别进行效力认定：（1）当事人之间就同一交易订立多份合同，人民法院应当认定其中以虚假意思表示订立的合同无效。当事人为规避法律、行政法规的强制性规定，以虚假意思表示隐藏真实意思表示的，人民法院应当依据《民法典》第153条第1款的规定认定被隐藏合同的效力；当事人为规避法律、行政法规关于合同应当办理批准等手续的规定，以虚假意思表示隐藏真实意思表示的，人民法院应当依据《民法典》第502条第2款的规定认定被隐藏合同的效力。（2）依据上述规定认定被隐藏合同无效或者确定不发生效力的，人民法院应当以被隐藏合同为事实基础，依据《民法典》第157条的规定确定当事人的民事责任。但是，法律另有规定的除外。（3）当事人就同一交易订立的多份合同均系真实意思表示，且不存在其他影响合同效力情形的，人民法院应当在查明各合同成立先后顺序和实际履行情况的基础上，认定合同内容是否发生变更。法律、行政法规禁止变更合同内容的，人民法院应当认定合同的相应变更无效。

（七）无权处分与合同效力

关于无权处分是否影响合同效力，我国学界和司法实践中曾存在认识分歧，但原《买卖合同解释》统一了裁判立场，即无权处分不影响合同效力。对此，《合同编通则解释》第19条也作了规定：（1）以转让或者设定财产权利为目的订立的合同，当事人或者真正权利人仅以让与人在订立合同时对标的物没有所有权或者处分权为由主张合同无效的，人民法院不予支持；因未取得真正权利人事后同意或者让与人事后未取得处分权导致合同不能履行，受让人主张解除合同并请求让与人承担违反合同的赔偿责任的，人民法院依法予以支持。（2）上述规定的合同被认定有效，且让与人已经将财产交付或者移转登记至受让人，真正权利人请求认定财产权利未发生变动或者请求返还财产的，人民法院应予支持。但是，受让人依据《民法典》第311条等规定善意取得财产权利的除外。

（八）印章与合同效力

关于合同书中印章的法律意义及其与合同效力的关系，《合同编通则解释》第22条在总结审判实践经验的基础上体现了“看人不看章”的基本立场：（1）法定代表人、负责人或者工作人员以法人、非法人组织的名义订立合同且未超越权限，法人、非法人组织仅以合同加盖的印章不是备案印章或者系伪造的印章为由主张该合同对其不发生效力的，人民法院不予支持。（2）合同系以法人、非法人组织的名义订立，但是仅有法定代表人、负责人或者工作人员签名或者按指印而未加盖法人、非法人组织的印章，相对人能够证明法定代表人、负责人或者工作人员在订立合同时未超越权限的，人民法院应当认定合同对法人、非法人组织发生效力。但是，当事人约定以加盖印章作为合同成立条件的除外。（3）合同仅加盖法人、非法人组织的印章而无人员签名或者按指印，相对人能够证明合同系法定代表人、负责人或者工作人员在其权限范围内订立的，人民法院应当认定该合同对法人、非法人组织发生效力。（4）在前三种情形下，法定代表人、负责人或者工作人员在订立合同时虽然超越代表或者代理权限，但是依据《民法典》第504条的规定构成表见代表，或者依据《民法典》第172条的规定构成表见代理的，人民法院应当认定合同对法人、非法人组织发生效力。

【本章主要法律规定】

1.《民法典》第469～508条

2.最高人民法院《关于适用〈中华人民共和国民法典〉合同编通则若干问题的解释》第1～25条

第十四章 合同的履行

本章主要内容提示

1.合同的履行是债务人自觉实现给付的行为。合同的履行对象是债务人依据合同约定或法律规定所承担的给付义务和附随义务。

2.合同的履行一般规则涉及履行主体、履行标的、履行期限、履行地点、履行方式等方面。

3.合同的履行期限、履行地点、履行方式和履行费用，当事人有约定的依约定，无约定者依交易习惯或《民法典》的规定确定。

4.电子合同、执行政府定价或指导价合同、选择之债、多数人之债、涉他合同等合同的特殊形态，适用特殊的履行规则。对于提前履行和部分履行，应视其是否损害债权人利益而确定债权人是否有权拒绝受领。

5.同时履行抗辩权的行使条件是双方当事人基于同一合同互负债务且双方债务具有对价关系、双方债务没有先后履行顺序且均已到期、对方未履行债务或履行债务不符合约定、对方债务可能履行，其内容是拒绝履行全部或部分债务。

6.不安抗辩权的行使条件是双方当事人基于同一合同互负债务且双方债务具有对价关系、双方债务有先后履行顺序且均已到期、后履行债务人有丧失或可能丧失债务履行能力的情形，其法律效果包括中止履行和解除合同两个层次。

7.先履行抗辩权的行使条件是双方当事人基于同一合同互负债务且双方债务具有对价关系、双方债务有先后履行顺序且均已到期、对方未履行债务或履行债务不符合约定、对方债务可能履行，其内容是拒绝对方的全部或部分履行请求。

8.情势变更制度的适用条件是有情势变更的事实、情势变更发生于合同成立之后履行完毕之前、情势变更是当事人在订立合同时无法预见的且不可归责于当事人、情势变更不包括商业风险、继续履行合同对当事人一方明显不公平。发生情势变更时，受不利影响的一方提出重新协商的对方负有再交涉义务，协商不能达成一致的，当事人可以请求人民法院或者仲裁机构解除或变更合同。

第一节　合同履行概述

一、合同履行的概念

合同的履行，是指债务人或其辅助人完成作为合同债务内容的给付，并因此使合同债权得以实现的行为。

1.合同履行的目的是通过债务人或其履行辅助人的履行行为使债权人的合同债权得以实现。合同有效成立后，债权人对债务人享有合同债权，但其债权只有通过债务人的履行才能实现。债务人的履行或依债权人的请求而为，或未经债权人请求主动为之，但只有符合法律规定和当事人约定的债务履行行为才能产生债权实现、合同关系消灭的后果。

2.合同的履行对象是债务人依据合同约定或法律规定所承担的给付义务和附随义务。其中，给付义务（包括主给付义务和从给付义务）主要源自合同约定，附随义务主要源自法律规定。合同履行（给付）的形态是多样的，既可以是债务人积极地实施某种给付行为（如交付货物、提供劳务），也可以是债务人消极的不作为（如竞业禁止）。

3.合同的履行是债务人自觉实现给付的行为。一方面，履行是债务人自觉依据法律规定和合同约定实施的行为，而不是由法院强制其履行的行为（后者属于违约责任范畴）。另一方面，合同的履行往往与受领，即债权人接受债务履行的行为相联系，如卖方送货为履行行为，买方验收为受领行为。通说认为，受领是一种不真正义务，债权人无正当理由拒绝受领的，债务人可要求债权人承担违约责任或通过提存程序终结双方的债权债务关系。

4.合同履行主要发生于合同生效至合同终止期间。合同履行以合同生效为前提，合同成立前，当事人虽负有先合同义务，但不属于合同义务的履行；合同成立后若未生效，则合同义务不具有现实强制力，合同尚未进入履行阶段；合同终止后，合同义务消灭，也不存在合同履行（但可能存在通知、保密等后合同义务的履行）。

合同的履行与合同之债的清偿是对合同债权实现过程的不同表述。合同的履行着眼于债务内容的实现过程，即动态的行为；债的清偿着眼于债权因给付完成而得以实现的效果。债的清偿不一定由于债务人的履行而实现，第三人的行为、强制执行或担保权的实现都可能实现债的清偿。

二、合同履行的原则

根据《民法典》第509条的规定，合同的履行应当遵循以下三个原则。

1.全面履行。《民法典》第509条第1款规定，当事人应当按照约定全面履行自己的债务。全面履行原则主要包含以下几个方面要求：

（1）依约履行。合同全面履行的原则首先强调当事人必须依据合同约定全面履行义务，即要求当事人必须按照合同约定的履行主体、标的、时间、地点以及方式等履行其义务。

（2）依法履行。首先，在当事人的约定之外，法律可能还设定了某些合同义务，无论当事人是否对该义务存在约定，当事人应当严格履行法定义务。其次，如果合同约定不明确或者没有约定，可以按照《民法典》的有关规定，通过任意性规则进行填补，在此种情形下，当事人应当按照法律规定的任意性规则履行合同义务。最后，在双务合同中，在没有约定的情况下，原则上当事人应当同时履行合同义务。

（3）履行义务的内容包括主给付义务、从给付义务和附随义务。合同的义务是一个义务群，除当事人明确约定的主给付义务之外，债务人还应当严格履行从给付义务和附随义务。从给付义务是指补充主给付义务以确保债权人利益能获得最大满足的义务。根据《合同编通则解释》第26条的规定，当事人一方未根据法律规定或者合同约定履行开具发票、提供证明文件等从给付义务的，对方不得主张解除合同，但如果当事人一方违反该义务致使对方不能实现合同目的，则构成根本违约，对方当事人有权依法主张解除合同。所谓附随义务，是指依据诚信原则，根据合同的性质、目的和交易习惯，当事人所应当承担的通知、协助、保密等义务。《民法典》第509条第2款规定，当事人应当遵循诚实信用原则，根据合同的性质、目的和交易习惯履行通知、协助、保密等义务，明确了附随义务的履行要求。

2.协作履行。协作履行是诚实信用原则在债的履行环节的体现，要求当事人在合同的履行过程中互助合作，协力完成合同的履行。协作履行原则主要包含以下几个方面要求：

（1）债务人履行合同义务以债权人的某一行为为必要条件的，债权人应当完成该行为协助债务人履行义务。例如，在承揽合同中，定作人应依照约定提供材料；承揽人发现定作人提供的图纸或技术要求不合理的，应当及时通知定作人。

（2）债权人依据法律规定或者合同约定对债务人履行合同义务进行监督的，债务人应当予以协助、配合。例如，借款合同中，贷款人有权检查、监督借款的使用情况，借款人应当予以配合。

（3）债务人履行合同义务时，债权人应适当地受领给付，以协助债务人完成履行义务行为。例如，对于债务人的提前履行，债权人无正当理由不得拒绝受领。

（4）债务人因故不能履行或者不能完全履行合同义务时，债权人应当采取适当措施防止损失扩大。例如，因保管物存在瑕疵、寄存人未告知致使保管人因此受到损失的，保管人应当采取补救措施防止损失扩大。

3.节约资源与保护生态环境。《民法典》第9条规定，民事主体从事民事活动，应当有利于节约资源、保护生态环境，确立了我国民法的“绿色原则”。《民法典》合同编也贯彻这一民法基本原则，将其作为合同履行的一项原则，要求当事人在合同的履行过程中采取适当的履行方式，避免浪费资源、污染环境和破坏生态，如避免产品过度包装、采矿污染水源、旅游点开发破坏山林等。

三、合同履行的一般规则

（一）履行主体

合同履行的主体即履行人，首先为债务人。债务人履行合同义务时是否须有行为能力，依履行行为的性质决定。原则上，履行行为系事实行为的，不要求债务人有行为能力；履行行为是民事法律行为的，需要债务人有行为能力。债务人通过移转财产权利来履行义务的，还需要有对财产的处分权。

除法律规定、当事人约定或性质上必须由债务人本人履行的债务以外，履行可由债务人的代理人进行（仅适用于给付内容为民事法律行为场合），其在代理权限内履行行为的后果由债务人承担。

债务人不履行债务，第三人对履行该债务具有合法利益的，第三人有权向债权人代为履行，但是根据债务性质、按照当事人约定或者依照法律规定只能由债务人履行的除外。例如，人身保险合同的投保人不履行缴纳保费义务的，受益人得向保险人代为履行。债权人接受第三人履行后，其对债务人的债权转让给第三人，但是债务人和第三人另有约定的除外。

与履行人相对的是履行受领人，即可以有效受领履行的人。履行受领人原则上应为债权人或其代理人、受托人，但在债权被代位行使、债权人被申请破产、债权被质押等情形下，债权人不是适格受领人。当事人约定向第三人履行的，第三人可有效受领履行。但在受领人没有受领权的场合，若履行人根据外观有理由相信其有受领权，基于信赖保护法理，应认为其受领有效，如对债权准占有人（如无记名债权证书的持有人）、收据持有人的履行等。

（二）履行标的

履行标的，是指债务人应为履行的义务，包括给付义务与附随义务。给付义务有交付财物、移转权利、提供劳务、完成工作等，附随义务有通知义务、协助义务、保密义务、保护义务等。合同的履行标的因合同类型的不同而异，债务人应依约定标的履行义务，以他种给付替代原定给付一般不发生履行效果。

合同当事人可以约定以他种给付代替原定给付以消灭债的关系，即代物清偿。代物清偿应具备以下条件：（1）有原债务存在，即当事人之间业已存在基于合同或其他原因产生的债权债务关系且债务未履行;(2)当事人约定以他种给付代替原定给付。他种给付与原定给付既可以是同一形态的给付(如同为交付财物),也可以是不同形态的给付(如以提供劳务代替交付财物),二者在价值上一般应当相当,但不以此为必要(若二者价值不相当,则应由债务人补足或债权人退回差额部分)。代物清偿合同成立后,债务人便负有履行新债务即他种给付的义务,但债权人的原债权并不消灭,债务人的原债务与新债务基于同一目的同时存在,唯在履行期内债权人只能就新债务请求履行;新债务到期后不履行的,债权人可以请求履行新债务,也可以请求履行原债务,若债务人履行新债务,原债务随之消灭,反之亦然。若当事人在约定以他种给付代替原定给付的同时,明确约定原定给付不再履行,则属于债的更新而非代物清偿。

对于金钱债务,当事人可以约定采取以物抵债的清偿方式。对此,《合同编通则解释》第27~28条区分债务履行期"届满前"与"届满后"两种情形分别作了规定:(1)债务人或者第三人与债权人在债务履行期限届满后达成以物抵债协议,不存在影响合同效力情形的,人民法院应当认定该协议自当事人意思表示一致时生效。债务人或者第三人履行以物抵债协议后,人民法院应当认定相应的原债务同时消灭;债务人或者第三人未按照约定履行以物抵债协议,经催告后在合理期限内仍不履行,债权人选择请求履行原债务或者以物抵债协议的,人民法院应予支持,但是法律另有规定或者当事人另有约定的除外。此类以物抵债协议经人民法院确认或者人民法院根据当事人达成的以物抵债协议制作成调解书,债权人主张财产权利自确认书、调解书生效时发生变动或者具有对抗善意第三人效力的,人民法院不予支持。债务人或者第三人以自己不享有所有权或者处分权的财产权利订立以物抵债协议的,依据无权处分的规定处理。(2)债务人或者第三人与债权人在债务履行期限届满前达成以物抵债协议的,人民法院应当在审理债权债务关系的基础上认定该协议的效力。当事人约定债务人到期没有清偿债务,债权人可以对抵债财产拍卖、变卖、折价以实现债权的,人民法院应当认定该约定有效。当事人约定债务人到期没有清偿债务,抵债财产归债权人所有的,人民法院应当认定该约定无效,但是不影响其他部分的效力;债权人请求对抵债财产拍卖、变卖、折价以实现债权的,人民法院应予支持。当事人订立此类以物抵债协议后,债务人或者第三人未将财产权利转移至债权人名下,债权人主张优先受偿的,人民法院不予支持;债务人或者第三人已将财产权利转移至债权人名下的,依据《担保制度解释》第68条的规定处理。

(三)履行内容

合同履行的内容,主要包括标的的质量、价款或酬金、履行地点、履行期限、履行方式、履行费用等方面。合同履行的内容应当由当事人进行约定,若当事人对合同条款没有约定或约定不明时,则出现了合同漏洞。对此,《民法典》第509~511条确立了以当事人意思表示为基础、以法律规定为补充的履行依据体系,即合同生效后,当事人应当按照约定履行自己的义务;当事人就质量、价款或报酬、履行地点等内容没有约定或者约定不明确的,应当按照以下程序进行填补:

1.当事人达成补充协议。依照合同自由原则,合同的内容应当由当事人自由约定,在当事人就合同的条款约定不明时,应当由当事人继续通过达成补充协议的方式填补合同漏洞。当事人达成的补充协议构成合同的组成部分,与原合同具有同等法律效力。

2.按照有关条款或交易习惯确定。当事人不能达成补充协议的情况下,按照合同的有关条款和交易习惯确定需填补的履行内容。按照合同的有关条款确定,是指运用体系解释方法,依据各合同条款之间的相互关联、合同条款所处的位置及其与合同整体的关系等因素确定内容不明合同条款的含义。所谓交易习惯是指在当时、当地或者某一行业、某一类交易关系中,人们所普遍采纳的且不违反公序良俗的做法。需要注意,无论是何种交易习惯都应当具有时间性,亦即只有以合同发生纠纷时存在的习惯为依据,且各种交易习惯都应当为各方当事人知道或者应当知道。

3.根据《民法典》第511条的规定履行。当事人达成补充协议，也无法按照有关条款或交易习惯确定需填补的履行内容的，依以下法律规定履行。

（1）质量要求不明确的，按照强制性国家标准履行；没有强制性国家标准的，按照推荐性国家标准履行；没有推荐性国家标准的，按照行业标准履行；没有国家标准、行业标准的，按照通常标准或者符合合同目的的特定标准履行。所谓通常标准，是指同等价格下的中等质量标准；所谓符合合同目的的特定标准，是指基于合同目的的特殊要求或合同标的物的特殊用途所需达到的质量标准。上述各类标准中，应自强制性国家标准至通常标准或者符合合同目的的特定标准依序采用，而非选择采用。

（2）价款或者报酬不明确，按照合同订立时履行地的市场价格履行；依法应当执行政府定价或者政府指导价的，依照规定履行。所谓市场价格，是指同种商品或服务在同一市场上的价格；订立合同时履行地没有市场价格的，参照同类物品或同类服务的报酬标准履行。政府定价，是指由政府价格主管部门或者其他相关部门按照定价权限和范围确定的价格，其适用范围极小。政府指导价，是指由政府价格主管部门或者其他相关部门按照定价权限和范围确定的基准价及其浮动幅度用以指导经营者定价的价格，主要适用于与国民经济发展和人民生活关系重大的极少数商品价格、资源稀缺的少数商品价格、自然垄断经营的商品价格、重要的公用事业服务价格、重要的公益性服务价格等（《价格法》第8条）。

（3）履行地点不明确，给付货币的，在接受货币一方所在地履行；交付不动产的，在不动产所在地履行；其他标的，在履行义务一方所在地履行。此外，法律对履行地点有特别规定的，依其规定。如《票据法》第23条第3款规定：汇票上未记载付款地的，付款人的营业场所、住所或者经常居住地为付款地。

（4）履行期限不明确的，债务人可以随时履行，债权人也可以随时请求履行，但是应当给对方必要的准备时间。在"随时履行规则"下，债务人履行前应通知债权人，如果债权人受领需要准备时间，债务人应当给债权人预留必要的准备时间；债权人要求债务人履行的，首先应当向债务人提出履行请求（催告），并告知债务人履行债务的期限（宽限期），该期限应具有合理性，即为债务人预留履行债务的必要准备时间。

（5）履行方式不明确的，按照有利于实现合同目的的方式履行。履行方式是指履行债务的具体方法，如标的物的交付方式、运输方式、价款或酬金的支付方式等。所谓有利于实现合同目的的方式，是指履行方式存在多种选择时，应采取最有利于合同目的或最符合债权人利益的方式履行，如对于标的物的交付原则上应采取一次性交付方式而不是分批次交付方式；对于价款或酬金的支付，应在现金支付、银行转账、票据支付、支付宝或微信转账等方式中选择最为安全高效的支付方式；对于标的物的运输，应结合货物的性质、运输成本、运输时间等因素选择合理的运输方式。

（6）履行费用的负担不明确的，由履行义务一方负担；因债权人原因增加的履行费用，由债权人负担。履行费用是指为完成履行行为所支出的必要费用，包括运输费用、包装费用、邮寄费用、审批登记费用等。对履行费用的负担合同约定不明确的，原则上由履行义务一方负担，但因债权人原因增加的履行费用除外。债务人依法将标的物提存的，提存费用由债权人负担。

第二节　合同履行的特殊规则

一、电子合同的履行

根据《民法典》第512条的规定，通过互联网等信息网络订立的电子合同，当事人对交付商品或提供服务的时间、方式有约定的，按照其约定。当事人没有约定的，根据标的的不同类别确定交付时间或提供服务时间。

1.标的为交付商品并采用快递物流方式交付的，收货人的签收时间为交付时间。快递物流方式是电子合同中商品交付的常见方式，而交付既是标的物发生物权变动（所有权转移）的条件，也是判断标的物毁损、灭失风险由何方承担的依据。对于需要运输标的物交付时间的认定，普通买卖合同适用“交运”规则，《民法典》第607条第1款规定：出卖人按照约定将标的物运送至买受人指定地点并交付给承运人后，标的物毁损、灭失的风险由买受人承担。《民法典》第512条规定以收货人的签收时间为交付时间，体现了对收货人（通常为消费者）的特殊保护。但是，如果有其他证据证明商品的实际交付时间与签收时间不一致的，应以实际交付时间为准。

2.标的为提供服务的，生成的电子凭证或者实物凭证中载明的时间为提供服务时间；前述凭证没有载明时间或者载明时间与实际提供服务时间不一致的，以实际提供服务的时间为准。标的为提供服务的电子合同多见于教育培训、文化娱乐等领域，其提供服务时间依相关凭证认定，但有其他证据证明实际提供服务的时间与相关凭证记载的时间不一致的除外。

3.标的为采用在线传输方式交付的，合同标的进入对方当事人指定的特定系统并且能够检索识别的时间为交付时间。我国《电子商务法》参考《联合国国际合同使用电子通信公约》，对采用在线传输方式交付标的物的情形，将合同标的物进入对方指定的特定系统且能够检索识别的时间规定为交付时间，《民法典》合同编承袭了这一规定。《民法典》第512条不但要求在线传输标的物进入对方当事人指定的特定系统，而且要求能够检索识别，体现了对相对方利益的倾斜保护。但若在线传输标的物无法检索是由收件人自己的行为造成的（如被杀毒软件屏蔽），则应推定标的物已完成交付。此外，在收件人未指定特定系统的情况下，应参照《民法典》第137条第2款的规定，以相对人知道或者应当知道该数据电文进入其系统时为交付时间。

二、执行政府定价或政府指导价合同的履行

执行政府定价或政府指导价的合同，该政府定价或政府指导价可能在合同履行期内或履行逾期后发生调整。根据《民法典》第513条的规定，执行政府定价或者政府指导价的合同，政府定价或指导价调整的，按照下列规则履行：

1.在合同约定的交付期限内政府价格调整时，按照交付时的价格计价。在此情形下，负有交付义务的一方并未违约，无论政府定价或政府指导价上涨还是下降，均按照交付时价格计价而不执行原价格。

2.逾期交付标的物的，遇价格上涨时，按照原价格执行；价格下降时，按照新价格执行。在此情形下，交货方为违约方，应承担政府定价或政府指导价上涨或下降造成的不利后果。

3.逾期提取标的物或者逾期付款的，遇价格上涨时，按照新价格执行；价格下降时，按照原价格执行。在此情形下，收货方（付款方）为违约方，应承担政府定价或政府指导价上涨或下降造成的不利后果。

三、选择之债的履行

选择之债即债的标的为两种以上给付，当事人可以选择其一履行或请求履行的债。例如，甲与乙订立买卖合同，约定甲购买乙经销的某品牌轿车一辆，甲可在两种型号中任选一种。关于选择之债的履行，《民法典》第515条、第516条确立了以下规则：

1.选择权的归属。除法律另有规定、当事人另有约定（当事人可以约定债权人、债务人或者第三人为选择权人）或另有交易习惯外，债务人享有选择权；享有选择权的当事人在约定期限内或者履行期限届满前未作选择，经对方催告后在合理期限内仍未选择的，选择权转移至对方。

2.选择权的行使及效果。当事人应当在约定期限内或者履行期限届满前行使选择权；选择权转移至对方的，对方应在合理期限内行使选择权。当事人行使选择权应当通知对方，通知到达对方时，债务标的确定（选择之债转化为简单之债）；债务标的确定后选择权人不得再做

变更，但是经对方同意的除外。

3.选择权的限制。可选择债务标的中发生不能履行情形的，享有选择权的当事人不得选择不能履行的标的，但该不能履行的情形是由对方造成的除外。在可选择债务标的中有的发生履行不能的情形下，若享有选择权的债权人选择不能履行的标的，则使债务人陷入违约的境地；若享有选择权的债务人选择不能履行的标的，则使其摆脱了债务的拘束，并损害债权人利益。上述情形既有违诚信原则，也不符合当事人确立选择之债的初衷，故为法律所禁止。但若该不能履行的情形是由对方造成的，则不应否认当事人的选择权，享有选择权的债权人既可在其余标的中选择，也可选择该不能履行的标的进而主张违约救济；享有选择权的债务人则既可在其余标的中选择，也可主张解除合同。

四、多数人之债的履行

（一）按份之债的履行

1.按份债权。（1）各个债权人只能就自己享有的债权份额请求债务人给付和接受给付，无权请求和接受债务人的全部给付；（2）某一债权人接受债务人的履行超过自己享有的债权份额的，超过的部分不发生清偿效果而构成不当得利，其他债权人的债权并不因此消灭或减少；（3）各按份债权人之间不发生求偿关系；（4）对某一债权人发生效力的事项（如清偿、免除、抵销等）对其他债权人不发生效力。

2.按份债务。（1）各债务人只对自己分担的债务额负责清偿，对其他债务人负担的债务份额不负清偿责任；（2）某一债务人履行债务超过自己分担份额的，超过部分不发生清偿效果而构成不当得利，其他债务人的债务并不因此消灭或减少；（3）各按份债务人之间不发生求偿关系；（4）就某一债务人发生效力的事项（如清偿、免除、抵销等）对其他债务人不发生效力。

（二）连带之债的履行

根据《民法典》第518~521条的规定，连带之债的基本履行规则可分述如下。

1.连带债权。（1）部分或者全部连带债权人均可以请求债务人履行债务；（2）连带债权人之间的份额难以确定的，视为份额相同；（3）实际受领债权的连带债权人，应当按比例向其他连带债权人返还。

2.连带债务。（1）债权人可以请求部分或者全部债务人履行全部债务。（2）实际承担债务超过自己份额的连带债务人，有权就超出部分在其他连带债务人未履行的份额范围内向其追偿，并相应地享有债权人的权利，但是不得损害债权人的利益。（3）连带债务人向其他连带债务人追偿的，其他连带债务人对债权人的抗辩，可以向该债务人主张。（4）连带债务人向其他连带债务人追偿，被追偿的连带债务人不能履行其应分担份额的，其他连带债务人应当在相应范围内按比例分担，此即连带债务的二次分担。（5）部分连带债务人履行、抵销债务或者提存标的物的，其他债务人对债权人的债务在相应范围内消灭，前者可以依法向后者追偿；部分连带债务人的债务被债权人免除的，在该连带债务人应当承担的份额范围内，其他债务人对债权人的债务消灭；部分连带债务人的债务与债权人的债权同归于一人的，在扣除该债务人应当承担的份额后，债权人对其他债务人的债权继续存在。（6）债权人对部分连带债务人的给付受领迟延的，对其他连带债务人发生效力。

五、涉他合同的履行

（一）向第三人履行的合同

1.不真正利益第三人合同

《民法典》第522条第1款规定：当事人约定由债务人向第三人履行债务，债务人未向第三人履行债务或者履行债务不符合约定的，应当向债权人承担违约责任。该款是对于不真正利益第三人合同的规定。

不真正利益第三人合同中的第三人具有以下特征：首先，该第三人不同于受领辅助人。受领辅助人是由债权人指定的代其进行受领的人，而此处的第三人则由双方当事人在合同中约定。其次，不真正利益第三人合同中的第三人不享有合同中的请求权，只能单纯接受债务人的给付，而不能直接请求债务人进行给付。最后，如果债务人不履行债务或者履行债务不适当，不真正利益第三人合同中的第三人不能向债务人主张违约责任，能够主张违约责任的主体仍然是合同的债权人。

2.真正利益第三人合同

《民法典》第522条第2款规定：法律规定或者当事人约定第三人可以直接请求债务人向其履行债务，第三人未在合理期限内明确拒绝，债务人未向第三人履行债务或者履行债务不符合约定的，第三人可以请求债务人承担违约责任；债务人对债权人的抗辩，可以向第三人主张。

根据该条规定，真正利益第三人合同中的第三人享有如下权利：(1)拒绝权。根据合同相对性原则，非合同当事人本不享有合同权利或承担合同义务，但在真正利益第三人合同中，由于为第三人设定权利，不会损害第三人的利益，因此法律特别准许第三人成为合同权利主体，但是第三人是否最终接受该利益，应当由第三人决定。所以《民法典》第522条赋予第三人拒绝权，一旦第三人明确拒绝，则利益第三人的条款不能生效，此时该合同转化为一般的合同。(2)履行请求权。在为第三人利益订立的合同中，第三人并非订约当事人，但其可以请求债务人向其履行债务并接受债务人的履行。第三人可以请求的内容应当是合同中为其设定的权利和利益，其请求的范围不得超出合同的约定。(3)违约责任请求权。如果债务人没有依约向第三人作出给付，则第三人有权请求债务人承担违约责任。但根据通说，第三人原则上无权主张可得利益损害赔偿及违约金责任、定金责任。此外，第三人不应当享有请求行使撤销权、解除权等权利(《合同编通则解释》第29条第1款)。

依据《合同编通则解释》第29条第3款的规定，即便第三人拒绝受领或者迟延受领，债务人也无权请求第三人承担违约责任，因为在真正利益第三人合同中，第三人虽然有权请求债务人履行债务，但其并未因此而成为合同当事人，无法替代合同当事人的地位，因此，在债务人按照约定履行债务而第三人拒绝受领或者迟延受领时，债务人也无权请求第三人承担违约责任。由于第三人拒绝受领，导致债务尚未履行，债权人有权继续请求债务人向自己履行债务。

根据《民法典》第522条第2款的规定，在真正利益第三人合同中，债务人对债权人的抗辩，可以向第三人主张。此处可主张的抗辩包括合同不成立的抗辩、合同被撤销或被宣告无效的抗辩、合同已经消灭的抗辩以及同时履行抗辩权、不安抗辩权和先履行抗辩权等。

(二)由第三人履行的合同

《民法典》第523条规定，当事人约定由第三人向债权人履行债务，第三人不履行债务或者履行债务不符合约定的，债务人应当向债权人承担违约责任。本条规定的是由第三人履行的合同，所谓由第三人履行的合同，是指合同当事人约定，在不变更合同当事人的情况下，合同中的债务由第三人履行。

根据合同相对性原则，合同当事人不得为第三人设定义务和负担，除非得到第三人的同意，否则该约定不能对第三人产生效力。在由第三人履行的合同中，由于只存在债权人与债务人之间的约定，第三人并没有与债权人达成合意，因此双方当事人的合意并不能约束第三人。债权人不能直接向第三人提出请求，在第三人不履行合同或者履行合同不适当时，债权人只能向债务人请求履行债务，而不能请求第三人承担违约责任。

由第三人履行的合同中的第三人不同于履行辅助人，履行辅助人是由债务人指定的替代债务人履行义务的人，不需要合同双方当事人在合同中进行约定。

六、第三人代为履行

《民法典》第524条第1款规定，债务人不履行债务，第三人对履行该债务具有合法利益的，第三人有权向债权人代为履行；但是，根据债务性质、按照当事人约定或者依照法律规定只能由债务人履行的除外。根据该款规定，第三人代为履行应当具备以下几个条件：

1.债务人不履行债务。包括债务人于债务履行期届满前明确表示或者以自己的行为表明将不履行债务、履行期届满后无正当理由不履行债务，以及债务人明显丧失履行能力、自为履行已不具有可能性之情形。

2.第三人对履行债务具有合法利益。第三人是指债务人及债务履行辅助人以外之人，此处不包括“由第三人履行”情形下当事人约定担当履行行为的第三人。第三人代为履行以第三人对该债务具有合法利益为前提。依据《合同编通则解释》第30条的规定，下列民事主体，人民法院可以认定为对履行债务具有合法利益的第三人：(1)保证人或者提供物的担保的第三人。(2)担保财产的受让人、用益物权人、合法占有人。例如，在抵押权人与抵押人约定禁止抵押物转让且已办理登记手续时，抵押物的买受人可以清偿债务人的债务，从而消除抵押权，进而取得抵押物的所有权。此时抵押物的买受人对于清偿该债务具有合法利益。(3)担保财产上的后顺位担保权人。(4)对债务人的财产享有合法权益且该权益将因财产被强制执行而丧失的第三人。(5)债务人为法人或者非法人组织的，其出资人或者设立人。(6)债务人为自然人的，其近亲属。(7)其他对履行债务具有合法利益的第三人。

3.该债务不属于只能由债务人履行的债务。依据《民法典》第524条第1款的规定，下列债务不得代为履行：(1)依据债务性质不能由第三人履行，例如表演应当由债务人亲自履行，而不得由第三人代为履行；(2)按照当事人的约定不得由第三人代为清偿，例如当事人约定承揽工作必须由承揽人完成，即不得将该工作交第三人完成；(3)依据法律规定不得由第三人履行，例如建设工程主体结构的施工必须由承包人亲自完成，不得转包他人。

如满足上述条件，第三人即有权向债权人代为履行，债权人不得拒绝受领。债权人无正当理由拒绝第三人履行，符合提存要件的，第三人可以提存。当然，第三人相较于债务人具有独立的地位，其清偿不能视为债务人的清偿，在第三人履行不符合债的要求时，债权人不能据此请求债务人承担债务不履行的责任。

债权人接受第三人履行后，债权人对债务人的债权转让给第三人，即第三人对债务人享有代位求偿权，但债务人与第三人另有约定的除外(《民法典》第524条第2款)。

七、债权人合并、分立或住所变更

《民法典》第67条规定，法人合并的，其权利和义务由合并后的法人享有和承担；法人分立的，其权利和义务由分立后的法人享有连带债权，承担连带债务，但是债权人和债务人另有约定的除外。在债权人合并、分立的情形下，依诚实信用原则，债权人应将合并、分立之情事通知债务人，以便对方正常履行债务，否则应承担不利后果。因此，《民法典》第529条规定，债权人合并、分立或者变更住所没有通知债务人，致使债务履行发生困难的，债务人可以中止履行或者将标的物提存。所谓“债权人没有通知债务人，致使债务履行发生困难”，是指债务人因债权人未通知且未经由其他途径(如公告)知晓其合并、分立或者变更住所情形而难以确定履行对象、履行地点。在此情形下，债务人选择中止履行的，应于得到债权人通知或经由其他途径知晓其合并、分立或者变更住所情形后恢复履行；债务人选择提存的，适用《民法典》关于提存的规定(《民法典》第570~574条)。

除债权人合并、分立、住所变更可能导致债务履行困难外，当事人发生的其他事项的变化对债的履行并不产生实质影响。因此，合同生效后，当事人不得因姓名、名称的变更或者法定代表人、负责人、承办人的变动而不履行合同义务(《民法典》第532条)。

八、提前履行

债务人提前履行，即债务人于履行期限届至前的履行债务。履行期限，是指当事人约定、法律规定或依据交易习惯确定的债务人履行债务的时间界限。依据履行期限履行合同对当事人产生的利益，称为期限利益。多数情况下，期限利益属于债务人(如承揽合同的定作人)，债务人提前履行属于放弃其期限利益，通常无损于债权人利益，如无特殊理由，债权人不得拒绝受领；但在某些合同中，期限利益属于债权人（如保管合同寄存人）或属于双方当事人（如有息借款合同），于此情形，除非债权人放弃其期限利益，债务人不得提前履行。《民法典》第530条规定："债务人提前履行的，债权人可以拒绝受领，但提前履行不损害债权人利益的，债权人应当受领。因为债务人提前履行给债权人增加的费用，由债务人承担。"具体而言：（1）债务人提前履行损害债权人利益的，债权人可以拒绝受领（当然也可以受领其提前履行）。所谓损害债权人利益，是指因提前履行给债权人造成额外的财产损失，如因此增加支出仓储费用。（2）若提前履行对债权人利益并无损害（如卖方提前支付货款、承揽人提前交付定作物），则基于诚信原则，债权人不得拒绝受领。在此情形下，请求提前履行的债务人应对提前履行不损害债权人利益之事实承担举证责任。（3）若债权人接受债务人的提前履行，债务人应承担因其提前履行给债权人增加的费用。此外，债务人还应赔偿债权人因提前履行而受到的损失。（4）若为双务合同，债权人受领债务人的提前履行并不影响其履行义务的时间。

九、部分履行

部分履行，是指债务人履行债的部分标的即部分债务的情形，仅适用于依其性质能够被部分履行的债务，如交付可分物、提供劳务等，且应为主给付义务的部分履行。部分履行既可以是就整个债务部分履行（如部分交货），也可以是就分期履行中的某一期部分履行（如分期还款的部分履行）。部分履行与提前履行在法理上存在相通之处，《民法典》第531条根据其是否损害债权人利益而区别对待：（1）债务人部分履行损害债权人利益的（如因卖方仅交付部分标的物造成买方无法开工），债权人可以拒绝受领；（2）部分履行不损害债权人利益的（如卖方仅交付部分标的物并不影响买方开工），债权人应当受领；（3）因为债务人部分履行给债权人增加的费用（如运输、保管费用），由债务人承担。

第三节　双务合同履行抗辩权

一、同时履行抗辩权

（一）同时履行抗辩权的概念

在未约定先后履行顺序的双务合同中，当事人应当同时履行，一方在对方未为对待给付之前，有权拒绝其履行要求。此项权利，称为同时履行抗辩权。《民法典》第525条对此作了规定：当事人互负债务，没有先后履行顺序的，应当同时履行。一方在对方履行之前有权拒绝其履行请求。一方在对方履行债务不符合约定时，有权拒绝其相应的履行请求。同时履行抗辩权制度是双务合同牵连性的要求，是诚实信用原则在合同履行环节的体现，也是提高合同履行效率、促成合同目的的实现的要求。同时履行抗辩权具有如下特征：

1.同时履行抗辩权仅适用于双务合同，如买卖、互易、租赁、承揽等合同。因为只有在双务合同中，当事人之间才存在对待给付，即当事人之间的给付具有对等关系或对应关系，一方为给付是为了换取对方的给付。正是这种对应关系，使同时履行抗辩权具有公平性。单务合同（如赠与合同、借用合同、保证合同）和不真正的双务合同（如委托合同）不适用同时履行抗辩权。对于合伙合同中合伙人能否就出资义务相互行使同时履行抗辩权，以及附义务赠与合同中受赠人未履行义务赠与人能否行使同时履行抗辩权，理论和实务中有不同观点。通说认为，上述合同中双方所负义务并不构成对待给付关系，故以采否定说为宜。

2.同时履行抗辩权适用于双务合同中没有约定履行先后顺序的情形。针对异时履行的情况，我国法律设定了先履行抗辩权和不安抗辩权，而同时履行则应适用同时履行抗辩权。

3.同时履行抗辩权主要是一种拒绝权。同时履行抗辩权是指一方在符合法律规定的条件下，享有拒绝对方请求的权利，它是一种对抗对方请求权的权利。

4.同时履行抗辩权的法律根据在于双务合同的牵连性。所谓双务合同的牵连性，是指在双务合同中一方的权利与另一方的义务之间具有相互依存、互为因果的关系，牵连性表现为发生上的牵连性、履行上的牵连性以及存续上的牵连性三个方面。故而在对方未为对待给付或者提出给付之前，可以将自己的履行暂时终止并拒绝对方的履行请求。

同时履行抗辩权与留置权外观相似，但二者存在以下区别：(1)性质不同。同时履行抗辩权是双务合同的一种特殊效力，是一种对抗权、相对权；留置权是一种法定担保物权，属于支配权、绝对权。(2)根据不同。同时履行抗辩权的根据在于合同双方给付义务之间的牵连性，留置权的根据是当事人一方依合同约定占有对方动产而对方未付应付款项。(3)保护的债权不同。同时履行抗辩权所保护的债权原则上须基于同一双务合同而发生且相互间存在对价关系，留置权所保护的债权则原则上须与留置物之间存在牵连关系。(4)行使方式不同。行使同时履行抗辩权可以表现为拒绝交付标的物、支付价款或实施其他履行行为，留置权的行使则表现为拒绝交付留置物。

(二)同时履行抗辩权的成立条件

1.当事人基于同一合同互负给付义务。主张同时履行抗辩权，必须针对同一双务合同中对方当事人的对待给付义务。如果是单务合同，自无同时履行抗辩权可言；如果双方当事人互负的债务不是基于同一合同而发生，即使二者存在一定关联，也不得主张同时履行抗辩权(可能成立抵销权)。

这里的给付义务，主要指主给付义务。但在从给付义务的履行与合同目的的实现具有密切关系时，应认为它与主给付义务之间有牵连关系，可适用同时履行抗辩权。附随义务与主给付义务不具有对价关系或牵连关系，原则上不适用同时履行抗辩权。但基于同一合同产生的违约损害赔偿责任，与对方的给付义务之间可能适用同时履行抗辩权；因合同无效、被撤销、被解除而产生的相互返还财产义务，也可适用同时履行抗辩权。

2.双方所负债务没有先后履行顺序。双务合同中，双方可约定各自履行合同义务的先后顺序(也可约定同时履行)；法律、行政法规对履行顺序有规定的，依其规定；当事人未作约定、法律或行政法规也未作规定但依交易习惯可以确定履行顺序的，也应当依序履行；若不能依约定或依法律、行政法规或依习惯确定先后履行顺序的，应当同时履行。所谓同时履行，是指双方当事人所负担的给付应同时提出，互为给付。例如，在买卖合同中，如当事人没有约定履行的先后顺序，买方的价金交付与卖方的所有权移转应同时进行。

3.双方所负的债务之间具有相应性。如何理解《民法典》第525条规定的“相应的履行请求”？《合同编通则解释》第31条第1款规定：“当事人互负债务，一方以对方没有履行非主要债务为由拒绝履行自己的主要债务的，人民法院不予支持。但是，对方不履行非主要债务致使不能实现合同目的或者当事人另有约定的除外。”以上要求实际上也是民法上平等和公平原则的体现。

4.双方义务已届清偿期。同时履行抗辩权制度旨在通过当事人的相互掣肘促使对方积极履行合同义务，故其行使须以双方债务已届履行期、相互享有履行请求权为条件。若债务履行期未至，则请求履行无依据，抗辩权也无从适用。

5.对方未履行债务或者履行合同义务不符合约定。在同时履行的双务合同中，当事人通常只有在对方提出履行请求时其自身未为履行或提出履行对待给付义务，才能主张同时履行抗辩权拒绝对方的履行请求。此外，根据《民法典》第525条的规定，一方在对方履行债务不符合约定时，有权拒绝其相应的履行请求。据此，对于对方的瑕疵履行，当事人也可行使同时履行抗辩权。对方未履行债务，包括拒绝履行、迟延履行等情形；履行债务不符合约定，包括部分履行、瑕疵履行等情形。对于前者，债务人有权拒绝其全部履行请求；对于后者，债务人有权

（只能）拒绝其相应的履行请求。

6.对方的债务可能履行。同时履行抗辩权是一种延期的抗辩权，其作用仅能使享有此项抗辩权的当事人暂时不必履行给付义务，从而促使对方当事人履行债务，而不是终局性地解决双方的债权债务关系。因此，行使同时履行抗辩权应当以双方当事人均能够履行债务为前提条件。如果对方的对待给付已不可能，则行使同时履行抗辩权已没有实际意义，应通过违约责任、合同解除等规则终局性地解决双方的债权债务关系。

（三）同时履行抗辩权的行使与效力

同时履行抗辩权应以意思通知的方式行使，一经行使，即具有对抗对方的履行请求、排除己方迟延履行责任的效力。同时履行抗辩权属于延期的抗辩权，不具有消灭对方请求权的效力。其效力仅表现为当事人一方在对方提出给付以前可以暂时拒绝履行义务，而并不是使自己的义务归于消灭。因此行使同时履行抗辩权的行为不构成违约，因为行使抗辩权是合法行为。但同时履行抗辩权属一时性抗辩权，一旦对方履行，该抗辩权即告消灭。

原告通过诉讼方式主张权利，被告行使同时履行抗辩权的，依据《合同编通则解释》第31条第2款，法院应依法作出对待给付判决。所谓对待给付判决，是指法院要求原告向被告提出对待给付后才可对被告进行强制执行的判决。此类判决一般表述为，“被告应在原告履行其义务时，向原告履行义务”。《合同编通则解释》第31条第2款区分了两类情形：一是在原告提起诉讼请求后，如果被告并未提起反诉时，法院应当判决被告在原告履行债务的同时，履行自己的债务，并应当在判项中明确，原告申请强制执行的，法院应当在原告履行自己的债务履行，对被告采取执行行为。但被告不能依据对待给付判决申请对原告的对待给付债务进行强制执行。因为被告只是消极地提出了抗辩，而没有积极主张原告向自己履行债务。在此情形下，被告没有获得针对原告的执行依据，无法申请强制执行。二是如果被告提出反诉，在被告提起反诉的情形下，法院应当判决双方同时履行自己的债务，并在判项中明确任何一方申请强制执行的，人民法院应当在该当事人履行自己的债务后对对方采取执行行为。

同时履行抗辩权的行使与合同的解除存在差别。同时履行抗辩权的行使是以有效存在的合同关系作为其前提条件的，虽然该权利的行使将造成合同的暂时不能履行，但当事人仍然希望合同继续存在。而解除合同则是直接终止现有的合同关系，使双方的债权债务归于消灭。

二、不安抗辩权

（一）不安抗辩权的概念

不安抗辩权，是指双务合同的先给付义务人在有证据证明后给付义务人存在丧失或者可能丧失履行债务能力的情形时，有权中止履行其合同义务的权利。不安抗辩权与同时履行抗辩权均系间接保障债权的法律手段，即通过抗辩权的行使促使对方履行债务，避免己方受对方违约之损害。

不安抗辩权与预期违约制度既有区别，又有联系。预期违约，是指当事人一方于其债务履行期届满前明确表示或者以自己的行为表明其将不履行合同义务，其法律后果是守约方可以在合同履行期届满前请求对方承担违约责任。不安抗辩权只是先给付义务人在特定条件下拒绝对方履行请求、中止履行其合同义务的权利，属于合同履行规则或广义的债权保障手段。但二者之间也存在一定关联，根据《民法典》第528条的规定，若中止履行后对方在合理期限内未恢复履行能力并且未提供适当担保，则视为其“以自己的行为表明不履行主要债务”，即构成默示预期违约。

（二）不安抗辩权成立的条件

1.双方当事人因同一双务合同而互负债务。不安抗辩权为双务合同的效力表现，其成立须双方当事人因同一双务合同而互负债务，并且该两项债务存在对待给付关系（与同时履行抗辩权相同）。不安抗辩权可以适用于各类双务合同。

2.当事人履行债务存在先后顺序。在双务合同中，如果不存在履行顺序，则只能适用同时履行抗辩权。双务合同中的履行顺序，应依当事人约定、法律规定或交易习惯确定。

3.后给付义务人的履行能力丧失或明显降低，有不能为对待给付的现实危险。不安抗辩权制度保护先给付义务人是有条件的，即只有在后给付义务人有不能为对待给付的现实危险、危及先给付义务人的债权实现时，才能主张不安抗辩权。若后给付义务人的履行能力降低但其资产仍足以履行债务，则债权人不得行使不安抗辩权。

根据《民法典》第527条第1款的规定，不安抗辩权的适用情形为：(1)对方经营状况严重恶化。所谓严重恶化是指对方责任财产和履行能力出现严重减弱的现象，如出现债务显著增加、资产显著减少的现象，至于对方主观上是否存在过错则在所不问。后给付义务人陷于破产状态是其经营状况严重恶化的显著表现，但不安抗辩权的行使并不以此为条件。(2)对方转移财产、抽逃资金，以逃避债务。此类行为均出于债务人故意，表明债务人缺乏履约意愿，存在极大的违约危险。(3)对方丧失商业信誉。所谓丧失商业信誉，是指与缔约时的状况相比，对方在业界或同行中商业信用处于不佳状态。例如，对方因违法经营被吊销营业执照、被有关部门处罚处于歇业状态、作为影响重大案件的责任人被有关部门查处等。对于对方在其他合同中的违约行为，不宜一概认定为丧失商业信誉。(4)对方有丧失或者可能丧失履行债务能力的其他情形。所谓丧失履行债务能力，是指对方已经不具有履行债务的资产或其他履行债务的能力；所谓可能丧失，是指虽然目前没有丧失履行能力，但是在债务到期时可能不具备履行能力的情形。需注意的是，上述情形须发生在合同成立以后。如果上述情形在订立合同时即已经存在，当事人不顾对方违约风险而与之订立合同，则法律无必要对先给付义务方提供特别保护。针对上述情形，先给付义务人应承担举证责任，并承担举证不能的不利后果(如迟延履行的违约责任)。

(三)不安抗辩权的行使与效力

1.中止履行

根据《民法典》第527条第1款的规定，先给付义务人有确切证据证明后给付义务人有经营状况严重恶化等情形并因此导致其丧失或者可能丧失履行债务能力的，可以中止履行其合同义务。所谓中止履行，是指暂停履行本方债务，而不是终止或解除合同关系。中止履行不同于拒绝履行，后者以对方提出请求为前提，前者则无此要求。中止履行的对象，是先给付义务人尚未履行的债务，如果其行使不安抗辩权时本方全部债务均未履行，即可中止履行全部债务；如果已履行部分债务，则可中止履行尚未履行的部分债务。

中止履行是不安抗辩权的直接效力或称第一层效力，可以对抗对方的履行请求。但基于诚实信用原则，行使不安抗辩权而中止履行债务的先给付义务人负有以下义务(《民法典》第528条)：(1)通知义务。先给付义务人决定中止履行的，应当及时通知对方，使对方知晓其行使不安抗辩权的事实，以免造成不必要的损失。通知的内容包括中止履行的意思及理由等。(2)对方提供适当担保的，应恢复履行。在先给付义务人中止履行的情形下，对方可以为其债务履行提供适当担保，先给付义务人无权拒绝。所谓担保，包括保证、抵押、质押等具体担保措施；所谓适当，是指担保范围或担保物价值应与先给付义务人的债权价值相当；所谓“提供”，意指该担保已发生法律效力，而不仅是对方的担保允诺。

2.解除合同

解除合同是不安抗辩权的间接效力或称第二层效力。根据《民法典》第528条的规定，先给付义务人解除合同应满足以下条件：(1)先给付义务人已中止履行。此为解除合同的前提条件，行使不安抗辩权的先给付义务人无权直接解除合同。(2)后给付义务人在合理期限内未恢复履行能力并且未提供适当担保。所谓未恢复履行能力，是指后给付义务人仍然存在《民法典》第527条第1款规定的经营状况严重恶化等情形，不具有或不完全具有债务履行能力。对于合理期限，应当结合合同类型、义务性质、标的额大小等因素认定，该期限应自中止履行通知到达后给付义务人时起算。未提供适当担保，是指后给付义务人在接到对方中止履行通知后的合理期限内未提供担保或提供的担保不适当。

先给付义务人中止履行后，后给付义务人在合理期限内未恢复履行能力并且未提供适当担保的，视为以自己的行为表明不履行合同主要义务（构成默示预期违约），先给付义务人可以解除合同并可以请求对方承担违约责任。解除合同的，先给付义务人应通知后给付义务人，通知到达时发生合同解除效力；后给付义务人有异议时，可以请求人民法院或仲裁机构确认合同解除效力。

三、先履行抗辩权

（一）先履行抗辩权的概念

先履行抗辩权也称顺序履行抗辩权，是指当事人互负债务，有先后履行顺序的，先履行一方履行之前，后履行一方得拒绝其履行请求，先履行一方履行债务不符合约定的，后履行一方得拒绝其相应的履行请求的权利。在传统民法上，通常只有同时履行抗辩权和不安抗辩权的理论与立法，先履行抗辩权为同时履行抗辩权所吸收。我国《民法典》沿袭《合同法》，将先履行抗辩权从同时履行抗辩权中分离出来予以单独规定。先履行抗辩权发生于有先后履行顺序的双务合同中，这是它与同时履行抗辩权的不同之处，也是它与不安抗辩权的相同之处。

（二）先履行抗辩权的成立要件

根据《民法典》第526条的规定，先履行抗辩权的成立须符合以下要件：

1.双方当事人基于同一双务合同互负对待给付义务。此点与同时履行抗辩权的适用条件相同，一方面必须是由同一双务合同产生债务，另一方面双方的债务必须形成对待给付关系。

2.双方债务（主给付义务）有先后履行顺序。履行的先后顺序可以由当事人约定；法律另有规定的，从其规定。在不存在约定或者法律规定时，可以按照交易习惯确定。若仍无法确定，则不适用先履行抗辩权。

3.双方债务均已到期。在双方债务履行期限均未届至的情形下，双方均可以履行期限未至为由拒绝对方的履行请求，而与履行顺序无关；在先给付义务人履行期限届至而后给付义务人履行期限未届至的情形下，后给付义务人可以履行期限未至为由拒绝对方的履行请求，故无适用先履行抗辩权的必要；只有在双方债务履行期限均已届至、双方均有权请求对方履行债务的前提下，适用先履行抗辩权才有意义。

4.先履行一方未履行债务或其履行不符合约定。此项要件与同时履行抗辩权相同。

5.对方的债务可能履行。此项要件也与同时履行抗辩权相同。

（三）先履行抗辩权的效力

先履行抗辩权属一时的抗辩权，其效力表现在：

1.后给付义务人有权拒绝先给付义务人的履行请求。具体包括两种情况：(1)先给付义务人未履行债务的，后给付义务人有权拒绝履行全部债务；(2)先给付义务人履行债务不符合约定的，后给付义务人有权拒绝其相应的履行请求。后给付义务人行使先履行抗辩权拒绝履行的，不构成违约行为。

2.先给付义务人履行债务后，后履行一方应恢复履行。在后给付义务人行使先履行抗辩权拒绝先给付义务人的履行请求后，若先给付义务人采取补救措施、变违约为适当履行，则先履行抗辩权的行使条件丧失，后给付义务人应履行其债务。

3.先履行抗辩权的行使不影响后给付义务人向先给付义务人主张违约责任。一般而言，在后给付义务人行使先履行抗辩权情形下，先给付义务人均构成迟延履行、瑕疵给付等违约行为，后给付义务人一方面有权行使抗辩权以拒绝履行全部或部分债务，另一方面可要求先给付义务人承担违约责任。

《合同编通则解释》第31条第3款规定："当事人一方起诉请求对方履行债务，被告依据民法典第五百二十六条的规定主张原告应先履行的抗辩且抗辩成立的，人民法院应当驳回原告的诉讼请求，但是不影响原告履行债务后另行提起诉讼。"这就通过规定先履行判决，为先履行抗辩权的实现程序提供了保障。先履行判决实际上是针对先履行抗辩权的一种确认，即在一方提出抗辩时，法院应当驳回对方当事人的诉讼请求。

第四节　情势变更

一、情势变更的概念和构成要件

（一）情势变更的概念

情势变更，是指合同成立后，其基础条件发生了影响合同继续履行的重大变化。在此情形下，若按原约定继续履行合同，则可能使一方当事人利益明显受损或负担明显加重，既不能实现其经济目的，也不符合公平原则的要求。因此，世界各国合同法普遍规定，若发生情势变更，应允许当事人变更或解除合同。情势变更制度是对合同严守原则的修正，其实质是通过司法权力介入合同关系，矫正合同双方利益的失衡状态，体现了公平原则的要求。对此项制度，我国《合同法》未作规定，但在司法实践中得到应用。在总结实践经验的基础上，《民法典》正式确立了情势变更制度。《民法典》第533条规定：合同成立后，合同的基础条件发生了当事人在订立合同时无法预见的、不属于商业风险的重大变化，继续履行合同对于当事人一方明显不公平的，受不利影响的当事人可以与对方重新协商；在合理期限内协商不成的，当事人可以请求人民法院或者仲裁机构变更或者解除合同。人民法院或者仲裁机构应当结合案件的实际情况，根据公平原则变更或者解除合同。

（二）情势变更的构成要件

根据《民法典》第533条和《合同编通则解释》第32条的规定，情势变更的构成应具备以下要件：

1.合同的基础条件发生了当事人订立合同时无法预见的重大变化，即发生情势变更。所谓情势，是指作为合同成立基础的客观情况。若非客观情况而是当事人的主观认知，自不能适用情势变更；若某客观情况并非合同成立的基础条件，也不能适用情势变更。所谓变更，是指合同的基础条件发生了超出市场波动正常范围的重大变化，使合同的成立基础发生动摇。根据司法实践经验，可以认定为情势变更的情形包括物价异常上涨、汇率大幅度变化、国家产业政策或贸易政策发生重大调整等。基础条件需要依据个案进行判断，即这些条件会对当事人是否订立合同以及订立合同的条件发生重大影响；反之，如果政府宏观调控政策的变化不会对当事人的权利义务关系产生实质性影响，则不属于情势变更。

2.情势变更发生在合同成立之后、履行完毕之前。如果在合同成立时相关情势业已存在，若符合显失公平合同的构成要件，不利一方当事人可行使撤销权，否则应依约履行自担损失。合同履行完毕后，双方债权债务关系业已消灭，也不存在通过情势变更制度变更、解除合同的问题。

3.情势变更是当事人在订立合同时无法预见的，且不可归责于当事人。所谓无法预见，是指当事人在订立合同时无法合理地预见情势变更的发生。对于能否合理预见，一般应考虑该情势变更是否属于市场固有的或正常的风险、该风险类型和风险强度是否超出正常市场主体的合理预期、该风险是否可以防范和控制、该交易是否属于“高风险高收益”类交易等因素认定。所谓不可归责于当事人，是指客观情况的重大变化不是由于当事人的原因，也不是当事人所能控制。例如，当事人因自身管理原因导致重大责任事故被责令停产整顿，即不构成情势变更。

4.情势变更不属于商业风险的涨跌。情势变更与商业风险的主要区别在于：（1）性质不同。情势变更是作为合同成立基础的某种客观情况发生了异常变动，商业风险是指商业活动中的固有风险，包括客观情况的变化，但这种变化并未达到异常程度，也没有动摇合同成立的基础。(2)能否预见不同。情势变更是当事人无法合理预见的变化或风险，商业风险属于当事人在一定范围内应当预见且能够合理预见的风险。(3)能否归责于当事人不同。情势变更不可归责于当事人，当事人虽尽注意义务仍不可避免；商业风险所致损失通常是由于未充分评估市场规律与走势造成的。(4)后果不同。情势变更动摇了合同成立的基础，因此法律为当事人提供救济；商业风险则由当事人自行承担。《合同编通则解释》第32条第1款规定，合同涉及市场属性活跃、长期以来价格波动较大的大宗商品以及股票、期货等风险投资型金融产品的，其价格涨跌不构成情势变更。

我国司法实践中曾将不可抗力、商业风险一并排除于情势变更的适用范围之外，《民法典》仅明确规定商业风险不构成情势变更，未将不可抗力排除在情势变更事由外。这是因为，不可抗力与情势变更存在诸多相同之处：均属当事人无法预见且不可归责于当事人的情形；均出现于合同成立之后、履行完毕之前；均可能对合同的履行产生影响。《民法典》将不可抗力纳入情势变更的适用范围，有利于情势变更制度功能的充分发挥。但是，不可抗力与情势变更与并非同一制度，二者存在以下区别：(1)制度功能不同。不可抗力主要是一种免责事由，情势变更制度旨在对显失公平的合同关系予以必要干预。(2)适用范围不同。不可抗力作为一般免责事由原则上适用于所有民事责任，主要是违约责任和侵权责任；情势变更则是合同领域的一项特殊制度，主要适用于合同履行阶段。(3)适用条件不同。不可抗力制度的适用前提是因不可抗力造成当事人不能履行合同，情势变更制度的适用前提是因情势变更导致合同的履行对一方当事人明显不公平，通常适用于合同仍有继续履行可能的情形。(4)法律效果不同。不可抗力的法律效果为责任免除，因不可抗力造成履行不能的，根据其影响程度免除当事人全部或部分违约责任；情势变更的法律效果为合同的解除或变更。(5)当事人主张的方式和程序不同。不可抗力导致合同不能履行时，受影响的一方应及时通知对方，并在合理期限内提供相关证明，对于未及时通知导致扩大的损失和迟延履行后发生的不可抗力不能免责；应情势变更导致合同履行对一方明显不公平时，受不利影响的当事人可与对方重新协商，若协商不成可请求法院或仲裁机构裁判变更或解除合同。

5.继续履行合同对当事人一方明显不公平。情势变更制度是合同严守原则的例外，只有在继续履行合同对一方明显不公平时，才可适用情势变更制度对当事人之间的权利义务关系进行干预和调整。是否显失公平，应根据双方权利义务的悬殊程度、双方获益的比例、一方履行是否明显困难、履行对一方是否具有意义等因素综合判断。

二、情势变更的法律效果

1.再交涉义务。根据《民法典》第533条的规定，情势变更发生后，受不利影响的当事人可以与对方重新协商；在合理期限内协商不成的，经双方协商一致可变更或解除合同。一方依法享有与对方重新协商即再交涉的权利，对方也就负有相应的义务。再交涉义务是诚实信用原则和鼓励交易原则的要求，义务人经对方要求拒不进行重新协商给对方造成损失的，应当承担赔偿责任。

2.合同变更或解除。情势变更发生后，双方在合理期限内协商不成的，受不利影响的一方当事人可请求人民法院或者仲裁机构变更或者解除合同。具体而言：(1)当事人依情势变更规则请求变更或解除合同的，必须通过诉讼或仲裁程序进行，即由人民法院或者仲裁机构作出裁判(也称司法变更或解除)，此点不同于一方享有解除权的合同解除；(2)仅受不利影响的一方当事人可向人民法院或者仲裁机构请求变更或者解除合同，对方当事人无权请求；(3)受不利影响的一方当事人可于重新协商不成后提出诉讼或仲裁请求，也可未经与对方重新协商径行提出诉讼或仲裁请求；(4)请求变更合同还是请求解除合同，由受不利影响的一方当事人选择。依据《合同编通则解释》第32条第2款，当事人请求变更合同的，人民法院不得解除合同；当事人一方请求变更合同，对方请求解除合同的，或者当事人一方请求解除合同，对方请求变更合同的，人民法院应当结合案件的实际情况，根据公平原则判决变更或者解除合同。这就是说，从鼓励交易出发，能够通过合同变更实现合同订约目的的，就尽量采取变更合同的方式。如果通过变更合同无法消除不公平结果，或情势变更导致请求方合同目的不能实现，则应支持当事人的解除合同请求（如旅游目的地停航）。

【本章主要法律规定】

1.《民法典》第509～533条

2. 最高人民法院《关于适用〈中华人民共和国民法典〉合同编通则若干问题的解释》第26～32条

第十五章 合同的保全和担保

本章主要内容提示

1.债权人代位权成立的要件是“债务人怠于行使其到期债权或者与该债权有关的从权利影响债权人到期债权实现”。对专属于债务人的债权，不得行使代位权。

2.债权人撤销权的成立，应从“债务人实施处分财产权益行为影响债权人的债权实现”和债务人、受益人是否为恶意两方面判定。

3.债权人代位权、债权人撤销权须通过诉讼方式行使，其行使均可使债权人获得直接清偿，并在相关当事人之间产生一定法律后果。

4.合同的担保包括人的担保、物的担保和金钱担保，保证属于人的担保，定金属于金钱担保。

5.定金可分为立约定金、成约定金、解约定金、违约定金，不同类型的定金具有不同功能和法律效力。

第一节 合同的保全

一、合同保全的概念

合同的保全，即合同债权的保全，是指法律为防止因债务人的责任财产不当减少给债权人的债权造成损害，允许债权人代债务人之位向第三人行使债务人的权利，或者请求法院撤销债务人与第三人之间的法律行为的法律制度。合同保全表现为两种制度：一是债权人代位权；二是债权人撤销权。其中，债权人代位权设立的目的是保持债务人的责任财产，适用于债务人的财产应增加且能增加、因债务人的懈怠未增加的情形；债权人撤销权设立的目的是恢复债务人的责任财产，适用于债务人的财产不应减少、因债务人的处分不当减少的情形。无论是通过债权人代位权保持债务人的责任财产，还是通过债权人撤销权恢复债务人的责任财产，其目的都是保全债务人的偿债能力，保障债权的实现。

债权是相对权，原则上仅对债务人具有法律拘束力。而合同的保全体现的是债权人因与债务人的债权债务关系而产生的与第三人的关系，突破了“债的相对性”原则，体现了债的对外效力。

二、债权人代位权

（一）债权人代位权的概念和性质

根据《民法典》第535条第1款的规定，债权人代位权是指当债务人怠于行使其债权或者与该债权有关的从权利而影响债权人的到期债权实现时，债权人可以向人民法院请求以自己的名义代位行使债务人对相对人的权利。债权人代位权涉及三方主体，即债权人、债务人和次债务人（债务人的债务人）。债权人代位权在原《合同法》中已有规定，并有相关司法解释，《民法典》对其作了一定的修改完善。

债权人代位权具有以下特征：（1）债权人代位权是债权人以自己的名义行使债务人的权利，此点不同于代理权。（2）债权人代位权的行使，针对的是债务人怠于行使到期权利的消极行为，此点与债权人撤销权不同。（3）债权人代位权的目的是保全债权，因此在履行期到来之前，特殊情形下债权人为了保持债务人的财产也可以行使代位权，此点不同于债权人对债务人或第三人的请求权。

关于债权人代位权的性质，可从以下几个方面理解：（1）债权人代位权是实体法上的权利，而不是程序法上对债务人的债权申请强制执行的权利，其须经过法院实体审理得到确认后，才能产生强制执行的效果。（2）债权人代位权是从权利。债权人代位权仅为债权的一种特殊效力，与所属债权构成从权利与主权利关系，随债权转让而转让，而不得分别转让。（3）债权人代位权并非债权的法定移转，而是债权人的固有权利。债权的法定移转包括保证人的代位权和保险人的代位求偿权等情形，即保证人（保险人）在承担保证责任（保险责任）后取代债权人（被保险人）的地位向债务人（对保险事故负有赔偿责任的第三人）求偿的权利。而债权人代位权成立后，债权人并未取代债务人的地位，债务人仍享有对次债务人的债权。（4）债权人代位权不是固有意义上的形成权。债权人行使代位权，并不能依其单方意思表示使债务人与次债务人之间的债权债务关系发生变动，债权人和债务人的债权得到清偿仍须借助次债务人的清偿行为，债权人只是依法直接向次债务人主张本应由债务人主张的债权。因此，通说认为债权人代位权是一种广义的管理权。

（二）债权人代位权的成立要件

1.债权人对债务人享有债权且债权确定、到期。

（1）债权人对债务人的债权有效成立。债权人代位权是债权对外效力的体现，其成立前提是债权人与债务人之间存在合法有效的债权，如果债权不存在、无效或被撤销，或属于不具有强制执行力的自然债权（如赌债），则不能成立债权人代位权。对于可适用债权人代位权的债权人对债务人所享有债权的类型，法律未作规定，通说认为金钱债权和特定物债权的债权人均可享有债权人代位权，而劳务债权和不作为债权因其性质不适于保全，原则上不适用债权人代位权，但因其债务人违约发生的损害赔偿请求权则可成立债权人代位权。如诉讼时效期间届满的债权。诉讼时效期间届满的债权虽为不完全债权，但仍属合法债权，故债权人仍可主张债权人代位权，但如果债务人在代位权诉讼中行使时效抗辩权，则可阻却债权人代位权的行使。

（2）债权人对债务人的债权确定。债权确定是指债务人对于债权的内容没有异议，或者该债权是经过法院或仲裁机构裁判确定的债权。如果债权人和债务人对该债权的内容尚存争议（如对应付工程款数额存在争议），则应就该债权先进行实体审理，债权人依据生效裁判文书主张债权人代位权，而不得先行主张。附停止条件的债权，在条件成就之前，不得就其主张代位权。

（3）债权人对债务人的债权到期。已发生的债权，在债务履行期届至之前，债权人无权请求债务人履行，债务人能否按期履行债务使债权得到满足尚不确定，故债权人不得主张代位权；只有在债务人已陷入履行迟延但仍怠于行使其对他人享有的权利的情形下，债权人的代位权才具有正当性，否则构成对债务人的不当干预。债务定有履行期的，债务人届期不履行即构成迟延；债务未定履行期的，经债权人催告债务人仍不履行的，才构成迟延。

为维护债权人利益，法律允许在某些情形下债权人对其未到期债权主张债权人代位权，债权人就此行使债权人代位权的行为称为保存行为，即为保存其债权而行使代位权。《民法典》第536条规定，债权人的债权到期前，债务人的债权或者与该债权有关的从权利存在诉讼时效期间即将届满或者未及时申报破产债权等情形，影响债权人的债权实现的，债权人可以代位向债务人的相对人请求其向债务人履行、向破产管理人申报或者作出其他必要的行为。据此，保存行为的适用情形包括以下几种：①债务人的权利诉讼时效即将届满。在债务人债权的诉讼时效即将届满时，如果债权人不及时主张债权人代位权，则在诉讼时效届满后，次债务人将享有诉讼时效经过的抗辩权，此时债权人再行使债权人代位权将难以取得实际效果。②次债务人进入破产程序，而债务人怠于申报债权。如果债务人未及时申报债权，则依据《企业破产法》的规定债务人不能参与申报前的破产分配，这将给债权人带来损失，故应允许债权人代为申报。③其他情形。一般认为，这些情形包括抵销、中断时效、请求不动产的移转登记、变更登记等。但需注意，保存行为在性质上属于对代位权行使要件的突破，属于例外规定，不宜不加限制地进行扩大解释。此外，还需注意在保存行为中债权人不是请求次债务人向自己作出履行，而是请求其向债务人作出履行。这意味着保存行为的效果与一般的代位权行使的效果不同。

2.债务人对第三人享有债权或与该债权有关的从权利。债权人代位权的行使，以债务人对第三人享有一定权利为前提。该权利应限定于财产权利，至于债务人对第三人的财产权利发生于债权人与债务人之间的债权债务关系之前或者之后，对债权人代位权的成立和行使并无影响。关于该财产权利的范围，《合同法》曾规定为“到期债权”，相关司法解释进一步限定为“具有金钱给付内容的到期债权”，《民法典》第535条第1款规定为“债权或者与该债权有关的从权利”，并将专属于债务人自身的权利排除于债权人代位权对象之外。具体而言：

（1）债权人得对债务人对第三人享有的债权主张代位权。其一，该债权一般为金钱债权（如此有利于清偿债务），但也不排除实物债权（如交付特定物债权），但劳务债权、不作为债权不适于成立代位权；其二，该债权可以是合同债权，也可以是不当得利债权、无因管理债权、违约责任请求权、侵权责任请求权、股利分配请求权等；其三，该债权必须确定，否则既无明确的诉讼标的，也无法判断债权人行使代位权是否超过其债权范围；其四，该债权原则上必须到期，否则债权人和债务人均不能强制次债务人履行其债务，但在次债务人被宣告破产等特殊情形下，法律将其未到期债务拟制到期，债权人可对此行使代位权。

（2）债权人得对债务人对第三人享有的债权的从权利主张代位权。此为《民法典》新增规定，主要是指债务人基于其对第三人（次债务人）享有的债权而享有的担保权利，如对保证人的请求权、对担保财产的抵押权等。

（3）债权人对专属于债务人自身的权利不得主张代位权。依据《合同编通则解释》第34条的规定，专属于债务人自身的权利包括如下几种：一是抚养费、赡养费或者扶养费请求权；二是人身损害赔偿请求权；三是劳动报酬请求权，但是超过债务人及其所扶养家属的生活必需费用的部分除外；四是请求支付基本养老保险金、失业保险金、最低生活保障金等保障当事人基本生活的权利；五是其他专属于债务人自身的权利。

3.债务人怠于行使其对第三人的权利。依据《合同编通则解释》第33条，债务人怠于行使其权利，是指债务人不履行其对债权人的到期债务，又不以诉讼或者仲裁方式向相对人主张其享有的债权或者与该债权有关的从权利，致使债权人的到期债权未能实现。简言之，就是应行使而未行使。应行使是指如果不及时行使，则该权利将有不能实现的可能，如请求权将因时效完成而失去强制执行力、受偿权将因不申报破产债权而丧失、抵押权将因不行使而消灭等。代位权诉讼中，次债务人等不认为债务人有怠于行使其权利情况的，应当承担举证责任，如果其能够证明债务人因客观原因而不能就该项权利提起诉讼或仲裁，或者证明债务人已起诉或申请仲裁，则债权人不能主张代位权。

4.债务人怠于行使其权利影响债权人债权的实现，即有保全债权的必要。对于“有保全债权必要”这一要件，《合同法》曾规定为“对债权人造成损害”，相关司法解释将其解释为“致使债权人的到期债权未能实现”，《民法典》规定为“影响债权人债权的实现”，表述更为准确。据此，只有在债务人怠于行使其权利的行为影响债权人债权的实现，即如果债权人不行使代位权，债权人享有的债权即有无法获得满足的危险时，债权人才有行使代位权以保全自己债权实现的必要。如债务人的财产足以清偿其债务，债权人的债权不存在无法实现的危险，债权人在债务人不履行债务时，只需请求人民法院依法强制执行即可使其债权得以实现，也就没有行使代位权的必要。一般而言，对于是否有保全债权的必要（是否影响债权人债权的实现），应以债务人是否陷于无资力（资不抵债）为判断标准，即债务人是否陷于负债超过资产而不能清偿其债务的状态。

（三）债权人代位权的行使

根据《民法典》第535条和相关司法解释，债权人代位权的行使须遵从以下规则。

1.债权人应以自己的名义行使代位权。多数人享有债权的，各债权人可独立行使代位权，也可共同行使代位权；如果其中一个债权人已就某项债权行使代位权而获得满足，则其他债权人不得再就该项债权行使代位权。

2.债权人代位权必须通过诉讼方式行使。在我国，债权人代位权必须借助国家司法机关的公力救济手段即通过诉讼方式行使，即“向人民法院请求”行使代位权。如此规定，旨在防止债权人滥用代位权，避免行使代位权的债权人与其他债权人、债务人以及次债务人之间因代位权的行使发生纠纷。

债权人代位权诉讼中，债权人为原告，债务人的相对人为被告。依据《合同编通则解释》第37条，如果未将债务人列为第三人，人民法院应当追加债务人为第三人。两个以上债权人以债务人的同一相对人为被告提起代位权诉讼的，人民法院可以合并审理。债务人对相对人享有的债权不足以清偿其对两个以上债权人负担的债务的，人民法院应当按照债权人享有的债权比例确定相对人的履行份额，但是法律另有规定的除外。

依据《合同编通则解释》第35条，债权人对债务人的相对人提起代位权诉讼的，由被告住所地人民法院管辖，但是依法应当适用专属管辖规定的除外。债务人或者相对人以双方之间的债权债务关系订有管辖协议为由提出异议的，人民法院不予支持。依据《合同编通则解释》第38、39条，债权人向人民法院起诉债务人后，又向同一人民法院对债务人的相对人提起代位权诉讼，属于该人民法院管辖的，可以合并审理。不属于该人民法院管辖的，应当告知其向有管辖权的人民法院另行起诉；在起诉债务人的诉讼终结前，代位权诉讼应当中止。在代位权诉讼中，债务人对超过债权人代位请求数额的债权部分起诉相对人，属于同一人民法院管辖的，可以合并审理。不属于同一人民法院管辖的，应当告知其向有管辖权的人民法院另行起诉；在代位权诉讼终结前，债务人对相对人的诉讼应当中止。

3.债权人代位权的行使范围，以债权人的到期债权为限，并受次债务人对债务人所负债务数额限制。具体而言：（1）如果债权人的债权为金钱债权，其行使代位权的范围以其债权数额为限，且不得超过次债务人对债务人所负债务数额；（2）如果债权人的债权为非金钱债权，其行使代位权的范围以其转化的金钱数额或者债务人不履行债务所生的违约损害赔偿金、违约金数额为限，且不得超过次债务人对债务人所负债务数额；（3）在必要范围内，债权人可以同时或顺位代位行使债务人的权利，对一项权利行使代位权已足以保全债权的，债权人不得代位行使债务人的其他权利。

4.行使代位权应协调好与仲裁协议的关系。依据《合同编通则解释》第36条，处理代位权行使与仲裁协议的关系，应遵循如下规则：第一，即使存在仲裁协议，债权人也可以通过诉讼程序行使代位权，人民法院也有权受理。第二，债务人的相对人在首次开庭前已申请仲裁的，可以依法中止代位权诉讼。这体现了对当事人私法自治的尊重，则应当尊重与保护当事人对纠纷解决方式的选择。同时，如果债务人的相对人已经提起仲裁，则表明债务人与其相对人之间的关系仍然处于不确定状态，此时，如果人民法院继续审理代位权诉讼，则可能使当事人之间的权利义务关系复杂化。

5.债权人行使代位权，应履行善良管理人的义务，因违反该项义务而给债务人造成损害的，应承担民事责任。债权人原则上不得处分债务人的权利（如免除债务、延缓履行期），擅自处分的，其行为无效。但其处分的行为可以使债务人的责任财产得到保全的，不在此限，如将不易保存的货物予以变卖处理。

（四）债权人代位权行使的效力

1.对于债务人的效力：（1）债权人向次债务人提起的代位权诉讼经人民法院审理后认定代位权成立的，由次债务人向债权人履行清偿义务，债权人与债务人之间相应的债权债务关系即归于消灭。（2）债务人对其债权等权利的处分权因代位权的行使而受到限制，即不得再为妨害代位权行使的处分行为。在债权人已着手行使代位权且通知债务人后，债务人即不得为抛弃、免除、让与或其他足以使代位权的行使受到妨害的行为，债务人违反此限制而擅自处分的，其处分无效。（3）债务人在代位权诉讼中对超过债权人代为请求数额的债权部分起诉次债务人的，人民法院应当告知其向有管辖权的人民法院另行起诉，受理债务人起诉的人民法院在代位权诉讼裁决发生效力以前，应当依法中止诉讼。（4）债权人提起代位权诉讼的，对债权人的债权和债务人的债权均发生诉讼时效中断的效力（包括未被行使代位权的债权部分）。（5）债权人行使代位权的必要费用，由债务人负担。所谓必要费用，包括律师代理费、旅差费等。

2.对相对人的效力：（1）次债务人等相对人在代位权诉讼中处于被告地位，可以向债权人主张自己对债务人的一切抗辩，如诉讼时效抗辩、同时履行抗辩等。但是，与债权人互负债务的次债务人不得在债权人行使代位权时主张对债权人的抗辩（如抵销抗辩）。依据《合同编通则解释》第41条，在代位权诉讼过程中，债务人不得无正当理由减免相对人的债务或者延长相对人的履行期限，否则，相对人无权以此对抗债权人的代位权。减免相对人的债务，既包括放弃全部债权，也包括部分债权。如果无正当理由减免相对人的债务或者延长相对人的履行期限，已经表明其旨在恶意阻止债权人行使代位权，相对人无权以此提出抗辩，对抗债权人的代位权。（2）人民法院认定代位权成立的，由次债务人等相对人向债权人履行清偿义务。次债务人等相对人向债权人履行清偿义务后，债务人与次债务人等相对人之间的权利义务在清偿范围内归于消灭。（3）在代位权诉讼中，债权人胜诉的，诉讼费用由次债务人等相对人负担，从实现的债权中优先支付。

3.对债权人的效力：（1）直接受偿效力。《民法典》第537条前句规定，人民法院认定债权人代位权成立的，由债务人的相对人向债权人履行义务，债权人接受履行后，债权人与债务人之间的债权债务在相对人清偿范围内归于消灭。据此，如人民法院认定债权人代位权成立，债务人的相对人应向债权人而非向债务人履行义务，若不履行，债权人有权申请强制执行。债权人接受债务人的相对人的履行后，其与债务人之间的债权债务即在相对人清偿范围内归于消灭，无须将所得财产移交债务人。可见，我国民法债权人代位权制度在次债务人履行效果的归属问题上采取了“直接受偿规则”，而不是“入库规则”（债权人行使代位权取得的财产应加入债务人的责任财产，再依债的清偿规则清偿），体现了对享有债权人代位权的债权人的特殊保护。（2）债权人代位权与相对人权利的保全、执行及债务人破产的关系。《民法典》第537条后句规定，债务人对相对人的债权或者与该债权有关的从权利被采取保全、执行措施，或者债务人破产的，依照相关法律规定办理。我国民法对债权人代位权行使的效果采取“直接受偿规则”，具有“先到先得”的效果，但提起代位权诉讼的债权人对债务人相对人财产并不享有优先受偿权，因此，在债务人对相对人的债权或者与该债权有关的从权利被采取保全、执行措施，或者债务人破产的情形下，应依照相关法律规定办理。例如，即使债权人已经提起代位权诉讼，其他债权人仍可以直接起诉债务人，并按照民事诉讼法的规定请求法院对债务人的债权等权利采取保全措施；其收到生效判决后，可以就债务人的债权等权利申请强制执行。在此情形下，若在代位权诉讼中胜诉的债权人也对该权利申请强制执行，其与直接起诉债务人的债权人应居于平等法律地位，按照有关强制执行的法律规定受偿。另如，根据《企业破产法》第32条的规定，人民法院受理破产申请前6个月内，债务人有本法第2条第1款规定的情形仍对个别债权人进行清偿的，管理人有权请求人民法院予以撤销；此项规定，也适用于人民法院受理破产申请前6个月内债权人通过行使代位权所接受的债务人相对人的清偿。

三、债权人撤销权

(一)债权人撤销权的概念

债权人撤销权也称废罢诉权，是指债权人对债务人与他人实施的影响其债权实现的行为(诈害行为)，可通过诉讼程序予以撤销的权利。债权人撤销权与债权人代位权一样，突破了债的相对性原则以保全债权，体现了债的对外效力。

关于债权人撤销权的性质，可从以下几个方面理解：(1)债权人撤销权是实体法上的权利。虽然我国法律规定债权人撤销权须通过诉讼方式行使，但其行使效果是当事人之间实体权利义务关系的变动，故属于实体法上的权利。(2)债权人撤销权是从权利，与债权人代位权一样，债权人撤销权是债权对外效力的体现，与所属债权形成从权利与主权利的关系，因此应与债权同其命运，不得单独处分。(3)债权人撤销权属于形成权。撤销权的行使具有否认债务人与第三人的民事法律行为(诈害行为)效力的效果，符合形成权的基本特征。

债权人撤销权与债权人代位权均为债权对外效力的体现，其目的在于防止债务人责任财产的不当减少，保障债权的实现。二者的区别在于：(1)作用对象不同。债权人撤销权针对的是债务人妨害债权的积极行为，债权人代位权针对的是债务人妨害债权的消极行为。(2)成立要件不同。债权人撤销权不要求其债权已到期，债权人代位权则以债权到期为成立要件。(3)法律后果不同。债权人能否通过行使撤销权获得直接清偿，应当视其债权是否到期及债务人处分行为的标的而定，债权人代位权的行使则可以使债权人直接获得清偿。

债权人撤销权不同于可撤销合同的撤销权。虽然二者均具有形成权的属性，且须通过诉讼或仲裁方式行使，但二者存在以下区别：(1)制度功能不同。债权人撤销权作为债的保全制度旨在保障债权的实现，属于合同履行范畴；可撤销合同的撤销权则属于合同效力范畴。(2)权利主体不同。债权人撤销权的主体是债权人，可撤销合同的撤销权主体是作出不真实意思表示的当事人。(3)撤销对象不同。债权人撤销权撤销的是债务人与他人实施的民事法律行为，可撤销合同的撤销权所欲撤销的是自己与他人实施的民事法律行为。(4)权利存续期限不同。债权人撤销权适用《民法典》合同编规定的特别除斥期间，可撤销合同的撤销权适用《民法典》总则编规定的可撤销民事法律行为除斥期间。

(二)债权人撤销权的成立要件

1.债权人对债务人享有债权且成立于债务人实施诈害行为前

(1)债权人对债务人享有债权是债权人撤销权成立的前提条件。债权人的此项债权一般应是金钱债权或可转化为金钱债权的债权。劳务债权和不作为债权的债权人原则上不得主张债权人撤销权，但因债务人违约转化为损害赔偿请求权的，债权人可基于其损害赔偿请求权主张债权人撤销权。债权人对债务人的债权是否到期、具体数额是否确定，均不影响债权人撤销权的成立。对于有担保的债权，如系抵押等物的担保，即使债务人的诈害行为导致其责任财产减少，如果担保物的价值足以清偿债务，也不影响债权的实现，故债权人不得主张撤销权；如系保证担保，因其仅具有债权效力，故债权人对于债务人的诈害行为仍可行使撤销权；对连带责任保证人的诈害行为，也可成立债权人撤销权。附生效条件的债权在条件成就前，不宜承认债权人享有撤销权；附解除条件的债权在条件成就前，债权人可对债务人的诈害行为主张撤销权。附期限的债权，无论是始期还是终期，期限到来之前债权人均可对债务人的诈害行为行主张撤销权。

（2）债权人对债务人享有的债权必须成立于债务人实施诈害行为前。债权人撤销权的目的是防止债务人通过诈害行为使其责任财产不当减少，其责任财产状况应以合同成立时为对照标准，对于合同成立前债务人的财产处分行为，即使该行为导致其责任减少，债权人也无权干预，不得主张撤销权。

2.债务人实施了诈害行为

所谓诈害行为，即影响债权人的债权实现的处分行为。《民法典》第538条、第539条规定，对债务人的诈害行为应从行为和后果两个方面予以认定。

（1）债务人实施了财产处分行为。其一，以放弃其债权、放弃债权担保、无偿转让财产等方式处分财产利益。无论是放弃到期债权还是放弃未到期债权，均导致债务人责任财产减少。放弃债权担保是指放弃已生效的债权担保，包括放弃抵押权、质权、保证债权等，此类行为使作为债务人责任财产的债权效力减低从而增加了不能受偿的风险。无偿转让财产的行为，包括赠与、遗赠、无息借款等行为。其二，延长其到期债权的履行期限。该行为使次债务人不必现实履行债务，债务人可供执行的责任财产非正常减少。其三，以明显不合理的低价转让财产或者以明显不合理的高价受让他人财产或者为他人的债务提供担保。《合同编通则解释》第42条确定了明显不合理的低价或者高价的标准，对于“明显不合理的低价或者高价”，人民法院应当以交易当地一般经营者的判断，并参考交易当时交易地的物价部门指导价或者市场交易价，结合其他相关因素综合考虑予以认定。转让价格达不到交易时交易地的指导价或者市场交易价70%的，一般可以视为明显不合理的低价；对转让价格高于当地指导价或者市场交易价30%的，一般可以视为明显不合理的高价。但如果相对人之间存在亲属关系、关联关系的，则不受上述限制。其四，为他人债务提供担保。该行为使债务人的责任财产面临非正常减少的风险，对债权人的债权实现构成危害。其五，其他以明显不合理的价格处分财产的行为。《合同编通则解释》第43条规定：“债务人以明显不合理的价格，实施互易财产、以物抵债、出租或者承租财产、知识产权许可使用等行为，影响债权人的债权实现，债务人的相对人知道或者应当知道该情形，债权人请求撤销债务人的行为的，人民法院应当依据民法典第五百三十九条的规定予以支持。”依据该规定，此处处分财产的行为不限于买卖，也包括互易财产、以物抵债、出租或者承租财产、知识产权许可使用等行为。

（2）债务人的处分行为影响债权人债权的实现（有害于债权）。所谓影响债权人债权的实现，是指债务人的处分行为导致债务人责任财产减少，而使债权人的债权无法得到满足。对于是否影响债权人债权的实现，一般认为应采取“债务人无资力说”，具体以“债务超过”为判断标准，即如果债务人的处分行为导致其不具有足够财产清偿对债权人所负债务，即可认定该行为影响债权人债权的实现。对于债务人清偿到期债务及获取正常对价的买卖、互易等行为，因其并未导致债务人责任财产的减少，故不能认定该行为有害于债权。即使债务人因实施了上述处分行为导致其责任财产减少，若其对债权人仍具有清偿能力，也不能认定该行为有害于债权。债权人于行为时虽有危害债权的故意，但事实上并未对债权造成危害的，也不发生撤销权。债务人是否陷入资力不足而不能履行或履行困难，致使自己债权的实现受到影响，应由主张撤销权的债权人负举证责任。

3.主观要件

主观要件，指债务人实施影响债权实现的处分行为时债务人和相对人的主观意识状态，分为善意与恶意。对此，《民法典》第538条、第539条区分不同情形作了规定。

其一，债务人无偿处分财产权益的，无论债务人、相对人是否存在恶意，均不影响债权人撤销权的成立。债务人为无偿行为而影响债权实现时，只需具备客观要件，债权人即可请求法院予以撤销。因为对无偿行为的撤销，仅使受益人丧失无偿取得的利益，并未损害其固有利益，因而法律侧重保护债权人的利益，无论双方善意还是恶意，均成立撤销权。

其二，债务人延长其到期债权的履行期限而影响债权实现的，仅在该行为出于债务人恶意时，债权人方可主张撤销权。延长到期债权履行期限对债权人而言并非无偿处分，于相对人也不是纯获利益，故法律要求只有债务人恶意为之，即债务人明知该行为影响他人债权的实现而故意为之，债权人才能请求撤销该行为。至于相对人是否须为善意，法律未作要求。

其三，债务人为有偿处分行为或为他人债务提供担保影响债权实现的，须相对人为恶意。对于债务人的有偿处分和对外担保行为，需兼顾债权人与相对人的利益，对善意相对人予以保护，故对于债务人以明显不合理的低价转让财产、以明显不合理的高价受让他人财产或者为他人的债务提供担保的，只有相对人知道或应当知道该情形，债权人才能请求撤销该行为。若相对人为善意，即不知道且不应当知道该情形（指上述处分行为减损债务人的履行能力从而影响他人债权的实现），则债权人不得主张撤销权。至于相对人是否明知债务人具有危害债权的恶意，应在所不问。相对人的恶意，应由债权人承担举证责任。

（三）债权人撤销权的行使

依《民法典》第538～541条的规定及相关司法解释，债权人撤销权的行使须遵从以下规则。

1.债权人撤销权由债权人以自己的名义通过诉讼方式行使。由于债权人撤销权关系到第三人的利益，因此，应由法院审查债权人撤销权的各项成立要件，以避免债权人撤销权的滥用。

2.在债权为连带债权的情况下，各债权人可作为共同原告主张债权人撤销权，也可以由其中的一个债权人作为原告主张债权人撤销权。但在后一种情况下，其他共同债权人不得再就该撤销权的行使提起诉讼。

3.债权人提起撤销权诉讼的，应当以债务人和债务人的相对人为共同被告，由债务人或者相对人的住所地人民法院管辖，但是依法应当适用专属管辖规定的除外。两个以上债权人就债务人的同一行为提起撤销权诉讼的，人民法院可以合并审理。

4.债权人撤销权的行使，在行使范围上应以债权人的债权（价额）为限，其请求撤销的数额原则上不应当大于其债权数额。在债务人实施了多个不当处分财产的行为时，债权人应当在其债权数额范围内行使撤销权。撤销的范围原则上应仅及于债权保全的范围，对债务人不当处分财产的行为超出债权保全必要的部分，不应发生撤销的效力。依据《合同编通则解释》第45条第1款的规定，如果标的可分，债权人应当在受影响的债权范围内行使撤销权，对债务人的行为请求撤销。一般的种类物、金钱为债权标的的，其标的通常是可分的，依据上述规定，在标的可分的情形下，债权人只能在债权保全的范围内行使撤销权，而不得在该范围之外行使撤销权。如果标的不可分，债权人可以主张撤销债务人的全部处分行为。

5.债权人撤销权应自债权人知道或者应当知道撤销事由之日起1年内行使；自债务人的行为发生之日起5年内没有行使撤销权的，该撤销权消灭。债权人撤销权的行使期间属于除斥期间，不适用诉讼时效的中止、中断和延长规则。

（四）债权人撤销权行使的效力

1.对债务人和相对人的效力。（1）被撤销行为自始无效。《民法典》第542条规定，债务人影响债权人的债权实现的行为被依法撤销后，自始不具有法律约束力。据此，债权人撤销权的行使具有溯及力，债务人的处分行为被依法撤销后，债务人尚未给付的，不得向相对人给付，相对人也不得请求给付；相对人已受领债务人财产的，负有返还的义务，原物不能返还的，应折价予以赔偿。相对人已向债务人支付对价的，对债务人享有不当得利返还请求权。债务人为他人提供担保行为被撤销后，债务人不再承担担保责任；债务人已承担担保责任的，担保权人应负返还义务。（2）债权人行使撤销权的必要费用，由债务人负担。依据《合同编通则解释》第45条第2款，债权人行使撤销权所支付的合理的律师代理费、差旅费等费用，可以认定为“必要费用”。

为强化对行使撤销权的债权人的保护，《合同编通则解释》第46条在《民法典》第542条规定的行使撤销权效果的基础上，增加了撤销权行使的三重效果：一是债权人可请求恢复原状和履行到期债务。债权人可以在撤销权诉讼中请求相对人向债务人返还财产、折价补偿。相应地，相对人有返还财产的义务，因此，法院在撤销权诉讼中，应当依据债权人的请求，在依法宣告撤销之后，进一步明确相对人负有此种义务。二是债权人可向相对人申请强制执行以获得债权的清偿。依据《合同编通则解释》第46条第3款规定，债权人依据其与债务人的诉讼、撤销权诉讼产生的生效法律文书申请强制执行的，人民法院可以就债务人对相对人享有的权利采取强制执行措施以实现债权人的债权。这就采取了“撤销权+强制执行说”的做法，从而以债权人与债务人诉讼和撤销权诉讼中的给付内容的强制执行，为债权人获得清偿提供保障。三是债权人可在撤销权诉讼中申请保全。依据《合同编通则解释》第46条第3款规定，债权人可以在撤销权诉讼中申请保全相对人的财产，这就可以起到进一步保护撤销权人的作用，有效防止行使撤销权的债权人获得清偿的目的落空。

2.对债权人的效力。债权人提起撤销权诉讼的，对其债权发生诉讼时效中断的效力。撤销权诉讼对于债权人而言发生形成之诉的直接效果，即导致债务人与受益人之间的民事法律行为无效。关于债权人撤销权诉讼所产生的给付之诉的效果，即债权人能否直接受领相对人的给付（利益返还）以实现债权清偿，《民法典》未作规定。一般认为，对此原则上应适用“入库规则”，但为了限制债务人不当受领或者再作处分，可由行使撤销权的债权人代为受领，债权人虽不享有优先受偿权，但其相应债权可先行得到清偿。

第二节　合同的担保

一、合同担保概述

（一）合同担保的概念

合同的担保，是指为确保合同债权得到清偿而设立的法律措施。

合同的担保有一般担保与特别担保之分。所谓一般担保，是指债务人以其全部财产（责任财产）作为履行债务的总担保。此种担保在保障债权实现方面有明显弱点，即在债务人没有责任财产或责任财产不足的情况下，债权人的债权便全部不能或不能全部实现。所谓特别担保，即通常所言之担保，是指当事人专门设立的或法律规定的以第三人的一般财产或债务人、第三人的特定财产作为债务人履行债务的担保，包括人的担保、物的担保和金钱担保。

（二）合同担保的种类

1.人的担保。人的担保，是指在债务人的财产之外，又附加第三人的一般财产作为债权实现的担保。保证是人的担保的典型。

2.物的担保。物的担保，是以债务人或第三人的特定财产作为债权实现的担保，在债务人不履行其债务时，债权人可以就该财产价值优先受偿的制度，主要有抵押、质押、留置等。广义的物的担保还包括非典型担保，即法定担保物权之外的物的担保（或权利担保）。根据《民法典》合同编的相关规定，下列合同中的标的物（或债权）具有担保功能：（1）所有权保留。所有权保留，是指买卖合同中，标的物的所有权不因交付而转移，而是随着买受人付清全部价款而转移，买受人违约则出卖人有权取回标的物，以此促使买受人依约支付价款，保障出卖人获得全部价款的制度（《民法典》第641～643条）。（2）融资租赁物所有权担保。在融资租赁合同中，出租人对租赁物享有所有权，该所有权对其租金债权具有担保功能（《民法典》第745条）。（3）保理人对应收账款的优先权。多重保理中，按照是否登记与登记时间先后确定各保理人之间的取得应收账款的顺序（《民法典》第768条）。

3.金钱担保。金钱担保，是债务人在约定给付以外向债权人交付一定数额的金钱，该金钱的返还与丧失同债务履行相联系，从而促使其积极履行债务，保障债权实现的制度。其主要方式有定金、押金。

上述担保类型中，物的担保可参见本书抵押权、质权、留置权及买卖合同、融资租赁合同、保理合同的相关内容，保证担保可参见保证合同的相关内容，本节仅讨论定金担保。

二、定金

（一）定金的概念和种类

定金，是指根据合同当事人约定，为担保双方履行合同义务，由当事人一方在合同订立时或订立后、履行前，按合同标的额的一定比例交付对方当事人的金钱或其他代替物。定金具有如下特征：

1.定金属于金钱担保，即通过一方当事人向对方当事人交付一定数量的金钱或其他代替物，合同履行与否与该金钱或其他代替物的得失相关联，使当事人心理产生压力从而积极履行合同义务，以发挥担保作用。

2.定金是一种从合同。一方面，定金的交付，在当事人之间产生定金合同关系，该合同是当事人设立定金时所达成的协议。另一方面，定金是一种从合同，其特点在于它必须以主合同的成立和生效为前提条件，主合同无效或被撤销时，定金合同也将随之无效。

3.定金合同是实践合同，应以定金的实际交付作为成立条件（《民法典》第586条）。即使当事人就定金的设立达成了协议，但如果没有实际交付定金，定金合同也不能成立。由于定金合同是实践合同，因此在一方当事人不交付定金时，当事人不得请求法院强制另一方依据定金合同履行交付定金的义务。

4.定金具有担保合同债务的履行和违约责任形式的双重功能。一方面，当事人预先设立定金可以督促双方自觉履行合同。另一方面，定金既可以作为担保方式，也可以作为违约责任方式进行使用。

5.定金具有双向担保功能（成约定金除外）。在定金担保（违约定金）中，无论是给付定金方还是接受定金方违约，都将受到定金罚则的“处罚”，因此定金对合同当事人双方都有制约作用。

实践中应注意将定金与其他形式的金钱担保加以区别。当事人交付留置金、担保金、保证金、订约金、押金或者订金等，但没有约定定金性质的，当事人主张定金权利的，人民法院不予支持。

《合同编通则解释》规定了以下几种定金：

一是立约定金。它是指当事人为保证以后正式订立合同而专门交付的定金。立约定金不是合同成立的要件，也不是为了证明合同的成立而产生的，而只是为了保证当事人在未来订立合同。《合同编通则解释》第67条第2款规定：“当事人约定以交付定金作为订立合同的担保，一方拒绝订立合同或者在磋商订立合同时违背诚信原则导致未能订立合同，对方主张适用民法典第五百八十七条规定的定金罚则的，人民法院应予支持。”对立约定金而言，如果交付定金的一方拒绝订立合同，无法请求返还定金；如果收受定金的一方拒绝订立合同，则应当双倍返还定金。

二是成约定金。它是指以交付定金作为合同成立或者生效条件的定金，也就是说，合同是否成立或者生效完全取决于定金是否交付，如果一方当事人不交付定金，则主合同不能成立。《合同编通则解释》第67条第3款规定：“当事人约定以交付定金作为合同成立或者生效条件，应当交付定金的一方未交付定金，但是合同主要义务已经履行完毕并为对方所接受的，人民法院应当认定合同在对方接受履行时已经成立或者生效。”成约定金的效力主要体现为，在当事人约定成约定金的情形下，成约定金的交付将成为合同的成立条件或者生效条件。

三是解约定金。它是指当事人为保留单方解除主合同的权利而交付的定金。一方在交付解约定金以后，可以放弃定金而解除合同，而接受定金的一方如果愿意加倍退还定金也可以解除合同。《合同编通则解释》第67条第4款规定："当事人约定定金性质为解约定金，交付定金的一方主张以丧失定金为代价解除合同的，或者收受定金的一方主张以双倍返还定金为代价解除合同的，人民法院应予支持。"解约定金必须要由当事人在合同中特别约定，交付定金的一方要解除合同，将要丧失定金；而接受定金一方要解除合同，则必须双倍返还定金。

四是违约定金。它是指在接受定金以后，一方当事人不履行主合同，应按照定金罚则予以制裁。违约定金针对违约行为而设定，设立的目的主要是防止一方违约，督促双方履行。同时，违约定金必须适用定金罚则。这就是说，在当事人设定违约定金以后，如果债务人履行了债务，定金应当抵作价款或者收回。给付定金的一方不履行约定的债务的，无权要求返还定金；收受定金的一方不履行约定的债务的，应当双倍返还定金。违约定金是定金的一般形态。一般来说，如果当事人在合同中没有特别指明定金的类型，则应当认为当事人约定的定金为违约定金。

（二）定金的成立

定金合同自定金交付时起生效，定金担保也自此成立。关于定金交付的时间，立约定金应于合同成立前交付，成约定金应于合同订立时交付，违约定金和解约定金既可以在主合同成立同时交付，也可以在主合同成立后、履行前交付。

定金的数额由当事人约定，但不得超过主合同标的额的20%，超过部分人民法院不予保护。实际交付的定金数额多于或者少于约定数额，视为变更定金合同。收受定金一方提出异议并拒绝接受定金的，定金合同不生效。

定金合同是从合同，其成立和有效以主合同的成立和有效为前提。主合同无效或被撤销时，定金合同不发生效力，主合同因解除或其他原因消灭时，定金合同也消灭。

【本章主要法律规定】

1.《民法典》第535～542条、第586～588条

2.最高人民法院《关于适用〈中华人民共和国民法典〉合同编通则若干问题的解释》第33～46条

第十六章 合同的变更、转让和权利义务终止

本章主要内容提示

1.合同的变更是指合同内容的局部变更，包括协议变更和裁判变更。合同变更不同于合同更改。

2.合同的转让包括债权转让、债务转移和债的概括承受。债权让与以"通知债务人"为对债务人生效的条件，债务承担中以债权人同意为有效要件。债务转移与债务加入具有不同法律效力。债的概括承受主要发生于合同承受和企业合并情形。

3.代为清偿须符合一定条件，在第三人与债权人、债务人间发生一定法律后果。

4.合同的解除包括法定解除与约定解除，法定解除必须具备法律规定的特定事由并采取适当的解除方式。合同解除权因未在法定或约定的除斥期间内行使而消灭。

5.合同解除发生合同终止的法律效果，并根据合同的性质不同而确定合同解除有无溯及力。合同解除不影响当事人的违约责任。

6.法定抵销须满足"双方债务标的物种类、品质相同且均已到期"的要件，合意抵销则无此要求。

7.提存应符合"难以履行债务"的法定事由，采取适当方式。提存在债务人与债权人之间、提存人与提存部门之间以及债权人与提存部门之间发生一定法律效力。

第一节　合同的变更

一、合同变更的概念

合同变更有广义、狭义之分。广义的合同变更包括合同主体和合同内容的变更，前者指合同债权或债务的移转，即由新的债权人或债务人替代原债权人或债务人，合同内容并无变化；后者指合同内容即当事人权利义务的变化。狭义的合同变更指合同内容的变更。从《民法典》第543条、第544条的规定看，合同的变更仅指合同内容的变更。合同主体的变更，可基于法律行为发生，也可基于法律规定发生，前者即为合同转让，包括合同债权转让和合同债务转移。

合同变更不同于合同更改。合同更改也称合同更新，是指当事人对合同要素内容，导致原合同关系消灭并使新合同关系成立，更改前与更改后的合同关系不具有同一性。合同更改主要表现为合同性质的更改（如租赁转为买卖）、

当事人的更改（如债务人更改）、标的物更改等。合同变更与合同更改的区别在于：（1）性质不同。合同变更不导致合同丧失同一性，合同更改则相反。（2）变化内容不同。合同变更为合同非要素内容的变化，合同更改则包括合同要素内容和合同主体的变化。（3）发生原因不同。合同变更的原因可以是当事人合意，也可能是司法机关裁决，合同更改仅因当事人合意而发生。（4）法律效果不同。合同变更后原合同的基础利益及其附属利益（如保证关系）仍然存在，合同更改则使原合同的基础利益及其附属利益归于消灭。

二、合同变更的条件

1.存在有效的合同关系。合同的变更，是改变原合同关系，无原合同关系便无变更的对象，所以，合同变更以原已存在合同关系为前提。同时，原合同关系应系合法有效，如合同无效、合同被撤销、追认权人拒绝追认效力未定的合同，也无合同变更的适用。效力未定合同在被追认之前当事人可以协议变更，但变更后仍属效力待定；在追认权人追认之后如果协议变更，原则上仍须经追认权人追认才能发生变更的效果。

2.合同内容发生局部变化。合同内容的变化主要包括：（1）标的物质量、数量变更；（2）合同价款或者报酬的变更；（3）合同履行条件的变更，如履行期限变更、履行地点变更、履行方式变更等；（4）合同所附条件或期限的增添或除去；（5）单纯债权变为选择债权；（6）合同担保的设定或取消；（7）违约责任的变更；（8）争议解决方法的变更。

3.经当事人协商一致，或根据司法裁判变更。（1）协议变更。《民法典》第543条规定，当事人协商一致，可以变更合同。协议变更一般要求当事人之间的存在明确的变更合意，《民法典》第544条规定，当事人对合同变更的内容约定不明确的，视为未变更。（2）裁判变更。特殊情形下，合同可能基于司法裁判而变更，如《民法典》第533条规定，当发生情势变更时，当事人可以请求人民法院或者仲裁机构变更或者解除合同。

4.法律、行政法规规定变更合同应当办理批准、登记等手续的，应遵守其规定。《民法典》第502条第3款规定，依照法律、行政法规的规定，合同的变更、转让、解除等情形应当办埋批准等手续的，适用前款规定。此外，法律规定某些合同的变更须采取特殊形式的，应遵从其规定，如《保险法》第20条第2款规定："变更保险合同的，应当由保险人在保险单或者其他保险凭证上批注或者附贴批单，或者由投保人和保险人订立变更的书面协议。"

三、合同变更的效力

1.合同变更的一般效力。合同变更后，被变更的部分内容丧失法律约束力，与之相关的权利义务归于消灭；未变更的部分仍具有法律约束力，该部分包含的给付义务、附随义务及相关抗辩权原则上仍可主张。总之，当事人应当依据变更后的合同内容行使权利和履行义务。

2.合同变更对担保关系的影响。合同变更并不当然导致担保关系消灭，应结合担保类型、担保范围、担保人意愿等因素认定合同变更对担保关系的影响。例如，对于保证担保而言，如果合同变更取得了保证人的书面同意，保证人对变更后的合同义务仍承担保证责任；如果未取得保证人书面同意，则保证人对因合同变更而加重的合同义务不承担保证责任。

第二节　合同的转让

一、债权转让

（一）债权转让的概念

债权转让也称债权让与，是指不改变债的关系的内容，债权人将其债权移转于第三人的法律行为。其中的债权人称为转让人，第三人称为受让人。债权转让具有如下特征。

1.债权转让的主体是债权人与第三人，债务人不是债权转让的当事人。

2.债权转让仅导致债权人发生变化，债的内容和债务人均保持不变。

3.债权的转让既可以是债权的全部转让，也可以是债权的部分转让。在债权全部转让时，受让人将完全取代转让人的地位而成为合同当事人，原合同关系消灭；在债权部分转让的情况下，受让人作为第三人加入原合同关系中与原债权人共同享有债权。

债权转让属于债权移转的情形之一。除债权转让外，债权发生移转的情形还包括：(1)基于法律规定的债权移转，如继承、保险代位权；(2)基于裁判的债权移转，如根据法院的收取命令将被执行人的债权移转给执行申请人；(3)基于单方法律行为的债权移转，如遗赠。

(二)债权转让的要件

债权转让应具备以下条件：

1.须存在有效的债权。有效债权的存在，是债权让与的前提条件。以不存在或者无效的“债权”让与他人，或者以已经消灭的债权让与他人，都将因标的不存在或者标的不能而导致债权让与无效，让与人对受让人因此而产生的损失，应负赔偿责任。

2.被让与的债权具有可让与性。由于债权让与本质上是一种交易行为，从鼓励交易、增加社会财富的角度出发，应当允许绝大多数债权能够被转让，只要不违反法律的强制性规定和公序良俗。依据《民法典》第545条第1款的规定，以下三类债权不得转让。

(1)根据债权性质不得转让的债权。根据其性质不得让与的债权主要包括如下几种：一是基于个人信任关系而发生的债权，如合伙、雇佣、委托、租赁等合同所生的债权；二是以特定身份为基础的债权，如基于婚姻关系、亲属关系、劳动关系发生的债权；三是专为特定债权人利益而存在的债权，如向特定人讲授外语的合同债权；四是不作为义务债权，如针对竞业禁止义务、保密义务的债权；五是交互计算债权，即经常相互交易的第三人约定以其相互交易所产生的债权债务进行定期计算、相互抵销而仅支付差额的债权，当事人原则上不得将列入交互计算的债权债务排除于计算之外，包括债权转让；六是属于从权利的债权，如保证债权不得单独让与。但从权利可与主权利分离而单独存在的，可以转让，如已经产生的利息债权可以与本金债权相分离而单独让与。

(2)按照当事人的约定不得转让的债权。当事人在合同中可以特别约定禁止相对方转让债权，该约定同其他条款一样，作为合同的内容具有法律效力，因而此种债权不具有可让与性。但根据《民法典》第545条第2款的规定，当事人约定非金钱债权不得转让的，不得对抗善意第三人。当事人约定金钱债权不得转让的，不得对抗第三人。该条规定区分了金钱债权转让和非金钱债权转让，两者的区别主要表现在：首先，对金钱债权而言，由于金钱债权并不具有人身属性，所以法律鼓励金钱债权的转让。而非金钱债权可能具有人身属性，法律对其转让具有一定的限制。其次，就当事人的特别约定而言，当事人约定非金钱债权不得转让的不得对抗善意第三人。如果第三人知道或者应当知道当事人存在此种约定的，该约定可以对抗第三人，如果第三人不知道的，不得对抗第三人。但对金钱债权而言，无论第三人是否知道当事人之间的此种约定，该约定都不得对抗第三人。因此，即便第三人知道了当事人之间有禁止债权让与的约定，该约定也不能对第三人生效。但在当事人约定债权不得转让的情形下债权人仍转让债权的，债权人与受让人之间的债权让与合同的效力不受禁止转让约定的影响。

(3)依照法律规定不得转让的债权。《民法典》合同编没有具体规定何种债权禁止让与，其他制度或其他法律中如有禁止债权让与的规定，应从其规定。例如，《保险法》第34条第2款规定，按照以死亡为给付保险金条件的合同所签发的保险单，未经被保险人书面同意的不得转让。

3.让与人与受让人就债权转让达成有效转让协议。债权转让是双方法律行为，应符合民事法律行为的有效要件。其一，让与人和受让人在缔约时均须具有相应的缔约能力。就自然人之间的债权转让而言，原则上让与人应具有完全民事行为能力，但受让人在纯获利益的情形下则无须具有完全民事行为能力。让与人或者受让人是法人或非法人组织的，依据法律对相关债权转让是否有特殊资质要求判断其是否具有相应的民事行为能力。其二，让与人和受让人就债权转让达成合意且意思表示真实。因一方当事人欺诈、胁迫致使对方当事人陷于意思表示不真实而为债权转让时，债权转让合同为可撤销合同，让与人可以行使撤销权。其三，转让合同内容合法。转让合同如果存在违反法律规定、违背公序良俗等合同无效事由，也不能发生债权转让的效果。

债权转让为处分行为，故要求让与人应有让与债权的权限，否则不发生债权转让的法律效果。但在让与人无权处分而受让人善意受让的情况下，受让人可准用善意取得规则取得目标债权。

债权转让合同为不要式合同，但法律对债权让与形式有特别规定或者当事人有特别约定的，应依法律的规定或者当事人的约定。对于已经作成债权证书债权的让与，交付债权证书仅为让与人的附随义务，而不是债权让与的成立或生效要件。

4.债权转让须通知债务人。《民法典》第546条第1款规定，债权人转让债权，未通知债务人的，该转让对债务人不发生效力。该条规定意味着，债权人转让债权时，只需将转让债权的情况及时通知债务人，而不必征得债务人的同意。一旦通知到达债务人，债权转让发生效力。未经通知，该债权转让对债务人不发生效力，债务人仍然可以向原债权人履行义务，据此，是否通知债务人仅对债务人产生效力，而不影响债权转让合同的效力。关于通知的形式，《民法典》未作规定，因此可以采取口头形式或书面形式，但法律、行政法规有特别规定的，应当遵照其规定。债权转让的通知不得撤销，但是经受让人同意的除外。

依据《合同编通则解释》第48条第1款的规定，在债务人接到债权转让通知前已经向让与人履行了债务，其债务也因此消灭，此时，受让人也无权再请求债务人履行债务。当然，在债务人已经接到债权转让的通知后，其仍然向让与人履行债务的，则无法产生消灭自身债务的效力，受让人仍然可以请求其履行债务。依据《合同编通则解释》第49条第1款的规定，债务人接到债权转让通知后，让与人以债权转让合同不成立、无效、被撤销或者确定不发生效力为由请求债务人向其履行的，人民法院不予支持，但该债权转让通知被依法撤销的除外。可见，在我国民法中，通知具有保护债务人的作用。

依据《合同编通则解释》第48条第2款的规定，让与人未通知债务人，受让人直接起诉债务人请求履行债务，人民法院经审理确认债权转让事实的，应当认定债权转让自起诉状副本送达时对债务人发生效力。

5.需依法办理有关手续。如果法律、行政法规规定转让债权应当办理批准、登记等手续的，则债权人在转让债权时应当办理相应的手续。

（三）债权转让的效力

债权转让的效力，即债权转让在让与人、受让人和债务人之间发生的法律效果。其中，债权转让在让与人和受让人之间的效力，称为债权转让的内部效力；债权让与对债务人的效力，称为债权转让的外部效力。

1.债权转让的内部效力

（1）法律地位的取代。债权转让生效后，在债权全部转让时，该债权即由原债权人（让与人）移转于受让人，让与人丧失债权，受让人成为合同关系的新债权人。但在债权部分让与时，让与人和受让人共同享有债权。依据《合同编通则解释》第49条第2款的规定，受让人基于债务人对债权真实存在的确认受让债权后，债务人又以该债权不存在为由拒绝向受让人履行的，人民法院不予支持。但是，受让人知道或者应当知道该债权不存在的除外。

（2）从权利的移转。根据《民法典》第547条第1款的规定，债权人转让债权的，受让人取得与债权有关的从权利，但该从权利专属于债权人自身的除外。随同债权转让而一并移转的从权利，主要包括以下类型：一是担保权。为担保债权而设立的抵押权、质权、留置权、保证债权、定金债权、优先权（如职工工资的优先受偿权）等均随债权转让而转移。在此情形下，受让人取得从权利不因该从权利未履行转移登记手续（如抵押权）或者未转移占有（如质权、留置权）而受到影响。二是形成权，包括使债权实现的形成权（如选择权、催告权）和使债权归于消灭的形成权（如撤销权、解除权）。但在可撤销合同中，如果撤销权人明知存在撤销事由而不行使撤销权并将其债权转让给他人，则构成《民法典》第152条第1款所称“以自己的行为放弃撤销权”。三是利息债权、射幸孳息债权。尚未到期的利益债权，因其不具有独立性而只能与本债权一并转移；已到期的利息债权是否随本债权转移，则由当事人约定。中奖利益请求权等射幸孳息债权，除当事人另有约定外也应随本债权转移。四是违约金债权和损害赔偿请求权。此类权利的基本功能是为债权人提供违约救济，故原则上应与债权一并转让（当事人另有约定的除外）。依据法律规定或者当事人约定只能由原债权人享有的从权利，不得随主债权一并转移。例如，保证合同约定仅为特定债权人提供担保的情形。

（3）让与人的从给付义务。让与人应将债权证明文件全部交付给受让人，并告知受让人行使债权所必要的相关情况。对此《民法典》合同编虽然未作规定，但根据诚实信用原则，该义务属于让与人的从给付义务。其中有关的债权证明文件包括债务人出具的借据、票据、合同书、来往函件等。应告知受让人主张债权的必要信息，一般指债务的履行期、履行地、履行方式、债务人的住所、债权担保的方式等。让与人占有的债权担保物，也应移交受让人占有。

（4）让与人的瑕疵担保责任。债权让与中让与人对标的债权是否负有瑕疵担保责任，《民法典》未设明文。依各国立法通例，让与人对标的债权负有与买卖合同相似的瑕疵担保责任，其瑕疵范围包括订立债权转让合同时债权上附有第三人的权利或利益、存在债务人根据法律规定或者与让与人的约定可针对债权提出的抗辩、存在公法上的限制等。若标的债权实际并不存在（未发生或已消灭），则属于债权转让合同效力问题。

（5）债权多重让与情形下债权的归属。所谓债权的多重让与，是指债权人将同一债权转让给多个受让人。依据《合同编通则解释》第50条第1款的规定，在债权多重让与的情形下，应当依据如下规则确定债权的归属：一是让与人将同一债权转让给两个以上受让人，债务人如果已经向最先通知的受让人作出了履行，则该履行行为有效，如果其他受让人要求债务人向其作出履行时，则债务人有权予以拒绝。二是债务人明知接受履行的受让人不是最先通知的受让人，而仍然向接受履行的受让人作出履行的，则最先通知的受让人有权请求债务人继续履行债务或者依据债权转让协议请求让与人承担违约责任。三是最先通知的受让人无权请求接受履行的受让人返还其接受的财产。由于债权让与并不需要进行公示，债权让与的通知同样无须公示，因此，某一受让人在作出债权让与的通知后，其对是否有其他在先的债权让与通知并不知情，在此情形下，其接受债务人作出的履行应当受到法律保护，最先通知的受让人也无权请求其返还相关的财产。四是接受履行的受让人明知该债权在其受让前已经转让给其他受让人的，则最先通知的受让人有权请求其返还。

（6）费用的负担。因债权转让增加的履行费用，由让与人负担。当事人另有约定者，依其约定。因债权让与导致合同履行费用增加的，债务人应对增加的事实及金额负举证责任。

2.债权转让的外部效力

（1）让与通知。《民法典》第546条规定，债权人转让债权，未通知债务人的，该转让对债务人不发生效力。据此，债权转让在外部效力上适用“通知生效”规则，即如果债权转让未通知债务人，该转让仅对转让人和受让人发生效力，对债务人不具有法律约束力。债权转让的通知应由债权人（本人及其辅助人、代理人）发出，但受让人若提供已取得债权的证据，也可成为适格的通知人。通知的对象为债务人（本人及其辅助人、代理人)，在债务人为多数人的情形下，应通知全体债务人。债权转让的通知可以采取书面形式，也可采取口头形式，其性质为事实通知，自到达债务人时生效(实务上也认可让与人和受让人以登报方式通知债务人及担保人的做法)。让与通知应在债权转让合同订立后及时发出，但其是否及时发出仅对转让人和受让人利益产生影响。

(2)债务的履行。债务人收到债权转让的通知后，债权转让即对其发生效力，债务人应当以受让人为债权人履行债务，其对让与人的履行不能构成债的清偿，债务不能因此免除而仍须向受让人履行；让与人如果仍受领债务人的给付，则属非债清偿，债务人可以要求不当得利返还。在债务人收到债权让与通知之前，债务人仍以让与人为债权人而为履行的，受让人不得以债权已经让与为由要求债务人向其履行，而只能要求让与人返还所受领的债务人的履行。

(3)抗辩的援用。自债务人接到债权转让通知后，债务人对让与人的可主张的抗辩均可向受让人主张(《民法典》第548条)。债务人对让与人的可主张的抗辩，包括合同不成立以及无效、被撤销(债权不存在)的抗辩，债务履行期尚未届至的抗辩，债权已经消灭的抗辩，拒绝履行的抗辩(同时履行抗辩、不安抗辩、先履行抗辩、诉讼时效抗辩、先诉抗辩)等。对于以上抗辩事由，无论是发生在让与前还是让与后，债务人均可主张，但仅可于接到债权转让通知后主张；此前如果受让人向债务人请求履行，债务人可基于合同相对性予以拒绝，而不得援用对让与人的抗辩拒绝履行。

(4)抵销的援用。根据《民法典》第549条的规定，有下列情形之一的，债务人可以向受让人主张债务抵销。其一，债务人接到债权转让通知时，债务人对让与人享有债权，并且债务人的债权先于转让的债权到期或者同时到期。债务人依此规定主张债务抵销，应满足以下条件：债务人对让与人享有债权，且双方债权标的物种类、品质相同；债务人对让与人的债权成立于其接到债权转让通知前(是否成立于让与合同成立前在所不问)；债务人对让与人的债权先于转让的债权到期或者同时到期。其二，债务人的债权与转让的债权是基于同一合同产生。债务人依此规定主张债务抵销应满足以下条件：债务人对让与人享有债权，且双方债权标的物种类、品质相同；债务人对让与人的债权与转让债权是基于同一合同产生的(例如，基于同一买卖合同，债务人对让与人享有标的物质量瑕疵违约赔偿请求权，让与人对债务人享有价款请求权)。

二、债务转移

(一)债务转移的概念

债务转移，是指在不改变债的内容的前提下，债务人与第三人约定将其债务全部或部分移转给第三人的法律事实。《民法典》第551条第1款中关于“债务人将债务的全部或者部分转移给第三人”的规定，即属于债务转移。债务转移是债务承担的一种形态，称为免责的债务承担；另一种债务承担为债务加入，也称并存的债务承担。

债务转移具有如下特征：(1)债务转移仅导致债务人发生变化，即由原债务人替换为第三人，而债的内容和债权人均保持不变。(2)债务转移可以是全部转移，也可以是部分转移。债务全部转移的，由第三人取代原债务人成为新的债务人，原债务人不再承担任何债务；债务部分转移的，原债务人和第三人各自按照份额承担债务(原债务人为一人的，由单一之债变为多数人之债)。(3)债务转移既适用于合同之债，也适用于非合同之债，如侵权赔偿之债、不当得利之债、无因管理之债等。

债务转移不同于代为清偿。虽然债务转移和代为清偿都是由原债务人以外的人向债权人履行债务，但二者存在以下区别：(1)性质不同。债务转移是一种处分行为，其效果是债务人发生变更；代为清偿是一种履行行为，所清偿的仍为债务人的债务。(2)发生原因不同。债务转移基于原债务人或债权人与第三人的转移协议而发生；代为清偿则基于债务人与第三人的协议或者第三人的单方行为而发生。(3)第三人的法律地位与责任不同。在债务转移情形下，第三人成为新的债务人，如果不履行债务或者履行债务不符合约定（或法律规定），应承担债务不履行的民事责任；在代为清偿情形下，第三人并非债务人。（4）责任承担不同。在债务转移情形下，如果不履行债务或者履行债务不符合约定（或法律规定），债权人可以直接请求第三人承担债务不履行的民事责任；在代为清偿情形下，对第三人的履行不适当行为，仍由债务人承担债务不履行的责任。

债务转移也有别于约定由第三人履行债务。虽然二者均发生由第三人履行债务的法律效果，但债务转移后第三人的履行属于其作为新的债务人履行自己的债务，故应对债务不履行或不完全履行承担责任；约定由第三人履行债务情形下的第三人履行则是履行他人债务，故第三人无须对其债务不履行或不完全履行承担责任（仍由债务人承担责任）。

（二）债务转移的有效要件

1.存在待履行债务。就合同债务而言，合同已生效、存在待履行债务（债务未履行或未全部履行）是债务转移的前提条件。合同自始无效或者已经消灭的，即使当事人就此订立债务转移合同，也因债务本身不存在而不发生法律效力。合同存在可撤销或者解除事由时，在被撤销或者解除之前，仍可成立有效的债务转移。若合同其后被撤销或者解除，则债务转移合同自始无效。就非合同债务而言，债务实际发生且未履行或未全部履行也是债务转移的必要条件。

将来发生的债务也可以发生债务转移，如附延缓条件合同中的债务在条件成就前的转移，但只有在该债务实际发生（条件成就）时，才能发生转移的效果。

2.标的债务具有可转移性。债务转移中的债务，应当是非专属于原债务人，即通过原债务人以外的第三人的履行也可以实现清偿效果的债务，典型者如金钱债务。以下几类债务不能成立有效的债务转移：（1）性质上不可转移的债务，主要指具有人身专属性的债务和不作为债务，前者如影视演员所负完成作品拍摄的债务，后者如雇员所负竞业禁止的债务。（2）当事人约定不得转移的债务。根据合同自由原则，当事人就不具有人身专属性的债务也可以约定不得转移。但在“债务转移须经债权人同意”的规则下，此类约定并无实际意义。（3）依照法律规定不得转移的债务。例如，《民法典》第791条第2款规定，承包人不得将其承包的全部建设工程转包给第三人或者将其承包的全部建设工程支解后以分包的名义分别转包给第三人。

3.债务人与第三人就债务转移达成有效协议。《民法典》第551条第1款仅对债务人与第三人之间的债务转移行为作了规定。在此情形下，须债务人与第三人就债务转移达成合意且转让合同合法有效，方能产生债务转移的法律效果。具体而言，债务人和第三人在订立债务转移合同时应具有相应的民事行为能力，双方意思表示真实，且合同内容不得违反法律、行政法规的强制性规定或违背公序良俗。

实践中，也存在债权人与第三人约定由第三人承担债务人的全部或者部分债务，而使债务人在相应范围内免负债务的情形。由于债务人的债务源自债权人的债权，故既然债务人可以向第三人移转债务，债权人与第三人订立债务转移协议也应允许。在此情形下，债务转移协议也应符合民事法律行为的有效要件。

4.须经债权人同意。（1）债务移转对债权人利益可能产生重大影响，因债权人未参与债务人与第三人之间的债务转移合同，为避免其债权因债务转移而遭受损害，故各国立法上均规定债务人与第三人之间的债务转移行为须经债权人同意。《民法典》第551条第1款也规定，债务人将债务的全部或者部分转移给第三人的，应当经债权人同意。在债权人同意之前，债务转移合同处于效力未定状态，原债权债务关系依然存在。（2）债权人同意可以采取书面、口头等明示方式，同意的意思表示自到达原债务人或第三人时生效。如果债权人未以明示方式作出同意债务转移的意思表示，但直接向第三人请求履行或受领第三人履行的，其行为构成默示同意。（3）根据《民法典》第551条第2款的规定，债务人或第三人为了避免债务承担合同的效力久悬不决，可以预定合理期限催告债权人对同意与否予以答复，债权人逾期不答复的，推定为拒绝同意。

在债权人与第三人约定由第三人承担债务的情形下，此种债务承担属于为第三人利益订立的合同，可使债务人免责而通常对其利益并不造成损害，故原则上不必经债务人同意。但一般认为，在债权人与债务人约定不得转让债务的，以及第三人承担债务有可能对债务人造成损害或者增加风险的情形下，须取得债务人同意。此类债务承担虽然无须债务人同意，但应当通知债务人，以免其在不知情的情形下仍向债权人履行而造成不必要的损失或履行费用。未通知债务人的，债务承担对原债务人不发生效力，其向债权人履行债务的，仍发生清偿效果。但债权人或第三人应将其债务承担的事实通知债务人，否则对债务人不产生效力，债务人向债权人所为的履行仍有效。

5.依法办理有关手续。法律、行政法规规定移转债务应当办理批准、登记等手续的，则债务人在移转债务时应当办理相应的手续。

（三）债务转移的效力

1.第三人取得债务人的法律地位。债务转移生效后，第三人取代原债务人，成为新债务人；原债务人脱离债的关系，由第三人直接向债权人承担债务。嗣后若第三人不履行债务，债权人不得请求原债务人履行，只能请求第三人承担债务不履行责任。债务部分转移的，在被转移的部分债务范围内发生上述法律效果。

2.抗辩权的转移。根据《民法典》第553条的规定，债务人转移债务的，新债务人可以主张原债务人对债权人的抗辩。这些抗辩事由必须是在合同债务转移时基于债权人与债务人之间的法律关系已经存在，具体包括债务未发生的抗辩（如合同未成立、合同无效）、债务已消灭的抗辩（如已履行、抵销）、拒绝履行抗辩（同时履行抗辩、先履行抗辩、不安抗辩、诉讼时效抗辩等）、程序法上的抗辩（如仲裁条款抗辩）。债务转移后，如果债权人与债务人又签订合同约定免除第三人债务，则第三人也可以援用该约定作为抗辩。

如果债务转移经债权人同意，但债务人与第三人所订立的债务转移合同存在无效或可撤销事由，第三人能否以此为由拒绝债权人的履行请求？一般认为，我国民法并未肯认债务承担的无因性（债务承担属准物权行为，其效果不受债务承担合同效力影响），故第三人可以援用此类抗辩事由拒绝履行债务。

3.抵销权援用的禁止。《民法典》第553条规定，原债务人对债权人享有债权的，新债务人不得向债权人主张抵销。债务承担只是使新的债务人承担了原债务人的债务，与原债务人对债权人所享有的债权并非同一债之关系，因此即便原债务人可以对债权人主张抵销，新的债务人也不得主张抵销。

4.从债务的转移。根据《民法典》第554条的规定，债务人转移债务的，新债务人应当承担与主债务有关的从债务，但是该从债务专属于原债务人自身的除外。例如，附随于主债务的利息债务随主债务的转移而移转于第三人；从债务和附随义务也一并转移。对于违约金债务，如果债务转移生效时尚未发生，自不存在转移问题，但违约金条款并不因债务转移而失效；如果债务转移生效时已经发生（此前原债务人已有违约行为），则不移转给新债务人，但当事人另有约定的除外。专属于债务人的从债务，即依据法律规定或者当事人约定只能由债务人履行的从债务，不能随主债务一并转移。

5.债的担保。（1）债务转移对保证的影响：保证期间内，债权人允许债务人转移债务的，应当取得保证人的书面同意，未经保证人书面同意允许债务人转移全部或者部分债务的，保证人对未经其同意转移的债务不再承担保证责任，但是债权人和保证人另有约定的除外（《民法典》第697条第1款）。（2）债务转移对抵押、质押的影响：根据《民法典》第391条的规定，第三人提供抵押、质押的，未经抵押人、质押人同意，债权人允许债务人转移全部或者部分债务的，抵押人、质押人不再承担相应的担保责任（对未经其同意转移的债务不再承担担保责任）；依此可推知，债务人自己提供抵押、质押的，其担保关系不受债务转移的影响。（3）留置权。留置权为法定担保物权，并非基于债权人与债务人的合意而成立，且债务转移并不影响债权人对留置物的占有，因此留置权不受债务转移的影响。(4)定金。定金债务原则上应随主债务一并转移，但如果债务转移合同生效前债权人已有违约行为，依法应当向债务人双倍返还定金，则该返还请求权并不移转于新债务人，但当事人另有约定的除外。

三、债务加入

(一)债务加入的概念

债务加入，也称并存的债务承担，是指在不改变债的内容的前提下，第三人加入债的关系成为共同债务人，原债务人仍承担其债务的法律事实。对此，我国民事立法原无规定，《民法典》第552条对此作了规定："第三人与债务人约定加入债务并通知债权人，或者第三人向债权人表示愿意加入债务，债权人未在合理期限内明确拒绝的，债权人可以请求第三人在其愿意承担的债务范围内和债务人承担连带债务。"该规定与《民法典》第551条确立了债务承担的两种基本形态。

债务加入具有如下特点：(1)债权债务关系的内容不发生变化，此点与债务转移相同。(2)第三人作为债务人加入债的关系。债务加入并非债的主体的完全更替，而是债务人数量的增加。原为单一之债的，由于债务加入成为多数人之债。第三人加入后，成为所加入债务的共同债务人。(3)第三人既可以加入全部债务，也可以加入部分债务，依当事人约定或第三人单方承诺而定。(4)第三人加入债的关系后，应与原债务人承担连带债务(若第三人仅承担按份债务，则属于债务的部分转移)。

债务加入与债务转移均为债务承担的方式，均通过债务人或债权人与第三人订立协议的方式实施，并使第三人取得债务人的地位。二者的区别在于：(1)对原债务人的影响不同。债务转移使债务人脱离债的关系，由第三人完全取代其债务人地位成为新债务人；而债务加入发生后原债务人并不脱离债的关系，而是与第三人共同向债权人承担债务。(2)生效要件不同。债务转移由债务人与第三人订立合同的，应当经债权人同意；债务加入并不要求以债权人同意为生效要件。(3)是否产生新债务不同。债务转移后第三人承担的是原债务人所负债务，并未产生新的债务；债务加入后，第三人的连带债务属于新债务。

债务加入与保证在法律效果上相似，但二者存在以下区别：(1)债务的独立性。保证债务是从债务，不能脱离主债务而独立存在；债务加入中的债务承担人所负债务与原债务人的债务之间并不构成主从关系。(2)先诉抗辩权的适用。一般保证中，保证人享有先诉抗辩权，仅在主债务人不能履行的情形下承担保证责任；债务加入情形下，不适用先诉抗辩权规则。(3)追偿权的适用。保证人承担保证责任后，有权在其承担责任的范围内向债务人追偿(当事人另有约定的除外)；债务加入中，债务承担人履行债务后，并不当然对原债务人享有追偿权。(4)履行期限。保证责任适用保证期间规则，债权人未在约定或法定保证期间内向保证人主张保证责任的，保证人免负保证责任；债务加入中，债务承担人的债务履行期限与原债务人相同，未按期履行的应承担迟延履行的责任。一般认为，在当事人约定不明的情况下，可结合债务人与第三人的履行顺序、双方是否存在债务关系、第三人对于所承担债务是否具有利益等因素判断某一行为究竟是债务加入还是保证。

债务加入也不同于不完全的债务承担(或称担保式并存的债务承担)。不完全的债务承担是指债务人将其债务移转给第三人，但并未完全脱离债的关系，而是作为债务承担人履行债务的担保人继续存在，在新债务人不能或不能完全清偿债务时，原债务人须负清偿责任。可见，不完全的债务承担与债务加入的主要区别在于，其实质上已发生了债务的转移，原债务人只是作为担保人承担第二顺位的清偿责任。

(二)债务加入的方式与生效要件

1.债务人与第三人约定加入债务

债务人与第三人约定加入债务的，其生效要件与债务转移中债务人与第三人订立转移合同的情形有共同之处，即存在待履行债务；标的债务具有可移转性（可由当事人履行）；债务人与第三人就债务加入达成有效协议。二者的主要区别在于：因债务人与第三人订立转移合同的债务转移可能对债权人利益发生重大影响，故须以债权人同意为生效要件；而在债务人与第三人约定加入债务情形下，债务人的地位并未发生变化，新债务人与原债务人承担连带债务，对债权人利益并无不利影响，甚至更为有利（类似于连带责任保证），故无须取得债权人同意，债务加入自第三人或债务人的通知到达债权人时起对债权人生效。但为了尊重债权人的意愿，《民法典》第552条规定，债权人有权在合理期限内对此予以明确拒绝，并因此否认债务加入的效力。此处的合理期限，是指债权人收到第三人或债务人的债务加入通知后的合理期间；明确拒绝，是指债权人必须以明示方式对第三人或债务人作出拒绝债务加入的意思表示。

2.第三人单方允诺加入债务

除债务人与第三人约定加入债务外，《民法典》允许第三人通过单方允诺的方式加入债的关系成为共同债务人，即只要"第三人向债权人表示愿意加入债务"，即可产生债务加入的法律效果。一般认为，单方允诺只有在面对不特定公众的悬赏广告中才能及时生效，而上述规定则意味着第三人只要向债权人作出愿意承担债务的意思表示就能及时产生债务加入的效果，而不能主张要约的撤回和撤销，对第三人较为不利。与债务人与第三人约定的债务加入一样，这种第三人单方允诺的债务加入既不损害债权人利益，也不改变原债务人地位，因此既不需要取得债权人同意，也不需要得到原债务人的同意，但债权人也有权在合理期限内对此予以明确拒绝。

（三）债务加入的效力

债务加入在效力方面与债务转移有诸多共同之处，如第三人取得债务人的法律地位、抗辩权的转移、抵销权援用的禁止、从权利的转移等。其特殊之处在于：（1）债务加入生效后，原债务人仍承担债务，只是第三人加入债的关系，成为特定范围债务的连带债务人（加入全部或部分债务，依约定或第三人意愿确定），故债权人在此债务范围内既可向原债务人请求履行，也可向承担人请求履行。（2）债务加入生效后，保证、抵押、质押担保对原债务人所负债务继续有效，对债务承担人所负债务不提供担保，即债权人不得因债务承担人的不履行主张担保债权或行使抵押权、质权，但当事人另有约定的除外；留置权则对原债务人和债务承担人均可主张。（3）债务加入生效后，原债务人与债务承担人成为所加入全部或部分债务的连带债务人，对于其中一人发生诉讼时效中断效力的事由，对另一人也发生效力。

债务加入人在履行债务后，对债务人应享有追偿权。债务加入人行使追偿权有两种情形：一是约定追偿权。第三人加入债务并与债务人约定了追偿权，其履行债务后主张向债务人追偿的，人民法院应予支持。由于追偿权本质上是私权，按照私法自治原则，当事人有权对追偿权作出约定，即在债务加入发生时，如果当事人确实就追偿权以及追偿的时间、数额等作出了规定，则应当尊重当事人的约定。二是未约定追偿权。依据《合同编通则解释》第51条第1款规定，如果当事人没有约定追偿权，第三人有权依照《民法典》关于不当得利等的规定，在其已经向债权人履行债务的范围内向债务人追偿。也就是说，债务加入人加入债务后，其向债权人作出清偿，债务人构成不当得利，据此，债务加人人有权向债务人追偿。

四、合同权利义务的概括移转

（一）合同权利义务的概括移转的概念

合同权利义务的概括移转，也称合同之债的概括承受，是指合同当事人一方的合同权利义务基于当事人约定或者法律规定一并转移给第三人的情形。其特点在于：（1）合同权利义务的概括移转的发生原因包括当事人约定和法律的规定，前者称为意定概括移转，后者称为法定概括移转，《民法典》第555条规定，"当事人一方经对方同意，可以将自己在合同中的权利和义务一并转让给第三人"，即指意定概括移转。

(2)合同权利义务的概括移转主要适用于双务合同。单务合同中,由于一方当事人仅享有权利或仅承担义务,故一般不发生合同权利义务的概括移转。(3)合同权利义务的概括移转,可以是某合同的全部权利义务一并移转,也可以是某合同的部分权利义务发生移转(法定概括移转一般为全部移转)。在全部移转情形下,承受人取代让与人地位成为新的合同当事人,原合同关系实际上归于消灭;在部分移转情形下,承受人加入合同关系中,依约定或依法律规定与让与人共同享有权利和承担义务。

(二)合同权利义务概括移转的类型

1.意定概括移转

意定概括移转,也称合同承受,是指合同当事人一方与第三人约定将其合同权利义务一并移转给对方的情形。例如,租赁合同的承租人将其权利义务一并移转给第三人,由第三人取代其承租人地位。意定概括移转的生效要件为:(1)合同权利义务有效存在。如果合同未成立或已消灭,或合同无效、被撤销,均不能发生概括移转的效果。(2)合同权利义务具有可移转性。此点与前述债权转让、债务承担的相关要求相同。(3)合同当事人一方与第三人缔结有效的合同权利义务概括移转协议。首先,订立该协议时是否具有相应的缔约能力;其次,双方意思表示一致且意思表示真实;最后,协议内容不违反法律、行政法规的强制性规定或违背公序良俗。(4)经对方当事人同意。因合同权利义务的概括移转包含了债务转移的内容,因此应满足债务人与第三人约定的债务转移的一般生效要件,即须经债权人(对方当事人)同意。(5)法律、行政法规规定合同权利或义务转让应当办理批准、登记手续的,应遵从其规定。

2.法定概括移转

法定概括移转,是指依据法律规定导致一方当事人合同权利义务一并移转给第三人的现象。其主要情形包括:

一是法人合并和分立。《民法典》第67条规定:"法人合并的,其权利和义务由合并后的法人享有和承担。法人分立的,其权利和义务由分立后的法人享有连带债权,承担连带债务,但是债权人和债务人另有约定的除外。"《公司法》第221条、第223条也分别对公司合并、分立情形下的债权债务移转作了类似规定。据此,法人合并的,无论是吸收合并还是新设合并,均直接发生合同权利义务的概括移转,即合并前各方的合同权利义务均由合并后的法人享有和承担,无须取得对方当事人的同意;法人分立的,分立前法人的合同权利义务由分立后的各法人共同承受,享有连带债权,承担连带债务,但分立前法人或分立后各法人与对方当事人另有约定(如约定分立后各法人按份享有债权或承担债务)的,应从其约定。

二是营业转让。营业转让,是指以作为组织的统一体的营业财产为标的所实施的转让行为。营业转让一般并不发生合同权利义务的概括移转,但若采取承担债务的方式(如约定受让营业资产以承担债务为条件),则可发生合同权利义务的概括移转。例如,我国有关国有企业改制的司法解释规定,企业售出后,买受人将所购企业资产纳入本企业或者将所购企业变更为所属分支机构的、买受人将所购企业资产作价入股与他人重新组建新公司并将所购企业予以注销的,所购企业的债务由买受人承担;企业售出后,买受人将所购企业重新注册为新的企业法人,所购企业法人被注销的,所购企业出售前的债务应当由新注册的企业法人承担。上述情形,也属于改制前企业合同权利义务的概括移转。

三是继承。被继承人死亡后,其遗产(包括债权)由继承人取得,但继承人应当以所得遗产实际价值为限清偿被继承人依法应当缴纳的税款和债务,包括合同义务(《民法典》第1161条)。因此,继承也可导致被继承人生前所订立合同权利义务的概括移转,但以该合同权利义务不具有人身专属性为前提。但继承人放弃继承的,对被继承人生前所负债务不负清偿责任。

四是买卖不破租赁。《民法典》第725条规定:"租赁物在承租人按照租赁合同占有期限内发生所有权变动的,不影响租赁合同的效力。"《城镇房屋租赁合同司法解释》第14条规定,租赁房屋在承租人按照租赁合同占有期限内发生所有权变动，承租人请求房屋受让人继续履行原租赁合同的，人民法院应予支持。但租赁房屋具有下列情形或者当事人另有约定的除外：（1）房屋在出租前已设立抵押权，因抵押权人实现抵押权发生所有权变动的；（2）房屋在出租前已被人民法院依法查封的。据此，租赁物在租赁期间发生所有权变动的，也可导致租赁合同权利义务的概括移转。

（三）合同权利义务概括移转的效力

合同权利义务的概括移转既涉及合同债权的转让，也涉及债务的移转，因此其法律效力应分别适用债权转让和债务移转的效力规则（《民法典》第556条）。具体参见本节债权转让、债务转移的相关内容。

第三节　合同的权利义务终止

一、合同权利义务终止概述

（一）合同权利义务终止的概念和特征

合同权利义务终止，也称合同终止，是指合同权利和合同义务基于一定的事由而不复存在。《民法典》合同编第一分编第七章“合同的权利义务终止”既设有合同权利义务终止的特有规则（如合同解除规则），也兼顾其他债权债务关系确立了“债权债务终止”的一般规则，合同权利义务终止是“债的消灭”的下位概念。

合同的终止具有如下特征：

1.合同权利义务终止是在债权人和债务人不变的情况下，合同权利和合同义务归于消灭。广义的债的消灭包括绝对消灭和相对消灭。债的绝对消灭是指债务终局性的消灭，债的关系对任何人而言不复存在；债的相对消灭是指债的关系仅在特定第三人之间不复存在，如债权转让、债务转移。《民法典》合同编规定的合同权利义务终止是指债的绝对消灭。

2.合同权利义务终止是指合同关系在客观上不复存在。合同一旦终止，当事人不再受合同关系的约束，合同权利和义务归于消灭。因此，合同权利义务终止不同于合同履行的暂时中止，如因债务人行使双务合同履行抗辩权而暂停履行。合同权利义务终止也不同于合同的变更和转让，因变更后的合同与原合同仍具有同一性，而合同转让则不影响合同关系内容即债权债务的继续存在。

3.合同权利义务终止既包括向将来发生效力的终止，也包括合同关系溯及既往的消灭的终止。狭义的合同终止仅指合同消灭，即仅向将来发生效力，在当事人间不发生恢复原状的义务；广义的合同终止则包括使合同效力自始消灭的合同解除。《民法典》合同编将合同解除制度纳入合同权利义务终止一章，故采纳了广义的合同终止概念，即合同解除是合同终止的下位概念。

（二）合同权利义务终止的效力

1.合同权利义务归于消灭。合同终止的事由发生以后，无论是主给付义务还是从给付义务，自合同终止的事由发生之时起消灭。合同关系消灭后，依附于主权利义务关系的从权利和从义务一并消灭，如担保物权、保证债权、违约金债权、利息债权、附随义务等。

2.合同终止不影响非违约方对违约方所享有的损害赔偿请求权。尽管合同终止使合同的权利义务关系消灭，合同关系不再存在，但一方对原合同义务的违反而对另一方负有的损害赔偿责任不因终止而被免除。

3.合同当事人之间发生后合同义务。后合同义务是指合同关系消灭以后当事人依据诚实信用原则和交易习惯，应负有某种作为或不作为的义务。《民法典》第558条规定，债权债务终止后，当事人应当遵循诚信等原则，根据交易习惯履行通知、协助、保密、旧物回收等义务。例如，离职的受雇人仍应为雇主保守营业秘密；房屋的出租人在租赁合同终止后一定期间仍应代承租人收取、保管邮递物品等。当事人违反上述义务（后合同义务）的，应承担损害赔偿责任。

4.合同中争议解决条款和清理、结算条款继续有效。（1）争议解决条款。《民法典》第507条规定，合同不生效、无效、被撤销或者终止的，不影响合同中有关解决争议方法的条款的效力。由于争议解决条款本身涉及对合同终止后事务的处理，且在法律上具有相对的独立性，因此合同终止以后，争议解决条款并不当然终止。（2）清理、结算条款。《民法典》第567条规定，合同的权利义务关系终止，不影响合同中结算和清理条款的效力。所谓清理、结算条款是指当事人在合同中约定的，在合同关系终止后如何处理合同遗留问题的约定，如违约金条款。

（三）合同权利义务终止的事由

《民法典》第557条规定："有下列情形之一的，债权债务终止：（一）债务已经履行；（二）债务相互抵销；（三）债务人依法将标的物提存；（四）债权人免除债务；（五）债权债务同归于一人；（六）法律规定或者当事人约定终止的其他情形。合同解除的，该合同的权利义务关系终止。"这一规定，既列举了合同权利义务终止的典型原因，又对合同权利义务终止原因采取开放立场，同时尊重合同当事人意思自治。根据上述规定，可以将合同权利义务终止分为以下几类：一是基于法律规定的事实而发生的终止，如债务清偿、当事人混同等，此类事由通常导致合同目的的实现；二是基于当事人的符合法定条件的单方行为而终止，如法定抵销、法定解除、提存等，此类情形下需要合同当事人行使有关终止合同的权利（如解除权）才能发生合同终止的后果；三是基于当事人双方合意而终止，如合意抵销、协议解除等。

除《民法典》第557条列举的事由外，合同权利义务终止的常见事由（法律规定的其他情形）还包括：（1）附解除条件合同所附条件成就；（2）附终止期限合同所附期限届至；（3）合同被撤销；（4）具有人身专属性合同的当事人死亡；（5）合同更新。此外，消费合同可因消费者行使反悔权而终止。

二、清偿

（一）清偿概述

清偿，是指债务人一方依债的本旨正确、适当地履行债务，从而使债权人的债权得以实现并使债务归于消灭的现象。

关于清偿的性质，学界存在法律行为说、事实行为说、最终给付效果说等观点。通说认为，对于清偿的性质，应结合清偿的内容分别予以判定。清偿内容为创作行为、提供劳务、不作为的，清偿为事实行为，不以意思表示为要素，对债务人的民事行为能力也无要求；清偿的内容是代订合同、完成交易的，清偿为民事法律行为，以意思表示为要素，且要求债务人具有相应的民事行为能力；清偿的内容为交付货物、支付价款的，其属于民事法律行为抑或事实行为，与是否承认物权行为的独立性有关，若承认即为民事法律行为，若不承认则为事实行为。

清偿与履行密切相关。履行是指债务人依债的内容完成特定行为（包括履行给付义务和附随义务）从而实现债权目的的行为。二者的主要区别在于，履行主要描述债务人的偿债行为，清偿则主要描述债务消灭的效果。债务履行固为债的清偿的基本方式，但债的清偿不一定由于债务的履行而实现，第三人的行为、强制执行及担保权的实现等都可以实现债的清偿。

《民法典》第557条将"债务已经履行"作为债权债务终止的首要原因，但并未否认债的其他合法清偿方式。关于债务履行的相关规则，可参见本编有关合同履行的内容，此处主要阐述代为清偿和清偿冲抵两种特殊清偿方式。

（二）代为清偿

代为清偿，是指第三人基于为债务人清偿的意思而向债权人清偿，使债务人的债务消灭的现象。对此，《民法典》第524条第1款规定"债务人不履行债务，第三人对履行该债务具有合法利益的，第三人有权向债权人代为履行"；除此之外，对债务人的债务履行不具有合法利益的第三人基于为债务人清偿的意思而向债权人履行，也可发生清偿的效果。代为清偿一般应具备以下条件：（1）依债务性质可以由第三人代为清偿；（2）债权人与债务人之间无排除代为清偿的约定；（3）债权人和债务人没有拒绝代为清偿或提出异议的正当理由；（4）第三人须有为债务人清偿的意思。

（三）清偿抵充

清偿抵充，是指债务人对同一债权人负担数项同种类债务，而债务人的履行不足以清偿全部债务时，决定该履行抵充某项或某几项债务的现象。清偿抵充必须具备如下几个要件。

1.同一债务人对同一债权人负担数项债务。首先，清偿抵充的债务人应当是同一债务人与同一债权人；其次，清偿抵充的成立，以债务人负担数项债务为要件。债务人所负担的数项债务既可以是同时成立的债务，也可以是先后成立的债务；既可以是原始发生的债务，也可以是因债务承担等原因继受取得的债务。至于数项债务履行期限是否相同、是否存在担保、是否存在利息及利率高低，均在所不问。

2.债务人负担的债务给付的种类相同。所谓种类相同，是指债务人所负担的数项债务都是交付同类财物或者提供同类劳务的种类物之债。如果数项债务均为特定物之债或虽为种类物之债但种类物的性质不同，则不适用清偿抵充。

3.债务人提出的给付不足以清偿全部债务。只有在债务人所提供的给付无法清偿全部债务时，才有必要确定所作出的给付用于哪一项债务。如果债务人的给付可以清偿全部债务，则债权人的各项债权都可以得到实现，没有必要再确定各项债权的清偿顺序。

《民法典》第560条规定，债务人对同一债权人负担的数项债务种类相同，债务人的给付不足以清偿全部债务的，除当事人另有约定外，由债务人在清偿时指定其履行的债务。债务人未作指定的，应当优先履行已经到期的债务；数项债务均到期的，优先履行对债权人缺乏担保或者担保最少的债务；均无担保或者担保相等的，优先履行债务人负担较重的债务；负担相同的，按照债务到期的先后顺序履行；到期时间相同的，按照债务比例履行。依此规定，清偿的抵充可以分为以下三种方式：

（1）约定抵充。当事人就抵充的方法达成合议时，按照当事人的约定进行抵充。约定抵充既可以在清偿前约定，也可以在清偿时约定。

（2）指定抵充。在不存在当事人的约定时，债务人在履行债务时可以单方指定自己清偿的债务内容。该指定是债务人行使形成权的行为，无须取得债权人的同意；但债务人指定抵冲时不得滥用其权利，不得损害债权人的利益，例如，债务人不得要求先抵充本金，再抵冲利息。

（3）法定抵充。在不存在约定抵充与指定抵充时按照法律规定的顺序和方法对债务进行抵充。①如果到期的债务和未到期的债务并存，应当先抵充已届清偿期的债务。②债务均已届清偿期或均未届清偿期的，先抵充无担保或担保最少的债务。③均无担保或担保相等的，优先履行负担较重的债务。④负担相同的，按照债务到期的先后顺序履行。⑤到期时间相同的，按照债务比例履行。

此外，《民法典》第561条还设置了利息债务的清偿抵充规则，其规定：债务人在履行主债务外还应当支付利息和实现债权的有关费用，其给付不足以清偿全部债务的，除当事人另有约定外，应当按照下列顺序履行：①实现债权的有关费用；②利息；③主债务。

三、合同解除

（一）合同解除的概念

合同的解除，是指合同有效成立后，通过当事人的单方行为或者双方合意终止合同效力或者溯及地消灭合同关系的行为。合同解除具有以下特征。

1.合同解除是对有效合同的解除。合同解除以有效成立的合同为标的，其目的在于解决有效成立的合同提前消灭的问题。这是合同解除与合同无效、合同撤销及要约或承诺的撤回等制度的不同之处。换言之，在合同不成立、无效、被撤销、被拒绝追认情形下，不发生合同解除问题。

2.合同的解除必须具有解除事由。合同一经有效成立，即具有法律约束力，双方当事人必须信守，不得擅自变更或解除，这是合同法的重要原则。只是在主客观情况发生变化、使合同履行成为不必要或不可能的情况下，才允许解除合同。这不仅是合同解除制度的存在依据，也表明合同解除必须具备一定的条件，否则即构成违约。对合同解除的条件，《民法典》既有一般性规定，又有适用于个别合同的特殊规定。

3.合同解除必须通过解除行为实现。具备合同解除的条件，合同并不必然解除。要使合同解除，一般还需要解除行为。解除行为有两种类型：一是当事人双方协商同意；二是享有解除权一方依法行使解除权。

4.合同解除的法律效果是使合同关系消灭，合同解除后债权人不得再以合同约定请求债务人履行给付义务，但债务人仍负有必要的附随义务。

合同解除应与以下概念予以区分。

合同解除与合同终止。传统民法区分合同解除与合同终止的标准为：前者适用于一时的合同，合同解除具有溯及力，即在当事人之间发生返还财产、恢复原状的法律后果；后者适用于继续性合同，合同终止不具有溯及力亦即仅向将来发生效力。我国《民法典》规定的合同解除既适用于一时性合同也适用于继续性合同，合同解除后依据履行情况和合同性质发生溯及力或不发生溯及力。同时，《民法典》合同编将“合同权利义务终止”作为合同解除的上位概念，合同解除是合同终止的原因之一。

合同解除与合同撤销。合同解除与合同撤销均为合同权利义务的终止事由，且解除权与撤销权性质相同。二者的区别在于：(1)适用对象不同。合同解除的适用对象是有效成立的合同，合同撤销则适用于因当事人意思表示不真实致使效力存在瑕疵的合同(但可撤销合同未被撤销成为有效合同后即成为合同解除的适用对象)。(2)适用条件不同。合同解除的适用条件包括法定条件、约定条件和当事人协议解除等情形，合同撤销则统一适用法律规定的事由。(3)权利行使方式不同。合同解除权以通知的方式行使，不以提起诉讼或申请仲裁为必要，合同撤销则须采取诉讼或仲裁方式。(4)效力不同。合同解除是否具有溯及力不能一概而论，合同撤销则导致合同溯及至成立时无效。

合同解除与附解除条件合同。合同解除与附解除条件合同的解除均为合同权利义务的终止事由，且均有“解除”之名。二者区别在于：(1)是否要求解除行为。合同解除须有当事人的解除行为，附解除条件合同则因条件成就当然解除。(2)适用条件不同。合同解除的适用条件包括法定条件、约定条件和当事人协议解除等情形，附解除条件合同的解除条件由当事人约定。(3)效力不同。合同解除是否具有溯及力应视情况而定，附解除条件合同的解除除当事人另有约定外不具有溯及效力。

(二)合同解除的种类

根据《民法典》的规定，合同解除有以下几种类型。

1.协议解除。《民法典》第562条第1款规定，当事人协商一致，可以解除合同。协议解除是指在合同成立以后，未履行或履行完毕之前，当事人双方通过协商解除合同，使合同效力消灭的行为。协议解除本身是通过订立一个新的合同而解除原来的合同，当事人协商的目的是达成一个解除合同的协议，该协议不得违背国家利益和社会公共利益。在协议解除的情况下，合同解除后是否恢复原状、如何恢复原状也由当事人自行协商确定。依据《合同编通则解释》第52条第1款的规定，当事人就解除合同协商一致时未对合同解除后的违约责任、结算和清理等问题作出处理，一方主张合同已经解除的，人民法院应予支持，但是当事人另有约定的除外。

2.约定解除。约定解除是指当事人双方在合同中约定，在合同成立后未履行或履行完毕之前，当事人一方在某种解除合同的条件成就时享有解除权，得行使该解除权，使合同关系归于消灭。《民法典》第562条第2款规定，当事人可以约定一方解除合同的事由。解除合同的事由发生时，解除权人可以解除合同。约定解除的适用，首先，需要有当事人在合同中约定一方享有解除合同的权利；其次，须当事人约定的解除合同的条件出现；最后，须享有约定解除权的一方实际行使该解除权。约定解除与协议解除均体现了当事人的意愿，二者的区别在于：（1）解除行为性质不同。约定解除中行使解除权的行为属于单方行为，协议解除属于双方法律行为。（2）适用条件不同。约定解除须具备当事人约定的解除条件，协议解除则无须存在解除条件。（3）效果依据不同。约定解除依据法律规定产生相应的法律效果，协议解除的法律效果则依据解除协议确定。（4）后果不同。约定解除导致合同关系消灭，双方不再受合同约束，协议解除则是以一个新的合同（解除协议）代替原合同，当事人仍须受解除协议约束。

3.法定解除。法定解除是指在合同成立以后、未履行或履行完毕之前，在法律规定的解除条件具备时，当事人一方通过行使解除权使合同效力归于消灭。《民法典》第563条第1款规定，在因不可抗力致使不能实现合同目的等情形下，当事人有权解除合同。

4.任意解除。任意解除是指无须法定或约定解除条件或当事人达成解除协议，当事人可凭单方意思解除合同。任意解除主要适用于以下情形：（1）以持续履行的债务为内容的不定期合同。《民法典》第563条第2款规定，以持续履行的债务为内容的不定期合同，当事人可以随时解除合同，但是应当在合理期限之前通知对方。此类合同也称不定期的继续性合同，主要包括不定期租赁合同、不定期保管合同、不定期物业服务合同、不定期合伙合同等。（2）以双方人身信任为基础的合同。如《民法典》第933条规定，委托人或者受托人可以随时解除合同。（3）以当事人一方需要为成立前提的合同。如《民法典》第787条规定，定作人在承揽人完成工作前可以随时解除合同。（4）法律为保护弱势一方而赋予其任意解除权的合同。如《保险法》第15条规定，除本法另有规定或合同另有约定外，保险合同成立后，投保人可以解除合同，保险人不得解除合同。

上述四种合同解除情形中，约定解除、法定解除属于单方解除，与协议解除相对应；协议解除、约定解除、法定解除属于非任意解除，与任意解除相对应。就其适用范围而言，任意解除仅适用于法律规定的少数合同类型，非任意解除则原则上对各类合同均可适用，可撤销合同被撤销前、效力待定合同被追认前也可适用。但法律规定合同不得解除的，应从其规定。如《保险法》第50条规定，货物运输保险合同和运输工具航程保险合同，保险责任开始后，当事人不得解除合同。

（三）合同的法定解除事由

根据《民法典》第563条第1款的规定，有下列情形之一的，当事人有权解除合同。

1.因不可抗力致使不能实现合同目的

基于这一事由解除合同，须满足两个条件：（1）须有不可抗力发生。不可抗力，是指不能预见、不能避免并且不能克服的客观情况，包括自然现象和社会现象。（2）须因不可抗力致使合同目的不能实现。若不可抗力的发生并不影响合同目的的实现，即使造成一定可克服的履行困难，也不得以此为由解除合同（如因地震灾害致使在合理期限内出卖人迟延交付房屋或买受人迟延交付购房款的，当事人不得主张解除合同）。不可抗力致使合同目的完全不能实现时，应允许当事人通过行使解除权的方式消灭合同关系。若不可抗力仅导致合同目的部分不能实现或履行迟延，当事人也可依情势变更规则再行协商，对合同关系予以变更。在此情形下，不可抗力既是合同解除的事由，也是违约免责事由。

2.在履行期限届满之前，当事人一方明确表示或者以自己的行为表明不履行主要债务

此种情形即债务人预期违约，包括明示预期违约和默示预期违约。其作为合同法定解除事由的构成要件为：（1）须有债务人的拒绝履行债务行为，包括明确表示拒绝履行和以自己的行为表明不履行。（2）须债务人拒绝履行主要债务，即其逾期违约行为构成根本违约致使合同目的不能实现。所谓主要债务，一般指主给付义务，但在从给付义务或附随义务的履行对实现合同目的具有重大意义时，也可构成主要义务。（3）须债务人拒绝履行无正当理由，即不存在履行抗辩权的行使、因不可抗力导致履行不能等情形。在债务人预期违约的情况下，债权人享有选择权，可以选择请求继续履行合同或解除合同。债权人依此事由解除合同的，

无须经过催告程序，但应对其要件事实负举证责任。

3.当事人一方迟延履行主要债务，经催告后在合理期限内仍未履行

依此项事由解除合同应满足以下条件：（1）须债务人存在迟延履行行为，即债务履行期届满未履行。一般认为，债权人受领迟延不在此列。（2）须债务人迟延履行主要债务。（3）须经债权人催告履行。此为迟延履行的合同解除与预期违约的合同解除重大区别。一般而言，履行期限在合同的内容中非属特别重要时，即使债务人在履行期届满后履行，也不致使合同目的落空。在此情况下，原则上不允许当事人立即解除合同，而应由债权人向债务人发出履行催告，给予一定的履行宽限期。债务人在该履行宽限期届满时仍未履行的，债权人有权解除合同。

4.当事人一方迟延履行债务或者有其他违约行为致使不能实现合同目的

这一事由也属于解除权人可不经催告而解除合同的情形，其基本要件是债务人的行为构成根本违约。所谓根本违约，是指一方违反合同而致另一方损害，导致非违约方缔约目的无法实现的情形。此项合同法定解除事由具体包括两种情况：（1）迟延履行导致合同目的不能实现。如果履行期限对当事人缔约目的的实现十分重要，一旦迟延履行即导致合同目的不能实现，则债权人有权解除合同。这一解约事由通常适用于以定期行为为给付内容的合同，即非于一定期限内作出则不能达到合同目的的合同（如为某庆典活动定制服装的承揽合同）；给付内容为非定期行为的，如果履行期限构成合同的必要因素，债务不按期履行将会使合同目的落空，或该履行对债权人无任何实益的，债务人履行迟延后债权人也有权解除合同（如季节性产品买卖合同）。（2）有其他违约行为致使不能实现合同目的。迟延履行之外，当事人的违约行为致使合同目的不能实现的情形包括：拒绝履行，即在履行期限到来后债务人无正当理由向债权人表示不愿履行合同，债权人的合同目的落空；不适当履行致使不能实现合同目的，即债务人的履行不符合合同要求，如交付的标的物不符合约定的质量要求且不能采取修理、替换等补救措施，致使债权人的合同目的无法实现；部分履行致使不能实现合同目的，即部分履行根本不能满足债权人对标的物数量的正常要求，而债务人不予补足，债权人的合同目的无法实现。此外，当事人违反附随义务若满足“致使不能实现合同目的”这一条件，也构成法定解除事由。

5.法律规定的其他情形

此项合同解除事由可分为三类：（1）《民法典》合同编通则规定的适用于各类合同的解除事由，如基于不安抗辩权解除合同（《民法典》第528条）、基于情势变更解除合同（《民法典》第533条）。（2）《民法典》合同编规定的某些典型合同的法定解除。如《民法典》第634条规定，分期付款的买受人未支付到期价款的数额达到全部价款的1/5，经催告后在合理期限内仍未支付的，出卖人可以请求其支付全部价款或者解除合同。《民法典》第778条规定，承揽工作需要定作人协助的，定作人有协助的义务。定作人不履行协助义务致使承揽工作不能完成的，承揽人可以催告定作人在合理期限内履行义务，并可以顺延履行期限；定作人逾期不履行的，承揽人可以解除合同。《民法典》第806条规定，承包人将建设工程转包、违法分包的，发包人可以解除合同。发包人提供的主要建筑材料、建筑构配件和设备不符合强制性标准或者不履行协助义务，致使承包人无法施工，经催告后在合理期限内仍未履行相应义务的，承包人可以解除合同。（3）民事特别法对合同法定解除的特别规定。如《消费者权益保护法》第25条第1款规定，经营者采取网络、电视、电话、邮购等方式销售商品，消费者有权自收到商品之日起7日内退货，且无须说明理由。

（四）合同解除的程序

1.单方解除的程序

单方解除，即享有合同解除权的一方当事人通过行使解除权而解除合同。解除权属形成权，不需对方当事人同意，只需解除权人的单方意思表示，即可发生解除合同的法律效果。但

解除权的行使并非毫无限制，《民法典》对其行使期限和行使方式均有明确规定。

关于解除权人，在约定解除情形下，《民法典》第562条规定的“解除权人”，即合同约定的在解除事由发生时有权解除合同的一方当事人，至于其是否为非违约方则在所不问。在法定解除情形下，《民法典》第563条第1款规定“当事人可以解除合同”，对何方当事人享有解除权未作明确限定，故应结合具体解除事由确定解除权人：（1）因不可抗力解除合同的，双方当事人均享有解除权；（2）因当事人一方违约行为解除合同的，仅对方享有解除权，违约方无权解除合同（但在特定条件下违约方可依据《民法典》第580条第2款请求人民法院或者仲裁机构终止合同关系）；（3）因法律规定的其他情形解除合同的，由法律规定的解除权人享有解除权，如不安抗辩权行使人、保险合同的投保人。

关于法定解除权的行使期限即除斥期间，《民法典》第564条规定区分三种情形：（1）法定或约定期限。法律规定或当事人约定解除权行使期限，期限届满当事人不行使的，该解除权消灭。例如，《保险法》第16条第3款规定，保险人因投保人违反如实告知义务而享有的合同解除权，自保险人自知道有解除事由之日起超过30日不行使而消灭；自合同成立之日起超过2年的，保险人不得解除合同。（2）对方当事人催告后的合理期限。法律没有规定或者当事人没有约定解除权行使期限的，对方可以催告解除权人在合理期限内行使解除权，解除权人未在合理期限行使解除权的，解除权消灭，合同关系继续存在。（3）法律没有规定或者当事人没有约定解除权行使期限，解除事由发生后对方也未催告解除权人在合理期限内行使解除权的，则自解除权人知道或者应当知道解除事由之日起算，若1年内不行使，该权利消灭。

关于法定解除权的行使程序，《民法典》第565条及相关司法解释确立了以下规则：（1）通知解除。解除权属于形成权，依解除权人单方意思表示即可产生解除合同的效果。当事人一方依法主张解除合同的，应当通知对方。通知表明即时解除合同意思的，合同自通知到达对方时即通知生效时解除（以数据电文形式作出通知的，其到达时间适用《民法典》第137条第2款的规定）；通知载明债务人在一定期限内不履行债务则合同自动解除，债务人在该期限内未履行债务的，合同自通知载明的期限届满时解除。对方对解除合同有异议的，任何一方当事人均可以请求人民法院或者仲裁机构确认解除行为的效力。依据《合同编通则解释》第53条，当事人一方以通知方式解除合同，并以对方未在约定的异议期限或者其他合理期限内提出异议为由主张合同已经解除的，人民法院应当对其是否享有法律规定或者合同约定的解除权进行审查。经审查，享有解除权的，合同自通知到达对方时解除；不享有解除权的，不发生合同解除的效力。（2）裁判解除。当事人一方未通知对方，直接以提起诉讼或者申请仲裁的方式依法主张解除合同，人民法院或者仲裁机构确认该主张的，合同自起诉状副本或者仲裁申请书副本送达对方时解除。此处的当事人以提起诉讼或者申请仲裁的方式依法主张解除合同，是行使合同解除权的一种特殊方式，与通知解除情形下当事人请求人民法院或者仲裁机构确认解除行为的效力不同：其一，诉的种类不同。前者属于形成之诉，目的在于解除合同关系；后者属于确认之诉，目的在于确认（或否认）解除行为的效力。其二，请求人不同。前者的请求主体仅限于解除权人，后者则可由任何一方当事人提起诉讼或申请仲裁。其三，合同解除时间不同。通过前者确认合同解除主张的，合同自起诉状副本或者仲裁申请书副本送达对方时解除；通过后者确认合同解除行为效力的，合同于解除通知到达时或通知载明的履行期限届满时解除。依据《合同编通则解释》第54条，当事人一方未通知对方，直接以提起诉讼的方式主张解除合同，撤诉后再次起诉主张解除合同，人民法院经审理支持该主张的，合同自再次起诉的起诉状副本送达对方时解除。但是，当事人一方撤诉后又通知对方解除合同且该通知已经到达对方的除外。

2.协议解除的程序

合同协议解除实质为原合同当事人之间重新成立一个以解除原合同为目的的合同，因此应遵循由要约到承诺的一般缔约程序及其他相关要求，以实现当事人双方意思表示一致及合同的有效。协议解除合同的，合同自解除协议生效时解除。法律、行政法规规定解除合同应当办理批准、登记等手续的，依照其规定。

3.法定解除与约定解除的衔接

为准确适用《民法典》第561条第1款关于协商解除合同的规定，《合同编通则解释》第52条第2款规定，出现如下两种情形，除当事人一方另有意思表示外，法院可以认定合同解除：一是当事人一方主张行使法律规定或者合同约定的解除权，对方同意解除。如果满足上述条件，法院应当认定合同解除，因为在一方行使合同解除权以后，虽然法院认为其并符合法定或约定条件，但因为其解除合同的请求得到了另一方的同意，则表明双方已经同意解除合同，从而导致双方已经形成了解除合同的合意，可适用协商解除的相关规定。二是双方当事人均不符合解除权行使的条件但是均主张解除合同，此时，法院不必审查双方提出解除是否符合解除的条件，可以适用双方协商解除合同的相关规定，认定合同解除。当然，如果一方的解除主张符合解除的条件，就应当按照行使法定解除权或者约定解除权的规定处理。

（五）合同解除的效力

1.一般规则

《民法典》第566条第1款规定，合同解除后，尚未履行的，终止履行；已经履行的，根据履行情况和合同性质，当事人可以请求恢复原状或者采取其他补救措施，并有权请求赔偿损失。该规定确立了合同解除的两方面效力：

一方面是向将来发生效力，即终止履行。合同解除导致合同权利义务终止，合同解除时尚未履行的债务也归于消灭，因此债权人无权请求债务人履行。

另一方面是溯及力，即合同解除导致合同关系溯及至合同成立之时消灭。关于合同解除是否具有溯及力，法律未作明确规定，一般认为，非继续性合同（如买卖合同）的解除原则上有溯及力，继续性合同（如租赁合同）的解除原则上无溯及力。《民法典》第566条第1款也采取了较为灵活的立场，即“根据履行情况和合同性质”确定合同解除是否具有溯及力。所谓根据履行情况，主要是指根据履行的进度及履行部分对债权的影响。例如，若合同解除时标的物和价款均未交付，即不存在恢复原状问题；若债务人已履行部分对债权人根本无意义，则可以请求恢复原状。所谓根据合同性质，是指根据合同标的的属性，即履行标的是否宜于适用恢复原状。不适于恢复原状的合同主要包括：（1）以持续履行的债务为内容的合同，即继续性合同。如租赁合同依法解除的，对已履行的部分（租赁物的使用）无法恢复原状；供应水、电、气合同解除的，对以往的供应也不可能恢复原状；建设工程合同也存在这种情形。（2）涉及第三人利益或者交易秩序的合同。此类合同解除后，或无法恢复原状，或恢复原状有损第三人利益与交易秩序（如标的物已转卖第三人、委托事务已部分完成），故不得适用恢复原状。

基于合同解除的溯及力，合同解除后应通过一定方式使双方财产状况恢复到合同成立之前的状态。具体包括：（1）恢复原状。合同解除后的恢复原状，主要是指财产返还，即返还因合同而取得的对方财产或于财产不存在时返还同一种类物。恢复原状还包括返还财产所产生的利息和其他孳息、返还财产方在财产占有期间为保存或维护该财产所支出的必要费用、因返还财产所支出的必要费用等。合同解除后，当事人双方均有权要求恢复原状。（2）采取其他补救措施。其他补救措施是指财产因不可归责于债务人的原因而发生毁损、灭失、添附而无法返还时，或者受领的标的物为劳务或物的使用而无法恢复原状，或者虽可恢复原状但成本过高因而没有必要时，以折价补偿方式予以补救。采取其他补救措施的请求，根据具体情况可由守约方或违约方提出。（3）赔偿损失。我国法律承认合同解除与损害赔偿并存，但对合同解除损失赔偿的性质和范围未作明确规定，学界存在“履行利益说”和“信赖利益说”两种观点。前者认为，合同解除后的赔偿损失为违约赔偿，因此其赔偿范围应包括为订约支出必要费用、因相信合同能得到履行而支出的必要费用和因合同履行可以获得的利益；后者认为，合同解除后的赔偿损失为缔约过失责任，其赔偿范围应仅限于信赖利益，不应赔偿可得利益。考虑到合同解除主要是一种违约救济手段，合同解除违约责任可以并存（《民法典》第566条第2款），故以“履行利益说”确定合同解除损失赔偿的范围较为妥当。但在以下几种情形下，合同解除与赔偿损失不能并用：一是合同协议解除的，当事人不得在订立解除协议后另行主张赔偿损失，但解除协议另有约定的除外；二是因不可抗力解除合同的，因双方对合同解除均无过错，原则上应自担损失，不得主张损失赔偿；三是非违约方解除合同后，未采取合理措施防止损失发生或扩大的，无权就相应损失请求对方赔偿。

2.合同解除与违约责任

《民法典》第566条第2款规定，合同因违约解除的，解除权人可以请求违约方承担违约责任，但是当事人另有约定的除外。对此规定应从以下几个方面理解：（1）合同因违约而解除。若合同系因为不可抗力而解除或协议解除，则一般不产生违约责任问题。（2）当事人之间无免责约定。合同因违约解除的，违约方本应依法承担违约责任，但当事人在合同中约定免除违约方责任的，应从其约定。（3）合同解除情形下违约责任形式，不包括继续履行、修理、重作、更换等与合同解除本旨相悖的承担方式。（4）合同因违约解除的，解除权人有权请求违约方承担损失赔偿责任，损失赔偿额应当相当于因违约所造成的损失，包括合同履行后可以获得的利益，但是不得超过违约方订立合同时预见到或者应当预见到的因违约可能造成的损失（《民法典》第584条）。法律对合同解除违约赔偿有特别规定的，依照其规定。如《民法典》第933条规定，委托人或者受托人可以随时解除委托合同。因解除合同造成对方损失的，除不可归责于该当事人的事由外，无偿委托合同的解除方应当赔偿因解除时间不当造成的直接损失，有偿委托合同的解除方应当赔偿对方的直接损失和合同履行后可以获得的利益。（5）当事人约定了违约金、定金等违约责任的，相关条款的效力不受合同解除的影响，解除权人可依约主张，同时也适用《民法典》第585条第2款关于违约金调整的规定、第588条关于违约金与定金关系的规定。

3.合同解除与担保责任

《民法典》第566条第3款规定，主合同解除后，担保人对债务人应当承担的民事责任仍应当承担担保责任，但是担保合同另有约定的除外。其要旨为：（1）主合同解除后，担保人的担保责任原则上并不消灭。在此情形下，担保合同的效力具有独立性。此处的担保人，应包括保证人及抵押人、质押人等物上保证人。（2）担保人担保的对象是担保人对债务人应当承担的民事责任。担保的对象原为债务人的债务，合同解除后该债务消灭，担保对象转化为债务人应承担的恢复原状、采取其他补救措施、赔偿损失等法定义务或民事责任，实为原担保债务的延续。（3）担保人承担担保责任的范围仍受担保合同中约定担保范围的限制。（4）担保合同对合同解除对担保责任的影响另有约定的，从其约定。例如，担保合同可约定，合同解除情形下担保人不承担担保责任。

四、抵销

（一）抵销的概念

抵销，是指双方当事人互负债务时，各以其债权充当债务之清偿，而使其债务与对方的债务在对等数额内同归消灭的制度。

抵销具有如下法律功能：第一，消灭债权债务的功能。通过抵销的方法免除双方互负的义务，消灭债权债务，有利于降低交易成本。第二，简化法律关系。在抵销的情况下，当事人不必分别履行，可以直接终止债权债务关系。第三，担保的功能。抵销具有一定的担保功能，原因在于在双方当事人互负债权债务，若一方当事人只主张债权不履行债务，则对方当事人的债权无法得到实现。第四，代替清偿的功能。从效果上来看，抵销与清偿没有本质区别，都可以达到实现债权的效果。

抵销依其产生的根据不同，可分为法定抵销与合意抵销。法定抵销由法律规定其生效条件，当抵销条件具备时，当事人享有的依其单方意思表示即可发生抵销效果的权利，即抵销权。法定抵销中，行使抵销权的一方用以抵销其所负债务的债权称为自动债权或主动债权，因抵销而消灭的对方债权称为受动债权或被动债权。合意抵销是指根据当事人双方的合意发生的抵销。此种抵销可不受法律规定的抵销构成要件的限制，当事人为抵销而订立的合同，因合同生效而发生抵销的效果。法定抵销与合意抵销在性质（前者为单方行为，后者为双方行为）、适用条件（是否要求标的物种类、品质相同）、效力（是否仅导致双方对等数额债务消灭）等方面存在差异。《民法典》第568条、第569条分别对法定抵销、合意抵销作了规定。

（二）抵销的条件

1.法定抵销

根据《民法典》第568条的规定，法定抵销须具备以下要件。

其一，双方当事人互负债务、互享债权。抵销以在对等额内使双方债权消灭为目的，故以双方互负债务、互享债权（双务合同）为前提。具体而言：(1)在附条件债权中，如所附条件为停止条件，在条件成就前，债权尚不发生效力，故不得为抵销；如其为解除条件，则条件成就前债权有效存在，故得为抵销。(2)债务人享有同时履行抗辩权、先履行抗辩权、不安抗辩权的债权不得作为主动债权而主张抵销，否则将剥夺债务人的抗辩权，但可以作为被动债权主张抵销。(3)超过诉讼时效期间的债权，不得作为自动债权而主张抵销，否则无异于强迫对方履行自然债务。如受动债权已过诉讼时效期间，则不妨用于抵销。对此，可认为债务人抛弃了时效利益。(4)第三人债权原则上不能作为主动债权用于抵销，但在保证担保情形下，主债务人对债权人享有债权的，保证人有权以该债权主张抵销；在连带债务中，连带债务人就其他连带债务人对债权人享有的债权，以其应分担的债务部分为限，有权主张抵销。(5)根据《民法典》第549条的规定，在债权转让情形下，债务人对让与人享有债权且该债权先于转让的债权到期或者同时到期的，或者债务人的债权与转让的债权是基于同一合同产生的，债务人可以向受让人主张抵销。

其二，双方互负的债务标的物的种类、品质相同。正因为要求标的物的种类、品质相同，故法定抵销通常在金钱债务以及其他种类物债务适用较多。双方当事人的给付物的种类虽然相同，但品质不同时，原则上不允许抵销。以特定物为给付物时，即使双方的给付物属于同一种类，也不允许抵销。但是，在双方给付均以同一物为标的物时，仍属同一种类的给付，可以抵销。例如，甲有向乙请求交付某特定物的债权，同时对于丙负有交付该物的债务，嗣后在乙继承丙的遗产场合，就可发生这种抵销。双方互负债务标的物的种类、品质相同，履行地点、履行方式等存在差异的，不影响抵销。

其三，对方债务已届履行期，即自动债权已届清偿期。债权人只能在其债权清偿期届至后请求债务人履行债务，法定抵销也以此为条件。若对方未届履行期也允许单方主张抵销，则等于在清偿期前强制债务人履行，侵害了其期限利益。对方债务未定履行期的，只要债权人给债务人以宽限期，宽限期满即可主张抵销。至于主张抵销的一方所负债务（受动债权）是否已届清偿期，则非法定抵销所关注；即使受动债权未到履行期，在无相反的规定或约定时，也应允许债务人抛弃期限利益，主张抵销。在破产程序中，破产债权人对其享有的债权，无论是否已届清偿期，均可抵销。

其四，双方债务非依其性质、当事人约定或者法律规定不得抵销。(1)所谓依债的性质不能抵销，是指依给付的性质，如果允许抵销，将不能达到合同目的。此类债务主要包括：不作为债务，如竞业禁止债务；提供劳务的债务，如演出行为债务。(2)法律规定不得抵销者，应依其规定。例如，《合伙企业法》第41条规定，合伙人发生与合伙企业无关的债务，相关债权人不得以其债权抵销其对合伙企业的债务；《信托法》第18条规定，受托人管理运用、处分信托财产所产生的债权，不得与其固有财产产生的债务相抵销。《民事诉讼法》第254条第1款规定，被执行人未按执行通知履行法律文书确定的义务，人民法院有权扣留、提取被执行人应当履行义务部分的收入，但应当保留被执行人及其所扶养家属的生活必需费用。（3）侵害人身权益产生的债权，侵权人不得主张抵销。《合同编通则解释》第57条规定："因侵害自然人人身权益，或者故意、重大过失侵害他人财产权益产生的损害赔偿债务，侵权人主张抵销的，人民法院不予支持。"该条作出此种规定旨在强化对受害人的救济，在人身权益遭受侵害时，如果允许侵权人主张抵销，则可能使受害人无法获得侵权损害赔偿，这不利于其获得及时救济；同时，此种规定也有利于防范侵权的风险，也防止出现道德风险。

2.合意抵销

合意抵销应尊重当事人意思自治，除"双方当事人互负债务、互享债权"这一前提条件和"双方债务非依其性质或者法律规定不得抵销"这一消极要件外，无论双方债务的标的物种类、品质是否相同，无论双方债务是否到期，均可约定抵销，并于抵销协议生效时发生债务抵销的效果。

（三）法定抵销的方式

《民法典》第568条第2款规定，当事人主张抵销的，应当通知对方。通知自到达对方时生效。抵销不得附条件或者附期限。具体而言：

1.符合法定抵销条件的，双方当事人均可行使抵销权。抵销为处分自动债权的行为，故抵销人应有相应的行为能力，并且对自动债权享有处分权。

2.抵销权应以通知方式行使。抵销权属于形成权，仅依当事人对方意思表示即可产生抵销的效果而无须对方同意，故其行使适用意思通知规则，通知自到达对方时生效，即抵销生效。我国法律对抵销通知的方式未作特别规定，故采取书面方式或口头方式均无不可。

3.抵销不得附条件或者附期限。法律作此规定，主要是为了简化法律关系，提高合同履行效率，避免使对方债权债务处于不确定状态。

（四）抵销权行使的效力

抵销权行使的法律效果主要表现在以下几个方面：

1.互负债务消灭。抵销权的行使使债务人和债权人之间的债权债务关系，按照双方能够相互抵销的对等数额而归于消灭。债权人在被抵销的债权范围内，不得再向债务人主张权利。连带债务人中的对于债权人享有债权的债务人主张抵销的，债权为全体债务人的利益而消灭。对于未被抵销的部分债权，债权人仍有权向债务人主张清偿。

2.抵销权的行使不具有溯及力。所谓抵销的溯及力，是指抵销权行使的效力溯及抵销适状的时点。抵销适状是指在某一时间点上，双方当事人互负的债务满足了抵销条件，如果抵销具有溯及力，那么在一方行使抵销权以后，抵销权的效力将会溯及以往曾经出现抵销适状的时点。《合同编通则解释》第55条规定："当事人一方依据民法典第五百六十八条的规定主张抵销，人民法院经审理认为抵销权成立的，应当认定通知到达对方时双方互负的主债务、利息、违约金或者损害赔偿金等债务在同等数额内消灭。"从该条规定来看，抵销自通知到达之日起发生效力，双方互负的主债务、利息、违约金或者损害赔偿金等债务在同等数额内消灭。在通知到达前，即便出现抵销适状的状态，也不能在抵销适状时产生抵销的效力，这实际上是否定了抵销的溯及力。

3.诉讼时效期间届满的主动债权不得自动产生抵销的效力。依据《合同编通则解释》第58条，对于已过诉讼时效的债权，如果债权人向债务人主张抵销，则债务人有权提出抗辩，此时，已过诉讼时效的债权就不能自动产生抵销效力。如果对方不提出抗辩，则意味着对方放弃了时效利益，将发生抵销效力。这与《民法典》第192条的规定是相一致的。

4.抵销可参照适用清偿抵充的规则。《合同编通则解释》第56条规定，可将清偿抵充规则参照适用于抵销的情形。具体而言：第一，如果行使抵销权的一方负担的数项债务种类相同，但享有的债权不足以抵销全部债务，除当事人另有约定外，首先要抵销已经到期的债务；如果各项债务均到期的，则应当优先抵销对方缺乏担保或者担保最小的债务；如果各项债务均没有担保的，则应当抵销对债务人负担较重的债务；如果负担相同，则应当按照债务到期的先后顺序确定抵销债务的顺序；如果各个债务的到期时间相同，则按照各个债务的比例进行抵销。第二，在行使抵销权的一方享有的债权不足以抵销其负担的包括主债务、利息、实现债权的有关费用在内的全部债务时，除当事人另有约定外，应当按照下列顺序履行：实现债权的有关费用、利息、主债务。当然，即便行使抵销权的一方享有的债权不足以抵销全部债务，但当事人并没有因抵销的顺序发生争议，则不必参照适用《民法典》关于清偿抵充的规则。

五、提存

（一）提存的概念和特征

在我国现行法上，提存有一般提存与特殊提存之分。前者由《民法典》第570～574条加以规定；后者则分散规定在《民法典》的其他部分中，如根据《民法典》第406条第2款的规定，抵押权人能够证明抵押财产转让可能损害抵押权的，可以请求抵押人将转让所得的价款向抵押权人提前清偿债务或者提存。这种提存不要求具备债务人因债权人的原因而难以履行债务这一条件。此处所称提存为一般提存，是指由于债权人的原因而无法向其交付债的标的物时，债务人将该标的物交存于提存部门而消灭债务的制度。

提存具有以下特征：

1.由于债权人的原因导致债务人难以履行债务。债务人履行其债务往往需要债权人协助，当债务人为履行其债务而向债权人交付标的物时，如果债权人不予以协助，则债务人将无法完成其债务。此时债务人有权请求债权人承担迟延履行的责任，也有权请求债权人赔偿相应的履行费用，也可以通过提存的方式消灭其债务。

2.债务人将合同标的物交付给特定的提存部门。债务人因为债权人的原因而难以履行债务的，不能因此而直接免除债务人交付标的物的义务，故为了平衡债权人与债务人的利益，允许债务人将标的物交付给特定的提存部门以达到履行效果。

3.在债务人提存后，债务人的债务消灭。尽管提存不是向债权人交付标的物，但在法律效果上属于债的履行的一种特殊方式，当提存成立时则视为债务人在提存范围内已经履行债务，从而使债务人脱离债的关系。

（二）提存的条件

《民法典》第570条第1款规定：“有下列情形之一，难以履行债务的，债务人可以将标的物提存：（1）债权人无正当理由拒绝受领；（2）债权人下落不明；（3）债权人死亡未确定继承人、遗产管理人，或者丧失行为能力未确定监护人；（4）法律规定的其他情形。标的物不适于提存或者提存费用过高的，债务人依法可以拍卖或者变卖标的物，提存所得的价款。”依据这一规定，债务人以提存方式消灭债务，必须具备以下条件。

1.具有法律规定的提存原因。提存原因也称提存事由，即导致债务人难以履行债务的具体原因，包括以下几个方面。

其一，债权人无正当理由拒绝受领。对此项提存事由应从以下几个方面理解：（1）该事由仅适用于须债权人受领给付的情形，通常为交付标的物或价款；若债务依其性质无须债权人受领，则无提存的适用余地，如保密义务等不作为义务。（2）须债务人现实地提出了给付，即完成了给付准备并向债权人发出受领给付的通知。（3）债权人无正当理由拒绝受领债务人的给付。债权人拒绝受领债务人给付的正当理由，包括不可抗力的影响、遭遇难以克服的意外情况、标的物存在严重质量瑕疵、债务人迟延履行致使不能实现合同目的、合同无效或被解除等；债务人提前履行损害债权人利益的，也构成债权人拒绝履行的正当理由。若无上述正当理由，无论是债务人按期履行还是提前履行，债权人予以拒绝均构成提存原因。

其二，债权人下落不明。债务人履行其债务通常需要债权人在合同履行地接受其履行，如果债权人下落不明，债务人可以将标的物提存以消灭其债务。所谓下落不明是指债权人离开自己的住所不知去向，处于无音讯状态而无法与之联系（包括但不限于债权人被宣告失踪）。虽然债权人下落不明，但是债权人的代理人下落清楚，则债务人可以向债权人的代理人交付标的物，而不得将标的物提存。如果债权人已经被宣告失踪，人民法院已经为债权人指定了财产代管人的，则债务人应当向财产代管人履行债务，而不得将标的物提存。

其三，债权人死亡未确定继承人、遗产管理人，或丧失民事行为能力未确定监护人。债权人死亡或丧失民事行为能力，并不必然导致债务人债务的消灭，此时债务人应当向债权人的继承人、遗产管理人或其监护人履行债务。在继承人、遗产管理人、监护人确定之前，债务人可以将标的物依法提存。

其四，法律规定的其他情形，例如，《民法典》第529条规定，债权人合并、分立或变更住所，没有通知债务人，致使债务履行发生困难的，债务人可以中止履行或者将标的物提存；《民法典》第837条规定，收货人不明的，承运人依法可以提存标的物。

债务人基于上述原因而将标的物提存，均须满足“难以履行债务”这一条件。所谓难以履行债务，是指因上述某一事由导致债务人履行债务面临不易克服的困难。一般认为，以下情形不能认为是难以履行：（1）债权人时间短暂的受领迟延；（2）下落不明的债权人有财产代管人或共同共有人；（3）债权人的继承人、遗产管理人、监护人即将确定。在物权制度中，担保物权人依法实施的提存行为（如将担保物的保险金、赔偿金、补偿金提存）并不属于债的履行范畴，也无须具备上述事由和条件。

2.标的物适于提存。所谓标的物适于提存，是指标的物依其物理属性适合由提存部门保管且保管费用不至于过高。

根据有关部门规章的规定，下列标的物可以提存：（1）货币；（2）有价证券、票据、提单、权利证书；（3）贵重物品；（4）担保物（金）或其替代物；（5）其他适宜提存的标的物。不动产也可由提存机关采取封存、委托代管等必要的保管措施实行提存。

不适于提存的标的物主要包括：（1）低值、易损、易耗物品，如砖石；（2）鲜活、易腐物品，如瓜果、海鲜；（3）需要专门技术或高昂费用养护的物品，如珍稀动物；（4）体积过大或具有高度危险的物品，如超大型机械设备、建设设施、爆炸物品等。一般而言，提存应当是标的物的全部提存，但标的物为可分物（如货币）时，对部分提存应不予禁止。

根据《民法典》第570条第2款的规定，当标的物不适宜提存或提存费用过高时，债务人可以依法拍卖、变卖标的物，并就拍卖、变卖所得的价款进行提存。在此情形下，应由提存人向提存部门提出拍卖、变卖申请，提存部门确定该标的物不适宜提存或提存费用过高后依法予以拍卖、变卖，对所得的价款进行提存。

（三）提存的成立

提存涉及三方当事人即提存人、提存部门和提存受领人。提存人一般为债务人或其代理人，债务人在提存时应当具有完全民事行为能力，无行为能力人和限制行为能力人提存的，应当由其法定代理人代为履行。第三人代为清偿而债权人无权拒绝的，代为清偿人可依法定条件成为提存人。

所谓提存部门，是指依法有权办理提存业务的机构。对此，《民法典》未作明确规定。根据司法部1995年颁发的《提存公证规则》，公证机构可作为提存部门，提存公证由债务履行地的公证机构管辖。

根据有关部门规章的规定，提存人在交付提存标的物的同时，应提交提存书。提存书上应载明提存人姓名（名称）、提存物的名称、种类、数量以及提存受领人的姓名、住址等基本内容。此外，提存人应提交合同、担保书、司法文书等债务证据，以证明其所提存之物确系所负债务的标的物；提存人还应提交债权人受领迟延或不能确定以致自己无法向债权人清偿的证据。如果提存人的提存系对于债权人的对待给付而为，提存人应当在提存书中特别注明。符合下列条件的，公证机构应当予以提存：（1）提存人具有民事行为能力、意思表示真实;(2)提存之债真实、合法;(3)符合提存条件;(4)提存物与债的标的物相符。提存物与合同标的物不符或者在提存时难以判明两者是否相符的,公证机构应告知提存人如提存受领人因此拒绝受领提存标的物,则不能产生提存的效力。提存人仍要求提存的,可以办理提存,并记载上述条件。

根据《民法典》第571条第1款的规定,债务人将标的物或者将标的物依法拍卖、变卖所得价款交付提存部门时,提存成立。

(四)提存的效力

1.对债务人的效力

其一,债务人的债务归于消灭。《民法典》第571条第2款规定,提存成立的,视为债务人在其提存范围内已经交付标的物。因此,提存成立后,债务人的债务在提存物的相应范围内消灭。一般认为,债务消灭是提存拟制产生的法律效果,该效果仅作用于债务人一方。

其二,债务人应履行通知义务。根据《民法典》第572条的规定,标的物提存后,债务人负有通知义务,即因债权人无正当理由拒绝受领而提存的,标的物提存后,债务人应及时通知债权人;因债权人下落不明而提存的,标的物提存后如已确定债权人财产代管人,应及时通知其财产代管人;因债权人死亡或者丧失行为能力又未确定继承人、遗产管理人或者监护人而提存的,标的物提存后如已确定继承人、遗产管理人、监护人,债务人也应及时通知。

其三,特殊情形下债务人享有取回提存物的权利。根据《民法典》第574条第2款的规定,债权人未履行对债务人的到期债务,或者债权人向提存部门书面表示放弃领取提存物权利的,债务人负担提存费用后有权取回提存物。除此之外,如有人民法院生效的判决、裁定确定提存物归债务人所有,或债务人在提存程序之外清偿了债务,债务人也可凭据该判决、裁定或提存之债已经清偿的公证证明取回提存物。提存人取回提存物的,视为未提存,因此产生的费用由提存人承担。提存人未支付提存费用前,提存部门有权留置价值相当的提存标的物。

2.对债权人的效力

其一,标的物的风险承担、孳息归属与提存费用负担。《民法典》第573条对此作了规定:(1)标的物提存后,毁损、灭失的风险由债权人承担。所谓毁损、灭失的风险由债权人承担,是指如果提存物在提存部门保管期间毁损、灭失且不可归责于提存部门,则不仅债务人的债务归于消灭,而且债权人仍须对债务人负对待给付义务。原因在于,提存行为等同于清偿,提存后视为标的物已经交付,其所有权由债务人移转于债权人(所有权须登记变更的不动产除外),标的物毁损、灭失的风险也随之转移。(2)提存期间,标的物的孳息归债权人所有。标的物提存后,其孳息也随同所有权发生移转,归债权人所有,提存部门应代为收取。例如,提存的存款单、有价证券、奖券需要领息、承兑、领奖的,提存部门应代为承兑或领取。(3)提存费用由债权人负担。提存费用,包括提存公证费、公告费、保管费、评估费、拍卖变卖费、保险费以及为保管、处理、运输提存标的物所支出的其他费用。因提存系基于债权人原因而为,故上述费用应由债权人承担(当事人另有约定的,从其约定)。提存受领人未支付提存费用前,提存部门有权留置价值相当的提存标的物。

其二,债权人的提存物领取请求权。《民法典》第574条对此作了规定:(1)提存物领取请求权由债权人向提存部门主张。债务人将标的物提存后,由于标的物的所有权已经转由债权人享有,因此债权人享有物权请求权。此处的债权人应作扩大解释,包括债权人本人及其代理人、继承人及因债权让与等取得债权的新债权人。(2)债权人可以随时领取提存物,提存部门不得拒绝。但是,债权人对债务人负有到期债务的,在债权人未履行债务或提供担保之前,提存部门根据债务人的要求应当拒绝其领取提存物。亦即,债务人针对债权人对其享有的债权可以行使的抗辩,也可针对债权人领取提存物的权利由提存部门代为行使,但债务人应于提存时向提存部门提出此项要求。(3)债权人领取提存物的权利,自提存之日起5年内不行使而消灭,提存物扣除提存费用后归国家所有。但是，债权人未履行对债务人的到期债务，或者债权人向提存部门书面表示放弃领取提存物权利的，债务人负担提存费用后有权取回提存物。

3.提存对提存机关的效力

其一，提存机关负有保管义务。提存部门应当采取适当的方法妥善保管提存标的物，以防毁损、变质或灭失。对不宜保存的、提存受领人到期不领取或超过保管期限的提存物品，提存部门可以拍卖，保存其价款。提存的存款单、有价证券、奖券需要领息、承兑、领奖的，提存部门应当代为承兑或领取。提存部门因保管不当致使提存物毁损、变质或灭失的，应对债权人负赔偿责任。

其二，提存机关负有交付提存物的义务。应债权人的请求，提存机关应当及时向债权人交付提存物，无法定理由不得拒绝债权人的领取请求。

其三，提存机关有权向债权人收取合理的费用。在债务人将标的物提存以后，提存机关与债权人之间事实上已形成了保管关系，此种保管关系是有偿的，提存机关有权向债权人收取合理的费用。如果债权人拒绝支付合理的费用，则提存机关有权留置与有关费用价值相当的标的物。

六、债务免除

（一）债务免除的概念

债务免除（以下简称免除），是指债权人向债务人作出抛弃全部或部分债权的意思表示，从而全部或部分地消灭债的关系的行为。《民法典》第575条规定，债权人免除债务人部分或者全部债务的，债权债务部分或全部终止，但是债务人在合理期限内拒绝的除外。免除具有如下特征：

1.免除是单方行为。债权人实施免除行为不需要取得债务人的同意，在债权人作出免除的意思表示到达债务人后，该行为便产生效力，债权人不得撤销该意思表示（但债务人可在收到免除通知后的合理期限内表示拒绝以阻却其发生效力）。免除不同于债权赠与，后者为双方行为，须赠与人与受赠人达成合意。

2.免除是处分行为。免除为债权人抛弃债权的处分行为，直接导致债权人的债权和债务人相应债务的消灭，因而免除以债权人对该债权有处分权为有效要件。债权人对其债权的处分权受到限制（如被法院采取执行措施）的，其免除行为不发生效力。

3.免除是无因行为。一般认为，免除为无因行为，即只要免除行为本身合法有效，即可产生免除的效力，不管债权人实施免除行为的原因和动机如何。例如，债权人基于和解协议而免除债务人部分债务，免除行为实施后即使和解协议被认定为无效，也不影响免除的效力。

4.免除是无偿行为。免除是债权人消灭债务人的债务负担的行为，不以债权人获得相应的对价为条件，但其原因可以是有偿行为。免除本身是无偿行为，因此原则上免除不得附条件，或以债务人负担某种义务为前提，否则就不是真正意义上的免除。

5.免除是不要式行为。免除的意思表示无须采取特定的形式，口头、书面及其他方式都可发生免除的效力。

（二）免除的有效要件

1.免除人须对债权享有处分权。一方面，免除人须为债权人，债务免除必须是处分自己的债权，而不能是处分他人的债权。另一方面，免除人须对被免除的债务享有处分权。代理他人作出免除债务的意思表示，必须获得债权人的明确授权。在共同债权的情况下，一个债权人免除债务人的债务时，应当取得其他债权人的同意。

2.免除人应当具有行为能力。由于免除解除了债务负担，使债权人遭受了一定程度的不利益，因此实施免除行为的自然人必须具有完全民事行为能力。无民事行为能力人、限制民事行为能力人不得实施免除行为，其监护人也不得实施，但为被监护人利益的除外。免除行为人是法人或非法人组织的，不得违反相关禁止性规定和程序性规则实施免除行为。

3.免除的对象必须是债务人的债务。债权人如果放弃债的担保，不能认为其当然地免除了债务人的债务。在按份之债中，债权人免除某一债务人的债务，只能使该债务人的债务被免除，其他债务人的债务并没有被免除。而在连带债务中，如果债权人免除了连带债务人中部分债务人的债务，则一般应当视为免除了全部债务人的债务。

4.免除人须向债务人明确作出免除其债务的意思表示。免除是一种单方行为，则该意思表示必须要向债务人或其代理人明确作出，并且该意思表示应当直接通知债务人或其代理人。向任何第三人所作的免除的意思表示都不能产生免除的法律效果。

5.免除不得损害第三人的利益。债权人虽有权免除债务人的债务，但是该权利的行使以不得损害第三人的利益为限。

6.债务人未在合理期限内拒绝。正常情况下，债权人免除债务对债务人而言是有利的，但特殊情况下债务人未必愿意接受债务免除。因此，债务人有权拒绝债权人的免除行为。根据《民法典》第575条的规定，债务人可以在合理期间内拒绝债权人对债务的免除，此时不发生债务免除的效果。

（三）免除的效力

1.被免除的债务消灭。债权人免除部分债务的，该部分债务消灭；免除全部债务的，债务及债的关系整体消灭。

2.从债务消灭。主债务因被免除而消灭的，从债务随之消灭，如利息债务、违约金债务、担保债务等，但当事人另有约定的除外。保证债务的免除不影响被担保债务的存在。

七、混同

（一）混同的概念

混同有物权法上的混同和债法上的混同之分。物权法上的混同，是指所有权与他物权同归于一人，致使他物权消灭的现象。债法意义上的混同，是指债权和债务同归一人，致使债的关系消灭的事实。对此，《民法典》第576条规定，债权和债务同归于一人的，债权债务终止，但是损害第三人利益的除外。

合同法上的混同具有以下特点：(1)仅限于债权与债务的混同，不包括债权与债权、债务与债务的混同。(2)债权和债务同归于一人。混同前的债权和债务分别归属于债权人和债务人，因特定原因使该债权与债务合并为由同一人享有和承担，致使其清偿失去意义。(3)混同作为一种导致债权债务消灭的法律事实，性质上属于事件，而不是民事法律行为或事实行为。

（二）混同的原因

根据《民法典》第576条的规定，混同的原因为“债权和债务同归于一人”，具体包括两类情形：

1.概括承受。概括承受，是指债权人和债务人的主体存续状况发生变化，导致一方的权利义务全部由另一方承受的现象。主要包括：企业合并；债权人继承债务人财产；债务人继承债权人财产等。

2.特定承受。特定承受，是指就某一特定债权，债权人和债务人的身份归于一人的情形。主要包括：债权人将债权转让给债务人；债务人将债务转让给债权人等。

（三）混同的效力

1.债权债务消灭。合同关系及其他债的关系，因混同而消灭。债权消灭，其从权利如利息债权、违约金债权、担保权等也归于消灭。

2.债权债务涉及第三人利益的，不因混同而消灭。其一，债权是第三人权利的标的。例如，债权为他人质权的标的时，为了保护质权人的利益，该债权不因混同而消灭。其二，具有流通性的证券化债权。例如，票据背书转让给前手票据债务人（出票人、承兑人等）的，票据权利不因混同而消灭，票据可以继续流通；公司取得本公司发行的公司债券的，债券权利不因混同而消灭。

【本章主要法律规定】

1.《民法典》第543～576条

2.最高人民法院《关于适用〈中华人民共和国民法典〉合同编通则若干问题的解释》第47～58条

第十七章 违约责任

本章主要内容提示

1.违约行为是指当事人一方不履行合同义务或者履行合同义务不符合约定的行为。违约行为可分为实际违约和预期违约。实际违约包括拒绝履行、迟延履行、不适当履行；预期违约包括明示预期违约与默示预期违约。

2.违约责任是合同当事人一方对另一方承担的民事责任，具有补偿性和一定的任意性。违约责任适用严格责任原则，其成立以存在违约行为且不存在免责事由为要件。

3.违约责任的免责事由包括不可抗力和免责条款。第三人原因并非违约责任的免责事由。

4.对金钱债务均可请求继续履行，非金钱债务的继续履行责任受到一定限制。非金钱债务不能适用继续履行责任致使不能实现合同目的的，可适用合同裁判解除规则。

5.违约补救措施包括修理、重作、更换、退货、减少价款或者报酬，其适用于所交付的标的物存在瑕疵、合同对违约责任没有约定或者约定不明确而依《民法典》第510条仍不能确定违约责任为前提。

6.违约损害赔偿的范围需受到完全赔偿、合理预见、过失相抵、损益相抵、减轻损失等规则的调整。

7.违约金可分为约定违约金与法定违约金、补偿性违约金与惩罚性违约金。约定违约金低于或过分高于违约所造成的损失时，当事人可请求法院或仲裁机构予以调整。延期履行违约金不影响继续履行责任的承担。

8.违约金与定金原则上不能同时适用。

第一节 违约责任的构成与免除

一、违约行为

（一）违约行为的概念

违约行为，是指当事人一方不履行合同义务或者履行合同义务不符合约定的行为。

违约行为具有以下特征：(1)违约行为的主体是合同关系的当事人。违约行为的主体具有特定性，只有合同当事人才可能构成违约。基于合同相对性，合同当事人之外的第三人行为导致合同义务无法正常履行的，第三人并非违约行为人；合同当事人的代理人、辅助人实施违约行为的，违约行为主体仍为当事人。违约行为通常由债务人实施，但债权人受领迟延也构成违约行为。(2)违约行为以有效合同关系的存在为前提。如果合同关系并不存在或无效、被撤销、被依法解除(解除前)，均不可能发生违约行为。(3)违约行为是违反合同义务的行为。合同义务主要是基于当事人的约定而产生的，也可能是当事人基于法律规定承担的义务，例如，根据诚实信用原则所产生的附随义务。(4)违约行为导致对合同债权的侵害。违约行为与侵权行为的主要区别在于，侵权行为主要是对绝对权的侵害，而违约行为则是对合同债权的侵害。

违约行为不同于合同履行的障碍。所谓合同履行的障碍，是指妨碍合同目的实现的各种事由，包括债务不履行、履行不能、不可抗力、情势变更、合同解除、当事人死亡等。履行障碍涉及范围广泛，违约行为仅属其中一种情形。

根据不同标准，可对违约行为作以下分类：(1)单方违约与双方违约。单方违约，是指经一方当事人违约而另一方并无违约行为；双方违约，是指双方当事人分别违反了自己的合同义务。《民法典》第592条第1款规定，当事人都违反合同的，应当各自承担相应的责任。(2)根本违约与非根本违约。以一方违约行为是否导致另一方订约目的不能实现为标准，违约行为可作此分类。其主要区别在于，根本违约可构成合同法定解除的事由。(3)实际违约与预期违约。以违约行为是否发生于合同履行期届至后为标准，可对其作此区分。

(二)实际违约

实际违约，即合同履行期届至后发生的违约行为。实际违约的具体形态包括：

1.拒绝履行。拒绝履行是指在合同履行期限到来以后，债务人无正当理由对其债权人表示不履行合同义务。拒绝履行的要件是：(1)债务履行期已届至。债务履行期届至前的拒绝履行属于预期违约范畴。(2)债务人向债权人作出不履行合同义务的意思表示。该意思表示可以采取书面、口头等明示方式作出，也可采取默示方式(如卖方将特定物卖给第三人并已交付)。(3)债务人不履行合同无正当理由。如果债务人基于正当理由拒绝债权人的履行请求，则不构成违约行为意义上的拒绝履行，如行使同时履行抗辩权、时效抗辩权、先诉抗辩权、生效条件未成就等。

2.迟延履行。迟延履行，是指债务人未能在履行期届满前履行。其要件为：(1)债务履行期已届满。对于定期债务，约定履行期届满而未履行即构成迟延履行；对于不定期债务，债务人在债权人催告后的合理期限内未履行则构成迟延履行。(2)迟延履行不具有正当理由，如债务人享有履行抗辩权等。

3.不适当履行。不适当履行也称不完全履行，是指债务人虽有履行债务的行为，但其履行不符合合同约定或法律规定的情形。不适当履行包括：(1)部分履行。部分履行，是指债务人的履行在数量上不符合要求，如仅支付部分价款、完成部分劳务等。(2)瑕疵给付。瑕疵给付，是指履行标的质量不符合要求，以致其履行所应有的利益(履行利益)受到减损，如产品不合格、劳务不达标等。(3)加害给付。加害给付，是指履行标的质量不符合要求，导致债权人履行利益损失以外的其他利益损失(固有利益损失)，如电器漏电致人死亡。此时，发生违约责任与侵权责任的竞合，受害人可以选择行使请求权。(4)履行方式不当。如履行时间、地点、具体方法不当等。(5)违反附随义务。债务人未根据合同的性质、目的和交易习惯履行通知、协助、保密等附随义务的，也属于违约行为。

合同的履行需要债权人受领的，债务人履行债务时，债权人无正当理由拒绝受领也属于广义上的违约行为。根据《民法典》第589条的规定，债权人受领迟延应当符合以下要件。(1)债务人的履行需要债权人的受领或提供其他协助。如果债务履行无须债权人协助，则不产生受领迟延问题。(2)债务人按照约定履行债务。受领迟延的前提是债务人现实地提出了履行且其履行符合约定。如债务人作出的给付不符合约定，则债权人拒绝受领具有正当理由，不应认定为违约行为。(3)债权人拒绝受领。拒绝受领可表现为明确表示不予受领、迟延受领或以默示方式拒绝受领。(4)债权人拒绝受领无正当理由。债权人无正当理由拒绝受领的法律效果为:阻却债务人履行迟延的违约责任;债务人可以请求债权人赔偿增加的费用(如保管费用);在债权人迟延受领期间,债务人无须支付利息。

履行不能不是一种独立的违约行为形态。履行不能,是指由于债务人在客观上已经没有履行能力或者法律禁止合同的履行而使其债务不可能履行的状态。履行不能可分为:(1)自始不能与嗣后不能。前者是指不能履行的情况自合同成立之时即已存在,后者是指合同成立后发生的履行不能。(2)客观不能与主观不能。前者指任何人都不能作出履行,后者指债务人不能履行而他人仍有能力履行。(3)事实上的不能与法律上的不能。前者指基于自然原因的履行不能,后者指基于法律禁止履行的履行不能。此外,履行不能还有永久不能与一时不能、全部不能与一部不能之分。对于履行不能,传统民法有"自始不能合同无效"的观念,但现代各国立法已不再信奉这一教条,而是普遍主张履行不能并不影响合同效力,我国民事立法也是如此。在我国民法中,《民法典》合同编所规定的违约行为形态(如拒绝履行、迟延履行)基本可以涵盖履行不能的适用范围,对违约责任采"严格责任"归责原则也消除了履行不能的适用条件。

(三)预期违约

1.预期违约的概念和特点

(1)预期违约也称先期违约,是指在合同履行期到来之前,一方无正当理由但明确表示其在履行期到来后将不履行合同,或者其行为表明其在履行期到来后将不可能履行合同。其特点是:预期违约是在债务履行期到来之前的违约。由于债务履行期尚未到来,债务人还不必要实际履行其义务,此时债务人的特定行为只是表明其在履行期届至后不可能履行合同义务,不像实际违约那样表现为现实的违反义务。就其实质而言,预期违约是一种无视合同约束力的失信行为,并且可能造成债权人信赖利益的损害,因此应承担违约责任。(2)预期违约侵害的是期待债权。债务履行期届至前,债权人无权请求债务人履行债务,其享有的债权只是一种期待权而不是现实的债权,但这种期待利益也受法律保护,债务人的预期违约行为即侵害了债权人的期待利益。

《民法典》第578条规定:"当事人一方明确表示或者以自己的行为表明不履行合同义务的,对方可以在履行期限届满前请求其承担违约责任。"根据这一规定,预期违约包括两种形态,即明示预期违约和默示预期违约。

2.明示预期违约

明示预期违约,是指一方当事人无正当理由,明确地向对方表示将在履行期届至时不履行合同。其成立要件为:(1)当事人一方明确地向对方表示将不履行合同义务。所谓不履行合同义务,既包括不履行全部合同义务,也包括不能按照约定标准和条件履行合同义务(如标的物品质达不到合同要求);所谓明确表示,是指确定地、无条件地向对方作出履行期届至后将不可能履行合同义务的意思表示。(2)该表示在其所负合同义务履行期届至前作出(如卖方于约定交货日期前向买方表示不愿交货)。如系合同义务履行期届至后拒绝履行,则构成实际违约。(3)不存在不履行合同义务的正当理由。合同履行期届至前,债务人可主张的不履行合同义务的正当理由包括债务人享有法定解除权;合同存在无效事由,债务人要求宣告合同无效;合同存在可撤销事由,债务人享有撤销权;债务人基于不可抗力等事由被免除履行义务等。

3.默示预期违约

默示预期违约,是指在履行期到来之前,一方以自己的行为表明其将在履行期届至后不履行合同义务。其成立要件为:(1)合同履行期尚未届至。此点与明示预期违约相同。(2)一方以自己的行为表明其将在履行期届至后不履行合同义务。所谓不履行合同义务,应与明示预期违约中的"不履行合同义务"作同一解释。所谓"以自己的行为表明其将在履行期届至后不履行合同义务",是指通过债务人的行为表现或资产、信用等状况可以认定其没有履约的意愿或能力。其一，后履行债务人存在《民法典》第527条、第528条所规定的情形，即经营状况严重恶化、转移财产、抽逃资金以逃避债务、丧失商业信誉或有丧失或者可能丧失履行债务能力的其他情形，先履行债务人中止履行本方债务后，后履行债务人在合理期限内未恢复履行能力且未提供适当担保的。上述情形，视为后履行债务人"以自己的行为表明不履行主要债务"，既满足合同法定解除的条件，也满足预期违约的条件。其二，债务人的其他行为表明其将在履行期届至后不履行合同义务。例如，特定物买卖合同的出卖人在合同履行期届至前将标的物转卖给第三人，承揽人未为完成工作、按时交付成果做必要准备等。

《民法典》合同编同时规定了不安抗辩权和默示预期违约制度。二者的区别在于：(1)适用前提和条件不同。不安抗辩权仅适用于有履行先后顺序的双务合同，其适用条件是应当后履行债务的一方当事人存在经营状况严重恶化等丧失或可能丧失履行能力的情形；默示预期违约的适用并无上述条件限制。(2)法律效果不同。不安抗辩权的第一层效力为中止履行，第二层效力为合同解除及违约责任，默示预期违约则具有中止履行的法律效果，也不必然导致合同解除。二者的联系在于，在先履行债务人行使不安抗辩权、后履行债务人未在合理期限内提供适当担保的情形下，不安抗辩权的适用条件构成认定债务人预期违约的法定事由(《民法典》第528条)。

二、违约责任的概念和构成要件

(一)违约责任的概念和特征

违约责任是违反合同的民事责任的简称，是指合同当事人一方不履行合同义务或履行合同义务不符合合同约定或法律规定所应承担的民事责任。《民法典》合同编第八章(第577～594条)对违约责任作了专门规定。违约责任具有以下特征：

1.违约责任是一种民事责任。法律责任有民事责任、行政责任、刑事责任等类型，民事责任是指民事主体在民事活动中，因违反民事义务所应承担的法律后果，包括违约责任、侵权责任、缔约过失责任等。违约责任是当事人违反合同义务的法律后果。《民法典》总则编专设"民事责任"一章(第八章)，违约责任被规定于其中。

2.违约责任是合同当事人一方对另一方承担的责任。合同关系的相对性决定了违约责任的相对性，即违约责任是合同当事人之间的民事责任，合同当事人以外的第三人对当事人之间的合同既不承担义务，也不承担违约责任。《民法典》第593条规定，当事人一方因第三人的原因造成违约的，应当向对方承担违约责任。当事人一方和第三人之间的纠纷，依照法律规定或者按照约定解决。

3.违约责任是当事人不履行合同义务或履行合同义务不符合约定的责任。(1)违约责任是违反有效合同的责任。合同有效是合同权利义务产生的前提，也是承担违约责任的前提。这一特征使违约责任与合同法上的其他民事责任(如缔约过失责任、合同无效的责任)区别开来。(2)违约责任以当事人不履行合同义务或履行合同义务不符合约定，即存在违约行为为条件。能够产生违约责任的违约行为有两种情形：一是当事人不履行合同义务，即未按合同约定提供给付；二是当事人履行合同义务不符合约定，如迟延履行、部分履行、瑕疵给付等。从广义上说，合同义务既包括约定义务，也包括法定义务，如附随义务。

4.违约责任具有补偿性和一定的任意性。(1)违约责任以补偿守约方因违约行为所受损失为主要目的，以损害赔偿和违约金为主要责任形式，故具有补偿性质。(2)违约责任可以由当事人在法律规定的范围内约定，具有一定的任意性。《民法典》第585条第1款规定，当事人可以约定一方违约时应当根据违约情况向对方支付一定数额的违约金，也可以约定因违约产生的损失赔偿额的计算方法。

违约责任与缔约过失责任同属合同法上的民事责任，但二者存在以下区别：(1)产生前提不同。前者以存在有效合同为前提，后者则发生于合同订立阶段即合同无效、被撤销情形。

（2）违反的义务不同。前者违反的是合同义务，主要是约定义务；后者违反的是先合同义务，属于法定义务。（3）归责原则不同。前者适用严格责任原则，后者适用过错责任原则。（4）责任形式不同。前者的责任形式较为丰富，包括实际履行、违约金、损害赔偿、定金责任等；后者一般为损失赔偿责任。（5）损失赔偿范围不同。前者主要赔偿守约方的履行利益，后者主要赔偿无过错方的信赖利益。

瑕疵担保责任是违约责任的一种具体情形。传统民法中，瑕疵担保制度具有一定的独立性。我国《民法典》借鉴《联合国国际货物销售合同公约》的立法经验，虽然在买卖合同制度中确立了出卖人的瑕疵担保义务（《民法典》第612条、第615条），并经由《民法典》第646条准用于其他有偿合同，但并未规定独立的瑕疵担保责任，而是通过统一的不适当履行违约责任模式处理标的物瑕疵担保问题。

（二）违约责任的归责原则和构成要件

1.违约责任的归责原则

违约责任的归责原则，是指据以确定当事人承担违约责任的基本准则。立法例上，存在过错责任和严格责任两种违约责任的归责原则。所谓过错责任，是指以违约方的过错作为其承担违约责任的必要条件，若无主观过错，即使存在违约行为，也无须承担违约责任。所谓严格责任，是指不以当事人主观过错作为违约责任的构成要件，只要存在违约行为，无论有无过错，若无其他免责事由，均须承担违约责任。

归责原则体现了违约责任制度的基本价值取向，对其制度构建具有决定性意义：（1）归责原则决定违约责任的构成要件。如果违约责任适用过错责任原则，则过错是违约责任的构成要件之一；如果适用严格责任原则，则违约责任不以过错为要件。（2）归责原则影响举证责任。如果适用过错责任原则，则守约方须证明违约方存在过错或推定违约方存在过错而由其承担无过错举证责任；如果适用严格责任原则，则守约方无须证明违约方存在过错，违约方也不能通过证明其不存在过错而免责。（3）归责原则影响免责事由。如果适用过错责任原则，违约方可通过证明自己不存在过错而免责；如果违约责任适用严格责任原则，违约方只能通过证明存在其他免责事由而免责。（4）归责原则影响违约损害赔偿范围。如果适用过错责任原则，违约损害赔偿除适用全部赔偿规则外，还存在可预见规则、与有过失规则的适用；如果适用严格责任原则，确定赔偿范围无须考虑双方过错情况。

关于违约责任，大陆法系国家多以过错责任原则作为一般归责原则，以无过错责任为补充；英美法系国家则以严格责任为基本原则，以过错责任为例外。《民法典》第577条规定，当事人一方不履行合同义务或者履行合同义务不符合约定的，应当承担继续履行、采取补救措施或者赔偿损失等违约责任。该规定中，并未提及违约的成立是否考虑违约方的主观过错，故一般认为，我国民法上违约责任的成立，并不以当事人的过错为要件，亦即采取了严格责任原则。

我国民法虽对违约责任采取严格责任原则，但并不排斥过错责任在某些合同类型的适用，比如：（1）承租人违反保管义务的违约责任（《民法典》第714条）；（2）承揽人违反保管义务的违约责任（《民法典》第784条）；（3）保管人违反保管义务的违约责任（《民法典》第897条）。

2.违约责任的一般构成要件

违约责任的一般构成要件，是指违约责任的产生所应满足的一般性条件。对此，可从积极要件和消极要件两个方面予以解析。

其一，积极要件。积极要件，即促成违约责任产生、无之则无违约责任的因素。首先，违约行为是违约责任的基本构成要件，若无违约行为，即无违约责任可言。违约行为即《民法典》第577条所称“当事人一方不履行合同义务或者履行合同义务不符合约定”的行为，对此上文已作介述。其次，由于我国立法对违约责任采取严格责任原则，故违约方的过错并非违约责任的一般构成要件，过错责任仅在某些类型合同的违约责任中有所体现。最后，违约责任不以守约方因违约遭受损失作为一般构成要件，只要存在违约行为且无免责事由，即产生违约责任，守约方损失只是违约赔偿责任的特别构成要件。

其二，消极要件。消极要件，即阻却违约责任产生、有之则无违约责任的因素。违约责任的消极要件即违约责任的免责事由。称其为消极要件，是因为一方存在违约行为并不必然承担违约责任，还须满足“无免责事由”这一条件。

三、违约责任的免责事由

免责事由也称免责条件，是指当事人对其违约行为免予承担违约责任的事由。若存在此等事由，当事人虽有违约行为，也可免负违约责任。违约责任的免责事由可分法定免责事由和约定免责事由。法定免责事由，是指由法律直接规定、不需要当事人约定即可援用的免责事由，主要为不可抗力；约定免责事由是指当事人约定的免责条款。除完全免责事由外，《民法典》还将守约方与有过失作为减轻违约方责任的事由。

（一）不可抗力

1.不可抗力的概念。根据《民法典》第180条第2款的规定，所谓不可抗力，是指不能预见、不能避免且不能克服的客观情况。不可抗力的要件为：（1）不能预见，即当事人在订立合同时无法合理预见到该客观情况是否发生、何时何地发生、发生的情况如何。对此，应以一般理性人的预见能力为标准加以判断。（2）不能避免，即该客观情况的发生具有必然性，无论当事人采取何种措施，均不能防止或避免事件的发生。（3）不能克服，即以当事人自身的能力或条件无法消除该客观情况所造成的不利影响。（4）客观情况，即独立存在于特定人的行为之外的客观情况，其存在和消除既不是当事人自身原因造成的，也不是特定第三人的行为（如第三人违约、侵占标的物）。

2.不可抗力的范围。不可抗力主要包括以下几种情形：（1）自然灾害，如地震、台风、洪水、冰雹、海啸等。自然灾害是典型的不可抗力，当其符合“不能预见、不能避免、不能克服”要件时，即构成免责事由。（2）政府行为，如征收决定、征用决定、进出口禁令、交通管制措施、疫情防控措施等。违约方以政府行为作为免责事由，须证明该行为符合不可抗力的构成要件，成为其违约的客观原因。（3）社会异常事件，如战争、恐怖袭击、罢工、骚乱等。“非典”“新冠肺炎”等公共卫生事件如满足不可抗力的构成要件，也可作为免责事由。但我国立法并未将意外事件（非因当事人过错产生的偶发事件，如停水停电、交通事故等）作为法定免责事由。

3.不可抗力的适用。不可抗力是违约责任的法定免责事由，因此：（1）合同中是否约定不可抗力条款，不影响直接援用法律规定主张免责。（2）约定不可抗力条款如小于法定范围，当事人仍可援用法律规定主张免责；约定不可抗力条款如大于法定范围，则应视为免责条款。（3）不可抗力作为免责事由具有强制性，当事人不得约定将不可抗力排除在免责事由之外。

4.不可抗力的免责效力。（1）因不可抗力不能履行合同的，根据不可抗力的影响，违约方可部分或全部免除责任（《民法典》第590条第1款）。具体而言，不可抗力构成违约行为的决定性原因力，且违约方无法采取合理措施减少违约损失的，应全部免除其违约责任；不可抗力构成违约行为的决定性原因力，但违约方能够采取合理措施减少违约损失的，应部分免除其违约责任；不可抗力构成违约行为的部分原因力的，根据其原因力的范围全部免除或部分免除违约方的违约责任。（2）法律规定不可抗力不能作为免责事由的，从其规定（《民法典》第590条第1款）。其一，对金钱债务不得主张因不可抗力免除违约责任。《民法典》第579条规定，当事人一方未支付价款、报酬、租金、利息，或者不履行其他金钱债务的，对方可以请求其支付。货币具有高度流通性和可替代性，一般不存在不能履行的情形，故债务人不得主张免责。其二，当事人迟延履行后发生的不可抗力，不免除其违约责任（《民法典》第590条第2款）。若不可抗力发生于迟延履行后，则迟延履行与不可抗力之间不存在因果关系，故违约方不得以此主张免责。其三，特别法规定不可抗力不构成免责事由的，依其规定。例如，《民用航空法》第125条规定，因发生在民用航空器上或在旅客上、下民用航空器过程中的事件造成旅客随身携带物品毁灭、遗失或者损坏的，承运人仅对战争或者武装冲突及政府有关部门实施的与货物入境、出境或者过境有关的行为造成的上述损失主张免责。

5.不可抗力的通知与证明。《民法典》第590条第1款规定，因不可抗力不能履行合同的，应当及时通知对方，以减轻可能给对方造成的损失，并应当在合理期限内提供证明。(1)及时通知义务。所谓及时通知，是指受不可抗力影响一方已确定自己将因不可抗力不能履行合同后，通过适当方式(书面或口头)尽快将此情况通知对方当事人，使对方能够及时采取措施尽可能避免或减轻因本方不履行合同造成的损失。因未及时通知造成或加重对方损失的，应当承担赔偿责任。(2)提供证明义务。因不可抗力主张免责的当事人应当在合理期限内向对方提供发生不可抗力的证明。该证明一般应当由有权出具相关证明的机构出具，如气象部门、公安部门、防疫部门、海关等。对于社会共知的或对方已知的不可抗力事件，当事人免负证明义务，但仍应负前述及时通知义务。

(二)免责条款

1.免责条款的概念和分类

免责条款，是指当事人用以免除或者限制一方或双方违约责任的合同条款。其特点在于：(1)免责条款是合同的组成部分，须由当事人达成合意。免责条款为格式条款的，应符合格式条款订入合同(成为合同内容)的条件。法定免责事由(如不可抗力)订入合同的，不属于一般意义上的免责条款。(2)免责条款须由当事人预先约定，由此有别于违约发生后当事人达成的免责和解协议。(3)免责条款的目的在于免除或者限制当事人未来应负的违约责任，而不是确立当事人在合同关系中的权利义务。

免责可以分为：(1)完全免责条款与限制责任条款。前者是指其约定的事由发生时违约方的责任完全被免除的条款，后者是指仅使违约方的责任部分免除的条款。(2)协商订立的免责条款与格式合同的免责条款。前者是指经当事人双方自由协商确定的免责条款，后者是指一方预先拟定并在订立合同时未与对方协商的免责条款，法律对其订入和效力设有特别规则(《民法典》第496条、第497条)。

2.免责条款的效力

允许依免责条款免除或限制当事人一方或双方的违约责任，是民法尊重当事人意思自治的体现。但免责条款应符合合同成立和有效的一般规定，并且受到法律的特别规制。如《民法典》第506条规定，合同中的下列免责条款无效：造成对方人身损害的；因故意或者重大过失造成对方财产损失的。免责条款无效的，违约方仍应依法承担违约责任。免责条款有效的，违约方可依据免责条款的约定主张完全免除或部分免除其违约责任。

四、因第三方原因违约的责任

《民法典》第593条规定，当事人一方因第三人的原因造成违约的，应当依法向对方承担违约责任。当事人一方和第三人之间的纠纷，依照法律规定或者按照约定处理。这一规定遵循了合同相对性理论，即合同仅在当事人之间产生法律约束力，违约责任也只能在合同当事人之间产生。

1.债务人因第三人的原因造成违约。因第三人原因造成违约的情形主要包括：(1)因合同约定的第三人的原因造成违约。第三人可以在合同中约定由第三人向债权人履行债务，第三人不履行或者履行债务不符合约定，构成债务人违约(《民法典》第523条)。(2)因履行辅助人的行为造成违约。履行辅助人，包括债务人的代理人以及为履行债务而与之订立合同的第三人，如运输人、保管人、分包人等。(3)因与债务人存在合同关系的第三人的原因造成违约。此类第三人主要包括原材料供应人、配件供应人、产品制造人、次承租人等。(4)因债务人一方的上级机关或主管部门的原因造成违约。需要指出的是，如果第三人的原因构成不可抗力，则违约方可根据其影响主张全部或部分免责。

2.债务人应当依法向对方承担违约责任。因第三人的原因造成违约的，仍应由违约方向守约方承担违约责任，违约方不得以第三人原因导致违约为由主张免责，守约方也无权请求第三人承担违约责任。但是，法律规定第三人也应对债权人承担责任的除外。例如，《民法典》第791条第2款规定，总承包人或者勘察、设计、施工承包人经发包人同意，可以将自己承包的部分工作交由第三人完成。第三人就其完成的工作成果与总承包人或者勘察、设计、施工承包人向发包人承担连带责任。

3.债务人与第三人之间的纠纷处理。因第三人的原因造成违约的，债务人可依据其与第三人之间的合同请求第三人承担违约责任；或者依据法律规定请求第三人承担侵权责任。

第二节　违约责任的形式

一、继续履行责任

（一）继续履行的概念

继续履行也称实际履行，是指违约方根据对方当事人的请求继续履行合同义务的违约责任形式。

继续履行的特点：（1）继续履行是一种违约责任形式，以债务人违约为前提，不同于一般意义上的合同履行。（2）继续履行的内容表现为按合同约定的标的履行义务，这一点与一般履行并无不同。（3）继续履行的适用以对方当事人（守约方）请求为条件，法院或仲裁机构不得径行裁判违约方继续履行。（4）实际履行可以与违约金损害赔偿和定金责任并用但不能与解除合同的方式并用。原因在于解除合同将使合同关系不复存在，债务人不再负担履行义务，所以其与实际履行是矛盾的补救方式。

（二）继续履行的适用

根据《民法典》第580条的规定，继续履行的适用，因债务性质的不同而不同。

1.金钱债务，无条件适用继续履行（《民法典》第579条）。金钱债务只存在迟延履行，不存在履行不能，因此，应无条件适用继续履行的责任形式。金钱债务的类型，主要包括：支付价款、支付报酬、支付租金、支付利息等。

2.非金钱债务，有条件适用继续履行。《民法典》第580条第1款规定，当事人一方不履行非金钱债务或者履行非金钱债务不符合约定的，对方可以请求履行，但是有下列情形之一的除外：（1）法律上或者事实上不能履行；（2）债务的标的不适于强制履行或者履行费用过高；（3）债权人在合理期限内未请求履行。根据这一规定，对非金钱债务，债务人不履行的，原则上债权人有权请求其继续履行，但下列情形除外。

首先，法律上或者事实上不能履行。（1）法律上不能履行是指实际履行违反法律或行政法规的强制性规定的情形。例如，买卖合同标的物因法律或行政法规的新规定而成为禁止流通物，劳务合同之债的标的因法律或行政法规的禁止性规定而成为违法行为等。（2）事实上不能履行。事实不能是指合同的履行在客观上不能或永久不能（如特定物买卖合同的标的物灭失，特定技能服务合同的债务人丧失该项技能），若债务人采取一定的措施仍可以履行合同或者只是部分不能履行或暂时不能履行，则表明合同在事实上仍然是可以履行的。

其次，债务的标的不适用强制履行或者强制履行费用过高。（1）债务的标的不适于强制履行，是指依据合同的性质以及合同所确立的标的不适合强制履行，具体来说包括两个方面。第一，从合同的性质来看，一些基于人身信赖关系而产生的合同，如合伙合同、委托合同等，往往是基于信任对方的特殊技能、业务能力等产生的，因此具有严格的人身性质，强制债务人履行债务与合同的根本性质相违背。第二，从合同的标的来看，对于某些提供服务和劳务的合同来说，标的本身不具有强制履行的性质。(2)履行费用过高。一方面需要考虑继续履行在经济上不具有合理性会造成一定的损失和浪费，另一方面需要考虑如果履行时间过长也不适合实际履行。

最后，债权人在合理期限内未请求履行。非违约方可以选择是否主张实际履行的违约责任。如果非违约方认为其他责任方式更有利于保护其利益的，可以选择其他责任形式，如违约赔偿；如果非违约方选择继续履行，则必须在合理期限内提出履行请求，否则违约方有权拒绝承担实际履行责任。

实践中，可能出现非金钱债务的债权人依法无权请求债务人承担继续履行责任，合同目的无法实现，但债权人不行使解除权，而债务人又无权终结合同关系情形，即所谓“合同僵局”。为此，《民法典》第580条第2款规定，有本条第1款规定的除外情形之一，致使不能实现合同目的的，人民法院或者仲裁机构可以根据当事人的请求终止合同权利义务关系，但是不影响违约责任的承担。此即《民法典》新设的合同裁判终止规则。

合同裁判终止的条件为:(1)当事人一方不履行非金钱债务或者履行非金钱债务不符合约定。合同裁判终止是非金钱债务适用继续履行责任的一项特殊规则，不适用于金钱债务的违约情形。(2)守约方根据《民法典》第580条第1款中的规定，无权请求违约方承担继续履行非金钱债务的违约责任，即违约方的继续履行责任被排除适用。(3)由于守约方无权请求违约方继续履行，致使其合同目的不能实现，此时该合同的存在对于守约方而言已没有实际意义。(4)合同未被依法解除。如果当事人一方因另一方不履行非金钱债务或者履行非金钱债务不符合约定而享有合同法定解除权或约定解除权并已依法行使，则无裁判终止规则的适用余地。(5)当事人提出请求。在符合上述条件的情形下，经当事人请求，人民法院或者仲裁机构方可裁判终止合同。此处的当事人包括守约方和违约方(其规范重点在于赋予违约方终止合同请求权)。违约方请求合同裁判的，其本应承担的违约责任不因合同裁判终止而减轻或免除。

二、补救措施责任

(一)补救措施的含义和形式

补救措施作为一种独立的违约责任形式，是指各种矫正合同不适当履行(质量不合格)、使履行缺陷(瑕疵)得以消除的具体措施。这种责任形式，与继续履行(解决不履行问题)和赔偿损失具有互补性。

根据《民法典》第582条的规定，作为违约责任具体形式的补救措施包括修理、重作、更换、退货、减少价款或者报酬等。该规定主要适用于非金钱债务中的给与债务(以交付一定财物为内容的债务)和作为债务(以完成一定劳务或交付工作成果为内容的债务)。守约方据此主张的修理、重作、更换请求权在性质上为特别实际履行请求权，而减价权则具有形成权属性。

(二)补救措施的适用

补救措施的适用具有以下特点:(1)标的物存在瑕疵。根据《民法典》第582条的规定，适用补救措施的前提是“履行不符合约定”，对此应解释为标的物存在瑕疵，而不包括迟延履行、部分履行等违约形态。(2)补救措施的适用以合同对质量不合格的违约责任没有约定或者约定不明确，而依《民法典》第510条仍不能确定违约责任为前提。换言之，对于不适当履行的违约责任形式，当事人有约定者应依其约定；没有约定或约定不明者，首先应按照《民法典》第510条规定确定违约责任；没有约定或约定不明又不能按照《民法典》第510条规定确定违约责任的，才适用这些补救措施。(3)违约方已将标的物交付给守约方。在违约方交付的标的物存在瑕疵的情况下，守约方可以拒绝接受标的物或解除合同(同时要求对方承担违约责任)，也可以接受标的物并要求对方承担违约责任，只有在后一种情形下，才可能适用“采取补救措施”的违约责任。(4)守约方对补救措施享有选择权，但选定的措施应当合理可行。适用何种补救措施，应结合合同目的、标的物性质和损失大小予以确定。例如，重作这一补救措施仅适用于承揽合同、建设工程施工合同等存在交付工作成果的合同；重作条件已不具备或成本过高的只能适用减价的补救措施。对于买卖合同标的物瑕疵，能够更换的，更换的补救措施应优先于退货、减少价款而适用。

三、赔偿损失责任

（一）赔偿损失的概念与适用条件

赔偿损失，在合同法上也称违约损害赔偿，是指违约方以支付金钱的方式弥补守约方因违约行为所减少的财产或者所丧失的利益的责任形式。赔偿损失是最重要的违约责任形式。

赔偿损失具有如下特点：（1）赔偿损失是以支付金钱的方式弥补守约方损失。金钱为一般等价物，任何经济损失一般都可以转化为金钱，因此，赔偿损失主要指金钱赔偿。但在特殊情况下，也可以由其他物代替金钱作为赔偿。（2）赔偿损失是由违约方赔偿守约方因违约所遭受的损失。首先，赔偿损失是对违约行为所造成的损失的赔偿，与违约行为无关的损失不在赔偿之列。其次，赔偿损失是对守约方所遭受损失的一种补偿，而不是对违约行为的惩罚。（3）赔偿损失责任具有一定的任意性。违约赔偿的范围和数额，可由当事人约定。当事人既可以约定违约金的数额，也可以约定损害赔偿的计算方法。当事人未作约定的，依法律规定确定赔偿数额。

违约损害赔偿的适用条件为：（1）存在有效合同关系。违约损害赔偿以合同有效成立为前提，因合同未成立、无效、被撤销而发生的损害赔偿属于缔约过失责任而不是违约责任。（2）有违约行为，即当事人一方不履行合同义务或者履行合同义务不符合约定或法律规定。（3）守约方受到损失。只有在违约方承担实际履行责任或补救措施责任后守约方仍存在其他损失的情况下，守约方才能请求违约方赔偿损失，这是违约损害赔偿与其他违约责任的主要区别。（4）违约行为与守约方所受损失之间存在因果关系，即损失的发生系因违约行为所致，而不是守约方自身过错或第三人行为所造成。

（二）赔偿损失的确定方式

赔偿损失的确定方式有两种：法定损害赔偿和约定损害赔偿。

1.法定损害赔偿。法定损害赔偿是指由法律规定的，由违约方对守约方因其违约行为而对守约方遭受的损失承担的赔偿责任。根据《民法典》的规定，法定损害赔偿应遵循以下规则：

一是完全赔偿规则。所谓完全赔偿，是指违约方对于守约方因违约所遭受的全部损失应承担赔偿责任。《民法典》第584条规定，一方当事人不履行合同义务或者履行合同义务不符合约定，造成对方损失的，损失赔偿额应当相当于违约所造成的损失，包括合同履行后可以获得的利益。可见，违约损害赔偿的范围包括守约方的实际损失和可得利益损失。

实际损失也称积极损失，是指守约方现有财产的直接减少，主要表现为标的物灭失、为准备履行合同而支出的费用、停工损失、为减少违约损失而支出的费用、诉讼费用等。因违约而导致守约方对第三人承担违约或侵权责任的，守约方因此支付的违约金、赔偿金也可纳入实际损失范围。对于因对方违约而遭受的精神损害，守约方原则上不能请求违约损害赔偿，但因一方的违约行为损害对方人格权并造成严重精神损害的，受损害方除有权请求违约方承担违约责任外，还可基于人格权受侵害一并请求精神损害赔偿（《民法典》第996条）。

可得利益损失也称消极损失，是指在合同适当履行后可以实现和取得的财产利益的损失。可得利益具有如下特征：第一，可得利益是一种未来利益。在违约责任发生时，其并没有为当事人所实际享有，而必须通过合同的实际履行才能得到实现，包括生产利润、经营利润、转售利润等。可得利益是未来的不完全确定的利益，如果未来的利益是完全可以确定的，则应当视为实际损失。第二，可得利益必须具有一定的确定性。尽管可得利益并非实际享有的利益，但可得利益具有一定的现实性，也就是说可得利益具备一定的实现条件。第三，可得利益必须具有可预见性。合同法并不对任何损失都提供补救，而只是从合同的性质出发，对非违约方在订约时可以合理预见的损失提供救济。

如何计算可得利益损失，是司法实践中遇

到的难题。《合同编通则解释》第60条引入了以替代交易规则确定可得利益损失的规则。所谓替代交易规则，是指在特定的条件下，因为一方违约，另一方可以通过与他人订立另一个合同以取代原合同，并可以请求违约方赔偿原合同与替代交易的价格差。替代交易包括替代性购买与替代性销售。例如，在买卖合同中，当出卖人违反约定不交付货物时，买受人可以购买替代货物；当买受人违反约定不支付货款或拒绝接收货物时，出卖人可以另行寻找买受人出售货物。依据《合同编通则解释》第60条第2、3款的规定，在非违约方从事替代交易时，应当以市场价格判断替代交易合理性的标准。如果替代交易“明显偏离替代交易发生时当地的市场价格”，将排除替代交易规则的适用。同时，如果非违约方不进行替代交易，就可以按照其知道或者应当知道违约行为发生后合理期间内合同履行地的市场价格与合同价格的差额，确定合同履行后可以获得的利益。这一规定赋予非违约方享有在替代交易规则和市场价格法则之间进行选择的权利：如果非违约方选择进行替代交易，就可以适用《合同编通则解释》第60条第2款计算可得利益；如果非违约方选择不进行替代交易，就适用《合同编通则解释》第60条第3款的市场价格法则计算可得利益。需要明确的是，非违约方在替代交易规则和市场价格法则之间的选择权不是任意选择权。《合同编通则解释》第60条第3款明确将“未实施替代交易”作为市场价格法则的前提。如果非违约方实际进行了替代交易，就不能再主张市场价格法则。

针对以持续履行的债务为内容的定期合同中的可得利益计算，《合同编通则解释》第61条对于以持续履行的债务为内容的定期合同确定了如下规则：一是综合考量各种法定因素以确定非违约方寻找替代交易的合理期限。二是应当扣除非违约方所节省的履约成本。三是不得主张按照合同解除后的剩余期限确定其可得利益损失的数额。例如，在房屋租赁合同中，双方订立5年房屋租赁合同，承租人租用两年后，因为工作调动需要解约，出租人不得以剩余3年期间所获得的租金作为可得利益的损失。

依据《合同编通则解释》第62条，非违约方在合同履行后可以获得的利益难以根据上述规定予以确定的，人民法院可以综合考虑违约方因违约获得的利益、违约方的过错程度、其他违约情节等因素，遵循公平原则和诚信原则确定。

二是合理预见规则。合理预见规则也称可预见性规则，是指违约损害赔偿的范围不得超过违约方在订立合同时预见到或者应当预见到的因违约可能造成的损失。对此，《民法典》第584条作了规定。合理预见规则是限制法定违约损害赔偿范围的一项重要规则，其理论基础是意思自治原则和公平原则。其特点在于：（1）合理预见规则是限制包括实际财产损失和可得利益损失的损失赔偿总额的规则，不仅用以限制可得利益损失的赔偿，但不适用于约定损害赔偿。（2）预见主体是违约方，而不是守约方。（3）依据《合同编通则解释》第63条第1款的规定，在确定合理预见的内容时，应当根据当事人订立合同的目的，综合考虑合同主体、合同内容、交易类型、交易习惯、磋商过程等因素，按照与违约方处于相同或者类似情况的民事主体在订立合同时预见到或者应当预见到的损失予以确定。也就是说，在判断违约方的对损失的预见范围时，应当按照一般人的标准予以判断。依据《合同编通则解释》第63条第2款的规定，除合同履行后可以获得的利益外，非违约方主张还有其向第三人承担违约责任应当支出的额外费用等其他因违约所造成的损失，并请求违约方赔偿，经审理认为该损失系违约一方订立合同时预见到或者应当预见到的，人民法院应予支持。（4）合理预见规则的适用效果，是违约方对其未能预见且不应当预见的违约损害不承担赔偿责任。

三是过失相抵规则。过失相抵规则也称与有过失规则，是指当合同一方违约造成另一方损失，另一方对损失的发生也存在过错情形下的违约损害赔偿规则。《民法典》第592条第2款规定，当事人一方违约造成对方损失，对方对损失的发生有过错的，可以减少相应的损失赔偿额。这一规定的适用条件为：（1）守约方遭受损失。与有过失规则是一项损失分担规则，仅适用于违约损害赔偿责任，如一方违约并未造成守约方实际损失，则不适用这一规则。(2)守约方对损失的发生存在过错。所谓对损失的发生存在过错，是指违约行为导致了损失的发生，但守约方的过错也是导致损失发生的原因(如建设工程逾期竣工交付既有承包方怠工的原因，也有发包方未能及时提供施工条件的原因)。在上述条件下，违约方的赔偿责任固然不应被免除，但守约方也应承担与其过错原因力相当的损失，即可以请求减少相应的损失赔偿额。

四是损益相抵规则。损益相抵规则也称损益同销规则，是指守约方基于导致违约损失的同一原因而获得利益时，应将所得利益从违约损害赔偿额中予以扣除，即所受损失与所获利益相互冲抵的规则。对此，《民法典》合同编未作一般规定，但相关司法解释规定，买卖合同当事人一方因对方违约而获有利益，违约方主张从损失赔偿额中扣除该部分利益的，人民法院应予支持。损益相抵规则的适用条件为：(1)守约方受有利益，包括积极利益(财产的实际增加)和消极利益(本应减少的财产未减少)；(2)守约方所受利益与所受损失系基于同一原因即违约行为而发生。因适用损益相抵规则而扣除的利益，主要包括标的物的残存价值、财产保险金、因违约而节省的费用、税金等，但守约方的法定利益及应客观标准计算损失(如借款利息)的除外。

五是减轻损失规则。所谓减轻损失规则，是指当事人一方违约后，对方应当采取适当的措施防止损失的扩大，否则不得就扩大的损失要求赔偿的违约损害赔偿限制规则。《民法典》第591条第1款规定，当事人一方违约后，对方应当采取适当措施防止损失的扩大；没有采取适当措施致使损失扩大的，不得就扩大的损失请求赔偿。这一规则的适用条件是：(1)损失系由一方的违约行为所导致，守约方对损失的发生没有过错，即守约方不存在与有过失。(2)守约方不履行减损义务。根据法律规定，因对方违约行为遭受损失的守约方负有减损义务，采取适当的措施防止损失的扩大的义务(属于不真正义务)，若能够履行而未履行这一法定义务，应承担不利后果。至于守约方所采取的减损措施是否适当，应结合合同的性质、损害的性质、守约方的能力等因素予以判断。如在保险合同中，发生火灾保险事故后被保险人应采取切断电源、隔断过火路线、组织灭火等措施防止损失扩大。(3)因守约方未采取适当减损措施造成损失扩大。如果守约方能够采取适当措施防止损失扩大而未采取，并因此导致损失扩大，表明守约方对扩大的损失存在过错，故不得对该扩大的损失请求违约方赔偿。

2.约定损害赔偿。约定损害赔偿，是指当事人在订立合同时，预先约定一方违约时应当向对方支付一定数额的赔偿金，或者约定损害赔偿额的计算方法。约定损害赔偿具有以下特点：(1)预定性。约定损害赔偿是当事人在订立合同时或损害发生前约定的，属于合同内容的一部分，不同于违约发生后当事人就损失赔偿达成的协议。(2)意定性。约定损害赔偿体现了当事人的意思自治，既可以约定一方违约时应当向对方支付一定数额的赔偿金，也可以约定违约损害赔偿额的计算方法。约定损害赔偿相对于法定损害赔偿而言具有优先适用的效力，即除非相关约定存在无效事由或依法被撤销，就应以该约定作为确定违约损害赔偿数额的依据。

四、违约金责任

(一)违约金的概念和适用条件

违约金，是指根据法律规定或者当事人约定，一方违约时应当向对方支付的一定数量的金钱或其他财物。违约金既有具有担保债务履行的作用，又有补偿和惩罚功能，故成为违约责任的重要形式。《民法典》第585条第1款规定，当事人可以约定一方违约时应当根据违约情况向对方支付一定数额的违约金，也可以约定因违约产生的损失赔偿额的计算方法。

违约金具有如下特征：(1)违约金是一方违约后应向另一方支付的一定数额的金钱，但法律不禁止当事人约定以其他财物作为违约金。(2)违约金的数额或计算方法由当事人双方通过事先约定而确定，可在订立合同时约定或合同生效后补充约定。(3)违约金的支付是独立于合同履行行为之外的给付，其支付以违约行为发生为条件，与定金、押金的支付时间不同。(4)违约金条款具有从属性和相对独立性。所谓从属性，是指违约金条款属于合同内容的一部分，相对于合同义务而言具有附从性，合同不成立、无效或被撤销的，违约金条款也不具有法律效力；所谓相对独立性，是指在合同解除情形下，违约金条款并不当然失效，而是作为结算、清理条款继续有效。

违约金与违约损害赔偿均为违约方向守约方作出的金钱给付，功能上也有相同之处，但二者存在以下区别：(1)适用条件不同。违约金的适用一般不以损害的发生为要件，违约损害赔偿则相反。(2)数额的确定不同。违约金的数额主要由当事人预先约定，与违约造成的实际损失可能不一致；违约损害赔偿则以实际损失和可得利益损失作为计算依据。(3)惩罚功能不同。对违约金的惩罚功能，法律持认可态度；对于违约损失赔偿的惩罚功能，法律则作为完全赔偿原则的例外情形予以严格限制。但是，违约金责任与违约损害赔偿责任并不完全是互斥关系，在特定情形下(如违约金系惩罚性违约金或违约金数额低于违约损失)，二者可以并用。

违约金的适用条件为：(1)存在有效合同关系。违约损害赔偿以合同有效成立为前提，合同未成立、无效、被撤销情形下第三人不能主张违约金责任。(2)有违约行为，即当事人一方不履行合同义务或者履行合同义务不符合约定或法律规定。(3)存在违约金约定或法律规定。如果合同未约定违约金，也无相关法律规定，则不能主张违约金责任。违约金的适用不以守约方遭受实际损失为条件，但当约定的违约金低于或过分高于实际损失时，可根据当事人的请求需要结合实际损失情况对违约金的数额予以调整。

(二)违约金的种类

依不同标准，违约金可作如下分类：

其一，约定违约金与法定违约金。前者由当事人约定(或约定一定的具体数额，或约定一定的计算方法)，是违约金的一般形态，《民法典》第585条对此作了规定；后者由法律明确规定，或直接规定违约金的数额(如铁路货物运输合同违约金)，或规定违约金的计算比例(如欠缴电信费用违约金)，或规定违约金的比例幅度(如逾期交付电费违约金)。

其二，补偿性违约金和惩罚性违约金。补偿性违约金以补偿守约方损失为主旨，违约金是当事人双方预估的损害赔偿总额，原则上违约方支付违约金后可免负赔偿责任，守约方也不得另行主张损害赔偿；惩罚性违约金则旨在惩罚违约行为，如果守约方因违约而遭受财产损失，违约方除支付违约金外，尚须赔偿对方损失。《民法典》第585条关于违约金的规定，主要体现了违约金的补偿功能(该条第1款、第2款)，同时有限承认违约金的惩罚性(该条第3款)。如果法律未明确规定或合同未明确约定违约金的性质，首先应当依据违约金的效果是否影响实际履行、采取补救措施等责任来判断违约金的性质，如不影响则为惩罚性违约金，反之则为补偿性违约金；如果无法依上述方法确定违约金性质，一般应推定为补偿性违约金。

(三)违约金的调整

违约金作为对损害赔偿额的预先约定，既可能高于违约造成的损失，也可能低于违约造成的损失，畸高和畸低均会导致不公平结果。为此，各国法律规定法院对违约金具有变更权。《民法典》第585条第2款规定，约定的违约金低于造成的损失的，人民法院或者仲裁机构可以根据当事人的请求予以增加；约定的违约金过分高于造成的损失的，人民法院或者仲裁机构可以根据当事人的请求予以适当减少。该规定确立了违约金调整(司法酌增或司法酌减)规则，对此可从以下几个方面予以理解。

1.违约金的调整以约定违约金低于造成的损失或过分高于造成的损失为条件。第一，违约金调整规则仅适用于约定违约金，不适用于法定违约金。第二，违约金调整规则主要适用于补偿性违约金，对于惩罚性违约金不宜简单适用。第三，约定违约金的数额低于或过分高于因违约造成守约方的实际损失。对于违约金低于实际损失的情形，法律未作幅度要求，故原则上只要实际损失超出违约金数额，即可适用调整规则。对于违约金高于实际损失的情形，法律确立了“过分高于”的幅度要求。所谓过分高于是指违约金数额较大幅度地超过了实际损失金额，造成当事人利益失衡。根据相关司法解释，当事人约定的违约金超过造成损失30%的，一般可以认定为“过分高于造成的损失”。

2.违约金的调整必须依据当事人的请求，不能由法院直接依据职权进行。《民法典》第585条第2款体现了私法自治与自愿原则，对于违约金的调整，是由人民法院或仲裁机构依据当事人的请求而进行的。也就意味着，当事人只是具有请求人民法院或仲裁机构调整的权利，而具体应当如何调整，则属于法院或仲裁机构的职权。当事人请求对违约金数额进行调整，只需证明违约金数额低于或过分高于违约造成的损失，而不必证明违约金条款存在显失公平情形。关于当事人请求调整违约金的方式，《合同编通则解释》第64条第1款规定，“当事人一方通过反诉或者抗辩的方式，请求调整违约金的，人民法院依法予以支持”。据此，当事人除通过直接向法院提出调整违约金的请求外，还可以通过反诉或者抗辩的方式提出请求。

3.违约金的调整方法是根据损失情况“予以增加”或“予以适当减少”。依据《民法典》第585条第2款的规定，违约金高低的判断标准是当事人的损失。依据《合同编通则解释》第65条第1款，“当事人主张约定的违约金过分高于违约造成的损失，请求予以适当减少的，人民法院应当以民法典第五百八十四条规定的损失为基础……”从《民法典》第584条的规定来看，违约损害赔偿数额包括实际损失与可得利益损失。据此，损失应当包括实际损失与可得利益损失。违约金低于损失的，予以增加。增加后的违约金数额以不超过损失额为限，增加违约金以后，当事人不得另行请求对方赔偿损失。而违约金过分高于损失的，予以适当减少。所谓适当减少，是指以损失为基础，兼顾合同的履行情况、当事人的过错程度以及预期利益、当事人缔约地位强弱、是否属于格式条款等综合因素，根据公平原则和诚实信用原则予以衡量，并作出适当降低违约金数额（但不低于损失金额）的裁决。

4.恶意违约的一方不得请求调整。《合同编通则解释》第65条第3款将恶意违约排除于违约金调减的范围之外，但该条并未界定恶意违约的内涵。所谓恶意违约，是指公然毁约或者不与对方协商即不履行合同义务的行为。违约方不仅具有违约的故意，而且主观上完全不考虑违约给非违约方所造成的损失。恶意违约的一方不得请求调整，体现了对于恶意违约行为的制裁，有利于鼓励当事人严守合同，维护诚信。不过，恶意违约行为应当局限于主给付义务的不履行或不当履行，对于从给付义务和附随义务的违反而言，不应当认为其构成恶意违约行为。

5.关于举证责任分配。违约方在主张违约金过分高于违约造成的损失时，其应当对此承担举证责任。根据“谁主张，谁举证”的基本原则，也应当由主张酌减违约金的违约方承担证明责任。根据《合同编通则解释》第64条第2款的规定，非违约方主张违约金合理的，应当提供相应的证据。

6.法院的释明。依据《合同编通则解释》第66条第1款，当事人一方请求对方支付违约金，对方以合同不成立、无效、被撤销、确定不发生效力、不构成违约或者非违约方不存在损失等为由抗辩，未主张调整过高的违约金的，人民法院应当就若不支持该抗辩，当事人是否请求调整违约金进行释明。第一审人民法院认为抗辩成立且未予释明，第二审人民法院认为应当判决支付违约金的，可以直接释明，并根据当事人的请求，在当事人就是否应当调整违约金充分举证、质证、辩论后，依法判决适当减少违约金。

（四）迟延履行违约金与继续履行责任

《民法典》第585条第3款规定，当事人就迟延履行约定违约金的，违约方支付违约金后，还应当履行债务。依此规定，迟延履行违约金与继续履行责任可以并存，违约方支付迟延履行违约金后，守约方仍有权请求其继续履行债务；守约方接受违约方迟延履行的，仍可主张迟延履行违约金（当事人另有约定的除外）。至于违约金与其他违约责任能否并存，以及迟延履行之外的违约金与继续履行责任能否并存，则

案例分析 能力训练

不能一概而论，而应结合当事人约定、违约金的性质、违约行为的后果等因素予以判定。例如，除当事人另有约定外，针对瑕疵履行的违约金可与瑕疵补救措施并用；如果债务人同时构成迟延履行和瑕疵履行，则可同时适用迟延履行违约金和瑕疵履行的补救措施。

五、定金责任

(一) 定金责任的概念和适用条件

定金责任，是指在合同设定违约定金担保的情形下，违约方根据定金罚则所承担的责任。根据《民法典》第586条第1款的规定，当事人可以约定一方向对方给付定金作为债权的担保。债务人履行债务的，定金应当抵作价款或者收回。给付定金的一方不履行约定的债务的，无权要求返还定金；收受定金的一方不履行约定的债务的，应当双倍返还定金。据此，在当事人约定了定金担保的情况下，如一方违约，定金处罚即成为一种违约责任形式。

定金不同于留置金、担保金、保证金、订约金、押金或者订金等，后者都具有担保性质或者属于预付款，容易与定金相混淆。依据《合同编通则解释》第67条第1款的规定，如果当事人在形式上约定的是留置金、担保金、保证金、订约金、押金或者订金等，而没有明确约定定金性质，则不宜将其认定为定金，无法适用定金规则。因为虽然留置金、担保金、保证金、订约金、押金或者订金等与定金相似，但它们在性质、功能、效力等方面存在区别。当然，按照合同自由原则，即便当事人在形式上约定的是留置金、担保金、保证金、订约金、押金或者订金等，但如果当事人明确约定其属于定金性质，则应当认定其属于违约定金，应当依法适用违约定金规则。

(二) 违约定金责任的适用条件

定金责任的适用条件为:(1)主要适用于违约定金。定金有订约定金、成约定金、解约定金和违约定金等类型，一般而言只有违约定金适用定金罚则才是承担违约责任的形式，其他类型定金或为合同成立的条件(成约定金)，或为合同解除的代价(解约定金)，但订约定金也具有违约责任的功能。(2)定金合同已生效。定金合同以定金交付为生效条件，定金未交付则不能主张定金责任；实际交付的定金多于或者少于约定数额的，视为变更定金合同；收受定金一方提出异议并拒绝接受定金的，定金合同不生效。(3)发生根本违约行为。为了防止定金罚则被不当适用，《民法典》第587条将定金罚则适用于违约"致使不能实现合同目的"的情形，即定金罚则仅适用于一方根本违约的情形。《合同编通则解释》第68条也贯彻这一精神。因此，只有在一方完全不履行合同或者不完全履行合同的行为构成根本违约，使非违约一方基于合同所产生的期待利益丧失，订立合同的目的不能达到时，才能适用定金罚则。

依据《合同编通则解释》第68条第2款，在部分履行的情形下，也可以依法适用定金罚则，即当事人一方已经部分履行合同，对方接受的，则其可以主张按照未履行部分所占比例适用定金罚则。在此情形下，除部分履行致使对方当事人合同目的不能实现的情形外，对方当事人不得主张按照合同整体适用定金罚则。

(三) 定金责任与违约金责任

在合同既有违约金条款又设有定金担保的情形下，一方违约时如何处理违约金与定金的关系，《民法典》第588条确立了以下规则：

1.当事人既约定违约金，又约定定金的，一方违约时，对方可以选择适用违约金或者定金条款。据此，定金与违约金原则上不能并用。

2.约定的定金不足以弥补一方违约造成的损失的，对方可以请求赔偿超过定金部分的损失。对此应理解为，适用定金罚则(如违约方双倍返还定金)后，守约方损失仍未得到充分填补的，可就超出的数额部分向违约方请求赔偿。

【本章主要法律规定】

1.《民法典》第577～594条

2.最高人民法院《关于适用〈中华人民共和国民法典〉合同编通则若干问题的解释》第59～68条

第十八章 转移财产权利合同

本章主要内容提示

1.买卖合同中出卖方负有交付标的物并移转所有权的义务，且当标的物存在质量瑕疵、权利瑕疵时，出卖方应当承担违约责任。

2.买卖合同中标的物风险的负担原则上以交付为判定标准，但存在若干例外情形。

3.买卖合同中当事人可以约定在完成特定条件前对标的物的所有权进行保留，由此产生出卖人的取回权与买受人的回赎权的问题。

4.分期付款买卖、凭样品买卖、试用买卖等特种买卖合同各有其特殊规则。

5.相关司法解释确立了商品房买卖合同的成立、效力及解除的特殊规则。

6.赠与合同是诺成合同，赠与人负有转移标的物所有权的义务和瑕疵担保义务。赠与人可通过行使任意撤销权、法定撤销权和穷困抗辩权终止赠与合同。

7.借款合同一般为诺成合同，但自然人之间的借款合同为实践合同。贷款人负有按照约定提供借款的义务，借款人负有按照约定用途使用借款及按期归还借款本金和利息的义务。2021年最高人民法院颁布的《关于审理民间借贷案件适用法律若干问题的规定》(以下简称《民间借贷规定》)规定了民间借贷合同的效力及担保等内容。

8.租赁合同中，出租人负有交付出租物、维修出租物及瑕疵担保义务，承租人负有支付租金、按照约定的方法使用租赁物、妥善保管租赁物及通知等义务。转租、买卖不破租赁及房屋承租人的优先购买权是租赁合同中的特有规则，法律对房屋租赁合同作了特别规定。

9.融资租赁合同中，出卖人负有向承租人交付租赁物及瑕疵担保义务，出租人负有支付价金、协助承租人行使索赔权及不作为义务，承租人负有支付租金、维修及返还租赁物的义务，其中出租人部分义务的免除、租赁物风险的负担以及租赁物所有权的归属具有特殊性。

第一节 买卖合同

一、买卖合同的概念和特征

(一)买卖合同的概念

买卖合同是一方转移标的物的所有权于另一方，另一方支付价款的合同。转移所有权的一方为出卖人或者卖方，支付价款而取得所有权的一方为买受人或者买方。

买卖是商品交换最普遍的形式，也是典型的有偿合同。根据《民法典》第646条、第647条的规定，法律对其他有偿合同的事项未作规定时，参照适用买卖合同的规定；易货交易等移转标的物所有权的合同，也参照适用买卖合同的规定。

（二）买卖合同的特征

1.买卖合同是有偿合同。买卖合同的实质是以等价有偿方式转让标的物的所有权，即出卖人移转标的物的所有权于买方，买方向出卖人支付价款。这是买卖合同的基本特征，使其与赠与合同相区别。

2.买卖合同是双务合同。在买卖合同中，买方和卖方都享有一定的权利，承担一定的义务。而且，其权利和义务总体上存在对应关系，即买方的权利就是卖方的义务，买方的义务就是卖方的权利。

3.买卖合同是诺成合同。买卖合同自双方当事人意思表示一致即成立，不以交付标的物为成立要件。

4.买卖合同一般是不要式合同。通常情况下，买卖合同的成立并不需要具备一定的形式要件，但法律另有规定者除外。

二、买卖合同的成立

根据相关司法解释，买卖合同的成立除适用合同的一般成立要件外，还适用以下裁判规则：

1.一方以送货单、收货单、结算单、发票等主张存在买卖合同关系的，应当结合当事人之间的交易方式、交易习惯以及其他相关证据，对买卖合同是否成立作出认定。

2.对账确认函、债权确认书等函件、凭证没有记载债权人名称，买卖合同当事人一方可以此证明存在买卖合同关系，但有相反证据足以推翻的除外。

三、标的物交付和所有权转移

（一）标的物交付

1.交付的形态。标的物的交付可分为现实交付和观念交付。现实交付，是指标的物交由买受人实际占有。观念交付包括简易交付、指示交付和占有改定。

2.交付的时间。《民法典》第601条、第602条规定，出卖人应当按照约定的时间交付标的物。约定交付期限的，出卖人可以在该交付期限内的任何时间交付。当事人没有约定标的物的交付期限或者约定不明确的，适用《民法典》第510条、第511条第4项的规定。标的物在订立合同之前已为买受人占有的，合同生效的时间为交付时间。

3.交付的地点。《民法典》第603条规定，出卖人应当按照约定的地点交付标的物。当事人没有约定交付地点或者约定不明确，依照《民法典》第510条的规定仍不能确定的，适用下列规则：(1)标的物需要运输的，出卖人应当将标的物交付给第一承运人以运交给买受人。(2)标的物不需要运输，出卖人和买受人订立合同时知道标的物在某一地点的，出卖人应当在该地点交付标的物；不知道标的物在某一地点的，应当在出卖人订立合同时的营业地交付标的物。

4.交付标的物的数量。出卖人多交标的物的，买受人可以接收或者拒绝接收多交的部分。买受人接收多交部分的，按照约定的价格支付价款；买受人拒绝接收多交部分的，应当及时通知出卖人。买受人拒绝接收多交部分标的物的，可以代为保管多交部分标的物；买受人有权主张出卖人负担代为保管期间的合理费用；买受人有权主张出卖人承担代为保管期间非因买受人故意或者重大过失造成的损失。

5.有关单证和资料的交付。出卖人应当按照约定或者交易习惯向买受人交付提取标的物单证以外的有关单证和资料，包括保险单、保修单、普通发票、增值税专用发票、产品合格证、质量保证书、质量鉴定书、品质检验证书、产品进出口检疫书、原产地证明书、使用说明书、装箱单等。

6.电子信息产品的交付。标的物为无须以有形载体交付的电子信息产品，当事人对交付方式约定不明确，且依照《民法典》第510条的规定仍不能确定的，买受人收到约定的电子信息产品或者权利凭证即为交付。

7.交付的证明。出卖人仅以增值税专用发票及税款抵扣资料证明其已履行交付标的物义务，买受人不认可的，出卖人应当提供其他证据证明交付标的物的事实。合同约定或者当事人之间习惯以普通发票作为付款凭证，买受人可以普通发票证明已经履行付款义务，但有相反证据足以推翻的除外。

（二）所有权转移

1.标的物的所有权自标的物交付时起转移，但法律另有规定或者当事人另有约定的除外。一般而言，如果是动产买卖，标的物所有权自交付时发生转移；如果是不动产买卖，标的物所有权自登记时发生转移。

2.标的物所涉知识产权的归属。出卖具有知识产权的计算机软件等标的物的，除法律另有规定或者当事人另有约定的以外，该标的物的知识产权不移转于买受人。

3.出卖人就同一普通动产订立多重买卖合同，在买卖合同均有效的情况下，买受人均要求实际履行合同的，应当按照以下情形分别处理：（1）先行受领交付的买受人有权请求确认所有权已经转移；（2）均未受领交付，先行支付价款的买受人有权请求出卖人履行交付标的物等合同义务；（3）均未受领交付，也未支付价款，依法成立在先合同的买受人有权请求出卖人履行交付标的物等合同义务。

4.出卖人就同一船舶、航空器、机动车等特殊动产订立多重买卖合同，在买卖合同均有效的情况下，买受人均要求实际履行合同的，应当按照以下情形分别处理：（1）先行受领交付的买受人有权请求出卖人履行办理所有权转移登记手续等合同义务；（2）均未受领交付，先行办理所有权转移登记手续的买受人有权请求出卖人履行交付标的物等合同义务；（3）均未受领交付，也未办理所有权转移登记手续，依法成立在先合同的买受人有权请求出卖人履行交付标的物和办理所有权转移登记手续等合同义务；（4）出卖人将标的物交付给买受人之一，又为其他买受人办理所有权转移登记，已受领交付的买受人有权请求将标的物所有权登记在自己名下。

5.因出卖人未取得处分权致使标的物所有权不能转移的，买受人可以解除合同并请求出卖人承担违约责任。关于无权处分的买卖合同效力，随着《物权法》第15条确立“区分原则”，相关司法解释明确了“无权处分不影响买卖合同效力”的裁判立场，并为《民法典》物权编第215条所承袭，《民法典》第597条第1款则在承认其合同有效性的前提下对违约救济作了规定。

四、标的物风险负担和孳息归属

（一）标的物风险负担

1.标的物风险负担的一般规定。标的物风险负担，是指买卖合同履行过程中发生的标的物意外毁损、灭失的风险由哪一方当事人负担。根据《民法典》第604条的规定，买卖合同标的物风险负担按交付原则确定，即标的物毁损、灭失的风险，在标的物交付之前由出卖人承担，交付之后由买受人承担，但法律另有规定或当事人另有约定的除外。

2.标的物风险负担的具体规则：（1）出卖人发送标的物的，出卖人按照约定将标的物运送至买受人指定地点并交付给承运人后，标的物毁损、灭失的风险由买受人承担，但是当事人另有约定的除外。（2）因买受人的原因致使标的物未按照约定期限交付的，买受人应当自违反约定时起承担标的物毁损、灭失的风险。（3）出卖人出卖交由承运人运输的在途标的物，除当事人另有约定外，标的物毁损、灭失的风险自合同成立时起由买受人承担。出卖人在合同成立时知道或者应当知道标的物已经毁损、灭失却未告知买受人的，由出卖人负担风险。（4）对于需要运输的标的物，当事人没有约定交付地点或约定不明确的，自出卖人将标的物交付给第一承运人起，标的物毁损、灭失的风险由买受人承担。（5）出卖人按照合同约定或者法律规定将标的物置于交付地点，买受人违反约定没有收取的，标的物毁损、灭失的风险自违反约定时起由买受人承担。（6）出卖人按照约定未交付有关标的物的单证和资料的，不影响标的物毁损、灭失风险的转移。(7)因标的物质量不符合要求致使不能实现合同目的，买受人拒绝接受标的物或者解除合同的，标的物毁损、灭失的风险由出卖人承担。(8)标的物毁损、灭失的风险由买受人承担的，不影响因出卖人违约买受人要求其承担违约责任的权利。

(二)孳息归属

对于买卖合同标的物的孳息归属，《民法典》第630条规定，标的物在交付之前产生的孳息，归出卖人所有；交付之后产生的孳息，归买受人所有。但是，当事人另有约定的除外。

五、标的物检验

(一)检验的时间

1.约定检验期限的，应在检验期限内检验。约定的检验期限过短，依照标的物的性质和交易习惯，买受人在检验期限内难以完成全面检验的，该期限为买受人对外观瑕疵提出异议的期限，并依法确定买受人对隐蔽瑕疵提出异议的合理期限。约定的检验期限或者质量保证期短于法律、行政法规规定的期限的，应当以法律、行政法规规定的期限为准。

2.没有约定检验期限的，应当及时检验。买受人签收的送货单、确认单等载明标的物数量、型号、规格的，可认定买受人已对数量和外观瑕疵进行了检验，但有相反证据足以推翻的除外。

(二)检验出瑕疵时的处理

1.约定检验期限的，买受人应在检验期限内履行瑕疵通知义务，主张物的瑕疵担保责任；怠于通知的，视为无瑕疵。

2.未约定检验期限的，买受人应在发现或应当发现标的物数量或质量不符合约定的合理期限内通知出卖人。买受人在合理期限内未通知或自标的物收到之日起2年内未通知出卖人的，视为无瑕疵；但对标的物有质量保证期的，适用质量保证期。“合理期限”应当综合当事人之间的交易性质、交易目的、交易方式、交易习惯，标的物的种类、数量、性质、安装和使用情况，瑕疵的性质，买受人应尽的合理注意义务，检验方法和难易程度、买受人或者检验人所处的具体环境、自身技能以及其他合理因素，依据诚实信用原则进行判断。“2年”是最长的合理期限，该期限为不变期限，不适用诉讼时效中止、中断或者延长的规定。

(三)出卖人依约向第三人交付标的物的检验

出卖人和买受人之间约定的检验标准与买受人和第三人之间约定的检验标准不一致的，以出卖人和买受人之间约定的检验标准为准。

六、违约责任

(一)瑕疵担保责任

1.权利瑕疵担保责任。标的物的权利瑕疵，可表现为出卖人未告知该标的物上负担着第三人的权利，或者是出卖人未告知标的物无权处分。权利瑕疵须为在买卖合同成立时即已存在，且于合同成立后仍未能除去，同时买受人不知道且不应当知道权利瑕疵的存在；否则，出卖人不承担权利瑕疵担保责任。标的物存在权利瑕疵时，买受人可请求出卖人除去权利负担，并可根据债务不履行的规定，请求出卖人负不履行债务或损害赔偿的责任。同时，根据《民法典》第614条的规定，买受人有证据证明第三人对标的物享有权利的，可以中止支付相应的价款，但是出卖人提供适当担保的除外。

2.物的瑕疵担保责任。物的瑕疵，是指标的物欠缺约定或法定品质。物的瑕疵可划分为表面瑕疵和隐蔽瑕疵。认定物的瑕疵的标准，合同有约定的，依合同约定；如无约定而由出卖人提供标的物的样品或有关标的物的质量说明的，以该样品或说明的质量标准为依据。不存在上述两种依据时，如当事人事后协商标准，依协商标准；如无协商标准，按照合同的有关条款或交易习惯所确定的标准。如标准仍不能确定的，按照国家标准、行业标准履行；没有国家标准、行业标准的，按照通常标准或者符合合同目的的特定标准履行。标的物瑕疵应由出卖人负担保义务时，如有瑕疵，买受人可以请求减少价款，也可以要求出卖人更换、修理，或者自行修理，费用由出卖人负担。因标的物的瑕疵使合同目的不能实现时，买受人可以拒绝接受标的物或者解除合同。合同约定减轻或者免除出卖人对标的物的瑕疵担保责任，但出卖人故意或者因重大过失不告知买受人标的物的瑕疵，出卖人无权主张依约减轻或者免除瑕疵担保责任。买受人在缔约时知道或者应当知道标的物质量存在瑕疵的，无权主张出卖人承担瑕疵担保责任，但买受人在缔约时不知道该瑕疵会导致标的物的基本效用显著降低的除外。

（二）质量保证金、违约金、定金

1.买受人依约保留部分价款作为质量保证金，出卖人在质量保证期间未及时解决质量问题而影响标的物的价值或者使用效果的，出卖人不得主张支付该部分价款。

2.合同对付款期限作出的变更，不影响当事人关于逾期付款违约金的约定，但该违约金的起算点应当随之变更。合同约定逾期付款违约金，出卖人接受价款时未主张逾期付款违约金的，不影响出卖人向买受人主张该违约金。合同约定逾期付款违约金，但对账单、还款协议等未涉及逾期付款责任，出卖人根据对账单、还款协议等主张欠款时有权请求买受人依约支付逾期付款违约金，但对账单、还款协议等明确载有本金及逾期付款利息数额或者已经变更买卖合同中关于本金、利息等约定内容的除外。合同没有约定逾期付款违约金或者该违约金的计算方法，出卖人以买受人违约为由主张赔偿逾期付款损失的，可以中国人民银行同期同类人民币贷款基准利率为基础，参照逾期罚息利率标准计算。

3.合同因违约而解除后，守约方有权主张继续适用违约金条款；但约定的违约金过分高于造成的损失的，可以参照《民法典》第585条第2款的规定处理。

4.合同约定的定金不足以弥补一方违约造成的损失，对方请求赔偿超过定金部分的损失的，人民法院可以并处，但定金和损失赔偿的数额总和不应高于因违约造成的损失。

（三）违约损害赔偿

1.合同当事人一方违约造成对方损失，对方主张赔偿可得利益损失的，应当根据当事人的主张，依据《民法典》第584条、第591条及相关司法解释予以认定。

2.合同当事人一方违约造成对方损失，对方对损失的发生也有过错，违约方有权主张扣减相应的损失赔偿额（过失相抵）。

3.合同当事人一方因对方违约而获有利益，违约方有权主张从损失赔偿额中扣除该部分利益（损益相抵）。

（四）因违约解除合同

1.因标的物主物不符合约定而解除合同的，解除合同的效力及于从物；因标的物的从物不符合约定被解除的，解除的效力不及于主物。

2.标的物为数物时，其中一物不符合约定的，买受人仅得就该物解除；但该物与他物分离使标的物的价值显受损害的，则可就数物解除合同。

3.买卖标的物是分批交付的，买受人只能就不能达到合同目的的该批标的物部分解除合同，但不交付其中一批标的物或者交付不符合约定致使之后其他各批标的物的交付不能实现合同目的，或该批标的物与其他各批标的物相互依存的，则买受人可就该批以及以后的各批标的物解除合同。

七、所有权保留

（一）所有权保留的公示

《民法典》第641条第1款规定，当事人可以在买卖合同中约定，买受人未履行支付价款或者其他义务的，标的物的所有权属于出卖人。所有权保留是对买受人履行支付价款等义务的一种特殊担保，相关约定可能损害善意第三人利益，故《民法典》第641条第2款规定，出卖人对标的物保留的所有权，未经登记，不得对抗善意第三人。根据相关司法解释的规定，《民法典》第641条关于标的物所有权保留的规定不适用于不动产买卖合同。

（二）出卖人的取回权

1.取回权的适用情形。《民法典》第642条第1款规定，在所有权保留情形下，买受人有下列情形，对出卖人造成损害的，出卖人可取回标的物：（1）未按约定支付价款的，经催告后在合理期限内仍未支付；（2）未按约定完成特定条件；（3）将标的物出卖、出质或者作出其他不当处分。但根据相关司法解释，买受人已支付总价款75%以上，或第三人善意取得标的物所有权或者其他物权，出卖人主张取回标的物的，人民法院不予支持。

2.取回权的行使及其法律后果。（1）出卖人可以与买受人协商取回标的物；协商不成的，可以参照适用担保物权的实现程序。（2）买受人在双方约定或出卖人指定的回赎期间内，消除出卖人取回标的物的事由，有权回赎标的物。买受人在回赎期间内没有回赎标的物的，出卖人可以另行出卖标的物。出卖人另行出卖标的物的，出卖所得价款依次扣除取回和保管费用、再交易费用、利息、未清偿的价金后仍有剩余的，应返还原买受人；如有不足，出卖人要求原买受人清偿的，人民法院应予支持，但原买受人有证据证明出卖人另行出卖的价格明显低于市场价格的除外。

八、特种买卖合同

（一）分期付款买卖

1.分期付款买卖，是指买受人将其应付的总价款，在一定期限内分次向出卖人支付的买卖合同。买受人将应付的总价款在一定期间内至少分三次向出卖人支付的，可认定为分期付款买卖。

2.分期付款买卖的买受人未支付到期价款的金额达到全部价款的1/5，出卖人可以要求买受人支付全部价款或者解除合同；合同作出相反约定，损害买受人利益的，约定无效。

3.出卖人解除合同的，可以向买受人要求支付该标的物的使用费；当事人对标的物的使用费没有约定的，可以参照当地同类标的物的租金标准确定。合同约定出卖人在解除合同时可以扣留已受领价金，出卖人扣留的金额超过标的物使用费以及标的物受损赔偿额，买受人有权请求返还超过部分。

（二）凭样品买卖

凭样品买卖，又称货样买卖，是指标的物品质依一定样品而定的买卖。根据《民法典》第635条、第636条的规定，凭样品买卖的当事人应当封存样品，并可以对样品质量予以说明。出卖人交付的标的物应当与样品及其说明的质量相同；凭样品买卖的买受人不知道样品有隐蔽瑕疵的，即使交付的标的物与样品相同，出卖人交付的标的物的质量仍然应当符合同种物的通常标准。根据相关司法解释的规定，合同约定的样品质量与文字说明不一致且发生纠纷时当事人不能达成合意，样品封存后外观和内在品质没有发生变化的，应当以样品为准；外观和内在品质发生变化，或者当事人对是否发生变化有争议而又无法查明的，应当以文字说明为准。

（三）试用买卖

1.试用买卖，又称为试验买卖，是指合同成立时出卖人将标的物交付给买受人试用，买受人在试用期间内决定是否购买的买卖。一般认为，试用买卖合同属于附停止条件的买卖合同。根据《民法典》第637～640条的规定，试用买卖的当事人可以约定标的物的试用期限；对试用期限没有约定或者约定不明确，依照《民法典》第510条的规定仍不能确定的，由出卖人确定；试用买卖的买受人在试用期内可以购买标的物，也可以拒绝购买；试用期限届满，买受人对是否购买标的物未作表示的，视为购买。试用买卖的买受人在试用期内已经支付部分价款或者对标的物实施出卖、出租、设立担保物权等行为的，视为同意购买；试用买卖的当事人对标的物的使用费没有约定或者约定不明确的，出卖人无权请求买受人支付；标的物在试用期内毁损、灭失的风险由出卖人承担。

2.根据相关司法解释，买卖合同存在下列约定内容之一的，不属于试用买卖：（1）约定标的物经过试用或者检验符合一定要求时，买受人应当购买标的物；（2）约定第三人经试验对标的物认可时，买受人应当购买标的物；（3）约定买受人在一定期间内可以调换标的物；（4）约定买受人在一定期间内可以退还标的物。

（四）招标投标买卖

招标投标买卖，是指由招标人向不特定主

体发出招标通知或招标公告，在诸多投标中选择某一投标人并与之订立买卖合同的方式。招标可分为公开招标与邀请招标，其中招标通知或公告为要约邀请，投标书为要约，定标为承诺。根据《政府采购法》的规定，公开招标应作为政府采购的主要采购方式。依此方式订立买卖合同，应遵守相关法律规定。例如，《政府采购法》第36条规定，在招标采购中，出现下列情形之一的，应予废标：(1)符合专业条件的供应商或者对招标文件作实质响应的供应商不足三家的；(2)出现影响采购公正的违法、违规行为的；(3)投标人的报价均超过了采购预算，采购人不能支付的；(4)因重大变故，采购任务取消的。

(五)拍卖

根据我国拍卖法，拍卖是指以公开竞价的形式，将特定物品或财产权利转让给最高应价者的买卖方式。具体地说，买卖公开进行，参加竞拍的人在拍卖现场根据拍卖师的叫价决定是否应价，当某人的应价经拍卖师三次叫价无人竞价时，拍卖师以落槌或以其他公开表示拍定的方式确认买卖成交。依此方式订立买卖合同，应遵守相关法律规定。例如，《拍卖法》第61条第2款规定，拍卖人、委托人在拍卖前声明不能保证拍卖标的的真伪或者品质的，不承担瑕疵担保责任。

九、商品房买卖合同

(一)商品房买卖合同的成立与效力

商品房买卖合同，是指房地产开发企业将尚未建成或已竣工的房屋向社会销售并转移房屋所有权于买受人，买受人支付价款的合同。根据相关司法解释，房屋买卖合同的成立与效力认定应遵循以下裁判规则：

1.商品房的销售广告和宣传资料为要约邀请，但是出卖人就商品房开发规划范围内的房屋及相关设施所作的说明和允诺具体确定，并对商品房买卖合同的订立以及房屋价格的确定有重大影响的，构成要约。

2.出卖人通过认购、订购、预订等方式向买受人收受定金作为订立商品房买卖合同担保的，如果因当事人一方原因未能订立商品房买卖合同，应当按照法律关于定金的规定处理；因不可归责于当事人双方的事由，导致商品房买卖合同未能订立的，出卖人应当将定金返还买受人。商品房的认购、订购、预订等协议具备商品房买卖合同的主要内容，并且出卖人已经按照约定收受购房款的，该协议应当认定为商品房买卖合同。

3.出卖人未取得商品房预售许可证明，与买受人订立的商品房预售合同，应当认定无效，但是在起诉前取得商品房预售许可证明的，可以认定有效。商品房预售合同未按照法律、行政法规规定办理登记备案，不因此确认合同无效。

4.出卖人与第三人恶意串通，另行订立商品房买卖合同，导致买受人无法取得房屋，买受人有权请求确认该商品房买卖合同无效。

5.当事人约定以办理登记备案手续为商品房预售合同生效条件的，从其约定，但当事人一方已经履行主要义务、对方接受的除外。

(二)商品房买卖合同解除与违约责任

根据相关司法解释，商品房买卖合同解除与违约责任的法律适用应遵循以下裁判规则。

1.出卖人违约。(1)因房屋主体结构质量不合格不能交付使用，或者房屋交付使用后，房屋主体结构质量经核验确属不合格，买受人有权请求解除合同和赔偿损失。(2)因房屋质量问题严重影响正常居住使用，买受人有权请求解除合同和赔偿损失。交付使用的房屋存在质量问题，在保修期内，出卖人应当承担修复责任；出卖人拒绝修复或者在合理期限内拖延修复的，买受人可以自行或者委托他人修复。修复费用及修复期间造成的其他损失由出卖人承担。(3)出卖人迟延交付房屋，经催告后在3个月的合理期限内仍未履行，买受人有权请求解除合同，但当事人另有约定的除外。法律没有规定或者当事人没有约定，经出卖人催告后，解除权行使的合理期限为3个月。出卖人没有催告的，解除权应当在买受人知道或者应当知道解除事由之日起1年内行使；逾期不行使的，解除权消灭。(4)由于出卖人的原因，在下列期限届满前未能取得不动产权属证书的，除当事人有特殊约定外，出卖人应当承担违约责任：其一，商品房买卖合同约定的办理不动产登记的期限；其二，标的物为尚未建成房屋的，自房屋交付之日起90日；其三，标的物为已竣工房屋的，自合同订立之日起90日。（5）合同约定或者法律规定的办理不动产登记的期限届满后超过1年，由于出卖人的原因，导致买受人无法办理不动产登记的，买受人有权请求解除合同和赔偿损失。

2.买受人违约。买受人迟延支付购房款，经催告后在3个月的合理期限内仍未履行，出卖人有权请求解除合同，但当事人另有约定的除外。法律没有规定或者当事人没有约定，经买受人催告后，解除权行使的合理期限为3个月。买受人没有催告的，解除权应当在出卖人知道或者应当知道解除事由之日起1年内行使；逾期不行使的，解除权消灭。

3.担保贷款合同的解除。（1）商品房买卖合同约定，买受人以担保贷款方式付款、因当事人一方原因未能订立商品房担保贷款合同并导致商品房买卖合同不能继续履行的，对方当事人可以请求解除合同和赔偿损失。因不可归责于当事人双方的事由未能订立商品房担保贷款合同并导致商品房买卖合同不能继续履行的，当事人可以请求解除合同，出卖人应当将收受的购房款本金及其利息或者定金返还买受人。（2）商品房买卖合同被确认无效或者被撤销、解除，致使商品房担保贷款合同的目的无法实现，当事人有权请求解除商品房担保贷款合同。（3）商品房买卖合同被确认无效或者被撤销、解除后，商品房担保贷款合同也被解除的，出卖人应当将收受的购房贷款和购房款的本金及利息分别返还担保权人和买受人。

4.违约金、赔偿金数额确定与违约金调整。根据相关司法解释，商品房买卖合同当事人以违约金过高为由请求减少的，应当以违约金超过违约造成的损失30%为标准适当减少；当事人以约定的违约金低于造成的损失为由请求增加的，应当以违约造成的损失确定违约金数额。商品房买卖合同没有约定违约金数额或者损失赔偿计算方法，逾期付款的，违约金数额或者损失赔偿额可以按照未支付购房款总额，参照中国人民银行规定的金融机构计收逾期贷款利息的标准计算；逾期交付使用房屋的，违约金数额或者损失赔偿额可以按照逾期交付使用房屋期间有关主管部门公布或者金融机构计收逾期贷款利息的标准计算。

案例分析　能力训练

（三）商品房包销

根据相关司法解释，出卖人与包销人订立商品房包销合同，约定出卖人将其开发建设的房屋交由包销人以出卖人的名义销售的，包销期满未销售的房屋，应由包销人按照合同约定的包销价格购买，但当事人另有约定的除外。出卖人自行销售已经由包销人包销的房屋，包销人有权请求出卖人赔偿损失，但当事人另有约定的除外。

第二节　赠与合同

一、赠与合同的概念和特征

根据《民法典》第657条的规定，赠与合同是赠与人将自己的财产无偿给予受赠人，受赠人表示接受赠与的合同。与买卖、互易等合同一样，赠与合同也属于转移财产所有权的合同。在赠与合同中，转让财产的一方为赠与人，接受财产的一方为受赠人。对于赠与人而言，其可以是自然人，也可以是法人，国家在一定情形下也能成为赠与人。自然人作为赠与人时应当具有完全的民事行为能力，无民事行为能力人和限制民事行为能力人一般不能成为赠与人。就赠与合同的标的物而言，赠与物并不仅限于有体物，土地使用权、股权、债权等无体物以及将来物都可以成为赠与合同的标的物。

赠与合同具有下列特征：

1.赠与合同是无偿合同。在赠与合同中，赠与人依约无偿转移其赠与物的所有权于受赠人，受赠人取得赠与物的所有权而不必向赠与人为相应的对待给付。但因赠与人的过失给受赠人造成损失的，受赠人有权请求赔偿。赠与人故意不告知其赠与财产之瑕疵或保证无瑕疵的，对受赠人因物之瑕疵所受的损害应负赔偿责任。

2.赠与合同是单务合同。赠与人只承担将赠与物无偿地交付给受赠人的义务，而受赠人只享受接受赠与物的权利。根据《民法典》第661条的规定，“赠与可以附义务。赠与附义务的，受赠人应当按照约定履行义务”，该条所规定的即为附义务赠与。虽然在此种赠与中，受赠人要履行一定的负担，从而与受赠人不履行任何义务的一般赠与合同存在一定差距，但是由于受赠人所履行的义务与赠与人所承担的义务不具有对待给付关系，因此即便是附义务的赠与，也仍属于单务合同。

3.赠与合同是诺成合同。在现代社会，民事合同以诺成为原则，以实践合同为例外，除非法律对某合同之实践性有特别规定，否则该合同即视为诺成合同。赠与合同是实践合同还是诺成合同，各国立法规定不一。但根据我国《民法典》的相关规定，特别是其第658条有关赠与合同撤销权的规定，我国民法上的赠与合同属于诺成合同，自当事人意思表示一致时成立。

4.赠与合同原则上为不要式合同，但在当事人有特约以及不动产赠与中，赠与合同为要式合同。《民法典》第469条为我国立法关于合同形式的一般规定，而合同编第十一章并未对赠与合同的形式作出特别规定。因此，一般而言，除赠与人与受赠人对合同形式有特约外，我国赠与合同为不要式合同。不过，当当事人在赠与合同中特别约定赠与应当采用书面、公证等形式时，赠与合同显然应为要式合同；此外，当赠与合同标的物为不动产时，赠与合同仍为要式合同。

二、赠与合同当事人的权利和义务

（一）赠与人的义务

1.转移标的物所有权的义务。赠与合同以使赠与物的权利移归受赠人为目的，赠与人的主要义务就是依照赠与合同约定的期限、地点、方式等将赠与物移转给受赠人。赠与人应按约定将赠与物之所有权交付给受赠人，在赠与物为不动产时，还应协助办理有关登记手续。赠与物的所有权转移时间，可准用买卖合同的规定。《民法典》第660条规定，经过公证的赠与合同或者依法不得撤销的具有救灾、扶贫、助残等社会公益、道德义务性质的赠与合同，赠与人不交付赠与财产的，受赠人可以请求交付；应当交付的赠与财产因赠与人故意或者重大过失致使损毁灭失的，赠与人应当承担赔偿责任。在此情形下，在上述三类赠与合同的履行过程中，赠与人故意或重大过失致使赠与财产毁损、灭失的，赠与人应负损害赔偿责任。

2.瑕疵担保义务。在赠与合同中，因受赠人是无偿地从赠与人处得到赠与物，受赠人也不会有损害，因此赠与人一般不承担瑕疵担保义务和责任。但是根据《民法典》第662条的规定，在下列两种情况下，赠与人应当承担瑕疵担保义务：

第一，在附义务的赠与中，赠与财产有瑕疵的，赠与人在附义务的限度内承担与出卖人相同的责任。在附义务的赠与中，受赠人并非纯粹无偿地从赠与人处获得赠与物，而是以履行负担为前提的，这就使附义务的赠与在一定程度上类似于有偿合同。因此，为平衡赠与合同的双方当事人的利益，应使赠与人在附义务的范围内承担瑕疵担保责任。

第二，赠与人故意不告知赠与财产的瑕疵或者保证赠与的财产无瑕疵，造成受赠人损失的，应当承担损害赔偿责任。故意不告知赠与财产的瑕疵，指赠与人自合同订立时起到合同履行时止知悉赠与财产的瑕疵，但未告知不知情的受赠人。保证赠与财产无瑕疵，是指保证赠与财产普通的无瑕疵状态，而非保证其有某种品质。在这两种情况下，如果造成受赠人的损失，赠与人就应当承担损害赔偿责任。

（二）受赠人的义务

受赠人有无偿取得赠与物的权利，但赠与合同约定负担义务的，受赠人须按约定履行义务。在赠与属于附义务赠与时，受赠人应在赠与物的价值限度内履行所附义务，受赠人不履行其义务时，赠与人有权请求受赠人履行其义务或撤销赠与。

三、赠与合同的终止

赠与合同的终止，是指赠与合同关系归于消灭，赠与人不再履行赠与义务。赠与在其性质许可的范围内适用合同编总则中有关合同终止的规定，但赠与合同也有其特有的终止方式，包括赠与人的任意撤销权、赠与人的法定撤销权和赠与人的穷困抗辩权。

1.赠与人的任意撤销权，是指在赠与合同成立后，赠与人得基于自己的意思任意撤销赠与的权利。根据我国《民法典》第658条、第659条的规定，赠与人行使任意撤销权须具备以下三个条件：（1）赠与合同已依赠与人与受赠人之间的合意而成立。（2）赠与物权利尚未转移，即对动产而言，赠与人尚未交付该动产；对不动产而言，赠与人尚未办理移转登记。在不动产业已交付，但未办理转移登记的情形，由于赠与物权利尚未转移，赠与人仍可撤销。（3）必须是非经公证之赠与以及非具有社会公益、道德义务性质之赠与。具有社会公益性质的赠与，是指赠与目的是促进社会公共利益的发展，对于此类性质的赠与，若允许赠与人任意撤销，则不利于倡导扶贫济困的社会道德风尚。具有道德义务性质的赠与，是指赠与目的是履行道德义务，限制此种性质赠与任意撤回的目的在于维护道德观念。经公证之赠与，由国家机关保证实施，故不应由当事人意思否认其效力。

2.赠与人的法定撤销权，是指在具备法律所规定的撤销原因时，赠与人有权撤销合同。根据我国《民法典》第663条、第664条的规定，当下列事由发生时，赠与人才可以行使撤销权撤回赠与：（1）受赠人严重侵害赠与人或者赠与人的近亲属的合法权益。只有受赠人的侵害行为达到严重的程度，赠与人才能行使撤销权，如果侵害行为在后果上尚未达到严重程度，则赠与人不得行使法定撤销权。（2）受赠人对赠与人有扶养义务而不履行。扶养义务应当包括扶养、抚养与赡养三种类型，若受赠人无资力而未履行抚养义务，不构成此处所言的“不履行”，从而赠与人不得行使撤销权。（3）受赠人不履行赠与合同约定的义务。一般认为，此处“不履行”应出于受赠人本人事由，若受赠人不履行合同的约定义务是不可归责于受赠人的事由所致，则赠与人不得行使撤销权。另外，受赠人实施违法行为致使赠与人死亡或者丧失民事行为能力的，赠与人的继承人或者法定代理人可以撤销赠与。

赠与人的法定撤销权，得因下列事由的发生而消灭：（1）除斥期间的经过。根据《民法典》第663条的规定，赠与人的撤销权，自知道或应当知道撤销事由之日起一年内行使。（2）赠与人的宽恕。如果赠与人明确表示对受赠人的行为不予追究，则撤销权消灭。（3）赠与人抛弃撤销权。即赠与人明知有撤销权而不行使撤销权。（4）受赠人死亡。

3.赠与人的穷困抗辩权，是指赠与人经济状况显著恶化，严重影响其生产经营或者家庭生活时，赠与人取得在一定条件下不履行赠与义务的权利。一般认为，穷困抗辩权的行使，须具备以下要件：（1）须是属于具有救灾、扶贫等社会公益、道德义务性质的赠与合同或者经过公证的赠与合同；在其他赠与合同中，赠与人可通过任意撤销权来拒绝履行赠与义务，并无适用穷困抗辩权的必要。（2）必须是在赠与合同依法成立以后履行完毕以前。（3）赠与人经济状况显著恶化。赠与人经济状况恶化必须发生在赠与合同订立以后，若赠与人经济状况在赠与合同订立之前即已恶化，赠与人基于此种经济状况仍然订立赠与合同，赠与人此时不得拒绝履行赠与义务。（4）赠与的履行将严重影响赠与人的生产经营或者家庭生活。是否构成对赠与人生产经营或者家庭生活的严重影响应根据赠与人的资产状况、身份地位等予以决定。

第三节　借款合同

一、借款合同的概念和特征

借款合同，是指当事人约定一方将一定种类和数额的货币所有权移转给他方，他方于一定期限内返还同种类同数额货币的合同。借款合同中，提供货币的一方称贷款人，受领货币的一方称借款人。《民法典》第667条规定，借款合同是借款人向贷款人借款，到期返还借款并支付利息的合同。

借款合同的主要特征是：

1.借款合同的标的物是金钱。借款合同的标的物是作为特殊种类物的金钱，因此，原则上只发生履行迟延，不发生履行不能。

2.借款合同是转让货币所有权的合同。当贷款人将借款即货币交给借款人后，货币的所有权即移转给了借款人，借款人可以处分所得的货币。这是借款合同的目的决定的，也是货币这种特殊种类物作为其标的物的必然结果。

3.借款合同可以是有偿合同，即有息借款；也可以是无偿合同，即无息借款。金融机构作为营利法人发放的贷款均为有息贷款。

4.借款合同一般为诺成合同，但自然人之间的借款合同为实践合同。《民法典》第679条规定：自然人之间的借款合同，自贷款人提供借款时成立。

5.借款合同一般是要式合同。对此《民法典》第668条规定：借款合同应当采用书面形式，但自然人之间另有约定的除外。之所以原则上将借款合同设定为要式合同，一方面是为了方便债权人举证，另一方面是为了起到警示作用，告诫债权人放贷时应谨慎考虑。

二、借款合同当事人的权利和义务

(一) 贷款人的权利义务

贷款人的主要义务是按照约定的日期、数额提供借款。贷款人未按照约定的日期、数额提供借款，造成借款人损失的，应当赔偿损失。此类损失通常发生于借款人不得已进行替代交易的情形下，譬如借款人不得不以更高的利率借贷从而遭受损失。

在借款合同中，贷款人不得利用优势地位预先在本金中扣除利息。利息预先在本金中扣除的，按实际借款数额返还借款并计算利息。贷款人不得将借款人的营业秘密泄露给第三方，否则应承担相应的法律责任。

贷款人的权利主要有：(1)有权请求借款人返还本金和利息。(2)对借款使用情况的监督检查权。贷款人可以按照约定监督检查贷款的使用情况，借款人应当按照约定向贷款人定期提供有关财务会计报表或者其他资料。借款人未按照约定的借款用途使用借款的，贷款人可以停止发放借款、提前收回借款或者解除合同。

(二) 借款人的义务

1.按照约定用途使用借款。合同对借款有约定用途的，借款人须按照约定用途使用借款，接受贷款人对贷款使用情况实施的监督检查。借款人未按照约定的借款用途使用借款的，贷款人可以停止发放借款、提前收回借款或者解除合同。

2.按期归还借款本金和利息。当借款为无偿时，借款人须按期归还借款本金；当借款为有偿时，借款人除须归还借款本金外，还必须按约定支付利息。关于利息的支付期限，根据《民法典》第674条、第676条、第677条的规定，对支付利息的期限没有约定或者约定不明确，依据《民法典》第510条的规定仍不能确定，借款期间不满1年的，应当在返还借款时一并支付；借款期间1年以上的应当在每届满1年时支付，剩余期间不满1年的，应当在返还借款时一并支付。借款人未按约定的期限返还借款的应当按照约定或者国家有关规定支付逾期利息。针对民间借贷，《民间借贷规定》第28条规定，借贷双方对逾期利率有约定的，从其约定，但是以不超过合同成立之时一年期贷款市场报价利率四倍计算。未约定逾期利率或者约定不明确的，若约定了借期内利率，出借人可主张借款人自逾期还款之日起按照借期内利率支付资金占用期间利息的，人民法院予以支持。若未约定借期内利率，出借人主张借款人自逾期之日起参照当时一年期贷款市场报价利率标准计算的利息承担逾期还款违约责任的，人民法院应予支持。值得注意的是，出卖人与借款人既约定了逾期利率，又约定了违约金或其他费用，出借人可以选择主张逾期利息、违约金或者其他费用，也可以一并主张，但是总计超过合同成立时一年期贷款市场报价利率四倍的部分，人民法院不予支持。借款人提前返还借款的，除当事人另有约定外，应当按照实际借款期间计算利息。借款人也可以在还款期限届满之前向贷款人申请展期，贷款人同意的，可以展期。

关于借款利息，《民法典》第680条规定：禁止放高利贷，借款的利率不得违反国家有关规定；借款合同对利息没有约定的，视为没有利息；借款合同对支付利息约定不明确，当事人不能达成补充协议的，按照当地或者当事人的交易方式、交易习惯、市场利率等因素确定利息，但自然人之间借款的视为没有利息。

三、民间借贷的裁判规则

2015年6月23日，最高人民法院发布《民间借贷规定》，对民间借贷纠纷的法律适用问题作了具体规定。2021年1月1日起，修改后的《民间借贷规定》施行。其主要实体法内容包括：

（一）民间借贷的界定

所谓民间借贷，是指自然人、法人、其他组织之间及其相互之间进行资金融通的行为。经金融监管部门批准设立的从事贷款业务的金融机构及其分支机构，因发放贷款等相关金融业务引发的纠纷，不适用相关司法解释。可见，民间借贷是指金融机构借贷以外的借贷关系。

（二）民间借贷合同的生效

《民法典》第679条规定，自然人之间的借款合同，自贷款人提供借款时成立。根据《民间借贷规定》第9条的规定，具有下列情形之一，可以视为具备自然人之间借款合同的生效要件：（1）以现金支付的，借款人收到借款；（2）以银行转账、网上电子汇款或者通过网络贷款平台等形式支付的，资金到达借款人账户；（3）以票据交付的，借款人依法取得票据权利；（4）出借人将特定资金账户支配权授权给借款人的，借款人取得对该账户实际支配权；（5）出借人以与借款人约定的其他方式提供借款并实际履行完成。

出借人仅凭借借据、收据、欠条等债权凭证提起民间借贷诉讼，被告抗辩已经偿还借款等，被告应当对其主张提供证据证明。被告提供相应证据证明其主张后，原告仍应就借贷关系等存续承担举证责任。被告抗辩借贷行为尚未实际发生并能作出合理说明的，人民法院应当结合借贷金额、款项交付、当事人的经济能力、当地或者当事人之间的交易方式、交易习惯、当事人财产变动情况以及证人证言等事实和因素，综合判断和查证借贷事实是否发生。原告仅依据金融机构的转账凭证提起民间借贷诉讼，被告抗辩转账系偿还双方当事人之前借款或者其他债务的，被告应当对其主张提供证据证明。被告提供相应证据证明其主张后，原告仍应就借贷关系的成立承担举证责任。

（三）民间借贷合同的效力

具有下列情形之一，人民法院应当认定民间借贷合同无效：（1）套取金融机构信贷资金又转贷给借款人；（2）以向其他企业借贷或者向本单位职工集资取得的资金又转贷给借款人牟利，或者以向公众非法吸收存款等方式取得的资金转贷的；（3）未依法取得放贷资格的出借人，以营利为目的向社会不特定对象提供借款的；（4）出借人事先知道或者应当知道借款人借款用于违法犯罪活动仍然提供借款的；（5）违背社会公序良俗的；（6）其他违反法律、行政法规效力性强制性规定的。

法人之间、其他组织之间以及它们相互之间为生产、经营需要订立的民间借贷合同，以及法人或者其他组织在本单位内部通过借款形式向职工筹集资金，用于本单位生产、经营的，除存在《民法典》第144条、第146条、第153条、第154条以及《民间借贷规定》第13条的情形以外，当事人主张民间借贷合同有效的，人民法院应予支持。

借款人或者出借人的借贷行为涉嫌犯罪，

或者已经生效的判决认定构成犯罪，当事人提起民事诉讼的，民间借贷合同并不当然无效。人民法院应当根据《民法典》关于民事法律行为的效力的规定及司法解释的相关规定认定民间借贷合同的效力。人民法院立案后，发现民间借贷行为本身涉嫌非法集资等犯罪的，应当裁定驳回起诉，并将涉嫌非法集资等犯罪的线索、材料移送公安或者检察机关。公安或者检察机关不予立案，或者立案侦查后撤销案件，或者检察机关作出不起诉决定，或者经人民法院生效判决认定不构成非法集资等犯罪，当事人又以同一事实向人民法院提起诉讼的，人民法院应予受理。人民法院立案后，发现与民间借贷纠纷案件虽有关联但不是同一事实的涉嫌非法集资等犯罪的线索、材料的，人民法院应当继续审理民间借贷纠纷案件，并将涉嫌非法集资等犯罪的线索、材料移送公安或者检察机关。借款人涉嫌犯罪或者生效判决认定其有罪，出借人起诉请求担保人承担民事责任的，人民法院应予受理。民间借贷纠纷的基本案件事实必须以刑事案件的审理结果为依据，而该案件尚未审结的，人民法院应当裁定中止诉讼。

担保人以借款人或者出借人的借贷行为涉嫌犯罪或者已经生效的判决认定构成犯罪为由，主张不承担民事责任的，应当依据民间借贷合同与担保合同的效力、当事人的过错程度，依法确定担保人的民事责任。

（四）民间借贷的利率与利息

借贷双方没有约定利息，或者自然人之间借贷对利息约定不明的，出借人无权主张借款人支付借期内利息。除自然人之间借贷的之外，借贷双方对借贷利息约定不明，出借人主张利息的，人民法院应当结合民间借贷合同的内容，并根据当地或者当事人的交易方式、交易习惯、市场报价利率等因素确定利息。

假设借贷双方约定了利率，且该利率未超过一年期贷款市场报价利率的四倍，出借人请求借款人按照约定的利率支付利息的，人民法院应予支持。一年期贷款市场报价利率是指中国人民银行授权全国银行间同业拆借中心自2019年8月20日起每月发布的一年期贷款市场报价利率，超过此部分的利息约定则应无效。

在民间借贷中，亦有可能约定复利。借贷双方对前期借款本息结算后将利息计入后期借款本金并重新出具债权凭证的情形下，若前期利率没有超过合同成立时一年期贷款市场报价利率的4倍，重新出具的债权凭证载明的金额可认定为后期借款本金。超过部分的利息，不应认定为后期借款本金。按此计算，借款人在借款期间届满后应当支付的本息之和，超过以最初借款本金与以最初借款本金为基数，以合同成立时一年期贷款市场报价利率4倍计算的整个借款期间的利息之和的，人民法院不予支持。

（五）民间借贷的担保

他人在借据、收据、欠条等债权凭证或者借款合同上签名或者盖章，但未表明其保证人身份或者承担保证责任，或者通过其他事实不能推定其为保证人，出借人请求其承担保证责任的，人民法院不予支持。

借贷双方通过网络贷款平台形成借贷关系，网络贷款平台的提供者仅提供媒介服务，当事人请求其承担担保责任的，人民法院不予支持。网络贷款平台的提供者通过网页、广告或者其他媒介明示或者有其他证据证明其为借贷提供担保，出借人请求网络贷款平台的提供者承担担保责任的，人民法院应予支持。

当事人以订立买卖合同作为民间借贷合同的担保，借款到期后借款人不能还款，出借人请求履行买卖合同的，人民法院按照民间借贷法律关系审理作出的判决生效后，借款人不履行生效判决确定的金钱债务，出借人可以申请拍卖买卖合同标的物，以偿还债务。就拍卖所得的价款与应偿还借款本息之间的差额，借款人或者出借人有权主张返还或补偿。

（六）民间借贷中的企业责任与个人责任

民间借贷合同有可能对第三人产生效力。法人的法定代表人或者非法人组织的负责人以单位名义与出借人签订民间借贷合同，有证据证明所借款项系法定代表人或者负责人个人使用，出借人请求将法定代表人或者负责人列为共同被告或者第三人的，人民法院应予准许。

法人的法定代表人或者非法人组织的负责人以个人名义与出借人订立民间借贷合同，所借款项用于单位生产经营的，出借人请求单位与个人共同承担责任的，人民法院应予支持。

第四节　租赁合同

一、租赁合同的概念、特征和种类

（一）租赁合同的概念

租赁合同，是指当事人一方将特定的物交付另一方使用、收益，另一方支付租金，并于使用期满后归还原物的协议。在租赁合同中，被交付的标的物为租赁物，提供租赁物的一方为出租人，使用租赁物的一方为承租人，而租金则是承租人使用租赁物的代价。租赁物一般应为非消耗物、有体物，对无体物使用权的取得不适用租赁合同的规定。

（二）租赁合同的特征

1.租赁合同是转移租赁物使用、收益权的合同。租赁合同以承租人取得租赁物的使用、收益为目的，因其转移的是物的使用、收益权，而非物的所有权，故与买卖合同存在根本差异。由于承租人对物只享有使用、收益权，而不享有处分权，故在承租人破产时租赁物也不能列为破产财产，这是租赁与消费借贷的重要区别。

2.租赁合同是双务、诺成合同。租赁合同不以标的物的实际交付为合同的成立或生效要件，于当事人双方意思表示一致即可成立。在租赁合同中，出租人负有交付租赁物的义务，承租人有支付租金的义务，双方的权利义务互为对价。故租赁合同为双务、诺成合同。对《民法典》第707条“租赁期限六个月以上的，应当采用书面形式。当事人未采用书面形式，无法确定租赁期限的，视为不定期租赁”的规定，应当理解为法律倡导性条款，而非对租赁合同形式所作的强制性规定。

3.租赁合同是有偿合同。租赁合同中，承租人取得租赁物的使用、收益权，必须以支付租金为对价，这是租赁合同与借用合同的根本区别。依租赁合同支付的租金通常为金钱上的支付，但支付实物时，法律并无限制。

4.租赁合同是临时性和继续性合同。租赁合同通常是出租人非永久性地将其财产的使用、收益权转让给承租人的协议，具有临时性特征。《民法典》第705条确认了租赁合同的临时性即该合同最长存续期限：“租赁期限不得超过二十年，超过二十年的，超过部分无效。”同时，租赁合同的内容，非一次的结付可完结，其义务是继续地实现，系为继续性使用。

5.租赁合同具有一定的排他效力。租赁合同本质上属于债的关系，仅对当事人具有法律约束力，但法律通过设立“买卖不破租赁”“抵押不破租赁”规则对承租人利益予以特殊保护，从而使租赁权具有一定的绝对权效力。

（三）租赁合同的种类

根据当事人成立租赁合同的目的不同，可区分为使用租赁与用益租赁。单纯以使用为目的的租赁合同称为使用租赁，兼具使用收益目的的租赁合同称为用益租赁。如当事人之间对租赁合同的目的未作约定的，除依合同本身性质可推定为使用租赁外，一般应视为适用范围全面的用益租赁。

根据法律对租赁合同是否作出特殊规定，租赁合同可分为一般租赁与特殊租赁。凡法律对某类租赁合同以租赁合同命名又未予以专门规定的，为一般租赁合同；而法律对某类合同有专门特别规定的，为特殊租赁合同。例如，房地产管理法律对房地产的租赁、海商法对船舶的租赁以及航空法对航空器的租赁等都有特殊的规定。

根据租赁标的物的不同类别，租赁合同可分为动产租赁与不动产租赁。无论是以一般动产还是特殊动产如车辆、大型机械、船舶、飞行器等为租赁物的租赁，均为动产租赁；不动产租赁通常是以土地、房屋为标的物的用益租赁。

根据是否在合同中明确约定租赁期限，租赁合同可分为定期租赁合同和不定期租赁合同。当事人可以在租赁合同中约定租赁期间，没有约定租赁期间的则为不定期租赁。对于不定期租赁，任何一方当事人都有权依自己的意愿随时解除合同，但在解除合同之前，应预先通知对方。

二、租赁合同的内容和履行规则

(一)租赁合同的内容与形式

1.租赁合同的内容

租赁合同的内容一般包括以下主要条款：(1)租赁物的名称、数量和质量。(2)租赁物的用途。根据《民法典》第709条的规定，承租人应当按照约定的方法使用租赁物。对租赁物约定或约定不明确，依据本法第510条的规定仍不能确定的，应根据租赁物的性质使用。(3)租赁期限。根据《民法典》第705条的规定，租赁期限不得超过20年。超过20年的，超过部分无效。租赁期间届满，当事人可以续订租赁合同，但是约定的租赁期限自续订之日起不得超过20年。(4)租金交付与租赁物的维修。当事人双方应就具体租赁物的状况、用途、租期等，对租金额、交付期限与方式作出明确约定。此外，考虑到租赁物使用的损耗或可能遇到的影响正常使用的状况，当事人双方在订立合同时，应就租赁物之维修义务加以适当约定，以保证合同的切实履行、减少与避免纠纷的发生。

2.租赁合同的形式

租赁合同通常为不要式合同，但《民法典》第707条规定，租赁合同6个月以上的，应采书面形式。是否采取书面形式并不影响该合同的成立与生效，当事人未采用书面形式，无法确定租赁期限的，视为不定期租赁。

(二)租赁合同的履行规则

1.出租人的义务

(1)交付出租物。出租人应依照合同约定的时间和方式交付租赁物。物的使用以交付占有为必要的，出租人应按照约定交付承租人实际占有使用。物的使用不以交付占有为必要的，出租人应使之处于承租人得以使用的状态。如果合同成立时租赁物已经为承租人直接占有，从合同约定的交付时间时起承租人即对租赁物享有使用收益权。

(2)在租赁期间保持租赁物符合约定的用途。租赁合同是继续性合同，在其存续期间，出租人负有继续保持租赁物品质的义务，使租赁物合于约定用途状态。

(3)维修租赁物。出租人在租赁物出现不符合用途或者妨碍承租人正常使用的情形时，出租人对租赁物负有维修义务。根据《民法典》第712条、第713条的规定，出租人应当履行租赁物的维修义务，但当事人另有约定的除外。承租人在租赁物需要维修时可以请求出租人在合理期限内维修。出租人未履行维修义务的，承租人可以自行维修，维修费用由出租人承担。因维修租赁物影响承租人使用的，应当相应减少租金或者延长租期。因承租人的过错致使租赁物需要维修的，出租人不承担前述维修义务。由此，出租人该义务的构成一般包括以下要件：租赁物有维修的必要；租赁物有修缮的可能；承租人在租赁期间内将修复事宜通知出租人。

(4)瑕疵担保。租赁合同一般可以准用买卖合同关于瑕疵担保义务的规定，出租人的瑕疵担保义务同样包括两个方面的内容：租赁物的瑕疵担保和租赁物的权利瑕疵担保。根据《民法典》第708条，物的瑕疵担保义务包括两个层面：交付时租赁物符合约定用途和整个租赁期间租赁物符合约定用途。根据《民法典》第723条，因第三人主张权利，致使承租人不能对租赁物使用、收益的，承租人可以请求减少租金或不支付租金；第三人主张权利的，承租人应当及时通知出租人。《民法典》第724条规定，有下列情形之一，非因承租人原因致使租赁物无法使用的，承租人可以解除合同：①租赁物被司法机关或者行政机关依法查封、扣押；②租赁物权属有争议；③租赁物具有违反法律、行政法规关于使用条件的强制性规定情形。故出租人权利瑕疵担保责任构成需要具备三个要件：第三人向承租人主张权利；第三人主张的权利发生于租赁物交付之前；承租人于合同订立时不知道租赁物有瑕疵。违反权利瑕疵担保责任，承租人可以要求减少租金、不支付租金，并在具有《民法典》第724条规定的三种情形时解除合同。

2.承租人的义务

（1）支付租金。承租人应当按照约定的期限支付租金。对支付租金的期限没有约定或者约定不明确，依据《民法典》第510条仍不能确定，租赁期间不满1年的，应当在租赁期间届满时支付；租赁期间1年以上的，应当在每届满1年时支付，剩余期间不满1年的，应当在租赁期间届满时支付。承租人无正当理由未支付租金或延期支付租金的，出租人可以要求承租人在合理期限内支付。承租人逾期不支付的，出租人可以解除合同。

（2）按照约定的方法使用租赁物。承租人应按照约定的方法使用租赁物；无约定的或约定不明确的，可以由当事人事后达成补充协议确定；不能达成协议的，按合同的有关条款或交易习惯确定；仍不能确定的，应根据租赁物的性质使用。《民法典》第710条规定，承租人按照约定的方法或者租赁物的性质使用租赁物，致使租赁物受到损耗的，不承担赔偿责任。《民法典》第711条规定，承租人未按照约定的方法或者租赁物的性质使用租赁物，致使租赁物受到损失，视为承租人违约，出租人可以解除合同并要求赔偿损失。

（3）妥善保管租赁物。承租人在租赁期间占有租赁物，应当尽善良注意的义务保管租赁物；租赁物能产生收益的，承租人须按照合同规定的方法或通常规则尽善保管义务。《民法典》第714条规定，承租人未履行该义务造成租赁物损毁、灭失，影响到租赁物正常使用，应当承担赔偿责任。

（4）不得擅自改善和增设他物。《民法典》第715条规定，承租人经出租人同意，可以对租赁物进行改善和增设他物。承租人未经出租人同意对租赁物进行改善和增设他物的，出租人可以请求承租人恢复原状或赔偿损失。

（5）通知义务。在租赁关系存续期间，出现以下情形之一的，承租人应当及时通知出租人：①租赁物有修理、防止危害的必要；②其他依诚实信用原则应当通知的事由。承租人怠于通知，致出租人不能及时救济而受到损害的，承租人应负赔偿责任。

（6）返还租赁物。租赁期间届满，承租人应当返还租赁物。返还的租赁物应当符合约定或者符合根据租赁物的性质使用后的状态。逾期不返还，即构成违约，须给付违约金或逾期租金，并须负担逾期期间的风险。经出租人同意对租赁物进行改善和增设他物的，承租人可以请求出租人偿还租赁物增值部分的费用。

三、转租规则

《民法典》第716～719条确立了以下转租规则：（1）承租人经出租人同意，可以将租赁物转租给第三人。承租人转租的，承租人与出租人之间的租赁合同继续有效；第三人造成租赁物损失的，承租人应当赔偿损失。承租人未经出租人同意转租的，出租人可以解除合同。（2）承租人经出租人同意将租赁物转租给第三人，转租期限超过承租人剩余租赁期限的，超过部分的约定对出租人不具有法律约束力，但是出租人与承租人另有约定的除外。（3）出租人知道或者应当知道承租人转租，但是在6个月内未提出异议的，视为出租人同意转租。（4）承租人拖欠租金的，次承租人可以代承租人支付其欠付的租金和违约金，但是转租合同对出租人不具有法律约束力的除外。次承租人代为支付的租金和违约金，可以充抵次承租人应当向承租人支付的租金；超出其应付的租金数额的，可以向承租人追偿。

四、租赁物所有权变动与承租人优先购买权

《民法典》第725条规定：租赁物在租赁期间发生所有权变动的，不影响租赁合同的效力。据此，在租赁合同有效期间，租赁物因买卖、继承等使租赁物的所有权发生变更的，租赁合同对新所有权人仍然有效，这在学理上称为“买卖不破租赁”，通常适用于不动产租赁。在此情形下，因买卖、继承等取得租赁物所有权之人同时取得出租人的法律地位，但承租人因不知情而仍向原出租人履行义务的，其给付应属有效。

《民法典》第726～728条对承租人的优先

购买权作了如下规定:(1)出租人出卖租赁房屋的,应当在出卖之前的合理期限内通知承租人,承租人享有以同等条件优先购买的权利;但是,房屋按份共有人行使优先购买权或者出租人将房屋出卖给近亲属的除外。出租人履行通知义务后,承租人在15日内未明确表示购买的,视为承租人放弃优先购买权。(2)出租人委托拍卖人拍卖租赁房屋的,应当在拍卖5日前通知承租人。承租人未参加拍卖的,视为放弃优先购买权。(3)出租人未通知承租人或者有其他妨害承租人行使优先购买权情形的,承租人可以请求出租人承担赔偿责任。但是,出租人与第三人订立的房屋买卖合同的效力不受影响。

五、租赁合同的解除与续租

《民法典》第724条、第729～731条对租赁合同的特殊解除事由作了如下规定:(1)有下列情形之一,因出租人原因致使租赁物无法使用的,承租人可以解除合同:租赁物被司法机关或者行政机关依法查封、扣押;租赁物权属有争议;租赁物具有违反法律、行政法规关于使用条件的强制性规定的情形。(2)因不可归责于承租人的事由,致使租赁物部分或者全部毁损、灭失的,承租人可以请求减少租金或者不支付租金;因租赁物部分或者全部毁损、灭失,致使不能实现合同目的的,承租人可以解除合同。(3)当事人对租赁期限没有约定或者约定不明确,依据《民法典》第510条的规定仍不能确定的,视为不定期租赁,当事人可以随时解除合同,但是应当在合理期限之前通知对方。(4)租赁物危及承租人的安全或者健康的,即使承租人订立合同时明知该租赁物质量不合格,承租人仍然可以随时解除合同。

根据《民法典》第734条的规定,租赁期限届满,承租人继续使用租赁物,出租人没有提出异议的,原租赁合同继续有效,但是租赁期限为不定期。租赁期限届满,房屋承租人享有以同等条件优先承租的权利。《民法典》第732条规定,承租人在房屋租赁期限内死亡的,与其生前共同居住的人或者共同经营人可以按照原租赁合同租赁该房屋。

六、房屋租赁合同的法律适用

2009年最高人民法院发布《城镇房屋租赁合同司法解释》,经2020年12月修改后,自2021年1月1日起施行,对房屋租赁合同纠纷的法律适用作了具体规定。

1.违法建筑的租赁。出租人就未取得建设工程规划许可证或者未按照建设工程规划许可证的规定建设的房屋,与承租人订立的租赁合同无效。但在一审法庭辩论终结前取得建设工程规划许可证或者经主管部门批准建设的,人民法院应当认定有效。

2.一房数租。出租人就同一房屋订立数份租赁合同,在合同均有效的情况下,承租人均主张履行合同的,人民法院按照下列顺序确定履行合同的承租人:(1)已经合法占有租赁房屋的;(2)已经办理登记备案手续的;(3)合同成立在先的。不能取得租赁房屋的承租人请求解除合同、赔偿损失的,依照《民法典》的有关规定处理。

3."买卖不破租赁"规则的例外。租赁房屋在承租人按照租赁合同占有期限内发生所有权变动,承租人请求房屋受让人继续履行原租赁合同的,人民法院应予支持。但租赁房屋具有下列情形或者当事人另有约定的除外:(1)房屋在出租前已设立抵押权,因抵押权人实现抵押权发生所有权变动的;(2)房屋在出租前已被人民法院依法查封的。

第五节　融资租赁合同

一、融资租赁合同的概念和特征

融资租赁合同,是指出租人根据承租人的要求和选择,出资购买承租人所选定的设备并出租给承租人使用,承租人分期支付租金,租期届满后，承租人根据融资租赁合同可以退回、续租或留购租赁设备的合同。

融资租赁集借贷、租赁、买卖于一体，是将融资与融物结合在一起的交易方式。融资租赁合同是由出卖人与买受人（租赁合同的出租人）之间的买卖合同和出租人与承租人之间的租赁合同构成的，但其法律效力又不是买卖和租赁两个合同效力的简单叠加。融资租赁合同的主体为三方当事人，即出租人（买受人）、承租人和出卖人（供货商）。承租人要求出租人为其融资购买其所需的设备，然后由供货商直接将设备交给承租人。其法律特征是：

1.内容具有复合性。融资租赁合同是由买卖合同与融资租赁合同结合在一起，并由三方当事人组成的合同。在此种交易关系中，实际存在买卖合同与租赁合同的结合，其中包括三方当事人，即出卖人、出租人、承租人。其中，融资租赁合同在生效后，其法律效力并不完全等同于买卖、租赁合同。如出租人的义务并不等同于一般租赁中出租人的义务，其不负担租赁物的维修义务，也不负担租赁物的瑕疵担保义务。就买卖合同而言，融资租赁合同的出卖人向承租人而非买受人（出租人）履行交付标的物和瑕疵担保义务，也不同于买卖合同。所以，融资租赁的内容具有复合性。

2.具有融资和融物双重目的性。融资租赁合同具有融资与融物的双重功能，这是融资租赁合同不同于租赁合同和金钱借款合同的特点。一方面，融资租赁合同具有融资功能。在设立融资租赁时，出租人支付了标的物的全额价款，应承租人的要求购买了租赁物。实际上，这相当于是出租人贷款给承租人，用以购买后者所需要的租赁物。另一方面，融资租赁合同具有融物的功能。原因在于，承租人从出租人那里获得的并非现金，而是实物，同时，承租人要向出租人支付现金形式的租金。因此，就出租人与承租人之间的关系而言，既有融资的特点，又有融物的特点。

3.出租人具有特殊性。一般的租赁合同对出租人的身份并无特别限制，但是在融资租赁合同中，出租人应当具备融资租赁业务的资质。在我国，考虑到融资租赁交易具有融资性，只有经过有关部门批准许可经营的公司，才有从事融资租赁交易、订立融资租赁合同的资格。此类公司在设立的条件、程序、经营活动等方面，均受到法律严格的限制。

4.具有双务、诺成、要式性和继续性。融资租赁合同是双方互负对待给付义务的合同，因为出租人要履行其按照承租人的要求购买标的物并交付承租人使用的义务。承租人要履行其支付租金等义务。融资租赁合同的成立和生效并不要求以交付标的物作为条件，属于诺成合同。《民法典》第 736条第2款规定，融资租赁合同应当采用书面形式。由此可见，融资租赁合同属于要式合同。融资租赁合同也是一种继续性合同，因为此类合同不是一次履行完毕的，而是长期、持续履行义务的合同。

二、融资租赁合同的认定及效力

依据最高人民法院《关于审理融资租赁合同纠纷案件适用法律问题的解释》（以下简称《融资租赁合同解释》）第1条，对于是否构成融资租赁法律关系，应当根据《民法典》第735条的规定，结合标的物的性质、价值、租金的构成以及当事人的合同权利和义务进行认定。对名为融资租赁合同，但实际不构成融资租赁法律关系的，应按照其实际构成的法律关系处理。此外，《融资租赁合同解释》第2条规定，承租人将其自有物出卖给出租人，再通过融资租赁合同将租赁物从出租人处租回的，人民法院不应仅以承租人和出卖人系同一人为由认定不构成融资租赁法律关系。

《民法典》第737条规定，当事人以虚构租赁物方式订立的融资租赁合同无效。该条是《民法典》总则编通谋虚伪表示规定的具体化。在交易实践中，当事人可能会为了逃脱金融监管，从而选择以虚构租赁物的形式进行贷款，这属于以虚假的意思表示实施的民事法律行为。此时，“名为融资租赁实为借贷”不能产生融资租赁的法律效果，法院应适用借款合同的相关法律规定，依法认定借款本金及利率。但根据《民法典》第738条的规定，依照法律、行政法规的规定，对于租赁物的经营使用应当取得行政许可的，出租人未取得行政许可不影响融资租赁合同的效力。鉴于在融资租赁合同中，出租人与租赁物的经营使用没有直接关系，出租人只需要具备相应的融资租赁资质即可。只要承租人依法取得行政许可，就可以达到监管租赁物经营使用的目的。因此，出租人未取得行政许可不影响融资租赁合同的效力。

三、融资租赁合同的主要内容和履行规则

（一）融资租赁合同的主要内容

融资租赁合同的内容一般包括租赁物名称、数量、规格、技术性能、检验方法，租赁期限，租金构成及其支付期限和方式、币种，租赁期间届满租赁物的归属等条款。

（二）融资租赁合同的履行规则

1.出租人的主要义务

（1）向承租人交付租赁物。《民法典》第739条规定，出租人根据承租人对出卖人、租赁物的选择订立的买卖合同，出卖人应当按照约定向承租人交付标的物，承租人享有与受领标的物有关的买受人的权利。依据这一规定，出租人的主要义务是依据合同交付标的物。一是按照约定的质量、数量等交付标的物。二是按照约定的期限交付出卖物。同时，根据《民法典》第739条的规定，承租人虽非买卖合同的当事人，但承租人可以根据《民法典》关于买卖合同的规定，享有买受人的部分权利，如受领权、请求交付的权利、检验标的物的权利、在标的物质量不合格的情况下拒绝接受的权利等。若出卖人未按照约定交付标的物，根据《民法典》第740条的规定，出卖人违反向承租人交付标的物的义务，有下列情形之一的，承租人可以拒绝受领出卖人向其交付的标的物：①标的物严重不符合约定；②未按照约定交付标的物，经承租人或者出租人催告后在合理期限内仍未交付。此处须注意，根据相关司法解释的规定，承租人拒绝受领租赁物，未及时通知出租人，或者无正当理由拒绝受领租赁物，造成出租人损失，出租人有权向承租人主张损害赔偿。

（2）保证承租人对租赁物的占有和使用。此项义务也称为保障承租人和平占有的义务。具体而言：第一，出租人负有不得妨碍承租人占有使用标的物的义务；第二，出租人负有保障租赁物不受到第三人追夺的义务；第三，出租人虽然可以转让标的物，但不能因转让而影响承租人的占有和使用。《民法典》第748条规定，出租人应当保证承租人对租赁物的占有和使用。出租人有下列情形之一的，承租人有权请求其赔偿损失：①无正当理由收回租赁物；②无正当理由妨碍、干扰承租人对租赁物的占有和使用；③因出租人的原因致使第三人对租赁物主张权利；④不当影响承租人对租赁物占有和使用的其他情形。

（3）协助承租人行使索赔的权利。《民法典》第741条规定，出租人、出卖人、承租人可以约定，出卖人不履行买卖合同义务的，由承租人行使索赔的权利。承租人行使索赔权利的，出租人应当协助。此处所说的“协助”主要包括以下两个方面的内容：第一，帮助寻找出卖人。第二，帮助提供证据。同时，根据《民法典》第743条的规定，出租人有下列情形之一，致使承租人对出卖人行使索赔权利失败的，承租人有权请求出租人承担相应的责任：①明知租赁物有质量瑕疵而不告知承租人；②承租人行使索赔权利时，未及时提供必要协助。出租人怠于行使只能由其对出卖人行使的索赔权利，造成承租人损失的，承租人有权请求出租人承担赔偿责任。

（4）不得擅自变更买卖合同的内容。《民法典》第744条规定，出租人根据承租人对出卖人、租赁物的选择订立的买卖合同，未经承租人同意，出租人不得变更与承租人有关的合同内容。依据这一规定，虽然买卖合同是在出租人与出卖人之间签订的，承租人并没有参与合同的订立，但由于租赁物是依据承租人的要求而购买选定的，订立买卖合同最终是为了履行融资租赁合同，所以，出租人在与出卖人订立买卖合同时，必须按照其与承租人之间的约定来确定相关合同内容。实践中，出租人擅自变更主要包括如下几种情形：一是擅自变更标的

物。二是擅自变更交付标的物的时间。三是擅自变更标的物的质量。四是擅自变更标的物的交付地点。如果出租人擅自变更与承租人有关的合同内容，实际上已经构成了对其与承租人之间约定的违反，承租人有权主张违约责任。

（5）附随义务。在融资租赁合同中，双方都负有依诚信原则所产生的附随义务。就出租人而言，其应当负有必要的告知、说明、协助等附随义务。

2.承租人的主要义务

（1）支付租金。《民法典》第752条规定，承租人应当按照约定支付租金。承租人经催告后在合理期限内仍不支付租金的，出租人可以请求支付全部租金；也可以解除合同，收回租赁物。在融资租赁合同中，收取租金是出租人订立合同的主要目的，因此，支付租金是承租人的主要义务。所谓“按照约定支付租金”，就是指承租人应当按照约定的时间、地点、方式、币种等支付租金。此外，根据《民法典》第746条的规定，融资租赁合同的租金，除当事人另有约定外，应当根据购买租赁物的大部分或者全部成本以及出租人的合理利润确定。在租赁物因意外风险而毁损灭失时，根据《民法典》第751条的规定，承租人占有租赁物期间，租赁物毁损、灭失的，出租人有权请求承租人继续支付租金，但是法律另有规定或者当事人另有约定的除外。即租赁期间，租金的风险由承租人承担。

（2）妥善保管和使用租赁物。《民法典》第750条第1款规定，承租人应当妥善保管、使用租赁物。承租人应当妥善保管和合理使用标的物，避免因保管不善而损害出租人的权益。

（3）维修租赁物。《民法典》第750条第2款规定，承租人应当履行占有租赁物期间的维修义务。区别于一般的租赁合同，在融资租赁合同中，出租人并不负有维修义务，而应由承租人承担该义务。同时，根据该规定，承租人的维修义务仅限于占有租赁物期间，而在租赁物交付之前以及返还给出租人之后，承租人不再负有此种义务。而且，如果在租赁期间，租赁物被出租人取回或者因其他原因而丧失占有，承租人也不再负担维修义务。

（4）承担租赁物造成第三人损害的赔偿责任。《民法典》第749条规定，承租人占有租赁物期间，租赁物造成第三人人身损害或者财产损失的，出租人不承担责任。依据这一规定，承租人应当承担租赁物造成第三人损害的赔偿责任。其构成要件是：第一，租赁物造成了第三人的损害，此种损害既包括人身伤害，也包括财产损害。第二，租赁物造成损害发生于承租人占有租赁物期间。通常而言，这指的是租赁物交付承租人之日起至租赁期限届满租赁物被返还给出租人之日止。

（5）到期后返还租赁物。《民法典》第757条规定，对租赁物的归属没有约定或者约定不明确，依据本法第510条的规定仍不能确定的，租赁物的所有权归出租人。此时，承租人须向出租人返还租赁物。此外，当事人约定租赁期限届满租赁物归承租人所有，承租人已经支付大部分租金，但是无力支付剩余租金，出租人因此解除合同收回租赁物，承租人应予返还；收回的租赁物的价值超过承租人欠付的租金以及其他费用的，承租人可以请求相应返还。当事人约定租赁期限届满租赁物归出租人所有，因租赁物毁损、灭失或者附合、混合于他物致使承租人不能返还的，出租人有权请求承租人给予合理补偿。

四、融资租赁合同的解除

（一）出租人或者承租人均有权解除融资租赁合同的情形

《民法典》第754条规定，有下列情形之一的，出租人或者承租人可以解除融资租赁合同：（1）出租人与出卖人订立的买卖合同解除、被确认无效或者被撤销，且双方未能重新订立买卖合同。（2）租赁物因不可归责于双方的原因意外毁损、灭失，且不能修复或者确定替代物。（3）因出卖人的原因致使融资租赁合同的目的不能实现。

融资租赁合同因买卖合同解除、被确认无效或者被撤销而解除，出卖人、租赁物系由承租人选择的，出租人有权请求承租人赔偿相应损失；但是，因出租人原因致使买卖合同解除、被确认无效或者被撤销的除外。出租人的损失已经在买卖合同解除、被确认无效或者被撤销时获得赔偿的，承租人不再承担相应的赔偿责任。融资租赁合同因租赁物交付承租人后意外毁损、灭失等不可归责于当事人的原因解除的，出租人可以请求承租人按照租赁物折旧情况给予补偿。

（二）出租人有权解除融资租赁合同的情形

下列情形下，出租人有权解除融资租赁合同：（1）承租人未经出租人同意，将租赁物转让、转租、抵押、质押、投资入股或者以其他方式处分租赁物的（《民法典》第753条）。（2）承租人未按照合同约定的期限和数额支付租金，经出租人催告后在合理期限内仍不支付的（《民法典》第752条）。根据《融资租赁合同解释》第5条的规定，合同对于欠付租金解除合同的情形没有明确约定，但承租人欠付租金达到两期以上，或者数额达到全部租金15%以上，经出租人催告后在合理期限内仍不支付的，出租人享有解除权。（3）承租人违反合同约定，致使合同目的不能实现的其他情形。

五、融资租赁物的所有权归属

融资租赁期间，出租人享有租赁物的所有权。因此，承租人破产时，租赁物不属于破产财产。但与一般所有权人不同的是，出租人并不承担租赁物的瑕疵担保责任，对承租人占有租赁物期间租赁物造成第三人的人身或财产损害也不承担责任。

出租人与承租人可以约定租赁期限届满后租赁物的归属。对租赁物的归属没有约定或者约定不明确，按照《民法典》第510条的规定仍不能确定的，租赁物的所有权归出租人。若当事人约定租赁期限届满，承租人仅需向出租人支付象征性价款的，视为约定的租金义务履行完毕后租赁物的所有权归承租人。

依据《民法典》第760条的规定，融资租赁合同无效，当事人就该情形下租赁物的归属有约定的，按照其约定；没有约定或者约定不明确的，租赁物应当返还出租人。但是，因承租人原因致使合同无效，出租人不请求返还或者返还后会显著降低租赁物效用的，租赁物的所有权归承租人，由承租人给予出租人合理补偿。

【本章主要法律规定】

1.《民法典》第595～647条、第657～680条、第703～760条
2.最高人民法院《关于审理买卖合同纠纷案件适用法律问题的解释》
3.最高人民法院《关于审理商品房买卖合同纠纷案件适用法律若干问题的解释》
4.最高人民法院《关于审理民间借贷案件适用法律若干问题的规定》
5.最高人民法院《关于审理城镇房屋租赁合同纠纷案件具体应用法律若干问题的解释》
6.最高人民法院《关于审理融资租赁合同纠纷案件适用法律问题的解释》

第十九章
完成工作交付成果合同

本章主要内容提示

1.承揽合同包括加工合同、定作合同、修理合同、复制合同、测试合同、检验合同等具体类型。承揽合同中，承揽人负有按约定完成工作、提供或接受原材料、及时通知和保密等义务，并对工作成果享有留置权，定作人负有按照约定提供材料、支付报酬等义务并享有合同任意解除权。

2.建设工程施工合同是要式合同和长期性合同，存在违法转包、分包等合同无效事由，以及分包人的连带责任、实际施工人的权利、建设工程优先受偿权等特殊规则。

第一节 承揽合同

一、承揽合同的概念、特征和种类

承揽合同，是指当事人一方按他方的要求完成一定工作，并将工作成果交付他方，他方接受工作成果并给付酬金的合同。在承揽合同中，合同双方的主体分别称为定作人和承揽人。其中，提出工作要求，按约定接受工作成果并给付酬金的一方是定作人；按指定完成工作成果、收取酬金的一方是承揽人。承揽人按照定作人的要求，应交付的工作成果称为定作物。

承揽人和定作人可以是自然人，也可以是法人或非法人组织。承揽合同的承揽人可以是一人，也可以是数人。在承揽人为数人时，数个承揽人即为共同承揽人，如无相反约定，共同承揽人对定作人负连带清偿责任。在实践中，即便某一合同并未以承揽人、定作人指称双方当事人，也不影响对其法律性质的认定。

承揽合同具有以下特征：

1.承揽合同以完成一定的工作并交付工作成果为标的。在承揽合同中，承揽人必须按照定作人的要求完成一定的工作，但合同的目的不是工作过程，而是工作成果。也就是说，定作人通过签订承揽合同所欲得到的并非承揽人的单纯劳务，而是其劳务所得的结果，承揽人提供的劳务只有与工作成果相结合才能满足定作人的要求，这是其与单纯地提供劳务的合同的不同之处。例如，甲接受乙的委托为其修理汽车，在该承揽合同中，甲只有把乙的汽车修理好并交付给乙时，甲才有权向乙请求支付修理费。此外，无论是体力劳动成果还是脑力劳动成果，也无论成果在客观上有无财产上的价值，均可作承揽合同的标的。

2.承揽合同的标的物具有特定性。“特定性”源于两个方面：一是定作人对工作质量、数量、规格、形状等要求使承揽标的物特定化，使它同市场上的流通商品有所区别，以满足定作人的特殊需要。当事人之所以签订承揽合同，原因在于定作人需要的标的物是特定的、个性化的，难以通过买卖合同获得。例如，甲体重150千克，但市场所售的床按照一般人体重设计，此时甲委托家具厂为其特别定制的床即具有特定性，以满足甲自身的需求。二是承揽人劳动的特定性。虽然原材料可以为种类物（如钢材、木料），但当其被作为承揽人的劳动对象时，即被特定化，承揽人的工作成果也就成为具有个性的特定物。

3.承揽人工作具有独立性。具体而言，可以分为工作上的独立和人格上的独立。工作上的独立，是指定作人与承揽人之间订立承揽合同的基础，一般是建立在对承揽人能力、条件、资质的基础之上，承揽人以自己的设备、技术、劳力等完成工作任务，不受定作人的指挥管理，独立承担完成合同约定的质量、数量、期限等责任，在交付工作成果之前，对标的物意外灭失或工作条件意外恶化风险所造成的损失承担责任。故承揽人对完成工作有独立性，这种独立性受到限制时，其承受意外风险的责任亦可相应减免。人格上的独立，是指承揽人在完成工作任务过程中，不受定作人的管理、约束，享有独立的工作空间，只要在约定的期间内完成工作内容即可。

4.承揽合同具有一定人身性质。定作人之所以与承揽人签订承揽合同主要是对承揽人进行了解之后产生信任而决定的，因此承揽人一般必须以自己的设备、技术、劳力等完成工作并对工作成果的完成承担风险。基于此种信任关系，承揽人不得擅自将承揽的主要工作交给第三人完成，且对完成工作过程中遭受的意外风险负责。

5.承揽合同为诺成、不要式、双务、有偿合同。承揽人与定作人的意思表示一致，承揽合同即可成立生效，无须以交付标的物为合同的成立与生效条件，因此为诺成合同。承揽合同可以采用书面形式，亦可采用口头形式，因此为不要式合同。承揽合同一旦成立，双方当事人均负约定的义务，且双方的义务相互对应，即一方的义务就是另一方的权利，因此为双务合同。承揽合同中任何一方从另一方取得利益均应支付对价，因此为有偿合同。

承揽合同可表现为多种具体形式。根据《民法典》第770条第2款的规定，承揽包括加工、定作、修理、复制、测试、检验等工作，因而也就有相应类型的合同，具体包括：

1.加工合同。加工合同，是指承揽人根据定作人要求的品种、数量、质量及规格等内容，使用定作人提供的原材料，利用自己的设备、劳动为其加工特定的产品，定作人给付报酬的合同。其特点为定作人提供全部或大部分原材料，承揽人收取的报酬为加工费。加工合同是较为常见的承揽合同之一，包括常见的自行带布料去裁缝处做衣服等。

2.定作合同。定作合同，是指由承揽人根据定作人要求的品种、数量、质量及规格，使用自己的原材料、设备、劳动为定作人加工特定的产品，定作人给付相应报酬的合同。其特点是产品所需原材料全部由承揽人提供，定作人所付报酬包括加工费和原材料费。

3.修理合同。修理合同，是指定作人将功能不良、缺失或外观损坏的物品交由承揽人，由承揽人负责将该物品以自己的技术、设备等修缮完好后交给定作人，定作人接受其工作并向承揽人支付报酬的合同。修理合同与加工合同、定作合同不同之处在于，修理合同需要更换的原件、配件等材料即可由承揽人提供，也可由定作人提供。修理的工作物既可以是动产，如皮鞋、电视；也可以是不动产，如修缮房屋。

4.复制合同。复制合同，是指承揽人根据定作人提供的样品，制作与样品相同的成品，定作人接受成品并给付报酬的合同。日常生活中，复制合同大量存在，复制品一般与定作人提供的样品应在外观和功能上相同或相似，比如美术作品的临摹也可以视为复制合同。

5.测试合同。测试合同，是指承揽人利用自己的技术、设备等，为定作人完成某项工程、项目、产品的测试任务，定作人接受测试结果并支付报酬的合同。

6.检验合同。检验合同，是指承揽人利用自己的技术、设备等，对定作人提供的检验品进行测试、分析、化验、安装、调试等工作，并对检验品的品质、成分、结构、性能等方面作出报告或结论，定作人接受检验报告并支付报酬的合同。

7.其他合同。除了《民法典》所列举的6种承揽合同的类型外，实践中还存在几种较为常见的承揽合同，比如建房合同、印刷合同、广告合同、设计合同、翻译合同等。只要相关合同符合承揽合同的要件和特征，都可以认定为承揽合同。

二、承揽合同的主要内容及履行规则

(一) 承揽合同的主要条款

承揽合同的内容一般包括承揽的标的、数量、质量、报酬、承揽方式、材料的提供、履行期限、验收标准和方法等条款。

(二) 承揽人的义务

1.按约定完成工作。承揽人应按合同约定的时间、方式、数量、质量完成交付的工作。这是承揽人的首要义务，也是其获得酬金应付出的对价。但是，如果当事人在合同中有定作人交付预付款或定金，或者预先支付全部价款的约定，那么在定作人未支付上述款项时，承揽人可以不进行承揽工作。承揽人不仅应当在合同规定的时间开始并进行工作，也应当在规定的期限内完成工作。若承揽人未按照约定的时间完成工作任务，或者由于承揽人自身的原因导致不能完成工作任务的，定作人有权解除合同。除非双方协商一致，承揽人一般不得提前交付工作成果。承揽人在完成工作中应当遵循定作人提出的要求和标准，以保证完成工作质量，但发生下列情形时，承揽人有通知定作人的义务：(1)定作人提供的图纸有错误或技术要求不合理。定作人作为使用者，一般而言不如承揽人的知识和经验丰富，当出现定作人提供的图纸有错误或技术要求不合理时，应及时通知定作人，并要求定作人修改或另行提供，或者向定作人提出修改建议。承揽人履行通知义务而定作人不予变更，由此导致定作物出现质量问题，承揽人可以不承担责任。(2)定作人提供的材料不符合约定的。如果合同约定由定作人提供原材料的，承揽人在接受定作人的原材料时，有义务及时进行检验。发现不符合约定时，应当及时通知定作人更换、补齐或者采取其他补救措施。如果承揽人发现原材料不符合约定却怠于通知或者不通知，导致无法按约完成承揽工作或者定作物不符合约定条件的，由承揽人承担相应责任。(3)可能影响工作质量或履行期限的其他非承揽人原因的情形。当出现火灾、洪水等不可抗力事件导致承揽工作无法在约定期限内履行的，承揽人应当履行通知义务，以便定作人及时安排工作，承揽人怠于通知或者不通知的，应就扩大的损失承担责任。此外，承揽人应以自己的设备、技术和劳力亲自完成约定的工作，未经定作人同意，承揽人不得将承揽的主要工作交由第三人完成。《民法典》第772条、第773条规定，承揽人将承揽的辅助工作交由第三人完成，或依约定将承揽的主要工作交由第三人完成的，承揽人就第三人完成的工作向定作人负责。

2.提供或接受原材料。完成定作所需的原材料，可以约定由承揽人提供或由定作人提供。实践中，大多数承揽合同中约定由承揽人提供原材料，对于定作人来说可以避免因对原材料市场和质量不了解导致采购的原材料不适当。《民法典》第774条规定，承揽人提供材料的，应当按照约定选用材料，并接受定作人检验。可以从如下方面理解承揽人的此项义务：(1)承揽人应当提供符合约定的材料，即承揽人应根据合同约定的质量标准选用材料，若合同中未约定材料质量标准，承揽人应当选用符合定作人使用目的的材料。(2)通知并接受定作人的检验。定作人经检验未提出异议的，视为同意使用该材料。定作人检验后认为材料不符合约定的质量标准或不符合使用目的，承揽人应当负责更换。(3)对质量瑕疵的担保责任。由于承揽人隐瞒材料的缺陷导致定作成果质量瑕疵的，定作人有权要求承揽人修理、重做、减少报酬、解除合同。承揽合同亦可约定由定作人提供原材料，《民法典》第775条、第784条规定，定作人提供材料的，应当按照约定提供材料。承揽人对定作人提供的材料应当及时检验，发现不符合约定时，应当及时通知定作人更换、补齐或者采取其他补救措施。承揽人不得擅自更换定作人提供的材料，不得更换不需要修理的零部件。承揽人应当妥善保管定作人提供的材料以及完成的工作成果，因保管不善造成毁损、灭失的，应当承担赔偿责任。可以从如下方面掌握承揽人的此项义务：(1)及时检验定作人提供的材料，以确定是否符合约定的质量标准；(2)妥善处理定作人提供的材料，此处既包括不得更换定作人提供的材料和不需要修理的零部件，也包括妥善保管材料。

3.及时通知和保密的义务。对于定作人提供的原材料不符合约定的，或定作人提供的图纸、技术要求不合理的，或承揽工作需要定作人协助而定作人不履行协助义务导致承揽工作不能完成的，承揽人都应及时通知定作人。此外，《民法典》第785条规定，承揽人应当按照定作人的要求保守秘密，未经定作人许可，不得留存复制品或者技术资料。此处的“秘密”，不限于商业秘密，也包括个人秘密。即便合同并未约定保守秘密义务，并不意味着承揽人不负保密义务，因泄露或不正当使用掌握的定作人的秘密对定作人造成损害的，承揽人应当承担责任。

4.接受监督检验。承揽人在完成工作时，应接受定作人必要的监督和检验，以保证工作符合定作人的要求。在监督、检验过程中，承揽人应当如实向定作人反映工作情况，不得故意隐瞒工作中存在的问题。对承揽人工作进行监督、检验有利于保证工作成果的质量，但定作人不得因监督、检验妨碍承揽人的正常工作，否则承揽人有权拒绝。

5.交付工作成果。取得工作成果是定作人订立承揽合同的最终目的，也是承揽人取得报酬的前提条件。承揽人完成的工作成果，应及时交付给定作人，并提交与工作成果相关的技术资料、质量证明等文件。但在定作人未按约定给付报酬或材料费等价款时，除当事人另有约定外，承揽人对完成的工作成果享有留置权或者有权拒绝交付。

6.对工作成果负瑕疵担保责任。承揽人交付的工作成果应符合约定的质量要求，承揽人交付的工作成果不符合质量要求的，定作人可以合理选择请求承揽人承担修理、重作、减少报酬、赔偿损失等违约责任。交付的工作成果有隐蔽瑕疵，验收时用通常方法或约定的方法不能发现，在使用过程中暴露或致定作人或第三人受损害的，承揽人应根据合同约定或法律的规定，承担损害赔偿责任。《民法典》第781条虽然只规定了承揽人物的瑕疵担保责任，但并非排除承揽人的权利瑕疵担保责任，权利瑕疵担保责任作为有偿合同的一种法定担保责任，亦适用于承揽合同，即承揽人交付的定作物不能完全转移所有权给定作人的，同样应承担相应的民事责任。

(三)定作人的义务

1.按照约定提供材料。《民法典》第775条规定，由定作人提供材料的，定作人应按照约定提供材料。此处的“材料”主要是指钢材、木料、沙石等物质材料，但结合《民法典》第776条理解，亦应当包括图纸、技术标准等技术资料。对于定作人提供的材料，承揽人有权进行检验，当材料不符合约定或不合理时，承揽人应当通知定作人更换、补齐或者采取其他补救措施等。

2.支付报酬。定作人应依约定的期限和数额向承揽人支付报酬；合同中对支付期限没有约定或者约定不明确，依据《民法典》第510条的规定仍然不能确定的，定作人应当在承揽人交付工作成果时支付；工作成果部分交付的，定作人应当支付相应的报酬。

3.协助义务。为了使承揽人及时完成工作成果，定作人应依约定及诚实信用原则，积极协助承揽人工作。定作人的协助义务可以在合同中明确约定，但未约定的，定作人仍然应当本着诚信、善意的原则提供必要的协助，比如在定作人提供的场所进行承揽工作时，水电等问题应当由定作人提供。定作人违反协助义务致使承揽工作不能完成的，可能发生两个层次的后果：(1)定作人不履行协助义务时，承揽人有权催告定作人在合理期限内履行义务，由此导致承揽人无法在合同规定期限内完成工作的，承揽人可以顺延履行期限；(2)经承揽人催告，定作人仍不履行协助义务的，承揽人可以解除合同。

4.验收并受领工作成果。对承揽人完成并交付的工作成果，定作人应及时检验，对符合约定要求的，应接受该工作成果。超过约定期限领取定作物的，定作人负受领迟延责任。一般而言，承揽合同以交付作为决定工作成果风险的转移时间，即在工作成果交付定作人之前，工作成果毁损、灭失的风险由承揽人承担，工作成果交付后的风险则由定作人承担。但是，若承揽人按约定期限完成工作成果，因定作人的原因导致受领延迟的，相关风险应由定作人承担。

三、承揽合同的终止

承揽合同是合同的一种具体形态，合同终止的一般规定也适用于承揽合同。但承揽合同是以当事人之间的信赖关系为基础的，在合同履行中，这种信赖关系受到破坏时，法律允许当事人解除合同。因此，承揽合同当事人除了可以基于一般的合同解除原因解除合同外，还有以下特殊的法定终止合同的原因：

1.承揽人解除权。承揽工作需要定作人进行必要协助的，定作人有协助的义务。对于定作人不履行协助义务的，承揽人可催告其在合理期限内履行，定作人逾期仍不履行的，承揽人有权解除合同。

2.定作人解除权。（1）承揽人擅自将承揽的主要工作交由第三人完成。定作人与承揽人签订承揽合同主要是基于对承揽人的信任，因此承揽人应当以自己的设备、技术和劳力完成主要工作，承揽人未经定作人许可将主要的承揽工作交由第三人完成的，定作人可以解除合同。（2）定作人任意解除权。承揽合同是定作人为了满足其特殊需求而订立的，承揽人根据定作人的指示进行工作，如果定作人于合同成立后由于各种原因不再需要承揽人完成工作，法律允许定作人解除合同。但定作人任意解除承揽合同时，应当通知承揽人，对解除合同造成承揽人的损失应负赔偿责任，这些损失主要包括承揽人已完成的工作部分所应当获得的报酬、承揽人为完成这部分工作所支出的材料费以及承揽人因合同解除受到的其他损失。

第二节 建设工程合同

一、建设工程合同的概念和特征

建设工程合同，是指一方依约定完成建设工程，另一方按约定验收工程并支付酬金的合同。前者称承包人，后者称发包人，双方是平等的民事主体。建设工程合同包括工程勘察、设计、施工合同，属于承揽合同的特殊类型，因此，法律对建设工程合同没有特别规定的，适用法律对承揽合同的相关规定。

建设工程合同作为承揽合同的特殊类型，除具有承揽合同的一般法律属性外，还具有以下特点：

1.建设工程合同中完成的工作构成不动产，通常要涉及对土地利用的强制性规范的限制，当事人不得违反相关规定自行约定，而且施工的承包人必须是经国家认可的具有一定建设资质的企业法人。

2.建设工程合同属要式合同。建设工程合同必须采用书面形式，这是出于国家对建设工程进行监督管理的需要，也是建设工程合同履行的特点决定的。对于未确定书面合同但已经开始履行的建设工程，一般由建设工程行政主管部门责令双方在一定期限内补签建设工程合同，如果当事人不补签，则应当责令停工。

3.合同主体的严格性。建设工程合同的主体一般为法人。发包人一般是经过批准进行工程项目建设的法人；承包人则必须具有进入建筑市场进行建筑业务活动而实际行使权利和承担义务的资格，具备这种资格的承包人一般应为建筑企业法人，无相关营业执照或无承包资质的单位不能作为承包主体，资质等级低的单位不得越级承包建设工程。

4.建设工程合同是长期性合同。建设工程

由于结构复杂、专业性强、工作量大等原因，使合同的履行期限较长。在合同履行过程中，还可能出现不可抗力、工程变更、材料供应不足等原因导致合同期限顺延，这决定了建设工程的履行具有长期性的特点。

5.建设工程合同的专业性强。建设工程合同通常包含了承揽合同等其他合同所没有涉及的条款，比如工程分包、现场考察、文物处理、施工保险、安全防护等。此外，工程施工还必须满足相关国家标准规范、行业标准规范等。这些均表明建设工程合同具有技术性强的特点。

二、建设工程合同的订立和效力

（一）勘察、设计合同的订立

勘察、设计包括初步设计和施工设计。勘察、设计单位接到发包人的要约和计划任务书、建设地址报告后，经双方协商一致而订立勘察、设计合同，合同通常采取书面形式并经当事人签名或盖章后生效。

勘察、设计如由一单位完成，可签订一个勘察设计合同；若由两个不同单位承担，则应分别订立合同。建设工程的设计由几个设计单位共同进行时，建设单位可与主体工程设计人签订总承包合同，由总承包人与分承包人签订分包合同。总承包人对全部工程设计向发包人负责，分包人就其承包的部分对总承包人负责并与总承包人对发包人承担连带责任。

（二）施工、安装工程承包合同的订立

发包人和承包人根据已获批准的初步设计、技术设计、施工图和总概算等文件，就合同的内容协商一致，即可成立建筑施工和安装工程承包合同。

发包人可以将全部施工安装工程发包给一个单位总承包，也可以发包给几个单位分别承包。一个承包人总承包的，可以将承包的工程，部分分包给其他分包人，签订分包合同，总承包人对发包人负责，分包人对总承包人负责并与总承包人对发包人负连带责任。

（三）以招投标订立的建设工程合同

一般而言，建设工程合同是否采用招投标的方式订立由当事人自行决定，但法律法规规定必须采用招投标的除外。根据《招标投标法》第3条的规定，在中华人民共和国境内进行下列工程建设项目包括项目的勘察、设计、施工、监理以及与工程建设有关的重要设备、材料等的采购，必须进行招标：（1）大型基础设施、公用事业等关系社会公众利益、公众安全的项目；（2）全部或部分使用国有资金投资或国家融资的项目；（3）使用国际组织或外国政府贷款、援助资金的项目。

上述必须以招标方式订立的建设工程合同，招标人和中标人另行签订的建设工程施工合同约定的工程范围、建设工期、工程质量价款等实质性内容，与中标合同不一致的，应依照中标合同确定当事人的权利义务。同时，在此类合同中，招标人和中标人在中标合同以外就明显高于市场价格购买承建房产、无偿建设住房配套设施、让利、向建设单位捐赠财物等另行签订合同，变相降低工程价款的，该另行订立的合同无效。

不属于必须招标的工程项目，发包人进行招标后，与承包人另外订立的建设工程合同背离中标合同的实质性内容，应以中标合同作为结算工程价款的依据。

（四）建设工程合同的无效

根据《民法典》的规定及最高人民法院《关于审理建设工程施工合同纠纷案件适用法律问题的解释（一）》[以下简称《建设工程施工合同解释（一）》]，出现下列情形时，建设工程合同无效：

1.非法转包合同。非法转包，是指承包单位承包建设工程后，不履行合同约定的义务，将其承包的全部建设工程转给他人或者将其承包的全部建设工程肢解以后以分包的名义分别转给其他单位承包的行为。在此情形下，转包人与转承包人必须是无隶属关系的两个独立法人或其他组织。由于转承包方与发包方之间并无直接的合同关系，转承包方不受发包方的约束和指示，导致发包方对转承包方的管理缺乏相应法律依据，导致的结果可能是实际施工人为了压缩成本而偷工减料，严重影响工期和工程质量。非法转包行为被法律禁止，承包人因转

包建设工程与他人签订的建设工程施工合同，应认定为无效。

2.违法分包合同。一般而言，符合法律法规要求或当事人约定的专业分包行为属于合法分包，应被允许，具体而言：(1)分包必须在总包合同中有明确约定；(2)分包工程是总工程的一部分非主体结构工程；(3)分包人应当具有相应的资质条件；(4)分包只能发生一次，禁止分包单位将其承包的建设工程再次分包。当然，如果承包人违反法律的强制性规定而与第三人订立的分包合同，则构成违法分包，发包人可以解除合同。《建设工程质量管理条例》第78条第2款对违法分包行为作出了明确界定：(1)总承包单位将建设工程分包给不具备相应资质条件的单位的；(2)建设工程总承包合同中未有约定，又未经建设单位认可，承包单位将其承包的部分建设工程交由其他单位完成的；(3)施工总承包单位将建设工程主体结构的施工分包给其他单位的；(4)分包单位将其承包的建设工程再分包的。关于总承包人、分包人对发包人应承担的合同责任，《建筑法》第29条第2款规定，建筑工程总承包单位按照总承包合同的约定对建设单位负责；分包单位按照分包合同的约定对总承包单位负责。总承包单位和分包单位就分包工程对建设单位承担连带责任。

3.承包人未取得或超越相应资质而签订的合同。建设工程项目涉及公共利益和建设施工安全，影响重大且深远，因此建设工程项目的施工主体受到严格的监管。我国《建筑法》第26条规定，承包建筑工程的单位应当持有依法取得的资质证书，并在其资质等级许可的业务范围内承揽工程。禁止建筑施工企业超越本企业资质等级许可的业务范围或者以任何形式用其他建筑施工企业的名义承揽工程。一般而言，承包人未取得建筑业企业资质或者超越资质等级，签订的建设工程施工合同应当认定为无效。但根据相关司法解释，若承包人在建设工程“竣工前”取得相应资质等级的，则该合同不按无效处理。此外，具有劳务作业法定资质的承包人与总承包人、分包人签订的劳务分包合同，当事人请求确认无效的，人民法院依法不予支持。

4.没有资质的实际施工人借用有资质的建筑施工企业名义而签订的合同。缺乏资质的单位或个人借用有资质的建筑施工企业名义签订建设工程施工合同，发包人有权请求出借方和借用方对建设工程质量不合格等因出借资质造成的损失承担连带赔偿责任。

5.建设工程必须进行招标而未招标或中标无效的合同。对于属于《招标投标法》第3条规定的必须进行招标的建设项目，承包方必须采取招投标方式订立合同，因未进行招投标或者因其他原因导致中标无效的，合同订立将违反法律的强制性规定而无效。常见的情形主要有：应当招标的工程而不招标；招标人隐瞒工程真实情况，如建设规模、建设条件、投资、材料的保证等；招标人或招标代理机构泄露应当保密的与招投标活动有关的情况资料；依法必须进行招标的项目招标人泄露底标；投标人相互串通投标；投标人以向招标人或者评标委员会成员行贿的手段谋取中标；投标人以他人名义投标或以其他方式弄虚作假、骗取中标等。

6.发包人未取得建设工程规划许可证等规划审批手续而签订的合同。建设工程施工领域涉及诸多行政审批，在无特殊约定的情形下，办理行政审批手续、确保建设工程的合法合规性是作为工程完整权利享有者即发包人的义务。承包人在建设工程施工活动中系依据施工合同确定的内容和范围提供施工，其获得工程价款的对价仅为施工本身而不包括办理行政审批手续。因此，发包人未取得建设工程规划许可证等规划审批手续的，建设工程施工合同无效。但此种情形亦存在例外，根据相关司法解释，发包人在“起诉前”取得规划审批手续的，该合同不按无效处理；发包人能办理审批手续未办理，并以未办理审批手续为理由主张合同无效的，人民法院不予支持。

关于建设工程合同被认定无效后的缔约过失责任，《民法典》第793条区分以下几种情形：(1)建设工程合同无效，但建设工程经竣工验收合格的，可以参照合同关于工程价款的约定折价补偿承包人。此处所谓折价补偿，实为发包人对承包人的不当得利返还。(2)建设工程合同无效，且建设工程经验收不合格，经修复后验收合格的，可以参照合同关于工程价款的约定折价补偿承包人，但发包人可以请求承包人承担修复费用。(3)建设工程合同无效，且建设工程经验收不合格，经修复后验收仍不合格的，承包人无权请求发包人参照合同关于工程价款的约定折价补偿。根据相关司法解释，建设工程施工合同无效，一方当事人请求对方赔偿损失的，应当就对方过错、损失大小、过错与损失之间的因果关系承担举证责任。损失大小无法确定，一方当事人请求参照合同约定的质量标准、建设工期、工程价款支付时间等内容确定损失大小的，人民法院可以结合双方过错程度、过错与损失之间的因果关系等因素作出裁判。当事人就同一建设工程订立的数份建设工程施工合同均无效，但建设工程质量合格，一方当事人请求参照实际履行的合同关于工程价款的约定折价补偿承包人的，人民法院应予支持。实际履行的合同难以确定，当事人请求参照最后签订的合同关于工程价款的约定折价补偿承包人的，人民法院应予支持。

三、建设工程合同的主要内容及履行规则

(一)建设工程合同的主要内容

1.根据《民法典》第794条的规定，勘察、设计合同的内容主要包括以下条款:(1)提交有关基础资料和概预算等文件的期限。勘察人、设计人必须在此期限内完成并向发包人提交工作成果。超过这一期限的，应当承担违约责任。(2)勘察或者设计的质量要求。勘察人或者设计人应当对没有达到合同约定质量的勘察或者设计方案承担违约责任。(3)勘察或者设计费用。勘察工作的收费标准是按照勘察的内容来决定的，设计工作的收费标准则根据不同行业、不同建设规模和设计内容繁简程度制定不同的收费标准。(4)双方相互协作条款。双方相互协作条款一般包括双方当事人在施工前的准备工作、施工人及时向发包人提出开工通知书、施工进度报告书、对发包人的监督检查提供必要的协助等。

2.根据《民法典》第795条的规定，施工合同的内容主要包括以下条款:(1)工程范围，即主要包括工程名称及地点，建筑物的栋数、结构、层数、面积等;(2)建设工期;(3)中间交工工程的开工和竣工时间;(4)工程质量;(5)工程造价;(6)技术资料交付时间;(7)材料和设备供应责任;(8)拨款和结算;(9)竣工验收;(10)质量保修范围和质量保证期;(11)双方相互协作条款。

(二)发包人的主要义务

1.不得违法发包的义务。发包人可以与一个总承包人订立总承包合同，也可以分别与几个承包人订立承包合同，但不得将应当由一个承包人完成的建设工程肢解成若干部分发包给几个承包人。

2.为按期施工做好必要的准备工作，发包人除按规定向对方交付施工图和有关施工的技术资料外，要做好土地征用、房屋拆迁、障碍物拆除和领取建筑许可证等工作。

3.按双方商定的分工，按时、按质、按量供应建筑材料、设备、场地、资金、技术资料等。发包人未按照约定的时间和要求提供原材料、设备、场地、资金、技术资料的，承包人可以顺延工程日期，并有权请求赔偿停工、窝工等损失。发包人提供的主要建筑材料、建筑构配件和设备不符合强制性标准，导致承包人无法施工，经催告后在合理期限内仍未履行相应义务的，承包人可以解除合同。

4.协助义务。发包人应当为承包人提供必要的协助义务，若不履行协助义务致使承包人无法施工，经催告后在合理期限内仍未履行相应义务的，承包人可以解除合同。

5.及时进行单项工作和全部工程的验收工作。隐蔽工程在隐蔽以前，发包人应当在承包人通知后及时检查。建设工程竣工后，发包人应当根据施工图纸及说明书、国家颁发的施工验收规范和质量检验标准及时进行验收。

6.按照约定支付工程价款。建筑工程完成并经验收合格，发包人应当及时接受并支付工程价款。逾期支付价款，经催告后在合理期限内仍未支付的，承包人可以根据《民法典》第807条之规定行使优先权，以工程折价或者拍卖

的价款优先受偿。

（三）承包人的主要义务

1.按双方商定的分工，做好建筑材料、设备和构件的采购、供应和保管工作。

2.严格按照施工图纸和操作规程进行施工，不得擅自修改工程设计，不得偷工减料。对建筑材料、建筑构配件、设备和商品混凝土应当进行检验，未经检验或者检验不合格的，不得使用。因施工人原因致使建设工程质量不符合约定的，应当在合理期限内无偿修理或者返工、改建。

3.接受对方对工程进度、工程质量的监督。发包人在不妨碍承包人正常作业的情况下，可以随时对作业进度和工程质量进行检查。承包人应当进行协助和支持发包人的监督工作，接到整改指令后及时进行修复或返工。

4.按期完成建设工程，提供竣工验收资料及竣工图，及时向对方交付。完成和交付合格的建设工程是发包人的缔约目的，也是承包人取得工程款的前提。因承包人原因致使建设工程质量不符合约定的，发包人有权要求施工人在合理期限内无偿修理或者返工、改建。承包人拒绝的，发包人可以要求承包人支付修复费用或请求减少工程价款。经过修理或者返工、改建后，造成逾期交付的，施工人应当承担违约责任。

5.保修责任和损害赔偿责任。根据相关法律法规规定，建设工程实行保修制度。建筑工程竣工验收后，在保修范围和保修期限内出现质量问题的，承包人应当及时履行保修义务。因承包人原因致使建设工程在合理使用期限内造成人身和财产损害的，承包人应当承担赔偿责任。

（四）建设工程合同无效时实际施工人的权利

在建设工程合同的履行过程中，违反合同约定的情况时有发生，比如与建设单位签订合同后，承包人并不亲自完成合同项下的施工任务，而是通过转包、违法分包、挂靠等方式，将施工任务交由他人完成，由此产生了实际施工人的概念。《民法典》中并没有“实际施工人”的表述，《建设工程施工合同解释（一）》相关条款使用了“实际施工人”的表述，从司法解释的相关条文可以看出，其虽然在表述上将“实际施工人”与总承包人、分包人并列，但在概念和内涵上不应与总承包人、分包人重复，而是特指非法转包和违法分包的承包人，以此区别于合同编中的合法施工人。因而，“实际施工人”主要是指无效合同的承包人，如转承包人、违法分包合同的承包人、没有资质借用有资质的建筑施工企业与他人签订建设工程合同的承包人。

实际施工人与转包人或违法分包人之间签订的合同是无效合同，但由于建设工程的特殊性，无法像其他无效合同一样由双方承担相互返还责任。根据《建设工程施工合同解释（一）》第43条的规定，实际施工人以转包人、违法分包人为被告起诉的，人民法院应当依法受理。实际施工人以发包人为被告主张权利的，人民法院应当追加转包人或者违法分包人为本案第三人，在查明发包人欠付转包人或者违法分包人建设工程价款的数额后，判决发包人在欠付建设工程价款范围内对实际施工人承担责任。由此可见，实际施工人向发包人主张权利仍需要具备三个条件：（1）实际施工人对转包人或者违法分包人享有债权；（2）发包人欠付转包人或者违法分包人建设工程价款；（3）实际施工人只能在发包人欠付转包人或者违法分包人建设工程价款的范围内主张权利。该司法解释的规定突破了传统合同法理论中的相对性原则。

（五）工程价款结算

关于建设工程承包合同工程价款的结算，《建设工程施工合同解释（一）》确立了以下裁判规则：（1）当事人对建设工程的计价标准或者计价方法有约定的，按照约定结算工程价款。因建设工程的计价标准或者计价方法的相关规定并非法律和行政法规的强制性规定，所以即使发包人和承包人的约定与住建部和各级住建部门发布的相关文件、定额等规定不符，该约定仍然合法有效，双方应当按照约定的计价标准或者计价方法结算工程价款。此外，因设计变更导致建设工程的工程量或者质量标准发生变化，当事人对该部分工程价款不能协商一致的，可以参照签订建设工程施工合同时当地建设行政主管部门发布的计价方法或者计价标准结算工程价款。(2)当事人对工程量有争议的，按照施工过程中形成的签证等书面文件确认。承包人能够证明发包人同意其施工，但未能提供签证文件证明工程量发生的，可以按照当事人提供的其他证据确认实际发生的工程量。(3)当事人约定，发包人收到竣工结算文件后，在约定期限内不予答复，视为认可竣工结算文件的，按照约定处理。(4)当事人签订的建设工程施工合同与招标文件、投标文件、中标通知书载明的工程范围、建设工期、工程质量、工程价款不一致，一方当事人可以请求将招标文件、投标文件、中标通知书作为结算工程价款的依据。(5)发包人将依法不属于必须招标的建设工程进行招标后，与承包人另行订立的建设工程施工合同背离中标合同的实质性内容，当事人请求以中标合同作为结算建设工程价款依据的，人民法院应予支持，但发包人与承包人因客观情况发生了在招标投标时难以预见的变化而另行订立建设工程施工合同的除外。(6)当事人就同一建设工程另行订立的建设工程施工合同与经过备案的中标合同实质性内容不一致的，应当以备案的中标合同作为结算工程价款的根据。实际履行的合同难以确定，当事人请求参照最后签订的合同关于工程价款的约定折价补偿承包人的，人民法院应予支持。(7)当事人约定按照固定价结算工程价款，一方当事人请求对建设工程造价进行鉴定的，人民法院不予支持。(8)当事人在诉讼前已经对建设工程价款结算达成协议，诉讼中一方当事人申请对工程造价进行鉴定的，人民法院不予准许。

(六)建设工程价款优先受偿权

《民法典》第807条规定，发包人未按照约定支付价款的，承包人可以催告发包人在合理期限内支付价款。发包人逾期不支付的，除根据建设工程的性质不宜折价、拍卖外，承包人可以与发包人协议将该工程折价，也可以请求人民法院将该工程依法拍卖，建设工程的价款就该工程折价或者拍卖的价款优先受偿。据此，建设工程承包人基于其工程价款债权对其承建的建筑物、构筑物享有法定的、具有类似抵押权效力且优先于普通抵押权的优先受偿权。这一规定，体现了民法对此类债权的特殊保护。

承包人建设工程价款优先受偿权本质上是一种支配权。其行使对于其他债权人权益具有实质性影响，因此，应为其设定一定的除斥期间，以防止承包人长期怠于行使该权利而妨碍其他权利人的权利行使。根据《建设工程施工合同解释(一)》第41条的规定，承包人应当在合理期限内行使建设工程价款优先受偿权，但最长不得超过18个月，自发包人应当给付建设工程价款之日起算。关于“应付建设工程价款之日”的确定，应当遵循以下规则：(1)有约定从约定；(2)无约定的，工程已实际交付的，为交付之日；(3)没有交付的，为提交竣工结算文件之日；(4)工程未交付价款未结算，为当事人起诉之日。值得注意的是，优先受偿权的范围仅限于建设工程价款，但不包括逾期支付建设工程价款的利息、违约金、损害赔偿金等。

对于未竣工的建设工程，只要工程质量合格，承包人也可主张建设工程价款优先受偿权。建设工程在实践中的情况复杂，如果发包人因资金短缺等原因导致中途停工，承包人无法从发包人处获得工程进度款，又不能对现有工程折价或拍卖价款主张优先受偿权，对承包人不公平。工程价款的支付期限和方式多种多样，包括预付款的支付、进度款的支付、竣工后付款、工程尾款的支付等，并不是只有工程竣工验收后，承包人才能向发包人主张工程价款。从合同编第十八章的相关表述来看，也没有要求承包人必须以工程竣工验收作为享有优先受偿权的先决条件。在中途停工导致合同解除等原因下，对于未竣工的建设工程，只要承包人能举证证明工程质量合格，就能请求建设工程价款优先受偿权。

发包人和承包人原则上可以自由协商约定放弃或者限制建设工程价款优先受偿权的行使，但如果双方的约定损害建筑工人利益，有关放弃或者限制权利行使的约定无效。相对而言，承包人一般处于相对弱势的地位，如果法律上允许当事人通过协商的方式任意处分建设工程价款优先受偿权，可能引诱发包人利用自己的优势地位，强制要求承包人接受放弃或者限制优先受偿权行使的条款，这不仅会损害承包人的利益，还可能影响到建筑工人工资权益的实现，使承包人无充分的责任财产支付建筑工人工资等债务，故相关约定应认定无效。

四、建设工程合同的解除和违约责任

（一）建设工程合同的解除

建设工程合同除适用《民法典》第563条关于合同法定解除的一般规定外，《民法典》第806条还规定了以下解除事由：（1）承包人将承包的建设工程非法转包、违法分包的，发包人可以解除合同；（2）发包人提供的主要建筑材料、建筑构配件和设备不符合强制性标准的，或者不履行法定或合同约定的协助义务的，致使承包人无法施工，经催告后在合理期限内仍未履行相应义务的，承包人可以解除合同。

建设工程施工合同解除后，已经完成的建设工程质量合格的，发包人应当按照约定支付相应的工程价款；已经完成的建设工程质量不合格的，参照《民法典》第793条的规定处理。因一方违约导致合同解除的，违约方应当赔偿因此给对方造成的损失。

（二）违约责任

根据相关司法解释，因承包人的过错造成建设工程质量不符合约定，承包人拒绝修理、返工或者改建，发包人请求减少支付工程价款的，应予支持。发包人具有下列情形之一，造成建设工程质量缺陷，应当承担过错责任：（1）提供的设计有缺陷；（2）提供或者指定购买的建筑材料、建筑构配件、设备不符合强制性标准；（3）直接指定分包人分包专业工程。承包人有过错的，也应当承担相应的过错责任。建设工程未经竣工验收，发包人擅自使用后，又以使用部分质量不符合约定为由主张权利的，不予支持；但是承包人应当在建设工程的合理使用寿命内对地基基础工程和主体结构质量承担民事责任。

【本章主要法律规定】

1.《民法典》第770～808条

2.最高人民法院《关于审理建设工程施工合同纠纷案件适用法律问题的解释（一）》

第二十章
提供劳务合同

本章主要内容提示

1.保理合同必须具备的要素是应收账款债权的转让；保理合同包括业务类型、服务范围、服务期限、基础交易合同状况、应收账款信息、保理融资、服务报酬及其支付方式等主要内容；在保理合同中，存在虚构债权保理、应收账款转让后的通知、追索权以及多重保理等重要规则。

2.运输合同区分为客运合同与货运合同，当事人根据运输合同的类别不同而有不同的权利义务。多式联运合同有其特殊法律规则。

3.保管合同中，保管人负有给付保管凭证、妥善保管、不得使用保管物、返还保管物等义务，寄存人负有支付报酬、告知、及时领取保管物、贵重物品声明等义务。除一般的保管合同外，还包括法定保管合同和消费保管合同两种特殊的保管合同类型。

4.仓储合同是一种特殊的保管合同，但二者又存在区别。仓储保管合同中，仓储人负有接受和验收存货人的仓储物入库、填发和交付仓单、妥善保管仓单、危险通知、返还仓储物及容忍义务，存货人负有按照合同约定交存仓储物、告知义务和处置危险物品、支付仓储费及其他必要费用、及时提取仓储物之义务。法律对仓储合同没有规定的，适用保管合同的一般规定。

5.委托合同可分为无偿委托与有偿委托、特别委托与概括委托、另行委托、转委托及共同委托等类型。委托合同中，受托人负有依委托人指示处理委托事务、亲自处理委托事务、报告委托事务、交付取得财产、谨慎处理及披露第三人之义务。委托人负有支付费用、支付报酬、赔偿义务。委托人享有介入权，第三人享有选择权，双方当事人享有任意解除权。委托合同可因法定解除、单方解除、当事人死亡等事由终止。

6.物业服务合同的内容一般包括服务事项、服务质量、服务费用的标准和收取办法、维修资金的使用、服务用房的管理和使用、服务期限、服务交接等条款。物业服务合同中，物业服务人负有亲自提供物业服务、按约定和物业使用性质妥善提供物业服务、信息公开和报告等义务。业主负有接受物业服务、支付物业费用及告知义务。

7.行纪合同中，行纪人负有为委托人从事贸易活动、遵守指示、妥善保管等义务，享有报酬请求权、介入权、提存权及留置权。委托人负有及时受领委托物、支付报酬之义务，享有验收权及损害赔偿请求权。

8.中介合同中，中介人负有忠实、报告等义务，委托人负有支付费用、报酬等义务。

第一节　保理合同

一、保理合同的概念和特征

《民法典》第761条规定，保理合同是应收账款债权人将现有的或者将有的应收账款转让给保理人，保理人提供资金融通、应收账款管理或者催收、应收账款债务人付款担保等服务的合同。保理合同是以债权人转让其应收账款为前提，集资金融通、应收账款催收或管理、付款担保等服务于一体的综合性金融服务合同。保理目前在我国区分为银行业保理和商业保理，这涉及设立主体、行业准入和监管要求上的差异，但在交易结构上并无不同，所涉及的保理合同是相同的。

保理合同必须具备的要素是应收账款债权的转让。所谓应收账款，是指权利人因提供一定的货物、服务或设施而获得的要求债务人付款的权利以及依法享有的其他付款请求权，包括现有的和未来的金钱债权，但不包括因票据或其他有价证券而产生的付款请求权。应收账款主要包括下列权利：（1）销售、出租、产生的债权，包括销售货物，供应水、电、气、暖，知识产权的许可使用，出租动产或不动产等；（2）提供医疗、教育、旅游等服务或劳务产生的债权；（3）能源、交通运输、水利、环境保护、市政工程等基础设施和公用事业项目收益权；（4）提供贷款或其他信用活动产生的债权；（5）其他以合同为基础的具有金钱给付内容的债权。这些应收账款的转让可以是单独转让，也可以是批量集合转让，取决于当事人之间的约定。保理合同具有下列特征：

1.保理合同的标的是保理人的劳务或服务。具体而言，在保理合同中，保理人向应收账款债权人提供资金融通，应收账款管理、催收，应收账款债务人付款担保等服务。

2.保理合同为要式合同。根据《民法典》第762条第2款的规定，保理合同应当采用书面形式。

3.保理合同是双务、有偿合同。保理人有义务为债权人提供保理服务，同时有权获得报酬；债权人有义务支付报酬，同时有权要求保理人提供保理服务。

4.保理合同为诺成合同。保理合同只需当事人意思表示达成一致即可成立，无须特定财物的交付。

二、保理合同的主要内容及履行规则

（一）保理合同的主要内容

《民法典》第762条第1款规定保理合同的内容一般包括业务类型、服务范围、服务期限、基础交易合同情况、应收账款信息、转让价款、服务报酬及其支付方式等条款。

1.业务类型。根据不同的分类标准，保理业务主要可以分为以下几种类型：（1）根据当事人所在地和保理业务经营地的不同，可分为国内保理和国际保理。（2）根据保理人的性质不同，可以分为银行保理和商业保理。（3）融资保理与非融资保理。融资保理，是指保理人在债权让与完成后，即向债权人提供一定比例资金的融资服务；非融资保理，是指保理人不直接为债权人提供资金，而是提供应收账款管理、催收或者债务人付款担保等服务。（4）根据保理人是否承担应收账款债务人的信用风险，可以分为有追索权保理与无追索权保理。（5）根据保理人受让应收账款债权后是否通知债务人，可以分为明保理和暗保理。

2.服务范围。保理人可以为应收账款债权人提供资金融通、应收账款管理或者催收、应收账款债务人付款担保等服务。保理合同应明确规定保理人的服务范围，根据双方当事人的约定，在以上三类服务中任意选择，可以是一项，也可以是多项。

3.服务期限。服务期限，是指双方当事人约定的履行保理合同的期限。在此期限内，保理人和被保理人受到保理合同的约束，享有合同权利承担合同义务。保理业务中，服务期限通常分为融资期限与宽限期。

4.基础交易合同情况。应收账款对应的基

础交易合同是保理合同的前提条件。保理合同应当明确记载基础交易合同信息，包括但不限于基础交易合同双方当事人信息、双方权利义务、履行方式、履行期限等。基础交易合同不仅包括原债权人与债务人之间订立的合同，还包括全部补充或修改的文件。

5.应收账款信息。应收账款是保理合同有效成立的关键，其必须是真实合法存在且可以转让的债权。具体来说，应收账款必须有明确具体的数额和到期日，且不属于《民法典》第545条所规定的按照当事人的约定不得转让的债权。

6.保理融资。保理合同属于有偿合同，保理人受让应收账款债权，要给付原债权人一定数额的金钱作为对价。转让价款可以一次性支付，也可以按照约定根据合同履行情况分期支付。在融资类保理中，保理人会为被保理人确定应收账款融资额度，被保理人在合同约定的期限内可向保理人申请应收账款融资，保理人向其支付一定金额的保理首付款。

7.服务报酬及其支付方式。保理业务属于一种营利性商业活动，保理人为被保理人提供服务，收取相应的报酬。除此之外，保理人通常还要收取保理手续费，即按照约定调查和核准额度、受让应收账款、处理各项单据。提供应收账款融资、管理、催收、还款保证中全部或部分服务而收取的费用。

（二）保理合同的履行规则

1.虚构债权的保理

《民法典》第763条规定，应收账款债权人与债务人虚构应收账款作为转让标的，与保理人订立保理合同的，为保护交易安全，除保理人明知该应收账款为虚构的外，应收账款的债务人不得以该应收账款为虚构对抗保理人。

根据这一规定，虚构债权的保理具有如下构成要件：首先，作为转让标的的应收账款不存在。所谓应收账款不存在，包括应收账款全部不存在，也包括应收账款存在但与真实债权数额不符，即部分不存在。其次，应收账款不存在是因为应收账款债权人与债务人虚构。虚构的方式是多样的，主要包括：（1）应收账款债权人与债务人通谋以虚假的意思表示制造虚假应收账款的外观；（2）债务人向保理人确认应收账款的真实性，制造虚假应收账款的外观。最后，保理人因此应收账款存在产生了合理的信赖，从而签订了保理合同。这一规则适用的法律后果是，应收账款债务人不得以应收账款不存在为由对抗保理人。这意味着，在债务人虚构或者确认债权的范围内，保理人仍有权请求债务人履行如同债权存在时相对应的债务，债务人不得以应收账款实际不存在为由对保理人提出抗辩。

2.应收账款转让的通知

《民法典》第764条规定，保理人向应收账款债务人发出应收账款转让通知的，应当在通知中表明保理人身份并附有必要凭证。按照这一规定，应收账款债权转让未通知债务人的，该转让对债务人不发生效力，即使保理人已经取得了债权，债务人也有权拒绝保理人的履行请求；债务人向债权人履行债务的，债权消灭。如果应收账款债权转让通知了债务人，则债权转让对债务人发生效力，此时债务人即对保理人负有履行义务，并且有权拒绝债权人的履行请求；如果债务人仍然向债权人履行，则不发生债权消灭的效力。

《民法典》第765条规定，应收账款债务人接到应收账款转让通知后，应收账款债权人和债务人无正当理由协商变更或者终止基础交易合同，对保理人产生不利影响的，对保理人不发生效力。本规定适用的前提，首先，应收账款债权人和债务人协商作出了有关转让债权的民事法律行为。其次，该民事法律行为对保理人产生不利影响。再次，该民事法律行为发生在债务人接到债权转让通知后。最后，对保理人产生不利影响的民事法律行为无正当理由。本条的法律后果是，该民事法律行为对保理人不发生效力。这意味着，保理人仍然可以根据该民事法律行为成立之前的债权状况请求债务人履行支付应收账款的债务。

3.有追索权保理

有追索权保理，是指保理人不负为债务人核定信用额度和提供坏账担保的义务，仅提供包括融资在内的其他服务，无论应收账款因何种原因不能收回，保理人都有权向供应商索回已付融资款项并拒付尚未收回的差额款项的保理方式。

《民法典》第766条规定，当事人约定有追索权保理的，保理人可以向应收账款债权人主张返还保理融资款本息或者回购应收账款债权，也可以向应收账款债务人主张应收账款债权。保理人向应收账款债务人主张应收账款债权，在扣除保理融资款本息和相关费用后有剩余的，剩余部分应当返还给应收账款债权人。融资款本息和相关费用，具体包括：保理融资款本息、保理商未受清偿的应收账款融资额度承诺费、保理手续费、保理首付款使用费，以及其他债权人到期未付款等。在扣除后仍有剩余的，这部分保理余款应当返还给应收账款债权人。

案例分析　能力训练

4.无追索权保理

无追索权保理，指保理人凭债权转让向供应商融通资金后，即放弃对供应商追索的权利，保理人独自承担买方拒绝付款或无力付款的风险的保理方式。

《民法典》第767条规定，当事人约定无追索权保理的，保理人应当向应收账款债务人主张应收账款债权，保理人取得超过保理融资款本息和相关费用的部分，无须向应收账款债权人返还。

5.多重保理

多重保理，是指应收账款债权人就同一应收账款订立多个保理合同，致使多个保理人主张权利的保理方式。

关于多重保理情形下各保理人行使权利的顺序，《民法典》第768条作出了如下规定：（1）已登记的先于未登记的受偿；（2）均已登记的，按照登记的先后顺序受偿；（3）均未登记的，由最先到达应收账款债务人的转让通知中载明的保理人受偿；（4）既未登记也未通知的，按照保理融资款或者服务报酬比例清偿。

第二节　运输合同

一、运输合同的概念和特征

运输合同又称为运送合同，是指承运人将旅客或者货物从起运地点运输到约定地点，旅客、托运人或者收货人支付票款或者运输费用的合同。将旅客或货物从起运地点运输到约定地点的一方称为承运人，支付票款或运输费用的一方称为旅客、托运人或者收货人。运输合同分为客运合同、货运合同。

运输合同具有下列特征：

1.运输合同的标的是运送行为。运输合同的标的是承运人的运送行为，而不是被运送的货物或旅客本身。运输合同双方当事人的权利与义务均围绕运送行为而产生。

2.运输合同的成立。客运合同可为诺成或实践合同，或依交易习惯确定。货运合同通常是诺成合同，承运人接受托运人发出的要约，如接受托运人支付的运费，即形成承诺，运输合同成立，无须以交付运送对象为成立要件；但当当事人有特别约定或法律有特殊规定时，货运合同也可为实践合同。

3.运输合同是双务有偿合同。承运人有义务为托运人运送物品或旅客，同时有权获得报酬；托运人或旅客有义务支付运费或票款，同时有权要求承运人完成运送行为。

4.运输合同多为格式合同，合同条款由承运人事先拟定，托运人和旅客仅有就此条款表示同意与否的权利。

二、客运合同、货运合同的主要内容及履行规则

（一）客运合同的主要内容及履行规则

1.旅客的义务

（1）持有效客运票乘运的义务。旅客应当持有效客运票乘运。所谓“有效客票”是指符合旅客与承运人之间签订的运输合同约定条件

的客票，一般通过旅客所持客票所记载的合同内容进行判断，即旅客是否按照客票所记载的承运时间、承运地点、承运路程、承运等级等内容承运。旅客无票乘运、超程乘运、超级乘运或者持失效客运票乘运的，应当补交票款；旅客不交付票款的，承运人可以拒绝运输。实名制客运合同的旅客丢失客票的，可以请求承运人挂失补办，承运人不得再次收取票款和其他不合理费用。

（2）在规定时间内办理退票或变更手续的义务。旅客因自己的原因不能按照客票记载的时间乘坐的，应当在约定的时间内办理退票或者变更手续。逾期办理的，承运人可以不退票款，并不再承担运输义务。

（3）限量携带行李的义务。旅客在运输中应当按照约定的限量携带行李。超过限量携带行李的，应当办理托运手续。

（4）不得携带或夹带危险品或其他违禁品的义务。旅客不得随身携带或者在行李中夹带易燃、易爆、有毒、有腐蚀性、有放射性以及可能危及运输工具上人身和财产安全的危险物品或者违禁物品。旅客违反上述规定的，承运人可以将违禁品卸下、销毁或送交有关部门。旅客坚持携带或夹带危险品或其他违禁品的，承运人应当拒绝运输。

2.承运人的义务与责任

（1）告知义务。承运人应当向旅客及时告知有关不能正常运输的重要理由和安全运输应当注意的事项。

（2）按约定运输旅客的义务。承运人应当按照客票载明的时间和班次运输旅客。承运人迟延运输的，应当根据旅客的要求安排改乘其他班次或退票。遇有不能正常运输的特殊情形和重要事由，承运人应当及时告知旅客并采取必要的安置措施。因可归责于承运人的事由导致的迟延运输，承运人应当赔偿由此给旅客造成的损失。

（3）救助义务。承运人在运输过程中，应当尽力救助患有疾病、分娩、遇险的旅客。

（4）按标准提供服务的义务。承运人应当按照约定的服务标准提供服务。承运人擅自降低服务标准的，应当根据旅客的请求退票或者减收票款；提高服务标准的，不得加收票款。

（5）对旅客的伤亡负赔偿责任。承运人应当对运输过程中的旅客的伤亡承担损害赔偿责任，但伤亡是旅客自身健康原因造成的或承运人证明伤亡是旅客故意、重大过失造成的除外。上述规定适用于按照规定免票、持优待票或经承运人许可搭乘的无票乘客。

（6）对行李损害的赔偿责任。在运输过程中，旅客自带物品毁损、灭失，承运人有过错的，应当承担损害赔偿责任。旅客托运的行李毁损、灭失的，适用货物运输的有关规定。

3.客运合同的变更或解除

（1）因旅客自身原因导致的变更或解除

《民法典》第816条规定，旅客因自己的原因不能按照客票记载的时间乘坐的，应当在约定的期限内办理退票或者变更手续；逾期办理的，承运人可以不退票款，并不再承担运输义务。因客运合同具有很强的人身属性，旅客如因故不能乘车，不能由第三人代替，法律赋予旅客任意变更或解除合同的权利，可以避免构成对旅客人身自由的限制。但是，旅客退票应当在约定期限内办理，否则承运人可不予退票，且不再承担运输义务。

（2）因承运人的原因导致的变更或解除

因承运人的原因导致的客运合同变更或解除，称为非自愿的变更或解除，主要包括两种情况：一是因承运人的迟延运输导致的变更或解除。承运人应当按照客票载明的时间和班次运输旅客，承运人迟延运输的，应当根据旅客的要求安排改乘其他班次、变更运输路线以到达目的地或者退票。二是承运人擅自变更运输工具引起的合同变更。在客运合同订立后，承运人单方变更运输工具的，应视为一种违约行为。承运人擅自变更运输工具而降低服务标准的，旅客有权要求退票或者减收票款。但承运人变更运输工具提高服务标准的，无权向旅客加收票款。

（二）货运合同的主要内容及履行规则

1. 托运人的主要义务

（1）支付运输费用。这是托运人的基本义务。不支付运费、保管费等应付费用的，除有相反约定外，完成运送的承运人有留置权。运送货物因不可抗力发生毁损灭失的，托运人可以免交运费，已交运费的可以请求返还。

（2）准确提供收货人和告知必要情况。托运人办理货物运输，应当向承运人准确表明收货人的名称或姓名或者凭指示的收货人，以及货物的名称、性质、重量、数量、收货地点等有关货物运输的必要情况。

（3）办理审批或检验手续。货物运输需要办理审批、检验等手续的，托运人应当将办理完有关手续的文件提交承运人。

（4）包装义务。凡必须由托运人包装的货物，托运人应当按照约定或适宜保护货物的方法包装。对包装方式没有约定或者约定不明确的，适用《民法典》第619条的规定。托运人未妥善进行包装的，承运人可以拒绝运输。

（5）托运危险物品的妥善包装、警示等义务。托运人托运易燃、易爆、有毒、有腐蚀性、有放射性等危险物品的，应当按照国家有关危险物品运输的规定对危险物品妥善包装，做出危险物标志和标签，并将有关危险物品的名称、性质和防范措施的书面材料提交承运人。托运人违反前款规定的，承运人可以拒绝运输，也可以采取相应措施以避免损失的发生，因此产生的费用由托运人负担。

2.承运人的主要义务

（1）运送义务。承运人要按照约定的时间、地点，安全无损地将物品运抵目的地。例如，因承运人的原因错运到货地点或逾期运到的，应承担违约责任。

（2）接受托运人指示的义务。在承运人将货物交付收货人之前，托运人可以要求承运人中止运输、返还货物、变更到达地或者将货物交给其他收货人，但是应当赔偿承运人因此受到的损失。

（3）及时通知收货人的义务。货物运输到达后，承运人知道收货人的，应当及时通知收货人。收货人逾期领取货物的，承运人可以收取保管费；收货人不明或无正当理由拒绝受领的，可以提存。

（4）货物毁损灭失的赔偿责任。承运人对于运输过程中货物毁损、灭失承担损害赔偿责任，但承运人证明货物的毁损灭失是因不可抗力、货物本身的自然性质或者合理损耗以及托运人、收货人的过错造成的，不承担赔偿责任。

两个以上承运人以同一运输方式联运的，与托运人订立合同的承运人应当对全程运输承担责任；损失发生在某一运输区段的，与托运人订立合同的承运人和该区段的承运人承担连带责任。

货物在运输过程中因不可抗力灭失，未收取运费的，承运人不得请求支付运费；已收取运费的，托运人可以请求返还。法律另有规定的，依照其规定。

3.收货人的主要义务

当托运人与收货人不是同一人时，托运人的部分义务便依托运人与收货人的约定而转移于收货人，如领取货物、支付费用等。但收货人不履行义务，仍由托运人承担责任。

收货人的检验通知义务。收货人提货时应当按照约定的期限检验货物。对检验货物的期限没有约定或者约定不明确，依据《民法典》第510条的规定仍不能确定的，应当在合理期限内检验货物。收货人在约定的期限或者合理期限内对货物的数量、毁损等未提出异议的，视为承运人已经按照运输单证的记载完成交付，并将其作为承运人交付的初步证据。需注意，此处仅是作为初步证据，即仍可以相反的证据予以推翻，并非具有绝对的效力。

4.货运合同的变更或解除

《民法典》第829条规定，在承运人将货物交付收货人之前，托运人可以要求承运人中止运输、返还货物、变更到达地或者将货物交给其他收货人，但是应当赔偿承运人因此受到的损失。因此，法律赋予托运人单方面变更、解除货运合同的权利，具体而言：

（1）要求承运人中止运输。中止运输必须在运送开始以前或运输实行中，如果货物已经抵达目的地则无中止的可能性。中止运输可以是一时的中止或永久的中止。承运人是否恢复运送行为，应等待托运人的进一步指示。在中止运输后托运人与承运人达成新的回送运送物的协议，承运人应当依照新的合同继续运送。托运人要求不再恢复运送时，承运人应当就地卸货或将货物返还托运人。

（2）要求承运人返还货物。托运人可以在承运人将货物交付收货人之前，行使合同解除权，要求承运人终止运送，将货物交还托运人。

（3）要求承运人变更到达地或将货物交给其他收货人。托运人享有单方面变更到达地或收货人的权利，承运人有遵从的义务。但托运人请求变更的时间应是在承运人将货物交付收货人之前，如果承运人已将货物交付收货人，则货物运输合同已履行完毕，失去了变更的必要和可能。

应当注意的是，如果托运人对货运合同变更或者解除，导致承运人因此遭受损失的，托运人负有赔偿责任。

三、多式联运合同的特殊规则

多式联运合同，是指多式联运经营人将分区段的不同方式的运输联合起来作为承运人履行承运义务的运输合同。

多式联运合同的特殊规则主要包括：

1.承运人的权利和义务由多式联运的经营人享有和承担，多式联运之承运人之间的内部责任划分约定，不得对抗托运人。

2.支付费用的总括性。托运人将全程不同运送设备的运费一次性支付多式联运经营人，并取得多式联运单据。多式联运单据分可转让和不可转让两种。

3.因托运人托运货物时的过错造成多式联运经营人损失的，即使托运人已经转让多式联运单据，托运人仍然应当承担赔偿责任。

4.货物的毁损、灭失发生于多式联运的某运输区段的，多式联运经营人的赔偿责任和责任限额，首先适用调整该区段运输方式的有关法律规定。货物毁损、灭失发生的运输区段不能确定的，依照《民法典》合同编第十九章的规定承担赔偿责任。

第三节　保管合同

一、保管合同的概念和特征

保管合同，又称寄托合同、寄存合同，是指当事人一方将物品交付他方，他方给予保管并获得保管费用的合同。在保管合同中，对他人物品进行保管的人称保管人，将自己的物品交托保管人的人称寄存人。所谓保管，是指占有标的物，提供劳务对其加以照管保护，而维持其现状。不同于管理，保管仅指保存行为，而管理包括保存行为、改良行为和利用行为。因此，保管人不得对保管物进行改良、利用和处分，从而与租赁、借用等合同相区别。寄存人到保管人处从事购物、就餐、住宿等活动，将物品存放在指定场所的，视为保管，但是当事人另有约定或者另有交易习惯的除外。

保管合同有如下特征：

1.保管合同为实践合同。《民法典》第890条规定，保管合同自保管物交付时成立，但当事人另有约定的除外。据此规定，除当事人另有约定外，保管合同为实践合同，其成立以交付保管物为要件。

2.保管合同可以为无偿合同，也可以为有偿合同。当事人对保管费没有约定或者约定不明确，依照《民法典》第510条的规定仍不能确定的，视为无偿保管。

保管合同包括以下特殊类型：

1.法定保管。法定保管是《民法典》第888条第2款新增的制度，是指直接依据法律规定，而非基于当事人的约定而成立的保管。法定保管的成立须具备两个要件：第一，寄存人需在保管人处从事购物、就餐、住宿等活动。第二，寄存人将物品存入指定场所。一是说明负有保管义务的人对物品的保管具有管理的意思表示；二是寄存人按照保管人的要求将物品存放在指定场所。

2.消费保管。消费保管也称为不规则保管，是指保管物为可替代物时，如约定将保管物的所有权移转于保管人，保管期限届满由保管人以同种类、品质、数量的物返还的保管。消费保管与一般保管相比，具备以下特征：

第一，消费保管合同的保管物必须为可替代物，即种类物。寄存人就特定物寄存，保管人只能返还原物，并不是所有种类物的寄存都属于消费保管合同，如《民法典》第898条规定的寄存货币的情形，就属于返还货币的保管合同，不属于消费保管合同。消费保管必须是当事人约定将保管物的所有权移转于保管人，保管人在接受保管物后享有占有、使用、收益和处分的权利。而普通保管中，保管人只是在保管期间占有保管物，原则上不能使用保管物。

第二，消费保管需移转保管物所有权于保管人，保管人取得保管物所有权并得消费该物，当保管物因不可抗力毁损灭失时，由保管人承担风险。

第三，消费保管人仅需以同种类、品质、数量的物返还即可，而一般保管人需返还原保管物。当保管人不履行返还义务时，一般保管的寄存人可以行使返还原物请求权，而消费保管的寄存人只能请求保管人承担违约责任。

二、保管合同的主要内容及履行规则

（一）保管人的主要义务

1.给付保管凭证义务。《民法典》第891条规定，寄存人向保管人交付保管物的，保管人应当出具保管凭证，但是另有交易习惯的除外。保管凭证的给付，并非保管合同的成立要件，也非保管合同的书面形式，仅是证明保管合同关系存在的凭证。

2.保管义务。保管人的首要义务即是保管标的物的义务。其内容包括：

（1）妥善保管标的物。因保管不善导致保管物毁损灭失的，保管人应负损害赔偿责任，但无偿保管人负重大过失责任，有偿保管人负一般过失责任。所谓“妥善保管”，是指保管人应当按照法律规定和当事人约定，并根据保管物的性质，提供适当的保管场所，采取适当的保管方法，使保管物处于完好状态。具体来说，“妥善保管”应当包括：一是提供适当的保管场所。二是采取适当的保管方法。三是除紧急情况或者为了维护寄存人利益外，不得擅自改变保管场所或者方法。四是保管人应当采取合理的预防措施，防止保管物的毁损、灭失。五是当出现不利于保管物之保管的情事，可能导致合同目的不能实现时，应当采取必要合理措施，避免保管物受到损害，或将损害降低到最低限度。为充分保护消费者的利益，应注意到特定场合下的保管合同所具有的间接有偿性，商业经营场所对顾客寄存物品的保管即属此类，此时无论其保管是有偿还是无偿，保管人都应尽善良管理人的注意义务。

（2）亲自保管物品。未经寄存人同意的，不得擅自将保管物转交第三人保管；否则，保管人对第三人保管导致的损失负赔偿责任。亲自保管，包括保管人自己保管，也包括使用履行辅助人辅助保管。当事人另有约定，保管人使第三人代为保管的，保管人应就对第三人的选任和指示的过失承担责任，于此情况下，若保管人在对第三人的选任和指示上没有过错，则不承担责任。但保管人应就对其选任和指示没有过错负举证责任。

3.不得使用保管物。《民法典》第895条规定，非经寄存人许可，保管人不得使用或允许第三人使用保管物。保管人有权占有保管物，但不得使用保管物，也不能让第三人使用，但经寄存人同意或基于保管物的性质必须使用（保管物的使用属于保管方法的一部分）的情形除外。

4.返还保管物。寄存人领取保管物的，保管人应及时交还。即使有第三人对保管物主张权利，非经强制执行程序，保管人仍应向寄存人返还保管物。“第三人对保管物主张权利”，是指第三人主张保管物并非属于寄存人所有等可能引发保管物的权属争议的情形，包括第三人认为该保管物是属于自己所有而被他人非法占有时，向人民法院起诉，请求法院依法强令不法占有人返还原物。

根据《民法典》第899条的规定，无论是否约定保管期限，寄存人享有随时领取保管物的权利，保管人应寄存人的请求随时负有返还保管物的义务。保管人返还保管物的另一层含义，还包括保管人应当返还原物的义务。除按照《民法典》第901条的规定，保管人保管货币的，可以返还相同种类、数量的货币，或保管人与寄存人约定保管其他可替代物的，可以返还相同种类、品质、数量的物品外，保管人返还的必须是寄存人交付给保管人的保管物，不能是其他物或其他相同替代物。

5.附随义务。包括：(1)危险告知义务。当保管物品发生危险或者被法院保全、执行时，保管人要及时通知寄存人。(2)孳息返还义务。保管事务完成，保管人要将产生的孳息全部返还给寄存人。

6.损害赔偿义务。保管期间，因保管人保管不善造成保管物毁损、灭失的，保管人应当承担赔偿责任。但是，无偿保管人证明自己没有故意或者重大过失的，不承担赔偿责任。

(二)寄存人的主要义务

1.支付报酬义务。在有偿保管中，保管人完成保管义务时，寄存人应支付约定的报酬。寄存人不支付约定的报酬的，保管人有权留置保管物。在无偿保管中，寄存人对保管人为保管支付的必要费用，应予偿还。保管必要费用是指保管人在履行保管义务中为保管支出的必要费用，如修缮费、饲养费、治疗费以及设置保管场所，雇佣看管人和保管人为抢救保管物所支出的费用。依据《民法典》第903条的规定，在寄存人没有按期支付保管费和其他费用的情况下，保管人对保管物享有留置权，以此作为因保管产生的保管费和其他费用的担保。

寄存人和保管人没有就是否支付报酬作出约定，或者约定不明确的，双方可以协议补充；不能达成补充协议的，按照合同相关条款或者交易习惯确定。按照合同相关条款或者交易习惯确定，要考虑的问题有：一是当事人之间是否存在交易习惯或者惯例；二是保管人是否从事保管职业；三是依保管物的性质、保管的时间、地点和方式等其他情形应当推定保管是有偿的。

2.告知义务。《民法典》第893条规定，寄存人交付的保管物有瑕疵或者根据保管物的性质需要采取特殊保管措施的，寄存人应当将有关情况告知保管人。寄存人未告知，致使保管物受损失的，保管人不承担赔偿责任；保管人因此受损失的，除保管人知道或者应当知道并且未采取补救措施外，寄存人应当承担赔偿责任。寄存人对保管人负有告知的义务，包括以下两种情况：一是保管物有瑕疵的，需要告知，即保管物本身存有破坏性或毁坏性缺陷的情形。二是按照保管物的性质需要采取特殊保管措施的。一般指保管物属于易燃、易爆、有毒、有腐蚀性、有放射性等危险物品或者易变质物品。除此之外，依据《民法典》第898条的规定，寄存人寄存货币、有价证券或者其他贵重物品的，应当向保管人声明，由保管人验收或者封存。寄存人以保管人于合同成立时知道或者应当知道保管物有发生危险的性质或瑕疵而主张免责的，应负举证责任。

寄存人违反告知义务的法律后果：

第一，寄存人违反告知义务，致使保管物遭受损失的，保管人不承担损害赔偿责任。由于保管物本身的性质或者瑕疵使保管人的人身、财产遭受损失的，除保管人知道或应当知道而未采取补救措施外，寄存人还应当承担赔偿责任。

第二，寄存人于合同生效时不知道保管物属于上述两种情形，或者知道后及时采取补救措施的，寄存人对保管物的损害不承担损害赔偿责任。

第三，保管人在接受寄存人交付的保管物时或者在保管期间，寄存人违反了告知义务而没有告知，保管人发现了保管物存在瑕疵、不合理的危险或者易变质等情况的，应当将发现的情况及时通知寄存人。此时，保管人可以根据《民法典》第892条的规定，因紧急情况或者为维护寄存人利益，改变保管场所或者保管方法，或者通知寄存人并要求寄存人取回保管物。

第四，对于因保管物的性质或者瑕疵而给第三人造成损害的，寄存人应当负侵权赔偿责任。

3.及时领取保管物的义务。寄存人可以随

时领取保管物。当事人对保管期间没有约定或者约定不明确的，保管人可以随时请求寄存人领取保管物；约定保管期间的，保管人无特别事由，不得请求寄存人提前领取保管物。

4.贵重物品声明义务。《民法典》第898条规定，寄存人寄存货币、有价证券或者其他贵重物品的，应当向保管人声明，由保管人验收或者封存；寄存人未声明的，该物品毁损、灭失后，保管人可以按照一般物品予以赔偿。本条规定的寄存货币与《民法典》第901条相区别，不属于消费保管，而是要求保管人返还原物的合同。

第四节　仓储合同

一、仓储合同的概念和特征

仓储合同是保管人储存存货人交付的仓储物，存货人支付仓储费的合同。

仓储合同是一种特殊的保管合同，它具有保管合同的基本特征，同时又具有自己的特征：

1.仓储合同的保管人须为有仓储设备并专门从事仓储保管业务的人。这是仓储合同区别于保管合同的重要特征。仓储合同中，作为保管存货人货物的保管人一方只能是仓库营业人，而不能为其他主体；否则，便不称其为仓储合同。从事仓库营业的人必须具有仓库营业人的资格，取得市场监督管理部门核准的专门或者兼营仓储保管业务的营业许可，办理了仓储营业登记。

2.仓储合同中保管的仓储物须为动产。仓储合同是以储存货物为内容的合同，只有适于存放的物品才可为仓库储存保管，因此，在我国法律上只有动产才适于作为仓储合同的标的物。

3.仓储合同为诺成合同。仓储合同自保管人和存货人意思表示一致时成立，不以仓储物的实际交付作为合同成立的条件。

4.仓储合同为双务、有偿合同。仓储合同成立后，当事人双方互负对待给付义务。保管人须提供仓储服务，存货人须给付仓储费和其他费用，双方的义务具有对应性和对价性。

仓储合同和保管合同虽然都是保管人为他人保管存放物品的合同，但两者在法律意义上有着重要不同之处，主要区别在于：

第一，二者的性质不同：仓储合同在性质上是诺成性合同，在仓储保管人与存货人达成一致意思表示时，合同即成立；而保管合同通常是实践性合同，只有寄存人将保管物交给保管人时，合同才成立。

第二，保管的对象不完全相同：仓储合同的保管对象仅限于动产；而保管合同的保管对象可以是动产，也可以是不动产。

第三，主体的要求不同：提供仓储服务的保管人一般都是专门从事仓储保管业务的企业，并且一般都要求配备仓储设备；而对于提供保管服务的保管人资格没有特别要求，是一般自然人即可，也没有必须配备保管设备的要求。

第四，当事人的权利、义务不完全相同：仓储合同是双务、有偿合同，仓储合同的保管人以营利为目的，以收取存货人的保管费为对价提供保管服务；而保管合同可以是有偿的，也可以是无偿的，有偿与否取决于当事人的约定。

第五，提取保管物的依据不完全相同：仓储合同的存货人必须以仓单作为要求返还寄存物的依据；而有些保管合同可以没有保管凭证，依据交易习惯即可要求返还保管物。

第六，二者对存货人逾期提取保管物的处理不同。在仓储合同中，存货人或者仓单持有人逾期提取仓储物的，应当加收仓储费；提前提取的，不减收仓储费。储存期限届满，存货人或者仓单持有人不提取仓储物的，保管人可以催告其在合理期限内提取，逾期不提取的，保管人可以提存仓储物。保管合同则没有该规定。

第七，在保管凭证的流通上二者存在区别。仓单除了是证明当事人之间保管关系存在的凭证外，还是存货人或仓单持有人提取货物的物权凭证，并可以背书转让。因此，仓单具有很强的流通性，且可以成为担保物权的标的。保管合同的保管凭证则不具有流通性，其不可以成为担保物权的标的。

二、仓储合同的主要内容及履行规则

（一）保管人的义务

1.接受和验收存货人的仓储物入库的义务。《民法典》第907条规定，保管人应当按照约定对入库仓储物进行验收。保管人验收时发现入库仓储物与约定不符合的，应当及时通知存货人。保管人验收后，发生仓储物的品种、数量、质量不符合约定的情况的，保管人应当承担赔偿责任。

验收的主要内容有三项：一是验收项目；二是验收方法；三是验收期限。

（1）保管人的正常验收项目为：货物的品名、规格、数量、外包装状况，以及无须开箱拆捆直观可见可辨的质量情况。包装内的货物品名、规格、数量，以外包装或货物上的标记为准；外包装或货物上无标记的，以供货方提供的验收资料为准。散装货物按国家有关规定或合同规定验收。

（2）验收方法为：全部验收和按比例验收。

（3）验收期限：验收期限自货物和验收资料全部送达保管人之日起，至验收报告送出之日止。

保管人未按规定的项目、方法、期限验收或验收不准确的，应承担由此造成的实际损失。在双方交接仓储物中发现问题的，保管人应妥善暂存，并在有效验收期间内通知存货人处理，暂存期间所发生的一切损失和费用由存货人负担。仓储物验收时保管人未提出异议的，视为存货人交付的仓储物符合合同约定的条件。保管人验收后，发生仓储物的品种、数量、质量不符合约定的，保管人应当承担损害赔偿责任。

2.填发和交付仓单的义务。存货人交付仓储物的，保管人应当给付仓单、入库单等凭证。保管人应当在仓单上签名或者盖章。

《民法典》第909条规定，仓单应记载下列事项：（1）存货人的姓名或者名称和住所；（2）仓储物的品种、数量、质量、包装及其件数和标记；（3）仓储物的损耗标准；（4）储存场所；（5）储存期限；（6）仓储费；（7）仓储物已经办理保险的，其保险金额、期间以及保险人的名称；（8）填发人、填发地和填发日期。

《民法典》第910条规定，仓单是提取仓储物的凭证。存货人或者仓单持有人在仓单上背书并经保管人签名或者盖章的，可以转让提取仓储物的权利。就仓单的转让而言，除了必须就仓单转让达成合意外，还应当满足以下要件：（1）仓单已签发；（2）仓单的转让背书；（3）保管人的签名或者盖章；（4）仓单的交付。

仓单不能代替仓储合同。无论当事人采用书面形式还是采用口头形式，当事人订立合同后即受合同约束。存货人交付仓储物是履行合同，而保管人出具仓单也是履行合同。尽管仓单中记载了仓储合同中的主要内容，但仓单不是仓储合同，只是作为仓储合同的凭证。

3.妥善保管仓储物的义务及赔偿责任。保管人应当按照合同约定或者法律规定的储存条件和保管要求，妥善保管仓储物。根据《民法典》第917条的规定，储存期间，因保管不善造成仓储物毁损、灭失的，保管人应当承担赔偿责任。因仓储物的性质、包装不符合约定或者超过有效储存期造成仓储物变质、损坏的，保管人不承担赔偿责任。故要求保管人承担赔偿责任，应当符合以下条件：第一，保管人有保管不善的行为。保管不善，就是指保管人没有尽到善良管理人应尽的义务来保管仓储物。第二，因保管不善造成仓储物毁损、灭失。第三，保管人不具有法定或约定的免责事由。

4.危险通知义务。根据《民法典》第912条的规定，保管人发现入库仓储物有变质或者其他损坏的，应当及时通知存货人或者仓单持有人。《民法典》第913条规定，保管人发现入库仓储物有变质或者其他损坏，危及其他仓储物的安全和正常保管的，应当催告存货人或者仓单持有人作出必要的处置。因情况紧急，保管人可以作出必要的处置；但是，事后应当将该情况及时通知存货人或者仓单持有人。故保管人承担危险通知义务的条件，一是保管人发现入库仓储物有变质或者其他损坏；二是仓储物的变质或者其他损坏已经危及其他仓储物的安全和正常保管。所谓情况紧急，一般是指保管人无法通知存货人或者仓单持有人，或者保管人必须立即采取措施，以避免其他仓储物受到损害。

5.返还仓储物的义务。在因合同约定的储存期限届满或者其他事由终止合同时，保管人应将仓储物返还给存货人或者仓单持有人，保管人不得无故扣押仓储物。

6.容忍义务。《民法典》第911条规定，保管人根据存货人或仓单持有人的要求，应当同意检查仓储物或提取样品。本条检查权的行使主体包括存货人和仓单持有人。保管人的两项容忍义务：一是允许存货人或者仓单持有人检查仓储物；二是允许存货人或者仓单持有人提取样品。

（二）存货人的义务

1.按照合同的约定交付仓储物入库的义务。存货人应当按照合同约定的时间和存储物的品种、数量、质量交付仓储物给保管人入库，并在验收期间向保管人提供验收资料。存货人未按照约定全部入库仓储物的，应当承担违约责任。

2.告知义务和处置危险物品的义务。储存易燃、易爆、有毒、有腐蚀性、有放射性等危险物品或者易变质物品的，存货人应当说明该物品的性质，提供有关资料。存货人违反此规定的，保管人可以拒收仓储物，也可以采取相应措施以避免损失的发生，因此产生的费用由存货人负担。

3.支付仓储费和偿付其他必要费用的义务。存货人未按照合同约定或法律规定支付仓储费和其他必要费用的，除当事人另有约定外，保管人对仓储物享有留置权。

4.及时提取仓储物的义务。当事人对储存期间没有约定或者约定不明确的，存货人或者仓单持有人可以随时提取仓储物，保管人也可以随时请求存货人或者仓单持有人提取仓储物，但是应当给予必要的准备时间。《民法典》第915条规定，储存期间届满，存货人或者仓单持有人应当凭仓单、入库单等提取仓储物。存货人或者仓单持有人逾期提取的，应当加收仓储费；提前提取的，不减收仓储费。

（三）保管合同规定的适用

仓储合同是保管合同的一种特殊类型，根据《民法典》第918条的规定，“仓储合同”一章未作规定的，适用保管合同的一般规定。例如，保管人须亲自履行保管义务，不得将保管物转交第三人保管；保管人不得使用或许可第三人使用保管物；保管人须按照约定保管场所或者方法履行保管义务等。

第五节　委托合同

一、委托合同的概念和特征

委托合同又称委任合同，是指委托人与受托人约定，由受托人处理委托人事务的合同。其中，委托他人为自己处理事务的人称委托人，接受他人委托的人称受托人。

委托合同具有以下特征：

1.委托合同的标的是处理委托事务的行为。处理委托事务的行为既可以是法律行为，也可以是事实行为，但委托合同不适用于须当事人亲自履行的身份行为和需要利用他人特定技能完成的行为。

2.委托合同建立在双方的相互信任关系的基础上。委托人委托受托人处理事务是以委托人对受托人的能力和信誉的信任为基础的，因此，受托人必须亲自办理委托事务。

3.委托合同既可以是有偿合同，也可以是无偿合同。

代理与委托合同关系十分密切。代理，是指代理人在代理权限内，以被代理人的名义实施民事法律行为的行为，代理人的代理行为直接对被代理人发生效力。二者区别在于：

第一，当事人不同。委托合同是委托人与受托人的双方合意，属债法范畴，强调当事人之间的内部关系；委托代理是代理人基于被代理人的委托授权以被代理人的名义为法律行为，属代理制度范畴，强调代理人与第三人和本人的三方关系。

第二，有委托合同，未必有委托代理权。委托合同是委托代理权产生的基础法律关系，但仅有委托合同，并不一定产生委托代理权：（1）委托事务不仅包括法律行为，还包括事实行为，当委托事务为事实行为时，不会产生委托代理权；（2）即使委托的事务是法律行为，要产生委托代理权，还需有代理权的授予。代理权的授予是产生委托代理权的直接原因，它与委托合同等基础法律关系密切相关，但并非履行委托合同的附属性法律效果，而是被代理人的单方法律行为，不需要代理人作出同意的意思表示即可产生委托代理权。

第三，有委托代理权，未必有委托合同。委托代理权源于代理权的授予，这种授予可能是基于委托法律关系，也可能是基于其他基础法律关系（如合伙），甚至也可能没有基础合同而只有代理权之授予。

第四，主体实施的性质和名义不同。在代理关系中，代理人须以被代理人的名义处理代理事务，否则不构成直接代理。而委托合同的受托人，既可以以委托人的名义，也可以以自己的名义处理委托事务。受托人无论是以委托人还是以自己的名义处理委托事务，均不影响委托合同的性质。

委托合同可作如下分类：

无偿委托合同与有偿委托合同。以受托人有无报酬为标准，委托合同可分为无偿委托合同与有偿委托合同。区分无偿委托合同和有偿委托合同的法律意义在于：一是受托人在处理委托事务时所负注意义务的程度不同；二是一方在行使任意解除权时赔偿损失的范围不同。

特别委托合同与概括委托合同。根据委托事务范围的不同，可将委托分为特别委托和概括委托。特别委托是指双方当事人约定受托人为委托人处理一项或者数项事务的委托。概括委托，是指委托人将其一切事务委托给受托人处理。区分特别委托和概括委托，其法律意义在于：（1）受托人处理事务的权限范围不同，处理事务的结果是否归属于委托人不同。概括委托合同中受托人的权限最为广泛。（2）对委托人的权益影响特别重大的事项，如诉讼代理律师代当事人和解的权限，必须经由特别委托授权，概括委托场合受托人无权处理此类事项。

二、委托合同的主要内容及履行规则

（一）受托人的主要义务

1.依委托人指示处理委托事务。根据《民法典》第922条的规定，受托人应当在委托人授权范围内按照诚实信用原则处理事务。需要变更委托人指示的，应当经委托人同意；因情况紧急，难以和委托人取得联系的，受托人应当妥善处理委托事务，但事后应当将该情况及时报告委托人。本条中的变更指示，包括两个层次：一是指示的变更；二是指示的背离（受托人自行变更）。按照本条规定，委托人的指示存在不利于委托事务的妥善办理或因与实际情况不符而无法实施等情形，受托人需要变更委托人指示的，应当及时和委托人沟通联系，在经委托人同意后方可变更指示。即使委托人的指示明显有损于委托人的利益，受托人也应当获得委托人的同意方可变更指示，旨在防范受托人按照自己的意思任意行事。只有特殊情况下，受托人方可背离指示（自行变更指示）：（1）情况紧急。处理委托事务过程中，客观情况发生突变，如按照委托人指示已难以妥善处理委托事务，且有损害委托人利益之虞。（2）难以和委托人取得联系。受托人受制于客观条件，不能联系或者联系不上委托人。（3）得推定符合委托人本意。

2.亲自处理委托事务。《民法典》第923条规定，受托人应当亲自处理委托事务。经委托人同意，受托人可以转委托。转委托经同意或者追认的，委托人可就委托事务直接指示转委托的第三人，受托人仅就第三人的选任及其对第三人的指示承担责任。转委托未经委托人同意的，受托人应当对转委托的第三人的行为承担责任，但在紧急情况下受托人为了委托人的利益需要转委托的除外。

在转委托情况下，一般存在两个法律关系：一是委托人与受托人之间的委托合同关系（原委托），二是受托人与第三人之间的委托合同关系（转委托）。其中，由受托人选定的第三人称为次受托人。

转委托具有以下法律特征：第一，受托人以自己的名义选定第三人。转委托是受托人以自己的名义与第三人签订的委托合同，如果是委托人以自己的名义选定第三人，就不构成转委托，而构成重复委托。但受托人将委托事务转委托给第三人后，仍具有受托人身份，并未脱离原委托合同关系，次受托人也不是原委托合同关系的受托人。第二，次受托人的权限不能超过受托人的权限。转委托权是受托人在符合法律规定条件下选择第三人作为次受托人的权利，次受托人处理委托事务的权限直接源于受托人所享有的委托权限，因此，次受托人的权限不能超过受托人的权限。第三，受托人和次受托人并不是共同受托人。共同委托是指委托人委托两个或者两个以上的受托人共同处理委托事务的委托。转委托是为维护委托人的利益需要由受托人委任第三人处理委托事务，由第三人办理委托事项并直接对委托人负责。因次受托人由受托人以自己名义选任，且次受托人的权限等于或小于受托人的权限，故转委托不同于共同委托。

由于转委托是受托人亲自处理委托事务之例外，依照本条规定，受托人只有符合如下情形之一，方可转委托：第一，委托人同意或者追认。第二，在紧急情况下转委托可以不经委托人同意，但必须是为了维护委托人的利益。

经委托人同意、追认或者紧急情况下的转委托，具有如下法律效果：一是受托人与委托人之间的原委托合同仍然有效，不受转委托合同关系的影响，受托人仍然受原委托合同约束；二是委托人可以就委托事务直接指示次受托人；三是次受托人处理委托事务的效果归属于委托人；四是在转委托事务范围内，受托人仅就次受托人的选任及其对次受托人的指示承担责任，不再承担其他责任。

3.报告义务。《民法典》第924条规定，受托人应当按照委托人的要求，报告委托事务的处理情况。委托合同终止时，受托人应当报告委托事务的结果。具体而言，受托人的报告义务可以分为三类：第一类是在委托事务办理过程中，受托人要根据委托人的要求和指示，随时向委托人报告受托事项的阶段性办理进度；第二类是委托人虽然未指示受托人报告事项办理情况，但依据形势确有报告必要时，如处理事务遭遇困难或发生无法预料的情况等影响委托事务办理的重大事项，受托人也要及时报告；第三类是受托人应于委托合同终止时向委托人报告委任事项处理的情况，详细报告办理委托事宜的过程和结果。受托人因不及时告知委托人情况使委托人利益受有损失的，委托人可要求受托人承担责任。受托人的报告可以口头形式，也可以书面形式，当事人双方有约定的，从其约定。

4.交付财产义务。《民法典》第927条规定，受托人因处理委托事务取得的财产，应当转交给委托人。“取得的财产”，包括取得的金钱、实物、金钱与实物所生的孳息，以及其他财产权利。

5.谨慎处理义务。受托人处理委托事务，应尽必要的注意义务。有偿的委托合同，因受托人的过错给委托人造成损失的，委托人可以要求赔偿损失。无偿的委托合同，因受托人的故意或者重大过失给委托人造成损失的，委托人可以要求赔偿损失。受托人超越权限造成委托人损失的，应当赔偿损失；两个以上的受托人共同处理委托事务的，应对委托人承担连带责任。

6.披露义务。《民法典》第926条规定，受托人以自己的名义，在委托人的授权范围内与第三人订立合同，第三人不知道受托人与委托人之间的代理关系的，受托人因第三人的原因对委托人不履行义务，受托人应当向委托人披露第三人，委托人因此可以行使受托人对第三人的权利，但第三人与受托人订立合同时如果知道该委托人就不会订立合同的除外。受托人因委托人的原因对第三人不履行义务，受托人应当向第三人披露委托人，第三人因此可以选择受托人或者委托人作为相对人主张其权利，但第三人不得变更选定的相对人。

委托人的介入权指的是在受托人与第三人的合同关系中，委托人取代受托人的地位，介入原本是受托人与第三人的合同关系中。根据本条规定，委托人行使介入权应满足如下条件：第一，受托人以自己的名义与第三人订立合同。第二，第三人在订立合同时，不知道受托人与委托人之间有代理关系。此特征是区分本条和《民法典》第925条的关键。如果第三人在订立合同时，就知道受托人与委托人之间代理关系的，则直接适用第925条之规定，合同直接约束委托人和第三人，不存在委托人介入权问题。第三，受托人因第三人的原因对委托人不履行义务。这是委托人行使介入权的必要性标准。第四，受托人已经向委托人披露了第三人。受托人的披露义务是委托人行使介入权的前提。

第三人的选择权是指受托人因委托人的原因对第三人不履行义务，在受托人披露委托人后，第三人可选择要求委托人履行合同债务，也可选择要求受托人履行合同债务。根据《民法典》第926条第2款的规定，第三人行使选择权需满足如下条件：第一，受托人以自己的名义与第三人订立合同。第二，第三人不知道受托人与委托人之间的代理关系。这两个条件与委托人行使介入权的条件一致。第三，受托人因委托人的原因对第三人不履行义务。第四，受托人向第三人披露了委托人。受托人向第三人披露委托人是第三人行使选择权的前提条件，否则，第三人只能向受托人主张责任，即披露委托人后第三人才具备在受托人和委托人之间行使选择权的现实可能。

委托人介入的情况下第三人对委托人行使抗辩的范围与第三人行使选择权选定委托人的情况下，委托人对第三人行使抗辩的范围有所差异，即第三人选择委托人时，委托人对第三人不但可以主张受托人对第三人的抗辩，还可以主张其对受托人的抗辩。具体而言，第三人的抗辩权主要包括两个方面：一是第三人对委托人介入权的抗辩，主要依据是《民法典》第926条第1款的但书规定。二是第三人基于与受托人之间的合同所享有的对合同的成立、效力以及合同的履行等抗辩权。委托人的抗辩权也包括两个方面：一方面是委托人基于委托合同而产生的对受托人的抗辩权。另一方面是委托人代替受托人的地位后所取得的受托人对第三人的抗辩权。

此处的抗辩意味着可以对抗对方请求的全部正当理由，可以是一种客观的抗辩事实，也可以是一种抗辩权，前者如合同不成立、违约事实不存在、时效届满等，后者如同时履行抗辩权、先诉抗辩权、不安抗辩权等。

（二）委托人的主要义务

1.支付费用的义务。《民法典》第921条规定，委托人应当预付处理委托事务的费用。受托人为处理委托事务垫付的必要费用，委托人应当偿还该费用及利息。

2.支付报酬的义务。有偿委托合同中，受托人完成委托事务的，委托人应当向其支付报酬。因不可归责于受托人的事由，委托合同解除或者委托事务不能完成的，委托人应当向受托人支付相应的报酬。当事人另有约定的，按照其约定。"不可归责于受托人的事由"包括两种情况：一是委托人的原因。由于委托人的原因使受托人依法解除合同或者无法履行合同。二是客观原因。如发生不可抗力、委托人死亡、破产等使合同解除或者无法履行合同。但当事人另有约定的，按照其约定。

3.赔偿义务。受托人在处理事务过程中，因不可归责于自己的事由而受到损失的，有权要求委托人赔偿损失。委托人经受托人同意，在受托人之外委托第三人处理事务，因此给受托人造成损失的，受托人可以向委托人要求赔偿损失。

损失的类型一般有以下四种：（1）因委托人的过错造成的损失。（2）因委托人行使任意解除权造成的损失。（3）因第三人的原因造成的损失。（4）其他不可归责于受托人的事由造成的损失。

三、委托合同的终止

委托合同的终止主要有以下情形：

1.委托事务完成或双方协商解除委托合同。

2.委托人或者受托人单方解除委托合同。根据《民法典》第933条的规定，委托人或者受托人可以随时解除委托合同，因解除合同给对方造成损失的，除不可归责于该当事人的事由以外，应当赔偿损失。无偿委托合同的解除方应当赔偿因解除时间不当造成的直接损失，有偿委托合同的解除方应当赔偿对方的直接损失和可以获得的利益。

3.委托人死亡、被宣告破产或解散或者受托人死亡、丧失民事行为能力的，委托合同终止，但当事人另有约定或者根据委托事务的性质不宜终止的除外。

4.因委托人死亡或者被宣告破产、解散，致使委托合同终止将损害委托人利益的，在委托人的继承人、法定代理人或者清算组织承受委托事务之前，受托人应当继续处理委托事务。

5.因受托人死亡、丧失民事行为能力或者被宣告破产、解散，致使委托合同终止的，受托人的继承人、遗产管理人、法定代理人或者清算人应当及时通知委托人。因委托合同终止将损害委托人利益的，在委托人作出善后处理之前，受托人的继承人、遗产管理人、法定代理人或者清算人应当采取必要措施。“必要措施”，是指受托人的继承人、法定代理人或者清算组织为防止委托人利益受损采取的合乎委托合同目的的相应措施。此必要措施应作广义解释，既包括消极的保存行为，如保管好委托事务有关的票据单证和资料及委托事务的财产等；也包括积极的对委托事务的处理行为。

第六节　物业服务合同

一、物业服务合同的概念和特征

物业服务合同是物业服务人在物业服务区域内，为业主提供建筑物及其附属设施的维修养护、环境卫生和相关秩序的管理维护等物业服务，业主支付物业费的合同。其中，提供物业服务的一方当事人为物业服务人，物业服务人包括物业服务企业和其他物业管理人。《物业管理条例》第32条规定，物业服务企业应当具有独立法人资格，2018年3月取消了对从事物业管理活动的企业资质要求；其他物业管理人主要包括管理单位住宅的房管机构，以及其他组织、自然人等。接受物业服务并支付物业费的一方当事人为业主，主要是指物业服务区内建筑物专有部分的所有权人。《建筑物区分所有权解释》第1条第2款实质扩张了业主范围：尚未依法办理所有权登记，但基于与建设单位之间的商品房买卖合同，已合法占有建筑物专有部分的购房者也视为业主。

物业服务合同具有如下特征：

1.物业服务合同是以物业服务为标的的合同。物业服务人的义务是提供合同约定的劳务或服务，是典型的服务型合同。物业服务的主要内容包括对建筑物及其附属设施的维修养护、环境卫生及秩序维护等各项服务，如房屋维修、设备保养、治安保卫、清洁卫生、园林绿化、经营物业服务区域内的业主共有部分等。

2.物业服务合同是双务、有偿合同。物业服务合同的双方当事人互负对待给付义务。物业服务人按照合同约定提供物业服务，有权要求业主支付物业费。业主按照合同约定支付物业费，有权要求物业服务人提供符合标准的物业服务。

3.物业服务合同是要式合同。原则上，物业服务合同应当采用书面形式。依据《民法典》第490条第2款，物业服务合同未采用书面形式，但物业服务人按照约定实际履行了提供物业服务的主要义务，且业主已接受物业服务的，该物业服务合同成立。

4.物业服务合同是继续性合同。物业服务人在合同约定的服务期限内，持续向业主提供物业服务。结合《民法典》第563条第2款与第948条第2款的规定，物业服务合同未约定服务期限的，视为不定期合同，双方当事人均可随时解除合同，但应当履行提前60日书面通知的前置义务。

二、物业服务合同的主要内容及履行规则

（一）物业服务合同的主要内容

物业服务合同的内容一般包括如下条款：

1.服务事项。服务事项是合同必备条款，是对物业服务人主合同义务的具体描述，物业服务的内容可能涉及委托、承揽、保管、租赁等不同事项；对于超过物业服务范围的事项，物业服务人可以拒绝履行或收取额外费用。

2.服务质量。服务质量是履行物业服务义务的标准，判断物业服务人是否存在履行瑕疵的重要依据；目前，我国服务质量的行业标准是中国物业管理协会制定的《普通住宅小区物业管理服务等级标准（试行）》等。当事人可以选择行业标准，也可以约定高于或低于行业标准的物业服务质量。

3.服务费用。服务费用是指业主应当支付的物业费，是业主负担的主给付义务；物业费采取政府指导价和市场调节价方式确定，业主可以与物业服务人约定采取包干制或酬金制等行使缴纳物业费。

4.维修资金的管理和使用。维修资金的使用属于由业主共同决定的事项，一般由物业服务人提出维修资金使用方案并具体组织实施。

5.服务用房的管理和使用。服务用房为全体业主共同所有，服务期间内由物业服务人占有使用，未经业主大会同意不得擅自改变物业管理用房的用途。

6.服务期限。服务期限通常为物业合同存续期间，未约定服务期限的，视为不定期物业服务合同。

7.服务交接。服务交接是指物业服务合同终止后，原物业服务人应当向新的物业服务人交接工作、妥善退出物业服务区域的义务。

物业服务人公开作出的有利于业主的服务承诺，为物业服务合同的组成部分。

（二）物业服务人的义务

1.亲自提供物业服务的义务。原则上，物业服务人应当亲自提供物业服务，不得将其应当提供的全部物业服务转委托给第三人，或者将全部物业服务支解后分别转委托给第三人。根据《民法典》第941条第2款的规定，物业服务人将物业服务事项整体或支解后全部转委托给第三人的，转委托合同无效。物业服务涉及领域宽、专业综合性强，对于物业服务区域内的部分专业性较强或已形成较为成熟市场化项目的专项服务事项，物业服务人可以委托给专业性服务组织或者其他第三人，但就该部分专项服务事项仍应当向业主负责。根据合同相对性原则，业主与被委托第三人不存在直接法律关系，因第三人提供的服务事项而违约的，应当由物业服务人向业主承担违约责任。

2.按约定和物业使用性质妥善提供物业服务的义务。《民法典》第942条第1款规定，物业服务人的主给付义务内容包括对物的管理维护、对人的管理服务以及安全保障义务。对物的管理维护主要是指物业服务人应当妥善维修、养护、清洁、绿化和经营管理物业服务区域内的业主共有部分，如小区内公共道路、绿地花坛、屋顶平台、建筑物外墙等。对人的管理服务是基于维护物业服务区域内基本秩序的需要，物业服务人作为民事主体，不享有公共事务管理权力，对于物业服务区域内违反有关治安、环保、消防等法律法规的行为，物业服务人仅应当采取合理措施及时制止，并向有关行政主管部门报告及协助处理的义务。安全保障义务的范围与物业服务人对物业服务区域事实上的管理和控制力强度相当，以过错归责确定物业服务人的责任。此外，根据《物业管理条例》第43条，业主还可以与物业服务人另行约定提供物业服务合同约定以外的专项服务。

3.信息公开与报告义务。《民法典》第943条规定，物业服务人负有定期将服务的事项、负责人员、质量要求、收费项目、收费标准、履行情况，以及维修资金使用情况、业主共有部分的经营与收益情况等以合理方式向业主公开并向业主大会、业主委员会报告的义务。信息公开

与报告的内容应当尽可能全面详尽，但考虑履行成本和经济效率原则，可以最低限度的必要内容为底线，包括但不限于法条所列举的事项。业主、业主大会及业主委员会可要求物业服务人公开或报告超过法条明确列举但依据其职责可以获得的信息。物业服务人公开信息应当采取有利于业主获知的合理方式，不得给业主增加额外负担或变相阻碍业主获知信息。法律未明确规定公开或报告信息的时间，原则上可由当事人自行约定；针对法律法规及行政管理规范性文件已作出时间规定的公示事项，如《物业服务收费管理办法》第12条对物业服务资金收支情况的公示间隔期限规定，物业服务人应当遵守。

4.合同终止时的退出义务。物业服务合同终止的，原物业服务人应当在约定期限或者合理期限内退出物业服务区域，将物业服务用房、相关设施、物业服务所必需的相关资料等交还给业主委员会、决定自行管理的业主或者其指定的人，配合新物业服务人做好交接工作，并如实告知物业的使用和管理状况。原物业服务人违反此规定的，不得请求业主支付物业服务合同终止后的物业费；造成业主损失的，应当赔偿损失。物业服务合同终止后，物业服务人与业主实际上由物业服务关系转化为清算关系。物业服务人合同清算义务的履行期限由当事人自行约定，未约定具体时间的，应根据实际情况以合理期限为判断依据。

5.合同终止后的继续服务义务。物业服务合同终止后，业主或者业主大会选聘的新物业服务人或者决定自行管理的业主实际接管之前，原物业服务人应当按照合同继续处理物业服务事项，并可以请求业主支付该期间的物业费。

（三）业主的义务

1.接受物业服务的义务。建设单位依法与物业服务人订立的前期物业服务合同，以及业主委员会与业主大会同依法选聘的物业服务人订立的物业服务合同，对业主具有法律约束力。此时，业主应当接受该物业服务人。但是，建设单位依法与物业服务人订立的前期物业服务合同约定的服务期限届满前，业主委员会或者业主与新物业服务人订立的物业服务合同生效的，前期物业服务合同终止。此时，业主不再受到之前的物业服务合同的约束。

2.按约定支付物业费的义务。支付物业费是业主的主合同义务，物业服务人已经按照约定和有关规定提供服务的，业主不得以未接受或者无须接受相关物业服务为由拒绝支付物业费。物业服务人不得采取妨害业主基本生活需求的催缴方式。

3.告知义务。根据《民法典》第945条的规定，业主装饰装修房屋的，应当事先告知物业服务人，遵守物业服务人提示的合理注意事项，并配合其进行必要的现场检查。业主转让、出租物业专有部分、设立居住权或者依法改变共有部分用途的，应当及时将相关情况告知物业服务人。

案例分析　能力训练

（四）物业服务合同的解除、续订与变更

1.物业服务合同的解除。依据《民法典》第946条的规定，物业服务合同中仅有业主一方享有任意解除合同的权利。业主行使任意解除权应当依照法定程序做成解聘物业服务人的决定，单个业主无权直接解除物业服务合同。解聘物业服务企业或其他管理人应当由专有部分面积占比2/3以上且人数占比2/3以上的业主参与表决，并经参与表决专有部分面积过半数且参与表决人数过半数的业主同意。解除合同应当提前60日书面通知物业服务人，但物业服务合同中对解除通知期限另有约定的，以约定期限为准。合同约定的期限可以少于或超过60日，解聘通知中载明的期限应当与法定或约定通知期限一致。原则上，业主因行使任意解除权给物业服务人造成损失的应当承担赔偿责任，除非损失不可归责于业主，如因物业服务人存在怠于履行主合同义务、提供的物业服务不符合标准等违约情形。

2.物业服务合同的续订。业主依法共同决定续聘的，应当与原物业服务人在合同期限届满前续订物业服务合同。物业服务期限届满前，物业服务人不同意续聘的，应当在合同期限届满前90日书面通知业主或者业主委员会，但是合同对通知期限另有约定的除外。

3.物业服务合同的法定更新。《民法典》第948条规定，服务期限届满的物业服务合同，因业主没有依法作出续聘或另聘的决定，且物业服务人继续提供服务的，原物业服务合同转变为不定期物业服务合同。当事人可以随时解除不定期物业服务合同，但是应当提前60日书面通知对方。

第七节　行纪合同

一、行纪合同的概念和特征

行纪合同是行纪人以自己的名义为委托人从事贸易活动，委托人支付报酬的合同。接受委托并以自己名义为他人从事贸易活动的一方为行纪人，委托行纪人为自己从事贸易活动并支付报酬的一方为委托人。行纪合同属于类型化的委托合同，《民法典》第960条规定，行纪合同可参照适用委托合同的有关规定。

行纪合同具有以下特征：

1.行纪合同的标的是行纪人为委托人进行贸易活动，贸易活动既包括买卖特定财产的法律行为，又包括围绕买卖展开的谈判磋商、广告宣传等事实行为。

2.行纪人以自己的名义为委托人从事贸易活动。原则上，行纪人是为了委托人的利益行事，但必须以自己的名义与第三人为交易活动。区别于委托、代理行为，行纪人是以自己的名义与第三人签订合同，由行纪人直接享有合同权利、承担合同义务；第三人与委托人不直接发生法律关系。

3.行纪人通常是具有相应资质的企业法人。行纪合同关系中，委托人可以是自然人、法人或非法人组织，但行纪人通常应当是专门从事行纪活动的商事主体。根据行纪内容所属领域的不同，行纪人资质受到不同法律规范的限制，但主要为企业法人，如证券公司、期货公司、拍卖公司等。但实践中，自然人也可以担任行纪人，如在农产品批发、集贸市场交易等场合下行纪人多为自然人。

4.行纪合同属于双务、有偿、诺成、不要式合同。行纪人受委托从事贸易活动的义务与委托人支付相应报酬的义务彼此牵连，互为对待给付；委托人从贸易活动中获利，行纪人从贸易活动中收取报酬，行纪合同具有双务性、有偿性。行纪合同为诺成性合同，行纪人与委托人就委托事项达成一致意思表示即合同成立，无须行纪买卖的货物或财产权益凭证的交付。《民法典》对行纪合同的形式并未作出要式性规定，行纪人与委托人可以采取口头、书面或其他形式订立。实践中，因为行纪主要是商事行为，行纪合同通常采取书面形式，甚至以格式合同的形式呈现。

二、行纪合同的主要内容及履行规则

（一）行纪人的主要权利义务

1.行纪人的主要义务

（1）为委托人从事贸易活动的义务。行纪人是为了委托人利益实施买卖行为，开展贸易活动时应当尽到必要的注意义务，确保委托人的利益最大化，避免委托人利益遭受损失。行纪行为的主要目的在于使委托人获益，行纪人不得为自己利益而损害委托人利益，在贸易活动中行纪人利益与委托人利益冲突的，应当以委托人利益为准。

（2）遵守指示的义务。行纪人既为委托人利益行事，应当遵守委托人的指示。委托人指示通常包括种类指示、数量指示、价格指示、时间指示等，其中价格指示对判断行纪人行为责任与报酬请求权具有重要作用。《民法典》第955条规定，价格指示下三种行纪行为类型，行纪人以低于委托人指定的价格卖出或者高于委托人指定的价格买入的，应当经委托人同意；未经委托人同意，行纪人补偿其差额的，该买卖对委托人发生效力。行纪人以高于委托人指定的价格卖出或者以低于委托人指定的价格买入的，可以按照约定增加报酬；依据《民法典》第510条的规定仍不能确定的，该利益属于委托人。委托人对价格有特别指示的，行纪人不得违背该指示卖出或者买入。

行纪人低价卖出或高价买入是损害委托人利益的交易，需要经过委托人同意，否则行纪人构成违约，应当承担行纪合同项下的违约赔偿责任。但未经委托人同意，行纪人补偿差额相当于按照价格指示完成贸易，委托人此时并未遭受经济利益的损失。该买卖对委托人发生效力是指委托人应当接受行纪人的差额补偿，视为行纪合同履行完毕。行纪人高价卖出或低价买入是有利于委托人的交易，若当事人约定了增加利益的归属，应按照约定分配；未约定或约定不明，且无法通过《民法典》第510条确定归属的，则应当归委托人享有。委托人对交易价格有特别指示时，行纪人未按照指示价格交易当然违背委托人意愿，即便是有利于委托人的价格完成交易也构成违约，应当对委托人损失承担赔偿责任。

（3）妥善保管的义务。《民法典》第953条规定，行纪人应当妥善保管占有的委托物。妥善保管是指行纪人应当以善良管理人标准，依据委托物的性质进行保存管理，防止其毁损、灭失、变质、污染。原则上，行纪人不承担为委托物投保的义务，但委托人明确指示或当事人另有约定的除外。委托物发生毁损灭失等其他损害的，保管不善的行纪人应当承担损害赔偿责任，但损害是由于不可抗力、委托物自然耗损等不可归责于行纪人原因造成的除外。行纪人对委托物毁损灭失的赔偿责任不超过其订立合同时预见或应当预见的违约损失，委托人存在过错的，行纪人可以减少相应损失赔偿额。

（4）合理处分委托物的义务。《民法典》第954条规定，委托物交付给行纪人时有瑕疵或者容易腐烂、变质的，经委托人同意，行纪人可以处分该物；与委托人不能及时取得联系的，行纪人可以合理处分。及时处置有瑕疵的委托物是确保行纪目的实现的必要保障，任由委托物瑕疵扩大最终会损害委托人利益。行纪人处分瑕疵委托物必须以委托人同意或紧急情况下合理处分为前提。行纪人发现委托物在交付时就存在瑕疵的，首要义务是不迟延地通知委托人，只有征得授权同意后才能处分。在此期间行纪人仍应妥善保管委托物，采取合理措施防止瑕疵进一步扩大。另外，在无法及时通知委托人且情况紧急时，行纪人才可以合理处分，但应当遵循诚实信用原则，依据委托物的性质采取符合一般交易习惯的方式处分。

（5）负担行纪费用的义务。《民法典》第952条规定，行纪人自行负担处理委托事务支出的费用，但当事人另有约定的除外。

2.行纪人的主要权利

（1）报酬请求权。《民法典》第959条规定，行纪人完成或者部分完成委托事务的，委托人应当向其支付相应的报酬。行纪人开展行纪活动的目的在于从中获取报酬，行纪人的报酬请求权既可基于完成的全部委托事务，也可基于完成的部分委托事务。

（2）介入权。《民法典》第956条规定，行纪人接受委托实施行纪行为时，可以自己的名义介入买卖活动。行纪人买入或卖出市场定价的商品时，只要委托人没有相反的意思，可以自己作为买受人或出卖人。行纪人行使介入权后，仍可要求委托人支付报酬。

（3）提存权。《民法典》第957条规定，行纪人按照约定买入委托物，委托人应当及时受领。经行纪人催告，委托人无正当理由拒绝受领的，行纪人可提存委托物。委托物不能卖出或者委托人撤回出卖，经行纪人催告，委托人不取回或者不处分该物的，行纪人可提存委托物。行纪人的义务仅是完成指定商品的买入或卖出行为，基于交易需要而临时占有保管委托物。委托人未按照约定受领或取回委托物的，行纪人不负继续保管义务。行纪人选择提存委托物的，视为已经向委托人完成交付，此后委托物毁损灭失的风险转移至委托人处。

（4）留置权。《民法典》第959条规定，行纪人在委托人逾期不支付报酬时对委托物享有留置权，但是当事人另有约定的除外。行纪人享有留置权的条件包括：第一，行纪人已合法占有委托物，不要求委托物为委托人所有，行纪人可直接留置第三人所有的委托物；第二，行纪合同中未约定禁止留置的条款；第三，委托人逾期支付报酬且没有正当理由；第四，行纪人行使留置权不违背公序良俗。商事行纪人不需要满足牵连性要件，但民事行纪人留置委托物还须满足报酬请求权与委托物存在牵连关系。

（二）委托人的主要权利义务

1.委托人的主要义务

（1）及时受领委托物的义务。受领委托物性质上属于委托人的不真正义务，委托人迟延接受的不构成违约，行纪人不能请求委托人承担违约责任。但委托人拒绝或迟延受领造成的损失，由委托人自行承担。

（2）支付报酬的义务。委托人应当按约定向行纪人支付报酬及其他约定的费用。行纪人以高于委托人指定的价格卖出或低于委托人指定的价格买入的，应当按照约定增加报酬。

2.委托人的主要权利

（1）验收权。对行纪人的行纪结果，委托人有权检验，如行纪人未按照指示实施行纪行为，委托人有权拒绝接受行纪结果，并可要求行纪人赔偿损失。

（2）损害赔偿请求权。在行纪人与第三人订立合同的情况下，如果第三人不履行义务致使委托人受到损害的，委托人有权要求行纪人赔偿损失。

第八节　中介合同

一、中介合同的概念和特征

中介合同，是指中介人向委托人报告订立合同的机会或者提供订立合同的媒介服务，委托人支付报酬的合同。在民法理论上，中介合同又称为居间合同。向对方报告订立合同的机会或者提供订立合同的媒介服务，并接受对方报酬的一方为中介人，接受对方所提供的订约机会或媒介服务并支付报酬的一方为委托人。中介合同属于特殊的委托合同，根据《民法典》第966条的规定，中介合同可以参照适用委托合同的有关规定。从事中介业务的主体包括商事主体与民事主体，原则上中介人从事商事中介活动的应当具有相应的知识、能力及从业条件，机关法人、国家公务员等特殊职业群体不得从事中介活动。

中介合同具有以下特征：

1.中介合同是由中介人向委托人提供中介服务的合同。中介服务主要包括报告订约机会与提供媒介服务，中介人不直接与第三人交易，由委托人最终决定是否与第三人订立合同。中介人不是委托人与第三人之间的合同的当事人，不享有合同权利、不承担合同义务；中介人可以就合同内容提出意见，或转达委托人意思，但不具有意思表示的效力。

2.中介人对委托人与第三人之间的合同没有介入权。中介人只负责向委托人报告订立合同的机会或者为委托人与第三人订约居中斡旋，传达双方意思，起牵线搭桥的作用，对合同没有实质的介入权。中介人与行纪人的重要区别在于，中介人不参与委托人与第三人之间的合同关系，而行纪人直接与第三人订立合同。

3.中介合同是双务、有偿、诺成、不要式合同。中介人报告订约机会、提供媒介服务与委托人支付报酬互为对待给付关系，中介人提供了中介服务的，委托人应当支付报酬，中介合同是双务有偿合同。中介合同以双方当事人意思表示达成一致即成立，不以完成特定行为为成立要件。法律未对中介合同的形式作出特别规定，当事人可以采取口头、书面或其他形式订立中介合同。

二、中介合同的主要内容及履行规则

(一)中介人的主要义务

1.报告订约机会或者提供订立合同媒介的义务。中介人提供的中介服务内容可分为报告机会与媒介服务,报告订立合同的机会是指中介人搜集、筛选、整理市场交易中的信息,提高委托人的交易机会;提供订立合同的媒介服务是指中介人斡旋于委托人与交易第三人之间、开展促进交易达成的辅助性活动。仅以报告机会为中介合同内容的,中介人应当就有关订立合同的事项向委托人如实报告,而无须向交易第三人告知委托人情况。提供媒介服务的中介合同,中介人负有向交易双方告知情况、传递信息、协助磋商等义务。

2.忠实义务。中介人应当以善良管理人标准促进委托人达成交易,真实、全面、及时地报告合同订立事项,积极从事媒介服务,避免提供错误不实的信息或遗漏重要信息,更不得为第三人隐瞒。根据《民法典》第962条的规定,中介人应当如实报告订立合同的有关事项和其他有关信息。中介人故意隐瞒与订立合同有关的重要事实或者提供虚假情况,损害委托人利益的,不得要求支付报酬并应当承担损害赔偿责任。

3.负担中介费用的义务。中介费用是中介人开展中介活动产生的必要成本。一般情况下,中介人的报酬中已经考虑了中介活动的必要费用。中介人促成合同成立的,可以直接请求支付报酬。而未促成合同成立的,中介人可依据当事人的约定请求委托人支付中介费用。

(二)委托人的主要义务

1.支付中介报酬。中介人促成合同成立的,委托人应当按照约定支付报酬。对中介人的报酬没有约定或者约定不明确,依据《民法典》第510条的规定仍不能确定的,根据中介人的劳务合理确定。对于委托人而言,中介服务是结果义务,未促成合同订立的,委托人可以拒绝支付报酬。对于中介人提供订立合同的媒介服务而促成合同成立的情形,中介人的报酬由该合同的当事人平均负担。

为避免实践中委托人恶意利用中介人,《民法典》第965条规定,委托人在接受中介人的服务后,利用中介人提供的交易机会或者媒介服务,绕开中介人直接订立合同的,应当向中介人支付报酬。

2.负担中介费用。中介费用是指中介人为开展中介活动而产生必要费用,包括中介人积极财产的减少与消极财产的增加。通常中介费用包含于报酬之中,而中介人提供中介服务属于结果义务,委托人支付报酬以最终与第三人达成交易为要件。中介人未促成合同成立的,中介人不得要求支付报酬。但中介人从事中介活动是基于委托人的交易需求,中介人对未达成交易的结果不存在可归责事由的情况下,可以根据约定要求委托人支付从事中介活动已支出的费用。

【本章主要法律规定】

《民法典》第761～769条、第809～842条、第888～966条

第二十一章 技术合同

本章主要内容提示

1.技术合同可分为技术开发合同、技术转让合同、技术许可合同、技术咨询合同和技术服务合同等类型，其内容主要包括保密条款、成果归属条款、价金及报酬支付方式条款、专业名词和术语的解释条款等。

2.委托开发所完成的发明创造、合作开发所完成的发明创造、委托开发或合作开发完成的技术秘密成果、职务技术成果的权利的归属适用不同的法律规则。

3.技术开发合同履行过程的风险，如无明确约定，又不能根据《民法典》第510条确定的，由双方合理负担。

4.除有《民法典》规定的法律行为无效的一般情形外，非法垄断技术或者侵害他人技术成果的技术合同无效。

第一节 技术合同概述

一、技术合同的概念和特征

技术合同是当事人就技术开发、转让、咨询或者服务订立的确立相互之间权利和义务的合同。

技术合同主要具有以下特点：

1.技术合同的标的具有特殊性。不同类型的技术合同有不同的技术内容。技术转让合同的标的是特定的技术成果，技术服务与技术咨询合同的标的是特定的技术行为，技术开发合同的标的兼具技术成果与技术行为的内容。

2.技术合同的主体具有特殊性。技术合同涉及技术开发、技术转让、技术服务或咨询等内容，合同一方或双方必须是具有一定专业技术或技能，因此在实践中，技术合同的主体一般都是科研机关和科研人员，有的是独立的法人，有的是企业法人或社会团体。

3.技术合同的内容具有多样性。技术合同是围绕技术从研发到应用的全过程而展开的，因而技术合同的内容具有多样性，可以针对技术产生和运用的每一个阶段来进行。依据合同标的的不同，技术合同可以分为技术开发合同、技术转让合同、技术咨询合同及技术服务合同。

4.技术合同的履行具有复杂性。技术合同履行环节多，履行期限长，价款、报酬或使用费的计算较为复杂，一些技术合同的风险性较强。

5.技术合同是双务、有偿合同。技术合同的当事人一方应进行技术开发、转让、咨询或服务等活动，另一方应支付价款或报酬，因此技术合同是双务有偿合同。

二、技术合同的订立和主要内容

（一）技术合同的订立

根据《民法典》第851条、第863条的规定，技术开发合同、技术转让合同、技术许可合同应当采用书面形式，但对技术咨询合同、技术服务合同未作规定。

技术合同订立当事人应恪守诚实信用原则，技术合同不得以妨碍技术进步、侵害他人技术成果或非法垄断技术为目的。非法垄断技术、妨碍技术进步或者侵害他人技术成果的技术合同无效。

（二）技术合同的主要内容

《民法典》第845条对技术合同的主要条款作了倡导性规定，一般包括项目的名称，标的的内容、范围和要求，履行的计划、地点和方式，技术信息和资料的保密，技术成果的归属和收益的分配办法，验收标准和方法，名词和术语的解释等条款。体现技术合同特殊性的条款主要有：

1.保密条款。保守技术秘密是技术合同中的一个重要问题。在订立合同之前，当事人应当就保密问题达成订约前的保密协议，在合同的具体内容中更要对保密事项、保密范围、保密期限及保密责任等问题作出约定，防止因泄密而造成的侵犯技术权益与技术贬值的情况的发生。

2.成果归属条款。合同履行过程中产生的发明、发现或其他技术成果，应定明归谁所有，如何使用和分享。对于后续改进技术的分享办法，当事人可以按照互利的原则在技术转让合同中明确约定，没有约定或约定不明确的，可以达成补充协议；不能达成补充协议的，参考合同相关条款及交易习惯确定；仍不能确定的，一方后续改进的技术成果，他方无权分享。

3.特殊的价金或报酬支付方式条款。如采取收入提成方式支付价金的，合同应对以产值还是利润为基数、提成的比例等作出约定。

4.专门名词和术语的解释条款。由于技术合同专业性较强，当事人应对合同中出现的关键性名词，或双方认为有必要明确其范围、意义的术语，以及因在合同文本中重复出现而被简化了的略语作出解释，避免事后纠纷。

与履行合同有关的技术背景资料、可行性论证和技术评价报告、项目任务书和计划书、技术标准、技术规范、原始设计和工艺文件，以及其他技术文档，按照当事人的约定可以作为合同的组成部分。若技术合同涉及专利的，应当注明发明创造的名称、专利申请人和专利权人、申请日期、申请号、专利号以及专利权的有效期限。

三、技术合同的价款、报酬和使用费的支付

技术合同的价款、报酬和使用费如何支付，可由当事人在合同中约定。对技术合同的价款、报酬和使用费，当事人没有约定或者约定不明确的，可以按照以下原则处理：（1）对于技术开发合同和技术转让合同、技术许可合同，根据有关技术成果的研究开发成本、先进性、实施转化和应用的程度，当事人享有的权益和承担的责任，以及技术成果的经济效益等合理确定；（2）对于技术咨询合同和技术服务合同，根据有关咨询服务工作的技术含量、质量和数量，以及已经产生和预期产生的经济效益等合理确定。技术合同价款、报酬、使用费中包含非技术性款项的，应当分项计算。

技术合同价款的支付有如下方式：

1.一次总算，一次总付。这是指当事人将合同价款一次算清并全部一次性支付。在这种方式下，交易风险全部由受让方承担，对转让方较为有利；但对于价格较低的技术合同，这种支付方式简捷便利，能及时结清。

2.一次总算，分期支付。所谓分期支付，是指当事人按照合同约定将总的价款、报酬或者使用费分为多期、多批次而进行支付。

3.提成支付方式。这是指受让方将技术实施后产生的经济效益按一定比例与期限支付给对方，作为支付给转让方的价金。提成支付的

方式旨在使双方当事人公平合理地分担交易风险，在那些技术比较成熟、市场前景稳定、技术价格较高的技术交易项目中经常被采用。约定提成支付的，可以按照产品价格、实施专利和使用技术秘密后新增的产值、利润或者产品销售额的一定比例提成，也可以按照约定的其他方式计算。提成支付的比例可以采取固定比例、逐年递增比例或者逐年递减比例。约定提成支付的，当事人可以约定查阅有关会计账目的办法。

4.提成支付附加预付“入门费”方式，指受让方首先在一定期限内向转让方支付一部分固定的价款（称为“入门费”），其余的价款则采用提成方式分期支付。这种方式既可以公平分担交易风险，又可以给予已为技术投入了大量成本的转让方一些固定的补偿，适合履行期长、技术价格高、技术水平高的技术合同。

四、技术合同成果的权利归属和风险负担

（一）成果归属

所谓技术成果，是指利用科学技术知识、信息和经验作出的涉及产品、工艺、材料及其改进等的技术方案，包括专利、专利申请、技术秘密、计算机软件、集成电路布图设计、植物新品种等。所谓技术秘密，是指不为公众所知悉、具有商业价值并经权利人采取相应保密措施的技术信息。根据技术合同的不同类型，可以就成果的归属规则划分为以下几类：

1.委托开发所完成的发明创造，除当事人另有约定的以外，申请专利的权利属于研究开发人。但当事人约定申请专利的权利归属于委托人或者由双方当事人共同行使的，从其约定。研究开发人取得专利权的，委托人可以免费实施该专利。研究开发人转让专利申请权的，委托人可优先受让该专利申请权。委托开发所完成的技术成果如属不可申请专利或虽可申请专利，但当事人不予申请专利的，对于此项技术秘密成果，一般情况下当事人各方都有使用、转让和收益的权利。当事人另有约定的，从其约定。

2.合作开发所完成的发明创造，申请专利的权利属于合作开发的各方共有。当事人一方转让其专利申请权的，其他各方可优先受让其共有的专利申请权。但是，当事人另有约定的除外。合作开发的一方声明放弃其共有的专利申请权的，除当事人另有约定外，可由另一方单独或其他各方共同申请。申请人取得专利权的，放弃专利权的一方可免费实施该项专利。但合作开发的一方不同意申请专利的，另一方或其他各方不得申请专利。

3.委托开发或合作开发完成的技术秘密成果的使用权、转让权和利益的分配办法，由当事人约定。没有约定或约定不明确，依《民法典》第510条的规定仍不能确定的，当事人均有使用和转让的权利。但是，委托开发的研究开发人不得在向委托人交付研究开发成果前，将研究开发成果转让给第三人。根据最高人民法院《关于审理技术合同纠纷案件适用法律若干问题的解释》（以下简称《技术合同纠纷解释》）第20条的规定，此处所称“当事人均有使用和转让的权利”，包括当事人均有不经对方同意而自己使用或者以普通使用许可的方式许可他人使用技术秘密，并独占由此所获利益的权利。当事人一方将技术秘密成果的转让权让与他人，或者以独占或者排他使用许可的方式许可他人使用技术秘密，未经对方当事人同意或者追认的，应当认定该让与或者许可行为无效。还需注意，技术开发合同当事人依照《民法典》的规定或者约定自行实施专利或使用技术秘密，但因其不具备独立实施专利或者使用技术秘密的条件，以一个普通许可方式许可他人实施或者使用的，可以准许。

4.职务技术成果的使用权、转让权属于法人或者非法人组织。职务技术成果的认定可以分为以下两类：（1）执行法人或者非法人组织的工作任务所完成的技术成果。此处所谓“执行法人或者非法人组织的工作任务”包括履行法人或者非法人组织的岗位职责或者承担其交付的其他技术开发任务。与此同时，根据《技术合同纠纷解释》第2条的规定，离职后一年内继续从事与其原所在法人或者非法人组织的岗位职责或者交付的任务有关的技术开发工作亦属于职务技术成果，但法律、行政

法规另有规定的除外。当然，若法人或者非法人组织与其职工就职工在职期间或者离职以后所完成的技术成果的权益有约定的，人民法院应当依约定确认。（2）主要是利用法人或者非法人组织的物质技术条件所完成的技术成果。根据《技术合同纠纷解释》第4条的规定，“主要是利用法人或者非法人组织的物质技术条件”，包括职工在技术成果的研究开发过程中，全部或者大部分利用了法人或者非法人组织的资金、设备、器材或者原材料等物质条件，并且这些物质条件对形成该技术成果具有实质性的影响；还包括该技术成果实质性内容是在法人或者非法人组织尚未公开的技术成果、阶段性技术成果基础上完成的情形。但下列情况除外：（1）对利用法人或者非法人组织提供的物质技术条件，约定返还资金或者交纳使用费的；（2）在技术成果完成后利用法人或者非法人组织的物质技术条件对技术方案进行验证、测试的。

完成技术成果的完成人有时虽不能取得技术成果的权利，但《民法典》第849条规定，完成技术成果的个人享有在有关技术成果文件上写明自己是技术成果完成者的权利和取得荣誉证书、奖励的权利。认定技术成果的完成人时需注意，完成人包括对技术成果单独或者共同作出创造性贡献的人，也即技术成果的发明人或者设计人。对创造性贡献进行认定时，应当分解所涉及技术成果的实质性技术构成。提出实质性技术构成并由此实现技术方案的人，是作出创造性贡献的人。但提供资金、设备、材料、试验条件，进行组织管理，协助绘制图纸、整理资料、翻译文献等人员，不属于职务技术成果的完成人、完成技术成果的个人。

在技术转让合同中，当事人可以按照合理的原则，约定实施专利、使用技术秘密的后续改进技术成果的分享办法。在合同没有约定或者约定不明的情况下，当事人可以协议补充；不能达成补充协议的，按照合同中有关条款或交易习惯确定；依照合同有关条款或交易习惯仍不能确定的，一方后续改进的技术成果，其他各方无权分享，而由后续改进方享有。

（二）开发风险的负担

在技术开发合同履行过程中，因出现无法克服的技术困难，致使研究开发失败或者部分失败的，该风险由当事人约定；没有约定或者约定不明确，依据《民法典》第510条的规定仍不能确定的，风险由当事人合理分担。

在当事人一方发现上述风险可能致使研究开发失败或者部分失败的情形时，应当及时通知另一方并采取适当措施减少损失；没有及时通知并采取适当措施，致使损失扩大的，应当就扩大的损失承担责任。

五、技术合同无效的特殊规定

除有《民法典》规定的民事法律行为无效的一般情形外，根据技术合同的特点，《民法典》第850条规定，非法垄断技术或者侵害他人技术成果的技术合同无效。根据相关司法解释的规定，非法垄断技术主要包括以下情形：（1）限制当事人一方在合同标的技术基础上进行新的研究开发或者限制其使用所改进的技术，或者双方交换改进技术的条件不对等，包括要求一方将其自行改进的技术无偿提供给对方、非互惠性转让给对方、无偿独占或者共享该改进技术的知识产权；（2）限制当事人一方从其他来源获得与技术提供方类似技术或者与其竞争的技术；（3）阻碍当事人一方根据市场需求，按照合理方式充分实施合同标的技术，包括明显不合理地限制技术接受方实施合同标的技术生产产品或者提供服务的数量、品种、价格、销售渠道和出口市场；（4）要求技术接受方接受并非实施技术必不可少的附带条件，包括购买非必需的技术、原材料、产品、设备、服务以及接收非必需的人员等；（5）不合理地限制技术接受方购买原材料、零部件、产品或者设备等的渠道或者来源；（6）禁止技术接受方对合同标的技术知识产权的有效性提出异议或者对提出异议附加条件。

技术合同的效力认定还应适用以下规则：（1）不具有民事主体资格的科研组织订立的技术合同，经法人或者非法人组织授权或者认可的，视为法人或者非法人组织订立的合同，由法人或者非法人组织承担责任；未经法人或者非法人组织授权或者认可的，由该科研组织成员共同承担责任，但法人或者非法人组织因该合同受益的，应当在其受益范围内承担相应责任。此处所称不具有民事主体资格的科研组织，包括法人或者非法人组织设立的从事技术研究开发、转让等活动的课题组、工作室等。(2)生产产品或者提供服务依法须经有关部门审批或者取得行政许可，而未经审批或者许可的，不影响当事人订立的相关技术合同的效力。当事人对办理审批或者许可的义务没有约定或者约定不明确的，人民法院应当判令由实施技术的一方负责办理，但法律、行政法规另有规定的除外。(3)当事人一方采取欺诈手段，就其现有技术成果作为研究开发标的与他人订立委托开发合同收取研究开发费用，或者就同一研究开发课题先后与两个或者两个以上的委托人分别订立委托开发合同重复收取研究开发费用，使对方在违背真实意思的情况下订立的合同，受损害方依照《民法典》第148条的规定请求撤销合同的，人民法院应当予以支持。

关于技术合同被认定无效或被撤销的法律后果，相关司法解释确立了以下裁判规则：(1)技术合同无效或者被撤销后，技术开发合同研究开发人、技术转让合同让与人、技术许可合同许可人、技术咨询合同和技术服务合同的受托人已经履行或者部分履行了约定的义务，并且造成合同无效或者被撤销的过错在对方的，对其已履行部分应当收取的研究开发经费、技术使用费、提供咨询服务的报酬，人民法院可以认定为因对方原因导致合同无效或者被撤销给其造成的损失。技术合同无效或者被撤销后，因履行合同所完成新的技术成果或者在他人技术成果基础上完成后续改进技术成果的权利归属和利益分享，当事人不能重新协议确定的，人民法院可以判决由完成技术成果的一方享有。(2)侵害他人技术秘密的技术合同被确认无效后，除法律、行政法规另有规定的以外，善意取得该技术秘密的一方当事人可以在其取得时的范围内继续使用该技术秘密，但应当向权利人支付合理的使用费并承担保密义务。当事人双方恶意串通或者一方知道或者应当知道另一方侵权仍与其订立或者履行合同的，属于共同侵权，人民法院应当判令侵权人承担连带赔偿责任和保密义务，因此取得技术秘密的当事人不得继续使用该技术秘密。(3)可以继续使用技术秘密的人与权利人就使用费支付发生纠纷的，当事人任何一方都可以请求人民法院予以处理。继续使用技术秘密但又拒不支付使用费的，人民法院可以根据权利人的请求判令使用人停止使用。人民法院在确定使用费时，可以根据权利人通常对外许可该技术秘密的使用费或者使用人取得该技术秘密所支付的使用费，并考虑该技术秘密的研究开发成本、成果转化和应用程度以及使用人的使用规模、经济效益等因素合理确定。无论使用人是否继续使用技术秘密，人民法院均应当判令其向权利人支付已使用期间的使用费。使用人已向无效合同的让与人或者许可人支付的使用费应当由让与人或者许可人负责返还。

第二节　技术开发合同

一、技术开发合同的概念和特征

技术开发合同，是指当事人之间就新技术、新产品、新工艺、新品种或者新材料及其系统的研究开发所订立的合同。此处所称“新技术、新产品、新工艺、新品种或者新材料及其系统”，包括当事人在订立技术合同时尚未掌握的产品、工艺、材料及其系统等技术方案，但对技术上没有创新的现有产品的改型、工艺变更、材料配方调整以及对技术成果的验证、测试和使用除外。技术开发合同包括委托开发合同和合作开发合同。委托开发合同，是指当事人一方（委托方）委托另一方（研究开发方）进行技术研究开发的合同。合作开发合同，是指当事人各方就共同进行技术研究开发所达成的合同。

此外，当事人之间就具有实用价值的科技成果实施转化订立的合同，参照适用技术开发合同的有关规定。根据相关司法解释的规定，“当事人之间就具有实用价值的科技成果实施转化订立的”技术转化合同，是指当事人之间就具有实用价值但尚未实现工业化应用的科技成果包括阶段性技术成果，以实现该科技成果工业化应用为目标，约定后续试验、开发和应用等内容的合同。

技术开发合同具有如下特征：

1.目的的特殊性。《民法典》第851条规定，技术开发合同以开发新技术、新产品、新工艺、新设备及其系统为目的。也就是说，技术开发合同的订约目的是追求新技术，其核心体现在“新”。

2.标的的特殊性。技术开发合同的标的是凝聚着人类智慧和创造性劳动的科学技术成果，但与其他技术合同的标的相比较，其特殊性表现在：一是技术开发合同所指向的技术成果，是尚未面世的技术成果，其最终能否开发成功取决于研究开发人的智力创造。二是该技术成果具体“新”的特征，是具有创造性的技术成果。三是该技术成果可以满足委托人的特定需要。

3.风险承担的特殊性。技术开发合同需要面临特殊的风险，是指在研究开发过程中，虽经当事人一方或者双方主观努力，却因受现有科技知识、认识水平和试验条件限制，面临现时无法预见、无法避免和克服的技术困难，导致研究开发失败或部分失败所发生的损失。

4.技术开发合同是双务、有偿、诺成合同。在技术开发合同中，研究开发人应提供技术商品，委托人应提供研究开发经费，双方协作进行研究开发工作。所以，技术开发合同是双务的和有偿的合同。技术开发合同自当事人达成协议时起成立，而不以特定技术成果的交付作为合同的成立条件，因此它又是诺成合同。

二、委托开发合同当事人的权利和义务

(一)委托人的主要义务

1.按照约定支付研究开发费用和报酬。研究开发费用，是指完成研究开发工作必需的成本。除合同另有约定外，委托方应当提供全部研究开发费用。研究开发报酬，是指研究开发成果的使用费和研究开发人员的科研补贴。委托方应按照合同约定按时支付报酬。委托方迟延支付研究开发经费，造成研究工作停滞、延误的，研究开发方不承担迟延责任。委托方逾期经催告于合理期限内仍不支付研究开发费用或者报酬的，研究开发方有权解除合同，请求委托方返还技术资料、补交应付的报酬、赔偿由此造成的损失。

2.按照合同约定提供技术资料，提出研究开发要求并完成协作事项。委托方应依照合同的约定，向研究开发方提供研究开发所需要的技术资料、原始数据，并完成其他协作事项。在研究开发中，基于研究开发方的要求，委托人应当补充必要的背景资料与数据，但此种协助义务仅以研究开发方为履行合同所必需的范围为限。委托方不按照合同的约定及时提供技术资料、数据或协作事项存在重大缺陷，进而造成研究开发工作停滞、迟延、失败的，委托方应承担相应的违约责任。委托方逾期履行协助义务，经研究开发方催告其仍不履行协助义务的，研究开发方有权解除合同并请求损害赔偿。

3.按期接受研究开发成果。委托方应当按期接受研究开发方完成的研究开发成果。委托方不及时接受研究开发方交付的已完成的工作成果时，承担违约责任并支付保管费用。经研究开发方催告且经过合理期间，委托方仍然拒绝接受的，研究开发方有权处分研究开发成果，从所得收益中扣除约定的报酬、违约金和保管费；如所得收益不足以清偿上述款项，研究开发方有权请求委托方赔偿损失。由于委托方无故拒绝或迟延接受成果，造成该研究开发成果被合同外第三人以合法形式善意获取时，或者该成果丧失其应有的新颖性时，或该成果遭到意外毁损或灭失时，委托方应承担责任。

（二）研发人的主要义务

1.制订和实施研究开发计划。研究开发计划，是指导研究开发方实现委托开发合同的预期目的的指导性文件，是技术开发合同的组成部分。开发方必须有相当的研究开发能力；研究开发方应当按照合同的约定亲自履行研究开发的合同义务，制订并实施研究开发计划；部分辅助工作，有的技术难度较小，或者其本身属于已经被普遍掌握的技术，即便未经委托人同意，研究开发方也可以将其转由第三人完成。在此种情况下，研究开发方也应对第三人所完成的辅助工作负责。

2.合理地使用研究开发经费。研究开发人员必须按照合同约定的研究开发经费的使用范围使用研究开发经费，精打细算，并应注意及时向委托方通报经费支出情况，接受委托方监督。研究开发方将研究开发费用用于履行合同以外的目的的，委托方有权制止并要求其退还，以用于研究开发工作；经委托方催告，在合理期限内研究开发方仍不退还费用以用于研究开发工作的，委托方有权解除合同，并请求损害赔偿。

3.按期完成研究开发工作，交付研究开发成果。研究开发方应当按照合同约定的条件按期完成研究开发工作，及时组织验收并将工作成果交付委托方。研究开发方提交的成果，必须真实、正确、充分、完整，以保证委托方实际应用该成果。研究开发方在完成研究开发工作中，不得擅自变更标的的内容、形式和要求。委托开发合同的当事人违反约定造成研究开发工作停滞、延误或者失败的，应当承担违约责任。

4.研究开发方的后续义务。研究开发方依照合同约定完成研究开发工作，交付工作成果时，还应当提供有关的技术资料并给予必要的技术指导，对委托方人员进行培训，帮助委托方掌握该项技术成果。研究开发方不得向第三人泄露技术开发成果的技术秘密，不得向第三人提供该项技术成果，但当事人另有约定或法律另有规定的除外。

根据诚实信用原则，当事人双方除应履行上述各项主要义务外，还应共同在合同订立和履行过程中承担相互不断地公告合同履行情况的义务。

三、合作开发合同当事人的权利和义务

根据《民法典》第855条的规定，合作开发合同的双方当事人应负担以下义务：

1.合作各方当事人应按照约定进行投资，包括以技术进行投资。合作开发合同当事人各方应依合同的约定投资。所谓投资，是指当事人资金、设备、材料、场地、试验条件、技术情报资料、专利权、非专利技术成果等方式对研究开发项目所作出的投入。以资金以外的形式投资的，应当折算成相应的金额，明确当事人在投资中所占的比例。

2.合作各方当事人应按照约定分工参与研究开发工作并相互协作配合。合作开发合同的各方有共同进行研究开发工作的权利和义务。合作开发合同的当事人可以由双方代表组成的指导机构，对研究开发工作中的重大问题进行决策、协调和组织研究开发工作。当事人各方均应按照合同中约定的分工参与研究开发工作，并在工作中相互协作、相互配合。若一方当事人仅提供资金、设备、材料等物质条件，承担辅助协作事项，按照约定的计划和分工进行或者承担设计、工艺、试验、试制等工作的，不能为开发合同的当事人。按照司法解释的规定，技术开发合同当事人一方仅提供资金、设备、材料等物质条件或者承担辅助协作事项，另一方进行研究开发工作的，属于委托开发合同。合作开发合同的当事人必须参与研究开发工作。

3.保守技术情报和资料的秘密。合作开发合同中一方违反合同造成研究工作停滞、延误或者失败的，应当承担违约责任。合作开发合同当事人的违约行为主要表现在：不按照合同约定进行投资；不按照合同约定的分工参与研究开发工作；不按照合同约定与其他各方完成协作。合作开发合同当事人在约定的期限内不履行义务的，另一方或其他各方有权解除合同。当事人一方应当支付违约金，或者赔偿因违约而给另一方或其他各方所造成的损失。

第三节　技术转让合同和技术许可合同

一、技术转让合同、技术许可合同的概念和特征

技术转让合同，是合法拥有技术的权利人，将现有特定的专利、专利申请、技术秘密的相关权利让与他人所订立的合同。技术转让合同包括专利权转让、专利申请权转让、技术秘密转让等合同。

技术转让合同中关于让与人向受让人提供实施技术的专用设备、原材料或者提供有关的技术咨询、技术服务的约定，属于技术转让合同的组成部分。因此发生的纠纷，按照技术转让合同处理。但是，就尚待研究开发的技术成果或者不涉及专利、专利申请或者技术秘密的知识、技术、经验和信息所订立的合同，不属于技术转让合同或者技术许可合同。

根据《技术合同纠纷解释》第22条第3款的规定，当事人以技术入股方式订立联营合同，但技术入股人不参与联营体的经营管理，并且以保底条款形式约定联营体或者联营对方支付其技术价款或者使用费的，视为技术转让合同或者技术许可合同。

技术转让合同、技术许可合同具有以下特征：

1.技术转让合同、技术许可合同标的物具有特殊性。其一，合同标的物是一个相对完整的技术方案，不同于技术咨询和技术服务合同中当事人一方向对方提供的一定的技术意见、技术知识。其二，合同标的物是现有的技术成果。不同于开发合同中技术成果在合同订立时尚不存在或尚未形成。其三，合同标的物是已经权利化的技术成果。所谓权利化，包括取得专利权、专利申请权、专利实施权及技术秘密成果权等权利。

2.技术转让合同、技术许可合同是双务、有偿、诺成、不要式合同。技术转让合同包括专利权转让合同、专利申请权转让合同、技术秘密转让合同等合同；技术许可合同包括专利实施许可合同、技术秘密实施许可合同等合同。

二、技术转让合同、技术许可合同当事人的权利和义务

（一）专利权转让合同中当事人的义务

让与人的主要义务：（1）按合同约定的时间将专利权移交给受让人。当然，专利权中的人身权并不因专利权的转让而转让。（2）保证自己是转让专利权的合法拥有者，并保证专利权的真实、有效。（3）按合同约定交付与转让专利权有关的技术资料，并向受让人提供必要的技术指导。（4）保密义务。

受让人的主要义务：（1）向让与人支付合同约定的使用费。（2）按合同的约定承担保密义务。

（二）专利申请权转让合同中当事人的义务

让与人的主要义务为：（1）将合同约定的专利申请权移交受让人，并提供申请专利和实施发明创造所需要的技术情报和资料。根据《技术合同纠纷解释》第23条的规定，专利申请权转让合同当事人以专利申请被驳回或者被视为撤回为由请求解除合同，该事实发生在依照《专利法》第10条第3款的规定办理专利申请权转让登记之前的，人民法院应当予以支持；发生在转让登记之后的，不予支持，但当事人另有约定的除外。专利申请因专利申请权转让合同成立时即存在尚未公开的同样发明创造的在先专利申请被驳回，当事人依据《民法典》第563条第1款第4项的规定请求解除合同的，人民法院应当予以支持。（2）保证作为申请权标的的发明创造为让与人自己或自己与他人合作通过创造性劳动合法获得，或者通过委托开发合同获得，即保证自己是所提供技术的合法拥有者。（3）按合同的约定承担保密义务。

受让人的主要义务为：（1）向让与人支付合同约定的使用费。（2）按合同约定承担保密义务。

（三）专利实施许可合同中当事人的义务

专利实施许可包括以下方式：（1）独占实施

许可，是指让与人在约定许可实施专利的范围内，将该专利权仅许可一个受让人实施，让与人依约定不得实施该专利。（2）排他实施许可，是指让与人在约定许可实施专利的范围内，将该专利仅许可一个受让人实施，但让与人依约定可以自行实施该专利。排他实施许可合同许可人不具备独立实施其专利的条件，以一个普通许可的方式许可他人实施专利的，人民法院可以认定为许可人自己实施专利，但当事人另有约定的除外。（3）普通实施许可，是指让与人在约定许可实施专利的范围内许可他人实施该专利，并且可以自行实施该专利。当事人对专利实施许可方式没有约定或者约定不明确的，认定为普通实施许可。专利实施许可合同约定被许可人可以再许可他人实施专利的，认定该再许可为普通实施许可，但当事人另有约定的除外。

根据《民法典》第864条的规定，技术转让合同和技术许可合同可以约定实施专利或者使用技术秘密的范围，但是不得限制技术竞争和技术发展。此处所称"实施专利或者使用技术秘密的范围"，包括实施专利或者使用技术秘密的期限、地域、方式以及接触技术秘密的人员等。当事人对实施专利或者使用技术秘密的期限没有约定或者约定不明确的，受让人、被许可人实施专利或者使用技术秘密不受期限限制。

许可人的主要义务：（1）保证自己是所提供的专利技术的合法拥有者，即自己提出专利申请、经专利机关审查后授予了专利权的技术，或者是让与人通过合法的转让合同获得。专利实施许可合同许可人负有在合同有效期内维持专利权有效的义务，包括依法缴纳专利年费和积极应对他人提出宣告专利权无效的请求，但当事人另有约定的除外。专利实施许可合同只在该专利权的存续期限内有效。专利权有效期限届满或者专利权被宣告无效的，专利权人不得就该专利与他人订立专利实施许可合同。许可方应依合同约定许可被许可方在约定的范围、期限内实施专利技术。许可人应当保证其对专利技术享有许可他人使用的权利，并保障被许可人依合同约定使用其技术不会损害第三人的权利。若合同中约定专利实施许可为排他实施许可，则许可人不得在已经许可被许可方实施专利的范围内，就同一专利与第三人订立专利实施许可合同。若合同中约定专利实施许可为独占实施许可的，许可人和任何第三人都不得在已经许可被许可方实施专利的范围内实施该专利。根据《技术合同纠纷解释》第24条的规定，订立专利权转让合同或者专利申请权转让合同前，让与人自己已经实施发明创造，在合同生效后，受让人要求让与人停止实施的，人民法院应当予以支持，但当事人另有约定的除外。让与人与受让人订立的专利权、专利申请权转让合同，不影响在合同成立前让与人与他人订立的相关专利实施许可合同或者技术秘密转让合同的效力。（2）提供的专利技术完整、无误，能够达到约定的目的，并许可受让人在合同约定的范围内实施专利技术。（3）交付实施专利有关的技术资料，提供必要的技术指导。

被许可人的主要义务：（1）在合同约定的范围内实施专利技术，并不得允许许可合同约定以外的第三人实施该项专利。（2）支付合同约定的使用费。

（四）技术秘密转让合同、技术秘密使用许可合同中当事人的义务

让与人、许可人的主要义务：（1）让与人应是该技术秘密成果的合法拥有者，保证在订立合同时该项技术秘密未被他人申请获得专利。（2）按约定提供技术资料、进行技术指导。转让方未按照合同约定转让技术的，如转让方不按合同约定向受让方提供技术资料，或不按照合同约定向受让方提供技术指导的，除返还部分或全部使用费外，还应当支付违约金或损害赔偿金。转让方逾期未提供合同约定的非专利技术成果的，受让方有权解除合同，转让方应当返还使用费、支付违约金或赔偿损失。（3）保证此项技术的实用性、可靠性。（4）承担合同约定的保密义务。违反合同约定的保密义务，泄露技术秘密，使受让方遭受损失的，受让方有权解除合同，转让方应当支付违约金或损害赔偿金。

受让人、被许可人的主要义务：（1）在合同约定的范围内使用技术。（2）按合同约定支付使用费。（3）承担合同约定的保密义务。但需注意，根据《民法典》第868条第2款的规定，该保密义务，不限制许可人申请专利，但是当事人另有约定的除外。

第四节　技术咨询合同和技术服务合同

一、技术咨询合同和技术服务合同的概念和特征

技术咨询合同，是指当事人一方以技术知识为对方就特定技术项目提供可行性论证、技术预测、专题技术调查、分析评价报告等所订立的合同。根据《技术合同纠纷解释》第30条的规定，此处所称“特定技术项目”，包括有关科学技术与经济社会协调发展的软科学研究项目，为促进科技进步和管理现代化、提高经济效益和社会效益等运用科学知识和技术手段进行调查、分析、论证、评价、预测的专业性技术项目。

技术咨询合同具有以下特征：第一，主体的特殊性。合同主体的一方，即受托人，是具有特定技术知识和经验，能够对咨询问题给出答案、提出建议、拿出方案的专门机构或专业人员。第二，客体的特殊性。技术咨询合同的客体是特定技术项目或技术问题的咨询服务，旨在提出某种技术建议、预测、分析或评价。第三，调整对象的特定性。咨询合同在技术领域内具有自己特定的调整对象，即当事人在完成一定的技术项目的可行性论证、技术预测、专题技术调查等软科学研究活动中所产生的民事法律关系。第四，目的的特定性。技术咨询合同的目的在于受托方为委托方进行科学研究、技术开发、成果推广、技术改造、工程建设、科技管理等项目提出建议、意见和方案，供委托方在决策时参考，从而使科学技术的选择真正建立在民主化和科学化的基础之上。因此，技术咨询合同的履行结果并不是某些立竿见影的科技成果，而是供委托方选择的咨询报告。第五，风险负担的特定性。技术咨询合同有其特殊的风险责任承担规则，即委托人因实施符合约定的咨询报告和意见做出决策所遭受的损失由委托人承担，但合同另有约定的除外。

技术服务合同，是指当事人一方以技术知识为对方解决特定技术问题所订立的合同，不包括承揽合同和建设工程合同。根据司法解释的规定，此处所称“特定技术问题”，包括需要运用专业技术知识、经验和信息解决的有关改进产品结构、改良工艺流程、提高产品质量、降低产品成本、节约资源能耗、保护资源环境、实现安全操作、提高经济效益和社会效益等专业技术问题。

技术服务合同具有以下特征：第一，合同客体是完成约定的专业技术服务或技术指导工作，解决特定的技术问题。第二，工作成果有具体的质量和数量指标要求。第三，有关专业技术知识的传递不涉及专利和技术秘密成果的权属问题。

技术服务合同主要包括以下三种类型：

1.技术辅助服务合同。技术辅助服务合同，是指当事人一方利用科技知识为另一方解决特定专业技术问题所订立的合同。

2.技术中介合同。技术中介合同，是指当事人一方以知识、技术、经验和信息为另一方与第三人订立技术合同进行联系、介绍以及对履行合同提供专门服务所订立的合同。

3.技术培训合同。技术培训合同，是指当事人一方委托另一方对指定的学员进行特定项目的专业技术训练和技术指导所订立的合同，不包括职业培训、文化学习和按照行业、法人或者非法人组织的计划进行的职工业余教育。

根据《技术合同纠纷解释》第34条，当事人一方以技术转让或者技术许可的名义提供已进入公有领域的技术，或者在技术转让合同、技术许可合同履行过程中合同标的技术进入公有领域，但是技术提供方进行技术指导、传授技术知识，为对方解决特定技术问题符合约定条件的，

按照技术服务合同处理，约定的技术转让费、使用费可以视为提供技术服务的报酬和费用，但是法律、行政法规另有规定的除外；技术转让费或者使用费视为提供技术服务的报酬和费用明显不合理的，人民法院可以根据当事人的请求合理确定。

二、技术咨询合同和技术服务合同当事人的权利和义务

（一）技术咨询合同当事人的权利和义务

委托人的主要义务有：（1）按照合同的约定阐明咨询的问题，提供技术背景材料及有关技术资料。必要时，委托方还应当依合同的约定，为受托方做现场调查、测试、分析等工作提供方便。委托方迟延提供合同约定的数据和资料，或者所提供的数据资料有严重缺陷影响工作进度和质量的，应当如数支付报酬，并且应当支付违约金或赔偿损失。委托方逾期不提供或补充有关技术资料和数据、工作条件，导致受托方无法开展工作的，受托方有权解除合同，委托方应当支付违约金或赔偿损失。（2）接受受托人的工作成果，并支付报酬。委托方迟延支付报酬的，应当支付违约金。不支付报酬的，应当退还咨询报告和意见，补交报酬，支付违约金或赔偿损失。

受托人的主要义务为：按照约定的期限完成咨询报告或者解答问题，提出的咨询报告应当达到约定的要求。受托方未按期提出咨询报告或者所提出的咨询报告不符合合同约定的，应当减收或免收报酬，支付违约金或者赔偿损失。受托方迟延提交咨询报告和意见的，应当支付违约金。合同对受托人正常开展工作所需的费用负担没有约定或者约定不明的，由受托人负担。同时，根据《技术合同纠纷解释》第32条的规定，技术咨询合同受托人发现委托人提供的资料、数据等有明显错误或者缺陷，未在合理期限内通知委托人的，视为其对委托人提供的技术资料、数据等予以认可。委托人在接到受托人的补正通知后未在合理期限内答复并予补正的，发生的损失由委托人承担。

需注意，当事人可以通过约定为彼此设立保密义务。但若当事人对技术咨询合同委托人提供的技术资料和数据或者受托人提出的咨询报告和意见未约定保密义务的，当事人一方引用、发表或者向第三人提供的，不认定为违约行为，但侵害对方当事人对此享有的合法权益的，应当依法承担民事责任。

（二）技术服务合同当事人的权利和义务

委托人的主要义务有：（1）按照约定提供工作条件，完成配合事项。技术服务合同受托人发现委托人提供的资料、数据、样品、材料、场地等工作条件不符合约定，未在合理期限内通知委托人的，视为其对委托人提供的工作条件予以认可。委托人在接到受托人的补正通知后未在合理期限内答复并予补正的，发生的损失由委托人承担。在技术培训合同中，当事人对技术培训必需的场地、设施和试验条件等工作条件的提供和管理责任没有约定或者约定不明确的，由委托人负责提供和管理。技术培训合同委托人派出的学员不符合约定条件，影响培训质量的，由委托人按照约定支付报酬。受托人配备的教员不符合约定条件，影响培训质量，或者受托人未按照计划和项目进行培训，导致不能实现约定培训目标的，应当减收或者免收报酬。受托人发现学员不符合约定条件或者委托人发现教员不符合约定条件，未在合理期限内通知对方，或者接到通知的一方未在合理期限内按约定改派的，应当由负有履行义务的当事人承担相应的民事责任。（2）在技术辅助服务合同中，委托人应当按照合同的约定按期接受受托方的工作成果。在验收工作成果时，如发现工作成果不符合合同约定的技术指标和要求，应当在约定的期限内及时通知对方返工或改进。（3）支付报酬。技术服务合同的委托人不履行合同义务或者履行合同义务不符合约定，影响工作进度和质量，不接受或逾期接受工作成果的，支付的报酬不得追回，未支付的报酬应当支付。

受托人的主要义务有：按照约定完成服务项目，解决技术问题，保证工作质量，并传授解决技术问题的知识。技术服务合同的受托人未按照合同约定完成服务工作，应当承担免收报

酬等违约责任。在技术中介合同中，中介人未促成委托人与第三人之间的技术合同成立的，其要求支付报酬的请求，人民法院不予支持；其要求委托人支付其从事中介活动必要费用的请求，应当予以支持，但当事人另有约定的除外。中介人隐瞒与订立技术合同有关的重要事实或者提供虚假情况，侵害委托人利益的，应当根据情况免收报酬并承担赔偿责任。中介人对造成委托人与第三人之间的技术合同的无效或者被撤销没有过错，并且该技术合同的无效或者被撤销不影响有关中介条款或者技术中介合同继续有效，中介人要求按照约定或者法律的有关规定给付从事中介活动的费用和报酬的，人民法院应当予以支持。中介人收取从事中介活动的费用和报酬不应当被视为委托人与第三人之间的技术合同纠纷中一方当事人的损失。

合同对受托人正常开展工作所需费用的负担，没有约定或约定不明确的，由受托人负担。同时，根据《技术合同纠纷解释》第39条的规定，在技术中介合同中，中介人从事中介活动的费用，是指中介人在委托人和第三人订立技术合同前，进行联系、介绍活动所支出的通信、交通和必要的调查研究等费用。中介人的报酬，是指中介人为委托人与第三人订立技术合同以及对履行该合同提供服务应当得到的收益。当事人对中介人从事中介活动的费用负担没有约定或者约定不明确的，由中介人承担。当事人约定该费用由委托人承担但未约定具体数额或者计算方法的，由委托人支付中介人从事中介活动支出的必要费用。当事人对中介人的报酬数额没有约定或者约定不明确的，应当根据中介人所进行的劳务合理确定，并由委托人承担。仅在委托人与第三人订立的技术合同中约定中介条款，但未约定给付中介人报酬或者约定不明确的，应当支付的报酬由委托人和第三人平均承担。

【本章主要法律规定】

1.《民法典》第843～887条

2.最高人民法院《关于审理技术合同纠纷案件适用法律若干问题的解释》

第二十二章
保证合同、合伙合同

本章主要内容提示

1.机关法人、以公益为目的的非营利法人、非法人组织不得作为保证人。

2.保证方式可以分为一般保证与连带保证，其中一般保证人享有先诉抗辩权。保证方式不明的，推定为一般保证。

3.债权人必须在保证期间内请求保证人承担保证责任，保证期间经过，保证人不再承担保证责任。

4.保证人可以通过主张自己以及主债务人对债权人的抗辩，从而拒绝承担保证责任。

5.保证人在承担保证责任之后，对债务人享有追偿权。

6.保证责任可因保证合同无效、主债变更、抗辩权行使、物的担保优先及债权人放弃或怠于主张权利而免除。

7.合伙财产由合伙人的出资等构成，合伙事务原则上由合伙人共同执行，合伙人对合伙债务承担连带责任。

第一节　保证合同

一、保证合同的概念和特征

《民法典》第681条规定，保证合同是为保障债权的实现，保证人和债权人约定，当债务人不履行到期债务或者发生当事人约定的情形时，保证人履行债务或者承担责任的合同。

保证合同具有如下特征：

1.保证合同是从合同。保证合同是从属于既存债权债务关系即主合同的合同，其从属性表现在以下几个方面：一是成立上的从属性。保证合同以主合同的成立为前提，于其存续中从属于主合同。二是效力上的从属性。主债权债务合同无效，保证合同也归于无效，但法律另有规定的除外。三是债务范围的从属性。由保证的目的所决定，保证债务的范围不得大于或强于主合同债务。四是变更、消灭上的从属性。主合同债务消灭时，保证债务也随之消灭；主合同债务变更时，保证债务一般随之变更，但不得增加其范围。《民法典》第695条规定，债权人和债务人未经保证人书面同意，协商变更主债权债务合同内容，减轻债务的，保证人仍对变更后的债务承担保证责任；加重债务的，保证人对加重的部分不承担保证责任。债权人和债务人变更主债权债务合同履行期限，未经保证人书面同意的，保证期间不受影响。保证合同的相对独立性，是指保证合同债务虽附从于主合同债务，但并非主合同债务的一部分，而是另一个独立的债务，在附从于主合同债务的范围内有独立性。因此，保证合同可以约定保证债务仅担保主合同债务的一部分，保证债务的范围和强度可以不同于主合同债务，可以有自己独立的变更或消灭原因。此外，保证合同还可以单就保证债务约定违约金。基于保证合同所发生的抗辩权，保证人可以单独行使。

2.保证合同是单务合同、无偿合同。在保证合同中，只有保证人承担保证债务，债权人不负担任何保证合同义务，因而保证是单务合同。同时，保证人对债权人承担保证债务，债权人对此不提供相应的代价，因而保证合同又是无偿的。

3.保证合同是诺成合同。保证合同只要保证人和债权人意思表示一致即可成立。

4.保证合同是不要式合同。我国法律规定保证合同可采取合同书、保证条款等书面形式，但其成立并非以书面形式为必要，口头保证也为法律所肯认。

5.保证合同是附延缓条件的合同。保证合同中约定的权利义务，并非在保证合同成立时就能享有或承担，而是在担保事项出现，即债务人不履行债务时，才享有或承担。这样，担保事项的出现可被看成保证合同效力开始发生的条件，因而，保证合同是附延缓条件的合同。

保证合同适用于保证的不同方式与形态，包括：

1.一般保证与连带责任保证。所谓一般保证，是指当事人在保证合同中约定，债务人不能履行债务时，由保证人承担保证责任的保证。所谓连带责任保证，是指当事人在保证合同中约定保证人与债务人对债务承担连带责任的保证。这两种保证之间最大的区别在于保证人是否享有先诉抗辩权。

2.单独保证与共同保证。单独保证，是指由单一保证人担保债务履行的保证。共同保证，是指由数个保证人担保同一债务履行的保证。共同保证可分为连带责任的共同保证与按份责任的共同保证。连带共同保证的债务人在主合同规定的债务履行期届满时没有履行债务的，债权人可以要求债务人履行债务，也可以要求任何一个保证人承担全部保证责任。连带共同保证的保证人承担保证责任后，向债务人不能追偿的部分，由各连带保证人按其内部约定的比例分担；没有约定的平均分担。按份共同保证的保证人按照保证合同约定的保证份额承担保证责任后，在其履行保证责任的范围内可对债务人行使追偿权。《民法典》第699条规定，同一债务有两个以上保证人的，保证人应当按照保证合同约定的保证份额，承担保证责任；没有约定保证份额的，债权人可以请求任何一个保证人在其保证范围内承担保证责任。

3.定期保证与不定期保证。定期保证，是指保证合同规定由保证人承担保证责任的期限，保证人仅于此期限内负其责任，债权人未在此期限内对保证人主张权利的，保证人即免负其责。不定期保证，是指保证合同未约定保证期限，债权人有权自主债务履行期届满之日起6个月内请求保证人承担保证责任的保证。

4.有限保证与无限保证。所谓有限保证，是指当事人约定了担保范围的保证。当然，该约定的范围不得超出主债务的范围。所谓无限保证，是指当事人未特别约定保证担保的范围，而是依据法律的规定确定该范围的保证。

5.普通保证与最高额保证。普通保证，即保证设立时主债务已实际发生且数额确定的保证。最高额保证，是指保证人对债权人与债务人在一定期间内连续发生的若干笔债务，在最高限额内承担保证责任的保证。《民法典》第690条第2款规定，最高额保证合同除适用保证合同的一般规定外，参照适用物权编最高额抵押权的有关规定。

二、保证合同的成立和效力

（一）保证合同的成立

1.保证人的条件

根据《民法典》第683条的规定，下列主体不得作为保证人：

（1）机关法人不得为保证人，但是经国务院批准为使用外国政府或者国际经济组织贷款进行转贷的除外。外国政府和国际经济组织贷款一般由国家有关主管机关负责借入，然后按有关规定转贷给国内有关单位。

（2）以公益为目的的非营利法人、非法人组织不得为保证人。如果允许以公益为目的的事业单位、社会团体为债权人提供担保，极有可能减损其用于公益目的的财产，有违公益法人的宗旨。因此，法律不允许它们作保证人。但在实践中，有的事业单位和社会团体并非从事公益事业，对这些从事非公益事业的事业单位和社会团体，依据国家政策允许从事经营活动的，应当认为其有从事保证活动的民事权利能力，可以担任保证人。

2.保证合同的内容

保证合同的内容一般包括被保证的主债权的种类、数额，债务人履行债务的期限，保证的方式、范围和期间等条款。

（1）被保证的主债权种类与数额。被保证的主债权种类，如借款合同中的还本付息债权、买卖合同中的请求交付标的物或支付价款的债权等均属此类。

被担保的债权，也可以是将来可能发生的债权。《民法典》第690条第1款规定，保证人与债权人可以协商订立最高额保证的合同，约定在最高债权额限度内就一定期间连续发生的债权提供保证。

（2）债务人履行债务的期限。债务人履行债务的期限是衡量债务人是否违约的标准之一，也是保证人是否实际承担保证责任的因素之一，因而应该明确规定。它有两种情形：一为期日，二为期间。

（3）保证的方式。保证方式包括一般保证方式和连带责任保证方式。一般保证，是指保证人只承担担保上的责任而不承担主债务履行责任的保证，即当事人在合同中约定，债务人不能履行债务时，由保证人承担保证责任的保证。连带责任保证，是指保证人与主债务人对主合同债务承担连带责任的保证。不同的保证方式对当事人的利益有较大影响，应予明确；未约定或者约定不明确的，按一般保证承担保证责任。

（4）保证担保的范围。保证担保的范围依当事人在保证合同中的约定，无约定时按《民法典》第691条的规定处理，即包括主债权及其利息、违约金、损害赔偿金和实现债权的费用。

（5）保证期间。《民法典》第692条规定，保证期间是确定保证人承担保证责任的期间，不发生中止、中断和延长。债权人与保证人可以约定保证期间，但是约定的保证期间早于主债务履行期限或者与主债务履行期限同时届满的，视为没有约定；没有约定或者约定不明确的，保证期间为主债务履行期限届满之日起6个月。债权人与债务人对主债务履行期限没有约定或者约定不明确的，保证期间自债权人请求债务人履行债务的宽限期届满之日起计算。

（6）双方认为需要约定的其他事项。双方认为需要约定的其他事项，主要有赔偿损失的范围及计算方法、是否设立反担保等。

3.保证合同的形式。

保证合同可采取以下书面形式：（1）单独订立的书面合同；（2）主债权债务合同中的保证条款；（3）第三人单方以书面形式向债权人作出保证，债权人接收且未提出异议的。

（二）保证合同的效力

1.保证担保的范围

保证担保的范围，即保证债务的范围，或称保证责任的范围。对此，《民法典》第691条规定，保证的范围包括主债权及其利息、违约金、损害赔偿金和实现债权的费用。当事人另有约定的，按照其约定。据此，保证担保的范围，首先依保证合同当事人的约定。例如，可以单就本金债权为保证，不保证利息；也可以仅就债权的一部分设定保证；还可以只保证缔结保证合同时已存在的债权，而不及后扩张的部分。基于保证的附从性，约定的保证担保的范围不得超出主债务的数额，否则，超出部分无效。

在当事人未约定保证担保的范围时，依《民法典》第691条的规定加以确定，包括主债权及其利息、违约金、损害赔偿金和实现债权的费用。

2.保证人与主债权人的关系

（1）债权人的权利。债权人对保证人享有请求承担保证责任（履行保证债务）的权利。该权利的行使以主债务不履行为前提，以保证责任已届承担期为必要。在一般保证中，保证人有权主张先诉抗辩权，拒绝承担保证责任。在连带责任保证中，保证责任已届承担期，债权人请求保证人实际承担保证责任时，保证人无先诉抗辩权，但有主债务已适当履行或相应责任已经承担的抗辩权。

债权人请求保证人承担保证责任的期间，有约定时依约定；无约定时应自主债务履行期届至或届满之日始，至6个月届满时止。但在保证人有权行使先诉抗辩权的情况下，保证人不负迟延责任。

（2）保证人的权利。保证合同是单务合同，保证人对债权人不享有给付请求权，但可依法向主债权人主张抗辩或其他防御性的权利。

一是债务人对债权人的抗辩。《民法典》第701条规定，保证人可以主张债务人对债权人的抗辩。债务人放弃抗辩的，保证人仍有权向债权人主张抗辩。此类抗辩包括：①主债权未发生的抗辩，如主合同未成立；②主债权已消灭的抗辩权，如债权因履行而消灭；③拒绝履行抗辩权，如时效完成的抗辩权、同时履行抗辩权、不安抗辩权、先诉抗辩权等。

二是债务人的抵销权和撤销权。《民法典》第702条规定，债务人对债权人享有抵销权或者撤销权的，保证人可以在相应范围内拒绝承担保证责任。

三是先诉抗辩权。先诉抗辩权又称检索抗辩权，是指保证人在债权人未就主债务人的财产依法强制执行而无效果时，对于债权人可拒绝清偿的权利。《民法典》第687条第2款规定，一般保证的保证人在主合同纠纷未经审判或者仲裁，并就债务人的财产依法强制执行仍不能履行债务前，有权拒绝承担保证责任。先诉抗辩权既可以通过诉讼行使，也可以在诉讼外行使。根据《民法典》第687条第2款的规定，下列情况下保证人不得行使先诉抗辩权：其一，债务人下落不明，且无财产可供执行；其二，人民法院受理债务人破产案件；其三，债权人有证据证明债务人的财产不足以履行全部债务或者丧失履行债务能力；其四，保证人书面放弃先诉抗辩权。

四是基于一般债务人的地位享有的权利。在保证关系中，保证人是债务人，因而一般债务人应有的权利，保证人也应享有。例如，保证债务已经单独消灭时，保证人有权主张；保证债务未届清偿期，保证人有权抗辩；保证合同不成立、无效或被撤销致使保证债务不存在时，保证人有权主张不负保证责任；保证债务罹于诉讼时效时，保证人亦可拒绝履行。

3.保证人与主债务人的关系

保证人与主债务人的关系，主要表现为保证人的求偿权。保证人的求偿权，又称保证人的追偿权，是指保证人承担保证责任后，可以向主债务人请求偿还的权利。《民法典》第700条对此作了规定。

保证人求偿权的产生必须具备以下要件：第一，保证人已经对债权人承担了保证责任；第二，主债务人对债权人因保证而免责，如果主债务人的免责不是由保证人承担保证责任的行为引起的，保证人不得主张求偿权；第三，保证人没有赠与的意思。

保证人的求偿权为一新成立的权利，应适用《民法典》第188条规定的3年诉讼时效，时效期间从保证人承担保证责任完毕时起算。

保证人的求偿权可以预先行使。《企业破产法》第51条规定，债务人的保证人或者其他连带债务人已经代替债务人清偿债务的，以其对债务人的求偿权申报债权。债务人的保证人或者其他连带债务人尚未代替债务人清偿债务的，以其对债务人的将来求偿权申报债权。但是，债权人已经向管理人申报全部债权的除外。

案例分析　能力训练

三、保证责任

（一）保证责任的概念

保证责任，又称保证债务，是保证人基于保证合同而承担的义务。

（二）保证责任的诉讼时效

一般保证的债权人请求一般保证人承担保

证责任的，应当在保证期间内对债务人提起诉讼或者申请仲裁，否则一般保证人不再承担保证责任。一般保证的债权人在保证期间届满前对债务人提起诉讼或者申请仲裁的，从保证人拒绝承担保证责任的权利消灭之日起，开始计算保证债务的诉讼时效。此时，债权人应当在保证债务的诉讼时效期间内向保证人主张保证责任；否则，保证人取得诉讼时效抗辩权，得拒绝承担保证责任。

连带责任保证的债权人请求连带保证人承担保证责任的，应当在保证期间对保证人主张承担保证责任，否则连带保证人不再承担保证责任。连带责任保证的债权人在保证期间届满前请求保证人承担保证责任的，从债权人请求保证人承担保证责任之日起，开始计算保证债务的诉讼时效。此时，债权人应当在保证债务的诉讼时效期间内向保证人主张保证责任；否则，保证人取得诉讼时效抗辩权，得拒绝承担保证责任。

（三）保证责任的免除

保证责任的免除，是指在法律规定的事由出现时，免除保证人保证责任的承担。根据我国法律规定，保证责任免除，主要有因保证合同无效而免责、因主债变更而免责、因抗辩权而免责、因物的担保优先而免责和因债权人放弃或怠于主张权利而免责。

1.因保证合同无效而免责。保证合同无效而免责，如骗保。骗保，是指主合同当事人恶意串通，骗取保证人保证。

2.因主债变更而免责，包括债权让与、债务承担和债权债务内容变更三种。（1）特殊情形下的债权让与。债权人将全部或者部分债权转让给第三人，通知保证人后，保证人对受让人承担相应的保证责任。未经通知，该转让对保证人不发生效力。保证人与债权人约定仅对特定的债权人承担保证责任或者禁止债权转让，债权人未经保证人书面同意转让全部或者部分债权的，保证人就受让人的债权不再承担保证责任。（2）未经保证人同意的债务承担。债权人未经保证人书面同意，允许债务人转移全部或者部分债务，保证人对未经其同意转移的债务不再承担保证责任，但是债权人和保证人另有约定的除外。第三人加入债务的，保证人的保证责任不受影响。（3）债权债务内容发生变更。主债权债务内容变化，加重债务的，此时，未经保证人同意，视为保证合同解除而免除保证责任。

3.因抗辩权而免责。因抗辩权而免责，是指在一般保证中，债权人未对债务人提起诉讼或仲裁的，保证人行使其先诉抗辩权而免责。

4.因物的担保优先而免责。因物的担保优先而免责，是指在有债务人提供的物的担保和保证同时存在时，物的担保优先。《民法典》第392条规定，被担保的债权既有物的担保又有人的担保的，债务人不履行到期债务或者发生当事人约定的实现担保物权的情形，债权人应当按照约定实现债权；没有约定或者约定不明确，债务人自己提供物的担保的，债权人应当先就该物的担保实现债权；第三人提供物的担保的，债权人可以就物的担保实现债权，也可以要求保证人承担保证责任。提供担保的第三人承担保证责任后，有权向债务人追偿。

5.债权人放弃或怠于主张权利。一般保证的保证人在主债务履行期限届满后，向债权人提供债务人可供执行财产的真实情况，债权人放弃或者怠于行使权利致使该财产不能被执行的，保证人在其提供可供执行财产的价值范围内不再承担保证责任。

第二节　合伙合同

一、合伙合同的概念和特征

合伙合同是二个以上合伙人为了共同的事业目的，订立的共享利益、共担风险的协议。

合伙合同具有以下特征：

1.合伙合同是当事人之间的协同行为。合伙合同基于各方当事人所作同一内容的意思表示一致而成立，即各方为了某项共同的目的事业达成协议。此点与基于各方对立意思表示而成立的合同（如买卖合同、承揽合同）相区别。

2.合伙合同是非典型双务合同。合伙合同当事人既享有权利又负担义务，因此属于双务合同。但是，合伙合同当事人之间的权利义务并非典型的对待给付关系，因此合伙合同不能简单适用双务合同履行抗辩权规则。

3.合伙合同是诺成合同、不要式合同。当事人意思表示一致，合伙合同即告成立，无须合伙人实际履行出资义务。合伙合同可以采取书面形式，也可以采取口头形式。

二、合伙财产

根据《民法典》第969条的规定，合伙财产由三个部分组成：

1.合伙人的出资。合伙人应当按照约定的出资方式、数额和缴付期限，履行出资义务。

2.因合伙事务依法取得的收益。如经营收益。

3.其他财产。例如，合伙接受赠与所取得的财产。

财产仅包括积极财产，而不包括消极财产。合伙财产属于全体合伙人共同共有的基础，就是合伙合同。合伙合同终止前，合伙人不得请求分割合伙财产。

三、合伙事务

合伙事务原则上由全体合伙人共同执行。合伙人就合伙事务作出决定的，除合伙合同另有约定外，应当经全体合伙人一致同意。按照合伙合同的约定或者全体合伙人的决定，可以委托一个或者数个合伙人执行合伙事务；其他合伙人不再执行合伙事务，但是有权监督执行情况。合伙人分别执行合伙事务的，执行事务合伙人可以对其他合伙人执行的事务提出异议；提出异议后，其他合伙人应当暂停该项事务的执行。合伙人不得因执行合伙事务而请求支付报酬，但是合伙合同另有约定的除外。

合伙事务不仅是具体的事务，也包括涉及合伙自身基础或者合伙人相互关系的行为，如订立、修改、补充合伙合同、终止合伙合同，接受他人入伙或者同意退伙等，原则上应当由全体合伙人一致同意。

为实现合伙合同追求的共同事业目的，需要作出包括法律行为和非法律行为在内的各项行为，统称为合伙事务执行。合伙事务的执行不同于合伙事务的决定。全体合伙人一致同意就合伙事务作出决定后，可以将决定后的合伙事务的具体执行委托给部分合伙人。同理，经全体合伙人一致同意，也可以将合伙事务直接委托给部分合伙人，执行事务合伙人可以就委托的合伙事项作出决定，而无须取得全体合伙人的一致同意。

合伙事务执行的三种方法分别为：(1)全体合伙人共同执行；(2)委托一个或者数个合伙人执行；(3)合伙人分别执行。合伙事务原则上由全体合伙人共同执行，为使合伙事务的执行更为灵活、便捷，按照合伙合同的约定或者全体合伙人的决定以及法律有特别规定时，合伙人可以分别执行合伙事务，此时各合伙人均享有单独执行合伙事务的权利，无须取得全体合伙人的一致同意。

执行合伙事务虽然是为了全体合伙人的利益，但也是合伙人按照合伙合同应尽的义务，因此合伙人不得因执行合伙事务而请求支付报酬，但合伙合同另有约定的除外。

四、合伙利润分配与债务承担

（一）合伙的利润分配与债务承担

根据《民法典》第972条的规定，合伙的利润分配和亏损分担，按照下列顺序进行：(1)按照合伙合同的约定办理；(2)合伙合同没有约定或者约定不明确的，由合伙人协商决定；(3)协商不成的，由合伙人按照实缴出资比例分配、分担；(4)无法确定出资比例的，由合伙人平均分配、分担。利润分配，是合伙在扣除必要成本后所获利益，在合伙人之间所进行的分配。分配的时间和方法，由合伙人在合伙合同中约定未约定的，由全体合伙人依据《民法典》第970条第1款予以确定，仍然无法确定的可以依照《民法典》第510条的规定，考虑交易习惯和该合伙的具体情况予以确定。亏损分担，是指合伙在一定时期内各种收入减去各项费用之后，出现负差额以及发生亏损时，就此等亏损在各合伙人之间进行分担。除非合伙人另有约定或者决定，且往往是在合伙合同终止且部分合伙人承担亏损后，才产生请求亏损分担的请求权和其他合伙人填补亏损的义务。

合伙人对合伙债务承担连带责任。清偿合伙债务超过自己应当承担份额的合伙人，有权向其他合伙人追偿。

（二）合伙人的个人债务

合伙人向合伙人以外的人转让其全部或者部分财产份额的，须经其他合伙人一致同意，合伙合同另有约定的除外。

合伙人的债权人不得代位行使合伙人依照《民法典》合同编第二十七章合伙合同享有的权利，但是合伙人的债权人可以代位行使合伙人享有的利益分配请求权。合伙人的债权人，是指合伙人个人债务的债权人，合伙人的个人债务是合伙人以自己的名义发生的债务，该债务可能与合伙事务有关，也可能与合伙事务无关。但是，即使是与合伙事务有关的债务，只要是以合伙人个人名义发生的，对外也仍然是个人债务，但在合伙内部可以依照约定共同分担。《民法典》第535条规定了债权人的代位权，但是合伙人对于合伙所享有的权利，大多基于合伙人之间的特别信赖而产生，不应当允许合伙人的债权人代位行使，否则易发生第三人介入合伙关系的结果。

五、合伙合同的终止

有下列情形之一的，合伙合同终止：

1.合伙人死亡或终止的。

2.合伙人丧失民事行为能力的。

3.合伙合同被解除。合伙人对合伙期限没有约定或者约定不明确，依据《民法典》第510条的规定仍不能确定的，视为不定期合伙。合伙期限届满，合伙人继续执行合伙事务，其他合伙人没有提出异议的，原合伙合同继续有效，但是合伙期限为不定期。合伙人可以随时解除不定期合伙合同，但是应当在合理期限之前通知其他合伙人。

发生上述情形，但是合伙合同另有约定或者根据合伙事务的性质不宜终止的，合伙合同不发生终止。

合伙合同终止后，合伙财产在支付因终止而产生的费用以及清偿合伙债务后有剩余的，依据《民法典》第972条的规定进行分配。在合伙合同终止后，对合伙的财产关系应予以结算，清理、结算追求的目的是让合伙财产从共同共有的关系中脱离出来，以便让属于各合伙人的财产能够供其自由支配。合伙合同终止后，合同财产先用于支付因终止而产生的费用以及清偿合伙债务，之后有剩余的方可以进行分配。

【本章主要法律规定】

1.《民法典》第681～702条、第967～978条

2.最高人民法院《关于适用〈中华人民共和国民法典〉有关担保制度的解释》

第二十三章 准合同

本章主要内容提示

1.不当得利成立要件包括一方取得财产利益，一方受有损失，取得财产利益与受有损失间有因果关系，没有法律上的根据四个方面。为履行道德义务进行的给付、债务到期之前的清偿、明知无给付义务而进行的清偿及不法原因给付不能成立不当得利之债。

2.不当得利可分为给付不当得利与非给付不当得利。给付不当得利包括自始欠缺给付目的、给付目的嗣后不存在及给付目的不达三种情形。非给付不当得利包括基于受益人行为、基于受损者行为、基于第三人行为、基于法律规定和基于事件五种情形。

3.不当得利的返还范围根据得利人是否善意而有不同，善意受益人的返还范围以现存利益为限，恶意受益人应返还所有利益，利益已不存在的，恶意受益人对此承担损害赔偿义务。第三人返还时，其范围限于受领人因无偿让与所免除的返还义务。

4.无因管理是一种事实行为，成立要件包括管理他人事务、为他人利益的意思、无法律上的原因。对他人事务的管理，对管理人没有管理义务的判断应采客观标准。

5.无因管理之债中，管理人负有适当管理、继续管理、通知、报告与移交等义务，并承担义务违反的赔偿责任；管理人享有管理费用、债务清偿、损失补偿等请求权。

第一节　不当得利

一、不当得利的概念

不当得利，是指得利人没有法律根据而受利益，致使他人受损失的事实。不当得利既可以基于一方当事人的法律行为而发生，如基于合同而占有另一方当事人的财产，合同被宣告无效或被撤销后，依据合同而取得的财产便成为不当得利；也可以基于自然事实而发生，如邻家池塘的鱼跳入自家池塘，也构成不当得利。因此，不当得利本质上是一种事件。

不当得利是债的发生根据之一，其产生于"无法律上的原因所受利益，致他人受损害"的事实。造成此种事实的原因是否基于人的行为，则在所不问。因不当得利之债的发生系基于偶然事件，不以当事人具有行为能力或者识别能力为必要，亦无论其是否存在过失。不当得利成立后，即在受益人与受损人之间产生不当得利之债，受益人应向受损人偿还其无法律根据而获得的利益。不当得利制度的宗旨是运用衡平观念来纠正这种不正当、不合理的财产损益变动。我国《民法典》第122条规定，因他人没有法律根据，取得不当利益，受损失的人有权请求其返还不当利益。《民法典》第985～988条对不当得利之债作了具体规定。

二、不当得利的成立要件

不当得利的成立要件有四：一方取得财产利益；一方受有损失；取得利益与所受损失间有因果关系；没有法律上的根据。

（一）一方取得财产利益

一方取得财产利益，是指因一定的事实结果而获得了或增加了财产或利益上的积累。受益人获得的利益限于财产利益，即可以用金钱价值衡量的利益，精神利益不属于这里的利益范畴。判断受益人是否受有财产利益，一般以其现在的财产或利益和如无与他人之间发生利益变动所应有的财产或利益总额相比较而决定。凡是现在财产状况或利益较以前增加，或者应减少而未减少，为受有利益；既有得利又有损失的，损益抵销后剩余有利益的，也为受有利益。具体而言，取得财产利益主要表现为以下几种形式：

1.财产或利益的积极增加，即通过取得权利、增强权利效力或获得某种财产利益或义务的减弱而扩大财产范围。包括：(1)取得财产权或其他财产利益，如所有权、用益物权、债权、担保物权、知识产权等。占有在我国虽非一种权利，但一般认为占有是一种具有财产利益性质的法律上的地位，通过占有亦可获得财产上的利益，故可因占有而成立不当得利。(2)财产权的扩张或效力的加强，受益人在原有权利的基础上扩张了行使权利的范围或效力范围，也属受有利益，如因第一顺位抵押权消失而使后顺位抵押权依次上升。(3)权利或利益上的限制或负担消灭，如存在于所有物上的抵押权消灭，对所有人也属一种得利。

2.财产或利益的消极增加，即因财产或利益本应减少而未减少所得的利益。包括：(1)债务的减少或消灭。债务人以其总财产为一般债权提供担保，债务的减少或消灭，使债务人原本应履行债务的负担减少或解除，对他而言也是得利。(2)本应设定的权利负担未设定。(3)劳务或物的使用。例如，甲依据与乙签订的劳动合同为其提供劳务，后该劳动合同因违反《劳动法》而被宣告无效，乙因甲提供的劳务而受有利益。无合法权利擅自使用他人之物的人也因物的使用而受有利益。

（二）一方受有损失

仅仅有一方受有财产上的利益，而未给他人带来任何损失，不成立不当得利。如甲投资兴建广场，邻近乙的房屋价值剧增，乙获有利益但未给甲带来损失，乙对甲而言不成立不当得利。这里的损失，既包括现有财产或利益的积极减少，也包括应增加而未增加（可得利益）利益的丧失。对于后一种情形，受损人无须证明该项事实如未发生即确实可以增加财产，只需证明若无该项事实，依通常情形，财产当可增加，即为受有损失。也就是说，“应增加”的判定不必以其“必然增加”为必要，只要在通常情况下受损人的利益能增加即为“应增加”。如无权使用他人房屋，无论他人是否有使用该房屋或是否有出租房屋给第三人的打算，都可认为该房屋所有人受有相当于租金额的损失，因为他对房屋进行使用收益的潜在价值受到侵害。

（三）取得利益与所受损失间有因果关系

受益人取得利益与受损人所受损失间的因果关系，是指受损人的损失是由于受益人受益所造成的。但受损人的损失与受益人的受益范围不必相同，受益大于损失或损失大于受益均无不可，它只影响受益人返还义务的范围。并且，受损人所受的损失与受益人所得的利益的形态也不必相同。如无权处分他人之物，受益的无权处分人获得的是物的价金，而物的原所有人丧失的是该物所有权，但仍不影响不当得利的成立。

对于取得利益与所受损失间的因果关系，有直接因果关系说与非直接因果关系说之争。直接因果关系说主张取得利益与受有损失必须基于同一事实发生，如果是基于两个不同的事实发生，即使这两个事实之间具有牵连关系，也不应视为具有因果关系。非直接因果关系说主张取得利益与受有损失不必基于同一事实，只要两者之间具有可依社会观念认可的牵连关系，即如果没有受益的事实，他方即不致受有损失时，则二者之间便具有了因果关系。这两种主张在有第三人行为介入时往往会产生截然不同的结论：如乙偷窃甲的财产，清偿了乙对丙的债务，依据直接因果关系说，丙的受益是基于乙的清偿行为，甲的受损是基于乙的偷窃行为，它们是两个不同的事实，受益与损失间不具有因果关系；而依据非直接因果关系说，则受益与损失间因两个事实上的牵连关系而具有了因果关系。为了充分发挥不当得利对不公平的财产变动关系的调节作用，应采非直接因果关系的主张。因此，只要他方的损失是由获得不当利益造成的，或者说没有不当利益的获取，他人就不会造成财产的损失，均应认定受益与损失间有因果关系。

（四）没有法律上的根据

取得利益致他人损失，之所以成立不当得利，原因在于利益的取得无法律上的根据，我国《民法典》第122条称为“没有法律根据”。无法律上的根据是指缺乏受利益的法律上的原因，而非指权利或者财产的取得没有法律上的直接原因。对于“无法律上的原因”，有统一说与非统一说两种主张。

主张统一说的学者认为，“无法律上的原因”应当具有统一的意义，对各种不当得利情形下的“无法律上的原因”应以统一标准厘定，如财产或者利益变动违反公平或正义，或者违反共同生活的基本准则。主张非统一说者认为，各种不同类型的不当得利有其存在的不同基础，应区别不同类型的不当得利分别说明“无法律上的原因”，用统一的概念如违反公平正义加以说明不符合不当得利存在的实际情形。非统一说通常区分给付型不当得利与非给付型不当得利，来说明“无法律上的原因”的意义。如对于给付型不当得利，“无法律上的原因”是指欠缺给付目的（原因）；而非给付型不当得利，“无法律上的原因”是指无法律上的权利。关于我国《民法典》第122条、第985条规定的“没有法律根据”，通说主张采纳非统一说予以判定。

三、不当得利的基本类型

依据不当得利是否基于给付行为而发生，可区分为给付不当得利与非给付不当得利。

（一）给付不当得利

给付不当得利，是指受益人受领他人基于给付行为而移转的财产或利益，因欠缺给付目的而发生的不当得利。给付型不当得利中无法律上原因的判断有两种学说，一为给付目的说（主观说），二为债之关系说（客观说）。客观说认为，有无法律上的原因应当以有无债之关系为判断基准，无债之关系，则无给付目的。主观说认为，给付系以为一定目的而对他人的财产有所增益，给付目的可分为两类：一为清偿债务（法定抑或约定），二为直接创立一种债之关系，例如，无义务而为他人修缮房屋，以设立无因管理。当欠缺此两类给付目的时，即可成立不当得利。这种欠缺给付目的既可以是自始欠缺给付目的，也可以是给付目的嗣后不存在，或者是给付目的不达。这里的给付目的，即给付的原因。给付者给予财产总有一定目的或原因，或为债务的消灭，或为债权的发生，或为赠与，这里的目的或原因就成了受领给付者受取利益的法律上的根据。如果由于某种原因，给付目的（原因）不存在或不能达到，那么受领给付者的受有利益便会因为无法律上的根据而成为不当得利。

1.自始欠缺给付目的。指给付之时即不具有给付的原因，其典型为非债清偿及作为给付的原因不成立、无效或被撤销。非债清偿是指没有任何法律上的债务而以清偿目的为一定给付的行为。如甲对于其已清偿的欠乙的债务疏于注意又进行清偿，乙所受的第二次清偿，便构成非债清偿的不当得利。但是依据我国《民法典》及相关司法解释的规定，对于已过诉讼时效的债务清偿，债权人可以合法保有该清偿利益，不构成不当得利。给付原因行为不成立、无效或被撤销的，丧失占有的人可以依据所有权返还请求权追回财产，不成立不当得利请求权。

此种情形下，占有也赋予有关受领人获得财产利益的法律地位，因而成立不当得利，发生不当得利请求权与所有权返还请求权的竞合，受损人可以择一行使。

根据《民法典》第985条的规定，在以下情形中，给付虽无法律根据，但排除不当得利的成立：

（1）为履行道德义务进行的给付。基于道德上的义务为给付行为符合社会道德观念，一旦给付，即不得依不当得利请求返还。例如，对无扶养义务的亲属误以为有扶养义务而予以扶养，对被扶养的亲属不得依据不当得利要求返还支出的扶养费。再如，对于亲友婚丧的庆吊，以及对于救助其生命的无因管理人给予报酬等情形。是否为道德上义务，应依一般社会观念及当事人之间的关系、给付标的物的价值等情况认定。

“履行道德上义务之给付”不同于“履行道德上义务之赠与”：其一，在履行道德上义务而为赠与时，受赠人受领给付有法律上的原因，不成立不当得利。其二，在履行道德义务上的赠与时，若受赠人对赠与人有不义行为时，赠与人可以撤销其赠与，同时依据不当得利或者物权请求权的规定请求返还赠与物。其三，个别情形判断当事人的给付属于何种性质时，应当解释当事人的意思标识，目标物的价值以及交易习惯。

（2）债务到期之前的清偿。清偿期到来之前，债务人并无清偿义务，此时债务人的清偿属于非债清偿，但债权人的受领并非无合法原因，此时的清偿仍然发生债务消灭的效果，而不发生不当得利。

（3）明知无给付义务而进行的债务清偿。给付人明知无给付义务而任意为给付，不发生不当得利。但给付时作出保留，如附有条件，或给付不以给付人意志为转移的，仍成立不当得利。此类得利返还抗辩之成立须满足以下要件：首先，须无债务存在。有无债务存在应当以给付时为判断时点。债务具有撤销原因的情形下，在撤销前，债务存在，但一经撤销，债之关系溯及既往地失去其效力，债务变得自始不存在。明知撤销原因的存在而为给付则不得请求返还。其次，须因清偿债务而为给付。债务人于给付之际作有保留者（如找到清偿收据时应返还），其返还请求权不被排除。最后，须于给付时明知无给付义务。明知指其认识其原无债务。至于原无债务而误认为其有债务，纵然此类误解系出于过失或者重大过失，亦非明知而非债清偿。在代理的情形下，由代理人为给付时，其是否明知无给付义务，应当以代理人的主观状态作为判断标准。在法人的情形下，其明知与否，应当就作出给付的机关作为判断标准。

（4）因不法原因而为的给付也排除不当得利的成立。不法原因是指给付原因违反国家的强行法规范以及违反社会公共利益，如为清偿赌债而为的给付。但不法原因仅存在于受领人一方时，不阻却不当得利的发生，如因绑架所支付的赎金。总的来说，得利人主张得利返还抗辩亦需满足以下两个要件：从客观层面出发，受损人须因不法原因“而为给付”。给付指为具有终局性的财货移转，如移转所有权，而不包括交付支票或者债务约束等尚未终局完成的财货移转变动。此外，擅自开垦他人土地的行为并不构成给付，因其主观上并未有向他人给付之意图，开垦他人土地之目的乃为己所用。不法原因既包含违反效力性强制性规定的行为，又包含违反公序良俗的行为。从主观层面出发，给付行为人应当对行为的不法性有所认识。对于违反效力性强制性规定的行为，给付人需要对不法性的认识具有故意（明知其具有不法性）或者过失（因过失而不知其具有不法性）。

2.给付目的嗣后不存在。是指给付时虽有法律上的原因，但其后该原因不存在，因一方的给付而发生不当得利。属于这种不当得利情形的主要有：附解除条件或终期的法律行为，条件成就或期限届满，当事人一方因该民事法律行为受有另一方的给付；依双务合同交付财产后，因不可归责于双方当事人的事由一方不能为对待给付，该方所受的给付；法律行为的撤销；合同解除后因先前生效合同而受领的给付。

3.给付目的不达。为实现将来某种目的而为给付，但因种种障碍，给付目的不能按照给付意图实现的，受领给付欠缺保有给付利益的正当性，因而构成不当得利。如预期条件的成就而为附条件债务的履行，结果条件不成就，因而不达给付的目的。

（二）非给付不当得利

非给付不当得利，是指基于给付以外的事由而发生的不当得利，包括人的行为、自然事件以及法律规定。人的行为又可分为受益人的行为、受损人的行为和第三人的行为。基于这些事由构成不当得利的原因，是受益者无受其利益的权利。关于如何建立侵害他人权益类型的不当得利的请求权基础，学说上有两种理论。一为违法性说，二为权益归属说。违法性说认为侵害他人权益之所以构成不当得利，乃是因为侵害行为具有不法性，不当得利请求权的发生系基于获利行为的不法性。权益归属说认为，权益有一定的利益内容，专属于权利人，归其享有，并具有排他性，例如所有权的内容为物之使用、收益、处分，并排除他人的干涉，归属于所有权人。此观点不以得利过程的合法性，而是以保有给付的正当性作为判断标准，符合不当得利规范功能，值得赞同。所以，非给付不当得利的"无法律上的原因"即为受益者无权利而受有利益。

1.基于受益人的行为。基于受益者的行为而发生的不当得利，主要指侵害他人权益而发生的不当得利。受益者的行为可以是事实行为，也可以是法律行为，前者如侵夺他人所有物或擅自占有、使用、消费他人之物；后者如无权处分人将他人之物对于第三人为有效处分。在司法实践中，基于受益人的行为而发生的不当得利主要有：

（1）无权处分他人之物。这又因无权处分是有偿处分与无偿处分、受让人是善意与恶意而有不同的效力。无权处分人为有偿处分，受让人于受让时为善意，受让人因善意取得制度取得物之所有权。无权处分人因有偿的处分行为受有利益，构成不当得利，原所有人得就其所得利益请求不当得利返还。受让人于受让时为恶意，此时受让人不能取得物之所有权，原所有人得对其主张所有物返还请求权；因无权处分人受有利益，所有人也得不行使所有物返还请求权，而向其请求不当得利返还。

（2）无权使用或消费他人之物。如擅自在他人墙壁上张贴广告牌，未经他人同意使用他人的度假屋等。无权使用或消费他人之物所得的利益多为节省自己应支出的开支费用，受损人的损失则是因自己之物被他人使用而丧失了可能取得的利益，是一种应增加而未增加的利益。如前所述，这种利益不以必然增加为必要，只要在通常情形下可以增加即可。

（3）擅自出租或转租他人之物。如甲与乙签订的房屋租赁合同到期后，承租人甲未返还房屋给出租人乙，而是将其转租给丙，由此获得的租金构成不当得利，乙可以向其主张不当得利的返还。

（4）侵害他人知识产权或人格权。例如，无权使用他人知识产权因使用而获得利益的，可以构成不当得利，权利人可以请求返还。再如，未经他人同意擅自使用他人的姓名或名称等人格标识而获得利益的，对权利人也构成不当得利。

受益者的上述行为在有故意或过失时通常也构成侵权行为，如未经他人同意使用他人的名称，构成了对权利人人格权的侵犯，受损者也由此享有对受益者的侵权损害赔偿请求权，产生了不当得利请求权与侵权损害赔偿请求权的竞合，受损者可择一行使。

2.基于受损者行为。这种不当得利以受损人为他人支出费用最为典型，如误将他人的家畜当作自己的家畜饲养，误以他人事务为自己的事务而管理。

3.基于第三人行为。基于第三人行为的不当得利主要有：债务人对债权的准占有人（债权凭证持有人）清偿，使债权消灭，致真正的债权人受有损失；债权的让与人在让与通知前，债务人对让与人清偿，致债权的受让人有损害；第三人将甲的肥料施于乙的田地等。

4.基于法律规定。基于法律规定的不当得利，是指在一定事实或行为发生时，法律不问当事人的意思，直接规定发生一定得利的效果。如在因附合、混合、加工而获取被添附物所有权时，允许被添附物原所有人向受益者依据不当得利请求权主张以被添附物价值相当的利益返还。

5.基于事件。如甲池塘的鱼因天降暴雨冲入乙池塘；甲饲养的家禽吃掉乙的饲料等，都是基于事件发生的不当得利。

四、不当得利之债的内容

不当得利作为债的发生根据之一，在受益人与受损人之间发生不当得利返还的债权债务关系。不当得利之债的基本内容是受损人取得的不当得利返还请求权。不当得利请求权的客体应为所受利益及基于此种利益更有所得。所受利益指受领人因给付或者非给付所受利益本身，如某种权利、物的占有使用、土地登记、债务免除等。至于对此种利益更有所得，则主要包含原物的用益（孳息、使用利益）、基于权利的所得以及原物的代偿。当原物返还不能时，则应偿还相应价款。原物返还不能主要包括依其性质返还不能，以及其他返还不能的情形，如因灭失、被盗或者遗失，或物因法律之禁止规定而不能返还，以及受领人将受领目标物出售、赠与或者与他人之物互易而移转所有权等情形。当受领之物部分毁损时，亦属不能原物返还的情形，就其毁损部分，亦应当以价额偿还。受领人对不能原物返还是否具有故意或者过失，则在所不问。不当得利请求权以使得利人返还其所受利益为目的，非以相对人所受损害的填补为目的。且在得利超过受损者损害的情形下，因其中亦包含得利人特殊技能及新型设备之功劳，故此项利益不在返还范围内。唯若该利益依社会通常观念认为应当归属于受损人时，即应认为受损人可主张不当得利返还。因此，如果受益人的利益超过了受损者的损失，受益人只在损失的限度内负返还义务；如果受益人的利益较受损者损失小，受益人也只于受益的限度内负返还义务，但受益人主观上为恶意的，受损者得请求损害赔偿。受益人的返还范围因其善意或者恶意而有不同。

（一）善意受益人的返还义务

善意受益人，是指于受益时不知道且不应当知道其受益无法律根据的受益人。根据我国《民法典》第986条的规定，知道或者应当知道其受益无法律根据但因过失而不知道者，不在善意受益人之列。

善意受益人的返还义务的范围以现存利益为限，现存利益的确定时期为受益人受利益返还请求之时，所获利益于此时已不存在的，善意受益人免负返还义务。

现存利益不以受益人取得利益的原形为限，原形虽发生变化，但只要其财产价值仍然存在或其代偿利益仍然存在，即有现存利益。凡受益人的财产总额因取得利益而增加，且该财产总额增加尚存在，则可判定有现存利益存在。倘所受之利益已经消失，且受益人未获得任何补偿，其可免负返还义务或者偿还价额的责任。以下几种情形都属于现存利益：（1）原物以及利用原物（物或权利）衍生的其他利益，如法定孳息。但受益者受领的孳息或使用利益，在某些情形下，无全部返还义务，如经受益者特殊经营能力而获取巨大收益时，只需返还通常人一般可收取的平均利益。（2）受益人取得的利益经消费而不存在，但受益人因消费不当取得的他人利益而使自己节省的消费支出。（3）受益人取得利益原形不存在，但受益人因之取得了对第三人损害赔偿请求权、保险金请求权、对价请求权等代偿利益。如甲无法律根据取得乙的房屋，致使乙受有损失，甲嗣后又将该房屋卖给丙而获得交换价金也为现有利益。不过此时，如果因为甲的非凡交易能力，使该房屋的交易价格远远高于一般市场交易价格，则甲只需按房屋的一般市场价格对乙返还其不当得利。毕竟，受领人就受领的利益为法律上的交易，其所获的对价不能认为可被纳入价额偿还范畴。当受领人所领得的利益为金钱时，因金钱本身具有高度可替代性及普遍使用性，只要移入受领人的财产，即难以识别，原则上无法判断其不存在。但受领人若能证明确以该项金钱赠与他人时，则可主张所受利益不存在。

善意受领人为取得利益或维持利益所支出

的费用，可以在返还现存利益时，要求权利人偿还有关费用或从现存利益中予以扣除。但此类费用必须系因信赖其可受有利益而产生。其主要包括，因取得该利益所支出的费用，如运费、关税等；对受领物所支出之必要费用以及有益费用；受领人相信所受利益不致返还，而将自己的财产交与他人的费用；因该利益的受领而消灭，或因其价值减少所生的损失。对于因受领标的物的性质或瑕疵造成受领人的损害也可类推适用这一规则。至于受领人向第三人支付的价金，以及不当得利的返还费用，因与受领人信赖自己将保有利益无关，故不可请求扣除。

在双务契约中，善意的标的物受领人的得利丧失抗辩应当得到限制。因于此类契约中，一方当事人信赖的不仅是得保有他方所为的给付，尚应当认知其所以得保有他方的给付，并对之为使用、收益或者处分，乃是基于对他方为对待给付。于所受领的给付损毁灭失时，自不能一方面主张所受之利益已不存在，另一方面又向他方当事人请求对待给付（金钱）的返还，将毁损灭失的危险完全转嫁给相对人负担，而免除其价额偿还责任。

（二）恶意受益人的返还义务

恶意受益人，是指明知无法律根据而取得利益的受益人。根据我国《民法典》第987条的规定，虽非明知但是应当知道其获益没有法律根据的受益人，视同恶意受益人。受益人依其对事实认识及法律上的判断，知其欠缺保有所受利益的正当依据即为已足，不以确实了解整个法律关系为必要。换言之，其所知道的程度，仅需要达到可认识的程度即可。受益人于受领时不知其受益无法律根据，其后知晓的，自知晓之日起成为恶意受益人。

恶意受益人负担较善意受益人更为严厉的返还义务，应当返还其所获得的一切利益及本于该利益所生的利益。若恶意受领的利益不存在，无论其不存在的原因为何，受益人都应当如数偿还，不得主张因利益不存在而免除偿还义务。

恶意受益人为取得、保存增加该利益所支出的必要费用，可以向权利人主张偿还，或从返还额中扣除；恶意受益人支出的有益费用，只能在现存的增加额限度内要求返还，或予以扣除。

恶意受益人依上述方法返还受损者利益仍不足以弥补受损者损失时，其应承担赔偿义务。此项赔偿义务为一种特别赔偿义务，不以受益人故意或过失为要件。

（三）第三人的返还义务

不当得利受领人将其所受领的标的物无偿让与第三人时，受损失者可以请求第三人在相应范围内承担返还义务。在此情形下，第三人所受利益是由于不当得利受领人的让与行为，第三人受有利益有法律根据，与受损者之间不成立不当得利义务；但第三人无偿取得利益相对于受损者的受有损失明显失衡，故唯有赋予第三人返还的义务才能实现对受损者的保护。

第三人的返还损失义务成立要件为：(1)得利人为无偿让与，如遗赠或赠与。若为有偿，无论其对价是否相当，均无《民法典》第988条的适用，唯在半卖半送的廉价买卖（混合赠与）中，对赠与部分仍有适用。(2)受领物为得利人应返还的物，不限于原物，原物所生孳息、代偿物亦包括在内，如得利人将原物与他人交换的物赠与第三人，受损者对于第三人在原物价格限度内有返还赠与物的请求权。(3)得利人因无偿让与而免除返还义务。第三人的返还义务是以得利人的返还义务被免除为前提的，如果得利人仍有返还义务，第三人则无须承担此义务。如得利人为恶意得利人时，由于其返还义务并不因受领利益不存在而免除，第三人无须负返还义务；但得利人无资力或死亡的，第三人仍须负返还之责。

第三人的返还范围应限于受领人因无偿让与所免除的返还义务。若第三人将受领标的物再次转赠给他人，当原物不能返还时，应偿还其价款。第三人为恶意时，应当依据《民法典》第987条的规定负担加重的返还责任。若第三人为善意第三人，仅需依照《民法典》第986条的规定返还既存得利即可。

第二节 无因管理

一、无因管理的概念

无因管理，是指管理人没有法律规定或者约定的义务，为避免他人利益受损失而管理他人事务的行为。管理事务的人称为管理人，该他人称为本人。一般而言，在没有法律规定或约定义务的情况下对他人事务予以干预，是对他人依自由意志管理事务的权利的侵犯，应属侵权行为。但民法着眼于社会生活的连带关系，为鼓励互相帮助、见义勇为的崇高精神与道德，特规定无因管理制度，赋予无因管理行为以阻却违法性的效力，并在管理人与本人之间形成债权债务关系，使无因管理成为债的发生根据之一。

无因管理是一种事实行为，不是民事法律行为。在罗马法中，无因管理属于准契约的一种，以德国法为代表的大陆法系学说虽曾认为无因管理是准法律行为，但现在已采事实行为立场，故无须以管理人有行为能力为要件。虽然管理人有管理他人事务的意思，但这种意思不同于法律行为中的意思表示，它无须表示于外为他人知晓，且不包含效果意思。无因管理的效力由法律直接规定，不以当事人的效果意思为必要。无因管理为事实行为，管理人为管理时无须具备民事行为能力，因此，管理人可以是限制行为能力人或无民事行为能力人。当然，无因管理本身虽为事实行为，但其管理他人事务的行为亦得为法律行为，此种法律行为的实施，可以管理人或本人的名义为之。只不过若以本人的名义为之，亦会发生无权代理的问题，无因管理的成立并不能导致无权代理向有权代理转化，仍然需要本人追认。

无因管理也有可能与侵权行为发生竞合。如在债务履行过程中，管理人未尽到善良管理人应尽之注意义务，对损害的发生具有故意或者过失，在侵害受益人合法权益的情形下，受益人亦可基于侵权之债主张损害赔偿请求权。如甲代收乙的包裹，虽不成立侵权行为，但甲因过失毁损包裹内的物品时，应当成立侵权责任，此时将与无因管理债务不履行责任发生竞合。无因管理的成立构成法律上的原因，可以起到阻却不当得利的效果。

《民法典》第121条规定，没有法定的或者约定的义务，为避免他人利益受损失而进行管理的人，有权请求受益人偿还由此支出的必要费用。《民法典》第979～984条对无因管理之债作了具体规定。《民法典》第184条所称“自愿实施紧急救助行为”也属于无因管理范畴。

二、无因管理的成立要件

依据《民法典》第121条的规定，无因管理的成立要件有以下三项：管理他人事务；有为他人利益的意思；无法律上的原因。

（一）管理他人事务

管理他人事务的“事务”范围相当广泛，原则上包括一切可以满足人们生活需要并适合于为债的客体的事项，但违法事务不在其列，如为他人隐藏赃物。下列事务也应被排除：单纯的不作为；本人专属的事务，如身份行为；非经本人授权不得办理的事务，如公司股东的表决权的行使。除此之外，其他事务，无论是经济性还是非经济性事务、事实行为或法律行为、继续性行为或一次性行为，均适于无因管理。

管理的事务必须是他人的事务，对自己的事务进行管理或者误把自己的事务作为他人的事务进行管理，都因为缺乏管理事务为“他人事务”这一要件而不成立无因管理。他人的事务可分为客观的他人事务与主观的他人事务。客观的他人事务是指事务在性质上与他人具有当然的结合关系，事务的内容属于他人利益的范畴，如修理他人的房屋，救助溺水的人。主观的他人事务是指该事务在外表上属于中性，依其内容或性质不当然与何人有结合关系，但可以依管理人的意思而成为他人事务。以购买书籍、承租房屋为例，如购买者、承租人为自己使用而购买或承租，这纯粹为自己的事务；如果是为他人利益而购买、承租，则可转变为他人事务。对于客观的他人事务，由于其特性从外观上可直接判明，无须管理人证明；对于主观的他人事务是否为他人事务，取决于管理人的主观意思，此时应由管理人举证证明为“他人事务”；如果管理人不能证明其所管理的事务为他人事务，则其管理不能构成无因管理。值得注意的是，管理人不具有认识本人的必要。无因管理的成立，虽以管理人有为他人管理事务的意思为要件，但管理人对于本人为谁，并无认识的必要，纵然对于本人有所误认，亦不妨碍真正无因管理的成立。当本人为多数人，抑或管理他人事务系兼为自己利益时，亦可成立无因管理。

所谓管理，是指对事务进行处理，实现事务内容的行为。管理的行为可以是事实行为，如维修他人的房屋，也可以是法律行为。管理人所为的法律行为既可以以自己的名义为之，也可以以本人的名义为之。在以本人名义为之时，涉及无权代理问题，如甲有意出租其房屋，后因病入院无法处理，乙为甲的利益，以甲的名义出租于第三人，在这里乙的出租房屋行为构成无权代理，但不妨碍甲与乙之间成立无因管理关系。管理的行为不限于单纯的管理，保存行为、改良行为、利用行为及处分行为也包括在内。《民法通则》第93条把管理事务分为“管理”和“服务”。其实，无因管理上的“管理”一词完全可以涵盖“服务”的内容，因此，《民法典》统一以“管理”称之。须注意的是，无因管理重在管理事务本身，至于目的是否达成，与无因管理之成立无关。如甲住宅失火，乙赶去救火，但因火势太大而导致自己身负重伤，即便救火目的未能达成，乙亦可根据《民法典》第979条的规定请求适当补偿。

(二)有为他人利益的意思

有为他人利益的意思是无因管理成立的主观要件，是其区别于不当得利和侵权行为的重要标准。为他人利益的意思，又称管理意思，是指管理人知道他所管理的是他人的事务，并欲使管理事务所生利益归于本人，即通过自己的管理行为增加本人利益或避免本人发生损失的主观意思。无因管理阻却违法性的效力就源于管理人的管理意思符合社会的善良道德。因此，当管理人误将他人事务作为自己事务而为自己利益予以管理(误信管理)，或明知是他人事务而出于为自己利益管理时(不法管理)，都因缺乏为他人管理的意思而不成立无因管理，由不当得利制度调整(《民法典》第985条)。当然，因不法管理人的主观状态为故意，其明知管理他人事务、利用他人财产获取利益系非法行为而仍然为之，此时应当类推适用无因管理的规定，使管理人返还本人全部利益，以实现对不法管理人的惩罚与教化目的。管理人在具有为他人管理的意思的同时，兼为自己利益而管理他人事务，仍成立无因管理。例如，甲的邻居乙家失火，甲救火是担心自己家有被殃及的危险，甲对乙仍可成立无因管理。

由于管理的意思为事实上的意思，而非效果意思，故无须表示。如何判断管理人是否具有为他人管理事务的意思？客观的他人事务在性质上当然与他人有结合关系，因而管理人的管理意思相对容易判断；对于主观的他人事务，管理人是否具有管理的意思就很难判断，通常应依据管理人与本人的地位、彼此关系、管理人为管理后的行为(如是否及时通知本人、是否及时交出管理所得等)及其他情形综合加以判断。管理意思亦可分为明示之意思及推知之意思。所谓明示之意思，是指本人事实上已经表示之意思，如落水之人高呼救命，管理人是否知悉本人所表示之意思在所不问。所谓本人可得推定的意思，指依管理事务在客观上加以判断之本人的意思。管理人有管理意思应由管理人承担举证责任。

有为他人管理的意思只要求管理人在为管理行为时主观上具有为他人利益进行管理的意思即可，至于管理行为的后果则非所问。即使管理行为的后果并未实现保护或增进本人利益的目的，也不影响无因管理的成立。如甲见乙宅失火，参与救火，由于火势凶猛，乙宅焚毁，甲的救火行为仍成立无因管理。管理人的为他人管理的意思，无须对他人有具体认识。对本人有误认，不妨碍其对真实的本人成立无因管理。如误将甲的事务当作乙的事务而为管理，仍可对甲成立无因管理。

管理人管理他人事务时必须符合本人的真实意思表示，不得违反本人明示或者可得推知的意思，否则即成立不适法的无因管理。根据《民法典》第979条的规定，在受益人的真实意思表示违反法律或者公序良俗的情形，亦可视为适法的无因管理。受益人的意思表示不符合公序良俗的典型情形如甲遗弃其妻，贫病交迫，乙为其妻看病治疗，提供食物。此时乙仍可基于无因管理债权人的身份向甲提出给付请求。另外，即便管理人管理事务并不符合本人的利益，或虽符合本人的利益但不符合其明示或可得推知的意思，在受益人享有利益的范围内，其亦可根据《民法典》第980条的规定主张享有管理利益，从而对管理人负担必要费用偿还及损失补偿义务。

值得注意的是，根据《民法典》第984条的规定，即便因管理事项不符合受益人的意思而构成不适法无因管理，管理人管理的事务经受益人追认的，从管理事务开始时起，即应当适用委托合同的有关规定，但是管理人另有意思表示的除外。由此可见，当受益人作出追认的意思表示以后，适法的无因管理、不适法的无因管理即可转化为委托合同。第984条的规定实为拟制规定，因委托合同的成立必须以双方当事人意思表示一致为前提，不能单纯依当事人一方的意思表示形成，故特设本条规定，使无因管理此项事实行为得以转化为契约。本人对管理事务的承认，系单独行为、不要式行为，得以明示或者默示方式作出，具有形成权的性质。且因对他人管理事务的承认，系本人的单独行为，其自应适用关于委任的规定时，不应使管理人处于相较无因管理人不利的法律地位。

(三)无法律上的原因

无法律上的原因，是指没有法律规定的或者约定的义务。

法律规定的义务，不限于民法的规定，还包括其他部门法的规定。民法上规定的义务如父母对未成年子女的抚养、监护义务，失踪人的财产代管人对失踪人财产的管理义务，破产管理人对破产财产的管理义务等，负有这些义务的人的管理行为不构成无因管理。在公法上，如警察的救助行为、消防员的救火行为，虽并非由于对被救助的个人负有义务，但此时对个人利益的保护是其公法上义务的内容，故也不构成无因管理。约定的义务是指基于合同而发生的一方当事人的义务，如由委托合同、雇佣合同、承租合同等都可以发生管理人对本人管理事务的义务。管理人与本人之间有这样的合同存在时，管理人对本人不得主张无因管理。在为第三人利益合同中，尽管第三人不是合同一方当事人，但义务方对第三人的义务是以对合同另一方当事人的给付为内容，对第三人也不成立无因管理。例如，甲与乙的合同中规定甲为丙修理房屋，甲为丙修理房屋的行为对丙便不构成无因管理。管理人与本人之间虽有合同义务存在，但管理人完成管理行为后，合同不成立、无效或被撤销时，管理人与本人之间不成立无因管理，但管理人可以向本人主张不当得利请求权。例如，甲受乙委托而为保证，对丙为清偿，甲清偿后发现委托合同不成立，可以向乙主张不当得利请求权，要求乙返还因甲的清偿行为所受的利益。

虽负有义务，但超过其义务的范围而处理事务时，其超过的部分仍属于无义务，可成立无因管理。例如，甲受乙委托，向丙清偿乙对丙的部分债务，如甲为使乙免责而清偿了乙对丙的全部债务，对于超过委托清偿的部分，甲与乙之间成立无因管理。但在连带债务之情形中，连带债务人之一清偿了全部债务，其对其他债务人应不成立无因管理，因为任一连带债务人对债权人为清偿是履行法律上或约定义务，并不能认定其有为其他连带债务人清偿的意思，故其不能依无因管理的规定请求返还债务人应分担的部分。

管理人有无义务，以管理事务开始时为判断时点。最初虽有义务，而中途成为无义务的，自无义务后的管理便成为无因管理。如果最初无义务，嗣后因订立合同而发生义务时，其后的事务管理便不构成无因管理。

管理人有无义务不以管理人主观判断为准，如无为本人管理的义务，而误信有此义务，不妨碍成立无因管理；相反，如果有义务而误信其无义务而为事务管理，仍不构成无因管理。

除上述要件外，如上所述，我国《民法典》第979条还将“符合受益人真实意思”作为无因管理之债的成立要件。依此规定，若管理他人事务的行为不符合本人的意愿，则不构成无因管理而可能构成侵权行为。此处所谓“受益人真实意思”，应包括本人明确表示的意思（如管理人已被告知本人曾明确表示自家危房准备拆除无须修缮），以及本人虽未明确表示，但依特定情势或一般社会观念可推知的本人意思（如本人为了育种而不采摘果园中的部分果实）。

三、无因管理之债的内容

无因管理成立后，即在管理人与本人之间发生权利义务关系，这就是无因管理之债。无因管理之债发生于管理人开始管理时。管理人自开始管理他人事务即管理承担时起，就负有妥善管理等义务，在管理过程中及管理结束后，对本人也负有一定义务，如为计算报告义务、交付管理所得义务。作为管理人承担义务的对价，管理人也享有权利，如向本人请求支付费用、补偿损失、清偿因管理而发生的债务等。

（一）管理人的义务

1.适当管理义务。这是管理人的主要义务。管理人自管理承担时起，就应依本人明示或可推知的意思，采取有利于本人的方法管理。本人就事务管理的意思曾作出明确表示的，管理人应依据本人的明示进行管理。该明示不必向管理人作出，也不需以何种特定方式作出，只要管理人知悉，就应依其意思处理事务。本人明示的意思违反社会公共利益或善良风俗的（如对应纳税款不予缴纳），管理人出于维护公共目的而违反本人意思为管理，仍为适当管理。本人对自己事务处理所表示的意思与本人真正利益冲突，管理人于管理开始后如有继续管理的必要时，依真正利益为管理的，为适当管理。依本人可推知的意思进行管理，并非完全依本人的主观意思，而应依社会一般观念判定，凡对事务的管理方法在通常情况下符合事务所有人利益的，则可认定不违反本人的意思。所谓有利于本人的方法，也应依具体情况确定，而不是以管理人或本人主观意思为标准。对于以上义务的履行，管理人应以善良管理人的注意义务为之。管理人是否尽到善良管理人应尽的注意义务，应结合管理人的管理能力或水平、管理事务性质、社会通常管理常识综合判断；如果管理人因未尽善良管理人的注意义务而违反了适当管理义务，造成了本人的损害，管理人应承担债务不履行的损害赔偿责任。但是如果管理人所管理事务处于紧迫状态，不迅速处理就会使本人遭受损失时，管理人除有恶意或重大过失外，对不适当管理不应承担责任，如救助遭遇车祸的人，非因恶意或重大过失致其随身物品遗失，对此管理人不负赔偿责任。

2.通知义务。管理人在管理开始时，应将开始管理的事实通知他人。管理人的这一通知义务以能通知为限，如果管理人无法通知（如不知本人为何人或不知本人地址），则不负通知义务。本人已知悉管理人的管理的，管理人也免负该义务。管理人通知本人后，管理的事务不需要紧急处理的，应当等待本人的指示。

3.继续管理义务。管理人于本人、本人的继承人或法定代理人得以进行管理前，应继续管理，这就是继续管理义务。《民法典》总则编并未明确规定管理人的继续管理义务，但是，管理人一般不负继续管理的义务，但于管理开始后如其停止管理较之不开始管理对本人更为不利，管理人有继续管理的义务；本人或其继承人、代理人可以进行管理的，或继续管理对本人不利时，管理人即可停止管理。《民法典》第981条亦规定，管理人管理他人事务应当采取有利于受益人的方法，中断管理对受益人不利的，无正当理由不得中断。

4.报告及移交义务。管理人在开始管理后应及时地将管理的有关情况报告给本人，管理事务结束后应明确地向本人报告管理事务的始末。管理人因管理事务所收取的金钱、物品及其孳息应交付本人，以自己名义取得的权利应移转于本人。

（二）管理人的权利

管理人的权利因管理人的开始管理即管理

的承担是否利于本人并不违反本人明知或可推知的意思而有所不同。管理的承担利于本人，并且不违反本人明示或可推知的意思时，管理人的权利为：

1.请求偿还必要费用。管理人为管理本人事务而支出的必要费用，本人应当予以偿还，并应同时偿还自支出时起的利息。必要费用是依支出时的客观情况来判定的，支出时为必要，纵因其后情况发生变化，费用的支出变为不必要，该支出的费用仍属必要，本人的偿还范围不应缩小。

2.请求清偿必要债务。管理人为管理事务而以自己名义向第三人负担的必要债务，管理人有权请求本人清偿。在此种场合下，本人并不直接向第三人负担债务，第三人的债务人仍是管理人；本人向第三人清偿的，适用代为清偿或债务承担的规定。如果管理人以本人名义向第三人负债，则发生无权代理。此时如果本人承认无权代理行为，管理人与第三人所为行为的效果直接归属于本人，由本人对第三人清偿，免除管理人的债务，如果本人不承认无权代理行为，管理人也可以请求本人清偿其因向第三人清偿支出的金钱。

3.损失补偿请求权。管理人因管理事务受到损失的，得向本人请求适当补偿。该项损失补偿请求权以管理人所受损失与管理事务之间存在因果关系为成立要件，如管理人因救火而受伤支出的医药费，得请求本人补偿。管理人对损失的发生有过失的，可以适当减轻本人的补偿义务。

管理人享有的以上请求权不以本人因管理人的管理行为所受的利益范围为限，管理人管理事务的结果即使对本人无任何利益，本人仍对管理人负有以上义务。

管理的承担违反本人明示或可推知的意思时，只有当本人向管理人主张无因管理的利益时，管理人才享有上列权利，且以本人所受利益范围为限。若本人不主张享有管理事务所得利益，当事人之间的法律关系应依不当得利规定处理。

（三）赔偿责任

管理人未履行或不适当履行义务，对本人造成损害的，应向本人承担债务不履行的责任。该责任的承担以管理人主观上存在过错（故意或过失）为要件，但因自愿实施紧急救助行为造成受助人损害的，救助人不承担民事责任（《民法典》第184条）。

管理人在管理过程中因故意或过失侵害本人其他合法权益的，应对本人负损害赔偿责任，这种损害赔偿责任在性质上是侵权责任。

管理人的管理承担不利于本人、违反本人明示或可推知的意思，通常也构成侵权行为。本人既可以对管理人依据无因管理主张管理利益返还，也可以对管理人主张侵权损害赔偿责任。

【本章主要法律规定】

《民法典》第979～988条

本编重点、难点与疑点辨析

一、《民法典》合同编的适用

《民法典》合同编通过“一般规定”明确了该编的调整对象与适用范围，正确理解相关规定，有助于妥当解决债权合同与其他合同（协议）、合同之债与非合同之债的法律适用问题。

首先，《民法典》第464条第1款规定：合同是民事主体之间设立、变更、终止民事关系的协议。依此规定，合同概念涵摄各类民事关系，既包括财产关系，也包括身份关系，而不仅指有关债权债务关系的协议。

其次，《民法典》第463条规定：本编调整因合同产生的民事关系。结合《民法典》第464条第1款的规定可知，《民法典》合同编对各类“协议”产生的民事关系（各类合同）均予以调整，成为合同关系的普通法。

最后，《民法典》第464条第2款规定：婚姻、收养、监护等有关身份关系的协议，适用有关该身份关系的法律规定；没有规定的，参照适用本编的规定。《民法典》第468条规定：非因合同产生的债权债务关系，适用有关该债权债务关系的法律规定；没有规定的，参照适用本编通则的规定，但是根据其性质不能适用的除外。上述规定中，前者进一步明确了《民法典》合同编作为合同法普通法的地位，后者确立了《民法典》合同编通则作为债法普通法的地位，仅于特别法未作规定时得以适用。

二、合同的相对性

合同的相对性，又称合同效力的相对性，是合同效力的基本特征，具体内容包括以下三个方面：

1.主体的相对性。（1）只有合同当事人彼此之间才能提出请求或诉讼，合同之外的第三人不能依据合同向当事人提出请求或诉讼；（2）合同当事人只能向对方而非第三人提出请求或诉讼。

2.内容的相对性。（1）合同当事人享有的权利原则上不及于第三人，合同当事人承担的义务一般不约束第三人；（2）合同当事人无权为他人设定合同上的义务。

3.责任的相对性。（1）违约当事人应自己承担违约责任而不能将责任推卸给他人，债务人为履行辅助人的行为向债权人负责也是责任相对性的体现；（2）因第三人的行为造成债务不能履行，债务人仍应向债权人承担违约责任；（3）债务人只向债权人而非第三人承担违约责任。

某些特殊情形下，法律赋予合同对外效力，被称为“合同效力扩张”，构成合同相对性的例外，如第三人利益合同、合同的保全、“买卖不破租赁”等。

三、格式条款的法律规制

格式条款，是指当事人为了重复使用而预先拟定，并在订立合同时未与对方协商的条款。鉴于提供格式条款一方可能滥用己方的有利地位损害相对人的合法权益，《民法典》为格式条款设置了三重规制：

1.订入规制。在签订格式条款时，对于与相对人具有重大利害关系的条款，提供方须尽到提示和说明义务。若提供方违反此种提示和说明义务的，则相对方有权主张该条款不成为合同的内容（未达成合意）。

2.效力规制。格式条款在符合下列三种情形之一时，应当被认定为无效。（1）具有《民法典》第一编第六章第三节所规定的无效的法律行为的事由以及《民法典》第506条所规定的无效的免责条款的情形。（2）提供格式条款一方不合理地免除或者减轻其责任、加重对方责任、限制对方主要权利。（3）提供格式条款一方排除对方主要权利。其中，第（2）种情形以“不合理”为条件，第（3）

种情形则无此要求。

3.解释规制。当事人就格式条款之理解发生争议时，按照下列规则对该格式条款进行解释：（1）通常解释规则。按照通常理解对格式条款进行解释。（2）不利解释规则。对格式条款有两种以上解释时，采用不利于格式条款提供方的解释。（3）非格式条款优先规则。若格式条款与非格式条款不一致的，应当采用非格式条款。此处应注意，不利解释规则是通常解释规则的补充，而不是优先适用。

四、缔约过失责任与违约责任的适用

缔约过失责任，是指因当事人在订立合同过程中因违背诚实信用原则而给对方造成损失，依法应承担的赔偿责任。违约责任，是指因一方当事人不履行合同义务或者履行合同义务不符合约定所应承担的民事责任。尽管二者均为合同法领域的民事责任，但存在如下区别：

1.发生时间不同。缔约过失责任发生在合同的缔结阶段，通常与合同不成立、无效、被撤销相关联；违约责任则发生在合同有效成立后的履行阶段，合同未成立、无效、被撤销情形下均不可能发生违约责任。

2.违反义务不同。缔约过失责任基于当事人违反基于诚实信用原则负担的先合同义务而产生，而违约责任则基于当事人违反合同义务而产生。

3.归责原则不同。缔约过失责任的产生要求当事人因过错而违反先合同义务，违约责任原则上不以当事人具有过错为要件。

4.责任性质不同。缔约上过失责任是一种法定的损害赔偿责任，而违约责任则可以由当事人自行约定，如当事人可以约定违约金、损害赔偿金的计算方法和数额等。

5.赔偿范围不同。缔约上过失责任赔偿当事人的信赖利益损失，违约责任则赔偿当事人的期待利益损失。在具体的责任形式上，缔约上过失责任表现为单一的损害赔偿责任，而违约责任则表现为支付违约金、赔偿损失和实际履行等多种责任形式。

五、预约合同的认定与违约责任

预约合同是指关于订立某一合同的约定。当事人以认购书、订购书、预订书等形式约定在将来一定期限内订立合同，或者为担保在将来一定期限内订立合同交付了定金，能够确定将来所要订立合同的主体、标的等内容的，应当认定预约合同成立。当事人仅表达交易的意向，未约定在将来一定期限内订立合同，或者虽然有约定但是难以确定将来所要订立合同的主体、标的等内容，不能认定预约合同成立。

预约合同生效后，当事人一方拒绝订立本约合同或者在磋商订立本约合同时违背诚信原则导致未能订立本约合同的，应当认定该当事人不履行预约合同约定的义务，对方有权请求其赔偿因此造成的损失（不得诉请强制缔约）。关于违反预约合同的损失赔偿，当事人有约定的，按照约定；没有约定的，其赔偿范围应当在非违约方订立本约合同的信赖利益与本约合同的履行利益之间，综合考虑预约合同在内容上的完备程度以及订立本约合同的条件的成就程度等因素酌定。

六、合同效力的判定

对于批准生效合同，应承认报批义务的“先行履行”效力，负有报批义务的当事人不履行报批义务或者履行报批义务不符合合同的约定或者法律、行政法规的规定，对方有权请求其继续履行报批义务，也可主张解除合同并请求其承担违反报批义务的赔偿责任。

认定合同是否因“违反法律、行政法规的强制性规定”而无效，首先应注意区分强制性规定与权限性（赋权性）规定，对于后者，应当依据法律、行政法规规定的关于违反该规定的民事法律后果认定合同效力；其次，即使合同违反强制性规定，若由行为人承担行政责任或者刑事责任能够实现该强制性规定的立法目的，也可以依据《民法典》第153条第1款关于“该强制性规定不导致该民事法律行为无效的除外”的规定，认定该合同不因违反强制性规定无效。

认定合同是否违背公序良俗，应当以社会主义核心价值观为导向，综合考虑当事人的主观动机和交易目的、政府部门的监管强度、一定期限内当事人从事类似交易的频次、行为的社会后果等因素，并在裁判文书中充分说理。当事人确因生活需要进行交易，未给社会公共秩序造成重大影响，且不影响国家安全，也不违背善良风俗的，不应当认定合同无效。

七、涉他合同的履行规则

涉他合同可分为由第三人履行的合同与向第三人履行的合同，在把握二者的履行规则时，须注意二者与合同相对性原则的关系。

由第三人履行的合同，在履行的主体上突破了合同的相对性，由合同以外的第三人向合同当事人履行合同义务。但其并未突破合同责任的相对性，当第三人不履行合同义务或履行合同义务不适当时，合同当事人只能向另一方当事人主张违约责任。

由第三人履行不同于第三人代为履行，后者是指债务人不履行债务时由对该债务履行具有合法利益的第三人向债权人代为履行。第三人由于“具有合法利益”有权代为履行，债权人不得拒绝，但根据债务性质、当事人约定或者法律规定只能由债务人履行的除外。至于何为“具有合法利益”的第三人，应依司法解释的相关规定予以认定。

向第三人履行的合同可分为不真正利益第三人合同与真正利益第三人合同。对于前者，合同的履行主体及于第三人，但仍遵循违约责任的相对性。而对于后者，在当事人约定或法律规定赋予第三人直接请求权时，若第三人对此未明确拒绝，则第三人不仅可以请求合同当事人履行合同义务，并且在合同当事人不履行或履行不适当时，第三人有权向其主张违约责任。在区分二者时，关键在于第三人是否依据合同当事人的约定或法律的规定取得请求权，以及第三人是否接受此种请求权。

八、不安抗辩权的成立与行使

作为双务合同三大抗辩权之一的不安抗辩权，在其成立要件与权利的行使上，与同时履行抗辩权、先履行抗辩权均存在区别，应注意甄别。

不安抗辩权的成立应当具备以下要件：(1)当事人基于同一双务合同互负对待给付义务。(2)当事人的义务存在履行上的先后顺序。(3)应当后履行的一方存在不安事由，具体包括：经营状况严重恶化；转移财产、抽逃出资，以逃避债务；丧失商业信誉；有丧失或可能丧失履行债务能力的其他情形。

当事人行使不安抗辩权的，需要分为以下几个步骤：(1)当事人主张中止履行的，应当及时通知对方。(2)对方提供适当担保的，应当恢复履行。(3)对方在合理期限内未恢复履行能力且未提供适当担保的，中止方可以解除合同并请求对方承担违约责任。此处应关注不安抗辩权与预期违约存在一定区别，不安抗辩权未必一定造成预期违约，只有当对方既未恢复履行能力又不提供担保的场合，方可构成预期违约。此外，还需注意，当事人行使不安抗辩权须提供确切证据，否则应当承担违约责任。

九、情势变更规则的适用

情势变更是基于公平原则而设立的合同变更或解除规则，在适用这一规则时须严格把握其构成要件：

1.须有情势变更的事实，即因政策调整或者市场供求关系异常变动等原因导致价格发生当事人在订立合同时无法预见的、不属于商业风险的涨跌。但是，合同涉及市场属性活跃、长期以来价格波动较大的大宗商品以及股票、期货等风险投资型金融产品的除外。情势变更与商业风险的主要区别在于：(1)能否预见不同；(2)能否归责于当事人不同；(3)后果(是否动摇合同成立基础)不同。此处须注意不可抗力与情势变更并非排斥关系，不可抗力亦可成为引发情势变更的事由。

2.情势变更的事实发生在合同成立之后，履行完毕之前，即合同的履行阶段。合同成立前发生的情势变化属当事人可以预见的客观情况，合同履行完毕后发生的情势变化，因合同关系已经消灭，亦不适用情势变更规则。

3.情势变更为当事人所不能预见且不可归责于双方当事人。如当事人可以预见该客观情况的变化，则由当事人自担风险；如可归责于当事人，则应由其承担风险或违约责任。

4.继续履行合同对一方当事人明显不公平，即坚守合同对当事人而言不具有期待可能性。

发生情势变更，当事人请求变更合同的，人民法院不得解除合同；当事人一方请求变更合同，对方请求解除合同的，或者当事人一方请求解除合同，对方请求变更合同的，人民法院应当结合案件的实际情况，根据公平原则判决变更或者解除合同。

十、债务转移的类型及其有效要件

债务转移是在保持债同一性的基础上，替换或增加债务人。依债务人是否脱离债之关系，债务转移可分为免责的债务承担与并存在的债务承担。

免责的债务承担，是指债务人全部或部分脱离债之关系，由第三人承担债务的法律事实。免责的债务承担的有效须具备几个要件：(1)原债务是有效存在的债务；(2)发生转移的债务具有可转移性；(3)债务人与第三人或债权人与第三人之间达成有效的债务转移协议；(4)债务转移已经债权人同意，债务人或第三人可以催告债权人在合理期限内予以同意，债权人未作表示的，视为不同意；(5)法律、行政法规规定移转债务应当办理批准、登记等手续的，应当办理相应的批准、登记手续。

并存的债务承担，又称债务加入，是指第三人全部或部分加入债之关系，与原债务人一起向债权人履行债务。并存的债务承担的有效须具备几个要件：(1)原债务合法有效；(2)第三人有债务加入的明确的意思表示，此种明确之意思表示既可以由债务人与第三人达成协议，亦可由第三人单方允诺；(3)原债务具有可转移性。需要注意，区别于免责的债务承担，并存的债务承担的有效并不以债权人同意为要件。此外，应将并存的债务承担与保证担保予以区分。

十一、合同法定解除的条件、程序及后果

合同法定解除，是指合同生效后，没有履行或者未履行完毕前，当事人在法律规定的解除条件出现时，行使解除权而使合同关系消灭。

在发生下列情形之一时，当事人方可行使法定解除权解除合同：(1)因不可抗力致使不能实现合同目的；(2)当事人一方预期违约；(3)当事人一方迟延履行主要债务，经催告后在合理期限内仍未履行；(4)当事人一方迟延履行主要债务或者有其他违约行为致使合同目的不能实现；(5)法律规定的其他情形。此外，在以持续履行债务为内容的不定期合同中，当事人可以随时解除合同，但应当提前合理期限通知对方。援用合同法定解除事由时，应准确把握“根本违约”“不能实现合同目的”的含义。

法定解除权系单纯形成权，当事人行使法定解除权的，须通知对方当事人，在通知到达对方时，发生解除的效力。通知中载明债务人于一定期限内不履行债务则合同自动解除，债务人在该期限内未履行债务的，合同自通知载明的期间届满时解除。当事人以诉讼或仲裁的方式解除合同的，在起诉状副本、仲裁申请书副本到达对方时，发生解除的效力。

合同解除后，尚未履行的，终止履行；已经履行的，根据履行情况和合同性质，当事人可以请求恢复原状或者采取其他补救措施，并有权请求赔偿损失。此外，还需注意，合同解除后，不影响违约方违约责任的程度，亦不影响担保人对解除后的民事责任承担担保责任。

十二、合同继续履行责任的适用

作为合同一方拒绝履行或部分履行的一种补救方式，继续履行属于违约责任的范畴，是法律规定的对违约方的一种行为强制。适用合同继续履行应满足以下条件：

1.不存在法律上或事实上履行不能的情形。（1）法律上的履行不能：比如合同无效、合同不成立，继续履行将违反法律的强制性规定；（2）事实上的履行不能：比如合同标的在合同订立前就已经不存在，或者合同订立后毁损、灭失，导致事实上无法继续履行。

2.继续履行存在经济合理性。继续履行是违约的一种补救措施，而非惩罚性措施，债权人是否要求违约方继续履行以及违约方应否继续履行都应考虑其经济合理性，若继续履行费用过高，不适用继续履行的责任形式。

3.债务标的适于强制继续履行。对于基于人身信任关系成立的合同，强制履行有悖于合同的性质，不得适用继续履行。

4.债权人在合理期限内请求继续履行。从利益衡量的立场出发，对债权人主张强制履行的权利应做一定限制，以稳定当事人之间的关系，保护违约方的正当利益。“合理期限”作为不确定概念，应根据合同种类、性质、目的、交易习惯判断。

应当注意的是，对于不能要求债务人继续履行的合同，债权人仍有权要求债务人承担采取补救措施、赔偿损失等其他违约责任。此外，对于因不能适用继续履行责任导致合同目的不能实现的情形，应注意合同解除规则与合同裁判终止规则的适用关系。

十三、违约损害赔偿的基本规则

违约损害赔偿范围有约定赔偿和法定赔偿之分，约定赔偿指由当事人自行约定赔偿范围和赔偿额，法定赔偿指依据法律确定赔偿范围和赔偿额。其中，违约损害法定赔偿应当遵循以下规则：

1.完全赔偿规则。违约方不仅应赔偿守约方遭受的现实损失，亦应赔偿合同履行后可得利益损失。值得注意的是，惩罚性赔偿是本规则的例外，包括欺诈消费者、生产不符合食品安全标准的食品或者经营明知不符合食品安全标准的食品、旅游经营者违约或欺诈。

2.合理预见规则。违约损害赔偿范围以违约方在订立合同时预见或者应当预见的损失为限。

3.过失相抵规则。守约方对于损害的发生或者损害结果的扩大具有过错时，依法减轻或者免除赔偿义务人的损害责任，从而公平合理地分配损害。

4.损益相抵规则。守约方基于发生损害赔偿请求权的同一原因受有利益时，应当在计算损害赔偿的数额时扣除该收益或者节约的费用。守约方受有利益包括积极利益（财产的实际增加）和消极利益（本应减少的财产未减少）。

5.减轻损失规则。守约方应当采取适当措施防止损失扩大，否则不得就扩大的损失部分请求赔偿。

应当注意的是，当约定赔偿和法定赔偿存在竞合时，一般应当优先适用约定赔偿，除非该约定存在无效事由。

十四、违约金的适用与调整

违约金不仅具有担保债务履行的功效，还兼具惩罚违约人和补偿无过错一方当事人所受损失的效果，是违约责任的重要形式。

违约金的适用条件主要包括：（1）存在有效合同关系。合同未成立、无效或被撤销的，违约金条款的约定也相应无效。（2）存在合同约定或法律规定。若无合同约定或法律规定，违约行为可能产生违约责任，但不承担给付违约金责任。（3）违约行为的存在。一般而言，各种违约形态均可导致违约金的支付，但如果当事人在合同中仅就某种特定的违约行为约定了违约金，则应当以合同约定的具体情形发生作为支付违约金的条件。

违约金的适用中应注意违约金与赔偿金、定金的关系：(1)补偿性违约金是当事人双方预估的损害赔偿总额，原则上违约方支付违约金后可免负赔偿责任，守约方也不得另行主张损害赔偿；惩罚性违约金则旨在惩罚违约行为，如果守约方因违约而遭受财产损失，违约方除支付违约金外，尚须赔偿对方损失。(2)违约定金与违约金原则上不能并用；适用定金罚则不足以弥补一方违约造成的损失的，对方可以请求赔偿超过定金部分的损失。

违约金虽具有补偿性和惩罚性双重性质，但仍以填补守约方实际损失的补偿性为主，违约金畸高和畸低均会导致不公平结果。为此，法律、司法解释确立了违约金调整规则，具体可以从以下几个方面来理解：

1.以违约金的数额低于或者过分高于实际损失为前提。(1)对于违约金低于实际损失的情形，法律、司法解释未作幅度要求，原则上只要实际损失超出违约金数额即可适用调整规则；(2)对于违约金高于实际损失的情形，法律、司法解释明确了幅度要求，需违约金超出实际损失30%的，违约方才能请求调整。

2.须由当事人请求，法院或仲裁机构不得主动调整。

3.违约金的调整方法是根据损失情况“予以增加”或“予以减少”。

十五、买卖合同标的物的所有权转移与风险负担

一般情况下，买卖合同标的物的所有权自标的物交付时起转移。但在具体适用所有权转移交付主义一般规则时，应注意以下特殊规则：(1)所有权保留。当事人可以在买卖合同中约定买受人未履行支付价款或者其他义务的，标的物的所有权属于出卖人。(2)知识产权归属特别规定。在买卖的标的物为知识产权的载体时，除法律另有规定或者当事人另有约定外，出卖人不负有转移知识产权的义务，买受人也不能取得标的物的知识产权。

买卖合同标的物风险负担按交付原则确定，即标的物毁损、灭失的风险，在标的物交付之前由出卖人承担，交付之后由买受人承担。但存在以下例外规则：(1)标的物尚未交付，风险已经转移给买受人，包括：第一，在途货物买卖；第二，送至指定地点并交付给承运人；第三，货交第一承运人；第四，买受人迟延受领或迟延提货；第五，买受人的原因导致标的物未按约定期限交付。(2)标的物已交付买受人，但风险仍未转移。出卖人的交付行为构成根本违约(质量不符合要求，致使合同目的不能实现的)，即使已经交付买受人，风险也不发生转移。对上述特殊规则，应重点掌握。

十六、房屋承租人优先购买权的成立与行使

房屋承租人优先购买权是法律赋予房屋承租人的法定权利，并非依当事人之间的合同而产生的，而是强制性的，即出卖人出卖租赁房屋的，应当在出卖之前的合理期限内通知承租人。

承租人优先购买权的成立应满足以下条件：(1)出租人出售房屋时，承租人仍在租赁该房屋，准备租房与租过该房的前承租人不享有优先购买权；(2)承租人在同等条件下才享有优先购买权，此处的“同等条件”是指付款时间、付款方式、付款价格等交易条件与其他竞买者相同；(3)承租人只有在出租人转让其房屋产权时，才能实际行使优先购买权。

但是，承租人优先购买权的行使并非毫无限制，《民法典》明确下列情形承租人无权主张行使优先购买权：(1)房屋按份共有人行使优先购买权的；(2)出租人将房屋出卖给近亲属的，包括配偶、父母、子女、兄弟姐妹、祖父母、外祖父母、孙子女、外孙子女；(3)出租人履行通知义务后，承租人在15日内未明确表示购买的；(4)出租人委托拍卖房屋并在拍卖5日前通知承租人，承租人未参加拍卖的；(5)第三人购买租赁房屋并已经办理登记手续的。

十七、建设工程合同的效力

(一)根据建设工程合同的无效事由及无效后的价款结算

建设工程合同无效事由包括：(1)建设工程非法转包的。(2)建设工程违法分包的。但是合法分包应被允许，具体而言：第一，总合同明确约定允许分包；第二，分包工程是总工程的一部分非主体结构工程；第三，分包人具有相应资质；第四，禁止分包单位再次分包。(3)承包人未取得建筑施工企业资质或者超越资质等级的。(4)没有资质的实际施工人借用有资质的建筑施工企业名义的。(5)建设工程必须进行招标而未招标或者中标无效的。(6)发包人未取得建设工程规划许可证等规划审批手续的，但发包人在"起诉前"取得规划审批手续的，不按无效合同处理。

关于建设工程合同无效，但建设工程验收合格的，可以参照合同关于工程价款的约定补偿承包人。若建设工程合同无效且建设工程验收不合格，按如下情形处理：(1)修复后经验收合格的，承包人承担修复费用；(2)修复后仍验收不合格的，承包人无权请求补偿。此外，若发包人对因建设工程不合格造成的损失存在过错的，应当承担相应责任。

(二)建设工程价款优先受偿权

建设工程价款优先受偿权是建设工程承包人基于其工程价款债权对其承建的建筑物、构筑物享有的优先受偿权。对此，应重点把握以下几点：(1)建设工程优先受偿权以发包人逾期不支付建设工程价款为成立条件，是一种法定担保物权；(2)建设工程价款优先受偿权既适用于已竣工建设工程，也适用于未竣工建设工程；(3)承包人应当在合理期限内行使建设工程价款优先受偿权，但最长不得超过18个月，自发包人应当给付建设工程价款之日起算；(4)当事人可以约定放弃或者限制建设工程价款优先受偿权的行使，但如果该约定损害建筑工人利益，应认定无效。

十八、不当得利的成立条件与返还规则

不当得利是债的发生根据之一，其产生于"无法律上的原因所受利益，致他人受损害"的事实，《民法典》将其纳入"准合同"范畴规定于合同编。不当得利的成立条件包括：(1)一方受益，包括财产的积极增加和消极增加；(2)他方受损，包括财产积极损失和消极损失；(3)一方受益与他方受损之间有因果关系，这种因果关系的存在不受受益与受损的财产范围、是否同时发生以及表现形式的影响；(4)没有合法根据，这是认定"不当"的核心内容。

不当得利之债的基本内容是受损人取得的不当得利返还请求权，受益一方的返还范围因其是否为善意而有所不同，具体分为以下三种：(1)受益人为善意的，返还利益的范围以利益存在的部分为限，如果现存利益已不存在，则不负返还义务。受益为取得利益或维持利益所支出的费用，可以在返还现存利益时要求权利人偿还有关费用或从现存利益中予以扣除。(2)受益人为恶意的，返还利益的范围应是受益人取得利益时的数额，即使该利益在返还之时已经减少甚至不复存在，返还义务也不免除。(3)受益人在取得利益时为善意、嗣后为恶意的，返还范围应以其恶意开始之时存在的利益为限。

第四编

人格权

本编导读

民法调整平等主体之间的人身关系和财产关系，其中人身关系又具体包括人格权关系和身份权关系，《民法典》人格权编即旨在调整民事主体之间的人格权关系。在体系设计方面，我国《民法典》既整体上继受了传统大陆法系民法典的基本框架，又结合我国法制现状进行了一定的创新，最为突出的表现就是设置了独立的人格权编。从《民法典》的体系结构来看，除人格权编外，其他各编均有民事单行法的立法基础，但人格权单独成编并非我国民法典刻意创新的产物，其与我国改革开放以来民事立法与司法实践经验是一脉相承的。

本编包括两章内容，即人格权概述与具体人格权。人格权概述为人格权制度的一般规则，可以看作《民法典》人格权编的总则，具体人格权为人格权制度的具体规则，可以看作《民法典》人格权编的分则。可见，我国《民法典》人格权编采纳了总分结构的编排方法，这既与《民法典》其他各编在体系设计上保持了一致，也有别于域外法通过零散化规则保护人格权的方式，是我国民法典在人格权保护方面的重要创新，具有鲜明的中国特色。

人格权概述一章包括两节，第一节为人格权的概念和分类，具体介绍了人格权的概念、人格权的特征、人格权与身份权、人格权的分类等内容。人格权是民事主体依法对其人格要素享有利益并排除他人非法侵害的、以维护和实现人格尊严和人格自由为目的的权利。人格权不同于财产权，其与个人的人格尊严具有直接的关联；人格权也不同于身份权，身份权以一定身份关系的存续为存在前提，而人格权一般具有固有性，是主体与生俱来的一项权利。第二节为人格权保护的一般规则，具体介绍了人格要素的使用、人格权的延伸保护、人格权请求权与诉讼时效、违约责任与人格权保护、人格权的禁令保护、侵害人格权责任的认定等内容。人格权虽然具有人身专属性，不得转让、抛弃，也不得继承，但权利人可以许可他人对其人格要素进行使用，在特定情形下，相关主体也可以基于公共利益等目的合理使用他人的人格利益。我国《民法典》还对人格权进行延伸保护，即依法对胎儿的人格利益和死者的人格利益予以保护，这也体现了民法的人文关怀精神。人格权不同于财产权，人格权编对人格权保护的特殊规则作出了规定，如规定了人格权请求权规则、人格权的禁令保护规则等，彰显了人格权保护的特殊性。

具体人格权一章以我国《民法典》人格权编的规定为主线，具体介绍了人格权编所规定的各项人格权益，该章包括五节，第一节为生命权、身体权、健康权，第二节为姓名权、名称权，第三节为肖像权，第四节为名誉权和荣誉权，第五节为隐私权和个人信息保护。在《民法典》颁行前，《侵权责任法》也对人格权提供保护，但侵权法规则主要解决的是人格权遭受侵害后的侵权责任承担问题，其无法从正面规定各项人格权的具体内容和权能，《民法典》人格权编对各项具体人格权作出规定，详细规定了其权利内容、效力及其保护规则，真正实现了对人格权的正面确权。在《民法典》颁行后，立法机关又颁行了《个人信息保护法》及相关的司法解释，对个人信息的保护规则作出了系统规定，丰富了个人信息的保护规则。本章除阐述各项具体人格权的概念、特征等内容外，还阐述了各项具体人格权特殊的保护规则。例如，就生命权、身体权、健康权的保护而言，人格权编规定了负有法定救助义务的主体的及时施救义务，规定了不得强迫、欺骗、利诱权利人捐献其人体细胞、人体组织、人体器官、遗体的规则，规定了从事人体医学临床试验应当符合法定的条件和程序的规则，规定了从事人体基因、人体胚胎等有关的医学和科研活动受到严格规制的规则，规定了禁止实施性骚扰行为的规则。除生命权、身体权、健康权之外，人格权编在其他具体人格权部分同样规定了其特殊的保护规则，本章内容对此进行了阐述。

第二十四章 人格权概述

【本章主要内容提示】

1.人格权是民事主体依法享有其人格要素并排除他人非法侵害的、以维护和实现人格尊严和人格自由为目的的权利。人格权具有固有性、专属性、对世性，兼有防御性和积极利用的权能、体系开放性等特点。

2.人格权不同于身份权，二者在主体范围、权利客体、权利取得条件和权利存续条件等方面存在区别；但二者均属于人身权的范畴，在法律对身份权没有特别规定时，人格权的规则可以依法准用于身份权。

3.依据内容和客体的不同，可以将人格权分为一般人格权与具体人格权。依据主体的不同，可以将人格权分为自然人人格权、法人人格权与非法人组织人格权。依据所保护的人格利益的性质的不同，可以将人格权区分为物质性人格权与精神性人格权。

4.死者人格利益受法律保护，在侵害死者人格利益时，死者近亲属有权请求行为人承担民事责任。

5.在其人格利益的享有状态受到不当影响时，权利人有权主张人格权请求权，以恢复对其人格利益的享有状态。

6.在违约责任与侵权责任竞合的情况下，如果一方的违约行为损害对方人格权并造成严重精神损害，则人格权遭受损害的一方当事人可以在违约责任中主张精神损害赔偿责任。

7.在侵害人格权益的行为正在发生或者将要发生时，权利人可以在诉讼前或者诉讼过程中依法请求法院颁发禁令，责令行为人停止相关的侵害行为。

8.在认定侵害生命权、身体权、健康权之外的人格权的民事责任时，应当考虑行为人和受害人的职业、影响范围、过错程度，以及行为的目的、方式、后果等因素。

第一节　人格权的概念和分类

一、人格权的概念

人格权，是指民事主体依法对其人格要素享有利益并排除他人非法侵害的、以维护和实现人格尊严和人格自由为目的的权利。在民事权利体系中，人格权属于人身权的范畴。人格权主要是一种精神性权利，但部分人格权也包含一定的财产利益，权利人可以许可他人对其人格要素进行利用，并据此获得一定的经济利益。例如，依据《民法典》第993条的规定，个人的肖像、姓名等可以成为许可使用的对象。人格权以民事主体的人格要素为客体，人格要素的范围十分广泛，其既包括个人的尊严、人身自由等一般性的人格利益，也包括个人的姓名、肖像等具体人格利益，还包括主体获得良好社会评价以及个人的私生活秘密等。人格权的内容体现为权利人对其人格利益的享有和抵御外来侵害的权利。从我国《民法典》的规定来看，人格权的主体十分宽泛，其不限于自然人，法人、非法人组织也是人格权的主体。

二、人格权的特征

人格权是民事主体所享有的一项基本民事权利，主要具有如下特征：

第一，固有性。人格权具有固有性，是权利人所固有的一项权利。就自然人而言，自其出生之日起就享有生命权、身体权、健康权等各项人格权，而不需要其实施一定的行为才能获得相关的人格权。就法人、非法人组织而言，自其成立之日起就享有名称权、名誉权等人格权。只要相关主体的民事主体资格存在，其就享有相关的人格权益。此外，人格权的固有性还体现为人格权的不可剥夺性，即任何主体不得非法剥夺他人的人格权，除基于人民法院生效的死刑判决而剥夺个人的生命权等极个别情形外，人格权并不具有可剥夺性。当然，人格权作为一项民事权利，其具有可限制性，其可能受到公共利益、他人权利等的限制。例如，依据《民法典》第1025条的规定，名誉权受到公共利益的限制，行为人为公共利益而实施新闻报道、舆论监督等行为的，即便影响他人名誉，也无须承担民事责任。

第二，专属性。人格权的专属性，是指人格权与权利主体不可分离，只能为特定的权利人所享有。人格权的专属性是其与财产权的重要区别，财产权通常并不具有人身专属性，其一般可以成为交易的对象，而人格权具有较强的人身专属性，只能为特定的权利人享有。当然，在现代社会，人格权的专属性出现了一定的松动。也就是说，虽然人格权原则上不得转让，但权利人可以依法许可他人对其人格要素进行利用。《民法典》第993条对人格要素的许可使用规则作出了规定。

第三，对世性。人格权是一种对世权，权利人之外的任何人都负有不得非法侵害其人格权的义务，而且权利人行使其人格权不需要义务人的协助即可实现。人格权与物权、知识产权一样，在性质上均属于绝对权，其权利人是特定的，而义务人是权利人之外一切不特定的人。人格权的对世性也使其可以受到与物权、知识产权类似的绝对权请求权的保护，即在人格权遭受他人侵害或者有遭受他人侵害的可能时，权利人有权主张人格权请求权，以保护其人格权，而且权利人在主张人格权请求权时，并不需要证明行为人的行为符合侵权责任的构成要件，这就更有利于人格权的保护。

第四，兼有防御性和积极利用的权能。按照传统观点，人格权仅具有消极防御的效力，而不具有积极利用的权能，即仅在人格权遭受侵害时，权利人才能主张其人格权遭受侵害，从而排除行为人的不法侵害行为。而随着经济社会的发展，尤其是随着人格要素许可使用制度的发展，许多人格权都具有积极利用的权能，即权利人可以积极行使其人格权益。例如，个人可以许可他人利用其姓名、肖像等人格利益。《民法典》第993条对人格利益许可使用规则作出了规定，为人格权积极利用权能的发挥提供了制度基础。

第五，体系开放性。人格权是一项不断发展的法律制度。随着社会的发展，新型的人格权益不断产生，因此，人格权的体系具有开放性。为适应人格权体系开放性的需要，我国《民法典》在规定各项具体人格权的同时，也规定了一般人格权，为新型人格利益保护提供了法律依据，保持了人格权体系的开放性。

三、人格权与身份权

（一）身份权概述

按照权利性质的不同，可以将民事权利分为两大类，即人身权与财产权；而人身权又可以细分为人格权与身份权，可见，人格权与身份权关联密切。所谓身份权，是指自然人所享有的与其身份有关的一些人身权利。身份权的产生以一定的身份关系为基础，只有具有某种身份关系，才能产生身份权；相关的身份关系消灭，身份权也随之消灭。依据产生身份权的身份关系的不同，可以将身份权分为如下两类：一是基于当事人之间亲属关系而产生的身份权。例如，基于婚姻关系、父母子女关系、监护关系等而产生的身份权。从实践来看，行为人非法使被监护人脱离监护，损害他人亲子关系的，即构成对他人身份权的侵害。二是基于亲属关系之外的其他社会关系而产生的身份权。一般而言，身份权主要是指前一种类型的身份权，即基于当事人之间亲属关系而产生的身份权。

（二）人格权与身份权的关系

人格权与身份权关联密切，具体而言：

1.二者均属于人身权，具有人身专属性。从上述民事权利的分类来看，人格权与身份权均属于人身权的范畴。人身权不同于财产权，其具有很强的人身专属性，不具有可转让性，因此，有关财产权交易的规则并不当然能够适用于人格权与身份权。

2.二者均属于对世权。人格权与身份权均属于绝对权的范畴，即义务人为权利人之外的一切不特定的第三人，任何义务人都负有不得非法侵害他人人格权与身份权的义务。同时，无论是人格权，还是身份权，权利人实现其权利均不需要义务人的积极行为，义务人仅负有不得妨碍权利人依法实现权利的义务。

3.二者的救济方式具有相似性。在人格权和身份权遭受侵害的情形下，虽然权利人也可能遭受一定的财产损失，但其主要遭受的是精神损害。因此，无论是人格权还是身份权，在其遭受侵害后，都主要通过精神损害赔偿责任对权利人提供救济。

当然，虽然人格权与身份权关联密切，但二者也具有一定的区别，主要体现为如下几个方面：

1.权利主体范围不同。从《民法典》的规定来看，人格权的主体范围十分广泛，自然人、法人以及非法人组织均为人格权的主体。而身份权以权利人具有一定的身份关系为前提，因此，其主体仅限于自然人，法人和非法人组织并不享有身份权。

2.权利客体不同。人格权的客体为人格利益，即权利人对其人格尊严、人身自由以及姓名、肖像等人格标识等所享有的利益；而身份权的客体为身份利益，即权利人基于一定的身份关系而享有的利益。

3.权利取得的条件不同。人格权具有固有性，自然人出生后即可取得生命权、身体权、健康权等人格权，而不需要权利人实施相关的行为。而对身份权而言，虽然有的身份权的取得并不需要行为人积极行为，如自然人出生后，即可以享有基于父母子女关系而产生的身份权，但许多身份权需要行为人实施一定的行为才能取得相关的身份权，而不是自权利人出生时即可取得。例如，基于婚姻关系而产生的身份权需要权利人具有婚姻关系。

4.权利存续的条件不同。人格权与权利人的主体资格不可分离，只要权利人处于生存状态，其就可以享有人格权，权利人享有人格权并不需要其具有相关的身份关系。而身份权的存在以权利人具有一定的身份关系为前提，该身份关系消灭，相关的身份权也随之消灭。例如，对基于婚姻关系而产生的身份权而言，婚姻关系消灭，该身份权也随之消灭。

（三）人格权保护规则准用于身份权

由于人格权与身份权关系紧密，因此，《民法典》第1001条规定："对自然人因婚姻家庭关系等产生的身份权利的保护，适用本法第一编、第五编和其他法律的相关规定；没有规定的，可以根据其性质参照适用本编人格权保护的有关规定。"依据该条规定，关于对自然人因婚姻家庭关系产生的身份权的法律调整，除法律有特别规定外，可以准用人格权编的规则，这尤其体现在身份权的保护方面，即在身份权遭受侵害的情形下，可以准用人格权的保护规则对权利人提供保护。例如，《民法典》第995条对人格权请求权作出了规定，而从《民法典》的规定来看，其并没有规定身份权请求权，身份权作为一种绝对权，其也应当受到绝对权请求权的保护，因此，可以准用人格权请求权对身份权提供保护，这也有利于维护权利人对其身份利益所享有的圆满状态，并及时预防侵害身份权行为的发生。再如，就违约精神损害赔偿规则而言，从《民法典》第996条的规定来看，其仅规定了人格权遭受侵害时的违约精神损害赔偿，在因一方违约同时侵害他人身份权益，并造成受害人严重精神损害的情形下，受害人也应当有权主张精神损害赔偿责任，这也有利于对权利人提供全面的救济。

四、人格权的分类

依据不同的标准，可以对人格权进行如下不同的分类：

（一）一般人格权与具体人格权

依据内容和客体的不同，可以将人格权区分为一般人格权和具体人格权。所谓一般人格权，是指以个人人身自由、人格尊严为内容的，抽象的、概括性的权利。《民法典》第990条第2款规定："除前款规定的人格权外，自然人享有基于人身自由、人格尊严产生的其他人格权益。"该条对一般人格权作出了规定。这也意味着，《民法典》不仅保护已经法定化的各项具体人格权，而且保护具体人格权之外的各项人格利益，尤其是随着社会发展而出现的新型人格利益，这就保持了人格权益保护范围的开放性。从某种意义上说，一般人格权是具体人格权的兜底条款，在可以适用具体人格权的规则时，应当优先适用该具体人格权的规则，只有无法适用具体人格权的规则时，才能援引一般人格权的规则。

所谓具体人格权，是指以生命、身体、健康、姓名、名称等特定人格利益为内容的人格权。从我国《民法典》人格权编的规定来看，其所规定的具体人格权包括生命权、身体权、健康权、姓名权、名称权、肖像权、名誉权、荣誉权以及隐私权。从《民法典》第990条第1款的规定来看，其在规定具体人格权的类型时，使用了"等权利"这一表述，这表明具体人格权的类型体系具有开放性，即随着社会的发展，具体人格权的类型也会逐渐丰富。具体人格权是法定化的人格利益。也就是说，人格利益在被立法确认为具体人格权之前，其并不属于具体人格权的客体。例如，就声音而言，其在性质上属于人格利益，实践中也发生了相关的纠纷，但从立法层面来看，我国《民法典》并没有将声音规定为具体人格权，因此，其在性质上属于人格利益。当然，即便立法没有将相关的人格利益规定为人格权，也不意味着其不受法律保护，在人格利益遭受侵害的情形下，受害人可以依据一般人格权的规则请求行为人承担民事责任。

（二）自然人人格权、法人人格权与非法人组织人格权

依据主体的不同，可以将人格权区分为自然人人格权、法人人格权与非法人组织人格权。所谓自然人人格权，是指自然人所享有的以其人身自由、人格尊严以及生命、身体、健康等人格利益为内容的人格权。所谓法人人格权，是指法人对其名称、名誉等所享有的人格权。所谓非法人组织人格权，是指非法人组织对其名称、名誉等所享有的人格权。

我国《民法典》人格权编在规定人格权的主体时大多使用了"民事主体"这一表述，在有些规定中还明确规定了法人、非法人组织的人格权保护规则，这表明，我国《民法典》所规定的人格权类型既包括自然人人格权，也包括法人人格权和非法人组织人格权。二者在保护规则方面具有一定的相似性。例如，无论是对自然人人格权而言，还是对法人人格权、非法人组织人格权而言，在遭受侵害的情形下，权利人均可以依法主张人格权请求权，请求行为人停止侵害、排除妨碍、消除危险、消除影响、恢复名誉、赔礼道歉。当然，由于法人和非法人组织属于组织体，其人格权保护规则与自然人人格权保护规则之间存在一定的区别，具体而言：

第一，人格权的类型不同。从我国《民法典》的规定来看，自然人所享有的具体人格权的类型较多，而且除具体人格权外，自然人还享有一般人格权。而法人、非法人组织的人格权的类型较少，依据《民法典》第110条第2款的规定，法人、非法人组织仅享有名称权、名誉权和荣誉权三种具体人格权，许多人格权如生命权、身体权、健康权、姓名权、肖像权、隐私权等，是专属于自然人的人格权，法人和非法人组织无

法享有。此外，由于一般人格权以人身自由、人格尊严为内容，因此，其权利主体仅限于自然人，法人、非法人组织并不享有一般人格权。

第二，遭受侵害后的救济规则不同。自然人人格权与法人、非法人组织人格权遭受侵害后救济规则的区别主要体现为能否适用精神损害赔偿责任。在自然人人格权遭受侵害的情形下，受害人遭受严重精神损害的，其有权依法请求行为人承担精神损害赔偿责任。而法人、非法人组织作为组织体，在人格权遭受侵害的情形下，其并不会遭受精神痛苦，因此，其无权主张精神损害赔偿责任。

第三，人身专属性程度不同。自然人人格权具有较强的人身专属性，其与自然人不可分离，权利人不得放弃、转让其人格权，自然人死亡后，其人格权也随之消灭，不得继承。而对法人、非法人组织的人格权而言，其人格权的人身专属性程度弱于自然人人格权。例如，依据《民法典》第1013条的规定，法人、非法人组织有权转让其名称，法人、非法人组织的名称转让后，其名称权也应当随之移转。

（三）物质性人格权与精神性人格权

依据所保护的人格利益的性质的不同，可以将人格权区分为物质性人格权与精神性人格权。所谓物质性人格权，是指自然人对其生命、身体、健康等物质性人格利益所享有的人格权。我国《民法典》规定的物质性人格权包括生命权、身体权、健康权三种。所谓精神性人格权，是指民事主体对其姓名、名称、肖像等精神性人格利益所享有的人格权。从我国《民法典》人格权编的规定来看，除生命权、身体权、健康权外，其他人格权均为精神性人格权。

物质性人格权与精神性人格权的区别主要体现为如下几点：

第一，权利主体不同。由于物质性人格权以生命、身体、健康等人格利益为客体，因此，其权利主体限于自然人，法人、非法人组织并不享有物质性人格权。而精神性人格权的权利主体既包括自然人，也包括法人、非法人组织。

第二，权利属性不同。物质性人格权与个人的主体资格、人格尊严等关联密切，并不包含财产利益，一般不得成为许可使用的对象；在效力方面，物质性人格权属于消极防御性的权利，权利人无法积极利用其权利，只有在遭受侵害时，权利人才能行使其权利。而精神性人格权大多同时包含精神利益和财产利益，在效力方面，精神性人格权一般同时具有消极防御的效力和积极利用的权能，其一般可以成为许可使用的对象。

第三，救济方式不同。在物质性人格权和精神性人格权遭受侵害时，受害人都可能遭受一定的精神损害，此时，受害人有权请求行为人承担精神损害赔偿责任。但在物质性人格权和精神性人格权遭受侵害之后的财产损失救济方面，二者存在一定的区别，在物质性人格权遭受侵害的情形下，受害人所遭受的财产损失主要体现为医疗费、护理费、误工费等损失，此类损失通常比较容易确定。而在精神性人格权遭受侵害的情形下，受害人所遭受的财产损失往往难以确定，例如，在行为人未经许可利用他人肖像的情形下，受害人往往难以证明其财产损失的具体数额，甚至难以证明其遭受了何种财产损失，因此，《民法典》第1182条对此规定了按照实际损失赔偿、按照行为人获利赔偿等特殊的财产损失确定方式。

第二节　人格权保护的一般规则

一、人格要素的使用

（一）人格要素的许可使用

1.某些人格要素可以被许可使用

按照传统民法的观点，人格权是纯粹精神性权利，并不包含经济价值；人格权是消极防御性的权利，只有在遭受侵害时，权利人才能通过侵权法规则获得救济，在遭受侵害前，权利人无法积极行使其人格权，而且在人格权遭受侵害后，权利人仅能主张精神损害赔偿责任，而无权请求行为人赔偿财产损失。而随着社会的发展，尤其是广告传媒业的发展，某些人格要素逐渐成为经济活动的客体，我国《民法典》人格权编也对人格要素许可使用制度作出了规定。

某些人格要素之所以可以成为许可使用的对象，主要是基于如下原因：

第一，人格要素许可使用制度的产生与发展是人格权制度发展的必然结果。人格权制度的根本目的在于维护个人的人格尊严，人格要素许可使用制度的产生与发展也是人格尊严内涵不断发展的结果。所谓人格尊严，是指作为法律主体得到承认和尊重的法律地位，是人作为人应当受到的尊重。按照传统观点，人格尊严的内涵主要体现为消极不受侵害。而随着人格尊严内涵的发展，其逐渐具有人格自由发展的内涵，与此相适应，个人也逐渐具有自主和自我决定的权利，其中也包括对其人格要素进行许可利用的权利。人格尊严内涵的发展为人格要素许可使用制度的产生与发展奠定了理论基础。与此相应，人格权制度也发生了一些变化，在人格权的效力方面，人格权逐渐具有积极利用的权能，如个人具有自主和自我决定的权利，人格权由消极防御性的权利逐渐转变为一项主观权利。在人格权的效力方面，个人对其人格权中经济价值的利用权得到认可。在肯定人格权中包含经济价值的前提下，人格要素许可使用制度也获得了发展。

第二，某些人格要素本身具有经济利用的价值，可以成为许可使用的对象。部分人格要素尤其是名人的姓名、肖像等，对产品或者服务的宣传具有一定的促进作用，这也是人格利益可以许可使用的主要原因。从某种意义上说，人格要素许可使用制度的产生与发展是人格权制度与市场经济相结合的结果，而某些人格要素（如姓名、肖像等）具有经济利用的价值，则是二者结合的基础。人格利益经济利用的方式越多，人格要素许可使用的范围也就越广泛。

第三，部分人格权具有积极利用的权能。按照传统观点，人格权属于消极防御性的权利，只有在遭受侵害时，权利人才能向行为人提出请求，在此情形下，人格权在内容上属于纯粹精神性权利，并不包含财产价值，人格权在效力上仅具有消极防御的效力，权利人无法积极行使其人格权，人格要素也不能成为许可使用的对象。而随着经济社会的发展，人格权的内涵和效力均出现了一定的变化，在内涵方面，部分人格权不再是纯粹的精神性权利，而具有一定的财产价值。例如，姓名、肖像、声音等人格要素包含一定的财产价值，行为人侵害他人姓名权、肖像权等，不仅需要承担精神损害赔偿责任，也需要承担财产损害赔偿责任。在效力方面，部分人格权益也不再是消极防御性的权利，其也具有了一定的积极利用权能，人格权也因此真正成为一项主观权利，这也为人格要素许可使用制度的产生与发展创造了条件。

2.可许可使用的人格要素的范围

关于可许可使用的人格要素的范围，《民法典》第993条规定："民事主体可以将自己的姓名、名称、肖像等许可他人使用，但是依照法律规定或者根据其性质不得许可的除外。"该条前半句从正面列举了可以许可使用的人格要素的范围，即姓名、名称、肖像，但不可据此认为可许可使用的人格要素的范围是封闭的，因为从该条规定来看，其在列举可许可使用的人格要素的范围时，并没有采用封闭式列举的方法，其还使用了"等"这一兜底表述，保持了可许可使用的人格要素范围的开放性，这表明可以许可使用的人格要素的范围并不限于姓名、名称、肖像这三种人格标识。此种规定也符合实践的情况和人格权制度的发展趋势，因为从实践来看，许多人格利益如声音、个人特有的形体动作等，也可以成为许可使用的对象，而且随着社会的发展，可许可使用的人格要素的范围也将逐步扩展。

3.不可许可使用的人格要素

除从正面规定可许可使用的人格要素的范围外，《民法典》第993条还从反面规定了不得许可使用的人格要素，即依照法律规定或者根据其性质不得许可使用的人格要素，不得成为许可使用的对象。一般认为，下列人格利益不得成为许可使用的对象：

（1）生命。虽然从发展趋势上看，可许可使用的人格要素的范围不断扩大，但应当禁止生命的许可使用行为，主要理由在于，一方面，生命权具有人身专属性，无法与主体相分离，无法成为许可使用的对象。人格要素许可使用在一定程度上松动了人格权的专属性特点，部分人格要素可以与主体发生一定程度的分离，这也是人格要素许可使用的前提。但生命具有很强的人身专属性，在任何时间都无法与民事主体相脱离，客观上无法成为许可使用的对象。另一方面，生命权在价值位阶上处于最高地位。生命权是其他人格权益赖以存在的基础，也是个人主体资格存在的前提，其价值高于其他人格权益，也高于其他物质利益，任何时候都不应当出于经济需要而牺牲个人的生命。因此，应当将生命权排除在可许可使用的人格要素的范围之外。

（2）健康。与生命一样，健康作为物质性人格要素，也具有内化于主体的特点，具有很强的人身专属性，无法与主体相分离，一般难以成为许可使用的对象。但在人体医学试验等特殊情形下，权利人可以许可他人对自己的健康进行利用，人体医学试验一方面有利于推动现代医学发展，对于增进人类整体福祉具有重要意义，但由于其也可能危及个人的生命、健康，因此，进行人体医学试验应当经权利人明确同意。

（3）身体。随着科学技术的发展，人的身体的组成部分与身体的可分离性正在逐渐增强，但一般认为，应当严格限制身体的许可利用行为，以防止个人的“客体化”“工具化”，从而维护个人的人格尊严。

（二）人格利益的合理使用

实践中，人格权的保护常常与新闻报道、舆论监督等发生一定的冲突，在实施新闻报道、舆论监督等行为时，可能无法避免对个人的人格利益进行使用。例如，在报道新闻事件时，可能无法避免使用个人的肖像、声音、个人信息等，此时，一概要求取得个人的同意，可能不利于新闻报道、舆论监督等行为的实施，这就需要对人格利益合理使用规则作出规定。关于人格利益的合理使用，《民法典》第999条规定：“为公共利益实施新闻报道、舆论监督等行为的，可以合理使用民事主体的姓名、名称、肖像、个人信息等；使用不合理侵害民事主体人格权的，应当依法承担民事责任。”该条对人格利益的合理使用规则作出了规定，依据该条规定，人格利益的合理使用应当具备如下条件：

第一，必须是为了公共利益的目的。人格利益的合理使用本质上是对人格权的限制，此种限制必须具有正当性基础，从《民法典》第999条规定来看，此种正当性基础即为出于公共利益的目的。即便是新闻报道、舆论监督等需要，也必须是出于公共利益的目的，因为从实践来看，许多新闻报道可能并不具有实现公共利益的目的，此时，行为人实施该行为对他人人格利益的使用即不构成人格利益的合理使用。

第二，必须是实施了新闻报道、舆论监督等行为。新闻报道是媒体在对新闻文本进行加工、编辑的基础上，以一定的方式将其报道的行为。舆论监督是相关主体通过新闻媒体发表言论，对社会生活进行批评和监督的行为。新闻报道和舆论监督等行为与个人人格权保护之间存在一定的冲突，如果完全倾向于保护个人人格权，而忽略新闻报道和舆论监督，则可能导致新闻报道和舆论监督无法展开，相关的公共利益也无法实现，因此，实施新闻报道、舆论监督等行为可以依法合理使用相关主体的人格利益。

第三，对民事主体人格利益的使用必须是合理的。也就是说，即便是出于公共利益而实施新闻报道、舆论监督等行为，也只能对民事主体的人格利益进行合理使用，此处的合理使用一方面是对民事主体人格利益的使用应当符合相关人格利益的特点，如生命权、身体权、健康权本身不得成为合理使用的对象；另一方面是新闻报道、舆论监督等行为应当在其实现公共利益的必要范围内使用他人的人格利益，而不得对他人的人格利益进行过度使用。例如，行为人为了报道某新闻事件，可能需要使用他人的肖像、声音等，但如果行为人超出新闻报道的合理范围而披露他人的年龄、家庭住址、电话号码等信息，则就超出了合理使用的必要范围。

依据《民法典》第999条的规定，只要是为了实施新闻报道、舆论监督等行为的需要，就可以依法合理使用民事主体的姓名、肖像、名称等人格利益，该利用行为即便没有取得权利人的同意，也不构成侵权。但如果行为人使用他人的人格利益超出了合理的范围，则应当取得权利人的同意，否则将构成侵权。该条规定妥当平衡了民事主体人格权益保护与新闻报道、舆论监督之间的关系。

二、人格权的延伸保护

从我国《民法典》的规定来看，人格权的延伸保护主要包括两种情形：

一是胎儿的人格利益保护。21世纪最突出的时代精神就是人文关怀精神，即强化对人的人格尊严的保护。《民法典》对胎儿利益进行保护，充分体现了民法的时代精神。依据我国《民法典》第13条的规定，自然人的民事权利能力始于出生，因此，胎儿在出生前属于其母亲身体的一部分，并不属于独立的法律主体。但仍然有必要对胎儿的利益进行保护，因为胎儿虽然不是独立的法律主体，但对生命法益的侵害不同于对财产权的侵害，财产权在产生之前，不可能受到侵害，而生命法益则具有生物自体的本质，而且胎儿一旦出生，即可取得主体资格，因此，有必要对自然人的生长过程进行保护。对此，《民法典》第16条规定："涉及遗产继承、接受赠与等胎儿利益保护的，胎儿视为具有民事权利能力。但是，胎儿娩出时为死体的，其民事权利能力自始不存在。"依据该条规定，胎儿并不是民事主体，但胎儿的相关利益受法律保护，从该规定来看，其并没有明确限定所保护的胎儿利益的范围，而使用了"遗产继承、接受赠与等胎儿利益"这一表述，而且该条规定，在涉及胎儿利益保护的情形时，"胎儿视为具有民事权利能力"，由于民事权利能力的范围十分广泛，因此，胎儿可以享有的民事权利的范围也是十分广泛的，其并不限于遗产继承、接受赠与等情形，胎儿的相关人格利益如基因、隐私等，也应当受到法律保护。

当然，对胎儿人格利益的保护也应当有一定的条件，依据《民法典》第16条的规定，如果"胎儿娩出时为死体的"，则"其民事权利能力自始不存在"。也就是说，对胎儿利益的保护，应当以其娩出时为活体为条件，如果胎儿娩出时为死体的，则其人格利益也不再受到法律保护。

二是死者的人格利益保护。所谓死者人格利益，是指自然人死亡后，其姓名、肖像、名誉、隐私等利益。自然人死亡后，其民事权利能力终止，无法享有各项人格权益，但死者人格利益仍应当受到法律保护，其目的在于维护死者的人格尊严。对个人人格尊严的保护既体现为个人生存期间人格尊严的保护，也体现为死后的保护。关于死者人格利益保护，《民法典》第994条规定："死者的姓名、肖像、名誉、荣誉、隐私、遗体等受到侵害的，其配偶、子女、父母有权依法请求行为人承担民事责任；死者没有配偶、子女且父母已经死亡的，其他近亲属有权依法请求行为人承担民事责任。"在死者人格利益保护方面，该条确立了如下规则：

1.受保护的死者人格利益的范围。关于受保护的死者人格利益的范围，《民法典》第994条明确列举了死者的姓名、肖像、名誉、荣誉、隐私、遗体这几项人格利益。从实践来看，侵害这几项死者人格利益是较为常见的侵害死者人格利益的行为。例如，自然人死亡后，其姓名、肖像等人格标识仍具有一定的经济利用价值，行为人未经许可将死者的姓名、肖像等用于商业宣传的，即构成对死者人格利益的侵害。当然，该条在规定受保护的死者人格利益的范围时使用了"等"这一兜底表述，表明受保护的死者人格利益并不限于该条所列举的这几项人格利益。

2.侵害死者人格利益的请求权主体。在死者人格利益遭受侵害的情形下，死者人格利益保护模式不同，有权提出请求的主体也存在一定的差别，具体而言，一是直接保护模式，即应当通过肯定死者享有人格权的方式实现对死者人格权益的保护。按照直接保护模式，在死者人格利益遭受侵害的情形下，有权提出请求的应当是死者本人，而死者的近亲属等主体实际上充当的是死者保护人的角色。二是间接保护模式，即自然人死亡后，其民事权利能力终止，并不享有人格权，在死者人格利益遭受侵害的情形下，法律通过保护死者近亲属等主体利益的方式间接保护死者人格利益。按照间接保护模式，自然人死亡后，即不再具有民事主体资格，在其人格利益遭受侵害的情形下，有权提出请求的应当是死者的近亲属等主体，而非死者本人。从我国《民法典》第994条的规定来看，在死者人格利益遭受侵害时，有权提出请求的主体限于死者近亲属，而且该条并没有承认死者的民事权利能力，这显然是采取了前述间接保护模式的立场。依据《民法典》第1045条的规定，近亲属包括配偶、父母、子女、兄弟姐妹、祖父母、外祖父母、孙子女、外孙子女。

3.死者人格利益的保护期限。自然人死亡后，其民事主体资格消灭，既无法享有民事权利、负担民事义务，也无法参与民事活动，因此，无论从事实层面还是价值层面，均应当对死者人格利益的保护设置一定的期限，而不应当对其进行永久保护。从《民法典》第994条的规定来看，在死者人格利益遭受侵害的情形下，仅死者近亲属有权提出请求，即在死者没有近亲属或者近亲属均已死亡的情形下，死者人格利益在客观上将难以受到保护，这也意味着，死者人格利益的保护期限为死者近亲属的生存期限。

三、人格权请求权与诉讼时效

所谓人格权请求权，是指在人格权受到侵害、妨害或者有受到妨害之虞时，权利人有权请求行为人停止侵害、排除妨碍、消除危险、消除影响、恢复名誉，以恢复对其人格利益的圆满支配状态。从我国立法规定来看，绝对权一般都有相关的绝对权请求权予以保护，例如，在物权受到妨害或者面临危险时，权利人有权主张物权请求权，请求排除妨害或者消除危险。人格权作为绝对权，同样受到人格权请求权的保护，对此，《民法典》第995条对人格权请求权作出了规定："人格权受到侵害的，受害人有权依照本法和其他法律的规定请求行为人承担民事责任。受害人的停止侵害、排除妨碍、消除危险、消除影响、恢复名誉、赔礼道歉请求权，不适用诉讼时效的规定。"

在人格权遭受侵害时，权利人有权选择依据人格权请求权或者侵权请求权向行为人提出请求。而在权利人主张人格权请求权时，只需要证明其人格利益受到了不当妨害即可，并不需要证明行为人的行为符合侵权责任的构成要件，例如，权利人既不需要证明其遭受了现实的损害，也不需要证明行为人具有过错。与侵权请求权相比，人格权请求权的上述特点也使其具有更强的损害预防功能：一方面，其适用范围要大于侵权请求权。对于侵害人格权益但并不符合侵权责任构成要件的行为，权利人难以主张侵权请求权，但权利人只要能够证明其人格利益的圆满支配状态受到了不当影响，即可主张人格权请求权，这也意味着在人格权保护方面，人格权请求权的适用范围更大。另一方面，权利人在主张人格权请求权时，并不需要证明行为人的行为符合侵权责任的构成要件，因此，在损害后果尚未实际发生时，权利人即可主张人格权请求权，这就可以将权利人可以提出请求的时间提前，从而更有利于损害的预防。

权利人主张人格权请求权时，并不受诉讼时效的限制。从《民法典》第995条规定来看，人格权请求权的行使不适用诉讼时效的规定，人格权请求权之所以不受诉讼时效的限制，主要是基于如下原因：一方面，人格权请求权在性质上属于绝对权请求权，其功能在于维护权利人对其人格利益的圆满支配状态，因此，只要行为人的行为不当侵害或者妨碍了权利人对其人格利益的圆满支配状态，权利人即应当有权依法主张人格权请求权，以恢复权利人对其人格利益的圆满支配状态，因此，人格权请求权不应当受到诉讼时效限制。另一方面，在行为人侵害或者妨碍他人人格权的情形下，由于相关的不法行为一直处于持续状态，很难认定诉讼时效期间届满，即权利人随时可以主张人格权请求权。例如，行为人在网上发布侵害他人名誉的信息，由于该信息一直存在，行为人侵害权利人名誉权的状况也一直处于持续状态，权利人也随时可以主张人格权请求权，请求行为人停止侵害、消除影响、恢复名誉。因此，人格权请求权不应当受诉讼时效的限制。人格权请求权不受诉讼时效的限制，也意味着，只要侵害人格权益的行为仍然处于持续状态，权利人随时有权主张人格权请求权，以排除妨碍、消除危险，这也有利于对侵害人格权损害后果的预防。

四、违约责任与人格权保护

一般而言，精神损害赔偿仅适用于侵权责任，无法适用于违约责任。违约责任的承担受合理预见规则的限制，即违约方所承担的违约责任一般不得超出其订约时合理预见的范围，而非违约方的精神损害往往是违约方在订立合同时无法预见的，因此，违约责任中原则上不适用精神损害赔偿责任。同时，在违约与侵权发生竞合的情形下，依据《民法典》第186条的规定，非违约方只能选择主张违约责任或者侵权责任，这也意味着，如果非违约方选择主张违约责任，即便违约方的违约行为侵害了其人身权益，对其造成严重的精神损害，其也无权主张精神损害赔偿责任。此种对违约责任与侵权责任在救济范围上的机械区分并不合理。尤其从实践来看，一方的违约行为可能侵害他人的人身权益，并造成其严重精神损害。在此类纠纷中，违约方的违约行为同时构成侵权，如果仅以违约责任与侵权责任救济范围不同而一概排除非违约方基于违约而提出的精神损害赔偿请求，在价值判断上并不妥当，也无法为受害人提供充分的救济。

为解决上述困境，《民法典》第996条规定："因当事人一方的违约行为，损害对方人格权并造成严重精神损害，受损害方选择请求其承担违约责任的，不影响受损害方请求精神损害赔偿。"这就解决了司法实践中存在的违约侵害人格权益的精神损害救济问题。当然，并非在所有情形下，非违约方均可在违约责任中主张精神损害赔偿，依据《民法典》第996条的规定，在违约责任中适用精神损害赔偿责任应当符合如下条件：

1.仅适用于违约责任与侵权责任竞合的情形。只有在违约责任与侵权责任竞合的情形下，受损害方才能在违约责任中适用精神损害赔偿责任，所谓违约责任与侵权责任的竞合，是指行为人的行为既符合违约责任的构成要件，也符合侵权责任的构成要件，从而产生责任的竞合，受害人有权选择主张违约责任或者侵权责任。例如，医务人员在诊疗活动中未尽到相应的诊疗义务，造成患者损害的，则医疗机构的行为既符合医疗损害责任的构成要件，也违反了医疗服务合同，构成违约责任与侵权责任的竞合。只有发生了违约责任与侵权责任的竞合，才有可能在违约责任中适用精神损害赔偿责任，在其他情形下，即便受损害方因对方的违约行为遭受了严重精神损害，其也无权在违约责任中请求违约方承担精神损害赔偿责任。

2.仅适用于人格权遭受侵害的情形。《民法典》第996条严格限制了违约精神损害赔偿规则的适用范围，即其仅适用于人格权遭受侵害的情形，而不适用于其他权利遭受侵害的情形。因为在人格权遭受侵害的情形下，受害人所遭受的损害往往难以通过市场价值进行衡量，有必要通过精神损害赔偿的方式对其提供救济。从实践来看，在违约责任与侵权责任竞合的情形下，一方的违约行为既可能侵害对方当事人的人格权，也可能侵害其财产权，而且在非违约方财产权遭受侵害的情形下，其也可能遭受严重的精神损害，但从《民法典》第996条的规定来看，在违约责任与侵权责任竞合的情形下，只有非违约方因人格权受侵害而遭受严重精神损害，其才有权在违约责任中主张精神损害赔偿责任。

3.受害人必须遭受严重的精神损害。在违约责任与侵权责任竞合的情形下，一方当事人损害对方人格权，在许多情形下都可能会使对方当事人产生精神损害，但并非所有的精神损害都可以获得救济。从《民法典》第996条的规定来看，只有受损害方遭受严重精神损害的情形下，其才能在违约责任中主张精神损害赔偿，这就为违约精神损害赔偿责任的适用进行了一定的限制。之所以设置此种限制，一方面，是为了防止诉讼的泛滥。如果对受损害方的所有精神损害都予以救济，则可能诱发受损害方提起大量的精神损害赔偿诉讼，这可能造成诉讼的泛滥。另一方面，将受损害方轻微的精神损害排除在救济范围之外，也有利于限制法官的自由裁量权。关于如何认定受损害方的精神损害构成严重精神损害，《民法典》没有作出明确规定，一般而言，需要结合受损害方精神痛苦的程度以及损害后果的严重性等因素，综合予以判断。

五、人格权的禁令保护

（一）侵害人格权禁令制度的概念和特征

所谓侵害人格权的禁令，是指在侵害人格权益的行为正在发生或者将要发生时，如果不及时制止将造成难以弥补的损害的，权利人有权依法请求法院颁发禁止令，责令停止相关的侵害行为。禁令制度有利于及时制止侵害行为的发生和扩大，因此，从域外法的经验来看，一些国家和地区在侵害知识产权和人格权的纠纷中运用了这一制度。我国《民法典》颁行前，在司法实践中已经运用了禁令制度。我国《民法典》第997条规定："民事主体有证据证明行为人正在实施或者即将实施侵害其人格权的违法行为，不及时制止将使其合法权益受到难以弥补的损害的，有权依法向人民法院申请采取责令行为人停止有关行为的措施。"该条对侵害人格权的禁令制度作出了规定，其制度功能也旨在强化对侵害人格权行为的预防。针对妇女权益保护问题，《妇女权益保障法》第29条还专门规定了人身安全保护令规则，该条规定："禁止以恋爱、交友为由或者在终止恋爱关系、离婚之后，纠缠、骚扰妇女，泄露、传播妇女隐私和个人信息。妇女遭受上述侵害或者面临上述侵害现实危险的，可以向人民法院申请人身安全保护令。"该条所规定的"人身安全保护令"实际上是侵害人格权禁令制度的一种具体化。

应当看到，虽然《民法典》侵权责任编规定了停止侵害、排除妨碍、消除危险等预防性的责任承担方式，权利人在主张行为人承担此类侵权责任承担方式时，也不需要证明自身遭受了现实的损害，但权利人仍然需要证明行为人的行为符合侵权责任的构成要件，也仍然需要通过诉讼的方式提出请求，这可能不利于及时制止侵权行为的发生和持续。与上述预防性的侵权责任承担方式相比，侵害人格权的禁令制度的预防功能更为突出，禁令制度之所以具有更强的预防功能，主要是因为其具有如下特征：

第一，禁令既可以适用于诉讼过程中，也可以适用于诉讼之前。从《民法典》第997条的规定来看，其并没有限定禁令的适用时间，这也意味着，无论是在诉讼过程中，还是在诉讼之前，只要符合禁令的适用条件，权利人均可依法请求人民法院采取责令行为人停止有关行为的措施。可见，与预防性的侵权责任承担方式相比，禁令制度的损害预防时间显然更为提前。

第二，禁令的适用并不需要权利人提起诉讼。对预防性的侵权责任承担方式而言，受害人在提出相关请求时，需要以诉讼的方式提出请求。而对侵害人格权的禁令制度而言，从《民法典》第997条的规定来看，其适用条件更为灵活，即只要符合禁令的适用条件，权利人就可以直接向人民法院提出相关请求，而并不当然需要采用提起诉讼的方式提出请求。

第三，禁令的适用并不要求行为人的行为符合侵权责任的构成要件。对预防性的侵权责任承担方式而言，受害人在请求行为人承担相关的侵权责任时，其必须证明行为人的行为符合侵权责任的构成要件，否则无法适用侵权责任承担方式。而侵害人格权禁令的适用不要求行为人的行为必须构成侵权，对于尚未发生的侵害行为，只要权利人能够证明该行为一旦实施将使其遭受难以弥补的损害，就可以请求法院颁发禁令，这就可以做到防患于未然，及时预防损害的发生。

（二）侵害人格权禁令制度的适用条件

从《民法典》第997条的规定来看，侵害人格权禁令制度的适用应当具备如下条件：

1.行为人正在实施或者即将实施侵害人格权的行为。侵害人格权禁令制度的适用情形包括两种：一是行为人正在实施侵权人格权的行为，即行为人正在通过各种方式侵害他人的人格权。例如，行为人在网上发布非法披露他人隐私的信息，该信息在网上持续存在时，即可认定行为人正在实施侵害他人人格权的行为。二是行为人即将实施侵害人格权的行为，即行为人即将实施相关的违法行为，并有发生侵害他人人格权的现实危险。在此种情形下，行为人并未开始实施侵害他人人格权的行为，但有实施该行为的现实可能性。需要指出的是，侵害人格权的禁令制度不同于侵权请求权，因此，无论是对行为人正在实施的侵害行为而言，还是对行为人即将实施侵害人格权的行为而言，权利人在举证证明时，并不需要证明行为人的行为符合侵权责任的构成要件。

2.如不及时制止将使权利人的合法权益受到难以弥补的损害。也就是说，禁令适用于损害的发生具有急迫性的情形，即在行为人正在实施侵害行为或者即将实施侵害人格权的行为时，如果权利人通过诉讼程序维护其权利，则可能来不及制止行为人的侵害行为，从而使其遭受损害。尤其应当看到，对侵害人格权的行为而言，其损害后果通常都具有不可逆的特点，尤其是在互联网时代，侵害人格权的损害后果一旦发生，即难以恢复原状，而且互联网环境对损害后果具有无限放大的特点，相关的侵权信息一旦在网上发布，即可在瞬间实现全球范围的传播，受害人所遭受的损害也会因此被无限放大。因此，在行为人正在实施或者即将实施侵害人格权的行为时，有必要通过禁令制度为权利人提供救济。当然，并非在所有侵害人格权的情形下，损害后果的发生均具有急迫性，如果损害的发生并不具有急迫性，或者即便发生了损害后果，也可以通过其他方式弥补，则无法适用禁令制度。在具体判断损害的发生是否具有急迫性时，应当结合权利受侵害的情况、侵害行为的特点、是否有其他补救方式等因素，综合予以判断。

3.民事主体有证据证明。权利人在申请人民法院采取责令行为人停止有关行为的措施时，应当提供相关的证据，证明其符合禁令的适用条件。法律之所以要求权利人应当提供相关的证据，主要是为了防止禁令制度的滥用，因为禁令制度的适用并不要求行为人的行为必须构成侵权，如果不对其适用进行必要的限制，则可能导致禁令制度的滥用，并因此妨害个人的行为自由。从《民法典》第997条的规定来看，权利人所提供的证据应当证明如下两方面内容：一是证明行为人正在实施或者即将实施侵害其人格权的行为；二是证明如果不及时制止行为人的行为，将使其合法权益受到难以弥补的损害。在行为人正在实施侵害人格权的行为时，权利人往往比较容易提供相关的证据，而在行为人即将实施侵害人格权的行为的情形下，权利人则可能面临一定的举证困难，一般而言，权利人的举证只需要达到高度可能性的标准即可。

六、侵害人格权责任的认定

（一）认定侵害人格权的责任主要参考的因素

人格权在行使与保护中常常与其他利益发生冲突，这就需要综合考量多种因素，准确认定侵害人格权的民事责任。对此，《民法典》第998条规定：“认定行为人承担侵害除生命权、身体权和健康权外的人格权的民事责任，应当考虑行为人和受害人的职业、影响范围、过错程度，以及行为的目的、方式、后果等因素。”依据该条规定，认定侵害人格权的侵权责任时，主要应当考量如下因素：

1.行为人和受害人的职业。行为人和受害人的职业会对侵害人格权民事责任的认定产生一定的影响。行为人的职业会对侵害人格权民事责任的认定产生影响。例如，如果行为人从事新闻报道等职业，则出于保障舆论监督的需要，在认定行为人的行为构成对他人人格权的侵害时，应当提高民事责任的认定标准。再如，如果行为人具有较大的社会影响力，则其在实施相关行为时就应当尽到更为谨慎的注意义务。受害人的职业也会对侵害人格权民事责任的认定产生影响。例如，在认定侵害人格权的民事责任时，需要考虑受害人是自然人还是法人、非法人组织，如果受害人是法人、非法人组织，则需要考虑其社会功能、是否需要接受更为广泛的监督等。再如，在认定行为人的行为是否构成对他人隐私权、名誉权的侵害时，需要考虑受害人是否为公众人物，如果受害人是公众人物，则其容忍义务要高于其他主体，其隐私权、名誉权应当受到一定的限制，在认定侵害其人格权的民事责任时也应当适当提高认定标准。

2.影响范围。行为的影响范围也是认定侵害人格权民事责任的重要参考标准，一般而言，侵害人格权行为的影响范围越大，则行为人的民事责任越重；反之，行为的影响范围越小，则行为人的责任越轻。行为人行为的影响范围通常与其行为方式具有直接的关联，例如，如果行为人只是私下里辱骂他人，则其影响范围通常较小，而如果行为人将辱骂他人的信息发布到互联网上，则其影响范围就会更大，行为人也可能需要承担更重的民事责任。

3.过错程度。在财产权遭受侵害的情形下，行为人的过错程度通常不会对其责任范围产生大的影响。例如，无论行为人是故意毁坏他人的财产，还是基于过失毁坏他人的财产，其都需要按照完全赔偿规则承担侵权责任。而在侵害人格权的情形下，行为人的过错程度则会影响民事责任的认定，这主要是基于如下两方面的原因：一方面，在人格权侵权中，通常需要进行复杂的利益衡量，行为人的过错程度可能会直接影响侵害人格权行为是否成立。另一方面，行为人的过错程度也会对其责任的范围产生影响。尤其是就精神损害赔偿责任而言，一般而言，行为人的过错程度越大，则其精神损害赔偿责任越重；反之亦然。例如，行为人故意将他人打伤，和因过失造成他人人身损害，在这两种情形下，受害人所遭受的精神损害程度是不同的，行为人的精神损害赔偿责任也应当存在一定的差别。

4.行为人的目的。行为人的目的也是认定侵害人格权民事责任的参考因素，如果行为人是出于舆论监督、行使权利、行使职权等需要而侵害他人的人格权，则在认定侵害人格权的民事责任时应当妥当地进行利益衡量，谨慎地认定该行为是否构成侵权。

5.行为的方式。行为人侵害他人人格权的方式不同，对受害人所造成的影响也不同，行为人所需要承担的民事责任也因此存在一定的差别。因此，在认定侵害人格权的责任时，需要考虑行为人行为的方式。例如，行为人在公共场所辱骂他人与通过电话、信息等方式辱骂他人，受害人因此所遭受的精神痛苦不同，行为人的民事责任也应当有所区别。

6.行为的后果。行为人侵害他人人格权所产生的损害后果不同，行为人的民事责任也应当有所差别。例如，有的侵害人格权的行为仅导致受害人精神损害，有的则还可能导致受害人遭受财产损失，此时，行为人的民事责任也存在一定的差别。

（二）认定侵害人格权民事责任时对生命权、身体权、健康权的特别保护

从《民法典》第998条的规定来看，只有在认定行为人承担侵害除生命权、身体权和健康权外的人格权的民事责任时，才应当考虑行为人和受害人的职业等因素。这也意味着，在生命权、身体权、健康权遭受侵害时，并不需要进行上述复杂的利益衡量，而可以直接认定行为人的民事责任，这实际上是对生命权、身体权、健康权进行了一种优先保护，法律之所以对生命权、身体权、健康权予以特殊保护，主要是基于如下原因：

一方面，生命权、身体权、健康权的权利位阶较高，需要受到特殊保护。虽然民事权利都应当受到法律保护，但不同的民事权利，其权利位阶存在一定的区别，一般而言，人身权的权利位阶要高于财产权，在二者发生冲突时，通常应当优先保护人身权。在人格权内部，各项人格权的权利位阶也存在一定的差别，生命权、身体权、健康权的位阶要高于其他人格权。在生命权、身体权、健康权与其他人格权发生冲突时，通常应当优先保护生命权、身体权、健康权。可见，与其他民事权利相比，生命权、身体权、健康权处于较高的位阶，应当优先保护，因此，在行为人侵害他人生命权、身体权、健康权的情形下，认定行为人的民事责任时，通常并不需要考虑上述因素，不需要进行复杂的利益衡量，这也体现了生命权、身体权、健康权在人格权体系中的基础性地位。

另一方面，对生命权、身体权、健康权的限

制通常需要法律的明确规定。由于生命权、身体权、健康权在民事权利体系中处于最高的位阶，是个人的核心人格利益，因此，一般认为，对生命权、身体权、健康权的限制需要法律作出明确规定，因此，在法律没有作出明确规定的情形下，不应当对生命权、身体权、健康权进行限制，在行为人侵害他人生命权、身体权、健康权的情形下，通常也不需要在各种利益保护之间作出平衡。因此，在认定侵害人格权的民事责任时，需要对生命权、身体权、健康权予以特别保护。

【本章主要法律规定】

《民法典》第989～1001条

第二十五章 具体人格权

本章主要内容提示

1.生命权的内容包括维护生命安全与维护生命尊严。生命权在整个民事权利体系中具有最高的地位，其权利主体限于自然人，具有平等性、固有性和专属性。身体权是个人所享有的维护自身身体完整以及维持个人行动自由的权利。身体权的主体限于自然人，具有固有性和人身专属性，也具有有限的支配性。健康权是维护个人身体机能的正常运转以及心理的良好状态的权利。健康权的内容包括维护生理健康和心理健康的权利。

2.在生命权、身体权、健康权遭受侵害时，负有法定救助义务的主体负有及时施救的义务。

3.不得强迫、欺骗、利诱权利人捐献其人体细胞、人体组织、人体器官、遗体，从事人体医学临床试验和从事与人体基因、人体胚胎等有关的医学和科研活动应当符合法定条件，遵守法定程序。

4.禁止实施性骚扰行为，机关、企业、学校等单位负有采取必要措施防止性骚扰的义务。

5.姓名权包括依法决定、使用、变更或者许可他人使用自己的姓名，以及要求他人尊重自己姓名的权利。名称权是法人、非法人组织对其区别于他人的符号和标记所享有的权利。能够被公众识别的笔名、艺名、网名、译名、字号、姓名和名称的简称等，与姓名和名称受同等保护。

6.肖像权是自然人以其肖像所体现的精神利益以及财产利益为内容的权利。不得以丑化、污损，或者利用信息技术手段伪造等方式侵害肖像权。出于个人学习、实施新闻报道等目的，可以合理使用个人的肖像。

7.侵害名誉权的方式包括侮辱、诽谤以及其他方式。在名誉权、荣誉权遭受侵害时，权利人有权请求更正、删除不实内容，有权查询信用评价并请求更正、删除错误信用评价，有权请求记载荣誉称号以及更正错误荣誉称号记载。

8.隐私权的内容包括私人生活安宁、私密空间、私密活动以及私密信息。个人信息是能够直接或者间接识别个人身份的各种信息。个人信息的处理应当符合合法、正当、必要原则，并符合法律规定的条件。个人享有查询并维持其个人信息准确的权利，个人信息处理者负有保护个人信息的义务，国家机关及其工作人员对其所控制的个人信息也负有保密义务。

第一节 生命权、身体权、健康权

一、生命权、身体权、健康权的概念和特征

(一)生命权的概念和特征

所谓生命权，是指以维护个人生命安全与生命尊严为内容的一项人格权。《民法典》第1002条规定:“自然人享有生命权。自然人的生命安全和生命尊严受法律保护。任何组织或者个人不得侵害他人的生命权。”依据该条规定，生命权包含如下两方面的内容:一是维护生命安全。虽然个人享有维护生命安全的权利，但该权利的行使前提是针对不法侵害行为，即在行为人实施不法侵害行为，危及个人的生命安全时，个人有权通过正当防卫等方式，维护自身的生命安全。二是维护生命尊严。生命尊严是人格尊严的一种具体体现，所谓生命尊严，是指个人有权禁止他人侵害自己作为生命权主体的尊严，并有权要求他人尊重自己作为生命权主体的尊严。《民法典》在生命权的内涵中增加了生命尊严的内容，丰富了生命权的内容，即生命权不仅包含享有生命安全的权利，也包含维护自己生命尊严的权利，符合人格权制度维护个人人格尊严的立法目的，也在一定程度上改变了生命权的结构与效力，即生命权不仅体现为消极维护个人的生命安全，也体现为在一定条件下允许个人对其生命的自我维持与自主决定。

生命权主要具有如下特征:

1.生命权的主体限于自然人。虽然我国《民法典》人格权编所规定的人格权主体十分广泛，既包括自然人，也包括法人和非法人组织，但仅自然人享有生物学意义上的生命，因此，生命权的主体限于自然人。

2.生命权在整个民事权利体系中具有最高的地位。生命是个人所享有的最高的法益，个人只有享有生命权，才能作为民事主体参与社会交往，因此，享有生命权是个人享有其他所有民事权益的基本前提和基础。从利益位阶的角度看，生命权在所有民事权利中居于最高的位阶，在生命权与其他权利发生冲突时，应当首先考虑保护个人的生命权。

3.生命权具有固有性和专属性。生命权的固有性，是指自然人自出生时起即享有生命权，生命权的取得并不需要权利人积极实施一定的行为。生命权的专属性，是指生命权只能由权利人本人享有，在任何时候都无法与权利人相分离，不可转让和继承。

4.生命权具有平等性。生命权的平等性首先是指生命权的享有是平等的，即任何自然人均平等地享有生命权。同时，生命权的平等性还体现为对生命权的保护是平等的，任何人的生命权均受到法律的平等保护，不能为维护某人的生命而牺牲他人的生命。

(二)身体权的概念和特征

所谓身体权，是指个人所享有的维护自身身体完整以及维持个人行动自由的权利。身体权与生命权、健康权同属物质性人格权，三者关联密切，侵害他人的身体权可能造成对他人健康权的损害，甚至可能侵害他人的生命权。但身体权不同于生命权与健康权，其属于独立的具体人格权类型。关于身体权，《民法典》第1003条规定:“自然人享有身体权。自然人的身体完整和行动自由受法律保护。任何组织或者个人不得侵害他人的身体权。”从该条规定来看，身体权包括如下几方面的内容:

1.依法支配自己身体的权利。身体权是以个人的身体为客体，主要是消极防御性的权利，只有在遭受侵害时，权利人才能依据身体权的规则向行为人提出请求，但在法律规定的范围内，个人也有权支配自己的身体。也就是说，身体权也具有一定的积极权能。例如，国家卫生健康委于2019年发布了《关于印发人体捐献器官获取与分配管理规定的通知》，该通知对公民逝世后捐献器官规则作出了规定，这实际上是允许个人依法处分自己的身体。

2.维护身体完整的权利。维护身体完整的权利是指个人有权维护自己身体组织、器官等的完整性。任何人不得非法侵害他人的身体，

破坏他人身体的完整性。例如，强制抽取他人的血液、强制摘取他人的器官等行为，均属于破坏他人身体完整的行为，构成对他人身体权的侵害。医疗机构在向患者提供医疗活动的过程中，如果所实施的相关手术会影响患者身体的完整性，则应当取得患者的同意，否则将构成对患者身体权的侵害。

3.维护行动自由的权利。维护个人行动自由也是身体权的重要组成部分。按照传统观点，身体权的内涵限于权利人对自己身体的支配以及维护自己身体组织、器官等的完整性。《民法典》第1003条将维护行动自由也纳入身体权的范畴，使身体权既包含静态的维护权利人身体完整的权利，也包括动态的维护个人身体活动自由的权利，极大地丰富了身体权的内涵。对权利人行动自由的侵害主要体现为非法限制权利人的行动自由，对此，《民法典》第1011条规定："以非法拘禁等方式剥夺、限制他人的行动自由，或者非法搜查他人身体的，受害人有权依法请求行为人承担民事责任。"非法拘禁他人的行为虽然没有侵害权利人对其身体的处分自由以及权利人组织、器官的完整性，但仍然构成对权利人身体权的侵害。

身体权主要具有如下特征：

1.权利主体限于自然人。身体权作为一种物质性人格权，以个人的身体为客体，其权利主体限于自然人。法人和非法人组织作为组织体，其虽然也具有一定的组织机构，但并不享有身体权。

2.具有固有性和人身专属性。身体权的固有性是指自然人自出生之时即享有身体权，而不需要积极实施一定的行为才能取得，而且在自然人生存期间内，其始终享有身体权。同时，身体权也具有人身专属性，在权利人主体资格存续期间内，其始终受到法律保护，不可抛弃，也无法转让和继承。

3.具有有限的支配性。身体权以个人的身体为客体，为了维护个人的主体资格，维护个人的人格尊严，不应当允许个人对其身体进行经济利用，但并不能据此否定个人可以在法律允许的范围内依法支配自己的身体。当然，如果权利人对自己身体的支配违反法律的规定，如非法出售自己的身体器官，则应当予以禁止。

（三）健康权的概念和特征

健康权，是指维护个人身体机能的正常运转以及心理的良好状态的权利。健康权是个人所享有的一项重要的物质性人格权。健康权与身体权存在一定的关联性，如强制抽取他人的血液并因此使他人感染相关疾病的，既构成对他人身体权的侵害，也构成对他人健康权的侵害。但健康权不同于身体权，对健康权的侵害客观上需要侵害他人生理或者心理的良好状态，而对身体权的侵害并不需要此种损害后果。例如，行为人非法拘禁他人，构成对他人身体权的侵害，但并不当然构成对他人健康权的侵害。

健康权主要具有如下特征：

1.权利主体限于自然人。健康权作为一种物质性人格权，其权利主体限于自然人，法人和非法人组织作为组织体，其并不享有健康权。

2.具有固有性和人身专属性。自然人自出生之时即取得健康权，而不需要积极实施一定行为才能取得。同时，健康权具有人身专属性，健康权仅能由权利人本人享有，不得转让和继承，也不得抛弃。

3.同时包括维护生理健康和心理健康的权利。依据《民法典》第1004条的规定，"自然人享有健康权。自然人的身心健康受法律保护。任何组织或者个人不得侵害他人的健康权"。从该条规定来看，健康权包括如下两方面的内容：一是维护生理健康的权利，生理健康是个人生理机能良好运转的一种状态，是健康权的重要客体。从实践来看，行为人侵害健康权的行为大多体现为对他人生理健康的侵害，而且在生理健康遭受侵害的情形下，权利人所遭受的损害通常是可以通过医学手段予以确定的。二是维护心理健康的权利。心理健康也是健康权的重要客体，是个人一种良好的心理状态。例如，在行为人通过恐吓等方式影响他人的心理健康状况时，该行为虽然不一定造成受害人生理健康的损害，但在客观上会影响受害人良好的精神状况，此时也构成对他人健康权的侵害。

二、生命权、身体权、健康权的保护

生命权、身体权、健康权是权利人所享有的最为重要的人格权。我国《民法典》人格权编在生命权、身体权、健康权的保护方面确立了一些具体的保护规则，如规定相关主体的法定救助义务，行为人不得强迫、欺骗、利诱权利人捐献其人体细胞等身体组成部分，以及相关主体负有预防性骚扰的义务等。

（一）负有法定救助义务的主体的及时施救义务

在生命权、身体权、健康权遭受侵害时，负有法定救助义务的主体负有及时施救的义务，对此，《民法典》第1005条规定："自然人的生命权、身体权、健康权受到侵害或者处于其他危难情形的，负有法定救助义务的组织或者个人应当及时施救。"依据该条规定，及时施救义务的认定应当具备如下条件：

1.保护对象是生命权、身体权、健康权。从《民法典》第1005条的规定来看，其所规定的及时施救义务所救济的权利类型仅限于生命权、身体权、健康权三种，这也体现了法律对这三项权利的强化保护。在其他人格权益遭受侵害或者处于其他危难情形时，相关主体并不负有法定救助义务，也不负有及时施救的义务。例如，行为人未经许可擅自将他人的肖像用于自己的产品宣传广告之中，在此情形下，即便权利人的肖像权有救济的紧迫性，有关主体也不负有及时施救的义务。

2.必须是生命权、身体权、健康权正在遭受侵害或者处于危难情形。生命权、身体权、健康权必须有受相关主体施救的紧迫性，此种紧迫性体现在如下两个方面：一是权利人的生命权、身体权、健康权正在遭受侵害；二是权利人的生命权、身体权、健康权虽然没有遭受侵害，但出于危难情形，随时可能遭受侵害。在上述紧迫情形下，为了避免权利人遭受损害或者避免损害的扩大，有关主体应当负有及时施救的义务。如果权利人的生命权、身体权、健康权并未处于需要救助的紧迫状态，如相关的侵害行为已经结束，或者行为人尚未开始实施侵害行为，受害人的生命权、健康权、身体权并未处于危难情形，则相关主体并不负有及时施救的义务。

3.施救的主体限于负有法定救助义务的组织或者个人。也就是说，只有负有法定救助义务的组织或者个人，才负有及时施救的义务，其他主体并不负有此种及时施救的义务。关于哪些主体负有法定救助义务，《民法典》并没有作出规定，我国相关立法对特定主体的法定救助义务作出了规定，例如，《人民警察法》第21条第1款规定："人民警察遇到公民人身、财产安全受到侵犯或者处于其他危难情形，应当立即救助；对公民提出解决纠纷的要求，应当给予帮助；对公民的报警案件，应当及时查处。"该条就对人民警察的法定救助义务作出了规定。再如，《道路交通安全法》第70条第1款规定："在道路上发生交通事故，车辆驾驶人应当立即停车，保护现场；造成人身伤亡的，车辆驾驶人应当立即抢救受伤人员，并迅速报告执勤的交通警察或者公安机关交通管理部门。因抢救受伤人员变动现场的，应当标明位置。乘车人、过往车辆驾驶人、过往行人应当予以协助。"该条对车辆驾驶人的法定救助义务作出了规定。

在符合法定施救义务适用条件的情形下，有关的组织或者个人应当及时施救，而不得故意拖延施救，或者以未付费等为由拒绝施救或者拖延施救，因相关主体未尽到及时施救义务造成受害人损害的，受害人有权依法请求其承担民事责任。当然，有关主体在履行及时施救义务时，并不意味着其只能独立实施施救行为，其也可以及时联系有关机关或者组织对权利人进行施救。

（二）不得强迫、欺骗、利诱权利人捐献其人体细胞、人体组织、人体器官、遗体

身体权本身包含了权利人可以在法律规定的范围内支配其身体及身体组成部分的内涵，其中就包括无偿捐献人体细胞、人体组织、人体器官以及遗体，即权利人有权自主决定是否捐献其人体细胞、人体组织、人体器官和遗体。

完全民事行为能力人依法自主同意捐献的，应当采用书面形式，也可以订立遗嘱。自然

人生前未表示不同意捐献的，该自然人死亡后，其配偶、成年子女、父母可以共同决定捐献，决定捐献应当采用书面形式。但个人捐献其人体细胞、人体组织等应当出于自愿，任何人不得强迫、欺骗或者利诱个人实施上述捐献行为，《民法典》第1006条对此作出了规定。如果行为人强迫、欺骗或者利诱个人捐献其人体细胞、人体组织等，个人捐献的意思表示并不真实，行为人的行为将构成对权利人身体权的侵害。

同时，依据《民法典》第1007条第1款的规定，禁止以任何形式买卖人体细胞、人体组织、人体器官以及遗体。该规定也是对我国既有立法和司法实践经验的总结。法律作出此种规定主要是为了防止个人出于经济方面的需求而对其身体组织进行不当利用。依据《民法典》第1007条第2款的规定，买卖人体细胞、人体组织、人体器官以及遗体的合同属于无效合同，无法发生当事人意欲达到的法律效果。

（三）从事人体医学临床试验应当符合法定的条件和程序

所谓人体医学临床试验，是指为改善或开发医疗技术，增进医学知识而在人身上进行的药品、医疗技术或医疗器械的试验。人体医学临床试验一方面有利于推动现代医学发展，对于增进人类整体福祉具有重要意义；另一方面也可能危及个人的生命、健康。为平衡二者之间的关系，各国法律大多要求人体医学试验应当经权利人同意。我国《民法典》第1008条也对人体医学临床试验进行了规制，从该条规定来看，实施人体医学临床试验应当具备如下条件：

1.必须是基于研制新药、医疗器械或者发展新的预防和治疗方法的需要。人体医学临床试验的效果具有不确定性，对个人生命权、身体权、健康权的影响也难以确定，因此，应当严格限定其适用范围。《民法典》第1008条将人体医学临床试验的范围限定为基于研制新药、医疗器械或者发展新的预防和治疗方法的需要，目的就在于控制其风险，保护个人的生命权、身体权、健康权。

2.应当依法经相关主管部门批准并经伦理委员会审查同意。这就确定了人体医学临床试验的适用程序，该程序包含两方面的内容：一是依法经相关主管部门批准。这意味着，并非所有的人体医学临床试验均需要经相关主管部门批准，是否需要经过批准，应当依据法律规定予以确定。从我国现行立法规定来看，有的法律只是要求有的人体医学临床试验在主管部门进行备案，而不需要经过主管部门的批准，此时，进行相关的人体医学临床试验即需要有关主管部门的备案。但如果相关立法明确规定了相关人体医学临床试验应当经主管部门批准，则相关主体在开展相关试验之前，应当取得主管部门的批准。二是应当经伦理委员会审查同意。从《民法典》第1008条的规定来看，所有的人体医学临床试验都应当经伦理委员会审查同意，这也是保障受试者权利的必要程序。我国相关单行法对人体医学临床试验中伦理委员会的组成、审查规则等作出了规定，应当依据相关单行法的规定确定伦理委员会的审查程序。相关主体未依法经主管部门批准并经伦理委员会审查同意，擅自进行人体医学临床试验，造成受试者损害的，不仅构成对受试者人格权的侵害，行为人还可能承担行政责任甚至刑事责任。

3.向受试者或者受试者的监护人告知试验目的、用途和可能产生的风险等详细情况。相关主体在开展人体医学临床试验之前，应当向受试者或者受试者的监护人告知该试验的目的、用途以及可能产生的风险等详细情况，这有利于受试者或者其监护人准确判断相关的风险，从而决定是否参与该试验活动。法律之所以作出此种规定，主要是为了保障受试者的知情权。受试者对人体医学临床试验详细情况的知情是其作出同意的前提和基础，如果相关主体在开展人体医学临床试验并未尽到详细的说明义务，则可能使受试者无法准确判断相关的试验风险，其所作出的同意参加该人体医学临床试验的意思表示也无法产生同意的法律效力。此外，如果参加人体医学临床试验的受试者是完全民事行为能力人，则相关主体应当对受试者本人进行告知说明；如果受试者是无民事行为能力人或者限制民事行为能力人，则相关主体在开展人体医学临床试验前，还应当对其监护人进行告知说明。

4.应当取得受试者或者其监护人的书面同意。依据《民法典》第1008条的规定，同意应当采用书面形式，法律作出此种规定，主要是为了提示受试者或者其监护人谨慎决定是否参加人体医学临床试验活动；同时，要求同意采用书面形式，也有利于减少纠纷的发生。如果受试者是完全民事行为能力人，则应当由受试者本人以书面形式作出同意参加人体医学临床试验的意思表示。如果受试者是无民事行为能力人或者限制民事行为能人，则相关主体在开展人体医学临床试验之前，既需要取得受试者监护人的书面同意，在受试者本人具有自主决定能力时，还应当取得受试者本人的书面同意。

5.进行临床试验的，不得向受试者收取试验费用。《民法典》颁行前，我国相关立法也采取了此种立场，即进行人体医学临床试验不得向受试者收取试验费用，《民法典》第1008条延续了这一立法经验。

（四）从事与人体基因、人体胚胎等有关的医学和科研活动受到严格规制

随着科学技术的发展，尤其是生物技术的发展，人体基因、人体胚胎等领域的研究日益深入，实践中也出现了人体基因编辑事件和人体胚胎纠纷。人体基因是个人的“生命密码”，与个人的生命权、身体权、健康权关联密切。人体胚胎虽然不是民事主体，但其将来可能成为胎儿，成为民事主体，因此又不能简单地将其视为物，与人体基因、人体胚胎等有关的医学和科研活动也应当受到限制，对此，《民法典》第1009条规定：“从事与人体基因、人体胚胎等有关的医学和科研活动，应当遵守法律、行政法规和国家有关规定，不得危害人体健康，不得违背伦理道德，不得损害公共利益。”从该条规定来看，从事与人体基因、人体胚胎等有关的医学和科研活动受到了严格限制，具体而言：

第一，应当遵守法律、行政法规和国家有关规定。我国相关立法对从事人体基因、人体胚胎等有关的医学和科研活动作出了规定，相关主体在从事相关的活动时，应当遵守法律、行政法规和国家的有关规定。例如，《人口与计划生育法》第39条规定：“严禁利用超声技术和其他技术手段进行非医学需要的胎儿性别鉴定；严禁非医学需要的选择性别的人工终止妊娠。”该条对利用相关技术手段进行非医学需要的胎儿性别鉴定和人工终止妊娠行为作出了禁止性规定，即行为人不得从事此类行为。对其他与人体基因、人体胚胎等有关的医学和科研活动而言，如果相关法律、行政法规和国家有关规定对此有规定，则相关主体在从事此类活动时即应当遵守该规定。

第二，不得危害人体健康。人体基因、人体胚胎等有关的医学和科研活动本身虽然具有实现人类福祉的目的，但如果不对其进行控制，其也可能对参与该医学和科研活动的当事人造成损害。例如，对患者进行基因诊断、基因治疗，即可能造成患者的人身损害。从《民法典》第1009条的规定来看，所有危害人体健康的人体基因、人体胚胎等有关的医学和科研活动都在禁止之列，这体现了优先保护个人健康的理念，也划定了人体基因、人体胚胎等有关的医学和科研活动的底线。

第三，不得违背伦理道德。从事人体基因、人体胚胎等有关的医学和科研活动应当以治愈疾病、提升人类的健康福祉为目的，该活动不得违背伦理道德。例如，我国实践中出现了基因编辑婴儿的现象，在法律和伦理等领域引发了巨大争议。人体基因、人体胚胎等有关的医学和科研活动不得违背伦理道德，最为重要的是不得损害个人的人格尊严，实践中出现的基因编辑婴儿、生殖性克隆等现象，在一定程度上影响了人的主体性地位，有将人客体化的风险，这就违背了伦理道德的基本要求。因此，《民法典》明确要求，人体基因、人体胚胎等有关的医学和科研活动不得违背伦理道德，也明确了从事此类活动应当遵循的基本原则。

第四，不得损害公共利益。所谓公共利益，就是不特定多数人的利益。如前所述，人体基因、人体胚胎等有关的医学和科研活动本身具

有实现公共利益的目的，如果该活动损害了公共利益，就失去了其正当性基础。例如，从事人体基因研究本身应当服务于治疗疾病等目的，但如果相关主体从事人体基因研究时，并未采取足够的安全保障措施，造成不特定多数人的人体基因信息泄露，即损害了社会公共利益。人体基因、人体胚胎等有关的医学和科研活动不得损害公共利益，也是相关主体从事此类活动的基本要求。

《民法典》人格权编对有关人体基因、人体胚胎的医学和科研活动应当遵循的基本规则作出规定，这有利于有效规范针对人体基因、人体胚胎的医学和科研活动，维护个人的生命尊严。

（五）禁止实施性骚扰行为

1.性骚扰行为的概念和特征

所谓性骚扰，是指以身体、语言、动作等方式，违背他人意愿而对其实施的以性为取向的有辱其尊严的性暗示、性暴力等行为。性骚扰行为可能侵害他人多种人格权益，如身体权、健康权等；同时，行为人实施性骚扰行为也侵害了受害人的人格尊严，构成对受害人一般人格权的侵害。《民法典》第1010条第1款规定："违背他人意愿，以言语、文字、图像、肢体行为等方式对他人实施性骚扰的，受害人有权依法请求行为人承担民事责任。"该条对性骚扰行为作出了规定，性骚扰行为主要具有如下特征：

第一，性骚扰行为的受害人范围较为广泛。从实践来看，性骚扰行为的受害人通常为女性，但从《民法典》第1010条的规定来看，其并没有对性骚扰行为受害人的范围进行限定，这也意味着，无论男性还是女性，均可成为性骚扰行为的受害人。为强化对妇女权益的保护，《妇女权益保障法》第23条规定："禁止违背妇女意愿，以言语、文字、图像、肢体行为等方式对其实施性骚扰。受害妇女可以向有关单位和国家机关投诉。接到投诉的有关单位和国家机关应当及时处理，并书面告知处理结果。受害妇女可以向公安机关报案，也可以向人民法院提起民事诉讼，依法请求行为人承担民事责任。"该条不仅明确禁止对妇女实施性骚扰行为，而且规定了受害妇女的权益救济机制，包括向有关单位和国家机关投诉、向公安机关报案以及向人民法院提起民事诉讼等方式，对于有效遏制针对妇女的性骚扰行为具有重要意义。此外，性骚扰行为中的行为人与受害人既可以是异性，也可以是同性，受害人既可以是成年人，也可以是未成年人。

第二，性骚扰行为是与性有关的行为。相关行为必须与性有关，才有可能成立性骚扰行为，行为人通常都是故意实施性骚扰行为。性骚扰行为的方式具有多样性，其既可以采用言语方式，也可以体现为文字、图像、肢体行为或者其他方式。例如，行为人向受害人发送黄色短信，或者故意触碰他人私密的身体部位等。当然，行为人的行为必须达到一定的严重程度，才有可能成为性骚扰行为，如果性骚扰行为的认定标准过于宽松，则可能导致大量的行为被认定为性骚扰行为，这可能妨害人们正常的生活，也可能导致诉讼的泛滥。在具体认定行为人是否严重时，应当考虑行为人的行为方式、后果、持续时间等因素，综合予以判断。

第三，性骚扰行为违背了受害人的意愿。性骚扰行为必须违背受害人的意愿，这也使其不同于双方两情相悦的行为。性骚扰行为违背受害人的意愿有多种表现方式，在行为人实施相关行为时，如果受害人明确表示拒绝，则可以认定该行为违背了受害人的意愿。在判断相关行为是否违背受害人的意愿时，并不以受害人明确表示反对相关行为为条件，在行为人实施相关行为时，如果受害人明确表示反感、厌恶的，也可以认定行为人的行为违背了其意愿。当然，即便受害人没有明确对某行为表示反感或者厌恶的，但一般认为该行为是违背他人意愿的，且受害人主观上是反对该行为的，则也可以认定该行为违背了受害人的意愿。

第四，性骚扰行为必须有明确的指向对象。性骚扰行为应当针对特定的受害人，这也是行为人承担实施性骚扰行为民事责任的前提。如果行为人的行为并没有明确的指向对象，则即便某些人对此感到反感和厌恶，也不宜将其认定为性骚扰行为。当然，在具体认定相关行为是否有明确的指向对象时，应当根据相关情况具体予以判断。例如，行为人在实施相关行为时，并没有明确针对特定的受害人，但如果根据行为人行为的特点，一般人都可以合理推断出该行为指向特定的受害人，则应当认定，该行为具有明确的指向对象。

《民法典》对性骚扰行为作出规定，为准确认定性骚扰行为、明确行为人的责任以及相关主体预防和制止性骚扰行为的义务提供了基本前提。

2.机关、企业、学校等单位负有预防和制止性骚扰的义务

从实践来看，多数性骚扰行为发生在职场关系中，即行为人利用其职权、从属关系中的优势地位，对另一方实施性骚扰行为，因此，为有效预防和制止性骚扰行为，《民法典》第1010条第2款对相关主体预防和制止性骚扰行为的义务作出了规定："机关、企业、学校等单位应当采取合理的预防、受理投诉、调查处置等措施，防止和制止利用职权、从属关系等实施性骚扰。"该条之所以规定机关、企业、学校等主体负有预防和制止性骚扰行为的义务，主要是因为，这些主体对其工作人员具有一定的管理和控制能力，科以其预防和制止性骚扰行为的义务，有利于从根本上预防和制止性骚扰行为的发生。机关、企业、学校等主体应当根据自身情况，建立合理的预防、处置性骚扰行为的措施，以切实履行其预防和制止性骚扰行为的义务。为进一步强化对女学生的保护，《妇女权益保障法》还专门规定了学校预防和处置性骚扰的相关义务，该法第24条第2款规定："学校应当建立有效预防和科学处置性侵害、性骚扰的工作制度。对性侵害、性骚扰女学生的违法犯罪行为，学校不得隐瞒，应当及时通知受害未成年女学生的父母或者其他监护人，向公安机关、教育行政部门报告，并配合相关部门依法处理。"该法第25条还细化规定了用人单位预防和制止性骚扰义务的具体实现方式，包括制定禁止性骚扰的规章制度，明确负责机构或者人员，开展预防和制止性骚扰的教育培训活动，采取必要的安全保卫措施，设置投诉电话、信箱等，畅通投诉渠道，建立和完善调查处置程序，及时处置纠纷并保护当事人隐私和个人信息，支持、协助受害妇女依法维权，必要时为受害妇女提供心理疏导，以及采取其他合理的预防和制止性骚扰措施。

第二节　姓名权、名称权

一、姓名权、名称权的概念和特征

（一）姓名权的概念和特征

姓名权是自然人在不违背公序良俗的前提下，依法决定、使用、变更或者许可他人使用自己的姓名，并要求他人尊重自己姓名的权利。姓名是辨别个人外在特征的一种语言符号，其主要功能在于将姓名权人与其他人区分开来。但姓名不仅具有确定个人身份的功能，与特定的主体相关联，还可以作为个人个性的一种表达和标志，包含一定的精神利益，因此，姓名权是一项重要的人格权，而且是个人所享有的一项重要的标表型人格权。

姓名权主要具有如下法律特征：

1.主体限于自然人。姓名权作为一种标表型人格权，其主体限于自然人，其主要功能在于标识个人的身份。法人和非法人组织作为组织体，通过名称标识其身份，无法享有姓名权。当然，个人也可能将其姓名用作企业的名称，此时，该名称也应当受到名称权规则的调整。

2.客体是姓名。姓名由姓氏和名两部分组成，一个完整的姓名应当同时包含姓氏和名。由于自然人姓氏的选择具有一定的道德伦理因素，因此，个人选择姓氏受到一定的限制，而名的选择虽然受到的限制相对较少，但个人在选择名时原则上也应当选择规范的汉字。需要指出的是，我国《民法典》第1017条也通过姓名权

的规则对笔名、艺名、网名、译名以及姓名的简称提供保护，但严格地说，笔名、艺名、网名、译名以及姓名的简称并不是由姓氏和名两部分内容组成，并不属于姓名。

3.内容包括姓名决定权、姓名使用权、姓名变更权、许可他人使用姓名的权利以及要求他人尊重自己姓名的权利。（1）姓名决定权。姓名决定权是指个人有选择和决定自己姓名的权利，任何人不得非法干涉。当然，个人在选择自己的姓氏和名时，应当遵守《居民身份证法》等法律的规定，不得违反法律规定和公序良俗。（2）姓名使用权。姓名使用权是指权利人有权依法使用自己的姓名。例如，权利人在与他人签订合同或者签署相关的文件时，有权依法使用自己的姓名。对于权利人依法使用自己姓名的行为，任何人不得非法干涉，否则将构成对他人姓名权的侵害。（3）姓名变更权。姓名变更权是指权利人享有依法变更自己姓名的权利。当然，权利人变更自己姓名的，同样应当遵守前述姓名命名规则。（4）许可他人使用姓名的权利。许可他人使用姓名的权利是指权利人可以许可他人使用其姓名。从实践来看，一些企业为了宣传自己的产品或者服务，会与一些知名演艺人员签订姓名许可使用合同，在其产品或者服务的广告宣传中使用该演艺人员的姓名，这实际上就是姓名的许可使用。（5）要求他人尊重自己姓名的权利。所谓要求他人尊重自己姓名的权利，是指权利人有权要求他人尊重自己的姓名。例如，权利人有权要求他人正确称呼自己的姓名，不得恶意变更自己姓名的发音。

4.同时包含精神利益和财产利益，兼具消极防御的效力和积极利用的权能。按照传统观点，姓名权属于纯粹精神性的权利，其主要功能在于标识个人的身份，并在此基础上发挥身份区分的功能，与此相适应，姓名权也仅具有消极防御的效力，只有在遭受侵害时，权利人才能依据姓名权的规则向行为人提出请求。而随着经济社会的发展，尤其是随着人格要素许可使用制度的发展，许多人格权的内涵和效力都发生了扩张，姓名权作为标表型人格权，就是其中的典型，即姓名权不仅包含精神利益，也包含财产利益，权利人可以积极利用该财产利益，即姓名权不再是纯粹的消极防御性权利，其也具有一定的积极利用的权能，即权利人既可以自己使用其姓名，也可以许可他人使用其姓名。我国《民法典》人格权编对姓名的许可使用规则作出了规定。

（二）名称权的概念和特征

所谓名称权，是指法人、非法人组织对其用以确定和代表自身并区别于他人的符号和标记所享有的权利。名称是法人、非法人组织标明自己主体身份，并区别于其他组织体的一种标志，名称权也是一种标表型人格权。我国民事立法历来将名称权规定为一种独立的人格权，《民法典》人格权编也对名称权作出了规定。

名称权主要具有如下法律特征：

1.主体为法人和非法人组织。从《民法典》人格权编的规定来看，名称权的主体限于法人和非法人组织。自然人通过姓名标识其身份，并不享有名称权。

2.名称权应当通过法定程序取得。自然人自出生之时起即取得相关的人格权，其人格权的取得并不需要经过法定的程序。而法人、非法人组织取得名称权则需要通过法定的程序，需要经过有关机关的核准和审批才能取得名称权。同时，除名称权的取得外，名称的变更、转让等，也需要依据法律规定办理登记手续。对此，《民法典》第1016条第1款规定："自然人决定、变更姓名，或者法人、非法人组织决定、变更、转让名称的，应当依法向有关机关办理登记手续，但是法律另有规定的除外。"

3.名称权包括名称使用权、名称变更权、名称转让权和许可他人使用自己名称的权利。具体而言：（1）名称使用权。法人、非法人组织在进行民事活动时，可以使用自己的名称。例如，某公司在与相对人订立合同时，可以使用自己的企业名称。（2）名称变更权。法人、非法人组织可以依法变更自己的名称。当然，法人、非法人组织的类型不同，其名称的变更可能需要遵守不同的法律规则。（3）名称转让权。法人、非法人组织可以依法转让自己的名称。法人、非法人组织转让自己的名称时，通常需要办理相关的登记手续。法人、非法人组织转让自己的名称后，其名称权也随之消灭，而由受让人取得相应的名称权。（4）许可他人使用自己名称的权利。从实践来看，权利人许可他人使用自己的名称主要发生在商业特许经营领域，其权利人许可被许可人在一定的期间内使用其名称、商号等经营资源，并收取相应的特许经营费用。除特许经营外，在代理权授予等情形下，也涉及名称的许可使用问题。

二、姓名权、名称权的保护

（一）禁止他人以干涉、盗用、假冒等方式侵害他人的姓名权或者名称权

关于姓名权和名称权的保护，《民法典》第1014条规定："任何组织或者个人不得以干涉、盗用、假冒等方式侵害他人的姓名权或者名称权。"从该条规定来看，侵害姓名权和名称权的方式主要有如下几种：

1.干涉。所谓干涉，是指行为人非法干预他人行使其姓名权、名称权。行为人干涉他人姓名权的行为主要体现为行为人非法干涉他人决定、使用或者变更其姓名。例如，在收养关系成立后，即在养子女与养父母之间成立拟制血亲的父母子女关系，二者之间的关系适用父母子女之间的规则，其中也当然包括自然人姓氏确定规则，即养子女可以随养父或者养母的姓氏，而且从《民法典》第1112条的规定来看，在收养关系成立后，养子女原则上应当随养父或者养母的姓氏，只有在当事人协商一致的情形下，养子女才可以保留原姓氏。因此，在养子女变更姓氏随养父或者养母的姓氏时，其生父母或者其他主体不得非法干涉。行为人干涉他人名称权的行为主要体现为行为人非法干涉他人对其名称的使用。例如，一方在将其名称转让给另一方后，又阻止或者不当限制另一方使用其名称，该行为构成对其名称权的干涉。行为人干涉他人行使其姓名权、名称权的行为构成对他人姓名权、名称权的侵害，权利人有权依法请求行为人承担民事责任。

2.盗用。所谓盗用，是指行为人擅自利用他人的姓名或者名称从事相关活动。例如，行为人未经许可将他人的姓名用于自己的广告宣传，即构成对他人姓名的盗用。再如，行为人擅自使用其他企业的名称从事诈骗活动，即构成对他人名称的盗用。行为人盗用他人的姓名或者名称既可能是为了从事非法行为，如盗用他人名称从事虚假宣传，也可能是为了从事正常的经济活动，如行为人未经许可而将他人的姓名或者名称用于商业宣传。无论行为人盗用他人姓名或者名称的目的如何，其一般均构成对他人姓名权或者名称权的侵害。此外，行为人盗用他人姓名或者名称可能使他人遭受现实损害，甚至同时损害他人名誉权等权利，如行为人擅自将他人的姓名或者名称用于虚假广告宣传，还可能构成对他人名誉权的侵害；当然，行为人盗用他人姓名或者名称也可能并未给受害人造成现实的损害，如行为人未经许可将受害人的姓名用于正常的商业宣传，受害人往往难以证明行为人给其造成了何种现实损害，但在此情形下，仍应当认定盗用他人姓名或者名称的行为构成对他人姓名权、名称权的侵害，权利人有权依法请求行为人承担民事责任。

3.假冒。所谓假冒，是指行为人冒充他人的姓名或者名称从事相关行为。假冒姓名的行为通常体现为行为人冒充他人从事相关活动，牟取非法利益。例如，行为人因从事非法行为被公安机关处罚时，冒用他人姓名，即构成假冒姓名的行为。假冒名称的行为通常体现为行为人在自己的商品或者服务中标示其他主体的名称，冒充他人的名称从事交易，此类行为不仅侵害了他人的名称权，也可能构成不正当竞争，扰乱社会经济秩序。行为人假冒他人姓名或者名称也构成对他人姓名权、名称权的侵害，权利人有权依法请求行为人承担民事责任。

4.其他侵害方式。从《民法典》第1014条的规定来看，其在规定侵害姓名权、名称权的行为类型时，在具体列举各种侵害方式之后，还使用了"等方式"这一兜底表述，保持了侵害姓名权、名称权方式的开放性，这也符合姓名权、名称权保护的现实需求。因为从实践来看，除干

涉、盗用和假冒外，行为人还可能以其他方式侵害他人的姓名权、名称权。例如，行为人为了宣传自己的商品或者服务，与他人订立了姓名或者名称许可使用合同，取得在一定区域范围内使用他人姓名或者名称的权利，但如果行为人使用他人姓名或者名称的行为超出了约定的范围，也应当构成对他人姓名权或者名称权的侵害。《民法典》第1014条在规定侵害姓名权、名称权的方式时，采用兜底性的规定方式，保持侵害行为类型的开放性，更有利于姓名权、名称权的保护。

(二)自然人姓氏的选取

由于自然人姓氏的选取具有一定的伦理道德因素，因此，自然人选择姓氏应当受到一定的限制，而不能随意选择姓氏。对此，《民法典》第1015条规定："自然人应当随父姓或者母姓，但是有下列情形之一的，可以在父姓和母姓之外选取姓氏：(一)选取其他直系长辈血亲的姓氏；(二)因由法定扶养人以外的人扶养而选取扶养人姓氏；(三)有不违背公序良俗的其他正当理由。少数民族自然人的姓氏可以遵从本民族的文化传统和风俗习惯。"依据该条规定，自然人姓氏的选取应当遵循如下规则：

第一，自然人原则上应当随父姓或者母姓。自然人的姓名虽然由姓氏和名两部分组成，但二者的功能和意义并不相同，姓氏体现着血缘传承、伦理秩序和文化传统，而名并不具有此种功能和意义。自然人之所以原则应当随父姓或者母姓，主要是基于如下原因：一方面，姓氏具有一定的身份识别功能，体现着个人的血缘传承，是家族血缘传承的一种标识，个人与其父母之间具有亲子关系，其姓氏的选取原则上随父姓或者母姓，最能体现此种血缘传承关系。另一方面，法律规定自然人姓氏的选取原则上随父姓或者母姓，既符合我国的传统文化和伦理观念，也符合绝大多数公民的做法和意愿。

第二，在例外情形下，自然人可以在父姓和母姓之外选取姓氏。虽然自然人原则上随父姓或者母姓能够解决大多数的姓氏确定问题，但从实践来看，因离婚、收养等民事法律事实的出现，也可能会对自然人姓氏的确定产生影响。例如，父母离婚后，直接抚养子女的一方可能会要求变更子女的姓氏。因此，《民法典》第1015条也规定了在例外情形下，自然人可以在父姓和母姓之外选取姓氏的规则，具体而言：一是选取其他直系长辈血亲的姓氏。因入赘等原因，子女可能随女方的姓氏，但按照我国许多地方的习俗，到第三代时，孩子要改为其祖父的姓氏，正是考虑到这一习俗，《民法典》第1015条规定了自然人可以在父姓或者母姓之外，选择其他直系长辈血亲的姓氏。此处其他直系长辈血亲包括祖父母、外祖父母、曾祖父母、外曾祖父母等直系血亲长辈。二是因由法定扶养人以外的人扶养而选取扶养人姓氏。从我国《民法典》规定来看，父母对子女负有法定的抚养义务，当然，除父母外，在符合法律规定的情形下，祖父母、外祖父母对孙子女、外孙子女也负有抚养义务，兄、姐对弟、妹也负有扶养义务。上述扶养义务的适用条件虽然存在一定差别，但其均属于法定扶养义务。但在上述扶养义务之外，还可能有其他主体对自然人负担扶养义务，《民法典》第1015条允许自然人选取法定扶养人之外扶养人的姓氏，也有利于鼓励其他人(尤其是其他近亲属)履行扶养义务。三是有不违背公序良俗的其他正当理由。在有不违背公序良俗的其他正当理由时，自然人也可以在父姓和母姓之外选择其他姓氏。因为社会生活纷繁复杂，除上述两个理由外，自然人还可能有在父姓和母姓之外选择姓氏的正当理由，此时，也应当允许自然人在父姓和母姓之外选择姓氏，因此，《民法典》第1015条对自然人在父姓和母姓之外选择姓氏作出了兜底规定。"公序良俗""正当理由"在性质上属于不确定概念，《民法典》第1015条并未明确不违背公序良俗的正当理由究竟包括哪些理由，自然人在父姓和母姓之外选择姓氏是否具有不违背公序良俗的其他正当理由，应当由法官在个案中予以认定。

第三，少数民族自然人的姓氏可以遵从本民族的文化传统和风俗习惯。依据《民法典》第1015条的规定，少数民族自然人在选择姓氏时，并不适用原则上应当随父姓或者母姓这一规则，而可以在父姓和母姓之外选择姓氏。因为从实践来看，一些少数民族有自己独特的姓氏选择规则，这也是其民族固有的文化传统，《民法典》作出此种规定，也体现了对少数民族文化传统和风俗习惯的尊重。

（三）笔名、艺名、网名、译名、字号、姓名和名称的简称等的保护

现实生活中，除了姓名和名称外，自然人的笔名、艺名、网名、译名、字号以及法人、非法人组织的简称等，也可能具有一定的社会知名度，有必要受到法律的保护。所谓笔名，是指作者发表作品时所署的别名；所谓艺名，是指演员、模特等从事艺术活动时所使用的代替自己真名的名称；所谓网名，是指个人在网络上所使用的名称；所谓译名，是指个人翻译过来的名称；所谓字号，是指个人给自己所起的别名；所谓姓名的简称，是指自然人姓名的简要称呼；所谓名称的简称，是指法人、非法人组织的简要称呼。

严格地说，笔名、艺名、网名、译名、字号、姓名和名称的简称等并不属于姓名或者名称，例如，就笔名、艺名、网名等称呼而言，其并不同时包含自然人的姓氏和名字这两部分内容，因此，其并不属于姓名。但此类称谓的确可能导致民事主体身份的混淆，从实践来看，笔名、艺名、网名、字号、姓名和名称的简称等的保护也是我国司法实践中的一大难题，因为《民法通则》《侵权责任法》《民法总则》等法律虽然对姓名权、名称权的保护作出了规定，但其保护范围限于姓名和名称，并不涉及笔名、艺名以及简称等的保护问题。例如，围绕高校校名简称问题，实践中也发生了多起纠纷。

关于此类称谓的保护，《民法典》第1017条规定："具有一定社会知名度，被他人使用足以造成公众混淆的笔名、艺名、网名、译名、字号、姓名和名称的简称等，参照适用姓名权和名称权保护的有关规定。"该条通过姓名权和名称权的规则对符合一定条件的笔名、艺名、简称等提供保护，因为姓名和名称的主要功能是为了防止权利人与他人之间发生身份的混淆，故如果行为人擅自使用他人的笔名、艺名、简称等，造成身份混淆的，即应当可以通过姓名权、名称权的规则调整此类行为。依据《民法典》第1017条的规定，笔名、艺名、网名、译名、字号、姓名和名称的简称等受到法律保护应当符合如下条件：

一方面，此类称呼具有一定的社会知名度。笔名、艺名、网名等之所以受到法律保护，主要原因就在于，其具有一定的社会知名度，能够与特定的民事主体身份产生一定的关联性，即笔名、艺名、网名等具有一定的社会知名度。如果笔名、艺名、网名等并不具有社会知名度，无法从中识别特定主体的身份，行为人擅自使用他人的笔名、艺名、网名等，也不会产生身份混淆的后果，因此，其在客观上也将难以受到法律保护。需要指出的是，笔名、艺名、网名等具有一定的社会知名度并不以相关主体长期、持续使用为条件，即便相关主体只是偶尔使用，但如果其具有社会知名度，仍应当依法受到法律保护。需要指出的是，此处的具有一定的社会知名度并不要求相关的笔名、艺名、网名等"广为人知"，即便相关的笔名、艺名、网名等只是为一定的范围内的人们所知悉，也应当认定其具有一定的社会知名度。

另一方面，他人的使用行为足以造成公众的混淆。行为人对他人笔名、艺名、网名等的使用足以造成公众的混淆，是笔名、艺名、网名等受到法律保护的另外一个条件。如果行为人的使用行为并不足以造成公众的混淆，则此类称呼并不受法律的保护。此处足以造成公众的混淆是指行为人的利用行为会使社会公众误以为行为人为笔名、艺名、网名等称呼的权利人。例如，行为人利用某演员的艺名从事代言活动，足以使公众以为是该演员从事了代言活动的，即属于造成了公众的混淆。他人的使用行为足以造成公众混淆的前提是相关的笔名、艺名、网名等与特定的民事主体身份之间具有稳定的对应性，即虽然不要求相关的笔名、艺名、网名与特定民事主体的身份具有唯一的对应性，但其应当具有稳定的对应性，公众能够直接从该称呼中识别出特定的民事主体。

第三节 肖像权

一、肖像权的概念和特征

所谓肖像权，是指自然人以其肖像所体现的精神利益以及财产利益为内容的权利。肖像权是一种重要的标表型人格权，即他人可以直接通过肖像识别个人的身份，因此，肖像权直接关系到个人的人格尊严和社会评价，是一种重要的具体人格权类型。

肖像权主要具有如下特征：

1.肖像权的主体限于自然人。肖像权以个人的肖像为客体，而肖像是个人外部形象的一种再现，因此，肖像权的主体限于自然人，法人和非法人组织在客观上无法享有肖像权。肖像权作为自然人专有的一种人格权，其也具有人身专属性，仅能由权利人个人享有，无法转让和抛弃，也无法继承。

2.肖像权的客体为肖像。依据《民法典》第1018条第2款的规定，“肖像是通过影像、雕塑、绘画等方式在一定载体上所反映的特定自然人可以被识别的外部形象”。肖像是一个人的外在形象，是个人外在形象的一种复制，关于肖像是否限于个人的面部形象，存在不同的观点，从《民法典》第1018条的规定来看，肖像是个人的外部形象，其并不限于个人的面部特征。此种立场值得赞同，因为一方面，从肖像的本义来看，其是指个人形象的一种展现，其虽然以面部特征为中心，但不应当限于面部特征。另一方面，面部以外的身体其他部分客观上也可能具有可识别性，如个人特有的形体动作、特有的背影等，其与肖像类似，也具有识别个人身份的功能，属于标表型的人格利益，应当受到法律保护，将其纳入肖像的范畴，既符合此种人格利益的特点，也有利于强化对此类人格利益的保护。

从《民法典》第1018条的规定来看，肖像虽然不限于个人的面部特征，但其应当具有可识别性，即可以从肖像中识别出特定的个人，因为一方面，这是肖像权标表型人格权的权利属性所决定的。所谓标表型人格权，是指权利人基于其“标表符号”所享有的人格权，标表型人格权包括姓名权和肖像权。肖像的公开和利用之所以成为个人的私人事务，并成为个人人格的重要体现，根本原因在于其具有可识别性，即可以从肖像中识别出特定的个人，也正是基于这一原因，肖像也才能与个人的人格尊严发生关联。人格权制度的基本功能在于对个人的人格尊严进行保护，肖像权也不例外，如果某肖像不具有可识别性，则在行为人对该肖像进行污损或者利用时，相关主体也很难证明其人格尊严因此受到了侵害。另一方面，肖像具有可识别性也是肖像权消极保护和积极利用的前提。肖像权的效力体现为消极防御与积极利用两个方面，但无论是肖像权遭受侵害后的保护，还是权利人对其肖像权的利用，都以肖像具有可识别性为前提：在行为人污损某肖像或者未经许可利用某肖像时，如果该肖像不具有可识别性，则无法与权利人的身份产生关联，权利人也无权请求行为人承担侵权责任。此外，如果无论肖像是否具有可识别性均一概予以保护，虽然能够全面保护个人的人格利益，但可能对他人的行为自由构成重大妨碍，可能使行为人动辄得咎，严重限制个人的行为自由。权利人对其肖像权进行积极利用的前提是权利人对其肖像享有专属性的控制权，如果某肖像不具有可识别性，则该肖像与权利人之间的身份关联将被阻断，权利人无法享有对该肖像的专属性控制权，相对人可以自由利用该肖像，而无须与权利人订立肖像权许可使用合同，权利人对该肖像的积极利用也无从谈起。

3.肖像权中同时包含精神利益与财产利益。如前所述，随着经济社会的发展，尤其是随着人格利益许可使用实践的开展，人格权的内涵和效力出现了扩张，部分人格权不再属于消极防御性的权利，而开始具有积极利用的权能，与之相适应，部分人格权也不再是纯粹的精神性权利，也包含一定的财产利益，肖像权就是其中的典型。行为人侵害他人肖像权，如行为人故意毁损、污化他人肖像，造成受害人精神痛苦的，权利人有权依法请求行为人承担精神损害赔偿责任。行为人侵害他人肖像权，造成他人财产损失的，权利人也有权依法请求行为人赔偿财产损失。我国《民法典》第1182条对侵害人身权益的财产损失赔偿规则作出了规定，该规则即可适用于肖像权中财产利益的保护。

4.肖像权的内容包括依法制作肖像的权利、依法使用肖像的权利、依法公开肖像的权利以及许可他人使用肖像的权利。具体而言：(1)依法制作肖像的权利。所谓制作肖像，是指通过拍摄、绘画等方式再现个人的外在形象。权利人有权自己制作自己的肖像，也可以许可他人制作自己的肖像。制作肖像是肖像利用的基本前提。是否制作个人的肖像，以及以何种形式制作个人肖像，是权利人所享有的权利，行为人未经许可制作他人肖像的，除存在法定事由外，将构成对他人肖像权的侵害，权利人有权依法请求行为人承担民事责任。(2)依法使用肖像的权利。肖像可以在一定的物质载体上再现，从而使肖像可以在一定程度上与个人相分离，这也为个人依法使用肖像提供了基本前提。权利人可以在法律允许的范围内使用自己的肖像，当然，此处的使用肖像并不限于以获取经济利益为目的的使用，只要不违反法律的规定，权利人可以自由使用其肖像。(3)依法公开肖像的权利。权利人有权决定是否公开其肖像，也有权决定以何种方式公开其肖像。行为人未经权利人同意擅自复制、公开其肖像的，将构成对权利人肖像权的侵害。(4)许可他人使用肖像的权利。也就是说，权利人不仅可以自己使用其肖像，还可以许可他人使用其肖像。《民法典》第1021条、第1022条对肖像许可使用合同解释规则、解除规则作出了规定。在实践中，权利人可以通过与他人订立肖像许可使用合同的方式，许可他人使用其肖像，被许可人应当在约定范围内使用权利人的肖像。行为人擅自使用他人肖像，或者超出约定的范围使用他人肖像的，将构成对他人肖像权的侵害，权利人有权依法请求行为人承担民事责任。

二、肖像权的保护

（一）不得以丑化、污损，或者利用信息技术手段伪造等方式侵害肖像权

关于肖像权的保护，《民法典》第1019条规定："任何组织或者个人不得以丑化、污损，或者利用信息技术手段伪造等方式侵害他人的肖像权。未经肖像权人同意，不得制作、使用、公开肖像权人的肖像，但是法律另有规定的除外。未经肖像权人同意，肖像作品权利人不得以发表、复制、发行、出租、展览等方式使用或者公开肖像权人的肖像。"该条在肖像权保护方面确立了如下规则：

1.不得以丑化、污损，或者利用信息技术手段伪造等方式侵害肖像权。所谓丑化肖像，是指行为人故意扭曲个人的肖像，或者将他人的肖像用于特定场所，从而贬低个人的形象。所谓污损肖像，是指行为人故意涂抹、污染、损坏他人的肖像。在行为人丑化、污损他人肖像的情形下，无论行为人是否具有营利的目的，也无论行为人主观上是否为故意，均构成对他人肖像权的侵害。所谓利用信息技术手段伪造肖像，是指行为人利用图像处理技术等方式，伪造他人的肖像。例如，行为人利用PS技术伪造他人的肖像，并将其用于商业宣传，即构成利用信息技术手段伪造他人肖像。肖像是个人外部形象的一种再现，能够直接识别个人的身份，肖像权的保护直接关系个人人格尊严的保护。因此，丑化、污损或者利用信息技术手段伪造个人肖像，不仅侵害个人的肖像权，也会侵害个人的人格尊严。

2.制作、使用、公开他人肖像应当经权利人同意。制作、使用、公开肖像属于肖像权的内容，权利人可以以制作、使用、公开等方式对其肖像进行利用，但权利人之外的主体未经权利人同意擅自制作、使用、公开他人肖像的，将构成对他人肖像权的侵害。所谓擅自制作，即行为未经权利人同意而制作他人的肖像。行为人擅自制作他人肖像的，即便未经公开，或者进行其他方式的利用，也构成对他人肖像权的侵害。所谓擅自使用，即行为人未经权利人许可而使用其肖像。从实践来看，行为人擅自使用他人

肖像的行为主要体现为行为人未经许可而对他人的肖像进行商业化利用。当然，在行为人擅自使用他人肖像的情形下，无论行为人是否将其用于商业目的，均构成对他人肖像权的侵害。所谓擅自公开，是指行为人未经他人许可而公开其肖像。行为人擅自公开他人肖像的，即便行为人没有营利的目的，也应当构成对他人肖像权的侵害。同时，行为人擅自公开他人肖像的，也可能构成对他人隐私权的侵害。例如，行为人擅自在网络上公开他人的裸照，不仅构成对他人肖像权的侵害，也构成对他人隐私权的侵害。

3.肖像作品权利人以发表、复制、发行、出租、展览等方式使用或者公开个人肖像的，应当经权利人同意。肖像权可能与著作权发生冲突，这尤其体现在以肖像作为作品内容的情形，即肖像权人对相关的作品主张肖像权，而著作权人则主张对该作品享有著作权，并进而享有以发表、复制、发行、出租、展览等方式使用或者公开他人肖像的权利。为解决这一肖像权与著作权的权利冲突，依据《民法典》第1019条第2款的规定，未经肖像权人同意，肖像作品权利人不得以发表、复制、发行、出租、展览等方式使用或者公开权利人的肖像，因为肖像作品权利人虽然对肖像作品享有著作权，但该肖像作品的发表、复制、发行、出租、展览等，既是对肖像作品的利用，也属于对肖像的利用，因此，应当经肖像权人同意，这也体现了对肖像权的强化保护。当然，肖像作品权利人也可以与肖像权人达成合意，就肖像作品的发表、复制、发行、出租、展览等方式的使用或者公开等事项作出约定。

案例分析　能力训练

（二）肖像的合理使用

所谓肖像的合理使用，是指在符合法律规定的条件时，相关主体在使用他人肖像时即便未经权利人同意，也不构成对肖像权的侵害。肖像权的行使与保护经常与其他权利和利益发生一定的冲突，例如，为顺利实施新闻报道，难免会在报道中使用他人的肖像，如果一概要求取得所有权利人同意，可能使新闻报道活动难以展开，因此，有必要规定肖像合理使用制度。对此，《民法典》第1020条规定：“合理实施下列行为的，可以不经肖像权人同意：（一）为个人学习、艺术欣赏、课堂教学或者科学研究，在必要范围内使用肖像权人已经公开的肖像；（二）为实施新闻报道，不可避免地制作、使用、公开肖像权人的肖像；（三）为依法履行职责，国家机关在必要范围内制作、使用、公开肖像权人的肖像；（四）为展示特定公共环境，不可避免地制作、使用、公开肖像权人的肖像；（五）为维护公共利益或者肖像权人合法权益，制作、使用、公开肖像权人的肖像的其他行为。”依据该条规定，肖像合理使用主要包括如下情形：

1.为个人学习、艺术欣赏、课堂教学或者科学研究，在必要范围内使用肖像权人已经公开的肖像。例如，医疗机构在医疗活动中拍摄了患者相关的照片，后为推广相关的诊疗经验而使用该照片的，即属于对肖像的合理使用，即便没有取得权利人的同意，也不构成对其肖像权的侵害。为个人学习、艺术欣赏、课堂教学或者科学研究，也只能使用肖像权人已经公开的肖像，如果肖像权人的肖像尚未公开，或者被他人非法公开，则即便是出于个人学习、艺术欣赏、课堂教学或者科学研究的目的，也不得使用该肖像。需要指出的是，行为人即便是为个人学习、艺术欣赏、课堂教学或者科学研究的目的使用他人已经公开的肖像，其也只能在必要的范围内进行使用，行为人一旦超出必要的范围使用他人的肖像，则不再属于肖像合理使用行为。而且基于个人学习、艺术欣赏、课堂教学或者科学研究目的合理使用他人肖像的，行为人合理使用的方式仅限于使用，而不包括制作、公开等利用方式。

2.为实施新闻报道，不可避免地制作、使用、公开肖像权人的肖像。新闻报道活动将不可避免地使用他人的肖像，为保障新闻报道活动的顺利开展，此种情形下肖像的使用并不需要取得权利人的同意。例如，新闻媒体对大型文艺活动或者体育比赛进行报道，将不可避免地使用相关主体的肖像，在此情形下，即便未取得个人的同意，行为人的行为也不构成侵权。当然，即便是出于新闻报道的需要，也应当在合理范围内使用他人的肖像，只有出于新闻报道需要，不可避免地制作、使用或者公开他人肖像的，才构成肖像的合理使用，行为人的行为超出该范围的，将不再属于肖像的合理使用。例如，行为人在进行新闻报道的过程中制作了他人的肖像，后行为人还将肖像用于广告宣传，该行为就超出了合理范围，而不再属于肖像的合理使用。

3.为依法履行职责，国家机关在必要范围内制作、使用、公开肖像权人的肖像。国家机关在履行职责过程中也将不可避免地使用他人的肖像，此种情形也属于肖像的合理使用。例如，公安机关在通缉令中使用犯罪嫌疑人的照片，即属于肖像的合理使用，并不需要取得权利人的同意。当然，此种情形下的肖像合理使用也只能在必要的范围内使用，国家机关超出必要范围使用他人肖像的，也将构成对他人肖像权的侵害。

4.为展示特定公共环境，不可避免地制作、使用、公开肖像权人的肖像。例如，为报道相关庆典活动而使用他人的肖像。当然，如果相关主体在展示特定公共环境时可以使用他人肖像，也可以不使用他人肖像，则应当尽量不使用。只有为展示特定公共环境而不可避免地使用他人肖像时，才构成对他人肖像的合理使用。

5.为维护公共利益或者肖像权人合法权益，制作、使用、公开肖像权人的肖像。为维护公共利益或者肖像权人本人的利益而使用其肖像的，也构成肖像的合理使用，并不需要取得权利人的同意。例如，在某人因意外事件失踪时，相关主体为寻找权利人而依法在有关的寻人启事中使用权利人的肖像的，也构成肖像的合理使用。

（三）肖像许可使用合同

所谓肖像许可使用，是指权利人通过合同的方式，许可他人对其肖像进行使用。当事人为肖像许可使用而订立的合同即为肖像许可使用合同。在肖像许可使用合同中，肖像权人为许可人，受肖像权人许可而使用其肖像的一方为被许可人。按照私法自治原则，当事人可以在合同中约定肖像许可使用的方式、期限等内容，而且肖像权人既可以约定被许可人有偿使用其肖像，也可以约定其无偿使用其肖像。肖像许可使用合同属于民事合同的一种，因此，在法律没有特别规定的情形下，《民法典》合同编的规则也应当可适用于肖像许可使用合同。当然，由于肖像许可使用合同的客体是肖像利益，其不同于财产利益，因此，《民法典》人格权编对肖像许可使用合同的特殊规则作出了规定，《民法典》第1021条对肖像许可使用合同的解释规则作出了规定，第1022条对肖像许可使用合同的解除规则作出了规定。从法律适用的层面看，上述规则属于法律的特别规定，在适用顺序上应当优先于合同编的一般规则。

1.肖像许可使用合同的解释

所谓合同解释，是指对合同条款的含义所作出的分析和说明。《民法典》第1021条规定："当事人对肖像许可使用合同中关于肖像使用条款的理解有争议的，应当作出有利于肖像权人的解释。"该条对肖像许可使用合同的解释规则作出了规定，按照合同解释的一般规则，依据《民法典》第142条第1款的规定，如果当事人就合同条款发生争议，则应当根据合同条款的内容、交易习惯以及诚信原则等确定其内涵，肖像许可使用合同虽然也是发生在平等主体之间的交易关系，但受许人对许可人肖像进行使用的范围、方式等因素，将直接影响许可人的人格尊严与人格自由。因此，《民法典》第1021条专门就肖像许可使用合同的解释规则作出规定，目的即在于强化对个人人格权的保护，依据该规定，如果当事人就肖像许可使用合同的条款存在争议，则应当作对有利于肖像权人的解释。本条之所以作出此种规定，一方面，体现了人格权保护优先于财产权保护的立法理念。在肖像许可使用合同中，被许可人取得的是合同债权，而许可人一方享有的是肖像权，从权利位阶的层面看，肖像权作为人格权，其保护应当优先于财产权。因此，在双方就肖像许可使用合同的条款发生争议时，应当作有利于肖像权人一方的解释。另一方面，在双方就肖像许可使用合同的条款发生争议时，作有利于肖像权人一方的解释，也有利于维护其人格尊严。需要指出的是，该规则适用的重要前提在于，当事人双方对肖像许可使用合同条款的理解都必须是合理的理解，如果被许可人对肖像许可使用合同的某个条款的理解是合理的理解，而肖像权人对该条款的理解是不合理的，则无法适用该规则。

2.肖像许可使用合同的解除

按照合同严守原则，在合同成立后，除符合法律规定或者当事人约定的合同解除条件外，任何一方当事人均不得主张解除合同。应当看到，将该原则适用于财产权交易关系并不存在大的问题，而将其完全适用于人格利益许可使用合同，则可能不利于人格权人的保护，因为在许可使用合同订立后，人格权人的价值观念、兴趣偏好、宗教信仰等可能发生变化，其可能不再愿意其姓名、肖像等继续被许可使用，此时，仍然坚持合同严守，则可能不利于保护个人的人格尊严与人格自由。因此，《民法典》第1022条对肖像许可使用合同的解除规则作出了特别规定，该条规定："当事人对肖像许可使用期限没有约定或者约定不明确的，任何一方当事人可以随时解除肖像许可使用合同，但是应当在合理期限之前通知对方。当事人对肖像许可使用期限有明确约定，肖像权人有正当理由的，可以解除肖像许可使用合同，但是应当在合理期限之前通知对方。因解除合同造成对方损失的，除不可归责于肖像权人的事由外，应当赔偿损失。"该条区分了如下两种情形，分别规定了该合同的解除规则：

一是当事人没有约定肖像许可使用期限或者约定不明确的，则任何一方当事人均有权随时解除合同。也就是说，如果当事人没有在肖像许可使用合同中约定肖像许可使用的期限，或者约定不明确的，则任何一方当事人均享有法定的任意解除权。法律作出此种规定的主要原因在于，在当事人没有明确约定肖像许可使用的期限或者约定不明确的情形下，该合同在性质上属于不定期合同，对不定期合同而言，双方当事人对合同的长期履行均没有合理的预期，因此，赋予双方当事人任意解除合同的权利，也不会损害双方的合理信赖。当然，为了减少合同解除给当事人造成的损失，任何一方当事人在解除合同时，均应当在合理的期限之前通知对方。关于此处"合理期限"究竟指多长的期限，《民法典》没有作出明确规定，一般而言，此处的合理期限应当是对方当事人能够就合同解除后的各种安排作出充分准备的期限，其需要根据合同的各种情况予以具体判断。

二是当事人明确约定肖像许可使用期限的，则肖像权人在有正当理由时，可以解除合同。也就是说，在当事人明确约定肖像许可使用合同期限的情形下，被许可人一方即便有正当理由，也不得主张解除合同，此种情形下有权解除合同的主体仅限于肖像权人，这也体现了对肖像权人一方的特别保护，也反映了人格权优先于财产权保护的价值理念。当然，在存在合同法定解除事由的情形下，被许可人仍有权依据合同编合同法定解除的一般规则解除合同。关于此处肖像权人依法解除合同的正当理由，《民法典》没有作出明确规定，一方面，其应当是《民法典》合同编合同法定解除事由之外的其他事由，因为在符合合同编合同法定解除条件的情形下，肖像权人当然有权依法解除合同，而不需要援引《民法典》第1022条解除合同。例如，在被许可人超出约定的范围使用肖像权人的肖像，构成根本违约时，肖像权人当然有权依法解除合同。另一方面，保障肖像权人的利益，维护其人格尊严，应当对此处正当理由进行宽泛地认定，而不宜进行严格限制，这也符合比较法上的做法，即只要肖像权人的政治观念、价值观念等发生变化，即应当认定其属于此处的正当理由。肖像权人在依据本条规定解除合同时，应当举证证明其存在正当理由，相关理由是否属于正当理由，应当由法院予以判断。此外，依据本条规定，即便肖像权人有正当理由，其解除合同也应当在合理期限之前通知对方，以尽量减少对方的损失。在因肖像权人基于正当理由解除合同造成被许可人一方损失的，除不可归责于肖像权人的事由外，肖像权人也负有赔偿被许可人损失的义务。

3.肖像许可使用合同参照适用于其他人格利益许可使用合同

《民法典》第1023条第1款规定:"对姓名等的许可使用,参照适用肖像许可使用的有关规定。"该条对肖像许可使用合同的规则参照适用于其他人格利益许可使用合同的规则作出了规定,这也使肖像许可使用规则发挥了人格利益许可使用一般性规则的作用,与《民法典》第993条关于人格利益许可使用规则一起,共同构成了完整的人格利益许可使用规则体系。

(1)肖像许可使用规则参照适用的范围

关于肖像许可使用规则参照适用的范围,《民法典》第1023条使用了"姓名等"这一表述,这表明,肖像许可使用规则参照适用的范围十分广泛,其不仅限于姓名,还包括其他人格利益。从实践来看,姓名、个人信息等人格利益许可使用的现象十分普遍,司法实践中也发生了大量的纠纷,《民法典》人格权编规定此类人格利益的许可使用参照适用肖像许可使用的规则,也有利于回应这一现实需求。具体而言,肖像许可使用规则参照适用的范围包括如下几种:

一是姓名。姓名是个人标表型的人格标识,与肖像权类似,姓名权虽然具有人身专属性,但其也包含一定的财产利益,从实践来看,姓名许可使用也是人格利益许可使用的重要类型,因此,肖像许可使用的规则也可以参照适用于姓名的许可使用。

二是隐私。隐私权虽然主要是消极防御性的权利,是一种精神性的权利,但在特殊情形下,其也具有一定的积极利用的权能。例如,个人允许他人对其部分私人活动进行直播,即属于对其隐私的积极利用,肖像许可使用的规则也可以参照适用于隐私的许可使用。

三是个人信息。个人信息是个人所享有的一项重要的人格利益,个人信息不仅包含精神利益,也包含财产利益,民法典人格权编对人格利益许可使用规则作出规定,也可以为个人信息的收集、利用提供法律依据,因为个人允许他人收集、利用其个人信息,本质上属于个人信息的许可使用,《民法典》人格权编关于个人利益许可使用的规定,可以满足大数据产业发展的需要,并为个人信息权利保护与个人信息有效利用之间的关系提供一种平衡机制。

四是个人的声音、形体动作。个人特有的声音、形体动作也是个人所享有的重要人格利益,其也可以成为许可使用的对象。例如,个人可以许可他人在其广告宣传中使用其特有的声音,或者形体动作等。《民法典》人格权编关于肖像许可使用规则的规定,也可以参照适用于声音、形体动作的许可使用。

五是其他人格利益。除上述人格利益外,其他人格利益的许可使用也可以参照适用肖像许可使用的规则。尤其是随着社会的发展,新型人格利益也将不断产生,其也可能成为许可使用的对象,《民法典》人格权编规定肖像许可使用的规则可以参照适用于其他人格利益的许可使用,也可以为将来产生的新型人格利益的许可使用提供法律依据。

(2)参照适用肖像许可使用的具体规定

从《民法典》人格权编的规定来看,其他人格利益的许可使用可以参照适用肖像许可使用的如下规则:

一是肖像许可使用合同的解释规则。如前所述,依据《民法典》第1021条的规定,在当事人就肖像许可使用合同的条款理解有争议时,应当作有利于肖像权人的解释,该规则也可以参照适用于其他人格利益的许可使用,即在当事人就其他人格利益许可使用合同的条款发生争议时,也应当作有利于人格权人一方的解释。

二是肖像许可使用合同的解除规则。《民法典》第1022条对肖像许可使用合同的解除规则作出了规定,该规则也可以参照适用于其他人格利益的许可使用。也就是说,如果当事人没有就其他人格利益的许可使用期限作出约定,或者约定不明确的,则任何一方均可随时解除人格利益许可使用合同;如果当事人就其他人格利益许可使用的期限作出了约定,则人格权人一方有正当理由的,也可以解除合同,但应当在合理期限之前通知对方,如果因解除合同造成对方损失的,除不可归责于人格权人一方的事由外,则其应当赔偿对方的损失,这也在一定程度上平衡了双方当事人的利益关系。

第四节　名誉权和荣誉权

一、名誉权、荣誉权的概念和特征

（一）名誉权的概念和特征

所谓名誉权，是指民事主体对其名誉所享有的不受他人侵害的权利。名誉权是个人人格尊严的直接体现，行为人侵害他人名誉权，可能使他人无法在社会中立足。正是考虑到名誉权对个人的重要意义，我国民事立法历来重视对名誉权的保护，在总结我国立法与司法实践经验的基础上，《民法典》总则编对民事主体所享有的名誉权作出了规定，并在人格权编中对名誉权的保护规则作出了细化规定。

名誉权主要具有如下特征：

1.主体包括自然人、法人和非法人组织。关于名誉权的主体，《民法典》第990条、第1024条均使用了“民事主体”这一表述，表明名誉权的主体并不限于自然人，法人、非法人组织也享有名誉权。也就是说，无论是自然人，还是法人、非法人组织，均对其良好的社会评价享有名誉权。当然，自然人名誉权与法人、非法人组织的名誉权之间存在一定的区别，一方面，自然人名誉权主要是对个人品行、能力、作风等方面的评价，与个人的人格尊严与人格自由之间存在密切关联；而法人、非法人组织的名誉权则主要是对其商业信誉、生产能力、经营能力等方面的评价，与人格尊严、人格自由之间并不存在关联性。另一方面，侵害自然人名誉权的方式主要是侮辱、诽谤，而侵害法人、非法人组织名誉权则主要通过捏造、散布虚假信息等方式。

2.客体为名誉。依据《民法典》第1024条第2款的规定，名誉是对民事主体的品德、声望、才能、信用等的社会评价。从该款规定可以看出，名誉是对民事主体的一种客观社会评价，而且是一种良好的社会评价。这也意味着，如果行为人的行为没有导致他人的社会评价降低，则不构成对他人名誉权的侵害。例如，虽然行为人侮辱了他人，但如果该行为并没有被第三人知晓，则只是侵害了他人的名誉感，而不构成对他人名誉权的侵害。

3.具有人身专属性。也就是说，名誉权仅能由权利人本人享有，权利人无法转让或者抛弃其名誉权。同时，名誉权也不具有可继承性，即在自然人死亡或者法人、非法人组织终止后，其名誉权也消灭。

案例分析　能力训练

（二）荣誉权的概念和特征

所谓荣誉权，是指民事主体对自己已经获得或者可能获得的荣誉称号等依法享有的不受他人非法侵害的权利。关于荣誉权在性质上属于人格权还是身份权，存在一定的争议，但从立法层面来看，我国民事立法历来将荣誉权规定为一项独立的人格权。《民法典》人格权编单独规定荣誉权，可以说是我国民事立法经验的一种延续。荣誉权虽然也是对民事主体的一种良好的社会评价，与名誉权具有相似性，但荣誉权在评价内容、评价主体、受侵害的方式以及救济方式等方面均与名誉权存在一定的差别，无法被名誉权所包含，因此，《民法典》将其规定为一种独立的人格权。

荣誉权主要具有如下特征：

1.主体包括自然人、法人和非法人组织。从《民法典》第990条、第1031条的规定来看，荣誉权的主体为“民事主体”，表明荣誉权的主体并不限于自然人，也包括法人与非法人组织。也就是说，自然人、法人和非法人组织均可对其所获得的荣誉称号享有荣誉权。

2.客体为荣誉。所谓荣誉，是特定的国家机关或者社会组织对主体在某方面的成绩或者贡献所作出的一种评价，其通常体现为主体获得有关的荣誉称号。名誉权是主体对其客观的、积极的、一般的社会评价所享有的一种权利，而荣誉权则是主体就特定国家机关或者社会组织对其所进行的积极评价所享有的一种权利。荣誉权并不具有固有性，其并不是民事主体与生俱来的一项权利，而以民事主体实施一定的行为为前提。因此，荣誉权并不是所有民事主体均享有的一项人格权，荣誉是有关机关对在各项社会活动中作出特殊贡献的民事主体的一种评价。此外，荣誉也是由有关机关依据一定的程序和标准对民事主体所进行的一种评价。

3.具有人身专属性。荣誉权是权利人因其所实施的相关行为而获得的一种积极的评价，其客观上无法与权利人相分离，而且权利人也无法将其所获得的荣誉转让给他人。同时，在权利人死亡后，其荣誉权也消灭，无法继承。

4.荣誉权是民事主体对其良好评价所享有的一项权利。荣誉本身包含了积极、正面评价与奖励的内涵，因此，荣誉权是民事主体对其良好评价所享有的一项权利，其本质上是有关机关对作出特殊贡献的民事主体的一种积极的、正面的评价。

二、名誉权、荣誉权的保护

（一）侵害名誉权、荣誉权的主要行为方式

1.侵害名誉权的方式

关于名誉权的保护，《民法典》第1024条第1款规定："民事主体享有名誉权。任何组织或者个人不得以侮辱、诽谤等方式侵害他人的名誉权。"从该条规定来看，侵害名誉权方式主要有如下几种：

（1）侮辱。所谓侮辱，是指行为人故意以暴力、语言、文字等方式贬低他人人格，毁损他人的名誉。从实践来看，侮辱是较为常见的侵害名誉权的方式。例如，行为人在公共场所谩骂、羞辱他人，即构成对他人名誉权的侵害。当然，侮辱行为在客观上应当造成他人客观社会评价降低，否则不构成对其名誉权的侵害。例如，行为人只是通过给受害人本人发送信息的方式实施侮辱行为，而没有将信息内容向第三人公开，此种行为并不会导致受害人客观社会评价的降低，不构成对其名誉权的侵害。需要指出的是，即便行为人所表达的内容为客观事实，但如果行为人以侮辱他人的方式表达出来，造成他人客观社会评价降低的，也构成对他人名誉权的侵害。

（2）诽谤。所谓诽谤，是指行为人通过语言、文字、图片等方式，散布相关虚假事实，毁损他人的名誉。诽谤也是侵害名誉权的重要方式，当然，诽谤行为必须导致受害人社会评价降低，才构成对其名誉权的侵害。与侮辱不同，行为人实施诽谤行为所散布的信息为虚假事实。

从实践来看，行为人可能并不是直接通过发布相关信息的方式实施侮辱、诽谤行为，而是通过创造文学、艺术作品的方式实施此类行为，此时，行为人是否构成对他人名誉权的侵害，存在疑问。对此种情形，从《民法典》第1027条的规定来看，如果行为人以真人真事或者特定人为描述对象创作文学、艺术作品，而且该作品中包含侮辱、诽谤他人的内容，造成他人社会评价降低的，也应当构成对他人名誉权的侵害；而如果行为人并没有以特定人为创作对象，则通常不宜认定其构成侵权。这就平衡了文学、艺术创作自由的保护与名誉权保护之间的关系。

（3）其他方式。从《民法典》第1024条第1款的规定来看，侵害名誉权的方式并不限于侮辱和诽谤两种，行为人实施其他行为造成他人社会评价降低的，也应当构成对他人名誉权的侵害。例如，银行、征信机构等所记载的行为人信用信息不准确，造成受害人社会评价降低的，也应当构成对其名誉权的侵害。

需要指出的是，行为人的行为必须指向特定的主体，并且必须为第三人所知悉，才能认定构成对他人名誉权的侵害。一方面，行为人的侵害行为必须指向特定的主体，因为只有指向特定的民事主体，才能认定权利人的社会评价受到了不当影响，否则很难认定构成对他人名誉权的侵害。行为人的行为指向特定的主体并不限于该行为仅指向某一主体，其也可能指向多个主体，但如果行为人的行为指向的是不特定的主体，则难以认定构成对他人名誉权的侵害。行为人的行为指向特定的主体并不当然需要其表明权利人的姓名或者名称，即便行为人没有表明权利人的具体身份，但如果按照社会一般人的标准，能够确定行为人的行为指向特定的主体，也应当认定该行为指向的主体具有特定性。另一方面，行为人的侵害行为必须为第三人所知悉，因为名誉本身是社会对民事主

体的一种良好社会评价，因此，在判断行为人的行为是否构成对他人名誉权的侵害时，首先应当判断该行为是否造成了受害人社会评价的降低，而只有行为人的侵害行为为第三人所知悉，才有可能造成他人社会评价的降低，也才可能构成对他人名誉权的侵害。例如，行为人只是在给受害人的书信中使用了侮辱性的语言，而没有将该书信公开，在此情形下，行为人的侮辱行为并没有为第三人所知悉，没有造成受害人社会评价的降低，因此，不宜认定构成对其名誉权的侵害。

2.侵害荣誉权的方式

关于荣誉权侵权，《民法典》第1031条第1款规定："民事主体享有荣誉权。任何组织或者个人不得非法剥夺他人的荣誉称号，不得诋毁、贬损他人的荣誉。"从该条规定来看，侵害荣誉权的方式主要有如下几种：

（1）非法剥夺他人的荣誉称号。荣誉称号是有关国家机关和社会组织对权利人相关行为的一种积极、正面的评价，也是权利人享有荣誉权的一种凭证。行为人非法剥夺权利人的荣誉称号，实质上是否定相关机关和社会组织对权利人的正面评价，构成对他人荣誉权的侵害。所谓非法剥夺，主要是指行为人没有正当理由、未经正当程序而剥夺他人已经获得的荣誉称号。例如，有关机关在授予某人荣誉称号之后，没有正当理由而剥夺其荣誉称号。当然，非法剥夺他人荣誉称号的前提是相关主体已经获得了荣誉称号，如果其尚未获得荣誉称号，则不存在被非法剥夺的问题。

（2）诋毁、贬损他人的荣誉。所谓诋毁、贬损他人荣誉，是指行为人通过编造、扭曲事实等方式，毁损他人的荣誉。在诋毁、贬损他人荣誉的情形下，行为人并没有否定和剥夺他人的荣誉称号，但通过编造事实等方式，降低有关他人荣誉的社会评价，从而构成对他人荣誉权的侵害。此外，与非法剥夺他人荣誉称号类似，构成诋毁、贬损他人荣誉的前提也是相关主体已经获得了相关荣誉，否则，行为人诋毁、贬损他人的，可能构成对其名誉权的侵害，而不构成对其荣誉权的侵害。

（二）侵害名誉权的抗辩事由

1.行为人为公共利益实施新闻报道、舆论监督等行为构成侵害名誉权的抗辩事由

从实践来看，名誉权的保护常常与其他利益的保护之间发生冲突，在冲突发生后，应当妥当进行利益平衡，而不能一概认定行为人的行为构成对他人名誉权的侵害。从实践来看，名誉权的保护经常与新闻报道、舆论监督等发生冲突，需要妥当平衡相关的利益关系。对此，《民法典》第1025条规定："行为人为公共利益实施新闻报道、舆论监督等行为，影响他人名誉的，不承担民事责任，但是有下列情形之一的除外：（一）捏造、歪曲事实；（二）对他人提供的严重失实内容未尽到合理核实义务；（三）使用侮辱性言辞等贬损他人名誉。"从该条规定来看，如果行为人是为公共利益而实施新闻报道、舆论监督等行为，则即便造成他人社会评价降低，通常也不构成对他人名誉权的侵害，这实际上是将为公共利益而实施新闻报道、舆论监督等行为作为侵害名誉权的抗辩事由。

行为人为公共利益实施新闻报道、舆论监督等行为之所以构成侵害名誉权的抗辩事由，一方面，是为了发挥新闻报道等行为的舆论监督作用，因为新闻报道等行为可以使社会公众广泛了解各种社会事件和信息，也可以起到监督政府机关及其工作人员行为的作用，保障社会公众的知情权，因此，新闻报道、舆论监督等行为对于国家和社会治理具有重要意义。为了保障上述目的的实现，即便行为人新闻报道、舆论监督等行为造成相关民事主体社会评价的降低，一般也不宜认定该行为构成对其名誉权的侵害。另一方面，其也有利于塑造良好的社会风气。因为对于社会中出现的各种违法行为和丑陋现象，如果不允许新闻媒体的报道，则可能纵容相关的不法行为和不道德行为，因此，《民法典》人格权编将行为人为公共利益而实施新闻报道、舆论监督等行为规定为侵害名誉权的抗辩事由，也有利于维护良好的社会风气。

从《民法典》第1025条的规定来看，行为人实施新闻报道、舆论监督等行为要构成侵害名誉权的抗辩事由，需要行为人必须是出于公共

利益而实施相关行为，因为从实践来看，随着网络技术的普及和自媒体的发展，行为人实施新闻报道、舆论监督并不当然是出于公共利益的目的，如果行为人的行为并不是出于公共利益的目的，则应当优先保护权利人的名誉权，行为人的行为也不再构成侵害名誉权的抗辩事由。

2.新闻报道、舆论监督等行为构成侵害名誉权的情形

从《民法典》第1025条的规定来看，行为人为公共利益实施新闻报道、舆论监督等行为虽然构成侵害名誉权的抗辩事由，但在特殊情形下，行为人的行为仍然需要依法承担民事责任，此类情形主要包括如下几种：

（1）捏造、歪曲事实。新闻报道、舆论监督等行为应当以反映社会现实生活为前提，如果相关主体在实施新闻报道或者舆论监督等行为的过程中，为了起到好的宣传效果而捏造、歪曲事实，未对所报道和宣传的事实尽到必要的审核义务，并因此造成他人社会评价降低的，则其行为就违背了新闻报道、舆论监督等行为的基本要求，行为人也需要依法承担侵害他人名誉权的民事责任。

（2）对他人提供的严重失实内容未尽到合理核实义务。虽然新闻报道具有即时性的要求，但如果行为人在新闻报道素材的选取和发布等方面未尽到合理的核实义务，造成他人社会评价降低的，行为人也应当依法承担侵害他人名誉权的民事责任。此种情形下，行为人承担侵害名誉权的民事责任需要具备如下两个条件：一是他人所提供的内容严重失实。如果他人所提供的内容虽然失实，但并不构成严重失实，则行为人并不需要依据该规则承担民事责任。二是行为人未尽到合理的核实义务。也就是说，行为人在报道他人所提供的内容时，也需要尽到合理的核实义务，否则，行为人即可能需要依法承担侵害他人名誉权的民事责任。

（3）使用侮辱性言辞等贬损他人名誉。虽然行为人是出于新闻报道、舆论监督等正常需要而发布相关的内容，但如果行为人使用了侮辱性的言辞贬损他人的名誉，则即便其所发布的内容符合客观事实，行为人也应当依法承担侵害他人名誉权的民事责任。

（三）行为人是否尽到合理核实义务的考虑因素

依据《民法典》第1025条的规定，即便行为人为公共利益而实施新闻报道、舆论监督等行为，但如果行为人对他人提供的严重失实的内容未尽到合理核实义务，则也需要依法承担侵害名誉权的民事责任。《民法典》第1026条对行为人合理核实义务的判断标准作出了规定，依据该条规定，判断行为人是否尽到合理核实义务应当考虑如下因素：

1.内容来源的可信度。内容来源即新闻报道、舆论监督的消息来源，这是行为人实施新闻报道、舆论监督等行为的基本前提。内容来源的可信度不同，行为人的合理核实义务也会存在一定的差别。在具体认定行为人的合理审核义务时，需要考虑相关信息、资料的发布机构，消息内容的来源途径等内容，具体判断行为人的审核义务。例如，行为人所发布的信息源于权威媒体，则其核实义务相对较低；反之，则其应当尽到更高的核实义务。

2.对明显可能引发争议的内容是否进行了必要的调查。如果按照社会一般人的看法，相关的新闻报道可能会引发争议，则行为人在实施新闻报道、舆论监督时就应当进行必要的调查，以进一步确定相关内容的真伪。也就是说，如果相关的内容与社会公众的普遍认知存在一定的偏差，则行为人对其进行报道时就应当尽到更高的核实义务。例如，某公众人物一向对社会公众展现正面形象，如果某人在网上披露该公众人物实施了违法行为，该消息一旦被新闻媒体报道，就可能引发争议，因此，行为人在对其进行报道时，就应当进行必要的调查，以确定该消息的真伪。

3.内容的时限性。新闻报道一般都具有很强的时限性，如果要求行为人在进行报道前都必须全面核实相关信息的真伪，则新闻报道活动将难以开展。因此，在具体判断行为人的合理核实义务时，应当考虑报道内容的时限性，而不应当要求行为人在实施新闻报道、舆论监督等行为时对相关的消息、内容都进行全面、详细

的核实。

4.内容与公序良俗的关联性。在确定行为人的核实义务时，还需要考虑相关信息内容与公序良俗的关联性，如果相关的信息内容与公序良俗的关联密切，需要及时报道，则应当适当降低行为人的核实义务；相反，如果行为人所发布的内容与公序良俗的内容相悖，则其应当尽到更高的核实义务。

5.受害人名誉受贬损的可能性。相关信息内容是否会贬损受害人的名誉，也会对行为人的核实义务产生影响。一般而言，如果相关的信息内容一旦发布，即可能贬损他人名誉，则行为人在发布相关信息时，即应当尽到更高的核实义务；反之，则应当降低行为人的核实义务。

6.核实能力和核实成本。在确定行为人的核实义务水平时，还应当考虑行为人的核实能力和核实成本，一般而言，行为人的核实能力越强，核实成本越低，则其就应当负担更高的核实义务。此外，在判断行为人是否尽到核实义务时，应当由行为人就其尽到合理核实义务承担举证责任。

（四）名誉权、荣誉权遭受侵害后的救济方式

在名誉权和荣誉权遭受侵害的情形下，行为人有权主张人格权请求权，以及时制止行为人的不法侵害行为；同时，如果行为人的行为符合侵权责任的构成要件，则权利人还有权请求行为人承担侵权责任。除上述救济方式外，我国《民法典》人格权编还就名誉权、荣誉权遭受侵害规定了如下的救济方式：

1.请求更正、删除不实内容

依据《民法典》第1028条的规定，如果报刊、网络等媒体所报道的内容与客观事实不符，造成他人社会评价降低的，权利人可以请求其及时更正或者删除相关的不实信息。在互联网时代，人格权极易遭受侵害，而且相关的侵权信息一旦在网上发布，相关的损害后果即可能被无限放大，因此，应当注重对人格权侵权行为的预防。《民法典》第1028条对权利人请求更正、删除的权利作出规定，正是此种立法理念的体现。所谓更正权，是指在报刊、网络等媒体刊载的报道内容失实或者有明显错误，侵害他人人格权益的，权利人有权请求该媒体及时更正。在权利人依法提出更正请求后，相关媒体应当及时更正，如果其没有正当理由拒绝更正的，权利人有权请求人民法院予以强制更正。所谓删除权，是指相关媒体发布的相关信息内容失实，侵害他人名誉权的，则权利人有权请求其及时删除。《民法典》人格权编对删除权作出规定，对于预防损害的发生以及制止损害的扩大等，具有重要意义。此外，从《民法典》第1028条的规定来看，在相关媒体报道内容失实的情形下，权利人除享有更正权和删除权外，其还有权请求相关媒体采取其他必要措施，这就保持了权利人救济方式的开放性，更有利于对权利人的救济。

2.查询信用评价、提出异议并请求更正、删除错误信用评价

我国《民法典》并没有规定信用权，而是将其规定在名誉权之中。依据《民法典》第1029条的规定，权利人有权依法查询自己的信用评价，这也是权利人了解其信用状况的一种重要方式。所谓查询信用评价，是指权利人有权查询其个人信用信息被收集后的状态以及被处理的情况，以确定其信用信息是否真实、准确、全面。如果权利人发现其信用评价不当的，则权利人还享有如下权利：一是提出异议的权利，即如果权利人发现相关主体对其信用评价不准确，或者可能损害其合法权益的，则其有权提出异议。二是请求更正的权利，即如果权利人发现相关主体对其信用评价不当或者侵害其合法权益的，则其有权请求相关主体作出更正。三是请求删除的权利，即如果权利人发现相关主体对其个人信息进行了不当收集、处理，或者信用信息错误，或者评价不当，则权利人有权依法请求相关主体删除相关的信用信息。四是请求相关主体采取其他措施的权利，即除上述权利外，权利人还有权请求相关主体采取其他相关措施，如采取屏蔽、补充等措施，以维护权利人正常的信用状态。

3.请求记载荣誉称号以及更正错误荣誉称号记载

《民法典》第1031条第2款规定："获得的荣

誉称号应当记载而没有记载的，民事主体可以请求记载；获得的荣誉称号记载错误的，民事主体可以请求更正。”该条对荣誉权的救济方式作出了规定，即如果有关机关或者组织没有依法记载相关的荣誉称号，则权利人有权请求其及时予以记载。如果有关机关或者组织所记载的荣誉称号错误，则权利人有权请求予以更正，以维护其荣誉权。

第五节　隐私权和个人信息保护

一、隐私权、个人信息的概念和特征

(一)隐私权的概念和特征

所谓隐私权，是指个人免予外界公开、干扰以及维护个人私密和私生活安宁状态的权利。现代意义上的隐私权概念起源美国。《民法典》总则编在“民事权利”一章规定了隐私权，并在人格权编从正面对隐私权作出了规定，这就从民事基本法的层面系统规定了隐私权的保护规则，这对于强化隐私权保护具有重要意义。

隐私权主要具有如下特征：

1.主体限于自然人。隐私权仅能由自然人享有，法人和非法人组织并不享有隐私权。虽然法人也对其商业秘密享有权利，但商业秘密是财产权的客体，而非人格权的客体。从立法层面看，主要通过《反不正当竞争法》等法律规则对商业秘密提供保护，而不是通过隐私权的规则对其给予保护。

2.具有固有性和人身专属性。一方面，隐私权具有固有性，即自然人自出生时起即享有隐私权。另一方面，隐私权具有人身专属性，其仅能由权利人本人享有，权利人无法转让其隐私权。权利人死亡后，其隐私权也消灭，不得成为继承的对象。

3.主要是一项精神性权利，主要具有消极防御的效力。隐私权主要是一项精神性权利，通常不包含财产利益；同时，隐私权也主要具有消极防御的效力，只有在遭受侵害时，权利人才能向行为人提出请求，在遭受侵害前，权利人通常无法积极行使其隐私权。当然，在特殊情形下，权利人也可以对其隐私权进行积极利用，如行为人允许他人对其私人生活进行直播或者报道，并据此获得一定的财产利益。

4.内容包括私人生活安宁、私密空间、私密活动以及私密信息，具体而言：(1)私人生活安宁，即个人所享有的私人生活安定和宁静的一种状态。私人生活安宁包括个人的日常生活安宁、通讯安宁等内容。(2)私密空间。传统意义上的私密空间主要是指个人的住宅，但在现代社会，作为隐私权客体的私密空间还包括网络空间内的个人私密空间，如个人的邮箱、采取安全措施的微信朋友圈等空间。(3)私密活动。个人的私密活动如个人的日常活动、行为轨迹等，也属于隐私权的保护对象。(4)私密信息。个人的私密信息，是指个人不愿意公开的私密信息，其也属于隐私权的保护对象。需要指出的是，虽然个人对外公开了其私人信息，但如果其仅在特定范围内公开其私人信息，他人违背个人意愿擅自扩大公开范围的，也构成对他人隐私权的侵害。例如，权利人将自己的名片给他人，如果接受名片的一方擅自将权利人名片中的信息上传至网络，则仍应当构成对权利人隐私权的侵害。

(二)个人信息的概念和特征

依据《个人信息保护法》第4条第1款的规定，所谓个人信息，是指以电子或者其他方式记录的与已识别或者可识别的自然人有关的各种信息，但不包括匿名化处理后的信息。依据《民法典》第1034条第2款的规定，个人信息包括自然人的姓名、出生日期、身份证件号码、生物识别信息、住址、电话号码、电子邮箱、健康信息、行踪信息等。此外，最高人民法院《关于审理使用人脸识别技术处理个人信息相关民事案件适用法律若干问题的规定》还对人脸信息的保护规则作出了规定。可见，个人信息的范

围十分宽泛，无论是已识别个人的信息，还是可识别自然人的信息，均属于个人信息。

个人信息主要具有如下特征：

1.个人信息是一种重要的人格利益。关于个人信息究竟是人格权还是财产权，理论上存在一定的争议，但《民法典》在人格权编中对个人信息的保护规则作出规定，其虽然没有使用“个人信息权”这一表述，但显然是将个人信息界定为一种人格利益。从个人信息中可以识别个人，个人信息的保护与个人人格尊严的保护存在直接关联，因此，不宜将个人信息认定为财产权，而应将其界定为人格利益。

2.个人信息是与已识别或者可识别的自然人有关的各种信息。个人信息应当具有可识别性，即个人信息能够单独或者与其他结合识别个人，否则其可能属于纯粹的数据，而不再属于个人信息。同时，如果相关信息无法识别个人，则对该信息的利用也不会侵害特定个人的权益，此时即没有必要通过个人信息制度对个人予以保护。一般而言，个人信息的可识别性是指相关信息能够直接识别或者间接识别个人。所谓直接识别，是指单独从某项信息中能够识别个人。所谓间接识别，是指仅依据某项信息无法单独识别个人，而需要与其他信息结合才能识别个人。从《民法典》第1034条的规定来看，无论是直接识别个人的信息，还是间接识别个人的信息，均属于个人信息的范畴。

3.个人信息范围十分宽泛。从《民法典》第1034条第2款的规定来看，其一方面具体列举了个人信息的具体类型，即包括自然人的姓名、出生日期、身份证件号码、生物识别信息、住址、电话号码、电子邮箱、健康信息、行踪信息；另一方面，该款规定也采用了“等”这一兜底性规定，保持了个人信息范围的开放性，即除上述具体列举的各类信息外，其他信息只要符合个人信息的条件，能够识别个人，均应当属于个人信息。同时，从《个人信息保护法》第4条的规定来看，个人信息是与已识别或者可识别自然人有关的“各种信息”，这也表明个人信息的范围较为宽泛。

4.个人信息同时包含精神利益与财产价值。个人信息包含精神利益，保护个人信息的根本目的在于保护个人的人格尊严。侵害个人信息，如泄露个人信息、非法倒卖个人信息等，可能使权利人遭受精神痛苦，权利人有权依法请求行为人承担精神损害赔偿责任。同时，个人信息也包含财产价值，尤其是在互联网、大数据时代，个人信息具有重要的经济利用价值，个人信息的利用也是大数据产业发展的重要基础。权利人可以自己利用其个人信息，也可以许可他人利用其个人信息，并据此获得一定的经济利益。

二、个人在个人信息处理活动中的权利

所谓个人在个人信息处理活动中的权利，是指个人在个人信息处理活动中对个人信息处理者所享有的权利。个人信息作为一项重要的人格利益，个人对其个人信息享有广泛的权利，如个人可以自己利用其个人信息，或者许可他人利用其个人信息，在个人信息遭受侵害时，个人还有权依法请求行为人承担民事责任。在个人信息处理活动中，个人也对个人信息处理者享有广泛的权利，我国《民法典》与《个人信息保护法》对个人在个人信息处理活动中所享有的权利作出了规定，具体包括如下权利。

1.知情权。知情权是指个人在其个人信息处理活动中享有知悉相关情况的权利。例如，个人有权知悉处理其个人信息的个人信息处理者的身份，个人信息处理者处理其个人信息的方式、范围、时间等。个人对处理其个人信息活动的知情是其作出是否允许个人信息处理者处理其个人信息决定的前提和基础，如果个人的知情权无法得到保障，则个人所作出的同意的效力也将受到影响。为保障个人的知情权，个人信息处理者在处理个人信息时，应当依法向个人尽到告知、说明义务，清晰、完整地向个人披露个人信息处理的具体情况。

2.决定权。决定权是指除法律另有规定外，个人有权决定其个人信息是否被处理、被何人处理以及以何种方式处理。我国《民法典》与《个人信息保护法》均明确规定了处理个人信息依法不需要取得个人同意的情形，除此类

法律规定的情形外，处理个人信息均需要取得个人的同意，同时，个人有权决定由哪些个人信息处理者处理其个人信息，个人信息处理者在何种时间范围内、以何种方式处理其个人信息等。

3.查阅权。查阅权是指除法律另有规定的情形外，个人享有向个人信息处理者查阅其个人信息处理相关情况的权利。个人查阅其个人信息处理情况是保障个人信息权利的一种重要方式，只有通过查阅，个人才能全面了解其个人信息被处理的具体情况；同时，查阅权也有利于保障个人知情权、决定权等权利的实现。依据《个人信息保护法》第45条第2款的规定，在个人要求查阅其个人信息时，个人信息处理者应当及时提供。

4.复制权。复制权是指除法律另有规定的情形外，个人享有从个人信息处理者处复制其个人信息的权利。关于个人复制其个人信息的方式，法律并未作出规定，此种复制既可以是电子形式的，也可以是纸质形式的，当事人也可以就复制个人信息的具体方式作出约定。法律赋予个人对其个人信息享有复制权，也体现了对个人信息自决权的尊重与保护。依据《个人信息保护法》第45条第2款的规定，在个人要求复制其个人信息时，个人信息处理者应当及时提供。

5.可携带权。可携带权是指个人有权将个人信息处理者所处理的其个人信息转移至其他个人信息处理者，而处理其个人信息的个人信息处理者应当依法提供转移的途径。《个人信息保护法》第45条第3款对可携带权作出了规定，依据该规定，个人在行使可携带权时，如果符合国家网信部门规定的条件，则个人信息处理者应当提供转移个人信息的途径。法律对个人信息可携带权作出规定，体现了对个人信息自决权利的保护，也有利于遏制平台经济领域的垄断行为，维护公平的市场竞争。

6.提出异议权。提出异议权是指在个人信息发生错误时，个人享有对个人信息处理者提出异议的权利。依据《民法典》第1037条第1款的规定，提出异议权行使的前提是个人信息有错误，即个人信息处理者所处理的个人信息与真实情况不一致，其不同于个人信息不完整，在个人信息不完整的情形下，个人享有补充权。

7.更正权。依据《个人信息保护法》第46条的规定，更正权是指在个人发现其个人信息不准确时，其享有请求个人信息处理者予以更正的权利。个人信息在某种意义上体现了个人的电子身份，在个人信息不准确时，赋予个人更正权，有利于维持个人信息准确的状态。

8.补充权。补充权是指在个人信息不完整时，个人所享有的请求个人信息处理者予以补充的权利。个人信息处理者在处理个人信息时，应当保障个人信息的准确、完整，法律赋予个人补充权，也旨在实现这一目的。当然，与更正权不同，补充权并不适用于个人信息不准确的状态，而适用于个人信息不完整的状态。

9.删除权。删除权是指在符合法律规定的条件时，个人所享有的请求个人信息处理者删除其所处理的个人信息的权利。依据《个人信息保护法》第47条的规定，在如下情形下，如果个人信息处理者未主动删除个人信息的，个人有权请求个人信息处理者予以删除：一是处理目的已实现、无法实现或者为实现处理目的不再必要；二是个人信息处理者停止提供产品或者服务，或者保存期限已届满；三是个人撤回同意；四是个人信息处理者违反法律、行政法规或者违反约定处理个人信息；五是法律、行政法规规定的其他情形。法律对删除权作出规定，也体现了对个人信息自决权利的保护。

10.解释说明权。依据《个人信息保护法》第48条的规定，解释说明权是指个人所享有的请求个人信息处理者对其个人信息处理规则进行解释说明的权利。个人信息处理活动具有很强的专业性，个人可能难以理解个人信息处理者所拟定的合同条款的含义，如个人难以理解网络服务协议或者网络隐私政策中的个人信息处理条款，此时，个人有权请求个人信息处理者对相关的个人信息处理规则予以解释说明，以准确了解其个人信息被处理的情况。法律规定解释说明权，同样体现了对个人信息自决权利的保护。

三、隐私权、个人信息的保护

隐私权在性质上属于具体人格权，个人信息属于人格利益，而且均受《民法典》人格权编一般规则的调整，也都受《民法典》侵权责任编规则的保护。除此之外，《民法典》人格权编还规定了一些隐私权与个人信息的特殊保护规则。

1.行为人不得以刺探、侵扰、泄露、公开等方式侵害他人的隐私权。隐私权的重要功能在于维护个人的私密信息、私密空间以及私人生活安宁，因此，依据《民法典》第1032条的规定，行为人以刺探、侵扰、泄露、公开等方式侵入他人私人空间或者影响他人私人生活安宁的，应当构成对他人隐私权的侵害。所谓刺探，是指未经权利人同意，行为人利用各种技术手段窥探他人的隐私，所谓侵扰，是指行为人非法侵入、打扰他人的私人生活，影响他人的私人生活安宁。所谓泄露，是指行为人故意暴露他人的私密信息，或者未按照法律规定或当事人约定尽到安全保障义务，导致他人的私密信息不当被暴露。所谓公开，是指行为人违背他人意愿向第三人展示他人的私密信息。

除上述侵害隐私权的方式外，《民法典》第1033条还对侵害隐私权的具体行为方式进行了列举，该条规定："除法律另有规定或者权利人明确同意外，任何组织或者个人不得实施下列行为：(一)以电话、短信、即时通讯工具、电子邮件、传单等方式侵扰他人的私人生活安宁；(二)进入、拍摄、窥视他人的住宅、宾馆房间等私密空间；(三)拍摄、窥视、窃听、公开他人的私密活动；(四)拍摄、窥视他人身体的私密部位；(五)处理他人的私密信息；(六)以其他方式侵害他人的隐私权。"该条规定了实践中侵害隐私权的典型行为形态，有利于准确认定隐私权侵权行为，强化对隐私权的保护。

2.个人信息的处理应当遵循合法、正当、必要原则，并符合法律规定的条件。个人信息的处理的内涵较为宽泛，其包括个人信息的收集、存储、使用、加工、传输、提供、公开等。所谓合法，是指处理个人信息应当遵守法律规定的条件和程序，不得非法收集、处理个人信息。所谓正当，主要是指目的正当，即个人信息的处理必须符合事先确定的收集目的。任何组织和个人不得超出特定的目的或者不正当的目的处理他人的个人信息。所谓必要，是指个人信息的处理应当在必要的范围内进行，而不能超出这个限度处理个人信息。例如，为实现特定的目的，如果可以收集某些个人信息，也可以不收集此类信息，则应当尽可能不收集。

除遵守上述原则外，从《民法典》第1035条的规定来看，个人信息的处理还应当符合如下条件：(1)除法律、行政法规另有规定外，个人信息的处理原则上应当取得个人同意，个人不具有同意能力的，则应当取得其监护人同意。个人同意规则是行为人处理他人个人信息的基本规则，其法理基础在于维护个人对其个人信息的自决权。当然，从《民法典》第1035条的规定来看，为了平衡个人信息权利保护与个人信息利用之间的关系，并非所有处理个人信息的行为均需要取得个人的同意，在法律、行政法规另有规定的情形下，个人信息的处理并不需要取得该自然人或者其监护人的同意。(2)相关主体在处理个人信息时，应当公开其处理个人信息的规则，从而使个人准确了解个人信息处理的具体方式。(3)相关主体在处理个人信息时，应当明示处理信息的目的、方式和范围，从而使个人了解其个人信息处理的具体方式和范围等。相关主体尽到相关的告知义务是个人知情同意权实现的基础，如果相关主体在处理个人信息时并未依法履行其告知义务，则即便个人对此作出了同意，也难以产生同意的法律效果。(4)如果法律、行政法规对个人信息的处理作出了规定，或者当事人对个人信息的处理作出了约定，则相关主体在处理个人信息时，应当遵守法律、行政法规的规定以及当事人的约定。

3.处理个人信息的免责事由。在行为人非法处理他人个人信息的情形下，受害人有权依法请求行为人承担民事责任，但在存在免责事由的情形下，则行为人无须承担民事责任。除《民法典》总则编与侵权责任编所规定的免责事由外，人格权编也专门就处理个人信息的免责事由作出了规定，依据《民法典》第1036条的规定，处理个人信息的免责事由包括如下几种：

一是在该自然人或者其监护人同意的范围内合理实施的行为。在经个人信息被处理的自然人或者其监护人同意的情形下，行为人处理相关的个人信息在性质上属于合法处理个人信息的行为，行为人无须承担民事责任。当然，如果行为人超出该自然人或者其监护人同意的范围处理其个人信息的，则不再属于合法处理个人信息的行为，其应当依法承担民事责任。

二是合理处理该自然人自行公开的或者其他已经合法公开的信息，但是该自然人明确拒绝或者处理该信息侵害其重大利益的除外。对于自然人自行公开的个人信息，或者其他已经合法公开的个人信息，行为人处理该个人信息并不需要取得自然人的同意，这也有利于个人信息的有效利用，对于数据产业的发展具有重要意义。当然，即便是已经公开的个人信息，如果个人明确拒绝行为人处理该信息，或者处理该信息将侵害其重大利益的，则行为人仍不得擅自处理该已公开的个人信息。

三是为维护公共利益或者该自然人合法权益，合理实施的其他行为。所谓为维护公共利益，是指为了实现公共利益而处理个人信息。例如，基于新闻报道、舆论监督等公共目的而披露相关主体的个人信息。所谓为该自然人合法权益，是指为了维护个人信息被处理者的利益而处理其个人信息。例如，为了挽救个人的生命而处理其个人信息。在为维护公共利益或者该自然人合法权益的情形下，行为人处理相关的个人信息并不需要取得个人的同意。当然，即便出于维护公共利益或者该自然人合法权益而处理其个人信息，行为人也需要合理实施相关行为，如应当遵循正当原则、必要原则等，而不得过度处理个人信息。

4.个人享有查询、复制其个人信息的权利，并有依法提出异议、请求更正与删除的权利。《民法典》第1037条具体规定了个人享有查阅、复制其个人信息的权利，针对错误信息提出异议与请求更正的权利，删除个人信息的权利，该规定与《个人信息保护法》相结合，对个人在个人信息处理活动中的权利提供了全面、系统的保护。

5.个人信息处理者负有保护个人信息的义务。个人信息处理者在处理个人信息的过程中，负有保护个人信息的法定义务，《民法典》第1038条对此作出了规定，依据该条规定，信息处理者不得泄露或者篡改其收集、存储的个人信息，也不得向他人非法提供其所收集、存储的个人信息。信息处理者擅自泄露或者篡改其所收集、存储的个人信息，或者非法提供的，个人有权依法请求其承担民事责任。当然，如果相关的个人信息经过加工无法识别特定个人且不能复原的，由于此类信息已经无法识别特定主体，因此其在性质上不再属于个人信息，信息处理者对此类信息享有较大的利用权和处分权，其向他人提供此类信息也不再需要取得个人的同意。同时，个人信息处理者在处理个人信息后，应当妥善保管个人信息，并在法定和约定的范围内利用个人信息，否则可能构成非法处理个人信息的行为。如果发生个人信息泄露、篡改或者丢失的，个人信息的处理者还负有及时采取补救措施的义务。

6.国家机关、承担行政职能的法定机构及其工作人员的保密义务。有关国家机关、承担行政职能的法定机构及其工作人员在履行职责过程中，可能会知悉他人的隐私和个人信息，其依法负有保密义务，不得泄露或者向他人提供其所掌握的他人个人信息。对此，《民法典》第1039条规定："国家机关、承担行政职能的法定机构及其工作人员对于履行职责过程中知悉的自然人的隐私和个人信息，应当予以保密，不得泄露或者向他人非法提供。"例如，户籍管理部门及其工作人员在履行职责过程中会知悉他人的大量隐私和个人信息，甚至是核心隐私和敏感个人信息，此时，其就负有保密义务，不得泄露或者向他人非法提供个人的隐私和个人信息，否则将构成对他人隐私权和个人信息的侵害。

【本章主要法律规定】

1.《民法典》第1002～1039条

2.《个人信息保护法》

本编重点、难点与疑点辨析

一、违约责任中精神损害赔偿责任的适用

一般而言，精神损害赔偿责任仅适用于侵权责任，在违约责任中并无适用余地，而依据《民法典》第996条的规定，在符合法律规定的情形下，在违约责任中也可以适用精神损害赔偿责任。违约精神损害赔偿责任主要解决因合同一方当事人违约而造成另一方当事人精神损害的救济问题，在具体适用违约精神损害赔偿责任时，需要注意如下几点：

第一，违约精神损害赔偿责任是指在违约责任中适用精神损害赔偿责任。我国民事立法历来强调，精神损害赔偿责任仅适用于侵权责任，而不适用于违约责任，《民法典》人格权编违约精神损害赔偿责任作出规定，在一定程度上突破了精神损害赔偿责任仅适用于侵权责任的立法传统。从《民法典》第996条的规定来看，在符合本条规定的情形下，受害人可以在违约责任中主张精神损害赔偿责任。

第二，违约精神损害赔偿责任仅适用于违约责任与侵权责任发生竞合的情形。也就是说，在合同关系中，一方当事人虽然构成违约，且造成对方当事人严重精神损害，但如果其行为不构成侵权，则非违约方也不得在违约责任中主张精神损害赔偿责任。这就严格限定了违约精神损害赔偿责任的适用范围。

第三，违约精神损害赔偿的适用要求受害人必须遭受严重精神损害。违约精神损害赔偿责任的目的虽然在于强化对受害人的救济，但这并不意味着，违约精神损害赔偿责任要对合同当事人的所有精神损害予以救济，只有受害人遭受了严重的精神损害，其才能在违约责任中主张精神损害赔偿责任。受害人应当对其所遭受的严重精神损害负担举证义务。

二、侵害人格权禁令制度的适用

我国《民法典》人格权编为适应人格权保护的现实需要，强化对人格权的救济，专门规定了侵害人格权的禁令制度，该制度是《民法典》人格权编新增的制度，其适用应当注意如下几点：

第一，侵害人格权禁令制度原则上仅适用于人格权的保护。《民法典》在人格权编中规定了侵害人格权的禁令制度，表明其仅适用于人格权的保护。在财产权遭受侵害的情形下，即便不及时制止将使权利人的合法权益遭受难以弥补的损害，权利人也无权请求人民法院颁行禁令。当然，依据《民法典》第1001条的规定，身份权利的保护可以参照适用人格权保护的有关规定，因此，在身份权遭受侵害的情形下，权利人也有权请求人民法院颁发禁令，制止侵害行为。

第二，侵害人格权禁令的适用要求如不及时制止将使权利人的合法权益受到难以弥补的损害。在现代社会，人格权侵权大多体现为网络侵权，网络环境对侵权损害后果具有一种无限放大效应，侵害人格权的侵害行为一旦发生，即可能使受害人的损害无限扩大，使其遭受难以弥补的损害。因此，考虑到人格权侵权的上述特殊性，在适用侵害人格权的禁令时，虽然需要权利人证明如不及时制止将使权利人的合法权益受到难以弥补的损害，但应当适当放宽对这一条件的要求。

第三，侵害人格权禁令的适用不要求行为人行为必须符合侵权责任的构成要件。侵害人格权禁令在性质上并不是侵权责任承担方式，因此，其适用并不要求行为人的行为符合侵权责任的构成要件，这也更有利于对权利人的救济。

三、笔名、艺名、网名、译名、字号、姓名和名称的简称等受到法律保护的条件

我国《民法典》人格权编在“姓名权和名称权”一章中对笔名、艺名、网名、译名、字号、姓名和名称的简称等的保护作出了规定，有效回应了实践需求。依据《民法典》第1017条的规定，笔名、艺名、网名、译名、字号、姓名和名称的简称等受到法律保护应当符合如下条件：一是此类称呼具有

一定的社会知名度。只有笔名、艺名、网名、译名、字号、姓名和名称的简称等具有一定的知名度，其才可能受到法律保护，因为只有此类称呼具有一定的社会知名度，其才能与特定的主体身份之间产生一定的关联性，这也是其受到法律保护的基本前提。二是行为人使用此类称呼的行为必须足以造成社会公众的混淆。如果行为人的使用行为并不会足以造成公众的混淆，则表明此类称呼与特定主体的身份之间并没有稳定的关联性，此类称呼也难以受到法律保护。

四、肖像合理使用的情形

一般而言，使用他人肖像应当经权利人同意，否则将构成对他人肖像权的侵害，权利人有权依法请求行为人承担民事责任。但在特殊情形下，基于新闻报道等需要，使用他人肖像也无须取得权利人同意，行为人的行为也不构成侵权，此类情形即为肖像的合理使用。我国《民法典》人格权编对肖像合理使用的规则作出了规定，具体而言，肖像合理使用包括如下情形：一是为个人学习、艺术欣赏、课堂教学或者科学研究，在必要范围内使用肖像权人已经公开的肖像。当然，即便出于个人学习、艺术欣赏、课堂教学或者科学研究而使用他人肖像，也只能在必要的范围内使用他人已经公开的肖像，否则仍然构成对他人肖像权的侵害。二是为实施新闻报道，不可避免地制作、使用、公开肖像权人的肖像。即便是为了实施新闻报道，但如果可以避免制作、使用、公开肖像权人的肖像，则行为人仍不得以合理使用为由而使用他人肖像。三是为依法履行职责，国家机关在必要范围内制作、使用、公开肖像权人的肖像。国家机关为依法履行职责而使用他人肖像的，也仍应在必要范围内制作、使用、公开肖像权人的肖像，否则不属于肖像的合理使用。四是为展示特定公共环境，不可避免地制作、使用、公开肖像权人的肖像。五是为维护公共利益或者肖像权人合法权益，制作、使用、公开肖像权人的肖像。

五、个人在个人信息处理活动中的权利

依据《民法典》的规定，个人信息属于人格利益，个人对其个人信息享有广泛的权利，其既可以自己利用其个人信息，也可以许可他人利用其个人信息，《民法典》人格权编对个人对其个人信息所享有的查阅、复制、提出异议、更正、删除等权利作出了规定，为更好地保护个人对其个人信息所享有的权利，《个人信息保护法》以专章（第四章）的形式对个人在个人信息处理活动中的权利作出了规定。依据《民法典》与《个人信息保护法》的规定，个人在个人信息处理活动中主要享有知情权、决定权、查阅权、复制权、可携带权、提出异议权、更正权、补充权、删除权以及解释说明权。法律对个人在个人信息处理活动中的权利作出详细规定，既有利于规范个人信息处理者处理个人信息的活动，也有利于强化对个人信息自决权利的保护。

第五编

婚姻家庭

本编导读

民法调整平等主体的自然人、法人和非法人组织之间的人身关系和财产关系。自然人的人身关系包括人格权与身份关系。在《民法典》各编中，调整自然人身份关系的主要是婚姻家庭编。本编是关于婚姻家庭法的内容，调整因婚姻家庭产生的民事关系，包括因婚姻和家庭产生的一定范围内近亲属之间的人身关系和财产关系。婚姻家庭法包括婚姻法和家庭法两部分。婚姻法是关于结婚、离婚的法律规范，调整婚姻关系的产生和消灭。家庭法是关于亲属关系的法律规范，调整的是夫妻、父母子女及其他近亲属的身份关系以及相应的财产关系。收养法是关于收养产生的民事关系的法律规范，调整的是因收养产生的拟制父母子女关系，属于家庭法的范畴。

婚姻法与家庭法存在密切联系。男女双方依据婚姻法结婚，由此形成夫妻关系。夫妻关系因离婚而终止。也就是说，夫妻关系作为家庭关系的重要组成部分，因结婚而产生、因离婚而终止。此外，夫妻双方生育子女，形成父母子女关系。夫妻双方的父母与夫妻双方的子女形成祖父母、外祖父母与孙子女、外孙子女的关系。子女与兄弟姐妹之间形成兄弟姐妹关系。因此，结婚、出生、法律拟制会在一定范围内的自然人之间创设身份关系，即亲属关系。

《民法典》第五编规定了婚姻家庭法律制度。作为形式上的婚姻家庭法，《民法典》婚姻家庭编位于物权编、合同编、人格权编之后，继承编、侵权责任编之前。在逻辑上，夫妻财产制依赖于物权编规则，夫妻关于约定财产制的书面约定、夫妻离婚协议、作为法定之债的亲属间扶养义务均有适用合同编通则的可能，因此，《民法典》将婚姻家庭编置于物权编、合同编之后。就人格权编与婚姻家庭编的顺序而言，每个自然人皆有生命权、健康权、身体权、姓名权、肖像权、名誉权、隐私权等人格权，但不一定会缔结婚姻、组建家庭、生儿育女，因此，在体系安排上，

《民法典》将人格权编置于婚姻家庭编之前。由于第一顺序和第二顺序法定继承人的范围，限于与被继承人具有特定身份关系的亲属，因此，确定法定继承人的范围须先确定因婚姻家庭产生的亲属身份关系。基于这一逻辑，《民法典》继承编位于婚姻家庭编之后。综上所述，婚姻家庭编位于物权编、合同编、人格权编之后，并在继承编之前。

本编包括四章，即婚姻家庭概述、结婚和离婚、家庭关系、收养。

婚姻家庭概述主要介绍婚姻、亲属的概念以及婚姻家庭法的基本原则。

结婚和离婚是夫妻关系产生和消灭的基本方式。男女双方因结婚形成夫妻关系。结婚的男女双方当事人须满足结婚的条件，遵循结婚的程序，才能确立夫妻关系。婚姻可能存在效力瑕疵。如果结婚的当事人一方或双方存在婚姻无效事由，那么，男女双方缔结的婚姻为无效婚姻，当事人和利害关系人可以请求人民法院确认婚姻无效。如果结婚的一方当事人因胁迫或因对方婚前隐瞒重大疾病而结婚，那么，男女双方缔结的婚姻为可撤销婚姻，享有撤销权的一方可以请求人民法院撤销婚姻。夫妻双方可以通过协议离婚、诉讼离婚来终止婚姻关系。夫妻双方协议离婚的，应当订立书面离婚协议，在婚姻登记机关办理离婚登记。夫妻一方要求离婚的，可以向人民法院提起离婚诉讼。经调解无效，夫妻双方感情确已破裂的，人民法院应当准予离婚。完成离婚登记，或者离婚判决书、调解书生效，男女双方即解除婚姻关系。离婚会产生人身和财产上的法律后果，包括配偶身份的消灭、夫妻共同财产的分割、离婚经济补偿、离婚经济帮助、离婚损害赔偿等。父母与子女间的关系，不因父母离婚而消除。不直接抚养子女的一方负有抚养费给付义务，并享有探望子女的权利。

家庭关系包括夫妻关系、父母子女关系和其他近亲属关系。夫妻关系和父母子女关系是婚姻家庭法调整的最重要的两类亲属关系。夫妻关系包括夫妻人身关系和夫妻财产关系。夫妻双方享有日常家事代理权，能够在满足日常家庭生活需要的范围内独立实施民事法律行为，从而对夫妻双方发生效力。夫妻财产关系是夫妻关系的重点。如果夫妻双方没有书面约定采纳约定财产制，夫妻双方的财产关系适用法定财产制，即婚后所得共同制。因此，夫妻双方在婚姻关系存续期间所得财产，除夫妻一方个人财产外，均属于夫妻共同财产。夫妻共同财产由夫妻双方共同共有，夫妻双方对夫妻共同财产享有平等的处理权。夫妻共同财产和夫妻一方个人财产的区分和识别，是夫妻财产关系的难点。尤其需要注意的是，夫妻一方个人财产在婚姻关系存续期间产生的收益，除孳息和自然增值外，属于夫妻共同财产。夫妻双方可能负担夫妻共同债务，包括因夫妻共同意思表示而负担的夫妻共同债务，因行使日常家事代理权而负担的夫妻共同债务，因夫妻共同生活、共同生产经营而负担的夫妻共同债务等。夫妻共同债务一般是夫妻双方负担的连带债务。父母有抚养、教育和保护未成年子女的权利和义务，成年子女有赡养父母的义务。父母和子女有相互继承遗产的权利。父或者母可以确认或者否认亲子关系，成年子女仅能确认亲子关系。非婚生子女享有与婚生子女同等的权利。继父或者继母与受其抚养教育的继子女之间成立拟制的父母子女关系。祖父母、外祖父母与孙子女、外孙子女之间，兄弟姐妹之间可能产生扶养关系。

收养是通过法律行为建立拟制父母子女关系的方式。收养关系的成立，须满足被收养人、送养人、收养人的条件，遵循收养的限制规则。收养在养父母与养子女间成立拟制的父母子女关系，在养子女与养父母的近亲属间成立拟制的近亲属关系，但会消除养子女与其生父母以及其他近亲属间的关系。收养关系可以协议解除，也可以诉讼解除。收养关系解除后，养子女与养父母以及其他近亲属间的权利义务关系即行消除，与生父母以及其他近亲属间的权利义务关系自行恢复。成年养子女与生父母以及其他近亲属间的权利义务关系是否恢复，可以协商确定。收养关系解除后，成年养子女对养父母可能负有生活费给付义务、抚养费补偿义务；生父母对养父母可能负有抚养费适当补偿义务。

第二十六章 婚姻家庭概述

本章主要内容提示

1.婚姻，是为当时社会制度所确认的，男女两性互为配偶的结合。

2.亲属，是基于婚姻、血缘、法律拟制而产生的人与人之间的社会关系，包括配偶、血亲和姻亲。

3.配偶、父母、子女、兄弟姐妹、祖父母、外祖父母、孙子女、外孙子女为近亲属；配偶、父母、子女和其他共同生活的近亲属为家庭成员。

4.我国婚姻家庭法的基本原则包括婚姻自由原则，一夫一妻原则，男女平等原则，保护妇女、未成年人、老年人、残疾人合法权益原则，夫妻互相忠实、尊重原则，家庭成员敬老爱幼、互帮互助原则，最有利于被收养人原则。

第一节 婚姻、亲属的概念

一、婚姻的概念

婚姻，是为当时社会制度所确认的，男女两性互为配偶的结合。它具有以下三个方面的含义。第一，婚姻是男女两性的结合，即一男一女的结合，同性结合不成立婚姻。第二，婚姻是男女双方以夫妻身份的结合，具有终身共同生活的目的。男女双方以终身共同生活为目的而结合并形成夫妻关系，从而区别于非婚同居等不具有夫妻身份的结合。第三，婚姻是当时的社会制度所确认的男女结合。男女双方必须按照《民法典》婚姻家庭编规定的法定条件和程序结合，从而基于夫妻身份互相享有法定的权利和承担法定的义务。男女双方在事实上的共同生活不成立婚姻。因此，从法律关系的角度来看，婚姻是男女双方以终身共同生活为目的，以夫妻的权利义务关系为内容的依法结合。

婚姻形成家庭。家庭是由一定范围内的亲属所构成的社会生活单位。它包括以下两个特征。第一，家庭是社会生活单位。在古代农业社会，家庭不仅是生活单位、消费单位，还是生产单位。在城镇化和工业化后，家庭的生产智能从家庭内部向外转移，家庭成员的工作和职业逐渐脱离了家庭。作为社会的细胞，家庭更多地表现为由亲属组成的共同生活的消费单位，组织家庭消费是家庭的基本职能之一。家庭成员共同居住、共同生活，互相负有一定的扶养义务，通过共同创造财富而拥有共同的财产。在我国农村地区，家庭承包的承包方是本集体经济组织的农户，家庭承包经营意味着家庭仍然具有生产单位和生活单位双重属性。此外，个体工商户可以家庭经营，因此，个体工商户以家庭经营的，家庭也具有生产单位和生活单位双重属性。第二，家庭由一定范围内的亲属构成。作为家庭成员的亲属，以婚姻关系、血缘关系和法律拟制为纽带，范围限于近亲属但不包括全部近亲属。在我国，配偶、父母、子女、兄弟姐妹、祖父母、外祖父母、孙子女、外孙子女为近亲属。其中，配偶、父母、子女和其他共同生活的近亲属为家庭成员。因此，从法律关系的角度来看，家庭是共同生活的亲属团体，其成员依法互享权利、互负义务。婚姻家庭受国家保护。

二、亲属、近亲属、家庭成员的概念

（一）亲属

亲属，既可以指基于婚姻、血缘、法律拟制而产生的人与人之间的社会关系，也可以指处于亲属关系中的自然人。处于亲属关系中的自然人之间基于婚姻、血缘、法律拟制存在互相关联。

亲属具有以下特征：

首先，亲属基于婚姻、血缘和法律拟制而产生。婚姻是亲属之源，血亲是亲属之流，姻亲以婚姻为中介发生。基于婚姻形成的亲属关系，包括配偶关系和姻亲关系，即夫妻、公婆、岳父母等。姻亲关系以配偶关系为中介而产生。基于自然血缘形成的亲属关系，是因自然人出生而形成的父母子女关系，兄弟姐妹关系，祖父母、外祖父母与孙子女、外孙子女关系等。血缘关系是这类亲属关系的联系纽带。基于法律拟制形成的亲属关系，是通过法律行为或事实行为由法律拟制的亲属关系。基于法律拟制形成的亲属关系包括：通过收养行为，将他人的子女收养为自己的子女，产生拟制的父母子女关系；继父或者继母通过对继子女的抚养教育，产生拟制的父母子女关系。

其次，亲属之间具有固定的身份和称谓。亲属关系一旦形成，亲属之间的身份和称谓便固定下来，具有永久性或稳定性。例如，生育自己的亲属称为父母，自己生育的亲属称为子女；男性的配偶称为妻，女性的配偶称为夫。因血缘形成的亲属身份和称谓具有永久性，如父母、子女、兄弟、姐妹。这种永久性的身份和称谓因血缘关系无法变更而无法被变更，但亲属之间发生收养关系除外。例如，叔叔收养侄子，即形成拟制的父子关系，从而称谓可以更改。因婚姻、法律拟制形成的亲属，身份和称谓则具有稳定性而非永久性，可以被依法解除或变更。例如，夫妻关系因离婚而终止、养父母养子女关系因解除收养关系而终止。

最后，亲属之间具有法定的权利和义务。亲属关系一经法律调整，就会在具有亲属身份的自然人之间产生权利义务关系。有些权利义务的产生是无条件的，如夫妻之间有相互扶养的义务、相互继承遗产的权利，父母对未成年子女有抚养、教育和保护的权利和义务，成年子女对父母有赡养、扶助和保护的义务。有些权利义务的产生是有条件的，如祖父母、外祖父母对未成年的孙子女、外孙子女的抚养义务，孙子女、外孙子女对祖父母、外祖父母的赡养义务，兄、姐对未成年弟、妹的扶养义务，弟、妹对兄、姐的扶养义务。当然，不是所有的亲属关系都受法律调整，不是所有的亲属之间都存在权利义务关系。

按照我国《民法典》的规定来看，亲属包括配偶、血亲和姻亲。这是以亲属关系的发生原因作为标准对亲属作的分类。

1.配偶即夫妻，是男女双方因结婚而产生的亲属关系。在婚姻关系存续期间，夫妻互为配偶。配偶能够形成血亲关系和姻亲关系，在亲属关系中具有重要地位。比如，基于配偶关系，夫妻生育子女形成血亲关系；基于配偶关系的中介，夫妻一方与配偶的血亲形成姻亲。配偶关系是《民法典》婚姻家庭编调整的重点。

2.血亲，是具有血缘关系的亲属。根据血亲间血缘关系的来源，血亲可以分为自然血亲和拟制血亲；根据血亲间血缘关系的产生依据和亲疏远近程度，血亲又可以分为直系血亲与旁系血亲。

自然血亲，是指出自同一祖先，基于出生的事实而自然形成的具有血缘关系的亲属，如父母与子女、祖父母与孙子女、外祖父母与外孙子女、兄弟姐妹、堂兄弟姐妹、表兄弟姐妹等。自然血亲包括全血缘的自然血亲和半血缘的自然血亲。全血缘的自然血亲是指出自共同父母的兄弟姐妹，即同胞的兄弟姐妹；半血缘的自然血亲是指同父异母或同母异父的兄弟姐妹。

拟制血亲，是指本无该种血亲应具有的血缘关系，而由法律确认其与该种血亲具有同等权利义务的血亲。这种亲属关系以法律拟制为基础，并非自然形成，故这种亲属关系又被称为“准血亲”“法定血亲”。依据《民法典》婚姻家庭编的规定，基于收养行为形成的养父母子女关系、基于抚养教育关系形成的继父母子女关系属于拟制血亲，且为拟制直系血亲。拟制血亲之间可能具有血缘关系，但没有与该种血亲相应的血缘关系。比如，叔伯可以收养侄子侄女为养子女，从而产生养父母子女的拟制血亲关系。

直系血亲，是有直接血缘关系的血亲，即生育自己与自己生育的上下各代血亲，如父母与子女、祖父母与孙子女、外祖父母与外孙子女。直系血亲中的父母子女关系是《民法典》婚姻家庭编调整血亲的重点。

旁系血亲，是直系血亲以外、彼此之间具有间接血缘关系的血亲，即虽非直系血亲但在血缘上与自己同出一源的亲属，如与自己同源于父母的兄弟姐妹、与自己同源于祖父母的叔伯姑以及堂兄弟姐妹、与自己同源于外祖父母的舅姨及表兄弟姐妹。

亲属关系的亲疏远近采用亲等来确定。亲等，是计算亲属关系亲疏远近的标准单位。亲等数越少，亲属关系越密切；亲等数越大，亲属关系越疏远。我国《民法典》婚姻家庭编采纳的亲等计算方法是代数计算法。代即世辈，一辈为一代。计算亲等的代数，按照直系血亲和旁系血亲来计算。

直系血亲的代数计算，应当从一方当事人自身开始，自己为一代，以一辈为一代，往上或往下数。如往上数至父母为二代，至祖父母、外祖父母为三代，至曾祖父母、曾外祖父母为四代；往下数至子女为二代，至孙子女、外孙子女为三代。

旁系血亲的代数计算，应当从同源关系入手。首先找出双方当事人最近的同源直系尊亲属，按照直系血亲的代数计算方法，分别计算双方当事人与最近的同源直系尊亲属之间的代数。如果两边代数相同，则以该代数为准；如果两边代数不同，以代数大的为准。因此，出于同一父母的兄弟姐妹，自身为一代，往上数至父母为二代，故兄弟姐妹为二代旁系血亲。堂兄弟姐妹、表兄弟姐妹具有共同的祖父母、外祖父母，因此，堂兄弟姐妹、表兄弟姐妹是三代旁系血亲。

血亲的民法意义包括：(1)有监护能力的部分血亲可以担任法定监护人；(2)自然人可以选择直系长辈血亲的姓氏作为姓氏；(3)配偶和部分血亲属于近亲属；(4)直系血亲和三代以内的旁系血亲禁止结婚；(5)在直系血亲和部分旁系血亲之间会发生扶养义务，即父母和子女之间、(外)祖父母和(外)孙子女之间、兄姐和弟妹之间；(6)收养三代以内旁系同辈血亲的子女，收养条件能被适当放宽；(7)法定继承人范围以配偶和血亲为主，即配偶、子女、父母、兄弟姐妹、祖父母、外祖父母；(8)被继承人的子女的直系晚辈血亲享有代位继承权，被继承人的兄弟姐妹的子女作为被继承人的旁系血亲也享有代位继承权。

3.姻亲，是除配偶外，以婚姻关系为中介而产生的亲属。典型的姻亲包括：(1)血亲的配偶，即自己直系血亲、旁系血亲的配偶，如儿媳，女婿，孙媳，伯叔姑舅姨的配偶，兄弟姐妹的配偶等；(2)配偶的血亲，即配偶的直系血亲、旁系血亲，如公婆，岳父母，夫或者妻的兄弟姐妹；(3)配偶的血亲的配偶，如连襟(妻子的姐妹的丈夫)、妯娌(丈夫的兄弟的妻子)等。

姻亲也可以分为直系姻亲和旁系姻亲。夫妻一方的直系血亲是另一方的直系姻亲，因此，妻的直系血亲是夫的直系姻亲，如女婿与岳父母；夫的直系血亲是妻的直系姻亲，如儿媳与公婆。夫妻一方的旁系血亲是另一方的旁系姻亲，因此，夫的旁系血亲是妻的旁系姻亲，如夫的兄弟姐妹与妻；妻的旁系血亲是夫的旁系姻亲，如妻的兄弟姐妹与夫。

《民法典》婚姻家庭编调整的亲属关系主要是配偶和直系血亲，对旁系血亲的法律地位规定较少，如三代以内旁系血亲禁止结婚、兄弟姐妹作为二代旁系血亲之间负有扶养义务等。《民法典》婚姻家庭编对姻亲的权利义务未作规定。但是，根据《民法典》第1129条的规定，丧偶儿媳对公婆，丧偶女婿对岳父母，尽了主要赡养义务的，作为第一顺序继承人。因此，特定范围内的直系姻亲在符合法律规定的条件下享有继承权。

（二）近亲属

不同部门法中的近亲属，范围不同。比如，《刑事诉讼法》中的“近亲属”，是指夫、妻、父、母、子、女、同胞兄弟姊妹；《行政诉讼法》中的“近亲属”，包括配偶、父母、子女、兄弟姐妹、祖父母、外祖父母、孙子女、外孙子女和其他具有扶养、赡养关系的亲属；《民事诉讼法》中的“近亲属”，包括夫妻、直系血亲、三代以内旁系血亲、近姻亲以及其他有抚养、赡养关系的亲属。

按照《民法典》第1045条的规定，配偶、父母、子女、兄弟姐妹、祖父母、外祖父母、孙子女、外孙子女为近亲属。

近亲属的民法意义包括：（1）有监护能力的近亲属可以担任未成年人、无民事行为能力或者限制民事行为能力的成年人的法定监护人；（2）近亲属可以担任成年人的意定监护人；（3）受赠人严重侵害赠与人近亲属的合法权益的，赠与人可以撤销赠与；（4）出租人将房屋出卖给近亲属的，无须通知承租人由承租人行使优先购买权；（5）在发生生命权侵害的情形，死者的近亲属有权请求侵权人承担侵权责任，包括精神损害赔偿；（6）死者人格利益遭受侵害时，死者的近亲属有权请求行为人承担民事责任，包括精神损害赔偿；（7）医务人员需要对患者实施手术、特殊检查、特殊治疗，但不能或者不宜向患者说明的，应当向患者的近亲属说明，并取得其明确同意；（8）婚姻当事人的近亲属作为利害关系人有权向人民法院就已办理结婚登记的婚姻请求确认婚姻无效。

（三）家庭成员

配偶、父母、子女和其他共同生活的近亲属为家庭成员。家庭成员一定是近亲属，近亲属不一定是家庭成员。

家庭成员的民法意义包括：（1）家庭承包的承包方是本集体经济组织的农户，农户内家庭成员依法平等享有承包土地的各项权益；（2）家庭成员之间以殴打、捆绑、残害、限制人身自由以及经常性谩骂、恐吓等方式实施的身体、精神等侵害行为，构成家庭暴力；（3）禁止家庭成员间的虐待和遗弃，虐待、遗弃家庭成员属于认定夫妻感情确已破裂、人民法院准予离婚的法定情形和能够成立离婚损害赔偿责任的重大过错；（4）与未成年人共同生活的、具有完全民事行为能力的其他家庭成员，应当协助和配合未成年人的父母或者其他监护人抚养、教育和保护未成年人。

第二节　婚姻家庭法的基本原则

婚姻家庭法的基本原则，是指对婚姻家庭立法具有指导作用的根本准则，既是婚姻家庭立法的基本指导思想，体现婚姻家庭制度的基本精神，决定婚姻家庭立法的性质和内容，反映婚姻家庭制度的本质和特点，也是解释、适用和研究婚姻家庭法的出发点和重要依据。

按照《民法典》婚姻家庭编的规定，婚姻家庭受国家保护，我国婚姻家庭法的基本原则包括婚姻自由原则，一夫一妻原则，男女平等原则，保护妇女、未成年人、老年人、残疾人合法权益原则，夫妻互相忠实、尊重原则，家庭成员敬老爱幼、互帮互助原则，最有利于被收养人原则等7项基本原则。

一、婚姻自由原则

（一）婚姻自由的含义

婚姻自由，又称婚姻自主，是指自然人有权在法律规定的范围内，自主、自愿地决定自己的婚姻的权利，不受他人强制或干涉。婚姻自由原则包括以下含义：(1)婚姻自由是我国公民依据《宪法》第49条享有的一项基本权利，也是私法自治在婚姻家庭法领域的具体体现，并表现为《民法典》总则编第110条规定的婚姻自主权这一具体人格权。(2)婚姻自由的行使，必须符合法律规定。婚姻自由是相对的自由而非绝对的自由，婚姻自由的行使必须符合《民法典》婚姻家庭编规定的结婚、离婚条件和程序。

(二)婚姻自由的内容

婚姻自由的内容，包括结婚自由和离婚自由。

结婚自由，是指缔结婚姻关系的自由，即自然人有权依法自主决定是否结婚以及与谁结婚，不受任何人的干涉和强制。它包括不结婚的自由、初婚的自由和再婚的自由。对此，《民法典》第1046条明确规定，结婚应当男女双方完全自愿，禁止任何一方对另一方加以强迫，禁止任何组织或者个人加以干涉。结婚自由，以结婚自愿为前提，即男女双方缔结婚姻关系的意思表示真实无瑕疵。

离婚自由，是指解除婚姻关系的自由。具体来说，夫妻双方自愿离婚的，可以共同签订书面离婚协议并亲自到婚姻登记机关申请离婚登记；夫妻任何一方都有权提出离婚，任何人不得干涉、阻碍，如果夫妻感情确已破裂，人民法院调解无效的，应当准予离婚。《民法典》保障离婚自由，也反对轻率离婚，因此，《民法典》第1077条规定了离婚登记申请的撤回。

结婚自由与离婚自由相辅相成、缺一不可，共同构成了婚姻自由的完整内容。结婚自由是实现婚姻自由的先决条件，没有结婚自由，就没有离婚自由；离婚自由是结婚自由的必要补充，没有离婚自由，就不会有真正的婚姻自由。

(三)婚姻自由的贯彻

1.禁止包办婚姻、买卖婚姻和其他干涉婚姻自由的行为

包办婚姻和买卖婚姻是干涉婚姻自由的两种主要形式。包办婚姻，是指婚姻关系以外的第三人(包括父母)违背婚姻当事人意愿，强迫婚姻当事人缔结婚姻关系。买卖婚姻，是指婚姻关系以外的第三人(包括父母)以索取大量财物为目的，包办强迫他人缔结婚姻关系。包办婚姻和买卖婚姻既有联系，又有区别。两者都违背了当事人的意愿，但买卖婚姻以索取大量财物为目的，而包办婚姻则无此特征。包办婚姻不一定是买卖婚姻，但是买卖婚姻必定是包办婚姻。

其他干涉婚姻自由的行为，是指除包办婚姻、买卖婚姻以外其他干涉他人婚姻自由的行为，表现为阻挠、干涉他人行使婚姻自主权的行为。比如，父母干涉子女结婚或者离婚，子女干涉丧偶或者离异的父母再婚，干涉同姓非近亲的男女结婚，反对丧偶妇女再婚，干涉或阻挠他人离婚或者恢复婚姻关系，等等。针对子女干涉丧偶或者离异的父母再婚的情形，《民法典》第1069条专门规定，子女应当尊重父母的婚姻权利，不得干涉父母离婚、再婚以及婚后的生活。子女对父母的赡养义务，不因父母的婚姻关系变化而终止。

在包办婚姻、买卖婚姻中，一方当事人因胁迫而结婚的，受胁迫的一方可以向人民法院请求撤销婚姻。不仅如此，婚姻自主权是我国现行法承认的具体人格权，包办婚姻、买卖婚姻属于典型的侵害婚姻当事人婚姻自主权的行为。因此，以包办婚姻、买卖婚姻方式侵害他人婚姻自主权的人，应当承担侵权责任。

2.禁止借婚姻索取财物

借婚姻索取财物，是指除买卖婚姻以外的其他借婚姻索取财物的行为。应当区分借婚姻索取财物和男女婚前出于自愿的赠与。

借婚姻索取财物和买卖婚姻的共同点在于，它们都以索取财物为结婚的前提条件。这里的前提条件不是决定民事法律行为效力的生效条件。借婚姻索取财物和买卖婚姻的不同之处在于以下三点。(1)索取财物的主体不同。在借婚姻索取财物中，索取财物的主体通常是婚姻当事人一方；在买卖婚姻中，索取财物的主体通常是第三人。(2)婚姻自主决定的不同。借婚姻索取财物，男女双方通常是自愿结婚，不存在强迫包办的情形，索取财物的婚姻当事人一方，实际上是滥用婚姻自主权；买卖婚姻则违背了婚姻当事人的意愿，存在强迫包办的情形，

违反了婚姻自由原则。(3)法律后果不同。借婚姻索取财物,虽然给付方给付财物是违心的和被迫的,但是给付方对于结婚是自愿的,因此婚姻的效力不受索取财物的影响;买卖婚姻通常因胁迫而缔结,受胁迫的一方可以向人民法院请求撤销婚姻。

借婚姻索取财物也不同于婚前一方给付彩礼的行为。按民间婚俗,缔结婚姻关系的男女在婚前通常会有一些财物往来,即男方为缔结婚姻在婚前向女方给付一定的金钱、财物作为彩礼。一般来说,借婚姻索取财物的,财物价值明显高出当地婚前给付彩礼的一般水平。借婚姻索取财物是违法行为,但彩礼并不具有违法性。对于给付彩礼的行为,我国《民法典》并未禁止。根据司法解释的规定,人民法院在审理涉彩礼纠纷案件中,可以根据一方给付财物的目的,综合考虑双方当地习俗、给付的时间和方式、财物价值、给付人及接收人等事实,认定彩礼范围。原则上,这些情形给付的财物不属于彩礼:(1)一方在节日、生日等有特殊纪念意义时点给付的价值不大的礼物、礼金;(2)一方为表达或者增进感情的日常消费性支出;(3)其他价值不大的财物。

一方当事人请求返还按照习俗给付的彩礼的,如果查明属于以下情形,人民法院应当予以支持:(1)双方未办理结婚登记手续;(2)双方办理结婚登记手续但确未共同生活;(3)婚前给付并导致给付人生活困难。在上述第2项和第3项的情形下,彩礼的返还应当以夫妻双方离婚为条件。“双方未办理结婚登记手续”,是指未婚男女双方既未办理结婚登记手续也没有共同生活的情形。如果双方办理结婚登记手续但确未共同生活,彩礼返还的具体数额,根据双方结婚时间长短、彩礼数额、未共同生活的原因、财产使用情况、双方经济状况、当地风俗习惯等因素确定。婚前给付并导致给付人生活困难的,请求返还彩礼的一方必须陷入生活绝对困难,即彩礼返还以因彩礼的给付导致给付人无法维持当地最基本生活水平为前提。此外,如果双方未办理结婚登记但已共同生活,一方请求返还按照习俗给付的彩礼的,人民法院应当根据彩礼实际使用及嫁妆情况,综合考虑共同生活及孕育情况、双方过错等事实,结合当地习俗,确定是否返还以及返还的具体比例。如果双方已办理结婚登记且共同生活,离婚时一方请求返还按照习俗给付的彩礼的,人民法院一般不予支持。但是,如果共同生活时间较短且彩礼数额过高的,人民法院可以根据彩礼实际使用及嫁妆情况,综合考虑彩礼数额、共同生活及孕育情况、双方过错等事实,结合当地习俗,确定是否返还以及返还的具体比例。彩礼数额是否过高,应当综合考虑彩礼给付方所在地居民人均可支配收入、给付方家庭经济情况以及当地习俗等因素。

二、一夫一妻原则

(一)一夫一妻的含义

一夫一妻,是指婚姻为一个男子和一个女子的结合。一夫一妻制,是一男一女结为夫妻、互为配偶的婚姻制度,也称个体婚制、单偶制。一夫一妻原则包括以下含义:(1)任何人都不得同时有两个或两个以上的配偶;(2)任何已婚者,即有妇之夫、有夫之妇,在婚姻关系因配偶死亡(包括宣告死亡)前或离婚而终止前,都不得再行结婚;(3)一切公开的、隐蔽的一夫多妻或一妻多夫的两性关系,都是非法的。

(二)一夫一妻的贯彻

1.禁止重婚

重婚,是指一个自然人同时存在两个或两个以上的婚姻关系的情形,即自然人已有婚姻关系后又与他人缔结婚姻关系。前一个婚姻关系被称为前婚,后一个婚姻关系被称为后婚,即重婚。典型的重婚,是一个自然人与他人登记结婚后,又与第三人登记结婚。

禁止重婚,是指有配偶者在婚姻关系终止之前,不得另行结婚。按照《民法典》婚姻家庭编的规定,重婚的法律后果包括:(1)重婚的婚姻经人民法院判决确认无效,不能产生婚姻的法律效力,重婚中的无过错方有权请求损害赔偿;(2)重婚是人民法院认定夫妻感情确已破裂,准予离婚的法定情形,因此,重婚一方的前婚配偶向人民法院提起离婚诉讼,调解无效的,人民法院应当准予离婚;(3)因夫妻一方重婚导致离婚的，前婚中的无过错方有权向重婚的夫妻一方请求离婚损害赔偿。

2.禁止有配偶者与他人同居

与他人同居，是指有配偶者与婚外异性，不以夫妻名义，持续、稳定地共同居住。它包括三层含义。（1）同居的主体必须是有配偶者与婚外异性，即同居的一方或双方都已婚有配偶，从而区别于未婚同居、同性之间的同居。（2）对外不以夫妻名义同居。有配偶者与他人同居是不以夫妻名义的同居生活，周围的群众也不认为他们是夫妻关系。（3）持续、稳定地共同居住，从而区别于卖淫嫖娼、通奸等行为。

有配偶者与他人同居，违反了一夫一妻原则和夫妻间的忠实义务。按照《民法典》婚姻家庭编的规定，有配偶者与他人同居的法律后果包括：（1）有配偶者与他人同居，是人民法院认定夫妻感情确已破裂，准予离婚的法定情形；（2）因夫妻一方与他人同居导致离婚的，无过错的配偶有权向与他人同居的夫妻一方请求离婚损害赔偿。

三、男女平等原则

男女平等，是指男女两性在婚姻家庭中地位平等，享有同等的权利，负有同等的义务。这是我国《宪法》第48条第1款规定的男女平等原则在《民法典》婚姻家庭编的具体体现。男女平等原则首先表现为抽象平等，即男女两性在婚姻关系、家庭关系中的地位平等。此外，鉴于男女两性的生理差异和由历史文化传统造成的社会差异，男女平等原则也要求在特殊情形下给予女性特别的保护，从而在婚姻家庭关系上实现男女两性的实质平等。

男女平等的内容包括：

1.在婚姻关系方面，男女双方在结婚、离婚方面享有平等的权利。男女双方享有同等的结婚自由和离婚自由；离婚时，男女双方都有分割夫妻共同财产的权利、偿还夫妻共同债务的义务，任何一方因抚育子女、照料老年人、协助另一方工作等负担较多义务都有权向另一方请求补偿，任何一方在生活困难时都有权请求有负担能力的另一方给予适当帮助，无过错的一方无论性别都有权向导致离婚的过错方请求损害赔偿。《民法典》婚姻家庭编所规定的结婚和离婚条件、程序及其相应的权利、义务和责任对男女双方同样适用。

2.在家庭关系方面，在夫妻关系上，男女结婚后，彼此人格独立，地位平等。具体来说，登记结婚后，按照男女双方约定，女方可以成为男方家庭的成员，男方可以成为女方家庭的成员；夫妻双方都有各自使用自己姓名的权利；夫妻双方都有参加生产、工作、学习和社会活动的自由，一方不得对另一方加以限制或者干涉；夫妻双方平等享有对未成年子女抚养、教育和保护的权利，共同承担对未成年子女抚养、教育和保护的义务；夫妻都有相互扶养的义务和相互继承遗产的权利；夫妻双方对夫妻共同财产有平等的处理权；夫妻双方都享有日常家事代理权，可以为了满足家庭日常生活需要而对外独立实施民事法律行为。

在父母子女关系上，《民法典》婚姻家庭编关于父母子女权利义务的规定对父和母、子和女平等适用。父和母都对未成年子女负有抚养、教育和保护的义务，都有接受成年子女赡养、扶助和保护的权利；成年的子和女都有赡养、扶助和保护父母的义务，未成年的子和女都有受父母抚养、教育和保护的权利；父母和子女有相互继承遗产的权利，父和母、子和女的继承权都是平等的；离婚后，父和母对子和女仍然负有抚养、教育、保护的权利和义务，不直接抚养子和女的父母一方享有探望权。

3.在其他家庭成员关系方面，祖父母和孙子女之间、外祖父母和外孙子女之间、兄弟姐妹之间，男性和女性亲属的权利义务也是平等的。兄、姐对未成年的弟、妹承担扶养义务的条件和内容，已成年的弟、妹对兄、姐承担扶养义务的条件和内容都是平等的。祖父母、外祖父母抚养孙子女、外孙子女的义务平等，接受孙子女、外孙子女赡养的权利平等。

四、保护妇女、未成年人、老年人、残疾人合法权益原则

保护妇女、未成年人、老年人、残疾人合法

权益原则，是指对于妇女、未成年人、老年人、残疾人在婚姻家庭方面的合法权益，《民法典》婚姻家庭编给予特别的关照和保护。

（一）保护妇女合法权益

《民法典》婚姻家庭编的许多规定都贯彻了保护妇女合法权益的精神。这在离婚一章中表现得尤为明确和具体。比如，在离婚程序方面，男方提出离婚的权利受到一定限制，即女方在怀孕期间、分娩后1年内或者终止妊娠后6个月内，男方不得提出离婚；但是，女方提出离婚或者人民法院认为确有必要受理男方离婚请求的除外。在夫妻共同财产分割方面，如果夫妻双方在离婚时无法就共同财产的分割达成协议，人民法院应当照顾女方利益分割夫妻共同财产，即由人民法院根据财产的具体情况，按照照顾子女、女方和无过错方权益的原则判决。保护妇女合法权益原则还体现在离婚时的经济补偿和经济帮助上。根据《民法典》第1088条的规定，夫妻一方因抚育子女、照料老年人、协助另一方工作等负担较多义务的，离婚时有权向另一方请求补偿，另一方应当给予补偿。这对实践中承担家务较多的女方具有重要意义。此外，根据《民法典》第1090条的规定，离婚时，如果一方生活困难，有负担能力的另一方应当给予适当帮助。在司法实践中，接受经济帮助的以女方居多。

（二）保护未成年人合法权益

《民法典》婚姻家庭编在家庭关系、离婚等章节都贯彻了保护未成年人合法权益的精神。

第一，未成年人有接受抚养的权利。父母对未成年子女有抚养、教育和保护的义务，这一义务不因父母离婚而消灭；有负担能力的祖父母、外祖父母对于父母已经死亡或者父母无力抚养的未成年孙子女、外孙子女，有抚养的义务；有负担能力的兄、姐，对于父母已经死亡或者父母无力抚养的未成年弟、妹，有扶养的义务。

第二，父母离婚时，在子女抚养方面保护未成年人的利益。不满2周岁的子女，多数还在母乳喂养期，因此，为了婴儿能够健康成长，父母离婚时，不满2周岁的子女以由母亲直接抚养为原则。2周岁以上未成年子女的抚养由父母协商，协商不成时由人民法院根据双方的具体情况，按照最有利于未成年子女的原则判决。子女已满8周岁的，应当尊重其真实意愿。

第三，未成年人有继承父母遗产的权利。

第四，婚生子女、非婚生子女、养子女、受继父或继母抚养教育的继子女法律地位一概平等。不得歧视、危害、虐待非婚生子女、继子女。

第五，在收养方面保护被收养的未成年人的利益。收养应当遵循最有利于被收养人的原则。禁止借收养名义买卖未成年人。

（三）保护老年人合法权益

《民法典》婚姻家庭编对老年人合法权益的保护体现在以下方面：

第一，老年人享有接受赡养的权利。首先，成年子女对父母有赡养的义务。根据《民法典》第26条第2款的规定，成年子女对父母负有赡养、扶助和保护的义务。《民法典》婚姻家庭编对这一权利作了更具体的规定。成年子女不履行赡养义务的，缺乏劳动能力或者生活困难的父母，有要求成年子女给付赡养费的权利。其次，孙子女、外孙子女在特定条件下对祖父母、外祖父母有赡养的义务，即有负担能力的孙子女、外孙子女，对于子女已经死亡或者子女无力赡养的祖父母、外祖父母，有赡养的义务。赡养不仅包括经济上供养，还包括生活上照料和精神上慰藉，以及照顾老年人的特殊需要。

第二，尊重老年人的婚姻自由。子女应当尊重父母的婚姻权利，不得干涉父母离婚、再婚以及婚后的生活。子女对父母的赡养义务，不因父母的婚姻关系变化而终止。

（四）保护残疾人的合法权益

《民法典》婚姻家庭编对残疾人合法权益的保护体现在以下方面：

第一，夫妻一方因受到人身损害获得的赔偿或者补偿，被明确规定为夫妻一方个人财产。因此，夫妻一方遭受人身伤害而残疾的，其有权获得的医疗费、营养费、残疾辅助器具费、残疾赔偿金等赔偿，均属于其个人财产而非夫妻共同财产。

第二，通过离婚经济帮助对残疾人提供保护。根据《民法典》第1090条的规定，离婚时，如果夫妻一方生活困难，有负担能力的另一方应当给予适当帮助。夫妻一方残疾、完全或大部分丧失劳动能力，也没有生活来源的，属于一方生活困难的情形。因此，在离婚时，残疾的夫妻一方可以请求有负担能力的另一方给予经济帮助。

第三，放宽对残疾未成年人的收养条件。根据《民法典》第1098条第1项和第1100条，无子女的收养人可以收养两名子女，有子女的收养人只能收养一名子女。但是，收养残疾未成年人的，可以不受收养人无子女或者只有一名子女的限制。

（五）保护妇女、未成年人、老年人、残疾人合法权益的共同举措

1.禁止家庭暴力

《民法典》第1042条第3款第1句明确规定，“禁止家庭暴力”。按照《反家庭暴力法》第2条规定，家庭暴力，是指家庭成员之间以殴打、捆绑、残害、限制人身自由以及经常性谩骂、恐吓等方式实施的身体、精神等侵害行为。

家庭暴力发生在家庭成员之间和家庭内部，通常具有隐蔽性和持续性。施暴者和受害者之间往往具有特定的亲属关系。施暴者一般是处于强势地位的家庭成员，受害者一般是处于弱势地位的家庭成员，大多是妇女、未成年人、老年人或残疾人，可能缺乏独立的生活能力和自卫能力。家庭暴力的形式通常包括身体暴力、精神暴力、性暴力等，一般会导致家庭成员的人身权遭受侵害，如生命权、身体权、健康权、人身自由等。施暴者通常具有主观上的故意。因此，施暴者应当对受害人承担侵权责任。此外，监护人实施家庭暴力，严重侵害被监护人合法权益的，人民法院可以根据有关个人或者组织的申请，撤销其监护人资格。不仅如此，《民法典》婚姻家庭编对家庭暴力还作了特殊的规定，包括：（1）家庭暴力是人民法院认定夫妻感情确已破裂，准予离婚的法定情形；（2）因夫妻一方实施家庭暴力导致离婚的，无过错的配偶有权向实施家庭暴力的夫妻一方请求离婚损害赔偿。

家庭成员因遭受家庭暴力或者面临家庭暴力的现实危险，可以向人民法院申请人身安全保护令，该申请不以提起离婚等民事诉讼为条件。家庭成员是无民事行为能力人、限制民事行为能力人，或者因受到强制、威吓等原因无法申请人身安全保护令的，其近亲属、公安机关、民政部门、妇女联合会、居民委员会、村民委员会、救助管理机构可以根据当事人意愿代为申请。申请人或者被申请人居住地、家庭暴力发生地的基层人民法院受理申请后，应当在72小时内以裁定形式作出人身安全保护令或者驳回申请；情况紧急的，应当在24小时内作出。人身安全保护令可以包括下列措施：（1）禁止被申请人实施家庭暴力；（2）禁止被申请人骚扰、跟踪、接触申请人及其相关近亲属；（3）责令被申请人迁出申请人住所；（4）保护申请人人身安全的其他措施。人身安全保护令的有效期不超过6个月，自作出之日起生效。人身安全保护令失效前，人民法院可以根据申请人的申请撤销、变更或者延长。申请人对驳回申请不服或者被申请人对人身安全保护令不服的，可以自裁定生效之日起5日内向作出裁定的人民法院申请复议一次。人民法院依法作出人身安全保护令的，复议期间不停止人身安全保护令的执行。人民法院作出人身安全保护令后，应当送达申请人、被申请人、公安机关以及居民委员会、村民委员会等有关组织。人身安全保护令由人民法院执行，公安机关以及居民委员会、村民委员会等应当协助执行。

2.禁止家庭成员间的虐待和遗弃

虐待，是指以作为或不作为的形式，对家庭成员歧视、折磨、摧残，使其在精神上、肉体上遭受损害的行为，如打骂、恐吓、冻饿、患病不予治疗、限制人身自由等。持续性、经常性的家庭暴力，可以认定为虐待。

遗弃，是指家庭成员中负有赡养、抚养、扶养义务的一方，对需要赡养、抚养或扶养的另一方不履行义务的行为，如父母不抚养未成年子女、成年子女不赡养缺乏劳动能力或生活困难

的父母、夫妻一方对需要扶养的配偶不履行扶养义务等。因此，遗弃以不作为的形式出现，即应当尽到扶养义务却未尽扶养义务。

虐待、遗弃家庭成员的民事法律后果包括：(1)监护人资格的撤销。监护人虐待、遗弃被监护人，严重危害未成年人身心健康的，人民法院可以根据有关个人或者组织的申请，撤销其监护人资格。(2)侵权责任。虐待、遗弃通常侵害家庭成员的人格权。因此，实施虐待、遗弃的家庭成员应当对被虐待、遗弃的家庭成员承担侵权责任。(3)虐待、遗弃家庭成员是人民法院认定夫妻感情确已破裂，准予离婚的法定情形。(4)因夫妻一方虐待、遗弃家庭成员导致离婚的，无过错的配偶有权向实施虐待、遗弃的夫妻一方请求离婚损害赔偿。(5)在收养关系中，虐待、遗弃是解除收养关系的法定事由。收养人不履行抚养义务，有虐待、遗弃等侵害未成年养子女合法权益行为的，送养人有权要求解除养父母与养子女间的收养关系。养父母虐待、遗弃养子女而解除收养关系的，养父母无权要求生父母适当补偿收养期间支出的抚养费；因养子女成年后虐待、遗弃养父母而解除收养关系的，养父母可以要求养子女补偿收养期间支出的抚养费。(6)继承人遗弃被继承人，或者虐待被继承人情节严重的，丧失继承权。

五、夫妻互相忠实、尊重原则

婚姻是夫妻双方以永久共同生活为目的的结合。夫妻应当互相忠实，不仅是我国社会主义道德的要求，也是维系和巩固婚姻关系的必然要求。夫妻互相忠实，从狭义上来说，是指夫妻不得为婚外之性交、维持夫妻间性关系专属性和排他性。重婚、与他人同居、通奸、嫖娼、卖淫等与婚外他人性交的行为，都属于违反夫妻间忠实义务的行为。从广义上来说，夫妻间互相忠实还包括夫妻双方在婚姻生活的各个方面都要互相忠实，夫妻之间应当忠于感情，彼此诚实、坦诚相待、互敬互爱、互相关爱，夫妻一方不得恶意遗弃另一方，在行事时应当照顾另一方的利益，不得为第三人利益牺牲和损害另一方的利益。夫妻一方严重违反忠实义务的行为，如重婚、与他人同居，构成人民法院认定夫妻感情确已破裂并判决准予离婚的理由，同时也是无过错的另一方请求离婚损害赔偿的依据。然而，夫妻一方违反忠实义务的，另一方不得仅以《民法典》第1043条为依据起诉要求离婚或请求离婚损害赔偿，而应当援引《民法典》婚姻家庭编其他规定，如《民法典》第1079条、第1091条。也就是说，当事人仅以《民法典》第1043条为依据提起诉讼的，人民法院不予受理；已经受理的，裁定驳回起诉。

夫妻相互尊重，是男女平等原则的必然要求。夫妻双方在婚姻关系成立后仍然具有独立的人格，双方在家庭中地位平等，享有同等的权利，负担同等的义务。夫妻相互尊重，要求任何一方都应当尊重对方的独立人格和合法权利，不得将自己的意愿强加给对方，不得实施任何伤害对方尊严、感情和合法权益的行为。夫妻互相尊重表现在婚姻家庭生活各个方面，比如，夫妻双方在感情上应当互相体贴、互相谅解；在生活和工作上互相照顾、互相扶助；在养老育幼和家务操持方面要合作分担、互相体谅；在夫妻共同财产的管理和使用方面要协商一致、避免独断专行。

六、家庭成员敬老爱幼、互帮互助原则

家庭成员应当敬老爱幼，是指晚辈家庭成员对长辈家庭成员应予以尊敬、奉养，为其晚年生活提供良好的条件，使之愉快地度过晚年；长辈家庭成员对晚辈家庭成员应当予以爱护、抚育，使其健康地成长。尊敬和赡养老人、爱护和抚育子女，是我们中华民族的传统美德，也是社会主义道德规范的要求，更是对保护未成年人和老年人合法权益原则的补充。敬老爱幼不仅体现为法律上的赡养和抚养义务，还要求家庭成员对老年人、未成年人进行日常生活的照顾和帮助，根据未成年人和老年人的特殊情况尽力满足其生理、心理需要，为其提供关爱、慰藉、体贴、关怀等精神上的帮助。

家庭成员应当相互帮助。家庭是由一定范围内的亲属所构成的社会生活单位。家庭成员是以婚姻、血缘为纽带而紧密联系起来的近亲

属。家庭成员共同居住，共同生活，在思想、生活、经济方面要互相关心和帮助，互相尊重家庭成员的平等人格，不倚强凌弱或差别对待，确保家庭成员间和睦相处，避免无谓的纠纷，不断提高物质和精神文明程度，以实现和维护平等、和睦、文明的婚姻家庭关系。

七、最有利于被收养人原则

根据《民法典》第1044条第1款的规定，收养应当遵循最有利于被收养人的原则，保障被收养人和收养人的合法权益。这是收养制度应当遵循的基本原则。

保障未成年人的健康成长是建立收养制度的主要目的。也就是说，实行收养制度的目的是使被收养人，包括丧失父母的孤儿、查找不到生父母的未成年人、生父母有特殊困难无力抚养的子女，能够获得良好的生活环境和条件，在收养人的抚养教育下健康成长。此外，最有利于被收养人原则也是保护未成年人合法权益原则的表现。

最有利于被收养人原则体现在收养制度的以下环节。

第一，对收养人的要求。收养人应当具有抚养、教育和保护被收养人的能力，未患有在医学上认为不应当收养子女的疾病，无不利于被收养人健康成长的违法犯罪记录；无配偶者收养异性子女的，收养人与被收养人的年龄应当相差40周岁以上。

第二，尊重被收养人的意愿。收养8周岁以上未成年人的，收养应当征得被收养人的同意。收养人、送养人双方协议解除收养关系的，应当征得8周岁以上养子女的同意。

第三，保护被收养人的合法权益。在收养关系成立前，县级以上人民政府民政部门应当依法进行收养评估，以保护被收养人的合法权益。不仅如此，自收养关系成立之日起，养父母与养子女之间成立拟制血亲关系，适用《民法典》关于父母子女关系的规定，养子女的法律地位与婚生子女相同；收养人在被收养人成年以前，原则上不得解除收养关系，但收养人、送养人双方协议解除的除外；收养人不履行抚养义务，有虐待、遗弃等侵害未成年养子女合法权益行为的，送养人有权要求解除养父母与养子女间的收养关系。

第四，禁止借收养名义买卖未成年人。

【本章主要法律规定】

《民法典》第1040～1045条

第二十七章
结婚和离婚

本章主要内容提示

1.结婚的条件，包括结婚行为的成立要件和生效要件。结婚行为的成立要件包括存在一男一女双方当事人、存在结婚的意思表示、结婚登记。结婚行为的生效要件包括当事人具有完全民事行为能力、意思表示无瑕疵、不存在导致婚姻无效的法定事由。

2.无效婚姻的事由包括当事人一方或双方重婚、当事人之间具有禁止结婚的亲属关系、当事人一方或双方未到法定婚龄；可撤销婚姻的事由包括受胁迫而结婚、因对方在结婚登记前不如实告知身患重大疾病而结婚。

3.协议离婚要求男女双方以书面形式订立离婚协议并办理离婚登记。夫妻双方达成的以登记离婚为条件的财产分割协议，如果双方协议离婚未成，该协议因生效条件未成就而不发生效力。协议离婚适用离婚登记申请的撤回制度。

4.诉讼离婚中，人民法院判决离婚应以夫妻感情确已破裂为依据。夫妻感情确已破裂的具体情形包括：重婚或者与他人同居；实施家庭暴力或者虐待、遗弃家庭成员；有赌博、吸毒等恶习屡教不改；因感情不和分居满2年；其他导致夫妻感情破裂的情形。一方被宣告失踪，另一方提起离婚诉讼的，应当准予离婚。经人民法院判决不准离婚后，双方又分居满1年，一方再次提起离婚诉讼的，应当准予离婚。

5.离婚的法律后果包括财产关系和人身关系两个方面。离婚在财产关系方面的法律后果包括离婚时的财产处理、离婚时的债务清偿、离婚经济补偿请求权、离婚时对生活困难一方的经济帮助、离婚损害赔偿请求权等。

第一节 结　婚

一、结婚的概念

结婚，是指男女双方依照法律规定的条件和程序，确立夫妻关系的民事法律行为。结婚具有以下特征：(1)结婚行为的主体必须是男女双方；(2)结婚行为必须依照法律规定的条件和方式进行，否则不产生婚姻的法律效力；(3)结婚行为的法律后果是确立夫妻关系。

结婚不同于非婚同居。同居不会在男女之间产生夫妻间的权利和义务。同居的一方当事人向人民法院起诉仅请求解除同居关系的，人民法院不予受理；已经受理的，人民法院应当裁定驳回起诉。当事人因同居期间财产分割或者子女抚养纠纷提起诉讼的，人民法院应当受理。

二、结婚的条件

结婚的条件，是结婚行为作为民事法律行为应当具备的要件。结婚的条件，按照不同的分类标准，可以分为实质要件和形式要件，必备条件和禁止条件，成立要件和生效要件。

实质要件是除形式要件之外的其他要件，是法律对于结婚当事人自身情况和双方关系的要求；形式要件也称结婚的程序，是指结婚登记。

实质要件又可分为必备条件和禁止条件。必备条件也称积极条件，是结婚当事人必须具备、缺一不可的条件；禁止条件也称消极条件或者婚姻障碍，是指禁止结婚的事由，即结婚当事人不能具备、必须排除的条件，如重婚、有禁止结婚的亲属关系、未到法定婚龄。

成立要件，是指结婚作为法律行为应当具备的法律行为成立要件；生效要件，是指结婚作为法律行为应当具备的法律行为生效要件。除结婚登记之外的成立要件、生效要件，都属于实质要件。

（一）结婚行为的成立要件

结婚行为的成立要件包括：（1）当事人，即结婚行为的双方当事人必须是一男一女；（2）意思表示，即结婚行为的双方当事人具有婚意，以确立婚姻关系为目的；（3）登记，即结婚行为须经过登记才能成立。

1.必须存在一男一女双方当事人

结婚行为是一种民事法律行为，以成立婚姻为目的，应当存在双方当事人。此外，《民法典》第1046条规定，结婚应当男女双方完全自愿。因此，结婚行为的主体，只能是男女双方。同性不能结婚。婚姻作为男女两性互为配偶的结合，决定了结婚行为的双方当事人须为异性，即一男一女。

2.必须存在结婚的意思表示

结婚行为须以双方当事人具有结婚的意思表示为成立要件。结婚的意思表示也被称为婚意，是双方当事人表达的愿意结婚、以建立婚姻关系为目的的意思表示。男女双方当事人应当就建立婚姻关系达成合意，即双方当事人对确立婚姻关系的意思表示并行一致。

结婚行为会在双方当事人之间建立身份关系，具有高度人身性，因此，结婚的意思表示必须由双方当事人亲自、同时在婚姻登记机关申请婚姻登记时发出，不得委托他人代理。双方当事人以其他方式或在其他场合所作的同意结婚的表示，可能成立婚约，但并非婚意，不能成立结婚行为。

3.必须经过登记

结婚登记是婚姻成立的形式要件，是确立夫妻关系的法定程序。结婚行为是典型的身份法律行为，能够创设亲属关系。结婚行为不仅影响结婚的双方当事人，而且还会对结婚当事人之外其他民事主体产生影响。因此，结婚行为须采取法定的形式，即登记。要求结婚必须登记的理由在于：第一，督促当事人认真对待婚姻大事，谨慎决定，避免草率结婚；第二，发挥公示作用，彰显当事人的身份关系，确保当事人之间的身份关系清晰明确；第三，通过婚姻登记机关对当事人结婚条件的审查，尽可能避免无效婚姻、可撤销婚姻的出现，从而维护婚姻的严肃性，保障婚姻自由、一夫一妻制度的实施，实现国家对婚姻关系的监督。

按照《民法典》第1049条的规定，要求结婚的男女双方应当亲自到婚姻登记机关申请结婚登记。符合《民法典》规定的，婚姻登记机关予以登记，发给结婚证。完成结婚登记，男女双方即确立婚姻关系。未办理结婚登记的，男女双方应当补办登记。因此，男女双方未办理结婚登记，结婚行为不成立，男女双方不成立婚姻关系。男女双方补办结婚登记的，婚姻关系的效力从双方均符合《民法典》所规定的结婚的实质要件时起算。结婚的实质要件，是指男女双方具备了除结婚登记这一形式要件之外的其他要件，即男女双方不仅满足除结婚登记之外的结婚行为成立要件，还满足结婚行为的生效要件。

需要注意的是，结婚仪式不是结婚行为的

形式要件。男女双方是否举行结婚仪式，由男女双方自行决定。男女双方未办理结婚登记，仅举行结婚仪式的，不能成立婚姻关系。

未依据《民法典》第1049条规定办理结婚登记而以夫妻名义共同生活的男女，提起诉讼要求离婚的，应当区别对待：

（1）1994年2月1日民政部《婚姻登记管理条例》（已失效，下同）公布实施以前，男女双方已经符合结婚的实质要件的，按事实婚姻处理。所谓事实婚姻，是指未办理结婚登记的男女，以夫妻名义共同生活，周围群众也认为他们是夫妻关系的两性结合。如果一方死亡，另一方作为事实婚姻的配偶属于法定继承人。

（2）1994年2月1日民政部《婚姻登记管理条例》公布实施以后，男女双方以夫妻名义共同生活且符合结婚的实质条件，但尚未办理结婚登记的，人民法院应当告知其补办结婚登记。补办结婚登记后，婚姻关系的效力从男女双方均符合结婚的实质要件时起算，男女双方互为配偶、互享夫妻间的权利、互负夫妻间的义务。因此，补办结婚登记具有溯及既往的效力。男女双方未补办结婚登记的，构成同居关系，不能按事实婚姻处理。一方死亡的，另一方不能作为事实婚姻的配偶享有继承权。未补办结婚登记的男女双方提起诉讼要求离婚的，实际上是请求解除同居关系，人民法院不予受理；已经受理的，裁定驳回起诉。男女双方因同居期间财产分割或者子女抚养纠纷提起诉讼的，人民法院应当受理。

总之，未办理结婚登记而以夫妻名义共同生活的男女，如果在1994年2月1日民政部《婚姻登记管理条例》公布实施以前，男女双方已经符合结婚的实质要件的，按事实婚姻处理；如果在1994年2月1日民政部《婚姻登记管理条例》公布实施以后，男女双方才符合结婚的实质要件的，应当补办结婚登记，否则仅构成同居关系。

（二）结婚行为的生效要件

结婚行为的生效要件包括：（1）当事人具有完全民事行为能力；（2）意思表示无瑕疵，即双方当事人同意结婚的意思表示真实且自愿，不存在胁迫等情形；（3）不存在导致婚姻无效的法定事由，如重婚、有禁止结婚的亲属关系、未到法定婚龄。

1.男女双方必须具有完全民事行为能力

结婚行为以男女双方终身共同生活为目的，夫妻双方因婚姻互负权利和义务，故自然人须具有认识结婚行为的法律意义及其法律后果的能力，从而能够对是否结婚作出理性的判断和决定，进而能够在婚后承担对配偶、子女、家庭和社会的责任。这一能力被称为结婚行为能力或者婚姻行为能力。

我国《民法典》第1047条设置的法定婚龄高于法定的成年年龄，因此，未成年人不具有结婚行为能力。此外，考虑到结婚行为对当事人身份关系的重要影响，已达法定婚龄但被认定为无民事行为能力人的自然人、在表达结婚的意思表示时处于精神错乱或者无意识状态的自然人，无法认识结婚行为的法律意义及其后果，不可能表达自愿结婚的意思，从而不具有结婚行为能力，无法缔结有效的婚姻。

2.男女双方结婚的意思表示必须真实且自愿

结婚行为的生效，以双方当事人关于结婚的意思表示真实且自愿为前提。根据《民法典》第1046条的规定，结婚应当男女双方完全自愿，禁止任何一方对另一方加以强迫，禁止任何组织或者个人加以干涉。这也是婚姻自由原则在结婚制度中的体现。这要求各方尊重结婚行为双方当事人的婚姻自由，排除一方当事人、当事人父母或第三人对他方进行强迫、包办或干涉。禁止包办、买卖婚姻和其他干涉婚姻自由的行为。办理结婚登记的当事人非双方自愿的，婚姻登记机关按照《婚姻登记条例》第6条不予登记。

一方或者双方当事人非自愿发出结婚意思表示的，可能影响结婚行为的效力，导致结婚行为可撤销。《民法典》婚姻家庭编规定了两类结婚行为的可撤销事由，即胁迫和不如实告知重大疾病。按照《民法典》第1052条的规定，因胁迫结婚的，受胁迫的一方可以向人民法院请求撤销婚姻。此外，按照《民法典》第1053条的规定，一方患有重大疾病但未在结婚登记前如实告知另一方的，另一方可以向人民法院请求撤销婚姻。一方知道自己患有重大疾病但在结婚登记前不如实告知、隐瞒实情的，成立欺诈，从而导致结婚行为可撤销。

3.不存在导致婚姻无效的法定事由

结婚的男女双方不存在导致婚姻无效的法定事由。这是国家对婚姻自由的限制。

（1）重婚

《民法典》婚姻家庭编禁止重婚。重婚，是指一个自然人同时存在两个或两个以上的婚姻关系的情形，即自然人已有婚姻关系后又与他人缔结婚姻关系。前一个婚姻关系被称为前婚，后一个婚姻关系被称为后婚，即重婚。

重婚是严重违反一夫一妻制的违法行为，因此，重婚无效。也就是说，在申请结婚登记时，结婚的双方当事人必须处于无配偶状态，包括未婚、离婚或者丧偶。即使婚姻关系存在无效事由或可撤销事由，在婚姻关系被人民法院依法判决无效或撤销之前，一方另行结婚的，亦构成重婚。

申请结婚登记的当事人一方或者双方已有配偶的，婚姻登记机关按照《婚姻登记条例》第6条不予登记；已经登记的，重婚的结婚行为按照《民法典》第1051条无效。不过，依据《民法典》第51条，被宣告死亡的夫妻一方经人民法院撤销死亡宣告，婚姻关系自行恢复，但配偶在夫妻一方被死亡宣告后、人民法院撤销死亡宣告之前再婚的，前婚不恢复，后婚不构成重婚、效力不受影响。

（2）有禁止结婚的亲属关系

根据《民法典》第1048条的规定，直系血亲或者三代以内的旁系血亲禁止结婚。禁止一定范围内的血亲结婚，主要是基于社会伦理道德、优生优育等考虑。

直系血亲，如父母和子女、祖父母和孙子女、外祖父母和外孙子女，无论代数，均禁止结婚。基于伦理道德的考虑，拟制直系血亲，如养父母和养子女、形成抚养教育关系的继父母一方和继子女，也属于《民法典》第1048条意义上的“直系血亲”，从而不得结婚。

三代以内的旁系血亲，是指直系血亲之外、与自己出自同一父母或同一祖父母、外祖父母的血亲，包括：①出自同一父母的兄弟姐妹，包括同父母、同父异母或同母异父的兄弟姐妹；②出自同一祖父母或外祖父母的辈份不同、性别相异的亲属，如伯、叔、姑与侄子、侄女，舅、姨与外甥、外甥女；③出自同一祖父母、外祖父母的辈份相同、性别相异的亲属，如堂兄弟姐妹、表兄弟姐妹。拟制旁系血亲，如养兄弟姐妹、继兄弟姐妹，如果没有三代以内的旁系自然血亲关系，可以结婚。结婚的双方当事人属于三代以外旁系血亲的，无论辈份是否相同，均不属于禁止结婚的亲属范围，比如，男女双方出自同一曾祖父母、外曾祖父母的，属于四代以内旁系血亲，可以结婚。

男女双方即使不存在亲属关系，但存在可以成立直系血亲或三代以内旁系血亲的血缘关系的，也不得结婚。比如，被收养的子女与生父母、亲兄弟姐妹不得结婚。

申请结婚登记的双方当事人属于直系血亲或者三代以内旁系血亲的，婚姻登记机关按照《婚姻登记条例》第6条不予登记；已经登记的，结婚行为按照《民法典》第1051条无效。

（3）未到法定婚龄

结婚行为的双方当事人应当达到法定婚龄。

法定婚龄制度，旨在防止早婚。维护民众的身体健康。自然人只有达到一定年龄，才具备结婚的生理条件和心理条件，才能在婚后承担起对配偶、子女、家庭和社会的责任。精神和身体尚未成熟的自然人结婚，不仅可能损害自身健康，还可能生育体质羸弱的子女。此外，过早结婚的自然人尚且需要父母来供养，也缺乏抚养和教育子女的能力。因此，自然人只有达到法定婚龄，才能结婚。也就是说，法定婚龄是法律规定的最低结婚年龄，是结婚年龄的下限。未到法定婚龄的自然人，不得结婚；已到法定婚龄的自然人，可以结婚，但是否结婚、何时结婚，属于婚姻自由的范畴，由其自行决定。即使自然人已到法定婚龄，具备了结婚的生理条件和心理条件，也可能不具备组建家庭的物质条件。

法定婚龄的确定，既要考虑人的生理、心理发育状况和智力成熟情况，还要考虑国家的政治、经济、文化和人口发展的要求。根据《民法典》第1047条的规定，结婚年龄，男不得早于22周岁，女不得早于20周岁。因此，我国男性的法定婚龄为22周岁，女性的法定婚龄为20周岁。

申请结婚登记的当事人未到法定结婚年龄的，婚姻登记机关按照《婚姻登记条例》第6条不予登记。自然人未到法定婚龄而登记结婚的，结婚行为按照《民法典》第1051条无效。民族自治地方的人民代表大会基于本民族、宗教、风俗习惯等实际情况，可以对法定婚龄作出变通规定。

结婚行为不得附条件或期限。结婚行为附解除条件或终期，与婚姻创设终身共同生活的目的相违背。实际上，允许结婚行为附解除条件或终期，意味着当事人可以通过《民法典》婚姻家庭编规定的离婚程序之外的方式结束婚姻关系，违反了夫妻双方只能依据《民法典》婚姻家庭编规定的法定条件和程序办理离婚的基本原则。因此，结婚行为附解除条件或终期的，视为不附条件或期限。此外，结婚行为附延缓条件或始期，婚姻成立的时点不明确，当事人之间甚至亲属之间的身份关系处于不确定的状态，影响身份关系的安定性。

三、结婚登记机关和程序

根据《婚姻登记条例》第2条，我国内地居民办理婚姻登记的机关是县级人民政府民政部门或者乡（镇）人民政府，省、自治区、直辖市人民政府可以按照便民原则确定农村居民办理婚姻登记的具体机关。我国公民同外国人，内地（大陆）居民同香港特别行政区居民、澳门特别行政区居民、台湾地区居民、华侨办理婚姻登记的机关是省、自治区、直辖市人民政府民政部门或者省、自治区、直辖市人民政府民政部门确定的机关。

婚姻登记机关的管辖范围按照行政区域划分，原则上与户籍管辖范围相适应。根据《婚姻登记条例》第4条和《婚姻登记工作规范》第5条，内地居民结婚，男女双方应当共同到一方当事人常住户口所在地的婚姻登记机关办理结婚登记。省级人民政府可以根据实际情况，规定乡（镇）人民政府办理双方或者一方常住户口在本乡（镇）的内地居民之间的婚姻登记。我国公民同外国人在中国内地结婚的，内地（大陆）居民同香港特别行政区居民、澳门特别行政区居民、台湾地区居民、华侨在我国内地结婚的，男女双方应当共同到内地居民常住户口所在地的婚姻登记机关办理结婚登记。现役军人由部队驻地、入伍前常住户口所在地或另一方当事人常住户口所在地婚姻登记机关办理婚姻登记。

结婚登记程序分为申请、审查和登记三个环节。

（一）申请

自愿结婚的男女，必须双方亲自到一方户口所在地的婚姻登记管理机关申请结婚登记。离婚的男女双方自愿恢复婚姻关系的，应当到婚姻登记机关重新进行结婚登记。结婚申请必须双方当事人亲自到场，不能由一方单独申请，也不能委托他人代理申请。

内地居民申请结婚登记的，应当出具下列证件和证明材料：本人的户口簿、身份证；本人无配偶以及与对方当事人没有直系血亲和三代以内旁系血亲关系的签字声明。内地居民办理结婚登记因故不能提交身份证的，可以出具有效的临时身份证。居民身份证与户口簿上的姓名、性别、出生日期、公民身份号码应当一致；不一致的，当事人应当先到户口登记机关更正户口簿或者补领新的居民身份证。

当事人一方或双方的婚姻状况为离婚的，应当向婚姻登记机关提交能够证明其声明真实性的离婚证、加盖查档专用章的离婚登记档案复印件、人民法院生效离婚判决书或者调解书等材料。

当事人一方或双方的婚姻状况为丧偶的，应当向婚姻登记机关提交能够证明其声明真实性的结婚证（或者加盖查档专用章的结婚登记档案复印件）和配偶死亡证明等材料。死亡证明包括宣告死亡的生效法律文书及医院、公安等有关部门出具的居民死亡医学证明（推断）

书、非正常死亡证明等材料。

（二）审查

婚姻登记机关应当对结婚登记当事人出具的证件、证明材料进行审查并询问相关情况，以确定当事人是否符合结婚条件，包括男女双方的结婚意愿、男女双方是否存在导致婚姻无效的法定事由等。

在审查中，如果发现申请结婚登记的当事人有下列情形之一的，婚姻登记机关不予登记：（1）一方或者双方未到法定结婚年龄的；（2）非双方自愿的；（3）一方或者双方已有配偶的；（4）双方属于直系血亲或者三代以内旁系血亲的。

（三）登记

经过审查，男女双方当事人符合结婚条件的，婚姻登记机关应当当场予以登记，发给结婚证；当事人不符合结婚条件的，婚姻登记机关不予登记，并应当向当事人说明理由，应当事人要求出具不予办理结婚登记告知书。男女双方当事人从完成结婚登记时起确立夫妻关系。

婚姻登记是国家公权力对私法关系的确认和保护，婚姻登记属于行政行为。如果结婚登记程序存在瑕疵，当事人主张撤销结婚登记的，应当依法向婚姻登记机关申请行政复议或者依法向人民法院提起行政诉讼。当事人对行政复议决定不服的，可以依照《行政诉讼法》的规定向人民法院提起行政诉讼。人民法院有权撤销结婚登记。结婚登记不具有可撤销内容的，人民法院应当确认结婚登记违法。此外，根据最高人民法院、最高人民检察院、公安部、民政部《关于妥善处理以冒名顶替或者弄虚作假的方式办理婚姻登记问题的指导意见》，对当事人冒名顶替或者弄虚作假办理婚姻登记类行政案件，人民法院对相关事实进行调查认定后认为应当撤销婚姻登记的，应当及时向民政部门发送撤销婚姻登记的司法建议书。民政部门收到司法建议书后，应当对相关情况进行审核，符合条件的及时撤销相关婚姻登记。民政部门决定撤销婚姻登记的，应当将撤销婚姻登记决定书于作出之日起15个工作日内送达当事人及利害关系人，同时抄送人民法院。

四、无效婚姻

（一）无效婚姻的概念和事由

无效婚姻，是指已经成立，但存在法定的婚姻无效事由，不能发生法律效力的婚姻。

无效婚姻不同于婚姻不成立。首先，无效婚姻是已经成立但存在法定无效事由的婚姻，婚姻关系已经成立，但经过人民法院判决，不能按照当事人的意愿产生夫妻的权利义务关系，如当事人存在重婚、未到法定婚龄、存在禁止结婚的亲属关系；婚姻不成立则是结婚行为欠缺成立要件，婚姻关系尚不存在，如男女双方尚未申请结婚登记。其次，婚姻无效事由包括可治愈的无效事由和不可治愈的无效事由。比如，夫妻一方办理结婚登记时未到法定婚龄但事后达到法定婚龄的，无效婚姻即被治愈转化为有效婚姻；不成立的婚姻不可能转化为有效婚姻。最后，无效婚姻须经人民法院判决，当事人之间虽然不产生夫妻的权利义务关系，但会发生其他方面的权利义务关系，如同居期间所得财产的分割和损害赔偿。在婚姻被判决无效之前，当事人也不得与他人结婚；婚姻不成立无须人民法院判决，当事人有权与他人另行结婚。

按照《民法典》第1051条的规定，婚姻无效的法定事由包括：（1）当事人一方或双方重婚。当事人一方或者双方重婚的，重婚无效。（2）当事人双方有禁止结婚的亲属关系。当事人双方属于直系血亲或者三代以内旁系血亲的，缔结的婚姻无效。（3）当事人一方或双方未到法定婚龄。根据司法解释的规定，除上述3种情形外，当事人以其他理由请求人民法院确认婚姻无效的，人民法院应当判决驳回当事人的诉讼请求。因此，《民法典》第1051条列举的婚姻无效事由具有封闭性。当事人以结婚登记程序存在瑕疵为由提起民事诉讼，主张撤销结婚登记的，人民法院应当告知其可以依法申请行政复议或者提起行政诉讼。

婚姻无效事由一般涉及公共利益和公序良俗。比如，禁止重婚旨在维护我国的一夫一妻制，禁止一定范围内的亲属结婚旨在维护社会伦理道德并促进优生优育，禁止当事人未到法定婚龄结婚旨在防止早婚、维护民众的身体健康。

按照司法解释的规定，当事人向人民法院请求确认婚姻无效的，法定的无效婚姻情形在起诉时已经消失的，人民法院不予支持。因此，婚姻无效事由，可分为可治愈的无效事由和不可治愈的无效事由，也称为可补正的无效事由和不可补正的无效事由。从这一点来看，结婚行为的无效与一般民事法律行为的无效存在区别。民事法律行为无效，是自始、绝对、当然的无效，不可能转化为有效；结婚行为的无效，则存在治愈、转化为有效的可能。

当事人一方或双方未到法定婚龄，属于典型的可治愈、可补正的无效事由。因此，当事人一方在结婚时未到法定婚龄的，另一方在向人民法院请求确认婚姻无效时，当事人一方已到法定婚龄的，法定的无效婚姻情形已经消失，该婚姻转化为有效婚姻。对于另一方确认婚姻无效的请求，人民法院即不予支持。另一方要求解除婚姻关系的，应当向人民法院起诉要求离婚。

当事人双方存在禁止结婚的自然血亲关系的，这种自然血亲关系不会随着时间推移而消失。因此，当事人存在禁止结婚的自然血亲关系的婚姻，法定的无效婚姻情形不可能消失，该无效婚姻不存在转化为有效婚姻的可能。

此外，重婚也不可能转化为有效婚姻。重婚的一方与合法前婚的配偶离婚的，或者合法前婚的配偶死亡的，不会导致重婚变成有效婚姻。

（二）婚姻无效的确认

无效婚姻不发生婚姻的效力，但婚姻是否无效，必须经过人民法院依诉讼程序确认。在我国，有权确认婚姻无效的机关只有人民法院。

无效婚姻在依法被人民法院确认无效时，才确定该婚姻自始不受法律保护。在人民法院判决婚姻无效之前，即使婚姻存在无效事由，登记结婚的男女之间仍然具有夫妻关系，任何一方当事人不得另行结婚。人民法院依法判决确认婚姻无效时，婚姻才确定地自始不受法律保护，从而男女双方自始不享有夫妻间的权利、负担夫妻间的义务。

有权向人民法院就已办理结婚登记的婚姻请求确认婚姻无效的主体，包括婚姻当事人及利害关系人。利害关系人包括：（1）以重婚为由的，为当事人的近亲属及基层组织。具体来说，这里的近亲属，包括重婚当事人的配偶（前婚的配偶，即合法婚姻当事人）与重婚当事人的父母、子女、兄弟姐妹、祖父母、外祖父母、孙子女、外孙子女。这里的基层组织，包括当事人所在单位、住所地居民委员会、村民委员会、派出所、民政部门及妇联、工会等有关组织机构。（2）以未到法定婚龄为由的，为未到法定婚龄者的近亲属。（3）以有禁止结婚的亲属关系为由的，为当事人的近亲属。第2种和第3种情形的近亲属，是指除配偶之外的近亲属，包括婚姻当事人的父母、子女、兄弟姐妹、祖父母、外祖父母、孙子女、外孙子女。

利害关系人向人民法院请求确认婚姻无效的，利害关系人为原告，婚姻关系当事人双方为被告。夫妻一方死亡的，生存一方为被告。

夫妻一方或者双方死亡后，生存一方或者利害关系人可以请求人民法院确认婚姻无效。夫妻一方或双方死亡后，允许利害关系人向人民法院请求确认婚姻无效，旨在保护利害关系人的利益。比如，婚姻被人民法院确认无效的，男女双方互不享有继承权，因此，男女双方各自的继承人能够获得相应的遗产。

由于婚姻关系不仅涉及当事人双方的利益，还涉及子女及其亲属的利益和社会共同利益，因此，人民法院受理请求确认婚姻无效案件后，原告申请撤诉的，不予准许。对婚姻效力的审理不适用调解，人民法院应当依法作出判决。也就是说，《民法典》关于婚姻效力的规定是强制性规定。婚姻有效还是无效，不能由当事人通过协商、调解来确定，只能由人民法院审理后依法判决。经过人民法院审理，不存在原告主张的婚姻无效事由的，人民法院应当判决驳回原告的诉讼请求；存在婚姻无效事由的，人民法院应当判决婚姻无效。

人民法院受理离婚案件后，经审理确属无效婚姻的，应当将婚姻无效的情形告知当事人，并依法作出确认婚姻无效的判决。也就是说，人民法院在审理离婚案件的过程中，发现所涉婚姻存在无效事由的，可以主动否定婚姻的效力，判决婚姻无效。

人民法院就同一婚姻关系分别受理了离婚和请求确认婚姻无效案件的，对于离婚案件的审理，应当待请求确认婚姻无效案件作出判决后进行。因为离婚以存在合法有效的婚姻关系为前提，婚姻经过人民法院判决确认无效的，自始没有法律拘束力，不存在离婚的问题。

因此，无效婚姻确认程序的启动，既可以是婚姻当事人、利害关系人直接请求人民法院确认婚姻无效，也可以是人民法院在受理离婚案件后，经审理确属无效婚姻的，主动确认婚姻无效。

人民法院判决确认婚姻无效的，涉及财产分割和子女抚养的，可以调解。当事人经调解达成协议的，人民法院另行制作调解书；当事人未达成调解协议的，人民法院应当一并作出判决。也就是说，人民法院审理无效婚姻案件，涉及财产分割和子女抚养的，无须对婚姻效力的认定和财产分割、子女抚养的处理分别制作裁判文书。对判决不服的，当事人可以上诉。

（三）无效婚姻的法律后果

无效婚姻自始没有法律拘束力，当事人之间自始不具有夫妻在人身及财产方面的权利和义务。所谓自始没有法律拘束力，是指婚姻在依法被人民法院判决确认无效时，才确定该婚姻自始不受法律保护。

在人身关系方面，婚姻一旦被确认无效，婚姻当事人自始不再互为配偶，不适用《民法典》有关夫妻人身关系的规定。

在财产关系方面，婚姻一旦被确认无效，婚姻当事人之间自始不互负扶养义务、互不享有继承权。但是，双方当事人之间可能存在扶养事实，从而一方当事人死亡的，另一方当事人作为继承人以外的依靠被继承人扶养的人，或者继承人以外的对被继承人扶养较多的人，依据《民法典》第1131条可以请求分得适当的遗产。

婚姻一旦被确认无效，婚姻当事人之间的财产关系自始不适用《民法典》有关法定夫妻财产制的规定，同居期间所得的财产并非夫妻共同财产。婚姻当事人依据《民法典》第1065条所作的夫妻财产制约定，因婚姻被确认无效而无效。

根据《民法典》第1054条第1款，当事人在同居期间取得的财产，由当事人协议处理。也就是说，当事人在婚姻被确认无效后，可以就同居期间所得财产的处理订立协议。这一协议旨在对双方当事人同居期间所得财产进行清算，须符合民事法律行为的成立要件和生效要件。如果双方当事人无法就处理同居期间所得财产达成协议，同居期间所得的财产按共同共有处理，并由人民法院根据照顾无过错方的原则判决。因此，对于无效婚姻没有过错的一方当事人，人民法院可以多分财产。一方当事人主张特定财产属于个人财产的，对此负举证责任。

依据《民法典》第1054条第1款，婚姻因一方或双方当事人重婚而被确认无效的，无效婚姻的财产处理，不得侵害合法婚姻当事人的财产权益。这是因为，在婚姻因一方当事人重婚而被确认无效的情形下，如果重婚一方与前婚配偶没有就夫妻财产制作特别约定，重婚一方在重婚期间所得的财产，可能属于重婚一方和前婚配偶的夫妻共同财产，如重婚一方在同居期间取得的工资、奖金、劳务报酬和生产、经营、投资的收益。因此，重婚一方和重婚配偶就重婚期间所得财产的处理，不得侵害前婚配偶对夫妻共同财产的权益。在这种情况下，依据司法解释的规定，人民法院审理重婚导致的无效婚姻案件时，涉及财产处理的，应当准许重婚一方的前婚配偶即合法婚姻当事人作为有独立请求权的第三人参加诉讼。

此外，根据《民法典》第1054条第2款，婚姻无效的，无过错方有权请求损害赔偿。在婚姻无效的场合，无过错方是指不具有无效婚姻情形的一方当事人。无过错方通常对婚姻存在无效事由并不知情，善意相信婚姻有效并对该段婚姻付出。因此，婚姻无效时的损害赔偿，仅适用于因一方当事人的行为导致婚姻无效的情形，如婚姻因一方重婚而被人民法院确认无效。

双方当事人均为重婚导致婚姻被确认无效的，双方当事人均无权请求损害赔偿。

依据《民法典》第1054条第1款，婚姻当事人与所生子女之间的权利义务关系不因婚姻被确认无效而受到影响，仍适用《民法典》关于父母子女关系的规定。子女直接抚养人的确定、抚养费的负担及给付期限和方式、探望权等问题，依据《民法典》婚姻家庭编离婚章节的规定处理。因此，婚姻被确认无效后，当事人对于未成年子女仍有抚养、教育、保护的权利和义务。不直接抚养子女的一方当事人有探望子女的权利，另一方有协助的义务。

案例分析 能力训练

人民法院根据当事人的请求，依法确认婚姻无效的，应当收缴双方的结婚证书并将生效的判决书寄送当地婚姻登记管理机关。

五、可撤销婚姻

（一）可撤销婚姻的概念和事由

可撤销婚姻，是指虽然已经成立，但因一方当事人结婚意思表示不自由而可以被一方当事人请求人民法院撤销的婚姻。在可撤销婚姻中，一方当事人决定是否结婚的意思表示自由受到了侵害，即一方当事人因受胁迫、因对方不如实告知身患重大疾病而结婚。因此，可撤销婚姻制度旨在保护婚姻自由，确保结婚的双方当事人自愿发出真实的结婚意思表示。一方当事人结婚意思不自由的，依法享有撤销权，能够通过行使撤销权来撤销已经成立的婚姻关系。在一方当事人行使撤销权之前，婚姻关系有效，双方当事人之间产生夫妻在人身和财产方面的权利和义务，但因撤销权的行使，婚姻关系自始没有法律拘束力。

可撤销婚姻与无效婚姻具有共同之处。首先，可撤销婚姻与无效婚姻都是已经成立但欠缺生效要件的婚姻。其次，可撤销婚姻与无效婚姻都有转化为有效婚姻的可能。就可撤销婚姻而言，撤销权因除斥期间经过而消灭，可撤销婚姻终局地成为有效婚姻；就无效婚姻而言，在当事人向人民法院请求确认婚姻无效时，法定的无效婚姻情形在提起诉讼时已经消失的，无效婚姻转化为有效婚姻。最后，有权撤销婚姻、判决确认婚姻无效的机关都是人民法院。

可撤销婚姻与无效婚姻存在以下区别。首先，事由不同。婚姻无效事由一般涉及公序良俗，如一方或双方当事人重婚、当事人具有禁止结婚的亲属关系；婚姻可撤销事由则涉及当事人意思表示的不自由。其次，请求主体不同。向人民法院请求确认婚姻无效的主体为婚姻当事人和利害关系人；向人民法院请求撤销婚姻的主体只能是婚姻当事人，且为意思表示存在瑕疵的夫妻一方。再次，期限不同。在无效婚姻中，夫妻一方或者双方死亡后，生存一方或者利害关系人仍然可以请求人民法院确认婚姻无效；在可撤销婚姻中，享有撤销权的一方当事人应当在除斥期间内行使撤销权。最后，人民法院主动性不同。人民法院受理离婚案件后，经审理确属无效婚姻的，应当将婚姻无效的情形告知当事人，并依法作出确认婚姻无效的判决，即人民法院可以依职权主动确认婚姻无效；就可撤销婚姻而言，享有撤销权的一方当事人没有向人民法院起诉请求撤销婚姻的，人民法院不得依职权主动撤销婚姻。

按照《民法典》第1052条和第1053条的规定，可撤销婚姻包括因胁迫而结婚和因对方婚前未如实告知重大疾病而结婚两类。因此，撤销事由包括胁迫、婚前未如实告知重大疾病两种。享有撤销权的当事人，是受胁迫而结婚的一方当事人、因对方不如实告知身患重大疾病而结婚的一方当事人。

1.因胁迫而结婚

因胁迫而结婚的，受胁迫的一方可以向人民法院请求撤销婚姻。胁迫，是指行为人以给另一方当事人或者其近亲属的生命、身体健康、名誉、财产等方面造成损害为要挟，迫使另一方当事人违背真实意愿结婚的情况。因胁迫而结婚的，被胁迫的一方当事人没有结婚的真实意愿但非基于自愿作出了结婚的意思表示，其婚姻自由受到了侵害，因此享有撤销权。胁迫不仅包括结婚的一方当事人对另一方实施的胁迫，也包括第三人对结婚的一方当事人甚至双方当事人实施的胁迫。

胁迫的成立必须具备以下要件:(1)须有胁迫的行为,即行为人以给结婚的一方当事人或者其近亲属的生命、身体健康、名誉、财产等方面造成损害为要挟;(2)胁迫人须有胁迫的故意,即行为人有通过胁迫使结婚的一方当事人陷入恐惧并因此而为结婚意思表示的故意;(3)须被胁迫人因胁迫而陷入恐惧,即胁迫行为与结婚的一方当事人陷入恐惧具有因果关系;(4)须被胁迫人因恐惧而为结婚的意思表示,即被胁迫人的恐惧与其所为的结婚意思表示具有因果关系;(5)胁迫须为不法。

2.因对方不如实告知重大疾病而结婚

《民法典》婚姻家庭编不再将"婚前患有医学上认为不应当结婚的疾病,婚后尚未治愈"作为无效婚姻的事由,而是在第1053条将隐瞒重大疾病规定为可撤销婚姻的事由。这意味着,对于患有重大疾病的自然人,《民法典》婚姻家庭编的调整目标,不是限制其婚姻自由,而是保障与其结婚的另一方的婚姻自由,避免另一方因受欺诈而结婚。因此,如果结婚的一方当事人患有重大疾病,应当在结婚登记前如实告知另一方。另一方明知一方当事人患有重大疾病但仍然自愿结婚的,结婚行为效力不受影响。这也是尊重当事人婚姻自由的体现。反之,如果结婚的一方当事人患有重大疾病,在结婚登记前不如实告知另一方当事人的,另一方当事人可以向人民法院请求撤销婚姻。一方当事人故意不履行告知义务,隐瞒身患重大疾病的事实,使对方陷入错误并因此而为结婚的意思表示,属于典型的欺诈行为。

不如实告知重大疾病构成欺诈,其成立应当具备以下要件:(1)须有不如实告知重大疾病的行为,即一方当事人在结婚登记前患有重大疾病,但是没有告知另一方或者虽然告知但没有将真实情况告知另一方,从而没有履行告知义务;(2)须有不如实告知的故意,即一方当事人明知自己患有重大疾病但故意不如实告知,且希望对方因不知情而为结婚的意思表示;(3)须另一方因不如实告知而陷入错误,即不如实告知与另一方当事人陷入错误具有因果关系;(4)须另一方因错误而为结婚的意思表示,即另一方的错误与其所为的结婚意思表示具有因果关系,如果一方如实告知,另一方不会陷入错误,从而不会或不会在此时作出结婚的意思表示。

《民法典》婚姻家庭编没有列举重大疾病的范围。哪些疾病属于可以撤销婚姻的重大疾病,需要人民法院认定。当然,一方当事人的重大疾病必须是足以影响另一方决定是否结婚的疾病,即疾病的严重程度足以影响另一方对结婚的自主决定。因此,重大疾病一般是严重影响患者正常工作和生活的疾病,如具有足以危害配偶及其他家庭成员身体健康的指定传染病、无法生育的疾病、具有可能不利于后代身体健康的严重遗传性疾病、需要长期治疗甚至最终导致患病一方生活不能自理进而加重夫妻双方经济负担和精神负担的疾病。这些重大疾病可能损害另一方的合法权益,因此,另一方有权知晓,并在知晓的基础上决定是否结婚。

(二)撤销权的行使

可撤销的婚姻必须由享有撤销权的一方当事人行使撤销权,才会自始失去法律拘束力。在当事人行使撤销权之前,婚姻关系有效,双方当事人之间产生夫妻在人身和财产方面的权利和义务,但婚姻因撤销权的行使自始没有法律拘束力。

因受胁迫而请求撤销婚姻的,只能是婚姻关系中受胁迫的一方当事人本人。因对方不告知重大疾病而请求撤销婚姻的,只能是受欺诈一方的婚姻当事人本人。在性质上,撤销权属于以诉讼方式实施的形成权。享有撤销权的一方当事人必须向人民法院请求撤销婚姻。只有人民法院能够依诉讼程序撤销婚姻,婚姻登记机关没有撤销婚姻的权限,不再受理因胁迫结婚的撤销婚姻申请。

为督促撤销权人尽快地行使权利,避免婚姻关系长期处于不稳定的状态,《民法典》婚姻家庭编就撤销权规定了除斥期间。

依据《民法典》第1052条和第1053条,除斥期间为1年,但除斥期间的起算时点根据撤销事由的不同而有所区别。

（1）依据《民法典》第1052条第2款和第3款，因受胁迫而请求撤销婚姻的，受胁迫的一方应当自胁迫行为终止之日起1年内行使撤销权，即除斥期间的起算时点不是结婚登记之日，而是胁迫行为终止之日。受胁迫的一方被非法限制人身自由的，应当自恢复人身自由之日起1年内行使撤销权，即除斥期间的起算时点为恢复人身自由之日。

根据司法解释的规定，受胁迫或者被非法限制人身自由的一方当事人请求撤销婚姻的，不适用《民法典》第152条第2款最长除斥期间的规定。因此，只要胁迫行为、非法限制人身自由的行为一直没有终止，无论当事人结婚多少年，无论胁迫行为、非法限制人身自由的行为持续多久，受胁迫或者被非法限制人身自由的夫妻一方都可以在胁迫行为终止之日或者恢复人身自由之日起1年内行使撤销权。

（2）依据《民法典》第1053条第2款，因对方不告知重大疾病而请求撤销婚姻的，受欺诈一方应当自知道或者应当知道撤销事由之日起1年内向人民法院请求撤销婚姻。所谓“知道”，是指有直接和充分的证据证明当事人知道对方患有重大疾病。所谓“应当知道”，是指虽然没有直接和充分的证据证明当事人知道，但是根据生活经验、相关事实和证据，按照一般人的普遍认知能力，运用逻辑推理可以推断当事人知道对方患有重大疾病。

该除斥期间为不变期间，不适用诉讼时效中止、中断或者延长的规定。如果撤销权人在除斥期间内不行使撤销权，撤销权归于消灭，从而婚姻终局地有效。

可撤销婚姻被撤销后的法律后果与无效婚姻相同。

具体来说，可撤销婚姻一旦被人民法院依法撤销即自始没有法律约束力，当事人之间自始不具有夫妻在人身及财产方面的权利和义务。所谓自始没有法律约束力，是指可撤销婚姻在依法被撤销时，才确定该婚姻自始不受法律保护。当事人同居期间所得的财产，由当事人协议处理；协议不成的，当事人同居期间所得的财产，除有证据证明为当事人一方所有的以外，按共同共有处理，由人民法院根据照顾无过错方的原则判决。此外，婚姻被撤销的，无过错方有权请求损害赔偿。无过错方，是指受胁迫而结婚的一方当事人、因对方在结婚登记前不如实告知身患重大疾病而结婚的一方当事人，即享有撤销权的一方。婚姻当事人与所生子女之间的权利义务关系，不因婚姻被撤销而受到影响，仍适用《民法典》关于父母子女关系的规定。

第二节　离　　婚

离婚，是指夫妻依照法定的条件和程序解除婚姻关系，属于婚姻关系终止的法定事由。离婚与夫妻一方死亡是婚姻关系终止的原因，能使婚姻关系消灭的效力向未来发生。在离婚和夫妻一方死亡之前，夫妻双方的婚姻关系仍然存在。婚姻关系不因离婚、夫妻一方死亡而溯及既往地消灭。因此，离婚与夫妻一方死亡这两种婚姻关系终止事由，不同于无效婚姻、可撤销婚姻。婚姻被人民法院依法确认无效或者被撤销的，具有溯及力，从而婚姻自始没有法律约束力，当事人自始不具有夫妻的权利和义务。

按照离婚方式的不同，离婚可分为协议离婚和诉讼离婚。

一、协议离婚

（一）协议离婚的概念和条件

协议离婚，是指夫妻双方自愿离异，并就子女抚养、财产处理等离婚的法律后果达成协议，经过婚姻登记机关认可并办理离婚登记的离婚方式，也称登记离婚、行政离婚。

根据《民法典》第1076条的规定，夫妻双方自愿离婚的，应当签订书面离婚协议，并亲自到婚姻登记机关申请离婚登记。因此，协议离婚的双方当事人，不仅要签订书面离婚协议，还需要亲自申请离婚登记。夫妻双方仅订立书面离婚协议的，婚姻关系不终止。

协议离婚的条件包括：(1)协议离婚的双方为一男一女，双方已经登记结婚取得结婚证。协议离婚以存在婚姻关系为前提。如果双方当事人没有成立婚姻关系，比如，未办理结婚登记而以夫妻名义共同生活的男女，在1994年2月1日以后符合结婚实质要件的，仍然构成同居关系而非婚姻关系，不能协议离婚。此外，协议离婚的双方必须取得内地婚姻登记机关或者中国驻外使（领）馆颁发的结婚证。如果双方当事人并非在内地婚姻登记机关或者中国驻外使（领）馆办理结婚登记，那么，双方的申请办理离婚登记，婚姻登记机关不予受理。(2)双方当事人就离婚的意思表示并行一致，即双方当事人必须就以协议离婚方式结束婚姻关系达成合意。(3)双方当事人已经签订书面离婚协议。申请办理离婚登记的双方当事人，未达成书面离婚协议的，婚姻登记机关不予受理。(4)双方当事人具有完全民事行为能力。协议离婚是解除夫妻身份关系的重要民事法律行为，对双方的身份关系、财产关系具有重要影响，因此，自然人须具有认识协议离婚的法律意义及其法律后果的能力，从而对是否协议离婚能够作出理性的判断和决定。根据《婚姻登记条例》第12条第2项，申请办理离婚登记的当事人属于无民事行为能力人或者限制民事行为能力人的，婚姻登记机关不予受理。因此，协议离婚、申请办理离婚登记的双方当事人必须具有完全民事行为能力。(5)双方当事人离婚的意思表示真实且自愿。这是婚姻自由原则的基本要求。(6)双方当事人应当亲自、同时、共同到婚姻登记机关申请离婚登记。协议离婚能够终止夫妻双方的身份关系，具有高度人身性，因此，协议离婚的双方当事人必须本人到婚姻登记机关申请离婚登记，不得委托他人代理。

离婚协议是协议离婚的要件之一。离婚协议是夫妻双方载明双方自愿离婚的意思表示，并就子女抚养、财产分割以及债务清偿等事项订立的协议。在形式上，离婚协议是要式法律行为，须以书面形式订立。书面形式具有较强的证据效力，能够将双方当事人的意思清晰明确地固定下来，有助于避免和解决争议。在内容上，按照《民法典》第1076条的规定，离婚协议包括夫妻双方自愿离婚的意思表示和对子女抚养、财产以及债务处理等事项协商一致的意见，如子女由哪一方直接抚养、子女的抚养费如何负担、子女探望权的行使方式、财产如何分割、是否以及如何给予离婚经济补偿、是否以及如何对生活困难的一方提供经济帮助、夫妻共同债务如何清偿等。因此，离婚协议的成立要件包括：(1)存在夫妻双方当事人；(2)夫妻双方就自愿离婚、子女抚养、财产及债务处理等事项达成合意；(3)离婚协议应当具备书面形式。

离婚协议的成立不等于离婚协议的生效。离婚协议中关于财产分割、子女抚养等内容的约定，以夫妻双方解除婚姻关系为前提，以夫妻双方完成离婚登记为生效条件。因此，夫妻双方达成的以登记离婚为条件的财产分割协议，如果双方协议离婚未成，一方在离婚诉讼中反悔的，该财产分割协议没有生效，人民法院应当根据实际情况按照照顾子女、女方和无过错方权益的原则对夫妻共同财产进行分割。因此，离婚协议的生效要件包括：(1)夫妻双方具有完全民事行为能力；(2)离婚协议中的意思表示真实自愿；(3)离婚协议不违反法律、行政法规的强制性规定，不违背公序良俗；(4)夫妻双方完成离婚登记。不过，离婚协议中财产分割条款的效力瑕疵不影响离婚行为的效力。如果夫妻双方订立财产分割协议时存在欺诈、胁迫等情形，受欺诈、受胁迫的一方可以请求人民法院撤销财产分割协议，而不能请求人民法院撤销离婚登记。需要注意的是，离婚协议是夫妻双方在离婚协商过程中经过协商，彼此妥协让步后达成的一致约定。离婚协议不仅包括财产分割，还涉及子女抚养等非财产分割事项，两者密切相关。因此，离婚协议中各个条款彼此相关、相辅相成，构成了一个完整不可分的整体。在判断离婚协议的效力时，应当将离婚协议作为一个整体来观察，不宜将涉及财产分割的部分条款抽取出来单独判断。离婚协议的双方当事人身份特殊，离婚协议的订立过程存在感情因素介入，不能以等价有偿作为判断协议是否公平的唯一标准。也就是说，离婚协议不同于等价有偿的交易关系，不能仅凭分得财产的多少来认定离婚协议是否构成显失公平。离婚协议中的财产分割是否公平合理，需要与非财产分割条款、夫妻之间的感情状况等因素结合起来综合考量。

协议离婚的法律后果包括：夫妻双方自完成离婚登记时起，婚姻关系解除；夫妻双方自完成离婚登记时起，离婚协议生效，子女抚养、财产分割等事项依离婚协议的约定而定。男女双方在离婚协议中关于未成年子女抚养费的约定，如一方直接抚养未成年人子女、另一方不负担抚养费的约定，仅约束男女双方，不妨碍未成年人子女在必要时请求另一方支付抚养费。离婚协议中关于财产以及债务处理的条款或者当事人因离婚就财产分割达成的协议，对男女双方具有法律约束力。男女双方离婚后因履行上述财产分割协议发生纠纷，如一方或双方不履行上述财产分割条款或协议中约定的义务的，当事人可以提起诉讼。当事人在协议离婚后就财产分割协议反悔的，可以向人民法院起诉请求撤销财产分割协议。人民法院审理后，未发现订立财产分割协议时存在欺诈、胁迫等情形的，应当依法驳回当事人的诉讼请求。在司法实践中，欺诈大多表现为夫妻一方隐瞒自己严重违反忠实义务的事实或者隐瞒夫妻共同财产。

（二）协议离婚的程序

协议离婚程序分为申请、受理、冷静期、审查和登记五个环节。

1.申请

内地居民自愿离婚的，男女双方应当共同到一方当事人常住户口所在地的婚姻登记机关办理离婚登记。中国公民同外国人在中国内地自愿离婚的，内地居民同香港居民、澳门居民、台湾居民、华侨在中国内地自愿离婚的，男女双方应当共同到内地居民常住户口所在地的婚姻登记机关办理离婚登记。

办理离婚登记的内地居民应当出具下列证件和证明材料：(1)内地婚姻登记机关或者中国驻外使（领）馆颁发的结婚证；(2)男女双方本人的户口簿、身份证；(3)男女双方共同签署的离婚协议书，协议书中载明双方自愿离婚的意思表示以及对子女抚养、财产及债务处理等事项协商一致的意见；(4)在婚姻登记机关现场填写的《离婚登记申请书》。

2.受理

当事人共同到有管辖权的婚姻登记机关提出申请的，婚姻登记员对当事人提交的证件和证明材料初审无误后，发给《离婚登记申请受理回执单》。不符合离婚登记申请条件的，不予受理。办理离婚登记的当事人有下列情形之一的，婚姻登记机关不予受理：(1)要求离婚的夫妻双方未达成离婚协议的；(2)双方或一方当事人属于无民事行为能力人或者限制民事行为能力人的；(3)双方结婚登记不是在中国内地婚姻登记机关或者中国驻外使（领）馆办理的。当事人要求出具《不予受理离婚登记申请告知书》的，婚姻登记员应当出具。

3.冷静期

自婚姻登记机关收到离婚登记申请并向当事人发放《离婚登记申请受理回执单》之日起30日内，任何一方不愿意离婚的，可以持本人有效身份证件和《离婚登记申请受理回执单》，向受理离婚登记申请的婚姻登记机关撤回离婚登记申请，并亲自填写《撤回离婚登记申请书》。经婚姻登记机关核实无误后，发给《撤回离婚登记申请确认单》，并将《离婚登记申请书》、《撤回离婚登记申请书》与《撤回离婚登记申请确认单（存根联）》一并存档。

自离婚冷静期届满后30日内，双方未共同到婚姻登记机关申请发给离婚证的，视为撤回离婚登记申请。

4.审查

自离婚冷静期届满后30日内，双方当事人应当持离婚协议书、内地婚姻登记机关或者中国驻外使（领）馆颁发的结婚证、居民身份证、户口簿等证件和材料，共同到婚姻登记机关申请发给离婚证。期间届满的最后一日是节假日的，以节假日后的第一日为期限届满的日期。

经过婚姻登记机关审查，双方当事人不符合离婚登记条件的，婚姻登记机关不予办理。当事人要求出具《不予办理离婚登记告知书》的，应当出具。

5.登记

经过婚姻登记机关审查，双方当事人符合离婚登记条件的，婚姻登记机关予以登记，发给离婚证。

如果离婚登记程序存在瑕疵，当事人主张撤销离婚登记的，可以依法提起行政诉讼，人民法院有权撤销离婚登记行为。如果一方当事人在离婚后已经再婚，离婚登记已经不具有可撤销内容，人民法院应当确认离婚登记行为违法。

（三）离婚登记申请的撤回

为了避免当事人轻率离婚、冲动离婚，维护婚姻家庭关系的稳定，《民法典》第1077条规定了离婚登记申请的撤回，从而给予要求离婚的夫妻双方重新考虑、慎重选择的机会。这一规定既能保障当事人的离婚自由，又能确保当事人经过理性思考后作出决定，从而挽救家庭关系、维护婚姻秩序、保护未成年子女的利益。

按照该条规定，自婚姻登记机关收到夫妻双方离婚登记申请之日起30日内，任何一方不愿意离婚的，可以向婚姻登记机关撤回离婚登记申请。自婚姻登记机关收到夫妻双方离婚登记申请之日起30日的期限届满后，夫妻双方应当在30日内亲自到婚姻登记机关申请发给离婚证；夫妻双方未申请的，视为撤回离婚登记申请。

据此，离婚登记申请的撤回，是指自婚姻登记机关收到夫妻双方离婚登记申请之日起30日内，夫妻任何一方不愿意离婚的，向婚姻登记机关撤回离婚登记申请。自婚姻登记机关收到夫妻双方离婚登记申请之日起30日的期限届满后，申请离婚登记的夫妻双方未共同到婚姻登记机关申请发给离婚证的，视为撤回离婚登记申请。离婚登记申请的撤回只适用于协议离婚，不适用于诉讼离婚。

二、诉讼离婚

诉讼离婚，是指夫妻双方对是否离婚、离婚后子女抚养或财产分割等问题不能达成协议，由一方向人民法院提起离婚诉讼，人民法院依诉讼程序审理后，调解或判决解除婚姻关系的离婚方式。诉讼离婚适用于夫妻双方有争议的离婚，包括夫妻双方对是否离婚存在争议的情形，或夫妻双方虽然就离婚达成合意但对子女抚养、财产分割等事项存在争议的情形。

按照《民法典》第1079条的规定，夫妻一方要求离婚的，可以由有关组织进行调解或者直接向人民法院提起离婚诉讼。由有关组织进行调解，属于诉讼外调解。因此，夫妻一方要求离婚的，可以先经当事人所在单位、群众团体、村民委员会或居民委员会、基层调解组织、婚姻登记机关等有关部门主持调解。随着家事审判制度改革的推行，诉讼外调解以诉前调解的形式在实践中被广泛适用。诉讼外调解可能出现三种结果：（1）调解和好，夫妻双方继续保持婚姻关系；（2）经过调解，夫妻双方就离婚、子女抚养及财产分割等问题达成协议，办理协议离婚；（3）调解不成，夫妻双方就是否离婚无法达成一致，或虽然同意离婚但对子女抚养、财产分割等问题存在分歧，由夫妻一方向人民法院提起离婚诉讼。诉讼外调解不是人民法院判决离婚的必经程序，当事人可以不经诉讼外调解直接向人民法院提起离婚诉讼。

诉讼离婚必须由夫妻一方本人提出离婚请求，他人不得代夫妻一方决定要求离婚。夫妻一方在婚后成为无民事行为能力人的，无法亲自提出离婚请求。在配偶作为监护人严重侵害无民事行为能力夫妻一方权益时，为了保护无民事行为能力夫妻一方的权益，应当由人民法院撤销配偶的监护人资格并指定新的监护人，由新的监护人代理无民事行为能力夫妻一方作为原告起诉离婚。具体来说，夫妻一方在婚后成为无民事行为能力人的，由配偶担任监护人。配偶作为监护人有下列情形之一的，其他有监护资格的人可以申请人民法院撤销其监护资格，并依法指定新的监护人：（1）实施严重损害无民事行为能力夫妻一方身心健康的行为；

(2)怠于履行监护职责，或者无法履行监护职责且拒绝将监护职责部分或者全部委托给他人，导致无民事行为能力夫妻一方处于危困状态；(3)实施严重侵害无民事行为能力夫妻一方合法权益的其他行为。变更后的监护人，可以代理无民事行为能力夫妻一方作为原告向人民法院提起离婚诉讼。在离婚诉讼中，无民事行为能力的夫妻一方由其监护人作为法定代理人进行诉讼。法定代理人与对方达成协议要求发给判决书的，人民法院可根据协议内容制作判决书。也就是说，无民事行为能力的夫妻一方不能协议离婚，但可以诉讼离婚。

在离婚诉讼程序中，夫妻一方有诉讼代理人的，本人除不能表达意思的以外，仍应出庭；确因特殊情况无法出庭的，必须向人民法院提交书面意见。在离婚诉讼中，夫妻一方为无民事行为能力人的，其法定代理人应当到庭；法定代理人不能到庭的，人民法院应当在查清事实的基础上，依法作出判决。

按照《民法典》第1079条的规定，人民法院审理离婚案件，应当进行调解；如果夫妻双方感情确已破裂，调解无效的，人民法院应当准予离婚。因此，在离婚诉讼中，调解是人民法院审理离婚案件的必经程序，也称诉讼内调解、司法调解。人民法院审理离婚案件，虽然应当先进行调解，但不应久调不决。离婚案件当事人确因特殊情况无法出庭参加调解的，除本人不能表达意志的以外，应当出具书面意见。调解达成协议，必须双方自愿，不得强迫。调解协议的内容不得违反法律规定。一审判决不准离婚的案件，上诉后，第二审人民法院认为应当判决离婚的，可以根据当事人自愿的原则，与子女抚养、财产问题一并调解；调解不成的，发回重审。双方当事人同意由第二审人民法院一并审理的，第二审人民法院可以一并裁判。

诉讼内调解可能出现三种结果：(1)双方当事人和好，原告撤诉，人民法院可以不制作调解书，但应当将调解和好的协议记入笔录，由双方当事人、审判人员、书记员签名或者盖章。(2)双方当事人达成离婚协议，由人民法院制作调解书，写明诉讼请求、案件的事实和调解结果，并由审判人员、书记员署名，加盖人民法院印章，送达双方当事人。调解书经双方当事人签收后，即具有法律效力，婚姻关系解除。(3)调解无效，双方当事人无法达成一致，由人民法院依法判决。

对于调解无效的离婚案件，人民法院应当根据夫妻感情确已破裂为标准，判决离婚或不准离婚。判决不准离婚和调解和好的离婚案件，没有新情况、新理由，原告在6个月内又起诉的，人民法院不予受理。原告撤诉或者按撤诉处理的离婚案件，没有新情况、新理由，6个月内又起诉的，人民法院不予受理。离婚案件中，判决不准离婚或者调解和好后，一方违反人身安全保护令实施家庭暴力的，可以被认定为新情况、新理由。

(一) 准予离婚的法定条件

人民法院审理离婚案件，如果夫妻感情确已破裂，调解无效的，人民法院应当准予离婚。因此，夫妻感情确已破裂，是我国人民法院准予离婚的法定条件。人民法院判断夫妻感情是否确已破裂，应当从婚姻基础、婚后感情、离婚原因、夫妻关系的现状和有无和好的可能等方面综合分析。

根据《民法典》第1079条的规定，认定感情确已破裂的具体情形包括：

(1)重婚或者与他人同居。所谓重婚，是指自然人已有婚姻关系后又与他人缔结婚姻关系。与他人同居，是指有配偶者与婚外异性，不以夫妻名义，持续、稳定地共同居住。重婚、与他人同居是严重违背一夫一妻制、违反夫妻忠实义务的行为，不仅是认定夫妻感情确已破裂的具体情形，还是能够成立离婚损害赔偿的重大过错。夫妻一方重婚或者与他人同居的，合法婚姻的另一方要求离婚的，如果感情确已破裂，调解无效，人民法院应准予离婚。重婚一方起诉要求与合法婚姻的另一方离婚的，如果感情尚未破裂，合法婚姻的另一方坚持不离婚的，人民法院可以不准予离婚；如果感情确已破裂，调解无效，人民法院应准予离婚。

(2)实施家庭暴力或者虐待、遗弃家庭成员。所谓家庭暴力，是指家庭成员之间以殴打、捆绑、残害、限制人身自由以及经常性谩骂、恐吓等方式实施的身体、精神等侵害行为。家庭成员之间以冻饿或者经常性侮辱、诽谤、威胁、跟踪、骚扰等方式实施的身体或者精神侵害行为，也应当被认定为家庭暴力。所谓虐待，是指经常以殴打、冻饿、强迫过度劳动、限制人身自由、恐吓、侮辱、谩骂等方式，对共同生活的家庭成员进行身体上和精神上的摧残、折磨。持续性、经常性的家庭暴力，可以认定为虐待。所谓遗弃，是指对于年老、年幼、患病、残疾或者其他没有独立生活能力的家庭成员，负有扶养义务且有扶养能力而故意拒绝扶养的行为，一般表现为经济上不供养，生活上不照顾，使被扶养人的正常生活不能维持，甚至生命和健康得不到保障。

《民法典》婚姻家庭编并没有将家庭暴力、虐待和遗弃行为的受害人限定于配偶一方，而是包括任何家庭成员，即配偶、父母、子女和其他共同生活的近亲属。实施家庭暴力或者虐待、遗弃家庭成员，不仅是认定夫妻感情确已破裂的具体情形，还是能够成立离婚损害赔偿的重大过错。

（3）有赌博、吸毒等恶习屡教不改。夫妻一方不仅要形成赌博、吸毒或其他恶习（如酗酒、嫖娼），而且还应当达到长期、严重、屡教不改的程度。偶尔的赌博、吸毒行为，或者虽有赌博、吸毒行为但已经改正并获得谅解的，不属于认定感情确已破裂的具体情形。

（4）因感情不和分居满2年。分居，是指夫妻间不再共同生活，不再互相履行夫妻义务，包括停止性生活，生活上不再互相关心、互相扶助等。因感情不和分居满2年包含几层含义：第一，分居的原因是夫妻感情不和，而不是因工作、学习等原因导致的两地分居，即因当事人主观意愿导致的分居，感情不和的原因可能是性格不合、家庭暴力、一方违反忠实义务等；第二，当事人因感情不和连续分居的状态持续已满2年，而非数次分居的时间累计2年；第三，分居强调的是夫妻双方互不履行夫妻义务，而不是单方面地不履行夫妻义务，表现为夫妻双方同居或共同生活的中止。因感情不和分居满2年不是当事人起诉要求离婚的前置条件，即使夫妻双方分居未满2年，只要夫妻双方感情确已破裂，调解无效，人民法院就应当准予离婚。

（5）其他导致夫妻感情破裂的情形。这是认定夫妻感情确已破裂的兜底性规定。根据司法解释的规定，夫妻双方因是否生育发生纠纷，致使感情确已破裂，一方请求离婚的，人民法院经调解无效，属于其他导致夫妻感情破裂的情形，应准予离婚。根据司法实践的经验，女方隐瞒子女与男方无亲子关系的事实，使男方实际履行了抚养义务，构成欺诈性抚养的，一般也被认定为导致夫妻感情破裂的情形。

此外，一方被宣告失踪，另一方提起离婚诉讼，人民法院应当准予离婚。在夫妻一方被宣告失踪的情形下，夫妻一方下落不明已满2年，夫妻共同生活已经终止，婚姻的目的已经不能达到。如果另一方提出离婚请求，人民法院应当判决准予离婚。

经人民法院判决不准离婚后，双方又分居满1年，一方再次提起离婚诉讼，人民法院应当准予离婚。也就是说，在夫妻一方作为原告第一次起诉离婚被人民法院判决不准离婚后，夫妻双方又持续分居满1年，互不履行夫妻义务，夫妻一方作为原告再次提起离婚诉讼的，表明夫妻双方的感情并未在判决不准离婚后得到改善，感情破裂已经无法挽救，因此，人民法院应当准予离婚。夫妻一方第一次起诉离婚后撤诉的，即使撤诉后分居满1年，也不属于这一种情形。

人民法院审理离婚案件，符合上述情形的，不应当因当事人有过错而判决不准离婚。也就是说，判决离婚或者不准离婚，应当依据夫妻感情是否确已破裂为标准。无论是过错方还是无过错方起诉要求离婚，经调解无效的，只要符合感情确已破裂的情形，人民法院都应当准予离婚。

人民法院宣告离婚判决，必须告知当事人在判决发生法律效力前不得另行结婚。对已经发生法律效力的解除婚姻关系的判决、调解书，男女双方不得申请再审。

(二)诉讼离婚中的两项特殊保护规则

1.在诉讼离婚中对现役军人的特殊保护

根据《民法典》第1081条的规定，现役军人的配偶要求离婚，应当征得军人同意，但是军人一方有重大过错的除外。这是对现役军人的非军人配偶离婚自由的限制，以保护军婚、维护军人利益。

现役军人是指在中国人民解放军服现役、具有军籍的军官、军士、义务兵等人员，包括现役军官、文职干部、士兵及具有军籍的军队院校学员。退役、复员、转业的军人和在军事单位中不具有军籍的职工，均不属于现役军人。中国人民武装警察部队虽然不属于中国人民解放军的编制序列，但是中国人民武装警察部队服现役的警官、警士和义务兵等人员在婚姻问题上仍按现役军人处理。

现役军人的配偶是指同现役军人履行了结婚登记手续、并领取结婚证的非军人配偶，即非军人一方。

现役军人的配偶要求离婚，是指现役军人的非军人配偶或非军人一方向现役军人一方提出离婚。

《民法典》第1081条旨在保护军人一方。夫妻双方都是军人的，无论哪一方提起离婚诉讼，如果适用《民法典》第1081条，就会妨碍另一方军人的利益，从而违背《民法典》第1081条的立法目的。因此，夫妻双方都是军人的，不适用《民法典》第1081条。同样地，军人一方向非军人一方提出离婚的，意味着军人一方自愿放弃了特殊保护，应按一般离婚纠纷处理，不适用《民法典》第1081条。

《民法典》第1081条仅适用于诉讼离婚。现役军人及其非军人配偶协议离婚的，不适用《民法典》第1081条。

现役军人有重大过错导致夫妻感情确已破裂，非军人配偶要求离婚的，无须征得现役军人的同意。这里的重大过错，依据《民法典》第1079条第3款前3项规定及军人有其他重大过错导致夫妻感情破裂的情形予以判断，具体包括：(1)重婚或者与他人同居；(2)实施家庭暴力或者虐待、遗弃家庭成员；(3)有赌博、吸毒等恶习屡教不改；(4)其他重大过错导致夫妻感情破裂的情形。

需要说明的是，对现役军人的特殊保护，并非对现役军人配偶离婚诉权的限制。现役军人的非军人配偶向人民法院起诉要求离婚的诉权不受限制，但其是否获得了现役军人同意，或者现役军人一方是否具有重大过错，属于证明对象，需要经过双方当事人举证、质证并经人民法院审理才能确定。

2.在诉讼离婚中对女方的特殊保护

根据《民法典》第1082条的规定，女方在怀孕期间、分娩后1年内或者终止妊娠后6个月内，男方不得提出离婚；但是，女方提出离婚或者人民法院认为确有必要受理男方离婚请求的除外。这是对男方诉讼离婚的暂时性限制，旨在保护孕妇、产妇和终止妊娠后妇女的身心健康，保护胎儿、婴儿的发育成长。这是因为，女方在怀孕期间、分娩后1年内或者终止妊娠后6个月内，属于特殊时期。女方在怀孕期间、分娩后1年内，胎儿、婴儿正在发育期间，母亲的身体状况和精神状况直接影响胎儿、婴儿的发育成长；女方在终止妊娠后6个月内，身体和精神都处于恢复期，需要特别照顾。允许男方在这个时期提出离婚，会给女方身体、精神上造成过重的负担，既影响妇女的身心健康，也不利于胎儿、婴儿的发育成长。因此，《民法典》第1082条对男方诉讼离婚作了暂时性的限制。

不过，男女双方协议离婚的，意味着女方与男方就离婚达成了一致，放弃了《民法典》第1082条的特殊保护。因此，男女双方协议离婚的，不适用《民法典》第1082条。此外，女方提出离婚的，意味着女方自愿放弃了特殊保护，不适用《民法典》第1082条。

对男方诉讼离婚的限制是暂时性的限制，并非剥夺男方离婚自由，也不涉及准予离婚和不准离婚的实体问题。上述期间届满后，男方仍然可以提出离婚。

此外，人民法院认为确有必要受理男方离婚请求的，男方也可以不受上述限制提出离婚。确有必要的情形主要包括：(1)男女双方在此期间确实存在不能继续共同生活的重大且急迫的事由，如女方有危害男方生命、人身安全的可能；（2）女方因违反忠实义务与婚外异性发生性关系而怀孕或分娩的是他人的子女。因此，对女方的特殊保护，并非对男方诉讼离婚之诉权的限制。男方向人民法院起诉离婚的诉权不受限制，但是否存在确有必要受理男方离婚请求的事由，从而男方的起诉仍可获得立案，由男方在庭审中负举证责任。如果女方举证证明自己处于在怀孕期间、分娩后1年内或者终止妊娠后6个月内，男方无法证明存在人民法院确有必要受理男方离婚请求的情形，人民法院应当裁定驳回男方起诉。

三、离婚的法律后果

完成离婚登记，或者离婚判决书、调解书生效，男女双方的婚姻关系即被解除。

离婚的法律后果是指离婚在身份关系和财产关系等方面引起的后果。在夫妻人身关系方面，男女双方基于夫妻身份而确定的配偶关系终止。男女双方不再互负忠实义务，同时，男女双方获得再婚的权利。在财产关系方面，男女双方不再互负扶养义务，不再互相享有继承的权利、日常家事代理权。男女双方在婚姻关系存续期间采法定夫妻财产制（婚后所得共同制）的，法定夫妻财产制因离婚而终止，男女双方须分割夫妻共同财产、对夫妻共同债务的清偿作出安排。在特定情形下，离婚还会产生离婚损害赔偿、离婚经济补偿和离婚经济帮助等法律后果。此外，如果双方办理结婚登记手续但确未共同生活或婚前给付并导致给付人生活困难，当事人在离婚后请求返还按照习俗给付的彩礼的，人民法院应当予以支持。在父母子女关系方面，父母与子女间的关系，不因父母离婚而消除。离婚后，子女无论由父或者母直接抚养，仍是父母双方的子女。离婚后，父母对于子女仍有抚养、教育、保护的权利和义务。

（一）离婚时的财产处理

1.离婚时财产分割的范围和原则

离婚时分割的财产原则上以夫妻的共同财产为限。如果夫妻双方以书面形式约定婚姻关系存续期间所得的财产以及婚前财产归各自所有，那么，夫妻双方在离婚时各自财产归各自所有，没有共同共有的财产需要分割。如果夫妻双方采取法定夫妻财产制（婚后所得共同制），或以书面形式约定婚姻关系存续期间所得的财产及婚前财产共同所有或者部分各自所有、部分共同所有，那么，夫妻双方在离婚时须就共同共有财产进行分割。

夫妻就夫妻财产关系采法定夫妻财产制（婚后所得共同制），按照《民法典》第1062条的规定，夫妻共同财产一般包括：（1）工资、奖金、劳务报酬；（2）生产、经营、投资的收益；（3）知识产权的收益，即婚姻关系存续期间，基于知识产权实际取得或者已经明确可以取得的财产性收益；（4）继承或者受赠的财产，但遗嘱或者赠与合同中确定只归一方的财产除外；（5）其他应当归共同所有的财产。其他应当归共同所有的财产包括以下5类：①一方以个人财产投资取得的收益。夫妻一方个人财产在婚后产生的收益，除孳息和自然增值外，属于夫妻共同财产，如夫妻一方个人所有的房屋在婚后出租取得的租金。②男女双方实际取得或者应当取得的住房补贴、住房公积金。③男女双方实际取得或者应当取得的养老保险金、破产安置补偿费。④由一方婚前承租、婚后用共同财产购买的房屋，登记在一方名下的，属于夫妻共同财产。⑤军人复员费、自主择业费等一次性费用中属于夫妻共同财产的部分。在计算上，应当以夫妻婚姻关系存续年限乘以年平均值，所得数额为夫妻共同财产。年平均值，是指将发放到军人名下的上述费用总额按具体年限均分得出的数额。其具体年限为人均寿命70周岁与军人入伍时实际年龄的差额。

在夫妻法定财产制存续期间，夫妻双方取得的财产，无法确定该项财产是共同财产还是个人财产的，该项财产原则上应当被推定为夫妻共同财产。主张特定财产是个人财产的夫妻一方，应当举证证明财产的来源和取得的时间，从而证明该财产是个人财产。依据《妇女权益保障法》第67条规定，离婚诉讼期间，夫妻一方申请查询登记在对方名下财产状况且确因客观原因不能自行收集的，人民法院应当进行调查取证，有关部门和单位应当予以协助。此外，离婚诉讼期间，夫妻双方均有向人民法院申报全部夫妻共同财产的义务。因此，人民法院可以向离婚纠纷案件双方当事人发出《夫妻共同财产申报令》，以查明夫妻共同财产的具体范围。

对夫或者妻在家庭土地承包经营中享有的权益等，应当依法予以保护。承包期内，妇女离婚或者丧偶，仍在原居住地生活或者不在原居住地生活但在新居住地未取得承包地的，发包方不得收回其原承包地。任何组织和个人不得以妇女离婚为由，侵害妇女在农村集体经济组织中的各项权益。

夫妻之间订立借款协议，以夫妻共同财产出借给一方从事个人经营活动或者用于其他个人事务的，应视为双方约定处分夫妻共同财产的行为，离婚时可以按照借款协议的约定处理。

原则上，离婚时，夫妻的共同财产由双方协议处理。协议不成的，由人民法院根据财产的具体情况，按照照顾子女、女方和无过错方权益的原则判决。照顾子女权益，是指在分割夫妻共同财产时给予直接抚养子女一方一定的照顾。直接抚养子女的一方一般与子女共同生活，直接承担了对子女的抚养、保护、教育义务，付出的金钱和精力一般多于另一方，因此需要特殊照顾。照顾女方权益，是指在分割夫妻共同财产时给予女方一定的照顾。这是因为女方通常在婚姻关系中处于弱势地位，需要特别保护。照顾子女、女方权益，是《民法典》婚姻家庭编第1041条第3款“保护妇女、未成年人、老年人、残疾人的合法权益”的具体体现。照顾无过错方权益，是指在分割夫妻共同财产时给予对离婚没有过错的夫妻一方一定的照顾。需要注意的是，照顾子女、女方和无过错方权益，以男女平等、平均分割为基础。也就是说，照顾子女、女方和无过错方权益，是在均等分割夫妻共同财产基础上，对直接抚养子女的一方、女方和对离婚没有过错的夫妻一方适当多分财产。

现实生活中，在夫妻双方签订书面离婚协议时，一方或者双方为了达到离婚的目的，可能在子女抚养、财产分割等方面作出有条件的让步。这属于当事人达成的以协议离婚或者到人民法院调解离婚为条件的财产以及债务处理协议。该财产以及债务处理协议属于附生效条件的协议，即双方当事人对财产以及债务处理的约定以协议离婚或者到人民法院调解离婚为生效条件。如果双方协议离婚未成，一方在离婚诉讼中反悔的，人民法院应当认定该财产分割协议因生效条件未成就而没有生效，并根据实际情况，按照照顾子女、女方和无过错方权益的原则对夫妻共同财产进行分割。当事人在协议离婚后就财产分割问题反悔的，可以向人民法院起诉请求撤销财产分割协议。人民法院审理后，未发现订立财产分割协议时存在欺诈、胁迫等情形的，应当依法驳回当事人的诉讼请求。

2.特殊类型夫妻共同财产的分割

夫妻双方分割共同财产中的股票、债券、投资基金份额等有价证券以及未上市股份有限公司股份时，协商不成或者按市价分配有困难的，人民法院可以根据数量按比例分配。

离婚案件中涉及分割夫妻共同财产中以一方名义在有限责任公司的出资额，另一方不是该公司股东的，考虑到有限责任公司的人合性和其他股东的优先购买权，结合《公司法》第84条的规定，(1)夫妻双方协商一致将出资额部分或者全部转让给该股东的配偶，应当将股权转让的数量、价格、支付方式和期限等事项书面通知其他股东，其他股东在同等条件下有优先购买权。其他股东均明确表示或依法视为放弃优先购买权的，该股东的配偶可以成为该公司股东；(2)夫妻双方就出资额转让份额和转让价格等事项协商一致后，其他股东愿意以同等条件购买该出资额的，人民法院可以对转让出资所得财产进行分割。

离婚案件中涉及分割夫妻共同财产中以一方名义在合伙企业中的出资，另一方不是该企业合伙人的，当夫妻双方协商一致，将其合伙企业中的财产份额全部或者部分转让给对方时，结合《合伙企业法》第22条、第23条、第45条、第51条等规定，按以下情形分别处理：(1)其他合伙人一致同意的，该配偶依法取得合伙人地位；(2)其他合伙人不同意转让，在同等条件下行使优先购买权的，可以对转让所得的财产进行分割;(3)其他合伙人不同意转让,也不行使优先购买权,但同意该合伙人退伙或者削减部分财产份额的,可以对结算后的财产进行分割;(4)其他合伙人既不同意转让,也不行使优先购买权,又不同意该合伙人退伙或者削减部分财产份额的,视为全体合伙人同意转让,该配偶依法取得合伙人地位。

夫妻以一方名义投资设立个人独资企业的,人民法院分割夫妻在该个人独资企业中的共同财产时,应当按照以下情形分别处理:(1)一方主张经营该企业的,对企业资产进行评估后,由取得企业资产所有权一方给予另一方相应的补偿;(2)双方均主张经营该企业的,在双方竞价基础上,由取得企业资产所有权的一方给予另一方相应的补偿;(3)双方均不愿意经营该企业的,按照《个人独资企业法》等有关规定办理。

夫妻一方或双方继承或受赠获得的财产属于夫妻共同财产,但是,遗嘱或者赠与合同中确定只归夫妻一方的财产,不属于夫妻共同财产,而是夫妻一方的个人财产。如果夫妻一方可以继承的遗产在继承人之间尚未实际分割,起诉离婚时另一方请求分割的,由于夫妻一方尚未实际取得遗产,其他继承人对遗产也享有权益,人民法院应当告知另一方在遗产实际分割、夫妻一方实际取得遗产后另行起诉。

夫妻一方或双方在婚姻关系存续期间取得的住房补贴、住房公积金属于夫妻共同财产。在具体操作上,应当先计算出双方婚姻关系存续期间的住房公积金、住房补贴总额再分割。也就是说,如果夫妻双方在婚姻关系存续期间均取得了住房公积金,那么,应当计算出夫妻双方取得的住房公积金总额,然后平均分割,以确定双方各自应当取得的住房公积金数额。由于离婚不是提取住房公积金的事由,因此,夫妻双方各自名下的住房公积金归各自所有,但是应当进行折抵,确定哪一方取得的公积金超过了其应当取得的住房公积金数额。于是,多取得住房公积金的一方,应当就多取得公积金的差额向另一方给予补偿。

在婚姻关系存续期间,夫妻一方或双方以夫妻共同财产缴纳养老保险费的,养老金账户中婚姻关系存续期间个人实际缴纳部分及利息属于夫妻共同财产。如果离婚时夫妻一方尚未退休、不符合领取基本养老金条件,且离婚也不属于领取养老保险金的事由,因此,应当对个人实际缴付部分采取作价补偿的方式进行分割。在具体操作上,用离婚时养老保险金个人账户余额减去结婚时养老保险金个人账户余额,两者差额为夫妻共同财产(个人实际缴纳部分)。经过折抵后,夫妻一方养老保险金个人账户的余额归个人所有,但应当就差额对另一方予以补偿,并支付相应利息。

婚姻关系存续期间以夫妻共同财产投保,投保人和被保险人同为夫妻一方,离婚时处于保险期内,投保人不愿意继续投保的,保险人退还的保险单现金价值部分应按照夫妻共同财产处理;离婚时投保人选择继续投保的,投保人应当支付保险单现金价值的一半给另一方。

婚姻关系存续期间,夫妻一方作为被保险人依据意外伤害保险合同、健康保险合同获得的具有人身性质的保险金,或者夫妻一方作为受益人依据以死亡为给付条件的人寿保险合同获得的保险金,宜认定为个人财产,但双方另有约定的除外。

婚姻关系存续期间,夫妻一方依据以生存到一定年龄为给付条件的具有现金价值的保险合同获得的保险金,宜认定为夫妻共同财产,但双方另有约定的除外。

3.离婚时房屋的处理

夫妻双方离婚时房屋的归属,由双方协议处理。无法达成协议的,由人民法院按照个案的具体情况,结合房屋出资的性质、房屋登记的情况来认定房屋的归属。

夫妻一方婚前以个人名义订立房屋买卖合同并以个人财产支付全部价款的,该房屋属于夫妻一方的婚前个人财产。夫妻一方婚后以个人名义订立房屋买卖合同并以个人财产支付全部价款的,如果房屋登记于夫妻一方名下,该房屋属于夫妻一方个人财产的转化,属于夫妻一方个人财产,不应作为夫妻共同财产分割。

夫妻一方婚前以个人财产订立房屋买卖合

同，支付首付款并办理银行抵押贷款，婚后用夫妻共同财产偿还贷款，房屋登记于夫妻一方名下的，离婚时该房屋由夫妻双方协议处理。夫妻双方没有约定也无法达成协议的，由于夫妻一方婚前订立房屋买卖合同且房屋登记在其名下，房屋所有权属于夫妻一方。夫妻一方婚前办理银行抵押贷款的，银行贷款属于其个人债务。夫妻一方以夫妻共同财产偿还个人债务，不影响房屋所有权的归属，但应对夫妻共同财产进行补偿。因此，夫妻双方在离婚时不能就房屋的归属达成协议的，人民法院可以判决该不动产归产权登记的夫妻一方，尚未归还的贷款为产权登记的夫妻一方的个人债务。双方婚后共同还贷支付的款项及其相对应财产增值部分，离婚时由房屋登记的夫妻一方对另一方进行补偿。

夫妻双方婚后用共同财产购买的房屋，无论房屋登记在双方名下或者一方名下，房屋均属于夫妻共同财产，离婚时应按夫妻共同财产分割。

由夫妻一方婚前承租、婚后用共同财产购买的房屋，登记在一方名下的，属于夫妻共同财产，离婚时应按夫妻共同财产分割。

夫妻双方结婚前，父母为双方购置房屋出资的，该出资应当认定为对自己子女个人的赠与，但父母明确表示赠与双方的除外。当事人结婚后，父母为双方购置房屋出资的，依照约定处理；没有约定或者约定不明确的，按照《民法典》第1062条第1款第4项规定的原则处理，从而出资属于夫妻共同财产。

离婚时双方当事人对尚未取得所有权或者尚未取得完全所有权的房屋有争议且协商不成的，人民法院不宜判决房屋所有权的归属，应当根据实际情况判决由当事人使用。当事人取得房屋完全所有权后，如果双方当事人对房屋所有权归属和分割有争议的，可以另行向人民法院提起诉讼。

夫妻双方在离婚时对夫妻共同财产中的房屋价值及归属无法达成协议时，人民法院应当按以下情形分别处理：(1)双方均主张房屋所有权并且同意竞价取得的，应当准许；(2)一方主张房屋所有权的，由评估机构按市场价格对房屋作出评估，取得房屋所有权的一方应当给予另一方相应的补偿；(3)双方均不主张房屋所有权的，根据当事人的申请拍卖、变卖房屋，就所得价款进行分割。

婚姻关系存续期间，夫妻双方用夫妻共同财产出资购买以一方父母名义参加房改的房屋，登记在夫妻一方父母名下，离婚时另一方主张按照夫妻共同财产对该房屋进行分割的，人民法院不予支持。购买该房屋时的出资，属于夫妻共同财产，可以作为对一方父母的债权处理。这是因为，参与房改购买房屋的机会专属于一方父母，一方父母以自己的名义购买房屋并将房屋登记在自己名下，由此取得的房屋所有权即属于一方父母。夫妻双方以共同财产提供的出资，构成对一方父母的债权，属于夫妻共同财产。

4.夫妻共同财产的少分或者不分和离婚后再次分割

根据《民法典》第1092条的规定，夫妻一方隐藏、转移、变卖、毁损、挥霍夫妻共同财产，或者伪造夫妻共同债务企图侵占另一方财产的，在离婚分割夫妻共同财产时，对该方可以少分或者不分。这一规定旨在制裁恶意侵害夫妻另一方财产权的行为，保障离婚时对夫妻共同财产的公平分割。

夫妻共同财产的少分或者不分，针对以下两类违法行为。

(1)夫妻一方隐藏、转移、变卖、毁损、挥霍夫妻共同财产

夫妻共同财产属于夫妻双方共同共有。夫妻双方对夫妻共同财产，享有平等的处理权。因家庭日常生活需要而实施民事法律行为、处理夫妻共同财产的，夫妻任何一方均有权决定。这是日常家事代理权的体现。非因日常生活需要对夫妻共同财产做重要处理决定的，须夫妻双方协商一致。进而夫妻一方隐藏、转移、变卖、毁损、挥霍夫妻共同财产，侵害了另一方对夫妻共同财产的权利。针对夫妻一方侵害另一方共同财产权利的行为，《民法典》第1092条规定了制裁手段，即对夫妻一方少分或者不分。

隐藏，是指夫妻一方将夫妻共同财产藏匿起来，不让另一方发现，使另一方无法获知财产的所在，从而无法了解夫妻共同财产的情况、无法控制夫妻共同财产。此外，隐瞒登记在个人名下但属于夫妻共同财产的银行存款、股票、基金、证券等，也构成隐藏。转移，是指夫妻一方擅自将财产移往他处，或将资金移往其他账户，脱离另一方的掌握、不让另一方知道财产下落。变卖，是指夫妻一方将财产折价卖给他人，通常出售所得款项没有用于夫妻共同生活。毁损，是指夫妻一方采用破坏性手段使属于夫妻共同财产的物品毁坏、灭失，导致使用价值和价值减损或者丧失。挥霍，是指夫妻一方对夫妻共有的财产不必要、不符合常理的任意浪费致使其不存在或者价值减损。

夫妻一方实施上述行为的，主观上应当具备故意。过失导致夫妻共同财产毁坏，不适用《民法典》第1092条。

（2）伪造夫妻共同债务企图侵占另一方财产

伪造夫妻共同债务，是指夫妻一方制造内容虚假的债务凭证，包括合同、欠条等，负担本来不存在的夫妻共同债务或者夸大所负担夫妻共同债务的金额，让配偶共同承担清偿夫妻共同债务的义务。在夫妻双方协商夫妻共同债务的内部分担时，通过伪造夫妻共同债务，夫妻一方可能会在订立离婚财产分割协议时以多承担虚构的夫妻共同债务为由，要求多分夫妻共同财产。夫妻一方也可能与第三人恶意串通，通过伪造夫妻共同债务，迫使另一方在离婚后以分得的财产清偿虚构的夫妻共同债务，从而达到侵占另一方财产的目的。

夫妻一方伪造夫妻共同债务的，主观上具有故意，并且以侵占另一方财产为目的。

对夫妻一方的少分或者不分，不以上述违法行为发生在离婚时为前提。无论夫妻一方的上述行为发生在夫妻双方离婚时或离婚诉讼过程中，还是发生在离婚诉讼之前，另一方均可在离婚诉讼中请求人民法院对夫妻一方少分或者不分。

对隐藏、转移、变卖、毁损、挥霍夫妻共同财产，或者伪造夫妻共同债务企图侵占另一方财产的一方，根据个案的具体情况，人民法院可以而非应当向其少分夫妻共同财产或者不分夫妻共同财产。也就是说，对少分的具体份额或比例以及在何种情况下可以不分，由人民法院根据违法行为的情节和案件的具体情况决定。少分或者不分的夫妻共同财产，主要是指被隐藏、转移、变卖、毁损、挥霍的夫妻共同财产，或者通过伪造夫妻共同债务侵占的那一部分财产，而不是全部夫妻共同财产。

请求再次分割夫妻共同财产，不仅适用于诉讼离婚，也适用于协议离婚。离婚后，另一方发现夫妻一方有上述违法行为的，可以向人民法院提起诉讼，请求再次分割夫妻共同财产。在分割时，对隐藏、转移、变卖、毁损、挥霍夫妻共同财产或者伪造夫妻共同债务的夫妻一方可以少分或者不分的原则，仍应适用。当事人依据《民法典》第1092条的规定向人民法院提起诉讼，请求再次分割夫妻共同财产的诉讼时效期间为3年，从当事人发现上述违法行为之日起计算。

夫妻双方离婚后，无论是协议离婚还是诉讼离婚，一方以尚有夫妻共同财产未处理为由向人民法院起诉请求分割的，如果经审查该财产确实属于离婚时未涉及的夫妻共同财产，人民法院应当依法予以分割。

夫妻一方申请对配偶的个人财产或者夫妻共同财产采取保全措施的，人民法院可以在采取保全措施可能造成损失的范围内，根据实际情况，确定合理的财产担保数额。

5.离婚经济补偿请求权

根据《民法典》第1088条的规定，夫妻一方因抚育子女、照料老年人、协助另一方工作等负担较多义务的，离婚时有权向另一方请求补偿，另一方应当给予补偿。这一补偿请求权被称为离婚经济补偿请求权或者家务劳动补偿请求权，体现的是权利义务相一致的原则。

离婚经济补偿请求权是对劳务的补偿，以夫妻双方在劳务付出上存在差异为前提，即一方负担较多义务。也就是说，一方从事抚育子女、照料老年人等家务劳动比对方多，或一方对另一方工作的协助比自己在工作方面从对方得到的协助多。

离婚经济补偿请求权的成立，不受夫妻采纳何种夫妻财产制的影响。无论夫妻双方是否书面约定婚姻关系存续期间所得的财产归各自所有，负担较多义务的夫妻一方，均可在离婚时向另一方请求补偿。也就是说，无论夫妻双方在婚姻关系存续期间采取的是法定财产制还是约定了分别财产制，只要夫妻一方相较于另一方对家庭负担了较多的义务，均有权在离婚时请求经济补偿。

离婚经济补偿的具体办法，由夫妻双方协议；夫妻协议不成的，由人民法院根据双方负担义务投入的精力及对双方的影响等情况判决。

6.离婚时对生活困难一方的经济帮助

根据《民法典》第1090条的规定，离婚时，如果夫妻一方生活困难，有负担能力的另一方应当给予适当帮助。经济帮助的具体办法由夫妻双方协议；夫妻双方协议不成的，由人民法院判决。这是关于离婚时对生活困难一方的经济帮助的规定。

经济帮助，是婚姻关系解除的法律后果，不是扶养义务的延伸。经济帮助既不以需要帮助的一方付出较多的义务为前提，也不考虑需要帮助的一方是否有过错。经济帮助以“一方生活困难”和另一方有负担能力为前提。所谓“一方生活困难”，是指一方离婚后分得的财产不足以维持其合理的生活需要，或者因残疾、年老等原因而不能通过从事适当的工作维持其生活需要等。依靠个人财产和离婚时分得的财产无法维持当地基本生活水平，是生活困难的典型表现。一方离婚后没有住处的，也属于生活困难。另一方生活困难的判断时点为离婚时。经济帮助的前提是一方具有提供经济帮助的能力，即在提供经济帮助后能够以个人财产维持其一定的生活水平、满足其正常的生活需求。

离婚时，经济帮助的形式由双方协商。有负担能力的另一方既可以给付金钱的方式提供帮助，也可以个人财产中的住房提供帮助。以个人财产中的住房对生活困难者进行帮助的形式，可以是房屋的居住权。双方无法达成一致的，人民法院应当根据个案具体情况，参考男女双方的财产状况、经济能力、婚姻期间的生活水平、子女抚养等因素，合理确定经济帮助的标准和方式。

（二）离婚时的债务清偿

根据《民法典》第1089条的规定，离婚时，夫妻共同债务，应当由夫妻双方共同偿还。共同财产不足以清偿夫妻共同债务或者财产归各自所有的，由夫妻双方协议清偿；协议不成的，由人民法院判决。这一条规定的是夫妻双方内部应当如何确定夫妻共同债务的清偿责任，不涉及夫妻共同债务的认定标准，不影响夫妻双方在离婚后对夫妻共同债务承担连带责任。

根据《民法典》第1064条的规定，夫妻共同债务主要包括三类：（1）夫妻双方共同签名或者夫妻一方事后追认等共同意思表示所负的债务；（2）夫妻一方在婚姻关系存续期间以个人名义为家庭日常生活需要所负的债务；（3）夫妻一方在婚姻关系存续期间以个人名义超出家庭日常生活需要所负但用于夫妻共同生活、共同生产经营或者基于夫妻双方共同意思表示的债务。夫妻共同债务属于连带债务，由夫妻双方以全部财产清偿。因此，夫妻双方采法定财产制的，夫妻双方以全部夫妻共同财产和双方的全部个人财产清偿夫妻共同债务；夫妻双方通过书面约定采分别财产制的，夫妻双方以双方全部个人财产清偿夫妻共同债务。

夫妻双方离婚时对夫妻共同债务的清偿方式分为三种：（1）共同清偿，即离婚时，对于夫妻共同债务，夫妻双方以夫妻双方全部财产共同偿还，双方承担连带清偿责任；（2）协议清偿，即如果夫妻共同财产不足以清偿夫妻共同债务，或者财产归夫妻各自所有、没有夫妻共同财产用于清偿债务的，由夫妻双方就夫妻共同债务如何清偿以及清偿比例达成协议，但是，基于债的相对性原理，该协议只是夫妻双方内部对各自承担债务份额的约定，仅约束作为协议双方当事人的夫妻双方，对作为协议之外第三人的债权人没有拘束力，债权人仍然可以请求离婚的双方当事人对夫妻共同债务承担连带清偿责任；（3）判决清偿，如果夫妻双方就夫妻共同债务的内部分担无法达成协议，由人民法院根据夫妻双方经济状况、分得的夫妻共同财产和对债务形成、支配或收益的参与情况等因素进行判决，确定夫妻双方内部各自分担债务的份额，但夫妻双方离婚后仍然对债权人承担连带清偿责任。

夫妻双方当事人的离婚协议或者人民法院生效判决、裁定、调解书已经对夫妻财产分割问题作出处理的，债权人仍有权就夫妻共同债务向男女双方主张权利。男女双方应当以分得的夫妻共同财产和全部个人财产就夫妻共同债务对债权人负连带清偿责任。债权人既可以要求男女双方按各自的比例偿还夫妻共同债务，也可以不按照男女双方确定的比例要求一方或者双方偿还夫妻共同债务。

《民法典》第519条第2款规定，实际承担债务超过自己份额的连带债务人，有权就超出部分在其他连带债务人未履行的份额范围内向其追偿，并相应地享有债权人的权利，但是不得损害债权人的利益。因此，一方偿还共同债务超过自己依据离婚协议或者人民法院的法律文书应当承担的份额的，有权就超出部分向另一方追偿；一方清偿全部夫妻共同债务后，可以基于离婚协议或者人民法院的法律文书向另一方主张追偿。因此，根据司法解释规定，男女双方离婚后，一方就夫妻共同债务承担清偿责任后，可以请求另一方按照离婚协议或者人民法院的法律文书承担相应的债务份额。

关于夫妻共同债务的认定，将在本编第二十八章介绍。

（三）离婚后的子女抚养

1.离婚后的父母子女关系

原则上，父母与子女间的关系，不因父母离婚而消除。未成年人的父母离婚时，应当妥善处理未成年子女的抚养、教育、探望、财产等事宜，听取有表达意愿能力未成年人的意见。不得以抢夺、藏匿未成年子女等方式争夺抚养权。成年人的父母离婚的，成年子女对父母的赡养义务，不因父母的婚姻关系变化而终止。

离婚后，子女无论由父或者母直接抚养，仍是父母双方的子女。离婚后，父母对子女仍有抚养、教育、保护的权利和义务。这不仅适用于自然血亲的父母子女关系，也适用于养父母养子女关系。自然血亲的父母子女关系，因分娩和出生的事实而产生，从而，父母与子女间的关系不因父母离婚而消除。离婚后，基于子女与父母之间的血缘关系，子女无论由父或者母直接抚养，仍是父母双方的子女。夫妻双方共同收养子女的，夫妻双方与子女之间成立养父母子女关系。非经收养关系的解除，养父母子女关系不因养父母离婚而解除。因此，养父母离婚，仅终止养父母间婚姻关系，不会终止养父母与养子女之间收养关系。养父母离婚后，养子女仍是双方的养子女。此外，婚姻关系存续期间，夫妻双方一致同意进行人工授精，所生子女应视为婚生子女，父母子女间的权利义务关系也不因父母离婚而消除。

继父或者继母与形成抚养教育关系的继子女之间的父母子女关系，属于拟制血亲关系，不能因生父与继母离婚或者生母与继父离婚而当然解除。继父母子女关系是否解除，视情况而定。生父与继母离婚或者生母与继父离婚时，对曾受其抚养教育的继子女，继父或者继母不同意继续抚养的，仍应由生父或者生母抚养，从而继父母子女关系解除。根据司法实践的经验，对于已经形成抚养教育关系的继子女，继子女成年后，继父母子女关系一般不允许解除，从而，继父母子女关系不因继父母一方与生父母一方离婚而解除。如果继父母一方与继子女经协商一致或者双方关系恶化，导致继父母一方或者继子女要求解除继父母子女关系的，可以解除。但继父母子女关系解除后，对于缺乏劳动能力或者生活困难的继父母一方，由继父母一方抚养成年的继子女应当给付一定的生活费用。

2.离婚后直接抚养人的确定

父母双方离婚后，不满2周岁的子女，原则上由母亲直接抚养。不满2周岁的子女大多还处于母乳喂养期，由母亲直接抚养，从而母亲能以母乳哺养子女，有利于子女的成长。父母双方协议不满2周岁子女由父亲直接抚养，并对子女健康成长无不利影响的，可由父亲直接抚养。

2周岁以下的子女，母亲有下列情形之一的，父亲请求直接抚养的，人民法院应予支持：(1)患有久治不愈的传染性疾病或者其他严重疾病，子女不宜与其共同生活；(2)有抚养条件不尽抚养义务，而父亲要求子女随其生活；(3)因其他原因，子女确不宜随母亲生活。

对2周岁以上的未成年子女，父母双方应当协商确定直接抚养人。在有利于保护子女利益的前提下，父母双方可以协议轮流直接抚养子女。已满2周岁的未成年子女，父母双方对抚养问题协议不成的，由人民法院根据双方的具体情况，按照最有利于未成年子女的原则判决。父母双方无法达成协议，均要求直接抚养的，如果一方有下列情形之一，人民法院可以在确定直接抚养人时优先考虑：(1)已做绝育手术或者因其他原因丧失生育能力；(2)子女随其生活时间较长，改变生活环境对子女健康成长明显不利；(3)无其他子女，而另一方有其他子女；(4)子女随其生活，对子女成长有利，而另一方患有久治不愈的传染性疾病或者其他严重疾病，或者有其他不利于子女身心健康的情形，不宜与子女共同生活。父母双方抚养子女的条件基本相同，双方均要求直接抚养子女，但子女单独随祖父母或者外祖父母共同生活多年，且祖父母或者外祖父母要求并且有能力帮助子女照顾孙子女或者外孙子女的，可以作为父或者母直接抚养子女的优先条件予以考虑。

人民法院审理离婚案件，涉及未成年子女抚养问题的，应当尊重已满8周岁未成年子女的真实意愿，根据父母双方具体情况，按照最有利于未成年子女的原则依法处理。父母双方对8周岁以上的未成年子女由父或者母直接抚养无法达成协议的，应考虑该子女的意见，尊重该子女的真实意愿。8周岁以上的未成年子女，属于限制民事行为能力人，具有一定的认识能力和判断能力，已经能够独立实施纯获利益的民事法律行为以及与其年龄、智力相适应的民事法律行为。因此，对由父母哪一方直接抚养自己更为有利，8周岁以上的未成年子女已能做出一定判断，从而，尊重其意愿有利于其健康成长。当然，8周岁以上的未成年人虽然具有一定认识能力和判断能力，但其认识能力和判断能力相对有限，因此，人民法院应当尊重、参考其意愿但绝非必须采纳其意见。如果8周岁以上未成年人的个人意愿并非对其最有利的选择，人民法院可以不采纳。为了充分听取8周岁以上子女的意见、尊重已满8周岁未成年子女的真实意愿，必要时，人民法院可以单独询问未成年子女的意见，并提供符合未成年人心理特点的询问环境。但人民法院仍然应当根据父母双方具体情况，按照最有利于未成年子女的原则依法处理。

在离婚诉讼期间，父母双方均拒绝抚养子女的，人民法院可以先行裁定子女暂由一方抚养。

总的来说，对子女抚养问题，人民法院应当从有利于子女身心健康，保障子女的合法权益出发，结合父母双方的抚养能力和抚养条件等具体情况确定子女的直接抚养人。

3.抚养关系的变更

父母离婚后，父母的抚养条件、子女的需求可能发生变化，从而需要变更抚养关系。父母双方可以通过协议变更子女抚养关系。无法达成协议的，按照最有利于未成年子女的原则，有下列情形之一的，父母一方可以请求人民法院变更子女抚养关系，人民法院应予支持：(1)与子女共同生活的一方因患严重疾病或者因伤残无力继续抚养子女；(2)与子女共同生活的一方不尽抚养义务或有虐待子女行为，或者其与子女共同生活对子女身心健康确有不利影响；(3)已满8周岁的子女，愿随另一方生活，该方又有抚养能力；(4)有其他正当理由需要变更。正当理由的认定，仍然以最有利于未成年子女为原则。

4.抚养费的负担

父母离婚后，子女由父母一方直接抚养的，另一方应当负担部分或者全部抚养费。抚养费包括子女生活费、教育费、医疗费等费用。负担费用的多少和期限的长短，由双方协议；协议不成的，由人民法院判决。关于子女抚养费的协议或者判决，不妨碍子女在必要时向父母任何一方提出超过协议或者判决原定数额的合理要求。这是因为父母双方对子女负有抚养义务，父母与子女之间形成抚养之债，子女为债权人、抚养请求权人，父母为债务人、抚养义务人。父母双方关于子女扶养费的协议或者人民法院的相关判决，只是确定了父母双方内部对抚养费的分担方式，约束的是父母双方。这一协议或者判决不会导致父母抚养义务的免除或者变更，不会影响子女的抚养请求权，对作为债权人的子女没有约束力。不仅如此，随着社会经济条件和子女对教育、医疗等方面需求的变化、消费水平的增长，协议或者判决确定的抚养费金额可能不足以满足子女的实际需求。因此，在必要时，子女作为抚养费请求权人当然可以请求父母任何一方或者双方给付超过协议或者判决原定数额的抚养费，但以合理为限。

子女抚养费的数额，可以根据子女的实际需要、父母双方的负担能力和当地的实际生活水平确定。不直接抚养子女的父母一方有固定收入的，抚养费一般可以按其月总收入的20%~30%的比例给付。负担两个以上子女抚养费的，比例可以适当提高，但一般不得超过不直接抚养子女的父母一方的月总收入的50%。根据司法实践的经验，抚养费计算时依据的月总收入，系指税后年总实际收入按月均计算的实际收入，包括住房公积金、年终奖、季度奖等实际收入在内。不直接抚养子女的父母一方无固定收入的，抚养费的数额可以依据当年总收入或者同行业平均收入，参照上述比例确定。有特殊情况的，可以适当提高或者降低上述比例。

5.抚养费给付的期限与方式

抚养费的给付期限，一般至子女18周岁为止。父母在离婚协议中约定，给付期限超过子女18周岁的，从其约定。16周岁以上不满18周岁的子女，以其劳动收入为主要生活来源，并能维持当地一般生活水平的，被视为完全民事行为能力人，因此，父母可以停止给付抚养费。对于尚在校接受高中及其以下学历教育，或者丧失、部分丧失劳动能力等非因主观原因而无法维持正常生活的成年子女，父母仍应负担必要的抚养费。

抚养费应定期给付，有条件的可以一次性给付。抚养费的给付以定期给付为原则，如按月、按季度或者按年给付。这样可以避免一次性给付给不直接抚养子女的一方造成过重的负担，也避免直接抚养子女的一方因管理不善或者挥霍而损害子女利益。有条件的可以一次性支付，主要适用于不直接抚养子女的一方财产状况较好、有能力一次性支付的情形，以及出国、出境可能难以联系的情况。父母一方无经济收入或者下落不明的，可以用其财物折抵抚养费。

父母不得因子女变更姓氏而拒付子女抚养费。父或者母擅自将子女姓氏改为继母或继父姓氏而引起纠纷的，应当责令恢复原姓氏。

6.抚养费的变更

离婚时，子女抚养费的数额，是根据子女的实际需要、父母双方的负担能力和当地的实际生活水平确定的。随着社会经济的发展、物价水平的升高、子女个人情况和父母双方经济条件等的变化，原抚养费数额、给付方式、给付期限等可能无法满足子女的实际需求。因此，子女有权要求增加抚养费。根据司法解释的规定，具有下列情形之一，子女要求有负担能力的父或者母增加抚养费的，人民法院应予支持：（1）原定抚养费数额不足以维持当地实际生活水平；（2）因子女患病、上学，实际需要已超过原定数额；（3）有其他正当理由应当增加。正当理由是否存在，须考虑子女的正当需求，依据最有利于未成年子女原则来认定。

根据司法实践的经验，父母一方具有下列情形之一的，可以要求适当减少抚养费：（1）收入明显减少，虽经努力仍维持在较低的水平；（2）长期患病或丧失劳动能力，又无经济来源，确实无力按原定数额给付，而直接抚养子女一方又有抚养能力；（3）因违法犯罪被收监改造，失去经济能力无力给付的，但恢复人身自由后有经济来源的，则应按原协议或判决给付。父母一方减少或中止给付抚养费后，一旦恢复甚至超过原有的抚养能力，子女仍有权要求恢复至原定的抚养费数额，甚至要求增加抚养费。直接抚

案例分析　能力训练

养子女的父或母既有经济负担能力又愿意独自承担全部抚养费的，可以与不直接抚养子女的父或者母协商，减免后者承担的抚养费。

四、探望权

探望权，是指父母离婚后，不直接抚养子女的父母一方依法享有的、对未与其共同生活的子女进行探视、看望、交往的权利。《民法典》第1086条规定了探望权。按照该规定，离婚后，不直接抚养子女的父母一方，有探望子女的权利，另一方有协助的义务。行使探望权利的方式、时间由当事人协议；协议不成的，由人民法院判决。这一规定既可以满足父母双方对子女关心、爱护、教育的需要，又能够增进子女与父母双方沟通和交流，减少家庭破碎给子女带来的不利影响，促进子女的健康成长。此外，父母双方离婚后，仍然为子女的法定监护人。赋予不直接抚养子女的父母一方探望权，也有助于其履行监护职责。总之，未成年人的父母离婚后，不直接抚养未成年子女的一方应当依照协议、人民法院判决或者调解确定的时间和方式，在不影响未成年人学习、生活的情况下探望未成年子女，直接抚养的一方应当配合，但被人民法院依法中止探望权的除外。

（一）探望权的主体

探望权的主体为离婚后不直接抚养子女的父母一方，即不随子女共同生活的父母一方。

（二）探望权的行使

行使探望权应遵循有利于子女身心健康的原则。行使探望权的方式，包括看望式和逗留式两种。前者是探望权人到直接抚养子女的父母一方家中或指定的地点进行探望的探望方式；后者是在约定或者法院判决的探望时间内，探望权人领走子女并按时送回的探望方式。行使探望权的方式、时间、频率、地点由当事人协议；协议不成的，由人民法院根据未成年子女的年龄、智力和认知水平，以有利于未成年子女健康成长、尊重未成年子女意愿为原则依法判决，但应兼顾有利于探望权实现的目标。实践中，在探望方式的选择上，应当结合父母的居住地点、工作性质、身体和精神的健康状况、个人品行和生活习惯等情况来加以确定。人民法院作出的生效离婚判决中未涉及探望权的，当事人可以就探望权问题向人民法院单独提起诉讼。

直接抚养子女的父母一方，对不直接抚养子女的父母一方行使探望权，负有协助的义务。具体来说，直接抚养子女的父母一方，必须就探望权的行使提供必要的条件以协助另一方行使探望权，不得有意设置障碍或教唆子女拒绝探望。直接抚养子女的父母一方拒不履行有关探望权的生效判决或调解书，不履行协助义务、妨碍另一方行使探望权的，人民法院可以对直接抚养子女的父母一方采取拘留、罚款等强制措施，但不能对子女的人身、探望行为进行强制执行。根据司法实践的经验，人民法院在具体执行时应遵循以下原则：（1）有利于子女身心健康的原则；（2）依法执行的原则；（3）教育与强制相结合的原则，即将思想教育和法制宣传贯穿始终，切实做好疏导教育工作，促使当事人自觉履行协助义务，以最大限度减少对子女的不良影响，在教育无效的情况下，应坚决依法对被执行人采取强制措施。

（三）探望权行使的中止与恢复

探望权行使的中止，是指因发生一定的法定事由，致使探望权人不宜继续行使探望权，人民法院依法暂时停止探望权的行使。探望权旨在促进子女在父母离婚后健康成长，因此，如果探望权的行使不利于子女的身心健康，就应当依法对探望权行使予以限制。根据《民法典》第1086条的规定，不直接抚养子女的父母一方探望子女，不利于子女身心健康的，由人民法院依法中止探望；中止的事由消失后，应当恢复探望。

有权请求人民法院中止探望权行使的人，是未成年子女、直接抚养子女的父或者母以及其他对未成年子女负担抚养、教育、保护义务的法定监护人。如果存在探望权行使的中止事由，上述主体可以直接向人民法院提出中止探望权的请求。

《民法典》婚姻家庭编对探望权行使的中止事由作了概括规定，即夫妻一方的探望不利于子女身心健康。根据司法实践的经验，下列情形一般构成中止行使探望权的事由：（1）探望权人患有严重精神病或尚未治愈的严重传染性疾病的，可能危及子女健康的；（2）探望权人在行使探望权时对子女实施家庭暴力或虐待子女等违法行为的；（3）探望权人与子女感情严重恶化，子女坚决拒绝探望的；（4）探望权人教唆、胁迫、引诱子女实施不良行为或违法犯罪行为的；（5）探望权人有酗酒、吸毒等恶习的。

此外，当事人在履行生效判决、裁定或者调解书的过程中，请求中止行使探望权的，人民法院在征询双方当事人意见后，认为需要中止行使探望权的，依法作出裁定。也就是说，当事人提出中止探望权的行使，并不是一个新的独立的诉讼，而是在履行有关生效法律文书的过程中发生的事情，应当纳入执行程序解决。

探望权行使的中止只是暂时停止探望权的行使，不是剥夺探望权。中止行使探望权的情形消失后，不直接抚养子女的父母一方行使探望权不会不利于子女身心健康的，人民法院应当根据当事人的书面申请通知其恢复探望权的行使。因此，人民法院依申请恢复探望权的行使，也不属于新的独立的诉讼。人民法院应当以裁定的形式中止探望权的行使，但应当以书面通知形式恢复探望权的行使。请求恢复探望权的主体，一般为不直接抚养子女的父母一方。探望权的恢复，以不利于子女身心健康的情形完全消失为前提。因此，请求恢复探望权的父母一方，应当举证证明不利于子女身心健康的情形完全消失。

五、离婚损害赔偿请求权

离婚损害赔偿请求权，是指因夫妻一方重大过错导致离婚的，无过错的另一方享有的请求过错方承担损害赔偿的权利。

（一）离婚损害赔偿请求权的成立要件

1.夫妻一方具有法定的重大过错。《民法典》第1091条列举了能够成立离婚损害赔偿的重大过错，包括：（1）重婚；（2）与他人同居；（3）实施家庭暴力；（4）虐待、遗弃家庭成员；（5）其他重大过错。就重婚而言，重婚一方同时存在前婚和后婚两个婚姻，重婚一方与其前婚的配偶因重婚而离婚的，重婚一方前婚的配偶可以主张离婚损害赔偿；重婚一方的后婚因重婚无效，后婚中无过错的配偶可以就婚姻无效请求重婚一方承担损害赔偿。“其他重大过错”属于兜底性规定，便于人民法院在审判实践中根据个案具体情况认定离婚损害赔偿。不过，“其他重大过错”必须与前述4类法定的重大过错具有相当性，即达到重婚、与他人同居、实施家庭暴力、虐待或遗弃家庭成员的程度，如女方严重违反忠实义务同他人生育子女，或者夫妻一方存在婚外情且情节达到“重婚”和“与他人同居”的严重程度。根据司法实践的经验，女方隐瞒子女与男方无亲子关系的事实，使男方实际履行了抚养义务，构成欺诈性抚养的，属于其他重大过错，男方也可以请求离婚损害赔偿。因此，普通的过错行为，不能成立离婚损害赔偿。夫妻一方具有上述重大过错的，主观上一般对上述重大过错行为具有故意，但是不一定具有破坏婚姻关系的故意。

2.夫妻双方因一方的重大过错离婚。离婚损害赔偿以夫妻双方离婚为前提，且离婚与夫妻一方的重大过错须具有因果关系。如果夫妻双方没有离婚，在婚姻关系存续期间，即使夫妻一方存在上述重大过错，另一方也无法获得离婚损害赔偿。因此，在婚姻关系存续期间，夫妻一方不起诉离婚而单独依据《民法典》第1091条提起损害赔偿请求的，人民法院不予受理。此外，人民法院判决不准离婚的，对夫妻一方依据《民法典》第1091条提出的损害赔偿请求，也不予支持。不仅如此，夫妻双方离婚必须与夫妻一方的重大过错具有因果关系。如果夫妻双方是因其他原因导致离婚，无过错的夫妻一方就不能主张离婚损害赔偿。

3.夫妻一方因离婚遭受损害。夫妻一方遭受的损害既包括财产损害，也包括精神损害，因此，夫妻一方可以请求物质损害赔偿和精神损害赔偿。无过错方因遭受人格权侵害而支出的医疗费、康复费用等，是典型的物质损害。精神损害赔偿则以夫妻一方遭受严重精神损害为前提。具体数额则按照《民法典》侵权责任编、最高人民法院《关于确定民事侵权精神损害赔偿责任若干问题的解释》(以下简称《精神损害赔偿解释》)等规定予以确定。

（二）离婚损害赔偿请求权的行使

离婚损害赔偿请求权的主体，为无过错的夫妻一方，即没有上述重大过错的一方。承担离婚损害赔偿责任的主体，为离婚诉讼当事人中无过错方的配偶，即有上述重大过错的一方。如果夫妻双方均存在《民法典》第1091条规定的重大过错，一方或者双方向对方提出离婚损害赔偿请求的，人民法院不予支持。

离婚损害赔偿请求权适用于诉讼离婚和协议离婚。

在诉讼离婚中，人民法院受理离婚案件时，应当将《民法典》第1091条等规定中当事人的有关权利义务，书面告知当事人。在离婚诉讼中，无过错方是否行使离婚损害赔偿请求权，由其自行决定。人民法院不能依职权判决离婚损害赔偿。

1.无过错方作为原告向人民法院提起离婚损害赔偿请求的，必须在离婚诉讼的同时提出。

2.在无过错方作为被告的离婚诉讼案件中，无过错方行使离婚损害赔偿请求权，应区分以下不同情况：(1)如果无过错方不同意离婚也没有提出离婚损害赔偿请求，无过错方可以就此单独提起诉讼。(2)一审时无过错方未基于《民法典》第1091条规定提出损害赔偿请求，二审期间提出的，人民法院应当进行调解；调解不成的，告知当事人另行起诉。双方当事人同意由第二审人民法院一并审理的，第二审人民法院可以一并裁判。

3.人民法院判决不准离婚的案件，对于当事人基于《民法典》第1091条提出的损害赔偿请求，不予支持。在婚姻关系存续期间，当事人不起诉离婚而单独依据《民法典》第1091条提起损害赔偿请求的，人民法院不予受理。

双方当事人协议离婚的，在婚姻登记机关办理离婚登记手续后，无过错方可以按照《民法典》第1091条的规定向人民法院提起诉讼请求损害赔偿。无过错方在协议离婚时已经明确表示放弃该项请求的，人民法院不予支持。

【本章主要法律规定】

《民法典》第1046～1054条、第1076～1092条

第二十八章 家庭关系

本章主要内容提示

1.日常家事代理权，是指夫妻双方在为满足家庭日常生活需要而与第三人实施法律行为时互为代理人、互有代理权。夫妻一方行使日常家事代理权所产生的债务是夫妻共同债务，另一方承担连带责任。

2.我国法定夫妻财产制是婚后所得共同制。夫妻双方的财产分为夫妻共同财产和夫妻一方的个人财产。除夫妻一方个人财产外，夫妻双方在婚姻关系存续期间取得的财产均属于夫妻共同财产，夫妻双方享有平等的处理权。

3.夫妻共同债务的认定，取决于夫妻合意、债务用途两项标准。基于夫妻双方共同意思表示产生的债务，如夫妻双方共同签名或者夫妻一方举债后另一方事后追认的，属于夫妻共同债务。此外，如果夫妻双方没有举债的合意，夫妻共同债务的认定取决于债务的用途。因此，夫妻一方在婚姻关系存续期间以个人名义为家庭日常生活需要所负的债务，属于夫妻共同债务。最后，夫妻一方在婚姻关系存续期间以个人名义超出家庭日常生活需要所负的债务，如果债权人能够证明该债务用于夫妻共同生活、夫妻共同生产经营或者基于夫妻双方共同意思表示，那么，该债务属于夫妻共同债务。夫妻双方采法定财产制的，以全部夫妻共同财产和全部个人财产对夫妻共同债务负连带责任。

4.夫妻双方可以通过书面形式选择分别财产制、一般共同制、部分共同制作为约定夫妻财产制。约定夫妻财产制对内可以约束夫妻双方。夫妻双方采分别财产制的，可以对抗知情的第三人。

5.婚姻关系存续期间，有下列情形之一的，夫妻一方可以向人民法院请求分割共同财产：(1)一方有隐藏、转移、变卖、毁损、挥霍夫妻共同财产或者伪造夫妻共同债务等严重损害夫妻共同财产利益的行为；(2)一方负有法定扶养义务的人患重大疾病需要医治，另一方不同意支付相关医疗费用。

6.父或者母对亲子关系有异议且有正当理由的，可以请求人民法院确认或否认亲子关系。成年子女对亲子关系有异议且有正当理由的，可以请求人民法院确认亲子关系。

7.受继父母抚养教育的继子女，与继父母成立拟制的父母子女关系。继子女不仅和与其有抚养教育关系的继父母形成父母子女关系，还与生父母之间存在父母子女关系。

第一节　夫妻关系

一、夫妻关系的概念

夫妻，又称夫妇或配偶，是指婚姻关系中的男女双方。夫妻关系，是指夫妻间的权利义务关系，包括夫妻人身关系和夫妻财产关系。夫妻人身关系，是指与夫妻的身份相联系、不具有经济内容的权利义务关系，即夫妻双方在家庭中的地位、人格及身份的权利义务关系；夫妻财产关系，是指夫妻间具有经济内容的权利义务关系，即夫妻双方在财产、扶养及遗产继承等方面的权利义务关系。作为男女平等原则的体现，夫妻在婚姻家庭中地位平等。夫妻双方地位平等贯穿于整个《民法典》婚姻家庭编，表现在人身关系、财产关系、子女抚养等各个方面。

二、夫妻人身关系

根据《民法典》婚姻家庭编的有关规定，夫妻人身关系主要有下列内容：

1.夫妻双方的姓名权。夫妻双方婚后仍然为独立的民事主体，享有包括姓名权在内的人格权。夫妻双方婚后都有使用、变更自己姓名的权利，不受职业、收入、生活环境变化的影响，并排除他人（包括配偶）的干涉。

2.夫妻双方的人身自由权。婚后夫妻双方都享有参加生产、工作和学习的权利，在不影响家庭正常生活和对子女抚养教育的前提下，都有参加社会活动的权利。这是夫妻双方各自充分、自由发展的必要和先决条件。夫妻双方行使人身自由权应当相互尊重，一方不得对另一方行使上述权利加以限制或者干涉。

3.夫妻的婚姻住所决定权。婚姻住所，是指夫妻共同居住和生活的主要场所。婚姻住所决定权，是指夫妻协商、选择、决定婚后共同生活住所的权利。夫妻双方婚后可以协商决定婚姻住所，既可以选择男方或女方原来的住所，也可以选择另外的住所。

4.夫妻之间的忠实义务。夫妻忠实义务，是指维持夫妻间性关系专属性和排他性的义务。违反夫妻忠实义务的典型形态包括重婚、与婚外第三人通奸与同居。夫妻双方自婚姻关系成立时互负忠实义务。忠实义务具有高度人身性，无法强制执行。夫妻一方严重违反忠实义务的行为，如重婚、与他人同居，能够成为人民法院认定夫妻感情确已破裂并判决离婚的理由，也是离婚损害赔偿产生的原因。如果夫妻一方违反忠实义务，另一方仅以《民法典》第1043条为依据提起诉讼的，人民法院不予受理；已经受理的，裁定驳回起诉。因此，夫妻一方违反忠实义务的，另一方不得仅以《民法典》第1043条为依据起诉要求离婚或请求离婚损害赔偿，而应当援引《民法典》婚姻家庭编其他规定，如《民法典》第1079条、第1091条。

5.生育权。我国公民不分性别均享有生育的权利。根据《妇女权益保障法》第32条的规定，妇女依法享有生育子女的权利，也有不生育子女的自由。因此，虽然男女双方均享有生育权，但是生育对女性利益的影响大于男性，因此，决定是否生育、是否终止妊娠的权利属于女方。进而，女方在婚姻关系存续期间怀孕的，有权自行决定是否终止妊娠。女方自行终止妊娠的，男方以女方擅自终止妊娠侵犯其生育权为由请求损害赔偿的，人民法院不予支持；夫妻双方因是否生育发生纠纷，致使感情确已破裂，一方请求离婚的，人民法院经调解无效，应当判决双方离婚。

三、日常家事代理权

夫妻双方的日常家事代理权，是指夫妻双方在为满足家庭日常生活需要而与第三人实施法律行为时互为代理人、互有代理权。

基于日常家事代理权，夫妻一方为满足家庭日常生活需要而与第三人实施民事法律行为的，无须显示另一方的名义，该民事法律行为即对夫妻双方发生效力，夫妻双方承担连带债务、享有连带债权，但是夫妻一方与相对人另有约定的除外。基于日常家事代理权，为满足家庭日常生活需要，夫妻任何一方可以独立实施民事法律行为，无须事事与配偶协商或征得配偶同意。当然，夫妻任何一方非因日常生活需要对夫妻共同财产做重要处理决定，如不动产买卖等大额交易，不属于日常家事代理权的范围，夫妻双方应当平等协商，取得一致意见。因此，日常家事代理权能够确保夫妻双方在处理家庭事务方面机会均等，在满足夫妻日常生活需求的同时降低婚姻关系中夫妻双方的协商成本，促进交易便捷。

《民法典》第1060条明确规定了夫妻双方的日常家事代理权。该条第1款规定，夫妻一方因家庭日常生活需要而实施的民事法律行为，对夫妻双方发生效力，但是夫妻一方与相对人另有约定的除外。日常家事代理权是婚姻的法定效力之一，不受夫妻双方采何种夫妻财产制的影响。无论夫妻双方采法定夫妻财产制还是约定夫妻财产制，夫妻双方均享有日常家事代理权。

家庭日常生活需要的范围，可以参考我国城镇居民家庭消费种类，根据夫妻共同生活的状态（如双方的职业、身份、资产、收入、兴趣、家庭人数等）和当地一般社会生活习惯予以认定。家庭日常生活需要的支出，是指通常情况下必要的家庭日常消费，主要包括正常的衣食消费、日用品购买、子女抚养教育、医疗保健等各项费用，是维系一个家庭正常生活所必需的开支。因此，家庭日常生活需要的范围，与夫妻互负的扶养义务、父母对子女的抚养义务密切相关。

夫妻一方行使日常家事代理权所产生的债务属于夫妻共同债务，由夫妻双方承担连带责任。夫妻一方以个人名义通过法律行为负担的债务，是否属于行使日常家事代理权而产生的夫妻共同债务，不仅取决于该法律行为是否直接满足家庭日常生活需要，还取决于该法律行为之债的金额大小。

夫妻一方在实施法律行为时，可以与第三人约定由此产生的债务为夫妻一方的个人债务，从而排除日常家事代理权的适用。对夫妻一方能够独立实施的、满足日常生活需要的民事法律行为范围，夫妻双方可以通过约定加以限制，如禁止夫妻一方购买特定类型生活必需品、限制夫妻一方订立合同的金额。这一限制不得对抗不知情的善意相对人。夫妻一方超越内部限制实施民事法律行为的，善意相对人仍然可以要求夫妻双方对由此产生的债务共同负责。

四、法定夫妻财产制

夫妻关系既包括夫妻人身关系，也包括夫妻财产关系。夫妻财产关系主要包括夫妻间相互扶养的义务、夫妻间相互继承遗产的权利、夫妻财产制等内容。

夫妻间相互扶养的义务，是指夫妻一方对其配偶负有提供供养、扶助的义务。扶养义务包括生活保持义务和生活扶助义务。前者是指扶养义务人维持权利人的生活就是在维持自己的生活，即使降低自己的生活水平，也应当使权利人的生活水平与自己的生活水平相同。后者是指在不降低与自己地位相当的生活水平的限度内，扶养义务人若尚有扶养余力，应当给予确有需求的权利人以扶助，使其保持最低生活水平。夫妻间的扶养义务属于生活保持义务。男女双方因婚姻形成终身的生活共同体，因此，夫妻间互负扶养义务，是婚姻关系的必然要求。夫妻双方互负扶养义务，享有接受扶养的权利。扶养义务具有法定性，具有强制性。夫妻双方不得通过约定放弃或者排除扶养义务。无论夫妻双方采法定财产制还是约定财产制，夫妻双方都互负扶养义务。故意不履行扶养义务，可能构成遗弃。需要扶养的一方，在另一方不履行扶养义务时，有要求其给付扶养费的权利。因此，夫妻一方存在供养需求时，如无固定收入并缺乏生活来源、丧失劳动能力生活不能自理、身患重大疾病且入不敷出等情形下，有权要求另一方履行扶养义务、给付扶养费。给付扶养费的标准，须结合扶养义务人的生活水平和经济负担能力、扶养权利人的实际需求、当地一般生活水平等因素综合确定。

夫妻间相互继承遗产的权利，是指夫和妻基于配偶身份互为第一顺序的法定继承人。也就是说，夫妻一方去世时，其去世时与其存在婚姻关系的配偶，是其法定继承人。

夫妻财产制，是指规范夫妻财产关系的法律制度。夫妻财产制的主要内容包括：(1)夫妻双方财产的归属；(2)夫妻双方财产在婚姻关系存续期间的管理和处分；(3)夫妻双方在婚姻关系存续期间甚至婚前所负债务的清偿及责任财产范围；(4)在夫妻财产制解体时，夫妻双方财产的清算、分配。夫妻财产制的核心是夫妻婚前财产和婚后所得财产的归属。

我国《民法典》婚姻家庭编对夫妻财产制采取的是法定夫妻财产制与约定夫妻财产制相结合的模式。根据《民法典》第1065条的规定，夫妻双方可以通过书面形式的约定选择适用约定夫妻财产制，如婚姻关系存续期间所得的财产以及婚前财产归各自所有、共同所有或者部分各自所有、部分共同所有；如果夫妻双方没有约定或者约定不明确，适用法定夫妻财产制。

法定夫妻财产制，是在夫妻双方婚前或婚后未就夫妻财产关系作出约定或约定无效时，应当直接适用的法律明确规定的夫妻财产制。我国的法定夫妻财产制是婚后所得共同制，也被称为夫妻共同财产制。它是指在婚姻关系存续期间，夫妻任何一方所得的财产和双方共同所得的财产，除夫妻一方个人财产外，均归夫妻双方共同共有的夫妻财产制度。在婚后所得共同制下，夫妻双方各自的婚前财产为个人财产，由各自管理。夫妻双方婚后所得财产，属于共同共有而非按份共有。夫妻双方对夫妻共同财产，享有平等的管理权。

采纳婚后所得共同制作为法定财产制的意义在于，夫妻双方在婚姻关系存续期间收入可能存在差距，但是无论夫妻双方的收入差距如何，收入较少的夫妻一方仍然可以就夫妻双方在婚姻关系存续期间所得财产享有权利。因此，婚后所得共同制有利于保障婚姻关系中经济能力较弱一方的权益，有利于实现真正的夫妻地位平等，也符合夫妻作为生活共同体的需求。

(一)夫妻共同财产

1.夫妻共同财产的范围

我国法定财产制是婚后所得共同制，夫妻双方在婚姻关系存续期间取得的财产，原则上属于夫妻共同财产，法律规定或当事人另有约定时为个人财产。“婚后所得”，强调的是财产权利的取得，而不要求对财产的实际占有。即使夫妻并未取得一项财产的实际占有，只要该财产权利取得于婚姻关系存续期间，该财产权利仍然属于夫妻共有。

按照《民法典》第1062条的规定，夫妻共同财产的范围包括：

(1)工资、奖金、劳务报酬。工资，是指个人因任职或者受雇取得的工资、薪金、奖金、年终加薪、劳动分红、津贴、补贴以及与任职或者受雇有关的其他所得；劳务报酬，是指个人从事劳务取得的所得，包括从事设计、装潢、安装、制图、化验、测试、医疗、法律、会计、咨询、讲学、翻译、审稿、书画、雕刻、影视、录音、录像、演出、表演、广告、展览、技术服务、介绍服务、经纪服务、代办服务以及其他劳务取得的所得。

(2)生产、经营、投资的收益。生产、经营所得，是指个体工商户从事生产、经营活动取得的所得，个人独资企业投资人、合伙企业的个人合伙人源于境内注册的个人独资企业、合伙企业生产、经营的所得，个人依法从事办学、医疗、咨询以及其他有偿服务活动取得的所得，个人对企业、事业单位承包经营、承租经营以及转包、转租取得的所得，个人从事其他生产、经营活动取得的所得。投资收益的典型是利息、股息、红利所得，即指个人因拥有债权、股权等而取得的利息、股息、红利。

(3)知识产权的收益。属于夫妻共同财产的知识产权收益，是指婚姻关系存续期间，基于知识产权实际取得或者已经明确可以取得的财产性收益，如发表小说获得的稿酬、许可他人实施专利获得的许可使用费。认定知识产权收益是否属于夫妻共同财产，应当以知识产权的财产性收益是否在婚姻关系存续期间取得为判断标准，而不应以该知识产权权利本身的取得的时间为判断依据。知识产权本身是否在婚姻关系存续期间取得，在所不问。

(4)继承或者受赠的财产，但遗嘱或者赠与合同中确定只归一方的财产除外。在婚姻关系存续期间，夫妻一方接受继承或者接受赠与获得的财产，原则上属于夫妻共同财产，但是，被继承人可以在遗嘱中明确财产由夫妻一方继承且为其个人财产，不属于夫妻共同财产；赠与人和受赠人也可以在赠与合同中约定赠与财产属于受赠人一方的个人财产。遗嘱或者赠与合同是否确定财产只归一方，根据意思表示的解释规则确定。此外，男女双方结婚后，父母为双方购置房屋出资的，依照约定处理；没有约定或者约定不明确的，出资属于父母赠与双方的夫妻共同财产。

（5）其他应当归共同所有的财产。其他应当归共同所有的财产包括以下4方面。

①一方以个人财产投资取得的收益。夫妻一方以夫妻共同财产投资取得的收益，属于《民法典》第1062条中的生产、经营、投资的收益，归夫妻双方共同共有。夫妻一方以个人财产投资取得的收益，如炒股、购买基金所得收益，也属于夫妻共同财产。这一立场的理由在于，投资意味着脑力或者体力劳动的投入，因此，投资收益属于夫妻一方的劳动所得，从而与工资、奖金、劳务报酬一样，属于夫妻共同财产。也就是说，由一方或双方的劳动付出所获取的财产，原则上属于夫妻共同财产。不过，夫妻一方以个人财产投资的，投资的本金仍然属于夫妻一方的个人财产。

根据司法解释的规定，除孳息和自然增值外，夫妻一方个人财产在婚后产生的收益，属于夫妻共同财产。自然增值，与主动增值相对，是指增值因通货膨胀或市场行情的变化而产生，与夫妻一方或双方对该财产是否投入物资、劳动、努力、投资、管理无关，如婚前所有房屋、古董、字画、珠宝、黄金升值；主动增值是指增值因夫妻一方或双方对该财产所付出的劳务、投资、管理而产生，与通货膨胀或市场行情变化无关，如房屋因装修而增值。

这里的孳息，不同于《民法典》第321条的孳息，限于无须夫妻一方投入物资、劳动即可取得的孳息，即非投资性、非经营性收益。夫妻一方婚后将个人所有房屋出租获得的租金，虽然属于物权法意义上的法定孳息，但是，夫妻一方作为出租人对房屋负有维修等义务，租金的获取与房屋本身的管理状况密切相连，需要夫妻一方投入一定的管理或劳务，故租金属于经营性收益，归夫妻共同所有。据此，夫妻一方个人财产在婚后产生的投资经营收益，如夫妻一方个人房产婚后出租取得的租金、夫妻一方在婚后以个人财产购买股票取得的收益或投资企业取得的分红，属于夫妻共同财产。与此相对，夫妻一方婚前存款在婚后产生的利息，属于孳息，从而属于夫妻一方的个人财产。

②男女双方实际取得或者应当取得的住房补贴、住房公积金。

③男女双方实际取得或者应当取得的养老保险金、破产安置补偿费。

④军人复员费、自主择业费等一次性费用中属于夫妻共同财产的部分。也就是说，以夫妻婚姻关系存续年限乘以复员费、自主择业费年平均值，所得数额为夫妻共同财产。年平均值，是指将发放到军人名下的上述费用总额按具体年限均分得出的数额。其具体年限为人均寿命70周岁与军人入伍时实际年龄的差额。

2.夫妻共同财产的管理

夫妻共同财产属于夫妻共同共有。在法定夫妻财产制建立以后、终止之前，无论夫妻双方各自的职业、社会地位和经济收入的差别如何，夫妻双方对全部夫妻共同财产不分份额地平等地享有权利、承担义务。

夫妻双方对夫妻共同财产享有平等的处理权。平等的处理权是指以下两个方面：

（1）夫或妻在处理夫妻共同财产上的权利是平等的。因日常生活需要而处理夫妻共同财产的，任何一方均有权决定。夫妻共同财产的管理与日常家事代理权规则就这样有机结合起来，从而夫妻双方均可以夫妻共同财产负担夫妻共同生活的费用。夫妻一方以个人名义为满足日常家庭生活所需订立合同，属于日常家事代理权的行使；夫妻一方以夫妻共同财产清偿上述合同之债，属于夫妻共同财产的管理。

（2）夫或妻非因日常生活需要对夫妻共同财产做重要处理决定，夫妻双方应当平等协商，取得一致意见。涉及夫妻共同财产的重要处理决定，如转移夫妻共有房屋的所有权、以夫妻共有房屋为他人设立抵押，须经夫妻双方平等协商、达成一致。未经对方同意，一方不得擅自为之。这一立场的理由在于，夫妻共同财产由夫妻双方共同共有，非因日常生活需要对夫妻共同财产做重要处理决定的，须遵循《民法典》物权编的共同共有规则。依据《民法典》第301条的规定，处分共有财产以及对共有财产作重大修缮、变更性质或者用途的，应当经过全体共同共有人同意。因此，非因日常生活需要对夫妻共同财产做重要处理决定的，须夫妻双方协商一致。

当然，在这种情形下，善意第三人也应当获得保护。比如，夫妻一方未经另一方同意出售夫妻共同共有的房屋，第三人善意购买、支付合理对价并办理产权登记手续的，第三人取得房屋所有权。另一方主张追回该房屋的，人民法院不予支持。夫妻一方擅自处分共同共有的房屋造成另一方损失的，侵害了另一方对夫妻共同财产的权利，夫妻双方离婚时，另一方可以请求夫妻一方赔偿损失。

夫妻一方隐藏、转移、变卖、毁损、挥霍夫妻共同财产的，另一方可以在婚姻关系存续期间向人民法院请求分割夫妻共同财产，也可以在离婚分割夫妻共同财产时，请求人民法院对该方少分或者不分。

夫妻之间订立借款协议，以夫妻共同财产出借给一方从事个人经营活动或者用于其他个人事务的，应视为双方约定处分夫妻共同财产的行为，离婚时可以按照借款协议的约定处理。

婚后所得共同制终止时，夫妻双方须对夫妻共同财产进行清算、分割。婚后所得共同制的终止原因，包括婚姻关系的终止、夫妻双方通过书面约定放弃婚后所得共同制转为约定夫妻财产制等。

（二）夫妻一方的个人财产

按照《民法典》第1063条的规定，夫妻一方的个人财产的范围包括：

（1）一方的婚前财产，以及婚前财产在婚后的转化和变形，如夫妻一方以婚前存款在婚后全款购买的房屋、夫妻一方因婚前个人房屋拆迁获得的房屋价值补偿。

（2）一方因受到人身损害获得的赔偿或者补偿，如医疗费、营养费、残疾辅助器具费、残疾赔偿金等。夫妻一方因身体权、健康权遭受侵害的，其获得的医疗费、营养费旨在填补其遭受的损害、恢复夫妻一方的身体完整和健康状态，因此属于夫妻一方的个人财产，在离婚时，配偶不能请求分割。残疾辅助器具费是残疾的夫妻一方为补偿其遭受创伤的肢体器官功能、辅助其实现生活自理或者从事生产劳动而购置自助器具所需费用，也属于夫妻一方的个人财产。

（3）遗嘱或者赠与合同中确定只归一方的财产。这是意思自治的体现。如果被继承人在遗嘱中明确指定夫妻一方继承特定财产且该特定财产属于其个人财产、赠与人和受赠人约定赠与财产属于受赠人一方的个人财产，那么，这些财产就不属于夫妻共同财产，而是夫妻一方的个人财产。遗嘱或者赠与合同是否确定财产只归一方，根据意思表示的解释规则确定。此外，当事人结婚前，父母为双方购置房屋出资的，该出资应当认定为对自己子女个人的赠与，但父母明确表示赠与双方的除外。

（4）一方专用的生活用品，如夫妻双方各自的衣物、鞋帽。

（5）其他应当归一方的财产。其他应归一方的个人财产包括：①军人的伤亡保险金、伤残补助金、医药生活补助费，军人复员费、自主择业费等一次性费用中属于个人财产的部分；②夫妻一方个人财产在婚后产生的孳息和自然增值，如婚前个人存款在婚后产生的利息、婚前全款购买的房屋或古玩字画在婚后因市场行情波动而产生的升值。

在婚姻关系存续期间，夫妻一方的个人财产，不因婚姻关系的延续而转化为夫妻共同财产，但当事人另有约定的除外。也就是说，即使夫妻一方的婚前个人财产因夫妻一方在婚后的处分、使用而发生形式上的变化，如夫妻一方以婚前存款在婚后全款购买房屋，其权属及自然增值的归属也不会发生变化，仍然为夫妻一方个人财产。但是，夫妻一方个人财产在婚后因生产经营产生的收益，属于夫妻共同财产。

婚前或者婚姻关系存续期间，当事人约定将一方所有的房产赠与另一方或者共有，赠与方在赠与房产变更登记之前撤销赠与，另一方请求判令继续履行的，人民法院可以按照《民法典》第658条的规定处理。因此，如果赠与合同未办理公证，赠与方可以在房产变更登记之前任意撤销。

夫妻一方的个人财产，由夫妻一方个人管理。夫妻一方按照自己的意愿占有、使用、收益和处分个人财产。

认定一项财产属于夫妻共同财产还是夫妻一方的个人财产，应当遵循以下规则。

第一，在法定财产制存续期间，夫妻双方取得的财产，无法确定该项财产是共同财产还是个人财产的，该项财产原则上应当被推定为夫妻共同财产。主张特定财产是个人财产的夫妻一方，应当举证证明取得该财产的时间是结婚前，或者证明该财产是个人财产的转化，即取得该财产的来源是个人财产，从而证明该财产是个人财产。

第二，在婚姻关系存续期间取得的财产，判断其归属，还应当考虑财产取得的来源，即夫妻一方或双方以哪一类财产取得该项财产。除非当事人另有约定，由夫妻共同财产转化的财产仍然是夫妻共同财产，由夫妻一方个人财产转化的财产仍然是夫妻一方个人财产。对此，司法解释规定，夫妻一方的个人财产，不因婚姻关系的延续而转化为夫妻共同财产。因此，一方婚后用个人财产全款购买房屋，离婚时该房屋属于“个人财产的替代物”，只是原有财产价值形态发生了变化，应当被认定为个人财产，其自然增值也属于个人财产。同样地，根据司法解释规定，由一方婚前承租、婚后用共同财产购买的房屋，登记在一方名下的，应当认定为夫妻共同财产。这一立场的理由在于，婚后以共同财产购买的房屋，是夫妻共同财产的转化，即使登记在一方名下，仍然属于夫妻共同财产。

第三，在婚姻关系存续期间取得的财产，判断其归属，不应仅以财产的权属登记、占有状态为依据。如前所述，夫妻一方以夫妻共同财产购置的房屋，即使登记在夫妻一方名下，仍然属于夫妻共同财产。因此，夫妻双方采法定财产制的，一项财产的权属登记状况可能与真实权属不一致，进而，不能以公示状态来确定财产的性质。

第四，在婚姻关系存续期间取得的财产，判断其归属，应当考虑夫妻一方或者双方是否有劳动付出。由一方或双方的劳动付出所获取的财产，原则上属于夫妻共同财产。因此，工资、奖金、劳务报酬和生产、经营、投资的收益均属于夫妻共同财产。夫妻一方个人财产在婚后产生的投资经营收益，是夫妻一方投入劳动获得的财产，也属于夫妻共同财产，如以婚前财产炒股、购买基金，需要夫妻一方投入脑力和精力，由此产生的收益就属于夫妻共同财产。与夫妻一方劳动无关的财产，既可能属于夫妻共同财产，如因继承或者受赠取得的财产，也可能属于夫妻一方的个人财产，如遗嘱或者赠与合同中确定只归一方的财产、婚前个人财产在婚后的自然增值。

第五，在婚姻关系存续期间取得的财产，判断其归属，应当考虑财产是否具有人身专属性。具有人身专属性的财产，如一方因受到人身损害获得的赔偿或者补偿、一方专用的生活用品，通常属于夫妻一方的个人财产。

（三）夫妻共同债务

1.夫妻共同债务的类型。《民法典》第1064条列举了夫妻共同债务的基本类型。这一规定主要适用于夫妻一方或双方负担的意定之债，以自然人借款形成的合同债务最为典型。根据《民法典》第1064条的规定，夫妻共同债务主要包括：

（1）夫妻双方共同签名或者夫妻一方事后追认等共同意思表示所负的债务。因此，夫妻双方在合同、借条上共同签名而形成的债务是夫妻共同债务。夫妻一方以个人名义负担债务后，另一方事后以明示或默示的方式追认的，如向债权人明确承诺还款、补签借条，该债务也构成夫妻共同债务。事后追认的方式，不限于书面形式。实践中，另一方可以通过电话、短信、微信等方式表示追认。

（2）夫妻一方在婚姻关系存续期间以个人名义为家庭日常生活需要所负的债务。“家庭日常生活需要”按照日常家事代理权的范围来确定，涉及通常情况下必要的家庭日常消费，即夫妻双方及其共同生活的未成年子女在日常生活中的必要开支事项，如正常的衣食住行消费、日用品购买、交通通信、医疗保健、子女抚养教育、文化消费等。判断负债是否超出“家庭日常生活需要”，需要结合债务用途、债务金额、家庭收入状况、消费水平、夫妻感情状况、借贷双方的熟识程度、举债次数、借款名义、当地经济水平和一般社会生活习惯等因素综合认定。

（3）夫妻一方在婚姻关系存续期间以个人名义超出家庭日常生活需要所负，但用于夫妻共同生活、共同生产经营或者基于夫妻双方共同意思表示的债务。“夫妻共同生活”在概念外延上大于“家庭日常生活”，共同生活支出不再局限于家庭日常生活消费开支，还包括大量超出家庭日常生活范围的支出。而在此处，夫妻共同生活的消费开支，是指超出家庭日常生活范围的支出，这些支出系夫妻双方共同消费支配，或者用于形成夫妻共同财产，或者基于夫妻共同利益管理共同财产产生的支出。“用于夫妻共同生活”的债务，就是指上述超出家庭日常生活范围的夫妻共同生活所负债务。

夫妻共同生产经营，主要是指由夫妻双方共同决定生产经营事项，或者虽由一方决定但另一方进行了授权的情形。判断生产经营活动是否属于夫妻共同生产经营，要根据经营活动的性质以及夫妻双方在其中的地位、作用等综合认定。夫妻共同生产经营所负的债务一般包括双方因共同从事工商业、共同投资以及购买生产资料等所负的债务。实践中，夫妻一方所举债务用于个人生产经营，另一方虽未直接参与生产经营但分享生产经营收益的，该债务也可能被认定为夫妻共同债务。也就是说，举债用于债务人单方从事的生产经营事项，但债务人配偶分享生产经营收益的，该债务也可能被认定为用于夫妻共同生产经营的夫妻共同债务。

一项债务是否属于夫妻共同债务，首先取决于夫妻双方是否具有负债的合意。如果夫妻双方在合同、借条上共同签名，或者一方举债后另一方以明示或默示的方式予以追认，该债务就属于夫妻共同债务。对此，债权人负举证责任。如果夫妻一方在婚姻关系存续期间以个人名义举债，且夫妻双方没有共同负债的合意，倘若所举债务的金额符合家庭日常生活需要，该债务原则上应当被推定为为满足家庭日常生活需要所负的夫妻共同债务；债务人的配偶认为该债务不属于夫妻共同债务的，应当举证证明该债务没有用于家庭日常生活。如果夫妻一方在婚姻关系存续期间以个人名义举债，倘若所举债务的金额超出家庭日常生活需要，主张该债务为夫妻共同债务的债权人应当举证证明该债务已经用于夫妻共同生活、夫妻共同生产经营或者是基于夫妻双方共同意思表示，否则该债务就应当被认定为夫妻一方的个人债务。

除上述类型的夫妻共同债务之外，夫妻双方还可能因实施共同侵权而负担夫妻共同债务。子女造成他人损害的，夫妻双方作为监护人承担的监护人责任，也属于夫妻共同债务。夫妻一方婚前负担的债务，债权人能够证明所负债务用于婚后家庭共同生活的，也属于夫妻共同债务。也就是说，如果夫妻一方婚前所欠债务与婚后夫妻共同生活之间具有因果联系，且婚前所欠债务中的资金、财物已转化为婚后夫妻共同财产或已成为婚后夫妻共同的物质生活条件的，婚前一方所欠的个人债务即转为夫妻共同债务，由夫妻双方共同偿还。

夫妻一方与第三人串通，虚构债务，第三人主张该债务为夫妻共同债务的，人民法院不予支持。夫妻一方在从事赌博、吸毒等违法犯罪活动中所负债务，第三人主张该债务为夫妻共同债务的，人民法院不予支持。

2.夫妻共同债务的性质。根据司法实践的经验，夫妻共同债务是发生在婚姻关系存续期间由夫妻双方承担连带责任的债务，责任财产范围原则上包括夫妻双方的全部财产。因此，夫妻双方采法定财产制的，夫妻双方以夫妻共同财产和双方全部个人财产对夫妻共同债务负责。夫妻双方的婚前个人财产也属于责任财产范围。夫妻双方离婚后，对夫妻共同债务仍然负连带责任。当事人的离婚协议或者人民法院生效判决、裁定、调解书已经对夫妻财产分割问题作出处理的，不影响男女双方作为债务人对夫妻共同债务承担连带责任，因此，债权人仍有权就夫妻共同债务向男女双方主张权利。一方就夫妻共同债务承担清偿责任后，可以请求另一方按照离婚协议或者人民法院的法律文书承担相应债务。夫或者妻一方死亡的，生存一方应当对婚姻关系存续期间的夫妻共同债务承担清偿责任。

夫妻一方在婚姻关系存续期间负担的债务，如果不符合夫妻共同债务的标准，那么，该债务属于夫妻一方的个人债务。此外，夫妻一方的个人债务还包括夫妻一方的婚前债务。对于夫妻一方的个人债务，配偶不负连带责任，无须以个人财产负责。因此，债权人就夫妻一方婚前所负个人债务向债务人的配偶主张权利的，人民法院不予支持，但债权人能够证明夫妻一方婚前所负债务用于婚后家庭共同生活的除外。

夫妻一方应以个人财产清偿个人债务。个人财产不足以清偿个人债务的，债权人可以申请执行夫妻双方的共有财产。按照最高人民法院《关于人民法院民事执行中查封、扣押、冻结财产的规定》第12条的规定，对被执行人与其他人共有的财产，人民法院可以查封、扣押、冻结，并及时通知共有人。共有人协议分割共有财产，并经债权人认可的，人民法院可以认定有效。查封、扣押、冻结的效力及于协议分割后被执行人享有份额内的财产；对其他共有人享有份额内的财产的查封、扣押、冻结，人民法院应当裁定予以解除。共有人提起析产诉讼或者申请执行人代位提起析产诉讼的，人民法院应当准许。诉讼期间中止对该财产的执行。

夫妻共同债务规则不仅适用于法定财产制，也适用于约定财产制。比如，在分别财产制下，夫妻双方共同签名负担的债务、夫妻一方行使日常家事代理权所负担的债务，当然属于夫妻共同债务、夫妻连带债务。在这种情况下，债权人以夫妻双方的全部个人财产受偿。

五、约定夫妻财产制

约定夫妻财产制，是指由婚姻当事人以约定的形式，选择决定夫妻财产制形式的法律制度。作为意思自治原则的体现，约定夫妻财产制优先于法定夫妻财产制适用。只有在夫妻双方没有选择约定夫妻财产制或者约定无效时，法定夫妻财产制才适用。

根据《民法典》第1065条第1款的规定，男女双方可以约定婚姻关系存续期间所得的财产以及婚前财产归各自所有、共同所有或者部分各自所有、部分共同所有。约定应当采用书面形式。

1.约定的要件。夫妻财产制约定，属于双方法律行为、要式法律行为，应当满足民事法律行为的成立要件和生效要件。书面形式属于夫妻财产制约定的成立要件。夫妻双方以口头形式约定财产归谁所有且双方无争议的，按照《民法典》合同编第490条第2款的精神，夫妻财产制约定仍然成立，夫妻双方离婚时应按约定处理。夫妻财产制约定的生效要件包括：（1）双方当事人具有完全民事行为能力；（2）双方当事人意思表示真实；（3）约定的内容不违反法律、行政法规的强制性规定，不违背公序良俗。夫妻财产制约定，是基于配偶这一特殊身份发生的，因此，夫妻财产制约定具有附随性，依赖于合法有效的婚姻关系。也就是说，夫妻财产制约定的效力以存在有效的婚姻关系为前提，从而，夫妻财产制约定的生效，以缔约双方当事人具有合法的夫妻身份为前提，同居关系的双方当事人就财产关系的约定，不属于夫妻财产制约定。

男女双方可以在婚姻关系存续期间订立夫妻财产制约定，也可以在婚前订立夫妻财产制约定。男女双方在婚前以书面形式订立夫妻财产制约定的，该约定为附生效条件的民事法律行为。男女双方结婚，生效条件成就，夫妻财产制约定生效；男女双方在约定后没有结婚的，约定不生效力。

2.约定的内容和范围。我国的约定夫妻财产制包括分别财产制、一般共同制、部分共同制3种类型。所谓分别财产制，是指夫妻双方婚前财产和婚姻关系存续期间取得的财产归各自所有；所谓一般共同制，是指夫妻双方婚前财产和婚姻关系存续期间取得的财产，全部归双方共同共有；所谓部分共同制，是指夫妻双方婚前财产和婚姻关系存续期间取得的财产，部分归各自所有，部分归双方共同共有。夫妻双方可以书面形式选择上述3种财产制中的一种作为约定夫妻财产制。约定财产范围，包括夫妻双方各自的婚前财产，也包括夫妻双方在婚姻关系存续期间取得的财产。

3.约定的效力。夫妻财产制约定具有对内效力和对外效力。对内效力，是指夫妻双方对婚姻关系存续期间所得的财产以及婚前财产的约定，对双方具有法律约束力。双方按照约定享有财产所有权以及管理权等其他权利，并承担相应的义务。对外效力是指夫妻财产制约定对夫妻之外第三人的效力。具体而言，夫妻双方对婚姻关系存续期间所得的财产约定归各自所有，夫妻一方以个人名义对外所负的债务，相对人知道该约定的，以夫妻一方的个人财产清偿。因此，夫妻双方约定采分别财产制的，如果在相对人与夫妻一方实施民事法律行为、产生债权债务关系时，相对人知道夫妻双方采分别财产制的约定的，债权人只能就夫妻一方的个人财产受偿，配偶无须以个人财产对债权人负责。需要注意的是，夫妻一方应当举证证明相对人知道该约定，即债权债务关系发生时相对人已经知道约定。也就是说，相对人知道的时间，是在债务产生之前或者债务产生时。善意相对人不知道夫妻采分别财产制的，夫妻之间关于夫妻财产制的约定不得对抗善意相对人。

六、婚内财产分割请求权

夫妻共同财产属于夫妻共同共有的财产。在婚姻关系存续期间，对于共同共有的财产，夫妻双方原则上不得请求分割，但具有重大理由的除外。

为了避免夫妻双方或一方在婚姻关系存续期间随意请求分割共同财产，损害家庭关系稳定及影响夫妻共有财产保障功能的实现，根据《民法典》第1066条的规定，请求分割夫妻共同财产的法定理由限于下列两种情形：

（1）一方实施了严重损害夫妻共同财产利益的行为，如隐藏、转移、变卖、毁损、挥霍夫妻共同财产或者伪造夫妻共同债务。夫妻一方实施上述行为的，一般具有主观故意，实现侵占夫妻共同财产或损害夫妻共同财产利益的目的。夫妻一方因过失毁损夫妻共同财产的，另一方不享有婚内财产分割请求权。不仅如此，上述行为必须达到严重损害夫妻共同财产利益的程度，因此，隐藏少量私房钱不在此列。判断“严重损害”的程度，需要考虑行为的性质、所涉夫妻共同财产的价值、造成损失的大小等因素。但是，夫妻双方不得利用婚内财产分割请求权逃避债务、损害债权人利益。

（2）一方负有法定扶养义务的人患重大疾病需要医治，另一方不同意支付相关医疗费用。夫妻一方负有法定扶养义务的人，依据《民法典》第26条、第1074条和第1075条确定。具体来说，夫妻一方负担的法定扶养义务包括：作为父母对未成年子女和不能独立生活的成年子女的抚养义务，包括对非婚生子女、对前一段婚姻所生子女的抚养义务；作为子女对父母的赡养义务；作为孙子女、外孙子女对子女已经死亡或者子女无力赡养的祖父母、外祖父母负有的赡养义务；作为兄、姐对父母已经死亡或者父母无力抚养的未成年弟、妹负有的扶养义务；作为由兄、姐扶养长大的弟、妹对缺乏劳动能力又缺乏生活来源的兄、姐负有的扶养义务。夫妻一方负有法定扶养义务的人所患疾病是否重大，应当按照医学标准判断。一般认为，某些需要长期治疗、花费较高的疾病，或者直接涉及生命安全的疾病属于重大疾病。相关医疗费用主要是指为治疗疾病需要支出的必要、合理费用，不包括营养费、护理费等费用。需要注意的是，夫妻一方本人患重大疾病需要医治的，另一方不同意支付相关医疗费用，属于扶养义务的不履行，患重大疾病的夫妻一方无须请求人民法院婚内分割夫妻共同财产。

夫妻一方向人民法院请求婚内分割夫妻共同财产的，应当对上述法定事由负举证责任。

第二节　父母子女关系和其他近亲属关系

父母子女关系，是指父母子女间在法律上的权利义务关系，又称为亲子关系。根据血亲形成的原因，可分为自然血亲的父母子女关系和拟制血亲的父母子女关系。自然血亲的父母子女关系是基于子女出生的事实而形成的父母子女关系，包括婚生的父母子女关系、非婚生的父母子女关系。除子女被他人收养外，这种父母子女关系因血缘关系的存在而不能被人为解除。拟制血亲的父母子女关系是基于法律的拟制形成的父母子女关系，包括有抚养教育关系的继父母子女关系、收养形成的养父母子女关系，这种父母子女关系可以依法被人为解除。

其他近亲属关系，是指父母子女之外其他近亲属之间在法律上的权利义务关系。《民法典》婚姻家庭编规定的其他近亲属关系主要包括祖父母、外祖父母与孙子女、外孙子女关系和兄弟姐妹关系。

一、自然血亲的父母子女关系

（一）亲子关系的确认与否定制度

根据《民法典》第1073条的规定，对亲子关系有异议且有正当理由的，父或者母可以向人民法院提起诉讼，请求确认或者否认亲子关系。对亲子关系有异议且有正当理由的，成年子女可以向人民法院提起诉讼，请求确认亲子关系。这确立了亲子关系的确认与否认制度。

有权确认亲子关系的主体是夫妻双方和成年子女，有权否认亲子关系的主体是夫妻双方。也就是说，亲子关系的否认之诉，只能由父或者母提起。成年子女仅能请求确认亲子关系，不能否认亲子关系，因此，不能借助否认亲子关系之诉规避对父母应尽的赡养义务。一般来说，由于母亲基于分娩事实而当然与子女形成亲子关系，亲子关系的确认和否认主要适用于父亲身份的确认和否认。请求确认亲子关系，往往是确认子女与可能的生父之间具有血缘关系；请求否认亲子关系，往往是确认子女与法律上的父亲之间不具有血缘关系。

当事人请求确认或否认亲子关系的，以对亲子关系有异议为前提。对亲子关系有异议，是指认为现存的亲子关系是错误的。亲子关系的确认和否认，对于子女来说，是身份关系的重大改变，直接影响家庭的稳定。因此，请求确认或否认亲子关系的当事人，须具有正当理由，例如，运用DNA技术得出的亲子鉴定意见、丈夫提供的医院开具其无生殖能力的证明。

父或者母向人民法院起诉请求否认亲子关系，并已提供必要证据予以证明，另一方没有相反证据又拒绝做亲子鉴定的，人民法院可以认定否认亲子关系一方的主张成立。

父或者母以及成年子女起诉请求确认亲子关系，并提供必要证据予以证明，另一方没有相反证据又拒绝做亲子鉴定的，人民法院可以认定确认亲子关系一方的主张成立。

女方隐瞒子女与男方无亲子关系的事实，使男方受欺骗而抚养了非亲生子女的，男方在离婚时或者离婚后可以请求返还已给付的抚养费。

（二）婚生父母子女关系

婚生子女，是指在婚姻关系存续期间受胎或者出生的子女。婚生父母子女关系，是指婚生子女与父母之间的权利义务关系。婚生父母子女关系的形成须满足以下要件：(1)须父母有婚姻关系的存在；(2)须子女为妻所生；(3)须子女于婚姻关系存续期间受胎或出生，或于婚姻关系存续期间受胎并于婚姻关系解除后10个月内出生；(4)须子女为夫的子女。在婚姻关系存续期间，夫妻双方一致同意采取人工授精技术生育子女的，无论精子来自丈夫还是其他男性，所生子女应被视为夫妻双方的婚生子女，父母子女间的权利义务关系适用《民法典》的有关规定。在婚姻关系存续期间，夫妻双方一致同意利用他人的精子进行人工授精并使女方受孕后，男方反悔，而女方坚持生出该子女的，无论该子女是否在夫妻关系存续期间出生，都应被视为夫妻双方的婚生子女。

父母对子女的权利义务包括:(1)抚养的权利和义务。抚养,是指父母在经济上对子女供养和在生活上对子女照料。父母对子女抚养的权利和义务不受父母离婚影响。抚养的方式包括父母与子女共同生活、不与子女共同生活的父母一方提供抚养费。父母不仅对未成年子女有抚养的权利和义务,还对不能独立生活的成年子女有抚养的权利和义务。不能独立生活的成年子女包括:尚在校接受高中及其以下学历教育的成年子女;丧失、部分丧失劳动能力等非因主观原因而无法维持正常生活的成年子女。因此,父母对未成年子女的抚养是无条件的,对成年子女的抚养是有条件的。婚姻关系存续期间,父母双方或者一方拒不履行抚养子女义务,未成年或者不能独立生活的子女可以请求支付抚养费。(2)教育的权利和义务。父母不仅要尊重未成年人受教育的权利,保障适龄未成年人依法入学接受并完成义务教育,还要关注未成年人的生理、心理状况和情感需求,教育和引导未成年人遵纪守法、勤俭节约,养成良好的思想品德和行为习惯,对未成年人进行安全教育,提高未成年人的自我保护意识和能力,保障未成年人休息、娱乐和体育锻炼的时间,引导未成年人进行有益身心健康的活动,预防和制止未成年人的不良行为和违法犯罪行为,如吸烟、酗酒、流浪、沉迷网络以及赌博、吸毒、卖淫等行为,并进行合理管教。(3)保护的权利和义务。保护是指父母保护未成年子女的人身权益和财产权益,为未成年人提供生活、健康、安全等方面的保障,预防和排除来自他人的侵害和自然界的危害。(4)继承遗产的权利。父母和子女互为第一顺序的法定继承人。(5)担任未成年子女的监护人和法定代理人。父母代理未成年子女实施民事法律行为,保护未成年子女的人身权利、财产权利以及其他合法权益。除为维护未成年子女利益外,父母作为监护人不得处分未成年子女的财产。在未成年子女的人身或财产权益遭受他人侵害时,父母有权以法定代理人的身份提起诉讼,请求加害人承担侵权责任。未成年子女给他人造成损害的,父母作为监护人应当承担侵权责任。(6)请求赡养的权利。成年子女对父母负有赡养、扶助和保护的义务。成年子女不履行赡养义务的,缺乏劳动能力或者生活困难的父母,有要求成年子女给付赡养费的权利。

子女对父母的权利和义务包括:(1)接受抚养的权利。未成年子女、不能独立生活的成年子女对父母享有请求抚养的权利。父母不履行抚养义务的,未成年子女或者不能独立生活的成年子女,有要求父母给付抚养费的权利。抚养费包括子女生活费、教育费、医疗费等费用。(2)赡养、扶助和保护的义务。成年子女对父母负有赡养、扶助和保护的义务。赡养义务是成年子女对父母经济上供养、生活上照料和精神上慰藉的义务,并应当照顾父母的特殊需要。成年子女作为赡养人应当使患病的父母及时得到治疗和护理;对经济困难的父母,应当提供医疗费用。对生活不能自理的父母,成年子女应当承担照料责任;不能亲自照料的,可以按照父母的意愿委托他人或者养老机构等照料。成年子女应当妥善安排父母的住房,不得强迫父母居住或者迁居条件低劣的房屋。成年子女不得以放弃继承权或者其他理由,拒绝履行赡养义务。(3)尊重父母婚姻自由的义务。子女应当尊重父母的婚姻权利,不得干涉父母离婚、再婚以及婚后的生活。子女对父母的赡养义务,不因父母的婚姻关系变化而终止。(4)继承遗产的权利。父母和子女互为第一顺序的法定继承人。

(三)非婚生父母子女关系

非婚生子女,是指没有婚姻关系的男女所生子女,如未婚男女所生子女、已婚男女与第三人所生子女。根据《民法典》第1071条的规定,非婚生子女享有与婚生子女同等的权利,任何组织或者个人不得加以危害和歧视。不直接抚养非婚生子女的生父或者生母,应当负担未成年子女或者不能独立生活的成年子女的抚养费。夫妻一方在负担能力范围内向非婚生子女支付抚养费,即使夫妻一方未就抚养费的金额和期限与配偶达成一致,也不属于侵犯夫妻共同财产权的行为。非婚生子女是生父母的第一顺序法定继承人。

二、继父母子女关系

继子女，是指夫妻一方在结婚前与他人生育的子女；继父母，是指与子女的生母或生父结婚的人。继父母子女关系产生的原因，包括父母一方死亡后另一方再行结婚、父母离婚后父或者母再婚、非婚生子女的父或者母与他人结婚。以继父母继子女之间是否形成了抚养教育关系为标准，继父母子女关系可以分为两种类型：（1）未受继父母抚养教育的继子女，与继父母形成直系姻亲关系，继父母与继子女之间没有法律上的权利义务关系；（2）受继父母抚养教育的继子女，与继父母成立拟制直系血亲关系，继父母与继子女之间形成父母子女关系，两者之间的权利义务关系，适用父母子女之间权利义务关系的规定。此外，继父或者继母经继子女的生父母同意，可以收养继子女，从而形成拟制的直系血亲关系，即父母子女关系。无论哪一种继父母子女关系，继父母与继子女间均不得虐待或者歧视。

根据司法实践的经验，继父母与继子女之间是否形成抚养教育关系，应根据继父母对继子女在经济上和生活上是否尽了主要抚养教育义务来判断。抚养教育不仅包括继父母对继子女承担了生活费用、教育费用等经济上的支出，还包括继父母与继子女长期共同生活，并在生活上对继子女予以照顾。因此，抚养教育关系的认定，应当结合继父母是否承担抚养教育费用、生父母一方与继父母一方结婚时继子女是否已经成年、继父母与继子女双方共同生活的时间长短、继子女是否实际接受继父母在生活上的照顾抚育、家庭身份融合程度等多种因素予以综合判断。

继子女不仅和与其有抚养教育关系的继父母形成父母子女关系，还与其生父母之间存在父母子女关系，继子女与生父母及其近亲属的权利义务关系不会因继子女与继父母形成父母子女关系而中断。因此，继子女不仅与继父母有相互继承遗产的权利，还与生父母有相互继承遗产的权利。继子女继承了继父母遗产的，不影响其继承生父母的遗产。同样地，继父母不仅和与其有抚养教育关系的继子女形成父母子女关系，还与其生子女之间存在父母子女关系。继父母继承了继子女遗产的，不影响其继承生子女的遗产。

没有形成抚养教育关系的继父母子女关系，因生父母一方与继父母一方的婚姻关系消灭而消灭。有抚养教育关系的继父母与继子女间的权利义务关系，不因继父母一方和生父母一方离婚而当然解除。曾受继父母抚养教育的继子女，在成年后对生活困难的继父母应尽赡养义务。生父与继母离婚或者生母与继父离婚时，对曾受其抚养教育的继子女，继父或者继母不同意继续抚养的，仍应由生父或者生母抚养，从而继父母子女关系解除。

根据司法实践的经验，对于已经形成抚养教育关系的继父母子女，生父母一方与继父母一方的婚姻关系因生父母一方死亡而终止的，在继子女未成年的情形下，为了保护未成年继子女的利益，一般不允许解除继父母子女关系。如果生父母中的另一方愿意将未成年子女领回抚养，继父母一方同意的，继父母子女关系可以解除。继子女8周岁以上的，应当征得本人同意。也就是说，生父母一方死亡的，如果已经形成抚养教育关系的未成年子女无其他抚养人，一般不允许解除继父母子女关系。对于已经形成抚养教育关系的继父母子女关系，继子女成年后，继父母子女关系一般不允许解除，从而，即使继父母一方与生父母一方离婚，继父母子女关系也不会因此而解除。如果继父母一方与继子女经协商一致或者双方关系恶化，导致继父母一方或者继子女要求解除继父母子女关系的，可以解除。但继父母子女关系解除后，对于缺乏劳动能力或者生活困难的继父母一方，由继父母一方抚养成年的继子女应当给付一定的生活费用。继父母子女之间的拟制血亲关系解除后，继父母能否要求继子女补偿其支出的抚养教育费用，人民法院可结合解除的原因、继子女的过错程度等因素，参照养父母和养子女的关系规定，从公平合理的角度予以判定。

三、祖父母、外祖父母与孙子女、外孙子女关系

祖父母、外祖父母和孙子女、外孙子女是直系血亲。一般情况下，子女由父母抚养，父母由子女赡养，祖父母、外祖父母和孙子女、外孙子女之间没有抚养、赡养关系。在特殊情形下，祖父母、外祖父母对孙子女、外孙子女负有抚养义务，孙子女、外孙子女对祖父母、外祖父母负有赡养义务。根据《民法典》第1074条的规定，有负担能力的祖父母、外祖父母，对于父母已经死亡或者父母无力抚养的未成年孙子女、外孙子女，有抚养的义务。有负担能力的孙子女、外孙子女，对于子女已经死亡或者子女无力赡养的祖父母、外祖父母，有赡养的义务。

祖父母、外祖父母对孙子女、外孙子女负担抚养义务的条件包括：(1)孙子女、外孙子女的父母已经死亡，或者孙子女、外孙子女的父母无力抚养孙子女、外孙子女。这里的死亡包括自然死亡和宣告死亡。父母无力抚养，是指父母不能以自己的收入满足子女合理的生活、教育、医疗等需要。因此，这里可能存在的情形有三种，即父母双亡、父母一方死亡但另一方无力抚养、父母双方均无抚养能力。(2)孙子女、外孙子女是不能独立生活的未成年人。祖父母、外祖父母对已成年的孙子女、外孙子女无须承担抚养义务。孙子女、外孙子女年满16周岁、不满18周岁，以自己的劳动收入为主要生活来源的，视为完全民事行为能力人，祖父母、外祖父母也不承担抚养义务。(3)祖父母、外祖父母有负担能力。有负担能力，是指祖父母、外祖父母以自己的收入满足自己和配偶、子女、父母的合理生活、教育、医疗等需求后仍有剩余。这是因为，配偶之间的扶养义务、父母对未成年子女的抚养义务、成年子女对父母的赡养义务，是生活保持义务，配偶、未成年子女、父母的扶养需求应当优先得到满足。根据我国审判实践经验，祖父母有负担能力的，应由祖父母承担抚养未成年孙子女的义务；外祖父母有负担能力的，应由外祖父母承担此项义务；祖父母和外祖父母都有负担能力的，应由双方从孙子女、外孙子女的切身利益出发来协商解决。对于已满8周岁未成年孙子女、外孙子女，应征求其本人的意见。

祖父母、外祖父母是孙子女、外孙子女第二顺序的法定继承人。孙子女、外孙子女在父母先于祖父母、外祖父母死亡时，对祖父母、外祖父母享有代位继承权。

孙子女、外孙子女对祖父母、外祖父母负担赡养义务的条件包括：(1)祖父母、外祖父母的子女已经死亡或无力赡养；(2)祖父母、外祖父母需要赡养，如祖父母、外祖父母丧失劳动能力生活不能自理、无固定收入缺乏生活来源；(3)孙子女、外孙子女有负担能力。有负担能力，是指孙子女、外孙子女以自己的收入满足自己和配偶、子女、父母的合理生活、教育、医疗等需求后仍有剩余。孙子女、外孙子女对祖父母、外祖父母负担的赡养义务，不以孙子女、外孙子女由祖父母、外祖父母抚养长大为前提。

孙子女、外孙子女可以在父母姓氏之外选取其他直系长辈血亲的姓氏，因此，孙子女、外孙子女可以选择祖父母、外祖父母的姓氏。

四、兄弟姐妹关系

兄弟姐妹是关系最密切的旁系血亲，是第二顺序的法定继承人。被继承人的兄弟姐妹先于被继承人死亡的，被继承人的兄弟姐妹的子女可以代位继承。在特殊情形下，兄弟姐妹之间会发生扶养关系，即兄、姐对弟、妹的扶养义务，弟、妹对兄、姐的扶养义务。根据《民法典》第1075条的规定，有负担能力的兄、姐，对于父母已经死亡或者父母无力抚养的未成年弟、妹，有扶养的义务。由兄、姐扶养长大的有负担能力的弟、妹，对于缺乏劳动能力又缺乏生活来源的兄、姐，有扶养的义务。

兄、姐对弟、妹负担扶养义务的条件包括：(1)父母已经死亡或无力抚养。这里的死亡包括自然死亡和宣告死亡。父母无力抚养，是指父母不能以自己的收入满足子女合理的生活、教育、医疗等需要。(2)弟、妹是不能独立生活的未成年人。需要扶养的弟、妹应当未满18周岁，没有独立生活能力。如果弟、妹年满16周岁但不满18周岁，以自己的劳动收入为主要生活来源的，视为完全民事行为能力人，兄、姐不承

担扶养义务。(3)兄、姐有负担能力。兄、姐具有能够扶养未成年弟、妹的经济条件,即兄、姐在以自己的收入满足自己和配偶、子女、父母的合理生活、教育、医疗等需求后仍有剩余。

弟、妹对兄、姐负担扶养义务的条件包括:(1)弟、妹由兄、姐扶养长大;(2)兄、姐缺乏劳动能力且缺乏生活来源,需要扶养;(3)弟、妹有负担能力。

扶养关系对继兄弟姐妹之间的继承权具有重要意义。根据司法解释的规定,继兄弟姐妹之间的继承权,因继兄弟姐妹之间的扶养关系而发生。没有扶养关系的,不能互为第二顺序继承人。

【本章主要法律规定】

《民法典》第1055～1075条

第二十九章 收 养

本章主要内容提示

1.被收养人必须是未成年人，且为丧失父母的孤儿，或者查找不到生父母的未成年人，或者生父母有特殊困难无力抚养的子女；送养人必须是孤儿的监护人，或者儿童福利机构，或者有特殊困难无力抚养子女的生父母，或者特殊情形下未成年人的监护人；收养人应当无子女或者只有一名子女，有抚养、教育和保护被收养人的能力，未患有在医学上认为不应当收养子女的疾病，无不利于被收养人健康成长的违法犯罪记录，年满30周岁。收养三代以内旁系同辈血亲的子女、华侨收养三代以内旁系同辈血亲的子女、继父母收养继子女的条件可以适当放宽。

2.《民法典》婚姻家庭编规定了许多收养限制规则。生父母送养子女，应当双方共同送养。生父母一方不明或者查找不到的，另一方可以单方送养。夫妻一方死亡，配偶单方送养未成年子女的，死亡一方的父母有优先抚养的权利。收养人收养子女有人数限制，但收养孤儿、残疾未成年人或者儿童福利机构抚养的查找不到生父母的未成年人的除外。无子女的收养人可以收养两名子女，有子女的收养人只能收养一名子女。没有配偶的收养人收养异性子女的，收养人与被收养人的年龄应当相差40周岁以上。

3.自收养关系成立时起，养父母和养子女之间成立拟制的父母子女关系。养子女与生父母以及其他近亲属之间的权利义务关系因收养关系的成立而消除，但直系血亲及三代以内旁系血亲禁止结婚的规定仍应适用。

4.收养关系的解除分为协议解除和诉讼解除。收养关系解除的法律效果包括在身份关系方面的法律效果和在财产关系方面的法律效果。

第一节 收养关系的成立和效力

一、收养的概念

收养，是指自然人依法领养他人子女为自己子女，使没有父母子女关系的当事人之间产生法律拟制的父母子女关系的民事法律行为。收养是以意思表示为核心要件，能够引起身份关系变动的民事法律行为。领养他人子女为自己子女的人为收养人，即养父和养母；被他人收养的为被收养人，即养子或养女；将子女或儿童送给他人收养的自然人或者社会组织为送养人。

收养行为的成立，不仅要求当事人意思表

示达成一致，即形成收养的合意，还要求当事人依法办理收养登记。收养行为的生效要件包括：（1）收养人、被收养人、送养人适格，即符合法律规定的条件；（2）当事人意思表示真实；（3）不违反法律、行政法规的强制性规定，不违背公序良俗，如收养的限制规则。收养8周岁以上未成年人的，应当征得被收养人的同意。禁止借收养名义买卖未成年人。

收养行为的当事人可以自愿签订书面的收养协议。收养协议不等于收养行为。收养协议通常是收养人和送养人订立的协议。收养协议不是收养行为的成立要件，不属于申请收养登记需要提交的必备材料，不是收养关系成立的必经程序。

孤儿或者生父母无力抚养的子女，可以由生父母的亲属、朋友抚养。配偶一方死亡，另一方送养未成年子女的，死亡一方的父母有优先抚养的权利。但是，抚养人与被抚养人的关系不属于收养关系。

二、被收养人、送养人、收养人的条件

收养人收养与送养人送养，应当双方自愿。收养8周岁以上未成年人的，应当征得被收养人的同意。

根据《民法典》婚姻家庭编的规定，被收养人应当具备以下条件：（1）须为未成年人；（2）须为丧失父母的孤儿，或者查找不到生父母的未成年人，或者生父母有特殊困难无力抚养的子女。丧失父母的孤儿，是指父母已经死亡的未成年人，父母死亡包括自然死亡和宣告死亡，不包括宣告失踪。查找不到生父母的未成年人，包括生父母遗弃的未成年子女、被拐后因打拐而获救但无法找到生父母的未成年人。生父母有特殊困难无力抚养的未成年人，是指生父母因身体精神上的困难、经济上的困难无力抚养的子女。也就是说，特殊困难，通常包括生父母缺乏抚养子女的经济负担能力、患有严重疾病无法抚养子女或不宜抚养子女等情形。

送养人应当属于下列自然人或者社会组织：（1）孤儿的监护人。丧失父母的孤儿，由有监护能力的祖父母、外祖父母，有监护能力的兄、姐，其他愿意担任监护人的个人或者组织按顺序担任监护人。因此，孤儿的监护人可能是祖父母、外祖父母，或者兄、姐，或者其他愿意担任监护人的个人或者组织。（2）儿童福利机构。儿童福利机构是指民政部门设立的，主要收留抚养由民政部门担任监护人的未满18周岁未成年人的机构，包括按照事业单位法人登记的儿童福利院、设有儿童部的社会福利院等。（3）有特殊困难无力抚养子女的生父母。生父母因特殊困难送养子女的，应当双方共同送养。生父母一方不明或者查找不到的，可以单方送养。生父母一方死亡，另一方送养未成年子女的，死亡一方的父母（被收养人的祖父母或外祖父母）有优先抚养的权利。当然，有负担能力的祖父母、外祖父母，对于父母已经死亡或者父母无力抚养的未成年孙子女、外孙子女，也有抚养的义务。（4）特殊情形下未成年人的监护人。未成年人的父母均不具备完全民事行为能力且可能严重危害该未成年人的，该未成年人的监护人可以将其送养。父母必须同时满足不具备完全民事行为能力和可能严重危害未成年子女利益两项条件，监护人才可以送养未成年子女，无须取得父母同意。所谓可能严重危害该未成年人，主要是指其父母存在危害该未成年人的现实危险且达到严重程度的情形。危害可以表现为对未成年人身体的侵害和精神上的伤害，比如，父母双方均患有严重的精神分裂症，存在暴力威胁甚至殴打未成年人的可能，但不要求父母已经对未成年子女造成现实的伤害。在这种情况下，即使危害行为尚未实际发生，从保护未成年人利益的角度出发，也允许监护人将其送养。

收养人应当具备以下条件：（1）无子女或者只有一名子女。无子女包括收养人及其配偶没有生育子女，生育的子女已经死亡，收养人因为无配偶而没有子女等情形。（2）有抚养、教育和保护被收养人的能力。比如，收养人必须具备完全民事行为能力和较好的经济条件，在思想品德和身体健康等方面有教育和保护被收养人的能力，从而能够作为被收养人的父母履行对被收养人抚养、教育和保护的义务。（3）未患有在医学上认为不应当收养子女的疾病。一般来

说，精神类疾病和严重传染性疾病属于不应当收养子女的疾病。(4)无不利于被收养人健康成长的违法犯罪记录。比如，具有侵犯儿童权益犯罪前科的自然人，不能成为收养人。曾实施性侵害、虐待、遗弃、拐卖、暴力伤害等违法犯罪行为的自然人，也不能成为收养人。(5)年满30周岁。年满30周岁的收养人，已经足够成熟，一般也具有一定的经济能力，能更好地承担起养父母的职责。

继父或者继母经继子女的生父母同意，可以收养继子女，不受上述收养人条件的限制，不受被收养人必须是生父母有特殊困难无力抚养的子女的限制，不受送养人必须是有特殊困难无力抚养未成年子女的生父母的限制，不受收养子女数量的限制，即无子女的收养人可以收养两名子女、有子女的收养人只能收养一名子女。

收养三代以内旁系同辈血亲的子女，不受被收养人必须是生父母有特殊困难无力抚养的子女的限制，不受送养人必须是有特殊困难无力抚养未成年子女的生父母的限制，不受无配偶收养人和异性被收养人年龄应当相差40周岁以上的限制。

华侨是指在国外定居的具有中国国籍的自然人。华侨收养三代以内旁系同辈血亲的子女，不受被收养人必须是生父母有特殊困难无力抚养的子女的限制，不受送养人必须是有特殊困难无力抚养未成年子女的生父母的限制，不受无配偶收养人和异性被收养人年龄应当相差40周岁以上的限制，不受收养人须无子女或者只有一名子女的限制。也就是说，即使华侨已有两名及以上子女，仍然可以收养三代以内旁系同辈血亲的子女。如果华侨收养的子女并非其三代以内旁系同辈血亲的子女，那么，仍应适用收养的一般规则。

三、收养的限制规则

《民法典》婚姻家庭编对收养设置了许多限制，包括对送养人的限制和对收养人的限制。

对送养人的限制包括：(1)监护人送养孤儿的，应当征得有抚养义务的人同意。有抚养义务的人，主要是有负担能力的祖父母、外祖父母，有负担能力的兄、姐。如果上述主体不同意监护人送养孤儿，而监护人又不愿意继续履行监护职责的，应当按照《民法典》总则编规定另行确定监护人。(2)生父母送养子女，应当双方共同送养；生父母一方不明或者查找不到的，可以单方送养。子女是父母双方共同的子女，且收养会导致子女与生父母之间的父母子女关系终止，事关重大。因此，生父母送养子女的，应当由生父母协商一致，共同送养。生父母离婚的，仍然是子女的监护人，送养子女仍然应当由生父母一致决定。当然，如果生父母一方失踪或非婚生子女的生父不明，要求生父母取得一致已不可能，此时，应当允许另一方单方送养。生父母一方不明的典型情形，是生父不明，如生母不知生父是谁。生父母一方查找不到的典型情形，是生父母一方离家出走下落不明甚至被宣告失踪。当然，配偶一方死亡，另一方送养未成年子女的，死亡一方的父母(被收养人的祖父母或外祖父母)有优先抚养的权利。

对收养人的限制包括：(1)收养子女的人数限制。除被收养人为孤儿、残疾未成年人、儿童福利机构抚养的查找不到生父母的未成年人外，无子女的收养人可以收养两名子女，有子女的收养人只能收养一名子女。这一限制旨在保证收养人具有抚养、教育和保护养子女的精力和能力。即使收养人自己有子女或者超过一名子女，收养人仍然可以收养孤儿、残疾未成年人或者儿童福利机构抚养的查找不到生父母的未成年人。(2)收养程序。有配偶者收养子女，应当夫妻共同收养。收养会形成父母子女关系，从而被收养人会成为收养人的近亲属和家庭成员。有配偶者违背配偶的意愿单方收养子女，不仅不利于收养人及其配偶间夫妻关系的稳定和睦，还可能妨碍收养人对养子女尽到养父母的义务。因此，有配偶者收养子女，应当由夫妻双方就收养事宜形成一致意见。(3)无配偶收养人与异性被收养人的年龄差距。无配偶者收养异性子女的，收养人与被收养人的年龄应当相差40周岁以上。这一限制是出于伦理道德的考虑和保护被收养人的需要，防止收养人侵害被收养人。

四、收养关系的成立时间

收养关系自登记之日起成立。

收养应当向县级以上人民政府民政部门登记。中国公民在中国境内收养子女的，办理收养登记的机关是县级人民政府民政部门。收养查找不到生父母的未成年人，如果未成年人由社会福利机构抚养，由社会福利机构所在地的收养登记机关办理登记；如果未成年人非由社会福利机构抚养，由未成年人发现地的收养登记机关办理登记。收养生父母有特殊困难无力抚养的子女或者由监护人监护的孤儿的，在被收养人生父母或者监护人常住户口所在地（组织作监护人的，在该组织所在地）的收养登记机关办理登记。收养三代以内旁系同辈血亲的子女，以及继父母收养继子女的，在被收养人生父或者生母常住户口所在地的收养登记机关办理登记。

收养登记程序分为申请、审查和登记三个环节。收养关系当事人应当亲自到收养登记机关办理成立收养关系的登记手续。夫妻共同收养子女的，应当共同到收养登记机关办理登记手续；一方因故不能亲自前往的，应当书面委托另一方办理登记手续，委托书应当经过村民委员会或者居民委员会证明或者经过公证。

受理收养登记申请的条件包括：(1)收养登记机关具有管辖权；(2)收养登记当事人提出申请；(3)收养人、送养人持有的证件、证明材料符合规定。

收养人应当提交的材料包括：收养人的居民户口簿和居民身份证；由收养人所在单位或者村民委员会、居民委员会出具的本人婚姻状况和抚养教育被收养人的能力等情况的证明，以及收养人出具的子女情况声明；县级以上医疗机构出具的未患有在医学上认为不应当收养子女的疾病的身体健康检查证明。收养查找不到生父母的未成年人的，收养人还应当提交经常居住地卫生健康主管部门出具的收养人生育情况证明或子女情况的证明。收养非社会福利机构抚养的查找不到生父母的未成年人的，收养人应当提交收养人经常居住地卫生健康主管部门出具的收养人生育情况证明，公安机关出具的《捡拾弃婴（儿童）报案证明》。收养继子女的，可以只提交居民户口簿、居民身份证和收养人与被收养人生父或者生母结婚的证明。对收养人出具的子女情况声明，登记机关可以进行调查核实。

送养人应当提交的材料包括：居民户口簿和居民身份证（组织做监护人的，提交其负责人的身份证件）；送养时应当征得其他有抚养义务的人同意的，收养人应当提交其他有抚养义务的人同意送养的书面意见；社会福利机构为送养人的，并应当提交未成年人进入社会福利机构的原始记录、公安机关出具的《捡拾弃婴（儿童）报案证明》，或者孤儿的生父母死亡或者宣告死亡的证明。监护人为送养人的，并应当提交实际承担监护责任的证明，孤儿的父母死亡或者宣告死亡的证明，或者被收养人生父母无完全民事行为能力并对被收养人有严重危害的证明；有特殊困难无力抚养子女的生父母为送养人的，还应当提交送养人有特殊困难的声明；因丧偶或者一方下落不明由生父母一方单方送养的，还应当提交配偶死亡或者下落不明的证明。对送养人有特殊困难的声明，登记机关可以进行调查核实；子女由三代以内同辈旁系血亲收养的，还应当提交公安机关出具的或者经过公证的与收养人有亲属关系的证明。被收养人是残疾儿童的，并应当提交县级以上医疗机构出具的该儿童的残疾证明。

《收养登记申请书》中收养人、被收养人和送养人（送养人是社会福利机构的经办人）的签名必须由当事人在收养登记员当面完成。

收养登记机关收到收养登记申请书及有关材料后，应当进行审查。按照《民法典》第1105条第5款的规定，县级以上人民政府民政部门应当依法进行收养评估。收养评估，是指民政部门对收养申请人是否具备抚养、教育和保护被收养人的能力进行调查、评估，并出具评估报告的行为。收养评估内容包括收养申请人以下情况：收养动机、道德品行、受教育程度、健康状况、经济及住房条件、婚姻家庭关系、共同生活家庭成员意见、抚育计划、邻里关系、社区环境、与被收养人融合情况等。收养申请人与被收养人融合的时间不少于30日。收养评估报告应当在收养申请人确认同意进行收养评估之日起60日内作出。收养评估期间不计入收养登记办理期限。收养评估报告应当作为民政部门办理收养登记的参考依据。

对符合《民法典》婚姻家庭编规定条件的，收养登记机关为当事人办理收养登记，发给收养登记证，收养关系自登记之日起成立；对不符合《民法典》婚姻家庭编规定条件的，不予登记，并对当事人说明理由。收养查找不到生父母的未成年人的，收养登记机关应当在登记前公告查找其生父母，公告期为60日。自公告之日起满60日，未成年人的生父母或者其他监护人未认领的，视为查找不到生父母的未成年人。

收养关系当事人各方或者一方要求办理收养公证的，应当办理收养公证。

收养关系成立后，公安机关应当按照国家有关规定为被收养人办理户口登记。

五、收养的效力

收养的效力，是指收养产生的法律效果。根据《民法典》婚姻家庭编的规定，收养的效力可以分为拟制效力和解消效力。

收养的拟制效力，是指收养依法创设新的亲属关系及其权利义务关系的效力。收养在养父母养子女之间形成拟制直系血亲的父母子女关系，效力与自然血亲的父母子女关系相同：自收养关系成立之日起，养父母与养子女间的权利义务关系，适用关于父母子女关系的法律规定；养子女与养父母的近亲属间的权利义务关系，适用关于子女与父母的近亲属关系的法律规定。养子女可以随养父或者养母的姓氏，经当事人协商一致，也可以保留原姓氏。养父母离婚不影响养父母子女关系。

收养的解消效力，是指收养依法消灭原有的亲属关系及其权利义务关系的效力。养子女与生父母以及其他近亲属间的权利义务关系，因收养关系的成立而消除。但是，收养消除的是养子女与生父母之间法律意义上的父母子女关系，而非自然意义上的父母子女关系。养子女与生父母之间的血缘关系无法被消除。因此，直系血亲及三代以内旁系血亲禁止结婚的规定，仍然适用于养子女及其直系血亲和三代以内旁系血亲。此外，虽然被收养人不再是生父母的法定继承人，但是，被收养人对养父母尽了赡养义务，同时对生父母扶养较多的，除可以继承养父母的遗产外，还可以根据《民法典》第1131条的规定适当分得生父母的遗产。

收养行为因违反《民法典》总则编关于民事法律行为无效的规定而无效。收养人不具有完全民事行为能力的，收养行为无效。同时，违反《民法典》婚姻家庭编规定的收养条件、收养限制规则的收养行为无效。比如，收养人未满30周岁、患有在医学上认为不应当收养子女的疾病或者存在不利于被收养人健康成长的违法犯罪记录；无配偶收养人和异性被收养人年龄差距不足40周岁；收养子女人数超过限制。此外，收养关系当事人弄虚作假骗取收养登记的，收养关系无效，由收养登记机关撤销登记，收缴收养登记证。无效的收养行为自始没有法律约束力。也就是说，收养行为的无效具有溯及力。收养的拟制效力和解消效力自收养登记之日起自始未发生。

第二节　收养关系的解除

收养关系的解除，是收养关系的终止事由之一。根据《民法典》婚姻家庭编的规定，收养关系的解除有两种方式，即协议解除和诉讼解除。

一、收养关系的协议解除

为了稳定收养关系，保护养子女的合法权益，原则上，在被收养人成年之前，收养人不得单方解除收养关系。不过，收养人和送养人在双方自愿的基础上达成解除收养关系协议的，收养关系解除，但应征得8周岁以上被收养人的同意。在被收养人成年之后，根据《民法典》第1115条的规定，养父母与养子女关系恶化、无法共同生活的，基于双方的共同意愿，养父母与养子女可以协议解除收养关系。

收养关系的协议解除，须当事人达成解除收养关系的合意，以书面形式订立解除收养关系的协议，并在收养登记机关办理解除收养关系登记。在被收养人成年之前，协议解除须具有完全民事行为能力的收养人、送养人双方达成合意，并征得8周岁以上被收养人的同意；在被收养人成年后，协议解除须具有完全民事行为能力的被收养人、收养人达成合意，无须送养人参与。夫妻共同收养的，收养关系须由夫妻共同解除。

根据《民法典》第1116条的规定，当事人协议解除收养关系的，应当到民政部门办理解除收养关系登记。解除收养关系登记程序分为申请、审查和登记三个环节。具体来说，当事人协议解除收养关系的，应当持居民户口簿、居民身份证、收养登记证和解除收养关系的书面协议，亲自、共同到被收养人常住户口所在地的收养登记机关办理解除收养关系登记。收养登记机关收到解除收养关系登记申请书及有关材料后，应当自次日起30日内进行审查。对符合《民法典》婚姻家庭编规定的，收养登记机关为当事人办理解除收养关系的登记，收回收养登记证，发给解除收养关系证明。收养关系自收养登记机关发给解除收养关系证明之日起解除。收养登记机关对不符合解除收养关系登记条件的，不予受理，但应当向当事人出具《不予办理解除收养登记通知书》，将当事人提交的证件和证明材料全部退还当事人。对于虚假证明材料，收养登记机关予以没收。

二、收养关系的诉讼解除

收养关系的诉讼解除，须存在一方要求解除收养关系的法定理由。根据《民法典》婚姻家庭编的规定，收养人、送养人、被收养人均可在具有法定理由的情形下，向人民法院提起解除收养关系的诉讼。

在被收养人未成年前，根据《民法典》第1114条第2款的规定，收养人不履行抚养义务，有虐待、遗弃等侵害未成年养子女合法权益行为的，如不能达成解除收养关系协议，送养人可以向人民法院提起诉讼要求解除收养关系。

在被收养人成年后，根据《民法典》第1115条的规定，养父母与成年养子女关系恶化、无法共同生活的，可以协议解除收养关系。如果双方无法达成解除收养关系协议，收养人、被收养人都可以向人民法院提起诉讼要求解除收养关系。

以诉讼方式解除收养关系的，收养关系自解除收养关系的调解书或判决书生效之日起解除。

三、收养关系解除的法律效果

不同于收养行为的无效，收养关系的解除向未来发生效力，即没有溯及力。收养关系解除的法律效果包括以下四个方面。

1.拟制血亲关系的消除

收养关系解除后，养子女与养父母以及其他近亲属间的权利义务关系即行消除。

2.自然血亲关系的恢复

收养关系解除后，未成年养子女与生父母以及其他近亲属间的权利义务关系自行恢复；成年养子女与生父母以及其他近亲属间的权利义务关系是否恢复，可以协商确定。

3.成年养子女的生活费给付义务

收养关系解除后，经养父母抚养的成年养子女，对缺乏劳动能力又缺乏生活来源的养父母，应当给付生活费。

4.养父母的补偿请求权

因养子女成年后虐待、遗弃养父母而解除收养关系的，养父母可以要求养子女补偿收养期间支出的抚养费。生父母要求解除收养关系的，养父母可以要求生父母适当补偿收养期间支出的抚养费；但是，因养父母虐待、遗弃养子女而解除收养关系的除外。也就是说，因养父母虐待、遗弃养子女而解除收养关系的，养父母无权请求生父母给予经济补偿。

【本章主要法律规定】

《民法典》第1093～1118条

本编重点、难点与疑点辨析

一、婚姻无效的事由及确认

婚姻无效的事由	内涵	有权向人民法院申请确认婚姻无效的主体
重婚	一方或者双方重婚，即已有婚姻关系后又与他人缔结婚姻关系	婚姻当事人、当事人的近亲属及基层组织
有禁止结婚的亲属关系	双方当事人之间存在直系血亲或者三代以内的旁系血亲关系	婚姻当事人、当事人的近亲属
未到法定婚龄	一方或者双方未到法定婚龄，如男方未到22周岁、女方未到20周岁	婚姻当事人、未到法定婚龄者的近亲属

婚姻无效的后果，是婚姻自始没有法律约束力。所谓自始没有法律约束力，是指在人民法院确认婚姻无效时，该婚姻才自始没有法律拘束力，男女双方自始不具有夫妻的权利和义务。也就是说，婚姻无效，虽然是自始无效，但并非当然无效，而是经人民法院确认才无效。

无效婚姻的双方当事人在同居期间所得的财产，由当事人协议处理；协议不成的，按照共同共有处理，由人民法院根据照顾无过错方的原则判决分割，但一方能够证明特定财产为其个人财产的除外。对重婚导致的无效婚姻的财产处理，不得侵害重婚一方合法婚姻当事人（前婚配偶）的财产权益。无过错方可以请求损害赔偿。无过错方，是指不具有婚姻无效事由的一方。当事人所生的子女，适用《民法典》关于父母子女的规定。

二、可撤销婚姻的事由及其除斥期间

可撤销婚姻的事由	撤销权人	撤销权的除斥期间
因胁迫而结婚	受胁迫一方的婚姻关系当事人本人	自胁迫行为终止之日起1年内向人民法院请求撤销婚姻；被非法限制人身自由的受胁迫方当事人，应当自恢复人身自由之日起1年内向人民法院请求撤销婚姻。不受《民法典》第152条第2款的5年最长除斥期间的限制
一方患有重大疾病，在结婚登记前没有如实告知另一方	因一方在结婚登记前没有如实告知自己身患重大疾病而结婚的另一方当事人	自知道或者应当知道撤销事由之日起1年内向人民法院请求撤销婚姻

三、准予离婚的法定条件与诉讼离婚中的两项特殊保护规则

项目	内容
准予离婚的法定条件	1.重婚或者与他人同居； 2.实施家庭暴力或者虐待、遗弃家庭成员； 3.有赌博、吸毒等恶习屡教不改； 4.因感情不和分居满2年；

续表

项目	内容
	5.其他导致夫妻感情破裂的情形，如女方怀孕后擅自终止妊娠导致夫妻双方因是否生育发生纠纷，致使感情确已破裂； 6.一方被宣告失踪，另一方提起离婚诉讼； 7.经人民法院判决不准离婚后，双方又分居满1年，一方再次提起离婚诉讼
诉讼离婚中的两项特殊保护规则	1.现役军人的非军人配偶要求离婚，应当征得军人同意，但是军人一方有重大过错的除外； 2.女方在怀孕期间、分娩后1年内或者终止妊娠后6个月内，男方不得提出离婚，但是，女方提出离婚或者人民法院认为确有必要受理男方离婚请求的除外

四、离婚损害赔偿的认定

离婚损害赔偿以夫妻双方离婚为前提，包括协议离婚和诉讼离婚。人民法院判决不准离婚的，夫妻一方的离婚损害赔偿请求无法得到支持；在婚姻关系存续期间，当事人不起诉离婚而请求离婚损害赔偿的，人民法院不予受理。

因下列法定的重大过错之一，导致夫妻双方离婚的，无过错方有权请求离婚损害赔偿：（1）重婚；（2）与他人同居；（3）实施家庭暴力；（4）虐待、遗弃家庭成员；（5）有其他重大过错，如女方隐瞒子女与男方无亲子关系的事实，使男方实际履行了抚养义务，构成欺诈性抚养。享有离婚损害赔偿请求权的夫妻一方，是无过错方，即不具有上述重大过错的一方。承担离婚损害赔偿义务的夫妻一方，是过错方，即具有上述重大过错的一方。如果双方均具有上述情形之一，任何一方都不享有离婚损害赔偿请求权。这里的损害赔偿，包括物质损害赔偿和精神损害赔偿。

无过错方作为原告的离婚诉讼案件，无过错方向人民法院提出离婚损害赔偿请求的，必须在离婚诉讼的同时提出。无过错方作为被告的离婚诉讼案件，如果无过错方不同意离婚也不提起离婚损害赔偿请求的，可以就此单独提起诉讼。

五、法定夫妻财产制中夫妻共同财产与夫妻一方个人财产的范围及认定

夫妻双方采法定财产制的，夫妻任何一方、夫妻双方在婚姻关系存续期间所得的下列财产，属于夫妻共同财产：（1）工资、奖金、劳务报酬；（2）生产、经营、投资的收益，如以夫妻共同财产从事个体工商户生产、经营所得财产，将夫妻共有房屋出租获得的租金；（3）知识产权的收益，即婚姻关系存续期间，实际取得或者已经明确可以取得的财产性收益，如在婚姻关系存续期间发表小说取得的稿费、许可他人实施专利取得的专利许可费；（4）继承或者受赠的财产，但是遗嘱或者赠与合同中确定只归一方的财产除外；（5）其他应当归共同所有的财产。

其他应当归共同所有的财产包括：（1）一方以个人财产投资取得的收益，如炒股、购买基金取得的收益。除孳息和自然增值外，夫妻一方个人财产在婚后产生的收益，属于夫妻共同财产。因此，夫妻一方以个人存款用于炒股的，股票账户增值为夫妻共同财产。也就是说，如果夫妻一方在婚姻关系存续期间对股票账户进行了管理和操作，由此产生的收益就属于夫妻共同财产。夫妻一方婚后将个人存款用于购买基金、入伙参与合伙经营、设立个人独资企业等取得的收益、红利、收入，也属于夫妻共同财产。夫妻一方婚后将个人所有房屋出租，在婚姻关系存续期间取得的租金属于夫妻共同财产而非夫妻一方的个人财产。（2）男女双方实际取得或者应当取得的住房补贴、住房公积金。（3）男女双方实际取得或者应当取得的基本养老金、破产安置补偿费。（4）军人复员费、自主择业费等一次性费用中属于夫妻共同财产的部分。

下列财产属于夫妻一方的个人财产：（1）一方的婚前财产，以及婚前财产在婚后的变形，如夫

妻一方婚前全款购买的房屋、夫妻一方以婚前存款在婚后全款购买的房屋、夫妻一方因婚前个人房屋拆迁获得的房屋价值补偿；（2）一方因受到人身损害获得的赔偿或者补偿，如夫妻一方在婚姻关系存续期间遭受他人侵权而蒙受人身损害获得的医疗费、营养费、残疾赔偿金、残疾辅助器具费；（3）遗嘱或者赠与合同中确定只归一方的财产，如夫妻一方的父母在遗嘱中明确指定夫妻一方继承特定财产且该特定财产属于其个人财产，赠与人和受赠人约定赠与财产属于受赠人一方的个人财产；（4）一方专用的生活用品，如夫妻双方各自的衣物、鞋帽；（5）其他应当归一方的财产。

其他应归一方的个人财产包括：（1）军人的伤亡保险金、伤残补助金、医药生活补助费，军人复员费、自主择业费等一次性费用中属于个人财产的部分。（2）夫妻一方个人财产在婚后产生的孳息和自然增值，如夫妻一方婚前个人存款在婚后产生的利息、婚前全款购买的房屋或古玩字画在婚后因市场行情波动而产生的升值。也就是说，在婚姻关系存续期间，夫妻一方以生产、经营之外的其他方式使用自己的婚前个人财产，该个人财产及其自然增值仍为个人财产；夫妻一方个人财产因夫妻一方投入劳动而产生的收益，就属于因生产、经营、投资取得的收益，为夫妻共同财产。

认定一项财产属于夫妻共同财产还是夫妻一方的个人财产，首先应当确定夫妻一方取得该项财产的时间。一般来说，婚前取得的财产，通常属于夫妻一方的个人财产；婚姻关系存续期间取得的财产，通常属于夫妻共同财产。但是，不能仅以一项财产的登记、占有状况来判断该财产属于夫妻共同财产还是夫妻一方的个人财产。

首先，对于夫妻一方在婚姻关系存续期间取得的财产，夫妻一方主张其为夫妻个人财产的，应当举证证明。具体来说，夫妻一方可以举证证明这一项财产是其个人财产的转化。根据司法解释的规定，除非双方当事人另有约定，无论夫妻双方结婚多久，夫妻一方的个人财产，不因婚姻关系的延续而转化为夫妻共同财产；由一方婚前承租、婚后用共同财产购买的房屋，登记在一方名下的，应当认定为夫妻共同财产。这意味着，除非双方当事人另有约定，由夫妻共同财产转化的财产仍然是夫妻共同财产，由夫妻一方个人财产转化的财产仍然是夫妻一方个人财产。因此，夫妻一方在婚姻关系存续期间以个人所有的婚前存款全款购买房屋，离婚时该房屋属于“个人财产的替代物”，只是原有财产价值形态发生了变化，应当被认定为个人财产，其自然增值也属于个人财产。此外，夫妻一方婚前订立房屋买卖合同，以个人财产支付首付款并办理银行抵押贷款，婚后用夫妻共同财产偿还贷款，房屋登记于夫妻一方名下的，离婚时该房屋由夫妻双方协议处理。夫妻双方没有约定也无法达成协议的，根据出资状况和房屋权属登记状况，应当将房屋认定为夫妻一方的个人财产。夫妻一方婚前办理银行抵押贷款的，银行贷款属于其个人债务。夫妻一方以夫妻共同财产偿还个人债务，不影响房屋所有权的归属，但应当向另一方予以补偿。

其次，夫妻一方可以举证证明该财产具有一定的专属性。专属性的判断，首先取决于当事人的意思。例如，夫妻一方的父母在遗嘱中载明，父母所有的房屋由夫妻一方继承且为夫妻一方的个人财产、不属于夫妻共同财产。又如，他人与夫妻一方订立赠与合同时，在赠与合同中明确约定，赠与财产为夫妻一方个人所有、不属于夫妻共同财产。此外，专属性的判断，还应当考虑财产是否具有人身性。夫妻一方在婚姻关系存续期间因身体权、健康权遭受侵害而蒙受人身损害的，获赔的医疗费、营养费、残疾赔偿金、残疾辅助器具费属于其个人财产。再如，运动员获得的奖牌，具有荣誉意义和高度人身性，属于运动员的个人财产。同时，专属性的判断，应当考虑财产的使用状况。夫妻一方专用的生活用品，即使由夫妻共同财产购置，也属于夫妻一方的个人财产。但是，夫妻一方专用的工具，如以夫妻共同财产购置的小轿车，即使平时由夫妻一方使用，仍然属于夫妻共同财产。

最后，如果夫妻一方举证证明，该财产的取得与夫妻一方或者双方的劳动有关，那么，该财产就属于夫妻共同财产。夫妻一方举证证明该财产的取得与劳动无关的，不足以证明该财产属于夫妻一方的个人财产。因为在婚姻关系存续期间，夫妻一方因继承或者接受赠与而获得的财产原则上属于夫妻共同财产。

六、夫妻共同债务的类型及认定

夫妻共同债务，是夫妻应当共同清偿的连带债务。

夫妻共同债务主要包括：

第一，夫妻双方共同签名或者夫妻一方事后追认等共同意思表示所负的债务，即合意型夫妻共同债务。如果夫妻双方在合同、借条上共同签名，或者一方以个人名义举债后另一方以明示或默示的方式予以追认，如一方事后向债权人明确承诺还款、补签借条、出具还款方案，该债务就属于夫妻共同债务。

第二，夫妻一方在婚姻关系存续期间以个人名义为家庭日常生活需要所负的债务，即日常家事型夫妻共同债务。“家庭日常生活需要”按照日常家事代理权的范围来确定，涉及通常情况下必要的家庭日常消费，如正常的衣食住行消费、日用品购买、交通通信、医疗保健、子女抚养教育、文化消费等。判断负债是否超出“家庭日常生活需要”，不能仅以债务金额是否适中来认定，需要结合债务用途、家庭收入状况、消费水平、夫妻感情状况、借贷双方的熟识程度、举债次数、借款名义、当地经济水平和一般社会生活习惯等因素综合认定。

夫妻一方因家庭日常生活需要而行使日常家事代理权，由此实施的民事法律行为，对夫妻双方发生效力，从而夫妻双方负担连带债务、享有连带债权。夫妻一方行使日常家事代理权，无须显示另一方的名义。一般来说，夫妻一方为家庭生活需要购买衣物、购买米面粮油等食品、购买日用品、为家庭成员订立医疗服务合同、为子女购买必要的图书玩具和学习工具、为子女支付学费、为家庭生活而购置日用家电和必要家具，均属于日常家事代理权的适用范围。为夫妻共有的房屋订立买卖合同或设立抵押、明显超出家庭生活需求且与家庭经济状况不符的大额消费，不属于日常家事代理权的适用范围。夫妻双方可以通过约定对一方行使日常家事代理权的范围加以限制，这一限制不得对抗善意相对人。

第三，夫妻一方在婚姻关系存续期间以个人名义超出家庭日常生活需要所负的债务，不属于夫妻共同债务；但是，债权人能够证明该债务用于夫妻共同生活、共同生产经营或者基于夫妻双方共同意思表示的，该债务属于夫妻共同债务。

债权人就一方婚前所负个人债务，如果能够证明所负债务用于婚后家庭共同生活，该债务也属于夫妻共同债务。此外，夫妻双方以书面形式采分别财产制的，夫妻双方共同签名负担的债务、夫妻一方行使日常家事代理权所负担的债务，当然属于夫妻共同债务。

夫妻一方的个人债务一般包括：(1)夫妻一方的婚前债务，且该债务没有用于婚后家庭共同生活；(2)夫妻一方以个人名义在婚后负担的债务，如果夫妻一方在实施法律行为时与第三人明确将该债务约定为个人债务，那么，该债务就属于夫妻一方的个人债务；(3)夫妻一方在婚姻关系存续期间以个人名义超出家庭日常生活需要所负的债务，且债权人无法证明该债务用于夫妻共同生活、共同生产经营或者基于夫妻双方共同意思表示的；(4)夫妻双方以书面形式采分别财产制的，夫妻一方在婚姻关系存续期间以个人名义负担的债务，相对人知道夫妻双方约定分别财产制的，该债务属于夫妻一方的个人债务。

七、婚内财产分割请求权的成立

依据《民法典》第1066条的规定，请求分割夫妻共同财产的法定理由限于下列两种情形：

(1)一方实施了严重损害夫妻共同财产利益行为，如隐藏、转移、变卖、毁损、挥霍夫妻共同财产或者伪造夫妻共同债务。夫妻一方实施上述行为的，应当具有主观的故意，以侵占夫妻共同财产或损害夫妻共同财产利益为目的。夫妻一方因过失毁损夫妻共同财产、保有数额不大的私房钱，均不属于上述行为。但是，夫妻双方不得利用婚内财产分割请求权逃避债务、损害债权人利益。

（2）一方负有法定扶养义务的人患重大疾病需要医治，另一方不同意支付相关医疗费用。夫妻一方负有法定扶养义务的人，包括需要赡养的父母、非婚生子女等。

夫妻一方向人民法院请求婚内分割夫妻共同财产的，对存在上述法定事由负举证责任。

婚内财产分割请求权不同于夫妻共同财产的少分或者不分和离婚后再次分割。

夫妻一方隐藏、转移、变卖、毁损、挥霍夫妻共同财产，或者伪造夫妻共同债务企图侵占另一方财产的，在离婚分割夫妻共同财产时，对该方可以少分或者不分。离婚后，另一方发现有上述行为的，可以向人民法院提起诉讼，请求再次分割夫妻共同财产。请求再次分割夫妻共同财产的诉讼时效期间为3年，从当事人发现之日起计算。

第六编

继 承

本编导读

《民法典》继承编是调整因“继承”而发生的民事关系的法律，“继承”是指财产继承，即自然人死亡时遗留的个人合法财产，由法律规定的或者由死者指定的人取得的制度。继承制度包含了取得遗产的根据，以及遗产处理的方法和程序等。按照取得遗产的依据是法律的直接规定还是被继承人的意愿，继承可分为法定继承、遗嘱继承和遗赠。遗产处理的方法和程序则包括了遗产的范围、遗产管理、遗产分割及遗产债务清偿等制度。本编结合《民法典》继承编、相关司法解释的规定，按照继承法学理论分为继承概述、法定继承、遗嘱继承和遗赠、遗产的处理四章予以阐释。

继承权是继承法律关系的核心要素。依照法律直接规定而享有的继承权是法定继承权，依照被继承人生前意愿而享有的继承权是遗嘱继承权。法定继承人范围以外的自然人、集体或者国家根据被继承人遗嘱或遗赠扶养协议取得遗产的权利为受遗赠权。我国《民法典》采当然继承的立法主张，继承开始后享有继承期待权的继承人自动取得继承权。放弃继承权的，继承人应在遗产分割之前以书面形式表示放弃，放弃继承权的效力将追溯到继承开始的时间。不同的是，受遗赠人在一定期间内没有表示接受就被视为放弃。因实施了法定的严重违法行为，继承人和受遗赠人将当然丧失取得遗产的权利，特别严重的违法行为将导致继承权的绝对丧失，即便是被继承人的宽恕也不能使之恢复。

法定继承是继承的基本方式之一，由法律直接规定继承人的范围、继承顺序以及遗产分配的基本规则。因法定继承的适用顺序在遗赠扶养协议和遗嘱之后，法定继承也称无遗嘱继承。法定继承人的范围和顺序问题是继承法的基本问题之一。我国《民法典》继承编规定的法定继承人包括被继承人的近亲属和有扶养关系的特定姻亲，代位继承制度则将法定继承人的范围扩大到了被继承人子女之外的直系晚辈血亲和三代以内的旁系血亲。我国法定继承人的顺序有二，均为固定顺序。被继承人死亡时，既有第一顺序又有第二顺序继承人的，第一顺序继承人作为应召继承人参与继承。应召继承人之外的继承人或其他人如果依靠被继承人扶养或者对被继承人扶养较多，虽然不享有继承权，但因其事实上的扶养关系而有权请求酌情分得部分遗产。代位继承则是法定继承中传统的“按支继承”观念的体现，代位继承人直接按照被代位人的继承顺序和应继份参与继承。但是我国的代位继承权在性质上为代表权，所以被代位人如丧失继承权，代位继承人不能代其位取得遗产。法定继承人为数人时，需要遗产分配规则确定各继承人的法定应继份。一般来说，同一顺序继承人继承遗产的份额均等，但考虑到继承人的具体情况以及生前对被继承人的扶养情况也可以不均等。

遗嘱继承和遗赠均为基于被继承人的意愿（遗嘱）分配遗产的制度，其区别在于依遗嘱取得遗产的人是否属于法定继承人，属于法定继承人的是遗嘱继承，不属于的是遗赠。遗嘱人可以自由处分其遗产，将遗产交由法定继承人或法定继承人之外的人，也可以设立遗嘱信托，但遗嘱自由原则受到法律限制，遗嘱不得违反法律和公序良俗，基于家庭扶养的需要，应当为缺乏劳动能力又没有生活来源的继承人保留必要的遗产份额。被继承人死亡遗嘱才生效，为保证遗嘱的真实性，遗嘱应符合《民法典》确定的六种遗嘱形式之一。遗嘱是终意处分行为，贯彻“时间在后”原则，数份遗嘱内容抵触的，不论遗嘱形式如何，以最后的遗嘱为准。遗赠扶养协议是我国特有的将生前扶养和死后遗赠结合起来的法律制度，因其为有偿的双方法律行为，故遗赠扶养协议是效力最优先的遗产转移方式。

遗产的处理主要涉及继承的程序性规范。被继承人死亡时遗留的个人合法财产为遗产。继承开始后，应及时为遗产确定管理人。《民法典》新增的遗产管理人制度落实了遗产的清理和保护、被继承人债务清偿、遗产分割以及参与相关诉讼的责任人。《民法典》实行限定继承的原则，继承人和受遗赠人仅在遗产范围内清偿被继承人债务。即使遗产不足以清偿债务，也要保障缺乏劳动能力又没有生活来源的继承人的生活。遗产分割应在债务清偿完毕并且为缺乏劳动能力又没有生活来源的继承人保留必要遗产后进行。遗产管理人按照遗产分割的原则处分遗产时，应注意保护胎儿的权利。遗产无人继承或遗产无人承受时，归国家或集体所有制组织所有。

第三十章
继承概述

本章主要内容提示

继承因自然人死亡而发生，产生遗产权利转移的法律后果。确定继承开始的时间具有重要法律意义。

继承权是一项独立的民事财产权利。在继承开始之前，继承期待权具有不确定性。

继承权因法律的直接规定，以及合法有效的遗嘱指定取得。放弃继承权的效力追溯到继承开始的时间。继承权的丧失是对严重违法行为的民事制裁，其中故意杀害被继承人和为争夺遗产杀害其他继承人的行为导致继承权的绝对丧失。

第一节　继承与继承权

一、继承的概念

我国《民法典》的“继承编”调整因继承产生的民事关系。现行法中的继承是财产继承，指自然人死亡时遗留的个人合法财产，由法律规定的或者由死者指定的人取得的制度。遗留财产的死者是被继承人，被继承人只能是自然人（《民法典》第124条），其他民事主体不能作为被继承人；被继承人死亡时所遗留的个人合法财产是遗产（法律规定或者按照其性质不得继承的除外）；取得遗产的人可能是继承人（包括法定继承人和遗嘱继承人）、受遗赠人或者酌情分得遗产的人。继承制度具有如下特点。

（一）继承因被继承人死亡而开始

《民法典》第1121条第1款规定，“继承从被继承人死亡时开始”，被继承人死亡的时间即为继承开始的时间。

1.继承开始的时间之法律意义。

其一，继承开始的时间是确定继承人、受遗赠人范围的时间标准，即只有在继承开始时生存的人或者已受胎的胎儿才具有继承或受遗赠的资格；继承开始时已经死亡或者与被继承人同时死亡的人不能作为继承人或受遗赠人，在继承开始时尚未受胎的胎儿也不具有继承的资格。其二，继承开始的时间是确定遗产范围的时间标准，在继承开始时属于被继承人的个人合法财产才是遗产（《民法典》第1122条第1款），继承开始前已经被继承人处分的财产或者因被继承人死亡而取得的赔偿金等不属于遗产。其三，继承开始的时间是遗产的所有权转移的时间，《民法典》第230条规定，“因继承取得物权的，自继承开始时发生效力”。其四，继承开始的时间也是继承人可以放弃继承权的时间。从继承开始到遗产分割之前继承人可以表示放弃继承权，继承人无法在继承开始前预先放弃继承权。

2.继承开始的时间之确定。

法律对自然人死亡时间的确定是以死亡证明记载的时间为准的；没有死亡证明的，以户籍登记或者其他有效身份登记上所记载的死亡时间为准；但有其他证据足以推翻上述记载时间的，以该证据证明的时间为准。如果不知道自然人是否死亡或者需要确定更确切的死亡时间以处理继承问题，就需要宣告死亡制度和死亡时间推定制度来确定继承开始的时间。

（1）宣告死亡制度。

自然人失去音讯处于下落不明的状态达到一定期限，利害关系人可以申请宣告其死亡。被宣告死亡之人的死亡时间为人民法院宣告其死亡的判决作出之日；但因意外事件下落不明而被宣告死亡的，意外事件发生之日视为其死亡的日期。需要注意的是，因意外事件下落不明而申请宣告死亡，不论是否经有关机关证明该自然人不可能生存，只要其下落不明是因为意外事件，其死亡的日期均应确定为意外事件发生之日。

（2）死亡时间推定制度。

两个以上相互有继承关系的人在同一事件中死亡，又难以确定实际死亡时间的，为解决死者之间的相互继承问题，需要通过死亡时间推定制度来确定死亡顺序。根据《民法典》第1121条第2款的规定，我国的死亡时间推定制度包含三个具体规则：第一，推定没有其他继承人的人先死亡，意指除在同一事件中一起死亡的人之外，再没有其他继承人的死者被推定为先死亡；第二，死者都有其他继承人时，死者的辈份不同的，如系父母子女关系、祖孙关系，则推定长辈先死亡；第三，死者都有其他继承人时，死者的辈份相同的，如系兄弟姐妹关系、配偶关系，则推定同时死亡，相互不发生继承。例如，夫妻与其未成年独生子在同一刑事案件中被害，不能确定三人的死亡顺序。夫的继承人中只有其长兄，妻的继承人中只有其母亲。夫妻生前有共同财产100万元。为确定死亡顺序，应按照上述三个规则：第一，推定没有其他继承人的人先死亡，夫的继承人中有其长兄，妻的继承人中有其母亲，独生子的继承人有其外祖母，都有其他继承人；第二，死者都有其他继承人时，如死者的辈份不同，则推定长辈先死亡，因此推定夫妻先于独生子死亡；第三，死者都有其他继承人时，如死者的辈份相同的，则推定同时死亡，相互不发生继承，因此夫妻被推定同时死亡。本案中夫妻先于儿子死亡，夫妻同时死亡，夫的遗产50万元由其第一顺序继承人儿子继承，妻子的遗产50万元由其第一顺序继承人母亲和儿子继承，儿子从父母处应继承的遗产发生转继承，由儿子的唯一法定继承人外祖母取得。

（二）继承的结果是遗产的权利转移

继承是财产权利转移的方式之一。被继承人死亡后，其遗产的处理按照继承的相关规则处理。《民法典》第1123条规定：“继承开始后，按照法定继承办理；有遗嘱的，按照遗嘱继承或者遗赠办理；有遗赠扶养协议的，按照协议办理。”也就是说，被继承人死亡后，有遗赠扶养协议的，应先按遗赠扶养协议的约定转移遗产；没有遗赠扶养协议或者协议尚有未处理完的遗产，如有遗嘱的，则由遗嘱继承人或受遗赠人取得遗产；如果被继承人生前与他人订有遗赠扶养协议，同时又立有遗嘱，若二者没有相抵触，则遗产分别按协议和遗嘱处理，若二者有抵触，则按协议处理，与协议抵触的遗嘱全部或部分无效［最高人民法院《关于适用〈中华人民共和国民法典〉继承编的解释（一）》（以下简称《继承编解释（一）》）第3条］。没有遗嘱或遗嘱无效或遗嘱未处分全部遗产的，则遗产按照法定继承处理，由法定继承人或者酌分遗产人取得遗产。如上述遗产转移的方式都不能适用的，依《民法典》第1160条处理：无人继承又无人受遗赠的遗产，归国家所有，用于公益事业；死者生前是集体所有制组织成员的，归所在集体所有制组织所有。因此，继承的结果就是遗产的权利转移。同时依据《民法典》第230条的规定，遗产的权利移转，自继承开始时发生效力。

二、继承权的概念和特征

（一）继承权的概念

继承权是自然人依照法律规定或被继承人生前有效遗嘱的指定所享有的取得被继承人遗产的权利。继承人依法取得遗产的权利是继承权，受遗赠人取得遗产的权利是受遗赠权。

法律以及法学著作通常在两种意义上使用"继承权"一词。一是继承开始之前对将来取得继承人地位的推定或者将来成为继承人的资格，学者们一般称为继承期待权，该期待权因法律规定的亲属关系或者遗嘱指定而取得，《民法典》第1125条所指的继承权就是在此意义上使用的；二是继承开始之后继承人实际取得的继承被继承人遗产的权利，即继承既得权，该权利因被继承人死亡依法或依遗嘱取得，继承既得权可以放弃，受到侵害亦可得到法律救济。

1.继承期待权。

继承期待权是一种不确定的权利，继承人在将来有继承遗产的可能性。在继承开始之前被推定的继承人地位可能因为继承人死亡、丧失继承权、被继承人订立遗嘱或者更优先顺位的继承人的出现而改变或丧失。因不具有客观的、现实的、具体的权利内容，所以继承期待权无法处分，放弃继承只能在继承开始之后，放弃继承既得权。但是，继承期待权依然具有法律意义：其一，作为一种推定的地位或资格，继承期待权可能因法定之不法行为而被依法剥夺，这就是继承权丧失制度（《民法典》第1125条）。其二，享有继承期待权的继承人在一定情形下会限制被继承人的遗嘱自由，被继承人不能通过遗嘱取消缺乏劳动能力又没有生活来源的继承人的全部继承期待权，法律规定立遗嘱时应当为缺乏劳动能力又没有生活来源的继承人保留必要的遗产份额（《民法典》第1141条）。

2.继承既得权。

继承既得权是确定的现实的权利，享有继承期待权的推定继承人在继承开始后转化为享有继承既得权的应召继承人，享有取得被继承人遗产的权利。继承人可以选择接受或放弃继承既得权、行使继承既得权、推选或者担任遗产管理人、请求分割遗产等，在权利受侵害后有权请求保护。

（二）继承权的特征

1.继承权是一项独立的民事财产权利。关于继承权的性质有几种具有代表性的学说，包括法律地位说、物权说、选择权说以及独立民事权利说等。这些学说在一定的历史阶段中或在某些方面描述了继承权的特征，均具有一定合理性。但依据现行《民法典》对权利的分类，继承权与物权、债权、知识产权等均属于民事权利中的财产权利，故继承权在《民法典》的权利体系中是一项独立的民事财产权利。其一，该权利虽然基于特殊的身份关系取得但不属于人身权利，行使继承权的结果是取得遗产。其二，继承权具有其他财产权利所不具有的特性，不能被其他财产权利包含，所以是一项独立的民事财产权利。但也必须注意到，继承人所享有的继承权不仅指向民事权利，也可能会包括诉讼权利，如《民事诉讼法》第153条、第154条规定，被继承人死亡后，其诉讼的权利可由继承人承接或放弃。

2.继承权的主体只能是被继承人法定继承人范围之内的自然人。其一，继承权的主体只能是自然人，也只有自然人才能成为继承人。《民法典》第124条、第1120条确定并保护自然人的继承权。其他非自然人而取得遗产的民事主体不能称为继承人，例如，被继承人通过遗嘱指定某村委会取得其遗产，该村委会为受遗赠人，村委会享有的取得遗产的权利为受遗赠权，而非继承权。其二，继承人只能是法定继承人范围之内的自然人。被继承人如果通过遗嘱指定法定继承人之外的自然人取得其遗产，该自然人被称为受遗赠人，享有受遗赠权（《民法典》第1133条第3款）。继承人之外的人因为扶养关系而依《民法典》第1131条取得遗产，为酌分遗产人，其享有的是请求适当分得遗产的权利，该权利不是继承权。其三，法定继承人范围内的自然人依遗嘱指定取得遗产的权利为遗嘱继承权，依法律直接规定取得遗产的权利为法定继承权。

第二节　继承权的取得、放弃、丧失和保护

一、继承权的取得

继承权依据取得根据的不同而分为法定继承权和遗嘱继承权。

（一）法定继承权的取得

法定继承权，是指法定继承人依据法律的直接规定而享有的取得遗产的权利。法律的直接规定，是指法律通过规定继承人的范围和顺序而确定继承人的继承权。法定继承权的取得取决于两个法律事实：一是被继承人死亡；二是被继承人死亡时有法定继承人。根据《民法典》第1127~1129条的规定，法定继承人是被继承人一定范围内的亲属，包括了配偶、近血亲（包括自然血亲和拟制血亲）以及有扶养关系的姻亲。被继承人死亡后，顺序在先的法定继承人取得继承权。

（二）遗嘱继承权的取得

遗嘱继承权基于被继承人的遗嘱指定。被继承人可以通过遗嘱来指定继承人、指定继承份额或具体遗产的取得，法定继承人因被继承人的意思而取得遗产的权利为遗嘱继承权。遗嘱继承权的取得也取决于两个法律事实：一是被继承人死亡；二是被继承人生前立有合法有效的遗嘱指定了继承人。

法定继承人范围以外的自然人、集体或者国家根据被继承人遗嘱或遗赠扶养协议取得遗产的权利为受遗赠权。受遗赠权的取得需要满足三个条件：一是被继承人生前订立有效遗嘱或签订遗赠扶养协议且扶养人履行了约定的扶养义务；二是被继承人死亡；三是受遗赠人在法定期限内表示接受遗赠。

二、继承权的放弃

我国实行法定的当然继承制度，继承人取得继承权并不需要表示接受继承，满足法律规定的法律事实即可取得继承权。继承开始后，享有继承期待权的继承人自动取得继承权，如不愿接受继承则需作出放弃继承权的表示。没有表示放弃继承的，则推定为接受继承。根据《民法典》第1124条第1款的规定，继承人应按照如下方式放弃继承。

（一）放弃继承权的时间

继承人放弃继承应在继承开始后，遗产处理前。继承开始之前，继承人享有的是继承期待权，该权利不具有客观确定性，所以无法放弃。只有在继承开始后，继承人才能放弃继承既得权。放弃继承权，还应该在遗产处理之前。遗产处理前，继承人对遗产享有的是继承权；遗产处理后，继承人对遗产享有的是所有权。“遗产分割后表示放弃的不再是继承权，而是所有权。”［《继承编解释（一）》第35条］因此，继承人应在继承开始后遗产处理前作出放弃继承的意思表示。由于立法并未规定遗产处理的期限，按照我国民众的继承习惯，遗产分割可能会在继承开始的若干年之后，因此放弃继承权的期限是不确定的。

（二）放弃继承权的方式

《民法典》仅规定继承人应以书面形式作出放弃继承的表示。依据法理和最高人民法院的司法解释，放弃继承权应注意：

1.放弃继承权不需得到他人的同意。

放弃继承权的行为是单方法律行为，作出该意思表示即可放弃继承权，不需要其他继承人、遗产管理人或法院的同意。但为处理遗产的方便，放弃继承权的意思表示应向其他继承人、遗产管理人或人民法院作出。依《民法典》关于遗产管理人职责的规定，以及《继承编解释（一）》第33条和第34条的规定，继承人放弃继承的意思表示应以书面形式向遗产管理人或者其他继承人作出，也可以在诉讼中向人民法院作出。

2.放弃继承权应以书面形式作出。

书写放弃的声明、在遗产处理的协议文书中写明放弃继承权的内容、公证机关将放弃继承的意思表示制作的公证文书等均属于以书面形式作出。根据《继承编解释（一）》第34条，在诉讼中，继承人向人民法院以口头方式表示放

弃继承的，要制作笔录，由放弃继承的人签名。

3.放弃继承权不能部分接受、部分放弃。

放弃继承权的后果是从继承一开始就不享有继承权，因此放弃继承权是整体地对继承人法律地位的放弃，而不能放弃这部分遗产而接受另一部分遗产。同样地，继承人表示放弃继承但指明自己的应继份由其他人取得，这种转让遗产份额的行为也不是放弃继承权，继承人放弃继承权后对遗产不享有处分的权利，遗产依遗嘱或依法律直接规定处理。另外，放弃继承权是对个人财产权利的放弃，不得以不承担法定义务为条件，例如，以将来不赡养父亲为条件放弃对母亲遗产的继承权，以将来不抚养子女为条件放弃对配偶遗产的继承权，如果附有此类条件，视为未附条件。但是，如果继承人既享有遗嘱继承权，又享有法定继承权，单独放弃遗嘱继承权或法定继承权不属于部分接受部分放弃。

4.监护人一般不得代为放弃继承权。

监护人的职责是代理被监护人实施民事法律行为，保护被监护人的人身权利、财产权利以及其他合法权益等。被监护人享有的继承权是其无偿取得遗产的依据，而我国实行法定限定继承制度（《民法典》第1161条），继承权是一项纯受益的财产权利，监护人不得代为放弃。《民法典》第35条第1款规定："监护人应当按照最有利于被监护人的原则履行监护职责。监护人除为维护被监护人利益外，不得处分被监护人的财产。"

（三）放弃继承权的法律效力

依《继承编解释（一）》第37条规定，放弃继承权的效力追溯到继承开始的时间。也即从继承开始该继承人就没有继承权，处理遗产时不再考虑该继承人。继承人不能取得遗产，但对被继承人依法应当缴纳的税款和债务也可以不负清偿责任（《民法典》第1161条第2款）。遗嘱继承人放弃遗嘱继承权的，遗产中的有关部分按照法定继承办理（《民法典》第1154条）。法定继承人放弃法定继承权的，被继承人的遗产依法由其他法定继承人取得。

与继承权的放弃不同，受遗赠人有两种方式可以放弃受遗赠权：其一，在知道受遗赠后60日内，作出放弃受遗赠的意思表示；其二，到期没有表示的，视为放弃受遗赠。受遗赠人放弃受遗赠的，遗产中的有关部分按照法定继承办理（《民法典》第1124条）。

三、继承权的丧失

（一）继承权丧失的概念和特点

继承权丧失是有继承资格的人因有法律规定的违法行为而依法丧失继承资格。我国的继承权丧失具有如下特点：

1.丧失的继承权既可能是继承期待权也可能是继承既得权，主要是指继承人的继承资格被依法剥夺。在继承开始之前丧失的是继承期待权，例如，故意杀害被继承人未遂，导致继承人丧失继承期待权；继承开始后丧失的是继承既得权，例如，继承开始后，为争夺遗产杀害其他继承人，将丧失继承既得权。

2.继承权的丧失是一种民事制裁，针对的是法律明文规定的违法行为，其后果是直接丧失继承的权利。丧失继承权不同于被继承人通过遗嘱取消其继承权，也不同于因过错而分配遗产时少分或不分遗产，法律规定绝对丧失继承权的情形下即使被继承人宽恕也必然丧失。但若没有实施法定的违法行为，也不能因为继承人的行为具有违法性或违反道德伦理而剥夺继承人的继承权。

3.继承权丧失的规则适用于法定继承和遗嘱继承，也适用于遗赠的情形，受遗赠人有《民法典》第1125条第1款规定的行为的，丧失受遗赠权（《民法典》第1125条第3款）。

（二）继承权丧失的法定情形

根据《民法典》第1125条第1款的规定，继承人有下列行为之一的将丧失继承权：

1.故意杀害被继承人。

故意杀害被继承人是严重的刑事犯罪行为，理应丧失继承权。关于此种情形有两点需要注意：（1）必须是故意杀害，有杀害被继承人的故意即可，不考虑其动机或目的，因过失行为致被继承人死亡并不导致继承权丧失；（2）无论杀害被继承人的犯罪行为既遂还是未遂，继承人只要有故意杀害被继承人的行为均丧失继承权［《继承编解释（一）》第7条］。

2.为争夺遗产而杀害其他继承人。

杀害他人均为严重犯罪，但要导致继承人丧失继承权，需要注意如下四点：（1）继承人杀害的是其他继承人，被杀害者是继承顺序在前或者与杀人者同一继承顺序的法定继承人，或者是遗嘱指定的继承人；（2）继承人杀害其他继承人是为了争夺遗产，而不是因为其他纠纷；（3）杀害其他继承人的时间可能是在继承开始之前，也可能是在继承开始之后；（4）继承人为争夺遗产杀害其他继承人的行为无论既遂还是未遂，均导致该继承人丧失对被继承人的继承权。

3.遗弃被继承人，或者虐待被继承人情节严重。

遗弃，是指有扶养能力的人，对其负有扶养义务又需要其扶养的无独立生活能力的被继承人拒绝履行扶养义务的行为。遗弃是严重违反亲属间法定义务的行为，无论继承人遗弃被继承人的行为是否造成严重后果，也无论其情节是否恶劣，继承人均应丧失继承权。

虐待，是指继承人经常以打骂、冻饿、禁闭、强迫过度劳动、有病不给治疗或其他方式摧残、折磨被继承人，给其精神上和身体上造成伤害的行为。虐待被继承人情节严重的行为将导致继承人丧失继承权。如何判定构成情节严重？《继承编解释（一）》第6条规定，可以从继承人实施虐待行为的时间长短、手段的恶劣程度、后果的严重性和社会影响大小等方面认定其虐待被继承人情节是否严重。只要继承人虐待被继承人情节严重，无论是否追究其刑事责任，均可确认其丧失继承权。

4.伪造、篡改、隐匿或者销毁遗嘱，情节严重。

伪造遗嘱，是指继承人以被继承人名义制作假遗嘱。篡改遗嘱，是指对被继承人遗嘱进行修改增减以改变原遗嘱内容。《民法典》第1143条认为伪造的遗嘱，以及遗嘱中篡改的内容不是被继承人的真实意思而无效。隐匿遗嘱，是指继承人明知被继承人订立了遗嘱而故意隐藏遗嘱；销毁遗嘱，是指继承人将被继承人生前遗嘱故意破坏毁灭。以上伪造、篡改、隐匿或者销毁遗嘱的行为通常都是为了使自己在继承中取得更多遗产，其行为严重违反了被继承人生前意愿，侵害了被继承人的遗嘱自由权以及其他继承人及受遗赠人的权利。继承人伪造、篡改、隐匿或者销毁遗嘱的行为情节严重的，依法丧失继承权。判断伪造、篡改、隐匿或者销毁遗嘱的行为是否构成情节严重，通常可以从行为的后果来判断，如非法获利或造成损害的大小。《继承编解释（一）》认为，若侵害了缺乏劳动能力又无生活来源的继承人的利益，并造成其生活困难的，应认定伪造、篡改、隐匿或者销毁遗嘱的行为情节严重。

5.以欺诈、胁迫手段迫使或者妨碍被继承人设立、变更或者撤回遗嘱，情节严重。

欺诈，是指故意告诉对方虚假情况，或者故意隐瞒真实情况，诱使对方作出错误的意思表示；胁迫，是指以给对方及其亲友的生命健康、荣誉名誉、财产等造成损害为要挟，迫使对方作出违背真实意思表示的行为。继承人为达到侵吞、多占遗产的目的，实施欺诈、胁迫行为迫使或者妨碍被继承人设立、变更或者撤回遗嘱，使被继承人在违背真实意思的情况下作出遗嘱处分或无法作出遗嘱处分，侵害了被继承人的遗嘱自由，损害了其他继承人或受遗赠人的权益。如果上述不法行为情节严重，继承人将依法丧失继承权。判断情节是否严重，可以从非法获利大小、造成他人权益受损后果等方面判断。

案例分析　能力训练

（三）被继承人宽恕对继承权丧失的影响

《民法典》第1125条第1款所列的5项导致继承权丧失的情形中，有第1项和第2项行为的继承人依法绝对丧失继承权，即使被继承人嗣后表示宽恕原谅或者嗣后遗嘱指定该继承人的遗产份额，也无法恢复或重新赋予其继承权，这是因为第1项“故意杀害被继承人”和第2项“为争夺遗产而杀害其他继承人”都是非常严重的犯罪行为。根据《继承编解释（一）》第8条的规定，若继承人有上述第1项、第2项行为，而被继承人以遗嘱将遗产指定由该继承人继承的，可确认遗嘱无效，并确认该继承人丧失继承权。

但是继承人如果是有第3~5项行为，即“遗弃被继承人，或者虐待被继承人情节严重”“伪造、篡改、隐匿或者销毁遗嘱，情节严重”“以欺诈、胁迫手段迫使或者妨碍被继承人设立、变更或者撤回遗嘱，情节严重”，法律规定若继承人确有悔改表现，被继承人表示宽恕或者事后在遗嘱中将其列为继承人的，该继承人不丧失继承权。第3~5项行为虽然也都是严重的不法行为，但与第1项、第2项行为相比要轻微，同时考虑到继承人与受害人的亲属关系，为了维护家庭和睦并鼓励有过错的继承人改过自新，在继承人悔改且被继承人谅解宽恕的情况下，继承人不丧失继承权。

（四）继承权丧失的效力

1.当然丧失。

继承权的丧失不需要经人民法院确定或宣告，有法律规定丧失继承权的情形的，继承人当然丧失继承权。但是继承人之间因是否丧失继承权发生纠纷，诉讼到人民法院的，人民法院可判决确认继承人是否丧失继承权［《继承编解释（一）》第5条］。人民法院的判决确认不是继承人丧失继承权的必经程序。

2.不能代位继承。

继承人丧失继承权，不再享有对被继承人遗产的继承期待权和继承既得权。这种丧失是相对的，即仅针对特定的被继承人丧失继承权，但其对其他人的继承权不受影响。根据《继承编解释（一）》第17条的规定，继承人丧失继承权的，其直系晚辈血亲不得代位继承。这是因为代位继承人只能继承被代位人有权继承的遗产，被代位人丧失继承权的，代位继承人也无法代其位继承被继承人的遗产。

四、继承权的保护

《民法典》第1120条规定：“国家保护自然人的继承权。”继承权是依法取得被继承人遗产的财产性权利，继承权受到侵害的情形通常包括：否认继承人的继承权不分给其遗产，或没有继承权的人非法占有遗产拒不返还，或一部分继承人侵吞了应属于其他继承人的遗产等。继承权受侵害的继承人可以向人民法院请求保护其继承权。根据《民法典》第188条的规定，继承权受到侵害的继承人向人民法院请求保护继承权的诉讼时效期间为3年。诉讼时效期间自继承人知道或者应当知道继承权受到损害以及义务人之日起计算。但自继承权受到损害之日起超过20年的，人民法院不予保护；有特殊情况的，人民法院可以根据继承人的申请决定延长。

另外，继承人应取得的遗产的物权，从被继承人死亡时就发生效力。即使尚未完成动产交付或者不动产登记，其权利受到如下侵害的，继承人也可以通过请求保护物权获得救济：其一，无权占有不动产或者动产的，权利人可以请求返还原物。其二，妨害物权或者可能妨害物权的，权利人可以请求排除妨害或者消除危险。其三，造成不动产或者动产毁损的，权利人可以依法请求修理、重作、更换或者恢复原状。其四，侵害物权，造成权利人损害的，权利人可以依法请求损害赔偿，也可以依法请求承担其他民事责任［《物权编解释（一）》第8条］。

【本章主要法律规定】

《民法典》第1119～1125条

第三十一章 法定继承

本章主要内容提示

法定继承在被继承人无遗嘱或遗赠扶养协议，或出现《民法典》第1154条规定的情形时适用。与遗嘱继承相比，法定继承最重要的特征是继承人范围、继承顺序以及遗产分配的规则均由法律直接规定。

法定继承人的范围和顺序问题是继承法的基本问题之一。被继承人的配偶、近血亲和有扶养关系的特定姻亲为其法定继承人。被继承人死亡时，既有第一顺序又有第二顺序继承人的，第一顺序继承人为应召继承人。

代位继承是法定继承中“按支继承”观念的体现，代位继承人直接按照被代位人的继承顺序和应继份参与继承。与转继承的两次继承相区别，代位继承是一次继承。

法定继承人为数人时，需要遗产分配规则确定各继承人的法定应继份。酌分遗产权不是继承权，而是应召继承人之外因扶养关系而要求酌情分得遗产的请求权。

第一节 法定继承概述

一、法定继承的概念和特征

（一）法定继承的概念

法定继承，是指由法律直接规定继承人的范围、继承顺序以及遗产分配的基本规则的继承方式。由于法定继承的适用顺序在遗赠扶养协议和遗嘱之后，故法定继承有时也被称为无遗嘱继承。

（二）法定继承的特征

与遗嘱继承相比，法定继承最重要的特征是继承人范围、继承顺序以及遗产分配的规则均由法律直接规定。法定继承建立在严格的亲属身份关系上，并根据亲属的亲疏远近关系确定参与继承的先后顺序及遗产份额。我国的法定继承制度重视亲属身份关系，也重视亲属扶养关系，在遗产的分配规则上鼓励共同继承人协商一致处理遗产分割的问题。

二、法定继承的适用范围

根据《民法典》第1123条和第1154条的规定，继承开始后存在如下情形的适用法定继承。

（一）被继承人没有订立遗嘱和遗赠扶养协议

被继承人没有订立合法有效的遗嘱和遗赠扶养协议时，继承开始后继承人的范围、继承顺序以及遗产分配规则按法律的直接规定确定。

（二）遗嘱继承人放弃继承或者受遗赠人放弃受遗赠

被继承人虽然订立了遗嘱，但遗嘱继承人或受遗赠人放弃继承权或受遗赠权，依遗嘱本应由遗嘱继承人或受遗赠人取得的遗产份额，适用法定继承规则由其他继承人取得。

（三）遗嘱继承人丧失继承权或者受遗赠人丧失受遗赠权

被继承人虽然订立了遗嘱，但遗嘱继承人或受遗赠人因法定违法行为而丧失继承权或受遗赠权，遗嘱中指定由该遗嘱继承人或受遗赠人取得的遗产份额，适用法定继承规则由其他继承人取得。

（四）遗嘱继承人、受遗赠人先于遗嘱人死亡或者终止

被继承人虽然订立了遗嘱，但遗嘱继承人或受遗赠人先于被继承人死亡或者在法律上终止主体资格，由于代位继承并不适用于遗嘱继承，因此遗嘱中指定由该遗嘱继承人或受遗赠人取得的遗产份额，适用法定继承规则由法定继承人取得。

（五）有遗嘱无效部分所涉及的遗产

《民法典》第1143条规定，无民事行为能力人或者限制民事行为能力人所立的遗嘱，受欺诈、胁迫所立的遗嘱，伪造的遗嘱以及遗嘱中被篡改的内容无效。无效的遗嘱或遗嘱中无效部分所处置的遗产适用法定继承由继承人取得。

（六）有遗嘱未处分的遗产

被继承人虽然订立了有效遗嘱或遗赠扶养协议，但并未处理完全部遗产，遗嘱或遗赠扶养协议未处分的遗产处理亦适用法定继承规则。

第二节　法定继承人的范围和顺序

法定继承人的范围，是指适用法定继承时，何人可以作为继承人取得被继承人的遗产。法定继承人的顺序是法定继承人参加继承的先后顺序。法定继承人的范围和顺序问题是继承法的基本问题之一。

一、法定继承人的范围

法定继承人包括第一顺序和第二顺序的继承人，也包括依法可以代位继承的代位继承人。我国的法定继承人都是被继承人的亲属。依据《民法典》第1045条第1款的规定，亲属包括配偶、血亲和姻亲。法定继承人都是亲属，但亲属并不都是继承人，只有配偶、近血亲和有扶养关系的特定姻亲才是继承人。

（一）配偶

配偶之间互为继承人。依据现行法律，男女双方完成结婚登记，即确立婚姻关系，产生配偶的身份关系。配偶双方完成离婚登记，或者离婚判决书、调解书生效，婚姻关系即行解除，配偶身份关系消灭。在婚姻关系存续期间，一方死亡，另一方享有法定继承权。

但社会生活中存在符合结婚的条件且以夫妻名义共同生活的男女双方，没有办理结婚登记的情形。在这种情形下，一方死亡，另一方以配偶身份主张享有继承权的，按最高人民法院《关于适用〈中华人民共和国民法典〉婚姻家庭编的解释（一）》[以下简称《婚姻家庭编解释（一）》]第7条的原则处理，即在1994年2月1日民政部《婚姻登记管理条例》公布实施以前，男女双方已符合结婚的实质要件并以夫妻名义同居生活的，双方关系按事实婚姻处理，一方死亡另一方可以配偶身份参加继承；1994年2月1日以后，男女双方符合结婚实质要件并以夫妻名义同居生活的，如未补办结婚登记，双方关系按同居关系处理，互不享有配偶的法定继承权。

（二）近血亲

依据《民法典》第1045条第2款的规定，配偶、父母、子女、兄弟姐妹、祖父母、外祖父母、孙子女、外孙子女为近亲属。除配偶外，我国

《民法典》中规定的近亲属均为近血亲。能够成为法定继承人的近血亲除上述被继承人近亲属之外，还包括被继承人子女的其他直系晚辈血亲，以及被继承人兄弟姐妹的子女(《民法典》第1128条)。血亲包括自然血亲和法律拟制血亲，前者是指具有自然的血缘联系的血亲，无论兄弟姐妹是全血缘还是半血缘关系，也无论子女是否出生在婚姻关系之中；后者是指没有相应的自然血缘联系但法律赋予其相应的亲属权利义务而产生的血亲关系，如因收养而形成的养父母子女关系、继父母与受其抚养教育的继子女之间关系等。

1.父母子女。

父母子女是最近的直系血亲，《民法典》第1070条规定了“父母和子女有相互继承遗产的权利”。依据《民法典》的相关规定，被继承人的生父母和养父母，被继承人的婚生子女、非婚生子女和养子女均是其法定继承人；受被继承人抚养教育的继子女，抚养教育被继承人的继父母为被继承人的法定继承人。

需要注意的是：其一，《婚姻家庭编解释(一)》第40条认为“婚姻关系存续期间，夫妻双方一致同意进行人工授精，所生子女应视为婚生子女，父母子女间的权利义务关系适用民法典的有关规定”。故双方一致同意进行人工授精所生子女即使与其父亲并无自然的血缘联系，但仍然是其父亲的法定继承人。其二，养子女在被收养后，与其养父母互为法定继承人，与其生父母不再互为法定继承人。

2.兄弟姐妹。

兄弟姐妹是最近的旁系血亲，被继承人的全血缘和半血缘的兄弟姐妹、养兄弟姐妹均是其法定继承人。全血缘兄弟姐妹是指同父同母的兄弟姐妹，半血缘兄弟姐妹是指同父异母或同母异父的兄弟姐妹。“养子女与生子女之间、养子女与养子女之间，系养兄弟姐妹”，但“被收养人与其亲兄弟姐妹之间的权利义务关系，因收养关系的成立而消除，不能互为第二顺序继承人”[《继承编解释(一)》第12条]。

3.祖父母、外祖父母。

《民法典》未界定祖父母、外祖父母，但依据《民法典》第1111条第1款的规定，被继承人的生父母之生父母或养父母，或者养父母之生父母或养父母为被继承人的法定继承人。

4.子女的直系晚辈血亲。

所谓直系晚辈血亲，是指己身所出的血亲，己身的子女、孙子女、外孙子女、曾孙子女等均为己身的直系晚辈血亲。被继承人子女的直系晚辈血亲作为代位继承人，不受辈数的限制。

5.兄弟姐妹的子女。

兄弟姐妹的子女即被继承人的侄子女和外甥子女。依据《民法典》第1127条第3款和第5款的规定，被继承人同父母、同父异母或者同母异父的兄弟姐妹，养兄弟姐妹，有扶养关系的继兄弟姐妹的婚生子女、非婚生子女、养子女和有扶养关系的继子女是代位继承人。

(三)有扶养关系的特定姻亲

姻亲是以婚姻为中介而形成的亲属关系，可分为直系姻亲和旁系姻亲，前者如公婆与儿媳、岳父母与女婿、继父母与继子女，后者如继兄弟姐妹等。在我国的亲属制度中，姻亲之间的权利义务关系很少，单纯的姻亲也不是法定继承人，但有扶养关系的特定姻亲可依法成为继承人。

1.有扶养关系的继父母、有扶养关系的继子女。

继父母子女关系是配偶一方和配偶另一方与前配偶所生子女之间的关系，该方配偶为继父母，另一方配偶与前配偶所生子女为继子女，继父母子女互为直系姻亲关系。依据《民法典》第1127条第3款、第4款的规定，有扶养关系的继父母与生父母、养父母一样是被继承人的法定继承人；有扶养关系的继子女与婚生子女、非婚生子女、养子女一样是被继承人的法定继承人。

这里要注意三点。其一，被继承人生前与其继父母或继子女之间存在扶养关系，这种扶养关系既包括被继承人扶养对方，也包括被对方扶养的情形。也就是说，有扶养关系的继父母子女关系比《民法典》第1072条第2款规定的继父母和受其抚养教育的继子女关系范围更广，后者是《民法典》规定的拟制血亲，限于继父母抚养教育继子女的情形。其二，被继承人生前与继父母或继子女的姻亲关系存在。如果被继承人生前与有扶养关系的继父母或继子女已经终止姻亲关系，相互不再是继父母子女关系，也不能互为对方的法定继承人。例如，继父母一方曾抚养过继子女，但后来继父母一方与继子女的生父母一方离婚，作为姻亲关系中介的婚姻关系因离婚而终止，姻亲关系亦随之解除，二人之间不再是继父母子女关系，亦不再是对方的法定继承人。其三，继父母继承了继子女的遗产，或继子女继承了继父母的遗产，不影响其继承自己生子女或生父母的遗产［《继承编解释（一）》第11条］。

2.有扶养关系的继兄弟姐妹。

继兄弟姐妹，是指继子女与继父母的生子女、养子女之间的相互关系。继兄弟姐妹之间是旁系姻亲关系，相互之间本来没有继承权，但如果继兄弟姐妹之间有扶养关系，则可互为法定继承人。

3.对公婆、岳父母尽了主要赡养义务的丧偶儿媳、女婿。

《民法典》第1129条规定："丧偶儿媳对公婆，丧偶女婿对岳父母，尽了主要赡养义务的，作为第一顺序继承人。"儿媳与公婆、女婿与岳父母本是直系姻亲关系，相互没有继承权。但是，儿媳、女婿在丧偶后对公婆、岳父母尽到主要赡养义务的，为公婆、岳父母的法定继承人。这里注意两点：其一，姻亲关系在中介婚姻关系因离婚而终止时会随之解除，但并不会在中介婚姻关系因一方死亡而终止时随之解除，因此无论丧偶儿媳、女婿是否再婚，均有权依照《民法典》第1129条的规定作为第一顺序继承人参加继承，其与公婆和岳父母依然具有姻亲关系［《继承编解释（一）》第18条］。其二，丧偶儿媳、女婿对公婆、岳父母尽到主要赡养义务，主要是指在丧偶后，儿媳、女婿对公婆、岳父母的生活提供了主要经济来源，或在劳务等方面给予了主要扶助［《继承编解释（一）》第19条］。

二、法定继承的顺序

法定继承的顺序，是指法定继承人继承遗产的先后次序，通常根据法定继承人与被继承人的亲疏远近关系来确定。《民法典》第1127条第1款规定的法定继承顺序有二，即只有两个固定继承顺序，第一顺序继承人先参加继承，没有第一顺序的继承人或者第一顺序继承人放弃继承或丧失继承权的，第二顺序继承人才能参加继承。

继承开始后，实际参加继承的继承人为应召继承人。应召继承人是指继承开始后取得继承既得权，能实际取得遗产的法定继承人。当被继承人死亡时，既有第一顺序又有第二顺序继承人的，第一顺序继承人为应召继承人，没有第一顺序继承人的，第二顺序继承人为应召继承人。

（一）第一顺序

被继承人的配偶、子女、父母为其第一顺序的法定继承人。根据《民法典》的规定，这里所指"子女"包括了婚生子女、非婚生子女、养子女和有扶养关系的继子女；"父母"则包括生父母、养父母和有扶养关系的继父母。

被继承人的子女先于被继承人死亡的，被继承人子女的直系晚辈血亲代其位取得被继承人的遗产，被继承人子女的直系晚辈血亲为代位继承人，在第一顺序参加继承。

对公婆、岳父母尽了主要赡养义务的丧偶儿媳、女婿，是独立的第一顺序的法定继承人，其参与继承不影响其子女代位继承。

（二）第二顺序

被继承人的兄弟姐妹、祖父母、外祖父母为其第二顺序的法定继承人。这里的"兄弟姐妹"包括同父母的兄弟姐妹、同父异母或者同母异父的兄弟姐妹、养兄弟姐妹、有扶养关系的继兄弟姐妹。

被继承人的兄弟姐妹先于被继承人死亡的，被继承人兄弟姐妹的子女代其位取得被继承人的遗产，被继承人兄弟姐妹的子女为代位继承人，在第二顺序参加继承。

第三节 代位继承

一、代位继承的概念和特征

《民法典》第1128条规定了代位继承制度，“被继承人的子女先于被继承人死亡的，由被继承人的子女的直系晚辈血亲代位继承。被继承人的兄弟姐妹先于被继承人死亡的，由被继承人的兄弟姐妹的子女代位继承。代位继承人一般只能继承被代位继承人有权继承的遗产份额”。

（一）概念

代位继承，是指被继承人的子女先于被继承人死亡的，其子女的直系晚辈血亲代替被继承人的子女参加继承，或者被继承人的兄弟姐妹先于被继承人死亡的，其兄弟姐妹的子女代替被继承人的兄弟姐妹参加继承的制度。代位继承中，先于被继承人死亡的继承人为被代位继承人或被代位人，代替被代位人继承遗产的人为代位继承人。

（二）特征

1.代位继承人按照被代位人的继承顺序和应继份参加继承。

被继承人的子女先于被继承人死亡的，其直系晚辈血亲代其位作为第一顺序继承人参加继承，而被继承人的兄弟姐妹先于被继承人死亡的，其子女代其位作为第二顺序继承人参加继承。代位继承人为数人时，数名代位继承人一般只能共同取得被代位人的应继份。这是因为代位继承在实质上属于按支继承，被继承人的遗产被按支分配，某继承人先亡故而不能取得遗产时，该继承人的直系晚辈血亲代其位取得该继承人有权取得的那一“支”的遗产份额。

2.代位继承人直接继承被继承人的遗产。

代位继承是一次继承。被继承人死亡后，代位继承人直接取得被继承人遗产，并不存在先由被代位人取得遗产再由代位继承人从被代位人处取得的情形。这也是代位继承与转继承的最大区别。转继承中发生了两次继承，被继承人死亡时发生一次继承，被转继承人死亡时又发生一次继承，而代位继承只有一次继承。《民法典》第1152条规定：“继承开始后，继承人于遗产分割前死亡，并没有放弃继承的，该继承人应当继承的遗产转给其继承人，但是遗嘱另有安排的除外。”除代位继承是一次继承，而转继承是两次继承之外，代位继承与转继承还存在如下区别：

（1）代位继承发生的前提是被代位人先于被继承人死亡，但转继承的发生前提是被转继承人死于被继承人死亡后。

（2）代位继承人的范围比较狭窄，只限于被继承人子女的直系晚辈血亲和被继承人兄弟姐妹的子女，但转继承人可以是被转继承人的所有应召继承人，不限于其直系晚辈血亲。

（3）代位继承只能发生在法定继承中，但转继承可以发生在法定继承和遗嘱继承中。

二、代位继承的条件

（一）发生的原因

代位继承只能发生在法定继承中，且只有两种血亲继承适用。第一种是第一顺序的法定继承人继承时，被继承人的子女先于被继承人死亡的，被继承人的子女的直系晚辈血亲可以代位继承。第二种是第二顺序的法定继承人继承时，被继承人的兄弟姐妹先于被继承人死亡的，被继承人的兄弟姐妹的子女可以代位继承。

（二）被代位继承人

1.被继承人的子女。

被继承人的子女可以是被继承人的婚生子女、非婚生子女、养子女以及有扶养关系的继子女。

2.被继承人的兄弟姐妹。

被继承人的兄弟姐妹可以是被继承人同父同母的兄弟姐妹、同父异母或同母异父的兄弟姐妹、养兄弟姐妹以及有扶养关系的继兄弟姐妹。

（三）代位继承人

1.被继承人子女的直系晚辈血亲。

被继承人子女的直系晚辈血亲作为代位继

承人，不受辈数的限制，被继承人的孙子女、外孙子女、曾孙子女等均可作为代位继承人。例如，被继承人的女儿A先于其死亡，A育有B，继承开始前B亦已死亡，B留有儿子C和女儿D。那么C和D可以作为A的代位继承人继承被继承人的遗产。

另外，《继承编解释（一）》第15条规定："被继承人的养子女、已形成扶养关系的继子女的生子女可以代位继承；被继承人亲生子女的养子女可以代位继承；被继承人养子女的养子女可以代位继承；与被继承人已形成扶养关系的继子女的养子女也可以代位继承。"也就是说，被继承人子女的直系晚辈血亲是其具有自然血缘联系的直系晚辈血亲或因收养而形成的直系晚辈血亲。

2.被继承人兄弟姐妹的子女。

被继承人兄弟姐妹的子女即被继承人的侄子女和外甥子女，也即被继承人的兄弟姐妹的婚生子女、非婚生子女、养子女和有扶养关系的继子女是代位继承人。

案例分析　能力训练

（四）被代位人没有丧失继承权

根据《民法典》第1128条第3款的规定，由于代位继承人只能继承被代位继承人有权继承的遗产份额，所以如果被代位人因丧失继承权而无权继承，代位继承人无位可代，代位继承就不能发生了。《继承编解释（一）》第17条也表明，"继承人丧失继承权的，其晚辈直系血亲不得代位继承"。

第四节　法定继承中的遗产分配

一、法定继承的遗产分配规则

遗产分配的基本规则是解决法定继承人为数人时如何在继承人之间确定遗产份额问题的法律依据，即确定法定应继份的法律依据。所谓法定应继份，是指继承人依法取得遗产的一定比例。《民法典》第1130条对遗产在继承人中分配的规则规定如下："同一顺序继承人继承遗产的份额，一般应当均等。对生活有特殊困难又缺乏劳动能力的继承人，分配遗产时，应当予以照顾。对被继承人尽了主要扶养义务或者与被继承人共同生活的继承人，分配遗产时，可以多分。有扶养能力和有扶养条件的继承人，不尽扶养义务的，分配遗产时，应当不分或者少分。继承人协商同意的，也可以不均等。"因此，我国法定应继份的分配规则如下。

（一）同一顺序继承人继承遗产的份额均等

我国法律对同一顺序的继承人不分配偶还是血亲，也不论辈分高低，实行按继承人的人数均分的原则。也就是说，同一继承顺序的继承人的法定应继份原则上是相同的。继承开始后，如果有继承人放弃继承或丧失继承权，其他有继承权的继承人的应继份相应增加。

（二）依法可不均等分配的情况

1.对生活有特殊困难又缺乏劳动能力的继承人，分配遗产时，应当予以照顾。此处的继承人也包括代位继承人。对生活有特殊困难，又因年老、年幼、残疾而缺乏劳动能力的继承人予以照顾，体现了法定继承制度的扶养职能。

2.对被继承人尽了主要扶养义务或者与被继承人共同生活的继承人，分配遗产时，可以多分（《民法典》第1130条第3款）。

3.有扶养能力和有扶养条件的继承人，不尽扶养义务的，分配遗产时，应当不分或者少分。但也要注意区分：继承人有扶养能力和扶养条件，愿意尽扶养义务，但被继承人因有固定收入和劳动能力，明确表示不要求其扶养的，分配遗产时，一般不应因此而影响其继承份额［《继承编解释（一）》第22条］。

（三）依继承人间协议可不均等分配

法律鼓励继承人互谅互让、和睦团结地协商处理继承问题。继承人协商同意的，遗产也可以不均等分配。但应注意协议不均等分配是全体继承人一致同意的结果，不适用少数服从多数的规则。

二、对继承人以外的人酌情分配遗产的特殊规则

《民法典》第1131条规定了酌情分配遗产的情形，“对继承人以外的依靠被继承人扶养的人，或者继承人以外的对被继承人扶养较多的人，可以分给适当的遗产”。

（一）酌分遗产的概念

酌分遗产也称酌情分配遗产，是指将遗产酌情分给应召继承人以外依靠被继承人扶养或者对被继承人扶养较多的人。因依靠被继承人扶养或对被继承人扶养较多而分得部分遗产的人是酌分遗产人，其享有的请求酌情分得遗产的权利为酌分遗产权。

（二）酌分遗产的规则

1.酌分遗产只适用于法定继承的情形，不适用于遗嘱继承的情形。

2.酌分遗产人是应召继承人之外的，依靠被继承人扶养或者对被继承人扶养较多的人。这里需要注意两点：其一，酌分遗产人可以是应召继承人之外的法定继承人，如第二顺序的继承人或代位继承人，也可以是法定继承人之外的人，如非婚同居的伴侣、未办理收养登记的“事实收养”子女等；其二，酌分遗产人与被继承人之间有事实上的扶养关系，也即酌分遗产人实际上依靠被继承人扶养，或者酌分遗产人对被继承人扶养较多，而不考虑二者之间有无法定扶养义务。例如，被继承人有第一顺序的继承人参加继承，但被继承人有残疾的姐姐一直依靠被继承人扶养，该姐姐即可以作为酌分遗产人请求酌情分得遗产。

3.酌分遗产的数额是不确定的。其数额主要取决于酌分遗产人与被继承人之间的扶养程度以及应召继承人的情况。根据最高人民法院的司法解释，酌分遗产的数量按具体情况可多于或少于继承人。如被继承人没有继承人也没有受遗赠人，遗产依法归国家或者集体所有制组织所有时，酌分遗产人提出取得遗产的诉讼请求，人民法院应当视情况适当分给遗产。

4.酌分遗产权不是继承权，而是请求分得遗产的权利，故其应该在被继承人遗产分割时提出请求酌情分配遗产，或者遗产因无人继承又无人受遗赠归国家或者集体所有制组织所有时提出请求酌情分配遗产［《继承编解释（一）》第41条］。酌分遗产人依法取得被继承人遗产的权利受到侵犯时，本人有权以独立的诉讼主体的资格向人民法院提起诉讼，请求保护［《继承编解释（一）》第21条］。但明知遗产分割而未提出请求，或不知遗产分割而未提出并超出诉讼时效期间的，不予保护。

【本章主要法律规定】

《民法典》第1126～1132条

第三十二章
遗嘱继承和遗赠

本章主要内容提示

遗嘱继承在适用上优先于法定继承，其发生需要两个法律事实：被继承人死亡；被继承人生前订立了有效遗嘱。

遗嘱人可指定继承人、受遗赠人及其遗产份额，也可以取消法定继承人的继承权，但受到必留份的限制。遗嘱为要式法律行为，法律仅承认六种遗嘱形式：自书遗嘱、代书遗嘱、打印遗嘱、录音录像遗嘱、口头遗嘱和公证遗嘱。遗嘱订立后遗嘱人可随时撤回、变更自己所立遗嘱，数份遗嘱相互冲突时以最后的遗嘱为准。合法订立的遗嘱在遗嘱人死亡时生效。欠缺有效要件的遗嘱自始无效。有效的遗嘱可能因法定情形的出现而不生效。

遗赠是遗嘱处分的一种，与遗嘱继承的主要区别在于受遗赠人不具有法定继承人身份。遗赠扶养协议的效力优先于遗嘱继承和遗赠，与遗赠不同，遗赠扶养协议是有偿的双方法律行为。

第一节　遗嘱继承概述

一、遗嘱继承的概念

遗嘱继承，是指按照被继承人生前遗嘱，由其指定的继承人取得遗嘱确定的遗产份额的继承方式。生前订立遗嘱的被继承人是遗嘱人。遗嘱中指定有权取得遗产的法定继承人之中的人是遗嘱继承人。遗嘱继承在适用上优先于法定继承。遗嘱继承具有如下法律特征：

其一，遗嘱继承的发生需要两个法律事实：一是被继承人死亡，二是被继承人生前订立了有效遗嘱。

其二，遗嘱继承在适用上优先于法定继承，但是，如果还另有遗赠扶养协议，则优先适用遗赠扶养协议。

其三，遗嘱继承人均为法定继承人范围之内的人，但不受法定继承顺序和法定应继份的限制，由遗嘱指定的继承人取得遗嘱确定的应继份。

其四，遗嘱继承不适用代位继承。遗嘱指定的继承人先于遗嘱人死亡的，遗嘱的这部分不生效，所涉及的遗产按法定继承处理。

二、遗嘱继承的适用条件

遗嘱继承在具备下列条件时适用：

1.被继承人生前订立合法有效遗嘱。

被继承人生前依照法律规定的遗嘱有效要件要求订立了遗嘱，这是适用遗嘱继承的首要条件。下列遗嘱因不具备有效要件而不能适用：无民事行为能力人或者限制民事行为能力人所立的遗嘱；受欺诈、胁迫所立的遗嘱；伪造的遗嘱；遗嘱中被篡改的内容（《民法典》第1143条）。

2.遗嘱人死亡。

遗嘱人死亡时继承开始，这是遗嘱的生效要件。

3.没有遗赠扶养协议或遗嘱未与遗赠扶养协议抵触。

根据《民法典》第1123条的规定，继承开始后有遗嘱的，按照遗嘱继承或者遗赠办理，但有遗赠扶养协议的，按照协议办理。《继承编解释（一）》第3条也明确如果被继承人的遗赠扶养协议与其遗嘱有抵触，按协议处理，与协议抵触的遗嘱全部或部分无效。

4.遗嘱继承人未放弃继承，也未丧失继承权。

遗嘱继承人放弃继承或丧失继承权，遗嘱中指定其为继承人的部分不生效。

5.遗嘱人先于遗嘱继承人死亡。

代位继承不适用于遗嘱继承，如遗嘱指定的继承人先于遗嘱人死亡，遗嘱中指定其为继承人的部分不生效。

第二节　遗　　嘱

一、遗嘱的概念和特征

（一）遗嘱的概念

遗嘱是自然人生前对个人财产进行处分并于其死亡后生效的单方民事法律行为。遗嘱处分的方式有三种：一是遗嘱继承，二是遗赠，三是设立遗嘱信托。依据《民法典》第1133条第2款、第3款的规定，自然人立遗嘱将个人财产指定由法定继承人中的一人或者数人继承的是遗嘱继承；自然人立遗嘱将个人财产赠与国家、集体或者法定继承人以外的组织、个人是遗赠。自然人可以依法设立遗嘱信托，即通过遗嘱的形式设立的信托。

以遗嘱形式设立的信托，既要符合《民法典》对遗嘱有效要件和生效要件的规定，又要符合《信托法》的规定才能产生法律效力。所谓信托，是指委托人基于对受托人的信任，将其财产权委托给受托人，由受托人按委托人的意愿以自己的名义，为受益人的利益或者特定目的，进行管理或者处分的行为（《信托法》第2条）。遗嘱人设立遗嘱信托，只能采用书面遗嘱形式，也即只能通过自书遗嘱、代书遗嘱、打印遗嘱以及公证遗嘱的形式设立信托（《信托法》第8条）。由于遗嘱是单方民事法律行为，故以遗嘱形式设立信托的，受托人承诺信托时信托方能成立。如果遗嘱指定的人拒绝担任信托受托人，或者无担任受托人能力的，除遗嘱对选任受托人另有指示之外，由受益人另行选任受托人；受益人为无民事行为能力人或者限制民事行为能力人的，依法由其监护人代行选任（《信托法》第13条）。

（二）遗嘱的特征

1.遗嘱是单方民事法律行为。

根据《民法典》第134条、第138条的规定，遗嘱是无相对人的单方民事法律行为，遗嘱按照法律规定的形式和要件订立后即成立，无须他人了解更不需要他人同意。遗嘱的这一特征也决定了遗嘱人在死亡前可以随时随意变更、撤回其遗嘱处分。

2.遗嘱于遗嘱人死亡时生效。

遗嘱属于终意处分行为，在遗嘱人死亡前其均有权撤回、变更其遗嘱处分，所以即使是符合法律规定成立的遗嘱也不能于成立时生效，须继承开始后遗嘱方能执行。故根据《民法典》第136条、第138条、第1121条第1款的规定，遗嘱于符合有效要件完成时成立，于遗嘱人死亡时生效。

3.遗嘱不得代理。

为确保遗嘱是被继承人的真实意愿，根

据《民法典》第1134~1139条规定的遗嘱形式要件要求，遗嘱人应亲自订立遗嘱，不得由他人代理。

4.遗嘱是要式法律行为。

遗嘱属于《民法典》第135条规定的要式法律行为，《民法典》第1134~1139条规定了遗嘱形式要件，只有符合法律规定的六种形式的遗嘱才能有效成立。这是因为遗嘱生效执行时，遗嘱人已经死亡，故此必须要有严格的形式要件来保证其真实性。

（三）遗嘱自由及限制

遗嘱自由，是指遗嘱人可以通过遗嘱处分个人生前合法财产的自由，其可以指定继承人及其遗产份额，也可以取消法定继承人的继承权，还可以将个人财产赠与法定继承人之外的自然人、其他组织或国家，设定遗嘱负担，也可以随时撤回、变更其遗嘱。

但遗嘱自由也不是绝对的，遗嘱作为民事法律行为不能违反法律规定和公序良俗，同时《民法典》第1141条还通过必留份制度限制了遗嘱人的遗嘱自由。必留份，是指遗嘱应当为缺乏劳动能力又没有生活来源的继承人（又称“双缺继承人”）保留的必要的遗产份额。如果遗嘱人在遗嘱中未保留“双缺继承人”的遗产份额，根据《继承编解释（一）》第25条第1款，遗产处理时应当为该继承人留下必要的遗产，所剩余的部分才参照遗嘱确定的分配原则处理。这里注意三点：其一，判断继承人是否缺乏劳动能力又没有生活来源时，应按遗嘱生效时，而不是立遗嘱时该继承人的具体情况确定。其二，遗嘱中没有给缺乏劳动能力又没有生活来源的继承人保留必要的遗产份额并不会导致遗嘱无效，在遗嘱生效后，若有“双缺继承人”，则先为其保留必要遗产即可。其三，必留份的数额根据“双缺继承人”的需求保留，但一般不超过其法定应继份，也即不超过无遗嘱而法定继承时该继承人可以分到的遗产份额。

二、遗嘱的形式

遗嘱是要式法律行为，《民法典》第1134~1139条规定提供了六种遗嘱的形式，即自书遗嘱、代书遗嘱、打印遗嘱、录音录像遗嘱、口头遗嘱和公证遗嘱，并对每种遗嘱形式都提出了严格要求。遗嘱形式是遗嘱的有效要件，遗嘱未能按照法定形式订立的，不产生法律效力。

（一）自书遗嘱

《民法典》第1134条规定，“自书遗嘱由遗嘱人亲笔书写，签名，注明年、月、日”。自书遗嘱，也称为亲笔遗嘱，要求遗嘱人亲笔书写全部遗嘱内容，并在遗嘱上签名，注明遗嘱书写的时间，具体到日期，也即注明年、月、日。自书遗嘱的形式要求比较简单，无须他人帮助即可自行完成。根据《继承编解释（一）》第27条的规定，自然人在遗书中涉及死后个人财产处分的内容，确为死者真实意思的表示，有本人签名并注明了年、月、日，又无相反证据的，可按自书遗嘱对待。

（二）代书遗嘱

《民法典》第1135条规定，“代书遗嘱应当有两个以上见证人在场见证，由其中一人代书，并由遗嘱人、代书人和其他见证人签名，注明年、月、日”。遗嘱人若因不识字或因病不能亲自书写遗嘱，可以采用代书遗嘱的形式。代书遗嘱要求：其一，需要两个以上见证人在场见证。两个以上是指最少需要两名见证人；在场见证是指见证人必须在订立遗嘱的现场亲自见证订立遗嘱的过程。其二，遗嘱人口授遗嘱内容，在场的一名见证人书写记录其遗嘱内容，该名见证人（代书人）在记录完成后向遗嘱人和其他见证人宣读讲解。其三，经遗嘱人和其他见证人确认遗嘱内容无误后，由遗嘱人、代书人和其他见证人签名并注明订立遗嘱的年月日。

《民法典》第1140条对见证人提出了消极条件的要求，即明确规定了不能担任遗嘱见证人的情况，包括：（1）无民事行为能力人、限制民事行为能力人以及其他不具有见证能力的人。见证能力主要是指能够履行见证职责的能力，如能够表达、能够看见的能力。（2）继承人、受遗赠人。继承人和受遗赠人的利益与遗嘱的内容息息相关，法律将其列为不适格的见证人是为保证遗嘱是遗嘱人的真实意思表示。

(3)与继承人、受遗赠人有利害关系的人，包括继承人、受遗赠人的亲属、债权人、债务人，共同经营的合伙人等。这类人不能担任见证人的原因与继承人、受遗赠人不能担任见证人的原因相同，均为避免因利害关系而影响遗嘱的真实性。

（三）打印遗嘱

《民法典》第1136条规定，“打印遗嘱应当有两个以上见证人在场见证。遗嘱人和见证人应当在遗嘱每一页签名，注明年、月、日”。打印遗嘱是新的遗嘱形式，但在司法实践中多有出现。由于不是遗嘱人亲笔书写，容易被篡改，为确保其真实性，法律一方面承认打印遗嘱的效力，另一方面要求打印遗嘱需符合如下要求：其一，打印遗嘱需要两名以上见证人在场见证订立打印遗嘱的过程；其二，遗嘱人和见证人均应在打印遗嘱的每一页签名，并注明日期。

（四）录音录像遗嘱

《民法典》第1137条规定，“以录音录像形式立的遗嘱，应当有两个以上见证人在场见证。遗嘱人和见证人应当在录音录像中记录其姓名或者肖像，以及年、月、日”。由于智能手机的普及，不受书写能力和书写环境限制，在录音录像中口述遗嘱内容的遗嘱形式是比较方便的。但影像录音资料也容易被篡改，所以法律要求遗嘱人和见证人均需在录音录像中表明自己的姓名等身份信息以及录音录像的日期信息，录像中应出现遗嘱人和见证人的影像，以确保见证人是在场见证的。

（五）口头遗嘱

《民法典》第1138条规定，“遗嘱人在危急情况下，可以立口头遗嘱。口头遗嘱应当有两个以上见证人在场见证。危急情况消除后，遗嘱人能够以书面或者录音录像形式立遗嘱的，所立的口头遗嘱无效”。口头遗嘱属于特别遗嘱形式，无文字记载，全凭见证人证明，存在见证人记错记漏的可能性，且容易被篡改。故只有在无法订立其他形式遗嘱的危急情况下，遗嘱人才可以订立口头遗嘱。订立口头遗嘱应注意：

1.在危急情况下才能订立口头遗嘱。危急情况一般是指因遗嘱人生命垂危或者与外界联系隔绝等紧急情况，无法订立其他形式遗嘱的情况。

2.口头遗嘱需两名以上见证人在场见证。

3.口头遗嘱从危急情况消除，遗嘱人能够以任何其他法定形式订立遗嘱之日起无效。能够以任何其他法定形式订立遗嘱是指一种可能性，并不需要遗嘱人在危急情况解除后实际上以其他形式订立遗嘱。只要遗嘱人能够以其他形式订立遗嘱，原来所订立的口头遗嘱就失去效力了。

案例分析　能力训练

（六）公证遗嘱

《民法典》第1139条规定，“公证遗嘱由遗嘱人经公证机构办理”。公证机构按照法定程序证明遗嘱人设立遗嘱行为真实、合法的活动为遗嘱公证，经公证证明的遗嘱为公证遗嘱。较之其他遗嘱形式，公证遗嘱的要件要求是最严格的。自然人办理遗嘱公证，应经由公证机关依照《公证法》、《公证程序规则》以及《遗嘱公证细则》所规定的条件和程序办理。需要注意的是，遗嘱公证由立遗嘱人亲自申请办理，不得委托他人代理申办。遗嘱公证应当由两名公证人员共同办理，由其中一名公证员在公证书上署名。因特殊情况由一名公证员办理时，应当有一名见证人在场见证并在遗嘱和笔录上签名。有《民法典》第1140条所规定情形的人不能担任见证人。《民法典》虽未规定共同遗嘱，但两个以上的遗嘱人坚持申请办理共同遗嘱公证的，公证机关应引导其在共同遗嘱中明确遗嘱变更、撤销及生效的条件。

三、数份遗嘱内容的认定

根据《民法典》第1142条第3款，被继承人生前“立有数份遗嘱，内容相抵触的，以最后的遗嘱为准”。继承开始后，发现数份遗嘱，在确定哪些遗嘱内容生效的问题上，注意如下两点：其一，被继承人立有数份遗嘱，内容并不相互抵触的，各自执行不抵触的内容。例如，遗嘱人在第一份遗嘱中将动产处分给子女，第二份遗嘱中将不动产处分给配偶，两份遗嘱虽订立时间不同，但因内容不抵触，继承开始后均可生效执行。其二，数份内容相互抵触的遗嘱，最后订立的遗嘱视为对先前订立遗嘱内容的撤回，无论遗嘱的形式如何，合法有效的后一遗嘱内容在继承开始后生效并执行。

四、遗嘱无效与遗嘱不生效

遗嘱无效，是指遗嘱因欠缺有效要件而自始无法律约束力。遗嘱不生效，是指符合有效条件的遗嘱因某种客观原因而不能发生执行效力。因遗嘱无效或遗嘱不生效而未能处置的遗产适用法定继承制度。

（一）遗嘱的无效

遗嘱在遗嘱人生前订立，遗嘱人在订立遗嘱时应具有相应的行为能力，所立遗嘱应符合法律规定的形式，遗嘱内容是遗嘱人的真实意思表示的，遗嘱成立并有效。下列遗嘱因欠缺遗嘱的有效要件而自始无效：

1.缺乏遗嘱能力的人所立遗嘱无效。

《民法典》第1143条第1款规定，无民事行为能力人或者限制民事行为能力人所立的遗嘱无效。限制行为能力人所立遗嘱，不存在经其法定代理人同意或追认后有效的情形。《继承编解释（一）》第28条规定，遗嘱人立遗嘱时必须有行为能力。无行为能力人所立的遗嘱，即使其本人后来有了行为能力，仍属无效遗嘱。遗嘱人立遗嘱时有行为能力，后来丧失了行为能力，不影响遗嘱的效力。

2.遗嘱人意思表示不真实的遗嘱无效。

实施欺诈、胁迫行为迫使或者妨碍遗嘱人设立、变更或者撤回遗嘱，使被继承人在违背真实意思的情况下作出遗嘱处分的意思表示，不符合《民法典》第1143条第2款“遗嘱必须表示遗嘱人的真实意思”的规定。如下遗嘱因未表示遗嘱人真实意思而无效：(1)受欺诈、胁迫所立的遗嘱无效；(2)伪造的遗嘱无效；(3)遗嘱被篡改的，篡改的内容无效。

因欺诈、胁迫而实施的一般的民事法律行为，依据《民法典》第148~150条的规定，受欺诈或胁迫方可以请求撤销该行为，但因遗嘱行为的特殊性，《民法典》第1143条第2款规定，受欺诈、胁迫所立的遗嘱无效。伪造遗嘱是指继承人以被继承人名义制作假遗嘱，篡改遗嘱是指对被继承人遗嘱进行修改增减以改变原遗嘱，《民法典》第1143条认为伪造的遗嘱，以及遗嘱中篡改的内容不是被继承人的真实意思而无效。篡改的遗嘱并非全部无效，而是篡改的内容无效，遗嘱人原有遗嘱内容仍然是有效的。

3.遗嘱中处分了不属于自己个人合法财产的部分无效。

《继承编解释（一）》第26条规定，“遗嘱人以遗嘱处分了国家、集体或者他人财产的，应当认定该部分遗嘱无效”。司法实践中常见的处分了不属于自己财产的遗嘱主要是处分了与他人共有的财产，尤其是夫妻共有的财产。《民法典》第156条规定，“民事法律行为部分无效，不影响其他部分效力的，其他部分仍然有效”。因此，遗嘱如果处分了共有的财产，遗嘱人对自己有权处分部分的财产的遗嘱处分仍然有效。

4.违背公序良俗的遗嘱无效。

《民法典》第153条第2款规定，“违背公序良俗的民事法律行为无效”。遗嘱处分若有违背公序良俗的内容，该内容亦无效。

5.口头遗嘱在危急情况消除后无效。

《民法典》第1138条规定，“危急情况消除后，遗嘱人能够以书面或者录音录像形式立遗嘱的，所立的口头遗嘱无效”。也就是说，在危急情况解除后，遗嘱的意思表示可以通过其他五种形式订立时，口头遗嘱的形式不再适用，其遗嘱处分的意思表示无效。

（二）遗嘱不生效

合法订立的遗嘱在遗嘱人死亡时生效，但有如下情况的，遗嘱相关部分不生效：

1.遗嘱继承人放弃继承或者受遗赠人放弃受遗赠的。

继承人放弃继承或受遗赠人放弃受遗赠，其效力溯及继承开始，继承人或受遗赠人自继承开始时就不是继承人或受遗赠人。遗嘱的这部分处分不能生效。

2.遗嘱继承人丧失继承权或者受遗赠人丧失受遗赠权的。

遗嘱指定的继承人或受遗赠人因法定违法行为丧失继承权或受遗赠权的，不再享有取得被继承人遗产的权利，遗嘱的这部分处分不能生效。

3.遗嘱继承人、受遗赠人先于遗嘱人死亡或者终止的。

遗嘱继承中不适用代位继承，因此只有继承开始时生存的继承人和受遗赠人才能取得遗产。被继承人死亡之前遗嘱指定的继承人、受遗赠人已经死亡或法律上终止的，遗嘱的这部分处分不能生效。

五、遗嘱的变更和撤回

《民法典》第1142条第1款规定，“遗嘱人可以撤回、变更自己所立的遗嘱”。

（一）遗嘱的变更和撤回的概念

遗嘱的变更，是指遗嘱人对先前订立遗嘱的部分修改。遗嘱的撤回，是指遗嘱人取消先前订立遗嘱的全部或部分。无论是变更还是撤回，均导致先前的遗嘱处分的意思表示被废止。需要注意的是，撤回与撤销不同，撤回的标的是未生效的法律行为，已经生效的遗嘱不能撤回。我国《民法典》未规定遗嘱的撤销，欠缺有效要件的遗嘱为无效的遗嘱。

（二）遗嘱的变更和撤回的有效要件

遗嘱为要式民事法律行为，对遗嘱的变更和撤回的要求与遗嘱的订立一致。变更和撤回遗嘱时，遗嘱人应具有完全民事行为能力并亲自进行，遗嘱人对遗嘱的变更和撤回须为本人的真实意思表示，受到欺诈、胁迫而变更和撤回遗嘱的行为不具有法律效力。

（三）遗嘱的变更和撤回的方式

1.订立新的遗嘱。

遗嘱人可以订立新的遗嘱，明确表示变更或撤回先前的遗嘱；如在新遗嘱中没有明确表示变更或撤回先前遗嘱的意思，但新立遗嘱的内容与先前遗嘱相抵触，视为新立遗嘱对先前遗嘱相关部分的撤回。需要注意的是，只要是符合遗嘱要件的新遗嘱均可撤回、变更先前遗嘱，不拘遗嘱形式。

2.销毁、涂改先前遗嘱。

遗嘱人亲自销毁先前遗嘱，例如，故意撕毁、烧掉遗嘱载体的行为可撤回先前遗嘱的意思表示。遗嘱人在书面遗嘱上注明遗嘱作废或者涂改遗嘱上的文字的行为，如果符合遗嘱的形式要件，如遗嘱人亲自在遗嘱上添加、删除文字，并在每一涂改处签名并注明年、月、日的，也可以变更、撤回先前遗嘱。

3.实施与遗嘱内容相反的法律行为。

《民法典》第1142条第2款规定，“立遗嘱后，遗嘱人实施与遗嘱内容相反的民事法律行为的，视为对遗嘱相关内容的撤回”。所谓实施与遗嘱内容相反的法律行为，主要是指遗嘱人生前行为与遗嘱的意思相反，将遗嘱中处分的财产在其生前另行处分了，导致继承开始后遗嘱中处分的财产已灭失、全部或部分不归属于遗产。遗嘱人生前的行为视为对相关遗嘱处分的撤回。

六、附义务遗嘱

《民法典》第1144条规定了附义务遗嘱，“遗嘱继承或者遗赠附有义务的，继承人或者受遗赠人应当履行义务。没有正当理由不履行义务的，经利害关系人或者有关组织请求，人民法院可以取消其接受附义务部分遗产的权利”。

（一）附义务遗嘱的概念

附义务遗嘱是遗嘱人要求遗嘱继承人或受遗赠人取得遗产应履行一定义务的遗嘱。例如，遗嘱指定受遗赠人取得10万元遗产，但需照顾被继承人生前所饲养的宠物。遗嘱所附义务一般应满足如下几点：

1.遗嘱所附义务只能由遗嘱继承人和受遗赠人承担；

2.遗嘱所附义务应有完成的可能性，无法实现的义务法律不予保护；

3.遗嘱所附义务不得违反法律和公序良俗；

4.遗嘱所附义务一般不超过遗嘱继承人或受遗赠人所取得的遗产利益。

（二）附义务遗嘱的效力

对于遗嘱中可以履行的义务，遗嘱继承人或受遗赠人没有正当理由不履行的，经受益人或者其他继承人请求，人民法院可以取消其接受附义务部分遗产的权利。根据《继承编解释(一)》第29条的规定，人民法院可以决定由提出请求的继承人或者受益人负责按遗嘱人的意愿履行义务，接受遗产。

第三节 遗 赠

一、遗赠的概念和特征

(一)遗赠的概念

遗赠是自然人以遗嘱的方式将其个人财产赠与国家、集体或法定继承人以外的组织、个人，并于其死亡后生效的单方民事法律行为。遗嘱人是遗赠人，接受遗产的国家、集体或法定继承人以外的组织、个人是受遗赠人。

(二)遗赠的特征

遗赠是遗嘱处分的一种，所以具有遗嘱的全部特征：遗赠是单方民事法律行为；遗赠于遗嘱人死亡时生效；遗赠行为不得代理；遗赠是要式法律行为。除上述特征外，与遗嘱继承相比，遗赠还具有如下特点：

1.受遗赠人是法定继承人之外的人。

遗嘱处分分为遗嘱继承和遗赠，二者最主要的区别在于接受遗产的人。遗嘱继承人都是法定继承人之中的人，而受遗赠人则是法定继承人之外的自然人、组织、集体和国家。

2.遗赠须由受遗赠人在法定期间表示接受。

与遗嘱继承人不同，在继承开始后受遗赠人接受遗产须在知道受遗赠以后60日内表示接受，如到期未表示则视为放弃受遗赠。继承开始后，受遗赠人表示接受遗赠，并于遗产分割前死亡的，其接受遗赠的权利转移给他的继承人[《继承编解释(一)》第38条]。如果受遗赠人在法定期间内未作出接受的意思表示就死亡，不发生受遗赠权的转移，按照放弃受遗赠处理。而在遗嘱继承中，“继承人于遗产分割前死亡，并没有放弃继承的，该继承人应当继承的遗产转给其继承人”(《民法典》第1152条)。

二、遗赠扶养协议

《民法典》第1158条规定了遗赠扶养协议，“自然人可以与继承人以外的组织或者个人签订遗赠扶养协议。按照协议，该组织或者个人承担该自然人生养死葬的义务，享有受遗赠的权利”。

(一)遗赠扶养协议的概念和特征

遗赠扶养协议是被扶养人与继承人以外的扶养人之间订立的，以扶养人对被扶养人生养死葬的义务以及被扶养人将个人财产遗赠给扶养人为内容的协议。遗赠扶养协议的效力优先于遗嘱继承和遗赠。遗赠扶养协议中被扶养人是遗赠人，扶养人是受遗赠人。

遗赠扶养协议是我国特有的扶养和遗赠相结合的法律制度，具有如下法律特征：

1.遗赠扶养协议是双方法律行为。

遗嘱是无相对人的单方法律行为，有严格的形式要件要求。而遗赠扶养协议是基于扶养人和被扶养人双方一致的意思表示成立的双方法律行为，法律并未对其形式有特别要求。

2.遗赠扶养协议是有偿法律行为。

扶养人因承担了扶养义务而享有受遗赠的权利，被扶养人因遗赠而享有被扶养的权利，因此无法定或约定的情形当事人不得随意变更解除协议。而遗嘱处分则是无偿的法律行为，在生效之前可随时变更、撤回。

3.遗赠扶养协议自协议成立时生效。

遗赠扶养协议自成立时生效，扶养人应履行扶养义务。遗嘱的生效时间则是遗嘱人死亡时。

4.遗赠扶养协议的扶养人是继承人之外的组织或者个人。

根据《民法典》第1158条，能够成为遗赠扶养协议中扶养人的是“继承人以外的组织或者个人”。法律这样规定的原因在于被继承人与继承人之间多是关系紧密的亲属，通常互为扶养的权利义务人，而继承人之外的组织或者个人没有对被继承人法定的扶养义务，依照遗赠扶养协议的约定承担扶养义务，从而取得受遗赠的权利。

5.遗赠扶养协议效力优先于遗嘱和法定继承。

遗赠扶养协议是法律规定的效力最优先的遗产转移方式，《民法典》第1123条规定，“继承开始后，按照法定继承办理；有遗嘱的，按照遗嘱继承或者遗赠办理；有遗赠扶养协议的，按照协议办理”。没有遗赠扶养协议，或协议无效或被解除，或遗赠扶养协议没有处分全部遗产，才有遗嘱或法定继承适用的可能性。

（二）遗赠扶养协议当事人的权利义务

1.扶养人的权利义务。

扶养人应履行对被扶养人生养死葬的扶养义务，不得随意降低扶养标准甚至虐待被扶养人；扶养人享有被扶养人死亡后取得受赠遗产的权利。

2.被扶养人的权利义务。

被扶养人应确保遗赠扶养协议中确定遗赠的财产在其死亡后能转移给扶养人，这意味着遗赠扶养协议中明确遗赠给扶养人的财产虽然仍然属于被扶养人，但被扶养人不应另行处置，避免其死亡后无法转移遗赠的财产。若被扶养人擅自另行处分了约定的财产，可能导致扶养人解除协议。被扶养人的权利是生前接受扶养人的扶养，死后得到扶养人的安葬。

（三）遗赠扶养协议的解除

1.协议解除。

依据《民法典》第562条的规定，当事人协商一致可以解除遗赠扶养协议并明确协议解除的法律后果。

2.因一方不履行协议而解除。

根据《继承编解释（一）》第40条的规定，因协议当事人一方不履行协议而解除有两种情况：一是继承人以外的组织或者个人无正当理由不履行，致协议解除的，不能享有受遗赠的权利，其支付的供养费用一般不予补偿。二是遗赠人无正当理由不履行，致协议解除的，则应偿还继承人以外的组织或者个人已支付的供养费用。

【本章主要法律规定】

《民法典》第1133～1144条

第三十三章
遗产的处理

本章主要内容提示

遗产是被继承人死亡时遗留的个人合法财产，包括物权、债权、知识产权、继承权、股权和其他投资性权利，以及其他法律明确规定为遗产的财产。

遗产管理人依遗嘱指定、继承人推选、法律直接规定产生，有疑义时由法院指定。遗产管理人负责实施必要行为以保护和管理被继承人遗产。

遗产分割应当尊重被继承人的意愿，考虑继承人的实际情况，按照有利于生产和生活需要，不损害遗产效用的原则处理。分割遗产前应当为缺乏劳动能力又没有生活来源的继承人保留必要的遗产，并清偿被继承人依法应当缴纳的税款和债务。遗产分割时应先分出他人的财产，并保留胎儿的遗产份额。

我国实行法定的限定继承制度，继承人以所得遗产实际价值为限清偿被继承人依法应当缴纳的税款和债务。

被继承人死亡后，不能确定有没有继承人时，应开展遗产的管理和搜寻继承人的工作。经认定为无人继承又无人受遗赠的遗产，归国家或集体所有制组织所有。

第一节　遗产的管理

一、遗产的概念和范围

（一）遗产的概念

遗产是被继承人死亡时遗留的个人合法财产。遗产是继承法律关系的客体，我国民法所确定的遗产均为积极的财产权利。遗产具有如下特点：

1.被继承人死亡时遗留的财产。

被继承人死亡时继承开始，只有在此时属于被继承人的财产才属于其遗产。故此因被继承人死亡而取得的抚恤金、死亡赔偿金以及保险金不属于被继承人的遗产，而应归法律上有权取得的主体所有。

2.被继承人的个人合法财产。

被继承人的财产有可能处于与他人共有的状态，在处理遗产时应分出他人的财产部分，剩下的才是被继承人的遗产。“夫妻共同所有的财产，除有约定的外，遗产分割时，应当先将共同所有的财产的一半分出为配偶所有，其余的为被继承人的遗产。遗产在家庭共有财产之中的，遗产分割时，应当先分出他人的财产。”

(《民法典》第1153条)被继承人非法侵占的财产或者依法不允许自然人拥有的财产，不是遗产。

3.依照法律规定或者根据其性质不得继承的遗产，不得继承。

自然人死亡时遗留的个人合法财产虽然是遗产，但并非都可以继承。根据《民法典》第1122条第2款的规定，“依照法律规定或者根据其性质不得继承的遗产，不得继承”。根据其性质不得继承的遗产，例如，扶养请求权等专属被继承人的财产权，不得继承；依法不能直接继承的遗产，例如，合伙企业中普通合伙人的合伙人资格，非经合伙协议的约定或者经全体合伙人一致同意，其继承人不能继承其合伙人资格。

(二)遗产的范围

根据《民法典》的规定，财产权利包括物权、债权、知识产权、继承权、股权和其他投资性权利等。

1.物权。

物权是权利人依法对特定的物享有直接支配和排他的权利，包括所有权、用益物权和担保物权，而物包括了动产和不动产(《民法典》第114条、第115条)。但用益物权的继承要区别情况，依法可以继承的方可继承。例如，居住权依法不得继承(《民法典》第369条)；而在农村土地承包权中，林地承包权，或通过招标、拍卖、公开协商等方式取得的土地承包经营权，承包人死亡后，在承包期内其继承人可以继承其承包权。

2.债权。

债权是因合同、侵权行为、无因管理、不当得利以及法律的其他规定，权利人请求特定义务人为或者不为一定行为的权利。除依其性质或约定不能继承外，债权也可以作为遗产继承。例如，《社会保险法》规定，基本养老金由统筹养老金和个人账户养老金组成；个人死亡的，个人账户余额可以继承。

3.知识产权中的财产性权利。

知识产权是权利人依法就作品、发明、实用新型、外观设计，商标、地理标志、商业秘密、集成电路布图设计、植物新品种，以及法律规定的其他客体享有的专有的权利，除人身性质的权利外，知识产权中的财产性权利可以继承。

4.继承权和受遗赠权。

继承权作为遗产主要发生在转继承中，被转继承人尚未来得及行使其继承权就死亡，也没有放弃继承的，其继承被继承人遗产的权利转由其继承人取得(《民法典》第1152条)。继承开始后，受遗赠人表示接受遗赠并于遗产分割前死亡的，其接受遗赠的权利转移给他的继承人[《继承编解释(一)》第38条]。

5.股权和其他投资性权利。

股权和其他投资性权利主要包括股份有限公司的股份、有限责任公司的股权、合伙企业的合伙份额、个人独资企业的出资额等。除依法或依约定不能继承的以外，股权和其他投资性权利可以继承。例如，有限责任公司的股东资格，除非章程另有规定，“自然人股东死亡后，其合法继承人可以继承股东资格”(《公司法》第90条)。

6.其他。

其他依法可以作为遗产的财产。例如，身故保险金一般应归属于受益人，但在下列情况下也可以作为被保险人的遗产：被保险人死亡后，(1)没有指定受益人，或者受益人指定不明无法确定的；(2)受益人先于被保险人死亡，没有其他受益人的；(3)受益人依法丧失受益权或者放弃受益权，没有其他受益人的。受益人与被保险人在同一事件中死亡，且不能确定死亡先后顺序的，推定受益人死亡在先(《保险法》第42条)。

案例分析　能力训练

二、遗产管理人的确定

遗产管理人是负责保护和管理被继承人遗产的人。根据《民法典》第1145条、第1146条，遗产管理人可以通过遗嘱指定、继承人推选、法律规定以及法院指定确定。

(一)遗嘱指定的遗嘱执行人为遗产管理人

继承开始后，遗嘱执行人为遗产管理人。遗嘱执行人是遗嘱人在遗嘱中指定的执行遗嘱内容的一人或数人。从尊重遗嘱人意愿的角度，遗嘱人指定的执行人作为遗产管理人是最合适的。当然，被指定的遗嘱执行人可以拒绝担任该职务。

（二）继承人推选或共同担任遗产管理人

没有遗嘱执行人的，或遗嘱执行人拒绝的，继承人应当及时推选遗产管理人；继承人未推选的，由继承人共同担任遗产管理人。继承人在享有继承权的同时，应承担遗产管理的责任。

（三）民政部门或者村民委员会担任遗产管理人

没有继承人或者继承人均放弃继承的，由被继承人生前住所地的民政部门或者村民委员会担任遗产管理人。如果被继承人是城镇居民，则其生前住所地的民政部门是遗产管理人；如果被继承人是农村居民，则其生前住所地的村民委员会是遗产管理人。

（四）法院指定遗产管理人

依据上述方法确定遗产管理人仍然存在争议的，利害关系人可以向人民法院申请指定遗产管理人。利害关系人可以是继承人、受遗赠人、被继承人的债权人和债务人等与遗产处理有法律上利害关系的人。根据《民事诉讼法》特别程序“指定遗产管理人案件”的规定，利害关系人应向被继承人死亡时住所地或者主要遗产所在地基层人民法院提出指定遗产管理人的申请。人民法院受理后，应当按照有利于遗产管理的原则判决指定遗产管理人。被指定的遗产管理人无法继续履行遗产管理职责情形的，人民法院可以根据利害关系人或者遗产管理人的申请另行指定遗产管理人。

三、遗产管理人的职责

依据《民法典》第1147条，遗产管理人负责清理遗产并制作遗产清单，向继承人报告遗产情况，采取必要措施防止遗产毁损、灭失，处理被继承人的债权债务，按照遗嘱或者依照法律规定分割遗产，以及实施与管理遗产有关的其他必要行为。

（一）清理遗产并制作遗产清单

清理遗产的工作主要包括清查遗产的种类、数量、价值、所在位置等状况。遗产管理人应及时在查清遗产状况的基础上编制遗产清单，遗产清单应尽可能全面和准确地反映遗产的真实状态，无漏记无差错。

（二）向继承人报告遗产情况

遗产管理人就清理遗产并制作遗产清单的情况向继承人报告说明，这是继承人应当知情的。

（三）采取必要措施防止遗产毁损、灭失

遗产管理人应采取必要的行为来保存遗产，避免损失。例如，变卖易腐生鲜物品，修理房屋以防倒塌，对被继承人生前的经营继续必要的营业行为，缴纳维持财产权利的费用等。上述行为应以必要为限度，以防止遗产毁损、灭失，保护遗产为目的。

（四）处理被继承人的债权债务

遗产管理人应通知被继承人的债权人和债务人，已知的债权人和债务人逐一通知，对尚不知道的债权人和债务人可公告通知其申报。遗产管理人对已知的到期债权予以收回，未到期债权逐一登记；对已知和已申报的债务，遗产管理人核实后清偿。为处理被继承人的债权债务，遗产管理人有权提起诉讼和应诉。

（五）按照遗嘱或者依照法律规定分割遗产

收回债权清偿债务后，遗产管理人可按照遗嘱或法定继承分割遗产并交付给继承人和受遗赠人。无人承受的遗产，遗产管理人应将遗产移交给代表国家接受遗产的机构或死者生前所属的集体所有制组织。

（六）实施与管理遗产有关的其他必要行为

除上述职责外，与管理遗产有关的其他必要行为遗产管理人也应实施，如支付死者的丧葬费用、缴纳税款等。

遗产管理人应当依法履行职责，尽到如同处理自己事务一样的注意义务。因故意或者重大过失造成继承人、受遗赠人、债权人损害的，遗产管理人应当承担相应的民事责任。同时，遗产管理人也享有依照法律规定或者按照约定获得报酬的权利。遗产管理人违反遗产管理职责，严重侵害继承人、受遗赠人或者债权人合法权益的，人民法院可以根据利害关系人的申请，撤销其遗产管理人资格，并依法指定新的遗产管理人。

四、继承的通知和遗产的保管

(一)继承的通知

继承的通知，是指将被继承人死亡、继承开始的消息通知继承人以及遗嘱执行人等。《民法典》第1150条规定："继承开始后，知道被继承人死亡的继承人应当及时通知其他继承人和遗嘱执行人。继承人中无人知道被继承人死亡或者知道被继承人死亡而不能通知的，由被继承人生前所在单位或者住所地的居民委员会、村民委员会负责通知。"通知的方式可以是电话、书信、邮件、口传以及公告，以便继承人、遗嘱执行人及时参加继承。知道有继承人而无法通知的，不影响处理遗产，但分割遗产时应保留其应继份额并确定保管人。

(二)遗产的保管

在继承开始后，遗产分割之前，存有遗产的人，应当妥善保管遗产，任何组织或者个人不得侵吞或者争抢。《继承编解释(一)》第43条规定，人民法院对故意隐匿、侵吞或者争抢遗产的继承人，可以酌情减少其应继承的遗产。

第二节　遗产的分割和债务清偿

一、遗产分割

(一)遗产分割的概念和原则

遗产的分割，是指存在数个继承人共同继承时，按照遗嘱指定或法定应继份将遗产分配给各继承人的行为。

遗产分割前应先分出他人的财产，为缺乏劳动能力又没有生活来源的继承人保留必要的遗产，并清偿被继承人依法应当缴纳的税款和债务。遗产分割应当尊重被继承人的意愿，并考虑继承人的实际情况，按照有利于生产和生活需要，不损害遗产效用的原则处理。人民法院在分割遗产中的房屋、生产资料和特定职业所需要的财产时，应当依据有利于发挥其使用效益和继承人的实际需要，兼顾各继承人的利益进行处理[《继承编解释(一)》第42条]。对不宜分割的遗产，可以采取折价、适当补偿或者共有等方法处理。

(二)遗产分割中应注意的问题

1.对缺乏劳动能力又没有生活来源的继承人的保护。

分割遗产时应考虑继承人的实际情况，法律对缺乏劳动能力又没有生活来源的继承人在遗产分割时有特别的保护。其一，立遗嘱时应当为缺乏劳动能力又没有生活来源的继承人保留必要的遗产份额(《民法典》第1141条)。如果遗嘱中没有保留，则在分割遗产时为其保留必要的遗产(《民法典》第1159条)。其二，在确定法定应继份时，"对生活有特殊困难又缺乏劳动能力的继承人，分配遗产时，应当予以照顾"(《民法典》第1130条第2款)。其三，无论是遗嘱继承还是法定继承，继承人中有缺乏劳动能力又没有生活来源的人，即使遗产不足以清偿债务，也应为其保留必要的遗产，然后再清偿债务(《民法典》第1159条)。

2.为胎儿保留继承份额。

在继承开始时已经受胎的胎儿可以享有继承权和受遗赠权，《民法典》第16条规定，涉及遗产继承、接受赠与等胎儿利益保护的，胎儿视为具有民事权利能力。遗产分割时如果享有继承权或受遗赠权的胎儿尚未出生，则应当根据遗产分割的原则为胎儿保留遗产份额。但法律同时规定，胎儿娩出时为死体的，即没有活着出生的，其民事权利能力自始不存在。故为其保留遗产份额也失去权利依据，《民法典》第1155条规定，胎儿娩出时是死体的，保留的份额按照法定继承办理。例如，被继承人意外身亡，其妻怀有身孕，被继承人第一顺序法定继承人包括其父母、妻子和尚未出生的子女。胎儿出生前如果分割遗产，应先保留胎儿的法定应继份额。胎儿活着出生后，取得遗产。如果胎儿娩出时是死体，为其保留的遗产份额由被继承人的父母和妻子按法定继承分割。如果胎儿出生后很快死亡，则其已经取得的遗产由其第一顺序法定继承人即他（她）的母亲取得。

3.发生转继承。

《民法典》第1152条规定："继承开始后，继承人于遗产分割前死亡，并没有放弃继承的，该继承人应当继承的遗产转给其继承人，但是遗嘱另有安排的除外。"转继承是遗产分割时的一种特殊情况，指继承开始后遗产分割前，被转继承人尚未行使其继承权就死亡，其取得遗产的权利转给其合法继承人继承的制度。对转继承的理解要注意如下几点：

（1）转继承涉及两次继承，被转继承人是第一次继承时的继承人，转继承发生在被转继承人死亡的第二次继承时。这也是转继承区别于代位继承的重要特征。

（2）转继承转的是被转继承人取得被继承人遗产的权利，而不是遗产的所有权。对"该继承人应当继承的遗产转给其继承人"这句话的理解要注意："该继承人应当继承的遗产"是指被转继承人应当取得而又未实际取得的遗产，对遗产应该取得但又未实际取得的权利不是所有权而是继承权。如果被转继承人对遗产已享有所有权，法律就不能直接规定转给其继承人，因为根据《民法典》第1062条第1款的规定，婚姻关系存续期间一方继承所得的遗产除遗嘱确定只归其个人所有的之外为夫妻的共同财产。如果转的是遗产所有权，那么可能需要先划出一半归配偶所有，剩下的才能按继承的规则处理。因此，法律明确规定将"该继承人应该继承的遗产"转给其继承人的，只能理解为转继承转的是被转继承人尚未行使的继承权。

（3）对有权取得但尚未分割的遗产，被转继承人在遗嘱中有明确处理的，按其遗嘱处分。

（4）转继承适用于遗嘱继承和法定继承，被转继承人只要在生前没有放弃继承权即可。但这一情况不适用于遗赠。继承开始后，受遗赠人表示接受遗赠，并于遗产分割前死亡的，其接受遗赠的权利转移给他的继承人［《继承编解释（一）》第38条］；受遗赠人没有表示接受遗赠并于遗产分割前死亡的，不发生受遗赠权利的转移，遗嘱中对该遗赠部分的处分不生效力。

二、被继承人的债务清偿

被继承人死亡后，其生前应当偿还的公法和私法上的债务并不消灭，应由其继承人承担清偿被继承人债务的责任。但我国实行法定的限定继承制度，继承人以所得遗产实际价值为限清偿被继承人依法应当缴纳的税款和债务；超过遗产实际价值部分，继承人自愿偿还的不在此限。放弃继承的继承人，对被继承人依法应当缴纳的税款和债务可以不负清偿责任。

（一）被继承人债务的确定

被继承人债务是被继承人生前应当偿还但死亡前尚未清偿的债务，包括公法上的债务如未缴纳的税款、罚金以及私法上的债务如借贷合同之债、损害赔偿的民事责任等。继承费用，如遗产管理费用、丧葬费用等是被继承人死亡后才发生的费用，不属于被继承人生前债务，但可直接从遗产中支付。另外，遗赠不属于被继承人债务，执行遗赠前也应先清偿遗赠人依法应当缴纳的税款和债务（《民法典》第1162条）。

（二）清偿被继承人债务的原则

1.继承人负有清偿被继承人债务的责任。

继承人清偿被继承人债务，以继承人没有放弃继承为前提。《民法典》第1161条第2款规定，放弃继承的继承人，对被继承人依法应当缴纳的税款和债务可以不负清偿责任。

2.限定继承的原则。

限定继承，是指继承人以取得遗产的价值范围为限承担被继承人生前债务，与之相对应的是无限继承，意指继承人承担被继承人生前债务不以所得到的遗产价值为限。根据《民法典》第1161条第1款，继承人以所得遗产实际价值为限清偿被继承人依法应当缴纳的税款和债务。超过遗产实际价值部分，继承人自愿偿还的不在此限。可见，我国实行的是法定的限定继承原则，继承人当然地仅在取得的遗产实际价值范围内承担被继承人债务，超出部分继承人不负清偿责任，除非继承人自愿清偿。但继承人如自愿清偿了超出遗产实际价值的被继承人债务，不得以自己有权不予清偿为由主张返还。

3.照顾缺乏劳动能力又没有生活来源的继承人的原则。

《民法典》第1159条规定，分割遗产的时候即使需要清偿被继承人债务，也应当为缺乏劳动能力又没有生活来源的继承人保留必要的遗产。因此遗产分割时只要继承人中有缺乏劳动能力又没有生活来源的人，即使遗产不足清偿债务，也应为其保留必要遗产，然后再清偿债务。

（三）债务尚未清偿但遗产已经分割的处理

被继承人债务应在执行遗赠、分割遗产之前予以清偿。如果被继承人债务尚未清偿完毕而遗产已经分割，则应由取得遗产的继承人和受遗赠人按照一定顺序和比例清偿债务。根据《民法典》第1163条，遗产因法定继承和遗嘱处分分割的，首先由法定继承人清偿被继承人依法应当缴纳的税款和债务；税款和债务超过法定继承人实际取得遗产价值的部分，由遗嘱继承人和受遗赠人按其取得遗产的比例以所得遗产为限清偿遗嘱人债务。当然，如果只有遗嘱继承和遗赠的，由遗嘱继承人和受遗赠人按取得遗产的比例以所得遗产为限清偿。

案例分析 能力训练

三、无人继承又无人受遗赠的遗产的处理

（一）遗产无人继承又无人受遗赠

遗产无人继承又无人受遗赠，也称遗产无人继承或遗产无人承受，指被继承人死亡时不能确定有没有继承人或受遗赠人，或者已知的继承人或受遗赠人均放弃继承或放弃受遗赠，或者已知继承人或受遗赠人均丧失继承权或受遗赠权，被继承人死亡后所遗留的财产处于无人承受的状态。

被继承人死亡后，不能确定有没有继承人时，应开展遗产的管理和搜寻继承人的工作。遗产管理应依《民法典》第1145条确定遗产管理人，死者生前住所地的民政部门或者村民委员会担任遗产管理人应清理遗产并制作遗产清单，采取必要措施防止遗产毁损、灭失，处理被继承人的债权债务，实施与管理遗产有关的其他必要行为。除保存和管理遗产，清偿死者生前所欠的税款和债务之外，遗产管理人还应该搜寻继承人。

（二）搜寻继承人

我国《民法典》没有规定搜寻继承人，《民事诉讼法》中规定的“认定财产无主案件”程序可以适用于搜寻继承人。

遗产管理人或利害关系人可以向遗产所在地的基层人民法院提出申请，请求人民法院发出认领公告，以确定遗产无主。人民法院受理申请后，经审查核实，应当发出财产认领公告。公告期间有人对财产提出请求的，人民法院应当裁定终结特别程序，申请人可另行通过普通程序诉讼；公告满一年无人认领的，判决认定财产无主。判决认定财产无主后，如果继承人出现并在诉讼时效期间对财产提出请求，人民法院审查属实后，应当作出新判决，撤销原判决。

（三）无人继承又无人受遗赠的遗产的归属

遗产经认定财产无主程序确定无人认领后，即属无人继承又无人受遗赠的遗产。如果没有酌分遗产人提出酌情分得遗产的请求，判定财产无主的人民法院应依《民法典》第1160条确定该遗产归国家所有，用于公益事业；如死者生前是集体所有制组织成员的，判归其所在的集体所有制组织所有。如果符合《民法典》第1131条的酌分遗产人提出酌情分得遗产的请求，人民法院应当视情况适当分给遗产［《继承编解释（一）》第41条］。

【本章主要法律规定】

《民法典》第1145～1163条

本编重点、难点与疑点辨析

1.继承人的父亲在继承人结婚前去世，继承人结婚后共同继承人才分割遗产，继承人在婚后取得的遗产是否属于《民法典》第1062条的共同财产？如果被继承人是在继承人婚姻关系存续期间去世的，继承人离婚时遗产尚未分割，继承人的配偶在离婚时能否请求分割遗产中属于继承人的份额？如果继承人在离婚后放弃继承，其前配偶能否以侵害共有财产权为由予以阻止或要求损害赔偿？

【辨析】被继承人死亡的时间是继承开始的时间，根据《民法典》第230条，"因继承取得物权的，自继承开始时发生效力"。

（1）在第一问中，继承人虽然是结婚后实际得到遗产，但遗产的取得从结婚前被继承人死亡时就发生效力了。《民法典》第1062条第1款规定，夫妻在婚姻关系存续期间因继承所得财产为夫妻的共同财产。由于继承人取得遗产所有权的时间发生在结婚之前，所以虽然实际得到遗产是在婚姻关系存续期间，但该遗产应根据《民法典》第1063条的规定属于继承人的个人婚前财产。虽然继承人在遗产分割前可能并未实际占有使用遗产或并未完成不动产登记，但依然有权依据《民法典》第235~238条的规定请求保护其对遗产的权利［《物权编解释（一）》第8条］。

（2）在第二问中，被继承人在继承人结婚后死亡，继承人取得遗产即是在婚姻关系存续期内，如没有遗嘱或遗嘱未明确遗产只归继承人所有，继承人的配偶享有对遗产的共有权。但由于遗产并未实际分割，继承人实际取得的遗产份额或具体金额不能确定，无法确定可供分割的共同财产的范围。根据《婚姻家庭编解释（一）》第81条，"婚姻关系存续期间，夫妻一方作为继承人依法可以继承的遗产，在继承人之间尚未实际分割，起诉离婚时另一方请求分割的，人民法院应当告知当事人在继承人之间实际分割遗产后另行起诉"。

（3）在第三问中，继承人放弃继承的权利不应受到不当干涉，配偶或前配偶既无权阻止也不能请求损害赔偿。其一，继承权是继承人因特定身份关系取得的权利，虽然以取得遗产为目的，但具有人身的性质，继承人有权接受也有权自主决定放弃，不受他人干涉，除非其放弃继承致其不能履行法定义务［《继承编解释（一）》第32条］。其二，继承人放弃继承的效力，追溯到继承开始的时间。从继承开始其就不是继承人，自始未在婚姻关系存续期间取得遗产权利；其前配偶不能因《民法典》第1062条取得共有权，自然也不存在基于侵害共有权的损害赔偿请求权。

2. 违反《民法典》第1141条的规定，没有为缺乏劳动能力又没有生活来源的继承人保留必要的遗产份额的遗嘱应如何处理？

【辨析】《民法典》第1141条规定，"遗嘱应当为缺乏劳动能力又没有生活来源的继承人保留必要的遗产份额"。但遗嘱并不会因没有为缺乏劳动能力又没有生活来源的继承人保留必要份额而无效。这是因为，是否存在"双缺继承人"不是以立遗嘱的时间来判断，而是以继承开始的时间来判断。被继承人立遗嘱时可能并不存在"双缺继承人"，所以没有保留必要份额的遗嘱不一定具有违法性。因此，继承开始后发现遗嘱没有为"双缺继承人"保留必要份额，只需在遗产处理时为"双缺继承人"留下必要的遗产，剩余的部分参照遗嘱确定的分配原则处理即可［《继承编解释（一）》第25条第1款］。

3.《民法典》第1127条中"有扶养关系的继子女"与《民法典》第1072条中的受继父母抚养教育的继子女有何不同？

【辨析】《民法典》第1127条中"有扶养关系的继子女"与《民法典》第1072条中的受继父母抚养教育的继子女在范围以及与继父母的法律关系上确有不同。（1）范围不同，前者范围大且包含了后者:《民法典》第1127条中"有扶养关系的继子女"既包括了受到继父母抚养的继子女，还包括了赡养继父母的继子女。《民法典》第1072条中的受继父母抚养教育的继子女则仅指受继父母抚养教育的继子女，不包括未受继父母抚养教育但赡养了继父母的继子女。(2)与继父母的法律关系不同。《民法典》第1072条中的受继父母抚养教育的继子女与继父母之间的关系是一种法律拟制的亲子关系，适用《民法典》各编关于父母子女关系的规定，如扶养、监护、继承等。《民法典》第1127条中"有扶养关系的继子女"中不属于第1072条第2款规定的继子女的，与继父母为直系姻亲关系，因实际扶养继父母而享有子女在《民法典》继承编中的权利。

4.继承人乙的母亲甲在乙的婚姻关系存续期间去世，后乙与其配偶丙离婚。甲的遗产分割前乙因病死亡，未留遗嘱。现甲的其他子女分割甲的遗产，丙提起诉讼，主张自己应分得乙有权继承甲遗产的一半。法院是否应支持丙的诉讼请求？

【辨析】不应支持。理由如下：乙在甲的遗产分割前去世，没有表示放弃继承，此时发生转继承。转继承是遗产分割时的一种特殊情况，继承开始后遗产分割前，被转继承人尚未行使其继承权就死亡，其取得遗产的权利转给其合法继承人继承。《民法典》第1152条规定，"继承开始后，继承人于遗产分割前死亡，并没有放弃继承的，该继承人应当继承的遗产转给其继承人，但是遗嘱另有安排的除外"。《民法典》既然规定了转继承的处理方式，发生转继承时就应直接按照第1152条处理，而不应按照乙先接受继承，取得遗产，转为乙丙夫妻共同财产，再分出一半作为遗产，最后转给乙的继承人的思路处理。在本案中，由于发生转继承时乙与丙已经解除婚姻关系，所以丙不是乙的法定继承人，乙有权继承其母亲甲的遗产转给乙的法定继承人取得。

5.继承人在为母亲办理丧事后给其他继承人留下书面声明，称："母亲生病时我远在异国未能尽孝，故母亲留下的遗产我放弃继承。该我继承的遗产全部归悉心照顾母亲的二姐所有，与大姐和小弟无关。"该声明是否产生放弃继承的效力？

【辨析】放弃继承的意思表示应在继承开始后遗产分割前，以书面形式向遗产管理人或者其他继承人表示。该声明形式没有问题，但声明的第一句话与第二句话所表达的意思是相反的。第一句话表明其放弃继承，放弃继承的效力将追溯到继承开始的时候，因此其母亲的遗产应由其他继承人依照法定继承规则取得，与其再无关系。但声明的第二句话表示，其应取得的遗产转由其二姐取得，这是赠与的意思，前提是该继承人先接受继承取得遗产，才能将遗产转赠给二姐。因此，该声明应按照《民法典》第142条第1款的规定，按照所使用的词句，结合相关条款、行为的性质和目的、习惯以及诚信原则，确定意思表示的含义。从该声明的目的来看，继承人的意思是母亲的遗产他自己不要，应该由他继承的遗产他要转赠给照顾母亲的二姐，因此该声明不是放弃继承，而是接受继承并另行处置。

6.打印的离婚协议中包含如下条款，"男方百年后财产全部归儿子某某所有"，有男女双方的签名。行政登记离婚后，男方意外身故未留有其他遗嘱。其遗产是否应由其儿子某某取得？

【辨析】自然人对死亡后个人财产处分的意思表示为遗嘱处分，虽然该条款被记载于离婚协议书中，但该遗嘱处分能否形成有效的遗嘱应根据《民法典》继承编来确定，而不是看离婚协议是否合法有效。遗嘱的有效要件包括实质要件和形式要件，本案中被继承人所作的"百年后财产全部归儿子某某所有"的意思表示不具备遗嘱的形式，因此不是合法有效的遗嘱。《民法典》所规定的遗嘱形式只有自书遗嘱、代书遗嘱、打印遗嘱、录音录像遗嘱、口头遗嘱和公证遗嘱。记载"男方百年后财产全部归儿子某某所有"的离婚协议是打印件，只有男女双方的签名，没有见证人，不符合任何一种遗嘱的形式，所以该遗嘱处分的意思不能发生法律效力。如没有其他有效遗嘱，被继承人的遗产按法定继承办理。

第七编

侵权责任

本编导读

本编是关于《民法典》侵权责任编的基本内容。作为侵权领域的基本法，侵权责任编以损害赔偿为中心，以区分损害赔偿请求权与绝对权请求权为基础，以填补受害人的损害为原则，形成了完备的法律救济路径。本编主要分为两个部分：侵权责任概述和特殊侵权责任。侵权责任概述部分是对侵权责任领域共通的、基本的内容进行的介绍，主要包括侵权责任的概念与分类、侵权责任的归责原则、侵权责任的基本构成要件、数人侵权的侵权责任、侵权责任的免除和减轻责任事由，以及侵权责任的承担方式。特殊侵权责任部分则围绕各种类型的特殊侵权责任的构成要件、责任减免事由与责任承担规则进行了介绍。

侵权责任，是指民事主体因自己的行为或者由其负责的他人的行为或由其管理的物件致使他人民事权益遭受侵害而应承担的民事责任。根据责任的成立是否以行为人具有过错为要件，可以将侵权责任分为过错侵权责任与无过错侵权责任。根据行为主体和责任主体是否一致，侵权责任分为自己责任与替代责任。根据当事人之间内外部权利义务关系的不同，可以将多数人侵权责任分为连带责任、按份责任与补充责任。

侵权责任归责原则是确定行为人承担侵权责任的依据。侵权责任归责原则是侵权责任法的基石，决定着侵权责任法的规范体系和具体内容。《民法典》侵权责任编确立了一元归责原则体系。侵权责任法以过错责任原则为主，以过错推定责任、无过错责任与公平责任为辅。过错责任原则以过错作为侵权责任的构成要件。过错推定责任是过错责任原则的特殊形式，本质上仍以行为人具有过错作为责任基础，仅是在立法技术上推定行为人主观上具有过错。无过错责任不是归责原则，仅是具体法律规则中所确定的非过错归责事由。过错推定责任与无过错责任的适用都以法律明确规定的情形为限。公平责任旨在根据受害人的损失程度与当事人的经济负担能力来公平分摊已经造成的损害，从而平衡双方当事人的利益，对受害人提供适当的补偿。

侵权责任的构成要件，是指依照法律，行为人承担侵权责任应当具备的法定条件。一般侵权责任的构成要件包括加害行为、损害事实、因果关系和过错。特殊侵权责任不以行为人过错为要件，而是依据危险、公平等具体事由进行归责。

数人侵权的侵权责任表现为共同侵权行为、共同危险行为、教唆与帮助行为和无意思联络的数人侵权。其中，无意思联络的数人侵权分为因果关系结合型的无意思联络数人侵权和因果关系聚合型的无意思联络数人侵权。

侵权责任的免除和减轻事由包括受害人过错、受害人故意、第三人过错、自甘风险以及自助行为。受害人过错旨在确认侵权人承担损害赔偿责任的范围，属于减责事由。受害人故意、自甘风险以及自助行为属于免责事由。若第三人过错是造成损害的唯一原因，原则上行为人可以免责，但是《民法典》规定在某些特殊情形下第三人过错不能作为行为人免责的事由。如果损害是由第三人过错与行为人过错共同导致，则实际构成多数人侵权，应区分情况判定第三人与行为人的侵权责任。

侵权责任的承担方式具有多样性，包括停止侵害、排除妨碍、消除危险、返还财产、赔礼道歉、消除影响、恢复名誉、恢复原状、赔偿损失等责任承担方式。侵权损害赔偿可以分为财产损害赔偿与非财产损害赔偿。侵害民事权益的损害赔偿应当遵循完全赔偿原则，使权益恢复至未发生损害时的状况。《民法典》侵权责任编将精神损害赔偿责任的适用限定于侵害自然人人身权益以及具有人身意义的特定物，并造成被侵害人严重精神损害的场合。因惩罚并非侵权责任法的功能，惩罚性赔偿制度的适用仅限于法律明文规定的情形。

《民法典》侵权责任编分编逐一列举了特殊的侵权行为与典型的侵权行为。特殊的侵权行为分为适用无过错责任原则与过错推定责任原则的侵权行为。《民法典》侵权责任编中适用过错推定责任的具体情况如下：(1)无民事行为能力人受害时，教育机构的侵权责任；(2)医疗损害中的过错推定责任；(3)动物园饲养的动物致害责任；(4)建筑物、构筑物等及其搁置物、悬挂物脱落、坠落致害责任；(5)堆放物倒塌、滚落或者滑落致害责任；(6)公共道路堆放、倾倒、遗撒妨碍通行的物品致害时公共道路管理人的责任；(7)林木折断、倾倒或者果实坠落等致害责任；(8)挖掘修缮地下设施致害责任；(9)窨井等地下设施致害责任。《民法典》侵权责任编中适用无过错责任的具体情况如下：(1)监护人责任；(2)用人单位对其工作人员执行工作任务造成他人损害的责任；(3)接受劳务的一方对提供劳务一方造成他人损害时的侵权责任；(4)产品责任；(5)机动车与非机动车驾驶人、行人之间发生的交通事故责任；(6)环境污染和生态破坏责任；(7)高度危险责任；(8)饲养动物致人损害责任；(9)建筑物、构筑物或者其他设施倒塌、塌陷致人损害责任。

另外，《民法典》还规定了典型的侵权行为，该行为虽适用过错责任原则，但立法者考虑到该侵权案件的复杂性、多发性等因素而将其规定至侵权责任编分编中。具体情况如下：(1)网络服务提供者的侵权责任；(2)违反安全保障义务的侵权责任；(3)限制民事行为能力人受害时，教育机构的侵权责任；(4)医疗损害责任。

第三十四章 侵权责任概述

本章主要内容提示

1.侵权责任是因侵权行为而应承担的民事法律后果。

2.一般侵权责任与特殊侵权责任，自己责任与替代责任，连带责任、按份责任与补充责任等不同的侵权责任类型，在内容和效力等方面存在差异。

3.侵权责任以过错责任原则为归责原则，辅之以过错推定责任、无过错责任与公平责任三种其他归责事由。

4.一般侵权责任的构成要件包括加害行为、损害事实、因果关系和过错。

5.数人侵权的侵权责任表现为共同加害行为、共同危险行为、教唆与帮助行为和无意思联络的数人侵权。

6.侵权责任的免除和减轻事由包括受害人过错、受害人故意、第三人过错、自甘风险以及自助行为。

7.侵权责任的承担方式具有多样性，在填补或惩罚侵权行为人造成的财产上损害或非财产上损害时，对其进行单独适用或合并适用。

第一节 侵权责任的概念与分类

一、侵权责任的概念与特征

侵权责任，或称侵权行为的民事责任，是指民事主体因自己的行为或者由其负责的他人的行为或由其管理的物件致使他人民事权益遭受侵害而应承担的各种民事法律后果。其中，实施侵权行为的主体为加害人，享有侵权责任请求权的主体为受害人。侵权责任是民事责任的一种基本类型。就其本质而言，侵权责任是行为人违反民事义务而应承担的一种不利法律后果，符合民事责任的基本特征，适用《民法典》总则编中关于民事责任的一般性规定。侵权责任自身具有以下基本特征：

1.侵权责任是违反法定义务产生的民事责任。民事责任是民事主体违反民事义务的法律后果，民事义务从性质上可分为约定义务和法定义务。民法的目的和基本任务是确认和保护民事权益，法律禁止损害他人民事权益，通常情况下，民事主体违反法定义务实施侵权行为需要承担侵权责任。值得注意的是，侵权责任法保护的对象仅是民事权益，公权力不属于侵权责任法的保护对象。

2.侵权责任以存在侵权行为这一事实为前提。侵权责任产生的基础是侵权行为，没有侵权行为则不存在承担侵权责任的问题。可以说，侵权行为是行为人承担侵权责任的前提，侵权责任是行为人实施侵权行为应该承担的法律后果。侵权责任的立法目的就在于制裁侵权行为，为受害人提供救济，使被侵害的财产关系和人身关系恢复到未受侵害时的圆满状态。需要注意的是，无论是一般侵权责任还是特殊侵权责任，存在侵权行为都只是侵权责任的构成要件之一，在某些情况下，尽管存在侵权行为，但是不满足法律规定的侵权责任构成要件，也不一定产生侵权责任。

3.侵权责任的形式具有多样性。侵权责任旨在为受害人提供救济，填补受害人因侵权行为所遭受的损害。在我国，侵权的责任方式具有多样性：对民事权益未造成损害但已有造成损害之虞的行为，主要采取停止侵害、排除妨碍、消除危险等责任形式。对于已经造成的财产性损害，主要采取损害赔偿的责任形式。对于侵害人身权利造成的非财产性损害，还包括消除影响、恢复名誉、赔礼道歉等责任形式。

4.侵权责任具有强制性。第一，侵权责任的成立具有强制性。只要满足法律规定的侵权责任的构成要件，行为人就应当承担侵权责任，除非存在法定的免责事由。第二，侵权责任的责任范围具有强制性。行为人承担的侵权责任范围与受害人因侵权行为遭受的损失相适应，原则上行为人应对受害人遭受的损失进行完全赔偿。第三，侵权责任的承担方式具有强制性。虽然受害人可以对侵权责任的承担方式有所选择或者与行为人就侵权责任的承担方式进行协商，但是一旦受害人选择特定的承担方式予以请求，责任人通常都需要按照受害人选定的方式承担责任。

二、侵权责任的分类

（一）一般侵权责任与特殊侵权责任

根据责任的成立是否以行为人具有过错为要件，侵权责任可以分为一般侵权责任和特殊侵权责任。一般侵权责任，是指行为人因过错侵害他人民事权益而应承担的侵权责任。特殊侵权责任，是指行为人侵害他人民事权益，无论其是否具有过错依法律的规定均应承担的侵权责任。

在一般侵权责任中，依据行为人过错来归责；而在特殊侵权责任中，归责的依据不是行为人过错，而是危险等事由。二者还具有以下区别：首先，构成要件不同。一般侵权责任的构成要件是侵权行为、损害事实、因果关系和过错；而特殊侵权责任的构成要件是侵权行为、损害事实和因果关系。这表明特殊侵权行为不要求行为人对其侵权行为造成的损害具有过错，而一般侵权行为以行为人具有过错为成立要件。其次，举证责任不同。一般侵权责任需要受害人证明行为人具有过错，通常采取“谁主张，谁举证”的原则，例外情形下采取过错推定的方式；而特殊侵权责任的成立不要求过错的证明，受害人举证的内容限于损害事实和因果关系。在过错推定责任中，加害人可以通过证明自己主观上没有过错来否认法律上预设的过错推定。在无过错责任中，加害人可以举证证明损害是由受害人或者第三人过错所致，作为自己责任减轻或者免除的事由。再次，免责和减责事由不同。一般侵权责任的免责和减责事由较为宽泛，《民法典》侵权责任编规定的免责和减责事由都可以适用于一般侵权责任；而特殊侵权责任的免责与减责事由较为严格，受害人主观上存在一般过失时原则上不能作为特殊侵权责任的减责事由。最后，配套制度不同。为了分散风险，防止行为人因丧失清偿能力而导致受害人无法得到清偿，往往强制一些适用无过错责任的侵权行为的责任主体投保强制责任保险，道路交通事故责任中的机动车第三者责任强制保险即为此例。而一般侵权行为中行为人可以自愿投保责任保险，并不强制其投保。一般侵权责任遵循完全赔偿原则，而特殊侵权责任中往往存在对最高赔偿限额的规定，其目的在于适当限制行为人的责任范围，以减轻其责任负担。

（二）自己责任与替代责任

根据行为主体和责任主体是否一致，侵权责任可分为自己责任和替代责任。自己责任，是指行为人对自己行为或者自己所有、占有、管理的物致使他人民事权益遭受损害而承担的侵权责任。替代责任，是指对他人行为致人损害而承担的侵权责任。

侵权责任法以自己责任为基本原则。绝大多数情况下，行为人与侵权责任人为同一人，行为人须为自己侵权行为造成的损害承担侵权责任。少数情况下，即使责任人没有直接实施侵权行为，但是法律基于足够正当的理由，也可以要求行为人以外的责任人对行为人的侵权行为承担侵权责任，即行为人无须为自己的侵权行为承担责任，此时行为人与侵权责任人并非同一人。这就是替代责任的侵权行为。例如，《民法典》中规定的监护人责任、用人者责任即为典型的替代责任。

自己责任和替代责任，除了直接向受害人承担侵权责任的主体不同外，还存在以下区别：首先，归责原则不同。自己责任既可以适用过错责任原则，又可以适用无过错责任、公平责任。而替代责任基于当事人之间存在某种特殊关系产生，通常适用无过错责任，例外情况下被侵权人对同一损害的发生或者扩大存在过错时，可以减轻其责任。其次，责任主体不同。自己责任的责任主体是行为人，责任主体是单一的；而替代责任的责任主体通常表现为用人者、监护人等，责任主体较为多元。再次，构成要件不同。在自己责任中，被侵权人仅需证明侵权责任的成立要件。而在替代责任中，被侵权人除了要证明加害行为人的行为已满足侵权责任的成立要件，还要进一步证明侵权责任的承担要件。例如，在用人者责任中，被侵权人需要证明加害行为人是侵权责任人的工作人员或者为其提供劳务，损害是在加害行为人执行工作任务或者提供劳务时造成的。最后，是否具有追偿权不同。在自己责任的场合，侵权行为人就是最终责任承担者，不得再向第三人追偿；而替代责任将本应由侵权行为人直接向受害人承担的赔偿责任转由替代责任人承担，故其并非最终责任，替代责任人在承担责任后通常可依法向侵权行为人追偿。如《民法典》第1191条第1款规定：“用人单位的工作人员因执行工作任务造成他人损害的，由用人单位承担侵权责任。用人单位承担侵权责任后，可以向有故意或者重大过失的工作人员追偿。”

（三）连带责任、按份责任与补充责任

根据当事人之间内外部权利义务关系的不同，可以将多数人侵权责任分为连带责任、按份责任与补充责任。

连带责任，是指当侵权责任人为数人时，数个侵权责任人中的任何一人均负有承担全部侵权责任的义务，其中一人承担全部侵权责任后，该责任归于消灭。《民法典》第178条规定：“二人以上依法承担连带责任的，权利人有权请求部分或者全部连带责任人承担责任。连带责任人的责任份额根据各自责任大小确定；难以确定责任大小的，平均承担责任。实际承担责任超过自己责任份额的连带责任人，有权向其他连带责任人追偿。连带责任，由法律规定或者当事人约定。”连带责任的结构可以划分为外部关系和内部关系。外部关系即赔偿责任人与赔偿权利人之间的赔偿关系，连带责任中的每一个人均负有向受害人承担全部赔偿责任的义务，受害人可以自行选择请求一个或者数个连带责任人承担赔偿责任。连带责任的外部效力之所以如此设定，是为了强化受害人获得赔偿的能力，给予受害人更多选择权。但是受害人获得的赔偿总额不得超过其所受损害。内部关系即数个赔偿责任人之间的责任分担、追偿关系，一个或数个责任人在向受害人承担侵权责任后，可就其超额赔偿部分向其他责任人追偿。通过追偿权的行使，可以保障连带责任人内部合理分担风险。《民法典》中关于责任人承担连带责任的条文主要包括：第1168条规定的共同侵权行为、第1169条规定的教唆帮助侵权行为、第1170条规定的共同危险行为，以及第1171条规定的承担连带责任的无意思联络的数人侵权等。

不真正连带责任则是指数个责任人基于

不同的原因对同一被侵权人承担全部的赔偿责任，其他连带责任人在承担责任后可以向终局责任人要求全部追偿，使自身最终无须承担责任。因此，不真正连带责任与连带责任的区别在于：前者存在特定的最终责任承担者，后者则需要连带责任人之间按照责任份额分担损害。《民法典》中关于不真正连带责任承担的条文主要包括：(1)第1203条规定的产品的生产者和销售者之间的不真正连带责任；(2)第1223条规定的医疗领域产品责任中的药品上市许可持有人、生产者、血液提供机构与医疗机构之间的不真正连带责任；(3)第1233条规定的因第三人过错污染环境、破坏生态造成损害时，第三人与侵权人之间的不真正连带责任；(4)第1250条规定的因第三人过错造成动物致害时，第三人与动物饲养人、管理人之间的不真正连带责任。

所谓“连带”，是以受害人和责任人的外部关系为视角，任何一个责任人均应承担全部责任，超过其份额的履行实际上是代替其他责任人承担，虽然强化了对受害人的保护，但将受害人不能获得完全赔偿的风险转移至所有责任人，加重了其风险负担，所以连带责任的承担必须以法律规定或当事人约定为适用前提，不得随意将多数人责任认定为连带责任。受害人欲请求责任人承担连带责任，需举证证明责任人之间存在连带责任关系。此外，当事人亦不得任意约定其他性质的责任承担方式，以规避法定连带责任的适用，责任人之间关于内部份额的约定对外不发生效力。

按份责任，是指当侵权责任人为数人时，各自按照其过错程度或原因力大小对受害人承担相应责任。各侵权责任人仅对因自己行为产生的损害承担赔偿责任，受害人不得请求一人或者数人承担全部赔偿责任，而只能针对各行为人分别请求相应份额的责任。倘若各侵权责任人各自过错大小和原因力大小无法查明，则推定复数行为人承担均等的比例责任。《民法典》第177条规定：“二人以上依法承担按份责任，能够确定责任大小的，各自承担相应的责任；难以确定责任大小的，平均承担责任。”按份责任的实质是数个侵权行为人共同促成了同一损害后果的发生，因此每一行为人都应承担相应的责任，该相应的责任即按份责任。这表明按份责任遵循了自负其责的原则，行为人只要对自己行为造成的损害承担责任。按份责任中份额的确定标准实际上是侵权行为人承担责任的原因。在以过错作为责任构成要件的场合，较为妥当的是以过错的大小作为标准进行衡量；而在不以过错作为责任构成要件的场合，以原因力的强弱为标准更为客观。“原因力”是指在导致受害人同一损害后果的数个原因中，每一个原因对于结果的发生或扩大所产生的作用力。在各个行为人的过错和原因力难以确定的情况下，各行为人应平均承担责任。相对于连带责任，按份责任的适用条件较为宽松，在没有法律明确规定或者当事人特别约定适用连带责任的情况下，各行为人承担的则是按份责任。因此，按份责任为一般的责任形态。

补充责任，是指当侵权责任人为数人时，由先顺位的责任人承担责任，仅在先顺位的责任人的财产不足以填补受害人的损害时，才由后顺位的责任人对不足部分予以补充承担的责任形态。实际加害人的直接责任是第一顺位的责任，补充责任是第二顺位的责任。补充责任人承担的赔偿范围不应超过直接责任人的赔偿范围，即直接责任人实际承担的责任直接影响到补充责任人承担的赔偿范围，如果受害人能从直接责任人手中获得完全赔偿，补充责任人就无须承担补充责任。补充责任可以分为完全的补充责任和相应的补充责任。完全的补充责任是指补充责任人对直接责任人造成的全部损害都要承担补充责任。相应的补充责任是指补充责任人仅在先顺位的责任人不能承担赔偿责任时，按照其过错程度和原因力大小承担相应责任的补充责任形态。因此，受害人只能在一定范围内要求补充责任人承担责任。《民法典》侵权责任编规定了两种适用补充责任的情形：一是第1198条第2款规定的负有安全保障义务的经营者、管理者或者组织者未尽到安全保障义务的补充责任。二是第1201条规定的幼儿园、学校或者其他教育机构未尽到管理职责的，对无民事行为能力人和限制民事行为能力人承担的补充责任。另外，最高人民法院《关于审理生态环境侵权责任纠纷案件适用法律若干问题的解释》(以下简称《生态环境侵权责任解释》)第16条规定，侵权人污染环境、破坏生态造成他人损害，被侵权人可以请求未尽到安全保障义务的经营场所、公共场所的经营者、管理者或者群众性活动的组织者承担相应的补充责任。

第二节　侵权责任的归责原则

一、侵权责任归责原则的概念

侵权法上所讲的归责，是指将受害人的损害依法律上的价值判断而决定由何人承担侵权赔偿责任。侵权责任归责原则，是指行为人或侵权人因自己的行为或者由其负责的他人行为或者由其管理的物件致使他人民事权益遭受损害后，确定其应承担侵权责任的依据。侵权责任归责原则是侵权责任法的基石，决定着侵权责任法的规范体系和具体内容。

我国《民法典》侵权责任编确立了一元归责原则体系，侵权责任归责原则主要是过错责任原则。此外，过错推定责任、无过错责任和公平责任皆非侵权责任法上独立的归责原则。过错推定无非是在立法技术上进行了举证责任的倒置，推定行为人主观上具有过错，需要通过行为人自己证明主观上不存在过错来推翻。但其本质上仍以行为人具有过错作为责任基础，与过错责任原则的责任基础完全一致，因此过错推定责任只是过错责任原则的特殊形式，并无独立的可能性。无过错责任为过错责任原则的例外，其本身不是归责原则，仅是具体法律规则中所确定的非过错归责事由而已。无过错责任所指向的归责事由各不相同，在高度危险作业责任中，归责事由是危险；在用人者责任中，归责事由是控制力。虽然《民法典》侵权责任编将无过错责任与过错责任均置于“一般规定”中，但二者具有明显的差别，无过错责任的适用必须以法律明文规定为前提，其本身并不是普遍的原则而只是一种例外性的特殊规则。而公平责任在《民法典》第1186条中规定为“受害人和行为人对损害的发生都没有过错的，依照法律的规定由双方分担损失”。其被规定于《民法典》侵权责任编的“损害赔偿”一章。因此，公平责任解决的是损害的分担问题，属于在无过错责任、过错推定责任以及过错责任都无法适用的情形下，为填补受害人损失而设置的特殊规则，公平责任的适用需要受到法律规定的严格限制，所以其并非侵权行为归责的依据。

二、过错责任原则

(一)过错责任的概念、特点与适用

过错责任原则，或称过失责任原则，是指行为导致损害事实的发生，以行为人主观上具有过错为承担侵权责任的必要条件。若行为人没有过错，也就无从论及责任。《民法典》第1165条第1款规定：“行为人因过错侵害他人民事权益造成损害的，应当承担侵权责任。”

过错责任原则具有以下特点：(1)以过错作为侵权责任的构成要件，行为人只有在具有主观过错的情形下才承担侵权责任。(2)以过错作为损害转移的正当性基础，无过错即无责任。即使行为人客观上确实造成了他人的损害，但因其不具备过错，也无须为此承担侵权责任，除非法律有不同的规定。(3)遵循“谁主张，谁举证”的原则，受害人须对行为人主观上是否存在过错负举证责任，行为人无须证明自己没有过错。当然，在举证责任倒置的特殊场合，行为人应自证其没有过错，倘若行为人不能证明其没有过错，则推定其具有过错。例如，《民法典》第1257条规定：“因林木折断、倾倒或者果实坠落等造成他人损害，林木的所有人或者管理人不能证明自己没有过错的，应当承担侵权

责任。”（4）过错决定侵权责任的成立与否，过错是过错责任的归责基础。在多数人侵权中，行为人承担的侵权责任与其过错程度相适应。

过错责任原则适用于一般侵权行为，在法律没有特别规定适用无过错责任或公平责任的场合，均适用过错责任原则。在具体适用过错责任原则时分为两个部分：其一，根据过错的有无确定责任成立与否；其二，在多数人侵权责任中，根据过错程度的大小确定侵权责任的大小。

尚须注意共同过错和受害人过错。其一，如果数人因共同故意造成他人损害的，只要没有超出共同故意的范围，该数人就要对受害人承担连带赔偿责任。而且在考虑共同加害人之间的内部责任时，共同加害人应当根据各自的过错程度大小来承担责任。其二，过错责任不仅意味着加害人要为因其过错给他人造成的损害负责，还意味着受害人要为因自己的过错而给自己造成的损失负责。如果损害是因受害人故意造成的，行为人不承担责任；如果被侵权人对损害的发生也有过错，可以减轻侵权人的责任。

（二）过错推定责任的概念、特点与适用

过错推定责任是过错责任的一种特殊形式。过错推定责任，是指行为造成损害事实时，行为人不能证明自己没有过错的，推定其具有过错并承担相应的侵权责任。《民法典》第1165条第2款规定：“依照法律规定推定行为人有过错，其不能证明自己没有过错的，应当承担侵权责任。”

过错推定责任具有以下特点：（1）过错推定属于过错责任原则，是过错责任原则适用中的一种特殊情形，它仍然以过错作为归责的正当性基础，即过错推定是根据有明确的法律规定能够表明侵权人有过错的事实，推定行为人有过错。（2）过错推定责任采取“举证责任倒置”的方式。受害人只要举证证明存在加害行为、损害事实和因果关系即可。根据损害事实推定行为人具有过错，免除了受害人对于过错的举证责任，加重了行为人的证明责任，更有利于保护受害一方的利益，也可更有效地制裁侵权行为。例如，《民法典》第1222条规定：“患者在诊疗活动中受到损害，有下列情形之一的，推定医疗机构有过错：（一）违反法律、行政法规、规章以及其他有关诊疗规范的规定；（二）隐匿或者拒绝提供与纠纷有关的病历资料；（三）遗失、伪造、篡改或者违法销毁病历资料。”过错推定属于对事实的推定，这种推定是可以推翻的推定。而行为人想要推翻法律预设的推定，就要证明自己主观上没有过错。也就是说，行为人需要证明存在法律上规定的能够表明行为人没有过错的特定事由，或者其能够证明自己的行为符合法律、法规的规定和合理的、谨慎的行为标准，且该种证明必须达到特定的标准，才能推翻前述推定。行为人如果无法证明自己没有过错，就需要承担侵权责任。例如，《民法典》第1253条规定：“建筑物、构筑物或者其他设施及其搁置物、悬挂物发生脱落、坠落造成他人损害，所有人、管理人或者使用人不能证明自己没有过错的，应当承担侵权责任。所有人、管理人或者使用人赔偿后，有其他责任人的，有权向其他责任人追偿。”（3）过错推定责任仅适用于特殊侵权行为。过错推定并未遵循“谁主张，谁举证”的基本法理，而是将举证不能的风险转由行为人承担，对行为人而言是一种较重的责任，须由法律对其适用范围作出严格规定，否则易造成过错推定适用范围的任意扩大。《民法典》第1165条第2款本身不构成独立的请求权基础，过错推定责任要依据法律的特殊规定方可予以适用。

从《民法典》侵权责任编的规定来看，过错推定责任的适用范围为：教育机构对无民事行为能力人的损害责任（第1199条），医疗损害中的过错推定责任（第1222条），动物园饲养动物致人损害责任（第1248条），建筑物、构筑物或者其他设施及其搁置物、悬挂物脱落、坠落致人损害责任（第1253条），堆放物倒塌、滚落或者滑落致人损害责任（第1255条），公共道路上堆放、倾倒、遗撒妨碍通行物致人损害责任（第1256条），林木折断、倾倒或者果实坠落等致人损害责任（第1257条），公共场所或者道路上施工未设标志致人损害责任（第1258条第1款），窨井等地下设施致人损害责任（第1258条第2款）。

三、无过错责任

（一）无过错责任的概念和特点

无过错责任，又称无过失责任，是指行为造成损害事实，归责时不以行为人主观上具有过错作为承担侵权责任的必要条件。也就是说，不问行为人主观上是否具有过错，只要行为人的行为与损害事实之间具有因果关系，就应承担民事责任。《民法典》第1166条规定："行为人造成他人民事权益损害，不论行为人有无过错，法律规定应当承担侵权责任的，依照其规定。"

无过错责任具有以下特点：（1）无过错责任不以行为人主观上具有过错为责任的构成要件。所谓"无过错"并非要求行为人主观上不具有过错，而是行为人主观上可能有过错也可能没有过错，是否具有过错对责任的成立而言无关紧要。不考虑行为人的过错，不意味着不考虑受害人过错。如果受害人对损害的发生有过错的，则可能减轻甚至免除行为人的侵权责任。如《民法典》第1243条规定："未经许可进入高度危险活动区域或者高度危险物存放区域受到损害，管理人能够证明已经采取足够安全措施并尽到充分警示义务的，可以减轻或者不承担责任。"虽然过错不是无过错责任的成立要件，但在某些条文中仍具有适用的意义。例如，在有些适用无过错责任的侵权行为中，侵权人主观上是否具有特定的过错是在此种责任类型中适用惩罚性赔偿的重要条件。例如，《民法典》第1207条规定："明知产品存在缺陷仍然生产、销售，或者没有依据前条规定采取有效补救措施，造成他人死亡或者健康严重损害的，被侵权人有权请求相应的惩罚性赔偿。"（2）受害人在请求行为人承担侵权责任时，对加害人主观上是否具有过错不负举证责任，其只要证明存在加害行为、损害后果及因果关系等客观构成要件即可。行为人也不得以自己不具有过错为由进行抗辩。（3）无过错责任并非结果责任，行为人也有权依据法律规定的免责事由或者减轻责任的事由进行抗辩。只不过与过错责任相比，其免责事由或者减轻责任的事由的范围受到严格的限制。例如，在适用过错责任的侵权行为中，如果损害是由于第三人的过错造成的，则应由第三人承担责任，行为人可以免责。然而，在无过错责任中，为了更好地保护被侵权人，即使完全是因为第三人过错导致损害的发生，行为人也无法免责。例如，《民法典》第1250条便规定了因第三人的过错致使动物造成他人损害的，被侵权人可以向动物饲养人或者管理人请求赔偿，也可以向第三人请求赔偿。再如，在适用过错责任的侵权行为中，即使受害人仅为一般过失也可以减轻侵权人的责任。但在无过错责任的适用中，只有受害人具有重大过失时，才能减轻侵权人的赔偿责任。《民法典》第1240条规定了从事高空、高压、地下挖掘活动或者使用高速轨道运输工具造成他人损害的，只有被侵权人对损害的发生有重大过失，才可以减轻经营者的责任。（4）无过错责任，尤其是以危险为归责事由的无过错责任中，通常存在赔偿的最高限额。其目的在于适当限制无过错责任承担者的责任范围，以减轻其负担。因此，在某些适用无过错责任原则的情形中对最高赔偿额度予以限制是十分必要的。例如，《民法典》第1244条规定："承担高度危险责任，法律规定赔偿限额的，依照其规定，但是行为人有故意或者重大过失的除外。"但需要注意的是，即便法律对于高度危险责任规定了最高赔偿限额，但是在行为人对损害的发生存在故意或者重大过失时，并不能适用最高赔偿限额，被侵权人有权就超出赔偿限额的损害数额，要求侵权人继续承担侵权责任。同时，无过错责任原则与强制责任保险密切相连，强制责任保险可以确保无过错责任制度得以顺利实施，因为当侵权行为所造成的损害数额过高时，则可能导致行为人因无力负担而丧失清偿能力致使受害人无法得到赔偿，这不利于无过错责任制度的实施。强制责任保险能够有效地为行为人分散风险。（5）无过错责任对行为人而言是一种加重责任，应由法律对其适用范围加以严格的限制。法律未明确规定适用无过错责任原则的案件，均属于过错责任原则的适用范围。法官不能在法律没有明确规定适用无过错责任原则的情况下，擅自适用该规则。因而无过错责任只适用于法律特殊规定的场合。

(二)无过错责任的理论基础

无过错本身并不能解释无过错责任的正当性基础,无过错责任的责任基础应当诉诸法定的归责事由。随着科学技术的快速发展以及人类社会需求的不断升级,现代生活中逐渐出现具有高度危险性且极易导致严重损害的活动或产品,无过错责任亦是随着工业社会风险的巨变逐渐发展并成型的。无过错责任的理论来源主要有以下几种观点:

1.危险活动者创设危险源。具有危险性的特定活动将受害人暴露于特定危险之中,理应将受害人的损害归咎于创设危险源的危险活动者。但是,如果危险活动者是在符合法律规范的前提下从事相关危险活动,则已经属于法律体系内所容许的风险,甚至部分危险活动可能还具有追求公共利益的目的,倘若此时仍将所有风险都转嫁给危险活动者承担,势必会加重危险活动者的负担,进而将不利于相关危险行业的发展。因此,法律对从事危险行业的主体的责任规定了最高赔偿限额,以期使危险活动者能够根据自身经济状况,合理评估预期损害与预期利益,达到救济损害与追求社会利益的最大化。

2.危险活动者控制及防范风险的能力更强。面对危险活动带来的风险,能够对风险进行分配的当事人无非是危险活动者和潜在的受害人,但实际上能够及时采取措施防范风险的主体是危险活动者,其原因不仅在于危险活动者创设了危险源,对危险的特质具有更加真切全面的了解,还在于危险活动者具有更多防范风险的技能及知识。因此,向处于优势地位的危险活动者分配更多的风险责任是比较适当的。

3.危险活动者因危险源获得利益。危险活动者为了自身利益从事危险活动,进而大幅提高让他人暴露于风险中的概率。基于此情形,使获得更多社会资源的危险活动者承担责任,实际上是将双方的利益分配借由法律调整重新回到公平范围。

(三)无过错责任的适用

无过错责任只适用于部分特殊侵权行为,根据《民法典》第1166条的规定,只有在法律规定的情况下,才能适用无过错责任,这样的规定有如下的具体范围:监护人替代责任(第1188条、第1189条),用人单位替代责任(第1191条第1款),个人提供劳务致人损害责任(第1192条第1款),产品责任(第四章),环境污染和生态破坏责任(第七章),高度危险责任(第八章),饲养动物损害责任(第九章,第1248条除外)。

适用无过错责任的侵权行为的归责事由主要包括危险与控制力。以危险作为归责事由的无过错责任,被称为"危险责任"。危险责任是指在一定条件下,不考虑持有或经营特定具有危险的物品、设施或活动的人是否存在过错,在该物品、设施或者活动所具有的危险侵害他人权益时,应就其所产生的损害承担损害赔偿责任。《民法典》中规定的危险责任体现为:产品责任、环境污染和生态破坏责任以及高度危险责任等。控制力,是指因为责任人基于特定关系而能够支配行为人的行为或者对行为人的行为产生实质性的影响,所以即便责任人自己没有实施加害行为,主观上也不具有过错,也需要对行为人造成的损害承担损害赔偿责任。以控制力作为归责事由的无过错责任,主要是"替代责任"。

无过错责任不考虑行为人对损害的发生是否具有过错,因此免除了受害人对行为人过错的举证责任。其具体适用规则为:第一,由受害人对侵权行为、损害事实和因果关系负举证责任;第二,被告可以根据法律规定的减责或免责事由进行抗辩,如损害是因为受害人故意或重大过失导致的。

四、公平责任

(一)公平责任的概念和特点

公平责任,又称衡平责任,是指在当事人双方对损害的发生均无过错,法律又未特别规定适用无过错责任,让一方当事人承担损失有违公平时,根据民法公平原则,由行为人对受害人的财产损害给予适当的补偿,当事人合理分担损失的一种责任类型。《民法典》第1186条规定:"受害人和行为人对损害的发生都没有过错的,依照法律的规定由双方分担损失。"

与过错责任原则针对行为人主观过错而具有的道德非难性、无过错责任针对危险而具有的分散风险性不同，公平责任旨在根据受害人的损失程度与当事人的经济负担能力来公平分配已经造成的损害，以实现分配正义，其本质上与侵权责任的构成无关，不宜作为归责原则。

公平责任与过错责任的区别主要有：(1)过错责任原则以行为人具有过错作为承担责任的前提，而分担损失的行为人并没有过错。(2)承担过错责任以填补受害人全部损失为原则，而公平责任只是根据受益情况和经济状况对受害人给予适当的补偿。公平责任与无过错责任的区别：(1)无过错责任不考虑行为人是否有过错，其适用以法律的特殊规定为根据。公平责任中行为人没有过错，也不属于法律规定的适用无过错责任的情形。法律对无过错责任与公平责任的适用情形分别规定，二者适用的案件类型有所不同。(2)承担无过错责任，有的是填补受害人的全部损失，有的则存在最高责任限额。公平责任中是分担损失的一部分，不存在最高额限制。

(二)公平责任的适用

根据《民法典》第1186条的规定，公平责任的适用必须有法律的明文规定。因此，公平责任条款属于将法律适用指向法律具体规定的转致规范，将公平责任的适用情形法定化。在适用公平责任时，应当对其适用范围进行明确界定，否则可能会导致经济上有能力的一方承担社会保障制度的任务。公平责任适用于行为人和受害人对损害的发生均无过错的情况。如果损害由受害人过错造成，应当由受害人自担其责；如果由行为人或者第三人过错造成，应当由行为人或者第三人承担侵权责任；如果行为人和受害人对损害的发生都有过错，应当根据他们的过错程度和原因力对侵权责任进行分配。因此，只要存在过错责任人，就不存在公平责任的适用。在双方当事人对损害均无过错，又不属于适用无过错责任之例外规定的场合，法官不得基于方便、人情等"现实因素"的考量任意适用公平责任，否则将导致过错责任和无过错责任无法发挥应有的预防损害之规范功能，软化侵权法归责原则的体系构成。

公平责任的适用前提是存在损害，且是现实的损害。行为人分担损失的范围应仅限于受害人遭受的人身和财产的直接经济损失，而间接经济损失、纯粹经济损失以及精神损害都不应包括在内。公平责任不适用于精神损害赔偿的主要理由在于：精神损害赔偿的主要目的是抚慰受害人的精神痛苦，精神损害的赔偿数额将行为人的过错程度作为考量因素，而公平责任的救济并非填平损害，而是分摊损失，且公平责任以不存在过错为适用前提。此外，在公平责任中，针对分担数额，法律有规定的依照法律规定的标准确定；法律没有规定的，由法官根据行为的手段、情节、损失大小、影响程度、双方当事人的经济状况等情况加以确定。公平责任本质上就是根据当事人的经济负担能力来公平分配已经造成的损害，从而平衡双方当事人的利益，并为受害人提供适当的补偿。法官应根据受害人的损害事实和双方当事人的经济状况进行综合考虑。

根据《民法典》的规定，我们大致上可以将公平责任的适用范围归纳为以下几类：

1.因自然原因引起危险时，紧急避险人的责任。紧急避险通常涉及多方当事人，在不同情形下，责任承担者应依据不同的理由承担相应的赔偿责任。若危险是由自然原因引起的，该损失就只能由受害人自行承担。若紧急避险人因避险而受益，却让受害人承担全部损失，而受害人又不存在过错，这显然有失公平。于此情形下，由紧急避险人给予适当补偿。

2.见义勇为情形下受益人的责任。因保护他人民事权益使自己受到损害的，由侵权人承担民事责任，受益人可以给予适当补偿。没有侵权人、侵权人逃逸或者无力承担民事责任，受害人请求补偿的，受益人应当给予适当补偿。适当补偿意味着要综合见义勇为者所受损害的严重程度、受益人受益的程度和经济状况等因素，确定受益人应当补偿的金额。

3.完全民事行为能力人陷入无意识状态造成他人损害且没有过错时的责任。完全民事行为能力人因对自己的行为暂时没有意识或者失去控制造成他人损害的，适用一般过错责任原则。于此情形下，如果行为人对自己的行为暂时没有意识或者失去控制没有过错的，则不应承担责任。但是若受害人也是无过错的，而行为人又有较受害人更好的经济条件，却由受害人自己承担无辜的损失，有违公平原则。因此，须根据行为人的经济状况对受害人予以适当补偿。

4.提供劳务一方因第三人的行为而遭受损害时，接受劳务一方承担的补偿责任。当提供劳务一方在提供劳务期间遭受第三人侵害时，受害人有权请求第三人承担侵权责任，受害人也有权请求接受劳务一方给予补偿。

5.从建筑物中抛掷物品或者从建筑物上坠落的物品造成他人损害的责任。从建筑物中抛掷物品或者从建筑物上坠落物品造成他人损害的，当然应由造成损害的侵权人承担责任。但存在难以确定具体的侵权人但损害后果严重的情形。该情形下，无论是由受害人自行承担损害后果，还是由可能加害的建筑物使用人承担责任，均有失公平。由可能加害的建筑物使用人给予受害人补偿是一种较为公平的立法设计。

第三节　侵权责任的基本构成要件

一、侵权责任的基本构成要件概述

侵权责任的构成要件，是指行为人的行为致使他人民事权益遭受损害，依照法律应当承担侵权责任所必须具备的法定条件。只有符合法定条件，行为人才具备对他人承担侵权责任的基础。我国侵权法在体系上将侵权责任分为一般侵权责任和特殊侵权责任。

一般侵权责任的构成要件见于《民法典》第1165条第1款，该条款规定：“行为人因过错侵害他人民事权益造成损害的，应当承担侵权责任。”一般侵权责任的构成要件包括加害行为、损害事实、因果关系和过错。

特殊侵权责任，是指不以行为人过错为归责原则，而是依据危险、公平等具体事由进行归责而产生的责任类型。其中，以危险或控制力作为具体归责事由的是无过错责任，以公平作为具体归责事由的是公平责任，二者均不以行为人过错为必要，因此在构成要件上仅包括加害行为、损害事实和因果关系。

二、一般侵权责任的构成要件

（一）加害行为

加害行为，是指民事主体在其意志支配下所实施的侵害他人民事权益的行为。

加害行为具有以下特征：（1）加害行为是事实行为。事实行为与法律行为最根本的区别在于，前者的法律效果根据法律的直接规定产生，后者依据当事人的意思表示产生。加害行为属于事实行为，法律并不考虑行为人在实施侵权行为时的主观意思，只要其实施的加害行为在客观上符合法定的构成要件，就直接规定其发生一定的法律效果。加害行为是行为人承担侵权责任的根据，《民法典》第一编总则编中关于法律行为的规则对其不能适用。与人的行为无关的单纯的自然界活动，如地震、洪水、飓风等，虽也能引起一定法律效果，但不属于行为，也不会产生侵权责任法律关系。（2）加害行为是侵害他人民事权益的行为。作为侵权法规制对象的加害行为必须是对他人的民事权利和受到法律保护的利益造成侵害的行为。没有对他人民事权益造成侵害的行为，不属于《民法典》第七编侵权责任编的调整范围。加害行为既包括行为人自己实施的加害行为，还包括自己所控制的物件或者动物致人损害的行为，以及依据某种特殊的关系而应当对他人实施的加害行为承担责任的情况。如用人单位的工作人员的加害行为、被监护人致人损害以及物件致人损害的侵权行为等。（3）加害行为是在人的意识支配下实施的行为。首先，加害行为应与单纯的思想相区别。隐藏于内心的想法，倘若没有外在的表达，则为道德所调整。其次，加害行为须在人的意识支配下实施。倘若行为人实施的行为并不是在其意识支配下进行的，而是被强制作出的身体动作或者因外力的影响而产生的不自觉的反应，那么该行为就不属于侵权责任法意义上的“行为”，其不具有可归责性。但是，行为人故意使自己陷入无意识状态从而侵害他人民事权益的除外。如《民法典》第1190条规定：“完全民事行为能力人对自己的行为暂时没有意识或者失去控制造成他人损害有过错的，应当承担侵权责任；没有过错的，根据行为人的经济状况对受害人适当补偿。完全民事行为能力人因醉酒、滥用麻醉药品或者精神药品对自己的行为暂时没有意识或者失去控制造成他人损害的，应当承担侵权责任。”

根据加害行为的表现形态的差异，可以将其分为作为与不作为。

作为，也称“积极的侵权行为”，是指行为人表现于外的积极身体活动，外界通常能够加以识别。大多数的侵权责任是由行为人对受害人实施的积极的加害行为引起的，如伤害他人人身、诋毁他人名誉、毁损他人财物等。

不作为，也称“消极的侵权行为”，是指行为人应当作为却没有任何积极作为，即行为人消极地不实施某种行为。如见他人落水呼救而无动于衷、面对他人求助而不予理睬等。

因积极作为损害他人民事权益，得成立侵权责任。因不作为损害他人民事权益，原则上不成立侵权责任。其原因有二：第一，现代民法奉行意思自治原则，若不作为也得成立侵权责任，那么将毫无行为自由可言；第二，不作为导致损害的案件中因果关系的判断较为困难，例如，见孩童落水而无人施救，若旁观者众多，究竟谁的不作为与损害事实有因果关系，实难判断。因此，不作为构成侵权必须有坚实的理论支持。

作为的侵权行为中，可以通过侵权人实施的积极行为来判断是否构成侵权，但不作为表现为没有外在的积极行为，因而只在特殊情况下才可被诉请承担侵权责任，这种特殊的情形就是作为义务的来源。主要有以下几种：

1.基于法律规定引起的义务，即由法律的强行性规范、禁止性规范明文规定的作为义务。例如，产品质量不合格、在公共场所施工未设安全标志、住宿经营者发现可能侵害妇女权益的违法犯罪行为未及时向公安机关报告、对饲养的动物管理不善等原因所导致的侵权责任，均是违反法定作为义务产生的责任。

2.基于合同引起的义务。当事人约定了特定的作为义务，对此作为义务的违反可以产生侵权责任。例如，运输公司未尽到保护乘客安全的义务以致乘客受伤。在这样的场合，订立合同的目的不但无法实现，而且还会导致自己遭受侵害，此时产生违约责任和侵权责任的竞合，当事人可根据《民法典》第186条的规定选择其一进行救济。

3.基于先行行为引起的义务。先行行为，是指由行为人先期已经实施的，使某种受法律保护的合法权益处于遭受严重损害的危险状态的行为。在这样的场合，行为人负有采取有效措施排除危险或防止危害结果发生的特定作为义务。如果行为人在客观上所造成的某种危险状态完全处于其能够支配的范围之内，受害人在没有经过许可或不存在正当理由的情形下，自行进入了此种危险状态，原则上行为人并不对受害人所遭受的损害负赔偿责任，除非其能够发现并能及时制止。

4.基于职业或业务引起的义务。如果从事特定业务活动的人在其职业或业务活动中，违反了特定职业、业务所要求的特定操作惯例，也就违反了注意义务。《民法典》第1005条规定：“自然人的生命权、身体权、健康权受到侵害或者处于其他危难情形的，负有法定救助义务的组织或者个人应当及时施救。”

5.基于特殊的身份关系产生的作为义务。其一，婚姻家庭关系。例如，丈夫对身陷险情的妻子具有救助义务。其二，特定当事人之间的信任关系。例如，相约探险的登山队成员之间具有互相救助的义务。

（二）损害事实

《民法典》第1165条第1款在描述一般侵权责任时强调“侵害他人民事权益造成损害”，这表明并非行为人造成的所有损害都可以获得赔偿，只有因侵害他人享有的、受法律保护的民事权益而产生的损害才能获得侵权法的救济。

损害，是指受害人所遭受的某种消极影响，包括财产损害和非财产损害，非财产损害又包括人身损害和精神损害。这种消极影响通常表现为财产的减少、利益的丧失、名誉的毁损、精神痛苦或者身体疼痛、知识产权损害等。

侵权责任法中的损害，具有以下特征：（1）损害是民事权益遭受侵害的后果。民事权益遭受法律上的不利益，是获得法律救济的前提条件。倘若没有侵害他人民事权益，即使他人受到不利影响，也不能认定为法律意义上的损害。例如，商家因同行正当竞争导致部分顾客流失，营业收入减少，即不属于侵权法上的损害。（2）损害具有确定性。所谓的确定性是指损害是真实发生的而非主观臆测的。这主要包含三个层面：其一，损害事实已经发生，尚未发生的损害或者未来的利益损害不具有确定性。其二，损害事实真实存在，如果损害仅是当事人的主观感受或者臆想则不构成损害。其三，损害事实能够依据社会一般观念予以认定，但这与损害可以确定具体数额是两个不同的概念。非财产损害不可以用金钱加以衡量，难以确定准确的数额，但是其一经发生，损害就真实客观地存在。（3）损害具有可救济性。这包含两层意思：其一，损害须达到一定严重程度，具备进行救济的必要性。现代社会充满各种危险，这就要求每个人都要负有一定的损害承受能力，倘若因为一点微小的损失就请求赔偿，不仅救济效果有限，还要因此付出高昂的司法运行成本。对于轻微损害，原则上应自行承受，无须诉诸法律救济。其二，损害须可以通过某种方法进行补救，无法进行补救的损害并无救济的可能性。但并不是说所有的损害都可以用金钱计量，精神损害即为适例。

侵害与损害是两个不同的概念。侵害是从行为人行为的角度来描述的，强调的是行为的非法性或违法性。而损害主要是从受害人的财产状态角度来描述的，是对受害人财产利益减损程度的客观反映。大多数情况下，民事权益受侵害即造成损害，即损害是侵害所造成的结果。例如驾车将他人撞伤的行为，既侵害了该行人的生命权，也造成了损害。但在有些情形下，行为人虽然侵害了他人的民事权益，但却并不一定会造成损害。又如在他人门口堆放杂物，堵塞通道的行为，虽然侵害了他人房屋的所有权，但并没有造成实际损害，仅构成妨害。但若在他人经营场所的门口堆放杂物，堵塞通道致使其无法营业，则不仅侵害了他人房屋的所有权，还造成了经济上的损失。侵害和损害之间还存在因果关系认定上的不同。认定加害行为与权益被侵害之间是否存在因果联系，属于责任成立的因果关系，解决的是侵权责任成立与否的问题。但侵害行为与损害之间的因果联系，属于责任范围的因果关系，解决的是赔偿范围问题。侵害民事权益是侵权责任成立的构成要件，没有侵害他人民事权益的行为，侵权责任就无从产生。损害是损害赔偿责任的构成要件，没有损害就没有赔偿。因此，民事权益被侵害与损害的明确区分，是准确适用各种侵权责任承担方式的前提。

《民法典》侵权责任编主要将损害分为财产性损害和非财产性损害。前者是指具有财产价值、能够通过金钱加以衡量的损害；后者是指人的精神、身体痛苦等不具有财产价值、难以用金钱加以衡量的损害。区分财产性损害和非财产性损害的意义在于：（1）赔偿原则不同。财产性损害贯彻完全赔偿原则，使受害人的财产状况恢复到未受侵害时的状态；而非财产性损害则不能用金钱加以衡量，不适用完全赔偿原则，赔偿额度只能依据法律的规定或者当事人的约定加以计算。这是因为在损害有无的确定以及数额计算上，非财产性损害的难度明显要大于财产性损害。依据《民法典》第1183条的规定，精神损害赔偿限于侵害自然人人身权益，以及因故意或者重大过失侵害自然人具有人身意义的特定物造成严重精神损害的情形。最高人民法院《关于确定民事侵权精神损害赔偿责任若干问题的解释》(以下简称《精神损害赔偿解释》)第5条对精神损害赔偿数额考量的因素进行了明确规定。(2)承担侵权责任的形式不同。我国《民法典》侵权责任编规定了多种责任承担的方式，财产性损害一般适用损害赔偿的方式，非财产性损害中被侵权人可以要求侵权人承担精神损害赔偿责任，还可以要求侵权人承担赔礼道歉、恢复名誉、消除影响等其他侵权责任。(3)计算方式不同。财产性损害按照损失发生时的市场价格或者其他合理方式计算；而非财产性损害具有较强的主观性，其计算也只能采用主观的方法加以评价。(4)赔偿请求权的主体不同。自然人、法人和非法人组织均可以就财产性损害要求行为人进行损害赔偿，但是只有自然人可以就非财产性损害请求行为人进行损害赔偿。《民法典》第1183条明确将精神损害赔偿请求权的主体限定为自然人。《精神损害赔偿解释》第4条规定："法人或者非法人组织以名誉权、荣誉权、名称权遭受侵害为由，向人民法院起诉请求精神损害赔偿的，人民法院不予支持。"

财产性损害可以进一步区分为所受损害和所失利益。所受损害，是指侵权行为致使受害人既有财产的积极减少；所失利益，是指侵权行为妨碍受害人新财产的取得。所谓"妨碍受害人新财产的取得"是指受害人在侵权行为发生时尚未取得，但倘若侵权行为未发生，受害人预期可以取得的财产利益。区分所受损害和所失利益的意义在于:(1)因果关系的认定存在差异。在所受损害的场合，侵权行为与损害之间的因果关系较为明确，而在所失利益的场合，二者之间的因果关系并不十分明朗，需要谨慎认定。(2)确定性程度不同。所受损害是既存利益的减少，其损害赔偿的数额相对确定，因此所受损害应当完全赔偿。根据《民法典》第1184条的规定，财产损失按照损失发生时的市场价格或者其他合理方式计算。而所失利益是妨碍新财产的取得，"新财产"是将来预期可以取得的财产，因其尚未实际取得，具有不确定性，一般要考虑所失利益的发生与行为人的行为之间是否具有"相当因果关系"以确定赔偿范围。

根据损害与权益被侵害之间因果关系的远近，可以将损害分为直接损害与间接损害。直接损害，是指侵权行为对民事权益本身所造成的损害；间接损害，是指因受害人民事权益遭受侵害而衍生出的其他损害。区分直接损害和间接损害的意义在于:(1)因果关系的远近程度不同。直接损害涉及的是侵权责任成立的因果关系，而间接损害涉及的是侵权责任范围的因果关系。前者系侵权行为直接导致民事权益遭受损害，与加害行为之间的关系密切，所以直接损害的范围比较容易确定；而后者系民事权益遭受损害后衍生出来的新的损害，与加害行为之间的关系比较疏远，其损害范围通常难以直接确定，在计算具体数额时法律应给予统一的标准予以参照。(2)是否考虑假设因果关系不同。在直接损害中，因其已经实际地造成损害事实，一般不考虑假设因果关系。而对间接损害的赔偿，应斟酌假设因果关系进行计算。(3)过错认定不同。过错责任中认定行为人是否具有过错，以加害行为人应否且能否预见直接损害为标准，不需要考虑行为人是否能够预见间接损害。

就财产性损害的证明，在法律没有特别规定的情况下，受害人应当就其遭受的财产性损害的范围和数额负担举证责任。就非财产性损害的证明，受害人应当证明自己的人身权益或者具有人身意义的特定物遭受了损害，且需证明自身遭受了严重精神损害。在因受害人的人身权益遭受的损害难以确定导致难以证明且双方无法协商一致时，《民法典》第1182条允许人民法院根据实际情况确定赔偿数额。

(三)因果关系

1.因果关系的概念和特征。

因果关系，是指侵权行为与损害结果之间引起与被引起的关系。《民法典》第1165条第1款规定："行为人因过错侵害他人民事权益造成损害的，应当承担侵权责任。"其中"因"的法律表达就是因果关系。

侵权法中的因果关系具有以下特征:(1)因果关系具有客观性。原因和结果客观地存在于自然界和人类社会中，独立于人的意志之外、不以人的意志为转移。(2)因果关系具有规范性。侵权法上因果关系的目的在于解释与归责，重点在于寻求归责的可能性，受到人的主观价值的影响，具有立法政策上的考量。(3)因果关系具有时间性与相对性。时间性，是指在一个具体的因果关系中，原因在前结果在后。但是确定因果关系是从已经发生的损害结果中寻找与其相关的损害发生原因。相对性，是指在事物发展的因果长链中，一种现象在这个具体的因果关系中是原因，但是在另一个具体的因果关系中可能是结果。侵权法中的因果关系只是截取因果链条中的相对片段，研究特定现象之间的因果关系。(4)因果关系具有复杂性。原因和结果的关系错综复杂，有一因一果、一因多果、多因一果和多因多果等多种表现形式。因此，在损害事实是由包括行为人的行为等多种原因综合导致的场合，就需要根据具体行为的原因力的表现，正确界定行为人的行为对损害事实的发生所起的作用。

2.责任成立的因果关系和责任范围的因果关系。

责任成立的因果关系，是指侵权行为与民事权益受侵害之间的因果关系；责任范围的因果关系，是指民事权益受侵害与损害事实之间的因果关系。二者涉及不同的考量因素，前者考量的是侵权行为与民事权益受侵害之间引起与被引起的关系，后者考量的是民事权益受侵害本身与损害等具体的不利后果之间引起与被引起的关系。责任成立的因果关系决定着侵权责任的成立与否，责任范围的因果关系决定着责任成立后责任的形式以及责任大小。如果责任成立的因果关系不存在，则无须考察责任范围的因果关系。

3.因果关系的判断。

因果关系的判断采相当因果关系说，分为两个步骤：一是事实条件关系的判断。在作为的案件中，如果没有行为人的行为，损害事实不会发生，则行为人的行为是造成损害事实的必要条件；如果没有行为人的行为，损害事实仍会发生，则行为人的行为不是造成损害事实的必要条件。在不作为的案件中，同样采用“若无，则不”的法则判断条件关系，但在具体适用上与作为侵权存在差异，作为侵权是抽去违法的作为，即所谓“剔除说”，而不作为侵权则是添加缺失的作为，即所谓“替代说”。如果行为人积极履行了作为义务，损害就不会发生，则行为人的行为是造成损害事实的必要条件；如果行为人积极履行了作为义务，损害仍会发生，则行为人的行为不是造成损害事实的必要条件。通说认为，在不作为侵权致人损害的场合，仅需要证明行为人对受害人负有作为义务，以及该义务的不履行与损害的发生之间存在高度的盖然性即可。但实际上这种高度盖然性也很难证明。虽然作为侵权的因果关系判断也是一种基于可能性的判断，但一般而言，在避免损害发生的可能性上，作为侵权相比于不作为侵权要更容易确定。因为作为和不作为是两种不同的行为状态，对于已发生的事实，判断其没有发生时所出现的可能性，要比判定没有发生的事实在其发生时所出现的可能性的确定性更高。因此，不作为侵权因果关系的认定更为复杂。

二是法律相当性的判断。经过之前事实条件关系的判断，只是筛选出造成损害事实的必要条件，仍须进一步判断是否具有导致损害发生的“相当性”，依此从若干条件中找出原因。如果行为人的行为在通常情形下会导致该损害事实的发生，或者至少它在相当程度上增加了损害事实发生的可能性，那么这一行为与损害事实之间就具有相当因果关系。如果虽然行为人的行为造成了损害，但是这种损害仅仅在非常特殊的情况下才会发生，或者按照事物发展的正常过程基本上不可能发生的，那么这一行为与损害事实之间就不具有相当因果关系。

一般情形下判断行为和损害之间具有相当因果关系即可归责，特殊情形下还需要进一步探索该种损害是否在规范目的所涵盖的范围之内，倘若受到侵害的民事权益不为该特定规范所保护，即便行为和损害之间具有相当因果关系，也不能将损害归责于行为人承担。

4.复数因果关系。

基于因果关系所具有的复杂性特征，现实中常常出现多个原因与结果相关联的情形，即产生所谓的“复数因果关系”。具体阐述如下：

聚合因果关系，是指多个行为导致损害的产生，即使不考虑其他行为，其中任何一个行为单独发生也都能够造成全部损害。其具有以下三个主要特征：第一，数个行为或事实同时导致损害。所谓的“同时”，是指损害产生时间的同一，而非行为发生时间的同一。如果前一个侵权行为已经导致了损害的发生，那么后一个侵权行为就不是损害产生的原因，其不会增加损失，此时就不存在聚合因果关系的适用。第二，数个行为均足以造成全部损害，即每个行为都是损害的充分条件。所谓“足以”造成全部损害，是指各个侵权行为都与全部损害具有相当因果关系。即使没有其他侵权行为的存在，每一个行为也都能独立地导致全部损害的发生。第三，各原因力可以互相替代，而损害结果的同一性不因此发生变化。各行为人的行为都足以造成全部的损害，故而每个人都应当承担完整的侵权责任，任何行为人都不能以存在其他行为人的侵权行为作为其抗辩事由。依据《民法典》第1171条的规定，二人以上分别实施侵权行为造成同一损害，每个人的侵权行为都足以造成全部损害的，行为人承担连带责任。另外，《生态环境侵权责任解释》第5条规定：“两个以上侵权人分别污染环境、破坏生态造成同一损害，每一个侵权人的行为都足以造成全部损害，被侵权人根据民法典第一千一百七十一条的规定请求侵权人承担连带责任的，人民法院应予支持。”

共同因果关系，是指每一行为均不足以导致部分或全部损害，数个行为结合在一起共同导致了损害。其具有以下三个主要特征：第一，数个行为均不足以单独造成损害，即如果不是有其他行为的加入，根本就不会产生损害或不会产生全部损害。第二，各个加害行为人都是各自实施加害行为，各行为人之间并无主观上的意思联络，各行为人并非基于共同故意侵害他人民事权益并造成损害，否则就会构成共同加害行为。第三，数个行为结合共同造成了同一损害，即造成了不可分的损害。若该损害可以进行分割，而数个行为又是单独实施的，则无适用共同因果关系加以判断的必要。每一个加害行为对于损害的发生都存在一定的原因力，在判断因果关系时，既要考虑每个加害行为与权益被侵害之间的关系，又要考虑各个加害行为相互间的关系。共同因果关系，能够分清各自责任的，按各自的份额承担侵权责任；不能分清的，平均承担侵权责任。《生态环境侵权责任解释》第6条第1款规定：“两个以上侵权人分别污染环境、破坏生态，每一个侵权人的行为都不足以造成全部损害，被侵权人根据民法典第一千一百七十二条的规定请求侵权人承担责任的，人民法院应予支持。”但侵权人应当对其行为不足以造成全部损害承担相应的举证责任。

择一因果关系，是指数个行为都足以单独造成损害，而且其中部分行为导致了损害，但无法确定究竟哪个或哪些行为才是导致损害的原因。其具有以下三个主要特征：第一，损害发生时存在数个行为，数个行为都足以单独造成损害；第二，数个行为中的部分行为导致了损害，即受害人最终遭受了损害并且可以确定是数个行为中的部分行为所致；第三，无法确定具体导致损害结果发生的原因，即可以明确导致损害结果的行为人范围，但是究竟是行为人范围内的何人的行为所致无法查明，即无法确定实际加害人。择一因果关系中所有行为人承担连带责任。择一因果关系本质上并非因果关系的问题，之所以在不能确定具体侵权人时，令行为人承担连带责任，是出于举证责任方面的考量。根据《民法典》第1170条的规定，行为人可以通过举证证明具体侵权人而使自己免责。应予说明的有两点：其一，此处系由行为人负举证责任，突破了“谁主张，谁举证”的一般原则；其二，举证内容要求确定具体侵权人。

假设因果关系，是指加害人的行为已经导致损害，但是即便没有该行为，该损害也会因为之后的原因而发生。在假设因果关系中，损害的产生存在两个原因：第一个是现实地发生并导致损害事实的“真实原因”；第二个是如果发生将会导致同一损害的“假设原因”。通说认为，真实原因与损害事实之间具有因果关系，而假设原因在损害产生时并未真实发生，与损害之间不存在因果关系。假设因果关系虽与侵权责任成立的因果关系无关，因为加害行为与损害之间已经满足侵权责任成立的因果关系的要求，但与损害赔偿的范围存在关联，应当由侵权人就损害赔偿的范围进行主张并负证明责任。假设因果关系的实质在于：法官可以基于政策性考量，将假设因果关系作为减轻侵权人责任的事由。

超越因果关系，是指导致损害产生的多个行为依次发生，先行为虽然对受害人造成了一定损害，但后行为最终造成了受害人的损害。其具有两个显著特征：其一，各个加害行为人都是各自实施加害行为且主观上没有意思联络，任何一个加害行为不足以造成全部损害。其二，后出现的加害行为改变了先行为的后果，使先前的行为对受害人的最终损害没有发挥直接的作用。超越因果关系与责任成立的因果关系无关，主要是责任范围的因果关系的判断，即后加害行为的出现能否使得先行为人无须就最终的损害结果承担侵权责任。超越因果关系中，如果多个行为人都能查明，则各个行为人应当就受害人的最终损害按照各自的过错和原因力承担相应的责任。

5.因果关系的证明。

根据“谁主张，谁举证”的一般原则，通常应由受害人举证证明行为人的行为与损害之间存在因果关系，行为人可以就其行为与损害结果之间不存在因果关系进行反证。因果关系推定是指在某些特殊情况下，受害人运用通常方法无法证明实际因果关系时，为了保护受害人的利益，可以对事实上的因果关系采取举证责任转换的方式，让加害人就侵权行为与损害之间不存在因果关系进行举证，从而免除受害人就因果关系的举证责任。如果加害人无法举证证明因果关系不存在，就推定事实上的因果关系成立。推定因果关系只是保护受害人利益的一种辅助性技术方法，只有在法律明确规定的情况下才能适用。例如，《民法典》第1230条规定：“因污染环境、破坏生态发生纠纷，行为人应当就法律规定的不承担责任或者减轻责任的情形及其行为与损害之间不存在因果关系承担举证责任。”该条就确立了环境污染、生态破坏责任中的因果关系推定规则。

（四）主观过错

过错，是指侵权行为人主观上具备的可责难性，系对行为人通过其违法行为所表现出来的主观状态的法律评价。倘若行为人主观上不具备非难之可能性，就不存在将客观损害事实归责于行为人的基础。过错的本质是行为人在实施侵权行为时具有的一种应受非难的主观意志状态，但在判断标准上是主观和客观的辩证统一。只有经过行为人外在违法行为所表现出来的可责难的心理状态才能称为过错。一方面，过错由人的主观心理状态决定，行为人的心理状态不同，过错就呈现内容上的差异，行为必须在过错的心理状态下作出才具有可责难性；另一方面，行为人的心理状态须经一定的外在行为表示后才具有观察的客观基础，仅存在于内心的心理状态不可能成为侵权法所规制的对象。

1.过错的形式。

根据行为人对其行为后果的认识程度的差异，可以将过错分为故意和过失。故意，是指行为人明知自己的行为会产生损害他人民事权益的结果，仍然积极追求或者放任其发生的一种主观心态。过失，是指行为人对自己的行为会产生侵害他人民事权益的结果应当预见却因疏忽大意没有预见，或者虽然已经预见但轻信可以避免损害的发生，以致造成损害后果的一种主观心理状态。故意与过失的主要区别在于：故意表现为行为人对损害后果的追求、放任心态，而过失表现为行为人不希望、不追求、不放任损害后果的心态。

故意分为直接故意与间接故意。前者是指行为人已经预见到自己的行为会产生损害他人民事权益的结果，仍然积极追求该结果的产生；后者是指行为人已经预见到自己的行为可能会产生损害他人民事权益的结果，仍放任该结果的产生。直接故意与间接故意的区别在于：在认识因素上，前者是行为人明知自己的行为必然会产生损害他人民事权益的结果，后者是行为人明知自己的行为可能会产生损害他人民事权益的结果，即认识到行为与损害的发生只是具有或然性；在意志因素上，前者是行为人希望这种结果产生，即积极行为促成损害事实的产生，后者是行为人放任结果的发生，即既对阻碍损害结果发生的障碍不去排除，也不采取措施阻止损害事实的产生，而是听之任之。应当指出的是，与刑法不同，直接故意和间接故意在侵权法上的法律后果相同，因此区分二者的意义甚微。

依据行为人能否预见其行为所导致的损害，可以将过失分为疏忽的过失和轻信的过失。前者是指行为人对其行为所导致的损害事实应当预见而没有预见；后者是指行为人已经预见其行为将导致损害事实，但轻信可以避免。疏忽的过失和轻信的过失区别在于：在认识因素上，前者是行为人应当预见到自己的行为可能会导致损害事实的发生，却因为疏忽大意没有预见。预见义务，或称注意义务，可能源于法律的规定，或者职务、业务的要求，或者是公共生活的准则要求。倘若行为人于行为时没有预见到自己的行为可能会导致损害事实，则属于疏忽的过失或者意外事件；倘若行为人预见到自己的行为必然会导致损害事实，则属于故意的范畴。后者是行为人已经预见到自己的行为可能会发生损害他人民事权益的结果，却轻信能够通过一定的措施避免此种损害，但最终并没有成功避免损害的发生。在意志因素上，前者是行为人当然不希望损害事实发生，但是行为人并没有采取相应的措施来阻碍损害的发生。后者是行为人之所以继续实施侵权行为，是因为其轻信能够避免损害的发生。所谓“轻信”，是指行为人过高地估计了可以避免损害事实发生的有利条件，而过分地低估了行为导致损害发生的可能性程度。

依据过失的严重程度，可以将过失分为重大过失、一般过失和轻微过失。重大过失，是指行为人不仅没有尽到特定的注意义务，甚至连一般人的注意义务都没有达到，不具有一般人所具有的起码的谨慎和注意，其主观上的可非难性较强。一般过失是指行为人虽然没有违反对一般人的注意程度的要求，但没有尽到特定的注意义务。轻微过失，是指行为人对于应有的注意义务的轻微违反。此种过失不以行为人的主观意志为标准，而是以客观上应否做到某一程度为标准。侵权责任法上的过错通常以一般过失为标准，只有在法律特别规定的情况下，重大过失才可以作为侵权责任成立的要件或者行为人的减免责事由。例如，《民法典》第1176条第1款规定自甘风险的适用情形为其他参加者具有一般过失，因此当其他参加者对损害的发生主观上具有故意或者重大过失时，应对受害人承担侵权责任，而不能以受害人自甘风险为由进行抗辩。又如，《民法典》第1245条规定，只有证明损害是因被侵权人故意或者重大过失造成的，动物饲养人或者管理人才可以免除或者减轻责任。

2.过错的判断标准。

故意是一种典型的可归责的心理状态，但它必须通过一定的行为表现出来。在侵权法领域中，故意表现为行为人对他人合法的民事权益主动、积极地侵害。首先，行为人明知自己的行为会损害他人民事权益。其次，行为人希望或者放任这种损害结果的发生。因此，对故意的判断聚焦于行为人自身是否“明知”损害后果的发生，是否积极追求或者放任损害的发生。

对过失的判断标准日益客观化，其更多地体现的是对各种法律价值判断的取舍和各种利益冲突的衡量。在判断过失时，一则以法律法规等规范所确定的注意义务为标准，确定行为人是否具有过失。在医疗活动、交通运输、产品生产销售等领域出现了越来越多的技术性规则，这些规则明确了相关行为人应有的注意义务。例如，《民法典》第1221条规定：“医务人员在诊疗活动中未尽到与当时的医疗水平相应的诊疗义务，造成患者损害的，医疗机构应当承担赔偿责任。”该条中“与当时的医疗水平相应的诊疗义务”就是一个相对客观化的判断标准。二则以一个合理的、谨慎的人所应具有的注意义务来判断。“理性人的注意义务”即多数人在特定情况下应当达到的注意程度，原则上并不考虑行为人的性格、年龄、身体状况以及能力经验等特殊因素。如果行为人没有像一个合理的、谨慎的人那样来行事，则应当认定为存在过失。但是在特殊情况下，针对一些特定的团体或群体，完全以一般人的注意义务为标准来判断过失存在与否，就显得不太适宜，需要加以调整：

（1）专家的注意义务。专家是指以向委托人提供专业服务作为职业的具有专门知识和技术的专业人士，如医生、律师、会计师、建筑师等。他们应尽到"勤勉尽责的义务"，行事应能够达到在通常情形下同一职业领域中合格的从业人员在同等情形下应具备的谨慎、技能和能力，如未达到则构成过失。如《民法典》第1219条第1款规定："医务人员在诊疗活动中应当向患者说明病情和医疗措施。需要实施手术、特殊检查、特殊治疗的，医务人员应当及时向患者具体说明医疗风险、替代医疗方案等情况，并取得其明确同意；不能或者不宜向患者说明的，应当向患者的近亲属说明，并取得其明确同意。"因此，医务人员负有说明以及取得同意的义务，如果违反上述义务则可以认定医务人员主观上存在过失。

（2）其他职业或团体的注意义务。专家以外的其他职业或团体的成员，如餐厅职员、搬家公司搬运师傅等，虽不像专家一样需要高度的知识水平和专业能力，也无须通过行业准入许可，但由于长期从事某一职业或团体活动，具有一定的知识并积累了相当的经验，法律上对其有相较于一般人更高的注意义务要求，如未达到则构成过失。

（3）无民事行为能力人或者限制民事行为能力人的注意义务。对于这些人的行为标准要求，要低于一般人的行为标准。在判断这些人员是否履行了合理注意义务时，应当考虑其年龄、智力和生理状况等因素。

第四节 数人侵权的侵权责任

一、共同侵权行为

共同侵权行为，是指数人共同不法侵害他人民事权益造成损害，从而承担连带责任的情形。我国《民法典》第1168条规定："二人以上共同实施侵权行为，造成他人损害的，应当承担连带责任。"共同实施侵权行为是指共同故意实施侵权行为，即二人以上的行为人彼此间存在意思联络，共同故意实施侵权行为造成他人损害。在多个主体之间存在隶属关系的情况下，事实上存在数个行为人的，在法律上认定为一个行为人，例如工作人员在执行公务时侵害受害人民事权利的，由用人单位承担侵权责任，但不直接由工作人员承担侵权责任。

（一）共同侵权行为的构成要件

1.客观构成要件。（1）侵权主体为复数。共同侵权行为作为数人侵权责任的一种情形，其行为主体须为数人。所谓"数人"，是指二人或二人以上。共同侵权人可以是自然人，也可以是法人或非法人组织。因我国并未建立民事责任能力制度，故共同侵权人是否为完全民事行为能力人，应在所不问。（2）每一个侵权人的行为都符合侵权责任的客观构成要件。共同侵权行为是单独侵权行为的扩张，只有在每一个侵权人的行为均符合一般侵权的客观构成要件时，始能成立共同侵权行为。首先，共同侵权行为中的每一个侵权人均实施了加害行为。该加害行为可以是作为，也可以是不作为。其次，共同侵权行为侵害了他人的民事权益，造成了他人损害。需要注意的是，共同侵权行为存在数人的数个行为，并不要求这些行为产生同一损害。在产生不同损害的场合，因为行为人之间存在共同意志，这些损害当然应归由共同侵权人承担。最后，每一个侵权人的加害行为均与受害人的民事权益受侵害存在因果关系。但共同侵权行为中因果关系的认定存在特殊性，受害人只需要证明共同行为与损害之间存在因果关系即可。共同侵权行为的数个侵权人之间往往存在分工，分别实施了不同程度或范围的加害行为，受害人难以逐一证明每个侵权人的行为都与其民事权益受到侵害存在因果关系，并且数个侵权人的共同意志将数个侵权人的行为联结在一起共同造成受害人的全部损害。故而受害人不必单独证明每个侵权人的行为都与损害之间存在因果关系，只需要证明共同行为与损害之间存在因果关系即可。

2.主观构成要件。共同实施加害行为的数人之间存在共同故意。所谓共同故意，是指二人以上明知且意欲协力导致损害结果发生的心理状态。数个行为人在实施加害行为的过程中存在主观上的联络，具有共同追求的目标，相互意识到彼此的存在，并且在客观上为了达到此目的为共同行为。需要注意的是，各个侵权行为人的侵权责任的成立是否需要具备过错这一构成要件，取决于侵权行为适用的是过错责任、无过错责任抑或是过错推定责任。

（二）共同侵权行为的责任承担

依照《民法典》第1168条的规定，共同侵权行为的侵权人对他人损害应当承担连带责任。根据《民法典》第178条的规定，“二人以上依法承担连带责任的，权利人有权请求部分或者全部连带责任人承担责任。连带责任人的责任份额根据各自责任大小确定；难以确定责任大小的，平均承担责任。实际承担责任超过自己责任份额的连带责任人，有权向其他连带责任人追偿。连带责任，由法律规定或者当事人约定”。这意味着，在对外的责任承担上，共同侵权人承担连带责任，赔偿权利人享有自由选择权，有权要求任何一个赔偿义务人承担全部赔偿责任，也有权要求赔偿义务人中的一人或多人承担部分的赔偿责任，赔偿义务人不得拒绝。需要注意的是，赔偿权利人在行使自由选择权时不得违反权利滥用原则。在对内的责任承担上，各赔偿义务人之间依然贯彻个人责任原则，依照其过错以及原因力的大小承担相应的责任。根据《民法典》第178条第2款的规定，难以确定各行为人的责任大小时，各侵权人平均承担责任。任何一个赔偿义务人在承担责任后，可就超过其责任份额的部分向其他赔偿义务人追偿。但是，《生态环境侵权责任解释》第24条规定：“两个以上侵权人就污染环境、破坏生态造成的损害承担连带责任，实际承担责任超过自己责任份额的侵权人根据民法典第一百七十八条的规定向其他侵权人追偿的，人民法院应予支持。侵权人就惩罚性赔偿责任向其他侵权人追偿的，人民法院不予支持。”

按照“谁主张，谁举证”的一般证明责任规则，赔偿权利人应当证明各行为人存在侵权行为、共同故意，受害人的民事权益遭受损害，侵权行为与损害之间具有因果关系。由前述可知，赔偿权利人无须证明各个行为人的行为皆是造成损害的全部原因，只需证明各个行为人的行为是造成部分损害的部分原因即可。另外，根据最高人民法院《关于审理人身损害赔偿案件适用法律若干问题的解释》（以下简称《人身损害赔偿解释》）第2条的规定，赔偿权利人起诉部分共同侵权人的，人民法院应当追加其他共同侵权人作为共同被告。赔偿权利人在诉讼中放弃对部分共同侵权人的诉讼请求的，其他共同侵权人对被放弃诉讼请求的被告应当承担的赔偿份额不承担连带责任。责任范围难以确定的，推定各共同侵权人承担同等责任。人民法院应当将放弃诉讼请求的法律后果告知赔偿权利人，并将放弃诉讼请求的情况在法律文书中叙明。由此可见，因共同侵权行为而受损害的受害人提出的诉讼是必要共同诉讼，各侵权人应当共同参加诉讼。将其他共同侵权人追加为共同被告便于法院查明真相，也有利于明确各个侵权人应当承担的责任范围。赔偿权利人有权选择免除部分共同侵权人的责任，这是赔偿权利人意思自治的体现，同时法院具有释明义务。此时其他共同侵权人对于免除范围内的责任不承担连带责任，但这不意味着对全部责任人的责任都予以了免除。

二、共同危险行为

共同危险行为，又称“准共同侵权行为”，是指二人以上实施危及他人人身安全或财产安全的危险行为，仅是其中的一人或数人的行为实质上造成他人的损害，但又无法确定实际侵害人的情形。我国《民法典》第1170条规定："二人以上实施危及他人人身、财产安全的行为，其中一人或者数人的行为造成他人损害，能够确定具体侵权人的，由侵权人承担责任；不能确定具体侵权人的，行为人承担连带责任。"共同危险行为不仅适用于一般侵权责任，也可以适用于特殊侵权责任。

共同危险行为不同于共同侵权行为，两者虽然在侵权行为人数上都是二人以上并且数个行为人都要承担连带责任，但是两者存在如下区别：其一，共同危险行为的损害结果是共同危险行为人中的一人或者数人造成的，各行为人之间缺乏意思联络；而共同侵权行为的损害结果是由所有行为人共同造成的，所有行为人之间存在意思联络。其二，共同危险行为中，损害和行为的因果关系不能确定，行为人与受害人的民事权益受侵害之间仅存在潜在的、可能的因果关系。而共同侵权行为中行为和损害结果的因果关系是可以确定的。其三，共同危险行为中，各行为人的行为在时间和地点上要求具有关联性，而共同侵权行为的时间和地点则没有此要求。其四，共同危险行为无法确定实际造成损害的行为人，而共同侵权行为中，造成损害的行为人是确定的。如果可以确定共同危险行为中实际造成损害的行为人是特定的一个人或者数个人，则由实际加害人单独承担责任，其他行为人可以免于承担责任。其五，在共同危险行为的情形下，行为人可以通过举证证明谁是具体侵权人而免于承担责任，也可以通过证明自己的行为与损害后果没有因果关系而免于承担责任，但是共同侵权行为并无此等免责事由。

(一)共同危险行为的构成要件

1.客观构成要件。(1)存在数个共同危险行为人。共同危险行为中必定存在数个参与实施危险行为的主体。共同危险行为人可以是自然人，也可以是法人或非法人组织。共同危险行为中虽然存在数个行为人，但是因为共同危险行为中存在的是择一的因果关系，无法判定造成损害结果的直接行为，也就无法查明直接责任人。共同危险行为正是为了解决因果关系不明确的问题。在共同危险行为中，无法确定具体的侵权者。所谓"无法确定"，是指行为人的范围已经明确，但是具体的侵权人究竟为范围内的何人无法查明。(2)二人以上实施了危险行为。首先，二人以上所作出的行为需要有造成他人危险的可能，即行为具有风险性。行为在客观上一旦作出，就产生了导致损害发生的风险，且不要求这种风险得以实现，但这种风险行为应当属于具有"高度的造成损害的可能性"的风险。各行为人的行为所造成的危险应当属于相同的危险。倘若部分行为人的行为造成受害人的人身危险，部分行为人的行为对受害人的财产产生危险，则不构成共同危险行为。其次，危险行为在形式上可以是作为，也可以是不作为。最后，共同危险行为之间应具有时空上的关联性，即各行为人的行为之间应当形成一定的空间和时间上的相互关联关系，这不要求具备时空的同一性。(3)共同危险行为导致他人损害。损害结果是由于共同危险行为中某一个或某几个人的行为所导致而非全部人所致，即各行为人的行为与损害之间是可能的、不确定的因果关系。应当区分不确定因果关系与不确定部分的因果关系：前者是指加害人不明，后者是指加害人明确但份额不明的情况。依据《民法典》第1170条的规定，前者成立共同危险行为，自不待言。而数人侵权导致同一损害的原因力大小不明的，原则上不成立共同危险行为，而应依据《民法典》第1171条和第1172条确定各无意思联络的数人承担的责任份额。同时，所产生的损害既包括人身损害，也包括财产损失。

2.主观构成要件。在共同危险行为中，各行为人对损害结果的发生并不存在意思联络。共同危险行为人在主观上通常均为过失，但不排除全体故意或其中部分故意部分过失的可能。例如，甲、乙无意思联络，主观上有伤害丙的故意，客观上分别向丙开了一枪，丙中了一枪，但不确定是谁的子弹击中丙，甲乙之间成立共同危险行为。在共同侵权行为与共同危险行为的适用顺序上，共同危险行为从属于共同侵权行为。只有不构成共同侵权行为时，才能考虑能否适用共同危险行为。若共同危险行为人之间具有共同故意，共同的意志产生共同的原因，则所有行为人均应对损害结果负责，无适用《民法典》第1170条之余地。

需要强调的是，《民法典》第1170条作为解决因果关系不明的规范，只是证明责任的分配规范，并非独立的请求权基础。因而，受害人主张构成共同危险行为的前提是该行为应当符合一般侵权责任或特殊侵权责任中除责任成立因果关系之外的其他构成要件。

（二）共同危险行为的责任承担

共同危险行为人的责任分为外部责任和内部责任。就外部关系而言，依照《民法典》第1170条的规定，共同危险行为人承担的是连带责任。就内部关系而言，如果能够确定责任大小，则承担按份责任，不能确定责任大小，则平均承担责任。任何一个赔偿义务人在承担责任后，可就超过其责任份额的部分向其他赔偿义务人追偿。行为人可以通过举证证明谁是真正的加害人而免责，或者证明自己的行为与损害结果之间不存在因果关系而免责。

三、教唆、帮助行为

教唆、帮助侵权行为，也称“视为共同侵权行为”或“抑制的共同侵权行为”。教唆行为，是指利用言语对他人进行开导、说服，或者通过刺激、劝诱、怂恿等方法使被教唆者接受教唆意图，进而从事某种侵权行为。帮助行为是指通过一些具体行为从物质或精神上帮助实施加害行为的人。教唆、帮助他人实施侵权行为的情形中，因教唆人、帮助人并未直接参与实施侵权行为，受害人证明教唆行为、帮助行为与其权益受侵害之间的原因力及其大小过于困难，故而《民法典》侵权责任编将教唆、帮助侵权行为视为共同侵权行为，教唆人、帮助人与直接加害人共同就受害人的全部损害承担侵权责任，以减轻受害人的举证责任。同时，《民法典》第1169条第1款令教唆、帮助行为人与直接行为人承担连带责任，也加强了对受害人权利的救济可能性。

教唆、帮助行为不同于一般的共同侵权行为。教唆、帮助行为是使第三人直接作出侵权行为，教唆者和帮助者仅仅只是怂恿第三人或是为第三人提供工具。在共同侵权行为中，各行为人都对损害的结果实施了直接的侵权行为，而教唆、帮助行为中的教唆者和帮助者并没有直接实施侵权行为，只是劝诱、怂恿第三人实施侵权行为，或是为第三人实施侵权行为提供帮助。

（一）教唆行为的构成要件

1.存在数个行为人。教唆行为中至少存在两个行为人：一是故意使他人产生实施侵权行为决意的人，即教唆人；二是具体实施侵权行为侵害他人民事权益造成损害的人，即被教唆人（或称行为人）。

2.教唆人故意教唆他人实施侵权行为。首先，教唆行为是积极的作为，消极的不作为不成立教唆行为。教唆行为的具体手段多种多样，如劝说、利诱、刺激、威胁等。教唆可以通过书面、口头或其他形式进行，也可以直接教唆或通过他人间接教唆，还可以一人教唆或多人共同教唆。虽然教唆人自身没有实施故意加害行为，但是其实施的教唆行为对于被教唆人主观故意的形成以及故意加害行为的实施都起到了决定性的作用，教唆行为使被教唆人产生了实施侵权行为的侵权意图并付诸实践，其应当与被教唆人承担同样的责任。其次，教唆人主观上具有教唆他人实施侵权行为的故意。这里的故意包括直接故意和间接故意，即教唆人明知或应知自己的教唆行为会使被教唆人产生加害意图并实施加害行为而仍然进行教唆，且对加害行为的发生持希望或放任的态度，至于教唆人是否明确认识到被教唆人实施的侵权行为属于何种或何类侵权行为在所不问。需要注意的是，教唆人的故意系针对加害行为的发生，而不必针对损害结果。

3.被教唆人实施了故意加害行为造成他人损害。首先，被教唆人已经实施了侵权行为，如果被教唆人仅仅在教唆之下产生了侵权意图，但并未将其付诸实践，则因缺乏客观的违法行为而使侵权行为不能成立，教唆人也不需要对其教唆行为承担侵权责任。其次，教唆人的教唆与侵权行为人的侵权行为具有因果关系。一是被教唆人实施的侵权行为正是教唆的内容。倘若被教唆人实施的侵权行为超出或并非教唆的内容，则应当由行为人独自承担侵权责任，教唆人不对行为人的侵权行为承担侵权责任。二是被教唆人实施侵权行为的决意由教唆人所引起，即教唆行为是侵权行为的原因。倘若被教唆人在教唆人实施教唆行为之前便产生了实施侵权行为的决意，教唆行为并未对被教唆人产生影响，则教唆人不承担侵权责任。最后，被教唆人实施侵权行为具有主观故意。被教唆人过失实施侵害他人权益的行为，不构成教唆行为，这是因为被教唆人的侵权行为与教唆行为之间无因果关系，行为人应单独承担过失的侵权责任。

（二）帮助行为的构成要件

1.存在数个行为人。帮助行为中至少存在两个行为人：一是故意帮助他人实施侵权行为决意的人，即帮助人；二是具体实施侵权行为侵害他人民事权益造成损害的人，即被帮助人（或称行为人）。

2.帮助人实施了帮助行为。首先，帮助行为通常为积极的作为。消极的不作为，只有在不作为者具有作为义务并与直接实施侵权行为的人具有共同故意的情形下，才属于帮助行为。例如，警察看见街道内有人打架斗殴而不加以阻止。帮助行为的方式，既包括直接帮助，也包括间接帮助。需要注意的是，帮助行为并不要求属于行为人实施侵权行为的原因，只需帮助行为在客观上为行为人实施侵权行为产生一定的帮助作用即可。这意味着，不同于教唆行为应当发生在行为人实施直接侵权行为之前，帮助行为可能发生于行为人实施侵权行为之前、过程中抑或是实施完毕后。其次，帮助行为多出于主观故意。帮助人知道自己的行为是在帮助侵权人实施侵权行为，且在一般情况下，对方也知道帮助人的帮助行为。例如，根据《民法典》第1197条的规定："网络服务提供者知道或者应当知道网络用户利用其网络服务侵害他人民事权益，未采取必要措施的，与该网络用户承担连带责任。"在特殊情况下，过失行为也可能构成帮助行为。例如，帮助人出于过失为加害人提供帮助，且帮助人的行为在客观上也对加害行为起到了帮助作用，同样构成帮助行为。

3.被帮助人实施了侵权行为，且帮助行为与损害结果之间具有因果关系。帮助行为不同于教唆行为。教唆行为只能是作为，而帮助行为有时也可以是不作为。教唆行为的内容就是唆使他人实施某种具体的侵权行为，在侵权行为的发生中起主要作用；而帮助行为的内容仅是从物质或精神上为他人实施侵权行为提供帮助，帮助者在侵权行为实施过程中只起辅助作用。如果没有教唆行为则侵权行为不会发生，但没有帮助行为侵权行为未必不发生。因此，需要帮助行为与损害结果之间具有因果关系。教唆人的教唆行为可能是直接侵权行为的全部原因，也可能是部分原因，但帮助人的帮助行为必定是直接侵权行为的部分原因。

（三）教唆、帮助行为的责任承担

《民法典》第1169条对教唆、帮助行为中完全民事行为能力人与限制民事行为能力人、无民事行为能力人承担的侵权责任作了区别对待。详述如下：

1.教唆人与被教唆人、帮助人与被帮助人均为完全民事行为能力人的情形下，根据《民法典》第1169条第1款的规定，教唆人、帮助人与行为人承担连带责任。这主要是基于教唆人与被教唆人之间、帮助人与被帮助人之间主观上具有共同性，这是这两对主体对损害承担连带责任的基础。

2.教唆人、帮助人为完全民事行为能力人，行为人为限制民事行为能力人或者无民事行为能力人的，依据《民法典》第1169条第2款的规定，由教唆人、帮助人承担侵权责任。该无民事行为能力人、限制民事行为能力人的监护人未尽到监护职责的，应当承担相应的责任。该条款指明当教唆人、帮助人教唆或帮助无民事行为能力人、限制民事行为能力人实施侵权行为时，教唆人、帮助人承担单独责任，无民事行为能力人、限制民事行为能力人不承担责任。这主要是因为无民事行为能力人、限制民事行为能力人尚未具备完全的识别能力和控制能力，被教唆人、帮助人利用成为实现其不法侵害意图的工具，出于保护无民事行为能力人、限制民事行为能力人的目的，免除其侵权责任。无民事行为能力人、限制民事行为能力人的监护人未尽到监护职责的，承担相应的责任。所谓“相应的责任”，并非指连带责任或补充责任，而是基于过错的按份责任，即监护人有多少过错，就应在其过错范围内承担多大的责任。

3.教唆人、帮助人为限制民事行为能力人或者无民事行为能力人，行为人为完全民事行为能力人时，由行为人单独承担侵权责任，教唆人、帮助人不承担责任。

4.教唆人、帮助人以及行为人皆为限制民事行为能力人或者无民事行为能力人的，依据《民法典》第1188条的规定，由监护人承担侵权责任。

除《民法典》第1169条之外，《食品安全法》第123条，《反不正当竞争法》第8条、第9条，最高人民法院《关于审理侵害信息网络传播权民事纠纷案件适用法律若干问题的规定》（以下简称《利用信息网络侵害人身权益纠纷规定》）第7条、第8条等法律和司法解释也对比较常见的教唆、帮助侵权行为作出了明文规定。

四、无意思联络的数人侵权行为

无意思联络的数人侵权行为，是指二人以上没有意思联络，客观上分别实施侵权行为造成同一损害的行为。无意思联络的数人侵权行为属于数人侵权中的分别侵权，原则上承担按份责任，但是也存在承担连带责任的例外。

根据《民法典》第1171条和第1172条的规定，无意思联络的数人侵权行为可以分为两种类型：第一，因果关系结合型的无意思联络数人侵权。根据《民法典》第1172条的规定，二人以上分别实施侵权行为造成同一损害，能够确定责任大小的，各自承担相应的责任；难以确定责任大小的，平均承担责任。第二，因果关系聚合型的无意思联络数人侵权。根据《民法典》第1171条的规定，二人以上分别实施侵权行为造成同一损害，每个人的侵权行为都足以造成全部损害的，行为人承担连带责任。《民法典》第1171条、第1172条并不构成独立的请求权基础，它只是解决无意思联络的数个行为人承担侵权责任的大小及方式。因而，受害人主张各行为人承担侵权责任的前提是该行为应当符合一般侵权责任或特殊侵权责任构成要件。每个行为人的侵权行为都符合侵权责任构成要件后，再根据《民法典》第1171条、第1172条的规定确定各行为人承担责任的方式以及内部分担的比例。

无意思联络的数人侵权行为与其他数人侵权存在差异。首先，无意思联络的侵权行为人之间，在主观上并没有产生意思联络，所实施的侵权行为是各行为人单独作出的。而共同侵权行为的各行为人之间具有共同的故意。其次，无意思联络的数人侵权中，各行为人所造成的损害是同一的，同一损害使得分别实施的侵权行为产生了关联性；而共同侵权行为并不要求造成的损害是同一的。再次，无意思联络的数个侵权人的行为与受害人的民事权益受侵害具有确定的因果关系，而共同危险行为中，责任成立的因果关系是潜在的、可能的因果关系。最后，无意思联络的数人侵权中，各行为人之间可能承担连带责任，也可能承担按份责任；而在共同危险行为与共同侵权行为的情形下，各行为人之间承担的是连带责任。

（一）无意思联络数人侵权的构成要件

1.侵权行为人为数人。无意思联络的数人侵权中行为主体必须是二人以上。行为人既可以是自然人，也可以是法人、非法人组织。此外，各个侵权行为人之间的侵权行为是分别实施的，既包括同时分别实施的加害行为，也包括先后分别实施的加害行为。如果不是分别实施，而存在意思联络，则按照其他有关共同侵权的规定承担责任，并不依照《民法典》第1171条和第1172条承担责任。

2.侵权行为造成了同一损害。造成同一损害是无意思联络的数人侵权行为的成立前提。同一损害是指数个行为所造成的损害不可分，各行为结合在一起造成同一损害，即事实上的唯一损害。正是因为造成了同一损害才使数个无意思联络的行为人独立实施的侵权行为发生了关联。

3.损害与结果之间存在因果关系。《民法典》第1171条和第1172条对无意思联络的数人侵权的两种类型分别确立了不同的责任承担规则，其区分基础便是二者在因果关系上的不同形态。

《民法典》第1171条规定的是因果关系聚合型的无意思联络数人侵权："二人以上分别实施侵权行为造成同一损害，每个人的侵权行为都足以造成全部损害的，行为人承担连带责任。"

《民法典》第1172条规定的是因果关系结合型的无意思联络数人侵权："二人以上分别实施侵权行为造成同一损害，能够确定责任大小的，各自承担相应的责任；难以确定责任大小的，平均承担责任。"

（二）无意思联络数人侵权行为的责任承担

1.连带责任。依照《民法典》第1171条，二人以上分别实施侵权行为造成同一损害，每个人的侵权行为都足以造成全部损害的，行为人承担连带责任。根据《民法典》第178条第1、2款的规定，二人以上依法承担连带责任的，权利人有权请求部分或者全部连带责任人承担责任。连带责任人的责任份额根据各自责任大小确定；难以确定责任大小的，平均承担责任。实际承担责任超过自己责任份额的连带责任人，有权向其他连带责任人追偿。需要注意的是，受害人主张各行为人承担《民法典》第1171条的连带责任的，属于必要共同诉讼，各行为人应当一同被诉。

2.按份责任。依照《民法典》第1172条的规定，二人以上分别实施侵权行为造成同一损害，能够确定责任大小的，各自承担相应的责任；难以确定责任大小的，平均承担责任。受害人主张各行为人承担《民法典》第1172条的按份责任的，属于普通共同诉讼，受害人有权选择部分或全部行为人提起诉讼。虽然《民法典》第1172条的各个行为人的行为造成同一损害使各独立行为在损害后果上产生客观联系，但各行为人之间独立地成立侵权行为，在归责原则与免责事由上也应当是各自独立的。

值得注意的是，无意思联络的数人侵权行为中一人的侵权行为足以造成全部损害，而其他人的侵权行为却仅能造成部分损害的情形下，足以造成全部损害的行为人与其他行为人就共同造成的损害承担连带责任，并对全部损害承担责任。假设甲、乙、丙无意思联络，分别实施环境侵权行为，造成丁的池塘环境污染，共同造成了10万元的损害。甲的侵权行为足以造成全部的损害，乙、丙仅造成5万元的损害。则甲、乙、丙对5万元的损害承担连带责任，甲对全部损害承担侵权责任。

第五节　侵权责任的免除和减轻责任事由

一、受害人过错

受害人过错，又称混合过错或者过失相抵，是指当受害人对于损害的发生或者损害结果的扩大也具有过错时，依法减轻赔偿义务人的损害赔偿责任。根据《民法典》第1173条的规定，被侵权人对同一损害的发生或者扩大有过错的，可以减轻侵权人的责任。

受害人过错作为减轻责任事由是基于对公平的考量而设立的制度。当受害人因侵权人的侵权行为而遭受损害时，受害人对于该损害的发生或者扩大如果同样具有过错，却只让侵权人独自赔偿全部损失，是不公平的，此时应依据受害人的过错程度对损害赔偿范围进行一定调整。受害人过错旨在确认侵权人承担损害赔偿责任的范围。赔偿义务人主张受害人对于损害的发生或者扩大具有过错而减轻其赔偿责任的，并不是一项请求权，而是一项抗辩事由。即便赔偿义务人并未主张，法院也有权依职权主动适用。

广义的受害人过错包括受害人故意。受害人故意是受害人过错的一种特殊形态，只是因为受害人故意对受害人行为的可归责性更强，产生的法律效果不同，因而将受害人故意从受害人过错中独立出来。我国《民法典》第1173条规定了受害人过错，第1174条规定了受害人故意，二者存在以下区别：首先，受害人过错并未阻断行为人的行为与受害人的民事权益受损害之间的因果关系，而受害人故意必然是受害人损害的唯一缘由。其次，受害人过错仅是行为人的减责事由，而受害人故意是行为人的免责事由。

受害人过错的适用存在一定的限制。就受害人过错的适用范围而言，其不仅适用于过错责任的情形，也适用于无过错责任的情形。但是当受害人过错适用于无过错责任时，在某些场合仅受害人具有重大过失时方可减轻侵权人的责任，例如《民法典》第1239条、第1240条和第1245条规定的高度危险物损害责任、高度危险活动损害责任与饲养动物损害责任、《水污染防治法》第96条第3款规定的水污染损害责任以及《生态环境侵权责任解释》第26条规定的污染环境、破坏生态的损害责任。在某些特殊侵权责任的情形下，受害人过错不能成为加害人的免责或者减责事由，如《民法典》第1237条、第1238条以及第1246条规定的民用核设施致害责任、民用航空器致害责任，以及未采取安全措施的动物致害责任。

适用受害人过错应当满足以下几个要件：首先，存在受害人的行为。受害人的行为既包括作为，也包括不作为。其次，受害人因行为人的行为遭受了损害，且受害人行为所致损害与行为人行为所致损害具有同一性。如果不存在他人的侵权行为，受害人是由于自身的原因而遭受了损害，受害人应自负其责，那么就不存在受害人过错的适用前提。再次，受害人的行为与损害的发生或者损害结果的扩大之间具有部分因果关系。这意味着，一方面，受害人的行为与损害的发生或者损害结果的扩大之间具有相当因果关系；另一方面，受害人的行为并未阻断加害人的行为与损害之间的因果关系，而是在受害人的行为与加害人的行为共同作用下导致同一损害的发生或者受害人的行为导致损害结果的进一步的扩大。最后，受害人对于同一损害的发生或者扩大具有过错。这种过错是指受害人没有尽到合理的注意义务或者采取相应的预防措施来保护自己的民事权益免受侵害，以致遭受了损害或者导致了损害结果扩大的一种主观心理状态。也就是说，受害人违反了维护或者照顾自身利益的义务，即“不真正义务”。违反该义务不会发生损害赔偿责任，但会使受害人遭受权利减损或丧失的后果。

除受害人本人的过错可适用《民法典》第1173条的规定之外，与受害人具有特定人身关系的第三人过错，原则上也可以适用。例如，工作人员的过错视为用人单位的过错，代理人的过错视为被代理人的过错。值得注意的是，在无民事行为能力人、限制民事行为能力人的民事权益受到侵害时，其监护人未尽到监护责任的，赔偿义务人不得以监护人存在过错为由主张过失相抵。在侵权赔偿案件中，受害人的特殊体质与加害人的侵权行为共同造成了受害人的损害时，不能认为受害人的特殊体质属于《民法典》第1173条规定的受害人过错。因为受害人的特殊体质是一种客观事实，而非受害人的行为。受害人特殊体质不影响加害人的侵权行为与损害后果之间的责任成立的因果关系，但是考虑到公平责任原则，受害人特殊体质会影响责任范围的因果关系。

二、受害人故意

受害人故意，是指受害人明知自己的行为会对自身造成损害，而希望或者放任此种结果的发生。《民法典》第1174条规定：“损害是因受害人故意造成的，行为人不承担责任。”需要注意的是，虽然行为人有在先的行为，但是该行为并未给受害人造成实际损害，损害完全是因为受害人自己的行为造成的，即受害人故意的行为是损害发生的唯一原因之时，行为人才能免责。这是因为行为人的行为与受害人的损害之间不存在因果关系。行为人主张损害是由受害人故意造成的，应当负担举证责任。例如，甲以正常的速度开车行驶在高速公路上，乙从隐蔽处突然蹿出并冲向甲车，致使甲车避让不及将乙撞死。事后查到乙的遗书一封，声明自己身患绝症，一意寻死。此时受害人乙的死亡完全是因为乙自己的故意造成的，是故甲可以免责。受害人故意作为免责事由，既可以适用于过错责任的情形，也可以适用于无过错责任的情形。另外，如果虽然损害是由于受害人的故意造成，但行为人对损害的发生也有故意或者重大过失的，则应适用《民法典》第1173条关于过失相抵的规定，由受害人与加害人根据行为对损害发生的原因力大小而分摊责任。

受害人故意应当符合以下构成要件：首先，受害人对于其行为及其行为将会产生的法律后果具有认识能力与控制能力，其对于损害后果的发生持有积极促成或者放任的态度。正是因为受害人所受损害是在其自由意志下所追求实现的后果，所以该损害应当由受害人自己承担。以受害人是否具有民事行为能力作为认定标准，这意味着，无民事行为能力人排除在适用受害人故意的情形之外。其次，受害人故意，既包括受害人对实施侵害自我权益的行为存在故意，也包括对损害后果的发生存在故意。例如，受害人故意挑衅加害人的，受害人仅对其行为有故意，不等于其对损害结果有故意，此时适用的并非《民法典》第1174条的受害人故意，而是《民法典》第1173条关于过失相抵的规则。最后，损害完全是受害人的故意行为所致，行为人的行为与受害人的损害之间无责任成立上的因果关系。受害人的行为阻断了行为人的行为与损害之间的因果关系，行为人自然不应承担赔偿责任。

《民法典》第1174条一般性地规定了受害人故意作为免责事由，同时在一些特定无过错责任中，例如民用核设施责任（第1237条）、民用航空器致害责任（第1238条）、高度危险物致害责任（第1239条）、高度危险活动责任（第1240条）和饲养动物致害责任（第1245条），都明确将受害人故意作为免责事由加以规定。但在一类特殊侵权责任中，受害人故意仅能作为减责事由，即《民法典》第1246条规定的，违反管理规定，未对动物采取安全措施造成他人损害的，动物饲养人或者管理人应当承担侵权责任；但是，能够证明损害是因被侵权人故意造成的，可以减轻责任。

三、第三人过错

第三人过错，是指当事人之外的第三人对被侵权人损害的发生或扩大具有过错。第三人过错包括故意和过失，第三人是指行为人和受害人以外的第三人，并且这里的第三人与行为人之间不存在任何隶属关系。例如，用人单位的工作人员在工作过程中造成他人损害的，用人单位不能以其工作人员作为第三人，提出第三人过错的抗辩。用人单位应对工作人员造成的损害，承担替代责任。

依据《民法典》第1175条的规定，损害是因第三人造成的，第三人应当承担侵权责任。第三人过错可以分为两种情形：

1.第三人过错是造成损害的唯一原因。

在过错责任和过错推定责任的情形下，如果行为人能够证明损害完全是由第三人过错行为所造成，则行为人应免责，由第三人来承担侵权责任。例如，《民法典》第1252条第2款规定：“因所有人、管理人、使用人或者第三人的原因，建筑物、构筑物或者其他设施倒塌、塌陷造成他人损害的，由所有人、管理人、使用人或者第三人承担侵权责任。”在无过错责任的情形下，如果损害完全是由第三人过错行为所造成，通常而言行为人可以免责，由第三人来承担侵权责任。这是由于第三人的行为中断了行为人在先行为与受害人的损害之间的因果关系，即第三人的行为是造成受害人损害的唯一原因。

但是，《民法典》规定以下几种情形下即便第三人中断了因果关系，第三人过错也不能作为无过错责任中行为人的免责事由：(1)行为人首先承担责任。依据《民法典》第1204条的规定，即便产品的缺陷是由于运输者、仓储者等第三人的过错所致，因产品的缺陷造成他人损害的，产品的生产者、销售者仍然应当承担赔偿责任，赔偿之后有权向第三人进行追偿。(2)行为人与第三人共负不真正连带责任，受害人自主选择由谁承担责任。例如，《民法典》第1223条规定：“因药品、消毒产品、医疗器械的缺陷，或者输入不合格的血液造成患者损害的，患者可以向药品上市许可持有人、生产者、血液提供机构请求赔偿，也可以向医疗机构请求赔偿。患者向医疗机构请求赔偿的，医疗机构赔偿后，有权向负有责任的药品上市许可持有人、生产者、血液提供机构追偿。”《民法典》第1233条规定：“因第三人的过错污染环境、破坏生态的，被侵权人可以向侵权人请求赔偿，也可以向第三人请求赔偿。侵权人赔偿后，有权向第三人追偿。”《民法典》第1250条规定：“因第三人的过错致使动物造成他人损害的，被侵权人可以向动物饲养人或者管理人请求赔偿，也可以向第三人请求赔偿。动物饲养人或者管理人赔偿后，有权向第三人追偿。”(3)行为人与第三人共负连带责任，受害人自主选择由谁承担责任。依据《民法典》第1242条的规定，即便是高度危险物为第三人非法占有而造成受害人损害的，如果所有人、管理人不能证明对防止他人非法占有尽到高度注意义务的，所有人、管理人也要与非法占有人承担连带责任，不得免责。根据《民法典》第1252条第1款的规定，建筑物、构筑物或者其他设施倒塌、塌陷造成他人损害的，由建设单位与施工单位承担连带责任，但是建设单位与施工单位能够证明不存在质量缺陷的除外。建设单位、施工单位赔偿后，有其他责任人的，有权向其他责任人追偿。

另外，在以下情形中，第三人在承担侵权责任后，行为人也应当承担相应的补充责任或公平责任：(1)《民法典》第1192条第2款规定：“提供劳务期间，因第三人的行为造成提供劳务一方损害的，提供劳务一方有权请求第三人承担侵权责任，也有权请求接受劳务一方给予补偿。接受劳务一方补偿后，可以向第三人追偿。”(2)《民法典》第1198条第2款规定：“因第三人的行为造成他人损害的，由第三人承担侵权责任；经营者、管理者或者组织者未尽到安全保障义务的，承担相应的补充责任。经营者、管理者或者组织者承担补充责任后，可以向第三人追偿。”(3)《民法典》第1201条规定：“无民事行为能力人或者限制民事行为能力人在幼儿园、学校或者其他教育机构学习、生活期间，受到幼儿园、学校或者其他教育机构以外的第三人人身损害的，由第三人承担侵权责任；幼儿园、学校或者其他教育机构未尽到管理职责的，承担相应的补充责任。幼儿园、学校或者其他教育机构承担补充责任后，可以向第三人追偿。”

2.第三人过错是造成损害的部分原因。

如果损害是由第三人过错与行为人过错共同导致，则实际构成多数人侵权，应区分情况判定侵权责任：(1)如果第三人与行为人构成共同加害行为(《民法典》第1168条)、共同危险行为(《民法典》第1170条)以及须承担连带责任的无意思联络数人侵权(《民法典》第1171条)，则第三人与行为人应对受害人承担连带责任；(2)如果第三人与行为人构成须承担按份责任的无意思联络数人侵权(《民法典》第1172条)，则第三人与行为人应对受害人承担按份责任。

四、自甘风险

自甘风险，是指受害人有意识地使自己置于他人所管领的一定危险之中，从而导致损害的情形。《民法典》第1176第1款规定：“自愿参加具有一定风险的文体活动，因其他参加者的行为受到损害的，受害人不得请求其他参加者承担侵权责任；但是，其他参加者对损害的发生有故意或者重大过失的除外。”至此，我国确立了自甘风险免责制度。所谓文体活动，是指多人参与的文化活动和体育活动，具有大众性、竞赛性的特征，是我国社会中群众活动的一种典型形式。

自甘风险和受害人同意存在相同之处，加害人都可以通过主张受害人对损害的发生提前知晓而请求减轻或者免除责任，但二者存在根本的差别：首先，自甘风险的适用范围被严格限定于文体活动中，而受害人同意则没有适用范围的限制。依照《民法典》第1176条第1款前半句的规定，自甘风险的适用范围为因参加文体活动而产生的损害，对非文体活动的损害，加害人不能援引此条进行抗辩。其次，自甘风险是过失侵权的免责事由，受害人同意作为免责事由则针对的是故意侵权，在过失侵权中受害人是不可能同意的。依照《民法典》第1176条第1

款后半句的规定，加害人为故意或者重大过失时，不可以自甘风险为由提出抗辩。可见，加害人主观上须为一般过失时才可以免责，否则按照一般侵权责任处理。再次，自甘风险中危险的实现具有不可预测性，而受害人同意中，损害的发生是确定的。在文体活动中，由于其多人参与的性质，风险是确定存在的，但是其是否实现是不能被预测的，参与者虽然同意承受一定的危险，但其主观上不会积极追求损害的发生，损害的发生与受害人的意愿是相违背的。而受害人同意则不同，受害人对于损害结果有着清醒的认识，其对于损害的发生是积极追求的，并且作出了同意损害发生的意思表示。最后，受害人同意是受害人对自身权益的处分。受害人自甘风险属于虽然受害人明知自己处于风险之中，但本质上并没有直接追求承受危险造成其财产、人身权益受损的损害结果，并没有对自身权益进行处分的意思。

自甘风险与受害人过错适用范围也有相互重合之处，但是二者也存在较多区别。其一，二者适用的领域不同。自甘风险的适用范围被严格限定于具有一定风险的文体活动中，而受害人过错适用于一切受害人对损害的发生或者对损害的扩大有过错的情形，并不限于文体活动。受害人过错在某些无过错侵权责任中无法适用，但自甘风险在无过错责任侵权中亦有适用的余地。但从《民法典》现有的特殊侵权的类型来看，文体活动与无过错侵权鲜有并存的情形。其二，从法律效果上看，自甘风险是加害人主观上为一般过失时的免责事由。而受害人过错仅是加害人的减责事由。

在具体适用上，自甘风险只适用于受害人自愿参加的文体活动中所发生的损害。首先，受害人参加文体活动系出于其自己的意愿。受害人自愿表明其了解参与文体活动将会面临的风险并自愿承担风险转换为实际损害的可能性。受害人“自愿参加活动”的意思表示可能通过明示或者默示表达出来。“明示自甘风险”，是指受害人通过签订免责协议或者相关文件来表示自愿参加。“默示自甘风险”，是指可以通过受害人的行为来推定其自愿参加活动而承担风险，如活动进行中受害人自动参与进来。应当以社会大众的通常认知来判断受害人是否对风险的可能发生存在认识，如某些体育竞技中身体对抗在所难免，参与者虽然没有明确表示自己愿意承担风险，但是其参与比赛的行为可以被推定为一种默示的自愿。其次，侵权责任源于文体活动中受害人直接参与的活动行为，如体育活动中的竞赛或是文化活动中的游戏等。如果受害人非因活动本身而遭受损害，则不能认为加害人可以援引“自甘风险”的法律规定进行抗辩，如参与活动路途中遭遇交通事故，或是在活动中与他人发生口角而产生肢体冲突。再次，受害人自愿参加的是具有一定风险的文体活动。所谓具有一定风险的文体活动，是指那些具有对抗性、竞技性而对参加者的人身可能产生损害的体育、表演等活动。这意味着，受害人参加对其人身、财产安全并未产生风险的文体活动不属于自甘风险。并且，其他参与者的侵权行为必须是与活动固有的危险有关的。另外，能够主张“自甘风险”进行抗辩的主体系活动的其他参与者，非活动的参与者则不能以“自甘风险”为由主张免除责任。如果文体活动属于一人即可参与的，虽然受害人的人身可能遭受损害，但因不存在其他参与者，自然就不存在适用自甘风险的可能，例如单人舞蹈、跳水、跳高等活动。文体活动中危险的发生是不确定的，活动的参与者既可能是危险的承受者，同样也可能是危险的创造者。这也是活动参与者造成损害时，可以主张“自甘风险”进行抗辩的原因。如果活动的参与者具有主观故意或者重大过失，则其不能以自甘风险作为责任抗辩事由。最后，依照《民法典》第1176条第2款的规定，活动组织者适用《民法典》第1198~1201条的规定来承担责任。也就是说，体育场馆、娱乐场所等经营场所、公共场所的经营者、管理者或者群众性活动的组织者，未尽到安全保障义务，造成他人损害的，经营者、管理者或者群众性活动的组织者应当依照《民法典》第1198条的规定承担侵权责任，而不能以自甘风险为抗辩事由。如果无民事行为能力人、限制民事行为能力人在幼儿园、学校或者其他教育机构组织的文体活动中受到人身损害的，幼儿园、学校或者其他教育机构应当依照《民法典》第1199~1201条的规定承担侵权责任。值得注意的是，加害人以"自甘风险"为由主张免除责任的，同样可以对承担侵权责任后的活动组织者进行抗辩，即活动的组织者是责任最终的承受主体。

五、自助行为

自助行为，是指特殊情况下，权利人为了保护自己的权利，对他人的财物采取扣留等措施的行为。《民法典》第1177条第1款规定："合法权益受到侵害，情况紧迫且不能及时获得国家机关保护，不立即采取措施将使其合法权益受到难以弥补的损害的，受害人可以在保护自己合法权益的必要范围内采取扣留侵权人的财物等合理措施；但是，应当立即请求有关国家机关处理。"如果受害人采取的措施不当造成他人损害的，应当承担侵权责任。

自助行为系私力救济的一种类型。权利人面对正在发生或者可能发生的侵权行为，运用其力量维护权利，并无不当。同时，自助行为不仅可以有效地使受害人或者权利人实现权利，也可以节约司法成本。自助行为还能弥补公力救济在延时性上的不足，使权利人快速实现自己的合法权利。

自助行为与正当防卫都属于私力救济的类型，都是在情况紧迫导致来不及寻求公力救济时，为保护某种合法权益不受侵犯而不得不采取的救济方式。但二者存在显著区别：首先，保护的对象不同。正当防卫保护的对象是防卫人以及他人的合法权益，而自助行为保护的对象仅是行为人本人的合法权益。其次，保护的权利类型不同。正当防卫保护的是防卫人本人或他人的人格权、物权等绝对权，而自助行为保护的是行为人的请求权。最后，构成要件不同。成立正当防卫要求防卫人实施的行为是为避免国家、公共利益以及本人或者他人的人身、财产和其他权利遭受正在进行的不法侵害所必要的行为，不以补充性为必要条件，即防卫人并非只有在不得已的情况下才能采取防卫行为。而自助行为只有在情况紧急且不能及时获得国家机关保护时，受害人才可以在保护自身合法权益的必要范围内实施扣留侵权人的人身或者财物等合理措施，而且受害人在采取自助行为后，应当立即报告国家机关，即自助行为具有补充性。

在具体适用时，有以下几点值得注意：

1.合法权益受到侵害。首先，自助行为的适用对象为权利人的合法权利，但不包括社会公共利益或者他人的合法权益。如食客在餐厅就餐后，未付饭钱便离开，餐厅为保障此项债权的实现，可以实行自助行为。若是非法权利，如赌债，则没有自助行为适用的可能。其次，这种合法权利仅限于依法可以请求强制执行的请求权，即债权请求权与物权请求权。这意味着，一方面，形成权、支配权等无须相对人作为的权利受到侵害时，受害人不能实施自助行为；另一方面，不能请求强制执行的请求权、诉讼时效经过的债权请求权受到侵害时，受害人不能实施自助行为。

2.情况紧急且不能寻求公力救济，不立即采取自助行为将会使受害人的合法权益受到难以弥补的损害。自助行为的方式为扣留等措施，具有强制性，稍有不慎便有可能演化成行政治安事件或者刑事犯罪案件。自助行为的前提是情况紧急来不及寻求公力救济，不立即采取自助行为将会使受害人的合法权益受到难以弥补的损害。所谓情况紧急，是指受害人的合法权益正在遭受侵害。若是不采取自助行为，权利就会受到损害。所谓"不立即采取自助行为将会使受害人的合法权益受到难以弥补的损害"，是指受害人若不立即采取措施将会造成其请求权难以实现，甚至是无法实现的损害后果。同时，若是不采取自助行为，合法权益也不会受到损害，或者在情况并不紧急，受害人完全来得及寻求公力救济时，也不能实施自助行为。

3.采取合理的方式。所谓合理的方式，是指与遭受损害相适应的方式。如食客逃单，餐厅不能对食客进行殴打来强迫付款。《民法典》第1177条规定了包括但不限于受害人采取"扣留侵权人的财物"的措施。实践中，还包括"扣人”，例如食客逃单，餐厅可以要求食客暂时不得离开以强迫其付款。受害人采取的自助行为不能超过保护自身合法权益的必要限度。例如，当扣留侵权人的财产就可以实现自助的目的时，不宜采取对侵权人的人身进行拘束的方式。

4.向国家机关报告的义务。为了防止自助行为遭到滥用，受害人在采取自助行为后，应当立即报告国家机关。受害人在实施自助行为之后，未及时请求国家机关处理相关纠纷的，可能构成侵权。

依照《民法典》第1177条第2款的规定，受害人采取的措施不当造成他人损害的，应当承担侵权责任。所谓的采取措施不当，是指受害人实施的措施超过了其维护自己合法权益的必要范围。若是受害人的行为超过了限度，则按照一般侵权行为或特殊侵权行为的规定来承担责任。

第六节　侵权责任的承担方式

一、侵权责任承担方式概述

侵权责任承担方式，是指侵权人依法应当对侵权损害承担的不利法律后果的形式和类别。侵权责任属于法律规定的民事责任，《民法典》第179条第1款具体规定了11种民事责任的主要承担方式。除了修理、重作、更换，继续履行和支付违约金与侵权责任无关外，承担侵权责任的主要方式尚有8种，即停止侵害、排除妨碍、消除危险、返还财产、恢复原状、赔偿损失、赔礼道歉，以及消除影响、恢复名誉。根据《民法典》第179条第3款的规定，以上侵权责任承担方式可以单独适用，也可以合并适用。详述如下：

1.停止侵害。停止侵害，是指被侵权人要求侵权人停止正在实施的侵害行为。停止侵害是因加害人侵犯受害人的绝对权而产生的侵权责任承担方式，适用于对人格权、物权、知识产权等绝对权的保护。例如，侵权人在被侵权人居所窗户对面长期架设一台摄像机拍摄被侵权人的日常活动，涉及侵犯被侵权人的隐私权，停止侵害就是要求侵权人拆除该摄像机。该方式可以适用于权利遭受持续性侵害的场合，而无论侵害行为是否给受害人造成了实际损害，只要侵害行为持续存在，受害人就可以要求加害人停止侵害。但是对于尚未发生或者已经停止的侵权行为，则不得适用。停止侵害的作用在于及时制止侵害行为，防止损害后果的扩大。因而，受害人请求加害人停止侵害的，应当举证证明侵害行为的持续性，而非侵害结果的持续性。实践中，为了防止或制止对弱势群体人身权益的侵害，当事人可以向司法机关申请人身安全保护令。比如，家庭关系中的民事主体可以申请人身安全保护令。最高人民法院《关于办理人身安全保护令案件适用法律若干问题的规定》第1条提出，“当事人因遭受家庭暴力或者面临家庭暴力的现实危险，依照反家庭暴力法向人民法院申请人身安全保护令的，人民法院应当受理。向人民法院申请人身安全保护令，不以提起离婚等民事诉讼为条件”；又如，妇女作为弱势群体也可以申请人身安全保护令。《妇女权益保障法》第29条规定：“禁止以恋爱、交友为由或者在终止恋爱关系、离婚之后，纠缠、骚扰妇女，泄露、传播妇女隐私和个人信息。妇女遭受上述侵害或者面临上述侵害现实危险的，可以向人民法院申请人身安全保护令。”

2.排除妨碍。排除妨碍，是指侵权人的侵害行为已经使被侵权人无法行使或者难以正常行使其权利的，被侵权人可以要求侵权人将妨碍权利实施的有关障碍予以排除。例如，甲未经允许将他的车停在乙的小区停车位上，致使乙无法在自己的停车位上停车，此时乙可以要求甲将他的车移走。所要排除的妨碍必须是不正当的妨碍，妨碍行为必须具有违法性，且对被侵权人的权利行使造成了持续性的不利影响。如果妨碍行为已经取得权利人的同意或者在合理的容忍限度内，则此种妨碍不具有违法性，被妨碍人不得请求排除妨碍。相较于停止侵害，排除妨碍的适用范围更为狭窄，主要适用于物权受到妨碍或者侵害的情形。原则上由侵权人实施排除妨碍的行为，如果侵权人拒绝被侵权人的排除妨碍请求，那么被侵权人可以请求人民法院责令侵权人排除妨碍。受害人如果自行排除妨碍并为此支付费用的，可以依照《民法典》有关不当得利或者无因管理的规定，请求侵权人承担排除妨碍所支出的必要费用。

3.消除危险。消除危险，是指侵权行为虽然尚未对他人的权利造成实际损害，也没有产生现实的持续侵害或妨碍，但是却存在造成他人权利受损害或受妨害的现实危险，被侵权人有权要求侵权人消除这一危险。所要消除的危险必须是现实存在的且是因侵权人的不法行为所造成的危险。被侵权人负有证明危险存在的举证责任。倘若行为人实施的行为符合法律规定，被侵权人就不能要求其消除危险。消除危险的作用在于有效防止现实损害的发生，充分保护他人的人身及财产安全。《民法典》有多处规定了消除危险请求权，例如，《民法典》第236条规定："妨害物权或者可能妨害物权的，权利人可以请求排除妨害或者消除危险。"《民法典》第286条第2款规定："业主大会或者业主委员会，对任意弃置垃圾、排放污染物或者噪声、违反规定饲养动物、违章搭建、侵占通道、拒付物业费等损害他人合法权益的行为，有权依照法律、法规以及管理规约，请求行为人停止侵害、排除妨碍、消除危险、恢复原状、赔偿损失。"《民法典》第1205条规定："因产品缺陷危及他人人身、财产安全的，被侵权人有权请求生产者、销售者承担停止侵害、排除妨碍、消除危险等侵权责任。"

4.返还财产。我国有关法律中作为侵权责任方式之一的返还财产是指返还原物，故仅涉及物权法上的返还原物请求权。例如，甲依约借用乙的摩托车一年，日期届满却不愿归还，乙此时可以要求甲返还财产。可以请求返还财产的人，一般是财产的所有权人、合法占有人或合法使用人。返还财产的前提是该财产仍然存在，如果原物已经灭失或者为他人善意取得，则加害人无法履行返还财产的责任，权利人只能要求加害人赔偿损失。如果原物虽然存在，但是已经发生损坏的，权利人可以选择恢复原状或者赔偿损失等责任方式。另外，权利人只能针对非法占有人提出返还财产，而不能要求合法占有人返还，如善意取得的情形。

5.恢复原状。所谓恢复原状，是指通过修理等方式将受到损害的财产恢复到损害事故发生前的状态的一种民事责任形式，恢复原状保护的是赔偿权利人的完整利益。恢复原状主要是针对财产遭受损害的情况而适用。在被侵权人的财产遭受侵权人侵害后，可以通过修理、重作、更换等方式使受损的财产恢复到被损坏前的状态。采用恢复原状的方式必须符合一定条件：一是受到损坏的财产仍然存在且恢复原状有可能，受到损坏的财产不存在或者恢复原状不可能的，受害人可以选择其他责任方式如赔偿损失进行救济；二是恢复原状有必要，即受害人认为恢复原状是必要的且具有经济上的合理性。如果恢复原状不能或者不能完全使被侵害财产恢复到受损前状况的，侵权人还应当对该财产价值贬损的部分进行赔偿。倘若恢复原状在事实上已然不能，赔偿权利人仅能主张其他承担侵权责任的方式，而不能主张恢复原状。恢复原状不能包括客观不能与主观不能。客观不能，是指财产在物理上被损毁，无法恢复原状。主观不能，是指财产虽然在物理上能够恢复原状，但恢复原状在经济上不具有合理性。因此，恢复原状不仅需要恢复财产原本的物理形态，还要恢复财产原来的经济价值。

6.赔偿损失。赔偿损失，是指侵权人因侵权行为造成他人损害的，应向被侵权人支付一定数额的金钱或给付同样的物来弥补被侵权人所遭受的损害。赔偿损失以完全赔偿为原则，即使得受害人的权益恢复到尚未遭受侵害时应处之状态。赔偿权利人的人身遭受侵害的，通常采用的是赔偿损失这一侵权责任承担方式。赔偿损失是最常用的民事责任承担方式，它可以适用于侵权损害赔偿，也可以适用于违约责任。在侵权责任法领域内，其既可以适用于财产损害赔偿，也可以适用于人身损害赔偿与精神损害赔偿，是运用较为广泛的一种责任方式。在我国，只要赔偿义务人向赔偿权利人以支付一定的金钱的方式承担侵权责任就都属于赔偿损失。赔偿损失不仅可以用于赔偿被侵权人各项权益的价值利益的损失，也可以用于支付被侵权人恢复原状的相应费用。需要注意的是，赔偿损失与恢复原状之间属于择一竞合的关系，赔偿权利人享有选择赔偿损失或者恢复原状的请求权，但是权利人只能行使其一以实现其请求权。

7.赔礼道歉。赔礼道歉，是指侵权人以口头形式或书面形式向被侵权人公开认错、表达歉意。口头道歉，是指侵权人当面向被侵权人表示悔过与歉意；书面形式道歉，是指以公开刊登道歉声明或者私下以道歉信的形式表达悔过与歉意。根据《民法典》第1000条第1款的规定，行为人因侵害人格权承担消除影响、恢复名誉、赔礼道歉等民事责任的，应当与行为的具体方式和造成的影响范围相当，即侵权人具体采用何种形式赔礼道歉，应当考虑侵权行为的具体方式以及产生不良影响的范围等因素。赔礼道歉仅适用于那些给被侵权人造成精神损害的侵权行为，如侵害名誉权、肖像权、隐私权等人格权，或者侵害死者的肖像、隐私、名誉等人格利益，又或者侵害著作权等一些包含明显精神利益的权利。如果侵权人侵犯了法人或非法人组织的商誉，也可以适用赔礼道歉。这主要是考虑到赔礼道歉在救济法人或非法人组织的财产损害方面具有独特功能，以给予法人或非法人组织充分的救济。根据《精神损害赔偿解释》第4条的规定，法人或者非法人组织没有精神损害赔偿请求权，但出于保护法人或者非法人组织的商誉的目的，对于侵害法人、非法人组织的人格权的可以适用赔礼道歉。赔礼道歉应由侵权人主动履行，如其拒不履行的，法院可以把判决书的内容在媒体上予以公开，强制执行赔礼道歉，由此支出的费用，应由侵权人承担。该方法虽然并非侵权人以其个人名义主动致歉，但同样可以达到维护被侵权人名誉的社会效果，实现判决之目的。需要注意的是，我国民事裁判文书应当在互联网上公开，但这种公开方式不等同于《民法典》第1000条第2款规定的在报刊、网络等媒体上公布裁判文书，侵权人不能以此为由拒绝履行赔礼道歉。

8.消除影响、恢复名誉。消除影响，是指侵权人在其给被侵权人的人格权利造成不良影响的范围之内，消除此不利后果。恢复名誉，是指侵权人使被侵权人的名誉恢复到未曾遭受侵害时的状态。侵权人应当根据侵权行为所造成的不良影响以及名誉受损的程度采取适当及合理的措施消除不良影响，恢复被侵权人的名誉。消除影响、恢复名誉主要适用于侵害人格权的侵权行为，如侵害姓名权、肖像权、名誉权、荣誉权，以及侵害死者的人格利益等情形。需要注意的是，消除影响、恢复名誉不适用于侵害隐私权的侵权行为。如果采取消除影响、恢复名誉的方式，则可能使得受害人的隐私在更大范围内被披露，对受害人造成损害的则更加无法消除。

根据《民法典》第179条第3款的规定，承担民事责任的方式，可以单独适用，也可以合并适用。如果一种责任方式不足以救济权利人受到的损害，应当同时适用其他方式，以实现完全救济当事人权利的目标。但是该条只明确了各种责任承担方式是否可以并用的问题，并未就何种情形应适用何种责任承担方式作出规定。通说认为，停止侵害、排除妨碍、消除危险、返还财产、赔礼道歉，以及消除影响、恢复名誉等责任承担方式，主要适用于侵权行为危及他人人身或财产安全情形，体现为绝对权请求权。而赔偿损失及恢复原状则主要适用于行为人给受害人造成损害的场合。

二、财产损害赔偿

《民法典》侵权责任编将侵权损害区分为财产损害与非财产损害。财产损害，是指能以金钱加以计算的损害；非财产损害，是指不能以金钱加以计算的损害。财产损害赔偿，是指侵害他人民事权益并造成财产损害时，侵权行为人应该向被侵权人承担的赔偿义务。依据被侵害的民事权益的类型，财产损害赔偿可以分为侵害人身权益的财产损害赔偿与侵害财产权益的财产损害赔偿。前者是指侵害他人生命权、身体权、健康权以及其他人身权益而造成他人死伤时，侵权人应就被侵权人遭受的人身损害而承担赔偿义务；后者是指侵害他人财产而造成财产利益损失时，侵权人应承担的赔偿义务。侵害人身权益的损害赔偿又可以细分为人身伤亡的财产损害赔偿与其他人身权益的财产损害赔偿。前者是侵害他人的生命权、身体权、健康权造成财产损失时的赔偿责任，后者是侵害他人生命权、身体权、健康权之外的其他人格权益、身份权益而造成财产利益损失时的赔偿责任。

《民法典》第1179条至第1181条规定的是人身伤亡的财产损害赔偿，第1182条规定的是侵害其他人身权益的财产损害赔偿，第1184条规定的是侵害他人财产的财产损害赔偿。侵害财产权益的损害赔偿应当遵循完全赔偿原则，使权益恢复至未发生损害时的状况。所谓完全赔偿原则，是指侵权人承担的赔偿范围应当与其行为造成受害人的经济利益损失一致。需要强调的是，侵权人承担的赔偿范围应依据其所造成的损失予以确定，与侵权人的过错程度无关。

关于损害赔偿的支付方式，《民法典》第1187条规定，损害发生后，当事人可以协商赔偿费用的支付方式。协商不一致的，赔偿费用应当一次性支付；一次性支付确有困难的，可以分期支付，但是被侵权人有权请求提供相应的担保。由此可见，赔偿费用的支付方式可以由当事人在平等协商的基础上确定，这有利于兼顾双方当事人的利益和诉求，保证赔偿费用的及时有效履行。在协商不成的情况下，以一次性支付为原则，分期支付为例外。一次性支付，是指损害赔偿金的数额确定之后，赔偿义务人在指定的期日或期间内将全部赔偿金一次性支付给被侵权人或其近亲属。分期支付，是指损害赔偿金总的数额确定之后，赔偿义务人按照固定的期限和履行金额比例，分两次以上支付全部损害赔偿金。分期支付适用的前提是“一次性支付确有困难”，赔偿义务人须举证证明，但是否采纳应由法院根据赔偿义务人的实际经济情况来判断。以分期支付的方式履行时，赔偿权利人有权要求赔偿义务人提供相应的担保。所谓相应的担保，是指物的担保以及人的担保，也包括其他具有担保功能的合同。

（一）人身伤亡的财产损害赔偿

根据《民法典》第1181条和《人身损害赔偿解释》第1条第2款的规定，人身伤亡的财产损害赔偿请求权的主体包括因侵权行为或者其他致害原因直接遭受人身损害的受害人、死亡受害人的近亲属，以及为被侵权人支付医疗费、丧葬费等合理费用的人。其中，根据《民法典》第1045条第2款的规定，近亲属的范围限于配偶、父母、子女、兄弟姐妹、祖父母、外祖父母、孙子女、外孙子女。为被侵权人支付医疗费、丧葬费等合理费用的人是指被侵权人近亲属以外的其他自然人或者组织。其为被侵权人支付医疗费、丧葬费等合理费用之后，可以直接请求侵权人赔偿费用。

《民法典》第1179条规定：“侵害他人造成人身损害的，应当赔偿医疗费、护理费、交通费、营养费、住院伙食补助费等为治疗和康复支出的合理费用，以及因误工减少的收入。造成残疾的，还应当赔偿辅助器具费和残疾赔偿金；造成死亡的，还应当赔偿丧葬费和死亡赔偿金。”《民法典》第1179条将人身伤亡的财产损害赔偿区分为所受损害与所失利益。前者是指被侵权人因人身权益受侵害而支出的合理费用，包括医疗费、护理费、交通费、营养费、住院伙食补助费等为治疗和康复支出的合理费用，以及被侵权人残疾时的辅助器具费和被侵权人死亡时的丧葬费；后者是指被侵权人因人身权益受侵害而丧失的可获得的预期利益，包括误工费以及残疾赔偿金、死亡赔偿金。另外，除《民法典》之外，《消费者权益保护法》第49条、《产品质量法》第44条第1款以及《国家赔偿法》第34条等法律亦对人身损害的赔偿问题作出了具体规定。当《民法典》与其他法律之间就人身伤亡赔偿范围产生冲突时，应适用最有利于保护受害人的规定，而非依据特别法优于一般法的原则进行法律适用。

在具体适用时，有以下几点值得注意：

1.人身损害的一般赔偿范围。加害人的侵权行为造成了人身损害，需要为受害人承担因治疗和康复支出的合理费用，以及因误工减少的收入。具体包括医疗费、护理费、交通费、营养费、住院伙食补助费、误工费等必要支出。除此之外，还包括因治疗和康复所支出的其他合理费用。此为《民法典》第1179条设置的兜底性规定，旨在贯彻完全赔偿责任原则。该费用应当符合合目的性与合理性两个标准。所谓合目的性，是指该费用应当用作恢复受害人身体状况和生理机能。所谓合理性，是指支出的费用应当是受害人接受治疗和康复所必要的费用。

具体费用的计算方式如下：(1)医疗费，是指被侵权人的人身权受到侵害后因接受医疗检查、治疗以及康复所支出的必要且合理的费用，如挂号费、医药费、治疗费、检查费等。根据《人身损害赔偿解释》第6条的规定，医疗费根据医疗机构出具的医药费、住院费等收款凭证，结合病历和诊断证明等相关证据确定。赔偿义务人对治疗的必要性和合理性有异议的，应当承担相应的举证责任。医疗费的赔偿数额，按照一审法庭辩论终结前实际发生的数额确定。器官功能恢复训练所必要的康复费、适当的整容费以及其他后续治疗费，赔偿权利人可以待实际发生后另行起诉。但根据医疗证明或者鉴定意见确定必然发生的费用，可以与已经发生的医疗费一并予以赔偿。因此，受害人应当对医疗费的具体数额进行举证，赔偿义务人则对治疗的不必要性与不合理性进行举证，如果其无法提出反证，则应当认为受害人主张的医疗费是必要且合理的。(2)护理费，是指被侵权人的人身权受到侵害后因生活不能自理而需要他人照料所支出的合理的费用。《人身损害赔偿解释》第8条对护理人数、一般护理期限和最高护理期限等方面进行了明确规定，护理费根据护理人员的收入状况和护理人数、护理期限确定。护理人员有收入的，参照误工费的规定计算；护理人员没有收入或者雇佣护工的，参照当地护工从事同等级别护理的劳务报酬标准计算。护理人员原则上为一人，但医疗机构或者鉴定机构有明确意见的，可以参照确定护理人员人数。护理期限应计算至受害人恢复生活自理能力时止。受害人因残疾不能恢复生活自理能力的，可以根据其年龄、健康状况等因素确定合理的护理期限，但最长不超过20年。受害人定残后的护理，应当根据其护理依赖程度并结合配制残疾辅助器具的情况确定护理级别。(3)交通费，是指被侵权人的人身权受到侵害后为接受治疗和康复所支出的合理费用。根据《人身损害赔偿解释》第9条的规定，交通费根据受害人及其必要的陪护人员因就医或者转院治疗实际发生的费用计算，即交通费包括受害人在接受治疗和康复中支出的交通费和必要的陪护人员支出的交通费，但近亲属等探望受害人以及处理侵权事故时所支出交通费不应包含在内。(4)营养费，是指被侵权人的人身权受到侵害后，为恢复身体状况而从其他营养品中获得营养所支出的合理费用。根据《人身损害赔偿解释》第11条的规定，营养费根据受害人伤残情况参照医疗机构的意见确定。(5)住院伙食补助费，是指被侵权人在医院治疗期间补助伙食的合理费用。根据《人身损害赔偿解释》第10条的规定，住院伙食补助费可以参照当地国家机关一般工作人员的出差伙食补助标准予以确定。受害人确有必要到外地治疗，因客观原因不能住院，受害人本人及其陪护人员实际发生的住宿费和伙食费，其合理部分应予赔偿。(6)误工费，是指被侵权人因人身权益受侵害而无法从事正常的工作和劳动所丧失的预期财产利益。误工费仅限于受害人自己的误工损失。误工费根据受害人的自身情况采取不同的计算方式和赔偿标准。受害人有固定收入的，实行差额赔偿原则，受害人无固定收入的，实行固定化赔偿标准。具体计算方式依据《人身损害赔偿解释》第7条的规定，即误工费根据受害人的误工时间和收入状况确定。误工时间根据受害人接受治疗的医疗机构出具的证明确定。受害人因伤致残持续误工的，误工时间可以计算至定残日前一天。受害人有固定收入的，误工费按照实际减少的收入计算。受害人无固定收入的，按照其最近三年的平均收入计算；受害人不能举证证明其最近三年的平均收入状况的，可以参照受诉法院所在地相同或者相近行业上一年度职工的平均工资计算。依据《人身损害赔偿解释》第22条第1款的规定，“城镇居民人均可支配收入”“农村居民人均纯收入”“城镇居民人均消费性支出”“农村居民人均年生活消费支出”“职工平均工资”，按照政府统计部门公布的各省、自治区、直辖市以及经济特区和计划单列市上一年度相关统计数据确定。

2.致人伤残的赔偿范围。加害人的侵权行为造成了人身损害，除了赔偿一般损失外，还需要额外向受害人支付辅助器具费和残疾赔偿金。

所谓辅助器具费，又称残疾生活辅助具费，是指受害人因残疾造成身体功能、肢体的部分或者全部缺失，需要配置器具以补偿功能缺失的费用，如假牙、假肢、轮椅、助听器等。依据《人身损害赔偿解释》第13条规定，残疾辅助器具费按照普通适用器具的合理费用标准计算。伤情有特殊需要的，可以参照辅助器具配制机构的意见确定相应的合理费用标准。辅助器具的更换周期和赔偿期限参照配制机构的意见确定。

所谓残疾赔偿金，是指受害人因侵权行为产生残疾后果，导致丧失部分或全部劳动能力，而请求加害人支付的赔偿金。残疾赔偿金的本质是在受害人因残疾造成劳动能力的减少与丧失，从而导致受害人生活收入来源的减少与丧失时，受害人因此向加害人请求金钱赔偿从而弥补这一部分的损失。因而，残疾赔偿金属于所失利益。就如何确定残疾赔偿金的金额，依照《人身损害赔偿解释》第12条的规定，残疾赔偿金根据受害人丧失劳动能力程度或者伤残等级，按照受诉法院所在地上一年度城镇居民人均可支配收入或者农村居民人均纯收入标准，自定残之日起按20年计算。但60周岁以上的，年龄每增加1岁减少1年；75周岁以上的，按5年计算。受害人因伤致残但实际收入没有减少，或者伤残等级较轻但造成职业妨害严重影响其劳动就业的，可以对残疾赔偿金作相应调整。可见，“受害人的残疾与其劳动就业之间关系”是确定残疾赔偿金数额的变量因素。原则上采取抽象标准，例外情况采取具体标准。根据《人身损害赔偿解释》第12条和第19条的规定可知，残疾赔偿金最高给付年限为20年，超过该年限权利人可以向人民法院起诉请求继续给付残疾赔偿金的相关费用5~10年。需要注意的是，被侵权人是否残疾以及残疾的程度应当经过伤残鉴定确定后，赔偿权利人才能请求赔偿义务人支付残疾赔偿金。被侵权人残疾程度应适用《人体损伤致残程度分级》确立的分级标准。

被扶养人生活费，是指赔偿义务人向受害人依法承担扶养义务的未成年人或者丧失劳动能力又无其他生活来源的成年近亲属支付的因受害人人身伤亡而丧失的抚养费。依据《人身损害赔偿解释》第16条的规定，被扶养人生活费计入残疾赔偿金或者死亡赔偿金。根据《人身损害赔偿解释》第17条的规定，被扶养人生活费根据扶养人丧失劳动能力程度，按照受诉法院所在地上一年度城镇居民人均消费性支出和农村居民人均年生活消费支出标准计算。被扶养人为未成年人的，计算至18周岁；被扶养人无劳动能力又无其他生活来源的，计算20年。但60周岁以上的，年龄每增加1岁减少1年；75周岁以上的，按5年计算。被扶养人还有其他扶养人的，赔偿义务人只赔偿受害人依法应当负担的部分。被扶养人有数人的，年赔偿总额累计不超过上一年度城镇居民人均消费性支出额或者农村居民人均年生活消费支出额。根据《人身损害赔偿解释》第20条的规定，赔偿义务人请求以定期金方式给付残疾赔偿金、辅助器具费的，应当提供相应的担保。人民法院可以根据赔偿义务人的给付能力和提供担保的情况，确定以定期金方式给付相关费用。根据《人身损害赔偿解释》第21条的规定，人民法院应当在法律文书中明确定期金的给付时间、方式以及每期给付标准。执行期间有关统计数据发生变化的，给付金额应当适时进行相应调整。定期金按照赔偿权利人的实际生存年限给付，不受本解释有关赔偿期限的限制。

3.致人死亡的赔偿范围。加害人的侵权行为造成他人死亡的，需要支付因抢救治疗支出的合理费用、丧葬费和死亡赔偿金。因抢救治疗支出的合理费用的计算方式详见人身损害的一般赔偿范围。

所谓丧葬费是指因受害人死亡，为其办理丧礼所应支付的费用。依照《民法典》第1181条的规定，被侵权人死亡的，其近亲属有权请求侵权人承担侵权责任。被侵权人为组织，该组织分立、合并的，承继权利的组织有权请求侵权人承担侵权责任。被侵权人死亡的，支付被侵权人医疗费、丧葬费等合理费用的人有权请求侵权人赔偿费用，但是侵权人已支付该费用的除外。对于丧葬费的计算方式，我国法上采取了定额化赔偿。依照《人身损害赔偿解释》第14条的规定，丧葬费按照受诉法院所在地上一年度职工月平均工资标准，以6个月总额计算。

所谓死亡赔偿金，指受害人因侵权行为死亡，加害人应当支付的金钱。死亡赔偿金的数额应当综合死者的年龄和收入状况进行计算。死亡赔偿金并非对受害人“生命”的赔偿，因为生命的价值无法用金钱来衡量。死亡赔偿金是为了填补对受害人具有扶养请求权的近亲属因受害人死亡而造成的未来可得财产损失。基于家庭共有关系或者扶养关系，受害人的近亲属对受害人的未来收入有可期待利益，而由于加害人的侵权行为造成受害人的死亡，使近亲属丧失该可期待利益，因而加害人应当向受害人的近亲属支付死亡赔偿金。死亡赔偿金的赔偿权利人是被侵权人的近亲属，故而死亡赔偿金并非受害人的遗产。根据《民法典》第1181条第1款规定，被侵权人死亡的，其近亲属有权请求侵权人承担侵权责任。根据《人身损害赔偿解释》第15条的规定，死亡赔偿金按照受诉法院所在地上一年度城镇居民人均可支配收入或者农村居民人均纯收入标准，按20年计算。但60周岁以上的，年龄每增加1岁减少1年；75周岁以上的，按5年计算。根据《人身损害赔偿解释》第16条的规定，被扶养人生活费纳入死亡赔偿金的范围。

在存在多个受害人死亡的情况下，可以统一赔偿金的标准。依照《民法典》第1180条的规定，因同一侵权行为造成多人死亡的，可以以相同数额确定死亡赔偿金。例如交通事故、矿难事故等各种重特大人身伤亡事故的情形，可以依据《民法典》第1180条的规定，以相同数额确定死亡赔偿金。适用《民法典》第1180条，应当注意以下的事项：首先，必须是因同一侵权行为造成的损害。其次，必须是同一侵权行为造成多人死亡的损害后果。由前述可知，死亡赔偿金应当综合死者的年龄和收入状况进行计算。换言之，死亡赔偿金的数额应当是由受害人的未来收入状况所决定。而因同一事故死亡的数个受害人的实际收入是不同的，死者的近亲属对死者未来收入的可期待利益是不同的，故而死亡赔偿金的数额理论上是不同的。因而，因同一侵权行为造成多人死亡的，可以适用《民法典》第1180条，而不是必须适用。再次，该规则只适用于死亡赔偿金的确定。因同一侵权行为造成多人残疾的，残疾赔偿金数额的确定不能适用该规则。致人死亡的赔偿范围内死亡赔偿金以外的其他赔偿项目也不适用该规则，而是应根据法律法规确定的具体赔偿标准进行计算。最后，对于“相同数额”的理解。死亡赔偿金的数额可以按照“城镇居民人均可分配收入”或者“农村居民人均纯收入”的标准，也可以是其他任何标准，不再区分城镇居民和农村居民，原则上也不再考虑受害人年龄、收入状况等个人因素。根据《人身损害赔偿解释》第20条第3句的规定，死亡赔偿金应当一次性给付。

（二）侵害其他人身权益的财产损害赔偿

其他人身权益，是指除了生命权、身体权和健康权以外的人身权益，包括姓名权、名称权、名誉权、荣誉权、肖像权、隐私权、人身自由权、人格尊严权、婚姻自主权、监护权等人身权利与人格利益，还包括死者的姓名、名誉、肖像、隐私等人格利益。《民法典》第1182条规定：“侵害他人人身权益造成财产损失的，按照被侵权人因此受到的损失或者侵权人因此获得的利益赔偿；被侵权人因此受到的损失以及侵权人因此获得的利益难以确定，被侵权人和侵权人就赔偿数额协商不一致，向人民法院提起诉讼的，由人民法院根据实际情况确定赔偿数额。”相较于《侵权责任法》第20条，《民法典》第1182条赋予了被侵权人选择权，允许被侵权人选择以其所受损失或侵权人所获利益为依据计算赔偿数额，对计算侵害人身权益而产生的财产损失规定了较为具体的规则。从法律技术层面上来看，侵权人侵害被侵权人的民事权益所生损害构成了侵权损害赔偿与不当得利损害赔偿的竞合，受害人可以自由选择损害赔偿的计算方式，符合完全赔偿原则，亦为受害人提供更为充分的救济方案。计算侵害人身权益所造成的财产损失的具体规则，具体如下：（1）被侵权人可以自由选择要求按照被侵权人所受损失或侵权人所获利益来计算赔偿数额。所受损失，是指因加害人的侵权行为导致被侵权人原本可以通过许可他人使用而获得的财产利益未能获得。所获利益，是指加害人因侵权行为获得的利益。例如，某企业未经某明星的允许在其商品包装上使用该明星的肖像，因而节省了一笔本应支付的代言费，这笔代言费就可以视为该企业因侵权行为所获得的利益。（2）当被侵权人无法确定其所受损失和侵权人所得利益，且侵权人与被侵权人就赔偿数额协商不一致时，人民法院应当根据实际情况确定赔偿数额。考虑的因素包括加害人的主观过错程度，以及受害人损害的实际情况等。《利用信息网络侵害人身权益纠纷规定》第12条规定：“被侵权人为制止侵权行为所支付的合理开支，可以认定为民法典第一千一百八十二条规定的财产损失。合理开支包括被侵权人或者委托代理人对侵权行为进行调查、取证的合理费用。人民法院根据当事人的请求和具体案情，可以将符合国家有关部门规定的律师费用计算在赔偿范围内。被侵权人因人身权益受侵害造成的财产损失以及侵权人因此获得的利益难以确定的，人民法院可以根据具体案情在50万元以下的范围内确定赔偿数额。”该条对网络用户或者网络服务提供者侵害他人人身权益时的赔偿规则进行了明确规定。

（三）侵害财产性权益的财产损害赔偿

侵害财产所造成的损害可分为直接损害和间接损害。一般而言，一切财产上不利的变动均属于财产损害，既包括财产的积极减少，也包括财产的消极不增加。

1.直接损害。直接损害是指被侵权人现有财产的减少。直接损害包括积极财产的减少与消极财产的增加。积极财产的减少，是指被侵权人现有财产的毁损、灭失，如物品毁损灭失或者物品损坏带来的技术性贬值和交易性贬值。技术性贬值，是指物品毁损经修理后仍存在物理性的瑕疵，该物的现有价值低于其原有价值。交易性贬值，是指物品毁损后，经修理恢复原状，但因曾经发生事故而造成其市场交易价格降低。消极财产的增加，是指被侵权人因现有财产的毁损、灭失而增加支出的费用。例如，受害人为了维修财产以期恢复原状而支出的合理修复费用，同样属于所遭受的直接损害。

2.间接损害。间接损害是指被侵权人因财产权益遭到侵害，从而使本应该获得的利益丧失。间接损害不是现有财产的减少，而是被侵权人基于被侵害财产而可能产生的利益的减少。换言之，假设被侵权人的财产权益未遭受侵害，按照事物的性质、发展规律以及被侵权人的行为，被侵权人应该能获得的利益，由于侵权人的行为导致被侵权人无法获得的，被侵权人可以请求侵权人承担赔偿责任。例如出租车被人撞坏后，在维修期间，该出租车的司机没办法载客赚钱。认定因侵权行为而丧失的可得利益，一般需要考虑以下标准：（1）能够预见或者已经预见的利益；（2）可以期待、必然能够得到的利益；（3）利益的缺失是侵权行为所导致的。需要注意的是，如果法律中明确否定了赔偿间接损失，那么被侵权人就无法获得赔偿。例如根据《国家赔偿法》第36条第8项的规定，对财产权造成其他损害的，按照直接损失予以赔偿。

侵害财产性权益的财产损害赔偿的计算方法，依据《民法典》第1184条的规定，侵害他人财产的，财产损失按照损失发生时的市场价格或者其他合理方式计算。首先，损害赔偿数额的计算时间点是以损失发生时为准。其次，损害赔偿数额的计算有两种方法：客观的"市场价格"与"其他合理方式"，二者并无优先适用的顺序，在裁判时可以根据财产损失的具体情形进行选择。另外，关于计算财产损害赔偿的方式，除《民法典》第1184条外，《商标法》第63条、《著作权法》第54条、《专利法》第71条等法律也明确对侵害商标权、著作权、专利权的财产损害赔偿规定了计算方式。依据特别法优于一般法的基本原则，财产损害赔偿计算方式应当优先适用特别法。

(四)侵权之债的抵销

对于行为人因侵权行为而产生的债务，多数国家立法例限制或禁止其抵销，理由是受害人的损失应得到及时填补。如果对侵权之债不加限制地允许抵销，还可能放任债权人任意侵犯债务人的人身权益和财产权利，违背公序良俗。《合同编通则解释》第57条规定，因侵害自然人人身权益，或者故意、重大过失侵害他人财产权益产生的损害赔偿债务，侵权人主张抵销的，人民法院不予支持。该条实际上是《民法典》第568条第1款但书规定的细化。按照人身权益损害和财产权益损害的分类思路，侵权之债的抵销被分为以下两种情形。

1.侵害自然人人身权益所产生的债务，一律不允许侵权人主张抵销。这里的人身权益，包括生命权、健康权等物质性人格权，以及名誉权、隐私权等非物质性人格权。为贯彻《民法典》以人为本的立法理念和充分保护自然人人格权的要求，对侵害自然人人身权益所产生的侵权之债的抵销，应被严格限制。具体而言，侵权人实施侵权行为给被侵权人人身权益造成损害的，根据《民法典》第1179条的规定，应当赔偿医疗费、护理费、交通费、营养费、住院伙食补助费等为治疗和康复支出的合理费用，以及因误工减少的收入。造成残疾的，还应当赔偿辅助器具费和残疾赔偿金；造成死亡的，还应当赔偿丧葬费和死亡赔偿金。另外，根据《民法典》第1183条第1款的规定，自然人因人身权益被侵害受到严重精神损害的，还可以请求精神损害赔偿。上述损害赔偿性质上属于金钱债务，若被侵权人对侵权人负有其他金钱债务，可能在形式上符合《民法典》第568条法定抵销的相关规定。但根据《合同编通则解释》第57条的规定，侵权人不得主张抵销。此外，无论侵权人实施侵权行为时系故意还是过失，均不得主张侵权之债的抵销。这体现了法律和司法解释对生命权、健康权等人身权益的优先保护，意在使被侵权人受到的损害能够被迅速填补。

2.在故意或者重大过失的情形下，侵权人不得就侵害财产权益产生的侵权之债主张抵销。首先，被侵害的财产权益包括法律规定的财产权利如物权、知识产权等，还包括数据、网络虚拟财产等财产性利益。侵权财产权益所产生的赔偿债务本质上是侵权债务，若被侵权人也对侵权人负有金钱之债，也有可能可以抵销。其次，在侵害财产权益中，侵权人不得主张抵销的情形限于故意或重大过失，限制范围与《民法典》第506条关于因故意或者重大过失造成对方财产损失的免责条款无效的规定一致。与侵害人身权益中侵权人一律不得主张抵销相比，对侵害财产权益之债的抵销作出适当限制，旨在防止侵权人滥用债务抵销制度逃避侵权责任，避免债权人为泄愤而故意毁坏债务人的财物，并在之后主张债务抵销。在侵权人因一般过失造成财产权益损害的情形下，允许抵销适度扩大了民事主体意思自治的范围，有效平衡了个人行为自由与被侵权人权益保护，合理分配风险社会所发生的各种损害。

3.被侵权人可以主张抵销。值得注意的是，尽管侵权人不能主张抵销，但法律和司法解释并不禁止被侵权人主张抵销。这实质上赋予了被侵权人抵销权，使其可根据实际情况作出最符合自身利益的选择。

三、非财产损害赔偿

非财产损害，我国立法称为"精神损害"，是指与财产变动无关的，表现为自然人在生理上或者心理上的痛苦的损害。非财产损害的产生通常是因为侵害了非物质的客体，如个人情感(疼痛与痛苦、名声等)，其价值很大程度上取决于受害人的主观情势。我国《民法典》第1183条第1款规定："侵害自然人人身权益造成严重精神损害的，被侵权人有权请求精神损害赔偿。”第2款规定：“因故意或者重大过失侵害自然人具有人身意义的特定物造成严重精神损害的，被侵权人有权请求精神损害赔偿。”《民法典》第996条规定：“因当事人一方的违约行为，损害对方人格权并造成严重精神损害，受损害方选择请求其承担违约责任的，不影响受损害方请求精神损害赔偿。”该条确立了受损害方有权以违约为由主张精神损害赔偿的规则。根据《利用信息网络侵害人身权益纠纷规定》第11条的规定，网络用户或者网络服务提供者侵害他人人身权益，造成被侵权人严重精神损害的，被侵权人有权依据《民法典》第1183条请求精神损害赔偿。

精神损害应该予以赔偿，已是各国立法通例。在一些发达国家，甚至支持巨额精神损害赔偿。侵权责任法的核心就是对交换正义的具体化，而对非物质损害的填补不可能是同质性的，无论是生理痛苦还是心理痛苦，作为个人的感受都依附于个人生活，发生之后不可能再回复到恰似从未发生的境地，无法从交换正义的逻辑上进行填补。因此，精神损害赔偿只能是通过金钱对损害的间接填补与他样填补。依据《民法典》第1183条规定，精神损害赔偿的适用受到以下限制：首先，仅适用于侵害自然人人身权益以及具有人身意义的特定物的场合。自然人的其他民事权益被侵害或者法人、非法人组织的民事权益被侵害，都不适用精神损害赔偿。《精神损害赔偿解释》第4条规定：“法人或者非法人组织以名誉权、荣誉权、名称权遭受侵害为由，向人民法院起诉请求精神损害赔偿的，人民法院不予支持。”其次，必须对被侵害人造成严重的精神损害。如果被侵害人只是遭受了一般或者轻微的精神损害，那么只能通过赔礼道歉、消除影响、恢复名誉等责任承担方式来实现对精神损害的填补和抚慰。最后，侵犯具有人身意义的特定物造成精神损害的，加害人主观上必须具有故意或者重大过失。同时加害人的侵权行为导致该特定物永久性灭失或毁损，不能通过恢复原状的方式进行救济，即该损害具有不可逆转的性质。

依照《民法典》及《精神损害赔偿解释》的相关规定，精神损害赔偿的适用范围包括：

1.侵害生命权、健康权、身体权、姓名权、肖像权、名誉权、荣誉权、人格尊严权、人身自由权，违反社会公共利益、社会公德侵害他人隐私或者其他人格利益。根据《人身损害赔偿解释》第1条第1、2款的规定，因生命、身体、健康遭受侵害，赔偿权利人起诉请求赔偿义务人赔偿物质损害和精神损害的，人民法院应予受理。“赔偿权利人”是指因侵权行为或者其他致害原因直接遭受人身损害的受害人以及死亡受害人的近亲属。因此，因侵权行为或者其他致害原因直接遭受人身损害的受害人以及死亡受害人的近亲属有权请求精神损害赔偿。通说认为，死亡受害人的近亲属的精神损害赔偿请求权是其因亲人离世遭受的精神痛苦而应当享有的权利，而不是依赖于被侵权人权利受侵害而继承的一种损害赔偿请求权。

2.侵害监护权。非法使被监护人脱离监护，导致亲子关系或者近亲属间的亲属关系遭受严重损害的，监护人可以向加害人请求赔偿精神损害。

3.侵害死者的人格利益。自然人死亡后，侵权人以侮辱、诽谤、贬损、丑化或者违反社会公共利益、社会公德的其他方式侵害死者姓名、肖像、名誉、荣誉，以非法披露、利用或者违反社会公共利益、社会公德的其他方式侵害死者隐私，以非法利用、损害或者违反社会公共利益、社会公德的其他方式侵害遗体、遗骨等，导致死者近亲属遭受精神痛苦。根据《民法典》第994条的规定，死者的姓名、肖像、名誉、荣誉、隐私、遗体等受到侵害的，其配偶、子女、父母有权依法请求行为人承担民事责任；死者没有配偶、子女且父母已经死亡的，其他近亲属有权依法请求行为人承担民事责任。

4.侵害特定物。具有人格象征意义的特定纪念物品，因故意或重大过失的侵权行为而永久性灭失或者毁损。所谓自然人具有人身意义的特定物，是指自然人的人身利益与特定物之间紧密结合，该物遭受毁损或灭失给自然人在生理上或心理上带来严重的痛苦。特定的物属于自然人，而不是法人或者非法人组织。该特定物具有唯一性、不可替代性，具有重大的感情价值或特定纪念意义。例如，已逝的父母跟子女唯一的合照。

依据《精神损害赔偿解释》第5条的规定，精神损害赔偿的数额，应当根据侵权人的过错程度，侵害行为的目的、方式、场合等具体情节，侵权行为所造成的后果，侵权人的获利情况，侵权人承担责任的经济能力，以及受诉法院所在地平均生活水平进行综合考量后确定。根据《人身损害赔偿解释》第20条的相关规定，精神损害抚慰金应当一次性给付。根据最高人民法院《关于审理道路交通事故损害赔偿案件适用法律若干问题的解释》(以下简称《道路交通事故损害赔偿解释》)第13条第2款的规定，被侵权人或者其近亲属请求承保交强险的保险公司优先赔偿精神损害的，人民法院应予支持。另外，依据《合同编通则解释》第57条的规定，对于包括精神损害赔偿在内的因侵害人身权益而产生的侵权之债，侵权人不得主张债务抵销。

四、惩罚性赔偿

前面所讲的各类损害赔偿均属于填补性损害赔偿，即损害赔偿的目的、内容及方法在于填补被害人利益遭受他人侵害所产生的实际损害。与此相对的概念是惩罚性损害赔偿。所谓惩罚性赔偿，又称报复性赔偿，是指为惩罚侵权行为人而令其支付超出实际损害的赔偿金的特殊侵权损害赔偿方式。我国现行法上的惩罚性赔偿制度是在借鉴英美惩罚性赔偿制度的基础上发展形成的，最早引进惩罚性赔偿制度的是1994年实施的《消费者权益保护法》第49条。《民法典》第179条第2款规定："法律规定惩罚性赔偿的，依照其规定。"这为《民法典》各编及民事特别法引入惩罚性赔偿提供了依据。惩罚性赔偿具有独特性，其目的不是补偿受害人所受损失，而是惩罚不法行为人并威慑其他可能实施类似不法行为的人。换言之，处于平等地位的一方当事人可以向另一方施加一种惩罚，颠覆了私法上损害赔偿制度与不当得利制度的结构与原则。惩罚性赔偿实质上授予私人一种惩罚特权，以弥补公法在维护公共利益上的缺漏，在损害的预防方面起着重要作用。但同时，在私法中引入惩罚性赔偿存在潜在的危险，应该从法律整体的角度加以谨慎对待。

惩罚性赔偿制度在某种程度上与侵权责任法的价值取向相冲突，因此惩罚性赔偿制度的适用具有严格的限制，仅在法律具有明文规定时方可予以适用。《民法典》侵权责任编明文规定的情形有：(1)第1185条规定的知识产权惩罚性损害赔偿；(2)第1207条规定的对生产者、销售者的惩罚性损害赔偿；(3)第1232条规定的环境污染、生态破坏的惩罚性损害赔偿。《生态环境侵权责任解释》第24条规定了就污染环境、破坏生态造成的损害，承担连带责任的侵权人不得就其承担的惩罚性赔偿向其他侵权人追偿。另外，最高人民法院《关于审理医疗损害责任纠纷案件适用法律若干问题的解释》(以下简称《医疗损害责任解释》)第23条还规定了医疗产品的生产者、销售者、药品上市许可持有人生产、销售缺陷医疗产品的惩罚性损害赔偿。需要注意的是，除了《民法典》规定的明确适用惩罚性损害赔偿的情形外，《消费者权益保护法》、《食品安全法》、《专利法》以及《商标法》等法律中也存在适用惩罚性损害赔偿的情形。《消费者权益保护法》第55条规定："经营者提供商品或者服务有欺诈行为的，应当按照消费者的要求增加赔偿其受到的损失，增加赔偿的金额为消费者购买商品的价款或者接受服务的费用的三倍；增加赔偿的金额不足五百元的，为五百元。法律另有规定的，依照其规定。经营者明知商品或者服务存在缺陷，仍然向消费者提供，造成消费者或者其他受害人死亡或者健康严重损害的，受害人有权要求经营者依照本法第四十九条、第五十一条等法律规定赔偿损失，并有权要求所受损失二倍以下的惩罚性赔偿。"《食品安全法》第148条第2款规定："生产不符合食品安全标准的食品或者经营明知是不符合食品安全标准的食品，消费者除要求赔偿损失外，还可以向生产者或者经营者要求支付价款十倍或者损失三倍的赔偿金；增加赔偿的金额不足一千元的，为一千元。但是，食品的标签、说明书存在不影响食品安全且不会对消费者造成误导的瑕疵的除外。"《专利法》第71条第1款规定："侵犯专利权的赔偿数额按照权利人因被侵权所受到的实际损失或者侵权人因侵权所获得的利益确定；权利人的损失或者侵权人获得的利益难以确定的，参照该专利许可使用费的倍数合理确定。对故意侵犯专利权，情节严重的，可以在按照上述方法确定数额的一倍以上五倍以下确定赔偿数额。"以及《商标法》第63条第1款规定："侵犯商标专用权的赔偿数额，按照权利人因被侵权所受到的实际损失确定；实际损失难以确定的，可以按照侵权人因侵权所获得的利益确定；权利人的损失或者侵权人获得的利益难以确定的，参照该商标许可使用费的倍数合理确定。对恶意侵犯商标专用权，情节严重的，可以在按照上述方法确定数额的一倍以上五倍以下确定赔偿数额。赔偿数额应当包括权利人为制止侵权行为所支付的合理开支。"

关于惩罚性损害赔偿的数额，法律已经对惩罚性赔偿金的数额有具体规定的，应该依据法律的规定加以适用。在法律没有明文规定的情况下，应该结合行为人的主观过错、财产状况以及损害的严重程度进行综合性的考量。首先，行为人行为的主观恶性程度是影响惩罚性损害赔偿金数额的主观因素。行为人的主观恶性程度高的，社会危害性也就大，就应处以较高的惩罚性损害赔偿金；反之，则处以较低的惩罚性损害赔偿金。其次，惩罚性损害赔偿的主要功能在于威慑和惩罚。因此在决定惩罚性损害赔偿金数额时要考虑加害人的财产状况，以保证该惩罚能对加害人起到适度威慑的作用。最后，适用惩罚性损害赔偿的情形应该限于侵权行为造成严重的损害后果或者情节严重的场合。相反，如果造成的损害后果轻微、情节也不严重，则表明其社会危害性并不大，就没有适用惩罚性赔偿制度对侵权人加以威慑的必要。

【本章主要法律规定】

《民法典》第1164～1187条

第三十五章
特殊侵权责任

本章主要内容提示

1.监护人责任属于无过错责任，由于行为人是被监护人而责任人是监护人，属于替代责任，承担责任时，如果被监护人具备独立财产的，则首先从其自己财产中支付，不足部分再由监护人承担。

2.用人者责任属于无过错责任，由于行为人是提供劳务一方而责任人是接受劳务一方，也属于替代责任，但在劳务派遣中对派遣单位实行过错责任原则，承揽中的定作人也按照过错责任原则来承担责任。

3.网络侵权责任属于过错责任，在权利人、网络服务提供者和网络用户之间，存在通知、转告通知及提交声明的沟通规则，网络服务提供者在"通知规则"与"知道规则"中承担不同的侵权责任。

4.安全保障义务是作为义务、法定义务，违反安全保障义务的侵权责任属于过错责任，根据过错程度决定责任大小，在第三人行为造成损害时，义务人承担相应的补充责任，并享有追偿权。

5.教育机构的侵权责任，对属于限制民事行为能力人的受害人适用一般过错原则，对属于无民事行为能力人的受害人适用过错推定原则，在第三人侵权时承担相应的补充责任。

6.生产者和销售者的产品责任采用无过错责任归责原则，造成严重后果时可以适用惩罚性赔偿，生产者和销售者还需要为运输者、仓储者等第三人的过错对被侵权人承担无过错责任，但享有追偿权。

7.机动车交通事故责任，在机动车之间适用过错责任原则，在机动车与非机动车、机动车与行人之间对机动车一方适用无过错责任原则。在机动车的所有人、管理人与实际使用人之间发生分离及其他一些特殊情形下，对不同主体责任的认定也有所不同。

8.医疗损害责任为过错责任，当医疗机构存在违反诊疗规范的行为及针对病历资料的违法操作时，对其实行过错推定；医疗机构也存在一些特定的免责事由。

9.环境污染和生态破坏责任是无过错责任，并对第三人的过错承担不真正连带责任；两个以上侵权人分别污染环境、破坏生态造成同一损害的，适用无意思联络的数人侵权责任规范来确定各个行为人的责任；环境污染和生态破坏的责任形式还包括惩罚性赔偿和生态环境修复的形式。

10.高度危险责任是基于高度危险活动或高度危险物品而产生的责任，属于无过错责任，依法适用最高赔偿限额，在不同的高度危险责任类型中具有不同的法定免责事由。

11.饲养动物损害责任适用无过错责任原则，并对第三人的过错承担不真正连带责任；但动物园饲养动物损害责任则适用过错推定原则。

12.建筑物和物件损害责任采用过错推定责任原则，但建筑物中抛掷物品或坠落物品的损害责任，在难以确定具体侵权人时由可能加害的建筑物使用人给予补偿，建筑物管理人承担违反安全保障义务的侵权责任。

第一节　监护人责任

一、监护人责任概述

（一）监护人责任的概念

监护人责任，是指无民事行为能力人或者限制民事行为能力人造成他人损害时，其监护人依法应当承担的侵权责任。《民法典》第1188条第1款规定，无民事行为能力人、限制民事行为能力人造成他人损害的，由监护人承担侵权责任。监护人尽到监护职责的，可以减轻其侵权责任。

监护制度通过法律的手段，为意思能力不足者提供必要的补充和帮助，使其能够更加有效地从外界获得物质条件、与外界进行交往，使其能够在意思健全者的庇护下成长或康复健全。但作为被监护人的未成年人、无民事行为能力或者限制民事行为能力的成年人，也可能造成他人人身或财产权益的损害。由于被监护人都是民事行为能力欠缺或不具备者，缺乏对自己行为性质和后果的认识，故要求其承担侵权责任对其并不公平。所以被监护人造成他人损害后的责任，是由监护人承担。在监护人责任中，实施加害行为的是被监护人，而承担侵权责任之人是监护人，行为人与责任人产生了分离。这种责任也被称为替代责任，即责任人替行为人承担责任。

（二）监护人责任的归责原则

监护人责任采用无过错责任的归责原则。只要是无民事行为能力人、限制民事行为能力人造成他人损害的，无论监护人对此有无过错，其都应当承担侵权责任。这意味着即使监护人没有任何过错，不存在疏于或怠于履行监护职责的情形，或者即使监护人尽到了监护责任仍然不能避免损害的发生，监护人也仍然应当承担侵权责任，而不能据此主张排除其责任的承担。只不过承担责任的程度，可以根据其监护职责的履行情况来适当减轻，但不能完全免除。

二、监护人责任的构成要件

（一）造成他人损害的主体是被监护人

被监护人包括无民事行为能力人和限制民事行为能力人两类。无民事行为能力人，是指不具有以自己的行为取得民事权利和承担民事义务的资格的自然人，包括两类：一是不满8周岁的未成年人，二是不能辨认自己行为的成年人。无民事行为能力人不能独立实施任何民事法律行为，而必须由其法定代理人代理实施。

限制民事行为能力人，又称为不完全民事行为能力人，是指只在一定范围内具有民事行为能力的自然人，包括两类：一是8周岁以上的未成年人，二是不能完全辨认自己行为的成年人。此类成年人往往是因为精神、智力障碍而不能完全辨认自己行为的内容与法律后果，不能独立实施一些民事活动。限制民事行为能力人依法不能独立实施的民事法律行为，应当由其法定代理人代理实施。法律只允许限制民事行为能力人独立从事纯获利益的民事法律行为及与其智力、精神健康状况相适应的民事法律行为。

（二）被监护人造成他人损害

被监护人虽然民事行为能力有所欠缺，但依然可以通过自身的行为造成他人损害。根据侵权责任的构成要件，必须有损害才能产生赔偿责任，因此，只有在无民事行为能力人或限制民事行为能力人造成他人的实际损失时，才会产生监护人责任。

“他人”是指监护人与被监护人之外的第三人。如果被监护人造成了监护人的损害，则不属于本节所规定的监护人责任。“损害”既包括财产损害，也包括精神损害。

此外，还需注意区分被监护人的行为和监护人的行为，只有被监护人自身的行为造成他人损害，才属于监护人责任。如果监护人教唆、指示被监护人对他人实施侵害行为，此时被监护人只是监护人实施侵权行为的工具，这一行为是监护人自己实施的侵权行为，属于自己责任，应当适用《民法典》第1169条第2款的规定，即教唆、帮助无民事行为能力人、限制民事行为能力人实施侵权行为的，应当承担侵权责任。此时直接对监护人进行过错责任原则的判断即可，无须适用监护人责任的有关规定。

（三）被监护人的行为与受害人的损害之间具有因果关系

因果关系是任何侵权责任成立的必备要件之一，监护人要对被监护人致人损害承担监护责任，也要求无民事行为能力人或限制民事行为能力人的加害行为与受害人遭受的损害之间具有因果关系。对于此种因果关系的判断，与侵权责任构成理论中的因果关系判断相同，受害人应当证明其损害是由被监护人的行为所导致。

（四）被监护人没有独立财产

监护人之所以对被监护人致人损害的侵权责任承担无过错责任，除了被监护人意思能力不足以外，还因为被监护人一般都没有独立的财产、无力对受害人进行赔偿，所以必须由监护人代其承担责任。而《民法典》第1188条将监护人责任分为了两款规定，第1款是一般情形的规定，即致人损害的被监护人并没有自己的独立财产；第2款是特别规定，即有财产的无民事行为能力人、限制民事行为能力人造成他人损害的，从本人财产中支付赔偿费用，不足部分，才由监护人赔偿。

因此，监护人责任的成立，还要求被监护人没有独立财产，或者其独立财产不足以承担全部赔偿责任，此时才需要监护人来承担赔偿责任。如果无民事行为能力人、限制民事行为能力人自己具有独立的财产，且足以承担赔偿责任的，则从其本人财产中支付赔偿费用，无须监护人进行赔偿。

三、监护人责任的承担

在一般情形下，无民事行为能力人、限制民事行为能力人造成他人损害的，由监护人对被侵权人承担侵权损害赔偿责任。这就意味着被监护人自身并没有独立财产，因此直接由监护人承担赔偿责任。

在特殊情形下，当具备独立财产的被监护人造成他人的损害时，就应当首先从其个人财产中支付赔偿费用，不足的部分再由监护人承担赔偿责任。

随着我国社会经济的不断发展，未成年人和不具备完全民事行为能力的成年人也存在具有独立财产的可能性。这往往基于如下几种原因：一是被监护人继承了遗产或获得了遗赠，或获得了他人的赠与，因而具有了一定的独立财产；二是被监护人通过自己的劳动获得报酬，例如一些童星、儿童模特，通过表演节目、代言广告、获得打赏等方式而获取报酬。

此外，由于我国《民法典》扩大了监护人的范围，除了被监护人的配偶、父母、子女、祖父母、外祖父母等近亲属以外，其他愿意担任监护人的个人或者组织，在经过被监护人住所地的居民委员会、村民委员会或者民政部门同意后，都可以担任监护人。此时，如果被监护人致人损害，且具有独立财产，还要求这些监护人承担责任，并不符合常理常情。

当然，从被监护人的独立财产中支付赔偿费用时，应当保留被监护人的必要费用，如基本的生活费用、学习费用等，保障其正常的生活和学习不受影响。在此基础上，如果被监护人的财产仍不足以支付赔偿费用的，再由监护人对剩余的数额承担赔偿责任。

四、委托监护的责任

（一）委托监护的概念

委托监护，是指监护人在一定时期内将监护职责委托给他人行使。任何依法取得对无民事行为能力人、限制民事行为能力人监护权的监护人，基于正当理由，都有权将监护职责委托给他人行使。当然，委托监护一般只是临时性的措施，是在较为短暂的时间内将监护职责委托给他人行使，或者将某些监护事项委托给他人行使。例如父母要赴外地出差一个月，其间无人看管孩子，就只能将监护权委托给亲朋好友。

监护人应当按照最有利于被监护人的原则履行监护职责，监护人不能将监护事项全部、长期交给他人行使；否则，属于监护人怠于或不履行监护职责。在此情形下，经其他个人或组织的申请，人民法院有权撤销监护人的监护资格、安排必要的临时监护措施，并按照最有利于被监护人的原则依法重新指定监护人。

但同时委托监护也是必要的，因为确实可能出现监护人因为各种原因而无法履行监护职责的情形。如果监护人自己无法履行监护职责，又不委托他人代为监护，那么结果必然是损害被监护人的利益。对此，如果监护人无法履行监护职责并且拒绝将监护职责部分或者全部委托给他人，导致被监护人处于危困状态的，还会引起监护人监护资格被撤销的后果。因此，当监护人因确有必要而委托他人代为监护时，在委托期间内，被委托人就成为被监护人的临时监护人，需要依据委托的约定，肩负起对被监护人的监护职责。

（二）委托监护责任的承担

根据《民法典》第1189条的规定，无民事行为能力人、限制民事行为能力人造成他人损害，监护人将监护职责委托给他人的，监护人应当承担侵权责任；受托人有过错的，承担相应的责任。因此，在委托监护中，被监护人致人损害的责任主体包括监护人和受托人两类。

1.委托监护中监护人的责任

无论是监护人本人，还是基于监护人的委托而代为监护的受托人，都应当履行监护人的职责。当被监护人在委托监护期间对他人实施了侵害行为，造成他人人身权益或财产权益受损的后果时，首先应当由监护人承担侵权责任。

一方面，这是基于委托关系的原理，被委托人从事行为的后果归于委托人。虽然监护的内容具有一定的人身属性，不能照搬委托代理关系的内容，但委托监护在本质上仍然是一种委托他人代为处理事项的制度，当受托事项造成他人损害时，后果自然应当由委托人承担，而不能要求受托人对外承担责任。在委托监护中，监护人并不因监护事项委托于他人而失去其监护人身份，受托人也并不因接受委托而成为被监护人的监护人。这也是《总则编解释》第13条所规定的："监护人因患病、外出务工等原因在一定期限内不能完全履行监护职责，将全部或者部分监护职责委托给他人，当事人主张受托人因此成为监护人的，人民法院不予支持。"因此，在委托监护中，监护人的身份并未发生变化，其仍然应当承担监护责任。

另一方面，这是因为我国对于监护人责任采取无过错责任的归责原则，被监护人造成他人损害的，监护人就要承担侵权责任。因此，即便是委托他人代为监护，当被监护人造成他人损害时，监护人还是应当承担侵权责任。

委托监护期间，对于监护人责任的认定和承担，同样应当适用《民法典》第1188条第1款的规定，即如果监护人尽到了监护职责的，可以减轻其侵权责任。当然，在委托监护的情形下，由于监护人并未在现场进行监护，其是否尽到了监护职责，主要是看其对于受托人的选任是否存在过失、对于监护中必要事项是否进行了说明等。

此外需要强调的是，根据《总则编解释》第8条第1款的规定，未成年人的父母与其他依法具有监护资格的人订立协议，约定免除具有监护能力的父母的监护职责的，人民法院不予支持。那么在委托监护的情形下，如果监护人与受托人约定：即便监护人具有过错，也免除其监护责任，而由受托人承担全部责任。这种约定是无效的，不能以此种约定来对抗被侵权人的赔偿请求，而仍然应当根据《民法典》第1189条的规定，基于监护人在委托监护过程中是否尽到了监护职责来判断其是否需要承担赔偿责任、承担多少责任。

2.委托监护中受托人的责任

受托人接受监护人的委托，对被监护人进行监护，因此受托人在委托监护期间，其取得了相当于监护人的身份，是临时监护人。那么监护人对于被监护人所应当尽到的照顾、保护、教育、监督等义务，受托人都应当切实履行。因此，如果在委托监护期间发生了被监护人致人损害的情形，一般就意味着受托人存在过错，未能妥当履行监护职责。当然，如果是因为监护人未能履行如实告知、特别提示等义务而造成的损害，则不属于受托人的过错。

如果受托人有过错的，其应当承担相应的责任。相应的责任，是指与行为人自己的过错和原因力相一致的责任，不同于连带责任。因此，在确定受托人的责任时，不可要求其与监护人承担连带责任，而应当根据案件的具体情况，并结合受托人履行监护职责的情况，以及监护人对受托人的选任和说明提示等方面的情况，综合判断各方行为对于损害的原因力关系，最终确定受托人的责任份额。

另外，在被监护人具有独立的财产时，被监护人在实质上也要以自己的财产参与到责任的承担中，此时，应当先从被监护人的独立财产中对受害人进行赔偿费用的支付，不足部分，再由监护人和受托人按照各自相应的责任份额进行赔偿。

案例分析　能力训练

五、监护人责任的减轻

虽然监护人责任适用无过错责任的归责原则，但毕竟此种责任是替代责任，监护人是为被监护人的侵害行为承担责任，其对于被监护人的行为控制能力毕竟有限，因此，监护人尽到监护职责的，可以减轻其侵权责任。此外，根据侵权责任的免责事由，当被侵权人对同一损害的发生或扩大具有过错时，也可以依法减轻监护人的侵权责任。

规定监护人侵权责任的减轻事由，有利于鼓励监护人履行其监护职责，如果不管监护人履行监护职责的情况如何，都要求其承担全部的赔偿责任而不予任何减轻，则反而会使监护人怠于履行监护职责，或者通过不当限制被监护人人身自由的极端方式来履行监护职责。因此，为了平衡监护人的利益，鼓励其尽职监护，当监护人尽到监护职责时，就可以减轻其侵权责任。

对此，监护人需要证明自己尽到了监护职责。一般来说，监护人如果能够证明自己切实履行了《民法典》规定的监护人职责，就可以完成举证责任。法官在判断监护人是否尽到了监护职责时，应当根据常人的标准来判断在当时的情形下，监护人是否尽到了谨慎、勤勉、尽责的监护人所应尽的责任。此外，还应当结合被监护人的年龄、智力、识别能力的差异等情况来判断。

此外，监护人尽到了监护职责的效果，也只能是减轻其侵权责任，而不能完全免除其侵权责任，不然受害人遭受的损害将会得不到任何补偿和救济。

第二节　用人者责任

一、用人者责任概述

用人者责任，是指雇佣他人为自己提供劳务，提供劳务者在提供劳务的过程中自身遭受损害或者造成他人损害时，接受劳务者所应当承担的侵权责任。《民法典》根据用人者的不同，将用人者责任分为单位用工责任和个人用工责任两类。《民法典》第1191条和第1192条分别对单位用工责任和个人用工责任进行了规定。

单位用工责任，是指用人单位、进行和接受劳务派遣的单位对其工作人员执行工作任务时造成他人损害所应当承担的侵权责任。个人用工责任，是指在提供劳务和接受劳务均发生在个人之间的劳务关系中，提供劳务一方因劳务造成他人损害或自己受到损害时，接受劳务一方所应当承担的侵权责任。

用人者责任中，对他人实施侵权行为的行为人是提供劳务者，但由接受劳务者对被侵权人承担侵权责任，行为人与责任人属于不同的主体，因此在性质上属于替代责任。

用人者责任的归责原则适用无过错责任原则，无论用人者在主观上是否存在过错，都应当对提供劳务者所造成的他人损害承担赔偿责任。当然，在一些特殊情形下，对于用人者责任的判断，也需要适用过错责任原则，例如，在劳务派遣中被派遣人员造成他人损害的，由接受劳务派遣的用工单位承担无过错责任，但如果劳务派遣单位有过错的，则须承担相应的责任。此外，提供劳务的一方因劳务而导致自身受到损害的，则根据用人者和提供劳务者双方各自的过错来承担相应的责任。

二、用人者责任的构成要件

（一）存在用工关系

用人者责任成立的前提，是用人者与行为人之间成立用工关系，包括单位用工关系和个人用工关系。这种用工关系就意味着用人者接受提供劳务者所提供的劳务和服务，同时拥有对提供劳务者进行选任、指令和监督的权利，因此用人者需要对提供劳务者的侵权行为承担责任。

（二）侵权行为由工作人员或提供劳务一方实施

在个人用工关系中，提供劳务一方和接受劳务一方，都是个人。此处的个人，仅指自然人。在单位用工关系中，接受劳务一方被称为用工单位，提供劳务一方被称为工作人员。无论是个人用工责任还是单位用工责任，实施侵权行为的主体均是提供劳务一方，包括受雇人员和工作人员。

如果对他人的侵权行为不是由提供劳务一方实施的，而是由接受劳务一方实施的，那么就构成用人单位或雇主的直接侵权责任，不构成用人者责任。

（三）提供劳务一方因执行工作任务或提供劳务而造成他人损害

在单位用工责任中，用人单位承担侵权责任的前提，是工作人员因执行工作任务而造成他人人身权益或财产权益的损害。也就是说，工作人员的行为必须与执行工作任务有关，造成他人损害也必须是在执行工作任务过程中，或者与执行工作任务具有密切联系。执行工作任务的判断标准：一是看是否处于工作时间范围内。例如，从上班时间开始，到下班时间结束，这一段时间是工作时间；从周一到周五，是工作时间。二是看行为的性质，看工作人员行为的性质是否属于完成工作任务的性质。例如电工修理电线，就属于完成工作任务的性质，而去打牌、喝酒，则明显不属于工作性质。三是看行为人的行为与执行工作任务之间的关联度。即便不是直接执行工作任务，但是与执行工作任务有密切关联的行为，也属于因执行工作任务而造成他人的损害。例如，工作人员在上班途中或前往执行任务的途中造成他人的损害，也属于因执行工作任务造成的损害。无论是从意思作出的角度，还是利益归属的角度，用人单位对工作人员因执行工作任务而造成他人的损害承担责任都具有正当性与合理性；反之则否。

在个人用工责任中，提供劳务一方造成他人的损害，也必须是因为提供劳务而发生。因此，提供劳务一方对他人造成的损害，必须发生在提供劳务期间，或者与提供劳务具有密切联系，是为了实现提供劳务的目的才造成的损害。虽然劳务关系与劳动关系不同，但“因劳务”和“因执行工作任务”是相似的，都强调损害的发生与工作内容的关联性。

造成他人损害，是指工作人员、提供劳务一方因执行工作任务或提供劳务而造成了第三人的损害，如果是提供劳务一方造成了接受劳务一方的损害，则根据双方的合同或者一般侵权规则来判断双方责任即可。损害，则包括财产损害和人身损害，与一般侵权构成要件中的损害含义相同。

三、用人者责任的承担

（一）用人单位的责任承担

根据《民法典》第1191条第1款的规定，用人单位的工作人员因执行工作任务造成他人损害的，由用人单位承担侵权责任。用人单位是广义上的概念，包括法人和非法人组织。

当工作人员因执行工作任务而造成他人损害时，用人单位就应当对受害人承担侵权责任。用人单位不能以工作人员的过错作为抗辩事由对抗受害人的赔偿请求，因为用人单位对受害人承担的是无过错责任。用人单位承担赔偿责任的范围，应当根据受害人所遭受的损害类型，按照《民法典》的相关规定进行赔偿，例如医疗费、护理费等。

（二）劳务派遣单位的责任承担

劳务派遣是一个单位将自己的员工派遣到另一个单位从事劳动的形式，即劳务派遣单位聘用符合约定条件的劳动者，并将其派遣到接受单位的用工形式。在劳务派遣中存在三方主体，即劳务派遣单位、接受劳务派遣的单位和劳动者三方。根据《民法典》第1191条第2款的规定，劳务派遣期间，被派遣的工作人员因执行工作任务造成他人损害的，由接受劳务派遣的用工单位承担侵权责任；劳务派遣单位有过错的，承担相应的责任。

劳务派遣单位虽然与被派遣的员工签订了劳动合同，但并不对被派遣员工进行支配和具体的管理。在劳务派遣期间，被派遣的工作人员是为接受劳务派遣的用工单位工作，接受用工单位的指示和管理，同时由用工单位为被派遣的工作人员提供相应的劳动条件和劳动保护。因此，在劳务派遣期间，被派遣的工作人员因执行工作任务造成他人损害的，应当由接受劳务派遣的用工单位承担侵权责任。

但由于工作人员毕竟是由劳务派遣单位招募并培训后派往其他单位从事工作的，因此，造成他人损害的原因也可能是员工不符合招聘条件，或者未经过适当培训。此时，如果劳务派遣单位在派遣工作人员方面存在过错，也应当承担相应的责任。劳务派遣单位承担的是相应的补充责任，即首先由用工单位承担赔偿责任，用工单位不能全部赔偿的，才由劳务派遣单位赔偿；在用工单位承担了全部赔偿责任的情况下，劳务派遣单位对被侵权人就不再承担赔偿责任；只有在用工单位责任财产不足、无法全部赔偿时，劳务派遣单位才需要承担剩余的赔偿责任部分。相应的责任还强调与劳务派遣单位的过错相适应，并不是接受劳务派遣的用工单位无力赔偿的或者未赔偿的部分都要由劳务派遣单位来承担，劳务派遣单位只需要根据其过错的范围，承担与过错相对应的赔偿责任，其过错程度越严重，对应的责任份额也就越重；反之亦然。

（三）接受劳务一方的责任承担

在个人用工中，适用无过错责任原则，提供劳务一方因劳务造成他人损害的，由接受劳务一方承担侵权责任。也就是说，无论接受劳务一方是否存在过错，只要提供劳务一方是为了完成劳务而造成他人损害的，接受劳务一方都要对受害人承担侵权损害赔偿责任。因为从本质上讲，接受劳务一方一般都比提供劳务一方的赔偿能力更强，而且接受劳务一方是劳务的获益者，并对提供劳务一方具有一定的支配性，由接受劳务一方对被侵权人承担赔偿责任，更有利于保护受害人的合法权益。

此外，在无偿帮工的情况下，根据《人身损害赔偿解释》第4条的规定，无偿提供劳务的帮工人，在从事帮工活动中致人损害的，被帮工人同样应当承担赔偿责任，除非是被帮工人明确拒绝帮工的，对此则可以免责，无须承担赔偿责任，由提供劳务者对其所造成的他人损害承担赔偿责任。

（四）工作人员、提供劳务一方的责任承担

虽然在用人者责任中，由接受劳务一方对被侵权人承担侵权责任，但在接受劳务和提供劳务的双方之间，接受劳务一方对具有故意或重大过失的提供劳务一方享有追偿权。因此，在工作人员、提供劳务一方对于损害具有故意或者重大过失的情况下，用人单位、接受劳务一方对被侵权人承担侵权责任之后，可以向其进行追偿。在无偿帮工的情况下，被帮工人承担赔偿责任后，也有权向有故意或者重大过失的帮工人进行追偿。

追偿权的设置表明提供劳务一方基于故意或者重大过失而造成他人损害时，提供劳务一方应当是真正的责任人，但基于用工责任为替代责任的法律性质，仍由接受劳务一方对受害人进行赔偿，之后才能转而进行追偿。但由于提供劳务一方偿付能力不足的风险较大，所以让这种追偿而不得的风险从受害人转移到接受劳务一方，这种制度设计是对于被侵权人的倾斜保护。

追偿权的行使必须注意以下两点：一是仅限于对因故意或者重大过失造成他人损害的提供劳务一方进行追偿。如果提供劳务一方是基于一般的过错而造成他人损害的，则接受劳务一方不享有追偿权，其只能自己单独承担赔偿责任。二是这种追偿权的行使必须是在对受害人承担责任之后。接受劳务一方不可以此种追偿权直接对抗受害人的赔偿请求。也就是说，这种追偿权具有内部性，仅发生在接受劳务和提供劳务的双方之间，不能对抗第三人。至于追偿的数额和比例，应当根据提供劳务一方的过错大小来决定，如果接受劳务一方与提供劳务一方另有约定的，也可以按照约定来进行。

四、提供劳务一方受害的侵权责任

（一）提供劳务一方因提供劳务遭受损害的责任承担

提供劳务一方在提供劳务的过程中自身遭到损害的，其责任的承担根据用人形式是单位用人还是个人用人而不同。因为个人用工形成的劳务关系，提供劳务一方因劳务使自己受到损害的，不属于工伤事故，不能通过工伤保险来分担损失。而根据《工伤保险条例》第2条第1款的规定，我国境内的各类企业、有雇工的个体工商户都应当依照本条例规定参加工伤保险，为本单位全部职工或者雇工缴纳工伤保险费。因此用人单位的工作人员在工作过程中受到工伤损害的，由工伤保险承担无过错的赔偿责任。《人身损害赔偿解释》第3条也规定，依法应当参加工伤保险统筹的用人单位的劳动者，因工伤事故遭受人身损害的，按照《工伤保险条例》的规定处理。

个人用工不属于应当参加工伤保险的情形，在提供劳务一方因劳务造成自身损害时，就只能在提供劳务者和接受劳务者双方之间分担损失。根据《民法典》第1192条第1款的规定，提供劳务一方因劳务受到损害的，根据双方各自的过错承担相应的责任。在无偿帮工的情况下，根据《人身损害赔偿解释》第5条的规定，无偿提供劳务的帮工人因帮工活动遭受人身损害的，帮工人和被帮工人同样应当根据各自的过错承担相应的责任，但如果被帮工人明确拒绝帮工的，则被帮工人不承担赔偿责任，但可以在受益范围内对帮工人遭受的自身损害予以适当补偿。

对于接受劳务一方而言，判断其过错程度，主要是看其提供的工作环境是否有潜在危险，其要求提供劳务者提供的劳务内容和性质是否合理、是否有不合理的危险，还要看其提供的劳动设施是否合格，并要结合接受劳务者对提供劳务者的劳动强度、劳动时间长短安排是否合理等各方面因素来综合判断。对于提供劳务一方而言，判断其过错程度，主要是看其在完成劳务过程中，有没有尽到必要的注意义务，有没有尽到对自己合理的保护义务，以及基于工作的内容和性质所应当尽到的注意义务。

（二）第三人造成提供劳务一方损害的责任承担

第三人造成提供劳务一方损害，是指提供劳务一方在为接受劳务一方提供劳务期间，因第三人的行为而遭受损害。第三人造成提供劳务一方的损害，应当由第三人对提供劳务一方承担侵权责任。但为了倾斜保护提供劳务一方，《民法典》第1192条第2款规定，提供劳务期间，因第三人的行为造成提供劳务一方损害的，提供劳务一方有权请求第三人承担侵权责任，也有权请求接受劳务一方给予补偿。接受劳务一方补偿后，可以向第三人追偿。

根据这一规定，提供劳务一方因第三人的行为而造成损害时，提供劳务一方享有选择权，其有权请求第三人承担侵权责任，也有权请求接受劳务一方给予补偿。也就是说，对于第三人而言，其根据自己行为的性质适用相对应的归责原则来确定其责任。而对于接受劳务者而言，无论其是否有过错，当接受劳务者选择对其主张补偿责任时，就必须承担补偿责任。这是为了在第三人不能确定或者没有赔偿能力的情况下，对提供劳务一方进行特殊保护，避免提供劳务一方的损害无法得到任何填补。这一规则对于无偿帮工的情形同样适用。

此时，在接受劳务一方与第三人之间形成了不真正连带责任，提供劳务一方只能选择第三人或者接受劳务一方主张侵权责任，而不能同时对二人提出主张。由于在此类情形下，实施侵权行为的是第三人，所以如果提供劳务一方选择第三人提起侵权之诉，则由第三人进行赔偿。第三人的赔偿责任是终局性责任，其不得再向接受劳务一方主张追偿。相反，如果提供劳务一方选择向接受劳务一方主张补偿责任，则接受劳务一方在补偿之后，有权向实施了侵权行为的第三人进行追偿。

五、定作人责任

（一）定作人责任的概念

承揽关系就是基于承揽合同而发生的法律关系，承揽包括加工、定作、修理、复制、测试、检验等工作。在承揽关系中，负责交付工作成果的一方为承揽人，也就是劳动的付出者；接受工作成果并支付报酬的一方为定作人。因此，定作人责任就是指在承揽关系中，承揽人在完成工作过程中造成第三人损害或者导致自己损害时，定作人所应当承担的侵权责任。

在承揽关系中，虽然承揽人也向定作人提供了劳动，但由于承揽人只需向定作人交付劳动成果即可，其劳动的过程并不需要向定作人提供，所以承揽人的劳务属于提供成果型的劳务，不同于个人用工责任中的劳务。因此，承揽关系中定作人责任不适用个人用工责任中关于接受劳务一方的责任规定。

（二）定作人责任的归责原则

在承揽关系中，定作人以受领工作成果为主要权利，以支付约定报酬为主要义务，承揽人以自己的设备、技术和劳动，独立地完成定作人委托的工作，并交付成果，承揽人自己负责生产经营的全部过程，与定作人不存在管理与支配的关系。所以在承揽关系中，定作人对承揽人的支配性较弱，仅有权进行必要的监督，而不能对其工作过程进行指示和支配。因此承揽人在工作过程中造成他人损害，或者造成自己损害的，定作人对此一般不用承担责任，除非定作人具有过错。

《民法典》第1193条规定，承揽人在完成工作过程中造成第三人损害或者自己损害的，定作人不承担侵权责任，但定作人对定作、指示或者选任有过错的，应当承担相应的责任。因此，定作人承担责任的归责原则是过错责任原则，即定作人仅在对其定作、指示或者选任有过错时，才对承揽人在完成工作过程中造成第三人的损害或者自己的损害承担相应的责任。

（三）定作人责任的承担

定作人责任的承担，分为定作人承担与过错相应的责任和承揽人自己承担责任两种情形。

其一，定作人承担与过错相应的责任。定作人的过错主要体现在定作过错、指示过错和选任过错三方面。（1）定作过错，是指定作人要求承揽人完成的工作内容、交付的工作成果存在违法或存在不合理危险的情形，或者定作人履行提供材料的义务有瑕疵，从而造成他人损害或承揽人自身损害的情形。例如，定作人要求承揽人制作违禁品，或者因提供的图纸、材料不合格而造成他人损害。（2）指示过错，是指定作人对承揽人发出的指示违法或不合理，从而造成了他人或承揽人的损失，例如定作人要求承揽人在他人的种植园内为自己制造鸽子笼，损坏了他人种植的植物。（3）选任过错，是指定作人对于承揽人的选任未尽到合理的注意义务，选任的承揽人不具备相应的资质或能力，在完成工作成果的过程中造成他人损害或自身损害。例如，定作人选择没有电工资质的人为自己制造彩灯圣诞树，造成电路故障并致人损害。

在定作、指示或者选任方面，定作人对承揽人的行为能够起到支配性作用，所以在这几个方面，定作人应当对自己过错导致的损害承担责任。也就是说，承揽人在完成工作过程中造成第三人损害或者自己损害，定作人在定作、指示或者选任方面也有过错的，定作人就需要承担相应的责任。相应的责任意味着定作人只需承担与其过错程度相适应的责任。如果承揽人因执行定作人错误的指示而导致自己受到损害的，也应当区分承揽人自身是否具有过错、定作人过错的大小等因素，来划分各自的责任份额。

其二，承揽人自己承担责任。由于承揽人是依据自己的独立意志从事一定的工作，仅需向定作人交付约定的工作成果，所以承揽人在工作中造成他人损害，或者不慎造成自己损害的，均应当由承揽人自行承担责任。因此，除了定作人对定作、指示或者选任有过错，应当承担相应的责任之外，承揽人对于其在完成工作过程中造成的第三人损害或者自己损害，都应当自行承担责任。

第三节　网络侵权责任

一、网络侵权责任概述

（一）网络侵权责任的概念

网络侵权，是指行为人在互联网上实施的侵害他人民事权益的行为。网络侵权并不特指侵害某种权利的行为，而是泛指一切发生于互联网空间的侵权行为，至于网络侵权所侵害的民事权益，常见的有侵害他人知识产权、肖像权、名誉权、隐私权、网络虚拟财产等。

由于网络侵权涉及互联网用户、网络服务提供者和被侵权人三方主体，所以，网络侵权责任是指网络用户、网络服务提供者在互联网上侵害他人民事权益所应承担的责任。网络用户，是指利用他人提供的网络以连接到互联网的主体。网络用户既可以是自然人，也可以是法人、非法人组织，任何人只要利用网络接收或发布信息就都可以称为网络用户，但如果只是使用电脑或手机等终端设备，却并未连接到网络，则不属于网络用户。网络服务提供者，是指通过信息网络为用户接入网络服务，使用户与网络连线，为用户提供信息，或者为获取网络信息等而提供服务的主体。根据网络服务提供者所提供的服务内容的不同，可以将其分为网络接入服务提供者、网络平台服务提供者、网络内容及产品服务提供者几类。其中，网络接入服务提供者和网络平台服务提供者也被称为网络中介服务提供者，此类网络服务提供者本身并不参与信息交流，只是为他人的信息交流提供空间和平台服务。而网络内容及产品服务提供者则向网络用户提供各种具体信息和内容。《民法典》第1194~1197条所规定的网络服务提供者，仅指提供网络中介服务而非内容和产品服务的网络服务提供者，因为如果是网络服务提供者自己直接发布的内容或提供的产品侵犯他人合法权益，则构成直接侵权，适用侵权责任的一般规定即可。

（二）网络侵权责任的归责原则

《民法典》第1194条规定，网络用户、网络服务提供者利用网络侵害他人民事权益的，应当承担侵权责任，法律另有规定的，依照其规定。虽然该条并没有使用“过错”的概念，而且使用了“应当承担侵权责任”的表述，表面上看起来似乎是采纳了无过错责任原则，但结合本条和其他条文中关于网络侵权责任的规定，可以得知网络侵权责任的归责原则是过错责任原则。

就网络用户而言，其通过互联网进行的内容发布、传输通讯等行为，并不是具有高度危险性的行为，不属于适用无过错责任的行为类型，对其责任的判断，仍然要根据过错程度来进行。就网络服务提供者而言，立法强调了以网络服务提供者对于网络用户的侵权行为知道或者应当知道而未采取必要措施作为承担责任的前提，还强调了以网络服务提供者的通知、转告通知、采取必要措施等义务的不履行作为承担责任的前提。可见，网络服务提供者仍然以过错作为承担责任的构成要件。

因此，网络侵权责任的归责原则仍然属于过错责任原则。如果对网络侵权实行无过错责任原则，要求网络服务提供者对任何网络侵权行为都要承担侵权责任，而无论其是否知道或应当知道、无论是否需要经过“通知—删除”的程序，这样就无异于对网络服务提供者施加了无比严格的审核责任，将会严重妨碍互联网行业的发展，也会严重影响人们的通信自由、言论自由和信息传播自由。因此，采取过错责任原则作为网络侵权责任的归责原则，能够兼顾对各方合法权益的保护。

二、通知规则下的网络侵权责任

（一）通知规则的概念

网络侵权的通知规则，是指权利人发现网络用户利用网络服务实施了侵犯自己合法权益的行为的，有权通知网络服务提供者采取删除、屏蔽、断开链接等必要措施。根据《民法典》第1195条第2款的规定，网络服务提供者接到通知后，应当及时将该通知转送相关网络用户，并根据构成侵权的初步证据和服务类型采取必要措施；未及时采取必要措施的，对损害的扩大部分与该网络用户承担连带责任。

通知规则也被称为避风港原则或避风港条款。对于网络服务提供者而言，在其提供的网络空间上出现了侵权信息，并不需要直接承担责任，而是在可以经过“通知+移除”的程序来进行缓冲，但未采取必要措施时，才需要承担侵权责任。通知规则的理论基础在于，网络服务提供者没有能力对网络上的海量信息进行事先内容审查，一般对于侵权信息的存在也不知情，所以采取“通知+移除”规则，是对网络服务提供者侵权责任的限制。

（二）权利人的通知权

当权利人发现网络用户利用网络实施了侵犯自己权利的行为时，有权通知网络服务提供者采取删除、屏蔽、断开链接等必要措施。权利人发出的通知必须符合一定的形式要件和实质要件，否则不能构成合格的通知。首先，权利人必须向网络服务提供者所提供的正式渠道发出通知，函件、邮件、电话通知的形式均可。其次，通知的内容应当包括权利人认为网络用户对其构成侵权的初步证据，如权利人自己的权利凭证、侵权信息的网址等，以便网络服务提供者判断是否确实存在侵权行为。再次，通知还应当包括权利人希望网络服务提供者对涉嫌侵权信息采取的具体措施，例如，是删除还是屏蔽，或者断开链接，或者同时进行。最后，权利人还应当提供自己的真实身份信息，如身份证明、有效联系方式等，以便网络服务提供者进行查验和沟通。

（三）网络服务提供者转送通知的义务

网络服务提供者收到权利人关于权利被侵害的通知之后，应及时将该通知转送给涉嫌侵权的网络用户，如果网络用户认为自己并没有构成侵权，就可以根据通知中所载明的初步证据来进行反证，如提供自己才是真正权利人的凭证等。如果网络用户知道自己确实构成了侵权，也可以及时主动地采取删除相关侵权信息的行动，减少对权利人的损害。如果网络用户认为自己并未构成侵权，那么面对权利人和网络用户双方的争执，网络服务提供者就应当根据双方提供的关于侵权与否的举证与反证，来判断网络用户是否构成侵权，并根据自己所提供的网络服务的类型来决定采取何种必要措施消除侵权后果。

如果网络服务提供者在收到权利人的通知后未及时转送相关网络用户，或者仅转送通知但并未根据构成侵权的初步证据和服务类型采取必要措施，从而造成权利人的损害扩大的，网络服务提供者应当对损害的扩大部分与该网络用户承担连带责任。根据《利用信息网络侵害人身权益纠纷规定》第4条的规定，人民法院认定网络服务提供者采取的删除、屏蔽、断开链接等必要措施是否及时，应当根据网络服务的类型和性质、有效通知的形式和准确程度、网络信息侵害权益的类型和程度等因素综合判断。损害的扩大部分，是指从网络服务提供者应当采取必要措施之日起计算，因侵权信息继续在网络上存续甚至不断扩大传播范围所造成的权利人的损害部分。

（四）网络用户的声明权

根据《民法典》第1196条第1款的规定，网络用户接到转送的通知后，可以向网络服务提供者提交不存在侵权行为的声明。因此，网络用户在接到网络服务提供者转送的、由权利人发出的通知后，如果认为该通知对自己实施侵权行为的描述不实，或者自己确有免责事由的，就可以向网络服务提供者提交声明，表明自己并不存在侵权行为。声明在形式上是对应于通知的意思表示，两者一个是主张权利、追究责任的意思表示，一个是主张自己不构成侵权的意思表示。

与权利人发出的通知应当包括构成侵权的初步证据相似，网络用户发出的声明也同样应当包括其不存在侵权行为的初步证据，并且还应包括自己的真实身份信息。否则，仅凭网络用户否认自己实施了侵权行为的意思表示，无法帮助网络服务提供者进行初步判断，其必须通过证据来证明自己不存在侵权行为。网络用户提供自己的真实身份信息，也便于权利人在采取诉讼行动时顺利提起诉讼。声明中提供的证据，应当具有针对性，即针对权利人的通知中所提供的初步证据来进行反驳，例如权利人认为网络用户侵犯了自己商标权，并在通知中列明了自己对于注册商标的专用权和怀疑存在侵权的其他证据，那么网络用户就可以针对自己实施的行为进行举证，证明自己从事的行为并不构成对权利人商标专用权的侵犯。

在收到网络用户提交的声明之后，网络服务提供者应当及时将该声明转送给发出通知的权利人，使权利人能够及时知悉网络用户的声明内容，看到对方提出的不存在侵权行为、不构成侵权的初步证据，然后进行下一步行动的判断。此外，网络服务提供者在将网络用户提交的声明转送给发出通知的权利人时，不能只是简单地进行原件转交，还负有提示告知义务，即网络服务提供者应当在转送声明时，对发出通知的权利人进行提示，告知其如果对声明不服，有权向有关部门投诉或者向人民法院提起诉讼。

权利人在收到网络服务提供者转送的网络用户提交的声明之后，如果对声明的内容不信服，仍然坚持认为网络用户构成对自己合法权益的侵害，则可以结束由网络服务提供者主持的准司法程序，进而寻求官方的、正式的纠纷解决途径。对此，权利人可以选择进行投诉，也可以直接进行起诉，或者在投诉之后不满意的，再行起诉。

权利人如果未在合理期限内通知网络服务提供者其已经进行了投诉或起诉的，则网络服务提供者应当及时终止对涉嫌侵权信息所采取的删除、屏蔽、断开链接等措施，如重新恢复信息、不再屏蔽、恢复链接等，以保障网络用户的合法权益。司法实践中对于合理期限的判断，一是如果其他法律有明确规定的，就按照其他法律的规定。例如，《电子商务法》第43条第2款就规定，电子商务平台经营者在转送声明到达知识产权权利人后15日内，未收到权利人已经投诉或者起诉通知的，应当及时终止所采取的措施。因此，根据该法，15日是合理期限。二是在其他法律没有明确规定的情况下，法院应根据权利人正常向有权机关进行投诉或起诉时，这些机关受理所需要的正常时间，来判断期限是否合理。

（五）错误通知造成损害的责任

如果权利人的通知存在错误，导致网络服务提供者据此采取了删除、屏蔽、断开链接等措施，对网络用户的合法权益造成了损害的，由于该损害是权利人的错误通知所造成的，因此，应当由权利人承担侵权责任。

同时，由于网络服务提供者对网络用户采取了删除、屏蔽、断开链接等措施，而这些措施并没有合法依据，所以网络服务提供者也可能面临网络用户的索赔诉求。如果网络服务提供者因权利人的错误通知而对网络用户承担了赔偿责任，此种责任也属于网络服务提供者遭受的损害，同样可以要求发出通知的权利人承担。

三、知道规则下的网络侵权责任

（一）知道规则的概念

网络侵权中的知道规则，也被称为“红旗规则”，是指当网络服务提供者自己本身并未从事侵权行为，但是对其网络用户的侵权行为处于知道状态且不采取必要措施时，就应当与网络用户一起，对侵权损害的结果承担连带责任。当网络用户利用网络服务提供者提供的网络服务实施侵害他人民事权益的行为时，网络服务提供者承担侵权责任的基础仍然是过错责任原则，即网络服务提供者只有在知道或者应当知道侵权行为存在且未采取必要措施时，才需要承担侵权责任。

对此，《民法典》第1197条规定，网络服务提供者知道或者应当知道网络用户利用其网络服务侵害他人民事权益，未采取必要措施的，与该网络用户承担连带责任。

（二）网络服务提供者对网络用户实施侵权行为“知道”的判断标准

“知道”包括知道或者应当知道两种，判断网络服务提供者对于网络用户利用其网络服务侵害他人民事权益的行为是否处于“知道或者应当知道”的状态，应当根据如下三方面标准来进行：

第一，如果相关法律法规对于网络服务提供者对侵权行为是“知道或者应当知道”或者“不知道或者不应当知道”作出了明确规定的，便适用相关规定。这属于特别法优先于一般法的适用规则。例如，《信息网络传播权保护条例》第22条规定，网络服务提供者为服务对象提供信息存储空间，供服务对象通过信息网络向公众提供作品、表演、录音录像制品，并具备下列条件的，不承担赔偿责任：（1）明确标示该信息存储空间是为服务对象所提供，并公开网络服务提供者的名称、联系人、网络地址；（2）未改变服务对象所提供的作品、表演、录音录像制品；（3）不知道也没有合理的理由应当知道服务对象提供的作品、表演、录音录像制品侵权；（4）未从服务对象提供作品、表演、录音录像制品中直接获得经济利益的；（5）在接到权利人的通知书后，根据本条例规定删除权利人认为侵权的作品、表演、录音录像制品。这些标准其实就是对网络信息存储空间服务提供者“知道或应当知道”的判断。

第二，如果相关司法解释对如何判断网络服务提供者的主观心态作出了具体规定的，则适用该司法解释的规定。例如，《利用信息网络侵害人身权益纠纷规定》第6条就规定，人民法院在认定网络服务提供者是否“知道或者应当知道”时，应当综合考虑下列因素：（1）网络服务提供者是否以人工或者自动方式对侵权网络信息以推荐、排名、选择、编辑、整理、修改等方式作出处理；（2）网络服务提供者应当具备的管理信息的能力，以及所提供服务的性质、方式及其引发侵权的可能性大小；（3）该网络信息侵害人身权益的类型及明显程度；（4）该网络信息的社会影响程度或者一定时间内的浏览量；（5）网络服务提供者采取预防侵权措施的技术可能性及其是否采取了相应的合理措施；（6）网络服务提供者是否针对同一网络用户的重复侵权行为或者同一侵权信息采取了相应的合理措施；（7）与本案相关的其他因素。

第三，在没有上述规范性文件的标准时，要根据网络服务提供者所提供网络服务的具体类型，并结合网络用户的性质和被侵权人的具体情况，来判断网络服务提供者是否负有审查义务、在什么情形下会触发审查义务，进而处于“知道或应当知道”的主观心理状态。

（三）网络服务提供者的责任承担

如果网络服务提供者对于网络用户的侵权行为处于不知道或者不应当知道的状态，或者知道了侵权行为但及时采取了必要措施，则网络服务提供者无须承担侵权责任。但如果网络服务提供者知道或者应当知道网络用户利用其网络服务侵害他人民事权益，仍然未能及时采取诸如删除、屏蔽、断开链接等必要措施的，则必然会导致侵权后果的发生或扩大，此时，网络服务提供者应当与实施侵权行为的网络用户承担连带责任。

此种连带责任与一般的连带责任之债具有相同的规则，被侵权人既可以请求网络服务提供者承担责任，也可以请求网络用户承担责任，还可以同时要求两者承担赔偿责任。在连带责任内部，网络用户与网络服务提供者之间，可以根据过错程度来划分责任大小，并且一方在对外承担超过自己份额的责任之后，还可以向另一方进行追偿。

第四节　违反安全保障义务的侵权责任

一、违反安全保障义务的责任概述

（一）安全保障义务的概念

安全保障义务，是指宾馆、商场、银行、车站、机场、体育场馆、娱乐场所等经营场所、公共场所的经营者、管理者或者群众性活动的组织者，对于进入场所或参加活动的人所负有的保障其人身和财产安全的义务。负有此种安全保障义务的主体，如果没有尽到安全保障义务，并造成他人损害的，就应当承担侵权责任。此种侵权责任，就被称为违反安全保障义务的侵权责任。

经营场所，是指经营者用于营业的场所，如宾馆、商场、银行、车站、机场、体育场馆、娱乐场所等。此种场所往往具有一定的开放性，面对不特定的公众开放，以吸引消费者或顾客的光顾，从而实现营业的目的。公共场所，是指人群经常聚集、供公众使用或服务于人民大众的活动场所，其范围十分广泛。严格地说，公共场所也包括了许多经营场所。只要是一般人都能够进入、使用的，都可以称为公共场所。一般意义上的公共场所，是区别于私人场所的概念，只要是不特定人可以进入，或者可以进入的人数较多的，都属于公共场所。

群众性活动，是指为社会公众举办的或向不特定社会公众开放的文化娱乐活动。群众性活动面向不特定的社会公众，而参加的人数则可多可少。群众性活动并非都是非营利性的公益活动，也可能具有营利性，如体育赛事活动、演唱会、展销会等，都会收取一定的门票或入场费。群众性活动与经营性场所组织的活动相比，最大的特点是具有临时性、短期性和不固定性。如果是在固定的场地长期举行的群众性活动，则可能属于经营性场所或公共场所组织的活动，属于场所责任的一种。

（二）安全保障义务的特点

安全保障义务旨在保障他人尤其是不特定人群的人身安全和财产安全，这一义务在性质上具有如下特点：

1.法定义务。安全保障义务作为特定民事主体的一种民事义务，在性质上不属于约定义务，而属于法定义务。因此，违反安全保障义务造成损害的，责任人承担的是侵权责任而非违约责任。安全保障义务的法定性，体现在两个方面，一是基于《民法典》第1198条关于安全保障义务的集中性、一般性规定，当这一义务不履行时，会引发相应的侵权责任。二是法律法规对某类主体规定了安全保障义务时，基于这些特别规定，相应的主体便负有安全保障义务。例如，《民法典》第1254条对物业服务企业等建筑物管理人应当采取必要的安全保障措施防止高楼抛物坠物的规定，又如，《大型群众性活动安全管理条例》对于大型群众性活动的承办者和场所管理者安全保障义务的规定等，这些都是安全保障义务的法律渊源。

2.作为义务。安全保障义务在性质上是一项作为义务，而不是不作为的消极义务。也就是说，安全保障义务人必须进行积极的作为，以保障相关人员的人身安全和财产安全。作为义务的内容，即经营者、管理者和组织者应当按照法律、法规的规定，或者行业惯例、通行做法的要求，而采取相关的安全保护措施，保障相关人员的安全。

二、违反安全保障义务责任的构成要件

（一）责任主体是安全保障义务人

根据《民法典》第1198条的规定，产生安全保障义务的场景和情形，包括场所和活动两种。相应地，负有安全保障义务的主体也分为两类，一是经营场所、公共场所的经营者、管理者，其责任也被简称为场所责任；二是群众性活动的组织者，其责任也被简称为组织者责任。

1.经营场所、公共场所的经营者、管理者。经营场所的经营者和公共场所的管理者，是指对场所负责运营或者看管的责任主体。经营场所的经营者，是指经营场所的运营管理者，一般是以经营场所作为营业地的企业法人，或基于承包租赁等关系而具体从事经营场所运营管理的自然人或其他主体。而公共场所的管理者，要根据公共场所的性质以及相应法律法规的规定，来判断其管理者。

2.群众性活动的组织者。群众性活动的组织者，是指群众性活动的承办者，其具体负责活动的筹划、组织和进行，因此对于活动中的参加者负有安全保障义务。在群众性活动中，如果人数较多，则构成大型群众性活动，在此类活动中，组织者的安全保障义务尤为突出。

（二）安全保障义务主体没有尽到安全保障义务

安全保障义务主体没有尽到安全保障义

务，是指安全保障义务主体未能遵守相关行为规范，或者构成对其应尽义务的违反。一般而言，安全保障义务主体所负担的安全保障义务，在内容上主要体现为如下两方面：

1.场所、设施和人员配备的义务。无论是场所责任还是组织者责任，相关活动都发生在特定的实现空间，因此，相关场所、场地必须适合举办相应的活动或从事相关的经营活动，而且必须配备相关的工作人员。这一义务就意味着安全保障义务主体应当做到如下几方面：一是保证场所和设施的安全性。举行相关活动的场所、场地、使用的建筑物及其配套设施、设备，应当安全可靠，不能存在安全隐患。二是保证各种设施设备能够正常运行。责任人应当保证各种设施设备处于良好的运行状态，保证其能够随时投入使用。三是配备相关的工作人员。场所的经营者、管理者和活动的组织者必须配备相关的工作人员，进行现场保障，如配备专业保安人员、有资质的医务人员等。

2.依法申报、制定方案、进行管理和告知的义务。这些义务是经营者、管理者和组织者在管理方面所应当尽到的义务，这些义务不是人财物方面的物质性义务，而是组织工作和管理工作等人力性义务。首先，场所和活动的经营与组织，相关责任主体应当尽到依法申报获得批准的义务。其次，应当事先制定安全工作方案。再次，责任人必须对现场秩序进行管理。最后，经营者、管理者和组织者还负有对相关人员及时告知的义务，如告知入场人员应当遵守的秩序和规则，对于一些具有危险性的活动，还应当将特别注意事项重点进行告知。

由于安全保障义务发生的场合较多、责任主体的范围较广，所以不同的场所、不同的行业、不同的活动内容、不同的参与人群，责任人所负有的安全保障义务是不同的，无法事先完全明确其具体内容。因此，在司法实践中，判断责任人是否尽到安全保障义务，应当根据相关法律法规的规定、行业惯例、地域情况、场所性质、活动规模、人员情况等各种因素，再结合所发生的侵权事件的性质、责任人采取的制止和防范措施、受害人所受损害的情况等，综合进行判断，然后科学认定经营者、管理者和组织者是否违反了安全保障义务、负有何种侵权责任。同时，在司法实践中也必须防止安全保障义务滥用的倾向，不能认为凡是在经营场所、公共场所或群众性活动中受伤的，都应当追究经营者、管理者或组织者的安全保障义务。违反安全保障义务的责任是一种过错责任，必须是相关主体未尽到应尽的义务，才具有过错，才需要适用安全保障义务的规定。如果纯粹是由受害人自身的过错造成的自身损害，则应当适用受害人故意制度，免除安全保障义务人的责任。

（三）他人遭受损害

经营场所、公共场所的经营者、管理者或者群众性活动的组织者，未尽到安全保障义务，造成他人损害的，应当承担侵权责任。“他人”即违反安全保障义务责任中的受害人、被侵权人，是指除了经营场所、公共场所的经营者、管理者或者群众性活动的组织者自身，以及他们的工作人员之外的第三人。他人往往是经营场所、公共场所的消费者、顾客、游客或群众性活动的参与者、围观者。他人遭受的损害，既包括人身损害，如身体受到伤害，又包括财产损害，如贵重物品毁损灭失等。

（四）他人遭受的损害和义务人未尽到安全保障义务之间具有因果关系

被侵权人遭受的损害，必须和经营场所、公共场所的经营者、管理者或者群众性活动的组织者未尽到安全保障义务之间具有因果关系，如果两者没有因果关系，则不能构成违反安全保障义务的侵权责任，受害人也不能向安全保障义务人主张侵权责任的承担。

案例分析　能力训练

三、违反安全保障义务的责任承担

经营者、管理者或者组织者违反安全保障义务之后的责任承担，根据造成损害的原因不同而有所不同。首先，如果是因为经营者、管理者或者组织者未尽到安全保障义务而造成的他人损害，则安全保障义务人应当承担侵权责任。其次，如果是因第三人的行为而造成他人损害的，则由实施侵权行为的第三人承担侵权责任；但如果经营者、管理者或者组织者在这一过程中未尽到安全保障义务的，则应当承担相应的补充责任。最后，经营者、管理者或者组织者承担补充责任后，依法可以向第三人追偿。具体而言，包括如下几点：

（一）安全保障义务人对自己造成损害的责任承担

当负有安全保障义务的主体未尽到安全保障义务，从而导致他人遭受损害的，此时安全保障义务人应当对受害人承担侵权责任。此种责任是基于过错责任原则而产生的侵权责任，是安全保障义务人违反了自己所负有的对他人人身和财产安全的保障义务，造成了他人的损害而引发的侵权责任。在此种情形下，被侵权人遭受侵害，是基于安全保障义务人自身的过错，是由于安全保障义务人未能合理防范或者阻止危险而造成的，不是基于第三人的行为而造成的。

判断安全保障义务人是否具有过错，要根据安全保障义务的内容来判断其是否履行了相应的安全保障义务。此种侵权责任的大小，也应当根据安全保障义务人过错的大小，以及其过错与损害之间的原因力来判断，适用一般过错责任的认定标准。实践中，必须谨慎把握安全保障义务的标准，不能简单地将之作为损害分担的手段，而不考虑其以过错责任作为归责原则的基础。

（二）安全保障义务人对第三人行为造成的损害承担补充责任

由于场所或者活动中，参与的人员可能比较多，即便经营者、管理者和组织者尽到了对场所设施、人员配备方面的安全保障义务，但如果参与人员之中有人对其他人实施侵害，或者场外突然有人闯入场内对他人实施侵害，这些情况都难以完全排除，因此可能造成他人人身或财产权益受损害的后果。当因第三人的行为造成他人损害时，该第三人是直接责任人，应当由其对受害人承担侵权责任。

但如果经营者、管理者或者组织者未尽到安全保障义务，则应当对受害人承担相应的补充责任。此时，安全保障义务人的义务，不在于排除这些情形的发生，而在于是否履行了事先的检查、巡查和制止、实施救护措施等义务。例如，场所入口处设置了安检装置，但是值班人员擅离职守，导致游客携带管制刀具入场并刺伤他人，此时场所的经营者、管理者就违反了安全保障义务；发生群众性活动中参与人员互相斗殴的事件，组织者未能及时制止，导致一方被持续殴打，造成人身伤害，等等。

安全保障义务人对第三人造成的损害所承担的责任是相应的责任，是指仅在其违反安全保障义务的过错范围内承担责任，其责任大小与过错的大小、程度的轻重应当相当。相应的补充责任意味着只需要承担部分责任，而不是全部责任。实践中，往往存在第三人下落不明，或者第三人无力承担责任的情形，即便如此，安全保障义务人也不需要对被侵权人承担全部的赔偿责任，其只需在其过错范围内承担部分责任，此种责任是对第三人侵权责任的补充。

（三）安全保障义务人承担补充责任后对第三人的追偿权

在第三人的行为造成受害人的损害时，直接责任人应当是实施了侵权行为的第三人，但如果安全保障义务人此时也存在未尽到安全保障义务的情形，则需要对受害人承担补充责任。在责任的追究和承担上，应当注意顺序，即受害人首先应当向实施了侵权行为的第三人追究责任，由其承担侵权责任，然后再追究经营者、管理者或者组织者的补充责任。

在一般情形下，经营者、管理者或者组织者违反了安全保障义务，其所承担的责任虽然是补充责任，但仍然是一种独立的责任，并不能向第三人追偿，但在特殊情形下，安全保障义务人在承担补充责任后，对第三人享有追偿权。这些特殊的情形包括：(1)第三人所实施的侵权行为系出自故意，而此时安全保障义务人违反安全保障义务的程度较轻。在这种情形下，第三人是造成损害发生的真正责任人，其本身就应当对损害的发生承担全部的责任，而安全保障义务人所承担的补充责任，在性质上是一种不真正连带责任，如果第三人能够对受害人承担全部的赔偿责任、让受害人得到充分的救济，就无须由安全保障义务人承担补充责任。故安全保障义务人在承担了补充责任之后，就有权向第三人追偿自己所承担的责任部分，因为实施了侵权行为的第三人才是终局责任人。例如，在群众性活动中有人随身携带匕首入场，伺机刺伤宿敌后逃跑并下落不明，活动的组织者固然未能有效预防和制止此种情况的发生，但实际上行为人的行为就足以造成全部的损害后果，并且行为人就应当对损害后果承担全部赔偿责任，那么活动的组织者即便承担了补充责任，之后也有权向行为人进行追偿。（2）在第三人下落不明或无力承担责任的情况下，实践中，安全保障义务人可能会基于各种原因而对受害人承担较重的赔偿责任，此种责任很可能超出了其所应当承担的补充责任份额。那么，当第三人嗣后出现时，或者第三人恢复赔偿能力时，安全保障义务人就有权向第三人进行追偿。

可见，因此，经营者、管理者或者组织者承担补充责任后，可以向第三人追偿的制度设计，是将第三人承担责任能力不足的风险，部分转移给安全保障义务人，从而实现对被侵权人的倾斜保护。

第五节　教育机构的侵权责任

一、教育机构侵权责任概述

（一）教育机构侵权责任的概念

教育机构侵权责任，是指无民事行为能力人或者限制民事行为能力人在幼儿园、学校或者其他教育机构学习、生活期间受到人身损害后，幼儿园、学校或者其他教育机构所应当承担的侵权责任。《民法典》第1199~1201条对教育机构侵权责任作出了规定。

（二）教育机构侵权责任的责任主体

教育机构侵权责任的责任主体是教育机构，包括幼儿园、学校及其他类型的教育机构。其中，幼儿园是指对3~6周岁的学龄前幼儿实施保育和教育的机构。学校，是指教育者有计划、有组织地对受教育者进行系统的教育活动的组织机构，包括幼儿园、小学、初中、高中和大学。由于《民法典》将幼儿园单独进行了列举，因此这里的学校主要是指限制民事行为能力人就读的中小学，包括对视力残疾、听力语言残疾和智力残疾的适龄儿童、少年实施特殊义务教育的学校。教育机构则泛指进行各种教育工作的场所和教育管理机关，如学前教育机构、校外教育机构等。

（三）教育机构侵权责任的受害人

教育机构侵权责任的受害人，是在教育机构学习和生活的无民事行为能力人或者限制民事行为能力人，具体包括如下几类：

第一，在幼儿园、学校或者其他教育机构学习、生活的无民事行为能力人。具体包括三种，即不满8周岁的未成年人、8周岁以上的不能辨认自己行为的未成年人，以及不能辨认自己行为的成年人。

第二，在学校或者其他教育机构学习、生活的限制民事行为能力人。具体包括两类：一类是8周岁以上的未成年人，即8~18周岁的青少年；另一类是不能完全辨认自己行为的成年人，即虽然年满18周岁，但由于智力发育、精神状况等原因而存在认知能力、识别能力等方面的障碍，导致不能完全辨认自己的行为。

（四）受害人遭受的侵害仅限于人身损害

一般来说，受害人遭受他人侵权行为的侵害，包括人身损害和财产损害。但教育机构侵权责任中，受害人遭受的侵害则仅限于人身损害，即在幼儿园、学校或者其他教育机构学习、生活的无民事行为能力人、限制民事行为能力人的人身权遭受了侵害，如生命权、身体权、健康权等。当然，遭受人身损害的后果，也包括财产损失，因此，教育机构侵权责任的责任主体，在承担侵权责任的责任形式上，既包括停止侵害、排除妨碍、消除危险、消除影响、恢复名誉、赔礼道歉等非财产形式，也包括赔偿损失的财产形式。

二、教育机构侵权责任的归责原则

教育机构侵权责任的归责原则，根据受害人是无民事行为能力人还是限制民事行为能力人的不同而有所不同，具体分为如下几类：

（一）教育机构对无民事行为能力人侵权责任的归责原则

教育机构对无民事行为能力人侵权责任的归责原则，是过错责任原则中的过错推定。即无民事行为能力人在教育机构学习、生活期间遭受人身损害的，首先应当推定教育机构具有过错，但如果教育机构能够举证证明自己已经尽到了教育、管理职责的，则可以免除责任。一旦无民事行为能力人在学习、生活期间遭受人身损害，那么教育机构就应当证明自己已经尽到教育、管理职责，这样才能表明自己对该无民事行为能力人所发生的人身损害没有过错，否则就要承担侵权责任。

立法对于无民事行为能力人和限制民事行为能力人在学习、生活期间遭受损害时，教育机构的归责原则采取了不同的规定，主要是考虑到一般情形下无民事行为能力人和限制民事行为能力人在识别能力、举证能力方面存在的较大差异。无民事行为能力人，如幼儿园的孩子，其智力发育还很不成熟，对于周围人和事的认知与判断存在较大不足，其不能辨认或者充分理解自己行为的性质及其后果，在遭遇侵害后，其所描述的情况，甚至完全不符合成年人对于相同事实的理解，常常难以提供有效的线索，所以对于无民事行为能力人必须严格加以特别保护，将举证责任转移到教育机构一方，来减轻被侵权人的负担。

（二）教育机构对限制民事行为能力人侵权责任的归责原则

教育机构对限制民事行为能力人侵权责任的归责原则，是一般的过错责任原则，并未实行过错推定。即限制民事行为能力人在学校或者其他教育机构学习、生活期间受到人身损害的，学校或者其他教育机构只有未尽到教育、管理职责的，才应当承担侵权责任。这里的举证责任发生了变化，应当由被侵权人承担学校或其他教育机构未尽到教育、管理职责的举证责任，然后由学校、其他教育机构进行反证。

这是因为随着年龄的增长，限制民事行为能力人的认知能力逐渐增强，是非对错观念也在不断增强，其对于自身的约束能力和保护能力较之于无民事行为能力人要强。在遭受损害之后，其对于相关事件经过的描述能力和举证能力都有所加强。而且初中生、高中生已经具有相当智力和体力，其活动范围也较广，再要求学校、教育机构像对待无民事行为能力人一样随时监督保护，既不现实，也无必要。在此种情况下，就有必要实行不同于无民事行为能力人遭受侵害之后的归责原则，改为实行一般的过错责任原则。

当然，被侵权人在进行举证时，一般也需要结合相关法律法规和规范性文件的规定，对于学校、教育机构存在的管理、教育缺陷或不足进行举证，或者证明学校、教育机构未能尽到其应当尽到的注意义务，从而造成被侵权人的损害。

三、教育机构侵权责任的构成要件

（一）受害人为无民事行为能力人或限制民事行为能力人

教育机构侵权责任中的受害人，仅限于在幼儿园、学校或者其他教育机构学习、生活的无民事行为能力人或限制民事行为能力人。

（二）人身损害发生在受害人在幼儿园、学校或其他教育机构学习、生活期间

教育机构侵权责任中受害人所遭受的人身损害，仅限于受害人在幼儿园、学校或其他教育机构学习和生活期间的时间范围内。一般而言，无民事行为能力人或限制民事行为能力人大多在学校上学、回家住宿，但是根据《义务教育法》第17条的规定，县级人民政府根据需要设置寄宿制学校，保障居住分散的适龄儿童、少年入学接受义务教育。所以在一些学生居住较为分散的地区，也存在提供住宿服务的学校。此外，一些幼儿园或学校还为学生提供早中晚

用餐服务、午睡午休服务，那么在用餐或休息期间，都属于教育机构的责任期间。

（三）教育机构未尽到教育、管理职责

教育机构未尽到教育、管理职责主要有如下几种情形：

1.教育机构的场所、建筑、设施等硬件不合格而造成学生伤害的。这主要包括教育机构的校舍、场地、其他公共设施，以及提供给学生使用的学具、教育教学和生活设施、设备不符合国家规定的标准，或者有明显不安全因素的；教育机构的安全保卫、消防、设施设备管理等安全管理制度有明显疏漏，或者管理混乱，存在重大安全隐患，而未及时采取措施的；向学生提供的药品、食品、饮用水等不符合国家或者行业的有关标准或要求的。

2.教育机构对于其工作人员管理教育不善而造成学生伤害的。主要包括教育机构知道教师或者其他工作人员患有不适宜担任教育教学工作的疾病，但未采取必要措施的；教师或者其他工作人员体罚或者变相体罚学生，或者在履行职责过程中违反工作要求、操作规程、职业道德或者其他有关规定的。

3.教育机构对学生存在组织、教育、管理方面的过错而造成学生伤害的。主要包括组织学生参加教育教学活动或者校外活动，未对学生进行相应的安全教育，并未在可预见的范围内采取必要的安全措施的；违反有关规定，组织或者安排未成年学生从事不宜未成年人参加的劳动、体育运动或者其他活动的；学生有特异体质或者特定疾病，不宜参加某种教育教学活动，教育机构知道或者应当知道，但未予以必要的注意的；学生在校期间突发疾病或者受到伤害，教育机构发现，但未根据实际情况及时采取相应措施，导致不良后果加重的；教师或者其他工作人员在负有组织、管理未成年学生的职责期间，发现学生行为具有危险性或者可能实施危及他人的行为，但未进行必要的管理、告诫或者制止的；对未成年学生擅自离校等与学生人身安全直接相关的信息，教育机构发现或者知道，但未及时告知未成年学生的监护人，导致未成年学生因脱离监护人的保护而发生伤害的。

4.教育机构在预防和处理校外人员侵权方面存在过错而造成学生伤害的。教育机构在预防、处理、管理校外第三人侵权方面的行为，必须尽到相应的注意义务、履行应当履行的管理职责，才能有效保障学生安全。如果因为教育机构未能健全门卫制度或者对门卫制度执行不严，未能对校外人员入校进行登记查验，或者对于进入校内的危险物品检查不严，或者对于校园范围的安全巡查存在疏漏，或者在学生遭受第三人侵害时未能及时采取制止侵害、及时送医等必要的措施，从而导致学生遭受校外第三人的侵权行为而造成损害的，或者导致损害扩大的，则表明幼儿园、学校或者其他教育机构未尽到管理职责，从而应当承担相应的责任。

四、教育机构侵权责任的承担

（一）教育机构的自己责任

幼儿园、学校或者其他教育机构未尽到教育、管理职责的，对于无民事行为能力人、限制民事行为能力人学习、生活期间受到人身损害应当承担侵权损害赔偿责任。这是教育机构对于自己未尽到教育、管理职责的过错所应当承担的自己责任。

由于教育机构侵权责任的归责原则仍然是建立在过错责任的基础上，所以教育机构未尽到或者未能证明其尽到教育、管理职责的，应当承担侵权责任，其所承担的侵权责任应当与其过错程度、过错与损害原因力大小相适应。法院应当根据幼儿园、学校或者其他教育机构在未尽到教育、管理职责方面的过错大小及其过错与损害之间的原因力等因素，来划分责任份额，确定幼儿园、学校或其他教育机构所应当承担的侵权责任。

（二）教育机构的补充责任

根据《民法典》第1201条的规定，无民事行为能力人或者限制民事行为能力人在幼儿园、学校或者其他教育机构学习、生活期间，受到幼儿园、学校或者其他教育机构以外的第三人人身损害的，由第三人承担侵权责任；幼儿园、学校或者其他教育机构未尽到管理职责的，承担相应的补充责任。幼儿园、学校或者其他教育

机构承担补充责任后，可以向第三人追偿。因此，幼儿园、学校或者其他教育机构以外的第三人对在校学习、生活期间的无民事行为能力人、限制民事行为能力人实施侵权行为，属于第三人侵权。根据《民法典》第1175条的规定，损害是因第三人造成的，第三人应当承担侵权责任。第三人对被侵权人承担的责任是直接责任，不得以幼儿园、学校或者其他教育机构未尽到管理职责而作为自己减轻或免除责任的抗辩事由。

在第三人实施侵权行为的情况下，由于教育机构此时的过错主要是未尽到管理职责，而非直接实施侵权行为，因此，教育机构承担的责任是相应的补充责任。在判断幼儿园、学校或者其他教育机构是否尽到管理职责时，应当主要根据这些教育机构在预防、处理、管理校外第三人侵权方面的行为，来判断其是否尽到了相应的注意义务，是否履行了应当履行的管理职责。

相应的补充责任，是指如果无法查明或找到实施侵权行为的第三人，或者第三人没有足够的赔偿能力时，教育机构应当根据其过错程度和原因力大小而承担的侵权责任。因此，被侵权人在主张损害赔偿时，应当首先向第三人主张侵权责任，如果第三人能够承担全部赔偿责任，则幼儿园、学校或者其他教育机构不用承担侵权责任。在无法找到第三人或者第三人没有能力承担全部侵权责任时，才由幼儿园、学校或者其他教育机构承担部分侵权责任。此时教育机构承担的责任也只是在其过错范围内的部分责任，对此，法院应当根据具体情况作出责任份额的划分。此外，教育机构对实施侵权行为的第三人享有追偿权，在承担补充责任后，可以向第三人进行追偿。

第六节　产品责任

一、产品责任概述

产品责任，是指因产品存在缺陷而致人损害时，产品的生产者、销售者等相关主体所应当承担的侵权损害赔偿责任。产品责任围绕产品的概念而展开，在侵权法上，产品是指经过加工、制作并用于销售的产品。对于产品的理解应当包括三方面内容：第一，产品仅限于有形的物品，而不包括无形的服务。第二，产品必须经过人力的作用，不能是纯粹自然存在的物品。第三，产品仅限于动产，不包括不动产。

产品责任是一种民事责任，但不属于合同责任，而是属于侵权责任。首先，产品责任并不要求受害人与产品的生产者、销售者等主体之间存在合同关系。如果受害人与产品相关主体之间存在合同关系，那么受害人可以选择提起违约之诉或者侵权之诉，如果受害人与之没有合同关系，则可以直接提起侵权之诉，此处的侵权之诉就是产品责任之诉。其次，产品责任中的产品生产者、销售者等主体对产品缺陷的责任，不同于买卖合同中出卖人对标的物的瑕疵担保责任。虽然产品的缺陷在表现形式上可能与买卖合同中标的物的瑕疵表现形式相似，但由于产品责任属于侵权责任，权利人主张权利的依据是法律的规定而非合同的约定，因此产品责任不同于出卖人的瑕疵担保责任。最后，产品责任属于侵权法上的特殊侵权责任，是一种具体侵权责任类型。

二、产品责任的归责原则

我国《民法典》第1202条规定："因产品存在缺陷造成他人损害的，生产者应当承担侵权责任。"根据本条规定，我国对于产品责任实行了无过错责任的归责原则，即一旦因为产品缺陷而发生损害，则不必考察生产者的过错因素，无论其是否有过错、无论受害人是否能够证明其过错，只要受害人能够证明产品存在缺陷，均可追究生产者的侵权责任。

因为在面对资金雄厚、专业知识和技能精

深、信息掌握全面、诉讼团队强大的产品生产者、销售者面前，产品的购买者、消费者往往对于产品性能和潜在危害的认识不深、举证能力不足，处于弱势一方，为了实现对消费者人身权和财产权的保护，有必要对产品责任适用无过错责任的归责原则，以衡平双方的地位和利益。

三、产品责任的构成要件

1.产品存在缺陷。缺陷，是指产品存在危及人身、他人财产安全的不合理的危险。产品的缺陷不能等于产品不符合合同的要求，而应当指产品存在明显或者潜在的、被社会普遍认可的不应当具有的危险，从而给他人造成人身或财产的损害，或者有造成损害的极大可能性。

2.存在缺陷产品造成他人损害的事实。这是对损害后果的要求，即因为缺陷产品而造成了他人受损的后果，包括产品的使用者或者第三人因产品缺陷而遭受人身损害或财产损害。人身损害主要是人格权益的损害，常见的主要是物质性的人格权，如生命权、身体权、健康权的损害，但也可能对精神性人格权造成损害，如产品缺陷造成隐私或个人信息的泄露等。财产损害是指财产性权利的损害，如所有权、使用权的损害等。

3.缺陷产品与造成的损害事实之间存在因果关系。因果关系是行为人承担侵权责任的前提条件，表明行为与损害的关联性和可归责性。因此，产品缺陷与被侵权人的损害事实之间，属于原因和结果、引起与被引起的关系。产品责任中的因果关系，主要是指产品的缺陷与损害后果之间的因果关系，而不是泛指产品与损害后果之间的关系。在司法实践中，要确定产品责任中的因果关系，一般使用因果关系推定的方法，即被侵权人证明使用某种缺陷产品后就发生此种损害，而且这种缺陷产品通常可以导致这种损害，此时就可以推定因果关系已经成立。如果行为人对此不认可，则需要承担举证责任，举证这种推定的因果关系不成立，并将其推翻，如果不能推翻，则因果关系就最终成立。

四、产品责任的承担主体

因产品存在缺陷造成他人损害的，生产者应当承担侵权责任。产品责任的承担主体当然是生产者，但为了更好地保护消费者权益，方便消费者提起诉讼，我国立法将销售者和生产者一并作为产品责任的责任人，即产品的生产者和销售者均是产品责任的主体。因此，当被侵权人因产品缺陷而遭受损害时，既可以向产品的生产者请求赔偿，也可以向产品的销售者请求赔偿。

因此，无论是基于生产者的原因而导致产品存在缺陷，还是基于销售者的原因而导致产品存在缺陷，甚至是基于运输者、仓储者等第三人的原因而导致产品存在缺陷，只要产品缺陷造成了他人的损害，被侵权人就享有选择权，可以向产品的生产者请求赔偿，也可以向产品的销售者请求赔偿。当被侵权人选择销售者提起产品责任之诉时，销售者并不能以自身对于产品缺陷无过错而进行抗辩，只能在赔偿之后向生产者追偿。

在内部关系上，生产者和销售者互相享有追偿权，如果对外进行赔偿的一方并不是产品缺陷的形成者，则有权向形成产品缺陷的另一方进行追偿。生产者与销售者之间的责任形态，是不真正连带责任。生产者与销售者都是基于产品缺陷而对被侵权人产生同一内容的损害赔偿责任，并且被侵权人有权要求任何一方承担全部的赔偿责任，任何一方对被侵权人履行了赔偿责任，则生产者和销售者对外部的责任便全部归于消灭。

此外，根据《民法典》第1204条的规定，因运输者、仓储者等第三人的过错使产品存在缺陷，造成他人损害的，产品的生产者、销售者赔偿后，有权向第三人追偿。可见，因运输者、仓储者等第三人的过错而导致产品存在缺陷，并造成他人损害的，仍应由生产者、销售者对被侵权人承担损害赔偿责任，此时生产者、销售者不能以运输者、仓储者等第三人的过错对被侵权人主张抗辩。生产者或销售者对被侵权人承担赔偿责任之后，才有权向运输者、仓储者等第三人进行内部追偿。内部的追偿应当根据过错责任原则来进行，运输者、仓储者等第三人根据其行为的过错大小及其过错与损害之间的原因力大小来承担所应当承担的责任。同时，为了节约司法资源、一并解决事后的追偿权问题，可以在被侵权人提起的产品责任诉讼中，将运输者和仓储者列为第三人，一并查明事实、确定各自责任份额，便于生产者或销售者追偿权的实现。

五、惩罚性赔偿责任

产品责任的赔偿范围，是针对产品缺陷对被侵权人造成损害的赔偿范围，一般包括人身损害和财产损害的赔偿范围。但根据《民法典》第1207条的规定，明知产品存在缺陷仍然生产、销售，或者没有依据第1206条规定采取有效补救措施，造成他人死亡或者健康严重损害的，被侵权人有权请求相应的惩罚性赔偿。这就规定了产品责任中的惩罚性赔偿责任，扩大了产品责任的赔偿范围和赔偿力度。产品责任中惩罚性赔偿的适用，需要具备如下要件：

1.行为人具有主观上的故意。在产品责任领域，行为人主观上的故意体现为两种：一是生产者、销售者明知产品存在缺陷仍然生产、销售。二是产品投入流通后才发现存在缺陷的，生产者、销售者应当及时采取停止销售、警示、召回等补救措施，却未及时采取补救措施或者补救措施不力的。

2.惩罚性赔偿的责任主体是生产者和销售者。产品责任惩罚性赔偿的责任主体包括生产者和销售者。生产者和销售者对被侵权人承担惩罚性赔偿的责任形式，仍然是连带责任，在两者内部，则可以根据过错责任原则来确定最终责任人，并向其进行追偿。

3.造成他人死亡或者健康严重损害的后果。如果产品缺陷造成的损害后果仅是财产损害或一般性的人身损害，则通过一般的损害赔偿就可以实现对被侵权人损失的填平和救济。造成严重的人身损害后果的，才需要适用惩罚性赔偿，具体体现为造成他人死亡，或造成他人健康严重损害。

4.缺陷产品与损害后果之间具有因果关系。被侵权人遭受人身损害的后果，是由产品存在缺陷而引起的。如果是被侵权人不按照使用规范使用产品，或者对产品施加了不当的作用力而导致损害的发生，则产品缺陷与损害后果之间的因果关系便发生了中断，此时就不能适用惩罚性赔偿。

《民法典》对于产品责任惩罚性赔偿数额的具体标准并没有作出明确限定，只规定“被侵权人有权请求相应的惩罚性赔偿”。当法官在裁判此类案件时，主要依据如下标准来确定惩罚性赔偿的数额：一是其他法律法规对产品责任的惩罚性赔偿作出了具体数额规定的，适用此类规定。二是可以参考一般侵权损害赔偿的数额确定标准来进行。惩罚性赔偿仍然是损害赔偿的一种类型，因此在确定赔偿数额时，应当参考一般侵权损害赔偿数额的确定标准。从司法实践来看，应当主要参考生产者、销售者的过错程度，侵权行为造成的损害后果严重程度，生产者、销售者从缺陷产品销售中的获利情况，以及生产者、销售者承担责任的经济实力这些因素。此外，还可以结合被侵权人当地的平均生活水平等因素，来确定合理的惩罚性赔偿数额。

六、产品责任的免责事由

就产品责任的免责事由而言，民法典所规定的侵权责任的一般免责事由，如受害人故意、第三人原因等，也可以适用于产品责任领域。此外，根据《产品质量法》第41条的规定，产品责任领域还存在一些特有的免责事由，具体包括如下几种：

（一）产品未投入流通

生产者未将产品投入流通，就意味着产品尚未进入市场，当生产者将产品制造出来但并未用于销售时，尚不符合产品责任中产品的要件，因此不能产生产品责任。但生产者必须对此承担举证责任，证明其未将产品投入流通，才能免于承担赔偿责任。

（二）投入流通时缺陷尚不存在

产品在投入流通领域时引起损害的缺陷尚不存在，是指生产者制造出产品之后，将产品投入了流通领域，但此时的产品并不存在嗣后引起损害的缺陷。产品在投入流通领域时引起损害的缺陷尚不存在，就表明此后引起损害的缺陷并非生产者造成，其与生产者的制造行为并无因果关系，因此生产者得以主张免责。

需要注意的是，根据《民法典》的规定，生产者不仅要对自己生产产品的行为负责，而且要对协助其实现产品流通的其他相关主体的行为负责，如对于销售者、运输者、仓储者等主体的行为，生产者都需要对外承担赔偿责任。因此，产品在投入流通领域时引起损害的缺陷尚不存在、此后却引起损害的其他原因，只能是产品流通领域相关主体以外的原因，常见的如产品的消费者、使用者自身的原因，或者销售者、运输者、仓储者等之外的其他人的原因。因此，当被侵权人向生产者主张产品责任的承担时，生产者如果能够证明产品在投入流通领域时引起损害的缺陷尚不存在，而且缺陷也并非因为产品的销售者、运输者、仓储者等主体的原因而造成的，才可以主张免责。

（三）产品投入流通时尚不能发现缺陷

生产者将产品投入流通时，当时的科学技术水平尚不能发现缺陷的存在，那么生产者自然也无法发现缺陷的存在。这就导致生产者在客观上无法发现产品的缺陷并作出改良或修缮，在此情形下如果仍然要求生产者对产品缺陷承担侵权责任，显然过于严苛，而且在客观上无法起到预防损害的作用，因为并非生产者主观上存在过错不去避免产品缺陷的产生，而是在客观上无法发现缺陷的存在。因此，产品投入流通时的科学技术水平尚不能发现缺陷的存在，生产者免于承担侵权责任。这一免责事由也被称为发展风险抗辩，意指技术发展中的固有风险抗辩。在此情形下，生产者如果能够证明其将产品投入流通时的科学技术水平尚不能发现缺陷的存在的，则可以主张免责。

第七节　机动车交通事故责任

一、机动车交通事故责任概述

机动车交通事故责任，是指因机动车在交通中产生事故而造成他人人身或财产权益损害时，机动车一方所应承担的侵权责任。机动车是指以动力装置驱动或者牵引，上道路行驶的供人员乘用或者用于运送物品以及进行工程专项作业的轮式车辆。

《民法典》第1208条规定："机动车发生交通事故造成损害的，依照道路交通安全法律和本法的有关规定承担赔偿责任。"据此规定，在确定机动车交通事故的侵权责任时，应当适用《道路交通安全法》和《民法典》侵权责任编的相关规定。在处理机动车交通事故侵权纠纷时，按照特别法优于一般法的原则，应当优先适用道路交通安全法等专门法律的相关规定，在必要时，再适用民法典的有关规定。

二、机动车交通事故责任的归责原则

《道路交通安全法》第76条对于机动车交通事故的归责原则作出了具体规定，其针对不同主体之间的交通事故，采取了不同的归责原则，具体如下：

（一）机动车之间发生交通事故适用过错责任原则

由于机动车之间发生的交通事故，都是交通工具之间的碰撞，不存在车辆对行人碰撞那样的力量悬殊对比，而且机动车的驾驶必须遵循严格而细致的道路通行规则，因此，对于机动车之间发生交通事故的归责原则，立法采过错责任原则，由有过错的一方承担赔偿责任。违反通行规则的一方，一般就表明其具有过错；而对于通行规则违反越严重，则其过错程度也就越大；如果机动车双方都有过错的，则按照各自过错的比例分担责任。

（二）机动车与非机动车驾驶人、行人之间发生交通事故适用无过错责任原则

非机动车往往是指人力车或畜力车，或者是小型的电动车、自行车之类的简易交通工具。

具有动力弱、结构简单、材料不坚固的特点，因此相对于制造工艺成熟、马力强劲、材料坚固的机动车而言，非机动车驾驶人和行人一样处于弱势。因此，《道路交通安全法》将非机动车驾驶人和行人置于同等位置。

当机动车与非机动车驾驶人、行人之间发生交通事故时，由机动车一方承担赔偿责任。此种责任是无过错责任，即无论机动车一方是否有过错，都会产生侵权责任，只不过责任大小不同。

具体而言，非机动车驾驶人、行人一方有过错的，根据其过错大小，可以构成对机动车一方责任的减免事由。如果交通事故的损失是由非机动车驾驶人、行人故意碰撞机动车造成的，则机动车一方不承担赔偿责任。如果非机动车驾驶人、行人有其他过错的，则根据过错程度适当减轻机动车一方的赔偿责任，但即便机动车一方没有过错，也应当在不超过百分之十的范围内承担一定的赔偿责任。这种无过错责任的规定，是对非机动车驾驶人和行人一方的倾斜保护。

三、机动车交通事故责任的构成要件

机动车交通事故责任是针对机动车一方的责任规定，其构成要件包括如下四方面：

（一）机动车交通事故必须发生在道路上

道路是指公路、城市道路以及虽在单位管辖范围但允许社会机动车通行的地方，包括广场、公共停车场等用于公众通行的场所。因此，不允许社会上车辆通行的地方，就不属于道路的范围，比如封闭而不对外开放的道路等。

（二）交通事故由机动车一方造成

机动车交通事故中，可能涉及机动车驾驶人、非机动车驾驶人和行人三方主体。其中，机动车和非机动车除了驾驶员之外，还可能有乘客。但是机动车交通事故责任的主体，专指机动车一方作为责任主体。其他参与主体，如行人、非机动车一方，在责任中也可能有过错，甚至承担全部责任。这些主体的责任，可以通过与有过失或受害人故意的制度来对机动车一方的责任进行减免。

（三）交通事故造成了他人损害

此处的损害，属于侵权法一般意义上的损害，包括人身损害和财产损害。例如，机动车交通事故造成他人人身伤亡的，就是机动车发生交通事故侵害被侵权人的生命权、身体权、健康权等人身权益所造成的损害；而造成的财产损失，是指因机动车发生交通事故侵害被侵权人的财产权益所造成的损失。受害人则包括行人、非机动车驾驶人和乘坐人，以及机动车上的乘坐人员。

（四）机动车交通事故与损害之间具有因果关系

机动车交通事故与损害之间须具有因果关系，即他人所遭受的损害是基于机动车一方的行为而引起，行为和损害之间具有因果关系。对于此种因果关系的判断，适用侵权法因果关系判断的一般规则。

四、机动车交通事故责任的责任主体

（一）机动车的所有人、管理人原则上是责任主体

机动车交通事故的责任主体是机动车一方，而常见的机动车一方，便是机动车的所有人和管理人。机动车的所有人就是指机动车的所有权人。确认机动车的所有权人，应当依据机动车物权变动的规则来进行。当机动车所有人自己驾驶使用机动车时，其自身就是机动车的管理人和使用人。但当机动车所有人不亲自驾驶使用机动车时，便可能存在机动车的管理人，此时机动车的管理人便被视为机动车一方。

机动车的管理人，是指以租赁、借用等方式取得机动车使用权的人，且此种使用往往具有长期性。机动车的管理人是通过合法的方式而取得机动车的占有、使用、收益等权利，经机动车所有人的同意而合法取得对机动车的管控。在此期间，机动车管理人是机动车实际支配者和运行利益的享有者，因此应当承担机动车交通事故责任。

机动车的所有人、管理人原则上是机动车交通事故的责任主体，只有在法律规定的其他情形下，才由其他主体作为责任主体来承担或

者分担责任。

(二)租赁、借用机动车的责任主体

实践中不少情形下，人们驾驶的并非自己的机动车，而是基于租赁关系租来的车辆，或者通过亲戚朋友、同学熟人等借来使用的车辆。在租赁、借用机动车的情形下，机动车的所有权人、管理人与使用人发生了分离。

根据《民法典》第1209条的规定，因存在租赁、借用等情形而导致机动车所有人、管理人与使用人合法发生分离的情形下，如果发生机动车交通事故，给他人造成损害，并且该机动车一方存在责任的，那么首先就应当由机动车使用人来承担赔偿责任；在机动车使用人承担赔偿责任的同时，如果机动车的所有人、管理人对于损害的发生也存在过错的，则承担相应的赔偿责任。

在判断机动车所有人、管理人对于损害是否具有过错，要看其是否尽到了在订立租赁合同或成立借用关系时应尽的注意义务。根据《道路交通事故损害赔偿解释》第1条的规定，机动车发生交通事故造成损害，如果机动车所有人或者管理人具有任一情形的，就属于对损害的发生有过错：(1)知道或者应当知道机动车存在缺陷，且该缺陷是交通事故发生原因之一的；(2)知道或者应当知道驾驶人无驾驶资格或者未取得相应驾驶资格的；(3)知道或者应当知道驾驶人因饮酒、服用国家管制的精神药品或者麻醉药品，或者患有妨碍安全驾驶机动车的疾病等依法不能驾驶机动车的；(4)其他应当认定机动车所有人或者管理人有过错的。因此，如果机动车的所有人、管理人未尽到上述必要的审查、安全保证和说明义务，则应当承担与其过错程度相适应的赔偿责任。

(三)转让并交付机动车但未办理登记的责任主体

机动车物权的变动，自交付时便在买卖双方和知情第三人之间发生物权变动的效力，但必须办理登记才能对抗善意第三人。那么当已注册登记的机动车，因买卖、抵债、赠与等原因而发生所有权转移的，依法也应当及时办理转移登记。

《民法典》第1210条规定，当事人之间已经以买卖或者其他方式转让并交付机动车但是未办理登记，发生交通事故造成损害，属于该机动车一方责任的，由受让人承担赔偿责任。因此，当事人之间已经以买卖或者其他方式转让并交付机动车但是未办理登记，此时发生了交通事故，并造成他人损害，如果该机动车一方应当承担赔偿责任的，那么由受让人承担赔偿责任。在连环买卖、多次买卖中，无论其中合同效力如何、价款是否支付，均以最后取得对机动车实际控制的买方作为买受人，将其认定为机动车一方。例如，被多次转让但是未办理登记的机动车发生交通事故造成损害，属于该机动车一方责任的，就由最后一次转让并完成交付的受让人作为机动车一方来承担赔偿责任。

(四)挂靠机动车的责任主体

以挂靠的形式从事道路运输经营活动，是指挂靠人为了满足车辆运输经营管理上的需要，将自己出资购买的机动车挂靠在某个具有运输经营权的企业名下，由该企业为挂靠车主代办各种法律手续，然后由挂靠人以该企业的名义对外实际进行运输经营。挂靠行为会产生两个主体，一个是名义上的主体，即被挂靠一方，往往是实力雄厚、具备资质的主体；另一个是挂靠人，往往是以个人或合伙企业及其他小微企业的形式进行营业活动的主体。挂靠往往是有偿的，提供资质和名义供对方挂靠的被挂靠一方，往往会收取挂靠人数额不等的费用，此类费用或者名为挂靠费，或者名为管理费，名头不一。

《民法典》第1211条规定，以挂靠形式从事道路运输经营活动的机动车，发生交通事故造成损害，属于该机动车一方责任的，由挂靠人和被挂靠人承担连带责任。据此，以挂靠形式从事道路运输经营活动的机动车，一旦发生交通事故，并造成乘客、行人或其他人的人身权益或财产权益损害，如果该机动车一方负有责任，则挂靠人和被挂靠人对此承担连带责任，即被侵权人有权请求挂靠人或者被挂靠人承担部分或者全部赔偿责任。在挂靠人和被挂靠人内部，各自的责任份额根据各自责任大小确定，难以确定责任大小的，平均承担责任，实际承担责任超过自己责任份额的连带责任人，有权向其他连带责任人追偿。

（五）未经允许驾驶他人机动车的责任主体

未经允许驾驶他人机动车的侵权责任，是指未经机动车的所有人或管理人同意而擅自驾驶他人机动车，发生道路交通事故后侵害他人合法权益的责任。对此，《民法典》第1212条规定，未经允许驾驶他人机动车，发生交通事故造成损害，属于该机动车一方责任的，由机动车使用人承担赔偿责任；机动车所有人、管理人对损害的发生有过错的，承担相应的赔偿责任，但另有规定的除外。

由于《民法典》针对盗抢等违法驾驶他人机动车的情形单独作了规定，因此这里的未经允许驾驶他人机动车，是指基于熟人之间、亲朋好友之间、同事同学之间的关系，在未征得他人同意的情况下，擅自驾驶机动车而引发事故的情形。在这些情形下，行为人都不以非法取得对机动车的所有权为目的，也不以非法长期占有为目的，而仅仅是基于好奇、尝试或暂时使用的目的，在未取得权利人同意或者自信权利人一定会同意的情况下，擅自驾驶他人机动车。

在未经机动车所有人、管理人允许而驾驶其机动车并发生交通事故造成损害的情形下，主要过错当然在于机动车的使用人。但是，机动车所有人、管理人也可能存在一些过错，并且这些过错与损害的发生之间具有一定的联系。机动车所有人、管理人最常见的过错，便是未尽到对车辆的妥善保管义务。例如，停车之后不锁车门，不拔钥匙，或者车辆不熄火便离开车辆，使他人轻易地取得对机动车的占有控制，并得以驾驶机动车。也就是说，对于机动车所有人、管理人过错的判断，主要是看其对于机动车及其钥匙是否尽到了妥善停放和保管的义务。如果机动车使用人是基于秘密窃取、骗取等方式取得车钥匙，则机动车所有人、管理人不具有任何过错。但如果机动车所有人、管理人对于车辆和钥匙未尽到物的所有人应当尽到的注意义务，则存在过错。

未经允许驾驶他人机动车的责任主体，首先是机动车使用人，由其对被侵权人承担赔偿责任。如果机动车所有人、管理人对损害的发生也有过错的，除非法律另有规定，否则也应当承担相应的赔偿责任。

（六）买卖拼装车、报废车的责任主体

拼装车，是指使用报废汽车发动机、方向机、变速器、前后桥、车架以及其他零配件组装的机动车。报废车，即已达到报废标准的机动车，是指达到国家报废标准，或者虽未达到国家报废标准，但发动机或者底盘严重损坏，经检验不符合国家机动车运行安全技术条件或者国家机动车污染物排放标准的机动车。可见，拼装车是在报废车的基础上拼装而成，本质上属于报废车。我国《道路交通安全法》第14条规定，国家实行机动车强制报废制度，应当报废的机动车必须及时办理注销登记，达到报废标准的机动车不得上道路行驶。由于拼装车、报废车不具备安全行驶的基本条件，存在巨大的安全隐患，因此报废车、拼装车不得上路行驶。对此，《民法典》第1214条规定，以买卖或者其他方式转让拼装或者已达到报废标准的机动车，发生交通事故造成损害的，由转让人和受让人承担连带责任。

以“买卖或者其他方式”转让拼装车、报废车，表明除了买卖以外，包括赠与、抵债等任何移转拼装车、报废车所有权的行为，都属于禁止的范围，转让人和受让人、赠与人和受赠人、债权人和债务人都要承担连带责任。因此，以买卖或者其他方式转让拼装或者已达到报废标准的机动车，发生交通事故造成损害后，责任主体是转让人和受让人，归责原则是无过错责任原则，责任形式是承担连带责任，并且没有规定免责事由。这充分表明了立法对于拼装车、报废车参与交通运输的严格禁止和对相关责任主体严厉惩罚的态度。

司法实践中，拼装车、报废车经过多次转让之后，在认定转让人和受让人的身份时，所有参与拼装车、报废车交易链条的主体，都属于转让人和受让人的范围，都应当共同作为责任主体对道路交通事故的被侵权人承担连带赔偿责任。这也是《道路交通事故损害赔偿解释》第

4条所强调的："拼装车、已达到报废标准的机动车或者依法禁止行驶的其他机动车被多次转让，并发生交通事故造成损害，当事人请求由所有的转让人和受让人承担连带责任的，人民法院应予支持。"

(七)盗抢机动车的责任主体

机动车作为动产，容易移动且价值较大，是成批生产的量产物，价值容易变现，所以机动车也容易成为犯罪分子作案的目标，成为盗窃罪、抢劫罪、抢夺罪的犯罪对象。在机动车被盗抢后，发生了机动车所有人、管理人与车辆使用人的分离，而犯罪分子驾驶盗抢的机动车，更容易忽视交通规则，或者为躲避侦查逮捕而危险驾驶，从而极易引起交通事故。而一旦发生交通事故，盗抢机动车的犯罪嫌疑人为了避免盗抢犯罪的事实败露，或者避免被警方捕获，往往会弃车逃跑，置事故中的受害人于不顾，从而引发受害人严重伤亡的事件。

对此，《民法典》第1215条规定，盗窃、抢劫或者抢夺的机动车发生交通事故造成损害的，由盗窃人、抢劫人或者抢夺人承担赔偿责任。盗窃人、抢劫人或者抢夺人与机动车使用人不是同一人，发生交通事故造成损害，属于该机动车一方责任的，由盗窃人、抢劫人或者抢夺人与机动车使用人承担连带责任。保险人在机动车强制保险责任限额范围内垫付抢救费用的，有权向交通事故责任人追偿。具体而言，在盗抢机动车发生交通事故时，责任的承担情形如下：

1.盗窃人、抢劫人或者抢夺人承担赔偿责任。盗抢后的机动车肇事的，如果机动车一方需要承担责任，则由盗窃人、抢劫人或者抢夺人承担赔偿责任。在发生盗抢的情形下，机动车强制保险的保险人也不负担保险限额内的赔偿责任，其仅在被请求的情况下，需要垫付抢救费用，并就此享有追偿权。

2.盗窃人、抢劫人或者抢夺人与机动车使用人不是同一人的连带责任。机动车被盗抢之后，如果较长时间未能破案，那么机动车可能再次进入流通环节，投入使用。此时，使用的主体就可能不限于盗窃人、抢劫人或者抢夺人本人，而可能通过出售、出租、借用、赠与等形式，提供给他人使用。由于我国对机动车的管理实行严格的登记制度，机动车被盗抢之后，该车再次进入流通领域，只能通过非法手段进行流通，无法再正常通过办理移转过户登记等合法方式，因此，在盗抢机动车进入流通领域后，机动车实际使用人往往都处于明知或应当知道该车系赃物的状态下，此时，在盗抢机动车肇事的情况，使用人不是盗抢者时，也应当对被侵权人承担赔偿责任。

3.保险人垫付抢救费用的追偿权。盗抢机动车肇事后，如果该车投保的保险公司垫付抢救费用的，并且该抢救费用未超出机动车强制保险责任限额范围的，则保险公司有权就其垫付的抢救费用向交通事故责任人追偿。该交通事故责任人就是盗窃人、抢劫人或者抢夺人，当存在其他使用人时，还包括机动车使用人。

(八)套牌机动车的责任主体

套牌机动车，是指行为人自身未取得机动车的合法号牌等手续，而是通过使用伪造和非法套取真号车的号牌、型号和颜色，并上路行驶的车辆，俗称"克隆车"。套牌机动车的现象将会出现同时具有两辆车牌完全相同、颜色和外观相似的机动车，一旦套牌车发生道路交通事故并逃逸，往往会使受害人和被套牌机动车所有人或管理人处于极为不利的地位。因此，《道路交通安全法》严格禁止使用伪造、变造的机动车号牌。

《道路交通事故损害赔偿解释》第3条规定："套牌机动车发生交通事故造成损害，属于该机动车一方责任，当事人请求由套牌机动车的所有人或者管理人承担赔偿责任的，人民法院应予支持；被套牌机动车所有人或者管理人同意套牌的，应当与套牌机动车的所有人或者管理人承担连带责任。"因此，套牌机动车发生交通事故造成损害并负有责任的，由套牌机动车的所有人或者管理人承担赔偿责任。但如果被套牌机动车所有人或者管理人对于他人套取、使用其机动车号牌的事实是知情并同意的，如基于亲友关系或有偿使用关系而允许他人套牌的，则其应当与套牌机动车的所有人或者管理人承担连带赔偿责任。

（九）驾驶培训活动中的责任主体

驾驶机动车，应当依法取得机动车驾驶证。机动车使用人在正式上路驾驶之前，应当经过培训、通过考试并取得驾驶证。学习机动车驾驶，应当先学习道路交通安全法律、法规和相关知识，考试合格后，再学习机动车驾驶技能。

在接受机动车驾驶培训过程中，由于受训人员尚未取得驾驶资格，也不具备驾驶机动车的技能，往往难以有效控制机动车，而驾驶培训单位是从事驾驶技术培训的单位，具有专业性、经营性，因此，接受机动车驾驶培训的人员在培训活动中一旦发生交通事故造成第三人损害，应由驾驶培训单位承担责任。对此，《道路交通事故损害赔偿解释》第5条规定："接受机动车驾驶培训的人员，在培训活动中驾驶机动车发生交通事故造成损害，属于该机动车一方责任，当事人请求驾驶培训单位承担赔偿责任的，人民法院应予支持。"接受机动车驾驶培训的人员，在道路上学习驾驶的，应当按照公安机关交通管理部门指定的路线、时间进行，而且在道路上学习机动车驾驶技能应当使用教练车，在教练员随车指导下进行。由于培训单位对于学员的培训学习负有教学、指导和保护的职责，因此当驾校学员在学习驾驶中造成交通事故并负有责任的，则由培训单位对被侵权人承担侵权责任。

（十）试乘发生事故的责任主体

试乘，是指在机动车买卖合同的磋商过程中，出卖方为买受人提供试驾机动车的服务。出卖方通过提供试乘服务，来增进买受人对机动车性能和功能的体验，以此促进机动车交易的达成。在试乘中，买受人是试乘人，出卖方是试乘服务提供者。

试乘是汽车销售过程中的一种促销行为，试乘服务提供者有义务为试乘人提供合适的试乘车辆、配备专业的驾驶人员或审核试乘人的驾驶资格、选择安全的试乘线路及合适的试驾场地。如果在试乘过程中发生道路交通事故，根据《道路交通事故损害赔偿解释》第6条的规定，机动车试乘过程中发生交通事故造成试乘人损害，当事人请求提供试乘服务者承担赔偿责任的，人民法院应予支持；试乘人有过错的，应当减轻提供试乘服务者的赔偿责任。因此，试乘发生道路交通事故后，属于机动车一方责任的，责任主体是试乘服务提供者，由试乘服务提供者对受害人承担赔偿责任。但如果试乘人自身也有过错的，如存在不当驾驶行为、有意违规行为等，则可以根据其过错程度的大小来减轻试乘服务提供者的赔偿责任。

（十一）好意同乘的责任减轻

好意同乘，也被称为无偿搭乘、搭乘便车，是指机动车所有人、管理人或使用人未收取搭乘人员的费用而同意其乘坐机动车，并将其运送至某个地点的行为。机动车发生交通事故的情形下，既可能造成非机动车一方的损害，同时也可能造成本车车上人员的损害，如驾驶员和乘员都受伤。对于本车人员尤其是乘员所遭受的损害，就应当根据过错责任原则来认定机动车驾驶人员的责任。根据《机动车交通事故责任强制保险条例》第3条的规定，本车人员、被保险人都不在机动车交通事故责任强制保险的赔偿范围之内。那么，在机动车驾驶人员对他人进行无偿的好意搭乘时，一旦发生交通事故，如果仍然对机动车驾驶人员进行过错责任原则的评判，而不规定任何特别减免责任的事由，则会出现不公平的现象。对此，《民法典》第1217条规定："非营运机动车发生交通事故造成无偿搭乘人损害，属于该机动车一方责任的，应当减轻其赔偿责任，但是机动车使用人有故意或者重大过失的除外。"这是减轻机动车使用人对无偿搭乘人赔偿责任的规定，也被称为好意同乘规则。机动车一方对于无偿搭乘人责任的减轻，必须具有如下三个条件：

1.机动车属于非营运车辆。非营运机动车是指不以营利为目的进行运营的机动车。这是相对于专门从事运输行业的营运车辆而言的概念。对于营运车辆造成同乘人员的损害，即便是无偿的，营运车辆使用人也不能主张责任的减免。对于营运车辆与非营运车辆的区分，在实践中并不能只看车辆登记情况，因为存在很多未登记为营运车辆，但实际从事营运业务的车辆。对此，应当以实质主义作为标准，即凡是以营利为目的从事道路运输经营活动的机动车，就属于营运车辆。对于这一标准的把握，应当从车辆运输的线路、收费情况和驾驶人员的行为性质来综合判断。

2.搭乘行为系无偿。无偿搭乘行为，是指机动车使用人未收取搭乘人员的车费、路费等费用，从而载客行为不存在对价，属于无偿行为。强调搭乘行为必须是无偿的，主要在于机动车使用人未从搭乘行为中获取对价，因此注意义务相对于收费行为的注意义务要低，所以才能产生减轻责任的抗辩。

3.机动车使用人不存在故意或者重大过失。非营运机动车发生交通事故造成无偿搭乘人损害，如果属于该机动车一方责任，机动车使用人对于事故的发生仅存在轻微过失或一般过失才可以减轻其对于无偿搭乘人员的赔偿责任，如果事故系基于机动车使用人的故意或重大过失而造成，则不得减轻其责任。机动车使用人对于交通事故的故意，是指机动车使用人明知其不规范驾驶行为将会或极有可能会导致事故的发生，但却有意或放任事故的发生。

五、机动车交通事故责任的损失分担与赔偿顺序

《民法典》第1213条规定："机动车发生交通事故造成损害，属于该机动车一方责任的，先由承保机动车强制保险的保险人在强制保险责任限额范围内予以赔偿；不足部分，由承保机动车商业保险的保险人按照保险合同的约定予以赔偿；仍然不足或者没有投保机动车商业保险的，由侵权人赔偿。"这一规定是对交通事故责任的赔偿顺序的规定，确立了交强险、商业三者险、责任人的赔偿顺序，既符合交强险的性质，也符合商业险的性质，有利于对被侵权人的保障，同时兼顾了责任人的利益。

（一）保险公司在机动车第三者责任强制保险责任限额范围内先行赔偿

机动车第三者责任强制保险是以被保险人对第三方依法应负的民事赔偿责任为保险标的，发生交通事故之后，由保险公司在机动车第三者责任强制保险的责任限额范围内对被侵权人先行赔偿。当前，机动车第三者责任强制保险的总责任限额为20万元，其中死亡伤残赔偿限额为18万元，医疗费用赔偿限额为1.8万元，财产损失赔偿限额为0.2万元。

机动车交通事故责任强制保险保障的内容，包括受害人的人身伤亡和财产损失。被保险机动车发生道路交通事故造成本车人员、被保险人以外的受害人人身伤亡、财产损失的，由保险公司依法在机动车交通事故责任强制保险责任限额范围内予以赔偿。但如果道路交通事故的损失是由受害人故意造成的，则保险公司不予赔偿。

（二）商业三者险承担第二顺位的赔偿责任

商业三者险即第三者责任商业保险，又称第三者责任险，是指被保险人或其允许的合法驾驶人员在使用被保险车辆过程中发生的意外事故，致使第三者遭受人身伤亡或财产直接损毁，依法应当由被保险人承担经济责任的，由保险公司负责赔偿。在交强险成为强制性投保的险种之后，商业三者险已成为非强制性的保险，可作为交强险的补充，由机动车所有权人或管理人自行决定是否购买。由于交强险在对第三者的财产损失和医疗费用部分赔偿较低，因此大多数机动车所有人会考虑购买第三者责任险作为交强险的补充。

商业三者险的第三者，是指除保险人与被保险人之外的、因保险车辆的意外事故而遭受人身伤害或财产损失的受害人。所以，因机动车交通事故发生撞击导致车上人员脱离本车后被本车碾轧致伤或者死亡的，该车上人员不属于"第三者"的范围，而属于车上人员；驾驶人下车后被本车碾轧致伤或者死亡的，该驾驶人也不属于"第三者"，其仍然属于驾驶员的范围。但是，被保险人的家人如果不属于车上人员或者驾驶人员的，则仍然可以属于第三人的范围。

商业三者险一般是根据被保险人在交通事故中所承担的事故责任大小，来确定其赔偿责任。商业三者险的保险责任，包括被保险机动车在被保险人或其允许的合法驾驶人使用过程中发生意外事故，致使第三者遭受人身伤亡或财产的直接损失。对被保险人依法应支付的赔偿金额，保险人依照合同的约定，对于超过机动车交通事故责任强制保险各分项赔偿限额的部

分都由商业三者险在赔付范围内赔付。

（三）侵权人最后赔偿

当经过了交强险的赔偿、商业三者险的赔偿之后，仍然不足以赔偿被侵权人损失的，或者机动车未投保交强险或商业三者险的，那么不足赔偿的部分则由侵权人自行负担赔偿责任，侵权人此时只能以自身的责任财产进行赔偿。

（四）道路交通事故社会救助基金的垫付

在机动车驾驶人发生交通事故后，如果驾驶人逃逸，将会导致机动车交通事故的责任人暂时难以查明或难以找到，给被侵权人的赔偿救济带来障碍。如果必须等到责任人找到之后才能启动赔偿程序，则非常不利于被侵权人的及时医治抢救。对此，《民法典》第1216条规定："机动车驾驶人发生交通事故后逃逸，该机动车参加强制保险的，由保险人在机动车强制保险责任限额范围内予以赔偿；机动车不明、该机动车未参加强制保险或者抢救费用超过机动车强制保险责任限额，需要支付被侵权人人身伤亡的抢救、丧葬等费用的，由道路交通事故社会救助基金垫付。道路交通事故社会救助基金垫付后，其管理机构有权向交通事故责任人追偿。"据此，在机动车驾驶人肇事后逃逸的情况下，对受害人的赔偿责任主体应当认定如下：

1.机动车肇事逃逸的责任人。发生交通事故后，逃逸的当事人要承担全部责任，除非受害人也有过错，才能减轻其责任，但也不能免除其责任。此外，肇事后逃逸的，责任人不仅面临民事赔偿责任，还会面临行政责任和刑事责任。

2.肇事车辆参加强制保险的，由保险人在机动车强制保险责任限额范围内予以赔偿。被保险机动车发生道路交通事故造成本车人员、被保险人以外的受害人人身伤亡、财产损失的，由保险公司依法在机动车交通事故责任强制保险责任限额范围内予以赔偿。肇事车辆参加强制保险的，保险人仅在机动车强制保险责任限额范围内予以赔偿，超出份额的部分，保险人不予赔偿。

3.道路交通事故社会救助基金的垫付及追偿。为预防出现交通事故中无法找到责任人或者交强险限额内无法涵盖必要抢救费用等情形而导致事故受害人无法获得必要救济，我国设立了道路交通事故社会救助基金。在机动车肇事后逃逸的情形下，救助基金应当先行垫付道路交通事故中受害人人身伤亡的丧葬费用、部分或者全部抢救费用。道路交通事故社会救助基金垫付后，其管理机构有权向交通事故责任人行使追偿权，追偿的对象是事故的责任人。

第八节　医疗损害责任

一、医疗损害责任概述

医疗损害责任，是指医疗机构及其医务人员在诊疗活动中因过错造成患者损害，或者因缺陷医疗产品或输入不合格的血液导致患者遭受损害，因此所需要承担的侵权损害赔偿责任。医疗损害责任属于侵权责任，但医疗机构与患者之间也存在医疗服务的合同关系，受害人既可以选择违约责任也可以选择医疗损害责任来进行救济。

医疗损害侵权属于一般的过错责任范畴，应当适用过错责任原则，而不属于特殊的过错推定责任和无过错责任。《民法典》第1218条规定，患者在诊疗活动中受到损害，医疗机构或者其医务人员有过错的，由医疗机构承担赔偿责任。在判断医疗侵权损害赔偿责任时，医务人员有过错的才需要承担赔偿责任，并不是说患者在诊疗活动中只要受到损害，就可以要求医疗机构赔偿。

在归责原则的基础上，过错推定原则仍然属于过错原则的范畴，《民法典》第1222条还对医疗机构规定了几类进行过错推定的情形，由此可见，医疗损害责任以过错责任作为归责原则，同时对一些特定情形采取过错推定原则。一旦医疗机构及其医务人员在诊疗活动中违反诊疗规范、未尽到诊疗义务，就可能造成患者遭受损害的后果，从而构成医疗侵权，须承担医疗损害责任。

二、医疗损害责任的构成要件

（一）医疗机构或者其医务人员进行了诊疗活动

在医疗损害责任中，实施诊疗行为的主体是医务人员，而承担侵权责任的主体是医疗机构。医疗机构，是指依法定程序设立的从事疾病诊断、治疗活动的卫生机构的总称，包括综合医院、中医医院、民族医医院、专科医院、妇幼保健院、社区卫生服务站、乡（镇）卫生院、疗养院等。医务人员，是指在各类医疗机构中承担诊断、治疗、护理等任务的专业技术人员，包括医师、药师、护师、技师等，也包括实习期的诊断、治疗、护理人员。

所谓诊疗活动，也称诊疗行为，是指医疗机构及其医务人员通过各种检查手段，使用药物、器械及手术等方法，对患者的疾病做出判断，并消除疾病、缓解病情、减轻痛苦、改善功能、延长生命，帮助患者恢复健康的活动。

医疗损害责任中，诊疗活动是由医务人员具体实施的，但由于医务人员属于医疗机构的雇员，一旦造成患者损害，则应当由医疗机构对患者承担医疗损害责任。在对患者进行赔偿之后，医务人员对于损害的造成有过错的，医疗机构可以在内部对具体造成损害的医务人员进行追偿。

（二）患者在诊疗活动中遭受了损害

患者在医疗机构接受诊疗，是为了检查身体、治疗疾病、恢复健康，当患者在医疗机构及其医务人员实施的诊疗活动中遭受了损害，才构成医疗机构的医疗损害责任。医疗损害责任中的损害，特指患者自身遭受的损害，而非未参加诊疗活动的其他人的损害，如患者的家属在住院部打开水被烫伤等。

患者的损害是因为医疗过错而造成的损害，包括人身损害和财产损失。患者的人身损害是患者人身权益遭受的侵害，包括物质性人格权和精神性人格权遭受侵害。例如，因为医疗机构的过错导致患者的生命权、健康权和身体权遭受侵害，造成患者死亡或伤残的后果。患者的财产损失是患者遭受的损害，主要是医疗机构及其医务人员的过错而导致患者支出了不必要的费用，如过度检查、过度治疗行为导致患者支付了大笔不必要的医疗费、检查费，又如医务人员违反诊疗规范的手术行为导致患者伤情加重，不得不支出额外的医疗费、护理费等费用。

（三）医疗机构及其医务人员存在过错

患者在诊疗活动中受到损害，医疗机构或者其医务人员有过错的，由医疗机构承担赔偿责任。实践中，医疗机构的过错主要体现在医务人员在诊疗活动中的过错上。而对医务人员的过错的判断，主要就看医务人员是否违反了其应当尽到的诊疗义务。《民法典》第1221条规定，医务人员在诊疗活动中未尽到与当时的医疗水平相应的诊疗义务，造成患者损害的，医疗机构应当承担赔偿责任。因此，医务人员在诊疗时对于患者负有尽到合理的注意并施以适当专业诊疗的义务，并且这一义务的履行应当符合当时的医疗水平，如果医务人员违反了这一义务，就具有过错，此时医疗机构就应当承担医疗损害责任。

医务人员的诊疗义务包括两个方面，一是抽象的注意义务，即医务人员作为专业人士对于患者的诊疗所应尽到的谨慎治疗的义务；二是在每一项具体医疗行为中的注意义务。由于医方对患者进行诊疗的整个过程是由多种具体的医疗行为构成的复杂过程，每一项具体的诊疗措施都应当尽到相应的注意义务，因此医务人员具体的注意义务主要包括说明义务、正确诊断和治疗义务、制作并保存病历的义务等。

医务人员还负有向患者进行说明病情和医疗措施，并取得其同意的义务。如果需要实施手术、特殊检查、特殊治疗的，医务人员应当及时向患者具体说明医疗风险、替代医疗方案等情况，并取得其明确同意；不能或者不宜向患者说明的，应当向患者的近亲属说明，并取得其明确同意。如果医务人员未尽到这一说明义务，造成患者损害的，医疗机构同样具有过错，应当承担赔偿责任。

此外，根据《民法典》第1222条的规定，在特定情形下，直接可以推定医疗机构存在过错：一是违反法律、行政法规、规章以及其他有关诊疗规范的规定；二是隐匿或者拒绝提供与纠纷有关的病历资料；三是遗失、伪造、篡改或者违法销毁病历资料。这些行为表明医疗机构及其医务人员操作明显不规范、存在严重不当的行为，其行为本身便直接可以说明违反了医方的诊疗义务，因此只要存在这些行为，便可以直接推定医疗机构存在过错，患者因此受有损害的，便可以直接向医疗机构主张损害赔偿。

实践中，根据最高人民法院《关于审理医疗损害责任纠纷案件适用法律若干问题的解释》（以下简称《医疗损害责任解释》）第16条的规定，对医疗机构或者其医务人员的过错，应当依据法律、行政法规、规章以及其他有关诊疗规范进行认定，可以综合考虑患者病情的紧急程度、患者个体差异、当地的医疗水平、医疗机构与医务人员资质等因素。

（四）过错与损害后果之间存在因果关系

医疗损害责任中的因果关系适用侵权责任因果关系的一般原理，即患者所遭受的损害后果是由于医务人员在诊疗活动中所具有的医疗过错而引起和造成的。

实践中，对于医疗损害责任因果关系的判断，一般适用相当因果关系理论，即一般认为有此行为将会产生此种损害，则认为两者之间具有因果关系。但医疗行为具有较强的专业性，对于损害后果是否存在、医务人员的诊疗行为是否具有过错，以及两者之间是否存在因果关系，在复杂的情况下往往需要通过专业人员的鉴定才能查明。

三、医疗活动中的其他责任

（一）医用产品责任

医用产品一般包括药品、消毒产品和医疗器械三类产品。实践中，患者因为这些医用产品受到损害之后，经常会因医疗机构和医用产品生产者相互推诿、双方都不愿承担赔偿责任，而引发不少纠纷。为了方便患者维护自身权益，《民法典》将患者因药品、消毒产品、医疗器械的缺陷而受到的损害，在药品上市许可持有人、生产者和医疗机构之间设置了连带赔偿责任，患者既可以向药品上市许可持有人、消毒产品或医疗器械的生产者请求赔偿，也可以向医疗机构请求赔偿。由于患者直接接触的是医疗机构，因此患者在受到损害之后，极可能会直接要求医疗机构承担赔偿责任。医疗机构在对患者承担赔偿责任之后，有权向负有责任的药品上市许可持有人、消毒产品或医疗器械的生产者进行追偿。

（二）血液制品责任

血液制品，是指各种人血浆蛋白制品，包括人血白蛋白、人胎盘血白蛋白、静脉注射用人免疫球蛋白、肌注人免疫球蛋白、组织胺人免疫球蛋白、特异性免疫球蛋白、免疫球蛋白（乙型肝炎、狂犬病、破伤风免疫球蛋白）、人凝血因子Ⅷ、人凝血酶原复合物、人纤维蛋白原、抗人淋巴细胞免疫球蛋白等。血液制品的原料是人体的血浆。

如果血浆站或者医疗机构在血液采集或者临床用血过程中未按照有关法律、法规和规范的要求操作，则将会导致血液制品存在质量问题，例如，未做检测或者未检验出应当检验出的病毒，采血过程中使血液受到污染，保管不当导致血液变质，运输设备配置不当导致血液变质，等等。在医疗机构临床用血环节，也可能因为不规范操作而导致血液制品受到损害，如血液保存、管理不当导致血液受到污染或者变质，使用过期输血器具或者消毒不严使患者受到损害等。在因为输血引发感染的情况下，患者有可能因为输入不合格的血液而造成感染乙肝、丙肝、艾滋病、梅毒病毒等后果，造成人身权益严重受损。

因此，《民法典》第1223条规定，医疗机构和血液提供机构之间应承担连带责任，患者既可以选择向医疗机构提出赔偿主张，要求其承担赔偿责任，也可以选择向血液提供机构提出赔偿主张，要求其承担赔偿责任。如果患者向医疗机构请求赔偿的，医疗机构赔偿后，有权向负有责任的血液提供机构进行追偿。

（三）侵犯患者隐私权责任

患者在医疗机构接受诊疗时，需要填写和提供大量的个人信息以供医疗机构进行诊断、制作病历。患者的个人信息、病历资料、病史、病情等，均属《民法典》所保护的个人信息或隐私范围，受到法律保护。因此，《民法典》第1226条规定，医疗机构及其医务人员应当对患者的隐私和个人信息保密。泄露患者的隐私和个人信息，或者未经患者同意公开其病历资料的，应当承担侵权责任。

根据《医疗损害责任解释》第6条的规定，病历资料包括医疗机构保管的门诊病历、住院志、体温单、医嘱单、检验报告、医学影像检查资料、特殊检查（治疗）同意书、手术同意书、手术及麻醉记录、病理资料、护理记录、出院记录以及国务院卫生行政主管部门规定的其他病历资料。患者对其病历资料享有查阅和复制的权利，但医疗机构必须依法妥善保管，不得泄露，否则构成对患者隐私权和个人信息权利的侵害，应当依照《民法典》人格权编和侵权责任编的相关规定承担责任。

四、医疗损害责任的免责事由

民法典对于侵权责任一般免责事由的规定，同样可以适用于医疗损害责任之中。此外，民法典还规定了医疗机构的一些特别免责事由。根据《民法典》第1224条的规定，医疗机构享有以下免责事由：

1.患者或者其近亲属不配合医疗机构进行符合诊疗规范的诊疗。医务人员对于患者所进行的诊疗行为，都是针对患者的身体所进行的治疗，如果患者自身不配合，或者在患者需要其近亲属护理照顾时，近亲属不配合，那么很可能会严重影响治疗的效果，甚至造成病情的恶化、损害的扩大。对于患者不配合的情形，医务人员并不能直接采取强制手段予以控制或者纠正，因此可以免于承担责任。当然，在患者或其近亲属不配合治疗时，如果医疗机构或者其医务人员也有过错的，则不能完全免责，而应当承担相应的赔偿责任。

2.医务人员在抢救生命垂危的患者等紧急情况下已经尽到合理诊疗义务。在抢救生命垂危的患者等紧急情况下，患者及其近亲属不能要求医务人员的急救措施是经过反复斟酌的、副作用最小的，这是由当时的紧急情况所决定的。为了抢救生命，医务人员只要在急救中尽到了合理的诊疗义务，即使造成了患者的损害，其也可以免于承担责任。这也是为了鼓励医务人员敢于在紧急情况下救死扶伤，不至于动辄得咎。

3.限于当时的医疗水平难以诊疗。对于医务人员的诊疗义务判断，是基于诊疗行为发生时的平均水平，具有时代限制性，不能超出当时的医疗水平来进行。因此，患者不能要求医务人员对于任何疾病都负有治愈的义务。对于某些疑难、复杂、新型、罕见的疾病，如果医疗机构及其医务人员已经尽到与当时的医疗水平相应的诊疗义务，但限于所处时代的医疗水平而难以治愈甚至在治疗过程中产生并发症或带来新的损害时，医疗机构可以主张免责。

第九节　环境污染和生态破坏责任

一、环境污染和生态破坏责任概述

（一）环境污染和生态破坏责任的概念

环境污染和生态破坏责任，是指行为人因从事了污染环境、破坏生态的行为而应当承担的侵权责任。环境，是指影响人类生存和发展的各种天然的和经过人工改造的自然因素的总体，包括大气、水、海洋、土地、矿藏、森林、草原、湿地、野生生物、自然遗迹、人文遗迹、自然保护区、风景名胜区、城市和乡村等。生态，指生物在一定的自然环境下生存和发展的状态，是一定空间范围内植物、动物、真菌、微生物群落与其非生命环境，通过能量流动和物质循环而形成的相互作用、相互依存的动态复合体。生态的范围比环境的范围更加广泛，环境侧重于人类的活动范围，而生态则包括了与人类活动没有直接关联的一切生物的生存状态，以及它们之间和它与环境之间环环相扣的关系。

因此，污染环境与破坏生态既紧密联系，又有所区别。污染环境一般会直接对特定的权利人造成损害，而破坏生态则可能没有直接受害人，但损害的是更广泛的人群的利益，甚至是全人类的共同利益。例如，对北极圈冰山的破坏，或者将亚马孙河的食人鲳投入长江流域，这些行为破坏了全球的气候环境，或者对特定水域生物的多样性造成破坏，但难以归入传统的污染环境的范围之中。因此，为了在更广泛的层面上保护人类的共同环境，保护大自然的生态，《民法典》将生态与环境并列进行保护，扩大了保护范围。

（二）环境污染和生态破坏责任的归责原则

《民法典》第1229条规定，因污染环境、破坏生态造成他人损害的，侵权人应当承担侵权责任。因此，实施污染环境、破坏生态行为而造成他人损害的，侵权人就应当承担侵权责任，对行为人责任的判断，不以具有过错为要件，可见民法典对污染环境、破坏生态的归责原则采取无过错责任原则。

《生态环境侵权责任解释》第4条第1款规定，污染环境、破坏生态造成他人损害，行为人无论有无过错，都应当承担侵权责任。因此，过错并不是行为人承担污染环境、破坏生态责任的要件，对于免责事由，也只能由法律作出明确规定。

（三）环境污染和生态破坏责任的免责事由

根据《民法典》第1178条的规定，在认定环境污染和生态破坏责任中的免责事由时，既可以适用民法典所规定的免责事由，也可以适用其他单行法律所规定的减轻或免除责任事由。例如，适用海洋环境保护法、水污染防治法、大气污染防治法等环境保护单行法的规定。行为人主张自己不应承担责任或者应当减轻自己责任的，其应当就法律规定的不承担责任或者减轻责任的情形承担举证责任。

根据民法典和有关生态环境保护单行法的规定，在环境污染和生态破坏责任中，侵权人不承担责任或者减轻责任的情形主要是不可抗力和受害人故意两方面。例如，因不可抗力造成水污染损害的，排污方一般不承担赔偿责任；如果受害人故意造成水污染损害的，排污方同样不承担赔偿责任。

如果行为人以外的其他责任人对造成环境污染、生态破坏有过错的，该第三人也应当承担侵权责任。《民法典》第1233条规定，因第三人的过错污染环境、破坏生态的，被侵权人可以向侵权人请求赔偿，也可以向第三人请求赔偿；侵权人赔偿后，有权向第三人追偿。即因第三人的过错污染环境、破坏生态造成他人损害，被侵权人有权请求侵权人或者第三人承担侵权责任。此时，根据《生态环境侵权责任解释》第18条第2款的规定，如果侵权人以损害是由第三人过错造成的为由，主张自己不承担责任或者减轻责任的，则不能得到人民法院的支持。

可见，在环境污染和生态破坏责任中，因第三人的过错污染环境、破坏生态的，不能成为环境污染和生态破坏责任的免责事由，侵权行为人需要为第三人的过错承担责任。因第三人的过错污染环境、破坏生态的，行为人与第三人之间承担的是不真正连带责任，如果被侵权人选择行为人提起诉讼主张赔偿，则行为人不得以第三人的过错造成损害为由进行抗辩、主张其不承担责任或者减轻责任。行为人只能在承担责任之后，再向有过错的第三人进行追偿。具体而言，如果行为人对于损害的发生并没有过错，那么其也应当和第三人一起对全部损害承担责任，行为人在承担责任后，有权向第三人追偿；如果行为人对于损害的发生具有过错，那么行为人应当对全部损害承担责任，而第三人则承担与其过错相适应的责任，行为人在承担责任后，有权就第三人应当承担的责任份额向其进行追偿。

二、环境污染和生态破坏责任的构成要件

（一）行为人实施了污染环境和破坏生态的行为

行为人承担环境污染和生态破坏责任的前

提，是行为人实施了污染环境和破坏生态的行为。行为人实施了污染环境和破坏生态的行为主要表现为排放了污染物或者破坏了生态，如工厂偷排废水污染河流、油轮操作不当触礁导致原油泄漏污染海洋、炼钢厂偷排未经净化的废气污染空气、五金厂夜间加工制造噪声等。污染环境和破坏生态的行为，即便是符合国家或者地方污染物排放标准的行为，只要造成了损害后果，同样属于侵权行为，行为人不能以其行为合法合标为由而主张免责。

此外，根据最高人民法院《关于生态环境侵权民事诉讼证据的若干规定》(以下简称《生态环境侵权证据规定》)第2条第1项的规定，环境污染责任纠纷案件、生态破坏责任纠纷案件的原告，应当对被告实施了污染环境或者破坏生态的行为的事实承担举证责任。

（二）对生态环境造成污染和破坏

对生态环境造成污染和破坏，是生态环境侵权行为的损害后果。具体而言，可以将损害后果分为两类：

第一类是行为人的行为对特定民事主体的合法权益造成了损害。这种情形下，行为人的行为损害到了具体民事主体的权益，并造成了现实损害，这类行为往往是污染环境造成的损害后果，是传统的环境侵权损害后果。

第二类是行为人的行为虽然没有对特定民事主体的合法权益造成损害，但是却对生态造成了破坏。这种损害也被称为生态损害，主要是对自然环境所造成的损害，如对森林资源的破坏、对珍稀物种的破坏等。在行为人破坏生态的情况下，其损害行为并非没有被侵权人，破坏生态的行为往往损害的是不特定多数人甚至是全人类的共同利益，但对于具体某个人而言，其遭受的损害较为间接且损害后果往往不明显，对于此类侵权行为，就有必要通过公益诉讼的形式让检察机关和环保组织来代为提起诉讼，保护人类的共同利益。

当然，有些行为虽然也造成了环境污染、生态破坏的后果，但是由于这些行为往往会与被侵权人所享有的其他请求权相竞合，并且被侵权人行使其他类型的请求权更为直接，因此，这些行为就不作为生态环境侵权的案件进行处理，而是基于行为人与被侵权人双方之间的其他法律关系来进行处理，例如相邻关系、劳动关系等。根据《生态环境侵权责任解释》第2条第1款的规定，因下列污染环境、破坏生态引发的民事纠纷，不作为生态环境侵权案件处理，而应当根据相关法律规定来确定行为人的民事责任：(1)未经由大气、水、土壤等生态环境介质，直接造成损害的；(2)在室内、车内等封闭空间内造成损害的；(3)不动产权利人在日常生活中造成相邻不动产权利人损害的；(4)劳动者在职业活动中受到损害的。

需要指出的是，虽然不动产权利人在日常生活中造成相邻不动产权利人损害的，一般不作为生态环境侵权来进行处理，但如果不动产权利人因经营活动污染环境、破坏生态造成相邻不动产权利人损害的，则属于生态环境侵权的范畴，被侵权人有权请求行为人承担生态环境侵权责任。

（三）行为人的行为与损害后果之间具有因果关系

《民法典》第1230条规定，因污染环境、破坏生态发生纠纷，行为人应当就法律规定的不承担责任或者减轻责任的情形及其行为与损害之间不存在因果关系承担举证责任。因此，对于环境污染和生态破坏责任，采取举证责任倒置的规则。被侵权人和侵权行为人分别负有如下举证责任：

1.被侵权人的举证责任。虽然污染环境、破坏生态侵权中实行举证责任倒置，但被侵权人作为原告提起诉讼，仍然负担基本的举证义务，否则将会导致滥诉，对被告方的合法权益形成侵害。根据《生态环境侵权证据规定》的规定，环境污染责任纠纷案件、生态破坏责任纠纷案件中的被侵权人作为原告提起诉讼，首先应当承担举证责任来证明：(1)侵权行为人实施了污染环境或者破坏生态的行为；(2)被侵权人的人身、财产受到损害或者有遭受损害的危险。另外，被侵权人还应当证明侵权行为人所实施的行为与自己遭受的损害之间具有关联性，并应当对此提供相应的证据。当然，人民法院应当根据当事人提交的证据，结合污染环境、破坏生态的行为方式、污染物的性质、环境介质的类型、生态因素的特征、时间顺序、空间距离等因素，来综合判断侵权行为人的行为与被侵权人的损害之间的关联性是否成立。

2.污染环境、破坏生态中侵权行为人的举证责任。在污染环境、破坏生态纠纷中，对侵权行为人实行举证责任倒置，行为人应当就法律规定的不承担责任或者减轻责任的情形及其行为与损害之间不存在因果关系承担举证责任。根据《生态环境侵权证据规定》的规定，侵权行为人进行抗辩，则应当就其行为与损害之间不存在因果关系承担举证责任。侵权行为人主张不承担责任或者减轻责任的，应当就法律规定的不承担责任或者减轻责任的情形承担举证责任。如果侵权行为人能够证明其排放的污染物、释放的生态因素、产生的生态影响未到达损害发生地，或者其行为在损害发生后才实施且未加重损害后果，或者存在其行为不可能导致损害发生的其他情形的，则应当认定侵权行为人的行为与被侵权人损害之间不存在因果关系，行为人不承担侵权责任。

三、两个以上侵权人污染环境和破坏生态的责任认定

实施污染环境、破坏生态行为的行为人，如果是两个以上，并且是基于共同意思联络而实施污染环境、破坏生态的行为，则构成污染环境、破坏生态的共同侵权行为，应当根据《民法典》第1168条关于共同侵权的规定承担连带责任。如果行为人为侵权人从事污染环境、破坏生态的活动而提供场地或者储存、运输等帮助的，构成《民法典》第1169条规定的教唆、帮助他人实施侵权行为，实施帮助行为的行为人应当与侵权人承担连带责任；如果行为人仅出于一般过失而非重大过失为侵权人污染环境、破坏生态提供场地或者储存、运输等便利条件的，则行为人仅承担与其过错相适应的责任。

如果两个以上的侵权人分别独立实施污染环境、破坏生态的行为，行为人虽然是复数，但彼此之间不存在意思联络，则不构成共同侵权，但此种情况下，对于不同行为人各自侵权责任的认定往往较为困难。对此，《民法典》第1231条规定，两个以上侵权人污染环境、破坏生态的，承担责任的大小，根据污染物的种类、浓度、排放量，破坏生态的方式、范围、程度，以及行为对损害后果所起的作用等因素确定。

因此，两个以上的侵权人污染环境、破坏生态，但又不构成共同侵权时，其承担责任的形式往往是按份责任而非连带责任，仅在例外情形下会承担连带责任。在认定生态环境数人侵权中各个侵权行为人责任大小时，应当根据污染物的种类、浓度、排放量、危害性，有无排污许可证，是否超过污染物排放标准，是否超过重点污染物排放总量控制指标，破坏生态的方式、范围、程度，以及行为对损害后果所起的作用等因素来进行综合认定。

《生态环境侵权责任解释》第5~9条对于无意思联络情况下的数人侵权责任作出了细化规定。首先，两个以上的侵权人分别污染环境、破坏生态造成同一损害，并且每一个侵权人的行为都足以造成全部损害的，那么侵权人应当对被侵权人承担连带赔偿责任；或者两个以上的侵权人分别排放的物质相互作用产生污染物而造成他人损害的，此时侵权人也应当对被侵权人承担连带赔偿责任。

其次，两个以上的侵权人分别污染环境、破坏生态造成同一损害，并且每一个侵权人的行为都不足以造成全部损害的，此时如果能够确定各个侵权人的责任大小的，则侵权人各自承担相应的责任；如果难以确定各个侵权人责任大小的，则平均承担责任。当然，在此种情形下，侵权人主张其污染环境、破坏生态行为不足以造成全部损害的，应当承担相应举证责任。

再次，两个以上的侵权人分别污染环境、破坏生态，如果部分侵权人的行为足以造成全部损害，而部分侵权人的行为只造成部分损害的，那么足以造成全部损害的侵权人应当对全部损害承担责任，并与其他侵权人就共同造成的损害部分承担连带责任，当然，此时被侵权人获得赔偿的范围，也应以侵权行为造成的全部损害为限。

最后，就侵权人之间的举证责任而言，如果两个以上的侵权人分别污染环境、破坏生态时，部分侵权人能够证明其他侵权人的侵权行为已先行造成全部或者部分损害，则有权请求在相应范围内不承担责任或者减轻责任。

四、环境污染和生态破坏的责任形式

（一）污染环境、破坏生态的惩罚性赔偿

民法典确立了环境污染和生态破坏责任的惩罚性赔偿制度，《民法典》第1232条规定，侵权人违反法律规定故意污染环境、破坏生态造成严重后果的，被侵权人有权请求相应的惩罚性赔偿。在污染环境、破坏生态责任中适用惩罚性赔偿，必须具备如下条件：

1.侵权行为人在主观上具有故意。行为人主观上的故意，体现为侵权人违反法律中相关生态环境保护的规定而故意实施污染环境、破坏生态的行为。行为人的主观心态仅限于故意的心理状态，是明显违法的故意，而不包括重大过失或一般过失。根据最高人民法院《关于审理生态环境侵权纠纷案件适用惩罚性赔偿的解释》（以下简称《生态环境侵权惩罚性赔偿解释》）第6条的规定，在认定侵权人是否具有污染环境、破坏生态的故意时，人民法院应当根据侵权人的职业经历、专业背景或者经营范围，因同一或者同类行为受到行政处罚或者刑事追究的情况，以及污染物的种类，污染环境、破坏生态行为的方式等因素综合判断。

具体而言，根据《生态环境侵权惩罚性赔偿解释》第7条的规定，如果侵权人具有下列情形之一的，则应当认定其具有污染环境、破坏生态的故意：（1）因同一污染环境、破坏生态行为，已被人民法院认定构成破坏环境资源保护犯罪的；（2）建设项目未依法进行环境影响评价，或者提供虚假材料导致环境影响评价文件严重失实，被行政主管部门责令停止建设后拒不执行的；（3）未取得排污许可证排放污染物，被行政主管部门责令停止排污后拒不执行，或者超过污染物排放标准或者重点污染物排放总量控制指标排放污染物，经行政主管机关责令限制生产、停产整治或者给予其他行政处罚后仍不改正的；（4）生产、使用国家明令禁止生产、使用的农药，被行政主管部门责令改正后拒不改正的；（5）无危险废物经营许可证而从事收集、贮存、利用、处置危险废物经营活动，或者知道或者应当知道他人无许可证而将危险废物提供或者委托给其从事收集、贮存、利用、处置等活动的；（6）将未经处理的废水、废气、废渣直接排放或者倾倒的；（7）通过暗管、渗井、渗坑、灌注，篡改、伪造监测数据，或者以不正常运行防治污染设施等逃避监管的方式，违法排放污染物的；（8）在相关自然保护区域、禁猎（渔）区、禁猎（渔）期使用禁止使用的猎捕工具、方法猎捕、杀害国家重点保护野生动物、破坏野生动物栖息地的；（9）未取得勘查许可证、采矿许可证，或者采取破坏性方法勘查开采矿产资源的；（10）其他故意情形。

2.造成严重后果。污染环境、破坏生态责任中的惩罚性赔偿，要求造成的后果达到严重的程度。污染环境、破坏生态造成严重后果，往往是侵权行为已经造成严重环境污染、生态破坏，或者存在重大环境安全隐患以及产生重大不良社会影响，或者致使公私财产遭受重大损失，或者造成人身伤亡等。根据《生态环境侵权惩罚性赔偿解释》第8条的规定，认定侵权人污染环境、破坏生态行为是否造成严重后果，应当根据污染环境、破坏生态行为的持续时间、地域范围，造成环境污染、生态破坏的范围和程度，以及造成的社会影响等因素来进行综合判断。如果侵权人污染环境、破坏生态行为造成他人死亡、健康严重损害，重大财产损失，生态环境严重损害或者重大不良社会影响的，则应当认定为造成严重后果。

3.被侵权人提出惩罚性赔偿的请求。惩罚性赔偿仍然是侵权损害赔偿的一种，属于被侵权人所能够主张的损害赔偿范围，因此惩罚性赔偿只能基于当事人的请求而产生，不能由法院依职权作出，否则违背民事诉讼中的“不告不理”原则和处分原则。被侵权人是指环境污染和生态破坏责任中的受害人，包括自然人、法人或者非法人组织；在环境公益诉讼中，也包括提起诉讼的公益组织和检察院等主体。根据

《生态环境侵权惩罚性赔偿解释》第3条的规定，被侵权人在生态环境侵权纠纷案件中请求惩罚性赔偿的，应当在起诉时明确赔偿数额以及所依据的事实和理由。如果被侵权人在生态环境侵权纠纷案件中没有提出惩罚性赔偿的诉讼请求，诉讼终结后又基于同一污染环境、破坏生态事实而另行起诉请求惩罚性赔偿的，则人民法院不予受理。

在污染环境、破坏生态的惩罚性赔偿金数额的确定上，根据《生态环境侵权惩罚性赔偿解释》的规定，应当以环境污染、生态破坏造成的人身损害赔偿金、财产损失数额作为计算基数，并综合考虑侵权人的恶意程度、侵权后果的严重程度、侵权人因污染环境、破坏生态行为所获得的利益或者侵权人所采取的修复措施及其效果等因素，但一般不超过人身损害赔偿金、财产损失数额的2倍。如果因同一污染环境、破坏生态行为已经被行政机关给予罚款或者被人民法院判处罚金，侵权人仍然不得免除惩罚性赔偿责任，但人民法院在确定惩罚性赔偿金数额时可以对此情节予以综合考虑。

此外，基于民事赔偿优先的原则，如果侵权人因同一污染环境、破坏生态行为,应当承担包括惩罚性赔偿在内的民事责任、行政责任和刑事责任，其财产不足以支付的，应当优先用于承担民事责任；同时，在侵权人应当承担的民事责任范围内，如果其财产不足以支付的，应当优先用于承担惩罚性赔偿以外的其他责任。

（二）生态环境损害修复责任

在侵权行为人造成环境污染和生态破坏的后果之后，如果其承担的责任形式仅为金钱赔偿，则难以起到生态环境恢复的作用，尤其是在破坏生态的侵权行为中，可能缺少具体的被侵权人，也就无法通过对受害人进行金钱赔偿来要求侵权行为人承担破坏生态的侵权责任。因此，在生态环境侵权责任中，采取生态环境修复的责任形式能够更好地实现保护生态环境的目的。对此，《民法典》第1234条规定，违反国家规定造成生态环境损害，生态环境能够修复的，国家规定的机关或者法律规定的组织有权请求侵权人在合理期限内承担修复责任，侵权人在期限内未修复的，国家规定的机关或者法律规定的组织可以自行或者委托他人进行修复，所需费用由侵权人负担。在适用生态环境损害修复责任时，应注意以下几点：

1.生态环境损害修复责任的权利主体。在适用生态环境修复的责任形式时，往往涉及生态环境的公益诉讼。因此，提起生态环境修复诉讼的主体，是生态环境公益诉讼的主体。生态环境公益诉讼是以保护生态环境和资源免受污染和破坏为核心的、维护社会公共利益的重要渠道。我国建立的生态环境公益诉讼制度，包括有关社会组织对已经损害社会公共利益或者具有损害社会公共利益重大风险的污染环境、破坏生态的行为提起的生态环境民事公益诉讼，以及人民检察院对破坏生态污染环境、损害社会公共利益的行为提起的民事公益诉讼。

此外，“国家规定的机关或者法律规定的组织”还包括单行法律明确规定可以提起环境公益诉讼的机关或组织。例如，根据《海洋环境保护法》第89条的规定，行使海洋环境监督管理权的部门有权代表国家对破坏海洋生态、海洋水产资源、海洋保护区，给国家造成重大损失的责任人提出损害赔偿要求。最高人民法院《关于审理生态环境损害赔偿案件的若干规定（试行）》（以下简称《生态环境损害赔偿规定》）第1条规定，发生较大、重大、特别重大突发环境事件的，或者在国家和省级主体功能区规划中划定的重点生态功能区、禁止开发区发生环境污染、生态破坏事件的，或者发生其他严重影响生态环境后果的，省级、市地级人民政府及其指定的相关部门、机构，或者受国务院委托行使全民所有自然资源资产所有权的部门，因与造成生态环境损害的自然人、法人或者其他组织经磋商未达成一致或者无法进行磋商的，可以作为原告提起生态环境损害赔偿诉讼。

2.生态环境具备修复的可能性。只有当生态环境具有修复的可能性时，才有适用修复生态环境这一责任形式的必要。从司法实践中来看，修复生态环境的方式，包括将危险废物进行非危险化处理、移转；被有毒废水污染的土壤进行清挖、移转；通过水生生物增殖放流来修复被破坏的海洋水域生态环境；在指定地点补种树苗数棵的方式修复被破坏的森林林地的生态环境；清除污染河流的污染物质等。如果生态环境被污染破坏后，不具备修复的可能性，那么就应当适用要求行为人承担损害赔偿的责任形式。

（三）侵权人在期限内未修复时需负担修复费用

修复生态环境是侵权行为人在符合条件时所应当承担的责任形式，应当由侵权行为人亲自履行修复生态环境的义务。但如果侵权人在期限内怠于履行此种义务，导致生态环境未被修复，此时不能再任其拖延，否则将会对生态环境造成更为不利的影响。此时，国家规定的机关或者法律规定的组织就可以自行或者委托他人进行修复，所需费用由侵权人负担。对此，《生态环境损害赔偿规定》第12条第1、2款规定，受损生态环境能够修复的，人民法院应当依法判决被告承担修复责任，并同时确定被告不履行修复义务时应承担的生态环境修复费用。而生态环境修复费用包括制定、实施修复方案的费用，修复期间的监测、监管费用，以及修复完成后的验收费用、修复效果后评估费用等。

五、环境污染和生态破坏责任的赔偿范围

环境污染和生态破坏责任的赔偿范围，既包括在具体受害人时的侵权损害赔偿范围，也包括在环境公益诉讼中的生态修复、生态环境功能丧失补偿等特别赔偿范围。

《生态环境损害赔偿规定》第11条规定，被告违反国家规定造成生态环境损害的，人民法院应当根据原告的诉讼请求以及具体案情，合理判决被告承担修复生态环境、赔偿损失、停止侵害、排除妨碍、消除危险、赔礼道歉等民事责任。

此外，根据《民法典》第1235条的规定，当行为人违反国家规定而造成环境污染、生态破坏时，国家规定的机关或者法律规定的组织可以作为原告提起生态环境公益诉讼，要求侵权人赔偿生态环境遭受污染破坏所造成的损失和费用。这些损失和费用主要包括：

1.生态环境受到损害至修复完成期间服务功能丧失导致的损失。生态环境服务功能包括供给服务（如提供食物和水）、调节服务（如调节气候、控制洪水和疾病）、文化服务（如精神、娱乐和文化收益）以及支持服务（如维持地球生命生存环境的养分循环）。服务功能损失，即在生态环境损害开始到修复完成期间内上述功能全部丧失或部分丧失。修复完成期间，就是指从生态环境遭到损害至恢复原状的期间。

2.生态环境功能永久性损害造成的损失。生态环境功能永久性损害，就表明生态环境遭受的侵害十分严重，已经无法进行修复，也不可能自行恢复原状，该部分生态环境的功能将会永久丧失。《生态环境损害赔偿规定》第13条规定，受损生态环境无法修复或者无法完全修复，原告请求被告赔偿生态环境功能永久性损害造成的损失的，人民法院根据具体案情予以判决。

3.生态环境损害调查、鉴定评估等费用。生态环境损害调查、鉴定评估等费用，是指原告为生态环境损害赔偿磋商和诉讼而支出的调查、检验、鉴定、评估等费用。

4.清除污染、修复生态环境费用。该部分费用是对污染物、污染源进行清除，并采用技术手段修复生态环境而支出的费用。因此，生态环境修复费用包括制定、实施修复方案的费用，修复期间的监测、监管费用，以及修复完成后的验收费用、修复效果后评估费用等。

5.防止损害的发生和扩大所支出的合理费用。这是对于损害的发生或扩大进行预防、采取相关必要措施而支出的费用。此类费用是用于预防性措施，并且在合理的范围内，因此应当由侵权行为人承担。

6.被侵权人主张侵权人承担生态环境损害赔偿责任的，例如请求赔偿人身、财产损害，或者赔偿生态环境功能丧失、鉴定评估、生态环境修复等损失和费用的，应当就其主张的损失、费用的数额承担举证责任。

第十节 高度危险责任

一、高度危险责任概述

（一）高度危险责任的概念

高度危险责任，是指因从事高度危险作业造成他人损害而应当承担的侵权责任。《民法典》第1236条规定，从事高度危险作业造成他人损害的，应当承担侵权责任。

高度危险作业，其实是对高度危险活动的一种概括，包括高度危险活动和高度危险物品两大类。高度危险活动，包括高空、高压、地下挖掘活动或者使用高速轨道运输工具的作业；高度危险物品，包括民用核设施，民用航空器，易燃、易爆、剧毒、高放射性、强腐蚀性、高致病性等高度危险物。当然，围绕高度危险物品而产生的一系列占有使用等活动，也可以视为高度危险作业。可以说，凡是对周围环境和人群可能产生高度危险的作业形式，都属于高度危险作业。此外，从事高度危险活动或保有高度危险物品往往需要在特定的区域进行，因此这些区域形成高度危险区域，其管理人同样需要承担高度危险责任。

（二）高度危险责任的归责原则

高度危险责任的归责原则，是无过错责任原则，即只要高度危险作业造成了他人人身、财产权益的损害，则无论行为人是否有过错，都要承担侵权责任。

在现代社会，从事高度危险作业以及对于高度危险物品的有效利用，是人类科技进步的一种体现，也是人类工业文明的体现。侵权法需要在高度危险活动和高度危险物品的保障与受害人权利保护之间取得平衡，因为这些作业和物品本身并不违法，甚至是国家所大力发展、人们须臾不可离开的行业，但同时由于这些作业和物品具有较大的危险性，一旦造成损害，后果十分严重，并且受害人很难去证明行为人的过错，所以必须对被侵权人施以特殊保护。《民法典》侵权责任编第八章专门规定了高度危险责任，通过对高度危险责任采取无过错责任原则的方式实现对受害人的保护。

（三）高度危险责任的免责事由

高度危险责任虽然采取无过错责任的归责原则，但并不意味着责任主体不享有任何免责事由的抗辩。《民法典》侵权责任编中关于民用核设施，民用航空器，易燃、易爆、剧毒、高放射性、强腐蚀性、高致病性等高度危险物品，高空、高压、地下挖掘活动或者使用高速轨道运输工具的活动等一系列具体条文规定中，大多明确规定了相关的免责事由。例如，受害人故意造成损害和不可抗力是比较普遍的抗辩事由，其他如受害人具有重大过失、管理人尽到高度注意义务等，在具体的高度危险责任类型中也可能构成免责事由。此外，一些单行法还规定了关于高度危险作业的免责事由，这些都可以成为高度危险行为人的抗辩事由。

（四）高度危险责任的构成要件

高度危险责任的构成要件包括如下几方面：

1.行为人实施了高度危险作业。高度危险作业包括从事高度危险活动、保有高度危险物品以及管理高度危险区域等形式。例如，运营民用核设施，或者运入运出核设施的核材料；占有或者使用易燃、易爆、剧毒、高放射性、强腐蚀性、高致病性等高度危险物品。

2.受害人遭受了损害。受害人因为高度危险作业而受有损害，包括人身损害和财产损害。

3.高度危险作业与受害人损害之间具有因果关系。受害人的损害是因为高度危险作业而引起或造成的，两者具有因果关系。

（五）高度危险责任的赔偿限额

根据《民法典》第1244条的规定，承担高度危险责任，法律规定赔偿限额的，依照其规定，但是行为人有故意或者重大过失的除外。因此，承担高度危险责任的赔偿限额，只能基于法律的规定，而且往往是单行法律的规定。当相关法律对赔偿限额作出规定时，相关侵权责任赔偿的数额，就适用该法律的限额规定。例如，《海商法》关于人身伤亡的海事赔偿请求，规定总吨位300~500吨的船舶，赔偿限额为333，000

计算单位。

但是，当高度危险作业中的行为人对于损害的发生存在故意或者重大过失时，相关法律规定的赔偿限额就不再适用，行为人必须承担全部赔偿责任，不再受到赔偿限额的保护。这是因为赔偿限额的目的是保护相关高度危险作业的经营者、管理者的营业积极性，不为过重的责任而拖累，保护其正常经营的动力。但如果高度危险作业的责任主体是基于故意或者重大过失而造成损害的，表明其未尽到基本的注意义务，违反了相关法律法规的规定，应当予以惩戒，不允许再享有责任限额的格外保护，对受害人实行充分的赔偿。

二、民用核事故致害责任

民用核设施是相对于军用核装备、核武器的概念，是指以核能为动力或以放射性物质为原材料的用于民品生产经营的设施。根据我国1986年国务院颁布的《民用核设施安全监督管理条例》第2条的规定，民用核设施包括：核动力厂（核电厂、核热电厂、核供汽供热厂等）；核动力厂以外的其他反应堆（研究堆、实验堆、临界装置等）；核燃料生产、加工、贮存及后处理设施；放射性废物的处理和处置设施；其他需要严格监督管理的核设施。因此，民用核设施造成他人损害的责任，就是指民用核设施发生核事故后造成他人人身或财产权益损害而应当承担的侵权责任。在理解民用核事故致害责任时，应注意以下几点：

首先，民用核设施造成他人损害的责任，适用的归责原则是无过错责任原则，即无论民用核设施的营运单位是否具有过错，都应当承担侵权责任。

其次，民用核设施造成他人损害的责任主体，是民用核设施的营运单位。核设施营运单位直接负责其所营运的核设施的安全。我国对于民用核设施实行核设施安全许可制度，由国家核安全局负责制定和批准颁发核设施安全许可证件。“营运单位”，是指申请或持有核设施安全许可证，可以经营和运行核设施的组织。

再次，只有在发生核事故的情况下，才构成民用核事故责任。如果民用核设施出现事故致人损害，但尚未达到核事故的程度，则适用《民法典》其他条文的规定。根据《民用核设施安全监督管理条例》对核事故的定义，“核事故”，是指核设施内的核燃料、放射性产物、废料或运入运出核设施的核材料所发生的放射性、毒害性、爆炸性或其他危害性事故，或一系列事故。《核电厂核事故应急管理条例》也强调，可能或者已经引起放射性物质释放、造成重大辐射后果的才属于核事故，因此核事故必须达到一定的严重程度。如果民用核设施因操作不规范而出现的非常轻微的事故，往往只属于很小的内部事件，外部放射剂量一般也在允许的范围之内，尚不构成具有一定严重性的核事故。

最后，民用核设施或者运入运出核设施的核材料发生核事故造成他人损害时，民用核设施的营运单位的免责事由主要包括战争、武装冲突、暴乱等情形，以及受害人故意这几类情形。民用核设施的营运单位需要对此承担举证责任，证明损害是由于这些原因造成，才能免于承担责任。

三、民用航空器致害责任

民用航空器致害责任，是指因民用航空器的使用和运营造成他人损害时，民用航空器的经营者所应当承担的侵权责任。民用航空器是指除用于执行军事、海关、警察飞行任务外的航空器，主要用于两方面用途，即专门从事运送旅客、行李、邮件或者货物的运输飞行，或者通用航空，包括从事工业、农业、林业、渔业和建筑业的作业飞行，以及医疗卫生、抢险救灾、气象探测、海洋监测、科学实验、教育训练、文化化育等方面的飞行活动。近些年发展迅速的无人机也属于航空器的一种，其中非军用、警用等公务用途的无人机，也属于民用航空器的一种。在理解民用航空器致害责任时，应注意以下几点：

首先，就归责原则而言，民用航空器造成他人损害的，民用航空器的经营者应当承担侵权责任，因此对于民用航空器造成他人损害的归责原则，为无过错责任原则。

其次，就责任主体而言，民用航空器造成他人损害时，承担无过错责任原则的主体是民用航空器的经营者。经营者也称经营人，是指损害发生时使用民用航空器的人。民用航空器登记的所有人应当被视为经营人，并承担经营人的责任。民用航空器的经营者一般是公共航空运输企业，即以营利为目的，使用民用航空器运送旅客、行李、邮件或者货物的企业法人。民用航空器的使用权已经直接或者间接地授予他人，本人保留对该民用航空器的航行控制权的，本人仍被视为经营人。经营人的受雇人、代理人在受雇、代理过程中使用民用航空器，无论是否在其受雇、代理范围内行事，均视为经营人使用民用航空器。此外，未经对民用航空器有航行控制权的人同意而使用民用航空器，对地面第三人造成损害的，有航行控制权的人除证明本人已经适当注意防止此种使用外，应当与该非法使用人承担连带责任。

再次，民用航空器造成他人损害的后果，包括两种情形：其一，民用航空器在从事旅客、货物运输过程中，对所载运的旅客、货物造成的损害。根据《民用航空法》的规定，因发生在民用航空器上或者在旅客上、下民用航空器过程中的事件，造成旅客人身伤亡，旅客随身携带物品或托运行李毁灭、遗失或者损坏的，承运人都应当承担责任。其二，民用航空器对地面第三人的人身、财产造成的损害。因飞行中的民用航空器或者从飞行中的民用航空器上落下的人或者物，造成地面（包括水面）上的人身伤亡或者财产损害的，受害人有权获得赔偿。

最后，民用航空器经营者的免责事由，主要是受害人故意，经营者对此负担证明责任。此外，《民用航空法》等法律还规定了一些免责事由，同样可以适用。例如，针对旅客的人身伤亡，如果完全是由于旅客本人的健康状况造成的，承运人不承担责任。又如，民用航空器经营者对于武装冲突或者骚乱而直接造成的人员、财产损害均不承担责任。

四、高度危险物致害责任

高度危险物致害责任，是指占有或者使用高度危险物造成他人损害时占有人或者使用人所应当承担的侵权责任。高度危险物，是指易燃、易爆、剧毒、高放射性、强腐蚀性、高致病性等具有高度危险性的物品。占有，是指民事主体对高度危险物品具有现实的控制力，包括合法占有和非法占有。使用，是指民事主体按照高度危险物的性能和用途对其进行运用。

根据《民法典》第1239条的规定，占有或者使用易燃、易爆、剧毒、高放射性、强腐蚀性、高致病性等高度危险物造成他人损害的，占有人或者使用人应当承担侵权责任。因此，高度危险物致害责任的归责原则为无过错责任原则。就免除责任事由而言，高度危险物致害责任的免责事由仅限于受害人故意和不可抗力两类，并且由高度危险物的占有人或者使用人承担证明责任，证明损害是因这两类原因而造成的。就减轻责任事由而言，如果被侵权人对损害的发生有重大过失的，则可以减轻高度危险物占有人或者使用人的责任。被侵权人仅具有一般过失或轻微过失的，不得减轻高度危险物占有人或者使用人的责任。

如果因为遗失、抛弃高度危险物造成他人损害的，根据《民法典》第1241条的规定，由高度危险物的所有人承担侵权责任；所有人将高度危险物交由他人管理的，由管理人承担侵权责任。因此，无论所有人或者管理人是否有过错，其对于被侵权人的损害均应当承担赔偿责任。因为高度危险物的生产、储存和处置均具有相应的安全操作规范，所有人、管理人应当采取必要的安全措施保管或者处置其所有或管理的高度危险物，遗失、抛弃高度危险物就意味着所有人、管理人违反了有关安全操作规范，一旦造成他人损害，就应当承担侵权责任。所有人将高度危险物交由他人管理而造成损害的，如果所有人有过错，与管理人承担连带责任。所有人的过错一般体现为对管理人选任不当，或者未尽到必要的说明告知等义务。

如果是因为非法占有高度危险物而造成他人损害的，根据《民法典》第1242条的规定，由非法占有人承担侵权责任。但如果所有人、管理人不能证明对防止非法占有尽到高度注意义务的，则与非法占有人承担连带责任。因为高度危险物的所有人或者管理人未尽到高度注意义务而导致高度危险物被非法占有，则表明所有人、管理人没有尽到应当尽到的高度注意义务，所以对损害的发生也负有责任，应当与非法占有人一起，对受害人承担连带赔偿责任。

五、高度危险活动致害责任

高度危险活动致害责任，是指从事高空、高压、地下挖掘活动或者使用高速轨道运输工具造成他人损害时，经营者所应当承担的侵权责任。在理解高度危险活动致害责任时，应注意以下几点：

首先，关于高度危险活动的类型，根据《民法典》第1240条的规定，高度危险活动是指从事高空、高压、地下挖掘活动或者使用高速轨道运输工具这四类活动。具体而言，高空作业，是指在坠落高度基准面2米及其以上、有可能坠落的高处进行的作业；高压作业，在工业上是指高电压和高气压作业，高压电是指1千伏以上的电压等级，高气压作业是指在高于大气压环境中作业的过程；地下挖掘作业，是指从地表向下一定深度进行挖掘的活动，主要是地下采矿、地下施工、城市地铁工程及各类市政地下工程施工而需要进行的地下挖掘作业；高速轨道运输工具，是指沿固定轨道高速行驶的车辆，主要包括铁路、地铁、高铁、轻轨、磁悬浮、有轨电车等。

其次，关于高度危险活动的归责原则，从事高空、高压、地下挖掘活动或者使用高速轨道运输工具造成他人损害的，对经营者的归责原则是无过错责任原则。

再次，关于高度危险活动的责任主体，从事高空、高压、地下挖掘活动或者使用高速轨道运输工具造成他人损害的，责任主体是相关高度危险活动的经营者。例如，从事高空作业的作业人、发电企业、输电企业（电网公司）、铁路运输企业等。

最后，关于高度危险活动免责事由，仅限于受害人故意和不可抗力两类，这两种情形还应当由经营者承担举证责任，证明损害是由这两种行为引起，才可以免去自身责任。此外，如果被侵权人对损害的发生有重大过失的，可以减轻经营者的责任。但被侵权人的一般过失和轻微过失，经营者不得主张减免责任。

六、高度危险区域致害责任

高度危险区域致害责任，是指受害人未经许可进入高度危险活动区域或者高度危险物存放区域而受到损害，高度危险活动区域或者高度危险物存放区域的管理人所应当承担的侵权责任。由于高度危险物品或高度危险活动都具有较高的风险，容易引起损害，因此，按照相关的法律法规等规范，实施高度危险作业或进行高度危险活动时，都需要在特定的区域内进行，不得随意在人员密集区域或者其他不宜从事相关高度危险作业的区域进行。

根据《民法典》第1243条的规定，受害人未经许可进入高度危险活动区域或者高度危险物存放区域而受到损害，如果管理人能够证明已经采取足够安全措施并尽到充分警示义务的，则可以减轻或者不承担责任。因为按照相关规定的要求，高度危险活动区域或者高度危险物存放区域都必须与人民群众生活工作的活动场所相隔绝，且必须进行严格的出入管理制度，非工作人员不得入内。但如果在管理人已经采取相关安全措施，并且通过各种形式如树立警告牌、张贴告示等尽到警示义务，此时被侵权人仍然执意进入高度危险活动区域或高度危险物存放区域，并最终造成自身损害，这表明行为人自身具有较为明显的过错，因此应当减免管理人的责任。

第十一节　饲养动物损害责任

一、饲养动物损害责任概述

饲养动物损害责任，是指饲养的动物造成他人损害时，动物饲养人或者管理人所应当承担的侵权责任。

根据《民法典》第1245条、第1246条的规定，只要饲养的动物造成他人损害，或者违反管理规定未对动物采取安全措施造成他人损害，动物饲养人或者管理人就应当承担侵权责任。可见，对于饲养的动物致他人损害，在归责原则上采取无过错责任原则，即无论动物饲养人或管理人有无过错，只要其饲养的动物造成了他人的损害，其就应当对损害承担责任，只有基于被侵权人故意或重大过失造成自身损害的情形下，才可以减轻或者免除饲养人或管理人的责任。

在特殊情形下，针对动物园的动物造成他人损害的情形，立法采取了过错推定的归责原则，而不同于普通饲养动物主体的无过错责任原则。根据《民法典》第1248条的规定，动物园的动物造成他人损害的，对动物园实行举证责任倒置，由动物园对其不存在过错负担举证责任。动物园的过错主要体现为未尽到管理职责。如果其不能证明自己已经尽到了管理职责，则应当承担侵权责任；反之，则无须承担侵权责任。

二、饲养动物损害责任的构成要件

（一）致人损害的动物是饲养的动物

饲养的动物，是指由人工培育、照料、喂养，并能够为人所占有或者控制的动物，因此有别于野生动物。饲养的动物既包括人们饲养的各类宠物，也包括从事农业生产的牲畜，还包括用于食用的经济动物，等等。

（二）饲养的动物造成了他人的损害

基于动物本身可能具有的较大危险性，即便是经过长期人工饲养，动物所天然具备的兽性、野性仍然可能对他人的安全造成影响甚至威胁，对此难以完全避免。无论是作为看家护院工具而饲养的大型犬、烈性犬，还是农家院内饲养的公鸡，都有可能造成他人人身权益严重受损的后果，如饲养的宠物狗咬伤儿童，马匹受惊撞伤路人，耕牛失控顶伤他人，家禽啄伤他人眼睛，等等。当饲养的动物造成了他人的损害时，就需要适用饲养动物损害责任来对受害人进行救济。他人的损害，既包括人身损害，如身体健康受损，也包括财产损害，如物品的毁损等。

饲养动物应当遵守法律法规，尊重社会公德，不得妨碍他人生活。饲养的动物造成他人损害，根本的原因还是动物饲养人或者管理人违反了有关动物饲养的管理规定，未对动物采取必要的安全措施、管控措施，从而造成他人损害，因此动物饲养人或者管理人应当承担侵权责任。

（三）饲养的动物与被侵权人的损害后果之间具有因果关系

被侵权人所遭受的损害，必须是基于饲养的动物所引起和造成的，两者之间必须具有因果关系。造成被侵权人损害的原因，还应当是基于饲养动物的天性所致，是饲养动物对外界的一种本能反应，而不是经人为驱使去从事的动作。如果动物的饲养人、管理人有意通过训练、发出指令的方式驱使饲养的动物做出侵害他人权益的动作，则属于动物饲养人、管理人的直接侵权行为，动物在此只是侵权的工具。

三、饲养动物损害责任的承担

饲养动物致人损害的，由动物饲养人或者管理人承担侵权责任。动物的饲养人，是指对动物进行培育、照料和喂养，能够对动物进行占有和控制的民事主体。动物的饲养人既包括动物的所有人，也包括动物的占有人等主体。动物的管理人，是指对动物进行管理和控制的民事主体。动物的管理人既可以是基于法定义务对动物进行管理和控制，如动物园的管理部门依法对动物进行管理、照顾和控制；也可以是基于约定义务对动物进行管理和控制，如宠物医院基于保管合同而照看他人的动物。

在饲养动物活动中，动物的饲养人或管理人既是对动物进行培育、喂养、照料，从而形成饲养动物在特定区域客观存在这一局面的主体，又是对饲养动物占有、管理和控制的主体。同时，动物饲养人或者管理人也是饲养行为的获益者，无论是通过家禽来完成农活，或者食用家禽家畜的肉蛋奶，还是通过饲养宠物获得心理上的安抚慰藉，都从中获得某种物质或精神上的利益。

此外，饲养的动物造成他人损害，一般都是

因为动物饲养人或者管理人违反管理规定，未对动物采取安全措施，或者饲养的是依规定不得饲养的烈性犬等危险动物，从而造成他人损害。因此，当饲养动物造成他人损害时，理应由动物饲养人或管理人承担侵权责任。

《民法典》第1249条规定，遗弃、逃逸的动物在遗弃、逃逸期间造成他人损害的，仍然由动物原饲养人或者管理人承担侵权责任。当饲养的动物被饲养人、管理人遗弃，或者因管理不善导致动物自行逃逸未被找回，那么此后动物造成的他人损害，动物原来的饲养人或者管理人仍然要承担侵权责任。

因第三人的过错致使动物造成他人损害的，动物饲养人或者管理人仍然应当承担侵权责任。第三人的过错是指被侵权人和动物饲养人或者管理人以外的人的过错，而且其过错对于动物造成被侵权人的损害具有因果关系。在因为第三人过错而致使动物造成他人损害时，被侵权人在主张损害赔偿过程中，可能面临动物饲养人或者管理人推诿责任，或者难以寻找到第三人的情形，从而导致其权益得不到保障。因此，《民法典》第1250条规定，因第三人的过错致使动物造成他人损害的，动物饲养人或者管理人和第三人都是承担侵权责任的主体，被侵权人可以向动物饲养人或者管理人请求赔偿，也可以向第三人请求赔偿。动物饲养人或者管理人和第三人之间形成了不真正连带之债，动物饲养人或者管理人向被害人承担赔偿责任之后，有权向第三人追偿。

四、饲养动物损害责任的减轻或免责事由

饲养的动物造成他人损害主要有两种免责事由，均集中在被侵权人过错方面：第一，被侵权人故意造成损害的，动物饲养人或者管理人可以不承担责任；第二，被侵权人基于重大过失造成损害的，动物饲养人或者管理人可以减轻责任。

被侵权人故意让他人饲养的动物对自己造成损害，这类情形在实践中相对少见。更多的是被侵权人基于重大过失而造成自身损害的情形。这也是受害人与有过失规则在饲养的动物致人损害中的体现，即“被侵权人对同一损害的发生或者扩大有过错的，可以减轻侵权人的责任”。只不过在饲养动物致害中，将此种受害人的过错限定为受害人的重大过失，排除一般过失和轻微过失，以体现对动物饲养人或管理人更为严格的要求。被侵权人的重大过失造成自身损害，实践中较为常见，如为了逃票而不顾警示、翻越围墙，进入动物园的狮虎猛兽区，最后导致自己被老虎咬伤咬死等。此外，其他法律对于动物饲养人或管理人的免责事由有专门规定的，也应当适用其规定。

第十二节　建筑物和物件损害责任

一、建筑物和物件损害责任概述

建筑物和物件损害责任，是指建筑物、构筑物或者其他设施、林木、道路及地下设施等人工物发生倒塌、坠落等现象，造成他人损害时，相关人工物的所有人、管理人、使用人等主体所应承担的侵权责任。致人损害的建筑物和物件，都是人力形成或能够被人力所控制的有形的人工物，包括动产和不动产。

建筑物和物件致人损害，是基于建筑物和物件的形态、状态、位置等天然具有的危险或者发生变化所带来的危险而造成，一般不是基于人的行为直接造成的损害。例如，林木折断造成他人损害就属于建筑物和物件损害责任的范围，但如果行为人故意折断林木作为工具去殴打他人造成损害，则属于一般的侵权行为。

此外，建筑物和物件损害责任，是危险性较小的物件致人损害的责任，而不是高度危险物品致人损害的责任。如果建筑物和物件具有易燃、易爆、剧毒、高放射性、强腐蚀性、高致病性等高度危险性，如存放核废水的储存罐倾倒泄

漏致人损害，则属于高度危险责任的范畴。

建筑物和物件损害责任的归责原则采用过错责任中的过错推定原则，即一旦建筑物和物件造成他人损害的后果，就先推定建筑物和物件的所有人或管理人等主体具有过错，如果所有人或管理人等主体认为自己没有过错，则必须承担举证责任，证明其并无过错才能免于承担侵权责任。在各类建筑物和物件致害责任的具体类型中，民法典对于免责的事由还作出了不同的规定，如受害人故意或者不可抗力等，对此，建筑物和物件的所有人或管理人等主体均必须在能够证明损害是由这些原因引起的情况下，才能免于承担侵权责任。

二、建筑物、构筑物或者其他设施倒塌、塌陷致害责任

（一）建筑物、构筑物或者其他设施倒塌、塌陷致害责任的概念

建筑物、构筑物或者其他设施倒塌、塌陷致害责任，是指建筑物、构筑物或者其他设施整体发生倒塌、塌陷，造成他人人身损害或财产损害时，建设单位、施工单位、所有人、管理人、使用人或者第三人等具有过错的主体所应当承担的侵权责任。

建筑物，是指人工建造的、固定在土地上，其空间用于居住、生产或者存放物品的设施，如住宅、写字楼、车间、仓库等。构筑物或者其他设施，是指人工建造的，固定在土地上、建筑物以外的某些设施，如道路、桥梁、隧道、城墙、堤坝等。

建筑物、构筑物或者其他设施的倒塌、塌陷，是指建筑物、构筑物或者其他设施发生坍塌、倾倒、塌陷，致使该建筑物、构筑物或者其他设施丧失基本使用功能。例如，楼房地基下陷而整体倒塌、塌陷，高架桥整体桥面倾倒掉落，发电厂的烟囱折断倾倒等。

（二）建设单位与施工单位的连带责任

建筑物、构筑物或者其他设施倒塌、塌陷造成他人损害的，由建设单位与施工单位承担连带责任，但是建设单位与施工单位能够证明不存在质量缺陷的除外。

建设单位即业主单位，是指依法取得建设用地使用权，在该土地上建造建筑物、构筑物或者其他设施的主体，如房地产开发企业、取得建设用地使用权的用地单位等。建设单位往往是建筑物的产权人，也是建设工程合同的总发包人。施工单位是与建设单位或者其他发包人签订建设工程合同，对建设工程进行施工的单位。

当建筑物、构筑物或者其他设施发生倒塌、塌陷时，往往意味着建筑物等的质量存在严重问题，或者施工存在巨大缺陷，或者设计方案存在巨大隐患，如果造成他人损害的，就应当由建设单位与施工单位对被侵权人的损害承担连带责任。

但如果建设单位与施工单位能够完成举证责任，证明建筑物、构筑物或者其他设施确实不存在质量缺陷，那么就表明建筑物、构筑物或者其他设施的倒塌、塌陷是基于其他原因而造成的，如不可抗力、使用人自身的破坏、第三人的原因等。此时建设单位与施工单位就可以免于承担责任，因为不存在质量缺陷的建筑物在使用寿命内是不可能倒塌、塌陷的，如果倒塌、塌陷了，那是由于其他原因造成，而不是建设单位与施工单位的过错。

在建筑物、构筑物或者其他设施的建设中，参与建筑过程的各方主体，除了建设单位和施工单位之外，往往还需要勘察单位、设计单位、监理单位等主体。由于这些勘察单位、设计单位、监理单位等主体往往是建设单位或者施工单位通过合同关系而聘请的参与方，所以属于建设单位和施工单位同一方主体，在建设单位和施工单位对外承担责任之后，如果发现建筑物、构筑物或者其他设施的倒塌，是属于其中某方或某几方的责任的，则可以向负有责任的相关主体进行内部追偿。

（三）其他人造成建筑物、构筑物或者其他设施倒塌、塌陷的责任承担

根据《民法典》第1252条第2款的规定，因建设单位、施工单位之外其他责任人的原因，造成建筑物、构筑物或者其他设施倒塌、塌陷，导致他人损害的，由其他责任人承担侵权责任。其他责任人包括建筑物、构筑物或者其他设施

的所有人、管理人、使用人，也包括负有责任的第三人。

其他责任人的原因造成建筑物、构筑物或者其他设施倒塌、塌陷的，是独立于建设单位、施工单位之外的原因，是所有人、管理人、使用人或者第三人的原因，如果建筑物本身不存在质量缺陷，就应当由造成损害的所有人、管理人、使用人或者第三人对被侵权人承担赔偿责任。例如，地铁公司施工不当，将建筑物地基挖塌陷，并导致附近地面建筑物发生倒塌事故，这就属于第三人原因造成的建筑物倒塌，应当由地铁公司承担责任。

三、建筑物、构筑物或者其他设施及其搁置物、悬挂物脱落、坠落损害责任

（一）建筑物、构筑物或者其他设施及其搁置物、悬挂物脱落、坠落损害责任的概念

建筑物、构筑物或者其他设施及其搁置物、悬挂物脱落、坠落损害责任，是指因建筑物、构筑物或者其他设施及其搁置物、悬挂物发生脱落、坠落的事实而造成他人损害的后果，所有人、管理人或者使用人所应当承担的侵权责任。

建筑物、构筑物或者其他设施上的搁置物、悬挂物，是指不属于建筑物、构筑物或者其他设施本身组成部分，而是搁置、悬挂其上的物品。例如，悬挂在外墙壁上的空调外挂机、搁置在阳台上的花盆、摩天大楼上悬挂的清洗玻璃的吊篮。同时，建筑物、构筑物或者其他设施自身的组成部分也有可能发生脱落、坠落，如建筑物外墙壁上的瓷砖使用日期较久之后发生脱落，建筑物顶上放置的雕塑在大风天气掉落。

（二）建筑物、构筑物或者其他设施及其搁置物、悬挂物脱落、坠落造成他人损害的归责原则

在归责原则上，建筑物、构筑物或者其他设施及其搁置物、悬挂物发生脱落、坠落造成他人损害，采用过错推定的归责原则，对所有人、管理人或者使用人的过错实行推定，进行举证责任倒置，所有人、管理人或者使用人不能证明自己没有过错的，应当承担侵权责任。

因此，发生脱落、坠落造成他人损害的事实之后，首先推定所有人、管理人或者使用人对此存在过错，如果其认为自己不存在过错的，则应当承担举证责任，进行举证。

（三）建筑物、构筑物或者其他设施及其搁置物、悬挂物脱落、坠落造成他人损害的责任主体

建筑物、构筑物或者其他设施及其搁置物、悬挂物发生脱落、坠落而造成他人损害的，责任人包括建筑物、构筑物或者其他设施的所有人、管理人或者使用人。因为所有人、管理人或者使用人是建筑物、构筑物或者其他设施的产权人或者占有使用人，其有义务对建筑物等进行日常的管理、维护、修缮、检查，避免发生物件脱落、坠落事件而给他人造成损害。

其中，所有人是指对建筑物、构筑物或者其他设施及其搁置物、悬挂物拥有所有权的人，即建筑物的业主。建筑物、构筑物或者其他设施及其搁置物、悬挂物的管理人是依法或依照合同约定，对建筑物等设施及其搁置物、悬挂物负有管理、维护义务的人。例如，国家举办的事业单位就是对其单位直接支配的不动产的管理人，学校也是校园建筑物的管理人。建筑物、构筑物或者其他设施及其搁置物、悬挂物的使用人，是指基于租赁合同、借用合同或者其他法律关系而使用建筑物等设施的人。

四、建筑物中抛掷物品或者建筑物上坠落物品致害责任

建筑物中抛掷物品或者从建筑物上坠落物品的致害责任，是指因建筑物中抛掷的物品或者从建筑物上坠落的物品而造成他人损害时，侵权人所应当承担的侵权责任。

从建筑物中抛掷物品是指建筑物中的人向外抛掷物品，是动态的、明显由人的行为直接引发的现象，如将吃完的苹果核随手扔向窗外；从建筑物上坠落物品主要是指建筑物、构筑物或者其他设施及其搁置物、悬挂物发生脱落、坠落，是建筑物、构筑物或者其他设施及其搁置物、悬挂物发生的物品掉落现象，如外墙面广告牌坠落、阳台花盆掉落等。

在我国城镇化加快、房地产市场快速发展、城市土地价格昂贵、城镇人口高度集中的现状下，在居民人口密集、建筑物密集且层数较高的地区，一旦从建筑物中抛掷或坠落物品，则极可能造成严重的损害后果。在高空抛物或者高楼坠物案件中，往往难以查明具体实施抛物行为的责任人，或者查明坠落物品的所有权人或管理人，因此责任人的认定和受害人的损害赔偿情况较为复杂，也难以起到有效的预防效果。对此，《民法典》第1254条作出了较为详细的规定，建筑物中抛掷物品或者建筑物上坠落物品致害的责任主体按如下规则确定：

（一）能够查明侵权人的，由侵权人承担责任

从建筑物中抛掷的物品或者从建筑物上坠落的物品造成他人损害，如果能够查明实施抛掷物品的行为人或者坠落物品的责任人的，行为人或责任人属于侵权人，由其依法承担侵权责任。此时侵权人的行为构成一般的侵权行为，根据过错责任原则来认定责任，在赔偿上针对人身或财产的损失依据《民法典》的相关规定来确认损害赔偿范围即可。

（二）难以确定具体侵权人的，由可能加害的建筑物使用人给予补偿

如果经调查仍难以确定具体的侵权人，为了实现对受害人的救济，此时立法要求由可能加害的建筑物使用人给予补偿。可能加害的建筑物使用人，是指损害发生时正处于建筑物之内，并且具有实施抛掷物品或发生坠落物品现实可能性的人。可能加害的建筑物使用人，往往是建筑物内的业主、租户等住户。当然，能够证明自己不是侵权人的建筑物使用人则除外，如能够证明自己在损害发生时不在建筑物内，或者家中无人，或者处于一楼，或者房间位于不可能造成损害发生的方位等。

如果可能加害的建筑物使用人人数较多，则共同对受害人承担补偿责任。此种补偿责任是按份责任，而非连带责任，法院应当指明不同的可能加害的建筑物使用人所应当承担的补偿责任的具体份额。

在可能加害的建筑物使用人补偿后，如果事后查明了具体侵权人的，则承担了补偿责任的主体有权向侵权人进行追偿。

（三）物业服务企业的安全保障义务

物业服务企业等建筑物管理人应当采取必要的安全保障措施，防止发生从建筑物中抛掷物品或者从建筑物上坠落物品的现象，如果物业服务企业等建筑物管理人未采取必要的安全保障措施的，应当依法承担未履行安全保障义务的侵权责任。

物业服务企业等建筑物管理人所承担的安全保障义务，应当根据从建筑物中抛掷物品或者从建筑物上坠落物品的形成原因来决定。如果在物业服务企业等建筑物管理人的职责范围内、能够由其直接管理和控制的，则物业服务企业等建筑物管理人应当根据《民法典》第1198条第1款的规定，对其未尽到安全保障义务的行为承担侵权责任。例如，属于物业服务企业应当定期检查维修的外墙面、水箱等，因其怠于检查维修而发生坠落，造成损害的，物业服务企业就应当在其过错范围内承担违反安全保障义务的责任。但此时一般仅限于从建筑物上坠落物品的部分情形，且物业服务企业作为建筑物的管理人，在法律适用上与《民法典》第1253条存在重合现象。

如果属于他人从建筑物中抛掷物品而造成的损害，则存在具体的侵权人，且此种行为不在物业服务企业等建筑物管理人所能够管理和控制的范围内。因此，物业服务企业等建筑物管理人的安全保障义务应当适用《民法典》第1198条第2款的规定，即因第三人的行为造成他人损害的，安全保障义务人未尽到安全保障义务的，承担相应的补充责任。此时未履行安全保障义务的侵权责任，在性质上属于补充责任，是根据建筑物管理人在履行安全保障义务方面欠缺的程度来判定的补充责任，意味着物业服务企业等建筑物管理人应当在其过错范围内承担相应的补充责任。物业公司应当事先做好防范、宣传、教育等方面的工作，在其能力范围内切实采取必要的安全保障措施，否则一旦发生损害，就可能承担相应的补充责任。但如果事后查明了具体侵权人的，则物业服务企业等建

筑物管理人在承担补充责任后，可以向具体侵权人追偿。

五、堆放物倒塌、滚落或者滑落致害责任

堆放物倒塌、滚落或者滑落致害责任，是指因堆放物发生倒塌、滚落或者滑落造成他人损害时，堆放人所应当承担的侵权责任。堆放物，是指堆放在土地上或者其他平面上的物品。堆放物具有临时性，必须是未固定在其他物体上，而且不属于其他物体的一部分，例如，建筑工地上堆放的沙袋、堆积的砖块，林场空地上堆放的圆木，仓库码放的麻包等。

堆放物倒塌，是指堆放物整体发生垮塌；堆放物滚落，是指部分堆放物从内向外发生翻滚，往往是顶端的物品发生翻滚；堆放物滑落，是指部分堆放物从高处向下跌落，往往是堆放于外侧的物品发生滑落。例如，码放的柴垛在大风天气整体倒塌，堆放的原木顶端发生滚落，仓库堆放的袋装大米有数包发生滑落，等等。

堆放物倒塌、滚落或者滑落造成他人损害的，责任主体是堆放人。堆放人就是实施和完成了堆放物品行为的人。如果是雇佣他人进行堆放的，则雇主为堆放人。

对于堆放物倒塌、滚落或者滑落造成他人损害的归责原则，根据《民法典》第1255条的规定，采取过错推定的归责原则，即只要发生了堆放物倒塌、滚落或者滑落造成他人损害的事实，就首先推定是基于堆放人的过错而导致。如果堆放人对此持有异议，则其应当负担举证责任，证明自己并没有过错，否则就应当承担侵权责任。如果堆放物倒塌、滚落或者滑落是因为受害人故意或第三人原因所造成的，堆放人也可以进行免责的抗辩。

六、公共道路堆放、倾倒、遗撒妨碍通行的物品致害责任

公共道路堆放、倾倒、遗撒妨碍通行的物品致害责任，是指因在公共道路上堆放、倾倒、遗撒妨碍通行的物品造成他人损害时，行为人所应当承担的侵权责任。公共道路是供不特定人通行使用的道路，关系社会公共安全，必须保持公路安全畅通。根据《公路法》和《道路交通安全法》的相关规定，任何单位和个人不得在公路上及公路用地范围内从事摆摊设点、堆放物品、倾倒垃圾、设置障碍、挖沟引水、排放污物或者遗洒、飘散载运物等行为。理解公共道路堆放、倾倒、遗撒妨碍通行的物品致害责任，应注意以下几点：

首先，堆放、倾倒、遗撒妨碍通行物，是指在公共道路上堆放、倾倒、遗撒物品，影响行人或机动车辆等交通参与主体对该公共道路正常、合理使用的行为。在公共道路上堆放、倾倒、遗撒妨碍通行物，既可以是堆放、倾倒、遗撒固体物，例如，故意在公共道路上设置路障向过往车辆索要钱财，农民在公共道路上晾晒粮食，运输碎石子的货车包装不严遗撒碎石子等；也可以是倾倒液体、排放气体，例如，运油车漏油，运输化学物质的车辆发生气体泄漏等。

其次，造成他人损害，是指被侵权人因堆放、倾倒、遗撒的妨碍通行物而受到损害。例如，行人在公共道路上被妨碍通行物绊倒，机动车因轮胎碾轧到道路上泄漏的油料而失控打滑撞伤他人等。

再次，在公共道路上堆放、倾倒、遗撒妨碍通行的物品造成他人损害的，由行为人承担侵权责任。此处不需要考虑行为人的过错，因为在公共道路上实施此类行为，本身就是违法行为，表明其具有重大过错。如果是因为第三人原因或者受害人故意等原因造成损害，则可以直接援引《民法典》相关免责事由的规定进行抗辩。

最后，公共道路管理人不能证明其已经尽到清理、防护、警示等义务的，应当承担相应的责任。这种责任是过错责任，实施的是举证责任倒置，即发生损害后，行为人自然要承担责任，但此时公共道路的管理人如果不能证明自己已经按照有关法律、法规、规章、国家标准、行业标准或者地方标准尽到了清理、防护、警示等义务的，则其也应当承担相应的赔偿责任。此种赔偿责任不是与行为人一起承担连带责任，而是基于其对清理、防护、警示等义务的违反情况，以及其过错与损害之间的原因力大小，来判断其应当承担赔偿的份额。

七、林木折断、倾倒或果实坠落损害责任

林木折断、倾倒或果实坠落损害责任，是指因林木折断、倾倒或者果实坠落等造成他人损害，林木的所有人或者管理人应当承担的侵权责任。

林木，包括自然生长和人工种植的树木和竹子。林木折断、倾倒或者果实坠落等造成他人损害的责任主体，根据《民法典》第1257条的规定，是林木的所有人或者管理人。林木的所有人或管理人，既可能是代表国家行使所有权的国务院自然资源主管部门，也可能是农村集体经济组织，也可能是单位、个人，还可能是林业经营者、集体林地承包方、四荒土地承包方等不同的主体。

在归责原则上，林木折断、倾倒或者果实坠落等造成他人损害的归责原则为过错推定原则，即林木折断、倾倒或者果实坠落等造成他人损害的，首先推定林木的所有人或者管理人对于损害的发生具有过错，如果其认为自己没有过错的，则应当负担举证责任，证明自己对此没有过错才能免责，否则就应当承担责任。林木的所有人、管理人如果要证明自己无过错，就必须证明自己尽到了应尽的注意义务，这主要包括对林木的定期检查、病虫害防治、障碍清除、极端天气的预防措施等义务。此外，受害人故意、第三人原因等一般免责事由，也可以作为林木的所有人或者管理人的免责抗辩事由。

八、地下施工及地下设施致人损害责任

地下施工及地下设施致人损害责任，是指因在公共场所或者道路上挖掘、修缮安装地下设施等造成他人损害，施工人、管理人所应当承担的侵权责任。

在公共场所或者道路上挖掘、修缮安装地下设施，将会破坏地面、路面的完整性和平整性，人为制造通行障碍，一般来说，只能是负有管理义务的主体基于对场所、路面或其地下设施的管理、修缮的目的，才有权实施挖掘等行为，否则即构成违法行为。即便是有权实施此类挖掘、修缮行为，也必须遵循相关的管理规定，规范作业，否则很容易对路人、行人等造成损害。因此，在公共场所或者道路上挖掘、修缮安装地下设施等造成他人损害，施工人是责任主体。

在归责原则上，《民法典》第1258条对地下施工及地下设施致人损害责任采取了过错推定的归责原则，即首先推定施工人对于损害具有过错，如果施工人提出异议，则由其承担举证责任，证明自己已经设置明显标志和采取安全措施方可免责，否则即应承担侵权责任。

设置明显标志，是指在施工范围内、安全距离外，设置明显的标志以提醒往来行人、机动车驾驶人予以注意，并应当避免行人、机动车等主体进入施工区域。采取安全措施，是指除设置明显标志之外，还应当采取的其他安全措施，如提前发布公告、请求公安机关交通管理部门提供协助，中断交通，设置临时通道分流等。一些法律法规对特定情形下设置明显标志和采取安全措施做出了更为具体的要求的，还应当满足这些具体要求，如因工程建设需要占用、挖掘道路，或者道路养护施工单位在道路上进行养护、维修的，就应当按照《道路交通安全法》及其实施条例相关规定设置安全警示标志和安全防护设施。设置明显标志和采取安全措施，是施工人已经尽到相关注意义务的标准，违反这一标准，即存在过错。

《民法典》第1258条第2款还规定，窨井等地下设施造成他人损害，管理人不能证明尽到管理职责的，应当承担侵权责任。“窨井”，是指上下水道或者其他地下管线工程中，为便于检查或疏通而设置的井状构筑物。在城市中，所有的公共供水、污水渠、电话线、光纤网络都可能通过窨井下的地下通道联结。窨井等地下设施一般都比较深，与地面的距离较高，空间狭窄，而且往往与下水道等地下水流相通，如果发生行人坠落事件，极易造成被侵权人人身伤害甚至死亡的事件。实践中，窨井等地下设施往往加盖了井盖，在井盖坚固安全时，一般不会造成行人等主体伤害，但如果存在井口与地面不平整、井下物品探出地面、井盖破裂、井盖遗失或被水流冲走等情况时，则极易对过往人员造成伤害。

窨井等地下设施造成他人损害的责任主

体，是窨井等地下设施的管理人。管理人是指依法或依约定负责对窨井等地下设施进行管理、维护的单位或者个人。城市窨井等地下设施大多存在不同的用途，如用于输水、输油、输气、输电、泄洪等不同用途，而不同用途的地下设施往往归不同的单位所有和管理。因此，窨井等地下设施的管理人，往往是相关设施的产权单位。

对于窨井等地下设施造成他人损害的归责原则，同样实施过错推定责任原则，损害发生后，推定管理人具有过错，由其证明自己已经尽到了管理职责，才能免于承担侵权责任。对于管理人的管理职责，相关法律法规、部门规章和规范性文件有规定的，应当按照相关的管理规定来判断，没有规定的，由法院根据具体情况来判断管理人是否尽到了管理职责。一般来说，管理人的管理职责主要包括定期巡视巡护、设备检查、隐患排查、故障及时处理等。

【本章主要法律规定】

1.《民法典》第1188～1258条
2. 最高人民法院《关于审理道路交通事故损害赔偿案件适用法律若干问题的解释》
3. 最高人民法院《关于审理利用信息网络侵害人身权益民事纠纷案件适用法律若干问题的规定》
4. 最高人民法院《关于审理生态环境侵权责任纠纷案件适用法律若干问题的解释》
5. 最高人民法院《关于审理医疗损害责任纠纷案件适用法律若干问题的解释》

本编重点、难点与疑点辨析

一、侵权责任编的适用范围

侵权责任属于民事责任的一种，对于侵权责任编的适用范围，《民法典》第1164条规定："本编调整因侵害民事权益产生的民事关系。"作为债的发生原因之一，侵权责任应当与违约责任、不当得利和无因管理的准合同责任有所区分。在理解侵权责任编的适用范围时，应注意以下几方面：

1.侵害。侵害是指违反他人意愿、对他人的加害行为。没有法律依据或者他人的同意，任何人不得损害他人的民事权益，否则就要承担不利的法律后果。作为加害行为的侵害，包括作为和不作为两种情况。作为，是指行为人主动实施了某种加害行为。在大多数情况下，行为人都是因为对他人的民事权益实施了积极的加害行为而构成对他人民事权益的侵害，进而需要承担侵权责任，例如伤害他人身体，诽谤他人名誉，窥探他人隐私，散布他人个人信息，侵占他人财产，制造销售有瑕疵的产品，等等。所以以作为形式出现的侵害，是侵权责任传统的、常见的形态。不作为，是指行为人应当从事某种行为但却未从事该行为，最终造成他人损害的情形。也就是说，行为人依据法律法规的规定，或者合同的约定，或者自己先前的某些行为等原因，而对他人负有了某种作为的义务，但却未尽到该作为义务，并致他人遭受损害的行为。

2.民事权益。所谓民事权益，是指私法上的权利或利益，即"民事权利+民事利益"。这就说明侵权责任编保护的范围，既包括权利，也包括利益。民事权利包括民事主体的人身权利和财产权利，如生命权、身体权、健康权、姓名权、名称权、肖像权、名誉权、荣誉权、隐私权、婚姻自主权、物权、债权、知识产权、继承权等。民事利益，是指虽然尚未形成为权利，但应当受到法律保护的特定利益。单纯的利益并不是民法保护的对象，必须是法律所承认的利益才能构成民法上的权利。但是由于成文法具有固化和僵化的缺陷，所以当时代前进、生活发展而出现了一些权利之外越发重要的利益时，法院如果认为确有保护的必要，也可以进行保护。这些利益就属于"民事权益"中权利之外的利益。民事利益同样包括人身利益和财产利益。这些民事利益受到司法的保护之后，经过发展，往往会被立法所吸收，成长为新兴的民事权利。目前司法中常见的权利之外的利益的保护，主要是对于死者的人格利益如姓名、肖像、名誉隐私、遗体、遗骨等人身利益，某些尚未上升为民事权利的精神利益，某些纯经济损失的财产利益，某些财产性质的信赖利益、占有利益、虚拟财产利益等的保护，这些都是现代侵权责任法在发展过程中通过司法实践逐步予以承认并提供保护的民事利益。对于权利之外利益的保护，司法机关应当持谨慎态度，保护过度容易出现受保护的利益泛滥的现象，甚至导致"权利大爆炸"情形的出现，造成概念不严谨、法律适用不科学、司法理念混乱。一般说来，如果实践中出现了较多需要保护的新型法益，则应当由最高人民法院通过研究之后作出决定，通过个案答复或制定司法解释的方式加以认可，进而确定受保护的"法益"之效力。

3.民事关系。民事关系界定了此种法律关系不属于其他法律部门形成的法律关系，而是民事法律关系，属于私法上的法律关系。因此，作为宪法上的权利或者其他公法上的权利就不在侵权责任编的保护之列。在我国，民事主体的宪法权利或者基本权利，存在两种保护途径：一种是经由民事基本法律，将宪法权利转化为民事权利，通过私法进行保护；另一种则是通过公法上的手段，主要是通过行政诉讼等手段寻求保护。这既是侵权责任法的性质所限，也是公法与私法功能的合理区分。强调侵权责任编保护的是民事权益，是因为民法典属于私法，保护的是私法上的权利，宪法上的基本权利如果没有具体化为民事权利，则不应由侵权责任编保护。同样地，公权力也不纳入侵权责任编的保护范围之中，而是交由公法进行保护。

二、无意思联络数人侵权的理解

1.无意思联络数人侵权的概念

无意思联络的数人侵权，是指数人并非基于共同故意，而是分别实施侵权行为，造成了他人同一损害后果的情形。

无意思联络数人侵权中的各行为人具有一些共同的特征：第一，各行为人无共同过错；第二，各行为人的行为偶然结合造成对受害人的同一损害；第三，在责任后果上，采用连带责任或按份责任。无意思联络的数人侵权与共同危险行为不同，因为在共同危险行为中，具体的行为人即致害人其实是不明确的，而无意思联络的数人侵权中，侵权人则是明确的，主体的明确与否也决定了行为与后果之间因果关系的存在与否。此外，根据《民法典》的规定，两者责任的形式也有所不同，无意思联络的数人侵权，行为人承担的责任形式可能是连带责任，也可能是按份责任，而共同危险行为中的行为人承担的责任形式只有连带责任。

无意思联络数人侵权可以分为聚合因果关系的无意思联络数人侵权和竞合因果关系的无意思联络数人侵权两类，对应的法律规定分别是《民法典》侵权责任编的第1171条和第1172条。

2.聚合因果关系的无意思联络数人侵权

聚合因果关系的无意思联络数人侵权，是指二人以上分别实施侵权行为造成同一损害，每个人的侵权行为都足以造成全部损害的，行为人承担连带责任。这一类无意思联络数人侵权中，每个行为人独立的行为均足以造成全部的损害后果，即各侵权人的行为均为发生损害后果的直接原因，每一独立的侵权行为均具有造成全部损害后果的原因力。这就意味着各个行为人的行为可以相互替代，但损害结果的同一性并不会因此而发生改变。那么，这种侵权行为中的行为与后果之间的因果关系，就被称为聚合因果关系或等价因果关系，其形式上是各等价因果关系的聚合，而非各原因力的累积或叠加。也就是说，每个人的侵权行为都足以造成全部的损害后果，而不是各个行为人的侵害行为加起来才能造成最终的损害后果。

聚合因果关系的无意思联络数人侵权的责任形式为连带责任，数个行为人应当对损害后果承担连带责任。聚合因果关系的无意思联络数人侵权责任的构成要件为：

第一，数个行为人之间无意思联络。首先，行为主体具有复数性，为二人以上。其次，数行为人之间没有意思联络，即不存在关于从事侵害行为的共同过错，这种过错形式主要是共同故意，特殊情况下也包括共同过失。或者说，每个行为人在实施侵权行为之前和实施侵权行为的过程之中，并没有与其他行为人进行意思联络，如共同商议谋划，也没有认识到还有其他人也在实施类似的侵权行为。

第二，数个行为人分别实施了侵权行为。分别实施侵权行为是没有意思联络的行为特征，因为彼此之间没有意思联络和整体方案，所以各自分别实施了侵权行为，每一行为人的行为都是独立的，不构成预谋的侵权行为的一部分，因此每个行为人都可以独立构成侵权行为。对于侵权行为的判断，则适用关于侵权行为成立要件的一般规则。

第三，造成了同一损害。也就是说，损害后果具有同一性，即数个侵权行为所造成的损害的性质是相同的，均是人身权益的损害或者均是财产权益的损害，而且损害的内容具有关联性。例如，甲购买了乙生产的电热水器，担心热水器漏电而影响自身安全，甲同时又购买了丙生产的漏电保护器。然而，电热水器存在设计缺陷而发生漏电，漏电保护器因质量不过关而没有发挥漏电保护作用，致甲在沐浴时触电身亡。此时乙和丙的行为均造成了甲人身伤亡的后果，两者的行为便属于造成了同一损害的侵权行为。

第四，每个行为人的侵权行为都足以造成全部损害。每个侵权行为是否足以造成全部损害，是区别本条和第1172条的关键。足以造成全部损害中的“足以”，是指每个行为人的行为都具备造成全部损害后果的可能性，而并不要求每个侵权行为都实际上造成了全部损害。每个人的行为，即便没有其他侵权行为的共同作用，其分别独立的单个侵权行为也有可能造成全部的损害后果。事实上，从损害后果上也难以清晰判断并分清谁的行为造成了多大程度的损害，而只能从行为的性质和危险程度判断该行为是否可能造成这一损害后果。也就是说，各个侵权人的行为都是发生损害后果的直接原因，都具有造成全部损害后果的原因力，所以各个侵权人的行为可以相互替代，而损害结果的同一性并不因此发生改变。例如，前述电热水器漏电案例中，电热水器和漏电保护器都具有缺陷，并且都足以发生漏电致人死亡的情形，所以从甲的死亡后果无法推断乙的产品缺陷和丙的产品缺陷究竟是如何发生作用的，但无论如何，电热水器漏电或者漏电保护装置任何一者不能发挥防止漏电的作用，家用电流均足以导致使用人的死亡，或者说乙和丙这两种产品若有一个是合格产品，就能够起到安全保护作用，不至于造成甲的死亡后果，但乙和丙这两种缺陷产品均足以造成全部损害后果的发生，其行为与后果之间存在聚合因果关系、等价因果关系。经常列举的例子还有不同的人对同一栋房屋放火，造成房屋被烧毁的后果，任何一个人的放火行为在当时的现场环境下都足以造成房屋烧毁的结果，则也是属于不同人的行为均足以造成全部损害。

3.竞合因果关系的无意思联络数人侵权

竞合因果关系的无意思联络数人侵权，就是指数个行为人之间无意思联络而分别实施了侵权行为，结果造成了被侵权人的同一损害。这就与聚合因果关系的数人无意思联络侵权不同，因为聚合因果关系的数人无意思联络侵权中，每一个行为人的行为都足以造成全部损害后果的发生。

竞合因果关系的无意思联络数人侵权责任的构成要件包括如下几方面：

第一，数个行为人之间无意思联络。即要求数个行为人之间没有意思联络，不形成通谋，所以不构成狭义上的共同侵权行为。

第二，数个行为人分别实施了侵权行为。这同样要求数个行为人的行为是独立的，即各个行为人是基于各自的、个别的故意或者过失的主观过错实施了侵害他人民事权益的行为。这也是各个行为人之间无意思联络下的必然结果，各自的行为不能作为整体行为的组成部分而存在。

第三，数个行为人的行为造成了同一损害。如果数个侵权行为造成的损害后果不同、可以明显区分，则不属于无意思联络数人侵权制度所需要解决的问题。

第四，数个侵权行为是损害结果发生的共同原因或者竞合原因。竞合因果关系也被称为部分因果关系，是说各个行为人的行为只是造成最终损害后果的部分原因，是各个行为人的行为结合起来才造成了最终的严重后果。数个行为人行为的结合，从损害后果上看，存在两种情况，即能够分清各个行为的原因力和无法分清各个行为的原因力。前者是指数个行为人的侵权行为相互结合、构成损害结果的共同原因，其原因力不可分。后者是指数个行为人的侵权行为偶然结合并互相发生作用，导致同一损害后果的发生，各个行为分别构成损害后果发生的直接原因或者间接原因，其原因力是可分的。前一种情形中的因果关系也被称为累积的因果关系，后一种情形中的因果关系也被称为竞合的因果关系。

在责任形式上，竞合因果关系的无意思联络数人侵权的责任形式为按份责任，而非连带责任。也正是基于此种无意思联络数人侵权中的原因力存在能够分清各个行为的原因力和无法分清各个行为的原因力两种情况，这一按份责任还可以细分为能够确定责任大小的情形和无法确定责任大小的情形两种。能够确定各个行为人的责任大小的，行为人各自承担相应的责任；难以确定各个行为人责任大小的，平均承担赔偿责任。

“能够确定责任大小”，是指根据各行为人主观上的过错程度和比例，以及其行为与损害后果之间原因力大小而能够确定出各自责任的大小。“难以确定各个行为人责任大小”，是指面对造成的损害结果，难以分清各个行为人的主观过错比例或者难以区分各个行为与损害后果之间原因力的大小，而无法按照比例划分责任，此时为公平起见，只能要求各个行为人平均承担赔偿责任。所以在处理竞合因果关系的无意思联络数人侵权案件时，只能由法官根据案件的具体情况，对各个行为人的过错程度、原因力的大小比例进行斟酌权衡，来确定各个行为人的责任份额。

三、第三人过错的理解与适用要点

《民法典》第1175条规定，损害是因第三人造成的，第三人应当承担侵权责任。在理解第三人过错作为免责事由的运用时，应注意以下两点：

1.第三人过错作为免责事由的法律效果

损害是因第三人造成的，第三人应当承担侵权责任，没有明确规定此时行为人是否还需要承担侵权责任、如何承担侵权责任。但基于一次损害不能获得多次赔偿的原则，如果第三人承担了侵权责任对受害人进行了赔偿，那么必然会减轻或免除行为人的赔偿责任，因为责任的总额是固定的。从第三人过错作为免责事由适用后的法律效果来看，可以分为如下两类：

第一，第三人承担全部侵权责任，行为人的责任得以免除。当第三人基于其过错而实施的行为是损害发生的唯一原因，并且行为人和受害人对损害的发生都不成立侵权时，第三人是唯一应当对损害后果承担侵权责任的主体，其应当承担全部的侵权责任，而行为人的责任得以免除。

第二，第三人承担部分侵权责任，行为人的责任因此得以减轻，但仍需承担剩余部分的责任。第三人承担侵权责任，遵循的是过错责任原则，当第三人对于损害的发生或者扩大存在过错但又不是损害发生或扩大的唯一原因时，第三人应当承担部分侵权责任，同时可以减轻行为人的侵权责任。对此又可以分为两种情形：

其一，行为人的行为适用过错责任的归责原则时，第三人的过错无疑减轻了行为人的过错，所以第三人和行为人的责任承担应当根据两者过错比例来确定。

其二，行为人的行为适用无过错责任的归责原则时，如果法律对特殊侵权类型中，第三人过错可以减轻行为人责任作出了具体规定时，就可以据此减轻行为人的责任。

2.第三人过错的适用要点

第一，受害人的过错能够影响第三人过错中的责任总额。

受害人在侵权行为中也可能存在过错，其自身的过错将深刻影响侵权责任的分配。受害人对同一损害的发生或者扩大有过错的，可以减轻侵权人的责任；受害人故意造成损害的，行为人不承担责任。与有过失和受害人过错的制度是站在行为人视角而规定的，但是对于第三人而言，这两个制度同样有适用的余地。例如，甲和乙发生争吵，并伴有推搡行为，但程度并不激烈，此时丙开车慢速经过，乙趁甲推搡自己时，假装被推得大步倒退，直到撞上了丙的车身才躺倒在地。实际上，甲推搡力度很轻，根本不至于将乙推到路中间撞上丙的车。在这样一起案例中，表面上看，丙是道路交通事故的侵权行为人，乙是被侵权人、被害人，甲是第三人，根据第三人过错的免责事由，丙驾驶汽车并无过错，既然碰撞是甲推搡乙造成的，那么丙就可以主张甲承担责任进而免除自己的责任。但实际上甲的推搡并不是真正的原因，真正的原因是基于乙自身的故意而造成的碰撞损害。那么甲就可以主张基于受害人故意而免除自己的责任。

在第三人过错责任减免的适用中，如果同时存在受害人自身过错的，则两种制度可以同时适用，行为人既可以因为受害人过错而得到减免，又可以通过第三人过错再次进行减免，此时需要仔细厘清并合理分配各方当事人所应当承担的责任。

第二，排除共同侵权行为和教唆、帮助行为的适用。

在共同侵权行为和教唆、帮助行为中，即便表面上存在“第三人”，但该“第三人”其实与行为人具有意义联络，两人是基于一个共同的过错而实施的侵害行为，所以两人的行为是一个整体，依照法律的规定，两人应当承担连带责任，行为人不能基于“第三人”的过错而要求对自己的责任进行减免。例如，村民甲与村民乙素来不合，一次，甲与村民丙聚餐饮酒，甲对丙说了乙的很多坏话，并怂恿身体强壮的丙去教训乙一顿，丙仗着酒劲果然去把乙殴打了一顿。这里表面上看甲是第三人，丙是基于甲的过错才造成了乙被侵害的后果，但由于甲和丙具有意思联络，甲是教唆人，丙是行为人，双方的过错是一个整体，依法应当对乙承担连带责任。所以当所谓的"第三人"实际上与行为人构成共同侵权行为或教唆、帮助行为时，就不存在以第三人过错作为行为人免责事由的适用余地了，而应当按照法律的规定由行为人与"第三人"承担连带责任。

第三，在共同危险行为中不能适用第三人过错。

在共同危险行为中，事后能够确定具体侵权行为人的，其实不是真正的共同危险，因为此时具体责任人已经查明，仅构成单独侵权。共同危险行为制度，主要解决的是无法查明具体行为人时的责任承担问题。

如果数人在无意思联络的情形下，分别实施了危险行为并造成了受害人受损的后果，受害人选择了其中一人提起诉讼，此被告能否主张还存在其他实施了危险行为的人，并进而要求适用第三人过错的免责事由对自己的责任进行减免？答案是否定的。虽然在这种情形下，具体造成损害的行为确实可能是第三人而非被告实施的，但问题的关键在于无法查清和确定具体谁是真正的侵权人，如果被告可以要求其他实施了危险行为的人承担责任，那么其他人也同样可以持此主张，最后仍然无法确定责任的承担者。共同危险制度的价值，就在于解决这一困局，法律的方案是，凡是被确定为实施了危险行为的，全部行为人承担连带责任。因此，在共同危险行为中，不能适用第三人过错对其中某些行为人进行免责。

第四，聚合因果关系的无意思联络数人侵权中不能适用第三人过错。

在聚合因果关系的无意思联络数人侵权中，如果受害人对其中一个行为人提起诉讼，那么被告在得知还存在其他行为人时，能否将其他行为人作为第三人，进而主张第三人过错而减免自己的责任？对此，答案是否定的。因为一旦存在其他行为人，虽然他们之间无意思联络，但每个行为人都可能是受害人所受损害的真正行为人，而且每个人的侵权行为都足以造成此种损害后果，可见每个行为人的行为都具有较大的危险性，此时法律规定行为人都必须承担连带责任，某一个行为人就不能将其他行为人当作第三人而主张减免自己的责任。

第五，竞合因果关系的无意思联络数人侵权可以适用第三人过错的免责事由。

在竞合因果关系的无意思联络数人侵权中，行为人之间承担按份责任，在这种情形下，如果受害人对某个行为人提起诉讼，被告人得知其他行为人的存在后，就可以将其他行为人作为第三人，主张第三人的过错也是损害发生的原因，要求第三人承担责任并免除自己相应的责任。因为按份责任的前提是每个行为人的责任是固定的，每个人只需要对自己应当负责的部分承担责任，而无需对全部损害的整体承担责任，那么在责任总额是固定的情况下，如果能够要求其他行为人承担一部分责任，则无疑会减少自己需要承担的责任份额。因此，当行为人的侵权行为与第三人的侵权行为结合起来，造成受害人所遭受的同一损害时，行为人和第三人构成竞合因果关系的无意思联络数人侵权，此时行为人就可以主张第三人过错的免责事由来减少自己的责任份额。

四、双方均无过错损失分担的理解

《民法典》第1186条规定："受害人和行为人对损害的发生都没有过错的，依照法律的规定由双方分担损失。"这一规定虽然与《民法通则》第132条、《侵权责任法》第24条有着前后承接的历史脉络，但该条在民法典中的地位、性质和功能均已发生了较大变化。

在性质上，《民法典》第1186条是损失分担规则而不是归责原则。归责原则是确立归责的基础，然后在此基础上分配举证责任，进行损失的分配。所以归责原则确立之后，能够引导人们的行为，起到预防损害的作用，但公平责任原则却无法实现归责原则的这些功能。《民法典》第1186条对《侵权责任法》第24条作出了实质性修改，限制了该条的适用范围和适用情形，也进一步淡化了归责原则的性质，使之回归到损失分担规则的本来面目，作为处理双方均无过错时的损失分担规则，而非确定责任依据的归责原则。

在适用要件上，双方均无过错的损失分担包括如下几方面：

1.受害人遭受了损害。此处的损害也就是侵权责任构成要件中的损害后果，是受害人的人身权益或财产权益所受到的不利后果。受害人所遭受的损害，必须是现实的损害，而不能是未发生的损害，因为本条的责任方式是分担损失，而非排除妨害、消除危险等预防性措施。

2.受害人和行为人都没有过错。没有过错是指受害人和行为人双方对于损害的发生，都没有过错。这就意味着无法适用过错责任来追究行为人的过错，也无法追究受害人的与有过失或受害人故意。

3.按照法律的规定分担损失。首先，法官不再对确定损失分担的依据享有自由裁量权，而必须依照法律的规定来进行损失分担，法官不能再仅仅通过案件实际情况来决定。其次，要求必须是法律对于双方均无过错时损失分担事先进行了规定。这要求案件的裁判遵循法律的事先规定，当法律对双方均无过错时损失的分担进行了规则预设时，法官便可以适用相关法律的规定。最后，如何分担损失，必须适用相关法律的规定，而不能由法官决定。